아우구스티누스의 외침 : 현대를 비추는 지혜

아우구스티누스의 외침 : 현대를 비추는 지혜

2025년 6월 18일 교회 인가
2025년 8월 12일 초판 1쇄

지은이	변종찬
펴낸이	박현동
펴낸곳	성 베네딕도회 왜관수도원 ⓒ 분도출판사
디자인	아이디퍼런스
찍은곳	분도인쇄소
등록	1962년 5월 7일 라15호
주소	04606 서울 중구 장충단로 188 분도빌딩(분도출판사 편집부)
	39889 경북 칠곡군 왜관읍 관문로 61(분도인쇄소)
전화	02-2266-3605(분도출판사) · 054-970-2400(분도인쇄소)
팩스	02-2271-3605(분도출판사) · 054-971-0179(분도인쇄소)
홈페이지	www.bundobook.co.kr
ISBN	978-89-419-2508-8 93230

이 책의 저작권은 분도출판사에 있습니다.
저작권법에 의해 한국 내에서 보호를 받는 저작물이므로 무단 전재와 무단 복제를 금합니다.

이 책의 본문 종이는 FSC® 인증을 받은 친환경 용지를 사용했습니다.

아우구스티누스의 외침

현대를 비추는 지혜

변종찬 지음

분도출판사

책머리에

아우구스티누스, 위대한 영혼의 소유자

　교황 베네딕토 16세는 아우구스티누스를 "열정과 신앙, 지고한 지성과 지칠 줄 모르는 사목적 배려의 인물"이라고 평가한다. 그래서 "이 위대한 성인이요 교회 학자는 그리스도교를 모르는 이들 혹은 그리스도교와 친숙하지 않은 이들 사이에서도 그의 이름만은 잘 알려져" 있다는 것이다. 아고스티노 트라페(Agostino Trapè)가 강조한 것처럼 "아우구스티누스는 그리스도교 신앙을 가진 이에게는 자신의 위대한 통합 차원에서 그 신앙의 깊이와 연속성과 효과를 관상하는 기쁨"을 주는 한편 "그리스도교 신앙을 갖고 있지 않은 이에게는 인간의 자연적 존엄성, 열망, 희망을 제시하면서 인간을 인간에게 드러낼 줄 아는 능력을 가지고 인간의 말을 할 줄" 알기 때문이다. 더욱이 베네딕토 16세 교황님은 "한 문명이 그토록 위대한 영혼을 발견하는 것은 드문 일"이라 역설한다. 이러한 글을 읽고 나면 그 '위대한 영혼'을 평생 연구의 대상으로 선택하였음이 고(故) 변종찬 마태오 신부님(1967~2024)에게 얼마나 많은 흥분과 감격을 불러일으켰을지를 조금이라도 짐작하게 된다.

아우구스티누스에 대한 논문과 연구서들은 이미 많이 발표되었고, 지금도 그러고 있다. "아우구스티누스에 대한 도서 목록이라는 큰 바다(Mare magnum)에서 자칫 길을 잃을 수 있을 정도"이다. 바오로 6세 교황님이 강조한 것처럼 "고대의 모든 사상은 그분의 작품 속으로 흘러 들어가며 그곳에서 다음 세기들의 모든 교의적 전통에 스며드는 사상의 흐름이 나온다고 말할 수" 있기 때문이다. 그런 까닭에 아우구스티누스가 남긴 다수의 작품에 대한 번역도 활발하게 이루어지고 있다. 하지만 한국의 학자들에 의한 연구와 번역은 그리 많지 않은 실정이다. 특정한 하나의 학문 분야에 한정해서는 이해할 수 없는 인물이 바로 아우구스티누스이기 때문이다. 특히 그분의 전기 작가 포시디우스(Possidius)의 언급대로 "한 사람의 일생 동안 그러한 것들을 저술할 수 있다는 것은 불가능"하게 보일 정도로 엄청난 분량의 작품을 남겼기 때문이다.

아우구스티누스의 작품 중 한국에서 최초로 번역된 것은 가장 유명한 "하느님을 찬미하면서 저술된 탁월한 영적 전기"인『고백록』이다. 1953년 김정준(1914-1981)은『고백록』13권 중 10권만을 중역하여 대한기독교서회에서 출간하였다. 사실『고백록』처럼 "영적 생활에 초점을 맞춰 자아의 신비와 자아 안에 숨어 있는 하느님의 신비를 파고든 작품은 전례가 없는 것"으로, "영적 '최고봉'이라 할 수" 있다. 이러한 작품의 최초 번역서가 중역인 동시에 완역도 아니라는 점에서 당시 한국의 번역 수준이 얼마나 열악했는지 드러나고 있다. 참고로 최초의 라틴어 원전 완역 『고백록』은 1965년 최민순(1912-1975) 신부님에 의하여 이루어졌다. 지금은 아우구스티누스의 여러 작품이 번역, 출판되었지만 여전히 불충분한 실정이다.

이 책은 변종찬 마태오 신부님의 유품이 된 컴퓨터에서 발견된 원고에 토대를 두고 있다. 신부님은 아우구스티누스가 "교회에서 말씀하시는 것을 직접 듣고 직접 뵐 수 있었던 사람들, 특히 그분께서 대중 속에서 살아가는 방식을 알았던 사람들"에 속하지는 않는다. 하지만 그 성인이 "자신의 온 삶을 바친 확고부동한 신앙의 활력"을 보게 되었으며, 그 활력을 물려받았 —물려받으려 애썼— 다. 그 활력은 그분의 작품을 읽고 연구하는 은혜로 연결되었다. 연구 과정에서 그 성인이 "당신 저술들 안에 참으로 살아 계시고, 우리 안에 현존"하고 있다는 사실을 확실히 믿게 되었다. 그렇다면 한국인 연구자의 시각에서, 한국의 가톨릭 상황 속에서 아우구스티누스를 현재화시키는 작업이 필요하지 않을까, 신부님의 새로운 고민이 시작되었다. "'참된' 아우구스티누스가 우리 자신과 하느님을 인식하는 데 있어, 종종 그가 지녔던 문제들과 마찬가지인 우리의 문제들을 이해하고 조명하며 해결하는데 여전히, 또 많이 우리를 도울 수 있다고 확신"하고 있었기 때문이다. 결국 아우구스티누스의 다양한 측면을 파악하여 그에 대한 총체적 시각을 제시하려는 야심 찬 원의(願意)를 품게 되었지만, 안타깝게도 신부님은 이승에서의 삶을 중단하였다.

처음 원고를 확인했을 때 간혹 오자와 탈자가 발견되었다. 평소 신부님의 꼼꼼한 성격으로 미루어봤을 때 그럴 가능성은 생각할 수 없기에 완성된 원고가 아닌 초고(草稿)라 결론지을 수밖에 없었다. 그러니 한 권의 책으로 세상에 선보이려는 생각은 조심스러웠다. 필요할 것이라 여겨지는 내용들이 추가되지 않았고, 신부님의 원의가 담긴 결론 부분도 빠져 있었기 때문이다. 출판 여부의 독단적 결정을 괘념하지 않을 수 없어서, 또한 원고에 신학적 하자가 있을까 염려스러워 여러 신부님이 분담하여 원고를 정독하는 작업을 진행하였다. 1장 아우구스티누스의 생애는 이성근 사바 신부님(베네딕도회 왜관 수도원), 2장 철학자로서의 아우구스티누스는 변우찬 사도 요한 신부님(서울대교구 답십리 성당), 제3장 신학자로서의 아우구스티누스는 조한규 베네딕도 신부님(가톨릭대학교 성신교정), 제4장 수도자로서의 아우구스티누스는 김현조 안토니오 신부님(한국순교복자성직수도회, 가톨릭대학교 교회법대학원), 제5장 사목자로서의 아우구스티누스는 한영만 스테파노 신부님(가톨릭대학교 교회법대학원)이 그 책임을 담당하였다. 이 자리를 빌려 기꺼운 마음으로 검토 작업을 수락하신 신부님들께 진심 어린 감사의 인사를 드린다.

검토 과정에서도 문제는 발생하였다. 저자인 변종찬 신부님의 최종적 검토가 생략된 원고 내용은 둘째치고 그 내용과 수없이 많은 참고문헌의 상호 연결성을 다른 사람이 세세하게 검토, 대조하는 일은 사실상 불가능하였다. 이처럼 명료한 부족함과 한계를 논외의 문제로 돌리고 출판을 결정했다. 이 책의 내용은 다양한 요소로 이루어져 있어 이해하기가 쉽지 않은 아우구스티누스의 사상을 일목요연하게 정리하려던 신부님의 열망이 반영된 것이라는 판단에서였다. 더욱이 '불가능'하다고 언급되는 그러한 정리를 아우구스티누스에 대한 각별한 애정을 기초로 '가능'으로 바꾸려는 신부님의 본의가 포함되었기 때문이다. 검토 과정에서 혼선을 빚을 수 있는 일부 문장들은 수정했고, 독자들에게 조금이라도 도움이 되도록 인명 색인을 첨가했다.

이 책은 신부님이 이승에서 집필한 논문 모음집인 『혼돈 속의 질서 : 아우구스티누스의 재발견』과 상호 보완 관계에 있다. 읽는 순서에 상관없이 두 권의 책은 아우구스티누스에 대한 이해의 정도를 충분히 확대하리라 생각한다. 그러나 이 책들이 연구자들의 손에 너무 오랫동안 머물러 있기를 바라지는 않는다. 훨씬 성실하고 유능한 연구자들이 배출되어 이 책보다 더 훌륭한, 이 책에서 미처 다루지 못한 내용을 포함하는 결과물을 만들어주길 바라는 마음이다. 그렇게 될 것을 간절한 마음으로 기도한다.

박명 속에서 방황하던 원고가 환한 빛을 볼 수 있도록 도와주신 분들이 있다. 과중한 업무로 인한 피로감을 내색하지 않고 묵묵히 작업을 담당해 주신 편집 디자이너 권숙정 님과 꼼꼼한 교정자 최홍규 님에게 깊은 감사의 마음을 전한다. 이 책의 출판을 흔쾌히 수락해 주신 분도출판사 사장 신부님과 모든 직원분께도 고개 숙여 감사를 드린다.

이제 곧 변종찬 신부님의 선종 1주기가 다가온다. 아우구스티누스에 관한 한, 신부님은 그분을 항상 눈앞에 두고 있었다. 독자들에게 아우구스티누스 성인의 외침이 강하게 울려 퍼지길 신부님께서도 기대하고 계실 것이다. 이 책을 펼치며 신부님의 목소리와 눈빛을 그려 본다.

유가족을 대표하여 작은형 변우찬 신부

차례

책머리에   004

I. 아우구스티누스의 생애

  1. 북아프리카 상황   023
  2. 타가스테의 가정   030
  3. 교육   039
  4. 마니교와의 만남   055
  5. 우정   076
  6. 첫 작품: 『아름다움과 알맞음』(De pulchro et apto)   093
  7. 마니교에 대한 회의   096
  8. 회의주의(scetticismo) 단계   101
  9. 암브로시우스와의 만남   107
  10. 밀라노교회   110
  11. 신앙으로 돌아오는 여정의 시작   113
  12. 회의주의의 극복: 신앙과 이성이라는 방법론   121
  13. 플라톤 학파의 서적(Libri platonicorum)   130
  14. 사도 바오로와의 만남   139
  15. 안토니우스의 예   142
  16. 카시치아쿰(Cassiciacum) 공동체   150
  17. 오스티아(Ostia)의 환시(visio)   155
  18. 타가스테(Tagaste) 공동체   161
  19. 아우구스티누스의 사제 수품   171
  20. 신학적 양성   183
  21. 주교직의 짐(sarcina episcopatus)   190
  22. 말씀의 분배자: 설교가로서의 아우구스티누스의 봉사   199
  23. 논쟁가   209
  24. 거창하고도 험난한 과제 (Magnum opus et arduum)   221
  25. 지칠 줄 모르는 활동가   225
  26. 선종(善終)   232

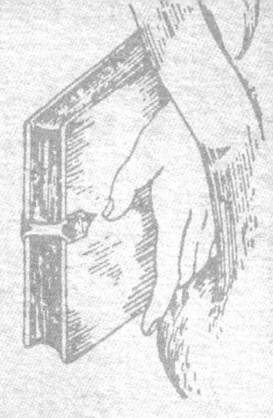

II. 철학자로서의 아우구스티누스

1. 철학의 의미   241
2. 신앙과 이성: 해석학적 순환   250
3. 지식과 지혜(scientia et sapientia)   257
4. 아우구스티누스 철학의 원천   265
5. 하느님의 존재   285
6. 하느님의 본성   303
7. 하느님과 세상 창조   318
    1) 한처음에 하느님께서 하늘과 땅을 창조하셨다(창세 1, 1)
    2) 하느님의 모상으로서의 인간 창조
    3) 창조의 지속성
8. 하느님과 인간   355
    1) 영혼과 육체로 구성된 인간
    2) 영혼의 불멸성
    3) 영혼의 영신성(靈神性)
    4) 영혼의 기원
9. 인간: 인식   375
    1) 행복한 삶과 연결되는 진리에 대한 인식 가능성
    2) 인식의 단계
10. 인간의 자유와 신의 예지   404
    1) 인간의 자유
    2) 자유의지와 윤리적 악
    3) 하느님의 예지와 윤리적 악 그리고 자유
11. 세기들의 질서(ordo saeculorum): 시간과 역사   414
    1) 시간의 본성
    2) 역사의 시간
    3) 두 사랑(Duo amores): 두 도성(duo civitates)

III. 신학자로서의 아우구스티누스

1. 아우구스티누스 신학의 일반적 특징   445
2. 신학 방법론   451
    1) 성경과 전승 그리고 교회 안에서 나타나는 신앙의 권위,
       곧 그리스도의 권위에 대한 온전한 결합
    2) 신앙의 이해에 도달하고자 하는 생생한 원의, 따라서
       성경의 가르침을 인식하기 위해 모든 인간적 도구들을 사용하는 것
    3) 모든 이들, 곧 이교인들, 이단자들 그리고 유다화한 이들 안에서 옹호되고
       인정되는 그리스도교 가르침의 독창성에 대한 굳건한 확신
    4) 신비에 대한 깊은 감각
    5) 사랑, 따라서 교회의 삶에 대한 신학의 지속적인 종속
    6) 정확한 신학 용어에 대한 끊임없는 관심
3. 삼위일체론   457
    1) 초기 작품들 안에서의 삼위일체
    2) 사제 서품 후의 삼위일체 신학의 성찰
4. 그리스도론   486
    1) 초기 작품들 안에 나타난 그리스도론
    2) "위격"(persona)과 "본체"(substantia)
5. 구원론   502
6. 마리아론   505
7. 펠라기우스   514
    1) 생애와 작품
    2) 펠라기우스의 사상
8. 펠라기우스주의에 대한 아우구스티누스의 입장   525
    1) 원죄와 의화(iustificatio)
    2) 은총

9. 예정설   549
  1) 근본적인 전제들
  2) 위대한 신비인 예정
  3) 선택된 이들에 대한 하느님의 사랑
  4) 모든 사람을 향한 하느님의 사랑
  5) 예정의 신비의 전제 조건
  6) 예정과 사목 활동
10. 도나투스주의   557
  1) 도나투스주의 역사
  2) 도나투스주의의 교회론과 성사론
11. 교회론   563
  1) 교회의 차원: 하느님 나라인 교회(Ecclesia – civitas Dei)
  2) 교회: 그리스도를 머리로 하는 신비체 – 온전한 그리스도(Totus Christus)
  3) 그리스도의 정배인 교회(Ecclesia – sponsa Christi)
  4) 어머니요 동정녀인 교회(Ecclesia Mater et Virgo)
  5) 교회의 영혼인 성령(Spiritus Sanctus anima Ecclesiae)
  6) 교회의 특성
  7) 하느님의 도성(civitas Dei): 지상 도성(civitas terrena)
  8) 순례 중인 교회(Ecclesia peregrinans)
  9) 천상 교회
12. 성사론   599
13. 종말론   603

IV. 수도자로서의 아우구스티누스

1. 아프리카 수도원의 창시자인 아우구스티누스   615
    1) 아우구스티누스 수도 규칙의 친저성과 기원
    2) 아우구스티누스 규칙서의 구조
2. 수도생활의 본질   623
3. 수도생활의 목적   629
    1) 수도 공동체의 교회성(ecclesialità)
    2) 한마음 한뜻(Anima una et cor unum)
    3) in Deum
    4) 향주삼덕의 친교
    5) 삼위일체와 공동체
4. 수도생활의 기초인 청빈과 겸손   647
    1) 청빈
    2) 겸손
5. 기도와 그리스도교 수덕생활   669
    1) 공동기도
    2) 기도소(Oratorium)
    3) 기도의 기본 법칙: 내향성(內向性)
    4) 기도와 성가
    5) 절제와 극기
6. 정결의 삶   689
    1) 수도자의 복장
    2) 이성을 대하는 자세
    3) 형제적 교정
7. 상호 간의 봉사와 용서   706
    1) 수도 생활의 황금률
    2) 수도원 내의 여러 소임
    3) 상호 간의 사랑과 용서
8. 순명과 권위   725
    1) 아우구스티누스 수도 공동체의 특징
    2) 장상의 역할
    3) 순명
9. 영적 아름다움에 대한 사랑   737
    1) 『수도 규칙』을 준수하는 정신
    2) 마지막 권고

V. 사목자로서의 아우구스티누스: 아우구스티누스의 정치사상

1. 법(lex)   754
  1) 그리스 철학자들과 로마 철학자들이 바라본 법
  2) 아우구스티누스의 이론

2. 정의(Iustitia)   765
  1) 그리스 철학자들과 로마인들이 생각하는 정의
  2) 아우구스티누스의 가르침

3. 전쟁과 폭력   776
  1) 그리스 철학자들과 로마인들이 생각하는 정의
  2) 아우구스티누스의 견해
  3) 심리학적 문제: 전쟁의 원인
  4) 법적 문제
  5) 정치적 문제: 군인의 의무
  6) '의로운 전쟁'(bellum iustum)

4. 부와 가난 그리고 사유재산   814

5. 주교법정(audientia episcopalis)   830
  1) 주교법정의 성서적 배경과 실천
  2) 주교법정의 로마법적 공인
  3) 바오로의 계명에 따른 아우구스티누스의 주교법정
  4) 사회적 문제의 해결 장소인 주교법정
  5) 로마법에 관한 아우구스티누스의 이해
  6) 사제직의 의무요 사랑의 표현인 주교법정

6. 국가와 교회   867
  1) 국가의 본성과 한계
  2) 교회와 국가의 관계

7. 우정   889
  1) 『고백록』에 표현된 아우구스티누스의 우정에 대한 첫 이해
  2) 벗에게 좋은 것을 원하는 것으로서의 우정
  3) 호의와 사랑이 동반된 신적인 일과 인간적인 일에 대한 동감으로서의 우정
  4) 사랑의 질서(ordo amoris) 안에서의 우정
  5) 우정을 통한 일치
  6) 하느님을 향한 한 영혼과 한 마음으로 표현되는 그리스도인의 우정

8. 나가는 말   915

색인   918

I

아우구스티누스의 **생애**

성인의 심장은 사랑과 경건함을 상징한다. 타는듯한 심장은 최고의 종교적인 열정을 암시한다. 타는듯한 심장과 구멍이 난 심장은 성 아우구스티노의 상징물로 사용된다. _ 조지 퍼거슨, 「르네상스 미술로 읽는 상징과 표징」 중에서 아우구스티누스는 교부들 중 가장 뛰어난 인물이며 인류가 배출한 가장 훌륭한 천재 중의 한 명이다. 왜 오늘날 아우구스티누스를 공부해야 하는가? 아우구스티누스가 서방의 문화와 역사에 지대한 영향을 미쳤기 때문이다. 그의 어떤 사상은 여전히 많은 문제에 대한 교회의 견해에 무게를 실어주고 있다. 따라서 아우구스티누스는 서방 교회의 다른 교부들보다 더 큰 관심으로 공부할 가치가 있다. 사실 그만큼 반대 받고 다양하게 해석되는 교부도 없을 것이다. 이러한 의미에서 에티엔 질송(Étienne Gilson)은 『성 아우구스티누스 연구 입문』(Introduction à l'étude de saint Augustin)이란 책(한국어 번역: 『아우구스티누스 사상의 이해』, 김태규 역, 성균관대학교 출판부, 2010)에서 "다른 중세 저자들의 아우구스티누스주의를 보다 잘 이해하기 위해 아우구스티누스의 아우구스티누스주의를 공부해야 할 필요를 느낀다."라고 말한다. 일부 학자들은 아우구스티누스의 개인적 체험이 그의 사상을 이해하기 위한 핵심 열쇠라고 본다. 하지만 아고스티노 트라페(Agostino Trapè)는 개인적 체험이 비록 다른 여러 면에서 영향을 미쳤을 수 있지만, 아우구스티누스 작품을 해석하는 가장 중요하거나 유일한 열쇠가 될 수 없다고 강조한다. 일부 학자들은 그의 사상이 "회개의 형이상학"이라고 주장하기도 한다. 하지만 아우구스티누스가 자신의 체험을 배제한 추상적 사색가가 아님을 인정해야 한다. 그렇지만 플라톤주의, 신플라톤주의 그리고 스토아사상 등의 원천도 배제할 수는 없다. 또한, 히포의 주교를 해석하는 유일한 열쇠가 성경이라는 주장도 받아들일 수 없다. 그는 당시 문화와 대화하고자 했으며, 이를 위해 당시 문화의 고유한 범주도 사용했기 때문이다. 그가 수사학자였다는 사실도 잊어서는 안 된다. 물론 아우구스티누스 사상에서 성경의 근본적 중요성을 배제할 수 없다. 하지만 성경 본문을 이해하는 데 있어 그의 논리는 성경 저자의 방법만을 고집하지 않고, 철학가로서의 모습도 보인다는 것을 인정해야 한다. 그에게 있어 중요한 것은 자신의 주장이 성경의 가르침과 상치되지 않도록 하는 것이었기 때문이다.

결국, 아우구스티누스의 사상을 이해하는 데 있어 어려움은 무엇보다 다양한 요소로 이루어졌다는 것과 특별히 그의 사상이 발전적 특성을 지닌다는 것이다. 다시 말하면 아우구스티누스는 저술하면서 진보했기 때문에 이해하기가 쉽지 않은 것이다. 하지만 이 측면을 과장하거나 확대해서 해석할 필요는 없다. 지속적 발전의 측면에서 보아야 한다. 아우구스티누스 사상을 이해하는 데 있어 또 다른 어려움은 그가 너무나 많은 작품을 저술하였다는 것이다. 그리고 이 작품들은 체계적 방법보다는 기회에 따라서, 곧 상황이 요구할 때 저술되었다는 것이다. 더 나아가 수 세기를 지나면서 그에 대한 연구서가 많이 출판되었다는 것도 잊어서는 안 된다. 그렇기에 아우구스티누스에 대한 도서목록이라는 큰 바다.(Mare magnum) 앞에서 자칫하면 길을 잃을 수도 있다. 이러한 이유로 다음의 것을 참고하는 것이 필요하다.

도서목록집(Répertoire)

- Euloquio Nebreda, Bibliographia Augustiniana, Roma, 1928.
- K. Andersen, Bibliographia Augustiniana, Darmstadt, 1973.
- T. Van Bavel, Répertoire bibliographique de S. Augustin(1950–1960)
- Augusinian bibliography(1970–1980)

아우구스티누스에 대한 연구서를 찾아볼 수 있는 전문 잡지
- Année philologique
- Bibliogaphia patristica(1956 ss)
- Revue des études augustiniens(1955 ss)
- Augustinus(Madrid 1956 ss)

이 외에도 위에서 언급한 질송의 책 이탈리아어 번역판에 아우구스티누스 작품에 관한 연구서 목록이 들어있다. 그리고 피터 브라운(Peter Brown)의 『히포의 아우구스티누스』(Augustine of Hippo. A Biography, London: Faber and Faber, 1967)에서도 찾아볼 수 있다.(한국어 번역: 『아우구스티누스 - 격변의 시대, 영혼의 치유와 참된 행복을 찾아 나선 영원한 구도자』, 정기문 역, 새물결 출판사, 2012) 또한, Allan Fitzgerald가 편집하였고 Eerdmans출판사에서 1999년에 출판한 『Augustine through the Ages: an Encyclopedia』와 Cornelius Mayer가 편집자로 활동하면서 1986년에 시작해 스위스 바젤(Basel)의 Schwabe & Co. 출판사에서 계속 출판 중인 『Augustins Lexikon』을 참조할 수 있다.

아우구스티누스의 전기를 다루는 책은 많이 있다. 실지로 아우구스티누스는 자신에 대해 많이 이야기하고 있는데, 그의 많은 사색이 개인적 체험에서 탄생하였고, 그는 자신이 실제로 경험했던 문제들을 다루는 저자이다. 토마스 아퀴나스처럼 체계적이거나 냉정한 저자는 아니다. 때문에 질송은 그가 자신의 체험을 신학 이론에 체계화하였다고 말한다.

전기의 측면에서 볼 때, 우리는 고대의 다른 많은 중요 저자들과

는 달리 그에 대한 다양한 원천을 가지고 있다. 무엇보다 『고백록』(Confessiones)과 「대화편」(Dialoghi), 그리고 포시디우스(Possidius)의 『성 아우구스티누스의 생애』(Vita Sancti Augustini)를 들 수 있다. 문제는 이 원천들이 모두 진실을 말하고 있는지, 아니면 서로 대치되는 면도 있는지 하는 것이다.

역사성에 의심을 품은 첫 인물은 가스통 브아시에(Gaston Boissier)이다. 그는 1891년 「성 아우구스티누스의 회심」(La conversion de saint Augustin)이라는 논문에서 『고백록』과 「대화편」에서 진술하고 있는 내용의 상이점들을 지적하고 있다. 물론 아우구스티누스의 진실성을 의심하지는 않지만, 카시치아쿰(Cassiciacum)에서 종교적 문제를 다루지 않고 문법적이고 수사학적인 문제만을 다루고 있음에 주목한다. 곧 그리스도에 대해 침묵하고 있는 것을 어떻게 이해할 수 있느냐는 것이다. 이는 『고백록』에서 묘사되고 있는 회개의 인물 아우구스티누스와 대치되며, 단순히 철학자로서의 아우구스티누스만 나타난다는 것이다. 그래서 브아시에는 아우구스티누스가 「대화편」에서 자신에 대해 말하는 것은 진실하지만 전부를 보여주고 있는 것은 아니라고 주장한다. 이에 대해 넬로 치프리아니(Nello Cipriani)는 여기서 아우구스티누스는 지식인이나 아직 신자가 아닌 젊은이들을 대상으로 철학 문제에 대해 말하고 있는 것이고, 그 자신 역시 아직 지식인으로서의 모습만을 드러내고자 한다는 것도 잊어서는 안 된다고 본다.

브아시에의 주장은 프로테스탄트 학자인 하르낙(A. von Harnack)과 루프스(F. Loofs)로 이어진다. 이들은 「대화편」과 『고백록』 사이에 모순이 있다고 강력하게 주장한다. 하르낙은 397년에 있었던 회심이 실제적인 것이 아니라고 본다. 『고백록』에 나타난 회심은 총체적 혹은 근원적 회심이지만, 「대화편」은 점진적 회심에 대해 말하고 있다는 것이다. 루프스에 따르면, 391년까지 아우구스티누스는 그리스도교로 채색된 신플라톤주의자로 머물러 있었고, 사제 서품을 받은 후에야 참된 회심이 이루어졌다.

이 노선에서 더욱 유명한 인물은 프로스펠 알파릭(Prosper Alfaric)이다. 1918년 저술한 『성 아우구스티누스의 지성적 발전. 1권 : 마니교에서 신플라톤주의로』(L'évolution intellectuelle de S. Augustin Vol. I: Du manicheisme au néoplatonisme)이란 책에서 그는 아우구스티누스가 「대화편」을 저술할 당시에는 그리스도인이 아니었으며 신플라톤주의자였다고 주장한다. 곧 지성적으로나 윤리적으로 아우구스티누스가 마니교에서 그리스도교로 개종한 것이 아니라 신플라톤주의로 개종했다는 것이다. 또한, 복음에로의 회심은 사제 서품 때에야 이루어졌다고 주장한다.

이에 반해 샤를 부아예(Charles Boyer)는 1920년에 출판한 『성 아우구스티누스의 양성에서의 그리스도교와 신플라톤주의』(Christianisme et néoplatonisme dans la formation de saint Augustin)에서 『고백록』과 「대화편」의 조화를 옹호하고 있다.

피에르 쿠르셀(Pierre Courcelle)은 1950년 출판한 『성 아우구스티누스의 고백록 연구』(Recherches sur les Confessions de S. Augustin)에서 아우구스티누스가 그리스도교로 개종한 것인지, 아니면 신플라톤주의자가 된 것인지 질문을 던질 필요가 없다고 주장한다. 그에 따르면 아우구스티누스는 신플라톤주의적 그리스도교로 개종한 것이기 때문이다. 이러한 주장의 근거는 밀라노에 신플라톤주의 철학에 개방적인 그리스도교인들의 모임이 있었다는 사실이다. 여기에는 암브로시우스(Ambrosius, 339-397), 심플리키아누스(Simplicianus, 320?-400), 말리우스 테오도루스(Mallius Theodorus, 376?-409)와 같은 평신도들이 참여하고 있었고, 아우구스티누스는 그들과 직접 접촉했다는 것이다.

1. 북아프리카 상황

로마인들은 카르타고에 승리를 거둔 후에 넓은 도로망을 구축하고, 도시를 건설하며, 마을을 세우고, 농업을 장려하며, 도처에 문화와 상업을 보급하고 번영시키면서 그 광대한 지역에 경이로운 변화를 주기 시작하였다. 이는 무엇보다 속주(屬州, provincia)를 통해 확인된다. 기원후 3세기 아프리카는 세 개의 속주로 구분되어 있었다. 곧 비자케나(Byzacena)와 트리폴리타나(Tripolitana)를 포함하며 아프리카(Africa)라고 불리던 프로콘술라리스(Proconsularis), 누미디아(Numidia), 마우레타니아(Mauretania)이다. 하지만 디오클레티아누스 황제(284-305)는 3세기 말 행정 구역의 변화를 시도하여, 기존의 주를 더 작은 단위로 나누었다. 284년부터 312년까지 아프리카 속주의 역사에 의하면 이러한 변화는 단계별로 이루어진 것으로 보인다. 디오클레티아누스 황제 재위 초, 아마도 293년 이전에 마우레타니아 카이사리엔시스(Mauretania Caesariensis)의 동쪽 지역이 시티피스(Sitifis)를 중심 도시로 하여 마우레타니아 시티펜시스(Mauretania Sitifensis)라는 이름으로 분리되었다. 294년 이후 아프리카 프로콘술라리스 남쪽 지역을 중심으로 비자케나가 분리되었다. 320년경에는 트리폴리타나가 분리되었다.[1]

흥미로운 것은 새로 편성된 속주의 숫자이다. 4세기 말의 문법가 페스투스(Festus)의 『개요』(Breviarium)에 의하면, 카르타고가 있는 프로콘술라리스, 누미디아, 비자케나, 트리폴리스(Tripolis), 마우레타니아 카이사리엔시스, 마우레타니아 시티펜시스 등 6개이다. 반면, 297년에 작성되었다고 몸젠(Mommsen)이 주장하는 『베로나 목록』은 프로콘술라리스, 비자케나, 제우기타나(Zeugitana), 누미디아 키르텐시스(Numidia Cirtensis), 누미디아 밀리티아나(Numidia Militiana), 마우레타니아 카이사리엔시스, 마우레타니아 타비아 인시디아나(Mauretania tabina insidiana) 등 7개의 속주를 제시한다. 이 목록에서 제우기타나와 프로콘술라리스는 동일한 속주를 가리키는 것으로 보인다. 또한 마우레타니아 타비아 인시디아나의 경우, 줄리앙(Jullian)은 타비아를 자비아(zabia)로 읽어야 한다고 보는데, 이는 시티피스 근처에 있는 자비(Zabi)라는 도시를 언급하고 있는 프로코피우스(Procopius)의 본문에 기초한 것이다. 이 가설을 수용한다면, 마우레나티아 타비아 인시디아나는 마우레타니아 시티펜시스가 된다.

누미디아 키르텐시스와 누미디아 밀리티아나의 분리는 305년경 이루어진 것으로 보인다. 하지만 이후에 하나의 주로 재편성되는데,

---

1 B.H. Warmington, *The North African Provinces from Diocletian to the Vandal Conquest*, Cambridge, 1954, p. 1.

르니에(Renier)와 데자르댕(Dejardins)에 의하면 콘스탄티누스 대제 (306-337)가 통치하던 313년경, 반면 교요(Goyau)에 따르면 320년경에 이루어졌다고 한다. 몸젠과 줄리앙은 '밀리티아나'라는 단어를 트리폴리타나(tripolitana)로 대체해야 하며, 밀리티아나는 군사적 경계선인 리미타네아(limitanea)를 의미한다고 주장한다. 반면, 데자르댕은 남부 누미디아를 가리킨다고 주장하는데, 이곳에 주둔한 군대 때문이다. 이 설명을 받아들인다면, 누미디아 밀리티아나는 람바이시스(Lambaesis)를 주도로 갖고 있던 누미디아 노바(Numidia Nova)라고 명명한 프톨레마이오스(Ptolemaios)의 옛 지리적 구분과 조화를 이룬다. 315년 두 개의 누미디아가 하나로 편성되었을 때는 주도가 람바이시스에서 키르타(Cirta)로 바뀌었는데, 이는 주 통치자가 군사적 권한을 상실했다는 것을 암시한다. 특기할 것은 아우구스티누스의 『서한』 58과 같은 5세기 교회 문헌은 누미디아 프로콘술라리스와 누미디아 콘술라리스(consularis)와 같이 여전히 두 개의 누미디아를 언급하고 있다는 점이다. 4세기 문헌에서는 누미디아가 단수로도 복수로도 표기된다.[2]

 이러한 주들 중에 가장 높은 위치에 있던 곳은 아프리카 프로콘술라리스였다. 지방총독좌는 가장 높은 집정관의 위치와 어떠한 연결점도 갖고 있지 않았다. 4세기에 아프리카 지방 총독 직책을 갖고 있던 이들은 보통 자신들의 경력 초기에 이 직책을 맡았다. 지방 총독들

---

2 B. Ferrère, *La situation religieuse de l'Afrique Romaine depuis la fin du IVe siècle jusqu'à l'invasion vandales(429)*, Paris, 1897, pp. 3-6.

은 황제에게 직접 예속되어 있어 많은 분야에서 행정적으로 관할 구역의 다른 대리자들로부터 독립되어 있었다.

주 통치자들의 주된 임무는 사법권이었다. 이들은 특권층이 개입된 소송을 제외한 모든 민사 및 형사 소송에 대한 관할권을 갖고 있었다. 또한, 모든 세금이 제대로 징수되고 있는지 감독할 책임이 있었고, 시의회의원들(curiales)과 선주들(navicularii)과 같은 이들이 맡은바 공적 의무들을 수행하도록 감독하였다. 하지만 4세기 대부분의 주 통치자들은 군사적인 역할을 맡지는 않았다.[3]

393년 이후 교회 행정 구역은 국가 행정 구역과 약간의 차이점을 제외하면 거의 동일하였다. 이에 따라 아프리카는 6개의 주로 나타난다. 곧 프로콘술라리스, 누미디아, 비자케나, 트리폴리타나, 마우레타니아 카이사리엔시스, 마우레타니아 시티펜시스이다. 각 주에는 중심 도시가 있었는데, 프로콘술라리스에는 카르타고, 누미디아에는 키르타, 비자케나에는 하드루메툼(Hadrumetum), 마우레타니아 카이사리엔시스에는 카이사리아, 마우레타니아 시티펜시스에는 시티피스였다. 이 중 카르타고는 "또 다른 로마"(altera Roma)라고 불릴 정도로 라틴 사고방식을 가진 사람들로 가득한 도시였다. 4세기 말엽 아프리카는 이탈리아 다음으로 로마 제국 내에서 모든 단계의 학교로 가득한 중심지역이었다.

카르타고를 제외하면 이 중심 도시들은 관구주교좌로 간주되지 않

---

[3] B.H. Warmington, *The North African Provinces from Diocletian to the Vandal Conquest*, pp. 2–3.

았다. 따라서 교회 행정구역에도 불구하고 오직 하나의 커다란 교회 관구만이 존재하였으니, 이는 카르타고의 주교였다. 그는 "아프리카 모든 교회의 짐을" 짊어지고 있었다. 엘리 뒤팽(Ellies Dupin)은 5세기 아프리카에 690개의 주교좌가 있었다고 주장하며, 모르첼리(Morcelli)는 720개로 보고 있다. 하지만 실제로는 500개의 주교좌가 있던 것으로 보인다. 이토록 주교좌가 많았던 것은 그리스도교의 확장만으로 설명될 수 없다. 오히려 아프리카에 있던 분할의 경향성과 자치권에 대한 무절제한 선호 등도 고려해야 한다.

로마교회를 "가톨릭교회의 모체요 뿌리"(Ecclesiae catholicae matricem et radicem)라고 명명하였던 치프리아누스(Cyprianus, 200/210?–258)처럼 아프리카인들은 신앙의 문제에서 교황의 수위권을 인정하였다. 하지만 신부와 부제 그리고 성직자에 관련된 모든 판결에 대해서 교황이 개입하는 것만큼은 수용하기 어려워했다. 주교들의 경우 로마에 호소하는 것이 금지되어 있었다고 단순하게 말할 수 없다. 아프리카 공의회가 명시적으로 금지하지 않았기 때문이다. 더욱이 아우구스티누스 시대에는 주교들이 이러한 호소의 권리를 폭넓게 사용하였다는 것도 확실하다.

5세기까지 아프리카 교회의 저술가들은 그리스도교의 가장 열렬한 호교론자였다. 그들은 동방의 철학자나 신학자들보다 더 열정적으로 이교도들을 공격하였다. 또한, 5세기 초 시골과 수도원, 그리고 도시에는 교회 공동체들과 일종의 신학교가 발견된다. 이는 아우구스티누스를 통해 확인할 수 있다.

이러한 그리스도교의 발전에도 불구하고 아프리카는 이교 사상에서 결코 자유롭지 않았다. 대부분 도시에 살던 군중은 각기 자기의 고유한 신앙을 지니면서도 조화를 이루며 살았다. 그리스도인들은 일상적으로 이교도들에게 유보된 제관들의 종교적 역할을 수용하였다. 가장 놀랄만한 것은 이교도 신전에서 우상숭배를 하는 군중 속에서도 그리스도인들을 찾아볼 수 있었다는 점이다. 더욱이 지배 계급의 경우 이교 사상은 아무 종교도 갖고 있지 않은 이들의 종교가 되었다. 특별히 귀족 계급은 자신들이 지니고 있던 사회적 특전들이 그리스도교를 통해 변화되는 것을 원하지 않았기에, 이교 사상을 유지하려 했다. 4세기 말에도 백성들은 역시 우상숭배에 빠져 있었다. 아프리카에서 대중적으로 인기 있는 신은 사투르투스(Saturnus)가 된 바알(Baal)과 첼레스티스(Coelestis)라고 불리던 타닛(Tanit)이었다. 그런데 테르툴리아누스(Tertullianus, 160?-220?)의 증언에 따르면, 아프리카의 주요 신이었던 사투르누스 공경은 3세기 후반 사라졌고, 첼레스티스 공경만 남았다. 티솟(Tissot)에 의하면 첼레스티스 경배는 카르타고에 있는 그리스도인들의 관습 안에 깊이 뿌리를 내리고 있었다. 4세기 말에는 그리스도인이나 이교도들 모두 첼레스티스에게 동일한 경배를 드렸다.

4세기 말 이교 사상과의 결정적인 전쟁이 선포되었다. 황제들은 미신, 희생제사 그리고 모든 경배의 외적 예식 등을 공격하였다. 그리고 여러 차례 이들을 배격하는 칙령을 반포하였다. 399년 4월 이후 카르타고에 있는 모든 신전이 폐쇄되고, 모든 신상(神像)도 파괴되었다. 그럼에도 불구하고 5세기 초엽 이교 사상에 빠진 백성들의 수가 더 우세하였고, 그리스도인들은 소수에 불과하였다. 많은 이교도는 자신들의 집에 신전을 보존하였고, 반달족이 아프리카에 도착하였을 때까지 계속해서 자기의 신들을 공경하였다. 그렇지만 아우구스티누스의 주교직 말년에는 그리스도교가 아프리카에서 우위를 점유하였다. 423년에 반포한 헌장은 더 이상 이교도가 없다고 선포하였다. 하지만 지식인들과 철학자들은 공적으로 금지된 이교 사상을 마음으로 계속 공경하였다.

아우구스티누스 시절 로마가 여전히 곡물 공급에서 북아프리카에 의존하고 있다는 사실은 아프리카에서 농업이 지닌 중요성을 잘 드러낸다. 아우구스티누스의 서한에서도 농업에 관한 이야기가 자주 등장한다. 특별히 아우구스티누스는 광활한 토지에 대해 증언한다. 이러한 토지는 황제의 소유물인 제국의 토지, 원로원 의원들이 소유한 토지, 유명 인사들이 소유한 토지 등이 있었다. 시의회 의원들이 소유한 농지의 전체 양도 주목할 만하다. 4세기에는 농노(colonus)가 농지를 떠나는 것이 하나의 범죄였다. 농노의 신분은 세습적이었기 때문이다. 또한, 토지 소유자는 농지를 경작하는 농노 없이 토지를 판매할 수 없었다.

밀 다음에 중요한 아프리카 생산품은 기름이었다. 이미 율리우스 체사르(Julius Caesar, 기원전 100-44) 시절 트리폴리타니아는 주목할 만한 양의 기름을 생산하였다. 하지만 올리브가 조밀하게 재배된 가장 중요한 지역은 비자케나 주였다.

로마시를 위한 식량 공급에서 아프리카의 중요성은 기원후 48년에 이미 나타난다. '수확량'을 의미하는 '안노나'(annona)라는 단어가 곡물 자체뿐 아니라 곡물 공급 체계를 가리키는 의미로 사용되었다.

콘스탄티노플이 완성되기 이전 로마에 곡물을 공급하는 책임은 아프리카와 이집트가 담당하였다. 그러나 완성 이후에는 이집트가 새로운 수도에 곡물을 공급하게 되어 로마는 아프리카에만 의존하였다. 게르만족의 잦은 침입과 이탈리아 농업의 쇠퇴로 인해 서로마제국 경제의 아프리카 의존도는 자연스럽게 증가하였다. 이 과정에서 '선주들'(navicularii)이 협조자로 등장하였다. 그해 수확한 것을 운반하는 상인들이었기 때문이다. 곡물을 로마로 공급하는 것은 사실상 공적인 임무였고, 이로 인해 직무를 수행하는 이들은 다른 책임에서 면제되었다. 난파 혹은 실수로 곡물을 상실하는 경우, 선주들은 자기 재산으로 이를 변제하였다. 선주들의 후계자가 유산을 받아들이면 계속해서 직무를 수행해야만 하였다. 이 때문에 아우구스티누스는 선주가 교회에 남기려 하는 유산을 거부하였다.

2. 타가스테의 가정

아우구스티누스는 아프리카에서 태어났고, 모든 자료에 따르면, 아프리카인의 혈통임에도 불구하고 문화와 언어상으로 보면 로마인이었다.

그의 탄생지인 타가스테는 로마인들이 북아프리카에 씨앗을 뿌린 여러 중심지 중의 한 곳이었다. 타가스테는 큰 도시가 아니었다. 『소(少) 멜라니아의 생애』를 라틴어로 번역한 익명의 저술가는 타가스테를 작은 도시(civitas parva)라고 부른다. 사실 타가스테에는 공공교육의 첫 단계, 즉 기초교육을 담당하는 선생(primus magister)이 가르치는 학교, 우리말로 가장 비슷하게 표현하면 초등학교만 있을 뿐이었다. 더욱이 그곳은 지중해의 후배지(後背地)로서 많은 도로의 교차점이라는 것 외에는 특별한 중요성을 갖고 있지 않았다. 히포에서 카르타고로 향하는 세 도로 중의 하나가 타가스테를 지나가고 있었다. 또한, 카르타고에서 치르타, 시티피스, 그리고 멀리 떨어져 있는 마우리타니아의 체사레아로 가는 도로가 지나가고 있었다. 그리고 히포에서 테베스테(테바사)까지 남쪽으로 향하는 도로가 통과하고 있었다. 따라서 타가스테의 여관(mansio)은 잘 알려진 곳이었고 이 작은 중심지의 시민들은 넓은 로마 아프리카 지역의 상업적·문화적 움직임을 접할 수 있었다.

그 도시는 지중해에서 멀리 떨어져 있는(피터 브라운에 따르면 200여 마일, 트라페에 따르면 250km, 게리 윌스(Garry Wills)에 따르면 60마일, 1마일 =1.61km) 해발 675미터에 달하는 누미디아의 광대하고 비옥한 고원에 자리한 쾌적한 곳이었다. 향기를 풍기는 숲(이곳에서 아우구스티누스는 새를 사냥하면서 오랫동안 달리곤 하였다), 포도밭과 올리브 동산이 그 도시를 둘러싸고 있었다. 그야말로 곡물과 과일 그리고 목축으로 풍요로운 곳이었다. 이러한 지리적 특성을 참작하면 아우구스티누스가 어린 시절 유리잔 속의 물을 보면서 바다가 어떻게 생겼을까 상상하였다는 진술(『서한』 7, 3, 6)을 이해할 수 있다.

동쪽으로는 카르타고까지 250킬로미터에 걸쳐 있는 -고대인들의 바그라다스(Bagradas)인- 메제르다(Mejerda)의 넓은 계곡이 펼쳐져 있었다. 남쪽으로는 아우레스(Aurès)의 산맥까지 이르는 광대한 고원이 펼쳐져 있었는데, 그 산맥 너머 거의 사하라의 가장자리에는 항상 충분하진 않았지만, 일련의 성채들이 팍스 로마나(pax romana)의 국경과 재산을 지키고 있었다. 서쪽으로는(오늘날의 콘스탄틴(Costantina)) 치르타(Cirta)의 고원이 두 마우리타니아까지 연결되어 있었고, 북쪽으로는 언덕들 뒤편으로 세이부즈(Seybouse)의 계곡(로마인들의 우부스(L'Ubus))이 히포 레지우스에서 100킬로미터도 안 떨어져 있는 근처 바다까지 펼쳐졌다.

로마식 타가스테는 오늘날 (알제리의) 수카하라스(Souk-Ahras)의 흰색 집들 아래, 그리고 일부는 푸른 올리브 동산을 이루는 인근 언덕들 아래 묻혀 있다. 하지만 고대 누미디아의 다른 도시들에서 화려한 유적이 발굴된 것을 보면, 타가스테의 삶과 가옥뿐 아니라 유적들(광장, 온천, 극장, 원형 경기장)을 미루어 짐작해 볼 수 있다. 또한, 시의회가 왜 "지극히 화려한"이라는 과장된 칭호를 이 도시에 붙였는지 어느 정도 이해하게 된다.

354년 11월 13일 아우구스티누스가 태어났을 때, 타가스테는 이미 300년이나 된 도시였다. 당시 그 도시의 찬란함은 비록 쇠한 것은 아니었지만, 확실히 쇠락의 길로 들어서고 있었다. 하지만 아우구스티누스와 그의 어머니인 모니카(Monica, 332?-387)의 역사와 완전히 연결된 타가스테의 역사가 시작되고 있었다.

로마 아프리카의 다른 도시들과 마찬가지로 타가스테에서도 이주민과 원주민, 주인과 종, 무절제한 사치와 비참한 빈곤과 같은 매우 다양한 사회적 조건이 교차하였고 종종 충돌하였다. 도시에는 사치가 넘쳤지만, 대지주의 호화스러운 저택 주위에서 고통스럽게 땅을 경작하며 주인들을 질투하던 한 무리의 소작농들이 자리하고 있는 농촌에서는 빈곤이 지배하고 있었다. 언어와 문화는 라틴어였지만, 시골과 산에 사는 많은 이는 카르타고어(punico)만 말하고 이해하였다. 이를 통해 농민들의 삶을 유추해 볼 수 있다. 그들은 교육이나 문화의 혜택과는 거리가 멀었고, 여유 있는 토지를 지닌 소수의 사람만이 생활의 즐거움을 맛볼 수 있었다. 아우구스티누스가 태어나기 10년 전 남부 누미디아에 농민 봉기가 있었다는 기록을 보면, 농민들의 삶이 얼마나 열악했었는지 짐작할 수 있다. 하지만 아우구스티누스는 이러한 삶과는 거리가 먼 사람이었다고 볼 수 있다. 피터 브라운에 따르면, 그가 농업을 '등뼈 빠지는 힘든 운동'으로 간주하면서 원예에 대해 향수에 젖어 언급하고, 어린 시절 시골에서 새를 쫓고 뛰놀던 추억에 잠기곤 했다는 기록을 통해 알 수 있다.

이 양극단 사이에 중간 계급, 보통 아프리카 출신이지만 로마식 양성과 사고방식을 가진 계층이 형성되면서 제국의 조직 안에 온전히 삽입되었다. 소지주들로 이루어진 계급이었다. 그들은 공적인 일의 진행에 참여하면서 자기 자녀들이 모든 등급의 교육을 받아 결국에는 재판관, 수사학자, 법학자 등이 되기를 열망하던 이들이었다. 이 계급에 아우구스티누스의 집안이 속해 있었다.

타가스테의 주요 인물들 사이에서 빛나는 알리피우스의 가문이나 막대한 부를 소유하고 있던 로마니아누스의 가문과 같은 다른 집안들과 비교할 때 가난하다고 말할 수 있었다. 실제로 아우구스티누스는 그렇게 생각하였다. 그는 자신의 아버지에 대해 "매우 소박한 타가스테 시민"이라고 칭하고, 자신에 대해서는 "가난한 부모에게서 태어났다."라고 묘사한다.

하지만 이 말에 오늘날의 의미를 부여하지 말아야 한다. 당시 가난함은 일정 수준의 안락함(benessere)을 배제하지는 않았다. 사실 아우구스티누스의 부모는 집에 종을 소유하고 있었고, 일정 부분 땅도 갖고 있었다. 그들은 30여 킬로미터 정도 떨어진 마다우라(Madaura)로 아들을 보내 공부하게 할 수 있었고, 학업을 마치도록 카르타고로 보내려는 야심 찬 계획을 꿈꿀 수 있었다. 하지만 안락함은 부유함을 의미하는 것은 아니다. 가족이 바친 희생에도 불구하고, 동향 사람이며 부자라고 불리던 알리피우스(Alypius)의 친척인 로마니아누스(Romanianus)의 도움이 없었더라면 아마도 그 야심 찬 계획은 이루어지지 않았을 것이다.

아우구스티누스는 이 후원자의 자비로움이나 자신이 할 수 있는 것 이상으로 아들을 위해 감수한 아버지의 희생과 의지를 칭송하며 기억할 것이다. "먼 도시에서 자신의 아들이 공부하는 데 필요한 것들을 마련해주기 위해 가족의 재산이 허락하는 것 이상으로 지불한 나의 아버지 같은 사람을 누가 칭송하지 않겠습니까? 제 아버지보다 훨씬 더 부유했던 많은 아버지도 자신의 자식들을 위해 그러한 희생을 하지 않았습니다."

그의 재산은 부유하지 않았던 히포 교회 소유의 20%를 넘지 않았다. 매우 소박한 재산이지만, 아우구스티누스는 주교가 되었을 때 – 다른 가난한 이들을 도와주었던 것처럼– "자신의 친척들이 부족함으로 고통받지 않도록 하기 위해, 혹은 그것을 덜 겪도록" 하기 위해 그들을 도와줄 수 있었다. 『고백록』과 『대화편』 그리고 다른 저서들을 통해 아우구스티누스에게는 최소한 나비기우스(Navigius)라는 한 명의 남동생과 이름을 알 수 없는 여동생이 있었음을 알 수 있다. 그런데 동생들이 마다우라에서 "문법 선생" 과정을 이수했다고 보이지 않는다. 분명 사촌 형제들인 라스티아누스(Rastianus)와 루스티쿠스(Rusticus)도 그런 기회를 얻지 못했을 것이다. 따라서 아우구스티누스의 집안은 부유하지 않았지만, 분명 특별하고 존경받는 집안이었다. 파트리치우스(Patricius)라는 이름을 가진 그의 아버지는 시의회의 구성원이었다. 매우 신심 깊은 어머니 모니카는 고귀한 성격과 높은 덕행으로 존경받는 인물이었다.

아마도 아프리카 출신이지만 로마화한 가정이었을 것이다. 파트리치우스의 집에는 종을 포함한 모든 이가 라틴어로, 오직 라틴어로만 말했다. 이에 놀라지 말길 바란다. 히포에는 모든 이가 카르타고 말을 알고 있던 것은 아니었고, 따라서 성직자 중에 카르타고 말을 사용할 수 있는 이는 소수에 불과하였다. 어쨌든 아우구스티누스는 학교에서 배우기 전에 집에서 "위협과 벌"이 아닌 "유모들의 귀염 속에서, 미소로 이루어진 축제 분위기와 놀이의 기쁨 가운데서" 라틴어를 배웠고, 자신의 고유한 생각들을 표현하고자 하는 원의나 필요성 때문에 그 말을 습득하였다. 사실 라틴어는 그가 자신의 감정을 표현한 첫 번째 언어이며, 완전히 자유자재로 구사한 유일한 언어였다.

미래의 주교는 카르타고어로(아우구스티누스는 우리에게는 불명확한 의미에서 이 명칭을 사용한다.) 일부 격언들만 인용할 것이며, 일부 라틴어 단어에 상응하는 카르타고 용어를 언급할 것이다. 하지만 카르타고 말만 하는 그의 교구에 있는 시골 사람들을 이해시켜야만 할 때, 도나투스파 주교인 마크로비우스(Macrobius)가 했던 것처럼 통역을 이용할 것이다. 더욱이 아우구스티누스는 "수많은 지혜로운 것들이 전해져오는" 카르타고어 문학에 대해 언급할 때, 자신의 체험보다는 "가장 학식이 있는 사람들에 의해 증명된 것처럼"이라고 말할 정도로 가장 박학다식한 이들의 권위에 호소할 것이다. 따라서 그는 카르타고어를 일반적이고 제한적으로만 이해했기에 그 말을 사용하지 못하였다고 결론을 내려야만 할 것이다.

그의 아버지 파트리치우스(Patricius)는 약간의 재산을 가지고 있던 시의원이요, 아직 세례를 받지 않은 이교도였던 반면, 어머니는 열심히 거룩하게 사는 모니카(Monica)였다. 그는 어머니 덕분에 그리스도교적 방식으로 자라났기에, 하느님의 섭리와 영생을 항상 믿었을 뿐 아니라, 마음에는 언제나 그리스도의 이름이 자리하고 있었다. 이러한 측면에서 염두에 두어야 할 것은, 아우구스티누스가 유스티누스(Iustinus)와 마리우스 빅토리누스(Marius Victorinus, 281/291-262?)와는 다른 차원의 회심자라는 것이다. 곧 그는 이교 사상에서 개종한 것이 아니라 그리스도교 자체에서 회심한 것이다. 그는 항상 그리스도교 신자였기 때문이다. 교황 요한 바오로 2세(Ioannes Paulus II)는 "이 회개는 처음으로 가톨릭 신앙을 갖게 한 경우가 아니라 그 신앙을 재발견한 경우이기 때문에 순전히 개인적인 여정이었음은 잘 알려진 사실입니다."라고 말한다. 그리고 "내가 아직 어렸을 때 영생에 대한 것을 들었습니다."라는 『고백록』 1, 11, 17의 증언은 분명 모니카로부터 예수 그리스도를 통한 영원한 삶에 대해 들었다는 것을 보여준다. 또한, 이 부분은 어릴 때 예비자로 등록하였지만, 세례를 받지 않았다는 것("어느덧 나는 그의 십자성호로 그음을 받고, 그의 소금으로 (…) 내 어미의 복중에서부터 저려졌나이다.")과 갑자기 심각하게 아파서 세례받기를 원했지만 금방 나았기 때문에 세례를 받지 않았다고 증언한다. 그리고 아우구스티누스는 아버지를 제외하고 자신과 온 집안이 신자가 되었다고 전하면서 자신의 유아기 신앙을 소개하고 있다.

가정 안에서의 모니카에 대해서도 『고백록』은 9권 9장에서 언급하고 있다. 사실 모니카는 예외적인 여인이었다. 본성상 뛰어난 지성, 강인한 성격, 깊은 감수성 등을 갖고 있었다. 331년 타가스테의 오래된 그리스도교 전통을 지닌 집안에서 태어난 그녀는 집안의 나이 든 하녀에게서 하느님을 공경하고, 사람들을 사랑하며, 권위를 존중하고, 자연적 감정과 경향성을 지배하는 법을 배웠다. 그녀의 부모가 특별한 관심을 두고 그녀를 맡긴 엄격하고도 지혜로운 그 하녀의 교육 목적은 지극히 고귀한 것이었다. 곧 그녀가 영예로운 것이 아닌 것을 좋아하지 않도록 하는 것이었다. 그리고 그녀는 그것에 성공하였다. 한 여종의 불의하고도 공격적인 비아냥거림이 있은 후에 부모 몰래 포도주를 마시는 습관을 버릴 수 있도록 그녀를 도와준 것도 영예에 대한 이 훌륭한 의미였다.

모니카가 언제 결혼했는지 우리는 알지 못한다. 우리는 첫아들로 보이는 아우구스티누스가 태어났을 때 그녀는 23살이었다는 것을 알고 있다. 그녀는 이상적인 부인이었다. 그녀는 "화를 잘 내는" 성격의 남편을 선함과 인내, 존경으로 대함으로써 '존경과 찬탄"을 받았고, 배신을 견딤으로 그를 신앙으로 이끌었다. 가정 안에서 시어머니의 의심과 종들의 쑤군대는 말들을 이겨내며 평화를 유지했다.

어머니로서 주된 걱정거리는 자녀들을 그리스도교적으로 교육하는 것이었다. "나는 어릴 적부터 영원한 삶에 대해 들었습니다. 우리의 교만함에까지 내려오신 우리 주 하느님의 겸손함을 통해 우리에게 약속된 것이었습니다. 그리고 저는 이미 그분의 십자 성호로 그음을 받았고, 당신께 큰 희망을 두고 있었던 나의 어머니의 모태에서 나오는 날부터 당신의 소금으로 절여졌나이다."(『고백록』 1, 11, 17) 아우구스티누스의 이 말은 모니카의 교육이 어떻게 시작되었는지 궁금하게 한다. 신앙과 봉헌과 신심의 삶의 모범으로 단련된 것이기에 아우구스티누스의 영혼 안에 깊숙이 뿌리내린 교육이었다. 과부가 된 그의 어머니에 대해 아우구스티누스는 다음과 같이 적고 있다. "정결하고 절제가 있으며, 애긍을 하는 데 있어 한결같고, 당신의 성인들에게 순종적이고 신심 깊은 그녀는 당신의 제단에 봉헌물을 가지고 가는 것을 하루도 빠지지 않고, 매일 아침과 저녁에 두 번씩 틀림없이 당신의 성당을 방문하였는데 헛되이 담소하거나 다른 노파들처럼 수다를 떨기 위해서가 아니라 당신의 말씀을 듣고 당신께 자신의 기도가 들리도록 하기 위함이었습니다."(『고백록』 5, 9, 17)

특이한 점은 아버지인 파트리치우스에 대해 별말이 없다는 것이다. 그의 아버지는 가정의 다른 모든 구성원과는 달리 이교도였다.(『고백록』 1, 11, 17) 더욱이 그는 선한 사람이요, 개방적이며 자상하였다. 화를 쉽게 내고 간혹 방탕한 생활을 하였음에도 불구하고 말이다. 그는 매우 신심 깊은 그리스도인 여성과 결혼하였다. 그는 평화로이, 곧 깊고 지속적인 불화 없이 견고한 가톨릭 신앙을 지닌 가정 안에서 살았고(이 공적은 그보다는 덕망 있는 부인 덕분이었지만), 자녀들에 대한 그리스도교 교육을 반대하지 않았다. 하지만 그는 이교도였고, 이교 사상에 대해 분명한 태도와 분명한 판단을 간직하고 있었다.(『고백록』 2, 3, 6 ; 9, 19) 그는 370년에야 예비신자로 등록하였고, 사망하기 직전에야 세례를 받았다.(『고백록』 9, 13, 37) 『고백록』 9, 9, 19는 "성깔도 불같았습니다."라고 간단히 묘사한다. 또 제2권 3장은 아우구스티누스가 16살 때 아버지와 함께 목욕탕에 간 일을 묘사한다. "아비가 목욕탕에서 자칫하면 큰일 날 사춘기의 젊은 내 육체를 보고는 어느새 손자라도 본 듯이 기뻐하면서 어미에게 알렸던 것입니다." 최민순 신부의 이 번역은 다음과 같이 바꿀 수 있다. "아버지는 목욕탕에서 내가 사춘기가 되었음을 그리고 불안한 청년기의 옷을 입었음을 보았다." 게리 윌스는 이 부분에 대해 잘못 해석하고 있는 두 심리학자를 소개하고 있다. 찰스 클링거만(Charles Klingerman)은 여기서 형용사 '불안한'(inquieta)을, 아우구스티누스가 목욕탕에서 발기했다는 뜻으로 해석하고 있고, 브랜들(R. Brändle)과 나이트하르트(W. Neidhart)는 아우구스티누스의 아버지가 그가 자위하는 것을 본 것으로 해석하고 있다. 게리 윌스가 지적하듯, 이러한 해석은 역사적 사실 및 신학 사상에 대한 무지에서 나온 것임은 분명하다.

3. 교육

"올바른 생활이랍시고 철없는 것에게 제시된 것은 사회에서 출세를 하고, 그러려면 인간의 명예와 헛된 부귀에 종노릇 하는 웅변학이 뛰어난 만큼 이의 스승을 붙좇으라는 것이었습니다."라고 『고백록』 1권 9장은 말한다. 결국, 아우구스티누스는 문학을 배우러 타가스테의 한 학교에 들어가 글쓰기, 읽기, 셈하기 등의 기초교육을 받는다. 이 과정에서 아우구스티누스는 학교에서 매 맞지 않게 해달라고 기도했다고 고백한다. 이는 매질, 채찍질, 곤장 등으로 교육했던 당시 로마식 교육의 모습을 드러낸다.

이후 12세부터 16세까지 마다우라(Madaura)에서 문법 공부를 한다. 이 공부는 고전 문헌에 대한 문학적 그리고 문법적 분석으로 이루어져 있었다. 이 과정에서 그는 라틴어와 라틴 문화에 대해서는 깊이 이해하였지만, 그리스어와는 친숙해지지 못하였다고 고백한다. "어릴 때 배우던 희랍 말이 왜 그리 싫었는지, 지금도 그 까닭을 밝히지 못한 채로 있습니다."(『고백록』 1, 13, 20) 피터 브라운이 말하듯, 아우구스티누스가 그리스어를 배우지 못한 것은 후기 로마 교육제도의 실수이다. 여기서 아우구스티누스와 테르툴리아누스의 문화적 소양 사이의 결정적 차이를 볼 수 있다. 테르툴리아누스는 그리스어를 알았고 라틴어와 그리스어 두 언어로 저술할 수 있었다. 하지만 아우구스티누스는 그러지 않았다. 이것이 아우구스티누스의 문화적 소양에서 주목할 만한 한계이다. 회심 후에도 그는 모든 방법을 통해 번역된 동방 교부들의 작품들을 찾아야 했고, 히에로니무스(Hieronymus, 347/348-419/420)에게 동방 교부들을 서방에 소개시켜 달라고 청하기도 하였다. 이는 동방과 대화가 적었음을 보여준다.

사실 아우구스티누스는 그리스어를 마다우라의 학교에서 배웠다. 하지만 본인의 원의와는 상관이 없었다. 이는 무미건조하고 생기 없는 학업보다 −사전을 공부하는 것이 그중의 하나이다− 시에 더 끌리는 그의 자연적 경향 때문이거나 "고통으로 가득 찬 벌"에 기초한 당시의 엄격한 학문 방법 때문이었을 것이다. 그리스어는 결코 그에게 친숙한 언어가 되지 않았다. 그리스어 공부는 마치 쓸개와도 같았다고 고백하면서, 어학을 배우는 데 힘이 되는 것은 자유로운 호기심(libera curiositas)이지, 까다로운 강압(meticulosa necessitas)이 아니라고 주장한다.

하지만 그리스어를 전혀 습득하지 않은 것은 아니다. 그리스어 성경 본문을 참조하거나 라틴어본을 수정하고 −그에게는 습관적인 일이었다− 히에로니무스의 번역을 다룰 때조차 번역의 정확성을 검증할 수 있을 정도의 수준은 되었다. 또한, 그 자신이 교부들의 작품이나 플로티누스(Plotinus, 204/205−270?)의 본문을 정확하게 번역하거나 그리스어 원문으로 된 작품을 직접 이용할 정도의 실력은 갖추고 있었다. 하지만 본인이 원했던 정도나 짧은 시간 안에 교부들의 저서를 능숙하게 읽을 정도의 수준은 되지 못했다. 따라서 그의 문화는 많은 동시대인(예를 들면, 히에로니무스나 암브로시우스)과는 달리, 근본적으로 라틴 문화, 더 정확히 말하자면 라틴어를 통해 획득하였다.

당시 아우구스티누스는 비르질리우스(Virgilius, 기원전 70−19)의 『에네아스』(Aeneas)에 심취하였고, 연애로 자살한 디도에 대해 눈물을 흘렸다. 후에 아우구스티누스는 『고백록』에서 당시 자신이 빠져 있었던 희곡 등을 가르치는 것을 신랄하게 비판한다. 이를 '지옥의 강'(flumen Tartareum)이라는 표현을 통해 확인할 수 있다. "이 따위를 배우겠다고 사람들의 자식들이 사례금을 가지고 네 안으로 뛰어드누

나." 추악한 말을 통해 추행이 더욱 거침없이 행해지기 때문이다. 또한, 이러한 말은 오류의 포도주(vinum erroris)일 뿐인데, 선생들은 이를 학생들에게 마시라고 강요하고 있다는 것이다.

그렇지만 당시 아우구스티누스는 '싹수가 좋은 아이'(puer bonae spei)였다. 즐겨 배우고, 배움에 빠져 있었기 때문이다. 동급생들을 제치고 열변을 통해 박수갈채를 받는 것에 만족하였다. 곧 사람들의 칭찬과 인기를 얻는 것을 보람 있는 삶(honeste vivere)으로 여겼다. 또한, 이루 헤아릴 수 없는 거짓말로 부모와 선생과 가정교사를 속이기도 하였다. 이는 놀고 싶고, 실없는 구경거리를 보고 싶고, 연극에서 본 것을 흉내 내고 싶어서였다. 아울러 아우구스티누스는 부모의 곳간과 식탁에서 훔친 일도 고백한다. 본인이 먹기 위한 것만이 아니라 아이들에게 줄 것을 마련하기 위해서였다. 다른 아이들은 아우구스티누스와 함께 재미있게 놀면서 그가 훔쳐온 것을 받기까지 했으니, 결국 자기들 놀이를 팔아먹은 셈이다. 더욱이 그는 이러한 놀이에서도 남보다 뛰어나고 싶은 허욕에서 속임수로 승리를 얻기도 하였다. 그러면서도 타인이 그러한 일을 하면 모질게 꾸짖었다. 만일 본인이 들켜서 비난을 듣게 되면, 인정하기는커녕 무섭게 덤벼들었다.

그는 경제적 이유로 고향에 돌아온다. 아버지의 열성으로 타가스테에서 259km 떨어진 카르타고로 유학을 준비하지만 넉넉지 않은 재력으로 인해 일 년간 연기된다. 이러한 아버지의 모습을 타가스테 사람들이 칭송한다. "그즈음 멀리 유학길을 떠나는 자식에게 필요한 모든 것을 집안의 힘에 겨웁도록 마련해주는 내 아비를 추켜서 칭송하지 않는 사람이 없었습니다. 부유하게 사는 사람이 많아도 자식을 위하여 이런 일을 하는 이는 많지 않았습니다."

"제가 당신 앞에서 어떤 사람으로 성장해야 하는지, 얼마나 순결한 사람이 되어야 하는지에 관해서는 도통 마음을 안 썼습니다. 하느님, 제가 비록 구변 좋은 사람이 되었을지는 모르지만 당신의 농사에서는 버려진 사람이었습니다. 당신께서 당신의 밭, 곧 제 마음의 주인, 오직 한 분이시고 참되시고 선하신 주인이신데 말입니다." 이렇게 아버지의 관심사를 표현하는 데 있어 아우구스티누스는 흥미로운 표현을 사용한다. 인간의 교양(cultura)에서는 '구변 좋은 사람'(disertus)이 되었지만, '하느님에 대한 지식'(scientia Dei)을 의미하는 하느님의 농사(cultura Dei)에서는 '버려진 사람'(desertus)이 되었다는 것이다. 사실 교양에 대한 언급은 우연적인 것이 아니다. 교양은 인간 양성의 기초를 형성하며, 아우구스티누스는 항상 교양의 중요성을 지적한다. 아우구스티누스가 당시 문화를 비판한 것은 이교 사상에서 받은 영감, 문체와 말의 정확함에 대한 과도한 관심 그리고 내용보다는 수사학에 대한 과도한 강조 때문이었다. 그는 『서한』 118에서 이교도 교양의 공허함을 비판하면서 온전히 진리에 헌신하는 그리스도교 교양의 필요성을 강조한다. 그에 따르면 참된 교양은 행복을 보증하기 때문이다. 분명 아우구스티누스의 언어에서 교양은 지혜에 대한 연구를 뜻하며 지혜는 진리이고 진리는 하느님이다.

여하튼 타가스테에 체류하던 이 기간에 그는 유명한 배 도둑질 사건을 전해 준다.(『고백록』 2, 4, 9-9, 17) "저희 포도밭 근처에 배나무가 있었는데 열매가 주렁주렁 달리기는 했지만 모양이나 맛으로나 탐낼 만한 과일이 아니었습니다. 아주 못된 저희 아이들이 놀이에 미쳐 늦게까지 광장에서 시간을 보내다가 으슥한 밤에 그 나무를 흔들어 터는 일에 착수했습니다. 그리고는 태짐이 될 만큼 몽땅 싸갔는데 그 배로 저희가 한바탕 먹고 놀자는 것이 아니라 돼지들한테 던져주려는 것이었습니다. 거기서 조금은 먹기도 했지만, 하지 말라고 하면 더 해보고 싶은 심보로 저지른 일입니다."(『고백록』 2, 4, 9) 아우구스티누스는 이러한 도둑질의 이유를 다음과 같이 설명한다. "정의에 대한 빈곤과 싫증, 불의로 살찐 것 말고는 딴 이유가 없었습니다. 저한테 풍족하게 있고 훨씬 좋은 것이 있는데도 그것을 훔쳤는데, 도둑질을 하면서까지 제가 탐내던 것을 향유하기 위해서가 아니라 그냥 도둑질과 그 죄악이 좋아서였기 때문입니다." 또한, 그 도둑질에 대해 이렇게 평가한다. "저 순간 그 마음이 대체 무엇을 찾고 있었던가! 그저 악인이 되고 싶었고 제 악의의 원인은 악의 말고는 아무것도 없었습니다. 그 악의가 추잡했고 저는 그것을 사랑했습니다. 스스로 망하는 것을 사랑하고, 제 결함을 사랑하되 결핍한 것을 사랑함이 아니라, 내 결함 자체를 사랑했습니다." 결국, 도둑질의 이유는 불의함에 대한 쾌락이다. 달리 말하면 악을 악으로 행하고자 하는 쾌락이다. 바로 여기에 심각성이 있다.

여기서 중요한 것은 덧없이 지나가는 것이라 할지라도 하느님이 만든 모든 것은 다 아름답다는 것이다. 아우구스티누스는 다음과 같이 고백한다. "주여, 당신이 만들어내신 것이오니 그것들이 아름다웁기는 님이 아름다우신 때문, 님이 좋으시기에 그것들도 좋아진 것, 님이 있으시기에 그것들도 있는 것이니이다."(『고백록』 11, 4, 6) 또한 "어떠한 양식으로든 존재하는 모든 것은 선한데, 이는 어떠한 양식으로 존재하는 것이 아니라 존재 자체이신 분에게서 온 것이기 때문이다."(『고백록』 13, 31, 46) 따라서 배 도둑질에서도 배는 아름다운 것이다. 하지만 도둑질에는 아무런 아름다움이 없다. 여기서 아우구스티누스는 죄에 대한 또 다른 정의를 우리에게 제시한다. "당신을 등지고, 그리고 당신께 돌아감이 없이는 얻지 못할 맑고 깨끗함을 당신 밖에서 찾을 때 영혼은 외도를 하게 되는 것이옵나이다." 또한 "당신을 멀리하고, 당신 앞에 스스로 높이는 자는 당신을 비뚤어지게 본받나이다." 여기서 모든 죄는 하느님의 높으심을 잘못 모방하는 것으로 드러난다. "교만조차 높음을 –홀로 당신이 만물 위에 뛰어나신 하느님이시거늘– 본뜨는 것."

따라서 아우구스티누스가 도둑질 안에서 사랑한 것은 악 그 자체이다. 그리고 악은 그 자체로 없는 것(無)이기에, 없는 것을 사랑한 아우구스티누스는 더욱 불쌍한 인간이다. 또한, 도둑질 안에서 아우구스티누스가 사랑한 것은 친구들의 모임이었다. "그때 저의 마음을 더 들어 보건데, 혼자서는 결코 그런 짓을 하지 않았을 것입니다. 제가 거기서 좋아한 것은 제가 그짓을 함께 저지른 자들과의 유대감이었습니다. (…) 저에게는 쾌감이 그 열매들에 있지 않았고 바로 그 악행 자체에 있었으므로, 함께 죄짓는 자들의 유대감이 쾌감을 만들어내고 있었던 것입니다. (…) 훔친 물건이 제 마음에 들어서가 아니고 훔친다는 일 자체가 마음에 들어서 하였으므로 저 혼자로서는 그 도둑질을 하지 않았을 것입니다. 그 짓을 저 혼자 하기는 마음에 들지 않았을 테고 따라서 하지도 않았을 것입니다."

1년 뒤 아우구스티누스는 17세의 나이에 동향 사람인 로마니아누스(Romanianus)의 재정적 도움으로 카르타고에서 수사학을 공부하게 된다. 이곳에서도 아우구스티누스는 무엇보다 연극에 몰두한다.(『고백록』 3, 2, 2-2, 4) 연극이 아우구스티누스 자신의 비참한 모습을 보여주는 장면으로 가득하여 그의 정욕의 불길에 기름을 끼얹었다. 무엇보다 아우구스티누스는 사람들이 눈물겹고 비극적인 일을 당하면 질색하면서도 정작 그런 장면을 무대에서 보고 슬퍼하기를 좋아하는 것에 초점을 맞춘다. 연극 무대에서의 고통 자체가 쾌락이라고 보면서, 자기 자신의 고통은 불행(miseria)이지만, 다른 이를 위해 겪는 고통은 가엾이 여기는 것(misericordia)이라 확언한다. 이러한 감정 이입으로 인해 연극 관람객들은 기뻐서 울고 고통을 사랑한다. 당시 아우구스티누스 역시 무대에서 연인들이 불륜으로 시시덕대는 꼴을 보고 같이 즐거워했고, 그들이 헤어질 때면 동정하듯 슬퍼하였다. 고통받는 것을 사랑하고 고통의 기회를 찾았다. 고통에 대한 사랑(dolorum amores)이었다. 물론 구경하는 것마다 실지로 해보고 싶지는 않았기에 깊이 파고들지는 않았지만, 보고 듣는 것에서 마치 살갗이 긁히듯 싫지 않았다. 지금은 해로운 향락을 채우지 못하거나 가엾은 행복을 잃고 고민하는 자보다도 불륜으로 희희낙락하는 자를 더욱 동정한다.

더욱이 카르타고에서 아우구스티누스는 이름이 알려지지 않은 동거녀와의 사이에서 아데오다투스(Adeodatus)라는 아들을 낳았다. 게리 윌스는 "첫 아이 이후로 다른 아이들이 없었던 것은 아우구스티누스가 -'그녀의 의지에 반하여'라고 그는 암시한다- 피임법을 사용하였음을 알려준다."라는 어이없는 해석을 하고 있다. 『고백록』 3권 1장은 카르타고라는 단어와 사르타고(sartago)라는 단어를 연결하여 카르타고에서의 방탕한 삶을 묘사하고 있다. 그래서 "우정의 샘구멍을 사욕의 탁류로 더럽히고, 그 순결을 음탕한 지옥으로 흐리우는 것이었으나 다랍고 구접스런 주제에 오히려 겉만 번지르하고 의젓하게 점잖은 척 꾸미는 것이었습니다."라는 부분에서 우정이란 단어를 동성애로 해석하는 이도 있다. 예를 들면, 영국의 언론인인 레베카 웨스트(Rebecca West, 1892-1983)이다.

수사학 학교에서 윗자리를 차지한 아우구스티누스는 자만심을 즐기고 거드름을 피우고 있었다. 흥미로운 것은 일부 학교 동료들을 일컬어서 질서를 혼란케 하는 이들을 지칭하는 '깡패' 혹은 '파괴자들'(eversores)로 표현하는 것이다. 이 명칭은 흉물스럽고 악마적이지만 도시인의 모습으로(insigne urbanitatis) 통했다. 아우구스티누스는 이들과 함께 살면서 그들 축에 못 끼는 것을 부끄러워하였고, 그들과의 우정을 즐겼다. 그러나 그들의 행실(eversion)만은 징그러워하였다. 초학자들의 어수룩함을 치근거리며, 까닭 없이 놀렸기 때문이다.

그의 고통스럽고 오랜 내적 진보는 19살에 치체로(Cicero, 기원전 106-43)의 『호르텐시우스』(Hortensius)라는 책을 읽으면서 시작된다. 아우구스티누스에 따르면, 이 책의 내용은 철학을 권유하는 것으로 "그 책이 내 성정을 아주 바꾸어버렸고, 주여, 당신께로의 내 기도에 변화를 일으켰으며, 나아가 내 희망 절원까지 딴 것으로 만들어버렸습니다. (…) 나의 하느님, 세속적인 것들에서 당신께로 날아가고자 얼마나 불타고 있었습니까! 얼마나 불타고 있었습니까! 비록 당신께서 나를 통해 무엇을 하고자 하시는지 알지 못하면서도 말입니다. 지혜는 당신과 함께 계십니다. 지혜에 대한 사랑은 그리스어로 철학이라 합니다. 그의 불로 이 독서에 나는 열중하게 되었습니다."(『고백록』 3, 4, 7-8) 여기에서 아우구스티누스는 많은 이들이 하는 것처럼 언어에 머물지 않고, 그 사상의 심연까지 간파하고 매료되었다. 진리에 대한 인식만이 아니라 윤리적 의무로서, 삶의 방향으로서, 지혜에 대한 사랑과 추구 그리고 소유로서 이해된 철학에 대한 믿을 수 없을 만한 사랑이 마음속에서 생겨남을 느꼈다. 그는 다음과 같이 말한다. "수사학 학교에서 『호르텐시우스』라는 제목의 치체로의 책을 읽은 후, 내 나이 19세 때부터 나는 철학에 대한 큰 사랑에 사로잡혀, 즉시 그것에 내 자신을 헌신할 것을 결심하였다."(『행복한 삶』 4)

현재 우리에게 『호르텐시우스』는 전해지지 않는다. 단지 아우구스티누스와 다른 저자들의 인용을 통해 이 작품의 내용을 개략적으로 알 수 있을 뿐이다. 이에 대해서는 미셸 루쉬(Michel Rush)의 『치체로의 호르텐시우스: 역사와 재구성』(l'Hortensius de Ciceron; histoire et reconstruction, Parigi, 1958)을 참고하기 바란다. 이 작품은 아리스토텔레스(Aristoteles, 기원전 384/383-322/321)의 "Protretticos"에서 많은 영향을 받은 것이라 보인다. 아우구스티누스는 그의 범주론도 공부했다. 결국, 그는 플라톤 사상뿐 아니라 아리스토텔레스주의와 스토아학파와도 친숙하게 되었고, 이것이 그의 사상의 철학적 배경이 된다.

이 책에서 치체로는 참된 철학에 대한 칭송을 펼치고 있으며 오류를 가르치는 유혹적인 철학자들을 논박하고 있다. 청년 학생은 이러저러한 당시의 철학사조가 아닌 철학 그 자체를 추구하라고 권고하고 있는 이 내용에 깊은 감명을 받았다. "일부 사람들이 철학이라는 위대하고도 매력적이며 정직한 이름으로 자신들의 오류에 채색하고 분장하면서 이웃을 속이고 있습니다. 그의 시대이든 그 이전이든 이러한 방식으로 행동하는 거의 모든 이가 그 책에서 낙인찍히고 고발되었습니다. (…) 철학에로의 그 권고에서 나의 마음에 들기에 충분한 것이 오직 하나 있습니다. 그의 말들은 이러저러한 철학 학파가 아닌 지혜 자체를, 그것이 어떠하든 간에 사랑하고, 찾으며, 따르고, 그것에 도달하며, 힘껏 안으라고 나를 자극하였고, 내 마음의 불을 댕겨 타오르게 하였습니다."(『고백록』 3, 4, 8) 또한, 치체로는 회의주의자들을 포함한 모든 이가 행복하기를 원한다는 사실에서 출발하여, 참된 철학이 추구하는 행복을 위한 본질적 조건이 윤리성이라고 제시하였다. 사실 악을 원한다는 것은 이미 그 자체로 큰 불행이다. "자, 분명 철학자들이 아니라 무엇보다 항상 말하려고 준비된 이들은, 쾌락에 따라 사는 모든 이는 행복하다고 말한다. (…) 이것은 분명 잘못된 것이다. 사실 적합하지 않은 것을 바라는 것은 최대의 불행이다. 그리고 원하는 것을 획득하지 않는 것이 불행의 원인일 뿐 아니라, 적합하지 않은 것을 바라는 것도 마찬가지이다. 실제로 무질서한 원의는 행운을 가져오는 선보다 상위에 있는 악을 인간에게 가져온다." 아우구스티누스는 『삼위일체론』(De Trinitate)에서 이 이야기를 전하면서 "놀라우며 온전히 참된 확언"이라고 주석한다. 이 확언은 이교도 철학이 윤리적 차원에서 어느 정도의 수준에 이르렀는지 보여준다. 따라서 치체로는 계속해서 말하기를, 현인의 이상은 자신 안에 있는 불멸의 영혼을 인정하는 것이요, 진리 추구에 전념하는 것이며, 악행을 멀리하고, 덕행을 실천하는 것이다.

    더욱이 치체로는 저세상에서는 행복이 모든 것의 창조자에 대한

"인식"과 "앎"으로 구성되는 반면, 이 세상의 악과 매력 사이에 있는 우리에게는 사추덕(四樞德)의 수행이 필요하다고 역설하였다. "이렇게 매혹적이고 탁월한 문체로 자신의 의견을 개진한 그 위대한 연설가는 철학의 가치를 칭송하면서, 그리고 철학적 전통의 가르침들을 요약하면서 이 사추덕이 고뇌와 오류들로 가득한 이곳에서의 삶에서만 필요하다고 확언하였다. 사추덕 중 어떤 것도 우리가 이 삶을 떠나게 될 때, 만약 우리가 행복하게 사는 곳에서 사는 것이 허락된다면, 더 이상 필요하지 않을 것이다. 행복하기 위해서는 선한 영혼들에게 인식과 앎, 곧 본성에 대한 관상만으로도 충분할 것이다. 다른 모든 본성을 만들고 질서를 세운 그 본성보다 어떤 것도 뛰어나고 사랑받을 자격이 없기 때문이다."(『삼위일체론』 14, 9, 12)

마찬가지로 그는 인간이 지혜를 추구하는 데에서 멀어지게 하는 감각적 선들, 곧 부유함, 쾌락, 명예 등에서의 피신에 대해서도 역설하였다. 쾌락에 대해서는 다음과 같이 자문하였다. "육신의 쾌락들, 플라톤이 참되게, 그리고 매우 진지하게 '모든 악의 덫이요 샘'으로 묘사한 이 쾌락들을 추구해야만 하는가?" 그에 대한 대답은 다음과 같이 분명하다. "육욕성의 자극들이 강한 만큼, 철학의 반대자가 된다. 생각의 강도는 육신의 욕망과 동의하지 않는다. (…) 감정들 중 가장 위협적인 육욕성에 지배된 어떤 인간이 정신을 사색에 복종시키고, 자신의 이성을 복구하거나 더욱이 어떤 대상으로든지 집중할 능력이 있겠는가?"(『율리아누스 반박』 4, 14, 72)

이렇게 제시된 철학적 이상이 아우구스티누스와 같이 관대하고 고귀한 젊은이의 열광을 어떻게 불러일으킬 수 있었는지, 그리고 그 안에서 깊은 종교적 변화를 가져왔는지 이해하지 못할 사람은 없을 것이다. 더욱이 그가 『호르텐시우스』를 그리스도교 열쇠로 읽었음을 염두에 두어야 한다. 그는 그 책의 가르침들을 자신이 교육받은 신앙의 영역에 삽입한 것이다. 치체로의 사고와 가톨릭 신앙의 가르침들 사이에서 그는 어떠한 상이점도 발견하지 못하고 자각하지 못했지만, 자연스럽게 전자에서 후자로 건너갔다. 더 시간이 흐른 뒤 카시치아쿰에서 나눈 어머니와의 대화를 통해 후자에 전자로 자연스럽게 건너갈 것이다.

『호르텐시우스』를 통해 아우구스티누스는 철학으로 나아간다. 수사학에서 철학으로의 개종은 고대에서 일반적이었다. 그 누구도 철학 학교부터 다니지 않았다. 먼저 문법을 공부하고 그다음에 철학으로 나아간다.4 수사학에서 철학으로의 개종은 그리스도인들에게는 수도원에 들어가는 것과 같다. 곧 사회와의 단절을 의미한다. 수사학자는 공공생활을 위해 그리고 공직을 위해 학생들을 준비시키기를 원했기 때문이다. 따라서 아우구스티누스가 수사학에서 철학으로 개종했다는 것은 그 역시 공직이나 모든 진로를 포기한다는 의미였다. 그는 수사학을 말에 대한 예찬 외에는 다른 것에 신경 쓰지 않는 공허한 것으로 간주하였으며, 금욕이 그에게 바람직한 선(善)으로 나타났다. 곧 부질없는 욕정과 거짓된 망상에 대한 모든 공허한 희망을 포기하기로 결심하였다. 결국 『호르텐시우스』를 읽은 것은 아우구스티누

---

4   Cf. I. Marrou, *Histoire de l'education dans l'antiquité*, Paris, 1948, pp. 308-323.

스의 경이로운 시야에 지극히 높은 인간의 소명을 알려주었다. 그 순간, 후에 복음의 빛과 힘으로 수덕가, 관상가, 신비가 될 철학자가 탄생하였다. 하지만 복음의 길에 들어서기까지 그 여정은 길고도 고통스러울 것이다. "안개가 없지 않았기 때문에 나의 항해는 목적 없는 것이었습니다. 그리고 나는 고백합니다. 나는 오랫동안 대양으로 지고 있는 별들에 시선을 고정시켰습니다. 그리고 그 별들은 나를 오류에 빠지게 하였습니다."(『행복한 삶』 4)

하지만 여기에서 아우구스티누스가 가지고 있던 철학 혹은 지혜에 관한 생각을 잊어서는 안 된다. 그가 참된 지혜에 도달하길 원한다고 할 때 그가 순수 철학으로 돌아섰다는 것이 아니다. 성인에 따르면, "그 훈계에서 마음에 들던 것은 이런저런 학파가 아니오라, 다만 예지 자체로서 그야 어떻든 간에 내가 즐겨 찾고 얻고 움켜서 힘껏 안아보고자 그 말에 끌린 것이었고, 또한 그에서 불붙고 타오르는 것이었습니다."

그가 치체로의 책에 매료되었지만, 한 가지가 마음에 들지 않았다. 즉 "그런데 이렇듯 북받치는 정열 속에서도 오직 한 가지 내 마음이 싸늘해지는 것은 거기 그리스도의 이름이 있지 않은 점이었습니다. 이 이름! 주여, 당신 아드님, 내 구속자의 이 이름이야말로 당신의 어여삐 여기심으로 내가 아직 어미의 젖을 먹을 때부터 여리고 여린 내 마음이 정성스레 마시고, 속 깊이 새겨두어서 이 이름이 없는 것이면 제 아무리 박학, 세련, 진실된 것이라도 나를 오롯이 심취시킬 수는 없었습니다." 결국, 그가 추구하는 지혜는 그리스도인 것이다. 그리스도만이 참된 지혜이며 참된 철학이기 때문이다. 물론 그에게 있어 그리스도가 누구인지 아직 말하지 않는다. 하지만 그의 유아기 신앙은 그에게 그리스도가 지혜로 인도한다는 신념을 남겨 주었다.

여기서 또 하나의 문제를 제기할 수 있다. 과연 아우구스티누스는 카르타고에서 가톨릭교회에 충실한 신앙생활을 하고 있었냐는 것이다. 피터 브라운에 따르면, 그는 충실한 신앙생활을 유지하고 있었다. 대성당의 장엄한 부활절 전야 미사를 사랑할 정도로 신앙이 성숙하였다고 본다. 물론 이 문제에 대해서는 이론의 여지가 있다.

결국, 성인은 성경으로 눈을 돌린다. 지혜를 발견하고자 하는 갈망에서 성경 공부에 매달렸다. 이 사실은 그의 그리스도교적 양성의 표지로 주목할 만한 가치가 있다. 하지만 성경은 마땅한 마음의 자세 없이 읽는 이에게는 실망스러운 놀라움을 줄 수 있다. 이것은 우리의 젊은 대학생에게도 해당하는데 두 가지 이유 때문이다. 치체로 언어에 대한 정교한 입맛을 지닌 그와 같은 사람에게 성경의 문체는 너무 단순했고, 그처럼 즉시 베일 없이 명료한 것들을 보고자 원하는 이에게는 너무나도 모호한 내용이었다.

그는 곧 실망하게 되는데, 우선 조악한 라틴어로 쓰였고, 그 안에서 철학적, 이성적 표현들을 발견하지 못했기 때문이다. 다시 말하면, 문체의 유려함이 없다는 것뿐 아니라 성경의 접근 방식이 치체로의 진지함보다 못하다는 것이다. "눈에 띄는 점은 그것이 오만한 자들을 위하여 지어진 것이 아니면서 아이들에게까지 환한 것이 아니고, 들머리는 나지막하면서 갈수록 아득 높고, 신비에 싸인 것이었습니다. 나는 그 안으로 들어가거나 그 발자취에 목덜미를 숙일 수 있는 그런 처지가 못되었습니다. 지금 말하는 그런 느낌으로 성서를 대하는 것이 아니었고, 도리어 테르툴리우스의 위엄에 비기기에 너무 모자란다고 본 것이었습니다. 자유로운 사고가 그 문체를 싫어했고, 정신은 그 속을 사무칠 수 없던 것이었습니다. 진실로 성서란 어린이들과 함께 자라야 할 것이었음에도 나는 어린이가 되기를 꺼려하고, 잔뜩 바람에 부풀어 스스로를 어른처럼 보고 있었던 것이었습니다." 결국, 아우구스티누스는 교회가 '유아기적 미신'에 물들어서 설명하기 원치 않는 것들을 권위로 내세운다고 확신하면서 마니교에 눈길을 돌리게 된다.

이 두 가지 어려움 중 첫 번째 것에 있어 아우구스티누스가 어떠한 성경을 읽었는지는 정확히 알 수 없다. 확실한 것은 아직 히에로니무스의 불가타가 나오기 전이라는 점이다. 추정할 수 있는 것은 아프리카, 특별히 카르타고 지역에서 흔히 볼 수 있던 익명의 작가에 의한 라틴어 번역본이다. 고대 문장가들의 유형에 따라 세련된 라틴어로 교양 있는 사람들과 의사전달을 하던 아우구스티누스에게 당시 통례적 방식의 언어로 쓰인 성경은 경멸이나 멸시의 대상일 수밖에 없었다. 아프리카에서 사용되던 고전 라틴어(Vetus Latina)에 비해 허술한 어법 때문에 아우구스티누스가 반감을 보였으리라 참작한다고 하더라도, 이 어려움은 매우 표면적이다.

반면 두 번째 어려움은 보다 심각하다. 성경에는 애매한 점들, 상반되는 것들, 심오한 신비들이 적지 않다. 적어도 그는 설명을 요청할 수 있었을 것이다. 카르타고 교회에서는, 비록 오래전부터 치프리아누스(Cyprianus, 200/210?-258)가 존재하지 않았고, 아우렐리우스(Aurelius, 391-430)는 아직 오지 않았지만, 그에게 설명할 만한 단계에 있는 사람이 없지는 않았을 것이다. 하지만 그는 설명을 요청할 생각도 하지 않았거니와 해결할 원의도 없었다. 그리고 자신의 길, 곧 거만의 길을 갔다. 훗날 그는 이러한 자신의 체험을 상기하면서 백성에게 다음과 같이 말할 것이다. "여러분에게 말하고 있는 나 자신은 한때 속임수에 넘어갔습니다. 청년으로서 처음으로 성경에 가까이 다가갔을 때입니다. 나는 겸손하게 찾는 이의 신심이 아닌 토론하기를 원하는 이의 오만함으로 가까이 다가갔던 것입니다. (…) 오직 겸손한 이들만이 발견할 수 있는 것을 나는 감히 교만으로 찾았던 것입니다. 지금 여러분은 얼마나 더 행복한지. (…) 여러분은 유아들처럼 신앙의 둥지에 머물러 있으면서 영적 음식을 받고 있으니 말입니다! 반면 나는, 스스로 날기에 적합하다고 믿으면서 둥지를 버렸고 날 수 있기 전에 추락하고 만 내 자신은 불쌍합니다. 하지만 자비로운 주님께서는 나를 받아주셔서 행인들이 나를 밟고 지나가기 전에 둥지에 넣어주셨습니다."(『강론』 51, 5, 6)

4. 마니교와의 만남[5]

성경과 가톨릭교회의 권위에 대한 실망에서 아우구스티누스는 마니교(Manichaeismus)와 만나게 된다. 곧 원의와 실망 사이에 동요가 일어나고 있는 가운데, 그의 기대를 한순간에 만족시켰던 극단주의자

---

5 마니교에 대해서는 참조: H.C. Puech, *Le Manichéisme: son fondateur, sa doctrine*, Paris, 1949; 미쉘 따르디외, 마니교, 이수민 편역, 왜관: 분도출판사, 2005.

들을 만나게 되었다. 그들은 마니교도였다. 그는 그들의 말에 귀를 기울였고, 설득당하여 유년기의 신앙을 버렸으며, 그들의 일원이 되었다. 이 모든 것이 며칠 사이에 일어났다.(『두 영혼』1, 1)

여기서 마니교에 대해 알아보자. 이 종교의 창시자는 '예수 그리스도의 사도'라고 하는 마니(Mani, 216-277)였다. 마니는 직접 자신의 생일과 출생지를 밝힌다. 그는 사산(Sassanide) 왕조 샤푸르 1세(Shapur I, Shabuhr I, 240-270)를 위하여 쓴 저서 『샤부라간』(Shabuhragan)의 '예언자의 왕림'이라는 대목에서 바벨의 항성년 527년, 곧 아르사키드(Arsakides) 왕조의 마지막 통치자 아르타반 5세 5년에 바빌로니아의 쿠타 강 상류에 있는 마르디누(Mardinu) 성에서 태어났다고 기록하고 있다. 이 바벨의 항성년 527년은 서기 216년이다. 아랍 문헌을 제외한 많은 원천 문헌들이 마니의 생일을 니산달 8일 즉 4월 14일로 정하지만 역사적 가치는 없고, 마니교 신자들이 자신들의 역서에 축일을 정하는 데 사용했을 뿐이다. 마니의 아버지는 파텍 혹은 파티크(Pātik)였고, 어머니는 마이스, 카루싸, 우타킴, 타크쉬트, 누쉬트로 불리며 마니교 호교론자들은 그녀를 마리암(Maryam)이라고 부른다.

종교에 관심이 많던 그의 아버지는 마니가 4세 때 메세니아로 이주하여 엘카사이의 세례파에 가담하였다. 마니 역시 25세까지 그 분파에서 성장한다. 12세가 되던 해인 228년 마니는 선과 악 사이의 투쟁이 인간과 역사의 본질이라는 첫 번째 계시를 받게 된다. 이 계시는 "빛나는 정원의 왕"의 메시지로서 그 천상 계시의 전달자는 타움 혹은 타우마로 '동반자'라는 뜻을 지닌다. 12년 동안 마니는 환시로 본 비밀들, 곧 자신의 천상 동반자가 자기에게 계시한 비밀을 키워나가며, 차츰 엘카사이아들의 지상 동반자들과 충돌하게 된다. 240년 마니가 24세 때, "보라! 네가 너를 드러내어 너의 권한을 선포할 때가 왔노라"라고 타움으로부터 두 번째 계시를 받게 된다. 천사는 마니가 선교 사명을 받았음을 다음과 같이 공포한다. "마니여! 나와 나를 보낸 분의 평화를 너에게 알리노라. 그분이 너를 사도직에 간택했으니, 보라! 너의 소임은 사람들을 너의 진리로 불러들이는 것이니라. 너는 그분의 이름으로 진리의 복음을 선포하리니 너는 그 일에 전력을 다할 것이니라." 이로써 마니는 새로운 종교의 창시자가 되었다. 그가 새로운 종교의 창시자가 된 결정적 이유를 두 가지로 요약할 수 있다. 첫째, 마니는 지키기 어려운 종교의 실천, 곧 엘카사이의 세례주의 형식을 계승한 유다적 율법주의를 예수의 이름으로 배격했다. 그 결과 마니는 종교를 계속 엄하게 실천하기 위해 구세주의 계명 주위에 둘러친 낯선 교리를 거부한다. 둘째, 신약성서와 바오로(Paulus)의 이름으로 쓰인 외경들에 나타난 바울로의 본보기에서 영향을 받는다. 이 외경들의 영향으로 마니는 근본적으로 유다-그리스도교의 첫 예언론을 깊고 철저한 세계종교로 개작한다.

마니는 인도로 가서 2년간 불교를 접하였고, 242년 봄 페르시아로 돌아와 새로 왕이 된 샤푸르 1세(Shapur I)를 만나 제국 안에서 새로운 종교를 전파할 허락을 얻었다. 이로써 마니교는 페르시아 제국의 전통적인 종교인 조로아스터교와 공존할 수 있었다. 샤푸르 왕이 치세하던 30년 동안 곳곳에 선교사를 보내어 교세를 확장하였다. 하지만 274년경 등극한 바흐람 1세(Bahram I, 274-276) 때 조로아스터교 지도자들로부터 이단자로 고발되어 단죄를 받고 26일간의 감옥 생활과 고문 후에 277년 2월 26일 월요일 참수형에 처해졌다. 이후, 유다인들에게 토요일이 그리고 그리스도인들에게 주일이 그러한 것처럼, 월요일은 마니교도들에게 거룩한 날이 된다.

　마니교의 선교사들은 창시자로부터 하느님과 인간과 우주의 진정한 본성을 계시해 주는 책자를 받았는데, 마니는 이 책을 통해 유일하고 보편적인 교회를 세우게 하였다. 그들은 이 책을 통해 지금까지 부분적으로, 그리고 잘못 가르쳐 오던 모든 종파를 연합하고 초월적인 지혜를 가르칠 수 있게 되었다. 사실 마니의 계획은 보편적인 종교, 모든 종교 중 가장 완전한 종교, 희망과 빛과 생명의 종교를 선포하는 것이었다. 이 목적에 따라 그는 당시 현존하던 종교들의 혼합주의를 만들어내었다. 그리스도, 조로아스터 그리고 부처를 자신의 선임자들이요 자신의 형제들로 간주하였다. 하지만 자신의 종교가 그들의 종교보다 우월하다고 생각하였다. "이전의 모든 종교가 나의 종교 안으로, 내가 계시한 지혜 안으로 흘러들어왔다." "나의 종교는 선행하고 있던 다른 종교들을 처음부터 능가하고 있다." 그리고 그는 주저 없이 그 종교의 보편성을 예언한다. "내가 선포하는 희망은 서방을 정복할 것이며 동방도 정복할 것이다. 그리고 모든 언어로 그 희망을 선포하는 것을 듣게 될 것이며 모든 도시에서 그것을 선포할 것이다." 특별히 마니는 자신을 "그리스도의 사도"요 더욱이 그리스도가 약속한 파라클레토스(παράκλητος)라고 부르곤 하였다. "파라클레토스로부터 일어났던 모든 것과 앞으로 일어날 것들이 나에게 계시되었다. (…) 그를 통해 나는 모든 것을 배웠다. 그를 통해 나는 모든 것을 보았다. 그리고 나는 하나의 몸과 하나의 영이 되었다."

마니교의 선교사들이 297년 카르타고에 도착한다. 이들은 이른바 '선택된 자들'(electi)로 길거리를 다니며 '경청자들'(auditores)을 만들고자 하였는데, 특별히 무지한 이들보다는 학교에 다니는 사람들을 대상으로 하였다. 아우구스티누스의 증언(『신앙의 유익』 1, 3)에 따르면, 그들은 뛰어난 달변가였고 유행에 대한 감각이 있었다. 『고백록』 3권 6장에 따르면, 그들은 "거만하게 미쳐 날뛰는 사람들"이요 "너무나 육체적인 말장이들"이다. 그들은 강요가 아닌 성경 특히 구약성경에 대한 비판을 통해 진리를 알게 해준다고 약속하였다. 곧 하느님께 나아가는 데 있어 '잔혹한 권위'가 아닌 '이성'으로 이끈다고 약속하였다. "믿음을 강요하는 잔혹한 권위의 공포를 제쳐 버리고, 자신들에게 귀를 기울이는 모든 사람을 하느님에게로 이끌 수 있다고 주장하였으며, 이성의 놀랄만한 올바른 사용을 통해서 사람들을 오류로부터 벗어나게 할 수 있다."(『신앙의 유익』 1, 2) 가톨릭교회의 신앙은 강요된 것이고 구약성경에 의지하고 있기에 이를 거부하는 영적이고 순수한 그리스도교로 마니교를 제시하였다.

여기서 우리는 아우구스티누스의 개인적 체험을 심리학적 혹은 정신분석학적으로 분석해볼 수 있다. 그가 가톨릭교회에서 마니교로 돌아선 저변에는 아마도 가톨릭교회의 이미지 중의 하나인 어머니에 대한 반항이 깔려 있지 않은가 하는 점이다. 분명 아우구스티누스에게 가톨릭 신앙과 도덕을 가르친 사람은 모니카이다. 따라서 그의 가톨릭교회에 대한 반발 혹은 반항에는 어머니에 대한 반발, 곧 어머니가 요구한 도덕적 엄격함이 이성적으로 설명되지 않았다는 데에 기인한다. 그렇기에 가톨릭교회의 '무서운 권위'라고 표현하고 있다.

또한, 마니교도들은 '진리'와 '그리스도'라는 단어를 늘 입에 달고 있었다. "그들의 입 안에는 당신과 주 예수 그리스도, 그리고 우리를 위로하시는 파라클레토스 성령의 이름자를 뒤섞어 얼버무린 끈끈이와 악마의 덫이 있었습니다. 그런 이름들이 저들의 입에서 떠나지는 않았지만 혀로 하는 소리, 군소리일 뿐, 마음은 참에서 비어 있었습니다. 말로는 줄창 '진리 진리'하고, 내게도 으레 그랬지만 언제 한 번 그들에게 진리가 있들 아니했고, 오히려 거짓을 말하기는 진실로 진리이신 당신에 대해서만이 아니라, 당신의 피조물, 우주의 원소들에 대해서까지 그러했습니다."(『고백록』 3, 6, 10)

『고백록』 3권 7장에 따르면, 마니교도들은 아우구스티누스에게 다음과 같이 질문한다. "악은 어디서 오느냐? 하느님이 형체를 지니느냐? 따라서 발톱, 머리털이 있느냐? 그리고 아내를 한꺼번에 여럿 두고, 사람을 죽이고, 짐승을 제사하는 자들도 의인이냐는 따위의 물음이었습니다." 이에 대한 아우구스티누스의 반응에 대해 『고백록』은 계속해서 말한다. "이런 일을 모르기 때문에 나는 어리둥절할 수밖에 없고, 진리에서 어긋나면서 진리로 향하는 듯 보였으니 (…) 그때만 해도 눈으로 육체를, 정신으로 환상을 보는 것이 고작이었으니, 어떻게 이를 볼 수 있었겠나이까. 하느님이 신이라는 것, 그에겐 길고 넓은 지체란 없을뿐더러, 양이 도무지 있지 않다는 것을 몰랐습니다." 이 증언에서 아우구스티누스가 성경과 가톨릭교회에 실망하고 마니교를 만났을 즈음에 갖고 있던 하느님에 관한 생각을 엿볼 수 있다. 무엇보다 하느님을 영적인 존재로 인식하지 않는다는 점이다. "non noveram Deum esse spiritum"이란 표현에서 잘 알 수 있다.

spiritus의 반대인 corpus로 하느님을 이해하고 있었음이 드러난다. 『고백록』 5권 10장에 따르면, "내가 개념하는 신이란, 물체를 떠나서 생각할 줄 몰랐기 때문, 따라서 무릇 물체 아닌 것은 존재치 않는 것이라고 생각했기 때문이었는데 바로 이것이 고칠 수 없는 내 오류의 최대 유일한 원인이었던 것입니다."

여기서 치체로를 통해 접한, 존재하는 모든 것은 corpus라고 보는 스토아학파의 영향을 볼 수 있지 않을까? 그러나 여기서 잊지 말아야 할 것은 아우구스티누스가 스물이 다 되었을 무렵 아리스토텔레스의 『범주론』을 혼자 읽고 깨친 것이다. 본체와 그에 딸린 속성에 대한 설명을 담고 있는 이 책은 오히려 아우구스티누스에게 해가 되었다. "나는 저 십 범주가 존재하는 모든 것을 포함하는 줄만 알고, 따라서 내 주여, 묘하게 순수 불변하신 당신마저 당신의 그 크심과 아름다우심에 딸려 계시는 줄로 해석하려고만 들었던 것입니다. 당신의 크심과 그 아름다우심은 바로 당신이시거늘 이를 물체에 있는 것처럼 보았던 것입니다." 여하튼 하느님을 corpus로 이해하기에 신인동형설에 쉽게 동감할 수 있었을 것이다. 하느님에 대한 이러한 생각은 인간이 imago Dei라는 것을 받아들이지 못하게 한다. 창세기가 가르치는 것처럼 인간이 만일 하느님의 모상대로 창조되었다면, 하느님이 인간의 육체와 유사한 육신을 갖고 있음을 의미한다는 것이다. 그러한 개념을 거부하는 것은 아우구스티누스에게 있어 당연하였다. 사실 그는 이 개념을 하느님께 대한 경외심의 이름으로 거부하였다.

마니교도들이 제시한 또 하나의 문제는 구약성경에 나온 의인의 모습에 대한 것이다. "아내를 한꺼번에 여럿 두고, 사람을 죽이고, 짐승을 제사하는 자들도 의인인 것이냐?" 어떻게 보면 비윤리적인 삶을 사는 것으로 보인다. 이러한 판단은 분명 인간의 풍습 혹은 관습에서 나온 것이다. 여전히 그는 "전능하신 하느님의 극히 엄정한 율법에서 좇아 오는 진정한 내적 정의"에 대해 알지 못했다.(non noveram iustitiam veram interiorem non ex consuetudine iudicantem, sed ex lege rectissima Dei omnipotentis) 곧 의인이 되는 것은 하느님의 법을 좇아 이루어지는 것, 곧 시간에 따라 바뀌거나 변하지 않는 정의에 의해 이루어지는 것임을 알지 못했다.(Numquid iustitia varia est et mutabilis? Sed tempora quibus praesidet, non partier eunt; tempora enim sunt)

결국, 이 두 문제를 통해 아우구스티누스는 구약성경을 자연스럽게 거부할 수밖에 없었을 것이다. 이는 당시 아우구스티누스가 지니고 있던 가톨릭 신앙의 깊이를 보여준다고 할 수 있다. 그리스도라는 이름이 기준이 되면서도 가톨릭 신앙을 제대로 알지 못했다.

이 모습은 육화에 관한 생각에서도 나타난다. 만약 하느님의 아드님이 인간의 육체를 취하면서 참으로 육화하였다면, 육과 혼합되어 그로 인해 더럽혀지는 것을 피할 수 없었을 것이다. 따라서 마니교도들과 함께 가현설을 받아들이는 것이 더 현명하고 경건한 것이다. "따라서 나는 그분이 육으로 태어나셨다는 것을 믿는데 두려움이 있습니다. 육에 의해 더러워졌다는 것을 믿어야 하는 두려움 때문이었습니다." 여기서 아우구스티누스는 다음과 같이 덧붙일 필요를 느낀다. "(주님) 지금이야 당신의 영적 자녀들이 나의 고백을 읽으면서 애정 어린 너그러움으로 나에 대해 미소를 짓습니다. 그런데 나는 그러하였습니다."

가장 큰 문제는 악의 문제였다. 인간 안에 윤리적 불일치가 존재하는 것은 부정할 수 없는 사실이기 때문이다. 곧 모든 것은 선과 악의 변증법을 드러내고 있기에, 이에 대한 이성적 설명이 필요했다.『고백록』4권 15장에 따르면, "나는 그 악이 본체일뿐더러 생명 자체라고 믿었습니다. 생명이라면서도, 주여, 나는 그것이 당신에게선 오지 아니한다고 믿었던 것이옵니다." 악이 존재하는데, 그것이 누구에게서 오느냐 하는 문제이다. 하느님이 아니라면? 만약 사람으로부터라면 그 사람은 어디에서 오는 것인가? 만약 천사로부터라면 그 천사는 어디에서 오는 것인가? 결국, 이는 하느님에게서 온다는 것을 의미한다. 그렇다면 선한 하느님이란 개념이 형성될 수 없는 것이다.

『고백록』5권 10장에 따르면, "나는 악도 일종의 본체이어서 추하고 징그러운 덩어리가 있는 줄로 믿었습니다. 저들이 부르는 대로 찰진 흙, 아니면 기체와 같이 희박하고 가벼운 것으로서 저들은 이를 지상을 휩쓰는 악신이라고 믿는 것입니다. 한편 보잘것없는 나의 신앙이었지만 그대로 좋으신 하느님이 악스런 본체를 창조하셨다고는 절대 믿을 수 없었느니만큼 상반되는 두 가지의 덩어리를 설정하고, 둘이 다 무한하되 악한 것이 더 작고, 선한 것은 더 크다고 했사오며 이 독소가 있는 발단으로부터 가지가지 모독이 내게 따르게 되었습니다. (…) 무식한 내게는 악도 일종의 본체요 물체로 인식되고, 정신조차 공간으로 퍼지는 한낱 희박한 물질로만 생각키우기 때문에 악의 본체가 당신한테서 나온 줄로 믿기보다 그 어떠한 악도 당신이 창조하시지 않았다고 믿는 것이 훨씬 낫게 보여졌던 것입니다."

바로 여기에 아우구스티누스가 마니교에 빠진 핵심이 담겨 있다.

모든 사람은 자신의 내부와 자신을 둘러싼 세계 안에 악이 긴밀하게 뒤섞여 있음을 알면서도, 동시에 그런 악이 하느님으로부터 온다고 생각한다면, 이는 합리적 사고를 하는 사람에게는 분명히 모순되고, 신앙인에게는 철저하게 거부감이 든다. 하느님은 전적으로 선한 분이기 때문이다. 이러한 신적 존재를 향한 철두철미한 경건함이 마니교 신앙 체계의 근본적인 면을 보여준다.

마니교의 사상 체계는 영지주의처럼 존재론적 이원론에 기초하고 있다. 깨달음은 무엇보다 세 시기를 인식하는 것이다.

① **역사의 시작**: 태초에 대립적인 두 원리가 존재하는데, 하나는 선-빛이요 다른 하나는 악-물질이다. 선-빛의 영역은 북쪽에, 악-물질의 영역은 남쪽에 위치하였다. 선한 본성은 '거대함의 아버지'라고 불리는 신으로서 빛의 땅에 살았고, 악한 본성은 '어둠의 왕'이라 불리며 어둠의 영역에 살았다. 빛의 왕국은 '거대함의 아버지'의 다섯 거처(신성을 뜻함) 혹은 다섯 아들인 지성, 인식(학문), 사고, 반성, 의식으로 구성된다. 악의 왕국은 '어둠의 왕'의 다섯 아들 혹은 다섯 세계인 연기, 불, 바람, 물, 심연의 어두움으로 구성되며, 이들은 각기 수많은 생물로 가득 찬 지옥층을 관장하는 우두머리들이다.

② **중간기**

제1차 전쟁: 어둠의 왕이 빛의 땅의 아름다움을 알아차리고 시기하여 공격하였다. 이에 거대함의 아버지는 '살아있는 존재들의 어머니'(생명의 어머니)를 통해 '태초인'(최초의 인간)을 유출해 내었고, 이 최초의 인간은 자신의 다섯 아들, 곧 빛, 바람, 불, 물, 공기로 무장하여 나갔다. 이것이 첫 번째 파견이다. 최초의 인간은, 적대자를 독살하려고 빵 속에 독약을 넣는 것을 모방하여, 자신의 다섯 아들을 어둠의 다섯 아들에게 양식으로 제공한다. 하지만 어둠의 아들들이 다섯 아들을 삼켜버리자 광채의 다섯 신, 곧 최초 인간의 다섯 아들은 지성이 멍해져 미친개나 뱀에게 물린 사람처럼 되었다. 이로써 빛의 요소들이 어두움과 혼합되어 물질 안에 갇히게 되었다.

태초인은 지성을 되찾고 거대함의 아버지에게 일곱 번 기도를 올린다. 아버지는 두 번째 부르심으로 '빛들의 친구'를 부른다. 그는 대건축사(大建築士)를 부르고, 대건축사는 살아있는 영을 부르고, 살아있는 영은 그의 다섯 아들을 불러낸다. 곧 지성에서 광채의 장식, 인식에서 화려함의 대왕, 사고에서 빛의 아다마스(ἀδάμας, 정복할 수 없는 단단함), 반성에서 영광의 왕, 의식에서 운반자를 불러낸다. 그들은 어둠의 땅으로 가서 어둠이 삼켜버린 태초인과 그의 다섯 아들을 구해낸다. 그다음에 태초인은 개선하여 빛의 땅에 있는 자기 족속들을 다시 찾는다.

첫째 중간기: 살아있는 영은 자기 세 아들에게 명하여, 하나는 어둠의 아들 아르콘(ἄρχων)들을 죽이고 또 하나는 그들의 가죽을 벗겨 살아있는 존재들의 어머니에게 가져간다. 그 어머니의 명령으로 살아있는 영은 그들의 가죽으로 하늘을 펼치고, 열한 층의 하늘을 만든다. 그리고 살아있는 영의 세 아들은 그들의 시체를 어둠의 땅 위에 던져 여덟 개의 땅을 만든다. 또한, 살아

있는 영은 어둠의 아들들이 삼켜버린 광채의 다섯 신에게서 오는 빛을 정제하여 해와 달을 만든다. 해와 달에서 오는 남은 빛에서 '살아있는 영'은 바람, 물, 불의 바퀴들을 만들었다.

둘째 중간기: '살아있는 존재들의 어머니'가 기도하려고 침대에서 일어났을 때, 태초인과 살아있는 영이 '거대함의 아버지'에게 구원을 요청했다. 아버지가 이 간청을 듣고 선구자를 불렀다. 선구자는 열두 동정녀를 불러냈다. 선구자는 두 선박에 이르러 세 종을 시켜 선박을 움직이게 했다. 그는 대건축사에게 새로운 땅을 건설하게 하고, 세 개의 바퀴를 움직여 두 선박을 올라가게 한다. 두 선박이 움직여 하늘 중간에 닿자 선구자는 자신의 여성과 남성 형체를 드러냈고 모든 아르콘과 남성과 여성을 지닌 어둠의 자녀들은 그것을 알아본다. 수려한 외모의 선구자를 보고 모든 아르콘의 남성들은 여성 형체에, 아르콘의 여성들은 남성 형체에 빠져 욕정에 불탄다. 그래서 광채의 다섯 신에게서 온 빛, 곧 자신들이 삼켜버린 그 빛은 그들에게서 빠져나갈 수 있게 된다. 아르콘들의 죄가 아르콘들에게서 벗어난 빛과 혼합되어, 정자와 함께 선구자에게 들어가려 한 것이다. 그때 선구자는 자기의 형체를 드러내어 아르콘들의 죄와 광채의 다섯 신에게서 온 빛을 분리한다. 빛에서 분리된 죄는 아르콘들에게 돌아가지만 받아들여지지 않는다. 그래서 죄는 땅 위에 떨어지는데, 절반은 습한 곳에 떨어지고 절반은 마른 땅에 떨어진다. 습한 땅에 떨어진 절반은 어둠의 왕의 모상에 따라 기괴한 야수가 된다. 마른 땅에 떨어진 절반은 다섯 그루 나무

의 싹을 틔웠다.

제2차 전쟁: 악령들이 아담과 하와의 창조를 통해, 인류가 빛들의 유배를 영속하게 하려고 시도한다. 어둠의 딸들은 태초부터 임신한 상태였다. 그들이 선구자의 아름다운 형체를 눈여겨보고 놀라 유산한다. 조산아들은 땅 위에 떨어져 나무들의 싹을 먹고 있었다. 그들이 선구자의 모습을 회상하고 있을 때, '아샤클룬'이라는 어둠의 왕자가 그들의 아들딸들을 주면 선구자의 모습으로 만들어주겠다고 한다. 이에 조산아들은 아들딸들을 아샤클룬에게 주었다. 아샤클룬은 아들들은 자기가 먹고, 딸들은 아내 네브로엘에게 먹게 한다. 그러고는 둘이 교합하여 아담이라는 아들을 낳고, 또 하와라는 딸을 낳았다. 이들은 어두움에 기초를 두고 있지만, 빛의 요소를 가지고 있다.

이제 '거대함의 아버지'의 반격이 시작된다. 그는 혼수상태에 빠진 아담을 구하기 위해 광채의 예수를 파견하였다. 곧 광채의 예수는 아담을 죽음의 잠에서 깨워서 헤아릴 수 없는 영, 곧 악신에게서 구출한다. 이때 아담은 스스로 자기가 살아있음을 깨닫는다. 광채의 예수는 아담에게 다섯 지능을 보여주고 생명의 나무를 맛보였다. 아담은 "내 육신의 창조자에게, 내 영혼을 가둔 자에게, 나를 노예로 만든 악당들에게 화가 있을진저!"라고 소리쳤다. 이로써 제2차 전쟁이 이어진다. 이 전쟁은 빛의 마지막 미립자가 물질들과의 혼합을 물리치고 아버지의 다섯 지능의 광채를 지닌 완전인에게 다시 귀환하기까지 계속될 것이다.

③ **종말**: 제3차 전쟁을 말한다. 곧 최후의 종말, 마니교의 승리, 예

수의 재림, 마지막 심판, 세상의 몰락과 화재, 본성들의 결정적 분열, 선택된 이들을 위한 평화의 나라가 지상에 건설되는 일이 발생하는 것이다. 이 종말론적 단계는 유다계-그리스도교의 종말론을 취하고 있다.

아우구스티누스는 『이단론』 46에서 마니교 교리를 다음과 같이 요약하고 있다. "그 사람(마니)은 상호 반대되며 적대적이고, 영원하고 함께 영원한, 곧 항상 존재했던 두 군주를 확언하였다. 그리고 옛 이단들을 따르면서 그는 두 개의 본성과 실체, 곧 선의 본성과 악의 본성의 존재에 대해 생각하였다. 이 두 본성에 관해 다수의 설화들이 둘러싸고 있는데, 상호 간의 다툼과 혼합, 악으로부터의 선의 정화, 악과 함께 정화될 수 없는 선에 대한 영원한 단죄 등에 관해 말하면서, 그들의 가르침에 일치하여 모든 것을 주장한다. 하지만 이 작품에서 이 모든 주장을 제시하는 것은 너무 길어질 것이다. 이러한 그들의 헛되고도 불경건한 이야기들의 결과로서, 악한 영혼들과 즉 반대되는 본성 영혼들과의 혼합에서 해방되어야만 하는 선한 영혼들은 하느님의 본성과 동일한 본성이라고 말하도록 한다. 따라서 그들은 세상이 하느님의 본성에서 창조되었다고 받아들이기보다, 두 본성이 서로 전쟁을 하였을 때 발생한 선과 악의 혼합에서 세상이 기인한다고 확언한다. 또한 그들은 어떻게 악으로부터 선이 정화되고 해방되었는지 설명하면서, 이것이 온 세상과 그의 모든 요소를 위해 하느님의 능력들에 의해 일어난 것이지만, 또 그들의 뽑힌 이들이 섭생하는 음식물들을 통해 뽑힌 이들에 의해서도 발생한 것이라 말한다. 그들은, 온 세상에 그러한 것처럼 이러한 음식물에 하느님의 실체가 혼합되어 있다고 확언한다. 마니교도들의 뽑힌 이들이 지내는 삶, 곧 그들의 듣는 이들의 삶보다 더 거룩하고 탁월한 삶의 방식 덕분에 신적 실체가 그들의 뽑힌 이들 안에서 정화된다고 그들은 말한다.

사실 그들의 가르침에 따르면, 그들의 교회는 뽑힌 이들과 듣는 이들이라는 두 범주로 구성되어 있다. 그들의 생각에 따르면, 듣는 이들을 포함한 모든 다른 사람들 안에 결합되고 감옥에 갇힌 것처럼, 음식과 음료 안에 혼합되어 있는 신적이며 선한 실체의 부분이 보다 더한 불결함의 조건에 매여 있다. 이것은 무엇보다 자녀를 출산하는 이들 안에서 그러하다. 또한 온갖 양의 빛이 정화되어 태양과 달이라는 배를 통해 마치 자신의 고유한 자리에서 그러한 것처럼 하느님의 나라로 옮겨진다. 이 배들이 차례대로 하느님의 순수한 실체로 만들어졌다고 그들은 말한다. 살아있으며 사멸한 존재들의 눈이 접근할 수 있는 이러한 유형한 빛은 보다 순수한 상태에 있다고 확언하는 그 배들뿐 아니라, 그들에 의하면, 혼합된 상태로 있지만 하느님의 본성이라고 확언하는 온갖 다른 빛을 내는 것 안에도 있다.

각각의 시조가 낳은 다섯 개의 요소가 있다고 그들은 말한다. 어둠의 종족에 속한 요소들은 연기, 어둠, 불, 물, 바람이라는 이름으로 불린다. 연기에서 두 발 짐승들이 태어났는데, 여기서 그들은 인간의 기원을 본다. 어둠에서는 뱀이, 불에서는 네 발 짐승들이, 물에서는 헤엄치는 동물들이, 바람에서는 조류들이 태어났다. 그들은, 이 5가지 요소와 전투를 벌이기 위해 하느님의 왕국과 실체에서 나온 또 다른 5가지 요소들이 파견되었고, 그 전투에서 혼합되었다고 말한다. 공기는 연기에, 빛은 어둠에, 선한 불은 악한 불에, 선한 물은 악한 물에, 선한 바람은 악한 바람에 혼합된 것이다. 이미 말한 배들, 곧 하늘의 두 발광체에 관해 그들은 이러한 구분을 한다. 달은 선한 물, 태양은 선한 불로 만들어졌다는 것이다."

그리고 마니교도들이 자신들의 모임에서 행한 추악함을 묘사하고 나서, 다음과 같이 계속 요약한다. "모세를 통해 율법을 주었고 히브리 예언자들 안에서 말을 한 하느님은 참된 하느님이 아니라 어둠의 우두머리들 중 하나이다. 또한 그들은 신약성경의 문헌들도 자신들이 원하는 것을 취하고 원하지 않는 것은 거부하면서 잘못된 방식으로 읽는다. 그들은 신약성경의 문헌들보다 일부 외경들을 선호하면서 전체 진리를 담고 있다고 본다. 그들은, 파라클레토스 성령에 대한 주 예수 그리스도의 약속이 자신들의 이단 우두머리인 마니케우스(Manicheus, 215-276) 안에 실현되었다고 말한다. (…) 따라서 마니케우스도 오늘날까지 마니교도들에 의해 준수되는 숫자인 사도들의 숫자와 일치하여 12명의 제자를 데리고 있었다. 사실 마니교도들에게는 뽑힌 이들 중에 스승들이라고 부르는 12명과 그들의 수장인 13번째 인물, 스승들에 의해 서품된 72명의 주교들과 주교들에 의해 서품된 사제들이 있다. 주교들은 부제들도 데리고 있다. 그 외 다른 이들은 단순하게 뽑힌 이들이라고 불린다. 하지만 그들 중 적합하다고 보이는 이들은 이 오류를 선포하고, 그것을 중진시키고, 그 오류가 존재하지 않는 곳에 씨앗을 뿌리기 위해 파견되기도 하였다. 그들은 세례가 그 누구에게도 어떠한 구원을 가져다주지 않는다고 말하면서, 자신들이 유혹한 이들을 어디에서 세례를 줄 것인지 생각하지 않는다.

그들은 낮 동안 해가 가는 방향을 향해 기도를 바친다. 밤에는 달이 보이면 달을 향해 한다. 만약 달이 보이지 않으면, 북쪽을 향해 기도하는데, 태양이 일몰 후에 동쪽으로 돌아가는 곳이기 때문이다.

그들은 죄의 기원을 자유의지가 아닌 악한 종족의 실체에 부여한다. 그리고 이 실체가 인간과 혼합되었다고 교조화하면서 모든 육은 하느님이 아닌 그와 반대되며 그와 함께 영원한 원리에서 유래한 악한 정신의 작품이라고 확언한다. 그들은 육이 영과 반대되는 원의를 갖게끔 하는 육적 욕망을 첫 사람 안에서 타락한 본성 때문에 우리 안에 있는 나약함이 아니라, 우리가 해방되고 정화될 때 우리에게서 분리되고 자신의 본성상 불멸하게 살아가는 방식으로 우리에게 결합되어 있는 반대되는 실체로서 설명한다. 그리고 육이 영과 반대되는 원의를 갖고 영이 육과 반대되는 바람을 가질 때, 그것은 단일한 인간 안에서 다투고 있는 하나는 선하고 다른 것은 악한 두 영혼 혹은 두 정신의 것이라고 말한다."

결국, 이 체계에 따르면 인간의 창조는 철저하게 선신과 악신의 투쟁에 기초한다. 곧 인간은 어두움에 기초를 두고 있지만, 빛의 요소를 가지고 있기에 악이 존재한다. 이로써 선한 하느님의 존재를 인정하면서도 동시에 인간은 자신의 잘못에 대한 죄책감에서 벗어날 수 있다. 그렇기에 마니교 체계의 중추를 구성하는 형이상학적 이원론은, 이미 그를 괴롭히고 있던 악의 문제에 대해 가능한 유일한 해결책으로 보였다. 그가 악을 선의 결핍이 아닌 긍정적인 실체로 생각하였기 때문에, 이는 놀라운 일이 아니다. 따라서 이원론 외에 '악의 기원은 어떤 것인가?'라는 집요한(그리고 계략적인) 질문에 대한 다른 답을 그는 발견하지 못했다. 이 질문은 "젊은 시절부터 나를 매우 고통스럽게 했고 그에 대한 해결책을 찾는데 지친 나를 이단자들의 팔 안으로 밀어 넣고 던져버렸다."(『자유의지론』 1, 2, 4)라고 고백하게 했다. 더욱이 마니교의 이원론은 과실에 대한 괴로운 의식에서 인간을 해방했는데, 그 과실을 인간이 아니라 인간 안에 있으며 그 안에서 선의 실체와 투쟁하고 있는 악의 실체에 부여했기 때문이다. 이 해결책은 죄에 대한 슬픈 체험과 동시에 완덕에 대한 열렬한 원의를 지니고 있던 젊은이의 거만함을 쓰다듬어 주지 않을 수가 없는 것이었다. "죄를 짓는 것이 우리가 아니라 우리 안에 있는 다른 어떤 본성이 죄를 짓는다고 여겨졌습니다. 그리고 나의 교만에서 과실 없이 있다는 것이 내 마음에 들었고, 내가 어떤 악한 것을 행할 때에도, 내가 그것을 했다고 고백하지 않아야 한다는 것이 내 마음에 들었습니다. (…) 더욱이 나를 정당화하고 어떠한 존재인지는 모르지만 나와는 다르고 내 안에 있는 것을 고발하는 것을 좋아하고 있었습니다."(『고백록』 5, 10, 18)

결국, 성인의 판단에 따르면 "나를 둘로 갈라놓았으니 나를 죄인으로 여기지 않는 이것"이 당시에 자신이 갖고 있던 고칠 수 없는 죄(peccatum insanabilius)였다. 하지만 아우구스티누스는 자신이 계속 하느님의 선하심을 믿고 있다고 생각했고, 진리이신 하느님을 추구한다고 생각했기에 마니교와 반대되는 이야기, 즉 진실을 말하는 이들까지도 버렸다고 『고백록』 3권 6장은 말한다.

그러므로 아우구스티누스가 마니교에 빠진 이유는 요한 바오로 2세의 사도적 서한 「히포의 아우구스티노」에서 말하는 것처럼 다음과 같이 요약할 수 있다. 첫째, 이성과 믿음 간의 관계를 잘못 생각한 나머지 결국 이들 중의 하나를 선택해야 한다는 믿음이다. 둘째, 그리스도와 교회 간의 대립을 가정함으로써 결과적으로 그리스도에게 더 온전히 속하기 위해서는 교회를 반드시 버려야 한다는 확신이다. 셋째, 은총의 힘으로 죄 사함을 받지 않고, 오히려 죄 자체에 인간의 책임이 내포되어 있음을 부인함으로써 죄의식으로부터 스스로 해방되려는 염원이다.

아우구스티누스는 9년간(19세부터 28세까지) 마니교 신자로 머물게 된다. 그는 마니교에 합류하였지만, 마니의 제자 중 가장 낮은 단계인 '경청자'(auditor)의 단계에만 머물렀으며, 완벽한 마니교도를 구성하는 가장 높은 단계, 곧 '뽑힌 이들'(Eletti)의 단계에는 절대 올라가지 않았다. 오직 '뽑힌 이들'만이 "세상의 온갖 희망과 근심"을 버렸으며 청빈과 완전한 금욕을 서약하였다. 그는 이 시기에 대해 『고백록』 4권 1장에서 다음과 같이 말한다. "열아홉부터 스물여덟까지 열 해 동안을 우리는 소위 학예라는 것으로 떳떳하게, 더러는 종교라는 이름의 허울로 숨어서 갖가지 욕정에 속고 속이며 남을 호리는가 하면, 스스로 홀리기도 했습니다. 예서 거만하기나 제서 미신스럽기나 헛되기는 어디서나 매일반으로, 학예에 있어 허잘 것 없는 민중의 인기를 얻고자 극장의 박수갈채, 시문의 백일장, 풀꽃의 영관 따기, 쑥스러운 무대 경연, 절제 없는 탐욕에까지 치닫는가 하면, 종교에 있어선 이런 부정한 것들에서 몸을 깨끗이 씻고자 저 이른 바 뽑히운 자, 성자들에게 먹을 것을 가져다 주었습니다. 저들이 그 위장의 공장에서 우리를 천사와 신으로 만들어서 구원해 달라는 것이었습니다."

그가 마니교에 머물렀던 원인에는 수많은 인간의 문제들과 우주론적 문제들에 대한 해결책을 제공하는 가르침에, "정결한 삶과 경탄할 만한 금욕의 모범을 보이며", 그들이 말하듯 자신 안에서 그리고 우주 안에서 "빛의 왕국"의 승리에 온전히 전념하는 뽑힌 이들인 참된 마니교도들의 엄격성이 추가된다.

결론적으로 아우구스티누스는 마니교에서 자신이 찾던 믿음 없는 지혜, 탓 없는 윤리법, 저급함과 연약함이 없는 그리스도인의 삶을 발견하였다고 믿었다. 또한, 그가 마니교도들에 합류하게 된 또 다른 이유를 말한다. 그것은 소수만이 알고 있고, 많은 이들은 거부하지만, 모든 이를 위한 구원의 메시지를 간직하고 있다고 믿는 비밀 모임의 구성원으로서 그들을 강력하게 결합하던 뜨거운 친밀감이었다. 마지막으로 자신들이 할 수 있는 한, 고유한 신앙을 옹호하고자 노력하던 미숙한 그리스도인들에게 아우구스티누스가 거둔 쉬운 승리를 들 수 있다. 이렇게 아우구스티누스를 마니교로 인도하였던 이유의 목록이 완성된다. "무엇보다 (청년기의) 무분별한 나이를 쉽게 매료하는 것들 중 두 가지가 이상한 오류를 통해 나의 마음을 끌어당겼다. 하나는 선의 모습으로 기어 와 되풀이하여 목 주위를 휘감은 사슬처럼 되어버린 친밀함이었고, 다른 하나는 무엇보다 각자가 할 수 있는 한, 고유한 신앙을 경쟁에서 옹호하고자 노력하였던 미숙한 그리스도인들과 토론을 벌일 때마다 거의 항상 나를 웃게 만드는 손쉬운 승리였다. 이토록 빨리 연속적으로 일어나는 승리는 청년에 대한 칭찬을 완고함으로 변형시켰다. 논쟁하는 이러한 기술에 관하여, 내가 마니교도들 사이에서 '듣는 이'가 된 후에야 전념하기 시작하였기 때문에, 나의 머리로 배운 것이든 나의 독서를 통해 배운 것이든 모든 것을 기꺼이 그들의 가르침의 효과로 돌렸다. 이렇게 나는 그들의 설교에서 논쟁에 대한 열의를 끌어내었고, 논쟁에서의 승리에서 매일 그들에 대한 사랑이 새로워졌다. 결국 놀라울 정도로 나는 그들이 무엇을 말하든지 그것을 동의하는 데에 이르게 되었다. 이는 내가 그들이 말이 참되다고 이해했기 때문이 아니라 그렇기를 바라고 있었기 때문이었다. 따라서, 비록 한 걸음씩 한 걸음씩 그리고 신중하게 했음에도 불구하고 그 사람들을 오랫동안 따르게 되었던 것이다."(『두 영혼』 9, 11)

그는 그들의 모임에 참여하였고, 그들과 함께 베마(Bema)의 연중 축제를 지냈으며, 태양을 향해 기도를 바치고, 또 이것을 적는 것이 우리에게 고통스러워도 침묵할 수 없는 사실이지만, 뽑힌 이들에게 음식물을 가져다주었다. 이 음식물이 그들의 위장된 작업실에서 신적 실체를 해방해주기 위해서였다. 사실 그는 다음과 같이 믿었다. "무화과를 딸 때 그것이 자신의 어머니인 나무와 함께 젖과 같은 눈물을 흘린다. 또한 그 종파의 어느 성인이 자신의 죄가 아닌 타인의 죄로 따진 무화과를 먹는다면, 그는 그것의 실체를 자신의 오장육부에 혼합하여 기도할 때의 탄식과 트림 사이에서 천사들, 더욱이 해방되지 않고서는 그 열매와 결합된 채로 남아 있을 하느님의 부분을 밖으로 내뱉는다."(『고백록』 3, 10, 18)

또한, 그는 다음과 같은 것을 믿었는데, 이 점이 가장 유감스럽다. "땅 위의 열매들이 사람들을 위해 생겨난 것인데, 인간들보다 과일들을 더욱 가엾이 여기어야 한다." 왜냐하면 "마니교도가 아닌 어떤 이가 굶주려서 배고픔을 면하게 할 것을 청한다면, 그에게 제공된 한입 분도 중형에 처해지는 것으로 보였기 때문이다."(『고백록』 3, 10, 18)

당시 아우구스티누스의 삶을 공적 삶과 개인적 삶으로 구분해볼 수 있다. 수사학 선생으로서 공적 삶을 영위하면서 그는 거짓을 찾고, 헛됨을 사랑하는 이들과 함께하고 있었다고 전한다. 헛됨과 거짓, 이 두 용어는 상호 연결되어 있는데, 헛됨은 스스로 자신에 대한 잘못된 판단과 자기합리화로 다른 이들을 설득하려는 의도를 지니기 때문이다. 또한, 그는 개인적 삶으로 한 여인과의 동거에 대해 말하고 있다. 이때 흥미로운 사건이 발생한다. 극시 백일장에 나가려던 무렵, 장원을 시켜주면 값을 얼마나 내겠냐는 점술가의 제안을 거부한 것이다. 물론 이 거부의 기본배경으로는 짐승을 잡아 제사를 지내는 것에 대한 거부, 곧 동물성(animalità)은 신적 실체에 대한 참여라는 마니교 신앙이 있었다. 또 다른 사건은 수학자(mathematici)라고 불리는 점성술사를 확고히 신뢰했던 일이다. 물론 이 신뢰에도 인간의 죄에 대한 책임성이 결부되어 있다. 죄짓는 것이 하늘의 운이기에 어쩔 수 없는 노릇이라든지 아니면 금성 아니면 토성이나 화성이 시킨 것이기 때문에 인간에게 탓이 없고 하늘과 별들을 내고 주관하는 하느님의 탓이라고 그들은 가르쳤기 때문이다. 이러한 점성술에 빈디치아누스 (Vindicianus)와 네브리디우스(Nebridius)가 강력하게 반대하였지만 두 사람 모두 아우구스티누스를 설득하지 못하였다.

5. 우정

마니교 시기의 가장 큰 사건은 카르타고에서 돌아와 타가스테에서 수사학을 가르치던 때에 발생한 한 친구의 죽음이었다. 여기서 우리는 벗을 좋아하고 함께하는 아우구스티누스의 기본 성향에 대해 알 수 있다. 아우구스티누스의 표현을 따른다면 우정은 인간 본성의 고유한 선(善)이다. 곧 인간은 결코 홀로 있는 존재가 아니기 때문이다.(『강론』 299/D, 1, 1) "Necessaria sunt in hoc mundo duo ista, salus et amicus (…) Salus et amicus, naturalia bona sunt. Fecit Deus hominem, ut (…) ne solus esset, amicitia quaesita est." 우정을 통하여 사람들은 서로 교차하는 지평을 만들고, 우정은 자신이 사랑받는 존재임을 확인하는 공간으로 나타난다. 아우구스티누스 역시 우정을 사랑하는 사람으로서 결정적인 순간에도 "결코 혼자가 아니었다. 우정은 그에게 마치 공기와도 같았다."라고 알베르토 핀케를레(Alberto Pincherle)가 평가할 정도로 많은 사람과 우정을 맺고 살았다.6 그렇기에 마리 아퀴나스 맥나라(Marie Aquinas McNara)는 다음과 같이 말한다. "그의 성소는 결코 고독한 이의 것이 아니었다. 그의 생애 어느 순간에도 그는 자신과 함께 있는 것이 큰 기쁨이었던 친구들 그룹에 의해 둘러싸여 있었다."7 그에게 있어 "인간끼리의 우정도 여러 영혼이 하나로 만드는 사랑스러운 매듭 때문에 달콤한 것"(『고백록』 2, 5, 10)이기에, 우정은 그의 삶과 영성의 주요 구성 요소로 자리하였다고 평가할 수 있다.8

---

6   A. Pincherle, *Vita di sant'Agostino*, Bari, 1988, p. 12.
7   M.A. McNara, *Friendship in saint Augustine*, Fribourg, 1958, p. 4.
8   아우구스티누스의 우정 개념에 대해 참조: 변종찬, "아우구스티누스의 우정 개념", 「가톨릭신학과 사상」 60(2007년 겨울), 206-235쪽.

여기서 먼저 아우구스티누스가 16세 때의 일을 회상하면서 당시의 우정을 묘사한 부분을 살펴보자. 성인에 의하면, "허나 도대체 그 스스로 즐긴다 함이 무엇이더이까? 사랑을 주고받는 것이 아니더이까? 그렇다고 마음에서 마음에로의 한도가 ―우정에 있어 경계가 분명하듯― 그렇게 지켜지지는 아니했습니다. 오히려 진흙 같은 육욕과 사춘기의 용솟음에서 안개가 자욱이 일어나 내 마음을 흐리우고, 어둡게 해주는 바람에 사랑의 맑음을 흐리터분한 정욕에서 분가하지 못하게 되었습니다."(『고백록』 2, 2, 2)

아우구스티누스는 이러한 우정 관계에서 자신이 친구들과 함께 배를 훔친 사건을 이렇게 설명한다. "스스러이 되새겨지는 일들에서 가엾던 내가 거둔 열매가 무엇이었습니까. 특히 도둑질 ― 딴 목적이 없이 오직 그 자체를 위하여 저질렀던 그 도둑질! (…) 그러나 그것도 나 혼자였으면 ―그때의 내 마음을 짚어보면― 아니했을 것입니다. 혼자로선 절대로 그런 짓을 안했을 것입니다. 벗과 사귀기를 좋아한 까닭에 그들과 함께 한 노릇이었습니다."(『고백록』 2, 8, 16)

아우구스티누스는 이렇게 죄로 이끈 우정을 지나친 우정(inimica amicitia), 알아듣지 못할 마음의 꾀임(seductio mentis investigabilis), 까불고 장난침에서 해칠 생심(ex ludo et ioco nocendi aviditas), 그리고 자신에게 잇속 없고 남에게 복수할 마음이 없지만 남이 잘못됨을 보고 싶어 하는 마음(alieni damni appetitus nulla lucri mei, nulla ulciscendi libidine)으로 정의하고 있다.(『고백록』 2, 9, 17)

이제 아우구스티누스가 자신의 친한 벗의 죽음을 회상하면서 적고 있는 우정에 대한 개념을 살펴보자. "그 무렵 나는 내가 태어난 읍

내에서 글을 가르치기 시작했는데, 그와 동시에 동창생 중에 가장 친하고, 내 나이 또래요, 한창 피어나는 젊은 벗 하나를 사귀었습니다. (…) 우리의 우정은 똑같은 공부에 열을 같이 띄우며 아기자기하기 이를 데 없었습니다."(『고백록』 4, 4, 7) 무엇보다 그들의 우정은 societas studiorum에 기초하고 있다. 또한, 이 우정이 parilia studia에 대한 열정으로 얼마나 성숙하고 달콤하였는지 말한다. 이 표현들을 어떻게 이해해야 하는가? 여기서 문제의 축은 studium이라는 단어의 해석에 있다. 최민순 신부는 첫 표현을 "동창생"으로, 두 번째 표현은 "똑같은 공부"로 번역한다. 하지만 여기서 아우구스티누스 자신이 타가스테에서 가르치기 시작했을 때 사귀었던 벗이라고 말하고 있는 것에 초점을 두어야 한다. 이것은 studium이라는 단어가 이 문맥에서 '공부'가 아닌 '관심'이나 '기호'(嗜好)의 뜻으로 사용되었다는 것을 보여준다. 그렇기에 아우구스티누스와 이름을 알지 못하는 벗과의 우정은 '공통 관심사' 혹은 '공통 기호'에 의해 이루어졌다고 보아야 한다.

아우구스티누스의 이러한 우정 개념에는 우리에게 베풀어 주신 성령으로 말미암아 우리 마음에 부어진 사랑으로 하느님이 서로를 맺어주는 진정한 우정 개념이 아직 드러나지 않는다. 오히려 그 속에서 두 고전 철학자의 흔적을 볼 수 있다. 먼저, 젊은이들 사이의 우정은 쾌락 즉 즐거움에 기초한다고 보고 있는 아리스토텔레스를 꼽을 수 있다. 그에 따르면, 젊은이들은 열정에 따라 살고, 무엇보다 자신들이 개인적으로 좋아하는 것과 그 순간 마음에 드는 것을 추구하기에 금방 친구가 되기도 하지만 빨리 우정이 사라진다는 것이다. 따라서 참되고 지속적인 우정은 될 수 없다고 그는 지적한다.(『니코마코스 윤리학』(Ethica Nicomachea) VIII, 3) 두 번째 철학자는 치체로이다. 그 역시 우정을 의지, 기호, 의견의 완전한 동의로 보고 있다.(『우정론』(Laelius de amicitia) IV, 15) 또한, 성격의 차이가 기호의 차이를 가져오고, 이 차이점이 우정을 맺지 못하게 한다고 본다.(『우정론』 XX, 74)

이러한 친구가 병중에 그것도 가망 없는 인사불성인 채로 세례를 받는다. 이에 대한 아우구스티누스의 반응은 흥미롭다. 자신이 마니교로 이끌었던 그 친구가 가톨릭 세례를 받아들였다는 것이다. 특별히 그가 사망한 후 아우구스티누스의 마음을 드러낸 『고백록』의 본문은 이른바 인간 고통의 고전이라고 할 수 있다. 여기서 묘사되고 있는 고통은 복잡한 현상이며 비록 극적이라 하더라도 매우 사랑스러운 친구를 잃은 사실 하나로 축소할 수 없다. 이 상실을 통해 세상은 매력적인 것 하나 없는 이질적인 것이 된다. 이 근본적 고통에 악으로 나타나는 고통의 형이상학적 의미가 나타난다. 단순히 고통, 물리적 결핍 혹은 윤리적 일탈로서의 죄가 아니라 삶의 전체성을 아우르는 부정성을 다루기 때문이다. 어떤 것 때문에 당하는 단순한 고통이나 부족한 것, 또 어떤 것에 대한 부정 때문에 당하는 단순한 고통이 아니라 어떤 것 혹은 어떤 사건을 통해 나에게 실재가 무의미해지는 고통이기 때문이다. 이러한 의미에서 "그리하여 내 영혼에게 묻는 것이었습니다. 도대체 무엇 때문인 슬픔이냐? 어쩐 까닭에 이다지도 마음이 갈피를 잡을 수 없는 것이냐고. 그래도 대답이라곤 나올 리 없었습니다."라는 문장의 의미를 이해할 수 있다. 분명히 이 문장은 슬픔의 객관적 이유가 친구의 죽음임을 보여준다.

하지만 여전히 신비로운 것으로 남는 것은 어찌하여 모든 것이 그 죽음을 통해 얽혀들었는지 또 어찌하여 그 고통은 존재론적 차원과 우주적 차원을 동시에 지니는지 하는 점이다. 여기서 우리는 악의 문제에 직면하게 된다. 위 본문에 의하면, 악은 어떤 것이나 어떤 사건 때문에 겪는 고통이라는 것 이전에 이미 부정적인 것이라는 형이상학적 근원에서 보고 있다. 다시 말하면, 아우구스티누스는 존재의 결핍, 즉 비존재(non-essere)를 악의 근원으로 지적한다. 그렇기에 개인적 고통이라는 차원에서 시작하여 악의 개념을 존재론적으로 결핍, 보다 정확히 말하면 의미의 세계론적 부정으로 본다. 이러한 측면에서 "내 자신이 나에게 큰 문제가 되었습니다."(Factus eram ipse mihi magna quaestio)라고 말한다.

세상의 의미를 상실하는 것까지 문제시하는 것은 더 나아가 하느님의 문제와 밀접하게 연결된다. 그래서 "내가 지극히 사랑하다 여윈 이는 현실의 인간이므로 희망하라고 했던 그 환상보다 훨씬 낫습니다."라고 말한다. 이 문장에서 아우구스티누스는 친구라는 살아있는 구체적인 대상과 우리가 향하는 신성의 환상과 대조시키고 있다. 여기서 환상은 아우구스티누스가 어떠한 위안도 얻지 못한 채 추구했던 하느님에 대한 잘못된 생각이다. 이에 반해, 잃어버린 친구는 비록 기억 속에서라도 살아있는 실재이기에, 그의 구체성은 또 다른 살아있는 구체성으로 대치된다. 즉 눈물로 대치되고 있다. 때문에 "그저 우는 것이 차라리 후련하고, 그 울음이 친구 대신으로 내 마음의 낙이었습니다."라고 말한다. 눈물 역시 삶의 구체적 행위이고, 의미 있는 사건이기 때문이다.

이러한 비통 속에서 그는 또 다른 우정 개념을 제시한다. "다른 그였던 내가, 그이는 죽어도 살아있다는 것이 더욱 이상하였습니다. 누군지 제 벗을 들어 제 영혼의 반쪽이라 한 말은 옳사옵니다. 나도 내 영혼, 그의 영혼을 두 몸 안에 있는 하나로 여겼습니다."(『고백록』 4, 6, 11) 여기서 우리는 세 가지 흥미로운 표현을 발견한다. 우선 우정을 통해 타인이 또 다른 나 자신이 된다는 것이다. 아우구스티누스는 이를 "다른 그였던 나"(ille alter eram)로 표현한다. 다른 곳에서도 유사한 표현이 발견된다. "너는 나에게 또 다른 나이다."(Mihi es alter ego),[9] "또 다른 나의 영혼"(altera anima mea)[10] 두 번째 흥미로운 표현은 벗을 가리켜 "자신 영혼의 반쪽"(dimidium animae suae)이라고 하는 것이다. 마지막으로 아우구스티누스는 벗과의 우정 관계를 "두 몸 안에 있는 한 영혼"(una anima in duobus corporibus)으로 간주하고 있다. 이 세 표현은 아우구스티누스가 고전 철학, 특별히 치체로의 우정 개념에서 영향을 받았음을 보여준다. "또 다른 나"로서 벗을 정의하는 것은 이미 아리스토텔레스에게서 발견된다.(『니코마코스 윤리학』 IX, 4) 치체로 역시 "tamquam alter idem"이라는 표현을 사용한다.(『우정론』 XXI, 80) "자신 영혼의 반쪽"이라는 표현은 호라티우스(Horatius)의 『카르미나』(Carmina) 1, 3, 8의 인용이다. 그리고 "두 몸 안에 있는 한 영혼"이라는 표현 역시 "타인의 영혼이 자신의 영혼과 그토록 혼합되어 두 몸으로 이루어진 한 영혼을 형성한다."라는 치체로의 글과 연결시킬 수 있다.(『우정론』 XXI, 81. "Cuius animum ita cum suo misceat, ut efficiat paene

---

9 『서한』 38, 1.
10 『서한』 110, 4.

unum ex duobus")

슬픔에 겨운 아우구스티누스는 타가스테를 떠나 카르타고로 온다. 이곳에서 그는 또 다른 우정을 맺게 된다. 성인에 의하면, "그들과 어울려 내가 좋아하던 것은 당신 대신에 엄청난 사설이요, 장황한 거짓말로써 귀를 간질이며 쑥스러이 긁어서 우리 정신을 부패시키는 것이었습니다. (…) 이 밖에도 저들에겐 마음을 사로잡는 것이 또 있었습니다. 즉 오가는 말 같이 웃기, 사이좋게 도와주기, 여럿이 함께 재미난 책 읽기, 서로 놀되 서로 존경하며, 가다가 어긋남이 있어도 내 스스로에게처럼 미움이 없기, 그리고 어쩌다 있는 이 엇갈림에 뜻들을 고루어 다져 놓기, 무엇을 서로 배우기와 서로 깨우쳐주기, 없으면 못 견디게 보고 싶고, 만나면 얼싸안고 반가워하기 – 이런 저런 표정이 사랑을 주고받는 이들의 마음에서 입을 거쳐, 혀를 거쳐, 눈이며 백천 가지 좋기만 한 종작으로 나타나 불씨와도 같이 마음들을 녹여, 여럿을 하나로 만들어 놓았나이다."(『고백록』 4, 8, 13)

새로운 벗들과의 우정은 무엇보다 같은 취미 혹은 같은 기호를 가진 이들의 관계로 드러난다. 그리고 하나를 이루는 우정을 보여준다. 우정의 열매가 여럿을 하나로 만드는 것으로, 아우구스티누스는 이를 '여럿을 하나로 만들어 놓는 것'(ex pluribus unum facere)이라고 표현한다. 이 말은 치체로의 영향을 보여준다. 그는 우정을 통하여 하나가 된다는 것이 피타고라스(Pythagoras, 기원전 570-495)의 사상이라고 전해주면서(『의무론』(De officiis) 1, 17. "(… efficiturque id, quod Pythagoras vult in amicitia, ut unus fiat ex pluribus."), 『우정론』 XXV, 91에서 다음과 같이 표현한다. "우정의 힘은 여러 영혼이 한 영혼을 이룬다는 것에 있다."(Cum amicitiae vis sit in eo, ut unus quasi animus fiat ex pluribus)

아우구스티누스는 『여든세 가지 다양한 질문』(De diversis quaestionibus, 83)에서 우정에 관한 치체로의 정의를 주석 없이 글자 그대로 다음과 같이 전해주고 있다. "우정은 우리와 동일한 원의를 갖고 있으며 우리가 사랑하는 이에게 좋은 것을 원하는 것이다. 여기서 우리는 사회생활에 대해 말하는 것이므로, 우정에 그 열매를 덧붙이는 것이다. 이는 이 열매 때문이라도 우정을 희망하도록 하기 위해서이며, 우리가 우정에 관해 일반적으로 말하고 있다고 생각하는 이들이 우리를 비판하지 않도록 하기 위해서이다. 어떤 이들은 유용성 때문에만 우정을 추구해야 한다고 믿고 있지만, 또 어떤 이들은 우정 자체로 추구해야 한다고 주장하기도 한다. 또 어떤 이들은 그 자체로 그리고 유용성 때문에 추구해야 한다고 주장하기도 한다."

이 정의에 따르면, 우정은 무엇보다 벗에게 좋은 것을 원하는 것이다. 또한, 대상은 그 사람 자체이지 결코 그가 가진 물질적인 것이나 환경이 아니다. 따라서 우정은 무엇보다 선한 사람 사이에서만 가능한 것이다. 이 생각은 이미 아리스토텔레스에게서 발견된다. 그에 따르면, 친구는 자신의 벗에게 좋은 것을 원하고 그것을 행하는 사람이다. 아우구스티누스 역시 치체로의 사상을 따라, 우정이 벗에게 좋은 것을 원하는 것이라는 점을 다음과 같이 부정적 방법으로 묘사한다. "친구에게 해가 되는 것을 미워할 때, 그리고 그 경우에만 너는 진정으로 그를 사랑하는 것이다." 또한, 사람 자체가 대상이 되는 것이지 결코 그가 가진 물질적인 것이나 환경이 아니라는 점에 대해서는 다음과 같이 말한다. "만약 나의 친구가 부자이기 때문에 나에게 친구가 된 것이라면, 그리고 그가 가난하게 됨으로써 더 이상 친구가 되지 않는다고 하는 것은, 내 친구가 그가 아니라 그가 소유하고 있는 금이었다는 것이다. 만약 사람이 내 친구였다고 한다면, 금이 있든 없든 간에 그는 항상 나의 친구인 것이다." 만약 우정이 사람 자체가 아니라, 그가 지닌 물질적 소유물 때문이라면 우리는 "친구를 사랑하는 것이 아니라 그 친구가 가지고 있는 다른 것을 사랑하는 것이다."

아우구스티누스는 치체로의 또 다른 우정에 관한 정의를 수용하면서 자기 생각을 보다 명확하게 설명한다. 치체로에 따르면, "우정은 호의와 사랑이 동반된 신적인 일과 인간적인 일에 대한 동의 이외에 다른 것이 아니다." 아우구스티누스는 이 정의를 무엇보다 카시치아쿰(Cassiciacum)에서 저술한 작품들에서 인용하면서 약간의 변화를 주고 있다. 그에 따르면, 우정은 "호의와 사랑이 동반된 인간적인 일과 신적인 일에 대한 동의"이다.

위에서 언급한 정의에서 치체로는 "divinarum humanarumque rerum cum benevolentia et caritate consensio"라고 표현하는 반면, 아우구스티누스는 "rerum humanarum et divinarum cum benevolentia et caritate consensio"라고 제시한다. 여기에서 우리는 미묘한 차이를 발견한다. divinarum과 humanarum 두 형용사가 도치된 것이다. 이것이 우연적인지 아니면 이면에 아우구스티누스의 의도가 들어가 있는지 질문하게 된다. 이에 대한 대답은 우정과 지혜가 서로 연결되어 있다는 것에서 찾아볼 수 있다. 아우구스티누스는 치체로와 마찬가지로 지혜(sapientia)를 rerum humanarum divinarumque scientia로 정의한다. 물론 여기에서도 치체로의 정의는 divinarum이 humnarum 앞에 위치한다는 것이 차이점이다. 두 곳에서 이렇게 도치된 것을 우연으로 보기는 어렵다. 오히려 아우구스티누스가 생각하고 있는 바를 표현하기 위한 것이라고 보아야 한다.

그렇다면 그는 무엇을 염두에 두고 있는 것인가? 아우구스티누스에 따르면, "지혜 이외에는 다른 아무것도 사랑치 않는다고, 난 벌써 똑똑히 말했던 것입니다. 난, 오로지 지혜만을, 지혜 그것 때문에 사랑하고, 그밖에 다른 것들은 생명이건, 휴식이건, 친구들이건 다 지혜 때문에 내게 있기를 원하고 없어질까 두려워한다고 했습니다. 따라서 나는 그렇게 아름다운 지혜를 사랑하는 다른 사람들을 샘하지 않을뿐더러 나와 함께 그리워하고, 나와 함께 알아내고, 나와 함께 차지하고, 나와 함께 누리면서, 우리가 사랑하고 있는 지혜가 우리들 사이에 공유되어 갈 수 있도록 더욱 친해질 수 있는 그러한 여러 사람들을 나 역시 찾고 있는 판인데, 그러한 아름다운 지혜에 대한 사랑에 어떠한 한도가 있을 수 있겠습니까?"

여기서 아우구스티누스는 우정과 같은 인간적인 일이 의미 있는 것은 지혜라는 신적인 것과 관련되었기 때문임을 분명히 하고 있다. 따라서 함께 지혜를 그리워하고, 알아내고, 소유하고, 누리고, 사랑할 수 있는 이와의 우정을 생각하고 있는 것이고, 지혜를 함께 공유하면 할수록 더욱 우정이 깊어지는 것이다. 이는 반대로 말한다면, 만약 벗이 지혜를 추구하는 데 있어 장애물로 등장한다면, 그에게서 멀어지는 것이 더 낫다는 것이다.

여기서 치체로와의 결정적 차이가 드러난다. 그에 따르면, "우정은 그 자체로, 그리고 그것 때문에 희망하는 것이다." 지혜(sapientia)를 제외하고 불멸하는 신이 인간에게 준 것 중 우정이 가장 좋은 것이기 때문이다. 하지만 아우구스티누스에 따르면, 우정은 그 자체로 최고 가치가 아니라 궁극적 실재를 향해 나아가기 위한 도구이다. 이러한 의미에서 볼 때, divinarum과 humanarum의 도치를 통하여 아우구스티누스는 신적 실재로 올라가기 위해 인간적인 것으로 시작한다는 자신의 철학과 신학의 상승 모델(ascension-model)을 제시하고 있다고 말할 수 있다.

위에서 제시한 우정에 대한 정의에서 divinarum과 humanarum의 도치 외에 다른 것은 동일하기에, 아우구스티누스의 우정 개념에서도 호의와 사랑 그리고 동의라는 세 요소가 중요하다고 알 수 있다.

호의(benevolentia)를 갖는다는 것은 사랑하는 벗에게 좋은 것을 원하는 것이다. 다른 말로 한다면, 우정 안에 호의가 있다고 하는 것은 자신에게 좋은 것만을 바라는 이기적인 모습으로 타인을 대하는 것이 아니라는 것이다. 그렇기에 아우구스티누스는 우정은 결국 호의의 문제라며 다음과 같이 말한다. "호의의 우정이 존재하는데, 이 호의로 인해 때때로 우리는 우리가 사랑하는 이에게 선물을 준다. (…) 사랑하는 이에게는 호의만으로 충분하다."

사랑이라는 요소는 무엇보다 '우정'이라는 라틴어 단어인 amicitia가 사랑을 뜻하는 amor에서 파생했다는 점으로도 설명된다. 여기에서 아우구스티누스는 친구를 자기 자신처럼 사랑해야 한다는 우정의 법칙을 제시한다. 또한, 우정은 서로 주고받는 사랑으로 이루어지는 것이기에 상호 간의 사랑이 우정의 정수라고 주장한다.

동의(consensio)는 친구 간에 의기투합하는 것을 의미한다. 물론 항상 같은 의견을 갖는 것을 요구하는 것은 아니지만, 적어도 같은 방향으로 가는 것을 말한다. 그렇기에 아우구스티누스는 "영혼들과 다른 영혼들 사이의 우정은 비슷한 습관에서 나오는 것이다."라고 말한다. 또한 "(영혼은) 다른 영혼을 우정으로 받아들이면서 자신과 비슷한 존재가 되게 한다."라고 주장한다.

또한, 아우구스티누스는 사랑의 질서 안에서 우정을 제시한다. 치체로에 따르면, 우정은 덕(virtus)이다. 즉 덕은 우정을 낳고 보존하며 덕이 없는 우정이란 존재할 수 없다. 물론 이 사상은 이미 플라톤과 아리스토텔레스에게서도 나타난다. 아우구스티누스 역시 이 개념을 이어받았지만 다른 방향으로 전개해 나간다. 그에 따르면, "덕에 관한 정확하고 간결한 정의가 있다면 그것은 사랑의 질서다." 다른 말로 한다면, "덕은 향유할 것은 향유하고 사용할 것은 사용하는 완전한 질서인 것이다."

이 정의에서 우리는 아우구스티누스의 사상에서 매우 중요한 "향유"(享有, frui)와 "사용"(使用, uti)의 구분이라는 개념을 발견한다. 모든 사물을 향유하기 위한 것과 사용하기 위한 것 그리고 향유하고 사용하기 위한 것으로 구분하는 히포의 주교에 따르면, 향유하기 위한 것은 우리를 행복하게 만드는 것이다. 그리고 사용하기 위한 것은 행복을 추구하게 우리를 돕고, 어떤 의미에서는 우리를 행복하게 만드는 사물에 도달하고 매달리게 붙들어 주는 것이다. 다른 말로 한다면, 우리는 필요성 때문에 사용하는 것이고, 행복을 위해 향유한다.

그렇다면 우리는 무엇을 향유해야 하며, 무엇을 사용해야 하는가? 이 질문에 아우구스티누스는 명백하게 대답한다. "현세적 사물들을 사용해야 하며, 영원한 것을 향유해야 한다." 오직 하느님만이 영원하기에 향유의 대상이 될 수 있으며, 다른 것들은 최고선에 도달하기 위한 사용의 가치를 지닌다. 이는 하느님 스스로가 현세적 사물들을 사용하는 도구로 주셨고 그분 자신을 향유해야 할 선으로 주셨기 때문이다. 따라서 인간의 온전한 이성은 하느님을 알기 위하여 자기 자신을 사용하면서 자신의 온 삶을 하느님을 향유하도록 이끌어야 한다. 오직 이렇게 함으로써 그는 행복할 수 있기 때문이다. 그렇기에 아우구스티누스는 이 인간의 온전한 이성을 덕(virtus)이라고 부른다.

향유와 사용을 설명하면서 아우구스티누스는 이 두 개념을 사랑과 연결시킨다. 히포의 주교에 따르면, 사랑은 어떤 것을 향한 영혼의 움직임이다. 그렇기에 향유한다는 것은 어떤 사물 자체 때문에 사랑으로 그것에 애착하는 것이다. 반면 사용한다는 것은 우리가 사랑해야만 하는 것을 얻기 위해 사물들을 이용하는 것이다. 이러한 의미에서 아우구스티누스는 "하느님에 대한 지고한 사랑"이라는 새로운 덕의 개념을 제시한다. 여기서 우리는 사추덕(四樞德) 중 하나인 정의의 고전적 정의, 즉 "각자에게 그 자신의 것을 주어야 한다."(suum cuique tribuere)는 것을 떠올리게 된다. 물론 이 개념은 사회적, 정치적 덕목의 차원에서 나온 것이다. 하지만 아우구스티누스는 389년경 저술한 『가톨릭교회의 관습과 마니교도의 관습』에서 사추덕을 하느님의 사랑으로 이끄는 것이라고 정의하면서, 정의의 고전적 정의를 그리스도교적 의미로 제시한다. 이 맥락에서 정의는 사랑으로 정의되고 있다. 즉 정의는 오직 하느님만을 섬기며, 이것 때문에 인간에게 종속된 다른 모든 것을 명령하는 사랑이다. 이러한 의미에서 정의의 질서는 사랑의 질서가 된다고 말할 수 있다. "완전한 정의는 다음과 같은 것이니, 더한 것은 더 사랑하고 덜한 것은 덜 사랑하는 것이다."

『가톨릭교회의 관습과 마니교도의 관습』에서 정의가 하느님의 사랑과 동일시되었다면, 『여든세 가지 다양한 질문』 61은 정의를 하느님 사랑과 이웃 사랑으로 표현한다. 아우구스티누스에 따르면, 하느님 사랑과 이웃 사랑은 caritas의 두 발(pedes)이요 두 날개(ala)이다. 결국, 사랑의 질서 안에서 우정은 하느님 사랑과 이웃 사랑에 대한 동의라고 말할 수 있다. 이 개념은 395년 이후에 작성된 것으로 보이며 옛 친구인 마르티아누스(Martianus)에게 보낸 『서한』 258에서 잘 나타난다. 여기서 아우구스티누스는 우정에 대한 치체로의 정의에 "지극히 참된 우리의 평화이신 우리 주 예수 그리스도 안에서"라는 표현을 삽입하면서 참된 우정의 기초가 무엇인지 밝히고 있다. 이는 곧 인간적인 일과 신적인 일이 무엇인지 설명해준다. 히포의 주교에 따르면, 마르티아누스와의 우정이 인간적인 일에서는 완벽하게 동의했지만, 신적인 일에서는 그러지 못했다고 적고 있다. 아우구스티누스는 가장 큰 계명에 대한 예수의 말씀을 인용하면서, 첫 번째 계명 안에 신적인 일에 대한 완전한 동의가 있고, 두 번째 계명에는 사랑에 가득 찬 호의가 동반하고 있는 인간적인 일에 대한 완전한 동의가 있다고 전해준다.

그러므로 아우구스티누스에 따르면, 우정은 자신의 마음과 목숨과 정신을 다해 하느님을 사랑하고 이웃을 자기 자신처럼 사랑하는 사람들 사이의 것이다. 다른 말로 한다면, 참된 우정은 그 자체로(propter seipsum) 하느님을 사랑하고, 하느님 때문에(propter Deum) 이웃을 자신같이 사랑하는 그리스도인 사이에서 이루어진다. 그렇기에 아우구스티누스는 『고백록』에서 다음과 같이 말한다. "진정한 우정이란 우리에게 베풀어주신 성령으로 말미암아 우리 마음에 부어진 사랑으로 당신이 서로를 매어주시지 않고는 아니 있기 때문입니다." 우정은 성령의 은총으로 주어진 선물이다. 하느님께서 우정을 선사해주시기 때문에, 아우구스티누스의 우정 개념은 자연적인 차원에서 초자연적인 차원으로 넘어간다. 이는 참된 우정을 맺는 그리스도인의 모습이 세례성사로 말미암아 새로운 인간으로 태어난 그리스도인, 신화(神化)한 그리스도인이기 때문이다. 그렇기에 이웃을 자신같이 사랑하라는 계명에서 그리스도인은 이웃의 범주를 단순히 부모, 형제, 자매, 친구만으로 국한하지 않는다. 아우구스티누스에 따르면, 이웃은 모든 사람을 포함하는 것이기에 원수도 이웃의 범주에 들어간다. 그래서 아우구스티누스에 따르면 그리스도인은 원수들을 사랑하면서 "사랑의 완성"(perfectio dilectionis)을 이룬다. 고전 철학자들이 주장하듯, 이러한 의미에서 그리스도인의 우정은 어느 특정인들만이 아니라 모든 사람에게 연장된 관계라고 말할 수 있다.

　우리 마음에 부어진 성령으로 말미암아 맺어진 그리스도인의 우정은 서로 간에 일치를 이루는 것만으로 끝나는 것이 아니라, 그리스도인과 그리스도의 일치로도 나타난다. 이는 사랑이 사랑하는 존재와 사랑받는 대상을 일치시키는 힘을 가지고 있음을 의미하며, 따라서 "하느님을 사랑하면 하느님이 되지만, 땅을 사랑하면 땅이 된다."라고 아우구스티누스는 말한다. 사랑을 통해 하느님께서 우리 안에 머무시기 때문에, 참된 우정을 맺는 그리스도인은 이웃 안에 살아계시는 성령을 영적인 눈으로 보면서 이웃을 사랑하고, 이웃 안에 살아계시는 하느님을 사랑하게 된다.

이러한 일치를 이루는 힘을 가진 우정에서 우리는 다음과 같은 특성을 본다.

첫째, 우정은 영원하다. 하느님만을 향유하도록 되어있는 영혼의 불사불멸성을 토대로 하는 우정의 영원성은 성령으로 말미암아 우리 마음에 부어진 사랑으로 이루어지는 사람들의 일치에서 나온다. 다시 말하면, 우정의 영원성은 하느님께서 우리 인간을 매어주시기 때문에 이루어지는 것이며, caritas는 우정의 불멸성과 지속성을 보증해 준다. 그렇기에 오직 그리스도 안에서만 우정은 충실하고, 영원하고 행복할 수 있다고 히포의 주교는 확언한다.

둘째, 우정은 성실하다. 이 성실성으로 인해 우리는 모든 생각을 털어놓을 수 있는 사람을 우정이라는 이름으로 받아들인다. 이는 이웃 안에 살아계시는 하느님을 사랑하는 것에서 나온다.

셋째, 우정은 솔직함을 지닌다. 이는 아첨에 대한 단죄를 의미한다. 또한, 친구가 잘못한 경우에는 그 실수에 대해 솔직하게 말할 수 있어야 한다는 것으로, "우정이 아니면 그 어느 누구도 알지 못하기 때문이다." 그래서 아우구스티누스는 책망하기를 두려워하는 친구보다 비난하는 원수가 더 유익하다고 말한다. 우정의 솔직함을 통해 우리는 온갖 오류와 슬픔에서 위로를 받게 된다. 여기서 기도의 필요성이 등장한다. 우리의 마음과 친구의 마음이 하느님의 사랑으로 가득 차도록 끊임없이 기도해야 한다.

더 나아가 그리스도인의 우정은 하느님을 향해 나아가는 여정 속에서 이루어진다. 따라서 우리 마음에 부어진 성령으로 말미암아 맺어진 그리스도인의 우정은 "하느님을 향한 한 영혼과 한 마음"(anima una et cor unum in Deum)을 형성한다고 볼 수 있다. 그리스도인의 우정은 하늘나라를 향한 여정 안에서 이루어지기에, 우리가 이 세상에 있는 동안에는 완전하게 이루어질 수 없다는 것이 분명해진다. 하느님을 향해 함께 나아간다는 것은 단순히 이 세상에서만의 움직임이 아니라 천상 본향에서도 이루어지는 하느님을 향한 움직임이다.

우리가 이 세상에서 한마음 한뜻을 이루는 것은 믿음, 희망, 사랑이라는 향주 삼덕의 친교 위에 세워지는 것이라며 성인은 다음과 같이 말한다. "유일한 믿음, 유일한 희망, 유일한 사랑이 양자로 불렸고 그리스도의 유산으로 불린 많은 성인이 하느님을 향하면서 한마음과 한뜻을 갖게끔 하였다." 이 지상 삶이 끝나고 우리가 천상 고향에 돌아갈 때 그리스도인의 우정은 완성될 것이다. "우리는 우리가 서로 사랑하고 있다고 상호 간에 믿고 있기 때문에 이 지상에서 어느 정도 평화를 누립니다. 그러나 우리가 서로의 마음을 알 수 없기 때문에 이와 같은 평화에도 만족하지 못합니다. (…) 만약 우리가 누리는 이 평화를 세상 안에서 유지해 나간다면 모든 모순은 사라지게 되고, 우리 마음 안에 있는 모든 것이 드러나게 되어 하느님의 영원한 평화를 누리게 될 것입니다."

6. 첫 작품, 『아름다움과 알맞음』(De pulchro et apto)

벗의 죽음 사건이 아우구스티누스에게 깊은 영향을 주었다는 것을 부정할 수 없다. 피조물의 한계 혹은 죽을 운명 앞에서 그가 무슨 생각을 하였을지 짐작할 수 없다. 그렇다면 무엇이 영속적인 존재인가? 또 죽은 친구가 가톨릭 세례를 받아들인 것은 무슨 의미인가?

이 문제에 있어 여전히 해결책을 제시하지 못한 상황에서 그는 스물예닐곱 살 무렵 『아름다움과 알맞음』이라는 책을 저술한다. "우리가 사랑하는 것이 아름다운 것밖에 또 무엇이 있는가? 그렇다면 아름다움이란 무엇인가?"라는 질문에 "육체에 있어 어느 것은 전체가 온전하기에 아름답다는 것과 또 어느 것은 부분일지라도 알맞게 맞아서 아름답다."라는 입장에서 저술한 이 책은 시리아 출신으로 수사학과 철학을 공부한 후 로마에서 수사학 교수로 일했던 히에리우스(Hierius)에게 헌정한 것이다. 펠레그리노(Pellegrino) 추기경에 따르면, 아우구스티누스의 첫 작품이 『아름다움과 알맞음』이라는 것은 미학적 문제가 저술가로서의 아우구스티누스의 관심을 끈 첫 번째라는 것을 보여준다. 『고백록』 4권 15장에서 기술하고 있는 이 작품의 내용에 의하면, 아우구스티누스는 pulchrum을 전체성 안에서, 곧 자체로 어울리는 것으로, 그리고 aptum을 기능적 차원에서 혹은 상대적 차원에서, 곧 다른 것과 어울리는 것으로 보고 있다. 스보보다(K. Svoboda)에 따르면, 15장에서 다루고 있는 작품의 논점에서 우리는 미학적 설명과 존재론적 설명이라는 두 흐름을 구분할 수 있다. 첫 관점은 전형적인 플라톤주의의 특성을 보여준다. 플라톤에 따르면, 우리는 아름다움을 사랑하며 아름다움과 사랑은 그에게는 상호 연결되는 용어들이다. 아름다운 것에서 우리의 마음을 끄는 어떤 것을 발견한다는 아우구스티누스의 생각은 아름다운 것들은 미(美)의 이데아에 참여한다는 플라톤의 논점을 연상시킨다. 하지만 이 생각은 원래 널리 퍼져 있던 것이기에, 원저자가 누구인지 밝혀내기는 참으로 어려운 문제이다. 분명한 것은 이 문제가 Hyppias Maggiore 290a-296에서 보다 잘 다루어진다는 것이다. 플라톤 역시 아름다움과 알맞음을 구분한다. 이 알맞음은 아름다움의 외관을 깨어나게 하는데, 아름다움은 모든 것이 그것을 통해 아름다워지는 것, 즉 미의 이데아이다.

이러한 플라톤의 사상과 아우구스티누스의 생각 사이에 존재하는 유사함을 어떻게 설명할 수 있을까? 보린스키(Borinski)는 아우구스티누스가 플라톤의 사상을 치체로를 통해 알게 되었다고 주장한다. 이 가설에 스보보다(Svoboda)는 반대한다. 그에 따르면, 치체로의 작품에서 발견할 수 있는 생각은 육신(corpus)의 아름다움이 부분의 조화로 이루어진다는 생각과 구술과 시에서 볼 수 있는 알맞음에 관한 생각뿐이라는 것이다. 따라서 그는 아우구스티누스가 플라톤으로부터 직접 영감을 받았으리라고 주장하는데, 이는 아리스토텔레스의 범주론과 그 외 작품들을 공부했다고 하는 『고백록』 4권 16장의 내용에 기초한다. 더 나아가 그는 아우구스티누스가 이 플라톤적 미학에서 존재론적 설명, 즉 마니교의 주장을 첨가하여 『아름다움과 알맞음』의 논점을 구성하였다고 주장한다. 이 주장에 대해 모리스 테스타르(Maurice Testard)는 반대한다. 그에 따르면 스보보다의 가설은 자신의 이론을 입증하기 유리한 치체로의 본문만 인용하기에 틀렸다는 것이다. 테스타르에 따르면, 아우구스티누스가 받은 철학적 영향은 치체로에게서 받았다고 보아야 한다.

7. 마니교에 대한 회의

아우구스티누스가 마니교 신자로 머물던 시기에 우리의 관심을 끄는 또 하나의 사건이 있었다. 『고백록』 4권 3장에서 나타나듯 아우구스티누스는 천문학에 특별한 관심을 기울여 점성술에까지 빠지게 된다. 카르타고에서 수사학 학교를 열었던 그는 자유교양학문(artes liberales) 공부에 열정적으로 헌신하였다. 그는 자신이 손에 넣을 수 있는 모든 작품을 읽었다. 이들 중 첫 번째는 로마인 중 가장 학식이 깊었던 바로(Varro)가 9권으로 저술한 『학문론』이었는데, 일반적인 의견에 따르면, 이 작품의 각 권은 다음의 과목들을 다루고 있다. 즉 문법, 변증법, 수사학, 기하학, 수학, 천문학, 음악, 의학, 건축 등이다. 무엇보다 그는 철학을 공부하였으며, 천문학에 대해 특별한 관심을 가졌고, 곧바로 완고한 열성이 된 그의 호기심은 점성술에까지 이르게 하였다.

『고백록』 4권 16장에 의하면, 그는 다양한 문학 작품과 학문 서적을 읽었다. "나는 수사학이나 변증법이나 기하, 음악, 산수 할 것 없이 가르쳐주는 이 없이도 그리 어렵지 않게 깨쳤습니다." 또한 『고백록』 5권 3장에 따르면, "나는 철학서를 두루 읽어 기억에 담아두고 있었던 만큼…" 여기서 우리는 한 가지 질문을 던지게 된다. 고대에 철학은 물리학, 윤리학, 논리학으로 구분되어 있었다. 그렇다면 아우구스티누스는 어떠한 철학책을 읽었는가? 아고스티노 트라페에 따르면, 철학에 대한 논문인 바로의 『학문론』과 그 외 작품들, 치체로의 철학 작품들, 약 100여 개에 이르는 모든 철학의 의견을 6권의 책에서 제시한 켈수스(Celsus, 2세기)의 교과서, 아울러 젤리오의 작품, 아마도 아풀레이우스(Apuleius, 124?-170?)에 의해 라틴어로 번역된 제라사의 니코마코스(Nicomachus Gerasae, 60?-120?)의 『기하학 입문』(Introductio Arithmetica) 등등이다. 트라페는 로마 스토아학파 대표자들의 작품에서 적어도 세네카(Seneca, 기원전 4-서기 65)의 저서를 읽었을 것이라 본다.

이 공부는 그에게 여러 가지 의문점을 주었는데, 그것은 모든 자연현상에 대한 마니교도들의 설명보다 더 신뢰할 수 있는 해결책을 제시하였기 때문이다. 그래서 "철학서와 마니교도의 장광한 설교를 비교하는 데서 철학자들의 주장이 보다 더 합리적인 것임을 알아냈습니다."라고 고백한다. 천문학에 주목한 그는 다음과 같이 고백한다. "나는 창조된 것에 대해 그 철학자들이 확언한 많은 진리를 기억하고 있습니다. 그리고 산법과 계절의 순서 및 육안에 비치는 별들의 증명에 기초한 학문적 설명을 머릿속에 담고 있습니다. 그리고 이러한 주제에 대해 많이 쓴 마니가 말한 것과 이것들을 비교해 보았습니다." 그 결과 마니에 대한 호의적인 입장이 사라져 갔다. "동지와 하지, 춘분과 추분, 일식과 월식 등에 대한 설명과 세속 지혜의 책들에서 내가 배운 다른 것들에 대한 설명이 나에게 보이지 않았습니다." 계속해서 『고백록』5, 3, 6은 말한다. "그럼에도 불구하고 산법과 내 눈으로 증명한 것에 기초한 설명과 합치하지 않는 그 교의를 믿으라고 나에게 강요하였습니다."

또 다른 사건은 엘피디우스(Elpidius)라는 사람이 성경에 대해 마니교도들과 가진 공개토론이다.(『고백록』 5권 11장) 그가 제시한 문제에 대한 마니교도들의 답변이 빈약했기 때문이다. 성인의 평가에 따르면, 그들은 공개된 자리에서 제대로 답변하지 못하고 자신들의 집회에서만 "신약성서는 유데아 율법을 그리스도교 신앙에다 접붙일 양으로 어느 모를 사람들이 거짓 꾸며낸 것이다."라고 말하였다. 하지만 이 확언에 어떠한 증명도 뒤따르지 않았고, 그들은 가필되지 않은 어떠한 원본도 제시하지 못하였다. 하지만 이러한 성서상의 어려움에 직면해서도 아우구스티누스는 기다리기로 하였다.

또한, 마니교도들을 반대하는 네브리디우스(Nebridius)의 난문제(dilemma)가 있었다. 그는 '마니교도들이 적대적인 무리로서 하느님께 대치시키고 있는 어둠의 집단이, 만약 하느님이 그들과 경쟁하는 것을 거부하였다면, 그 집단은 하느님께 무엇을 할 수 있었을까?'라고 스스로 질문하곤 하였다. 네브리디우스는 계속해서 말하기를, 그들은 하느님이 해를 입었을 것이라 대답할 수도 있을 것이다. 그러면 그들은 자신들이 원하지 않는 것, 곧 하느님은 손상 받을 수 없는 존재가 아니며, 썩지 않는 존재가 아님을 받아들여야만 한다. 혹은 그들이 하느님이 어떠한 해도 입지 않았다고 답할 수도 있다. 그러면 어떠한 이유로 하느님은 그 싸움을 받아들였는가? 신성의 한 부분이 적대적인 세력들과 혼합되어 극도의 비참함에 빠져 해방되고 구원되기 위해 도움을 필요로 하게 된 이토록 극적이며 그토록 불행한 싸움이 아닌가? 결국, 그들은 하느님의 불멸성을 수용하면서 그들의 모든 확언이 공허하게 되든지 아니면 하느님이 썩을 수 있음을 주장하는 것인데, 이 확언은 그 누구도 받아들일 수 없는 매우 잘못된 것이고 매우 끔찍한 것이다. 이 논거는 모든 이에게 큰 인상을 주었다.

개념들을 혼란케 한 유물론에 온통 빠져버린 아우구스티누스는 생각이 많아졌지만 승복하지 않았다. 그는 하느님을 "육체적인 덩어리"로, 그리고 악을 실체로 생각하였다. 악을 설명하기 위해 형이상학적 이원론의 주장 이외에 다른 해결책을 찾지 못했기에 당연하였다. 독이 있는 샘과 같은 이 원칙에서 다른 모든 오류가 나오게 되었다.

결국, 아우구스티누스는 그동안 간직해온 마니교 가르침에 대해 심각한 의문을 품게 된다. 그리고 자신의 질문에 제대로 답해줄 사람이라고 추천된 마니교 주교 파우스투스(Faustus)를 기다린다. 이때가 그의 나이 스물여덟이다. 하지만 "나는 그가 문법, 그나마도 평범한 정도의 문법을 제외하곤 학예에 대해서는 전혀 교양이 없음을 발견하였습니다. 그러나 그는 약간의 치체로의 연설과 세네카의 저서 한두 권, 그리고 라틴어로 잘 엮어진 몇몇 시집과 제 교파의 서적쯤은 읽었고, 그 위에 날마다 하는 일이 강연이었으므로 부리는 재간과 타고난 우아스러움 덕분에, 하는 말이 들음직하고 솔깃하게 되는 것이었습니다."(『고백록』 5권 6장) 그리고 "나는 그가 뛰어난 줄로만 여기던 그 학예에 무식하다는 사실을 확실히 발견한 뒤로부터 환멸을 느끼기 시작하였습니다. 여태껏 내가 궁금해하던 문제를 그가 해명해 주기를 바랄 수 없어서였습니다. (…) 내가 문제를 캐고 따지자 하였을 때 그는 정말 겸허한 태도로 그 짐을 지겠다고 서두르지 아니했습니다. 그만치 그는 자기의 무식을 알았고, 또 이를 고백하기를 부끄러이 여기지 않는 사람이었습니다. (…) 이러나저러나 마니케우스(Manichaeus)의 글에 열중하던 나의 직심도 꺾이고 말았습니다. 내가 궁금해하던 여러 문제들에 있어 이름난 파우스투스가 그러할 때야 나머지 저들의 학자들에게 기대를 걸 수 없는 것은 물론이었습니다."(『고백록』5, 7, 12-13) 이 순간부터 아우구스티누스는 마니교에 대한 모든 신뢰를 잃어버린다. 두 번째 실망으로, 마니교에서도 진리를 발견할 수 없다는 실망이다. 이러한 마음으로 그는 로마를 향하여 떠난다.

그렇다면 마니교는 아우구스티누스에게 어느 정도의 영향을 미쳤는가? 아우구스티누스를 마니교도로 고발하는 것은 이미 오래된 이야기이다. 에클라눔의 율리아누스(Iulianus Aeclanensis, 386?-455?) 역시 이 고발 위에서 아우구스티누스에 대해 비판하고 있다. 사실 마니교가 아우구스티누스에게 아무런 영향을 미치지 않았다고 말할 수 없다. 우주론적, 존재론적 그리고 인간학적 마니교 이원론을 공격하는 아우구스티누스의 책무 자체가 마니교 체험에서 기인한다. 어떤 이는 『신국론』에서조차 마니교의 영향을 본다. 곧 전쟁 중인 두 도시나 시작과 발전 그리고 종말이라는 역사의 세 순간이라는 구도 역시 역사의 세 순간을 말하는 마니교의 영향이라는 것이다. 하지만 이러한 주제들은 단순히 마니교의 영향이라고 할 수 없다. 로마 역사가들 역시 역사의 세 순간을 말하고 있기 때문이다. 따라서 마니교와 아우구스티누스 사이에 일치하는 점을 정확하게 지적해야지 일반적인 고발을 해서는 안 된다. 예를 든다면, '비이성적 양식'(modus irrationalis)으로 정의하는 탐욕(concupiscientia)의 개념이다. 이 정의에서 아우구스티누스는 마니교와 일치한다. 하지만 철학적 전통에서도 이 정의를 발견할 수 있다는 것을 잊어서는 안 된다.

8. 회의주의(scetticismo) 단계

마니교에 대한 실망을 안고 아우구스티누스는 383년 로마로 온다. 그 이유는 잘 알려져 있다. 곧 파괴자들(eversores)로 인해 그에게 견디기 어려운 학교 분위기로부터 멀어지고 열망하던 성공에 더 가까이 가는 것이다. 그는 히에리우스(Hierius)에게 자신의 저서인 『아름다움과 알맞음』을 헌정하던 때부터 로마를 먼 목표로 보았다. 또한, 그의 출발 모습도 잘 알려져 있다. "바람이 불고 돛은 부풀어 해안이 우리의 시계에서 사라졌다." 해변에 "고통에 이성을 잃은" 그리고 아들의 "배신"과 "매정함"을 믿지 못하는 모니카가 홀로 남아 있었다. 그 아들은 자신의 벗인 마르티아누스(Martianus)의 예언적 기원이 동반하고 있는 지중해를 흘러가고 있었고, 그가 배에 올라가려 하는 동안 테렌티우스(Terentius)의 다음과 같은 구절이 그에게 반복되었다. "이제 또 다른 삶이 이날 너에게 오며, 그것은 다른 관습들을 요구한다."

로마는 그 도시의 참된 영광을 해석하고 노래하도록 예정된 이 아프리카 로마인에게 호의적이지 않았다. 도착했을 때 심각한 병이 그를 기다리고 있었다. 그리고 두 개의 쓴 체험도 기다리고 있었다. 곧 약정된 보수를 지불해야 할 순간에 선생을 버리는 학생들의 습관 - 아우구스티누스의 빈약한 재정에 불편함을 끼쳤던 습관-, 그리고 마니교의 실제적인 무능함에 대한 발견이다.

영원한 도시에서 그는 마니교도들의 손님이 되었다. 그들은 다수였지만, 자신들에게 적대적인 제국의 법령들로 인해 숨어 있었다. 황제들은 계속해서 개입하였다. "로마에서도 나는 거짓되고 남을 속이는 그 성자들과 결합하고 있었습니다. 듣는 이들뿐만 아니라 -아픈 후 회복기에 들어선 나를 환대했던 이도 듣는 이들에 속해 있었습니다- 뽑힌 이들이라 부르는 이들과도 어울리고 있었던 것입니다."

그를 맞아들인 콘스탄티우스(Constantius)는 후에 가톨릭 신자가 되었지만, 그 종파에 대한 열정으로 가득한 그리고 마니가 제시한 완덕의 이상을 온전하게 살아가려는 원의를 가진 듣는 이(auditor)였다. 그 자신은 비록 단순한 듣는 이였음에도 불구하고, 완덕의 모범을 보이곤 하였다. 이러한 목적으로 그는 창설자의 계명들을 지키려고 준비된 모든 이를 조건 없이 자신의 집에 맞아들이고 자신의 돈으로 부양하려고 계획하였다. 그것은 공허한 서약이 아니었다. 그는 매우 부유하였고 많은 사람을 부양할 수 있었다.

일종의 마니교 수도원인 이러한 공동생활의 어려움은 그것을 지지해야만 할 사람들, 곧 그 계명들에 적합하지 않은 주교들에게서 왔다. 마침내 콘스탄티우스는 거칠고 고집이 센 시골 출신의 주교 한 명을 발견했다. 그는 처음으로 이 집으로 이전하였고, 거기에서 로마에 사는 뽑힌 이들을 소집하여 마니의 편지(창설자의 편지)에서 뽑은 삶의 규칙을 제안했다. 이 규칙은 견디기 어려웠기에 많은 이가 떠났고, 다른 이들은 수치심 때문에 남아 있었다. 규정된 삶의 방식이 시작되었다. 듣는 이였던 그 주인은 규정들을 예외 없이 준수하도록 강조했다.

한편 뽑힌 이들 사이에서 그들의 잘못을 나무라는 논쟁이 시작되었다. 이 논쟁은 마니교의 계명들을 매우 엄격하게 준수할 준비가 되어있다고 공언하는 이들이 누구인지 입증하였다. 궁지에 몰린 그들은 그 계명들을 준수할 수 없다고 중얼거렸다. 그러자 소요가 발생하였다. 콘스탄티우스는 이 상황을 진퇴양난으로 요약하였다. 그 계획이 합리적이고 실행할 필요가 있는 것인지, 아니면 그렇지 않은 것인지 하는 것이다. 실행할 필요가 없다면, 그 계명들을 부여한 이는 어리석은 자로 간주되어야만 하였다. 소요는 커졌고 다수의 고함소리가 승리를 거두었다. 각자는 자기 일을 위해 떠나갔다. 마지막에 그 주교도 승복하였고 극도의 부끄러움을 안고 피신하였다. 후에 주교는 자신을 위해 돈을 소유하고 몰래 먹을 것을 갖고 오게 하면서, 고백하였던 규칙에 반대되는 공동체에서 살고 있다고 알려졌다.

이 일화는 아우구스티누스가 뽑힌 이들의 행동에 대해 놀라움과 실망감으로 카르타고에서 보고 들은 것에 확신을 주었다. 실망이 가득하였다. 이제 마니교는 그에게 죽은 것이었다. 여기서 잊지 말아야 할 것은 아우구스티누스가 마니교에 대한 열정은 잠재웠지만, 여전히 반가톨릭적 열정은 남아 있었다는 것이다. "저는 당신 교회 안에서 진리를 발견한다고 희망하고 있지 않았습니다. 저들은 나를 그 진리에서 떼쳤습니다."(『고백록』 5, 10, 19) 또한, "당신의 교회 안에서 진리를 발견한다는 어떠한 희망도 갖고 있지 않았습니다."(『고백록』 5, 13, 23) 이와 같은 반가톨릭적 모습은 "그 어떤 논거도 마니교도의 공격에 항거(반대)할 수 없다."는 확신에서 나왔다.(『고백록』 5, 14, 24)

결국, 진리를 발견할 수 있다는 두 길, 곧 마니교와 가톨릭교회 모두 막혔다. 세 번째 길이 남아 있지만, 이것 역시 그리스도의 이름이 없기에 막힌 것이다. 그리스도의 이름으로 빛을 받지 못하는 길은 순수 철학의 길이다. 사실 아우구스티누스는 박학함과 철학적 개념에 대해 라틴 문학이 제공하는 모든 것을 읽었다. 그렇지만 어떠한 철학자에게서도 자기 내적 문제의 해결책을 찾지 못하였다. "이미 몇몇 철학자들을 저들(마니교도들)보다 월등하다고 본 이상, 잠시나마 의혹을 품은 채 그런 종파에 눌러 있을 것이 없다는 것이었습니다. 하지만 그 철학자들에게도 그리스도라는 구원의 이름이 없는 까닭에 그들에게 내 영혼병의 치료를 맡길 생각은 도무지 없었습니다."(『고백록』 5, 14, 25)

여기서 아우구스티누스가 염두에 두고 있는 철학자들이 과연 누구인가 하는 쉽지 않은 문제에 부딪힌다. 아고스티노 트라페(Agostino Trapè)에 따르면, ① 아우구스티누스가 증오하던 에피쿠로스(Epicurus) 학파는 분명 아닐 것이다. 에피쿠로스는 죽은 뒤 영혼과 행위에 대한 응보가 남는 것을 믿지 않았기 때문이다.(『고백록』 6, 16, 26) ② 같은 어려움이 스토아학파에도 해당한다. 혹시 덕의 찬양, 감정들의 지배, 개인의 자유에 대한 옹호, 내향성, 보편적 형제애 등 그들의 윤리가 그의 마음에 들었을 수는 있다. 하지만 그가 받아들일 수 없는 하느님과 영혼에 대한 가르침이 있기 때문이다. "제논(Zeno Citieus, 기원전 334?-262?)은 세상과 특별히 영혼에 대한 그의 주장, 이를 옹호하면서 참된 철학이 깨어 있다고 하는 그의 주장을 좋아했다. 그는, 영혼은 죽음을 피할 수 없고, 이 감각적 세상 외에는 다른 것은 없으며, 세상 안에서 육체를 통하지 않으면 어떠한 활동도 행해질 수 없다고 확언하였다. 또한, 하느님은 불이라고까지 생각했다."(『아카데미아 학파 반박』 3, 17, 38) 우주에 스며들어 그 안에서 물질을 형성하며 온갖 살아있는 존재에 침입하는 신에 대한 이러한 스토아철학의 개념에 가까이 다가간 것은 아우구스티누스가 신인동형설을 극복하고 유물론에서 벗어나고자 노력했으나 뜻대로 되지 않았을 때였다. 당시 그는 하느님에 대해 "어느 형체인 양 우주 안에 두루 스몄거나, 우주 밖에 끝없이 퍼져서 공간에 계시는 것"으로 믿고 있었다.(『고백록』7, 1, 2)

이러한 두 가지 이유에서 트라페는, 아우구스티누스가 마니교보다 월등하다고 언급한 몇몇 철학자들은 고대의 위대한 인물들을 가리킨다고 말한다. 곧 "시리아 사람인 페레치데(Ferecide)가 영혼의 불멸성을 믿도록 설득한"(『아카데미아 학파 반박』3, 17, 37) 피타고라스, 아우구스티누스가 『영혼의 불멸성』이란 저서에서 말하는 플라톤과 아리스토텔레스 등이다.

『아카데미아 학파 반박』을 저술하면서 아우구스티누스는 당시의 철학에 대해 다음과 같이 말한다. "오늘날은 견유학파, 소유학파, 플라톤주의자를 제외하면 더 이상 철학자들을 보지 못한다. 견유학파는 삶에 대한 자유와 방종을 사랑했기에 그렇게 불린다. 하지만 영혼의 주지주의적 그리고 유심론적 개념에 관해서는 예리하고 주의 깊은 사람들도 없지 않은데, 그들은 아리스토텔레스와 플라톤이 자신들의 가르침을 제시하는 데 있어 그토록 같은 의견을 가졌다는 것을 가르쳤다. 이 의견은 오직 무지한 이와 덜 총명한 사람들에게만 불일치한 것처럼 보일 수 있는 것이었다. 따라서 오랜 세기 동안 그리고 많은 논쟁을 통해, 내 생각으로는 참된 철학의 공통된 가르침이 형성되었다."(『아카데미아 학파 반박』3, 19, 42)

이 위대한 철학자들에 대한 존경에도 불구하고 아우구스티누스는 그들에게 자신을 맡길 생각이 없었다. 이유는 그리스도에 대해 말하지 않기 때문이다. 여기서 진리를 발견하고자 하는 그의 문제에 대한 절망적 해결책이 나오게 된다. 인간은 진리를 발견할 수 없다고 단정하는 이들이 그 누구보다도 현명하다는 것이다. 이들이 바로 아카데미아 학파라는 철학자들이었다.(『고백록』 5, 10, 19)[11]

이 새로운 영혼의 상태는 표면적이거나 잠시 머물렀다 가는 것이 아니었다. "등 뒤로 마니교도들을 무너뜨린 후 내가 탈출하는 것에 성공했을 때 −무엇보다 이 바다를 넘은 후에− 아카데미아 학파들이 온갖 바람과 싸우면서 거센 물결 속에 있는 내 배의 키를 오랫동안 갖고 있었다."(『행복한 삶』 4) 이러한 아카데미아 학파의 유혹은 로마에서 이루어졌으며 그는 순식간에 빠져들었다.[12]

이 회의주의 상태는 384년 가을 밀라노에 도착했을 때도 지속되었기에 아우구스티누스는 "인간에게 하느님께 도달하는 길이 열린다는 것에 대해 이미 불신하고 있었습니다."라고 고백한다.(『고백록』 5, 14, 24) 그래서 "나는 어둠 속과 살얼음 위를 돌아다니며 나 밖에서 당신을 찾았으나 내 마음 안의 하느님을 만나지 못하였사오니 바다의 심연 속에 빠진 것이었습니다. 그러고 보니 진리의 발견에 대해선 허탕 짚고 절망하는 것이었습니다."라고 자신의 상태를 고백한다.(『고백록』 6, 1, 1)

---

[11] 이석우는 "차츰 철학자들과도 만나 아카데미 학파의 회의주의자들과 사귀었다"라고 『아우구스티누스』(민음사, 1995, 68)에서 적고 있으나 이는 근거없는 것이다.
[12] 당시 아우구스티누스가 접한 것은 카르네아데(Carneade)의 개연론(probabilismo)보다는 아르체시라오(Arcesilao)의 회의주의였을 것이다: M.F.Sciacca, *Sant'Agostino*, Palermo, 1991(ristampa dall'Epos), p. 47.

9. 암브로시우스와의 만남

아우구스티누스는 로마 시장이었던 심마쿠스(Symmacus)의 추천으로 밀라노 황실 수사학학교 선생으로 가게 된다. 이는 아우구스티누스에겐 성공의 지름길이었다. 수사학 교수는 황제와 그해의 집정관들을 위한 공식 찬양문을 작성해서 발표해야 했다. 이 중요한 임무를 수행함으로써 성공적인 수사학자가 되는 것이었다.

그렇다면 왜 심마쿠스는 비가톨릭신자이며 열렬한 반가톨릭주의자인 아우구스티누스를 선택하였는가? 무엇보다 마니교도들의 추천이 있었다. "나는 마니교의 허망에 도취한 자들을 통하여 이를 지망했습니다."(『고백록』 5, 13, 23) 사실 아우구스티누스는 내면으로는 마니교와 단절하였으나, 로마에 도착한 후 마니교들과 함께 지냈다. "나는 그때 로마에서 거짓되고 남을 속이는 성자들과 어울리게 되었습니다. 이른바 듣는 이들뿐 아니라 뽑힌 이들과도 사귀었던 것입니다."(『고백록』 5, 10, 18) 또 하나의 이유는 시험에 합격하였다는 것이다. 곧 그가 연설가의 자질을 인정받은 것이다.

하지만 우리는 다른 이유가 있음을 짐작할 수 있다. 이에 대한 피에르 쿠르셀(Pierre Courcelle)의 분석을 보면 다음과 같다.[13] 우선 아우구스티누스는 384년 가을에 밀라노에 도착하였다. 이는 일반적으로 받아들이는 연도이다. 심마쿠스가 384년 6월 11일에는 아직 로마 시

---

13 P. Courcelle, *Recherches sur les Confessions de S. Augustin*, Paris, 1968(Nouvelle édition augmentée et illustrée), pp. 78–79.

장(perfectus urbi) 직무를 수행하지 않았고, 11월 9일에는 이미 수행하고 있었기 때문이다. 그런데 384년은 그라티아누스 황제(367-383)가 행한 비타협적 가톨릭 정책에 반대하여 모인 움직임이 시작한 해이다. 팔랑크(J.-R. Palanque)에 따르면,[14] 이미 384년 초부터 이러한 징조가 보였는데, 제국의 감독자 자리에 이교 사상파의 중심인물들이 올라가기 시작했기 때문이다. 이들 중 대표적 인물이 바로 심마쿠스인데, 그는 384년 여름, 그라티아누스 황제의 명으로 로마 원로원에서 철거된 승리의 여신상과 그 재단의 재설치를 발렌티아누스 2세 황제(375-392)에게 요구하였다. 로마 시장으로서 그의 행동은 사람들의 화젯거리가 되었다. 그는 그리스도교 신자들이 신전들을 약탈하도록 밀어붙이는 이들이라고 보는 발렌티아누스 황제의 포고령을 엄격하게 적용해서 성직자들을 체포하고 고문을 가했다는 이유로 황제에게 고발되었다. 하지만 그는 이 고발이 중상모략이라는 증거를 제출할 수 있었고, 밀라노 황실에 대한 그의 모든 신의를 보존할 수 있었다. 384년 12월 28일 포고령을 통해 황제가 임명한 공직자들을 비판하는 것을 신성모독죄라고 금지한다. 이 모든 것에 따라 볼 때, 심마쿠스가 아우구스티누스를 추천한 것은 단순히 그의 연설가적 재능만이 아니라 가톨릭 사상에 적합하지 않은 인물로 보았기 때문이라 할 수 있다.

이렇게 아우구스티누스는 밀라노에 도착했다. "밀라노에 와서 나는 주교 암브로시우스를 찾았습니다."(Veni Mediolanum ad Ambrosium

---

14 J.-R. Palanque, *Saint Ambroise et l'Empire romain. Contribution à l'histoire des rapports de l'Eglise et de l'Etat à la fin du quatrième siècle*, Paris, 1933, p. 130.

episcopum) 암브로시우스는 아우렐리아 가문 소속으로 부유한 원로원의 아들이며 아마도 심마쿠스 가문과 친척이었을 것이고, 문법, 라틴 문학과 희랍 문학 그리고 수사학과 법을 공부하는 로마 귀족의 양성을 받은 인물이다. 주교로서 그는 동방 교부들의 작품, 신플라톤주의 철학 작품, 고대 이방인 저술가들의 작품을 읽었다. 그의 곁에는 신앙과 학식이 깊은 심플리키아누스(Simplicianus)가 있었다. 아우구스티누스에 따르면, "그는 당신의 종으로 보였고, 그 안에 당신의 총애가 빛나고 있었나이다. 젊을 때부터 오로지 당신을 섬기며 살아왔다는 그가 이미 그때는 늙어 오랜 세월을 두고 당신을 좇아 사는 좋은 공부에 많은 경험과 지식을 쌓은 듯 보였사온데 사실이 또한 그러하였나이다."(『고백록』 8, 1, 1)

아우구스티누스가 암브로시우스를 공식 방문하였을 때, "하느님의 사람 그는 아비답게 나를 맞아주었고, 내가 찾아간 것을 정말 주교답게 기뻐하였습니다. 나는 그를 사랑하기에 이르렀습니다."(Suscepit me paterne ille homo Dei et peregrinationem meam satis episcopaliter dilexit. Et eum amare coepi) 여기서 아우구스티누스에 대한 암브로시우스의 감정은 dilexit로, 암브로시우스에 대한 아우구스티누스의 감정은 amare로 표현되어 있음에 주목할 필요가 있다. 전자는 암브로시우스의 그리스도교적 애덕, 후자는 아우구스티누스가 지닌 순수한 인간적 감정을 가리킨다. "내게 친절한 사람이라는 점에서였습니다."라는 표현이 이를 잘 보여준다고 할 수 있다. 이러한 의미에서 episcopaliter는 자신의 교구에 온 아우구스티누스를 맞이하는 한 주교의 그리스도교적 사랑을 표현한다고 볼 수 있다. 하지만 약간은 공식적인 환영이라는 느낌마저 준다.

10. 밀라노교회[15]

당시 밀라노에는 지성적 측면과 수덕적 측면에서 가톨릭의 삶이 고동치고 있었다. 이 점이 밀라노 공동체의 두 가지 질적 모습이었고, 아우구스티누스의 종교적 영혼의 주요 특성에 완벽하게 상응하였다. 먼저 밀라노교회의 지성적 측면에 대해 살펴보자. 암브로시우스와 심플리키아누스를 중심으로 철학과 그리스도인의 삶의 실천을 함께 하나로 묶는 학자들의 모임이 있었다. 애매 솔리냑(Aimé Solignac)은 이 모임을 가리켜 '밀라노 동아리'(circolo milanese)란 표현을 1964년 BA(Bibliothèque Augustinienne) 14권에서 처음으로 사용하였다.

그렇다면 이 모임의 회원은 누구였는가? 무엇보다 아우구스티누스 자신이 이에 대해 증언한다. 암브로시우스와 심플리키아누스 외에 『아카데미아 학파 반박』 2, 2, 5에 나타나는 첼시누스(Celsinus), 『서한』 1의 수신자인 에르모제니아누스(Ermogenianus), 『행복한 삶』 (De beata vita) 1, 4에서 말하는 말리우스 테오도루스, 『질서론』(De ordine) 1, 1, 1-2, 4에서 언급하는 제노비우스(Zenobius) 등이다. 이 중 심플리키아누스는 라틴 신플라톤주의의 주창자인 마리우스 빅토리

---

15 Cf. A. Solignac, *Il circolo neoplatonico milanese al tempo della conversione di Agostino*, in AA.VV., *Agostino a Milano. Il Battesimo*, Palermo, 1988, pp. 43-56.

누스(Marius Victorinus)와 밀라노 동아리의 회원들 사이의 주된 중간 인물로 보인다.『고백록』8권 2장에 나오는 마리우스에 대한 심플리키아누스의 회고를 통해서 이를 짐작해 볼 수 있다. 이 회고를 근거로 솔리냑은 파레디(Paredi)와는 달리, 심플리키아누스를 밀라노 사람이라기보다 로마 사람으로 본다. 또한, 암브로시우스가 심플리키아누스를 로마에서 알게 되었다는 것도 가능한 일이라고 생각한다. 파레디가 주장하듯, 암브로시우스는 340-365년에 로마에 체류했기 때문이다. 이 시기는 마리우스가 회개하던 시기이고, 마르첼리나가 동정녀 축성을 받은 시기이다. 암브로시우스의『서한』2 내용을 토대로 보면, ① 심플리키아누스는 신앙의 자료를 보다 잘 알기 위해 그리고 신학을 통달하기 위해 온 우주를 돌아다녔다.(보다 단순하게 말하자면 동방과 서방에서 온 서적들을 연구하였다.) 이는 신학의 영역이다. ② 그는 낮이나 밤이나 대부분의 시간을 독서하며 보낸다. 무엇보다 성경을 읽는다. 이는 주석의 영역이다. ③ 날카로운 영으로 지성인들을 통찰할 줄 알며 철학자들의 오류를 드러내고 그들 작품의 공허함을 구별하는 능력을 갖고 있다. 이는 철학의 영역이다. 그는 이 세 가지 측면으로 암브로시우스를 지도한 것으로 보인다.

    피에르 쿠르셀에 따르면, 암브로시우스는 플로티누스의 영향을 받았다. 암브로시우스가 플로티누스에 의지한 것은 385-387년에 집중된다. 이 시기는 아우구스티누스의 회심이 일어난 때이다. 이 시기에 암브로시우스는 '필론 단계'에서 '플로티누스적 단계'로 옮겨간 것으로 보인다. 그렇다면 암브로시우스는 플로티누스를 직접 읽었는가? 아니면 다른 매개자를 통해 읽었는가? 피에르 아도(Pierre Hadot)는 두 번째 가설을 지지하며 개연적 매개자로 카파도키아 교부들을 꼽는다.16 굴번 마덱(Goulven Madec)은 아도의 주장을 인용하면서도 이 문제에 대해 정확한 답을 하지 않는다.17 솔리냑은 암브로시우스와 플로티누스의 작품을 비교하였을 때 중간 매개자를 생각할 수 없다고 보면서, 암브로시우스가 플로티누스를 직접 읽었거나 마리우스 빅토리누스의 라틴어 번역본으로 읽었으리라 본다.

쿠르셀이 지적하듯, 말리우스 테오도루스는 플로티누스의 열렬한 제자이다.18 하지만 그의 철학에 관한 관심은 신플라톤주의를 넘어선다. 그는 또한 고대철학사와 그 안에서의 윤리적 문제, 물리학과 우주론의 문제 등에도 관심을 갖고 있다.

결국, 쿠르셀이 평가하듯,19 밀라노교회의 지성인들에게 신플라톤주의와 그리스도교 사상은 밀접하게 연결되어 있고, 절대 대치되지 않는다. 이런 종합의 기원은 마리우스 빅토리누스에게서 볼 수 있다.

밀라노교회에는 이러한 지성적 움직임 외에 그리스도교의 수덕적 이상에 대한 큰 열정이 있었다. 암브로시우스는 축성된 동정성에 대한 찬사를 아끼지 않았다. 동정 마리아에 대해 말할 때 그는 시인이 되었다. 그렇기에 밀라노 주교 곁에 강한 영적 운동이 생겨나는 것은 자연스러웠다. 피아첸차, 볼로냐, 심지어는 아프리카에서 온 많은 젊

---

16 P. Hadot, *Marius Victorinus. Recherches sur sa vie et son oeuvre*, Paris, 1971, p. 206.
17 G. Madec, *S. Ambroise et la philosophie*, Paris, 1974, pp. 68–69.
18 P. Courcelle, *Recherches sur les Confessions de S. Augustin*, p. 123.
19 P. Courcelle, *Recherches sur les Confessions de S. Augustin*, pp. 152–153.

은이가 동정의 베일을 받았다. 밀라노 근교에는 암브로시우스가 설립하였고 경건한 젊은이들로 가득 찬 수도원도 있었다.

11. 신앙으로 돌아오는 여정의 시작

신앙으로 돌아오는 여정은 떠날 때의 여정처럼 그리 짧지도, 쉽지도 않았다. 그는 며칠 사이에 가톨릭 신앙을 버렸다. 그 신앙을 되찾기 위해서는 많은 햇수 동안 고통스럽게 추구할 필요가 있을 것이다. 많은 편견을 흩어버리고, 잘못 제기되고 잘못 해결된 일련의 문제들을 용해하는 것은 항상 길고, 고되며 어려운 일이다. 아우구스티누스는 이에 대해 고통스러운 체험을 하였다. 더욱이 철학적 차원에서 보면, 신앙으로부터 멀어지는 여정은 이성주의, 유물론, 회의주의라는 이정표에 의해 표시된다. 돌아오는 여정에서도 동일한 오류를 만날 것이고, 차례로 극복해야만 할 것이다.

아우구스티누스의 회심에 있어 암브로시우스의 영향은 매우 중요하다. 물론 이 영향은 개인적 만남을 통해 이루어진 것은 아니다. 아우구스티누스 자신이 증언하듯, 암브로시우스는 시간이 없었기에 아우구스티누스와 개인적으로 만날 기회가 거의 없었다. 혹은 암브로시우스는 아우구스티누스가 누구의 추천으로 온 것인지 알고 있기에 그와 만나 대화할 의향이 없었던 것은 아닐까? 『고백록』 6, 2, 2는 암브로시우스가 모니카의 신심을 칭찬하는 과정에서 아우구스티누스와 우연히 만난 것을 다음과 같이 기록하고 있다. "주교는 나를 볼 적마다 연신 그를 칭찬하며 그런 어미를 모시고 있는 내가 복되다고 말하는 것이었습니다만 그의 자식이 어떠한지를 – 일체를 회의하며 생명의 길을 발견하기가 불가능하다고 믿던 나를 모르고 있었습니다.”

어느 순간, 아우구스티누스는 암브로시우스에게 자신의 내적 상황을 설명하고 싶었지만 방법을 찾지 못한다. 몇 번이나 그에게 갔었고, 오랫동안 기다렸으나 암브로시우스가 독서에 열중하고 있는 것을 보며 그를 방해하지 못하였다고 『고백록』 6, 3, 3은 말한다. “내가 무엇인가 물어보고 싶은 것이 있을 때에도 그이는 항상 일이 밀려 있어서 언제나 나는 그의 입과 귀에서 멀리 있었습니다. 사람들이 없을 때면 –그나마 촌각에 불가했습니다– 그는 소찬으로 몸을 돕든지, 아니면 독서로 정신력을 기르는 것이었습니다. (…) 이따금 우리가 가서 보면 (…) 이 식으로 말없이 독서하였지 다르게는 하지 않았습니다. 우리도 한참을 기다리다가 –그렇게도 열중해 있는 이를 누가 감히 번거롭게 하오리까– 조용히 자리를 물러나오곤 하였습니다. 뒤숭숭한 남의 일들에서 놓여나 모처럼 정신 수양을 위해 얻은 짧은 시간을 그이들 딴 데다 쓸 마음은 없으리라 믿었던 것입니다.” 또한 “한 가지 확실한 사실은 그의 가슴 안에 있는 당신의 거룩한 뜻을 내 욕심대로 물어볼 여유가 없었고, 따라서 그의 말을 듣는 시간이 매우 짧았다는 것이옵니다. 타고 있는 내 속을 털어놓으려면 그가 한가한 오랜 시간이 필요하였으나 한 번도 그런 때가 없었습니다.”(『고백록』 6, 3, 4)

그렇다면 아우구스티누스의 회심에 있어 암브로시우스의 개인적 역할은 그리 중요하지 않은 이차적이라고 결론 내릴 수 있는가? 여기에 아우구스티누스 자신이 반대한다. 『고백록』 6, 1, 1에서 그는 자신의 회심에서 결정적 공을 밀라노의 주교에게 넘기는 데 주저하지 않는다. "갈팡질팡은 할망정 그래도 내가 엉거주춤하게 된 것만으로도 그의 덕분임을 잘 아는 까닭이었으니." 또한, 포시디우스 역시 암브로시우스의 영향에 대해 말한다. "하느님의 도우심으로, 아우구스티누스께서는 암브로시우스 주교와 같은 큰 인물을 통하여 가톨릭교회의 구원의 가르침과 거룩한 성사들을 받게 되었던 것이다."(『아우구스티누스의 생애』 1, 6)

아우구스티누스가 신앙으로 돌아오는 여정은 암브로시우스의 강론으로 시작한다. 처음에 그는 암브로시우스의 강론 내용보다 그가 어떻게 말하는지에만 귀를 세웠다.(『고백록』 5, 13, 23) 적어도 모니카가 밀라노에 도착(아마도 385년 6월)한 후, 그는 매 주일 암브로시우스의 강론을 들은 것으로 보인다.(『고백록』 6, 3, 4) 수사학자 아우구스티누스의 평가에 따르면, 암브로시우스의 강론은 "파우스투스의 구변처럼 재미나고 신나기는 덜하여도 훨씬 더 박학한 그 웅변의 맛이 나를 흐뭇하게 만드는 것이었습니다. 더구나 그 내용에 있어선 비교도 되지 아니하였으니 저이는 마니케우스의 거짓 속에 헤매는 자요, 이이는 인간의 구원을 더없이 건전하게 가르치는 것이었습니다."(『고백록』 5, 13, 23)

아우구스티누스는 그의 강론을 들으면서 조금씩 그 내용에 귀를 기울이게 된다. "죄인들에게서 먼 구원"의 신세였던 그가 조금씩 암브로시우스에게 가까워졌다.(『고백록』 5, 13, 23) 마음을 열고 암브로시우스의 웅변을 받아들이는 순간, 그 말의 진리가 점차적으로 들어왔다. 맨 먼저 들어오기 시작한 것은 그의 말이 변호의 여지가 있다는 점과 마니교도의 공격에 전혀 항거할 수 없다고 믿었던 가톨릭 신앙조차 구차스럽지 않게 긍정할 수 있다는 것이다.(『고백록』 5, 14, 24)

그렇다면 아우구스티누스는 암브로시우스의 어떤 강론을 들은 것인가? 이 문제에 답하기 위해 무엇보다 아우구스티누스가 어떠한 주제에 귀를 기울였는가를 보아야 한다. 하나는 성경의 영적 혹은 유비적 해석이요, 다른 하나는 하느님과 영혼의 영신성(spiritualità)에 대한 강조이다. 뒤 루아(Du Roy)에 따르면, 이 두 주제는 플로티누스를 읽을 직접적 준비가 될 뿐 아니라 영적 지성에 대한 아우구스티누스의 신학을 결정적인 방식으로 드러낼 것이다.[20] 첫째 주제는 구약성경에 나오는 구절들을 받아들일 수 있게 하였다. "그럴수록 점점 확신이 생기게 된 것은 우리를 속이는 자들이 성서를 반대하여 엮어대는 그 악의 찬 모함의 굴레가 풀려날 수 있다는 점이었습니다."(『고백록』 6, 3, 4) 암브로시우스는 "문자는 사람을 죽이고 영은 사람을 살립니다."(2코린 3, 6)라는 바오로의 규범을 신자들에게 내세웠다. 글자 그대로 이해하면 어려움이나 추문을 일으키는 구절들을 이 규범에 따라 해석함으로써 신비의 너울을 벗기고 비유적 의미를 밝혀준 것이다. 따라서 구약의 율법과 예언들을 불합리하게 보지 않게 되었다.(『고백록』 6, 4, 6) 이는 다름이 아니라 교회에 대한 그의 불신이 불의함을 깨달은 것이다. 따라서 교회에 적대적인 아우구스티누스의 불신은 정

---

20 *De beata vita* 1, 4. "…cum de Deo cogitaretur, nihil omnino corporis esse cogitandum, neque cum de anima: nam id est unum in rebus proximum Deo". O. Du Roy *L'intelligence de la foi en la Trinité selon saint Augustin*, Paris, 1966, pp. 51-52.

당하지 못한 것으로 나타났다. 그렇기에 성인은 다음과 같이 말한다. "구약성서의 이 대목 저 대목을 듣고, 또 자의적으로 해석하다가 내가 죽던 난문제가 풀리고 나서 더욱 그러하였으니 이렇게 저 책들의 허다한 대목을 영성적 의미로 해명한 뒤로는 여태껏 율법과 예언서를 저주하며 비웃는 자들에게 대항할 길이 없다고 믿었던 나의 절망을 스스로 나무라는 것이었습니다."(『고백록』 5, 14, 24)

둘째 주제는 마니교의 유물론을 뿌리째 뽑게 하였다. 이 문제는 『고백록』 6, 3, 4에 나타나는 것처럼 '하느님의 모상'(imago Dei) 문제이다. 마니교가 가톨릭교회는 신인동형설을 주장하고 있다고 고발하지만, 암브로시우스는 하느님과 영혼의 영신성을 강조하였다. 이에 대해 아우구스티누스는 다음과 같이 말한다. "나는 종종 우리 주교의 강론들에서 그리고 간혹 당신(말리우스 테오도루스)의 연설에서 우리가 하느님이나 영혼에 대해 생각할 때 육신적인 것으로 생각해서는 안 된다고 들었다."(『행복한 삶』 4) 암브로시우스는 이러한 그리스도교 유심론에 입각하여 "우리와 비슷하게 우리 모습으로 사람을 만들자."라는 창세기 1장 26절을 주석한다. 곧 인간은 육신에 따라서가 아니라 영혼에 따라 하느님의 모상으로 창조되었다. 하느님은 인간처럼 육신적이지 않지만, 인간은 지성과 자유가 부여된 영혼에 따라 영적이며, 생각으로 그토록 먼 거리를 날아갈 수 있는 능력을 지니고 있다. 암브로시우스는 '자, 지금 우리는 이탈리아에 있지만, 우리가 아는 이가 아프리카에 살고 있다면 그를 생각으로 볼 수 있다.'라고 말하곤 하였다. 그는 계속해서 '영혼 홀로 하느님께 일치할 수 있다. 그리고 육신의 요구와 육적 욕정에서 보다 자유로울수록 그만큼 자신의 추구에서도 보다 자유로워진다.'고 말하였다. 또한, 아우구스티누스는 하느님이 때 묻을 수도, 달라질 수도, 전혀 바뀔 수도 없다는 것도 알게 되었다.(『고백록』 7, 3, 4)

이로써 아우구스티누스는 그동안 갖고 있던 가톨릭 신앙에 대한 편견을 부끄러워한다. 적대감이 호감으로 바뀌는 순간이다.[21] "당신께서 어머니의 종교인 가톨릭으로써 성총으로 다시 나게 하신 영성적 당신의 자식들이 '인간이 당신 모습을 닮아 당신한테서 창조되었다'함을, 당신께서 인간 육체의 형태에 국한되신 것처럼 생각커나 믿는 것이 아니람을 내가 깨닫게 되었을 때, 비록 신령적 본체가 무엇인지는 조금도 모르고 수수께끼를 더듬는 듯하였지만 오랜 세월을 두고 내가 멍멍 짖어오던 일이 가톨릭 신앙이 아닌 육감적 환상에 대한 것이었음에 부끄럽고도 기뻤습니다."(『고백록』 6, 3, 4)

그렇다면 과연 아우구스티누스는 어떠한 강론을 들은 것인가? 쿠르셀에 의하면, 하느님의 모상에 관해 아우구스티누스에게 큰 인상을 준 것은 386년 4월 4일 성 토요일에 한 『6일 창조론』(Hexameron)이다. 여기서 암브로시우스는 '모든 육신은 피해야 할 것'(corpus omne fugiendum)이라는 포르피리우스(Porphyrius, 234-305)의 정식을 그리스도교에 접합시킨다.[22] 하지만 문제는 이 작품의 저술 시기이다. 이에 대해 학자들의 의견은 크게 두 그룹으로 나뉜다. 첫 그룹은 아우구

---

21   Cf. R. Jolivet, *Saint Augustin et le Néo-Platonisme Chrétien*, Paris, 1932, pp. 69-70 ; A. Trapé, *S. Agostino. L'uomo, il pastore, il mistico*, pp. 108-109.
22   P. Courcelle, *Recherches sur les Confessions de saint Augustin*, p. 133.

스티누스가 세례받기 전이라고 주장하는데, 이것을 다시 다음과 같이 분류할 수 있다. 먼저 쿠르셀의 가설을 받아들이는 학자들,[23] 386년 혹은 387년이라 보는 이들,[24] 387년이라고 주장하는 이들,[25] 387년 성주간, 곧 4월 19일부터 24일까지라고 주장하는 이들이다.[26] 두 번째 그룹은 아우구스티누스의 세례성사 이후로 보는 이들로, 다음과 같은 주장을 한다. 388년 이후 그리고 암브로시우스의 생애 말,[27] 388년 이후,[28] 389년,[29] 389년 혹은 390년이다.[30] 첫 번째 그룹에 속해 있는 맥쿨(McCool)을 중심으로 한 일부 학자들은 아우구스티누스가 『이사악 혹은 영혼론』(De Isaac vel anima), 『죽음의 선익』(De bono mortis), 『야곱과 영원한 삶』(De Jacob et vita beata)과 같은 암브로시우

---

23 H. Somers, *Image de Dieu. Les sources de l'exégèse augustinienne, in Revue des études augustiniennes* 7(1961), pp. 107-108; G.A. McCool, *The Ambrosian origin of St. Augustine's theology of the image of God in man, in Theological studies* 20(1959), p. 66.
24 W. Wilbrand, *Zur Chronologie einiger Schriften des hl. Ambrosius, in Historisches Jahrbuch* 41(1921), pp. 1-19.
25 E. Pasteris, *Sant'Ambrogio, L'Esamerone ossia dell'origine e natura delle cose*, Torino, 1937, p. X; F.H. Dudden, *The life and times of St. Ambrose*, II, Oxford, 1935, p. 680; G. Madec, *Saint Ambroise et la philosophie*, Paris, 1974, p. 72.
26 J.-R. Palanque, *Saint Ambroise et l'Empire romain. Contribution à l'histoire des rapports de l'Eglise et de l'Etat à la fin du quatrième siècle*, Paris, 1933, p. 520; P. Gorla, *Vita di S. Ambrogio, dottore della Chiesa*, Milano, 1942, pp. 278-295; G. Banterle, *Introduzione*, p. 13.
27 Le Nain de Tillemont, *Mémoire pour servir à l'histoire ecclésiastique des six premiers siècles*, X, p. 287.
28 P. De Labriolle, *Saint Ambroise*, Paris, 1908⁴, p. 13.
29 A. Baunard, *Histoire de saint Ambroise*, Paris, 18722, p. 473.
30 J.B. Kellner, *Der heilige Ambrosius, Bischof von Mailand als Erklärer des Alten Testaments*, Regensburg, 1893, p. 78.

스의 세 강론을 들었다고 주장한다.[31] 하지만 여전히 이 세 강론의 연도가 문제가 된다.[32]

어쨌든 아우구스티누스가 『육일창조론』(Hexameron)이란 강론을 들었다면, 분명 세상 창조에 관해 들었을 것이고 이를 통해 온갖 형태의 이원론과 범신론과의 관계를 끊을 수 있었을 것이다.[33] 아우구스티누스에게 이것은 새로운 희망이다. "큰 희망이 생겨났습니다. 가톨릭교회의 가르침들이 우리가 생각하던 것과 다른 것이었습니다. 우리의 비난은 근거가 없는 것이었습니다."(『고백록』 6, 3, 4)

이 표현은 승리의 외침으로 보일 수 있고, 부분적으로는 그렇기도 하다. 하지만 무엇보다 고통스럽고도 큰 전투의 암시이다. 여전히 사라져야 할 이견이 많았다. 당시 아우구스티누스에게 가톨릭 신앙은 "패배하지 않았지만, 아직 승리자로 드러내지 않았다." 교회의 가르침은, 그가 생각했던 것처럼 더 이상 옹호할 수 없는 것이 아니었다. 그렇다고 그것이 참되다고 말하려는 것도 아니었다. 여전히 가톨릭 신앙으로 돌아와야 한다고 느끼지 않는다. 그저 가까이에 머물러 있는 것이다.(『고백록』 5, 14, 24)

---

31 G.A. McCool, *The Ambrosian origin of St. Augustine's theology of the image of God in man*, pp. 62-81. Cf. P. Courcelle, *Recherches sur les Confessions de Saint Augustin*, pp. 93-138; P. Hadot, *Platon et Plotin dans trois sermons de saint Ambroise, in Revue des études latines* 34(1956), pp. 202-220; A. Solignac, *Nouveaux parallèles entre saint Ambroise et Plotin: Le 'De Jacob et vita beata' et le Perˆ eØdaimon…aj (Enn. I, IV), in Archives de philosophie* 19(1956), pp. 148-156.
32 두덴에 의하면, 『이사악 혹은 영혼론』과 『죽음의 선익』은 390년 이후에 나타난 것이고 『야곱과 영원한 삶』은 386년 봄 이후에 저술된 『직무론』(De officiis) 보다 앞선다: Dudden, *The life and times of St. Ambrose*, II, pp. 682-683.
33 Cf. A. Trapè, *S. Agostino. L'uomo, il pastore, il mistico*, p. 108.

여기서 당시 아우구스티누스의 심리학적 상태를 볼 수 있다. 더는 실수하길 원치 않고, 확실성을 원하였다.[34] "7+3=10이라는 것이 확실한 것처럼" 종교적 진리에 대한 확실성을 원했다. 비극적인 속임수에 넘어갔다는 것에 대해 혼란스러운 불안한 탐구자는 다른 것에 떨어지는 것을 두려워했다. 정확하게 말하면 돌팔이 의사를 체험한 환자처럼, 그는 명의에게도 자신을 맡기는 것에 두려움을 느꼈다. 회의주의로의 길은 항상 열려 있기에,[35] 본인이 원하는 것을 발견할 때까지, 혹은 그것을 찾을 가치가 없다고 설득될 때까지 불확실한 채로 가톨릭교회의 예비자로서 남겠다고 결정한다.(『신앙의 유익』 8, 20) 다시 합리주의에 대한 요청이 돌아온 것이다. 하지만 단지 어느 정도뿐이었다. 그 요청이 출발점으로는 확실하였지만, 도착점으로는 잘못되었고 많은 오류의 이유였다고 깨닫는 데는 그리 오래 걸리지 않을 것이다.

12. 회의주의의 극복: 신앙과 이성이라는 방법론

암브로시우스의 강론을 통해 아우구스티누스는 큰 희망을 갖게 된다. 곧 가톨릭 신앙은 아우구스티누스가 타박하던 것을 가르치지 않

---

34 Cf. R. Jolivet, *Saint Augustin et le Néo-Platonisme Chrétien*, p. 71 ; A. Trapè, *S. Agostino. L'uomo, il pastore, il mistico*, pp. 110-111 ; A. Pincherle, *Vita di sant'-Agostino*, p. 50.
35 Cf. A. Trapé, *Introduzione*, p. L.

는다는 것이다. 19세 때 그는 『호르텐시우스』를 읽고 지혜를 추구하는 삶을 살기로 결심하면서, 신앙은 이성과 반대되는 것으로 이해하였다. 그렇기에 신앙과 이성 사이의 선택 차원에서 지혜를 찾는 길을 추구하여 이성을 택하였고, 결국 회의주의에 빠졌다. "내가 비로소 예지에 열중하는 열아홉 살 나던 해, 이를 발견하는 날엔 부질없는 욕정을 망령되이 바람과 그 거짓된 망상을 버리기로 작정한 것이 이미 오래였거늘 나이 삼십이 되어서도 그냥 그 진구렁에 빠진 채 나를 흩뜨리며 도망치는 현실을 맞들이기에 급급하였습니다."(『고백록』 6, 11, 18)

이러한 상황에서 우리는 아우구스티누스가 언제 의심의 상태에서 벗어났는지 정확히 알 수 없지만, 다음의 언급을 통해 어떻게 벗어났는지는 알 수 있다. "진리를 발견할 수 없다고 종종 여겼고 그때마다 내 생각의 큰 물결이 아카데미아 학파를 향해 움직였습니다. 반면, 내게 가능한 한 인간 정신의 생동력, 총명함, 통찰력 등을 주의 깊게 숙고하면서 (인간 정신이) 진리를 모를 수 없고 오히려 그것을 발견하는 방식, 곧 신적 권위로부터 출발하는 방법을 모른다고 종종 생각했습니다. 그 권위가 어떠한지 찾는 것 외에 남아 있지 않았습니다."(『신앙의 유익』 8, 20) 가톨릭교회에 대한 편견이 사라지면서 고통스러운 마니교 체험과 인간 조건에 대한 깊은 묵상을 통해 이제 신앙과 이성의 관계에 대한 새로운 개념이 조금씩 성숙하기 시작한다. "나는 가톨릭교회에 더 쏠리고 있었습니다. 왜냐하면 저기선(마니교) 믿음을 비웃고, 턱없이 지식을 약속하면서도 나중엔 증명할 수 없는 황당무계한 것들을 믿으라고 명령하는데, 여기선 사람 따라 증명이 안된다든지,

전혀 증명이 불가능한 것을 믿으라고 명령함에 있어, 보다 더 온건하고 조금도 거짓이 없음을 느꼈던 것입니다."(『고백록』 6, 5, 7)

19세에는 신앙과 이성이라는 두 개념을 상반된 것으로 이해하였지만, 이제 상호협력의 차원에서 생각하게 되었다. 올바른 길은 이성만이 아니라 이성과 신앙 모두였다. 더욱이 신앙은 인간 조건에서 분리할 수 없는 태도이다. 신앙 없이는 역사도, 우정도, 가정도 사회생활도 존재할 수 없다. 곧 "허구한 일이 내가 보지 않고, 내 앞에서 된 일이 아니건만 나는 그걸 믿고 있지 않은가. 세계 역사에 있는 그 많은 일들, 내가 보지 않은 고장과 도시에 대한 그 숱한 일들, 그리고 친구들, 의사들하며 이런저런 사람들에 대한 무수한 일을 내가 믿지 않는다면 이 세상에서 아무것도 할 수 없는 것이 아닌가. 아니, 이런 부모한테서 태어났다는 것, 들어서 믿지 않고는 알아낼 수 없는 이 사실을 틀림없이 확신한다는 것은 믿음 때문이 아닌가"(『고백록』 6, 5, 7)

따라서 종교가 무엇보다 신앙을 요구하는 것은 당연하다. 이성은 우리가 배운 진리를 이해하는 데 매우 연약하기에 신앙이 믿는 것을 보는 데 도달하도록 준비한다.[36] 이 모든 것은 이성과 신앙 중 택일해서는 안 된다는 것을 분명하게 한다. 이성과 믿음은 인간이 진리를 알도록 도와주는 두 개의 힘이고, 둘 다 각기 탁월성을 지니고 있다. 즉 믿음은 시간적인 순서로 먼저이나, 이성은 절대적 탁월성을 지니고 있다. 다시 말하면, 그에게 신앙은 영혼의 눈을 치유하는 약이며(『고

---

36 Cf. R. Jolivet, *Saint Augustin et le Néo-Platonisme Chrétien*, p. 72.

백록』6, 4, 6), 오류를 거슬러 모든 사람 특히 약한 사람들을 보호하는 난공불락의 요새이고(『서한』118, 32), 영혼의 높은 비상을 위한 날개들을 받는 둥우리이며(『강론』51, 5, 6), 인간을 지혜에 이르게 하는 진리를 빠르고 확실하게 그리고 오류에 빠지는 일 없이 알게 하는 지름길이고, 보호막이다.(『서한』102, 38) 그렇기에 그는 "우리는 권위와 이성이라는 두 가지 무게에 의해 인식에로 자극받고 있다는 것을 모든 이가 알고 있습니다."라고 『가톨릭교회의 관습과 마니교도의 관습』 1, 2, 3에서 말한다. 여기서 "믿기 위해 이해하여라."(intellege ut credas)와 "이해하기 위해 믿어라."(crede ut intellegas)라는 방법론이 등장한다.(『강론』43, 9)

  신앙의 유익에 대한 숙고는 권위를 요구한다. 신앙을 확실하게 해주는 권위를 지닌 스승을 필요로 한다. 권위가 모든 이에게 유효하고 확실한 것이 되기 위해, 그것은 신적이어야만 한다. 아우구스티누스는 스승이 그리스도라는 점을 결코 의심하지 않았다. 믿음이 확실하기 위해선 그리스도의 권위가 요구된다. 암브로시우스의 강론을 통해 그는 이미 실망한 성경에서 그리스도를 발견할 수 있음을 알게 되었다. "이렇게 생각하는 나에게 당신이 확신을 주시었으니 만백성에게 그토록 한 권위로 바탕 지워주신 그 성서를 안 믿는 자들이 잘못이요, 믿는 자들은 아무 탓이 없다는 것과, 따라서 혹자가 내게 묻기를 이 성서들을 참되고, 조금도 거짓이 없는 하느님의 성령께서 인류에게 내리셨다는 것을 무슨 근거로 아느냐고 하더라도 들어줄 것이 없다는 것이었습니다."(『고백록』6, 5, 7)

  성경의 문체와 난해함은 더 이상 어려움을 야기하지 않았다. 성경 문체의 단순함과 그 내용의 신비로운 깊이가 한편으로는 모든 이가 성경에 접근할 수 있도록 하고, 다른 한편으로는 소수의 사람에게 그 의미를 간파할 수 있도록 하면서 성경의 권위를 오히려 높여준다. 단어의 단순함과 문체의 조악함은 인류가 그의 품 안으로 오도록 초대하고 있고, 반면 신비의 심오함은 가장 능력 있고 가장 열의 있는 이들에게 감추어진 진리들을 발견하도록 자극한다.

그래서 아우구스티누스는 다음과 같이 말한다. "누구든지 손쉽게 읽을 수 있으면서 이와 동시에 더 높은 지성에겐 심오한 체통을 지니고 있는 그 권위가 더욱 머리 숙여지고, 거룩한 신앙으로 받들어야 되는 것임을 알았습니다. 평이한 말, 수수한 문체로 모든 사람에게 접근하고, 마음이 가볍지 않은 자들의 뜻을 다뤄줌으로써 모든 사람을 그 숫된 품 안으로 끌어들이되 좁은 문으로 당신께 나아오는 이는 적나이다."(『고백록』 6, 5, 8) 이로써 신앙을 통한 성경의 권위에 대한 신뢰가 확고해진다. "맨 이성으로 진리를 찾아 얻기엔 인간이 약하고, 이 때문에 성서의 권위가 필요하고 보면 세상에서 뛰어난 권위를 당신이 성서에다 붙여주신 것은 그로써 당신을 믿고, 그로써 당신을 찾으라는 뜻이 아니고는 절대 있을 수 없는 일인 것임을 믿게 되었습니다."(『고백록』 6, 5, 8)

성경에 대한 신뢰는 또 다른 권위를 요구한다. 곧 성경을 보존하고 그것을 보증하는 이의 권위이다. 그렇다면 이 권위는 가톨릭교회에 있는가, 아니면 마니교에 있는가? 아우구스티누스는 밀라노교회를 만났다. 이 교회는 매우 어려운 시기에도 하느님께 찬미의 노래를 부르는 능력을 지닌 이들의 교회였다. 또한, 이 교회는 보다 생동력 있는 사변적·문학적 열정에 개방된 교회로서 항상 그리스도교의 문화적 동일성을 완벽하게 인식하고 있던 교회였다. 아우구스티누스는 이 밀라노교회를 통해 교회가 온갖 덕행의 어머니라는 것을 이해하였다.[37]

결국, 그는 그리스도의 권위는 성경에 나타나고, 성경은 가톨릭교회의 권위에 의해 보증된다는 것을 깨달았다. 그는 하느님이 인류를 위한 구원의 길을 그리스도 안에 그리고 가톨릭교회의 권위에 의해 보증된 성경 안에 두었다는 것을 믿게 되었다. "우리 주시요, 당신 아드님이신 그리스도 안에, 또한 당신의 가톨릭교회가 권위로써 보증하는 성서 안에, 사후에 있을 생명을 위하여 인류 구제의 길을 당신이 마련하셨음을 믿었던 것입니다."(『고백록』7, 7, 11) 이제 아우구스티누스는 더 이상 교회를 그리스도와 분리하지 않으며, 그리스도의 권위에 교회의 권위를 접합하였다. 그에게 성경을 믿는 것과 교회를 믿는 것은 동일하였다.[38] 하느님으로부터 성경에 주어진 권위가 교회의 권위와 동일하기 때문이다. 이로써 아우구스티누스는 이성주의와 회의주의에서 벗어나게 되었다.[39] 이러한 의미에서 샤를 부아예(Charles Boyer)는 아우구스티누스를 교회로 이끈 것이 신플라톤주의가 아니

---

37 Cf. G. Biffi, *Conversione di Agostino e Vita di Una Chiesa*, in AA.VV., *Agostino e la Conversione Cristiana*, Palermo, 1987, pp. 29-33. 아우구스티누스의 회심에서 auctoritas의 중요성에 대해 참조: J. Guitton, *Le Temps et l'eternité chez Plotin et Saint Augustin*, Paris, 1933, p. 96.
38 Cf. R. Jolivet, *Saint Augustin et le Néo-Platonisme Chrétien*, p. 75.
39 Cf. J. Coman, *Les facteurs de la conversion de St. Augustin et leurs implications spirituelles*, in AA.VV., *Congresso Internazionale su S. Agostino nel XVI Centenario della Conversione(Roma, 15-20 settembre 1986)*, I, Roma, 1987, pp. 43-44.

라고 주장하며, 이에 쉬악카(Sciacca)도 동의한다.[40]

여기서 또 다른 질문이 등장한다. "이 순간 우리는 아우구스티누스가 잃어버린 신앙을 되찾았다고 말할 수 있는가?" 트라페에 따르면, 신앙의 외적 동기와 신앙의 내용을 분명하게 구분할 필요가 있다. 그에 따르면, 아우구스티누스는 전자를 재발견한 것이지 아직 후자에 관해 명확한 생각을 갖고 있지 않다. 아우구스티누스의 표현대로 한다면, "신뢰할 수 있는 북극성"이란 신앙의 문제에서 권위의 원칙을 인정한 것이지 여전히 신앙의 일부 요점, 더욱이 기본적인 것들에 대해 충분한 명료함에 도달한 것은 아니다.[41] 그렇기에 아우구스티누스는 여전히 확실성과 동요가 공존하는 상태에 놓여 있다고 할 수 있다. "처절한 내 가슴은 죽음의 공포와 진리를 발견치 못한 아쉬움에 무너지는 듯, 나는 이런 생각을 되새기고 있었습니다. 그러하오나 가톨릭 교회 안에 있는 당신의 그리스도, 우리 구세주님에 대한 신앙만은 내 마음속 깊이 뿌리를 내리고 있었습니다. 물론 그것은 아직까지 또렷하지 못하고, 올바른 교리에서 벗어나는 데가 많았어도, 그래도 정신에서 떠나기는커녕 오히려 알아 갈수록 더욱 젖어드는 것이었습니다."(『고백록』 7, 5, 7)

사실 아우구스티누스는 여전히 두 개의 큰 철학적 문제 때문에 고통을 받고 있었다. 곧 하느님의 영신성(spiritualità)과 악의 기원에 관한

---

40 C. Boyer, *Christianisme et Néo-platonisme dans la formation de Saint Augustin*, pp. 60, 64, 67, 107; M.F. Sciacca, *Sant'Agostino*, p. 76, n. 53.
41 A. Trapè, *S. Agostino. L'uomo, il pastore, il mistico*, p. 119.

문제이다. 그는 하느님이 "썩을 수 없고, 침해될 수 없으며, 불변한 존재"라고 생각하고 있었고, 하느님과 영혼에 대해 생각할 때 물질적인 어떤 것으로 생각할 필요가 없다는 것을 확실하게 믿고 이해하였다. 곧 공간적 연장(延長) 없는 존재는 그에게 무(無), 절대무(絶對無)라고 간주하였기 때문에("이 눈으로 볼 수 없는 것이면 무엇이든 그 본체를 개념하지 못하는 것이었습니다."『고백록』7, 1, 1), 비육신적 존재를 받아들일 수 없었다.

결과적으로 악의 문제 역시 해결할 수 없었다. 물론, 이미 살펴보았듯, 암브로시우스의 강론을 들으면서 아우구스티누스는 이 문제들을 어느 정도 해결하였다. 그에 따르면, "나는 당신이 때묻을 수도, 달라질 수도, 전혀 바뀔 수도 없으신 줄을 알고, 당신이 참 천주이시사 우리 영혼뿐 아니라 육체를 지으시고, 우리 영혼과 육체뿐 아니라 모든 영혼, 모든 육체를 지어주신 우리 하느님이심을 굳게 믿었으나 그때까지 악의 원인에 대해선 명백한 해결을 짓지 못하였습니다."(『고백록』7, 3, 4) 그는 인간이 자유의지로 인해 죄를 짓는 것이라고 암브로시우스에게서 들었지만, 아직 이해하지 못했다고 고백한다. "인간이 악을 짓기는 자유의지 때문이고, 인간이 벌을 받는 것은 당신의 엄정한 심판 때문이라고 들어서 나는 이를 깨치려고 애써 보았으나 명확한 이해를 가질 수는 없었습니다."(『고백록』7, 3, 5)

또한, 신학적 차원에서 볼 때 아우구스티누스는 그리스도교의 핵심이라고 할 수 있는 육화의 신비에 대해서도 무지하였다. 가톨릭적으로 교육을 받은 그가 이 신비에 관해 무지했다는 것이 참으로 이상하게 보인다. 아우구스티누스에 따르면, "그리스도님이 누구도 견줄 수 없을 만큼 초월한 예지의 인간이라고 생각하는 것이 고작이었습니다. 무엇보다도 그가 동정녀로부터 태어난 사실이야말로 영원을 얻기 위하여 시간적인 것들을 낮춰보는 표본으로서 그는 우리를 위하는 하느님의 섭리로 말미암아 위대한 스승의 권위를 얻게 된 것으로 보였습니다. '말씀이 살이 되시니라'함이 무슨 신비를 지니는지 생각조차 하지 못하였고, 다만 아는 것이라곤 그분을 들어 전기로 내려오는 것에서 그 역시 먹고 마시고 자고 걸어다니며 기쁜 슬픔을 지녔었고, 강론을 하는 등 그의 육체는 당신의 말씀과 결합된 것이 아니라, 인간의 영혼 및 그 정신과 결합된 것이라는 것이었습니다. (…) 나는 그리스도를 오롯한 인간으로 알게 되었으니, 말하자면 인간의 육체만을 지닌다거나 육체와 영혼을 지니되 정신이 없다거나 하는 것이 아니고, 진리의 화신이 아닌 바로 인간이라는 것이었습니다. 이뿐 아니라 그는 아주 탁월한 인간성과 아울러 보다 더 완전한 예지를 가짐으로써 모든 사람에서 **빼**어난다고 믿었습니다."(『고백록』7, 19, 25)

여기서 우리는 그의 생각이 알리피우스와 함께 포티누스(Photinus)적이었고 아폴리나리우스(Apollinarius)적이었음을 알 수 있다. 사실 많은 햇수 동안 고백하였고 이제는 완전히 절연한 마니교의 가현설(Docetismus)이 그의 생각을 혼란케 하였음을 말할 필요가 있다. 그리고 그의 생각만이 아니었다. 침착하고도 신중한 알리피우스(Alypius)도 가톨릭 신자들이 육화에 대한 신앙을 고백하면서도 그리스도 안에 영혼과 인간적 지성이 있다는 것을 거부하고 있다고 확신하였다. 그리고 다른 한편으로는 복음이 말하고 있는 그리스도의 업적들은 이성적 피조물이 아니라면 완수될 수 없다고 굳건히 확신하고 있었기 때문에, 그는 그리스도와 교회에 온전히 결합해 있었다고 할 수 있다.(『고백록』 7, 7, 11) 따라서 우리는 다음과 같이 결론을 내릴 수 있다. 신학적 의미에서 볼 때, 아우구스티누스는 이미 회심한 것이라고 말할 수 없지만, 가톨릭교회의 권위를 인정하고 받아들이면서 회심을 향한 결정적 발걸음을 떼었다고 분명히 말해야 한다.

13. 플라톤 학파의 서적(Libri platonicorum)

이러한 갈등과 혼돈의 순간이었던 386년 봄 그에게 '플라톤 학파의 서적'이 도움을 주기 위해 찾아온다. 성인에 의하면, "당신은 더할 나위 없이 교만에 찬, 한 사람을 통하여 희랍어에서 라틴어로 옮겨진 플라톤 서적을 마련해주신 것입니다."(『고백록』 7, 9, 13) 아우구스티누스 사상의 발전에 근본적으로 작용한 플라톤 학파의 책과 이를 통한 체험은 많은 학자의 관심을 불러일으켰다. 곧 아우구스티누스에게 플라톤 학파의 책을 마련해준 이가 누구인지, 어떤 플라톤 학파를 다루고 있는지, 어떤 책을 읽었는지, 이 책들이 그의 회심에 있어 어떠한 영향을 미쳤는지 하는 점들을 학자들은 규명하고자 노력하였다.

우선 첫 번째 문제를 보자. "더할 나위 없이 교만에 찬 한 사람"이라는 아우구스티누스의 표현이 가리키는 인물은 누구인가? 쿠르셀(P. Courcelle)은 말리우스 테오도루스(Mallius Theodorus), 오메아라(J.J. O'Meara)는 포르피리우스(Porpyrius), 브라운(P. Brown)은 마리우스 빅토리누스(Marius Victorinus)를 꼽는다. 여기에서 쿠르셀의 의견은 개연성이 약해 보이며, 오메아라는 지나치게 확대해석한 것으로 보인다. 오히려 '밀라노 동아리'라는 관점에서 보았을 때, 마리우스 빅토리누스로 보는 것이 더 타당할 듯하다.

그렇다면 어떤 플라톤 학파를 다루고 있는가? 또한, 어떤 책을 읽었는가? 학자들은 그가 신플라톤주의자라는 데 동의하지만, 누구인지에 대해서는 서로 의견이 다르며, 네 가지로 의견이 나뉜다. ① 플로티누스, ② 포르피리우스, ③ 플로티누스와 포르피리우스, ④ 처음에는 플로티누스 그 후에 포르피리우스 등이다.

앙리는 첫째 가설을 주장한다.[42] 테일러는 둘째 가설을 주장한다.[43] 졸리베, 쿠르셀, 오메아라는 셋째 가설을 선호한다.[44] 뒤 루아는 넷째 가설을 주장한다.[45]

사실 아우구스티누스는 플로티누스를 살아 돌아온 플라톤으로 간주한다.(『아카데미학파 논박』 3, 18, 41) 또한, 그 학파의 신원을 알고 있고(『서한』 118, 5, 33), 특별히 『신국론』에서 그의 작품들을 인용한다.[46] 마지막으로 반달족의 파괴를 눈앞에 둔 죽음의 침상에서는 그의 말에서 위안을 얻는다.[47] 플로티누스 학파에 관한 본문을 보자. "당시에

42　P. Henry, *Plotin et l'Occident*, Louvain, 1934, p. 20.
43　W. Theiler, *Porfirios und Augustin*, Halle, 1933, pp. 1–74.
44　R. Jolivet, *Saint Augustin et le Néo-Platonisme Chrétien*, p. 105 ; P. Courcelle, *Recherches sur les Confessions*, pp. 133–138 ; J. O'Meara, *La jeunesse de saint Augustin*, pp. 176–184.
45　O. Du Roy, *L'intelligence de la foi en la Trinité selon saint Augustin*, pp. 69–71.
46　신국론 9, 10 (= 엔네아데스 4, 3, 12); 9, 17 (= 1, 6, 8; 1, 2, 3); 10, 14 (= 3, 2, 13); 10, 16 (= 1, 6, 7); 10, 23 (= 5, 1, 6); 10, 30 (= 3, 4, 2); 11, 9 (= 3, 2, 5) 등
47　포시디우스, 「아우구스티누스의 생애」 28, 11.

로마에서는 플로티누스 학파가 융성하였고 영리하고 기민한 능력을 지닌 많은 사람이 이에 자주 참석하였다. 하지만 이들 중 일부는 주술에 대한 호기심으로 인해 길에서 벗어났고, 다른 이들은 우리 주 예수 그리스도 자신이 그들이 도달하고자 노력하던 그 진리요 불변의 지혜라는 것을 인정하면서 그분을 섬기는 데로 넘어갔다."(『서한』118, 5, 33) 트라페는 주술에 관한 언급이 신플라톤주의에 신비적이고 마술적인 방향을 강조한 포르피리우스와 얌블리쿠스(Jamblicus)를 향한 것이라고 본다. 또한, 아우구스티누스는 포르피리우스를 "출중한 학자"라고 존경하지만,『신국론』10장에서 그의 신술(神術, theurgia)을 강력하게 논박한다.

그렇다면 실제로 어떤 책을 읽었는가?『대화편』,『고백록』,『신국론』등에서 언급되고 있는 것을 면밀하게 연구해보면 확실하게 혹은 어느 정도 플로티누스 저술 중에서 다음의 것을 읽었을 것으로 규정한다.『엔네아데스』(Enneades)의 1, 2(덕행들), 1, 6(아름다움), 1, 7(첫번째 선과 다른 선들), 1, 8(악들의 기원), 3, 2-3(섭리), 4, 7(영혼의 불멸성), 5, 1(중요 세 위격), 5, 2(세상 창조와 사물들의 질서), 5, 3(인식하는 위격들), 5, 5(지성적인 존재들은 지성 밖에 그리고 선 위에 있지 않다), 6, 4-5(존재는 내적으로 하나이며 동일함에도 불구하고 한편으로는 도처에 있다), 6, 6(숫자), 6, 9(선 혹은 일자) 등이다. 포르피리우스의 저술 중에서는『영혼의 귀환』(De regressu animae)과『명제집』일 것이다.[48]

---

[48] A. Trapé, *Introduzione alle Confessioni, in Nuova Biblioteca Agostiniana*, I, Roma, 1965, p. LXVI ; O. Du Roy, *L'intelligence de la foi en la Trinité selon saint Augustin*, pp. 70-71.

그렇다면 플라톤 학파의 책들은 어떠한 영향을 미쳤는가? 이 문제는 아우구스티누스의 회심이 일어난 시점이 플라톤 학파의 책을 읽기 전인지, 아니면 후인지 하는 문제와 연결된다. 이미 보았듯이, 아우구스티누스는 이 책들을 읽기 전에 성경과 교회의 권위를 인정하였다. 그렇기에 졸리베는 아우구스티누스가 플로티누스에게 자신을 온전히 내어주기보다 그를 사용하고 있다고 본다.[49] 쉬악카는 아우구스티누스를 회심시킨 것은 플로티누스가 아니라 오히려 아우구스티누스가 플로티누스를 회심시키고 있다고 본다.[50] 따라서 이 책들이 미친 영향을 말하기 위해서는 아우구스티누스가 여기서 무엇을 발견하였는지 보아야 한다.

무엇보다 아우구스티누스는 내향성의 원칙을 발견한다. "내 자신으로 돌아오라는 타이르심에 당신의 이끄심 따라 나의 가장 안으로 들어왔삽고, 그리될 수 있삽기는 당신이 나를 도와주신 때문이었습니다. 들어오고 나서 나는 무엇인지 모를 눈으로, 영혼의 눈과 정신이 미치지 못하는 상주 불변의 빛을 보았습니다."(『고백록』7, 10, 16)

이 원칙에 따르면, 진리는 정신 안에 현존하고 있고, 정신은 그것을 모를 수 없다. 그렇기에 플로티누스는 "영혼은 모든 외적 사물들에서 벗어나 자신을 완전히 내면으로 향해야만 한다."(『엔네아데스』6, 9) 또 "너 안으로 들어가 관상하라."(『엔네아데스』1, 6)라고 말한다. 그

---

49 R. Jolivet, *Essai sur les rapports entre la pensée grecque et la pensée chrétienne*, Paris, 1955(nouvelle édition), p. 101.
50 M.F. Sciacca, *Sant'Agostino, in Grande Antologia Filosofica*, p. 256.

순간까지 그는 감각적인 실재들과 영혼 안에서 회오리처럼 움직이는 그것들의 상(像)에 멈춰 있었다. 이제 그것들을 하나하나씩 극복하도록, 보다 위로 올라가도록, 판단을 내리면서 참된 것을 거짓된 것에서 구분할 때 정신을 비추는 진리의 빛 안에 고정되도록 초대받았다. "이같이 나는 비판의 기준을 찾다가 변천하는 내 정신 훨씬 위에 참되고 향상된 진리의 영원을 발견하기에 이르렀습니다. 결국 나는 한 걸음 한 걸음씩 물체에서부터 육체를 통하여 감각하는 혼으로, 또 그로부터 육체의 감각이 밖의 것을 알리게 하는 −동물도 여기까지는 가능한− 내적 감관으로 나아가고, 게서부터는 다시 육체 감각을 통하여 판단을 하게 되는 추리력에 다다랐던 것입니다. 추리력 또한 살펴보면 스스로 변하는 것임을 발견하고는 이성 자체에까지 올라가 여태 해오던 생각을 다 비우고, 헷갈리는 환상의 무리를 떨어버렸습니다. 도대체 무슨 빛이 비춰주기에 불변하는 것이 변하는 것보다 절대 낫다 하는지, 그리고 그 불변하는 것을 어떻게 알아냈는지, 이를 발견하고 싶어서였습니다. (…) 이리하여 마침내 눈 깜짝할 사이에 '있으신 그분'께 다다르게 되었사옵니다. 그제야 비로소 나는 '당신의 보이지 않는 것들을, 창조된 것들을 통하여 알아들어' 깨친 것이오나 줄곧 바라볼 수는 없었습니다."(『고백록』 7, 17, 23)

플라톤 학파의 책들은 그에게 감각 세계와 지성적 세계와의 본질적 구분도 알려주었다. 그동안 육신적인 실재 외에 다른 것이 없다고 생각한 그는 이제 감각이 깨닫는 것과는 다른 실재가 있음을 인정하게 된다. 이제 그는 감각들이 파악하는 혹은 표현하는 실재와는 매우 다른 실재, 하지만 그렇다고 해서 덜 실재적이거나 덜 참된 것이 아닌 오히려 바로 그것 때문에 완전하게 참된 실재인 지성계가 있다는 것을 최고의 놀라움으로 직관하였다. 참으로 존재하는 지성적 실재를 받아들이게 된 것이다. "나는 '진리가 유한하든 무한하든 간에 공간 안에 연장되어 있지 않으니 없는 것인가?'라고 물었습니다. 그리고 당신은 멀리서 '그럴 리 없다. 나는 있는 나다'라고 외쳤습니다."(『고백록』 7, 10, 16) 참으로 있는 것은 불변하게 있는 것이다.(id vere est, quod incommutabiliter manet, 『고백록』 7, 11, 17) 바로 이것이 진리이다. 이로써 그를 오랫동안 잡아 두었고, 그의 지성적 도약을 막았던 유물론적 개념이 완전히 극복되었다.

플라톤 학파의 책에서 아우구스티누스는 '참여'(혹은 분여, participatio)의 원리를 발견한다. 이에 따르면, 모든 것은 최고 존재인 하느님에게서 오는 것이기에 하느님께 참여하고 동시에 그분을 모방하고 있다. 또한, 단순히 존재하는 것뿐 아니라 생각하고 사랑하는 인간 안에 하느님은 창조주, 조명자, 행복을 주시는 분으로 현존하신다.

마지막으로 플라톤 학파의 책을 통해 아우구스티누스는 악의 참된 개념을 발견한다. 그는 악의 문제에 있어 방법론이 얼마나 중요한지 깨달았다. 그는 마니교도들이 하듯 "어디에서 악이 오는가?"(unde malum)라는 질문이 아닌 "악은 무엇인가?"(quid malum) 하는 질문으로 시작한다. 존재하는 모든 것은 선이며, 악은 실체(substantia)가 아니라 선의 결핍(privatio boni)이므로 부패(corruptio)이다. 결국, 악은 오직 선 안에 존재한다. 그래서 악이 없는 선은 존재할 수 있지만, 선이 없는 악은 존재할 수 없다. 만약 그런 것이 있다면 무(無)에 불과할 것이다. 따라서 하느님은 모든 것의 창조주이며 그분으로 창조되지 않은 어떠한 실체도 존재하지 않는다. 이러한 의미에서 하느님은 질서(ordo)와 피조물 사이에 조화의 원인이 된다.(『고백록』 7, 12, 18)

이렇게 플라톤 학파의 책들을 통해 발견한 것들은 아우구스티누스가 어떠한 관점을 갖고 있었는지 보여준다. 그는 졸리베, 쉬악카, 부아예 등이 강조하듯이,[51] 암브로시우스의 강론과 밀라노 동아리와의 만남을 통해 갖게 된 그리스도교적 관점으로 플라톤 학파의 책들을 읽은 것이다. 트라페 역시 아우구스티누스가 『호르텐시우스』보다 이 철학자들을 훨씬 더 그리스도교적 열쇠로 읽었다는 것을 주목할 필요가 있다고 지적하면서, 밀라노의 신플라톤주의적 모임이 그를 준비시켰다고 강조한다. 이는 『고백록』 7권 9장의 내용을 통해 잘 드러난다. 여기서 아우구스티누스는 요한복음 1장 로고스 찬가의 첫 부분과 똑같은 단어로는 아니어도 완전히 동일한 의미의 것을 플라톤 학파 책에서 발견하였지만, 찬미가의 두 번째 부분은 읽지 못하였다고 고백한다.(『고백록』 7, 9, 13-14) 이를 정리해 보면 다음과 같다.

① **읽은 것**: "비루슴에 말씀이 계시고, 말씀이 또 천주 안에 계시니 말씀이 곧 천주시러라. 이 말씀이 비루슴에 천주 안에 계신지라. 만물이 다 저로 말미암아 지음을 받아 말씀 없이 된 것은 하나도 없느니라. 된 것은 그이 안에 생명이 있으니 생명이 곧 사람들의 빛이라. 빛

---

51 R. Jolivet, *Essai sur les rapports entre la pensée grecque et la pensée chrétienne*, p. 101 ; M.F. Sciacca, *Sant'Agostino*, in *Grande Antologia Filosofica*, p. 256; C. Boyer, *Christianisme et Néo-platonisme dans la formation de Saint Augustin*, p. 67.

이 어두운 데 비치되 어두움이 이를 알지 못하니라. 인간의 혼이 비록 진리를 증거하되 빛 자체가 아닌지라, 참다운 빛이야말로 말씀이신 천주이시니 그이 곧 세상에 오는 모든 사람을 비추시느니라. 세상 안에 계시고, 세상이 그이로 말미암아 되었으니 세상이 그를 알지 못하니라."[52]

읽지 못한 것: "본고장에 오시되 그 백성이 그를 받들지 아니하였고, 무릇 그를 받들고 그 이름을 믿는 자들에게는 천주의 자식이 될 권리를 주시니라."[53]

② **읽은 것**: "말씀이신 하느님께서 혈육이나 사나이의 뜻이나 육욕에서가 아니라, 천주로 좇아 나시었다."[54]

읽지 못한 것: "말씀이 사람이 되사 우리 가운데 계시다."[55]

③ **읽은 것**: "아드님은 아버지의 모습을 지니시나 그의 본체가 그러하신 대로의 아버지와 같으심을 굳이 지니고저 아니하셨다."[56]

읽지 못한 것: "종의 형체를 취하사 사람과 같은 이 되심으로써 스스

---

52 요한 1, 1-5. 8-10. "한처음에 말씀이 계셨다. 말씀은 하느님과 함께 계셨는데 말씀은 하느님이셨다. 그분께서는 한처음에 하느님과 함께 계셨다. 모든 것이 그분을 통하여 생겨났고 그분 없이 생겨난 것은 하나도 없다. 그분 안에 생명이 있었으니 그 생명은 사람들의 빛이었다. 그 빛이 어둠 속에서 비치고 있지만 어둠은 그를 깨닫지 못하였다… 그 사람은 빛이 아니었다. 빛을 증언하러 왔을 따름이다. 모든 사람을 비추는 참빛이 세상에 왔다. 그분께서 세상에 계셨고 세상이 그분을 통하여 생겨났지만 세상은 그분을 알아보지 못하였다".
53 요한 1, 11-12. "그분께서 당신 땅에 오셨지만 그분의 백성은 그분을 맞아들이지 않았다. 그분께서는 당신을 받아들이는 이들, 당신의 이름을 믿는 모든 이에게 하느님의 자녀가 되는 권한을 주셨다."
54 요한 1, 13. "이들은 혈통이나 육욕이나 남자의 욕망에서 난 것이 아니라 하느님에게서 난 사람들이다."
55 요한 1, 14.
56 필립 2, 6. "그분께서는 하느님의 모습을 지니셨지만 하느님과 같음을 당연한 것으로 여기지 않으시고"

로 당신을 낮추셨느니라. 또한 겉으로는 사람과 같이 보이시고, 당신을 낮추사 죽기까지, 십자가에 죽기까지 복종하심으로써 당신을 낮추셨나니라. 이러므로 천주께서 저를 죽은 이들 가운데서 높이시과, 모든 이름 위에 뛰어나는 이름을 저에게 주사 천상과 지상과 지하의 모든 이로 하여금 예수의 이름 앞에 무릎을 꿇게 하시며, 또한 모든 혀로 하여금 주 예수는 하느님 아버지의 영광 안에 계심을 고백하게 하셨느니라."57

④ 읽은 것: "당신 외아드님이 시간 이전에 시간을 초월하여 당신과 같이 영원하시며 모든 영혼은 그의 충만하심에서 자기네 행복을 받고,58 또한 그 스스로 머무시는 예지에 참여함으로써 예지를 다시 얻는다."

읽지 못한 것: "때가 오매 그이 죄인들을 위하여 죽으시니 당신이 그 외아들을 아끼지 않으시사 우리 모든 이를 위하여 그를 죽음에 부쳐 주시니라."

결국 아우구스티누스가 플라톤 학파의 책에서 발견하지 못한 것은 성자의 육화와 그의 구원 업적에 관한 것이다. 이 외에 아우구스티누

---

57 필립 2, 7-11. "오히려 당신 자신을 비우시어 종의 모습을 취하시고 사람들과 같이 되셨습니다. 이렇게 여느 사람처럼 나타나 당신 자신을 낮추시어 죽음에 이르기까지, 십자가 죽음에 이르기까지 순종하셨습니다. 그러므로 하느님께서도 그분을 드높이 올리시고 모든 이름 위에 뛰어난 이름을 그분께 주셨습니다. 그리하여 예수님의 이름 앞에 하늘과 땅 위와 땅 아래에 있는 자들이 다 무릎을 꿇고 예수 그리스도는 주님이시라고 모두 고백하며 하느님 아버지께 영광을 드리게 하셨습니다."
58 요한 1, 16. "그분의 충만함에서 우리 모두 은총에 은총을 받았다."

스가 플라톤 학파의 책에서 발견하여 곧 열정적으로 거부한 것이 있다. 그것은 이 철학자들의 다신론(politeismo)이다. 이들은 하느님의 단일성을 인정하면서도 하급 신에 대한 경배를 버리지 않았기에 전통적인 우상숭배를 실천적 차원에서 받아들이고 이론적 차원에서 정당화하였다.59

또한, 처음에는 받아들였으나 후에 거부하는 것도 있다. 행복에 도달하기 위하여 모든 육신적인 것에서부터 피하라(corpus est omne fugiendum)는 포르피리우스의 정식이다.(『신국론』10, 29 ; 『재론고』1, 4, 3)

14. 사도 바오로와의 만남

여기서 또 하나의 장애물이 등장한다. 지금껏 지혜만 염두에 두었지, 그것에 도달하는 방법에 대해서는 전혀 숙고하지 않았다. 그것은 자연주의(naturalism)라는 장애물이었다. 결국, 이것은 중재(mediation)의 문제이다. 『호르텐시우스』를 통해 지혜를 사랑하게 되었고, 마니교로 인해 그것의 참된 개념을 잃어버렸으며, 신플라톤주의자들을 통해 그것을 되찾았다. 하지만 어떤 길과 어떤 노력을 통해 지혜의 소

---

59 『고백록』 7, 9, 15. 졸리베에 따르면, 플로티누스의 다신론은 실제적인 것이지만, 철학적 차원에로 옮겨진 것, 곧 신화가 상징적 가치밖에 지니지 않은 점에서 실질적인 것이었다: R. Jolivet Essai sur les rapports entre la pensée grecque et la pensée chrétienne, pp. 97-98.

유에 도달할 수 있는지 자문하지 않았다. 중재의 문제이며 다른 것들보다 덜하지 않은 근본적인 이 문제는 그의 전망 밖에 남아 있었다. 치체로도, 마니교도들도, 신플라톤주의자들도 그에게 이것을 해결해 주지 않았고 제시하지도 않았다고 나는 본다. 마니교도들은 자신들이 하느님의 "구세주들"이라고 생각하였다. 신플라톤주의자들은 이 교사상의 본질적인 개념에 따라 이데아의 세계를 향한 독립적이고도 이성적인 "상승"을 제안하였다. 따라서 행복에의 도달은 중재에 의한 것이 아니라 직접적인 것으로 신적 도움이 아닌 본성의 힘에 의지한다. 죽음이 임박한 플로티누스는 이렇게 말할 것이다. "나는 투쟁한다. 나는 내 안에 있는 신적인 것을 모든 것 안에 있는 신적인 것에 되돌려주기 위해 투쟁한다."(포르피리우스, 『플로티누스의 생애』 2)

이제 아우구스티누스는 다시 성경, 특별히 바오로에게 눈을 돌린다. 그는 "바오로를 붙들고 늘어지면서" 플라톤 학파 책에서 읽은 진리가 은총으로 한결 더 승화하는 것을 발견한다. 동시에 그 책에 없는 것이 무엇인지 깨닫는다. 곧 하느님과 같은 본질이었지만 인간 본성을 취해 하느님과 인간 사이의 유일한 중재자가 된 그리스도의 형언할 수 없는 신비이다. 사도의 글을 통해 그리스도와 아우구스티누스와의 만남이 이루어졌다. 그가 항상 인정하고 있었던 스승이신 그리스도뿐만 아니라 육화하신 말씀이며 하느님과 인간의 중재자이고 인간의 구세주이며 은총의 샘인 그리스도라는 구원의 보편적 길을 발견하였다.(『고백록』 7, 21, 27) "당신을 누리기에 알맞는 힘을 기르고저 방법을 모색하여 보았으나 하느님과 사람 사이의 중개자, 만물 위에 계시사 세세에 찬미를 받으실 하느님이신 인간 예수 그리스도를 받들어 모시기까지는 얻을 수 없었나이다."(『고백록』 7, 18, 24) "(신플라톤주의자들의) 그 책들은 이러한 진리들을 담고 있지 않고, 그 책장들은 이러한 경건한 얼굴과 고백의 눈물, 당신의 희생제사, 괴로워하는 영혼, 부서지고 낮추어진 마음, 당신 백성의 구원, 당신 신부인 도성, 성령의 보증, 우리 몸값의 잔도 없습니다."(『고백록』 7, 21, 27) 또한, 하느님을 향한 우리의 들여 높임에서 은총의 필요성, 겸손과 회개 그리고 기도의 필요성을 깨달았다.(『고백록』 7, 21, 27)

그는 이 오랜 수고로운 여정의 끝에 있었다. 이 여정에서 많은 오류가 하나씩 사라졌고, 최종적으로는 "철학"의 얼굴이 그에게 나타났다. 그것은 성 바오로의 "철학"이었는데, 플라톤주의자들 안에서 발견되는 참된 것과 그리스도교가 가르치는 고유한 것도 담고 있었다. 곧 창조주 하느님의 "철학"이다. "세상이 창조된 때부터, 하느님의 보이지 않는 본성 곧 그분의 영원한 힘과 신성을 조물을 통하여 알아보고 깨달을 수 있게 되었습니다."(로마 1, 20) "하느님의 힘이시며 하느님의 지혜"(1코린 1, 24)이시며, "모든 피조물의 맏이이시며" 그분의 "모상"이시고(콜로 1, 15), "우리에게 하느님에게서 오는 지혜가 되시고, 의로움과 거룩함과 속량"이 되기 위해(1코린 1, 30) "당신 자신을 비우시어 종의 모습을 취하신"(필리 2, 7) 그리스도의 "철학"이다. 그리고 그것은 십자가와 그리스도교 겸손의 "철학"이다. 아우구스티누스가 바오로를 읽기 전에는 알지 못했다고 자책한 것도 이 겸손의 "철학"이었다. "겸손하지 않았기 때문에 나는 내 하느님 예수 그리스도의 겸손을 이해하지 못하였고, 그의 연약함이 무엇을 가르치는지도 알지 못하였습니다."(『고백록』 7, 18, 24-20, 26) 그리고 신플라톤주의자들이 받아들이길 원치 않는다고 후에 나무라는 것도 이것이었다. "그리스도가 비천하게 오셨고 여러분이 교만하다는 것 외에 여러분이 그리스도인이 되기를 원하지 않는 (…) 이유가 무엇입니까?"(『신국론』 10, 29, 2)

이러한 책망은 모든 비(非)그리스도교인들에게도 향한다. 왜냐하면, 다른 민족들의 어떠한 책에도 겸손에 관한 가르침이 발견되지 않기 때문이다. 곧 "에피쿠로스주의자들, 스토아주의자들, 마니교도들, 플라톤주의자들의 책에서 발견되지 않는다." "관습과 교육에 대한 매우 훌륭한 계명을 만나는 곳 어디에서도 무엇보다 겸손을 만나지 못한다. 겸손의 길은 (…) 그리스도로부터 온다."(『시편 상해』 31, 6)

이제 아우구스티누스는 회의주의, 유물론, 자연주의를 극복하였다. 그는 도달해야 할 목표이며 동시에 걸어가야 할 길인 구세주 그리스도를 만났다. 그리스도를 재발견하고 붙들면서 아우구스티누스는 가톨릭 신앙의 항구로 돌아온 것이다. 하지만 아직 지성적 차원에서만 이루어졌다. 그는 회심했다고 말할 수 있었다. 실제적으로는 지성적으로만 그러하였다.

15. 안토니우스의 예

신앙으로의 지성적 회심은 아우구스티누스의 마음에 옛 문제를 떠올리게 하였다. 곧 온갖 세상적 희망에 대한 포기와 결혼 포기 그리고 지혜에 대한 온전한 헌신이었다.(『고백록』 6, 11, 18) 세상적 희망에 아우구스티누스를 매여 있게 한 세 가지 사슬인 재산, 명예, 여자 중에 그는 여전히 마지막 것에 매여 있었다.(『고백록』 6, 6, 9 ; 8, 1, 2)

이러한 상황에서 결혼 계획이 시작된다. 누구보다 그것을 바란 것은 그의 어머니 모니카였는데, 세례 후에 아우구스티누스가 참된 그리스도교적인 삶을 시작할 수 있도록 하기 위해서였다.(『고백록』 6, 13, 23) 밀라노의 한 어린아이가 선택되었다. 결혼을 제안했고 약속을 받았다. 하지만 그 소녀는 결혼 가능한 나이보다 두 살이 어렸다. 그 배우자는 모든 이의 마음에 들었고, 그는 기다렸다. 이 약속된 신랑은 그녀가 이상적인 여인 안에서 요구하던 자질들을 소유하고 있었다고 생각할 수 있다. 곧 "아름답고, 정숙하며, 품행이 좋고, 교양 있는, 혹은 적어도 쉽게 교육받을 수 있는, 그리고 많은 지참금을 가지고 와서 자유로이 공부하는 데 어떠한 방식으로든 부담이 안 되는 것"이다.

왜 그는 아데오다투스의 어머니와의 결합을 합법화하는 것을 생각하지 않았는가? 우리의 현대적 감성에는 이것이 더 논리적인, 아니 유일하게 정의로운 해결책으로 보인다. 하지만 이 일은 일어나지 않았다. 왜? 아직 회심하지 않은 아우구스티누스의 생애에서 이 어두운 사실을 이해하기를 원하는 독자는 무엇보다 이것에 주목해야 한다. 이것은 사랑이 부족해서가 아니다. 그는 14년간 곁에 두었던 그 여인을 사랑하였고, 그녀에게 항상 신의를 지켰다. 이별은 그의 마음에 피를 흘리게 하였다. 『고백록』은 깊은 인간성의 음조로써 우리에게 이것을 보증한다. "내가 통상 함께 잠을 자던 그 여인을 (…) 내 곁에서 떼어 놓았을 때, 그녀와 결합되어 있던 내 마음은 깊이 찢어져 오랫동안 피를 흘렸습니다." 결국, 이유는 다른 것이었다. 『고백록』이 우리에게 그것을 알려준다. 그 여인이 결혼에 방해가 되었다. "결혼에 지장이 된다고 나에게서 떼어 놓았습니다." 하지만 『고백록』은 어떠한 이유로 그녀가 걸림돌이 되었는지 우리에게 말하지 않는다. 우리가 알다시피, 『고백록』은 우리가 부정확하고 위험스러운 방법인 추측의 방법에 의지할 수밖에 없도록 한다. 어떠한 이유로 "결혼에 지장이 되었는가?" 영성적, 경제적 혹은 사회적 이유인가? 가능한 세 가지 추측이 제시되었다. 내가 보기에 첫 번째 추측은 근거가 없으며, 두 번째 것은 불충분하다. 참된 이유는 세 번째 것이어야만 한다. 만약 아데오다투스의 어머니가 추측하는 것처럼, 낮은 신분의 사람이었다면 시민법은 그 경우에 합법적인 혼인을 금지하고 있었다. 어쨌든 무감각이나 탓에 대해 말할 수 없을 것이다. 첫 번째 것은 『고백록』에 의해 부인되고 있고, 두 번째 것은 고백되지 않았다. 만약 탓이 있다고 한다면, 이제 자기 죄에 대해 양심의 가책을 느끼는 데 있어 그토록 섬세하고 그 죄들을 고백하는 데 있어 그토록 솔직한 아우구스티누스가 그것을 말하지 않았을 리가 없다. 마찬가지로 만약 그가 어머니의 행동에서 순수하지 않은 어떤 것을 인지하였다면, 덜 심각한 다른 행동들에 대해 그녀를 책망하였던 것과 마찬가지로, 이에 대한 책망도 모자라지 않았을 것이다. 결국, 죄의식은 없었다. 그 사실은, 비록 고통스러운 것임에도 불구하고, 모든 이에게 어쩔 수 없었다는 것이다. 엄격한 알리피우스에게도 마찬가지였다. 또한, 그녀에게도 마찬가지였다. 더욱이 그녀는 처음부터 이것을 알고 있었을 것이다. 분명 이 사실을 이미 약혼하였고 2년 후에 젊은 밀라노 여성과의 혼인을 기다리고 있던 아우구스티누스와 첫 번째 여인이 떠난 후 얼마 동안 동거했던 두 번째 여인은 알고 있었다. 이러한 인지는, 아무것도 요구하지 않고 모든 것을 아우구스티누스에 주었던, 이름이 알려지지 않은 아데오다투스의 어머니를 더욱 존경하게 한다. 그의 삶을 안정적으로 하는 데 걸림돌이 된다는 것을 인지하였을 때, 그녀는 아우구스티누스에게 아들을 남겨두고 "하느님께 다른 남성을 알지 않겠다는 서약을 하면서" 아프리카로 돌아갔다.(『고백록』 6, 15, 25)

합법적 혼인 계획이 진행되는 동안 아우구스티누스의 마음 안에 두 목소리가 들려왔다. 하나는 『호르텐시우스』를 읽은 뒤로부터 갖게 된 것으로 지혜를 추구하여 이를 발견하고자 하는 원의로서의 철학이고, 다른 하나는 더 강하고 권위 있는 성경의 목소리로 바오로를 읽음으로써 생긴 것이다. 곧 그가 결혼을 금한 것은 아니지만 자신처럼 있기를 몹시 바라는 마음에서 더 나은 상태로 초대하는 것이었다.(1코린 7, 7. "나는 모든 사람이 나와 같아지기를 바랍니다.") 여기에 하늘나라에 대한 사랑에서 결혼을 포기하는 이들에 대해 하신 예수의 말(마태 19, 12. "하늘나라 때문에 스스로 고자가 된 이들도 있다.")도 첨가된다.(『고백록』 8, 1, 2)

이 두 목소리는 여성과 함께 오랫동안 살아온 그의 습관과 반대되는 것이지만, 그로 하여금 세례를 받는 것이 진리를 향유하고 성경 공부에 전념하는 수덕적이고 관상적인 삶과 연결된다고 보게 하였다. 그렇기에 아우구스티누스는 망설였다. "나는 이미 값진 진주를 발견했고, 가진 바 모든 것을 팔아서 이를 사들여야 했건만 아직도 망설이고 있던 것이었습니다."(『고백록』 8, 1, 2) 물론 그는 젊은 시절(청년기) 하느님께 순결을 청하기도 하였지만, 이 기도가 빨리 들어지지 않길 바랐다. "순결을 주소서. 절제를 주소서. 그러나 지금은 마옵소서."(『고백록』 8, 7, 17) 이러한 의미에서 마리아 그라치아 마라(Maria Grazia Mara)는 아우구스티누스가 교회 안에 들어가지 못하도록 막은 것은 신앙의 문제가 아니라 윤리적인 것이라고 평가한다.[60]

이러한 상황에서 그는 심플리키아누스를 찾아간다. 심플리키아누스는 그에게 마리우스 빅토리누스의 개종 이야기를 들려주었고, 아우구스티누스는 마리우스를 본받고 싶은 열정에 불타오른다. 하지만, 아우구스티누스의 표현에 따르면, "나는 묶여 있던 것입니다. 누구의 쇠사슬이 아닌 바로 내 의지의 쇠사슬에 말입니다. 원수가 내 마음을 쥐고 있으니 그것이 원인하여 쇠사슬이 되었고, 나를 묶어놓은 것입니다. 이를테면 삿된 마음에서 육욕이 생기고, 육욕을 따르다 보면 버릇이 생기고, 버릇을 끊지 못하면 필연이 생기게 되는 것이옵니다. 이렇게 서로 뒤얽힌 –그러기 쇠사슬이라 일렀습니다만– 고리들에 묶이듯 나는 모진 종살이를 하는 것이었습니다."(『고백록』 8, 5, 10) 이에 반해 아우구스티누스는 자신 안에 움트기 시작한 새 의지에 대해 언급한다. 이 의지는 하느님을 무상으로 섬기고 그분을 향유(frui)하는 유일하고도 확실한 행복이었다. 하지만 이 새 의지가 나이가 들면서 굳어졌던 옛 의지를 이겨내기에는 여전히 부족했다. 이에 대해 아우구스티누스는 다음과 같은 심리학적 분석을 시도한다. "이토록

60　M.G. Mara, La 'Conversione', Le 'Conversioni', L'"Invito alla Conversione' nell'VIII libro delle Confessioni, in AA.VV., "Le Confessioni" di Agostino d'Ippona, Libri VI – IX[Lectio Augustini], Palermo, 1985, p. 77.

내 안에 두 의지가 존재하니, 하나는 옛 의지이고, 다른 하나는 새로운 의지입니다. 첫 번째는 육적이고, 두 번째는 영적인 것입니다. 이 두 의지가 서로 충돌하고 그들의 불일치가 내 영혼을 찢어놓고 있습니다."(『고백록』 8, 5, 10)

결국, 아우구스티누스가 앞으로 나아가지 못하게 만든 것은 그의 의지였다. 이 의지를 성인은 '악한 의지'(perversa voluntas)라고 칭한다. 여기서 '육욕'(libido)이 나오고, 이를 따르면서 '습관'(consuetudo)이 생기고, 이에 저항하지 못할 때 '필연'(necessitas)이 나온다. 이 사슬이 '모진 종살이'(dura servitus)를 형성한다. 습관은 아우구스티누스의 뜻과는 달리 그를 더욱 악착스러워지게 하였다.(『고백록』 8, 5, 11) 성인은 이러한 종살이를 가리켜 '속세의 무거운 짐에 마치 잠자듯 지그시 눌려 있는 상황'으로, 그리고 하느님에 대한 명상과 생각은 '잠을 깨려는 몸부림'으로 묘사한다. 그러나 위에서 언급했듯 여전히 새 의지가 옛 의지를 이기지 못하여 다시 잠에 잠겨 버린다. 이 모습을 로마서 7장 21~23절("여기에서 나는 법칙을 발견합니다. 내가 좋은 것을 하기를 바라는데도 악이 바로 내 곁에 있다는 것입니다. 나의 내적 인간은 하느님의 법을 두고 기뻐합니다. 그러나 내 지체 안에는 다른 법이 있어 내 이성의 법과 대결하고 있음을 나는 봅니다. 그 다른 법이 나를 내 지체 안에 있는 죄의 법에 사로잡히게 합니다.")에 기초하여 이렇게 표현한다.

"내 육체 안에 있는 법이 내 정신의 법에 항거하고, 지체에 있는 죄악의 법으로 나를 잡아 끌어가거늘 내적 인간에 따라 당신의 법을 즐긴다는 것이 헛된 것이었습니다."(『고백록』 8, 5, 12) 성인에 따르면, 이 죄악의 법(lex peccati)은 '습관의 폭력'(violentia consuetudinis)으로 아우구스티누스의 영혼을 암흑에 갇혀 있도록 만든다. 이 '습관의 폭력'을 극복하는 유일한 길은 로마서 7장 24~25절에서 말하듯("나는 과연 비참한 인간입니다. 누가 이 죽음에 빠진 몸에서 나를 구해 줄 수 있습니까? 우리 주 예수 그리스도를 통하여 나를 구해 주신 하느님께 감사드립니다"), 예수 그리스도를 통한 은총뿐이다.(『고백록』 8, 5, 12)

이 은총이 섭리의 두 사건을 통해 아우구스티누스에게 내려온다. 곧 폰티치아누스(Ponticianus)의 이야기와 "집어서 읽어라"(Tolle, lege)라는 목소리이다. 폰티치아누스는 아우구스티누스에게 다음의 것을 전해준다. 안토니우스(Antonius)의 생애, 이집트에 있는 많은 수도원, 밀라노 성벽 밖에 있으며 암브로시우스가 지도하는 수도원, 『안토니우스의 생애』를 읽고 약혼자들을 버리고 하느님께 온전히 자신들을 봉헌한 트레베레스의 두 군인 이야기 등이다.(『고백록』 8, 6, 13-7, 18)

이 이야기들은 아우구스티누스를 완전히 흔들어놓아 자신 안으로 들어가게 하였다. "깊은 상념이 내 그윽한 속으로부터 나의 비참을 들추어서 마음의 얼굴 앞에 쌓아놓자, 줄기찬 눈물의 소낙비 실은 대폭풍이 일어났다. (…) 나는 어느 무화과나무 밑에 주저앉아 버렸습니다. 어떻게 했는지는 알 수 없으나 그저 울음보를 터뜨려놓기가 무섭게 눈에선 강물이 콸콸 쏟아지는 것이었습니다. (…) 그때 말은 같지 않으나 대강 이런 뜻으로 당신께 연거푸 아뢰었습니다. '주여, 언제까지나? 언제까지나, 주여, 끝내 진노하시려나이까? 행여 우리 옛 죄악을 기억치 마옵소서.' 나는 그 죄들에 얽혀 있는 것만 같아 애처로운 목소리로 부르짖는 것이었습니다. '언제까지, 언제까지? 내일, 또 내일이오니까? 지금은 왜 아니랍니까? 어찌하여 내 더러움이 지

금 당장 끝나지 않나이까?"(『고백록』 8, 12, 28)

이 순간 한 목소리가 들려온다. "집어라, 읽어라. 집어라, 읽어라." 앞에 있는 성경을 들고 펴는 순간 정결을 권고하는 로마서 13장 13~14절의 말씀("대낮에 행동하듯이, 품위 있게 살아갑시다. 흥청대는 술잔치와 만취, 음탕과 방탕, 다툼과 시기 속에 살지 맙시다. 그 대신에 주 예수 그리스도를 입으십시오. 그리고 욕망을 채우려고 육신을 돌보는 일을 하지 마십시오.")이 첫눈에 들어온다.(『고백록』 8, 12, 29)[61] 아우구스티누스는 이 말씀을 자기 미래 삶의 모습으로 해석한다. 이로써 그의 마음에 확실함의 빛이 비쳐서 온갖 의심의 어두움을 흩뜨려 놓았다. "더 읽을 마음도 그럴 필요도 없었습니다. 이 말씀을 읽고 난 찰나, 내 마음엔 법열이 넘치고, 무명의 온갖 어두움이 스러져 버렸나이다."(『고백록』 8, 12, 29) '완전한 금욕'(continentia perfecta)을 선택하지 않을 이유도 사라졌다. "드디어 당신은 나를 당신께 돌아가게 해주셨으니 나는 아내도, 세속의 어떠한 욕망도 다시는 찾지 아니하고, 다만 당신께서 그 몇 해 전에 나를 들어 어미에게 보여주신 그 믿음의 법강에 꿋꿋이 서 있었습니다."(『고백록』 8, 12, 30)

이로써 아우구스티누스의 회심이 하느님의 분명한 부르심에 의해 이루어졌다. 미야타니(Y. Miyatani)에 따르면, 이 회심은 '(…)로부

---

[61] 코만은 "Tolle, lege"란 말이, 유스티누스와 힐라리우스의 회심처럼, 많은 부분 책을 통한 회심을 드러내지만 단순히 책을 통한 것만은 아님을 드러낸다고 본다: J. Coman, *Les facteurs de la conversion de St. Augustin et leurs implications spirituelles*, in AA.VV., *Congresso Internazionale su S. Agostino nel XVI Centenario della Conversione*, Atti I, Roma, 1987, p. 46.

터 등돌림'(aversio a)과 '(…)로의 돌아섬'(conversio ad)이라는 아우구스티누스의 정식으로 설명된다.62 또한, 이 회심을 통한 신앙은 '무언가를 찾음'에서 '누군가에 대한 응답'으로 아우구스티누스를 변화시켰다.63 이제 그는 더 이상 진리를 찾기 위해 노력하지 않고 발견한 진리에 따라 살도록 노력할 것이기 때문이다. 이러한 의미에서 그의 회심은 좁은 의미에서 그리스도교에로만 이루어진 것이 아니라 무엇보다 그리스도교적 완덕과 관상생활에로 이루어진 것이라고 할 수 있다. 그렇기에 쉬악카는 아우구스티누스의 회심에서 두 순간을 구분해야 한다고 믿는다. 곧 그리스도교를 받아들이는 순간과 그리스도교 완덕이라는 이상에 결합하는 순간이다.64

16. 카시치아쿰(Cassiciacum) 공동체65

여성이라는 마지막 세속적 매임에서 해방된 후, 아우구스티누스의 표현대로라면, 세속의 희망을 끊고 하느님만을 섬기도록 해줄 확

---

62 Y. Miyatani, *Theologia Conversionis in St. Augustine*, in AA.VV., *Congresso Internazionale su S. Agostino nel XVI Centenario della Conversione*(Roma, 15-20 settembre 1986), Atti I, Roma, 1987, pp. 49-60.
63 L. Alici, *Agostino fra Fede e Ricerca: La Conversione dell'Intelligenza*, in AA.VV., *Agostino e la Conversione Cristiana*, Palermo, 1987, p. 42.
64 M.F. Sciacca, *Sant'Agostino*, in *Grande Antologia Filosofica*, p. 256.
65 카시치아쿰에 대해서 참조: F. Meda, "La controversia sul Rus Cassiciacum", in AA.VV., *Miscellanea Agostiniana*, II, Roma, 1931, pp. 49-59.

실한 빛이 나타난66 후, 성인은 완전한 금욕의 삶을 걸어가게 된다. 다시 말하면, "더 이상 아내라든가 육신의 자식, 세상의 부나 명예 따위를 추구하지 않고, 이제 동료들과 함께 하느님을 섬기기로 작정"(포시디우스, 『아우구스티누스의 생애』 2, 1)하였다. 여기서 "하느님을 섬기다"(servire Deo)라는 표현이 수도생활을 일컫는 전형적인 표현임을 생각한다면, 아우구스티누스의 회개는 단순한 그리스도교 신자가 되는 것이 아닌 수도자가 된다는 것을 의미한다고 볼 수 있다.67 사실 간절히 기다리던 목표에 도달한 후에도 아우구스티누스는 만족하지 않았다. 그에게 있어 회심은 모든 회심자에게 해당하는 것처럼 도착점이며 출발점이었다. 그는 신앙에 도달하였지만, 그 내용을 심화시키고 싶어 했다. 그는 지혜에 대한 사랑 때문에 세속의 온갖 사슬을 끊어버렸지만, 그 지혜를 안고, 소유하며, 영속적으로 향유하는데 도달하기를 희망하고 있었다. 서술된 사건이 있은 지 얼마 후에 그 자신이 우리에게 당시 그의 마음가짐이 어떠하였는지를 전해준다. 행복에 관한 대화를 말리우스 테오도루스에게 헌정하면서 그는 자신의 내적 진보의 여정을 요약하여 서술하면서 이렇게 결론을 맺는다. "당신은 이제 내가 한 항구로 갔듯이 어떤 철학 안으로 항해하는 것을 보게 될 것이다. 하지만 이 항구 역시 매우 넓고, 그의 광대함도 전적으로 오류의 가능성을, 보다 작은 위험으로써도 불구하고 배제하지 않는다.

---

66 『고백록』 8, 7, 18.
67 Cf. M. Mellet, *L'itinéraire de l'idéal monastiques de saint Augustin*, Paris, 1934, p. 10; A.-G. Hamman, *En Afrique du Nord au temps de saint Augustin*, Paris, 1985, p. 216.

한편 나는 무엇보다 행복한 그 지역의 어느 부분으로 향해야만 하고 정박해야 하는지 알지 못한다. 사실 나에게 있어 영혼의 문제가 여전히 이리저리 흔들리고 동요하고 있다면 확실하게 무엇에 도달하였겠는가? 당신의 덕과 인간성, 영혼들 사이의 이해와 교제의 기반 위에서 나에게 손을 내밀어 달라고 당신에게 간청하는 것은 이 때문이다. (…) 만약 내가 이러한 호의를 얻는다면, 작은 노력으로 내가 생각하는 것처럼 이미 당신이 살고 있는 행복의 상태에 도달할 수 있을 것이라 나는 생각한다."(『행복한 삶』5)

같은 시기쯤 질서에 관한 대화에서 그는 자기 어머니에게 이렇게 말한다.(『질서론』2, 20, 52) "오 어머니, 무엇보다 당신께 우리의 바람들이 신앙 안에서 성취되는 역할을 맡깁니다. 당신의 기도를 통해 하느님께서는 나에게 진리에 도달하는 것 외에 다른 것을 앞에 두지 않고, 원하지 않고, 생각하지 않고, 사랑하지 않는 지향을 허락하실 것임을 확실하게 믿으며 확언합니다. 그리고 당신의 요청을 통해 우리가 당신의 공덕을 통해 열망하였던 그토록 큰 선에 도달할 것임을 나는 계속해서 믿습니다."

결국, 아우구스티누스는 자신 앞에 지성적이며 수덕적인 이중의 과제가 있음을 보았다. 두 가지가 신비주의의 영역을 향해 상승하는 노력 안에서 화해를 이루었다. 이러한 이중적 측면은 이제부터 계속해서 하느님의 섭리가 아우구스티누스의 삶에 새로운 방향을 주기 전까지 그의 생애 전반에 나타난다. 말하자면, 카시치아쿰, 밀라노, 로마, 타가스테에서 나타난다. 회심자의 참된 인격을 식별하기 위해 이러한 지성주의와 수덕주의의 행복한 동거 측면에서 그를 보는 것이 필요하다. 회심한 후 아우구스티누스는 세례받기까지 모니카, 아데오다투스, 나비기우스(Navigius), 라스티디아누스(Lastidianus), 루스티쿠스(Rusticus), 알리피우스(Alypius), 트리제시우스(Trygetius), 리첸시우스(Licentius) 등과 함께 카시치아쿰에서 지내게 된다. 카시치아쿰으로 간 이유에 대해『고백록』9, 5, 13은 다음과 같이 말한다. "포도 수확의 휴일이 끝난 다음, 나는 밀라노 사람들에게 기별을 해서 그 학생들을 위하여 다른 말 장사를 구하라고 했습니다. 당신을 섬기기로 작정을 했고 호흡이 곤란하고 가슴이 아프기도 하여 그 일을 감당할 수 없어서였습니다." 결국, 두 가지 이유이다. 하나는 건강상의 이유이다.『고백록』9, 2, 4에 따르면, "바로 그 여름, 학사에 과로한 탓으로 내 폐가 약해졌습니다. 심호흡이 어려워지고, 가슴이 뻐근한 것으로 보아 필시 병든 것만 같고, 맑은 목청을 길게 뽑기에도 힘이 들었습니다." 하지만 보다 중요한 이유는 하느님을 섬기기 위한 것이었다. 포시디우스 역시 같은 이유를 들고 있다. "그는 수사학을 배우던 학생들에게, 자신은 하느님을 섬기겠노라 작정했으니 다른 선생을 찾아보라고 일러주었다."(『아우구스티누스의 생애』2, 4) 하느님의 종(servus Dei)이 되겠다는 아우구스티누스의 결심은 카시치아쿰에서 저술된『독백』1, 1, 5에서도 다음과 같이 잘 나타난다. "이제 당신만을 사랑합니다. 당신만을 따르렵니다. 당신만을 찾으렵니다. 당신만을 섬기기 위해 제 자신을 쓰렵니다. 당신만이 정의롭게 다스리기 때문입니다. 그렇기에 저는 당신의 소유물이 되고 싶습니다."

여기서 아우구스티누스는 영원한 것을 사랑하기 위해 세상의 것을 포기해야 하고, 이는 곧 하느님께 자기 자신을 온전히 봉헌하는 것임을 강조하고 있다. 이러한 그의 결심은 카시치아쿰 공동체의 삶에서 잘 드러난다. 성인은 카시치아쿰의 삶을 '그리스도인 삶의 고요함'(christianae vitae otium)으로 묘사한다.(『재론고』1, 1, 1) 『고백록』9, 4, 7에 따르면, "그곳에서 내가 무엇을 했는지는 −즉 당신을 섬긴답시고 때로는 선비의 오기가 풍기는 글을 쓴 것은− 친구들과의 대답 아니면 당신 앞에서의 혼잣말을 적은 책이, 그리고 멀리 있던 네브리디우스와의 서간들이 증명해주나이다."

이 증언은 아우구스티누스가 카시치아쿰에서 저술 활동을 하였음을 알려준다. 이는, "여기서 우리는 유익하다고 생각했던 주제들을 함께 토론하였습니다."라고 『질서론』1, 2, 5에서 언급하듯, 그가 동반자들과 함께 철학을 연구하고 토론하였음을 보여준다. 사실 그는 11월 초에 카시치아쿰으로 가자마자, 즉 11월 9일과 10일 사이에 동반자들과 함께 철학 논쟁을 시작하였다. 11월 한 달 동안 확실성·행복·악이라는 세 가지 주요 주제에 대해 15번의 토론 자리가 만들어졌다. 또한, 아우구스티누스는 자기 자신과 정화의 필요성과 영혼의 불멸성에 대해 토론하기도 하였다. 여기서 『아카데미아 학파 반박』, 『행복한 삶』, 『질서론』, 『독백』과 같은 네 작품이 나온다. 하지만 아우구스티누스와 그의 동반자들이 단순히 철학만을 토론한 것은 아니다. 『고백록』9, 4, 8-11이 증언하듯, 시편 읽기와 묵상을 통해 하느님께 바치는 열렬한 기도가 동반되었다.

이러한 카시치아쿰의 생활에서 우리는 다음의 것을 발견한다. 아우구스티누스는 신앙에 따라 하느님을 향유하기 위한 추구를 철학적 관심과 연결하였는데, 이는 종교적 삶의 진보가 도덕적 그리고 지성

적 수덕을 통해 발전한다고 생각하였기 때문이다.68

17. 오스티아(Ostia)의 환시(visio)

387년 4월 24~25일 부활성야 때 아우구스티누스는 알리피우스와 아데오다투스와 함께 암브로시우스로부터 세례를 받는다.(『고백록』 9, 6, 14) 성인은 세례를 받은 후의 결심을 다음과 같이 고백한다. "우리는 다 같이 당신의 거룩한 뜻에 살기로 하였습니다. 그리하여 당신을 섬기기에 가장 적당한 곳을 찾다가 함께 아프리카로 돌아오는 것이었습니다."(『고백록』 9, 8, 17) 아마도 이 결정에는 이제 자신의 사명을 마치고 자신의 언덕들로 돌아가 그 사명이 시작되었고, 남편인 파트리치우스(Patricius)가 영면하고 있는 곳에서 생을 마감하기를 바라던 모니카의 원의가 큰 역할을 하였을 것이다. 하지만 이러한 타당한 원의가 없다고 해도, 타가스테가 보다 나은 해결책으로 나타났을 것이다. 타가스테는 비옥한 평야와 사람이 사는 많은 저택을 통해 (그녀가) 바라던 모든 조건을 충족하였다. 또한, 큰 중심부에서는 멀리 떨어져 있지만 큰 교통망으로 가까운 곳이었다. 하지만 아우구스티누스가 여행하기를 원하였던 것은 아니었다. 묵상하고 기도하는데 필요불가결한 고요함 외에도 많은 책과 저술에 필요한 많은 재료가 필

---

68 Cf. L.F. Pizzolato, "L'itinerario spirituale di Agostino a Milano", in AA.VV., *Agostino a Milano: Il Battesimo*, Palermo, 1988, pp. 38-39.

요하였다. 그럼에도 불구하고 그곳에는 아버지로부터 물려받은 약간의 유산이 있었고 이 유산 중 하나인 시골의 저택이 사실 아프리카의 첫 번째 공주생활(共住生活) 수도자 공동체가 머문 첫 거주지였다.

세례를 받은 지 몇 달 후 여름이 끝나기 전, 더욱이 9월이 시작되기 전 그들은 귀국을 위한 여행을 시작하였다. 왜냐하면, 9월 8일에 황위찬탈자 막시무스(Maximus, 383-388)가 밀라노에 있었기 때문이다. 이번에 아우구스티누스는 국가가 비용을 부담하는 '국가 교통기관 사용허가장'(evectio publica)을 지니지 않았기 때문에, 자신이 비용을 부담하여 덜 호화롭고 다소 피곤하게 여행하였다. 여행은 20일가량 지속되었고, 아마도 여정은 밀라노에 갈 때와 같았을 것이다. 곧 에밀리아 가도(via Emiliana), 플라미니아 가도(via Flaminia), 푸를로 협곡(passo del Furlo), 로마, 오스티아 티베리아나(Ostia Tiberiana)였다.

오스티아에서 아프리카로 가는 배를 기다리던 중 모니카가 사망한다.(『고백록』 9, 8, 17) 그녀가 사망하기 전 아우구스티누스는 그녀와 함께 이른바 '오스티아의 환시'를 체험한다. 이는 『고백록』 9권 10장에 나타난다. 이 환시는 많은 학자 간에 논란거리로 등장하였다. 관건은 실제로 이 환시가 있었는가 아닌가 하는 것이다.

헨드릭스(Hendrikx)와 카발레라(Cavallera)는 지성적 단계의 것이라 주장하는 반면, 앙리(Henry)는 참된 신비적 황홀경이라 주장한다.[69] 또

---

69 E. Hendrikx, *Augustins Verhältnis zur Mystik, eine patristische Untersuchung*, Würzburg, 1936, pp. 132-149; F. Cavallera, "La contemplation d'Ostie", in *Revue d'ascétique et de mystique* 20(1939), pp. 181-196; P. Henry, *La vision d'Ostie, sa place dans la vie et l'oeuvre de saint Augustin*, Paris, 1938.

한, 앙리는 오스티아 환시 이야기의 줄기가 플로티누스의 두 논문, 즉 『미에 대해』(De pulchro; 엔네아데 I, 6)와 『세 주요 위격에 관해』(엔네아데 V, 1)로 구성되어 있다고 주장한다.[70] 쿠르셀 역시 이에 동의하면서 『고백록』7, 17, 23에 나타난 이른바 밀라노 환시 혹은 체험을 묘사하는 단어나 문장들이 오스티아의 환시 묘사에도 나타나는 것에 관심을 갖는다.[71] 그의 분석에 따르면, 출발점은 항상 '단계적으로'(gradatim), 곧 지상적 실재에 대한 관찰에서 천상적 실재로의 관찰이다.

오스티아 환시 - "우리는 단계적으로 모든 육적 실재들 그리고 그리로부터 해와 달과 별들이 지상으로 빛을 보내는 하늘 자체를 두루 다니게 되었습니다."

밀라노 환시 - "나는 한 걸음 한 걸음씩(gradatim) 물체에서부터 육체를 통하여 감각하는 혼으로, 또 그로부터 육체의 감각이 밖의 것을 알리게 하는 내적 힘으로 나아가고 (…)"

이 단계적 고찰에 동반하는 것이 하느님의 작품들(업적들)에 대한 찬탄이다.

오스티아 환시 - "당신의 성업을 찬탄하면서"(mirando opera tua)

밀라노 환시 - "당신의 보이지 않는 완전함이 당신 창조물들을 통하여 보이게 되었나이다."라는 로마 1, 20의 인용.

---

70 P. Henry, *La vision d'Ostie, sa place dans la vie et l'oeuvre de saint Augustin*, pp. 15-26.
71 P. Courcelle, *Recherches sur les Confessions de S. Augustin*, pp. 222-224.

오스티아 환시와 밀라노 환시 모두 상승(ascensio)은 내면적이다.

오스티아 환시 - "여기에 우리는 내적으로 상승하였습니다."(adhuc ascendebamus interius)

밀라노 환시 - "내적 힘으로 나아가고"(atque inde ad interiorem vim)

고찰은 인간 지성까지 이르고, 신적인 것에 도달하기 위해 그것을 넘어선다.

오스티아 환시 - "우리 정신에 이르렀고 (…)에 다다르고자 그것을 넘어섰습니다." (venimus in mentes nostras et transcendimus eas, ut attingeremus (…))

밀라노 환시 - "당신의 지성까지 올라갔습니다. (…) 발견하고 싶어서였습니다."(erexit se ad intelligentiam suam (…) ut inveniret)

쿠르셀에 따르면, "우리가 지혜에 대해 말하고 그에 몹시 애타하는 동안, 온 마음의 일격으로(최민순 역: 한 마음을 몰아쳐) 그것을 조금 만졌습니다.(최민순역: 약간 그에 부딪치게 되었습니다)"라는 부분에서 "온 마음의 일격으로"(toto ictu cordis)라는 표현이 주체의 상승 혹은 도약을 표현하지 않는다. 이에 반해 밀라노 환시의 "무서워 벌벌 떠는 환시의 일격에서"(in ictu trepidantis aspectus)라는 표현은 플로티누스에게서 나타나는 것처럼 '받은 충격'을 의미한다고 생각한다. 또한, 오스티아 환시의 '한숨을 길게 내뿜다.'에 대해 앙리는 "하느님의 행동 하에서 떨고 있는 영혼의 상태"를 의미한다고 본 반면,[72] 쿠르셀은 "불

---

[72] P. Henry, *La vision d'Ostie, sa place dans la vie et l'oeuvre de saint Augustin*, p. 46.

완전하게 충족된 원의"를 드러낸다고 본다. 그리고 "영의 첫 열매를 거기에다 남겨두었습니다."(reliquimus ibi religatas primitias spiritus)라는 표현은 플로티누스의 말을 성서적 문체로 바꿔놓은 것이라 보면서, 아우구스티누스 자신의 가장 높은 부분이 순식간에 지성에 맞닿은 것을 의미한다고 본다. 그에 따르면, 이 부분은 밀라노 환시의 "오히려 약한 탓으로 눈만 부시어, 나는 애초로 돌아와 다만 흐릿한 기억을 되새길 뿐, 먹으려도 아직 먹지 못하는 음식의 냄새를 맡는 것과 같았습니다."라는 것에 상응하는 것이다.

여기서 "영의 첫 열매"(primitias spiritus)라는 표현은 무엇을 의미하는 것인가? 페팽(Pépin)은 학자들의 의견을 다음과 같이 네 가지로 요약한다.73 ① 성령의 첫 선물,74 ② 주님께 희생물로 봉헌한 인간 영의 첫 산물,75 ③ 인간 영에게 주어진 선한 선물,76 ④ 영의 상위 부분인 정신(mens)이다.77 이 네 해석 모두 받아들일 수 없다고 본다. 각기 간

---

73 J. Pépin, «*Primitiae spiritus*». Remarques sur une citation paulienne des «*Confessions*» de saint Augustin, in Revue de l'histoire des religions 140(1951), p. 156. Cf. A. Solignac, *Primitiae spiritus*, in Bibliothèque Augustinienne 14, pp. 552-555, nota 11.
74 P. De Labriolle, *Saint Augustin. Confessions*, II, Paris, 1954, p. 229; P. Platz, *Der Römerbrief in der Gnadenlehre Augustins*, Würzburg, 1938, p. 184, n. 3.
75 Von Raumer, *S. Augustini Confessionum*, Gütersloh, 1876, p. 232, n. 3; W. Watts, *Saint Augustine: Confessions*, ≪Loeb Classicale Library≫ 27, London, 1942, p. 49; A.C. Vega, *Las Confesiones*, in *Obras de San Agustín*, 2, Madrid, 1968, p. 687.
76 C. Butler, *Western mysticism. The teaching of SS Augustine, Gregory and Bernard on contemplation and the contemplative life*, London, Bombay, Sydney, 1922, p. 44.
77 P. Henry, *La vision d'Ostie, sa place dans la vie et l'œuvre de saint Augustin*, pp. 38-39. 이 번역은 다음의 저자에게서도 나타난다: F. Cayré, *La contemplation augustinienne. Principes de la spiritualité de Saint Augustin*, Paris, 1927, p. 211. "la cime de notre âme"; C. Boyer, *La contemplation d'Ostie, in Essais sur la doctrine de saint Augustin*, p. 274. "les prémices de l'esprit". 앙리의 해석을 다음의 학자들이 받아들인다: M. Pontet,

과하고 있는 것이 있기 때문이다. 그럼에도 불구하고 네 번째 해석이 아우구스티누스가 드러내고자 한 것에 가장 근접한다고 본다. 아우구스티누스는 바오로의 이 표현을 두고 세례받지 않은 사람들의 정신보다는 하느님의 자녀가 된 이들의 정신, 곧 세례를 통해 쇄신된 정신 혹은 신앙을 통해 하느님께 일치된 정신이라는 의미를 의도한 것으로 보인다.78

만약 오스티아 환시가 밀라노 체험을 하나씩 하나씩 재현하는 것이라면, 오스티아 환시가 고요한 행복을 낳았다는 것이 어디에서 오는 것인가 하는 질문을 던지게 된다. 여기서 모니카의 존재가 아우구스티누스에게 고요함의 감정을 유지해주었다는 것을 잊어서는 안 된다. 또한, 그가 그리스도교적 수덕주의로 회심하였다는 것도 생각해야 한다. 더 나아가 "그러기 우리는 이렇게 말하였습니다."라고 시작하여 모니카의 유언까지의 부분에서 주어가 '우리'에서 '나'로 바뀌고 있음을 볼 수 있다. 여기에서 '우리'가 주어로 사용된 부분은 플로티누스적 표현임을 보여준다고 쿠르셀은 믿는다. 비록 오스티아 체험의 구도는 플로티누스주의적으로 만들어졌지만, 용어는 순수하게 그리스도교적이라 할 수 있다.

L'exégèse de S. Augustin Prédicateur, Paris, 1946, p. 525, n. 38; P. Courcelle, *Recherches sur les Confessions de Saint Augustin*, p. 224, n. 3; E. TeSelle, *Augustine the Theologian*, pp. 162-163; F. Cavallera, *La contemplation d'Ostie*, in *Revue d'ascétique et de mystique* 20(1939), p. 191, n. 18.
78 참조: 『일부 로마서 해설』45 [53].

18. 타가스테(Tagaste) 공동체

(아우구스티누스는) 387년 11월부터 이듬해 8월까지 10개월간 로마에 체류한다. 로마로 돌아간 이유는 어떤 것인가? 항해길의 연례적인 폐쇄 때문인지, 아니면 수도 로마의 생활을 알고자 했기 때문인지, 혹은 이탈리아에 막시무스의 군대가 주둔하고 있었기 때문인지 원천들은 정보에 인색하다.

이 시기에 그는 로마의 여러 수도원을 방문하면서 수도생활에 관심을 보였다.(『가톨릭교회의 관습과 마니교도의 관습』 1, 33, 70) 현명한 조직화와 사랑의 정신이 그를 사로잡았던 수도원들에 대해 그는 다음과 같이 적고 있다. "나는 로마에서도 많은 수도원들을 알게 되었는데, 각 수도원에서는 위엄과 현명 그리고 신적 지식이 풍부한 한 사람이 통괄하고 있고, 반면 그와 함께 거주하는 다른 이들은 사랑 안에서, 성덕 안에서 그리스도인의 자유 안에서 살고 있다. (…) 그리고 이것은 남성들뿐 아니라 여성들 사이에서도 그러하다."(『가톨릭교회의 관습과 마니교도의 관습』 1, 33, 70) 또한, 그는 '영혼의 위대함'에 관한 책을 저술하면서 영적 사상을 그리고 '자유의지'에 관한 위대한 작품을 시작하면서 철학적 사상을 심화시켰다.[79] 그 후 388년 9월 고향 타가스테로 돌아와 친구들과 함께 공동체 생활을 시작한다.[80]

---

79 『재론고』 1, 7, 1-9, 6.
80 Cf. O. Perler, *Les voyages de saint Augustin*(Paris: Études Augustiniennes, 1969), pp.145-151.

여기서 우리는 새로운 문제에 직면한다. 타가스테 공동체의 삶은 카시치아쿰 공동체 삶의 연장선인가? 아니면 새로운 삶인가? 만약 연장선이라면 어떻게 발전되었는가? 만약 새로운 삶이라면 우리는 타가스테 공동체를 어떻게 정의할 수 있는가?

성인은 세례를 받은 후의 결심을 다음과 같이 고백한다. "당신께서는 한 집에 한마음으로 살게 하셨나이다. (…) 우리는 다 같이 함께 있었습니다. 다 같이 당신의 거룩한 뜻에 살기로 하였습니다. 그리하여 당신을 섬기기에 가장 적당한 곳을 찾다가 함께 아프리카로 돌아오는 것이었습니다."(『고백록』 9, 8, 17) 또한, 포시디우스의 증언에 따르면, "(세례의) 은총을 받은 후에 자신처럼 하느님을 섬기는 데 뜻을 함께 하는 고향 사람들과 친구들과 함께 아프리카로, 자신의 집과 전원으로 돌아가기로 결심하였다. 거기에 도착한 후, 약 삼 년간 머물면서 온갖 세속적 관심사들을 떨쳐 버리고 단식과 기도와 선행을 하면서 하느님을 섬기는 데 있어서 뜻을 같이한 친구들과 하나가 되었으며, 밤낮으로 주님의 법을 묵상하였다. 그분은 묵상하고 기도하는 동안 하느님께서 깨닫게 해 주신 것들을 말씀과 저술로써 함께 있는 이들에게 그리고 멀리 있는 이들에게 가르쳐 주었다."(『아우구스티누스의 생애』 3, 1–2)

위의 증언들을 통해 우리는 다음의 사실을 알 수 있다. 우선, 이 공동체는 구성원 모두가 친구로 이루어져 있다. 또한, 이 공동체의 삶은 청빈, 공동생활, 금욕주의, 공부, 사도직을 통해 하느님을 위해 사는 것(vivere Deo)으로 이루어져 있다. 이 삶은 하느님과 인간에 대한 봉사에 온전히 투신하는 것이기에 제2의 카시치아쿰이 될 수 없다. 오히려 새로운 결단과 방향을 보여준다. 여기서 특기할만한 것은, 일부 학자들이 타가스테 공동체를 철학적 사색을 위한 장소로 이해할 정도로[81] 지적 노동에 대해 강조하는 점이다.[82] 이러한 것들을 통해 우리는 다음과 같이 결론을 내릴 수 있다. 몽소(Monceaux)가 지적하듯, 타가스테 공동체는 아프리카에 처음으로 세워진 수도원으로[83] 세 가지 주요 요소로 이루어진 공동체이다. 즉 사도행전 4장 32~35절에서 말하는 초대 예루살렘 공동체의 기억을 담은 이상적 요소, 이탈리아에서 성인이 방문한 수도원들에 대한 기억을 담은 실재적 요소 그리고 수덕생활의 이상에 철학 연구를 동반한 학문적 피정이라는 이상을 결합한 개인적 요소 등이다.[84]

하느님과 인간에 대한 봉사라는 타가스테 공동체의 삶은 당시 아우구스티누스가 쓴 『서한』 10에[85] 나오는 '고요함 안에서 하느님처

81　G. Folliet, "Aux origines de l'ascétisme et du cénobitisme africain", in AA.VV., *S. Martin et son temps: Mémorial du 16e centenaire des débuts du monachisme en Gaule, 361-1961*(Roma: Pontificium Institutum S. Anselmi, 1961), p. 38; R.J. Halliburton, "The inclination to retirement - the retreat of Cassiciacum and the 'Monastery' of Tagaste", *Studia Patristica* 5(1962), p. 339; L.J. Van der Lof, "The threefold meaning of Servi Dei in the writings of Saint Augustine", *Augustinian Studies* 12(1981), pp. 54-56.
82　F. Van der Meer, *Saint Augustin. Pasteur d'âmes*, I (Paris: Editions Alsatia, 1955), p. 324.
83　Cf. A. Zumkeller, *Das Mönchtum des heiligen Augustinus*(Würzburg: Augustinus-Verlag, 1968), pp. 56-68; M. Mellet, *L'itinéraire de l'idéal monastiques de saint Augustin*, pp. 19-29; G. Lawless, "Augustine's first monastery: Thagaste or Hippo?", *Augustinianum* 25(1985), pp. 65-78.
84　P. Monceaux, "Saint Augustin et saint Antoine. Contribution l'histoire du monachisme", in AA.VV., *Miscellanea Agostiniana*, II, p. 71.
85　「서한」 10은 아우구스티누스와 네브리디우스가 387년부터 391년까지 서로 주고받은 12개의 편지 중의 하나이다.

럼 된다.'(deificari in otio)라는 표현으로 압축된다. 이 표현의 해석은 많은 논란을 불러일으켰는데, 해석 여하에 따라 성인이 당시 갖고 있던 이상이 철학적 개념에 머물렀는지, 아니면 그리스도교적 완덕을 추구했는지 큰 편차를 보인다.

우선 '하느님처럼 된다.'(deificari)라는 표현부터 고찰해 보도록 하자. 이 개념은 플라톤주의와 중기 플라톤주의의 가르침에 나타나는 것으로 덕행을 통해 신과 유사해지는 것을 가리킨다.[86] 또한 『서한』 10에서 이 단어가 하느님의 은총에 의해 이루어지는 의화나 신화와 같이 그리스도교 신비를 표현하는 그리스도교적 용어가 아닌 철학적 언어로 나타나는 것도 사실이다.[87] 그리고 아우구스티누스가 이 용어를 성서보다는 그리스 철학에서 가져왔다고도 볼 수 있다.[88]

그렇지만 『서한』 10에서 아우구스티누스가 이 용어를 단순히 그리스 철학적 의미로만 사용하였다고 볼 수 없다. 무엇보다 성인이 카시치아쿰 공동체에서부터 시편을 읽었다는 것에서 시작할 수 있다. 다름이 아니라 "너희는 신이며 모두 지극히 높으신 분의 아들이다."라는 시편 82, 6의 말씀을 알고 있었을 가능성이다. 또 하나는 바오로 서간을 읽으면서 신화가 인간의 능력이 아닌 하느님의 도우심으로 이루어진다는 것을 발견했을 가능성이다. 바오로 서간을 읽으면서

---

86 G. Reale, *Storia della filosofia antica*, V, Milano: Vita e Pensiero, 1996³, p. 68.
87 Cf. R.J. Teske, "Augustine's Epistula X: Another look at Deificari in otio", *Augustinianum* 32(1992), p. 296.
88 Cf. G. Folliet, "Deificari in otio. Augustin, Epistola 10,2", *Recherches Augustiniennes* 2(1962), pp. 233-236; G. Bonner, "Augustine's conception of deification", *Journal of Theological Studies* 37(1986), p. 371.

육화하신 그리스도의 형언할 수 없는 신비, 곧 하느님과 인간 사이의 유일한 중개자, 보편적인 구세주요 하느님을 향해 우리가 올라가는 데 필요한 은총의 샘이심을 깨달았다고 아우구스티누스가 『고백록』 7, 18, 24 ; 21, 27 등에서 언급하는 것을 간과해서는 안 된다. 또한, 우리는 카시치아쿰에서 저술된 작품 안에서 그리스도의 육화와 교회의 권위에 연결된 은총에 대한 일련의 표현을 발견한다.[89] 무엇보다 『독백』(Soliloquia) 1, 1, 3에서 아우구스티누스는 하느님을 찾는 이에게 주어지는 그분의 도우심을 고백하면서, 성령이 선물임을 다음과 같이 강조한다. "우리가 완전한 죽음의 노예가 되지 않기 위하여 받은 하느님이여"(Deus quem accepimus ne omnino periremus)[90] 또한 『독백』 1, 1, 3은 성령께 회개, 정화, 쇄신 그리고 부활의 영원한 상급을 준비시키시는 역할을 부여한다. "오 하느님, 당신은 우리를 당신께로 향하게 하십니다. 오 하느님, 당신은 우리에게 없는 것을 벗겨 주시고 있는 것으로 입혀주십니다. (…) 오 하느님, 당신은 우리를 길로 불러 주십니다. 오 하느님, 당신께서는 우리를 문으로 인도하여 주십니다. (…) 오 하느님 당신은 우리를 씻어 주사, 당신의 상을 받기에 합당한

---

89 Cf. R. Holte, *Béatitude et Sagesse. Saint Augustin et le problème de la fin de l'homme dans la philosophie ancienne*, Paris: Études Augustiniennes, 1962, p. 318.

90 치프리아니는 'quem accepimus'라는 표현이, 성령은 신자들이 그리스도로부터 받는 선물이라는 점을 분명히 드러낸다고 설명한다. 또한 뒤 루와는 'ne omnino periremus'라는 표현을 통해 성령의 역할이 피조물로 하여금 무(無)로 돌아가지 않도록 하는 것임을 드러낸다고 해석한다: N. Cipriani, "Le fonti cristiane della dottrina trinitaria nei primi dialoghi di S. Agostino", *Augustinianum* 34(1994), p. 291; O. du Roy, *L'intelligence de la foi en la Trinité selon saint Augustin. Genèse de sa théologie trinitaire jusqu'en 391*, Paris: Études Augustiniennes, 1966, p. 201, n. 6.

자 되게 하여 주십시오." 이러한 성령을 통한 쇄신 및 새로운 창조 때문에 아우구스티누스는 "오 하느님, 당신께 믿음은 우리를 자극하며, 당신께 희망이 솟아오르며, 사랑은 당신께 일치시킵니다."라고 고백한다.(『독백』 1, 1, 3. "Deus cui nos fides excitat, spes erigit, caritas iungit")

성령을 통해 이루어지는 새 창조, 새로운 탄생이라는 측면은 『가톨릭교회의 관습과 마니교도의 관습』(De moribus Ecclesiae Catholicae et de moribus Manichaeorum)에서 그리스도교 용어로, 특별히 바오로의 표현으로 묘사된다. 이에 따르면, 인간의 쇄신이 교회적 그리고 성사적 측면에서 이루어진다. 즉 새로운 인간에로의 쇄신은 세례성사를 통해 시작된다.(『가톨릭교회의 관습과 마니교도의 관습』 1, 35, 80. "Et illo sacrosancto lavacro inchoatur innovatio novi hominis") 이는 다름이 아니라, 성화는 성령을 통해 이루어진다는 것이다. 성령께서 우리 마음 안에 부어 넣어준 사랑이 우리를 하느님께 일치시키고 그분과 비슷하게 만든다. 또한, 사랑은 하느님의 지혜이신 성자에게로 우리를 이끌고, 그분을 통해 하느님 아버지를 알게 한다. 이로써 우리는 세상 것들과 분리되고 더 이상 그것들과 혼합되지 않는다.(『가톨릭교회의 관습과 마니교도의 관습』 1, 13, 23 ; 13, 22 ; 17, 31 ; 35, 78 ; 35, 80)

이 모든 것은 '하느님처럼 된다.'(deificari)라는 표현이 단순히 플라톤 사상의 모방이나 재현이 아님을 분명히 보여준다. 오히려, 바오로의 사상처럼, 하느님의 은총을 통해 이루어진다. 이는 문제의 표현이 수동태라는 사실에서 더욱 잘 드러난다. 폴리에(Folliet)는 이 표현을 재귀형으로 해석했기 때문에, 아우구스티누스가 아직 그리스도의 은총이 충만함을 다 이해하지 못했고, 따라서 플라톤주의자들이 말하는 것처럼 자신의 노력으로 또 덕행의 삶으로 신과 유사하게 되는 것이 가능했다고 이해했다.[91] 하지만 망두즈(Mandouze)에 따르면, 이 표현을 재귀형으로 해석해야 할 이유가 전혀 없고, 오히려 테스케(Teske)가 주장하는 것처럼 "신학적 수동형"(theological passive)으로 이해해야 한다.[92]

이제 '고요함 안에서'(in otio)라는 표현에 대해 살펴보자. '고요함'(otium)이란 단어는 철학적, 문학적 영역 등 다양하게 사용되었다. 그리스-로마 문화권에서 이 단어는 두 측면으로 나타나는 삶의 이상을 표현한다. 즉 온갖 종류의 손노동과 공공 생활에서 벗어나는 것 그리고 관상 생활, 고요함, 철학에 헌신해야 할 필요성을 가리켰다.[93] 로마 공화국 시절에 이 단어는 공공 생활, 특별히 정치 활동을 하던 귀족들이 자유 시간뿐 아니라 정치적 활동을 중지하는 것을 의미하기도 하였다.[94]

이러한 철학적, 정치적 배경을 갖고 있는 단어를 아우구스티누스는 긍정적 의미, 곧 성서 공부와 관상에 필요 불가결한 요소로 제시한다. 하지만 문제는 아우구스티누스가 『서한』 10을 작성할 당시 '고요함'이라는 단어를 어떤 의미로 이해하고 사용하였는가에 있다. 폴

---

91 G. Folliet, "Deificari in otio. Augustin, Epistola 10,2", pp. 226-236.
92 A. Mandouze, *Saint Augustin. L'aventure de la raison et de la grâce*, p. 208, n. 1; R.J. Teske, "Augustine's Epistula X: Another look at Deificari in otio", p. 296.
93 Cf. A. Lipari, "Ozio", in *Dizionario Enciclopedico di Spiritualità*, 2(Roma, 1990), p. 1798.
94 Cf. D. Trout, "Otium", in *Augustine through the Ages. An Encyclopedia*, Michigan: Eerdmans, 1999, p. 618; E. Francesco, "Ozio", in *Enciclopedia Cattolica*, IX, Citt del Vaticano, 1952, p. 492.

리에(Folliet)는 테스타르(Testard)의 노선을 따라[95] '고요함'을 철학자의 고요함으로, 곧 386년 밀라노의 수사학 선생으로 추구했던 것으로 같은 해 11월 카시치아쿰에서 실현한 고요함으로 이해한다.[96] 하지만 아우구스티누스가 카시치아쿰의 삶을 '그리스도인 삶의 고요함'(christiane vitae otium)으로 묘사하고 있음을 잊어서는 안 된다.(『재론고』1, 1, 1) 또한, 네브리디우스가 보낸 서한에서 하느님을 섬기는 것(servire Deo) 혹은 하느님을 위해 사는 것(vivere Deo)이 하느님을 사랑하고 그분과 일치하는 것으로만 이루어진다는 것도 잊어서는 안 된다.(『서한』5) 결국, 이 모든 것은 고요함(otium)의 의미를 단순히 철학적 의미가 아닌 하느님을 섬기겠다는 아우구스티누스의 결심에서 이해해야 한다는 것을 분명히 말해준다. 망두즈가 지적하듯, 이 결심이 단순히 개인적인 차원이 아닌 다른 이들과 공동체를 이루어 함께 수행해나간다는 차원에서 고요함이란 단어의 의미는 수도공동체의 영역에서 이해해야 한다.[97]

이 바탕 위에서 다시 『서한』 10으로 돌아가자. 아우구스티누스를 카르타고 근처 시골집에 초대하고자 하는 네브리디우스에 대한 대답으로 시작하는 『서한』 10에서 성인은 다음과 같은 어려움을 지적한다. 먼저 네브리디우스가 타가스테 공동체에 오는 것이 가장 적합하지만, 그의 어머니가 이를 허락하지 않을 것이기에, 유일한 해결책은

---

[95] Cf. M. Testard, *Saint Augustin et Cicéron*, I, Paris: Études Augustiniennes, 1958, pp. 98–99.
[96] G. Folliet, "Aux origines de l'ascétisme et du cénobitisme africain", p. 37.
[97] A. Mandouze, *Saint Augustin. L'aventure de la raison et de la grâce*, p. 209.

아우구스티누스가 직접 네브리디우스에게 가는 것이다. 하지만 성인에 따르면, 문제는 공동체 구성원 중 일부가 그와 함께 갈 수 없으며, 그들을 버려두는 것 또한 옳지 않다는 것이다. 정신 안에서 달콤하게 살 수 있는 네브리디우스와는 달리, 그들이 어떤 것을 함께 하기 위해서는 매우 큰 노력이 필요하였다. 또한, 아우구스티누스가 자주 네브리디우스에게 가서 그와 함께 머물다 돌아와서 다른 이들과 함께 하는 것도 불가능하다. 성인에 따르면, 이것은 함께 사는 것도 아니고, 삶의 계획(sentential)에 따르는 것도 아니기 때문이다. 그리고 타가스테와 카르타고 사이의 거리도 짧지 않고 성인의 건강 역시 약하기에 자주 긴 여행을 하면서 쌓이는 피로(negotium)는 원하는 고요함(otium)을 추구할 수 없다는 것을 의미한다고 아우구스티누스는 주장한다.(『서한』 10, 1)

여기서 우리는 아우구스티누스의 원의를 발견한다. 성인은 negotium을 피하고 otium을 추구하면서 sententia에 따라 살고자 한다. 이는 네브리디우스에 대한 평가와 연결된다. '고요함' 안에 있다는 것은 정신 안에서 달콤하게 산다(apud tuam mentem suaviter habitare)는 것이고, 진리는 인간의 내면에 살아있기에(『참된 종교』 39, 72. "In interiore homine habitat veritas") 아우구스티누스가 이미 카시치아쿰에서 자신의 동료들에게 요구한 자기 자신으로 돌아감이요(『질서론』 1, 3, 6. "apud sese habitare consuefacerent animum"), 인간의 내면에 현존하시는 하느님을 찾으라는 초대이다.

계속해서 서한은 '고요함'을 아무것도 두려워하지 않도록(nihil temere) 지나가는 것들에 대한 번민에서 벗어남(secessio a tumultu rerum labentium)으로 표현한다. 즉 완고함, 대담함, 헛된 영광의 추구, 미신적 관념으로부터 영향을 받지 않아서 아무것도 두려워하지 않기 위해 이 세상의 지나가는 것들에 대한 혼란에서 벗어나는 것을 의미한다. 이러한 상태에서 영혼은 그 어떤 것과도 비교할 수 없는 큰 기쁨을 얻는다.(『서한』 10, 2) 이러한 삶의 형태를 성인은 '안전함'(securitas)으로 표현하는데, 정신의 내면에서 하느님을 흠숭하기 때문이다.(『서한』 10, 3)

결국, 성인이 생각하는 '고요함'은 오직 하느님께만 영혼이 일치되어 있을 때 가능하다. 이 정의는 『서한』 10과 같은 시기에 저술된 『참된 종교』 35, 65에도 다음과 같이 나타난다. "고요함은 사랑하느라 번민하지 않을 수 없는 사물들을 사랑하지 않는 것이다."(Non diligat quae diligi sine labore non possunt) 고요함의 그리스도교적 특성을 드러내는 이 정의는 『자유의지론』 1, 4, 10에 나타난 '그릇된 욕망'(libido)이라는 단어의 다음과 같은 정의를 연상시킨다. "누구든지 원하지 않아도 잃어버릴 수밖에 없는 것들에 대한 사랑이다."(Quam esse iam apparet earum rerum amorem, quas potest quisque invitus amittere") 사랑하느라 번민하는 사물이나 원하지 않아도 잃어버릴 수밖에 없는 것들은 영원한 것이 아닌 그저 지나가는 것들이다. 하느님만이 영원하며 잃어버릴 수 없다. 따라서 고요함이란 단어는 하느님을 섬기는 것으로 이해해야 한다는 것이 분명하다.

따라서 타가스테 수도공동체의 이상으로 제시된 '고요함 안에서 하느님처럼 된다'(deificari in otio)는 정식은 일부 학자들이 이해하듯[98] 철학자나 현인, 곧 육신적 사랑을 갖고 있지 않은 이의 행복한 안식으로 보아서는 절대 안 된다. 오히려 이 표현은 관상생활 안에서 하느님과 유사해진다는 의미로 보아야 하며, 이러한 의미에서 아우구스티누스는 타가스테 공동체의 이상이며 동시에 그가 평생 추구하고자 했던 정신으로 삼았다.

19. 아우구스티누스의 사제 수품

타가스테 공동체의 삶은 아우구스티누스와 그의 동료들의 지향이 진리에 대한 관상에 헌신하는 것임을 보여준다. 다시 말하면, 그들의 삶은 본질적으로 거룩한 고요함(otium sanctum)에 봉헌하는 삶이다.[99] 이 삶은 고요함 안에 쉬는 것(vacare in otio)으로,[100] 고요함에서 참된 지혜를 얻을 수 있고 거룩한 삶의 무언가를 맛볼 수 있기 때문이다.[101]

평생 하느님의 종으로서 수도원의 고독 안에 머물기 바랐던 아우구스티누스에게 삶의 전환점이 되는 사건이 발생한다. 391년 히포에

---

98 W. Thimme, *Augustins geistige Entwickelung in den ersten Jahren nach seiner Bekehrung, 386-391*, Berlin: Trowitzsch & Sohn, 1908, p. 29, n. 1; G. Bardy, "Divinisation", in *Dictionnaire de Spiritualité*, III, Paris, 1957, pp. 1390-1391; J.A.A.A. Stoop, *Die deificatio hominis in die Sermones en Epistulae van Augustinus*, Leiden: Luctor et Emergo, 1952, p. 48.
99 『서한』 220, 3.
100 『서한』 48, 2; 95, 9.
101 『강론』 103, 5; 104, 3.

서 사제 서품을 받게 된 것이다. 혹자는 이 사건을 가리켜 아프리카 교회뿐 아니라 전 세계 교회의 영적 투사에게 중요한 일이라고 말한다.[102] 다른 이는 토론을 벌이는 철학자에서 선포하는 설교가로의 전환을 의미하는 사건이라고 말한다.[103] 혹시라도 성직자가 될까봐 주교좌가 비어 있다고 알려진 도시에는 얼씬도 하지 않던 아우구스티누스의 모습을 생각한다면,[104] 사제 서품은 분명 그에게 특별한 사건임이 틀림없다. 자크 핀타르(Jacque Pintard)는 『재론고』 1권에 나타나는 『믿음의 유익』(De utilitate credendi), 『두 영혼』(De duabus animabus), 『마니교도 포르투나투스 반박』(Acta contra Fortunatum Manichaeum), 『신앙과 신경』(De fide et symbolo), 『이단자 도나투스 서한 반박』(Contra epistolam Donati heretici), 『로마서 명제 해설』(Expositio quarumdam propositionum ex epistola Apostoli ad Romanos) 등의 작품에 대한 아우구스티누스의 설명, 곧 사제 서품이나 사제 시절에 작성된 것이라는 문장을 인용하면서 성인에게 있어 사제 서품이 연대기적으로 특별한 지표이며 동시에 잊을 수 없는 날짜였다고 본다. 또한, 그는 『교사론』(De magistro)이 아우구스티누스의 마지막 철학서이고, 성인이 사제 서품 후에 저술한 첫 작품으로 『믿음의 유익』이 『재론고』에서 나타나고 있다는 것은 철학에 안녕을 고하는 것(un adieu à la philosophie)이라는 바르디(Bardy)의 주장을 인용하면서 성품성사로 인한 문화의 변화

---

102 G. Ceriotti, *La pastorale delle vocazioni in S. Agostino*, Palermo: Edizioni Augustinus, 1991, p. 13.
103 J. Ratzinger, *Popolo e casa di Dio in sant'Agostino*, Milano: Jaca Books, 1978, p. 13.
104 포시디우스, 「아우구스티누스의 생애」 4, 1.

라고 보고 있다.[105]

　이러한 변화를 가져온 성품성사를 떠올리며 성인은 다음과 같이 말한다. "여러분은 지금 나를 하느님의 섭리로 여러분의 주교로 보고 있습니다. 제가 이 도시에 왔을 때 저는 젊은이였습니다. 여러분 중의 많은 분은 그것을 알고 있을 것입니다. 당시 저는 수도원을 세워 저의 형제들과 함께 살 곳을 찾고 있었습니다. 저는 모든 세속적 희망을 포기하였습니다. 세상 안에서 제가 할 수 있었을 경력 역시 원하지 않았습니다. 무엇보다 저는 지금 제가 있는 지위를 추구하지 않았습니다. '죄인들의 장막 안에 살기보다 저의 하느님 집의 낮은 자리에 있는 것을 택하였습니다.' 저는 세상을 사랑하는 이들을 멀리하였고 백성을 다스리는 이들과 저를 동등하게 놓지 않았습니다. 주님의 잔치에서 저는 높은 자리보다는 낮고 비천한 자리를 택하였습니다. 하지만 그분은 '높은 곳으로 올라오라'고 말하시는 것을 좋아하신 것입니다. 저는 주교 직무에 대해 두려워했습니다. 그렇기에 주교좌가 공석인 도시에 가는 것을 피하곤 하였는데, 하느님의 종들 중에 제 명성이 점점 회자되기 시작했기 때문입니다. 저는 이 지위를 피하려고 노력하였고 낮은 곳에서 저를 보호하시고 높은 직무를 맡아 위험에 빠지지 않도록 하느님께 울면서 기도하였습니다. 하지만, 제가 말했던 대로, 종은 주인을 거역해서는 안 됩니다. 이 도시에 저는 한 친구를 보러 왔습니다. 그를 하느님께 봉헌하고 우리와 함께 수도원에 있도록 하기

---

105 J. Pintard, *Le sacerdoce selon St. Augustin*, 323-324.

위함이었습니다. 이곳은 주교가 있었기 때문에 안전할 거라고 보았던 것입니다. 하지만 잡혀 신부로 서품되었고 그 지위를 거쳐 주교직에 이르게 되었습니다."[106]

이 강론에서 우리는 특기할 만한 점을 발견한다. 무엇보다 아직 평신도로서의 아우구스티누스가 지니고 있던 사제직에 대한 생각이다. "죄인들의 장막 안에 살기보다 저의 하느님 집의 낮은 자리에 있는 것을 택하였습니다."라는 시편 84(83)장 11절을 인용하면서, 사제직을 수행하는 이들을 세상을 사랑하는 이들이요, 백성을 다스리는 이들이고, 주님의 잔치에서 높은 자리를 택한 이들로 보고 있다. 따라서 위험에 빠지기 쉬운 이들로 묘사한다. 반면, 히포에 온 아우구스티누스의 의도는 오직 수도생활과 관련된다. 새로운 수도원을 세우고, 수도생활에 대해 매력을 느끼는 한 친구를 하느님께 봉헌하고, 수도원에서 함께 생활하려는 것이었다. 이러한 성인에게 사제 서품은 "잡혀 신부로 서품되었다."(Apprehensus, presbyter factus sum)라고 표현할 만큼 자신의 의도와는 상관없이 벌어진 일이었다.

이 강제적인 사제 서품은 포시디우스의 증언에서도 잘 드러난다. 그는 성인이 수도생활을 원하는 이를 만나러 히포에 갔다고 설명한 후(『아우구스티누스의 생애』 3, 3-4) 다음과 같이 적고 있다. "그즈음 히포의 가톨릭교회에는 거룩한 발레리우스(Valerius, †395)가 주교직을 수행하고 있었다. 하루는 그의 교회의 간절한 필요성에서 히포 시를

---

106 『강론』 355, 2.

위해 사제를 한 사람 세워 서품하는 일에 대해 하느님의 백성에게 권고하고 있었다. 이미 거룩한 아우구스티누스의 수덕적 삶과 가르침을 알고 있었던 가톨릭 신자들은 그를 손으로 지목하였다. 마침 그는 일어날 일에 대해 모른 채 안심하고 백성 가운데 있었다. —평신도일 때 그가 자주 우리에게 말한 것처럼 주교가 없는 교회들에 보통 다니지 않았다— 백성들은 그를 붙잡아, 이런 경우 통상 하던 대로, 주교에게 서품을 주도록 요청하였다. 모든 이가 만장일치로 동의하고 원하며 그것이 이루어지기를 간청하면서 열광하고 소리 지르며 졸라대고 있는데, 그는 펑펑 울고 있었다. (…) 이리하여 사람들이 원하던 바대로 그 소원이 이루어졌다."(『아우구스티누스의 생애』 4, 1–3)[107]

여기서 우리는 당시 강제적 사제 서품이 드물지 않았다는 것을 "이런 경우 통상 하던 대로"라는 표현을 통해 알 수 있다. 예를 들면, 놀라의 파울리누스(Paulinus Nolanus)는 백성들의 원의에 따라 바르셀로나에서(파울리누스, 『서한』 24, 4), 히에로니무스의 형제인 파울리니아누스(Paulinianus)와 네포티아누스(Nepotianus)도 강압에 따라 사제로 서품되었다.(히에로니무스, 『서한』 51, 1 ; 60, 10) 또한 포시디우스는 마니교도였다가 아우구스티누스에 의해 개종한 피르무스(Firmus) 역시 억지로 사제로 서품되었다고 전해준다.(『아우구스티누스의 생애』 15, 5–7) 20년 후 히포의 신자들이 부유한 귀족 피니아누스(Pinianus)에게

---

107 포시디우스의 『아우구스티누스의 생애』 5, 2에 따르면, 발레리우스는 "하느님의 말씀과 구원의 가르침을 통해 주님의 교회를 건설할 능력을 갖춘 사람을 달라고 자주 기도하였다고 말하였다. 그는 그리스 출신이고 라틴어와 문학에 그리 조예가 없었기에 이 일에 적합하지 않다고 스스로 생각하였다."

동일한 행위를 반복하려했지만, 이번에는 상황이 다르게 돌아갔다. 당사자도 아우구스티누스도 백성의 압력에 굴복하지 않았다.

백성들의 열광과 원의로 이루어진 사제 서품에 대한 아우구스티누스의 반응은 눈물이라고 포시디우스는 전해준다. "그는 펑펑 울고 있었다." 문제는 이 눈물에 대한 해석이다. 포시디우스에 따르면, "그 스스로 말한 바에 따르면, 몇몇은 이 눈물을 교만의 표지로 알아들었다고 한다. 그들은, 그가 물론 더 높은 지위에 합당한 사람이지만 사제의 자리 또한 주교직으로 나아가는 것이라고, 마치 위안이라도 하려는 듯 이야기했다는 것이다."(『아우구스티누스의 생애』 4, 2)

그렇다면 이 눈물의 의미는 무엇인가? 아우구스티누스의 표현대로라면, 무엇보다 사제 서품은 "내가 하고자 하는 것을 더 이상 원하지 않고 당신이 원하시는 것을 원하는 것"이다.(『고백록』 9, 1, 1) 이러한 의미에서 본다면, 본인이 지금껏 고요함 안에서 오직 하느님만을 추구해온 삶의 방식과는 다른 모습으로 살아가야 한다는 것에 대한 아픔이라고 할 수 있다.[108] 위에서 인용한 『강론』 355, 2에서 나타나듯, 세속의 모든 야망을 포기하고 살아온 삶, 백성을 다스리는 것을 좋아하는 이들과 각축을 벌이지 않기 위해 세상을 사랑하는 자들을 멀리하였던 삶, 주님의 잔치에서 좀 더 높은 자리보다 제일 비천한 자리를 선택한 삶, 자신의 구원을 위해 낮은 곳에 머물려고 했던 삶에서

---

108 마루는, 아우구스티누스의 서한에서 '시간이 없습니다. 정신을 못 차릴 정도로 일이 있습니다.'라는 불평이 자주 나타난다는 점을 들면서, 관상가요 사색가인 아우구스티누스가 사도직과 행동의 직무를 수락하면서 행한 희생이 얼마나 큰지 느낄 수 있다고 주장한다.: H.-I, Marrou, *Saint Augustin et la fin de la culture antique*, Paris: Éditions E.de Boccard, 1958, p. 330, n.1.

자신이 원하지 않던 삶으로 전환되는 것에 대한 눈물이라고 볼 수 있다. 그런데 성인이 사제 서품 후 발레리우스 주교에게 보낸 서한을 통해 직접 밝히고 있는 눈물의 참된 이유에 따르면, "처음에 저는 이 직무를 매우 위험한 것으로 판단하였습니다. 이 때문에 몇몇 형제들이 서품식 때 도시에서 제가 흘린 눈물을 보게 된 것입니다."(『서한』 21, 2) 포시디우스 역시 같은 내용을 다음과 같이 전해준다. "사실 하느님의 사람 아우구스티누스는, 본인 스스로 말하듯 더 심오한 견지에서 알아듣고, 교회를 이끌고 다스리는 일 때문에 이제 자신의 삶에 얼마나 큰 위험을 겪게 될지를 예견하였기에 눈물을 흘린 것이다."(『아우구스티누스의 생애』 4, 3) 결국, 성인이 눈물을 흘린 것은 교회를 이끌고 다스리는 사제직을 매우 위험한 것으로 생각하였기 때문이다.

그렇다면 이 위험은 어떤 것인가? 성인에 따르면, "건성으로 그리고 아첨하면서 한다면 이 세상 삶에서, 특별히 이 시기에 주교직, 사제직, 부제직보다 더 쉬운 것도 없고, 더 즐거운 것도 없고, 사람들에게 더 받아들여질 만한 것도 없습니다. 하지만 하느님 앞에서는 (이 직무들보다) 더 불행한 것도 없고, 더 슬픈 것도 없고, 더 단죄받을 것도 없습니다. 마찬가지로 우리의 장군께서 명령하신 대로 군인의 임무를 다한다면, 이 세상 삶에서, 특별히 이 시기에 주교직, 사제직, 부제직보다 더 어려운 것, 더 힘든 것 그리고 더 위험한 것은 없습니다. 그러나 하느님 앞에서 그 어떤 것도 이 직무들보다 더 행복한 것은 없습니다."(『서한』 21, 1) 여기서 아우구스티누스는 성직자의 삶에 대한 두 개의 상반된 개념을 묘사하고 있다. 무엇보다 개인적 야심을 위한 도구나 경력으로 사제직을 생각하는 이들을 단죄한다. 이 개념은 포시디우스가 전해주듯, 일부 사람들이 사제 서품 때 울고 있던 아우구스티누스에게 한 말에서 잘 드러난다. 성인이 경고하듯, 이 개념에 따른 삶은 하느님 앞에서 가장 불행하고 슬프고 단죄받을 삶이다. 성인은 이러한 모습으로 살아가는 일부 성직자들을 체험하였고, 자신이 그들보다 지식이 더 많고 낫다고 여기면서 자주 그들을 엄격하게 비판한 것으로 보인다.(『서한』 21, 2)[109]

그렇기에 성인은 자신의 사제 서품을 하느님이 원하시는 교정 방법, 곧 자신의 죄 때문에 이루어진 폭력이라고 본다.(『서한』 21, 1-2) 위에서 인용한 성인의 묘사에 나타나는 또 다른 성직자의 삶은 마치 군인이 장군의 명에 따라 자신의 임무를 충실히 수행하는 것이다. 그래서 그보다 더 어려운 것, 더 힘든 것 그리고 더 위험한 것은 없지만, 하느님 앞에서 가장 행복한 직무라고 표현한다. 이 두 가지 상반된 삶의 모습에 대한 생각에서 우리는 다음의 것을 엿볼 수 있다. 무엇보다 사제직은 자신의 개인적 야망이나 욕심 때문에 수행해서는 안 된다. 오히려 사제직은 이를 부여하신 하느님의 명에 따라 행해져야 한다. 또한, 사제직을 받은 이는 자신의 모든 것을 다 바쳐 이를 수행해야 한다. 즉 전적인 투신과 봉사가 요구되는 삶이다.

히포의 사제로서 주님 안에서 수인이 된 성인은[110] 수도생활의 영역에 사제생활의 차원을 결합하여 사목직 수행을 통한 관상생활이라

---

[109] 베르헤이언은 여기서 아우구스티누스가 '반성직주의적' 가톨릭 지성인들에 속한 사람이었다고 주장한다: L. Verheijen, "Saint Augustin, un moine devenu Prêtre et Évêque", p. 268.
[110] 에페 4,1. Cf. F. Van der Meer, *Saint Augustin. Pasteur d'âmes*, 1, Colmar-Paris: Éditions Alsatia, 1955; tit. ori. Augustinus de Zielzorger, Utrecht, 1949, p. 29.

는 새로운 전망을 탄생시킨다.[111] 이 점에 있어 우리는 마태오복음 17장 1~8절에 대한 강론에서 흥미로운 것을 발견한다. "주님, 여기에서 지내면 좋겠습니다."라는 베드로의 바람에 아우구스티누스는 이렇게 응답한다. "베드로여 내려가시오. 당신은 산 위에서 머물기를 희망했었지. 내려가시오. 하느님의 말씀을 선포하시오. 적합한 상황이든 부적당한 상황이든 모든 상황에서 계속 하시오. 책망하고, 권고하고, 당신의 모든 인내심과 가르치는 모든 능력을 사용하여 용기를 불어 넣어주시오. 일하시오. 많이 피곤해지시오. 어떠한 고통도 받아들이시오. 이는 선한 행동의 빛남과 아름다움을 통하여 주님의 옷이 빛났다는 것이 상징하는 바를 당신이 사랑 안에서 소유하기 위해서입니다. 사도의 편지에서 읽은 사랑의 찬가에서 우리는 다음의 말씀을 들었습니다. '자기 이익을 추구하지 않는다.' (…) 다른 곳에서 사도는 잘 이해하지 않으면 위험한 표현을 사용합니다. (…) '누구나 자기 좋은 것을 찾지 말고 남에게 좋은 것을 찾으십시오.' (…) 사도는 자기 자신에 대해 이렇게 말합니다. '나는 많은 사람이 구원을 받을 수 있도록, 내가 아니라 그들에게 유익한 것을 찾습니다.' 이것을 베드로는 아직 산 위에서 그리스도와 함께 살기를 희망할 때 이해하지 못한 것입니다. 베드로여, 그리스도께서는 이것을 당신에게 죽음 후로 미루신 것입니다. 그분은 지금 당신에게 이렇게 말씀하십니다. '땅 위에서 피곤해지기 위해, 땅에서 봉사하기 위해, 멸시받기 위해, 땅 위에서 십자

---

111 G. Ceriotti, "Azione e contemplazione in S. Agostino", in A. Baldoni, G. Ceriotti, ed., *Frammenti agostiniani*, Palermo: Edizioni Augustinus, 1988,p. 94.

가에 못 박히도록 내려가라.' (…) 당신의 개인적 이익을 추구해서는 안 됩니다. 당신은 사랑을 지녀야 하고, 진리를 선포해야 합니다. 그 때에는 고요함을 발견할 영원성에 당신은 도달할 것입니다."(『강론』 78, 6) 이 강론에서 아우구스티누스는 사도 바오로의 말씀을(1코린 13, 5 ; 10, 24 ; 10, 33) 인용하면서 타볼 산 위에 머물기를 바라는 베드로에게, 백성들에게 봉사하기 위해 그곳에서 내려와야 한다고 강조한다. 다른 말로 한다면, 타볼 산에 머물기를 희망하는 것이 진리이신 그리스도께 대한 관상에 대한 사랑이었다면, 이제는 백성에 대한 사랑으로 그곳에서 내려와 진리를 선포해야 한다.

진리에 대한 사랑으로 표현되는 수도생활에서 백성에 대한 사랑으로 표현되는 사제직으로의 전환에 대한 이 강론은 분명 사제 서품이라는 아우구스티누스의 개인적 체험을 담고 있다고 할 수 있다. 이 체험을 통해 성인은 사제는 "백성에게 성사와 하느님의 말씀을 주는 사람"(『서한』 21, 3. "homini (…) qui populo ministrat sacramentum et verbum Dei")이라고 정의를 내린다. 따라서 사제는 무엇보다 진리에 대한 사랑에 머물러 있어야 한다. 곧 사제는 자신의 직무를 수행하는 과정에서 기도와 성서 공부 및 묵상을 통해 하느님의 신비를 백성에게 전달해주어야 한다.112 아우구스티누스는 사제 서품 직후에 갖게

---

112 이러한 면에서 아우구스티누스는 사제 서품 후 발레리우스 주교에게 성서에 대한 자신의 부족한 이해를 이유로 이를 보충하고 기도할 시간을 청한다: 『서한』 21, 3. 핀타르에 따르면, 영혼의 목자로서 아우구스티누스는 특별히 성경과 친밀해져야할 필요성을 느꼈고, 이로 인해 성경이 고전작품들을 대치하게 되었다. 그렇기에 『그리스도교 교양』(De doctrina christiana)에서 그리스도교 문화의 새 프로그램이 작성되었고, 이 새로운 면이 사제 서품과 무관한 것은 아니다: J. Pintard, *Le sacerdoce selon St. Augustin*, p. 324.

된 이 생각에 항상 충실하게 머물면서 사제생활의 중심 프로그램으로 삼았다.[113]

사목직 수행을 통한 관상 생활에 대한 아우구스티누스의 생각은 수도자들에게, 교회가 요구한다면 사제직을 받아들일 것을 권고하는 것으로 발전한다. "오 형제들이여, 우리는 여러분들이 수도생활을 수행하여 이를 끝까지 보존할 것을 주님 안에서 권고합니다. 만약 어머니이신 교회가 너희들의 봉사를 요구한다면, 높은 곳으로 올라간다는 열망 때문에 이를 받아들여서는 안 되며, 매력적인 게으름 때문에 이를 거부해서도 안 됩니다. 오히려 여러분을 인도하시는 분에게 겸손하게 복종하면서 하느님께 양순한 마음으로 순명해야 합니다. (…) 교회의 필요성보다 여러분의 고요함을 더 앞세워서는 안 됩니다. 선한 이들 중에 그 누구도 새로운 자녀를 탄생하는 데 있어 교회를 돕지 않는다면, 여러분 역시 그 안에서 태어나는 양식을 발견하지 못할 것입니다."(『서한』 48, 2) 이 서한에 따르면, 사제직과 수도생활은 분명 다른 두 길이지만 양립할 수 있다. 곧 상호보완적이며, 어떤 의미로 보면 수도생활이 사제직을 위한 훌륭한 준비라고도 할 수 있다.

성인의 깊은 교회적 감각을 드러내는 이 가르침은 『신국론』 19권 19장에서 보다 결정적인 표현으로 나타난다. 이에 따르면, "고요함 중에 이웃에게 베풀 유익한 일을 아무것도 생각하지 않을 정도여야

---

113 M. Pellegrino, *Verus sacerdos. Il pensiero nell'esperienza e nel pensiero di sant'Agostino*, p. 17. 사제가 선생이자 학생이라는 측면, 곧 꾸준히 성서를 읽고 묵상하고 공부해야 한다는 것에 대해서 참조: A. 트라페, 교부들의 사제 영성, 244-251쪽.

한다는 법도 없고, 활동적이라고 해서 하느님에 대한 관상을 전혀 도모하지 않을 정도여야 한다는 법도 없다. 고요함 중에는 나태한 한가함을 즐기는 것이 아니고 진리에 대한 탐색과 발견을 즐겨야 하며, 누구든지 진리 안에서 정진하되 자기가 발견한 진리를 다른 사람도 발견한다고 해서 시샘하지 말아야 한다. 그 대신 활동 중에는 현세생활의 영예와 권세에 애착해서는 안 된다. (…) 진리에 대한 사랑은 거룩한 고요함을 찾는 것이 마땅하고, 사랑에서 우러나오는 필요성은 올바른 활동을 받아들이는 것이 마땅하다." 여기서 아우구스티누스는 수도자들의 삶을 거룩한 고요함(otium sanctum)으로 보면서, 이 고요함은 진리에 대한 사랑(caritas veritatis),[114] 즉 관상과 공부에 대한 사랑과 개인적 성화로 채워져야 한다고 강조한다. 그리고 사제직 수행은 활동적인 삶으로 보며 이를 교회와 직무에 대한 보편적 사랑이며, 애덕의 실천적 행위인 사랑에서 우러나오는 필요성(necessitas caritatis)으로 보고 있다. 성인은 계속해서 다음과 같이 말한다. "아무도 우리에게 짐을 지우지 않는다면 진리를 파악하고 관조하는 데 고요함을 가져야 마땅하다. 하지만 짐이 지워진다면 사랑에서 우러나오는 필요성 때문에 그 짐을 받아들이는 것이 마땅하다. 그렇다고 진리에 대한 향락을 전적으로 내버려야 한다는 말이 아니다. 그렇지 않으면 진리의 감미로움을 빼앗기고 활동의 필요가 우리를 짓누르는 결과를 빚

---

[114] 베르헤이언은 아우구스티누스가 'amor veritatis'가 아닌 'caritas veritatis'라는 표현을 사용하고 있음에 관심을 가지면서, 이는 단순한 추상적 진리에 대한 건조한 공부가 아닌 사랑을 통해 다른 존재와 나누는 사랑받는 그분에 대한 점진적 인식을 표현하기 위한 것이라고 주장한다: L. Verheijen, "Saint Augustin, un moine devenu Prêtre et Évêque", p. 258.

는다."(『신국론』 19, 19)

그러므로 사랑에서 우러나오는 필요성(necessitas caritatis)은 그리스도의 신비체인 교회 개념 안에서 이해해야 한다. 즉 "한 지체가 고통을 겪으면 모든 지체가 함께 고통을 겪습니다. 한 지체가 영광을 받으면 모든 지체가 함께 기뻐합니다."라는 바오로의 말처럼(1코린 12, 26) 살아있는 유기체인 교회 안에서 고통받는 구성원에 무관심해서는 안 된다는 것이다. 이러한 의미에서 아우구스티누스는 에우독시우스(Eudoxius)와 그의 수도자들에게 보낸 서한에서 "여러분은 우리 안에서 활동적이 되고, 우리는 여러분 안에서 관상적일 정도로 우리는 한 머리 밑에 한 몸을 형성합니다."라고 말한다.(『서한』 48, 1) 따라서 하느님께서 내적으로 당신의 뜻을 드러내시고 외적으로는 교회를 통해 보여주시는 하느님의 부르심에 대한 겸손한 응답으로 시작되는 사제직은 말씀의 선포자, 성사의 집전자 그리고 그리스도의 종으로서 다른 형제들에게 봉사하는 삶이다. 사람들이 그리스도인이 되고 그리스도인으로 살아가게끔 돕는 것이다. 즉, 선포하고 자신이 직접 살아가는 말씀을 통해 사람들에게 하느님을 선사하고, 성사 집전을 통해 사람들에게 하느님을 전해주어야 한다. 이러한 의미에서 사제 직무는 본성상 사회적 성격을 지닌다고 할 수 있다.

20. 신학적 양성

하느님이 원하는 표지라고 해석했던 히포 백성의 의지는 아우구스티누스로 하여금 자신의 수도 생활의 이상을 사제직과 융합하면서 새로운 방향을 새기도록 이끌었으며, 그의 신학적 교양을 더욱 긴박하게 심화하도록 이끌었다. 그는 그것을 이미 타가스테에서 생각하고 있었지만 시간이 부족하였다. 이제 시간은 없는데 긴박함은 더 커졌다. 그래서 그는 특별한 책임감으로 신학 공부에, 구체적으로 말하면 성경과 교회 저술가들의 공부에 전념하였다.

무엇보다 그는 사제직의 맏물로 '믿음의 유익'에 관한 소중한 작품을 저술하면서 가톨릭 신앙의 진실성이라는 주제에 직면하였다. 이 논제는 근본적이었다. 그와 이 작품을 헌정한 그의 벗 호노라투스(Honoratus)가 기만당했던 마니교의 합리주의를 정면으로 공격하는 것이 그에게 허용되었다. 그리고 믿음이 인식으로 이끄는 길이기 때문에, 믿음이 인식보다 시간적으로 우위권을 갖고 있다는 밀라노에서의 성숙된 확신을 확증하도록 하였다. 또한, 가톨릭 신앙에 대한 신뢰성의 이유를 요약하도록 하였으며, 마지막으로 신학적 탐구의 전제조건을 확립하도록 하였다.

이 전제조건은 다음과 같은 것이다. 성경을 이해하기 위해서는 성경을 거부하고 단죄하는 이가 아니라, 성경을 공경하고 보존하며 설명하는 이에게 갈 필요가 있다. "아리스토텔레스의 심오하고도 난해한 책들에 대한 설명을 듣기 위해 누가 그의 적대자인 사람에게 가겠는가? (…) 누가 기하학에 관한 아르키메데스(Archimedes, 기원전 287-212?)의 책들을 읽거나 배우고자 할 때 매우 완고하게 그 작품들에 반대하며 토론하였던 에피쿠로스의 지도하에서 하겠는가?"(『믿음의 유익』 6, 13)

결과적으로 아우구스티누스가 헌신한 성경 공부는 믿음과 가톨릭 저술가들이 인도하였다. 그러는 동안 그가 성취한 진보의 실례를 2년 후인 393년 히포에서 열린 전국 주교회의에서, 전례 없이 예외적으로 맡게 된 아프리카 주교들에게 행한 강의에서 보여주었다. 이 강의는 친구들의 뜻에 따라 한 권의 책으로 출판되었다. 바로 『신앙과 신경』(De fide et symbolo)이다. 이 책은 신경의 신조에 따라 가톨릭 교의를 간결하게 종합하고 있다. 이 책의 중요성은 신학자 아우구스티누스의 양성을 위한 문헌적 가치에 있다. 여기에서는 성경과 교부들에 대한 이해에 있어 중요한 발전의 표지들이 나타나지만, 후에 보다 중요한 작품들에서 그가 도달한 정점에 비해서는 작지 않은 차이가 나는 표지들도 나타난다. 예를 들면 삼위일체 교의에서 발전과 간격이 관측된다. 당연한 성서적 논증들로써 교의를 선포하는 것은 명쾌하고 정확하다. 하지만 그 설명은 여전히 물질적 사물들의 유사함에 뿌리를 내리고 있었다. 관계들에 대한 교의도 부족하고, 심리학적 설명도 부족하다. 자존적인 사랑으로서의 성령에 관한 매우 풍요로운 직관 자체도 애매하고 혼합된 방식으로 제시되고 있다.

"학식 있고 영적인 사람들이 성부와 성자에 관해 많은 책에서 논의하였다. (…) 하지만 성령에 관해서는 학식 있고 위대한 성경 주석가들은 삼위일체 안에서 성령에게 고유한 것을 우리가 쉽게 이해할 수 있을 정도로 매우 풍요롭게 그리고 열렬하게 여전히 논의하지 않았다."(『신앙과 신경』 9, 18-19) 곧 성령은 하느님의 일치성 안에서 성부와 성자와 구분되는 위격적 특성이라는 것이다.

그러는 동안 그는 근본적인 세 가지 다른 주제에 대해서도 몰두하였다. 그것은 창세기에 대한 설명, 성 바오로에 따른 구원에 대한 교의, 복음의 윤리적 계명들이었다. 마지막 주제에 대해 "그리스도인 삶의 완전한 프로그램"이라고 그가 간주한 산상설교에 대한 주석을 시작하여 끝을 맺었다. 하지만 여기서도 후에 많은 질문이 수정되거나 심화된다.『재론고』에서는 그 책에서 분명하지 않은 의미를 줄 수 있는 주목할 만큼 많은 분량의 표현들이 발견될 것이다. 이러한 판단들은 아우구스티누스의 진리에 대한 만족할 줄 모르는 추구를 드러내며 그리스도론, 교회론, 인간학, 죄론(罪論)과 같이 많은 신학 분야를 망라한다. 예를 들어 예수 그리스도에게 사용된 '주님의 사람'(homo dominicus)이라는 칭호를 보자. 그는 일부 가톨릭 주석가들에게서 이 표현을 읽었기 때문에 자신도 사용하였지만 부적당하다는 것을 깨달았고 그것을 사용하지 않으려고 한다.(『재론고』1, 19, 8)

반면 노력이 완전히 부족한 곳은 창세기의 문자적 주석과 성 바오로가 로마인들에게 보낸 편지에 대한 주석이었다. 평신도로서 그는 거룩한 본문을 우의적 의미로 해석하면서『마니교도 반박 창세기 해설』을 두 권으로 저술하였다. 이제 그는 사제로서 그 본문을 "자구"에 따라, 곧 "역사적 특성에 따라" 해석하는 "매우 수고스럽고 어려운" 작업에 착수한 것이다. 하지만『재론고』에서 그는 이렇게 고백한다. "아직 성경을 해설하는 데 있어 초심자이기 때문에 많은 일의 무게 밑으로 나는 떨어졌다." 그는 제1권도 끝내지 못하였다. 보다 후에 이미 주교로서 새롭게 시도하였고 이번에는 긍정적인 결과를 맺었다. 400-415년 동안 그는『창세기 문자적 해설』에 관한 12권의 책을 저술하였는데, 이는 가장 중요하고도 가장 많은 시간을 할애한 작품 중 하나이다. 첫 번째로 시도하여 완성되지 않은 그 책을 아우구스티누스는 출판하지 않았고 파기하려고 생각하였다. 하지만 후에 "하느님 말씀에 대한 설명과 심화에서, 내 의견으로는 무익하지 않은, 내 첫 행보의 증언으로서" 남아 있기를 원하였다.

새 사제의 노력이 부족했던 또 다른 분야는 '로마인들에게 보낸 서한'에 대한 주석이었다. 카르타고를 방문하는 동안 "형제들" 사이에 있으면서 그들로부터 질문을 받은 그는 로마서의 일부 구절들을 설명하였다.(『재론고』 1, 23) 얼마 후에 그는 '갈라티아인들에게 보낸 서한'에 대해 연속적인 주석서를 저술하였다.(『재론고』 1, 24) 그리고는 곧바로 이어서 '로마인들에게 보낸 서한'을 주석하고자 원하였다. 이 계획은 여러 권의 책들이 예견되었다. 하지만 그는 첫 권만 저술하였을 뿐이다. "그 일의 광대함과 어려움으로 인해 단념한" 그는 시작 인사를 하자마자 주석을 그만두었고 "나는 보다 쉬운 일에 내 자신을 맡겨 버렸습니다."(『재론고』 1, 25)

불행히도 그 계획은 더 이상 속개되지 않았다. 하지만 그는 '로마인들에게 보낸 서한'에 관한 공부를 계속하였다. 아우구스티누스는 사도가 이 위대한 서한에서, 특별히 7~9장에서 제시하고 해결한 구원론의 문제에 매료되었다. 우리는 이러한 지속적인 성찰의 반향을 아프리카로 돌아온 후부터 주교 서품 때까지의 기간에 "형제들"의 질문과 아우구스티누스의 답변에서 탄생한 선집 형태의 작품인 『여든세 가지 다양한 질문』에서 발견한다. "이 질문들은 다수의 종이에 흩어져 있었는데, 나의 회심 초기부터 아프리카로 돌아온 후, 나의 형제들이 내가 다른 일에서 자유롭다고 믿으면서 나에게 질문할 때마다, 어떠한 순서 없이 나에 의해 구술되었기 때문이다. 주교로서 나는 그 질문들을 모아 그것을 읽기 원하는 이가 쉽게 자신이 원하는 것을 발견하게 될 방식으로 번호를 매기면서 한 권의 책으로 만들라고 명하였다."(『재론고』1, 26)

이 질문들은 순서 없이 구술되었기에 우리는 그것들이 어떠한 순서로 한 권의 책에 묶였는지 알지 못한다. 따라서 모든 질문이 388년부터 396년 사이에 위치하는 것은 확실하지만, 개별 질문들이 어느 해에 행해졌는지 결정하는 것은 불가능하다.

또한, 이 질문들은 철학, 신학, 영성, 주석을 다루고 있다. 타가스테 공동체의 다양한 지성적 관심에 대한 분명한 표지이다. 상대적으로 더 중요한 부분은 주석에 관련된 것이다. 이 사실 또한 의미심장하다. '로마인들에게 보낸 서한'을 다루는 질문들이 특별히 중요하다. 여기에서 아우구스티누스는 율법과 죄 그리고 은총의 선택에 대한 바오로의 사상을 심화하고 있다.

심플리키아누스에게 한 대답을 통해 지속적인 심화가 이루어졌는데, 이는 주교직 초기에(397) 속하는 주요 작품이다. "내가 해결하고자 제시한 바오로 사도에 관한 질문들은 어쨌든 나에 의해 논의되었고 글에 의탁하였다. 무엇보다 과거의 탐구와 제시에 만족하지 않고, 부주의로 무언가를 잊어버렸다는 두려움에 나는 보다 신중하게 그리고 주의 깊게 사도의 말들과 그 주장들의 내용을 검토하였습니다."

성 바오로에 의하면 이 새로운 연구로써 그는 신앙이나, 더 나아가 신앙의 시작 자체도 하느님의 선물이요 은총의 선택이라는 것을 발견했고 이를 완전히 납득하기에 이르렀다. "나는 인간 원의의 자유의지에 대해 많이 연구했지만, 하느님의 은총이 승리를 거두었습니다. 나는 사도의 이러한 말의 분명한 진리를 이해하는데 도달하지 않을 수가 없었습니다. '누가 그대에게 다른 이들에 대한 자랑을 허락합니까? 그대가 가진 것 가운데에서 받지 않은 것이 어디 있습니까? 만약 그대가 받은 것이라면 왜 받지 않은 것인 양 자랑합니까?"(1코린 4, 7)

적어도 과거의 어느 순간에, 그는 은총이 우리의 신앙 행위에 대한 하느님의 응답이라고 주장하였다. 이는 오류였으며, 보다 후에 "반(半) 펠라지우스주의"가 주장하는 것이다. 아우구스티누스는 이를 솔직하게 인정하며 자신의 견해가 바뀌었음을 고백한다. 반면 그는, 자신이 젊은 시절에 작성한 작품들의 증언에 호소하면서 그 뒤에 다른 이들이 그에게 전가한 원죄에 대한 견해의 변화는 강력하게 거부한다. 이 순간부터 은총에 대한 아우구스티누스의 체계는 기본적인 노선에서 고정되었고 변하지 않은 채 남을 것이다. 변화는 부차적인 질문에 한정될 것이다. 예를 들면, 성 바오로가 로마서 7장 24~25절에서 말하고 있는 "나"를 "율법하에 있는" 사람으로만 이해해야 하는지 아니면 "은총 하에 있는" 사람으로도 이해해야 하는지 같은 문제이다. "오랜 해가 지난 뒤 (397년 이후) 하느님 말씀에 대한 일부 주석가들을 읽은 후 –그들의 권위는 나에게 큰 무게를 갖고 있었습니다– 나는 그 본문을 보다 주의 깊게 숙고하였고 사도가 자기 자신에 대해 언급하고 있는 것으로도 이해할 수 있다고 보았습니다." "그리고 이것은 보다 개연적입니다."

그가 구체적으로 어떤 저술가들을 읽었는지 말하기는 쉽지 않다. 암브로시우스, 힐라리우스(Hilarius), 익명의 바오로 서한 주석가(암브로시아스텔[Ambrosiaster]), 히에로니무스 그리고 가장 오래된 인물 중에는 치프리아누스를 생각하는 것은 옳다. 그리스 교부들의 이름을 말하는 것은 보다 어려운 일이다. 교회에 관한 문제에 의견을 달리하는 도나투스파 티코니우스(Tychonius)를 읽었는데, 후에 아우구스티누스는 『그리스도교 교양』에서 그의 "규칙들"을 채택할 것이다. 보다 후에는 『삼위일체론』을 저술하는 것에 착수하기 전 자신이 읽을 수 있는 "구약과 신약성경의 거룩한 책들에 대한 모든 가톨릭 주석가들"을 읽을 것이다.

21. 주교직의 짐(sarcina episcopatus)

포시디우스의 『아우구스티누스의 생애』 5-7장에 따르면, 아우구스티누스는 사제 수품 이후 계속해서 수도 생활을 병행하였고, 마니교도 포르투나투스와 논쟁을 벌였으며, 아프리카 지방의 이단들, 특히 도나투스파와 마니교 그리고 이교도에 맞서 구원의 말씀을 글과 말로 선포하였다.

히포의 주교 발레리우스는 주교가 공석인 다른 교회가 아우구스티누스를 주교직에 청하여 **빼앗아갈까** 봐 두려워하였다. 발레리우스는 연만한 나이로 인해 몸이 쇠약해져서 북아프리카 교회의 수석 대주교(primas)인 카르타고의 주교에게 편지를 보내, 아우구스티누스를 동료 주교의 자격으로 히포 교회의 주교로 서품할 수 있도록 청하여 받아들여졌다. 그 후 당시 누미디아 지역의 수장인 칼라마의 메갈리우스(Megalius Calamensis) 주교가 히포 교회를 방문하였을 때, 발레리우스는 동료 주교들과 히포의 모든 사제 그리고 온 백성에게 아우구스티누스를 주교로 서품하자고 하였다. 듣고 있던 모든 이는 기뻐하면서 그리 이루어져야 한다고 큰 목소리로 외쳤다. 하지만 아우구스티누스는 아직 주교가 살아있기에 자신이 주교직에 오른다는 것은 교회의 관습에 어긋나는 것이라 거부하였다. 결국, 압력과 강요에 못 이겨 아우구스티누스는 이를 수락한다.(『아우구스티누스의 생애』 8, 1-4)

아우구스티누스의 주교 서품이 사제 서품보다 덜 소란스러웠던 것은 아니었다. 이 경우에도 주교가 고집을 피우고, 후보자는 저항하며 백성은 환호한다. 유일한 변수는, 아우구스티누스에게 서품을 주어야만 하는 누미디아 지방의 수장이요 칼라마의 노(老)주교 메갈리우스(Megalius)가 반대의 뜻을 표명한 것이다. 아우구스티누스를 자신의 부주교로 서품하기 위한 발레리우스의 조급함은 실질적인 근거가 있었다. 저술한 작품들, 강론으로 얻은 성공, 마니교도들에게 승리를 거둔 논쟁, 도나투스주의에 반대하는 부단한 행동 등이 젊은 사제에게 아프리카와 그 외 지역에서 큰 명성을 얻게 하였다. 두려워할 것은, 목자가 없는 교회가 조만간 그를 주교로 모시겠다고 요구하거나 당시의 관습에 따라 납치를 시도하는 것이었다. 유사한 시도가 이미 있었다. 발레리우스는 그에게 은밀한 곳에 숨어 있도록 설득하여 그 시도를 무위로 만들었다. 히포의 수도원에서 출발한 아우구스티누스의 두 친구도 주교직을 요구받아 주교가 되었다. 알리피우스는 타가스테, 그리고 프로푸투루스(Profuturus)는 키르타(Cirta)의 주교가 되었다. 자신의 모든 희망을 건 그 사제를 잃어버리는 재난을 피하기 위해 발레리우스는 잔꾀를 썼다. 자신이 나이가 많이 들었고 좋지 않은 건강상의 이유를 대면서 −물론 이것은 분명한 사실이기도 하다− 몰래 카르타고의 주교이며 아프리카 주교들의 수장인 아우렐리우스(Aurelius)의 동의를 받았다. 발레리우스는 마갈리우스에게 히포 교회를 방문해달라고 청하였고, (누미디아) 지역 공의회 때문에 히포에 모인 주교들 앞에서 그리고 백성들 앞에서 자신의 의향을 선포하였다. 매우 열광적인 환호성이 터져 나와 '바실리카 파치스'(Basilica pacis)의 넓은 아치형 천장을 통해 오랫동안 울려 퍼졌다. "듣고 있던 모든 이는 기뻐 열광하면서, 그렇게 되어야 한다고 큰 목소리로 외쳤다." 다른 기회에, 곧 아우구스티누스가 공식적으로 후계자로 선출되었을 때, 서기들은 우리에게 환호성과 그것이 반복된 횟수까지 기록으로 남겨 주었다.(『서한』 213, 2-3) "백성은 23번이나 '하느님은 감사받으소서! 그리스도는 찬미받으소서!'라고 외쳤다. 그리고 16번이나 '그리스도여 우리의 말을 들어주소서! 아우구스티누스 만세!'라고 또 8번이나 '당신은 아버지요, 당신은 주교이십니다!'를 외쳤다." 그리고 나서 바로 "백성들은 33번이나 '하느님은 감사받으소서! 그리스도는 찬미 받으소서!'를 외쳤고, 13번이나 '그리스도여, 우리의 말을 들어주소서! 아우구스티누스 만세!'라고 외쳤으며, 8번이나 '당신은 아버지요, 당신은 주교이십니다!'라고 외쳤다. 그리고 20번이나 '마땅하고 옳은 일이옵니다!'라고 외쳤다."

하지만 이번에는 여기서 언급된 것과는 달리, 어려움이 없지 않았다. 아우구스티누스는, 모든 주교좌에 한 명 이상의 주교를 허용하지 않는 교회의 관습에 호소하면서, 주교로 서품되는 것을 원치 않았다.

도나투스파가 지어낸 고발에 -이 중에는 사랑의 주문을 외는 마법사라는 고발도 있었다- 귀를 기울였던 메갈리우스는 그를 주교로 서품하는 것을 원하지 않았다. 이 두 태도는, 서로 다른 것인데도 불구하고, 하나로 모였다. 하지만 이 두 가지 입장에 반대되는 해결책을 제시하기 위해 큰 수고를 벌일 필요는 없었다. 아우구스티누스는 아프리카에서든 바다 건너 교회에서든 그 관습에 예외가 있었다는 것에 설득되었고, 결국 양보하는 것으로 끝났다. 하지만 당시 그는 그것이 보편 공의회, 곧 니케아 공의회에서 금지되었다는 것을 알지 못하였고, 한참 뒤에야 알고 나서 매우 유감스럽게 생각하였다. 메갈리우스는 곧 자신이 속았다는 것을 깨닫고, 자신의 과오를 공식적으로 고백하였다.

아우구스티누스의 주교 서품은 395년 주님 승천 대축일과 397년 8월 사이에 이루어졌다. 일반적으로 그리고 오늘날 많은 이들은 395년으로 본다. 카사맛사(Casamassa)와 같은 이들은 386년으로 본다. 이는 397년 4월 4일 암브로시우스가 사망한 후 그의 후계자가 된 심플리키아누스의 질문에 대한 답을 모은 두 권의 책을 저술하였을 때가 "주교직을 시작할 무렵"이라고 하였다는 것에 근거한다.(『재론고』 2, 1) 분명한 것은 397년 8월 아우구스티누스가 카르타고 공의회 행전에 히포의 주교로서 서명하였다는 것이다.

아우구스티누스는 주교직을 "지극히 위험한 직무"(periculosissimum ministerium)요 "짐"(sarcina)으로 여겼지만, 자신을 "그리스도의 종이요 그분의 이름으로 종들의 종"이라고 불렀다.(『서한』 217) 사랑으로 받아들였고 사랑으로 수행하였지만, 그는 결코 주교직을 사랑하지 않았다. 그는 400년경 카르타고의 수도자들에게 다음과 같이 적고 있다. "나의 편안함에 관련해서 잘 체계화된 수도원에서 하듯이 내 손으로 매일같이 정해진 시간에 일하는 것, 그리고 다른 이들의 문제로 인한 혼란과 고통을 겪기보다 독서하고 기도하거나 성경을 연구할 수 있는 자유 시간을 가지기를 보다 더 선호할 것입니다. (…) 하지만 우리는 교회의 종들이며, 무엇보다 가장 연약한 교회 구성원들의 종입니다."

그의 경구는 "통치하는 것은 유익이 되는 것이다."(praeesse est prodesse)였다. 이는 주교가 봉사의 직책이지 명예의 이름이 아니라는 생각에서 나왔다.(『신국론』19, 19)

여기서 우리는 '봉사'라는 주제에 관심을 두게 된다. 이는 그의 사상에서 친숙한 주제로, 주교 영성의 근간을 형성한다고 말할 수 있다. 무엇보다 그는 자신을 히포 교회의 봉사자로 생각하였다. 이를 『서한』134, 1에서 확인할 수 있다. "나는 우선적으로 나에게 맡겨진 교회를 위해 염려해야만 한다. 나는 그 교회 선익의 봉사자이며 그 교회를 다스리는 것이 아니라 남에게 이로움이 되는 것을 희망한다.(non tam praeesse quam prodesse desidero)" 그는 로마에서 온 피니아누스(Pinianus)와 멜라니아(Melania)를 만나기 위해 타가스테로 가고 싶었지만, 그럴 수 없었다. 추워서가 아니라 "주님이 나를 봉사자로 세워주셨던 히포의 백성들이 어려움에 있고, 떠나는 것이 허락되지 않기" 때문이다. 더 나아가 그는 아프리카 교회의 봉사자로 인식하였고, 최종적으로는 보편교회의 봉사자로 활동하였다. 보편교회를 위해 해야만 하는 봉사 때문에 히포를 떠날 때는, 신자들에게 그 이유를 설명한다. "나의 육체적 부재에 대해 여러분이 슬퍼하지 않기를 그리스도의 이름으로 나는 간청합니다. (…) 좋지 않은 나의 건강이 그리스도의 지체들이 −이들에 대한 봉사에 그리스도에 대한 사랑과 두려움이 나를 격려합니다− 나에게 요청하는 모든 직무를 완성하지 못하게 하고 있다는 사실이 아마도 여러분을 슬프게 하지 않는 것보다 더 나를 슬프게 합니다. 사실 변덕스러운 자유가 아니라 어쩔 수 없는 필요성 때문에 여러분의 곁을 떠났다는 것을 여러분의 사랑이 알기를 바랍니다. 이 필요성이 많은 경우 나의 거룩한 형제들로 하여금 바다를 통한, 그리고 바다 건너로 여행하는 불편함까지 직면하도록 하였습니다. 반면 나는 영혼의 사악한 의향이 아니라 나의 약한 건강 때문에 이러한 여행을 항상 삼가야만 했습니다."

봉사라는 주제는 특별히 어떤 동료의 주교 서품이나 자신의 서품 기념일에 아우구스티누스의 생각과 입에 돌아온다. 이런 경우 중 하나로서 그는 자신의 강론 주제로 다음과 같은 말을 하였다. "한 공동체를 다스리는 이는 무엇보다 많은 이들의 종이 되는 것을 알아야만 합니다." 봉사한다면 다스리는 것이다. 결론은 악한 주교들은 없다는 것이었다. 왜냐하면, 만약 악하다면, 주교들이 아니기(si mali, non episcopi) 때문이다. 그리고 '좌(座, cathedra)에 있기에 주교이다'라고 말하면서 반박할 사람에게 그는 냉정하고도 날카로운 풍자로 이렇게 대답하였다. "허수아비도 포도밭에 있다."(est et faeneus custos in vineis) 하지만 이토록 강하고 그토록 논리적인 이 주장이 경건한 주교에게 부당한 주교의 추문을 신자들이 경계하는 것을 막는 것은 아니다. 이 기회에, 다른 많은 기회와 마찬가지로, 그는 도나투스파의 가르침과 분명하게 반대되는, '주교의 직무는 그의 윤리적 자격에 의존하지 않는다'라는 성사론과 교회 규율의 기본 원칙을 상기시킨다. 포도는 가시들 사이에서 성장하더라도 포도이고, 빵은 테라코타로 만든 접시에 날라져도 빵인 것이다.

주교 서품 기념일은 그에게 책임의 무게를 상기하고, 신자들에게 기도와 순명의 도움을 청하기에 적당한 날로 자리매김한다. "이렇게 무겁고도 다양하며 여러 활동에서 여러분은 기도와 순명으로써 우리에게 도움을 주십시오. 다스리는 것이 아닌 도움이 되는 것이 우리에게 기쁨의 원인이 되도록 말입니다."

아우구스티누스가 주교직의 무게를 강조하는 것은 옳았다. 4세기 아프리카에서, 온갖 지역에서 온 외국인들이 항구에 정박하고, 광장에서는 교양 있는 사람들과 오지에 사는 농민들을 만나는 히포와 같은 도시에서, 다정다감하면서도 거칠고 폭력적이며, 종교적으로도 사회적으로도 분할된 거주민 가운데에서, 주교의 역할은 쉬운 것과는 거리가 멀었다. 무엇보다 아우구스티누스와 같은 기질과 급진성을 지닌 사람을 다룰 때는 더욱 그러하였다.

강론, 교리교수, 성사 집전, 가난한 이들에 대한 배려, 비천한 이들과 비후견인들 보호, 성직자 양성, 환자 방문, 교회 재산 관리 그리고 무엇보다 사법(司法) 등이 시간과 책임, 에너지를 요구하던 임무였다. 이단들을 거슬러 신앙의 정통성과 열교를 거슬러 교회의 일치를 보호하는 보다 보편적인 임무는 차치하고도 말이다. 특별히 사법은 아우구스티누스에게 버거웠다. 그에게만 그러한 것이 아니었다고 생각할 수 있다. 오랜 시간 동안 법정에 앉아있기, 경청하기, 훈계

주기, 판결 내리기는 고생스럽고도 피곤한 일이었다. 이 일에 아우구스티누스는 하루의 많은 시간을 투자했는데, 간혹 식사를 가볍게 때우거나 어떤 때는 하루종일 굶으면서 관대하게 감수하였다. 이러한 역할에 대해 그는 카프라이아(Capraia)의 대수도원장 에우독시우스(Eudoxius)에게 보낸 비탄에 잠긴 편지에서 이렇게 언급하고 있다. "여러분들의 거룩한 기도 중에 우리를 기억해 주기를 (…) 여러분에게 간청합니다. 우리의 기도는 세속 재판들의 혼란과 암흑으로 짓눌리고 연약하게 되는 반면, 여러분의 기도는 보다 큰 주의와 신중함으로 고양된다고 우리는 믿기 때문입니다. (…) 힘들게 살아있을 정도로 많은 질문들로 우리는 괴로워하고 있습니다. 무엇보다 만약 우리가 상급에 대한 약속으로써 우리를 결합하는 것이 합당한 직무에서 참아 견디어낸다면 수인들의 탄식이 도달하는 늑방을 지닌 그분이 여러분들의 기도의 도움으로써 우리를 모든 어려움에서 해방시키주실 것입니다."

이러한 봉사의 뿌리는 사랑이기에, "주님의 양떼를 보살피는 것은 사랑의 책무이어야 한다."라고 그는 말한다.(『요한복음 강해』 123, 5) 이 장중한 표현은 요한복음을 주석하는 강론의 한 부분을 이루며, 같은 요한복음에 그 근거를 둔다. 여기서 주님이 베드로에게 자신의 양떼를 맡기기 전에 사랑의 삼중 고백을 요구하는 것을 읽게 된다. "너는 나를 사랑하기 때문에, 무엇을 나에게 줄 것인지, 무엇을 나에게 제공할 것인지? 라고 거의 말할 정도로 (…) 만약 네가 나를 사랑한다면, 이것을 너는 나에게 줄 것이고, 이것을 제공할 것이다. 곧 나의 양들을 돌보아라." 아우구스티누스 자신이 타볼 산에서 주님과 함께 머무르겠다고 요청한 베드로에게 향한 말들이 히포의 주교에게 적합할 것이다. "베드로여 내려가시오. 당신은 산 위에서 머물기를 희망했었지. 아니요 내려가시오. 말씀을 선포하시오. (…) 일하시오. 많이 피곤해지시오. 어떠한 고통도 받아들이시오. (…) 오, 베드로여 당신 원의가 실현되는 것은 보존되어 있고, 죽음 후에 일어날 것입니다. 지금 주님 그분 자신은 당신에게 이렇게 말씀하십니다. '땅 위에서 피곤해지기 위해, 땅에서 봉사하기 위해, 멸시받기 위해, 땅 위에서 십자가에 못 박히도록 내려가라.' 죽임을 당하기 위해 생명께서 내려오셨습니다. 굶주림을 겪기 위해 빵이 내려오셨습니다. 길에서 피곤해지기 위해 길이 내려오셨습니다. 목마름을 겪기 위해 샘이 내려오셨습니다. 그러니 당신은 일하는 것을 거절하겠습니까? 당신의 개인적 이익을 추구해서는 안 됩니다. 당신은 사랑을 지녀야 하고, 진리를 선포해야 합니다. 그때 당신은 영원성에 도달할 것이고, 평화를 발견하게 될 것입니다."

결국, 아우구스티누스에게 있어 주교직은 그 자체로 기대한 선익이 아니라 그리스도께 대한 사랑의 증거로 받아든 직무이다. 겸손하고, 사심이 없으며, 관대해야만 하는 사랑이다. 곧 구원의 근원이 주교가 아니라 그리스도인이라는 것을 알기에 겸손해야만 한다. 그리스도의 양들 안에서 자신을 위해서가 아니라 그리스도의 영광과 통치 그리고 이익을 추구하면서, 그들을 자신의 것이 아니라 그리스도의 것으로서 돌보아야 하기에 사심이 없어야만 한다. 그리고 죽음보다 더 강해야 하기에 관대해야만 한다.

이러한 측면에서 주교가 된다는 사실에 큰 두려움을 표현하고, 오히려 그리스도인이 된다는 것에 큰 기쁨을 드러낸다. "여러분에게 저는 주교이지만, 여러분과 함께 그리스도인입니다. 주교는 받은 책임에 대한 칭호이지만, 그리스도인은 은총의 이름입니다. 주교는 위험의 샘이지만, 그리스도인은 구원의 샘입니다."(『강론』 340, 1) 또한, 아우구스티누스는 자신에게 맡겨진 양떼를 위해 실제로든 희망으로든 (aut effectu aut affectu) 죽을 수 있도록, 신자들에게 자신을 위해 주님께 기도해달라고 청한다.(『강론』 296, 5)

22. 말씀의 분배자: 설교가로서의 아우구스티누스의 봉사

포시디우스의 『아우구스티누스의 생애』 5, 3-4에 따르면, "그분(발레리우스)은 교회에서 당신 앞에서 복음을 선포하고 자주 설교할 수 있는 권한을 사제 아우구스티누스에게 주셨다. 그런데 이것은 아프리카 교회의 관습에 어긋나는 것이었다. 이런 이유로 어떤 주교들은 발레리우스를 비난하였다. 그러나 공경받아 마땅하고 신중하신 발레리우스께서는 동방 교회에서는 통상 이렇게 한다는 것을 익히 알고 계시면서 교회의 유익을 찾고 계셨으므로, 헐뜯는 이들의 비난을 귀담아 듣지 않으셨다. 단지 주교인 자신이 할 수 없다고 여기는 일이 사제에게서 이루어지기만 하면 되었던 것이다."[115]

---

[115] 395년 말경 타가스테의 주교 알리피우스에게 보낸 서한에서 아우구스티누스는 발레리우스가 맡긴 강론의 권한을 "진리의 말씀을 설명하는 그토록 위험한 직무"(tractandi verba veritatis tam

"당신의 마지막 병환 때까지 끊임없이 교회에서 하느님의 말씀을 기쁘고 힘차게 맑은 정신과 건전한 판단력으로 설교하셨다."116 첫 전기 작가의 이 말은 거의 40년간 수행한 말씀의 직무를 반영하고 있다. 연약한 건강, 약한 목소리, 공부와 묵상을 위한 고요함에 대해 만족할 줄 모르는 탐구자임에도 불구하고, 아우구스티누스는 강론을 많이 하였다. 아우구스티누스는 히포뿐 아니라 카르타고 등 아프리카 여러 교회에서도 강론을 많이 하였다. 그는 일주일에 두 번, 즉 토요일과 주일에 강론하였다고 한다. 하지만 평일에도 종종 강론하였고, 어떤 날은 하루에 두 번 하였다고 한다. 이런 것을 종합해보면 실로 엄청난 횟수의 강론을 한 것이다.117 때문에 "어느 곳이든 내가 있는 경우에는 항상 말해야만 했습니다. 침묵을 지키면서 타인의 말을 경청하는 것이, 따라서 듣는 데에는 준비가 되어있고 말하는 데는 천천히 하는 것이 나에게는 매우 드물게 허용되었습니다"라고 불만을 토로하기도 하였다.118

아우구스티누스의 강론은 세 범주로 구분된다. 곧 복음과 성 요한의 첫째 편지에 대한 주석, 시편에 대한 주석, 그리고 다양한 강론들이다. 그리고 세 번째의 것은 성경에 대한 주석, 전례 시기에 대한 강론, 각종 기회에 행한 강론 등 세 범주로 다시 구분된다.

---

periculosum onus)로 묘사하고 있다.
116 포시디우스, 『아우구스티누스의 생애』 31, 4.
117 베르브라켄에 따르면, 아우구스티누스는 8000회 정도 강론을 했다고 한다: P. -P. Verbraken, "Lire aujourd'hui les Sermon de saint Augustin à l'occaion du XVIe centenaire de sa conversion", in *Nouvelle Recherche Théologique* 109(1987), p. 830.
118 『재론고』 서언(prologus) 2.

더욱이 히포의 주교에게 강론은 큰 노고와 지속적인 고통을 수반하였다. 그것이 요구하는 육체적 노력으로 인한 노고와 −피곤함이나 완전한 무성증(無聲症) 때문에 말하는 것을 그만두어야만 했던 경우가 드물지 않았다.− 본인의 원의와 달리 공부에 전념하는 것이 불가능한 데서 오는 고통이었다. 또한, 그가 깊게 느끼던 말과 생각 사이의 불균형이 있었다. 이러한 고통의 반향을 종종 강론에서 느끼게 된다. "관상에 대한 확실하고도 평온한 고요함을 그 누구도 나보다 더 사랑하지 않을 것입니다. 세속의 소음으로부터 멀리 떨어져 신적 보물을 자세히 조사하는 것보다 더 좋은 것도 없고, 더 달콤한 것도 없습니다. 그것은 달콤한 것이요, 좋은 것입니다. 반면, 강론하는 것, 책망하는 것, 교정하는 것, 교화하는 것, 각 사람이 필요로 하는 것을 보살피는 것 등은 큰 짐이요, 큰 부담이며, 큰 노고입니다. 누가 이러한 수고를 피하려고 하지 않겠습니까? 하지만 복음이 나를 놀라게 합니다.(Terret me Evangelium)" 또한, 그가 말할 때, 자신 안에 빛나는 진리의 광채와 소리로 표현되는 말의 부정확함이 대조되면서 또 다른 고통의 원인이 되었다. 아마도 이러한 고통에서, 이러한 내적 긴장에서, 아우구스티누스의 달변(eloquentia)이 지닌 보다 매혹적인 측면 중의 하나가 탄생한다.

아우구스티누스는 나지안주스의 그레고리우스(Gregorius Nazianzenus, 326/330?−390?)의 왕성한 충만함도, 크리소스토무스(Ioannes Chrysostomus, 349/350−407)의 만개한 풍부한 상상력도, 암브로시우스의 예술적 장엄함도, 레오 대교황(Leo I Magnus, 440−461)의 로마식 위엄도 갖고 있지 않았다. 그 대신 그는 사상의 심오함, 말의 확실성과 정확함, 설명의 직접성과 따뜻한 정감, 시와 음악에서 모든 이들보다 탁월함을 지니고 있었다.

생애 말엽인 427년 그는 거룩한 달변에 관한 짧은 논문을 작성하였다. 바로 『그리스도교 교양』(De doctrina christiana) 제4권이다. 그는 자신에게 부족한 것이 많다는 것을 알기에 자기 자신을 모델로 하지 않겠다고 주장한다. 하지만 실제적으로는 그의 체험에 대한 성찰이 그 이론에 있다. "어떤 웅변가", 곧 치체로에게서 영감을 받은 그는 강론을 세 부류로 구분한다. 곧 단순한 것, 화려한 것, 감동적인 것이다. 이 세 부류에 각기 다른 세 개의 문체가 상응한다. 진술체(陳述體), 만연체(緩慢體), 장엄체(莊嚴體)이다. 아우구스티누스는 세 가지 모두를 구사할 줄 알며 매우 자연스럽게 하나에서 다른 것으로 넘어간다.

그는 고대 웅변술의 규칙들과 도구를 무시하지 않지만, 거룩한 웅변설의 규범은 성경이라고 주장한다. 그는 성경에서 그리고 치프리아누스와 암브로시우스에게서 각 세 문체의 예를 뽑아내고 있다. 그에게 있어 거룩한 웅변가는 "성경을 주석하고 가르치는" 사람이다. 사실 이 인물은 지혜와 언변으로써 말할 수 있는 단계에 있어야만 한다. 만약 언변으로써 할 수 없다면, 적어도 지혜로써 해야 한다. "사람은 성경에 더 혹은 덜 정진한 그만큼 그 말에서 지혜가 더 혹은 덜 나타난다. 여기서 내가 하는 말은 많이 읽고 암기하는 정진이 아니고 철저히 이해하고 그 의미를 진지하게 탐구하는 정진이다. 곧 마음의 눈으로 성경의 핵심을 바라보는 것이다." 말하기 위해서는 경청할 줄 아는 것이 필요하다. 따라서 "내심에서 하느님의 말씀을 듣지 않는 이는 외적으로 그것의 공허한 설교가"가 될 것이다. 이 계명에서 성경을 공부하려는 만족할 줄 모르는 원의와 그의 강론의 현저한 성서적 특성이 나온다. 그는 스승이며 제자라고 느낀다. 그는 자기 자신이 음식을 먹는 동일한 식탁에서 타인들을 양육하기를 원한다. "이 좌에서 우리는 여러분을 위한 스승으로서 있습니다. 하지만 우리도 여러분과 함께 유일한 스승하에 있는 같은 제자입니다." "나는 내 자신이 살아가는 자양분을 여러분에게 드립니다. 내가 내 자신을 배부르게 하는 음식들을 여러분의 식탁 위에 올려놓습니다. 나는 교직자이지, 집의 가장은 아닙니다."

아우구스티누스는 자신이 성경을 묵상하면서 발견한 것을 백성들에게 아무것도 숨기지 않는다. 그에게는 하나는 단순한 이들을 위한 가르침이고 다른 하나는 학식 있는 이들을 위한 가르침이라는, 두 개의 상이한 가르침이 없다. 그리스도교 진리의 샘은 유일하며, 모든 이가 갈증을 해소하기 위해 접근할 수 있어야 한다. 따라서 그가 강론에서 다루고 있는 주제들은 저서의 논문들(opuscula in libris)에서 다뤄지고 있으며, 더 큰 부담을 느끼며 저술한 작품들에서 다루고 있는 것과 동일하다. 곧 『삼위일체론』, 『신국론』, 『창세기 문자적 해설』 그리고 다른 논쟁적인 작품들에서 다루고 있으며, 신학의 모든 영역과 성경에서 다루고 있는 모든 논제를 건드리는 주제들이다. 곧 삼위일체론적, 그리스도론적, 교회론적, 종말론적, 윤리적, 수덕적, 신비적 주제들이다. 종종 이 주제들은 논쟁의 필요성에서 부과되기도 하고, 신자들의 교화와 충족될 수 없는 진리의 풍요로움을 심화하는 기쁨 때문에 의도적으로 선택되기도 하였다.

강론은 귀중한 주석서이며, 종종 더 중요한 작품들에 대한 매우 유익한 설명이다. 단순한 백성들이 접근할 수 있도록 용어의 정확함, 방대하면서도 면밀한 전개, 생생한 표상들과 항상 놀라움을 자아내고 잊어버리지 않게 하는 예들을 그는 자주 사용한다. 아우구스티누스는 강론에서 분석적이면서 동시에 종합적인 인물이 되는 법을 알고 있다. 곧 사상의 심오함을 이해시키기 위해 분석적이고, 간혹 격언으로 보일 정도로 정확한 정식으로 요약하는 것을 볼 때는 종합적이다. 삼위일체론적 주제 중 한 예를 들어보자. 강론에서 주요 작품에 나타난 주제들이 다시 발견된다. 곧 외적(ad extra) 행위들의 비분리성, 신적 발현들, 관계, 심리학적 설명, 초월성과 신비의 신비주의적 관상, 내적 삼위일체 위격들의 속성 그리고 구원의 역사 안에서 삼위일체의 현현 등이다. 『삼위일체론』에 이어 『요한복음 강해』가 이 주제에 관한 아우구스티누스의 신학을 알게 해주는 매우 중요한 작품이다.

동일한 모습이 육화, 교회, 자유와 은총, 예정과 같은 다른 주제에도 나타난다. 여기서 하나의 관측이 적당해 보인다. 『고백록』을 예외로 한다면, 강론들에서 우리는 다른 작품에서는 나타나지 않는 신비적이고도 시적인 비행을 만난다. 거기에 날개를 제공하는 것은 거룩한 본문과 백성들의 현존이다. 그러면서 그는 가정에 있는 느낌을 갖는다. 자신의 영혼을 열고, 보다 깊은 자기 생각의 베일을 벗기며, 자신을 따르는 백성과 함께 하느님을 향해 올라간다.

회심의 순간부터 그의 마음은 찬미드리고, 감사하며, 권고하고, 청원하는 시편 저자들의 열정적인 강조점들을 발견하였다. 그 순간부터 그 강조점들은 묵상의 일상적인 주제와 매일의 기도 정식이 되었다. 사제가 된 후, 그는 시편을 기억 속에 담아 두고, 성당과 집에서 노래하는 백성들이 시편의 의미를 이해하고 그 아름다움을 맛보도록 도와주기 위해 시편 전체를 주석하려고 생각하였다. 보통 그는 이 작업을 강론을 통해 수행하였다. 여기에서 사제직 초기부터 주교직을 수행한 햇수가 경과할 때까지 (392-415 혹은 일부 시편들의 경우에는 보다 더 늦게) 저자를 사로잡은 엄청난 작품이 -아우구스티누스의 작품 중 가장 권수가 많은 작품이다- 나오게 되었다. 광범위한 작품이지만 신학적이고도 영성적인 가르침의 마르지 않는 매혹적인 원천이다. 자비를 간구하는 죄인의 심연에서부터 하느님을 찬미하고 그분 앞에서 기뻐하는 관상가의 정점까지 그리스도인의 삶과 신심에 관한 모든 주제가 다루어졌다. 그리스도와 교회의 목소리, 교회 안에서 그리스도의 목소리 그리고 그리스도 안에서 교회의 목소리를 듣게 해주는 시편에 아우구스티누스가 일상적으로 제시하는 그리스도론적 주석은 더 생생하고 실제적인 답변이 되고, 보다 통찰력이 있는 주석서가 되는 데 도움이 되었다. 알다시피, 이 주석은 히포의 주교에게 친숙한 가르침 위에 기초하는데, 『시편 상해』에서 방대하면서도 자주 반복되는 주장인 '온전한 그리스도'(Christus totus)라는 가르침을 발견한다.

또 다른 방식의 주석적-교의적 가르침은 『요한복음 강해』이다. 여기서 복음사가의 말을 따라가면서 아우구스티누스가 더 높은 신학적 성찰로 고양하고, 이에 부차적으로 철학적 성찰까지도 고양하는 것은 자연스러운 일이다. 플로티누스 또한 그가 복음을 이해하는 데 도움이 된다. 보다 고차원적이고 보다 어려운 구절들이 그를 놀라게 하기보다 그의 소질을 자극하여 알고자 하는 원의를 증가시킨다. 이러한 경우에도 그는 참으로 탁월하다. 왜냐하면, 깊고도 동시에 단순하며, 독창적이면서도 단순하게 되는 법을 알기 때문이다.

『요한복음 강해』에 요한의 첫째 서한, 더 정확하게는 요한의 첫 번째 서한의 첫 구절들에 대한 주석서를 결합하는 것이 필요하다. 사랑이라는 주제에 관한 10개의 강론이 있다. 이 주제에 관해 그리스도교 문학이 보유하고 있는 것 중 최고이다.

성경 공부 외에 우리가 지적했던 것에 대한 논문에서 아우구스티누스는 거룩한 웅변가에게 기도를 권고한다. "발언자(發言者)이기에 앞서 탄원자(歎願者)가 되어야 한다." 그의 개인적 태도를 반영하는 상황 중 하나이다. 그는 묵상과 기도로써 준비하였다. 말할 때, 그는 항상 매우 단순하며 즉각적인 서언에서, 자신이 신자들에게 진 빚을 갚을 수 있게 자신을 위해 기도해달라고 신자들에게 권고하거나, 그들이 이미 기도했다는 확실함에 기뻐하였다. 때때로 강론을 즉흥적으로 해야만 하는 일도 있었다. 그때 그는 거룩한 복음이 자신에게 제시하는 생각들의 파도에 자신을 맡겨 자신에게 친숙하고 일상적인 생각을 강조하곤 하였다. 그것은 한 동료가 강론하도록 그를 초대할 때, 그리고 그가 준비하였던 것과는 다른 주제를 그에게 제시할 때, 그가 제시하였던 것과 다른 시편을 선창자가 노래할 때, 선창자가 자기 마음대로 시편 하나를 노래하는 주도권을 가졌을 때 그에게 일어나곤 하였다.

이러한 경우에 그는 그 일에서 하느님 의지의 표지를 보곤 하였다. 준비된 주제를 포기하고 그에게 제시된 것을 취하였다. "나는 짧은 시편 하나를 주석하려고 준비하였고 독서자에게 그것을 노래하라고 지시하였습니다. 아마도 그가 부주의해서 다른 것을 노래하였습니다. 나는 여러분에게 내가 준비했던 것을 말하면서 나의 뜻을 따르기보다, 이러한 독서자의 실수 안에 드러난 하느님의 뜻을 따르는 것을 선호합니다." "나는 이 강론을 준비하지 않았습니다. (…) 지금 하느님 자신이 회개에 대해 말하라고 나에게 명하십니다. 이 시편을 노래하라고 독서자에게 규정한 것이 내가 아니었습니다." 하지만 즉흥성이 강론의 질을 떨어뜨리지는 않았다.

아우구스티누스의 강론은 순수하게 대중적인 성격을 지닌다. 수사학의 도구들을 무시하지 않지만, 무엇보다 목자와 조화를 이루며 그와 함께 찾고, 기뻐하며, 탄식하는 백성과의 친밀한 대화이길 원한다. 이는 알파벳 시편에서(알파벳 시편과는 다른?) 새로운 유형의 시를 제안할 실제적인 필요에서 나온 새로운 유형의 달변이다. 또한, 용어도 더 나은 명백함이나 효과가 필요할 때 친숙한 속어에서 채용한 표현도 많이 사용하였다. "나는 백성들이 이해하지 못하는 것보다 문법가들의 비판을 받는 것을 선호한다." 그는 'feneratur' 대신에 'fenerat'라고, 'os' 대신에 'ossum'이라고, 'sanguine' 대신에 'sanguinibus'라고 말한다. 또한, 그는 종종 두운법(頭韻法, alliteration), 말장난, 거친 표현들도 사용한다. 오늘날 우리에게는 이 모든 것이 불쾌감을 줄 수 있다.

하지만 아우구스티누스에게는 강론의 목적인 청중들의 마음 안에 진리를 터득하도록 가르치기 위해 유익한 표현수단이었다. 백성들은 주의 깊게, 욕심내어, 지성으로 그의 강론을 쫓아갔다. 백성들은 반응을 보였고, 중단시켰으며, 박수를 보냈다. 강론자는 자신의 입장에서 유익한 여담을 통해 그 반응을 이용하였지만, 중심 생각에서 멀어지는 것을 허용하지 않았다. 박수갈채가 종종 있었고 오랫동안 이루어질 때도 그는 혼란에 빠지지 않았다.

하지만 그 박수갈채가 위선적인 것, 곧 삶과 조화되지 않는 것을 그는 원하지 않았다. 그러할 때 그는 "나는 박수갈채가 아닌 훌륭한 행동을 원합니다."라고 외치곤 하였다. "나는 악하게 사는 이들에 의해 칭송받는 것을 원하지 않습니다. 나는 그것을 증오합니다. 나는 그것을 미워합니다. 나에게 기쁨이 아닌 고통의 원인이 됩니다. (…) 여러분은 나에게 박수를 칩니다. 하지만 나에게 환호하는 이들이 어떻게 사는지 나는 자문하게 됩니다." 박수갈채가 백성들이 이해했다는 표지일 때, 그는 기뻐하며 용기를 내어 계속해서 어려운 주제를 진행하였다. 예를 든다면 삼위일체에 관한 것이다. 하지만 그는 찬사가 자신에게 하나의 유혹이 된다는 것을 감추지 않으며 어떻게 벗어나야 할지 모른다.(고 말한다.) "만약 내가 선하게 살고 있는 이들에 의해 찬사를 받기를 원하지 않는다고 말한다면, 거짓말을 하는 것입니다. (…) 나는 그것을 완전히 원하지 않으며, 온전히 그것을 원하지 않는 것도 아닙니다. 내가 그것을 완전히 원하지 않는 것은 인간적 찬사의 위험에 빠지지 않기 위함입니다. 내가 그것을 온전히 원하지 않는 것도 아니라는 것은, 나의 강론을 듣고 있는 이들이 기분 나쁘지 않기 위함입니다."

아우구스티누스의 강론은 많은 결과를 가져왔는데, 종종 주목할 만하며 즉각적이기도 하였다. 실제적으로는 음탕한 잔치였던 '래티티아'(laetitia)라고 부르던 축제가 히포에서 중단된 것과 마우리타니아의 카이사리아(Caesarea Mauritaniae)에서의 "패싸움"(caterva) 이야기를 그 자신이 우리에게 전해준다. 반면 포시디우스는 피르무스(Firmus)의 예기치 않은 회심을 기억한다. 신자들은 목자가 생명을 불어넣은 진실하고도 사심 없는 사랑이 말 안에 혼합되어 있다고 느꼈기에 저항하는 법이 없었다. "나는 무엇을 원하며, 나는 무엇을 희망하고, 나는 무엇을 바라고, 왜 나는 말을 합니까? 왜 나는 여기에 앉아 있습니까? 왜 내가 살아있습니까? 우리 모두가 그리스도와 함께 살게 하는 것이 아니겠습니까? (…) 이것이 나의 바람이요, 나의 영예이며, 나의 영광이고, 나의 기쁨이며, 나의 소유입니다. (…) 나는 여러분 없이 구원되는 것을 원하지 않습니다." 사실 이토록 강하고 솔직한 사랑의 박동에 저항하기는 어려운 일이다.

23. 논쟁가

히포의 주교는 의심의 여지 없이 놀라운 논쟁가이다. 그는 연구를 통해 자신의 사상들을 성숙시키고 이것들을 강력하게, 명쾌하게, 능숙하게 옹호한다. 세부적인 것들 안에서 길을 잃지 않고 본질을 향해 똑바로 간다. 확실한 직관으로 그는 오류에 빠진 원리의 결말을 내다보며, 냉혹한 논리로 그것을 끌어낸다.

노련한 논리학자인 그는 상대방의 억지 논리들을 발견하고, 상대방을 딜레마라는 냉혹한 무기로 흔들면서 자신을 옹호하는 상황을 만든다. 그에게는 유일하게 일관된 방법이 있다. 그것은 진리에 굴복하는 것이다. 진리의 승리는 비천하게 만들지 않고 고양시킨다. 그는 자신의 믿음에 대해 확신하며 이를 옹호하기 위해 모든 주제를 정리할 줄 안다. 논제가 옹색하여 빈말을 되풀이하는 이에게 그는, 애처로이 여기는 풍자가 없는 것은 아니었지만, 말하는 것을 알지도 못하고 침묵하는 것도 알지 못하는 사람보다 더 나쁜 상황은 없다는 것을 상기시킨다.

하지만 아우구스티누스의 논쟁은 사랑에서 나오며 사랑에서 자양분을 공급받는다. 오류에 빠진 이들과 진리에 대한 감동적이며 부드러운 사랑에서 나오는 이 진리의 매력적인 힘을 그는 항상 신뢰한다. 그 진리는 반박의 여지가 없지만, 또한 겸손하고, 관대하며, 솔직하고, 건설적이다.

히포의 주교는 고통스러운 오류의 체험을 절대 잊지 않는다. 이 기억이 그를 겸허하고 너그럽게 만든다. 그는 마니교도들에게 이렇게 말한다. "얼마나 큰 수고로써 진리를 발견하는지, 그리고 얼마나 어렵게 오류들을 피하는지 알지 못하는 이들이 여러분에게 엄하게 하기를 바랍니다. (…) 경건한 정신의 부드러움으로 육체적 환상들을 극복하는 것이 얼마나 드물고 힘든 것인지 알지 못하는 이들 (…) 자신의 태양을 볼 수 있게끔 하기 위해 내적 인간의 눈을 치료하는 것이 얼마나 큰 비용이 드는지 알지 못하는 이들 (…) 비록 제일 작은 부분이나마 하느님을 이해하는데 도달하기 위하여 얼마나 많은 한숨과 탄식이 필요한지 모르는 이들이 여러분에게 엄하게 하기를 바랍니다. (…) 마지막으로 오류, 곧 여러분이 휩쓸려 들어갔음을 인지하는 오류에 결코 속지 않았던 이들이 여러분에게 엄하게 하기를 바랍니다. 하지만 나는 (…) 절대적으로 그것이 될 수 없습니다. (…) 내가 여러분의 가르침을 따르고 있을 때 (…) 내 주위에 있던 이들이 (…) 나에게 가졌던 인내만큼 나도 여러분에게 그러한 인내를 가져야만 합니다."

자신이 범한 오류를 의식하는 것은 펠라기우스(Pelagius, 350/354?-428?) 논쟁에서도 나타난다. 펠라기우스주의자들이 아닌 갈리아의 수도승들이 은총에 대한 그의 가르침을 반박하며 항의하던 가장 고통스러운 펠라기우스 논쟁의 순간에, 그는 현재 자신의 반대자들이 범하고 있는 오류와 똑같은 것을 자신도 예전에 범했다는 것을 공개적으로 고백한다. 게다가, "나의 작품들을 읽는 이들의 판단이 나를 교육시킬 뿐 아니라 보다 크게 나를 교정해주게끔 할 때, 나는 그것을 하느님의 호의로서 간주합니다. 그리고 무엇보다 교회의 박사들에게 내가 기대하는 것은 이러한 봉사입니다." 하지만 이러한 의식적인 겸허함이 그가 자신의 반대자들도 실수할 수 있기에 그들 역시 오류에 빠지지 않도록 조심해야만 한다는 것을 상기시키는 것을 막는 것은 아니다. "내가 실수한다고 생각하는 이들이 자신들도 실수하는 일이 발생하지 않도록 내가 쓴 것을 주의 깊게 그리고 반복해서 숙고하기를 바랍니다."

진리의 힘에 대한 동일한 신뢰가 도나투스파 논쟁에서 드러난다. 그는 도나투스주의자들에게 그들이 머물러 있어야만 할 교회 안에서 지켜야 할 신학적 토론의 규칙이 어떤 것인지 상기시킨다. 애매한 것이 명확해질 때까지 토론할 수 있고 또 토론해야만 하지만 "신성 모독적 오만의 연기 없이, 교만으로 가득 찬 머리 없이, 창백한 질투의 논쟁 없이 그러나 거룩한 겸손함으로, 가톨릭의 평화로, 그리스도인의 사랑으로" 하는 것이다. 이것이, 그가 그들과의 토론에서 세우고자 원했던 풍토였다는 것에는 의심의 여지가 없다. 그는 그들이 자신의 형제들이라고 느끼고 있었고, 그래서 그들을 사랑하고 있었다. "그들이 원하든 원하지 않든 간에, 그들은 우리의 형제들입니다. 그들이 더 이상 '주님의 기도'를 하지 않을 때에만 더 이상 우리의 형제들이 아닙니다." 도나투스주의자들은 이것을 좋아하지 않았으며 경멸적으로 반응하였다. 그들의 이러한 행동 깊숙이에는 하나의 논리가 있었다. 그들은 가톨릭 신자가 집전한 세례의 유효성을 인정하지 않으면서, 가톨릭 신자들을 그리스도 안에서 자신들의 형제로 간주하지 않았고 또 그렇게 간주되기를 원하지 않았다. 가톨릭 신자들이 할 수 있는 유일한 일은 그들에게 관심을 두지 않는 것이요, 그들을 무시하는 것이었다. 심리학적 장벽이 있었다. 아우구스티누스는 용기를 잃지 않는다. 그는 이 장벽을 깨기 위해 모든 것을 시도한다. 그리고 거기에 성공하는데, 그 무기는 사랑이다. "그들이 원하는 것을 우리를 거슬러 말하기를 바랍니다. 그들이 원하지 않음에도 불구하고 우리는 그들을 사랑합니다."

　모든 이가 진리를 공동으로 소유하기를 원하는 이 사랑의 뿌리에서 반대자들에 대한 존경과 관대함이 태어난다. 도나투스주의자들에 관련하여 아우구스티누스는 이를 감동적으로 증명하였다. 비록 도나투스파 논쟁에서 국가 권력에 호소하는 슬픈 사건이 발생했지만, 우리는 도나투스파에 대해 말한다. 그는 계산된 것이 아닌 솔직한 경의로 그들에게 향한다. "비록 대다수의 사람들에게 드러나지 않음에도 불구하고, 내가 순수한 지향으로써 그리고 그리스도교 겸손의 불안한 감정으로써 행동하는 것에로 실제적으로 움직인다는 것을, 주의 깊게 의식을 관찰하는 이는 보고 있습니다."

401년 카르타고 공의회에서 그는 도나투스파 성직자들의 고유한 직분을 그대로 유지하면서 가톨릭교회에 받아들인다는 화해적 규정을 굳게 지지하였다. 411년 대토론회에서 그는 더 많이 나아갔다. 곧 가톨릭 주교들이 패배할 경우 도나투스파 동료들에 대한 호의로써 주교직을 버리겠다고 토론회를 주재하는 호민관 마르켈리누스(Marcellinus)에게 서면으로 약속하자고 그는 제안하였다. 하지만 승리할 경우에는 그들에게 동일한 것을 요구하지 않겠다는 것이었다. 결국, 가톨릭이 승리하면 도나투스파 주교들은 가톨릭 주교들과 주교직분을 공유할 것이다. 좌에 교대로 앉든지 혹은 백성이 이것을 받아들이지 않는 것처럼 보인다면, 유일한 목자를 선출하도록 둘 다 주교직을 포기하게 될 것이다. 거의 300명이나 되는 참석 주교들은 두 명만 예외로 하고 열정적으로 그 제안에 동의하였다. 장중한 문헌이 편집되었다.

여기서 우리는 다음과 같이 읽는다. "우리 구세주에게 이 겸손의 희생을 봉헌하는데 왜 우리는 망설이고 있는 것입니까? 그분은 우리가 그분의 지체가 되도록 하늘에서 인간의 지체들 안에 내려오시지 않았습니까? 그런데 그분의 지체들이 잔혹한 분리에 의해 찢어지고 있는 위험을 피하기 위해 우리의 좌에서 내려오는 것에 대해 우리가 두려움을 가질 것입니까? 우리에게 관한 한, 충실하고 겸손한 그리스도인이라는 것만으로도 우리에게 충분합니다. 따라서 항상 그러한 사람이 되도록 노력합시다. 또한 우리는 그리스도교 공동체들에 대한 봉사를 위해 주교로 서품되었습니다. 따라서 우리의 주교직에 관계되는 것을 통해 그리스도교 평화를 위해 그리스도의 신자들에게 유익한 일을 합시다. 만약 우리가 유익한 종이라면, 우리의 현세적 직분들에 대한 사랑 때문에 주님의 영원한 관심에 왜 해를 입히려 합니까? 우리의 주교 직분은 그것을 내려놓으면서 우리가 그리스도의 양떼를 모은다면, 그것을 보존하면서 양떼들이 흩어지는 원인이 되는 것보다 우리에게 더 풍성할 것입니다. 우리의 교회적 명예가 이 세상에서 그리스도의 일치를 방해한다면, 어떠한 뻔뻔스러움으로 우리가 그리스도에 의해 미래에 약속된 영예를 희망할 수 있습니까?"

이 표현에서 히포의 주교의 위대한 영혼과 효과적인 문체를 인정하지 않을 사람은 없을 것이다. 하지만 어떤 이는 그를 부정직하다고 고발한다. 이것은 아마도 위에서 언급한 제안을 정식화하면서, 승리가 가톨릭 편을 택하리라는 희망뿐 아니라 그런 확신을 그가 마음에 간직하고 있었기 때문일 것이다. 만약 고발의 이유가 이것이라면, 우리는 그 설득력을 이해하지 못한다고 말해야만 한다. 즉 우리는 이 확신이 어떻게 그 제안을 부정직하게 하는지 이해하지 못한다. 이 제안은 가톨릭 편이 승리하더라도 가톨릭 주교들이 다음과 같은 두 가지 결말 중 하나를 수용해야 한다고 예견하고 있다. 교구를 통치하는 데 있어 도나투스파 주교를 자신들의 곁에 두든지 아니면 제3의 인물의 선출에 동의하기 위해 주교직을 포기하는 것이다. 두 가지 모두 책임에 대한 신중한 의미 없이는 그리고 교회에 대한 사심 없는 사랑 없이는 받아들일 수 없는 무거운 결론이다.

몇 년이 지난 후 아우구스티누스는 그 상황에서 자신이 제시하고 수용된 그 제안을 "매우 달콤하며 매우 부드러운 사건"으로 기억한다. 그리고 그 깊은 사목적 이유를 설명한다. "만약 나의 주교직을 유지하면서 그리스도의 양떼를 내가 잃어버린다면, 양떼의 손실이 어떻게 목자의 영예가 될 수 있는가?" 직무의 고유한 봉사라는 특성에 대해 마지막 결말에서 뽑은 매우 강렬한 표현이다. "당신이 당신을 위해 있는 것 그리고 내가 나를 위해 있는 것을 −즉 그리스도인− 우리는 항상 되어야만 합니다. 반면 내가 당신을 위해 있는 것은 당신에게 도움이 된다면 있지만, 당신에게 해를 준다면 없어야 할 것입니다."

같은 이유에서 반대자를 향한 아우구스티누스의 관대함이 나온다. 도나투스주의자들은 그를 거슬러 치욕적인 중상모략을 퍼뜨렸으며, 자신들의 추종자들에게 그를 "자신들의 양떼를 보호하기 위해 죽여야 할 늑대"로 교시하였다. 또 실제로 그를 죽이려고 시도하였다. 하지만 그는 이러한 개인적 사건들이 논쟁에 들어오는 것을 절대 원치 않았다. 그는 신자들에게 이렇게 말하였다. "여러분은 나의 사건을 한 쪽으로 즉시 두십시오. 이것이 아니면 여러분은 말해서는 안 됩니다. '형제들이여 문제에 머물러 있으시오. 아우구스티누스 주교는 가톨릭교회에 있고, 자신의 짐을 나르고 있으며, 이에 대해 하느님께 보고 드릴 것입니다. 나는 그를 좋은 사람이라고 생각합니다. 만약 그가 나쁜 사람이라면, 그의 문제입니다. 그리고 만약 그가 좋은 사람이라면, 그 경우에도 나는 그에게 내 희망을 두지 않습니다. (…)' 그러니 여러분은 나를 옹호하기 위해 그들을 거슬러 싸우지 마십시오." 이보다 더 관대해지기는 어려운 일이다.

학문적 진솔함이 관대함보다 덜하지 않았다. 그는 답변하기 전에 작품들의 출처에 대해 주의 깊게 정보를 얻었으며, 신중하게 읽었고, 충실하게 인용하곤 하였다. 이 방법은 그가 자주 말을 오래 끌고, 무익하게 반복하도록 하였지만, 그는 객관성을 확보하기 위해 이 방법을 채택하였다. 이런 객관성에 대한 염려는 그가 정리하였던 본문에 반대자의 생각을 정확하게 옮기지 않았다고 인지하면, 새로운 작품을 저술할 정도였다. 『율리아누스 반박』의 경우가 그것이다. 검토하고 있는 작품의 진정성과 신뢰성에 관한 의심으로 토론이 반대자에게 유리하도록 혼란에 빠지는 것만은 피하기를 원하였다. 이러한 방식으로 문제의 핵심을 망각하고 무익하게 빗나가기가 쉬웠다. 반면 독자는 문제의 핵심으로 곧장 나아가고, 그것에 방해받지 않고 평가하는 단계에 있어야만 하였다. 따라서 그는 자신의 본문과 상대방의 본문을 자신의 눈앞에 펼쳐놓았다. 비록 이것이 종종 일어나는 것처럼 길고 결론이 나지 않으며, 공격적이었어도 말이다. 많은 마니교와 도나투스파, 펠라기우스파, 아리우스파의 저술들이 우리에게 전해졌다면, 우리는 그 공을 이러한 학문적 성실함과 개인적 관심사에 대한 무관심에 돌려야만 한다. 그것들을 다시 읽으면서 혹자는 히포의 주교의 판단과 다르게 이야기할 수 있다. 하지만 그 누구도 우리에게 그것을 전해준 그에게 감사하는 것을 생략할 수는 없다.

   우리는 간혹 아우구스티누스의 논쟁이 드물게 활기에 넘친 경우를 지적하지 않고 넘어갈 수 없다. 특별히 펠라기우스주의의 마지막 옹호에 대한 답변을 담고 있는『율리아누스 반박 미완성 작품』을 말하는 것이다. 달변가 율리아누스(Iulianus)는 고발, 모욕, 중상모략 등을 가리지 않고 모든 공격적인 논쟁의 도구들로 공격한다. 조악한 중상모략도 피하지 않는다. 노인이 된 아우구스티누스는 그 도구들이 논제의 약점을 덮기에 충분하지 않다는 것을 그에게 제시하면서 운율을 통해 답변한다.

율리아누스는 마니교의 혐의로 계속해서 그를 고발한다. 아우구스티누스는 부지불식간에 자신의 가르침을 통해 마니교도들의 소중한 동맹자가 된 그 반대자를 거슬러, 그 고발의 거짓을 제시하고 그에 대한 반론을 펼친다.

율리아누스는 욕정(concupiscientia)에 대한 가르침 때문에 그를 "성인들의 고발자이며 당나귀들의 수호자"라고 부른다. 아우구스티누스는 이렇게 대답한다. "가톨릭 신자들을 중상모략하는 자이며 마니교도들의 협력자여 네가 말하는 것이 무엇인가? 네가 말하는 것이 무엇인가? 비록 네가 당나귀 머리를 가지고 있다고 하더라도 너는 큰 어리석음을 부끄러워해야만 할 것이다. (…) 당나귀여 왜 이것을 이해하지 못하는가 (…) 사람들은 죄 없이 태어날 수 없고 당나귀들은 그것이 가능하다는 것을?" 또한, 그는 암브로시우스의 본문을 인용하며 이렇게 결론을 내린다. "따라서 네가 당나귀의 영혼을 가지고 있지 않다면 동물들의 본성이든 사람의 벌이든지 욕정에 있음을 인정하라."

율리아누스는 히포의 주교가 알리피우스를 통해 라벤나의 황궁으로 80마리 이상의 아프리카 말을 보내 황궁의 호의를 얻어 펠라기우스주의자들에 적대적인 황제의 판결을 얻고자 하였다고 확언한다. 이에 아우구스티누스는 다음과 같이 대답한다. "오 너는 중상모략을 선호하거나 네가 말하는 것이 무엇인지 모르는구나. 따라서 너는 거짓말쟁이던가 경솔한 사람이다. 만약 네가 이러한 것들을 고안하였다면, 누가 너보다 더 악하겠는가? 만약 네가 그것들을 고안한 사람을 믿었다면, 누가 너보다 더 어리석겠는가? 하지만 네가 그것들을 적을 용기를 가졌다는 것과 너의 책들이 나의 동료 알리피우스를 맞이한 그 장소에 도달한다는 것을 두려워하지 않는 것. (…) 그곳에서 네가 조소당하거나 미움을 받지 않고 너의 철면피한 거짓들이 읽혀지지 않을 것이다. 나는 너의 행동을 경솔함이 아닌 비교할 수 없는 광기의 행위라고 말한다."

다른 곳에서는 근거 없는 추론들에 충격을 받아 그에게 이렇게 외친다. "네가 일상적으로 자랑하던 너의 변증법은 어디에 있는가? 만약 네가 그토록 학식이 많고 그토록 영민하다면, 왜 이러한 것들이 너에게서 도망가는가? 그리고 만약 그것들이 너에게서 도망가지 않는다면, 왜 무지한 이들과 단순한 이들에게 함정을 놓는가?" 혹은, 더 냉정하게 말한다. "네가 어떤 것을 말할 수 없다면, 할 수 있다면 침묵하라. 하지만 보다 나쁜 것은 이것조차 네가 할 수 없다는 것이다."

이것은 수없이 많은 생생한 논쟁의 몇 가지 예에 불과하다. 오직 한 번, 아우구스티누스는 흥분하여 항상 그랬던 모습으로 돌아간다. 독설적인 반대자가, 모든 한계를 뛰어넘는 저속한 욕설로 그의 어머니를 모욕할 때이다. 그에게 이렇게 대답한다. "네가 너에게 어떠한 악을 행하지 않은, 그리고 너를 거슬러 결코 논쟁하지 않았던 나의 어머니에 대한 기억조차 욕설로써 찢어놓았다는 것이, 악한 비방의 정령에게 패배했다는 표지이며, '독설가들은 하느님의 나라를 소유하지 못한다.'고 적혀 있는 것을 두려워하지 않았다는 표지이다. (…) 반면 나는 가톨릭 그리스도인이었던 너의 부모들이 영예에 합당하다고 생각하며, 네가 이단자가 된 것을 보기 전에 돌아가신 것을 그들과 함께 기뻐한다." 이 말에서 가장 사랑스러운 감정에 상처받은 사람의 흥분과 독설가들은 하느님의 벌을 피하지 못하리라고 반대자에게 상기시키는 것이 아니라면 모욕에 반응하지 않는 논쟁가의 자제심이 드러난다.

반면 책의 나머지 부분에서 논쟁은 타격을 타격으로 되갚는 격양된 힐책의 어조를 취한다. 이 어조는 우리를 놀라게 한다. 반(反)펠라기우스 논쟁은 평온하고 존경으로 가득 찬 어조로 시작되었다. 아우구스티누스는 존중과 경의의 표현을 사용하여 펠라기우스주의자들에게 말한다. 그들의 삶을 칭송하고, 그들 작품의 명민함과 능변을 인정하며, 그들의 재능에 경탄한다. 초기에 그는 저자들을 거명하지 않은 채 오류들을 논박하였다. 또한, 펠라기우스에게 그는 특별한 호의를 보였다. 첫 번째 반(反)펠라기우스주의 작품에서 이렇게 적고 있다. "나는 펠라기우스의 일부 책들을 읽었다. 그는 나에게 말해주던 것처럼 그리스도인의 삶에서 적지 않은 진보를 한 거룩한 사람이다." 칭송들로 가득 찬 그의 편지를 받은 후, 논쟁의 핵심으로 들어가지 않고 매우 공손하게 이렇게 답장을 보낸다. "오 내가 매우 사랑하는 분이여 내가 그토록 희망하던 형제여, 주님께서 당신을 항상 선하게 만들 수 있고 당신으로 하여금 영원하신 그분과 함께 영원히 살도록 만들어줄 수 있는 선익들로 당신께 보답하시길 바랍니다."

율리아누스에 대한 호의도 절대 작지 않았다. 아우구스티누스는 자신에게 『음악론』을 요청하였던 율리아누스의 아버지 네모리우스

(Nemorius)에게 편지를 쓰면서 "우리의 아들이며 차부제인 율리아누스", "그리스도의 군대에서 우리의 동료"라고 말하며 아들을 보고자 하는 생생한 원의를 표현한다. 따라서 아우구스티누스는 아버지에게 율리아누스를 히포로 보내달라고 요청한다. 논쟁이 격렬할 때조차 아우구스티누스는 '율리아누스 반박'에서 그를 "사랑하는 아들 율리아누스"라고 부른다. 논쟁의 어조가 이제 매우 격렬한데도 말이다. 이 격렬함은 두 번째 응답인 『율리아누스 반박 미완성 작품』에서 증가한다.

　왜 그러한가? 우리는 그 이유가 두 가지라고 믿는다. 이제 공개적으로, 그리고 완고하게 반항하는 반대자를 설득하다가 온갖 희망을 잃어버린 후, 그에게는 오류의 가면을 벗기면서 신앙을 옹호하는 것 외에는 다른 의무가 남아 있지 않았다. 그리고 그는 이것을 위해 자신의 논리와 체험 모두를 사용한다. 또한, 객관성에 대한 염려 때문에 모든 이의 눈앞에 고발들과 비난하는 공격으로 가득 찬 그의 본문 전체를 기술하기로 결정하였기에, 같은 힘과 활발함으로 대답을 안 할 수가 없었다. 반대로, 그가 적절하게 대답하지 않으면 아주 인상적인 함정을 판 공격과 기만적인 추론의 힘 안에 자신의 독자들, 특별히 가장 단순한 이들과 가장 미숙한 이들을 버려두게 될 것이었다. 이제 논쟁은 히포의 주교 탓은 아니지만, 욕설로 변질되었다, 이것 외에는 다른 선택이 없었는데, 답변을 하지 않든지 아니면 운율을 통하여 답변하는 것이다. 아우구스티누스는 자신의 의견을 운율을 통해 답변할 필요가 있었다. 하지만 마음 안에는 반대자에 대한 큰 사랑이 있었다.

　70세를 넘겼으며 온갖 일로 가득한 사람이 밤 시간에 −낮에는 다른 작품들을 구술하느라 바빴다- 그토록 길고도 매우 지겹고 어려운 답변을 편집하는데 헌신한다는 사실은 물리적 저항, 지성적 힘, 그리고 그것이 보여주는 교회에 대한 불굴의 사랑에 경이로움을 느끼지 않을 수가 없다. 이 작품에 대해 독자가 원하는 판단이 무엇이든 간에, 이것은 율리아누스의 본문과 펠라기우스주의 주장에 대한 아우구스티누스의 마지막 답변을 우리에게 보존해주었다는 가치를 갖고 있다. 통상적인 주제들을 반복하고 있고 여기저기서 그것들을 심화하고 있는 답변이다. 하지만 무엇보다 새로운 주장을 선포하고 전개하고 있는데, 이는 율리아누스가 가톨릭 신자들에게 행한 마니교의 고발을 뒤집은 것이다. 곧 펠라기우스주의는 원죄를 부정하면서 원치 않게 매우 훌륭한 마니교의 동맹자가 되었다. 길고도 격렬한 토론의 기회를 제공하였던 주장이다. 은총 신학의 역사가 대부분 이 주장을 통해 형성된다.

24. 거창하고도 험난한 과제(Magnum opus et arduum)

이교사상은 소멸되어 가고 있었지만, 여전히 그 옹호자들이 있었다. 철학자들과 문학가들, 이제 돌이킬 수 없는 과거에 대한 향수에 젖은 자들은 고대 종교의 사회적·영성적 가치들을 칭송하였고 새로운 종교를 단죄하였다. 그리스도교에 대한 고발은 교의와 윤리, 역사, 신뢰성, 효과 등을 공격하였다. 육화는 어리석은 것이며, 원수들에 대한 사랑과 용서의 윤리는 불가능하며 해로운 것이고, 구약성경과 신약성경 사이의 변화는 우스꽝스러운 것이며, 미래의 삶에 대한 희망은 헛된 것이고, 죽은 이들의 부활은 미친 것이라 선포되었다.

이러한 고발들은 매우 빈번하였다. 답변을 건너뛰지 않은 히포의 주교는 종종 이것들을 상기시킨다. 410년 8월 로마에 닥친 끔찍한 불운이 그 고발들을 이끌어냈다기 보다는 그것들을 보다 고통스럽고 계략적으로 만들었다. "그러는 동안 로마가 알라리쿠스(Alaricus I, 395-410)가 이끄는 고트족의 침략의 일격에 파괴되었다. 그것은 큰 재난이었다. 일상적으로 우리가 이교도들이라 부르는 다수의 거짓 신 숭배자들은 그리스도교에 그 책임을 떠맡기려고 노력하면서, 흔히 하던 것보다 더 고통스럽고 더 신랄하게 참된 하느님을 모독하기 시작하였다."

야만적 약탈과 오랜 세기 동안 침해받지 않고 있었으며 침해할 수 없다고 믿어졌던 그 도시를 파괴한 방화가 그리스도교에 대한 이교도들의 반대와 고발에 힘을 불어넣어 주었지만, 그리스도인들을 혼란에 빠뜨리기도 하였다. 그리스도인들도 영속성에 대한 신념을 공유하고 있었기 때문이다. 제국이 그리스도께 회심한다면 황금시대가 돌아올 것이라 약속하였던 호교론자들도 없지 않았다. 하지만 상황은 반대가 되어가고 있었다. 교회가 박해를 받지 아니하였고, 황제들은 그리스도인이 되었다. 하지만 황금시대 대신에 로마의 파괴가 발생한 것이다.

낙담은 깊고 보편적이었다. 아우구스티누스는 아프리카에서 피신처를 찾던 많은 난민의 얼굴에서 낙담을 읽을 수 있었다. 따라서 이교도들을 반박하기 위해서든, 그리스도인들에게 힘을 주기 위해서이든 개입할 필요가 있었다. "하느님의 집에 대한 열정으로 불타오른" 히포의 주교는 개입하였다. 무엇보다 서한과 강론으로 개입하였는데, 여기에서 그는 답변을 요약하면서 그리스도인들에게 이교도들의 고발들 사이에서 강해지도록, 증가하는 궁핍함에 저항하기 위해 관대함을 배가하도록, 그리고 무엇보다 그리스도의 약속에 따라 시선을 위로 향하도록 권고하였다. 그리스도는 지상 도시나 인간적인 것들의 안전을 약속하지 않았다. 게다가 그분은 그것들의 파괴를 예언하였다. 순교자들은 돌로 된 기념물들이 서 있도록 하기 위해 죽지 않았다. "혹시 베드로가 극장에서 돌들이 떨어지지 않기 위해 죽고 로마에 묻힌 것입니까?" 제국의 수도에 자행된 파괴 앞에서 아우구스티누스도 동요된다. "우리에게 대학살, 방화, 약탈, 살인, 고문 등 잔혹한 일들이 전해졌습니다. 맞습니다. 우리는 많은 것을 들었습니다. 이 모든 것에 우리는 한탄하였고, 종종 울었으며, 이제 막 스스로 위로할 수 있게 되었습니다." 하지만 그가 원하는 것은 이 상황 때문에 그리스도를 고발하지 않는 것이다. 그는 그리스도인들이 신앙과 신뢰를 잃어버리지 않기를 원하였다. 따라서 그는 의연하게 이교도들에게 대답하도록 가르친다. "그들은 이렇게 말합니다. '보라. 그리스도교 시대에 로마가 불에 타고 파괴되었다.' 여러분은 이렇게 대답하십시오. '로마의 어머니인 트로이도 불에 타 버렸다. 만약 신들이 트로이를 보호하는 것을 알지 못하였다면, 어떻게 그들이 로마를 보호할 수 있었겠는가? 사실 이 방화는 역사가 기록하고 있는 첫 번째 방화가 아니라 세 번째이다.'"

 종종 더 동요하는 소심한 그리스도인들은 이러한 솔직하고도 질책하는 표현을 참아낼 수 없었다. 주교는 그것을 알게 되고 답변한다. 그는 자신의 말이 모욕이라는 것을 단호하게 배제한다. "모욕하는 것이 나에게서 멀어지기를. 나의 마음과 나의 고통에서 멀어지기를." 로마에 대한 자신의 사랑을 단언한다. "우리가 그곳에 우리의 형제들을 갖고 있지 않았습니까? 여전히 갖고 있지 않습니까? 로마가 순례중인 (하느님의) 도시인 예루살렘의 큰 부분이 아닙니까?" 하지만 자신의 계획을 열정적으로 반복한다. "따라서 내가 로마에 대해 침묵하지 않을 때, 그들이 우리의 그리스도에 대해 말하는 것이 거짓이라는 것이 아니라면, 곧 돌과 나무로 만든 신들이 로마를 보호하고 있었던 반면, 그분이 로마를 파괴로 이끌었다고 말하는 것이 거짓이라는 것이 아니라면 내가 무엇을 말합니까?" 더욱이 히포의 주교는 로마가 파괴된 것이 아니라 단지 벌을 받았다고 확신한다. "도시는 성벽이 아닌 시민들로 구성된다." "만약 시민들이 죽는다면, 도시도 사라진다."

이교도이며 회의적이지만 그리스도교 현상에 무관심하지 않은 로마의 한 귀족이 그에게 기회를 제공하였다. 히포의 주교의 명성에 끌린 볼루시아누스(Volusianus)가 그리스도교 가르침에 관한 자기의 어려움을 그에게 설명하였는데, 이 어려움은 이교도 지식인들의 입에서 빈번한 것이었다. 마르켈리누스는 볼루시아누스가 생각하였지만 글로 적지 않았던 다른 어려움을 추가하였다. 아우구스티누스는 두 사람 각자에게 답변하였다. 두 통의 서한은 두 개의 긴 논문의 종합을 이루고 있다. 그것으로 저자는 자신의 의무를 다했으며, 적어도 필요하다면 널리 확산되도록 정해진 또 다른 서한들로 의무를 완성할 수 있다고 믿었다. 하지만 호민관 마르켈리누스는 만족하지 않았고 큰 지구력을 요하는 작품을 저술하라고 고집하였다. "나는 당신에게 이 논제들에 대한 책들을 저술할 것을 간청합니다. 이 모든 의문점을 제거하면서 무엇보다 지금 우리가 살고 있는 이 시기의 교회에 특별한 방식으로 도움이 될 수 있는 책 말입니다."

매우 훌륭한 그리스도인 친구에게서 받은 이 요청이 아우구스티누스가 오래전부터 생각하고 있었던 웅대한 계획을 움직인 섬광이었다. 이렇게 해서『신국론』이 탄생하였다. 이것은 고되고도 거창한 작품으로, 그리스도교에 대한 호교론, 철학과 역사 신학, 정치학과 영성 등을 망라한다. 저자는 헌정사에서 이 작품을 "거창하고도 험난한 과제"라고 부른다. 책을 끝맺으면서 그는 "이 거창한 작품"의 빚을 갚았다는 신념을 표현한다. 그는 많은 다른 의무들 가운데에서 오랜 기간 곧 413년부터 426년까지 작업하였고, 간격을 두고 출판하였다.

25. 지칠 줄 모르는 활동가

바로(Varro)의 방대한 저술 활동을 생각하면서 아우구스티누스는『신국론』에서 이렇게 적고 있다. "어떻게 무언가를 저술할 시간을 가졌을지 놀라울 정도로 그는 많은 것을 읽었고, 누가 그의 모든 작품을 읽었을지 거의 믿을 수 없을 정도로 그는 많은 것을 기록하였다." 우리는 그에 대해서도 같은 이야기를 할 수 있다. 그의 작품은 놀라울 만큼 양이 많고 뛰어나다. 크지 않아도 분명히 어려운 한 교구의 사목직, 많은 의무, 그중에서도 강론과 사법이라는 특별히 무거운 두 개의 직무에 매여 있는 주교가 저술하기 위한 시간을 그토록 많이 갖는 것은 불가능해 보인다. 그의 모든 작품을 읽었다고 자랑할 수 있는 이들도 많지 않다.

당시의 주교들에게 그리고 특별히 히포의 주교에게 사법이 무엇을 의미하는지 우리는 이미 알고 있다. 여기서 우리는 그의 생애 말기, 정확히 말하면 426년 9월 26일에 일어난 후계자 임명의 일화를 기억하고자 한다. 목자는 백성을 불러 모았고 그들에게 자신이 히포의 후임 주교로 임명한 에라클리우스(Eraclius) 신부를 추인하라고 초대하였다. 그 "회합"의 공식 행전이 편집되었고 서명되었다. 이것으로 그 경건한 노인은 두 가지 목적에 도달하고자 하였다. 주교 선출 때문에 다른 많은 교구에서 후회하던 혼란과 분열을 피하는 것이고, 새로 선출된 이에게 자기 일의 한 부분, 곧 행정 부분을 맡기는 것이다.

몇 해 전 그는 한 주간에 5일간 자유롭게 두어 달라고 백성들에게 청하여 이를 얻어냈다. 그에게는 끝내야 할 긴급한 일이 있었다. 하지만 구두로 요청하고 승인된 동의는 조금밖에 유지되지 못하였다. "나의 형제들과 교부들, 주교직의 나의 동료들이 누미디아와 카르타고 두 공의회에서 나에게 기꺼이 위임하였던 것처럼 성경 공부에 내가 전념할 수 있도록 한 주간에 5일 동안 그 누구도 나를 귀찮게 하지 않는다는 공동의 합의를 우리는 결정하였습니다. 이 합의에 대해 여러분의 환호성으로 승인된 기록이 편집되었습니다. (…) 하지만 그 동의는 짧은 시간 동안만 지켜졌습니다. (…) 그리고 이제 내가 하고자 하는 것을 위한 자유 시간을 결코 나에게 허락하지 않습니다. 아침이든 오후이든 나는 사람들의 일에 얽혀 있습니다."

이제 그는 새롭게 시도한다. 그리고 이번에는 더 나은 성공을 거둔 듯이 보인다. 그는 일상적으로 자신에게 가져오는 모든 문제를 이제부터는 계속 에라클리우스에게 가져가도록 신자들에게 청한다. 신자들은 승인한다. 아우구스티누스는 고마워한다. 그는 견딜 수 없는 무게에서 벗어났다는 것에 감동하며 감사를 전한다.

  히포 교구를 위한 주교의 의무에 아프리카 교회를 위한 배려에서 그에게 부과되곤 하던 무거운 의무들을 첨가해야 한다. 곧 공의회 참석과 동료들의 초대였다. 이 의무 때문에 그는 종종 여행해야 하였다. 이미 말했던 것처럼 육상 여행은 기간이 길고 불편을 감수해야 하는 것으로 모든 것보다 많은 시간을 점유하였다. 그는 자주, 약 20번 정도, 카르타고에 갔는데, 히포에서 그곳으로 가는 세 길 중에 하나 혹은 다른 길을 따랐다. 이 여정은 선택한 길에 따라 280에서 340km 정도의 거리였다. 가장 짧은 길은 해안 도로였고, 가장 긴 길은 타가스테를 거쳐 식카 베네레아(Sicca Venerea)를 향해 내려가는 것이었다. 추가 우회로를 계산하지 않으면, 8일에서 10일이 걸릴 수 있었다. 또한, 그는 키르타(Cirta), 칼라마(Calama) 그리고 여러 번 밀레비(Milevi), 티아바(Thiava), 타가스테에 갔다. 이곳들은 모두 누미디아의 도시였지만, 실제로 손에 닿을만한 곳이 아니었다. 키르타는 남동쪽으로 약 150km 떨어진 곳이었다. 밀레비는 약 200km 떨어진 곳이었다. 한 번은 교황 조시무스(Zosimus, 417-418)의 요청으로 그는 카르타고에서 카이사리아 마우리타니아까지 갔는데, 이는 1,000km가 넘는 여정이었다. 그리고 그곳에서 히포로 돌아갔는데, 이것도 약 700km가 넘는 여정이었다. 당시 그의 나이는 64세였다.

몇 해 후에 그는 타가스테의 주교이며 벗인 알리피우스와 함께 '팍스 로마나'(pax romana)의 가장 먼 국경(limes) 방어를 책임지고 있던 보니파키우스(Bonifacius) 백작을 만나기 위해 투부네(Tubune)에 갔다. 투부네는 남쪽, 곧 사하라 사막의 경계에 위치한 성채였다. 그는 카르타고에서 출발하여 그곳에 갔는데, 그곳에 도착하기 위해 테베스테(Theveste, 테베사[Tébessa])와 타무가디(Thamugadi, 팀가드(Timgad))를 거쳐 약 600km 이상을 횡단하였고, 히포로 돌아오기 위해 400km 이상을 여행하였다. 후에 그는 카르타를 거쳐 히포에서 곧장 갔는데, 이 왕복 여정도 800km가 넘었다. 당시 그는 70대의 나이였다.

게다가 그토록 바쁘고, 아프리카 교회에서 거의 40년 동안 사목하던 이 인물은 격언이 될 만큼 많이 저술하였다. 그의 첫 전기 작가인 포시디우스는 이미 이렇게 놀라움을 표현하였다. "그가 구술하고 펴낸 책들은 많으며, 여러 이단자들을 논박하거나 교회의 거룩한 자녀들을 가르칠 목적으로 성경을 풀이하여 성당에서 행한 많은 강론들도 기록되고 수정을 거쳤다. 그래서 학자라 할지라도 이를 다 읽고 익히기란 어려운 일일 터이다." 세비야의 이시도루스(Isidorus Hispalensis)는, 만약 어떤 이가 아우구스티누스의 모든 작품을 읽었다고 말한다면 거짓말쟁이일 것이라고 적고 있다.

이러한 일상적이지 않은 사실을 설명하기 원하는 학자는 단순히 그의 천부적인 자질에만 머물 수 없다. 지성, 기억, 환상, 감수성, 지혜에 대한 사랑 등 그의 자질이 많고 비범하였지만, 모든 것을 설명해주지 않는다. 따라서 습득한 윤리적 자질, 학업 방식, 일에서의 내구력, 문학적 준비, 적지 않은 양에서 초자연적 선물에 호소해야만 한다.

지혜를 습득하고 교회의 필요에 응답하려는 열망으로 고민하던 아우구스티누스는 시간을 허비한다는 것이 무엇인지 결코 알지 못한 사람이었다. 그는 매우 작은 시간의 파편들마저 이용할 줄 알던 놀라운 인물이었다. 수고 중에 자신에게 "스며들던" 시간의 "방울들"에 대한 언급이 그의 작품들 안에서 드물지 않다. "하지만 나의 형제여, 당신 또한 내가 해야 할 많은 것들을 내 손에 갖고 있는지 알고 있으리라 나는 믿습니다. 따라서 (…) 나에게 매우 적은 방울의 시간이 스며들지만, 만약 이것도 다른 일에 몰두한다면, 나의 의무를 지키지 못하는 것으로 여겨집니다." 또한 『고백록』에서 그는 이렇게 외친다. "시간의 방울들이 나에게 너무나도 소중합니다!"

그는 항상 원하는 것과 할 수 있는 것 사이의 긴장, 원의와 실재 사이의 긴장을 깊고 생동감 있게 느끼던 사람이었다. 그는 자신이 원하던 것을 하지 못하고, 자신이 할 수 있는 것을 항상 더 하였다. 그는 생각과 행동의 공간을 넓히기 위해 자신이 필요로 하는 물질적인 것을 최소로 줄인 수덕가였다. 그의 자유 시간은 항상 많은 일로 차 있었다. "나의 한가로움은 큰일을 가지고 있다."(Meum otium magnum habet negotium) 그는 소식하였고, 잠을 적게 자곤 하였다. 카시치아쿰에서 한밤중에 묵상하며 지새는 습관을 들였다. 이 습관이 주교직을 수행하는 기간에도 지속되었음은 확실할 것이다. 그가 노년에도 −74세와 76세 사이− 밤낮으로 책들을 구술하면서 작업하였다는 것을 우리는 알고 있다. 그는 한숨 쉬며 이렇게 덧붙인다. "다른 일에서 내가 자유로운 한 모든 부분에서 도달하는 것을 멈추지 않는다."

결국, 임명된 후계자에게 통치의 행정 업무를 맡기는 데 온전히 성공하지는 못하였다. 그 시기에 그가 동시에 작업하고 있던 두 작품은 『재론고』와 『율리아누스에게 행한 두 번째 대답』이었다. 그에게 이 단에 관한 작품을 저술해 달라는 귓불트데우스(Quodvultdeus) 부제의 요청을 처음에는 거절하였지만, 이 두 작품을 하나는 낮에, 다른 하나는 밤에 구술하는 데 몰두하였다. 율리아누스는 아우구스티누스의 작품, 곧 '혼인과 정욕'의 제2권을 반박하며 여덟 권을 저술하였는데, 이 중 다섯 권만이 로마에서 그에게 전해졌다. 자신의 일상적인 성향을 따라 그는 이렇게 덧붙인다. "제5권에 대해 응답하는 것을 끝내고, 그런데도 다른 세 권이 도착하지 않는다면, 하느님의 마음에 드는 방식으로 당신이 요청한 작업을 시작할 것입니다. 이 작업과 내 저술들에 대한 검토를 동시에 진행하면서, 하나는 밤 시간에 다른 하나는 낮 시간에 하면서 말입니다."

이것이 이따금 발생하는 경우가 아니라 일상적이었음을 첫 전기작가가 우리에게 보증한다. 그는, 아우구스티누스 주교가 세상일에 전념하는 것을 좋아하지 않았다고 말한 후에, 이렇게 계속해서 언급한다. "이것들을 해결하고 정리한 후에는 마치 귀찮고 피곤한 일이기라도 한 듯 세상사를 떠나 더 내면적이고 고상한 일에 주의를 기울였다. 신적 진리들에 대한 추구나 자신이 이미 발견한 것들을 구술하거나 이미 받아 적어 필사한 것들을 수정하는데 생각하였다. 이렇게 낮에는 일하고 밤에는 깨어 지냈다."

이러한 비상한 작업 방식에 실천적이고도 효과적인 공부 방식이 추가되었다. 그는 읽고 묵상하면서 메모를 하였다. "나는 낮이 아니라면 밤에, 적어도 내가 할 수 있는 한 모든 시간의 조각들에, 주님의 법을 묵상하며 기억력이 나를 배신하지 않도록 하기 위해 내가 묵상한 것들을 적어둔다." 간혹 그는 사본의 가장자리에 성찰한 것을 적곤 하였다. 후에 이것들은, 아마도 스승이 알지 못한 상태에서 제자들에 의해 수집되어 한 권의 책으로 묶이기도 하였다. "이해할 수 있는 매우 적은 수의 독자들에게 달콤한"『욥기 주해』의 경우이다. 다른 경우에 그 가장자리에 있는 메모들은 한 작품, 아직 글로 써지지 않았던 작품을 예고하기도 하였다. 다른 경우에는 그것들이, 그의 옛 작업을 기억하면서 "다수의 문학적 질문들"로써 그를 귀찮게 할 수 있다고 믿었던 사람에게 주는 답변이 되기도 하였다. "나는 세 가지 질문에 대답하였습니다. 이 서한에서 일부 질문들에 대해서만 아니라, 내가 할 수 있었던 것처럼 거의 모든 다른 질문들에도 그러하였습니다. 당신이 나에게 질문을 보냈던 종이에 적은 짧은 메모로써 했음에도 불구하고 말입니다."

일반적으로 책을 저술하기 전에 그는 메모하였다. 어떤 이유인지 모르지만, 책이 저술되지 않았던 경우가 있었고, 메모들이 유실되었든가 아니면 대중의 손에 들어가『영혼의 불멸』의 경우처럼 책의 한 자리를 자치하기도 하였다. 또한, 함께 살고 있거나 잠시 머무르던 형제들에게서 철학과 신학 혹은 주석에 대한 중요한 질문들을 받을 때 그는 구술된 모든 것이 유실되지 않도록 종이 위에 답변을 직접 적거나 적게끔 하였다.『여든세 가지 다양한 질문』과『로마서 명제 해설』이 이러한 경우이다.

무엇보다 하나의 사실을 기억할 필요가 있다. 아우구스티누스가 히포, 카르타고 그리고 그가 있던 어느 곳이든 성당에서 말을 할 때,

속기사가 놀라운 능력으로 그의 말을 적고 있었다. 후에 그는 기록된 설교 내용을 다시 보고 배포를 허용하였다. 그는 말하면서 청중들만이 아니라 독자들까지도 염두에 두고 있었다. 이렇게 해서 많은 아우구스티누스의 강론들이 우리에게 남아 있으며, 이것은 다른 교부들처럼 주요 부분을 차지하지 않지만, 히포의 주교의 저술활동에서 적지 않은 부분을 이루고 있다. 또한, 오랫동안 섬세하게 이루어진 수사학적 준비와 그에게 없어서는 안 될 그의 수도자들의 협력이 첨가된다. 전자는 그가 말을 매우 쉽게 하고 편지와 책들을 구술하도록 하였다. 후자는 도서관의 책들을 정리하고, 책들을 참고하며, 본문들을 대조하는 데 도움이 되었다.

26. 선종(善終)

(닥쳐올) 공격에 대비하고 있던 히포로 피신하여 동료 주교들에게 -이들 중에서는 사건을 서술하고 있는 포시디우스도 있었다- 아우구스티누스는 식탁에서 한 번 이렇게 말하였다. "이 재앙의 시기에 내가 하느님께 기도 드리고 있습니다. 이 도시를 포위하고 있는 원수들에게서 이곳이 해방될 수 있기를, 하지만 하느님의 계획이 이와 다르다면, 당신의 종들에게 그분의 뜻을 이루는데 필요한 힘을 주시거나, 아니면 이 세상에서 나를 거두어 당신 곁에 받아들여 달라고 기도한다는 것을 여러분이 알아주기 바랍니다." 이것은 허락되었다.

"포위된 지 석 달째 되었을 때, 그는 열병으로 드러누웠다. 이것이 그가 마지막으로 앓은 병이었다." 그가 얼마 동안 이 병을 앓았는지 우리는 알지 못한다. 아마도 그리 오래지 않았을 것이다. 그 시간이 길었든 짧았든 간에 드디어 자유로운 이 시간에 그는 기도에 전념하였다. 평신도이든 주교이든 간에, 비록 그의 행동이 나무랄 데 없는 것처럼 보일지라도, 그 누구도 마땅하고 적합한 회개 없이 죽음의 마지막 발걸음을 직면해서는 안 된다고 그는 가족 대화에서 반복해서 말하곤 하였다. 세례를 받은 후 그리스도와 교회를 위해 자신의 온 삶을 보냈다는 것을 알고 있었지만, 그는 자신이 규칙에 예외가 될 수 있다고 믿지 않았다. 그래서 참회에 관한 시편들을 큰 종이에 옮겨 적게 하였고, 그 종이를 침대 정면 벽에 붙이도록 하였다. 그는 누워서 그것을 읽었고, 읽으면서 "뜨거운 눈물을 끊임없이 흘렸다." 그는 백성과 함께 이 시편들을 낭송하였고, 그것이 모든 이들을 위한 그리스도교 신앙심의 형식과 자양분이 되도록 광범위하게 주해하였다. 이제 홀로 죽음 앞에서 여전히 그 시편들 안에서 자신의 감정을 표현하는 내용을 발견하였다. 이 감정들이 어떠한 것이었는지, 만약 우리에게 그의 첫 전기 작가가 말해주지 않았다면, 우리는 그것을 작품들을 통해 알았을 것이다. 신학 작품들을 통해서도 그러하다. 그 누구도, 말하거나 글을 쓰면서, 아우구스티누스만큼 자서전적이지 않았다.

　죽음에 관한 생각이 그에게 번민 거리가 되지 않았고, 오히려 그에 대한 사랑을 증진하였다. 희생적인 삶에 의해 승화되고 그의 원리인 하느님께 가까이 있음을 느끼며 기뻐하는 이 사랑은 보다 살아있고 보다 순수한 불꽃으로 타오르고 있었다. 그는 죽음에 관해 많이 묵상하였고, 죽음의 신비를 설명하기 위해 많은 글을 썼으며, 죽음을 두려워하는 것에서 죽음을 바라는 것으로 전환되는 과정에서 하느님께 이르는 매우 적합한 상승의 여정을 제시하였다. 이제 죽음이 임박한 그는 확신에 차서 그리고 평온하게 죽음을 기다리고 있었다. 아마도 그는 경탄하며 자주 기억했던 암브로시우스의 말을 다시 생각했을 것이다. 생명을 연장시켜 달라고 주님께 기도드리라고 요청받았던 암브로시우스는 이렇게 대답하였다. "나는 여러분 가운데 살아 있다는 사실을 부끄러워할 만큼 그렇게 살아오지 않았습니다. 나는 죽는 것이 두렵지 않습니다. 왜냐하면 우리가 좋으신 주님을 모시고 있기 때문입니다." 포시디우스는 이렇게 주목한다. "이 답변에서 이미 연만하신 우리 아우구스티누스는 신중하고 균형 잡힌 그의 말씀을 놀라워하며 칭송하였다." 혹은 그가 종종 기억하던 한 친구 주교의 말을 다시 생각하였을 것이다. 그 친구는 비록 큰 문화적 소양은 없었지만 선한 사람이었는데, 죽는 것이 마음에 들지 않느냐는 질문을 받았을 때 이렇게 대답하였다. "영원히 죽지 않는다면 그렇게 하지요. 그러나 만약 한 번 죽는 것이라면, 왜 지금은 안 된다는 것인가요?"

병고가 가중될수록 그는 절대 과장된 의미에서가 아니라 '밤낮으로' 그토록 오랫동안 열망해왔던 하느님과 얼굴을 마주 보며 만나기를 기도 안에서 준비하기 위해 홀로 있을 필요를 느꼈다. "육신을 떠나기 열흘 전쯤부터 아무에게도 방해받고 싶어 하지 않았던 그는 곁에 있는 우리에게 요청하여 의사들이 왕진하는 시간과 음식을 가져오는 시간 외에는 그 누구도 자신의 방에 들어오지 못하게 하였다. 그의 원의는 분명하게 수행되었다. 그 모든 시간에 그는 기도에 전념하였다."

430년 8월 28일 그의 위대한 심장의 박동이 멈추었다. 프로스페르(Prosper)는 자신의 『연대기』(Chronicon)에서 이 해에 대해 다음과 같이 적었다. "모든 것들을 통해 지극히 뛰어나신 아우구스티누스 주교는 8월 28일에 선종하였다."(Augustinus epicopus, per omnia excellentissimus, moritur V kal. Sept.) 그의 나이 76세였다.

"우리가 참석한 가운데 그의 시신을 안치하기 위한 성찬제를 하느님께 바친 후 묻혔다." 추측컨대 '바실리카 파치스'(Basilica pacis)에 매장되었을 것이고, 날짜가 확실하지 않지만, 그곳에서 사르데냐(Sardegna)로 이장하였다. 그리고 그곳에서 725년경 파비아(Pavia)의 '바실리카 디 산 피에트로 인 치엘 도로'(Basilica di S. Pietro in Ciel d'oro)로 이장되어, 현재 이곳에 안장되어 있다. 두 번째 이장에 대해 동시대의 인물인 베다 존자(Beda Venerabilis, 627/673-735)는 자신의 『순교록』에서 8월 28일에 대해 이렇게 적고 있다. "성 아우구스티누스 주교의 (…) 안치는 아프리카에서 (…) 야만족들로 인해 먼저 그의 도시에서 이장되어, 최근에 롬바르드 족의 왕 리우트프란두스(Liutprandus, 712-744)에 의해 파비아로 모셔와 예우를 갖춰 매장되었다."

그는 선종하면서 "아무런 유언을 남기지 않았는데, 하느님의 가난한 이가 유언을 할 이유가 없기 때문이었다." 하지만 그는 서적들과 성직자, 수도원이라는 세 가지 큰 보물을 교회에 남겼다. 그중 하나이며, 도둑들이 훔쳐 갈 수 없고, 반달족이 파괴할 수 없었던 첫 번째의 것은 엄청난 보물이었다. "그는 교회에 매우 많은 수의 성직자들과 남녀 수도원들을 남겨 주었는데, 거기에는 장상들과 함께 수행하는 사람들이 넘쳐났고, 그곳 도서관들은 아우구스티누스와 다른 성인들의 책과 저술로 가득 찼다. 이를 통해서, 하느님께서 교회에 주신 선물이 얼마나 큰 것인지 알게 되고, 신자들은 그분을 언제나 살아계신 분으로 만나게 된다."

후대 사람들이 확인하게 될 이 판단에 포시디우스는 그들이 누리지 못해 유감스럽게 생각할 특전에 대해 이렇게 판단을 덧붙인다. "하지만 그가 성당에서 말하는 것을 직접 듣고, 직접 뵐 수 있었던 사람들, 특히 그가 사람들 가운데에서 살아가는 방식을 알았던 이들이야말로 훨씬 더 많은 은혜를 받았다고 나는 생각한다."

II

철학자로서의 아우구스티누스

르네상스 시기 그림에서 상징으로 사용될 때, 책은 누구와 함께 등장하느냐에 따라 여러 의미로 나타난다. … 성 아우구스티노는 네 복음사가의 상징물인 책과 펜과 함께 자주 묘사된다. _ 조지 퍼거슨, 『르네상스 미술로 읽는 상징과 표징』 중에서 프랑스의 신비가요 캉브레(Cambrai)의 대주교였던 프랑수아 드 살리냑 드 라 모트 페늘롱(François de Salignac de la Mothe-Fénelon, 1651-1715)은 오를레앙의 공작에게 보낸 편지에서 다음과 같은 말을 하였다. "만약 성 아우구스티누스의 작품 속에 흩어져 있는 모든 부분을 모은다면, 이 두 명의 철학자들(플라톤과 데카르트)에서보다 더 많은 형이상학을 발견하게 될 것입니다." 또한 오이켄(Rudolf Christoph Eucken, 1846-1926)은 『위대한 사상가의 생애 직관』(Die Lebensanschauungen der grossen Denker, Leipzig, 1905, p. 205)이라는 저서에서 그리스도교에 나타난 유일하면서도 참으로 위대한 철학자가 아우구스티누스라고 주장한다. 우리는 아우구스티누스를 철학자로 칭송하는 이와 같은 증언들을 쉽게 만나게 된다.[1] 물론 아우구스티누스를 철학자로 구분하기에 그가 너무 큰 인물임에는 의심의 여지가 없다. 하지만 분명 그는 서양 철학에 특별한 기여를 한 것은 사실이다.[2]

그럼에도 불구하고 일반적으로 '아우구스티누스는 신학자'라고 말한다. 바로 여기에서 문제가 발생한다. 사실 우리는 아우구스티누스의 철학을 연구할 때 기본적인 어려움에 부딪힌다. 역사가들은 아우구스티누스 철학의 존재에 대해, 그리고 이 철학의 고유한 특성과 성격에 대해서도 상호 간에 동의하지 않기 때문이다. 이러한 불일치는 철학의 일반적 대상과 목적에 대한 상호 간의 관점의 차이를 드러내

---

[1] Ch. Boyer, "Saint Augustin philosophe", in Ch. Boyer, *Essais sur la doctrine de saint Augustin*, Paris: Gabriel Beauchesne et ses Fils, 1932, p. 41.
[2] M.C. D'Arcy, "The Philosophy of St. Augustine", in AA.VV., *A monument to Saint Augustine*, London: Sheed & Ward, 1930, p. 155.

는 것이다.3 아우구스티누스의 철학을 연구하는 데 있어 또 하나의 어려움은 전 작품 안에 흩어져 있는 철학적 내용들을 재구성해야 한다는 것이다.4 하지만 바세비(Basevi)가 평가하듯 아우구스티누스에게 있어 철학은 그의 생애였고, 그의 생애는 그의 철학이었다.5 이러한 측면에서 그의 사상 안에서 철학과 신학의 관계에 대한 사고가 어떠한 비중을 차지하고 있는지 살펴보는 것이 중요하다고 할 수 있다.

1. 철학의 의미

오늘날 우리는 철학과 신학을 구분하면서, 신학에는 계시된 진리의 영역을, 철학에는 이성만으로도 도달할 수 있는 진리의 영역을 부여하는 데 익숙해 있다. 하지만 이러한 구분은 스콜라철학, 특별히 토마스 아퀴나스(Thomas Aquinas, 1225?-1274)에게서 기인하는 것이다. 그는 『신학대전』(Summa Theologiae) 1, 1에서 신학이 최상의 학문의 빛, 곧 계시에 의해 주어진 빛을 통해 주지된 원칙에서 나오기에 신학에 학문이라는 칭호를 부여하고 있다. 반면, 철학은 다른 모든 학문과 마찬가지로 계시로부터 독립적이라고 본다.

아우구스티누스에게 있어 신학은 다른 모든 고대인이 보았던 것

---

3   F. Van Steenberghen, "La philosophie de S. Augustin d'après les travaux du centenaire", *Revue néoscolastique de phiosophie* 37(février 1933), p. 106.

4   Ch. Boyer, "Saint Augustin philosophe", p. 42.

5   C. Basevi, *San Agustin, La interpretacion del Nuevo Testamento*, EUNSA, Pamplona, 1977, p. 34.

처럼 철학의 한 부분, 곧 신성에 대해 다루는 한 부분이었다. 그는 '신성에 관한 학문 혹은 강화'(ratio o sermo de divinitate)라는 의미로 '신학'(theologia)이라는 용어를 알고 있었다. 이 신학이라는 단어를 알고 있었으나 매우 드물게 사용하였고, 그것도 항상 논쟁의 맥락에서만 사용하였다. 아리스토텔레스 역시 "존재들의 원리들과 원인들에 대한" 학문을 수행하는 철학의 부분으로 신학을 이해하고 있기에, 이는 형이상학과 결부된다.(『형이상학』 6, 1, 1. 6(1025b-1026a))

더욱이 아우구스티누스에게 있어 신학이라는 용어는 이교 철학과 너무나 연결되어 있었다. 『신국론』에서 아우구스티누스는 마르쿠스 바로(Marcus Varro, 기원전 116-27)가 자신의 한 작품에서 제시하는 신학의 삼분법적 구분, 즉 극장과 연극의 신학인 설화신학, 도시국가들의 신학인 정치신학, 철학자들의 고유한 신학인 자연신학에 대해 길게 문제를 제기한다. 히포의 주교는 이교도들의 거짓 신학에 대해 참된 신학을 제시하면서 간혹 이교도들의 시인들이고 신학자들과 반대되는 개념인 참된 신학자들로서의 예언자들을 제시한다. 따라서 굴번 마덱(Goulven Madec)은 다음과 같이 말한다. "아우구스티누스는 그 용어를 쉽게 그리스도교화할 수 있었지만, 참된 신학과 참된 신학자에 대해 말하는 일부 본문에서만 곧 하느님의 나라에 대한 호교론적 전망에서만 그렇게 하려는 필요성을 느꼈던 것으로 보인다."[6]

결국, 신학과 철학의 구분은 아우구스티누스적이라고 할 수 없다.

---

6 G. Madec, "Theologia chez Augustin et Jean Scott", in G. Madec, *Petites études augustiniennes*, Paris: Études Augustiniennes, 1994, p. 265.

그는 연구 대상이 다르다는 이유로 철학과 신학을 구분하지 않으며, 오히려 신학을 철학의 한 부분으로 이해하면서 철학의 가장 높은 부분으로 간주한다. 사실 그는 '신학한다는 것'에 대해 저술하지 않았다. 오히려 항상 '철학한다는 것'에 대해 생각했다. 아우구스티누스는 회심 초기부터 철학에 자신을 온전히 봉헌하길 원한 인물로 나타난다. 그렇다면 성인에게 '철학한다는 것'은 어떠한 의미를 지니는가?

사실 '철학한다는 것'은 '생각한다는 것'이다. 그리고 '생각한다는 것'은 '본다는 것'이다. '본다는 것'은 '주어져 있는 것'에 대해 자기 스스로 문제 삼는다는 기본 특성을 갖고 있다. 또한 '본다는 것'은 '여기서' 혹은 '저기서'라는 장소적 차원과 '이전에' 또는 '이후에'라는 시간적 차원을 갖게 된다. 더욱이 '본다는 것'은 '시야'(視野)에 들어온 것만 볼 수 있다는 것이다. 이러한 조건으로 인해 '본다는 것'은 결국 '듣는 것'을 필요로 한다.[7]

더욱이 고대 철학자들 안에서도 '철학'(philosophia)이라는 단어는 많은 의미를 지닌다. 피타고라스(Pythagoras, 기원전 570-495)는 '지혜에 대한 연구'(studium sapientiae) 혹은 '지혜에 대한 사랑'(amor sapientiae) 등으로 정의한다. 플라톤(Platon, 기원전 427-347)은 '형이상학적 고양'으로, 소피스트들은 '진리에 대한 대상적 추구를 넘어 논쟁하는 능력'으로 정의한다. 소크라테스(Socrates, 기원전 470년?-399)는 '진리에 대한 추구'로, 아리스토텔레스(Aristoteles, 기원전 384-322)는 '인식에 대

---

7 정달용, 「그리스도교 철학」 상. 고대와 중세, 왜관: 분도출판사, 2000, 9~14쪽.

한 추구'로, 헬레니즘 철학은 '삶의 기술에 대한 추구'로 정의한다.8

그렇다면 아우구스티누스는 어떠한 의미에서 철학을 하는가? 무엇보다 성인은 플라톤보다 피타고라스의 정의를 선택한다. 곧 철학은 '지혜에 대한 연구'요, '지혜에 대한 사랑'인 것이다. 치체로(Marcus Tullius Cicero, 기원전 106-43)의 『호르텐시우스』(Hortensius)를 통해 성인이 알게 된 것으로 보이는 이 정의에서9 무엇보다 '지혜'에 초점을 맞추게 된다. 그리스도인에게 있어 지혜는 그리스도이다. 그렇기에 아우구스티누스는 치체로의 작품에 매료되어 철학에 대한 봉헌을 서약하면서 그 작품 안에 있지 않은 그리스도라는 이름을 찾아 성경으로 눈을 돌렸던 것이다. 달리 말하면, 그는 성경 안에서 자신이 『호르텐시우스』를 읽으면서 맛본 지적 유희, 곧 상위의 삶의 이유들이 아름다운 형태로 개진되어 있음을 발견하는 유희의 공간을 추구했던 것이다. 달리 말하면 아우구스티누스에게 있어 참된 지혜는 하느님의 지혜이며 인간의 지혜는 하느님의 지혜에 대한 참여에 불과하기 때문에, 참된 철학자는 하느님을 사랑하는 사람이요(『신국론』 8, 1) 참된 철학은 그리스도교 철학(『참된 종교』 5, 8)이라고 말할 수 있었던 것이다. 즉 그리스도에게서 가장 위대한 철학자요 모든 철학의 총체를 발견하고자 열망한 것이다. 그리스도만이 참된 지혜이며 참된 철학임을 보고자 한 것이다. 이 점은 이미 아우구스티누스의 초기 작품에서 잘 나타나는데, 여기에서 그리스도는 하느님의 지혜, 그리고 진리

---

8   R. Piccolomini, *La filosofia di S. Agostino*, Palermo: Edizioni Augustinus, 1991, p. 49.
9   같은 책, p. 52.

와 동일시되고 있다. 또한, 이교 철학과 비교하면서 '우리의 철학'이라고 말하는 후기의 원숙된 작품 안에서도 드러난다. 예를 들면, 감각적 쾌락(voluptas sensibile)을 선(bonum)으로 칭송하는 에클라눔의 율리아누스(Iulianus Aeclanensis, 386?-455?)에게 아우구스티누스는 치체로의 생각을 인용하면서 "우리의 철학보다 이방인들의 철학이 더 영예롭지 않기를"(Non sit honestior philosophia gentium quam nostra!)이라고 말한다. 분명 아우구스티누스는 자신이 철학자가 된다는 것과 그리스도교가 하나의 철학임을 염두에 두고 있었던 것이다. 세례받기 전 카시치아쿰(Cassiciacum)에서 집필된 「대화편」에서도 모니카를 참된 여성 철학자로 제시한다. 곧 모니카가 '희망이 있기 때문에 죽음을 두려워할 필요가 없다'고 말했을 때, 성인은 "당신은 철학의 극점에 닿았습니다."라고 말했던 것이다. 따라서 넓은 의미에서 볼 때, 모든 그리스도인은 철학자라고 할 수 있다. 지혜이신 그리스도를 사랑하기 때문이다. 하지만 엄격한 의미에서 보면, 모니카는 철학자가 아니다. 왜냐하면 그녀는 고유한 철학의 주제들을 다룰 수 있는 문화적 소양, 이른바 학예(學藝) 혹은 자유 교양(artes liberales), 무엇보다 변증법(dialectica)에 대한 이해를 갖고 있지 않기 때문이다. 그렇기에 아우구스티누스는 "권위는 신앙을 요구하며 인간을 이성에로 준비시키지만, 지성적 인식에로 이끄는 것은 이성이다."라고 말한다. 곧 철학의 참된 목표인 지식에로 인도하는 것은 이성이라는 것이다.

그러나 아우구스티누스는 진리에 대한 이성적 추구만으로 철학을 이해하지 않는다. 바로 여기에 아우구스티누스의 철학과 이교도들의 철학 사이에 존재하는 심연, 곧 단순히 내용과 문제에 대한 답변뿐 아니라 기초라는 측면에서 존재하는 큰 차이가 있다. 그의 노력은 인도(引導)를 필요로 하는 지성과 자신을 드러내는 신적 계시와의 만남이 어떻게 이루어지는 제시하는 것으로 이루어진다.10 달리 말하면, 아우구스티누스에게 있어 출발점은 그리스도에 대한 신앙이다. 『아카데미아 학파 반박』(Contra Academicos) 3, 20, 43에서 성인은 다음과 같이 말한다. "나는 어떠한 점에서도 그리스도의 권위로부터 멀어지는 것을 원하지 않는다. 왜냐하면 보다 유효한 어떠한 권위도 발견하지 못하기 때문이다." 계속해서 성인은 자기 영혼의 특별한 입장을 이렇게 설명한다. "나는 단순히 하느님을 믿는 것만 원하는 것이 아니라, 그분을 열렬하게 지성으로 인식하기를 바란다."

결국, 철학은 그리스도교 신앙의 내용을 이성으로 이해하는 것을 의미한다. 곧 참된 철학은 신앙에서 시작한다. 왜냐하면 하느님은 빛이며 신앙의 은총을 선사하면서 그리스도인의 영혼 안에 항상 진리를 이해하고 보다 훌륭하게 음미하고자 하는 열렬한 원의를 밝히기 때문이다.11 또한 참된 철학자는 그리스도에 대한 신앙뿐 아니라, 지성적인 것을 이해하기 위해 고양하도록 이성과 모든 학문을 사용할 줄 아는 사람인 것이다. 그렇기에 에티엔 앙리 질송(Étienne-Henry Gilson, 1884-1978)은 "아우구스티누스의 철학은 신앙의 내용에 대한 이성적 설명 외에 다른 것을 원하지 않으며 그것 외에 다른 것이 될

---

10 F. Van Steenberghen, "La philosophie de S. Augustin d'après les travaux du centenaire", pp. 107~108.
11 같은 책, pp. 109~110.

수 없다."라고 확언한다. 신앙이 첫 번째로 오고 지성은 신앙을 따르는 것이기 때문이다. 질송은 다음과 같이 말한다. "철학은 지혜의 사랑이다. 철학의 목적은 지복(至福)한 지혜의 소유이다. 그런데 우리는 이성이 우리를 그것에로 인도하기에 충분한가라고 물을 수 있다. 아우구스티누스는 '아니다'라고 대답한다."[12] 아마토 마스노보(Amato Masnovo, 1880-1955)도 이렇게 말한다. "그의 철학하기는 (…) 성경이나 가톨릭 교의의 가르침들을 가장 가능한 범위에서 이성적이요 지성적으로 만드는 것을 추구하는 신앙이다."[13] 아우구스티누스 자신도 "성경 또한 절대적 의미에서 철학자들을 피하고 조소하라고 가르치지 않는다. 오히려 이 세상에 속한 철학자들에게 그렇게 하라고 한다. (…) 사실 절대적 의미에서 철학을 피해야만 한다고 생각하는 이는 우리가 지혜를 사랑하지 않는다고 주장하는 것이다."라고 주장한다.(『질서론』 1, 11, 32)

결국, 질송의 표현대로, 지혜의 참된 사랑이기를 원하는 철학은 신앙으로부터 시작해야 한다. 철학은 신앙의 이해가 된다. 이러한 의미에서 아우구스티누스의 철학은 '가신성(可信性)의 이유'(motifs de crédibilité)에 대한 이성적 기초를 제시하는 특별한 성격을 가진 철학, 곧 그리스도교 철학이라고 말할 수 있다. 참된 종교는 참된 철학과 하나이고, 참된 철학은 참된 종교와 하나이기 때문이다.[14] 더 나

---

12   에티엔느 질송, 『아우구스티누스 사상의 이해』, 김태규 역, 성균관대학교 출판부, 2010, 73쪽.
13   A. Masnovo, *S. Agostino e S. Tommaso. Concordanze e sviluppi*, Milano: Vita e Pensiero, 1942, p. 130.
14   에티엔느 질송, 『아우구스티누스 사상의 이해』, 80~81쪽.

아가 이러한 그리스도교 철학은 넓은 의미의 신학이라고 할 수 있다. 계시된 사실에 대해 항상 보다 관통하는 지성을 갖는 것을 목적으로 하는 사변신학(思辨神學)인 것이다. 그리스도교 철학이 자신의 이성을 위한 조명의 원천으로 계시를 간주하고 있기 때문이다. 그렇기에 블래즈 로마이어(Blaise Romeyer)는 다음과 같이 평가한다. "성 아우구스티누스의 철학은 두 가지 명칭에서 그리스도교적이다. ⓐ 부차적이요 종속적인 명칭, '따라서 믿기 위해 알아라.'(ergo intellige ut credas); ⓑ 주요하면서도 특별한 명칭, '나는 알기 위해 믿는다.'(credo ut intelligam)"[15]

아울러 아우구스티누스의 철학은 수덕적(修德的) 요소와도 연결되어 보다 풍요로워진다. 곧 진리에 대한 탐구인 철학은 정화된 지성으로 살아가는 이에게만 나타난다. 왜냐하면 지성은 정화를 통해서만 진리로 나아갈 수 있고 하느님의 현존 앞에 온전히 개방할 수 있기 때문이다. 사실 정화는 참된 것에 자신이 인도될 수 있도록 내맡기는 겸손한 자세이다. 오직 정화된 지성으로써 인간은 하느님께 고양될 수 있는 것이다.[16]

아우구스티누스의 철학에 대해 질송이 부여한 '그리스도교 철학'이라는 표현은 사실 아우구스티누스에게서 드물게 사용되었다. 질송 역시 하나의 본문, 곧 『율리아누스 반박』 4, 14, 72만을 제시하고

---

15 B. Romeyer, "Trois problèmes de philosophie augustinienne. A propos d'un livre récent", *Archives de Philosophie* 7(1930), p. 211.
16 R. Piccolomini, *La filosofia di S. Agostino*, p. 54.

있을 뿐이다.17 그럼에도 불구하고 앙드레 망두즈(André Mandouze, 1916-2006) 역시 아우구스티누스가 없었다면 '그리스도교 철학'이라는 용어가 제기되지 않았을 것이라고 본다.18 『철학의 역사』(Histoire de la philosophie)를 쓴 에밀 브레이에(Émile Bréhier, 1876-1952)는 헬레니즘과 그리스도교를 다룬 부분에서 다음과 같이 주장한다. "따라서 우리는 이번 장과 다음 장들에서 철학적 사고의 발전이 그리스도교의 도래에 의해 강하게 영향을 받지 않았다는 것을, 그리고 우리의 생각을 한마디로 요약한다면, 그리스도교 철학이 존재하지 않는다는 것을 제기하기를 희망한다."19 또한 "모든 경우에 있어 우리 시대의 첫 5세기 동안 근본적으로 독창적이며 이교 사상가들의 사상과 다른 지성적 가치들의 목록을 담고 있는 고유한 그리스도교 철학은 존재하지 않는다."20

더욱이 브레이에는 1931년 "그리스도교 철학은 존재하는가?"라는 제목으로 발표한 논문에서도 같은 주장을 내세운다. 곧 그리스도교가 오랜 시간 동안 서방에서 지도적인 위치에 있었고 중세에는 교육자의 역할을 수행하였지만 철학에서 중요한 역할을 수행하지 않았다는 것이다. 또한, 아우구스티누스가 우주에 대한 새로운 개념을 개

17　Ét. Gilson, *L'Esprit de la philosophie médiévale*, Paris: Librairie philosophique J. Vrin, 1944², p. 413.
18　A. Mandouze, *Saint Augustin. L'aventure de la raison et de la grâce*, Paris: Études Augustiniennes, 1968, p. 250.
19　É. Bréhier, *Histoire de la philosophie*, I, Paris: Presse Universitaire de France, 1967⁸, p. 437.
20　같은 책. p. 436.

진하지 않았기에 참된 그리스도교 철학을 창조하지 않았다고 보면서 그의 철학은 플라톤과 플로티누스(Plotinus, 205-270)에게 온전히 차용한 것이라고 주장한다.[21]

2. 신앙과 이성: 해석학적 순환

에밀 브레이어의 주장은 철학이 종교에 의해 가정되는 것이 아니라는 원칙에 근거한 것이다. 아울러 종교는 이성적 기초를 갖고 있지 않다는 것을 상정하고 있다는 것이다. 달리 말하면 그리스도교 철학에 대해 등장하는 유일하고도 진지한 반론은 철학적 정신의 부정으로 보이는 계시에 대한 신앙인 것이다. 물론 이 주장은 일정 부분 옳기도 하다. 왜냐하면 신앙은 그 자체로 이성적 삶의 본성적 행위라는 일반적 경로보다 권위라는 경로를 통해 하느님으로부터 직접 받은 진리들에 대한 동의이기 때문이다. 곧 신앙 행위는 그 특수성에서 철학적 행위와는 구분되고 어느 정도는 제외하기도 한다. 하지만 모든 관점에서 철학적 행위를 배제하는 것은 아니다.[22] 이 점을 아우구스티누스는 제시하고자 한다. 그렇다면 그는 어떠한 방식으로 신앙과 이성을 이해하는가?

---

21 É. Bréhier, "Y-a-il une philosophie chrétienne?", *Revue de Métaphysique et de Morale* 1931, pp. 133~162.
22 F. Cayré, *Initiation à la philosophie de saint Augustin*, Paris: Études Augustiniennes, Desclée de Brouwer, 1947, pp. 38~40.

무엇보다 아우구스티누스의 기본 원칙들 중 하나는, 인간이 진리를 소유하기 위해서 신앙을 산출하는 권위와 앎을 낳는 이성이라는 두 매개체를, 그리고 확실한 인식의 두 원천을 사용해야 한다는 것이다. 성인에 의하면, "우리가 권위와 이성이라는 이중적 무게에 의해 인식에로 나아간다는 것에 어떠한 의심도 없다."23 또한 "따라서 우리가 이해하는 것을 우리는 이성에 돌려야만 하며, 우리가 믿는 것은 권위에 돌려야만 한다."24 신앙과 이성 사이에 존재하는 이러한 관계는 『시편 상해』 118, s.18, 3에서 최종적인 형태로 다음과 같이 나타난다. "사실 우리가 이해하지 않으면 믿지 않는 것들이 있다. 마찬가지로 우리가 믿지 않으면 이해하지 못하는 것들도 있다."

사실 신앙 행위는 이성의 활동 준비 과정으로 전제한다. 달리 말하면, 믿음은 충분한 이유 위에 놓여질 때만 인간에게 합당한 것이다. 무엇을 다루고 있는지 알기 위해, 그리고 자신에게 제기된 것을 받아들이기 위해서 충분한 이유를 찾기 위해 인간의 정신이 빛을 받지 않는다면, 우리는 믿을 수 없다. 그렇기에 이성은 믿기 전에 합법적인 권위가 있음을 그리고 진리를 알면서 전달하고자 하는 증인의 증언이 있음을 알아야 한다. 여기서 인식의 기본적 행위를 전제로 하는 신앙 행위가 이성의 첫 행위가 아니라는 결과가 나오는 것이다.25

이러한 측면을 우리는 교육에서 나타나는 믿음의 역할을 통해서도

---

23 『아카데미아 학파 논박』 3, 20, 43.
24 『믿음의 유익』 11, 25.
25 A. Dupont, *La philosophie de saint Augustin*, Louvain: Librairie-Éditeur Charles Peeter, 1881, pp. 12~13.

볼 수 있다. 가르침의 목표는 다른 것이 아니라 다른 이의 도움을 통해 이성으로 하여금 보다 빨리 자연적 발전의 길로 걸어가게끔 하는 것이다. 즉 혼돈스럽고 불충분한 인식에서 온전한 인식에로의 이전을 쉽게 해주는 것이다. 이러한 목적에 도달하기 위해 스승은 두 가지를 행한다. 먼저 스승은 제자들의 관심을 혼돈스러운 개념에로 이끌어 각 사물의 특징적이고 고유한 모습을 식별하게끔 한다. 그다음에 분석과 종합을 통해 한 사물과 다른 것들과의 관계에 대한 온전한 개념에로 이끌기 위해 고유한 개념들, 하지만 서로 간에 불충분한 개념들을 대조하도록 도와준다.

이처럼 동의를 동반하는 믿음이[26] 인간의 삶에서 분리될 수 없는 것임을 아우구스티누스는 강조한다. 믿음이 없다면 사회적·국가적·가정의 삶이 존재하지 못하는 것이다. 성인은 가르치는 권위의 중요성에 대해 강조하는 것이다. 만약 그 권위가 없다면 인간은 경험적이요 과학적인 인식을 갖지 못하기 때문이다. 이 점을 성인은 『보이지 않는 사물에 대한 믿음』(De fide rerum quae non videntur) 2, 4~3, 5에서 강조한다. 이에 따르면, 믿음이 없다면 모든 사회적 결속이 깨지며, 사회는 해체가 된다. 또한, 친구는 더 이상 다른 친구를 신뢰하지 않으며, 자녀는 부모를, 부인은 남편을, 남편은 부인을 신뢰하지 않게 된다.

따라서 아우구스티누스는 다음과 같이 강조한다. "배움에서 우리

---

26 「성도들의 예정」 2, 5.

는 필연적으로 권위와 이성이라는 이중 원리에 의해 인도된다. 시간의 순서에서는 첫 번째로 권위가 오지만, 실제적 순서에서는 이성이 온다. (…) 권위만이 윤리학, 물리학 그리고 형이상학을 배우고자 열망하는 모든 이에게 문을 열어줄 수 있다."27 또한 "권위는 믿음을 요구하고 인간을 이성에 준비시킨다. 이성은 이해와 인식에로 이끈다."28 사실 아우구스티누스가 앎에 도달하기 위한, 확실하고도 의심할 바 없는 인식에 도달하기 위한 첫 계단으로써 믿음을 제시한 첫 인물은 아니다. 이미 알렉산드리아의 클레멘스(Clemens Alexandrinus, 150-215?)에게서 그런 의미를 드러내는 확언들을 발견한다. 그래서 홀테(B. Holte)는 권위와 이성에 기초한 아우구스티누스의 연구 방법을 설명하면서 클레멘스가 가능성 있는 원천이라고 지적한다. 하지만 아우구스티누스는 클레멘스를 알지 못했고, 그의 작품조차도 알지 못했다. 따라서 연대기적으로 보다 가까운 원천을 보아야 한다. 무엇보다 넬로 치프리아니(Nello Cipriani)에 의하면, 마리우스 빅토리누스(Marius Victorinus)가 저술한 『바오로 서간 주석』을 꼽을 수 있다. 여기에서 아우구스티누스의 말과 거의 유사한 것을 발견할 수 있기 때문이다. 이 부분은 후에 원천에서 살펴보겠지만, 아우구스티누스가 「대화편」을 저술하던 시기에 많은 학자들이 주장하듯 플로티누스와 포르피리우스(Porphyrius, 233-304)만을 읽은 것이 아님을 드러낸다. 예를 들면, 위에서 인용한 "시간의 순서에서는 첫 번째로 권위

---

27 『질서론』 2, 9, 26.
28 『참된 종교』 24, 45.

가 오지만, 실제적 순서에서는 이성이 온다."는 것과 관련하여 마리우스 빅토리누스의 주석서에서 우리는 "순서상 믿음이 첫 번째에 있다."(ordine fides prior sit)라는 문장을 발견하기 때문이다. 이러한 측면은 우리로 하여금 아우구스티누스가 자신의 입장을 취한 곳이 밀라노의 그리스도교 환경이었음을 드러내는 것이다.

아우구스티누스는 이러한 개념을 고안하려고 노력한 것이 아니라 신앙의 이성적 기초를 제공하고자 한 것이다. 바로 이것이 아우구스티누스의 독창성이라고 할 수 있다. 이 부분은 지금껏 우리가 살펴본 인간의 증언에 의지하는 역사적 믿음 혹은 교조적(敎條的) 믿음뿐 아니라 하느님의 말씀에 근거한 신앙에도 적용된다. 신앙과 이성에 대해 다음과 같이 천명하는 제1차 바티칸 공의회의 가톨릭 신앙에 관한 교의 헌장 「하느님의 아드님」(Dei Filius) 제4장에서 우리는 아우구스티누스의 가르침과 같은 내용을 발견한다. "가톨릭교회의 지속적인 합의는 원리로뿐만 아니라 대상으로도 구별되는 인식의 이중적인 질서가 있다는 것도 고수하였으며, 고수하고 있다. 원리가 다르다는 것은, 우리가 한편으로는 자연적 이성으로 인식하고, 다른 한편으로는 신적인 신앙으로 인식하기 때문이다. 그리고 대상이 다르다는 것은 자연적 이성이 도달할 수 있는 것 외에도 하느님 안에 감추어져 있어, 하느님께서 계시하시지 않으면 알 수 없는 신앙의 신비들이 우리에게 믿도록 주어져 있기 때문이다. (…) 또한 신앙에 의해 조명을 받은 이성이 열심히 경건하게 신중히 찾는다면, 자연적으로 인식한 것에 대한 유비에 의해서든, 신비들의 내적 연관성 그리고 그것들과 인간의 최종 목적과의 연관에 의해서든, 신비들에 대한 지극히 풍요로운 깨달음을 하느님의 도움으로 얻게 될 것이다. 그러나 이성은 그 고유한 대상이 되는 진리들을 통찰하듯이, 신비들을 통찰할 수는 없다. 왜냐하면 신적 신비들은 자기 본연의 본성상 창조된 지성을 초월하기 때문이다."

신앙은 초자연적 은총의 조명을 받은 이성을 전제로 한다. 만약 이성이 어떠한 양식으로든 교의의 의미를 이해하지 못한다면, 만약 이성이 계시 사실과 하느님의 권위를 알지 못한다면, 의지는 하느님의 말씀에 대해 이성적으로 동의할 수 없기 때문이다. 이렇듯 신앙 행위는 필연적으로 다수의 인식에서 나오는 것이다. 그렇기에 철학은 이러한 인식을 발전시키고 심화하며 학문적으로 만드는 사명을 갖고 있다. 이로써 우리가 믿을 수 있을 뿐만 아니라, 동시에 우리 신앙에 이유를 지시하고 오류의 공격으로부터 신앙을 방어할 수 있기 때문이다. 달리 말하면, 무엇보다 그리스도인은 신적 계시의 내용에 대한 과학적 설명을 추구하기 전에 믿어야 한다. 곧 '나는 알기 위해서 믿는다.'(credo ut intelligam)이다. 하지만 동시에 하느님의 말씀은 신앙을 이성에로 가져간다. 바로 여기에 '믿기 위해 알아라.'(ergo intellige ut credas)가 나오는 것이다. 하느님의 말씀을 이성의 통제에 종속시킨다면, 그것은 질서를 뒤바꾸는 것이요 신앙의 존엄성을 손상시키는 것이다.[29] 여기서 우리는 아우구스티누스가 자기 자신에게 적용한 원칙을 본다. "신앙 이전에, 믿기 위해 알아라. 신앙 이후에는 알기 위해

---

29 A. Dupont, *La philosophie de saint Augustin*, pp. 16~18.

믿어라. 신앙 이전에 믿는 것의 이유들을 이해해라. 신앙 이후에는 당신 신앙의 내용을 음미하고 그것의 속 깊은 곳으로 들어가라. 하지만 신비는 하늘에서만 너에게 베일을 벗을 것이다."[30]

그렇기에 우리는 신앙이 철학으로부터 독립적이라고 결론을 내릴 수 없다. 동시에 신앙은 우리로 하여금 온갖 오류에서 벗어나게 해주며,[31] 정화와 조명의 역할을 수행한다고 할 수 있다.[32] 곧 진리를 인식하기 위해 우리는 온갖 감정과 편견에서 자유로운 영혼으로 진리에 다가가야 한다는 것이다. 그렇기에 '나는 알기 위해 믿는다.'는 '신비적', '심리학적', '형이상학적'이라는 세 가지 가치를 지니고 있다. 오직 살아있는 신앙만이 인간을 하느님에 대한 체험을 갖게 되는 조건에 가져다 놓을 수 있기에 '신비적'이다. 오직 신앙만이 진리를 추구하는 데 있어 온갖 장애물을 제거할 수 있기에 '심리학적'이다. 오직 신앙만이 앎으로는 접근할 수 없는 진리에 접근하도록 허락하기에 '형이상학적'이다.[33]

이러한 측면에서 아우구스티누스의 사상을 "심리학적 경험론에 기초한 형이상학" 혹은 "내적 체험의 형이상학"이라고 평가하는 에티엔 질송은 "은총 없는 아우구스티누스주의는 확실히 이상한 형이상학적 괴물이다."라고 단언하였다.[34] 하지만 카이레(Cayré)는 다음과

---

30 Ch. Boyer, "Philosophie et théologie chez saint Augustin", in Ch. Boyer, *Essais sur la doctrine de saint Augustin*, Paris: Gabriel Beauchesne et ses Fils, 1932, p. 204.
31 『서한』 118, 32.
32 『서한』 137, 5; 『질서론』 2, 9.
33 R. Piccolomini, *La filosofia di S. Agostino*, pp. 58~59.
34 Ét. Gilson, "L'Avenir de la métaphysique augustinienne", *Revue de Philosophie* 1930,

같이 지적한다. "나는 성 아우구스티누스가 항상 자신의 철학을 은총에 연결시킨다고 믿지 않는다. 한편으로 철학은 모든 아우구스티누스주의가 아니며, 의심의 여지 없이 중요하지만 신앙과 그리스도인 삶의 이 운동 안에 놓여 있는 이성적 토대일 뿐이다. 다른 한편으로 이 철학이 떠받치는 영적 건물에 적합하기 위해 질송의 표현대로 '종교적 영감으로' 생기를 띠는 것이 이 철학에 충분하며, 그것이 참여의 철학이라는 유일한 사실에서 성 아우구스티누스에게서 충분하게 나타난다."[35]

3. 지식과 지혜(scientia et sapientia)

철학적 탐구에서 권위의 필요성을 제시한 뒤 아우구스티누스는 참된 권위가 무엇인지 설명한다. 그에 의하면, 지혜와 행복에 도달하기 위해 따라야 하는 참된 권위는 인간적 권위가 아니라 『아카데미아 학파 반박』 3, 20, 43에서 육화한 말씀과 동일시되는 신적 권위이다. "따라서 나는 그리스도의 권위로부터 멀어져서는 안 된다고 확실하게 생각한다. 왜냐하면 그것보다 더 유효한 권위를 발견하지 못하기 때문이다." 또한 『질서론』(De ordine) 2, 9, 27에서도 다음과 같이 말한다. "권위는 일부는 신적이고 일부는 인간적이지만, 참되고 확고한

---

pp. 702~703, 707.
35 F. Cayré, *Initiation à la philosophie de saint Augustin*, p. 59.

최고 권위는 역시 신적이라고 부르는 권위다."

여기서 아우구스티누스가 그리스도교 신앙을 살아가는 두 가지 다른 가능성에 대해 강조하는 것을 기억할 필요가 있다. 하나는 철학자의 가능성으로, 신앙에서 출발하여 지성적 실재들을 탐구하도록 제안하는 것이다. 다른 하나는 모니카의 가능성, 곧 신앙으로만 만족하는 단순한 이들의 것이다.36 이 첫 번째 단계의 탐구에서 앎과 지혜의 개념이 연결된다.

사실 지식과 지혜라는 두 개념의 구분은 아우구스티누스에게 있어 매우 중요하다. 성인의 첫 작품들, 곧 세례성사를 받기 전과 받은 직후의 작품들에서 아우구스티누스는 하느님과 영혼에 대한 지식이 있을 때 지혜에 도달할 수 있다고 보았다. 이러한 의미에서 볼 때, 지식은 이성을 통한 인과론적 추론으로 제시되기 때문에 이론을 제기할 수 없는 확실한 인식을 의미한다. 예를 들면 의심의 여지가 없는 수학과 같이 정언적 증명이다. 하지만 신부가 된 후 아우구스티누스는 바오로에 대해 좀 더 자세히 공부하기 시작하여 그리스도인 삶의 모든 여정, 곧 그리스도인을 완덕에로 이끄는 여정에 대해 생각하게 되었다. 성인은 항상 성경으로부터 영감을 받아 단순한 신앙, 곧 교회가 가르치는 진리에 대한 단순한 수용에서 성령의 선물과 복음의 진복팔단을 통해 그리스도교 완덕으로 이끄는 일련의 시작으로 이 여정을 생각하였다. 성령의 선물은 이사야 예언자가 언급하듯 전통적으

---

36 「질서론」 2, 5, 15; 2, 17, 45~46.

로 7개로 간주되었으나, 아우구스티누스는 이 구조에 약간의 변경을 가했다. 이사야는 '하느님을 경외함'을 마지막 위치에 놓고 '지혜'를 첫 번째로 두지만, 아우구스티누스는 '지혜'를 마지막 자리에 놓으면서 '하느님을 경외함'을 첫 번째 자리에 두고 있다. 이는 "지혜의 근원은 주님을 경외함이다."라고 시편 111, 10(불가타 110,10)이 말하기 때문이다.

여기서 아우구스티누스가 사제 서품을 받은 후 철학적 특성을 지닌 탐구에서 성서–신학적 특성을 가진 연구로 전이한 전환점을 수행하고 있음을 볼 수 있다. 달리 말하면, 아우구스티누스는 자신의 방법론을 계속 유지하면서도 도구, 곧 이제 성경에 대한 비판적이고도 심도있는 연구와 동일시되는 도구를 변경한 것이다.37 사실 성인은 신부가 되면서 사목직에 대한 준비로써 성경을 연구했고, 철학에서 제시한 주제들에 대한 관심을 버리게 된다. 이는 분명 항상 철학에서 제시된 논점들을 다룬 그의 첫 작품들과 비교할 때 하나의 결별인 것이다.

지식과 지혜의 구분에 있어 아우구스티누스는 무엇보다 사도 바오로의 표현에 의지한다. 바오로 사도는 이렇게 말한다. "어떤 이에게는 성령을 통하여 지혜의 말씀이, 어떤 이에게는 같은 성령에 따라 지식의 말씀이 주어집니다."(1코린 12, 8) 이에 대해 아우구스티누스는 다음과 같이 말한다. "단어의 엄격한 속성에 따라 말할 때, 굳건한 이성적 논점으로 이해하는 것에 대해서만 우리는 알고 있다고 말한다.

---

37 V. Pacioni, *Agostiono d'Ippona. Prospettiva storica e attualità di una filosofia*, Milano: Ugo Mursia Editore, 2004, p. 40.

하지만 성경이 말하는 것처럼 현재 사용하는 것에 보다 근접한 단어
로써 말한다면, 우리의 감관(感官)으로 파악하는 것이든 신앙의 합당
한 증인에 근거해 믿고 있는 것이든 알고 있다고 말하는 것에 주저하
지 않는다."[38] 여기서 우리는 '지식'(scientia)이라는 단어가 굳건한 추
리에 기초한 인식이라는 전통적 철학의 의미에서 이해되고 있음을
볼 수 있다. 또한 보다 넓은 의미에서 볼 때 '지식'이 단지 인과론적 추
리에 기초한 것만이 아니라 체험에 근거한 것도 나타난다. 그렇기에
성인은 "두 가지 유형의 인식이 있다."라고 한 것이다.

하지만 바오로 사도에 기초해 갖게 된 지식과 지혜의 구분에 대
한 보다 온전한 이해는『삼위일체론』(De Trinitate)에 나타난다. 이교
도 철학자들은 지혜(sapientia)를 "인간적인 것과 신적인 것에 대한 지
식"(rerum humanarum divinarumque scientia)이라고 정의한다. 하지만 성
인은 코린토 1서 12장 8절에 기초하여 "이 정의를 구분하여 신적인
것들에 대한 지식만을 지혜라고 부르고 인간적인 것들에 대한 인식
에만 지식이라는 이름을 유보하는 것"이 필요하다고 본다.[39]

또한『삼위일체론』12, 14, 22~23에서 성인은 다음과 같이 언급
한다. "따라서 우리가 현명(prudentia), 용기(fortitudo), 절제(temperantia),
정의(iustitia)로써 행하는 모든 것은 지식 혹은 규율에 해당하고, 이 규
율에 따라서 우리 행동이 악을 피하고 선을 추구하는 데로 향한다. 그
리고 삼가야 할 본보기든 본받아야 할 본보기든, 사물에 관해서 우리

---

38 『재론고』1, 14, 3.
39 『삼위일체론』14, 1, 3.

행동거지에 준용해야 할 자료들은 우리가 역사적 인식을 통해서 수집한다. 이런 자료들에 관해서 말씀이 나올 때 나는 그것이 지식의 말씀이라고 여기며, 지혜의 말씀과는 구분되어야 한다고 본다. 과거에 존재한 사물은 지혜에 속하지 않으며, 미래에 존재할 것도 지혜에 속하지 않고 오로지 현재 존재하는 것만이 지혜에 속한다. 그러면서도 그것들이 있는 곳이 영원이라는 사실 때문에, 시간의 변화가 일절 없으면서도 그것들은 (과거에) 존재했고 (현재에) 존재하고 (미래에) 존재할 것이라는 표현을 쓰기는 한다. 과거에 존재했다고 해서 존재하기를 그만둔다는 말이 아니고, 미래에 존재한다고 해서 지금은 존재하지 않는다는 말이 아니며, 동일한 존재를 항상 소유했고 항상 소유할 것이라는 뜻이다." 여기서 우리는 새로운 정의를 발견한다. 지식은 현세적인 것들에 대해 훌륭하게 사용하는 행동이고, 지혜는 영원한 것들에 대한 관상이라는 점이다. 성인은 이 점을 제시하기 위해 욥기 28장 28절("주님을 경외함이 곧 지혜며 악을 피함이 지식이다")을 통해 분명해지는 코린토 1서 8장 1절("지식은 교만하게 하고 사랑은 성장하게 합니다")에서 출발하고 있다. 여기서 지식은 규범적 인식으로, 그리고 더 나아가서는 역사에 대한 인식에서 수용하는 긍정적인 모든 가르침으로 나타나고 있다.

또한 『삼위일체론』 13, 19, 24에서 아우구스티누스는 요한복음 1장에 대한 간략한 분석에서 출발하여 역사적 인식에 대한 일반적 개념보다 성서적인 개념으로 나아가면서 지혜와 지식의 구분을 명료하게 제시한다. 곧 지식은 신앙의 기초에 놓여 있는 역사적 진리에 대한 탐구이고, 지혜는 인간 지성의 관상 대상인 영원한 진리를 추구한다는 것이다. "육이 되신 말씀이 우리를 위하여 일정한 시간과 공간에서 행하고 겪은 모든 일은, 우리가 지금 논증하기로 채택한 구분에 따르면 지식에 속하지 지혜에 속하지 않는다. 시간이 없고 공간이 없는 말씀은 아버지와 더불어 영원하며 어디서나 전체로 계신다. 이분에 관하여, 누가 그럴 능력이 있어, 하는 데까지 진실한 말을 발설할 수 있다면 그 말은 지혜의 말씀일 것이다."

요한복음 1장의 표현대로 한다면, "한처음에 말씀이 계셨다. 말씀은 하느님과 함께 계셨는데 말씀은 하느님이셨다. 그분께서는 한처음에 하느님과 함께 계셨다." 등의 표현은 말씀이 시간과 공간에 종속된 것이 아니라 그것들을 뛰어넘은 영원으로부터의 모습을 표현한 것이다. 이에 대한 인식이 지혜인 것이다. 반면, "말씀이 사람이 되시어 우리 가운데 사셨다."와 같은 내용은 영원성에서 시간 안으로 들어온 육화 사건을 표현한 것이다. 그렇기에 그리스도인의 신앙은 두 대상 혹은 두 종류의 내용을 갖고 있다고 할 수 있다. 곧 영원하고 불변한 실재인 '영원한 것들에 대한 신앙'(fides rerum aeternarum)과 역사적 구원사건들인 '현세적인 것들에 대한 신앙'(fides rerum temporalium)이다. 후자의 경우 '지식'(scientia)이라고 부르는 것은 항상 신앙에 기초한 인식이기 때문이다. 하지만 영원한 것들의 경우 성경이 우리에게 가르치기에 신앙으로 시작하고 신앙과 함께 수용된다. 달리 말하면 지혜는 진리이신 하느님을 소유하는 것이다.

더욱이 '현세적인 것들에 대한 신앙'은 우리를 구원하고 정화하는 신앙의 대상이 된다. 하느님의 말씀이 우리의 구원을 위해 육화하였다는 것을 믿을 때, 곧 이 신비를 믿을 때 육화의 구원론적 가치에 대한 이 믿음이 우리를 의롭게 만든다는 의미에서이다. 반면, 하느님은 한 분이요 세 위라는 것을 믿는 것은 신앙뿐 아니라 지혜에 도달하기 위해 우리가 신앙을 통해 믿은 것에 대한 확실한 인식에 도달하기 위해 항상 성경에 귀를 기울이는 이성의 대상이기도 하다. 여기서 지식은 성경이 구원의 역사에 대해 서술하는 것과 하느님이 성경을 통해 올바르고 좋은 것으로 가르치는 것, 곧 윤리적 측면에 관계하는 계명들에 대한 인식으로 이해된다. 이 모든 지식은 구원을 주고 참된 행복으로 인간을 이끄는 신앙을 양육하고, 옹호하며, 강화한다. 본래의 의미에서 이 지식은 아우구스티누스가 '거룩한 지식'이라고 부르는 '참된 지식'이다. 즉 우리가 의로운 이, 올바른 이가 되기 위해 해야만 하는 것과 하느님이 우리의 구원을 위해 하신 것에 관해 성경이 가르치는 모든 것에 대한 깊은 인식인 것이다. 그렇기에 지혜는 의롭게 된 모든 영혼에게 주어진 특전이라고 할 수 있다.

 더욱이 아우구스티누스는 '거룩한 지식'을 갖는 과정에서, 곧 성경을 이해하는 과정에서 철학적 진리도 사용할 수 있다고 본다. 성인은 이 점을 이스라엘 백성이 이집트에서 나오면서 금과 은으로 된 그릇과 장신구, 의복 등을 이집트인들보다 더 유익하게 사용한다는 명분으로 갖고 있었다는 것에 비유한다. 이방인들의 학문에도 진리에 봉사하는데 보다 적합한 교양 학문들도 갖추고 있고, 매우 유익한 도덕 원리들을 포함하고 있으며, 유일하신 하느님을 섬기는 것에 관한 몇 가지 진리가 있다는 것이다. 그렇기에 이방인들에게서 이러한 귀금속들을 빼앗아 와서 복음을 선포하는 유익한 용도에 사용해야 한다

고 역설한다.[40]

지금껏 살펴본 내용을 보면 아우구스티누스가 지식과 지혜 사이에 많은 구분을 하고 있는 것처럼 보인다. 하지만 아우구스티누스의 목적은 지식과 지혜를 구분하고 분리하는 것이 아니라 오히려 두 요소의 밀접한 연결을 제시하려는 것이다. 달리 말하면 지식과 지혜는 구분된 것처럼 보이지만, 유일하고도 동일한 대상인 그리스도를 갖고 있음을 드러내고자 한다. 이 점 역시 "그리스도 안에 지혜와 지식의 모든 보물이 숨겨져 있습니다."라는 바오로의 말(콜로 2, 3)에 의지하여 제시된다. 성인에 의하면, "따라서 우리의 지식은 그리스도이고 우리의 지혜 역시 같은 인물 그리스도다. 바로 그분이 시간적 사물을 두고 우리에게 신앙을 심어 주고 바로 그분이 영구한 사물을 두고는 진리를 보여 준다. 우리는 그분을 통해서 그분에게로 나아가니 지식을 통해서 지혜로 향한다. 그렇더라도 우리가 단일하고 동일한 인물 그리스도에게 멀어져 가는 것은 아니니 그분 안에 지혜와 지식의 모든 보화가 감추어져 있기 때문이다."[41] 또한 이 측면은 "영원성이 현세적인 것보다 상위의 것처럼, 진리는 신앙보다 상위의 것이다."라는 플라톤의 『티마이오스』 29에 기초하여 제시되기도 한다.[42] 굴벤 마덱(Goulven Madec)에 따르면, 바로 이것이 아우구스티누스 신학의 구조이다. 곧 '영원성-시간'이라는 존재론적 관계에 '지혜-지식'이라는

---

40 『그리스도교 교양』 2, 40, 60.
41 『삼위일체론』 h13, 19, 24.
42 같은 책. 4, 18, 24.

인식론적 관계가 상응하고 있으며, 모든 것이 그리스도의 위격 안에서 일치되고 있는 것이다.[43] 따라서 지식은 인과론적 추론에 기초하였기 때문이 아니라 그리스도의 신적 권위에 근거한 것이기 때문에 매우 확실한 인식이라고 할 수 있다.

4. 아우구스티누스 철학의 원천[44]

아우구스티누스의 참된 사상을 알기 위해서 원천에 대해 분명하게 하는 것이 가장 중요하다. 사실 아우구스티누스의 작품, 특별히 『신국론』(De civitate Dei)은 실로 많은 철학자와 그 학파들을 언급하고 있다. 성인이 실로 약간의 철학 학파만을 몰랐을 것이라고 말할 수 있을 정도이다. 아울러 그가 알지 못하는 사상가들도 매우 드물 것이라 할 수 있다.

무엇보다 아우구스티누스는 『신국론』 8, 2에서 소크라테스 이전 시기에 두 학파를 이렇게 제시한다. "하나는 이탈리아 학파로서 한때는 대(大)그리스라 불린 이탈리아의 일부 지방에서 유래한 것이다. 다른 하나는 이오니아 학파로서 지금도 그리스라고 불리는 저곳에서 유래한 것이다." 계속해서 성인은 이 두 학파의 창시자에 대해 다

---

43 G. Madec, "Christus, scientia et sapientia nostra. Le principe de cohérence de la doctrrine augustinienne", *Recherches Augustiniennes* 10(1975), p. 79.
44 A. Casamassa, "Le fonti della filosofia in S. Agostino", in AA.VV., *Acta Hebdomadae Augustinianae-Thomisticae*, Torino: Casa Editrice Marietti, 1931, pp. 88~96.

음과 같이 언급한다. "이탈리아 학파의 창시자는 사모스의 피타고라스였는데, 철학이라는 이름 자체가 피타고라스에게서 유래했다고 한다. (…) 이오니아 학파의 시조는 밀레투스의 탈레스였다. 그는 일곱 현자라고 불리는 사람들 가운데 하나였다." 특이한 것은, 아우구스티누스가 이탈리아 학파에 대해서는 창시자인 피타고라스만 기억하고 있는 반면, 이오니아 학파에 대해서는 탈레스(Thales, 기원전 626/623?-548/545?)부터 시작하여 이 학파에 속한 거의 모든 철학자를 언급하고 있다. 곧 탈레스, 아낙시만데르(Anaximander, 기원전 610?-546?), 아낙시메네스(Anaximenes, 기원전 586/585?-526/525?), 아낙사고라스(Anaxagoras, 기원전 500?-428?), 아폴로니아의 디오게네스(Diogenes Apolloniae, 기원전 5세기경) 그리고 소크라테스의 스승인 아르켈라우스(Archelaus, 기원전 5세기경) 등이다.

소크라테스 이후 시기에는 보다 많은 철학 학파들이 등장하기에, 아우구스티누스의 작품에서도 그들에 대한 보다 많은 흔적이 나타난다. 아우구스티누스의 작품들은 부수적이긴 하지만 항상 다음의 인물들을 특별히 언급한다.

① 플라톤과 그의 직접적인 제자들과 후계자들인 스페우시포스(Speusippos, 기원전 408?-339/338), 크세노크라테스(Xenokrates, 기원전 396/395?-314/313)
② 플라톤의 제자로 언변에 있어서는 플라톤과 나란히 서지 못하지만 수많은 인사들을 앞지르고 소요학파를 창시한 아리스토텔레스(『신국론』 8, 12)

③ 키티움(Kitium)의 제논(Zenon, 기원전 334?-262), 크리시포스(Chrysippos, 기원전 279?-206?), 세네카(Seneca, 기원전 4?-서기 65), 에픽테토스(Epiktetos)와 같은 스토아학파의 대표자들

④ 에피쿠로스 학파의 에피쿠로스(Epicuros, 기원전 341-270)와 루크레티우스(Lucretius, 기원전 99?-55?)

⑤ 키레나 학파의 창시자인 아리스팁포스(Aristippos, 기원전 435?-356?)

⑥ 키니코스학파(견유학파)의 안티스테네스(Antisthenes, 기원전 446?-366?), 시노페의 디오게네스(Diogenes of Sinope, 기원전 412/404-323), 테베의 크라테스(Crates of Thebes, 기원전 365?-285?)

⑦ 회의주의 학파의 아르케실라우스(Arcesilaus, 기원전 316/315-241/240), 카르네아데스(Carneades, 기원전 214/213-129/128), 라리사의 필로(Philo Larissaeus, 기원전 159?-84), 아스칼로나(Ascalona)의 안티오코스(Anthiocos)

⑧ 절충주의 학파의 치체로와 바로(Varro, 기원전 116-27)

⑨ 플로티노스, 포르피리오스, 얌블리코스(Jamblichos, 245?-325?), 아풀레이우스(Apuleius, 124?-170)와 같은 플라톤 또는 신플라톤 학파

흥미로운 것은, 아우구스티누스가 이름을 거론하고 있는 철학 학파와 철학자들에 대한 거의 모든 역사적 지식을 취한 원천이 대개 간접적인 것이라는 점이다. 카사맛사(Casamassa)에 의하면, 아우구스티

누스가 구체적으로 사용한 원천들은 다음의 것이라 할 수 있다.

① 『호르텐시우스』, 『아카데미카』(Academica), 『투스쿨라나 담론』(Tusculanae disputationes), 『신의 본성에 관하여』(De natura deorum), 『최고선악론』(De finibus bonorum et malorum) 등과 같은 치체로의 철학 작품들
② 『인간과 신의 역사』(Antiquitates rerum humanarum et divinarum), 『교양학문 백과 사전』(Libri disciplinarum) 중 특별히 제3권 그리고 『철학 유형론』(De forma philosophiae)과 같은 마르쿠스 테렌티우스 바로(Marcus Terentius Varro)의 작품들
③ 아우룰스 겔리우스(Aulus Gellius, 125?-180?)의 『아테네의 밤』(Noctes Atticae)
④ 아우구스티누스가 『이단론』 서언에서 전해주고 있는 것으로, 켈수스(Celsus) 혹은 켈시누스(Celsinus)가 6권으로 낸 『그의 시대까지 다양한 학파들이 간직하고 있는 모든 철학자들의 의견』 (opiniones omnium philosophorum, qui sectas varias condiderunt usque ad tempora sua)

카사마사(Casamassa)에 의하면, 이러한 구체적 원천들이 아우구스티누스가 일부 철학자들의 생애와 사상에 관한 정보를 직접적인 원천에서 가져온 것임을 배제하지 않는다.

그렇다면 아우구스티누스의 철학 사상에 가장 큰 영향을 미친 철학자 혹은 학파는 누구인가? 먼저 아리스토텔레스에 대해 생각할 수

있다. 아리스토텔레스에 대한 언급은 『고백록』 4, 16, 28에서 『범주론』을 읽었다는 것과 『신국론』 8, 12의 평가 등 3번 정도만 있을 뿐이다. 이러한 면에서 그랑조지(Grandgeorge)는 "성 아우구스티누스에 대한 아리스토텔레스의 영향은 거의 없었다. 여하튼 그 영향은 항상 플라톤 사상의 영향력에 종속되어 있었다."라고 평가한다.45 이에 반해 장 펠릭스 누리송(Jean Felix Nourrisson)은 비록 온전히는 아니지만 적어도 부분적으로 다음의 것을 아리스토텔레스에게서 받아들인 것으로 보인다고 주장한다. ① 사물들의 구분에 대한 개념, ② 질료와 형상에 관한 이론, ③ 영원성과 시간에 대해 이미 플라톤이 아우구스티누스에게 제시한 관점의 보완, ④ 제5원소(quinta essentia)로 제시한 영혼의 정의(『신국론』 22, 11, 2에서 아우구스티누스는 제5물체[quintum corpus]라고 말한다), ⑤ 종자적 삶, 감각적 삶, 지성적 삶 등 영혼의 진보에 관한 이론, ⑥ 인식론, 곧 내적 감각 혹은 6번째 감각, 기억, 상상 그리고 상기(reminiscentia)에 관한 이론, ⑦ 영혼의 상위 빛이며 능력인 지혜에 관한 사상, ⑧ 윤리에 관해 가장 뛰어난 일부 격언들, ⑨ 인간의 결속력(사회력)에 관한 이론 등이다.46

아울러 아우구스티누스가 호의를 보인 피타고라스(Pythagoras, 기원전 570-495)도 큰 영향력을 행사하지 못하였다. 성인에게 있어 피타고라스는 관상의 삶의 뛰어난 모델로서 나타났다. 『복음사가들의 일

---

45 L. Grandgeorge, *Saint Augustin et Le Néo-Platonisme*, Paris: Éditeur Ernest Leroux, 1896, p. 31.
46 J.F. Nourrisson, *La philosophie de saint Augustin*, II, Paris: Librairie Didier et Cie, 1865, pp. 127~128.

치』1, 7, 12에 의하면, "관상의 덕행에 있어 그리스는 피타고라스보다 더 유명한 이름을 갖지 못하였다."라고 하였다. 또한『신국론』8, 4에 의하면, "소크라테스는 실천에 탁월했던 것으로 전해오고, 피타고라스는 지력을 다하여 관상을 고수한 것으로 전해온다."라고 한다. 하지만『재론고』1, 3, 3에서는 이러한 입장을 후회하면서 다음과 같이 기록하고 있다. "내 입장에서 보면 피타고라스의 가르침에서 어떠한 오류도 없다고 경청하거나 읽는 사람이 생각할 정도로 철학자 피타고라스에게 매우 큰 찬사를 보냈다는 것을 받아들이지 않는다. 사실 매우 심각하고도 많은 오류가 있다."

그리고 우리는 그의 작품 곳곳에서 소크라테스의 생애와 학설에 관한 암시와 언급을 볼 수 있다. 또한 그에 대한 칭송도 발견하며, 아우구스티누스는 그의 가르침을 매우 정확하게 알고 있는 것처럼 보이기도 한다. 그럼에도 불구하고 영향력 행사에 대해선 분명하게 제시할 수 없다.

28회 인용되고 있는 스토아학파와 22회 인용되는 에피쿠루스 학파 역시 큰 영향력을 행사하지 못하였다고 할 수 있다. 성인은 디오스코루스(Dioscorus)에게 보낸『서한』118, 14~15에서 최고선(Summum Bonum)을 감각적 쾌락에서 찾고 있는 에피쿠루스 학파의 유물론과 행복하게 만드는 최고선을 하느님이 아닌 영혼에서 찾고 있는 스토아학파에 대해 강력하게 비판하고 있다. 더 나아가 성인은 이 두 학파가 "오직 물질적인 실체만 생각할 줄 안다."고 평가한다.(『서한』118, 26)

결국 이러한 인물들과 학파들은 아우구스티누스의 철학적 소양과 밀접한 연관이 없다고 볼 수 있다. 이제 남은 것은 아우구스티누스의 작품 안에서 52회 인용되고 있는 플라톤과 약 40회 정도 인용되는 신플라톤주의자들이다. 플라톤의 철학과 그리스도교 사이에 양립이 불가능한 것이 아니라고 보는 그랑조지(Grandgeorge)는 플라톤의 이름이 아우구스티누스의 시대에도 여전히 큰 명성을 향유하고 있었다고 하면서 다음과 같이 주장한다. "이방인들이 자신들의 사상을 옹호하기 위해서나 그리스도인들이 헬레니즘에서 채용한 것에 의지해 자신들이 주장을 세운 것임을 주장하기 위해서 호소하는 것은 무엇보다 그(플라톤)였던 것이다. 그들 옆에서 그리스도인들이 이방인들을 개종시키기 위해 이방인들의 가장 위대한 철학자들에게서 씨앗으로 이미 담겨 있던 자신들의 고유한 가르침을 제시할 때 내세운 것도 무엇보다 그였던 것이다. 결국 다른 어떤 것보다 성 아우구스티누스가 그러했듯 진리와 미에 열정을 갖고 있는 정신의 마음에 들 수밖에 없는 체계였던 것이다."[47]

　아우구스티누스에게 플라톤은 칭송의 대상이었다.『아카데미아 학파 반박』3, 17, 37에 의하면, "플라톤은 당대의 가장 지혜롭고 가장 박식한 인물이었다. 그가 발언하는 방식에 의하면 그가 무슨 말을 하든지 대단한 것이 되었고, 그가 어떻게 말하든지 간에 사소한 얘기가 되지 않았다. 전하는 바에 의하면, 각별히 흠모하던 자기 스승 소크라테스 사후에 그는 피타고라스학파로부터도 많은 것을 배웠다고 한다." 또한『신국론』8, 4에서 아우구스티누스는 "소크라테스의 제

47　L. Grandgeorge, *Saint Augustin et Le Néo-Platonisme*, p. 32.

자들 가운데 플라톤은 영광이 너무나 탁월하여 그 밖의 모든 사람을 무색하게 만들 정도였으며 그럴만한 공적도 없지 않았다. 그는 아테네 사람으로서 동향인들이 보기에도 고귀한 가문에 태어났으며 놀라운 재능으로 학우들을 월등하게 앞섰다. (…) 플라톤을 이방인들의 여타 철학자보다 월등히 출중한 인물이라고 생각하는 사람들의 생각은 옳다. 플라톤을 가까이서 추종하는 것을 기뻐했던 사람들, 즉 그 나라의 다른 철학자들보다도 플라톤을 좋아하고 지리를 매우 철저하고 정확하게 이해하기에 큰 존경을 받았던 그 사람들은 신 안에서 존재의 원인, 인식의 명분과 삶의 질서를 발견할 수 있다고 믿었다."라고 평가한다.

여하튼 아우구스티누스는 플라톤의 학설이 그리스도교와 관계가 있음을 인정하였다. 이는 "그리스도의 은총으로 우리와 맺어진 사람들이라면, 플라톤이 하느님에 관해 이렇게 생각했다는 사실을 듣고 읽으면서 감탄하고, 그것이 우리네 종교의 진리에 매우 부합한다는 점을 수긍한다."는 평가에서 볼 수 있다.(『신국론』 8, 11) 또한 성인은 아테나 철학자가 선의 목적, 사물의 원인 그리고 추론의 기초가 에피쿠루스학파와 스토아학파가 한 것처럼 육신이나 영혼의 본성 안에 두지 않고 신적 지혜에 둔 것도 올바른 것이라 본다. 그리고 세상 창조에 관한 내용에서 플라톤의 『티마이오스』가 창세기와 반대되지 않다고 보며(『신국론』 8, 11), 그리스도교의 입장과는 다르지만 어느 정도 부활 교리를 내세웠다고 말한다.(『신국론』 22, 28. "저 저술가들이 이야기하는 것은 육체의 부활에 국한된 것으로 사람들이 부활하여 다시 현세의 생명으로 돌아왔다는 의미에서의 부활이지 죽지 않는다는 의미의 부활은 아니다.")48

플라톤 철학과 그리스도교의 가르침 사이의 이러한 조화를 설명하는 데 있어 일부 사람들은 플라톤이 이집트에 가서 예레미야 예언자의 가르침을 들었다든가 그 여정 중에 예언서들을 읽었다고 주장한다. 아우구스티누스는 이러한 주장을 암브로시우스 주교의 권위에 근거해서, 곧 지금은 유실된 그의 작품(『재생의 성사 또는 철학』[De sacramento regenerationis sive de philosophia])에서 인용되고 있는 내용을 『그리스도교 교양』 2, 28, 43에서 전해준다. "기념하올 주교께서는, 이방인들의 역사를 고찰한 끝에, 플라톤이 예레미야 시대에 이집트로 떠났음을 발견하셨고, 당시에 예언자가 그곳에 있었던 만큼, 오히려 플라톤이 예레미야를 통해서 우리 문학에 접하였고 (그 덕택에 오늘날) 마땅히 칭송받을 내용을 가르치고 저술하였을 가능성이 더 높음을 입증하지 않으셨던가?"

하지만 후에 아우구스티누스는 이 주장이 연대기적으로 오류가 있는 것임을 밝힌다. "역사적 연대의 시간을 면밀히 계산하면 플라톤은 예레미야가 예언 활동을 하던 시대부터 무려 백 년이나 늦게 태어났다. 또 그가 81세까지 살았다고 하니 그가 죽은 해부터 이집트 왕 프톨레마이우스가 유다에서 히브리인들의 예언서를 가져오게 하여 그리스어를 아는 히브리인 70명을 시켜 번역하고 보존하도록 조처한 시기까지는 무려 60년 차이가 난다. 그런 이유로 예레미야가 훨씬 먼

---

48   L. Grandgeorge, *Saint Augustin et Le Néo-Platonisme*, p. 33.

저 죽었기에 플라톤은 여행 중에 그를 만나볼 수도 없었고, 성경은 아직 플라톤이 사용하는 그리스어로 번역이 안 된 터였으므로 그것을 읽을 수도 없었을 것이다."(『신국론』 8, 11) 또한 『재론고』 2, 4, 2에서는 자신의 기억이 틀렸음을 고백한다.

플라톤에게 보인 호감에도 불구하고, 아우구스티누스는 그를 비판하였고 간혹 매우 강하게 비판하였다. 성인은 플라톤의 글이 설득력이 더 강하다기보다 읽기가 더 부드럽다고 해야 할 것이라고 비판한다.(『참된 종교』 2, 2) 더욱이 라베오(Cornelius Labeo)가 플라톤을 헤르쿨레스(Hercules)나 로물루스(Romulus)처럼 반신(半神)의 반열에 올려 기념해야 한다고 주장한 것에 대해, 아우구스티누스는 『신국론』 2, 14, 2에서 "우리로 말할 것 같으면 플라톤을 신으로도, 반신(半神)으로도 여기지 않으며, 그를 지존하신 하느님의 거룩한 천사나 진실을 말하는 예언자나 어떤 사도나 그리스도의 어떤 순교자나 여느 그리스도교 인물에도 비하지 않는다."라고 반대한다. 또한 자신이 플라톤의 학설에 보인 과도한 존경과 절제되지 않은 열정에 대해 『재론고』 1, 1, 4에서 "플라톤 혹은 플라톤철학자들 또는 아카데미아 학파 철학자들과 같은 불경건한 이들에게 적합하지 않은 정도로 칭송한 것을 유감스럽게 생각한다."고 지적한다.

이러한 면에서 그랑조지(Grandgeorge)는 플라톤과 아우구스티누스 사이의 내적 유사함에 의거해 우리가 상상하는 것과는 달리 주목할만한 영향력을 플라톤이 행사한 것이 아니라고 본다. 또한 그는 이러한 영향력은 거의 없었다거나 여하튼 매우 약한 것이었다고 주장한다.49 아우구스티누스가 플라톤의 저서를 원어로 읽었을 가능성이 희박하기 때문이다. 또한 당시 『티마이오스』 외에 플라톤의 작품이 라틴어로 번역되었다는 흔적을 찾을 수 없기에, 아마도 치체로와 같은 매개자를 통해 플라톤에 대해 알았을 것이라 보여진다. 사실 아우구스티누스는 『고백록』 7, 9, 13에서 "당신은 더할 나위 없이 교만에 찬 한 사람을 통하여 그리스어에서 라틴어로 옮겨진 플라톤 서적을 마련해주신 것입니다."라고 말한다. 이 고백에서 플라톤 학파의 책(libri platonicorum)은 마리우스 빅토리누스(Marius Victorinus)가 라틴어로 번역한 신플라톤주의자들의 것이라 보여진다. 더욱이 아우구스티누스는 『행복한 삶』 1, 4에서 "플로티누스의 책에서 아주 조금만 읽었습니다."라고 적고 있다.

따라서 아우구스티누스에 대한 영향력은 플라톤보다 오히려 플라톤 학파가 행한 것이라고 보아야 한다.50 성인은 『아카데미아 학파 논박』 3, 20, 43에서 "이성으로 말할 것 같으면 가장 숭고한 이성으로 탐구해야 할 바를 임시로 플라톤 학파에게서 찾아내야겠다는 생각을 품고 있다."라고 고백하면서 자신이 이 학파에 얼마나 깊은 신뢰와 호감을 갖고 있는지 드러낸다. 또한 이 플라톤 학파가 누구인지에 대해 성인은 이렇게 말한다. "플라톤의 사후에 플라톤의 누이의 아들 스페우시포스와 플라톤의 애제자 크세노크라테스가 아카데미아라고

49　L. Grandgeorge, *Saint Augustin et Le Néo-Platonisme*, p. 34.
50　포르탈리에는 만약 잘 검토한다면, 아우구스티누스의 영혼에 남겨진 흔적은 특별히 신플라톤주의의 사상보다는 오히려 플라톤주의의 바탕에서 온 것임을 볼 수 있다고 생각한다: E. Portalié, "Augustin (Saint)", *Dictionnaire de Théologie Catholique*, 1-II, p. 2325.

칭하던 플라톤의 학원을 계승했으며, 그 일로 그 사람들과 그 후계자들을 아카데미아 학파라고 부르게 되었다. 그런데 플라톤을 따르는 아주 유명한 철학자들은 자신들이 소요학파라거나 아카데미아 학파라고 불리기를 좋아하지 않고 그냥 플라톤 학파라고만 불리고 싶어 하였다. 그 사람들 중에 그리스인으로는 플로티누스와 얌블리쿠스와 포르피리우스가 아주 유명하다. 또 그리스어와 라틴어권 모두에서는 아풀레이우스가 플라톤 학파로 명성을 얻었다."(『신국론』 8, 12) 더 나아가 성인은 플라톤 학파 중에서 가장 뛰어나며 충실한 플라톤의 해석가는 플로티누스라고 지적한다. "플라톤의 저 훌륭한 입, 철학에 있어서 가장 순수하고 가장 선명한 가르침이 온갖 오류의 구름에서 벗겨져 드러났고, 특히 플로티누스에 이르러 최고의 빛을 발하였다. 그는 플라톤 철학자로 불릴 만큼 플라톤과 흡사한 인물로 간주되었다. 플라톤과 플로티누스는 마치 함께 산 듯한데 단지 시간 간격이 있어 전자가 후자 속에 환생한 것이 아닌가 여겨질 정도였다."(『아카데미아학파 논박』 3, 18, 41)

결국 아우구스티누스가 플라톤 학파에 호감을 가졌다는 것은 두 가지 차원에서 볼 수 있다. 하나는 "그들의 문헌이 비교적 잘 알려져 있는 까닭이다. 그 이유는 그리스인들이 민족들 가운데서도 뛰어난 언어를 가진 사람들로서 이런 문전(文典)들을 크게 치하하며 전파해 왔고, 라틴인들 역시 이 문전들의 출중함과 명성에 감복하여 기꺼이 배우고 익혔으며 우리말로 옮기면서 그 내용을 더욱 고상하고 유명하게 만들었기 때문이다."라고 『신국론』 8, 10, 2에서 밝히듯 당시 라틴인들 사이에서 매우 유명한 철학을 그가 추종하였다는 것이다. 그리고 다른 하나는 마리우스 빅토리누스가 라틴어로 번역하였고 심플리키아누스(Simplicianus) 신부가 극찬하였으며 아우구스티누스가 그리스도교로 회심하는 결정적 행보를 하도록 도와준 작품을 쓴 철학자들을 추종하였다는 것이다. 아울러 아우구스티누스가 자신을 가리켜 플라톤 학파의 추종자라고 밝힌 객관적 이유는 "그 어느 철학자들도 플라톤 학파보다 우리에게 가까이 접근하지 못했다."(『신국론』 8, 5)는 사실에 있다. 이 점은 다른 곳에서도 나타난다. "플라톤주의 철학자들은 존귀함에서나 권위에서나 여타의 철학자들을 능가했다. 그들은 여타의 철학자들에 비해 크나큰 간격을 두고 진리에 훨씬 접근해 있었기 때문이다."(『신국론』 11, 5) 또한 "자기네 (학설에서) 말마디 몇이나 문장 몇 개만 바꾸면 자기네가 그대로 그리스도인이 된다."(『참된 종교』 4, 7)

여기서 잊지 말아야 할 것이 있다. 무엇보다 아우구스티누스는 플라톤과 그에게서 매우 독립적인 제자들을 구별하지 않는다는 것이다. 달리 말하면, 아우구스티누스는 신플라톤주의자들이 플라톤과 매우 구별된다는 것을 믿지 않았던 것이다. 하지만 그의 플라톤주의는 본질적으로 신플라톤주의라고 할 수 있다.[51]

이제 문제는 어느 정도까지 아우구스티누스가 신플라톤 학파의 추종자였는가? 하는 것이다. 우리는 아우구스티누스가 오직 신플라톤주의자로 머물렀다고 확언할 수 없다. 또한 신플라톤주의의 학설이 그의 사상에 간주할 만한 영향력을 행사했다는 것을 부정할 수 없다.

---

51 L. Grandgeorge, *Saint Augustin et Le Néo-Platonisme*, p. 52.

하지만 성인의 작품에서 그리스도교의 진리와 분명하게 반대되는 플라톤주의자들의 일부 학설들은 강하게 거부되었다. 예를 들면 다음의 것들이다.

① 플라톤주의자들의 철학적 신념과 정반대되는 다신론과 이교도 예식의 실천(『참된 종교』 1, 1)
② 하급 신들의 존재
③ 무에서의 창조(creatio ex nihilo)가 아닌 유출설
④ 창조의 필연성
⑤ 인간 영혼의 선재 및 영원성: 『신국론』 10, 31에 의하면, "영혼은 하느님과 더불어 영원했던 것이 아니라 존재하지 않다가 창조된 것이다. 플라톤 학파는 이것을 믿지 않으려는 그럴듯한 이유를 가지고 있었던 듯하다. 왜냐하면 그들은 영혼이 항상 선재하지 않았더라면, 영구히 존재하는 것이 불가능하다고 언급했기 때문이다."
⑥ 영혼의 환생(metempsychosis): 『신국론』 10, 30에 의하면, "플라톤이 사람의 영혼은 사후에 짐승의 영혼으로까지 되돌아간다는 글을 썼다는 것은 아주 분명한 사실이다. 포르피리우스의 스승 플로티누스도 이 견해를 가지고 있었는데, 포르피리우스는 그 견해를 거부하는 편이 적절하다고 생각했다. 대신에 그는 인간의 영혼은 인간의 육신으로, 그러니까 인간의 영혼이 이미 내버린 자기 육신이 아닌 다른 육신으로 돌아온다고 믿었다."
⑦ 하나의 벌로 간주되어 영혼과 육신의 결합을 더럽히는 이론: 더

욱이 영혼의 모든 악을 육신에 돌리는 사상
⑧ 아풀레이우스가 『소크라테스의 신에 관하여』(De deo Socratis) 4에서 제시한 확언으로 플라톤이 다시 내세운 "그 어느 신도 인간과 상대하지 않는다."(Nullus Deus miscetur homini)는 것: 이는 육화의 신비 가능성 자체를 위험에 빠트리는 것이다.

또 아우구스티누스가 처음에는 받아들였지만 후에 거부한 플라톤주의자들의 주장도 있다. 다음의 것들이다.

① 이 세상 삶에서 행복에 도달할 수 있다는 의견: 이에 대해 『재론고』 1, 2에서 언급한다.
② 진리에 대한 인식이 영혼이 깨끗한 이들에게 주어지는 보상이라는 생각: 『재론고』 1, 4, 2에 의하면, "깨끗하지 않은 많은 이들도 여러 진리를 인식한다고 이의를 제기할 수 있다."
③ 세상이 살아있는 존재라는 주장: 『재론고』 1, 11, 4에 따르면, "플라톤과 다른 많은 철학자들이 주장하듯 이 세상이 살아있는 존재라는 것을 나는 확실하게 입증할 수 없었고 더욱이 성경의 권위가 우리에게 그것에 대해 납득시킬 수 있다는 결론이 나오지도 않는다."
④ 부활한 육신이 우리가 현재 갖고 있는 육신과 거의 본질적으로 구별되는 본성으로 이루어져 있다는 생각: 『재론고』 1, 17에 의하면, "사도는 (…) 이렇게 표현한다. '살과 피는 하느님의 나라를 소유하지 못합니다.' 하지만 이 표현을 우리가 소유하고 있는

지상의 육신이 부활에 의해 천상적 육신으로 변현(變現)되어 더 이상 현재의 지체들을 갖지 않거나 육체적 구성을 갖지 않고 미래의 본체만 갖는다고 생각하는 이는 누구나 의심의 여지 없이 교정되어야 할 것입니다. 주님의 육신을 그에게 상기시키는 것으로 충분할 것입니다. 왜냐하면 부활 후에 눈앞에만 나타나신 것이 아니라 손으로 만지도록 하셨고 '나를 만져 보아라. 유령은 살과 뼈가 없지만, 나는 너희도 보다시피 살과 뼈가 있다.'(루카 24, 39)라고 말씀하심으로써 살이 있음을 분명하게 하시기 때문이다."

⑤ 플라톤주의적이며 오리게네스적인 '우주의 복원'(ἀποκατάστασις)에 대해 생각하도록 하는 표현들: 『재론고』 1, 7, 6에 따르면, "『마니교도들의 관습』이라고 붙인 다른 권에서 나는 다음과 같이 적었다. '하느님의 선하심이 일탈한 모든 피조물이 자신들에게 가장 적절하게 있을 수 있도록, 그리고 그들 움직임의 질서가 회복된 후에 자신들이 일탈하였던 곳으로 돌아가는 것을 기다리면서 있도록 그것들을 자리매김하신다.' 모든 것들이 '자신들이 일탈하였던 곳으로 돌아갈 것이다.'라는 표현이 오리게네스가 주장하였던 것처럼 이해되지 않고, 사실상 이 회복을 수행하는 피조물들만을 언급한 것으로 이해되어야 한다."

밀라노에서 플라톤 학파의 책을 읽은 후에 자신 안에 야기된 열정으로 인해 아우구스티누스는 원래 그 책들에 없는 것인데도 마치 있는 것처럼 믿었던 것들이 있다. 예를 들면 다음과 같다.

① "내 나라는 이 세상에 속하지 않는다."라는 요한복음 18장 36절의 말씀이 플라톤의 이데아 세계를 가리키는 것으로 보았다: 『재론고』1, 3, 2에 의하면, "나는 또한, 플라톤이나 플라톤주의자들의 이름이 아닌 마치 나의 입장인 것처럼, 두 세상 곧 하나는 감각계이고 다른 하나는 지성계가 존재한다고 주장한 것을, 그리고 이것이 주님께서 의도하신 것이라고 본 것을 유감스럽게 생각한다. 왜냐하면 주님은 '내 나라는 세상에 속하지 않는다.'라고 말씀하신 것이 아니라, '내 나라는 이 세상에 속하지 않는다.'라고 말씀하셨기 때문이다. (…) 어떤 경우에든 만약 주님이신 그리스도께서 다른 세상에 대해 언급하신다면, 보다 적절하게 그 세상을, '당신의 나라가 오소서.'라고 청원하는 그 실재가 완성될 때 나타날 '새 하늘과 새 땅'이 있는 세상과 동일시할 수 있을 것이다. (…) 사실 그(플라톤)는 지성계를, 하느님이 그것을 통해 세상을 창조하신, 영원하고도 불변한 이성이라고 명명하였다."

② **말씀의 탄생**: 『고백록』7, 9, 13-14에 의하면, 플라톤 학파의 책에서 그가 읽었다고 주장하는 것은 다음과 같다. "비루슴에 말씀이 계시고, 말씀이 또 천주 안에 계시니 말씀이 곧 천주시러라. 이 말씀이 비루슴에 천주 안에 계신지라. 만물이 다 저로 말미암아 지음을 받아 말씀 없이 된 것은 하나도 없느니라. 된 것은 그이 안에 생명이 있으니 생명이 곧 사람들의 빛이라. 빛이 어두운 데 비치되 어두움이 이를 알지 못하니라. 인간의 혼이 비록 진리를 증거하되 빛 자체가 아닌지라, 참다운 빛이야말로

말씀이신 천주이시니 그이 곧 세상에 오는 모든 사람을 비추시느니라. 세상 안에 계시고, 세상이 그이로 말미암아 되었으니 세상이 그를 알지 못하니라." 그리고 "말씀이신 하느님께서 혈육이나 사나이의 뜻이나 육욕에서가 아니라, 천주로 좇아 나시었다." 또한 "아드님은 아버지의 모습을 지니시나 그의 본체가 그러하신 대로의 아버지와 같으심을 굳이 지니고저 아니하셨다." 아울러 "당신 외아드님이 시간 이전에 시간을 초월하여 당신과 같이 영원하시며 모든 영혼은 그의 충만하심에서 자기네 행복을 받고, 또한 그 스스로 머무시는 예지에 참여함으로써 예지를 다시 얻는다." 또한 『요한복음 강해』 2, 4에 의하면, "철학자들의 책에서 이것 또한 발견되었습니다. 하느님은 독생성자를 갖고 계시기 때문에, 그를 통해 모든 것이 존재합니다."

③ **삼위일체에 대해 아우구스티누스는 플라톤주의보다 덜 열광적이다**: 하지만 플라톤 학파의 책들에서 성령의 발출(發出)을 동일하게 볼 수 없음을 깨닫고 범주론적으로 이렇게 주장한다. "그들은 아무리 성부와 성자에 대해 침묵을 지키지 않을지라도 성령 없이 철학합니다."(『구약칠경에 관한 질문』 2, 25) 이는 구스타브 콩베(Gustave Combès)에 의하면, 아우구스티누스가 플로티누스의 세 위격과 포르피리우스의 지성적인 것들의 이론에 대한 원리를 면밀히 연구한 끝에 제시한 것이다.[52]

---

52 G. Combès, *Saint Augustin et la culture classique*, Paris: Librairie Plon, 1927, p. 29.

더욱이 아우구스티누스는 플라톤 학파의 생각이 지닌 약점과 모순을 다음과 같이 설명한다. "그(포르피리우스)가 플라톤 학파로서 무엇을 원리라고 하는지는 우리가 알고 있다. 그는 하느님 아버지와 하느님 아들을 이야기하는데 그리스에서는 아버지의 오성 또는 아버지의 지성이라고 일컫는 것이다. 그러나 그는 성령에 관해서는 아무 말도 하지 않았거나 적어도 명시적으로는 아무 말도 하지 않았다. (…) 플로티누스의 경우처럼 원리적인 세 실체에 대해 논할 때 만약 그가 이 제삼의 실체가 세계혼(世界魂)의 본성이라고 우리에게 이해시키려고 했다면 그 사이의 중간자, 즉 아버지와 아들 사이의 중간에 그것을 위치시키지는 않았을 것이다. 왜냐하면 플로티누스는 세계혼을 아버지의 오성보다 뒤에 위치시켰기 때문이다. 반면에 포르피리우스는 중간자라고 말하면서 그것을 뒤에 위치시킨 것이 아니라 사이에 위치시킨다. 그가 별다른 생각 없이 되는대로, 또는 마음 내키는 대로 말했으리라는 점에서는 의심의 여지가 없지만, 놀랍게도 우리가 성령은 아버지의 영만도 아니고 아들의 영만도 아니며 두 분 모두의 영이라고 말하는 바로 그 점을 언급한 듯하다."(『신국론』 10, 23)

아우구스티누스가 실제로 플라톤 학파에서 받아들여 결코 거부하지 않은 학설들이 있다.

① '지혜에 대한 사랑'(amor sapientiae)이라는 철학의 정의(『질서론』 2, 11, 32)와 그것의 두 대상인 하느님과 영혼(『질서론』 2, 18, 47 ; 『독백』 1, 2, 7)

② 지식(scientia)을 형성하는 감각적인 사물들에 대한 인식과 지혜(sapientia)를 구성하는 초감각적인 것들에 대한 인식 사이의 구분(『독백』 1, 3, 8 ; 『교사론』 12, 39 ; 『아카데미아 학파 반박』 3, 11)

③ 참된 행복으로 이끄는 지혜의 목적. 또한 지혜는 영혼의 참된 보화이다.

④ 신적 진리의 관상으로 올라가는 단계들(『영혼의 위대함』 33, 70~76)

⑤ 하느님과 영혼의 영신성(靈神性)(『고백록』 8, 1): 무엇보다 하느님의 영신성에 대해서는 플라톤 학파의 철학자들이 하느님은 결코 물체가 아니라는 것(nullum corpus esse Deum)을 깨달았다는 것에 대해 아우구스티누스는 『신국론』 8, 6에서 매우 칭송한다.

⑥ 존재, 진리 그리고 선의 원리라는 하느님의 삼중 역할(『신국론』 8, 10, 2. "이 사람들은 일단 하느님을 인식하고 나자 우주가 존재하는 원인이 무엇이고 진리를 인식하는 빛이 무엇이며 행복을 향유하는 원천이 무엇인가를 찾아냈던 것이다.")과 '이해할 수 없음'과 '형언할 수 없음'과 같은 하느님의 속성

⑦ 사물의 존재론적 선성(善性)과 '선의 결핍'(defectus boni)이라는 악의 개념(『고백록』 7, 12, 18~13, 19)

⑧ 종자적(種子的) 이성 혹은 배종적(胚種的) 이유(rationes seminales)

⑨ 완덕과 도덕적 질서에 관한 기본적인 두 규범 중 하나는, 현인의 완덕이 하느님을 모방하고 인식하고 사랑하는 데 있다는 것이다.(『신국론』 8, 5) 다른 하나는, 완덕에 도달하기 위해서 일시적이고 가변적인 사물들로부터 해방되는 것이다.(『신국론』 9, 17)

5. 하느님의 존재

아우구스티누스에 따르면, 인간 지성은 항상 하느님을 생각한다. 하지만 이 과정에서 인간 지성은 오랫동안 알지 못한 행위를 수행한다. 즉 혼란스러운 첫 생각을 보다 명료한 생각으로 변화시키기 위한 노력을 한다. 바로 이 노력 안에 하느님 존재 증명이 구성된다. 달리 말하면, 신 존재 증명의 출발점은 우리의 마음이 필연적이고 변하지 않는 진리를 감지하고 알아차리고 이해하는 데에 있다.[53]

아우구스티누스는 하느님의 존재를 제시하면서 동시에 일반적인 우주론, 훌륭히 완결된 심리학, 인식론을 전개하고 있고 또한 윤리학의 큰 줄기를 따르고 있다.[54] 이러한 하느님 존재 증명에 대한 개념이 "하느님께 가까이 있음이 저에게는 좋습니다."라는 시편 73(72)장 28절의 해석을 다루고 있는『여든세 가지 다양한 질문』54에서 분명하게 제시된다.[55] 무엇보다 아우구스티누스는, 존재하는 모든 것은 불변의 것이거나 그렇지 않은 것이라고 전제하면서 영혼은 육신보다 상위의 존재임을 밝힌다. 또한 영혼과 육신 사이에는 중간적 실체가 존재하지 않는다는 것을, 곧 육신보다 상위의 존재이며 동시에 영혼보다 하위의 존재가 존재하지 않는다는 점을 제시한다. 그 후에 다음과 같이 하느님 존재 증명을 시도한다. "모든 영혼보다 더 나은 것

---

53 김규영,『아우구스띠누스의 생애와 사상』, 형설출판사, 1980, 116쪽.
54 C. Boyer, *Sant'Agostino*, Milano: Editori Fratelli Bocca, 1946, p. 49.
55 J. Martin, *Saint Augustin*, Paris: Éditeur Félix Alcan, 1907[2], p. 100.

을 우리는 하느님이라고 부른다. 그분을 이해하는 누구나 그분께 일치되어 있다. 사실 이해하는 것은 참된 것이지만, 믿는 모든 것이 항상 참된 것은 아니다. 참되며 감관(感官)과 정신으로부터 분리되어 있는 모든 것을 믿을 수는 있지만, 느끼거나 이해할 수는 없다. 따라서 하느님을 이해하는 존재는 그분께 일치되어 있다. 이성적 영혼은 하느님을 이해한다. 사실 영혼은 하느님이 불변의 존재이며 어떠한 변화도 겪지 않으심을 이해한다. 반면, 육신은 공간과 시간에 관련하여, 그리고 때때로 지혜롭고 때때로 어리석은 이성적 영혼도 변화를 겪는다. 따라서 불변하는 것은 확실하게 그렇지 않은 것보다 나은 것이다. 더욱이 하느님을 제외하곤 그 어떤 것도 이성적 영혼보다 나은 것은 없다. 따라서 영혼이 불변한 어떤 것을 이해한다면, 의심의 여지없이 하느님을 이해하는 것이다. 바로 그 하느님이 진리 자체이시다. 이성적 영혼이 지성을 통해 그분께 일치하기에, 이것이 영혼의 선익(善益)이다. 그리고 이것이 '하느님께 가까이 있음이 저에게는 좋습니다.'라는 말의 의미로 받아들여야 한다."

같은 논리가 『참된 종교』에서도 나타난다. 무엇보다 아우구스티누스는 인간의 영혼에 있어 매우 탁월한 점은 감각적인 것을 감지하는 것에 있지 않고 감각적인 것에 대해 판단하는 능력에 있다고 본다.(29, 52) 판단을 하는 주체가 판단받는 사물보다 훌륭한 것은 의심의 여지가 없다. 하지만 이성적 생명도 가변적이어서 때로는 능숙하고 때로는 능숙하지 못하며, 능숙하면 할수록 판단을 잘하고 다른 학문과 지혜에 참여하면 할수록 능숙해진다는 사실을 볼 때, 판단력은 불변의 규범을 전제로 해야 한다.(30, 54~56) 이성적 영혼 위에 있는 이러한 불변의 본성이 하느님인 것이다. 따라서 비록 영혼의 본성이 판단받는 사물보다 우월하지만, 자신이 판단을 내리는 기준으로 삼으면서 동시에 그 기준에 대해서는 자신이 판단내릴 권리가 없는 사물이 있고 그 사물의 본성이 영혼보다 우월하다는 것을 인정해야 한다.(31, 57)

이 점은 『자유의지론』 2권에서 '영원한 진리로부터의 하느님 존재 증명'을 통해 보다 상세하게 서술된다. 하느님을 향하는 인간 정신의 상승으로 나타나는 이 과정은 상호 간에 긴밀하게 연결되어 있는 세 단계로 설정되어 있다. 첫 번째는 '우리가 존재하고 살아 있고 인식한다는 것이 확실하다.'는 명제로 존재에서 생명으로 그리고 생명에서 인식으로 발전시켜 나가는 현상학적 고찰이다.(2, 3, 7) 두 번째는 외부 감관에서 내부 감관으로 그리고 내부 감관에서 이성으로 발전하는 인식론적 관계이다.(2, 3, 8~6, 13) 세 번째는 형이상학의 입장에서 이성을 초극(超克)하고 나아간다.(2, 6, 14~15, 39) 세 번째 단계는 세 개의 순서로 이루어져 있다. 먼저 수학적 진리의 존재와 성격이고,(2, 8, 20~24) 둘째는 도덕적 진리의 존재와 성격이며,(2, 9, 24~10, 29) 셋째는 이러한 진리들이 참 진리로 가는 연관성이다.(2, 11, 30~12, 34) 이것을 통해 하느님의 존재는 그가 가지고 있는 참 진리로 인해 인간에게 참다운 자유와 행복의 원천이라는 결론을 유추해 낸다.(2, 13, 35~15, 39)[56]

---

56 F. De Capitani, Il «De Libero Arbitrio» di S. Agostino, Milano: Vita e Pensiero, 1994, p. 118.

첫 번째 단계에서 아우구스티누스는 신 존재의 확실성을 확립하기 위해서 일반적 확실성의 가능성을 확립한다.[57] 달리 말하면, 그는 모든 확실성의 첫 번째 단계로 회의론을 결정적으로 반박하는 자기 자신의 존재의 확실성을 파악함으로써 이루어진다. 여기에서 성인은 "내가 속는다면, 나는 존재한다."(Si fallor, sum)는 명제를 내세우고 있다.『참된 종교』39, 73에 의하면, "만약 그대가 의심하고 있음이 확실하거든, 이 확실성이 어디서 오는지 질문하라. (…) 어떤 이유든지 의심을 품을 수 있는 사람은 진리의 존재에 관해서 의심하지 말아야 한다." 또한 성인은『신국론』11, 26에서 다음과 같이 말한다. "내가 속을 때에 내가 존재한다는 것이 확실한데, 내가 존재한다고 가정하면서 어떻게 내가 속을 수 있겠는가?" 또한『삼위일체론』10, 10, 14에서는 이렇게 말한다. "만일 의심한다면 살아있다. 만일 의심한다면 어디서 의심이 드는지 기억한다. 의심한다면 자기가 의심한다는 것은 인식한다. 의심한다면 확실하게 알고 싶어한다. 의심한다면 생각한다. 의심한다면 자기가 모른다는 것을 안다. 의심한다면 함부로 무엇에 동의해서는 안 된다고 판단하고 있다. 누구든지 무엇인가를 두고 의심한다면 이 모든 일에 관해서는 의심하지 않음에 틀림없다. 만일 그렇지 않다면 그는 아무것도 의심하지 못할 것이다." 여기서 아우구스티누스는 이미『아카데미아 학파 반박』에서 해결된 문제인 확실성의 문제와 자기 인식의 원리의 내용과 영역을 보다 풍요롭게 제

---

57 에티엔느 질송,「아우구스티누스 사상의 이해」, 32쪽.

시하고 있다. 성인에 의하면, 인간 이성은 논리적 구조를 소유하고 있음이 분명하기에, 그 구조를 통해 외적 실재와 인식 활동 사이의 상응을 인정할 수 있는 것이다.[58]

결국 하느님의 존재를 증명하고자 하는 사람이 우선 파악해야 하는 것은 자기 자신의 존재라는 것은 분명하다. 이에 대해 성인은 『자유의지론』 2, 3, 7에서 다음과 같이 말한다. "가장 확실한 것으로부터 (논의의) 허두(虛頭)를 뗀다는 의미에서 그대에게 먼저 묻겠다. 그대는 과연 존재하고 있는가? 이 물음마저 대답을 (잘못하여) 속지나 않을까 두려워지는가? 만일 그대가 존재하지 않는다면야 속을 수도 없을 텐데도 말이다." 계속해서 성인에 의하면 하느님의 존재를 증명하고자 하는 사람은 자신을 단지 존재자로만 보지 않고 살아 있는 존재로 파악해야 하고, 더 나아가 자신이 존재하고 살아 있다는 것을 알기 위해서는 인식해야 한다고 본다. "그대가 존재함은 분명하고, 또 그대가 살아 있지 않다면 (그대가 존재함이) 그대에게 분명하지도 않을 터이므로, 그대가 살아 있음도 분명하다. (…) 그렇다면 세 번째도 분명한 셈이다, 그대가 인식한다는 것." 결국 하느님의 존재 증명에서 확실하게 파악해야 하는 것은 존재와 생명, 인식이라는 세 가지 술어이다. 또한 성인은 이 세 가지 술어에서 가장 월등한 것은 인식이라고 본다. 왜냐하면 인식을 하는 자는 또한 존재하고 살아있기 때문이다.

그렇다면 인식이란 무엇인가? 혹은 어떤 사물에 대한 인식은 어떻

---

58 V. Pacioni, *Agostiono d'Ippona. Prospettiva storica e attualità di una filosofia*, p. 141.

게 형성되는가? 아우구스티누스에 따르면, 인식은 일차적으로 감각 작용이라고 할 수 있다. 시각, 청각, 후각, 미각 그리고 촉각이라는 오관을 통해 이루어지는 지각 내용인 것이다. 어떤 사물은 각각의 감관이 고유한 대상이 되며 그것들에 대해 각각의 감관이 전달하는가 하면, 어떤 것들은 공통의 대상이 되기도 한다. 그런데 우리가 이러한 다양한 감각 대상들이 그들 사이에 공통적인 것으로 가지고 있는 것을 식별할 수 있는 것은 우리 감각의 어느 하나에 의해서도 아니고 감각 전체를 함께 사용해서도 아니다. 동물들도 비록 이성을 소유하고 있지 않지만 어떤 사물을 관찰함으로써 기피하거나 욕구하는 표상을 느낄 수 있다. 이 사실은, 인간과 동물 속에 외적 감각보다 우월한 무언가가 있음을, 즉 모든 감관을 공통으로 주관하는 무엇이 있음을 드러내는 것이다. 『자유의지론』은 이것을 이성과는 구분되는 능력인 '내적 감관'(sensus interior)이라 표현한다.(2, 3, 8)

문제는 내적 감관을 초극하지 않는다면 육체의 감관들로부터 우리에게 전달되는 것이 인식으로 전환될 수 없다는 것이다. 우리가 인식하는 것은 무엇이든지 이성으로 파악되기 때문이다. 달리 말하면, 오직 이성만이 외적 감관에 의해 파악된 대상과 내적 감관에 의해 파악한 대상을 구분할 능력이 있다. 성인에 의하면, "청각으로 색깔을 감지하지 못하고 시각으로 음성을 감지하지 못한다는 것을 우리는 안다. 또 우리가 이것을 알 때에도 눈으로 아는 것도 아니고 귀로 아는 것도 아니며, 짐승들에게도 없지 않다는 저 내적 감관으로 아는 것도 아니다. 귀로 빛을 감지할 수 없다거나 눈으로 소리를 감지할 수 없다는 것을 짐승들이 안다고 믿어서는 안 된다. 우리 (인간마저도) 이성의 주의(主意, animadversio)와 사유에 의해서가 아니면 이것을 식별하지 못하는 까닭이다. (…) 우리가 색깔을 감지할 때, 우리가 감지한다는 사실을 똑같은 그 감관으로 감지하는 것은 아니다. 또 우리가 소리를 들을 때, 우리가 듣는다는 사실을 듣는 것은 아니다. 또 우리가 장미 냄새를 맡을 때, 우리 후각 자체가 우리한테 무슨 냄새를 풍기는 것은 아니다. 또 무엇을 맛보아서 알 때에도 미각 자체가 입속에다 무슨 맛을 내는 것은 아니다. 또 무엇을 만지면서도 우리는 만지는 감각 자체를 만질 수는 없다. 그리하여 이 다섯 감관들은 그 중의 어느 감관에 의해서도 감지되지 않으며, 다만 물체적 사물들이 이 감관들에 의해서 감지될 따름이다."(2, 3, 9) 따라서 내적 감관은 신체의 오관에 의해서 받아들인 것만을 감지하지 않고 감관들마저도 감지한다. 이성에 의해서는 모든 사물도, (감관과 내적 감관도), 이성 자체도 인식되고 모두가 지식에 포함된다.(2, 4, 10) 달리 말하면, 인식은 외적 감관, 내적 감관, 이성으로 구분된다고 할 수 있다.[59]

질송에 의하면, 이러한 세 가지 술어로 형성된 새로운 계열은 계층적 관계라는 고유한 원리를 가지고 있다.[60] 무엇보다 외적 감관의 대상은 존재만 하는 사물이다. 하지만 감관 자체는 존재할 뿐 아니라 살아있는 사물에 속한 것이다. 이것이 바로 외적 감관이 그 대상보다 우월한 이유이다.(2, 5, 11) 하지만 내적 감관이 외적 감관보다 우월한 이유를 찾는 것은 보다 난해한 문제이다. 무엇보다 대상을 감지하는 모

---

59 V. Pacioni, *Agostiono d'Ippona. Prospettiva storica e attualità di una filosofia*, p. 143.
60 에티엔느 질송, 「아우구스티누스 사상의 이해」, 35쪽.

든 주체가 감지되는 대상보다 훌륭하다고 주장할 만한 규준을 쉽게 찾아내기가 어렵다. 인식하는 모든 주체가 인식되는 대상보다 훌륭하다는 결론이 여기서 반드시 따라 나오는 것이 아니기 때문이다. 예를 들면, 사람이 지혜를 인식한다고 해서 지혜보다 사람이 훌륭한 것은 아니다. 그러나 내적 감관은 외적 감관에 대해 일종의 조정자요 판단자로 등장한다. 달리 말하면, 내적 감관은 신체의 감관들에 대해 판단하여 후자들의 작용이 온전하면 이를 승인하고, 그렇지 못하면 응분의 작용을 촉발하게 된다. 여기서 '판단하는 자가 판단받는 자보다 훌륭하다.'라는 원칙이 나오고, 따라서 내적 감관이 외적 감관보다 우월한 것이다.(2, 5, 12)

판단하는 자가 판단받는 자보다 훌륭하다라는 동일한 규칙은 내적 감관과 이성 사이의 관계에도 적용된다. 이성은 자기보다 열등한 사물들에서, 신체의 감관들에서 그리고 내적 감관에서 하나가 다른 하나보다 월등한지를 판단하기 때문이다. 이렇게 볼 때 인간의 자연 본성에서 이성보다 고상한 것은 아무것도 없다.(2, 6, 13) 이 점은 『고백록』 10, 6, 10에서도 잘 드러난다. "동물은 크거나 작거나 그 아름다움을 보되 물어볼 능력은 없습니다. 감각의 전달을 판단하는 이성이 저들에게 없는 까닭입니다."

이제 문제는 '이성보다 월등한 것이 있는가?' 하는 점이다. 인간의 자연 본성에서 이성보다 월등한 것이 없는 한, 그 이성보다 더 훌륭한 것이 존재한다면 그것은 이성을 초월하는 것, 즉 인간을 초월하는 것이다. 곧 이성이 자기 자체를 통해서 영원하고 불변하는 무엇을 지각하고, 이성 자체가 그보다 열등함을 동시에 지각한다면, 그 존재를 하느님으로 부를 수 있다. 하지만 인간을 초월한 존재라 하더라도 하느님으로 부를 수 있기 위해서는 '그보다 상위의 존재가 아무도 없는 존재'이어야 한다는 또 다른 조건이 충족되어야 한다.(2, 6, 14)

이제 문제는 이성이 자신을 초월하여 하느님에게 도달하도록 허락하는 지렛대가 이성 자체 속에 있는가이다. 무엇보다 수의 이치와 진리는 인간 정신의 공통 대상, 곧 이성 있는 자들 모두에게 현전(現傳)하여 있는 것으로 항상 참되고 불변하며 온전한 것으로 존속한다.(2, 8, 20) 예를 들면, 7+3=10이라는 것은 과거에도 현재에도 미래에도 항상 참이다.(2, 8, 21) 따라서 필연성, 부동성, 영원성은 모든 진리의 뚜렷한 특징이다. 이 특징은 사변적인 진리뿐만 아니라 도덕적인 진리에도 속하는 것이다. 사람들은 비록 제각기 다른 것으로 선을 이해하지만, 한결같이 선을 추구하고 악을 피한다. 또한 인간은 행복해지기를 원하고 있음이 분명하듯 지혜로워지기를 바란다. 지혜 없이는 아무도 행복하지 못하는 까닭이다. 곧 우리가 행복해지기 전에도 행복의 개념이 우리 지성들에 인각(印刻)되어 있으며, 이 개념 덕분에 우리는 의심 없이 우리가 행복하기를 바란다는 것을 알고 또 자신 있게 그렇게 말한다. 그와 마찬가지로 우리가 지혜로워지기 전에도 우리는 지성에 인각된 지혜의 개념을 간직하고 있고, 그 개념 덕분에 지혜로워지기 바란다는 것을 알고 또 그렇게 되길 원한다고 말한다.(2, 9, 27) 이러한 의미에서 이론 혹은 실천적인 질서의 문제 또는 수 혹은 지혜의 문제이든 간에 진리는 이것들을 동시적으로 관조(觀照)하는 모든 정신에게 필연적이고 부동하고 공통적인 인식이라 할 수 있다.(2, 10, 29) 따라서 아우구스티누스는 에보디우스(Evodius)에게 다음과 같이 말한다.(2, 12, 33) "불변하는 진리가 존재함을 그대는 결코 부인하지 않을 것이며, 그 진리가 불변하게 참인 모든 것을 포괄한다는 것, 따라서 그 진리를 그대 것이라거나 내 것이라거나 다른 누구의 것이라고는 절대 말 못하리라는 것도 부인하지 않으리라. 오히려 불변하는 진리를 식별하는 모든 이에게 그 진리는 신비로운 모양으로 내밀하면서도 공공연한 빛으로 현전하면서 공통으로 자체를 드러내 보여준다. 이성을 사용하고 인식을 할 줄 아는 모든 이에게 공통으로 현전하는 모든 것이 어느 한 사람의 본성에 속한다고 감히 누가 말하겠는가?"

이러한 객관성을 지니는 진리는 지성보다 상위의 것이다. 달리 말하면 진리는 자신이 규제하는 사고에 대해 독립적이고 초월적이다.(2, 12, 34) 더 나아가 진리가 존재하므로 하느님은 존재한다고 할 수 있다. 아우구스티누스는 "하느님은 존재하시고 참으로 그리고 최고로 존재하신다."(est enim Deus et vere summeque est)고 결론내리고, 에보디우스는 이에 대해 "진리께서는 선을, 뿐더러 최고선이며 행복을 주는 선이심을 나는 인정합니다."라고 답한다.(2, 15, 39) 『고백록』 7, 10, 16도 다음과 같이 말한다. "무릇 진리를 아는 이 그를 알고, 그를 아는 이 영혼을 알며, 그를 아는 것이 곧 사랑이로소이다. 오, 영원한 진리여, 참스런 사랑이여, 사랑스런 영원이여, 그대 내 하느님이시니 그대를 향해 밤낮으로 한숨짓노라."(Qui novit veritatem, novit eam, et qui novit eam, novit aeternitatem. Caritas novit eam. O aeterna veritas et vera caritas et cara aeternitas! Tu es Deus meus, tibi suspiro die ac nocte)

지금껏 살펴본 『자유의지론』 2권의 하느님 존재 증명은, 신 존재의 문제가 인식의 문제로부터 구별될 수 없다는 것을 분명하게 제시한다. 우리가 진리를 파악하는 방식을 아는 것과 진리 자체의 존재를 인식하는 것이 하나이며 동일한 문제로 나타나는 것이다. 결과적으로 이러한 아우구스티누스의 증명은 감각의 세계에 대한 논의를 개입시키지 않고 오직 정신 내에서만 전적으로 성취되고 있다.[61]

하지만 우리는 아우구스티누스의 작품 안에서 "세계의 우연성으로부터의"(a contingentia mundi) 논증이라는 또 다른 신 존재 증명을 발견한다. "세계의 우연성과 완전성으로부터의" 논증이라고도 불리는 이 증명은[62] 감각적 세계에 '원인성의 원리'를 적용시켜 신의 존재 증명을 하는 것으로 중세에 널리 퍼졌다. 사실 아우구스티누스는 가끔 물체 세계의 유동성이 필연적인 존재, 즉 신에 대한 세계의 우연성과 의존성의 증거가 된다는 것을 주장하고 있다. 만약 우리가 감각적 사물들의 본성과 본성의 기원에 대해서 묻는다면, 감각적 사물들은 우리에게 그것들의 유동성을 보여줄 것이고, '우리는 우리 자신을 만들지 않았다.'라는 답변을 할 것이다. 따라서 감각적인 것들의 원인에 도달하기 위해서는 감각적인 것들을 초월해야 한다. 하지만 이것들의 원인은 그것들이 유동적인 우연적인 것으로 가지고 있는 것 즉 비존재인 것의 원인으로는 도달할 수 없고, 그것들이 안정적인 것으로 가지고 있는 것, 즉 존재의 원인으로서 도달할 수 있다.[63]

---

61 에티엔느 질송, 『아우구스티누스 사상의 이해』, 44쪽.
62 김현태 편저, 『중세 철학사. 그리스도교 사상의 기원과 발전』, 인천가톨릭대학교출판부, 2004, 131~132쪽.
63 에티엔느 질송, 『아우구스티누스 사상의 이해』, 45~47쪽.

이러한 신 존재 증명을 우리는 『고백록』 11, 4, 6에서 찾을 수 있다. "하늘과 땅이 존재하는 것을 보면 그것들은 우리가 창조되었노라고 외치고 있습니다. 변하고 무상한 까닭입니다. 창조됨이 없이 존재하는 것만은 이전에 없던 것이라곤 아무것도 지니지 않사오니 없다가 있는 것이 곧 변화요, 무상인 까닭입니다. 천지는 제 스스로 생겨나지 않았음을 이렇게 외칩니다. '우리가 있는 것은 만들어졌기 때문, 그러기에 우리가 있기 이전에 있지 못하였으니 우리 스스로가 우리를 만들어낼 수 없던 것이다.' 그들의 말소리는 자명한 것입니다. 그러므로 주여, 당신이 만들어내신 것이오니 그것들이 아름답기는 님이 아름다우신 때문, 님이 좋으시기에 그것들도 좋아진 것, 님이 있으시기에 그것들도 있는 것이니이다. 하오나, 제아무리 아름답고 좋고 존재하는 것이기로 만드신 당신께 비기면 아름다운 것, 좋은 것, 존재하는 것이 아닌 것! 이를 아는 우리들이 당신께 감사드리오나 우리의 앎이란 당신의 알으심에 비쳐 차라리 모름이니이다."

또한 『고백록』 10, 6, 8은 다음과 같이 말한다. "내가 당신을 사랑한다 일렀으니 대체 무엇을 사랑한다는 것입니까? 그것은 몸의 고움이 아닙니다. 때의 아름다움이 아닙니다. 이 눈에 즐거운 빛살의 힘이 아니요, 온갖 노래의 달콤한 가락도 아니요, 꽃과 향유와 향료의 꽃다운 내음도 아닙니다. 만나와 꿀도 아닙니다. 안아서 흐뭇한 몸뚱이도 아닙니다. 내가 하느님을 사랑한다 할 제, 이런 따위를 사랑하는 것이 아니오이다. 하오나 그 어느 빛, 그 어느 소리, 그 어느 음식과 포옹을 내가 사랑하고 있사오니 이는 곧 내가 하느님을 사랑할 때입니다. 나의 속에 있는 인간의 빛과 소리와 향내와 음식과 그리고 포옹, 내 영혼에 공간이 담지 못하는 것이 비치고, 시간이 앗아갈 수 없는 것이 소리하고, 불어도 흩어지지 않는 것이 향내 뿜고, 먹어도 줄지 않는 것이 만나고, 흐뭇해도 풀려나지 않는 것이 부둥키는 – 이것이 바로 하느님을 사랑할 때 내가 사랑하는 것입니다."

여기서, 파울 반 게스트(Paul Van Geest)가 올바로 지적하듯, 하느님의 존재가 철학적 추상 작용이 아닌 감각적 인지를 통해 상기되고 있음을 볼 수 있다.64 하느님에 대한 인식 문제에서 감각적인 것 혹은 육신적인 것에서 출발하여 비육신적인 것에 이르는 '인과율'(causalitas)이 적용되고 있는 것이다.65 사실 우리가 어디로 향하든 간에 하느님의 지혜는 당신 작품 속에 새겨 넣은 발자취를 통해서 우리에게 말을 건넨다.(『자유의지론』 2, 16, 41) 곧 "예언자들의 음성을 빼놓고도 세계 자체가 소리 높이 외치고 있다. 세계는 자기가 창조되었음을 말없이 선포하고 있다. 그 질서정연한 변화와 운동을 통해, 그리고 온갖 가시적 사물들로 이루어진 더없이 아름다운 형상을 통해, 말로 형언할 수 없고 눈으로 볼 수도 없이 위대한 하느님, 또한 말로 형언할 수 없고 눈으로 볼 수도 없이 아름다운 하느님에 의해서가 아니면 어느 누구에 의해서도 창조될 수 없었음을 선포하고 있다."(『신국론』 11, 4, 2)

---

64 P. Van Geest, "Sensory perceptions as a mandatory requirement for the via negativa towards God. The skillful paradox of Augustine as mystagogue", in *Studia Patristica*, 49, M. Baun/A. Cameron/M. Edwards/M. Vinzent(eds.), Leuven: Peeters, 2010, p. 54.
65 Cf. C. Boyer, *L'idée de vérité dans la philosophie de saint Augustin*, Paris: Beauchesne et ses fils, 21941, pp. 226~229; P. Montanari, *Saggio di filosofia agostiniana. I massimi problemi*, Torino: Società editrice internazionale, 1931, pp. 199~205.

또한 『시편 상해』 134, 3에서는 "이러한 하느님의 모든 피조물이 좋은 것들이라면, 창조주께서는 얼마나 더 그렇지 않겠는가?"라고 말한다. 그리고 145, 12에서는 "만약 당신이 세상에 경탄한다면, 왜 세상의 창조주에 대해서 경탄하지 않는가?"라고 말한다. 더욱이 하늘과 땅과 그 안에 있는 모든 것은 우리에게 하느님을 사랑하라고 소리치고 있다.(『고백록』 10, 6, 8) 그렇기에 인간의 지성은 먼저 육신의 감각으로 피조물을 인지하고 인간적 연약함에 따라 개념을 형성하고 난 후에 그 원인을 찾게 된다. 하지만 이것은 하느님의 말씀 안에 원래 그리고 불변의 상태로 있는 원인들에 도달하고, 그리고 그렇게 하느님에 의하여 완성된 작품 안에서 그분의 비가시적 완전함을 지성으로 보는 데 도달하는 한 가능한 것이다.(『창세기 문자적 해설』 4, 32, 49)

물론 절대적으로 불변한 하느님은 당신의 실체 안에서 가시적이고 감각적인 것들에게 모습을 드러내지는 않는다.(『삼위일체론』 3, 4, 10) 그럼에도 불구하고 하느님의 작품 안에서 그분을 발견하고 사랑하도록 해주는, 곧 "하위의 것에서 상위의 것으로"(ab inferioribus ad superiora)라는 구도에서[66] 아우구스티누스는 다음과 같은 바오로의 고백(로마 1, 20)에 의존한다. "하느님의 보이지 않는 본성 곧 그분의 영원한 힘과 신성을 조물을 통하여 알아보고 깨달을 수 있게 되었습니다." 『참된 종교』는 이 구절을 인용하면서 다음과 같이 말한다. "이

---

[66] D. Carabine, *The Unknown God. Negative theology in the Platonic tradition: Plato to Eriugena*, Louvain: Peeters Press, 1995, p. 271.

것이 잠시적인 사물들로부터 영원한 사물에 대한 소급(遡及)이며 묵은 인간으로부터 새 인간으로의 혁신(革新)이다."(52, 101)

여기서 중요한 사실이 등장한다. 세례성사를 통해 새 인간으로 탄생한 사람만이 피조물 안에서 하느님의 비가시적 본성을 발견할 수 있다. 그렇기에 성인은 다음과 같이 정화(purificatio)를 강조한다. "그러므로 불변하게 살아있는 진리, 그 안에서 우주의 조물주요 창조자이신 삼위일체 하느님이 당신이 지으신 사물들을 두고 의논하시는 진리를 향유하기 위해서는 정신이 정화되어야 한다. 그래야만 그 빛을 똑바로 바라보고 (자기가) 직시한 바에 애착할 수가 있다."(『그리스도교 교양』 1, 10, 10) 또한 "만약 눈이 깨끗하다면, 그것은 하느님께 도달하기 위해 충분한 것입니다."(『강론』 117, 3, 5)

그렇다면 히포의 주교가 강조한 정화는 어떠한 의미인가? 정화는 새 인간의 특징으로 세례성사를 통해 이루어지는 것이다.(『가톨릭교회의 관습과 마니교도들의 관습』 1, 35, 80) 아우구스티누스는 정화의 의미를 보다 잘 드러내고자 요한복음 9장 1~12절에 나오는 태어나면서부터 눈 먼 사람의 치유 이야기를 제시한다. 그가 실로암 못에서 씻고 앞을 보게 된 것처럼, 묵은 인간도 세례성사를 통해 빛의 조명을 받은 새 인간으로 탄생한다.(『요한복음 강해』 44, 2) 더욱이 재생의 세례성사와 그리스도에 대한 믿음은 일치된 것이기에, 인간은 그리스도를 믿음으로써 그분으로부터 빛의 조명을 받고 죽음에서 생명으로 넘어가게 된다.(『요한복음 강해』 22, 6) 이러한 넘어감(transitus)에 그리스도인 삶의 새로움이 있으며,67 은총 안에서 살아가는 그리스도인 삶의 새로움과 특징은 믿음, 희망, 사랑이라는 향주삼덕으로 표현된다.(『서한』 55, 2, 3)

하느님과의 관계에서나 하느님께 돌아가는 데 있어 향주삼덕이 필요불가결한 것임은 이미 카시치아쿰(Cassiciacum)에서 저술된 작품에서 등장한다.68 『질서론』 2, 28, 25는 믿음과 희망과 사랑에 기초하여 하느님을 공경하고, 생각하고, 찾기를 바란다고 적고 있다.(Deum colant, cogitent, quaerant, fide, spe, caritate subnixi)69 『독백』은 다음과 같이 말한다. "영혼이 필요로 하는 것이 세 가지가 있는데, 즉 잘 쓸 수 있는 눈을 가지는 것, 그러한 눈으로 바라보는 것, 보는 것이다. 영혼의 눈은 온갖 육신의 더러움에서 깨끗한, 곧 죽어버릴 모든 것에 대한 욕망이 제거되고 정화된 정신이다. 이를 위해 그 어느 것도 믿음보다 우선하지 않는다. (…) 믿음에 희망이 덧붙여져야만 한다. (…) 세 번째로는 사랑이 필요한가? 그 어떤 것도 사랑만큼 필요로 하는 것은 없다. 그러니 결국 이 세 가지가 없다면 어떠한 영혼도 자신의 하

---

67 빅토르 삭서는 그리스도인 삶의 본질이 주님의 부활을 매년 경축하는 것에 있는 것이 아니라, 끊임없이 죽음에서 생명에로 넘어가는 것에 있음을 강조한다: V. Saxer, *Les rites de l'initiation chrétienne du IIe au VIe siècle. Esquisse historique et signification d'après leurs principaux témoins*, Spoleto: Centro italiano di studi sull'alto medioevo, 1992(ristampa), p. 398.
68 M. Löhrer, *Der Glaubensbegriff des hl. Augustinus in seinen ersten Schriften bis zu den Confessiones*, Einsiedeln/ Zürich/ Köln: Benziger, 1955, p. 208.
69 베르헤이젠은 이 표현을 피타고라스에게서 영감받은 것으로 본다. 하지만 드와뇽은, 베르헤이젠의 해석이 어느 정도 인위적이라 지적하면서, 치체로, 포르피리우스, 세네카와 같은 이들에게서 받은 영감으로 주장한다: L. Verheijen, *Nouvelle approche de la règle de saint Augustin*, I, Bégrolles en Mauges: Abbaye de Bellefontaine, 1980, pp. .201~242; J. Doignon, "Le De ordine, son déroulement, ses thèmes", in G. Reale et al., *L'opera letteraria di Agostino tra Cassiciacum e Milano*, Palermo: Edizioni Augustinus, 1987, pp. 130~131.

느님을 볼 수 있을 만큼, 곧 그분을 이해할 수 있을 만큼 건강해질 수 없다."(1, 6, 12~13) 또한 "그러므로 영혼에게는 건강해질 것, 바라보는 것, 보는 것 등 세 가지가 속해 있다. 다른 것은 믿음과 희망과 사랑으로 방금 언급한 세 가지 것들 중에서 첫 번째와 두 번째에 필요하다. 하지만 이 세상에 사는 동안에는 세 번째의 것은 물론 세 가지 모두가 필요하지만, 이 세상 삶이 끝난 후에는 사랑만이 요구된다."(1, 7, 14)[70]

아우구스티누스의 후기 작품에서도 향주삼덕에 관한 이러한 생각은 계속해서 나타난다. 무엇보다 『참된 종교』 54, 106에서 성인은, 그리스도인이 향주삼덕을 통해 영원한 사물을 관조하기에 적합한 지성의 명민함(acies mentis)을 갖게 되어, 하느님을 모든 감각적이고 가시적인 사물들을 지으신 분으로 찬양하고, 그런 분이라고 신앙으로 굳게 믿고, 희망으로 그분을 기다리고, 사랑으로 그분을 찾게 된다고 제시한다. 이는, 묵은 인간에서 새 인간으로의 혁신을 통해 그리고 그리스도인이 성령을 통해, 곧 신화(神化)한 눈으로 모든 사물을 보게 되었다는 것을 의미한다. 『고백록』에 따르면, "사람이 무엇을 좋다고

---

[70] 일부 학자들은 여기서 철학적 영향을 본다. 1) 플로티누스의 영향: O. Du Roy, *L'intelligence de la foi en la Trinité selon saint Augustin*, Paris: Études Augustiniennes, 1966, pp. 144~147; R. Holte, *Béatitude et sagesse. Saint Augustin et le problème de la fin de l'homme dans la philosophie ancienne*, Paris: Études Augustiniennes, 1962, p. 316. 2) 포르피리우스의 영향: D. Gentili, "Introduzione ai Soliloquia", in *Nuova Biblioteca Agostiniana*, III/1, Roma: Città Nuova, 1970, p. 364; W. Theiler, *Die Vorbereitung des Neuplatonismus*, Berlin: Weidmannsche Buchhandlung, 1930, pp. 147~152. 이러한 철학적 영향에 대해 넬로 치프리아니는 반대한다. 그에 따르면, 카시치아쿰에서 저술된 대화편의 내용이, 성서-교부 문헌 특별히 바오로, 암브로시우스, 빅토리누스 그리고 아마도 테르툴리아누스에서 탄생한 것이기에, 일반적으로 생각하는 것보다 더 그리스도교적이라는 것이다: N. Cipriani, "Le fonti cristiane della dottrina trinitaria nei primi dialoghi di S. Agostino", *Augustinianum* 34(1994), pp. 253~312.

보고 있을 때, 하느님이 그이 안에서 그 좋은 것을 보시는 것입니다. 즉 하느님이 그 만드신 것 안에서 사랑을 받으시는 셈이온데, 사실 하느님은 당신이 주신 성령으로만 사랑을 받으시는 것입니다. '우리에게 주어진 성령으로 말미암아 하느님의 사랑이 우리들 마음 안에 부어졌다.' 하신 만큼 그 성령으로 우리는 어느 지음새로 존재하는 모든 것의 그 좋은 까닭을 보게 되는 것입니다. 어느 지음새 없이 오직 절대적으로 계시는 그분으로부터 모든 것은 존재하기 때문입니다."(13, 31, 46) 이러한 변화는 결코 추상적인 것이 아니라, 신화한 그리스도인의 체험이요 삶이다. 성령으로부터 받은 믿음이 정화(purificatio) 활동과 조명(illuminatio) 활동을 통해 그리스도인을 새로운 삶으로 이끈 것이기 때문이다.[71]

그러므로 우리는 다음과 같이 말할 수 있다. 믿음으로 고양되고 믿음을 통하여 정화된 우리는 영적으로 곧 신앙의 눈으로 이미 가시적 사물들을 통해 알고 있는 비가시적 존재를 보고자 하는 원의를 느끼게 되기에,(『요한복음 강해』 24, 1) 우리는 믿음 안에서 하느님을 보고 알게 된다.(『요한서간 강해』 4, 8) 더 나아가 믿음은 우리로 하여금 하느님을 사랑하고 찬미하게 한다.(『시편상해』 149, 4) 왜냐하면 그리스도를 믿는다는 것은, 그분에게 희망을 두고 그분을 사랑하면서, 그분의 친구가 되는 것이요 그분과 친밀한 관계로 들어간다는 것이기 때문이다.(『요한복음 강해』 29, 6)

---

71 E. Masutti, *Il problema del corpo in S. Agostino*, Roma: Borla, 1989, p. 32.

6. 하느님의 본성

아우구스티누스는 『독백』 1, 2, 7에서 "나는 하느님과 영혼에 대해 알길 원한다."(Deum et anima scire cupio)라고 고백한다. 하느님을 인식하고자 하는 노력은 아우구스티누스 이전에도 이미 많은 철학자들과 신학자들에게서도 발견된다. 이들의 노고를 통해 우리는 하느님에 대해 말할 수 있게 되었다. 이 과정에서 하느님의 본질은 두 가지 방식으로 서술되는데 하나는 긍정신학(theologia positiva)이요, 다른 하나는 부정신학(theologia negativa)이다. 전자는 '하느님은 사랑이시다.'(Deus caritas est)와 같이 하느님을 무엇이라고 규정함으로써, 피조물의 관점에서 하느님을 규정하고 제한한다. 하지만 후자는 '하느님은 변하지 않으신다.'(Deus incommutabilis est)와 같이 하느님이 무엇이 아니라고 규정함으로써 하느님의 무한성을 제시하고자 한다.[72]

부정신학은 디오니시우스 아레오파기타(Dionysius Areopagita, †500경)에 의해 정립되었다고 할 수 있지만, 이미 그 이전부터 그리스도교 안에 자리하고 있었음을 부정할 수 없다. 특히 플라톤 사상의 영향이 깊이 내린 동방교회의 전통 안에서 부정신학의 흐름은 주목할 만하다. 하지만 서방교회의 전통 안에서도 우리는 부정신학의 경향을 찾을 수 있다. 폴 앙리(Paul Henry)가 지적하듯 플로티누스에게 그토록 친숙한 부정신학이 마리우스 빅토리누스(Marius Victorinus,

---

[72] 신창석, "부정신학", 「한국가톨릭대사전」 제6권, 한국교회사연구소, 2004, 3632쪽.

280/285~386?) 안에서 매우 찬란하게 나타나기 때문이다.73 그렇다면 마리우스 빅토리누스의 영향을 받은 아우구스티누스에게도 부정신학의 경향이 자리한다고 볼 수 있다. 물론 블라디미르 로스키(Vladimir Lossky, 1903-1958)는, 아우구스티누스의 종교적 사고 안에 드러난 부정의 방법은 단지 '부정신학의 요소'라고 부를 수 있을 정도로 빈약하다고 지적한다.74 어떤 의미로 보면 이 주장은 타당하다고 할 수 있다. 이는, 아우구스티누스의 부정신학에 대한 학자들의 연구물이 극히 적다는 것에서도 드러난다. 그럼에도 불구하고 히포의 주교가 서방 그리스도교 사상사에서 두 인물, 곧 마리우스 빅토리누스와 디오니시우스 아레오파기타 사이에 거론된다는 존 하이저(John H. Heiser)의 지적은 서구 부정신학의 전통 안에서 아우구스티누스의 위치를 가늠케 한다.75

아우구스티누스는 『고백록』을 시작하면서 "내 하느님, 그럼 당신은 뉘시옵니까?"라고 질문을 던진다. 그리고 이에 대해 중세를 거치면서 더욱 더 발전된 양식인 '우월의 방법'(via eminentiae)을 통해 다음과 같이 대답한다. "지극히 높으시고 지극히 좋으시고, 지극히 능하시고 지극히 전능하시고, 지극히 자비로우시고도 지극히 의로우시고, 지극히 그윽하시며, 또 지극히 현재하시고, 지극히 아름다우시고

---

73 P. Henry, *Plotin et l'Occident*, Louvain: Spicilegium Sacrum Lovaniense, 1934, pp. 60~61.
74 V. Lossky, "Les éléments de 《Théologie négative》 dans la pensée de saint Augustin", in *Augustinus Magister*, 1, Paris: Études Augustiniennes, 1954, p. 576.
75 J. H. Heiser, "Saint Augustine and Negative Theology", *The New Scholasticism* 63(1989), p. 66.

도 지극히 강하신 분이여, 늘 계시되 헤아릴 길 없으시고, 온갖 것을 바꾸시되 바뀌지 않으시며, 새로움도 묵음도 없으신 채 모든 것을 새롭게 하시나이다."(1, 4, 4)

하지만 히포의 주교는 "우리는 하느님께 합당한 것을 말하거나 표현하였을까?"라고 또 다른 문제를 제기한다.(『그리스도교 교양』1, 5, 6) 이에 대한 아우구스티누스의 답변은 명확하다. 우리는 하느님에 대해 모든 것을 말할 수 있지만, 그 어떤 것도 하느님에 대해 합당하게 말하는 것이 아니다.(『요한복음 강해』13, 5) 달리 말하면, 하느님에 대해 말할 수 있지만 그 무엇도 그분에 대해 매우 합당하고 충분하게 표현하는 것이 아니다.(『율법과 예언서 반대자 반박』1, 20, 41) 여기서 두 가지 사실이 분명히 드러난다. 하나는 하느님이 형언할 수 없는 분(ineffabilis)이라는 것이요, 다른 하나는 신적 존재에 대해 표현하는 인간의 언어에 한계가 있다는 것이다.

무엇보다 하느님에 대해 우리가 갖고 있는 내적 감각과 모든 인간의 표현 사이의 근원적인 부적합성에 대해 아우구스티누스는 다음과 같이 말한다.(『그리스도교 교양』1, 5, 6) "우리가 과연 하느님께 맞갖은 것을 말하거나 발설하였을까? 오히려 무엇인가 말해 보고자 했을 따름이라고 느낀다. 내가 만일 무슨 말을 했다면 그것은 내가 말하고 싶은 것이 아니었다." 이러한 근원적 부적합성은 무엇보다 '형언할 수 없음'(ineffabilitas)이라는 하느님의 속성에서 기인한다. 달리 말하면, '형언할 수 없음'이라는 존재론적 개념이 하느님을 알고 싶어 하는 자의 마음 상태를 결정짓고 있는 것이다. 이러한 의미에서 아우구스티누스는, 플로티누스가 일자(一者)의 '형언할 수 없음'을 강조하는 것과 같은 양상으로,76 형언할 수 없는 하느님의 속성을 강조한다. 이 문제에 있어 히포의 주교에 대한 플로티누스의 영향력을 우리는 다음의 본문에서 확인할 수 있다. "하느님이 형언할 수 없는 분이 아니시라면 내가 이것을 어찌 알겠는가? 형언할 수 없는 것이라면 내가 말한 것도 말 안 한 것과 마찬가지이다. 그렇다면, 하느님은 형언할 수 없는 분이라는 말도 하지 말아야 한다. 이런 말을 하는 것도 (그분에 관해서) 무언가 말을 하는 것이다. 따라서 말의 모순이 되는 까닭이다. 말할 수 없는 것이어서 형언할 수 없다고 한다면, 형언할 수 없다고 말하는 것만으로도 이미 형언할 수 없는 것이 아니기 때문이다."(『그리스도교 교양』 1, 5, 6) 형언할 수 없는 하느님에 대해 적당한 표현 양식이 없다는 점에서 히포의 주교는, 플로티누스와 마찬가지로77 다음과 같이 '침묵'을 강조한다. "이러한 말의 모순은 침묵을 통해 삼가해야지 말로 해결할 것이 아니다."(『그리스도교 교양』 1, 5, 6) 사실 침묵은, 플로티누스의 입장에서 보면 일자(一者)에 대해 어떠한 말을 할 수 없다는 불가능성의 직접적 결과로, 살바토레 릴라(Salvatore Lilla)가 지적하듯 인간의 지성이 일자에 대한 정의를 내리고자 하는 노력 자체를 포기한다는 명백한 표지이기도 하다.78

---

76 플로티누스의 『엔네아데스』(Enneades) V, 3, 13; V, 3, 14; V, 4, 1; V, 5, 6; VI, 9, 4; VI, 9, 5; VI ,9, 10; VI, 9, 11 등에 나타난다. 이에 대해 참조: S. Lilla, "La teologia negativa dal pensiero greco classico a quello patristico e bizantino", *Helikon* 28(1988), pp. 231~232.
77 플로티누스의 『엔네아데스』(Enneades) VI, 8, 11에 나타난다. 이에 대해 참조: S. Lilla, "La teologia negativa dal pensiero greco classico a quello patristico e bizantino", p. 232.
78 S. Lilla, "La teologia negativa dal pensiero greco classico a quello patristico e bizantino", p. 232.

그럼에도 불구하고 아우구스티누스는 인간 본성이 형언할 수 없는 존재에 대해 어떠한 말을 해야 한다는 것을 다음과 같이 지적한다. "하느님에 관해서 우리가 온당하게 할 수 있는 말이 아무것도 없기는 하지만, 하느님이 인간 언어가 당신에 관해 호의적 표시를 하도록 허용하셨고 우리가 우리 언어로 당신을 찬미하며 기뻐하기를 바라셨다." 데이드르 카라빈(Deirdre Carabine)에 따르면, 이 측면은 부정적 방법(apophasis)의 모든 스승에게 발견되는 것, 곧 모든 부정신학의 정수에서 발견되는 것이다.[79] 이러한 의미에서 볼 때, 프로클루스(Proclus)의 주장과 비교하면서 아우구스티누스가 권고하는 침묵이 문제를 간과하고자 하는 결정과 유사한 것이라고 해석한 라울 모틀리(Raoul Mortley)의 입장은 수용될 수 없다.[80] 오히려, 카라빈이 계속해서 주장하듯, 성인이 '형언할 수 없는'(ineffabilis)이라는 단어를 계속해서 사용한 것은, 신적 본성에 대해 맞갖게 말할 수 없음에도 불구하고 인간의 언어가 그것을 올바른 방향에로 이끄는 역할을 하는 데 필요하다는 것을 계속해서 상기시키고자 한 것이라 할 수 있다.[81]

그러므로 아우구스티누스는 다음과 같이 말한다. "그래서 하느님이라는 말을 하게 된다. 이 두 음절의 발음에서 하느님이 인식되기 때문이 아니고, 라틴어를 함께 쓰는 모든 사람이 이 소리가 귀에 들릴

---

79 D. Carabine, "Negative theology in the thought of Saint Augustine", *Recherches de théologie ancienne et médiévale* 59(1992), p. 9.
80 Cf. R. Mortley, *From Word to Silence*, II, Bonn: Peter Hanstein Verlag, 1986, pp. 219~220.
81 D. Carabine, "Negative theology in the thought of Saint Augustine", p. 10.

때 지극히 높으시고 불사불멸하는 어떤 본성을 생각하게 되기 때문이다."(『그리스도교 교양』 1, 5, 6) 그리고 "내가 하느님이라고 말할 때, 나는 한 단어를 발음한 것이다. 네 개의 활자와 두 음절로 이루어져 있는 매우 짧은 단어이다. 하지만 하느님께서 이것, 곧 네 개의 활자와 두 음절이 다인가? 그 단어가 이토록 평범하지만, 그것이 표현하는 의미는 얼마나 위대한지! 당신이 하느님이라는 단어를 들었을 때, 당신 마음속에 무슨 일이 일어났는가? 내가 하느님이라고 불렀을 때, 내 마음속에 무슨 일이 발생했는가? 우리는 물질적 그리고 영적인 모든 가변적 피조물을 초월하는 최상의 실재를 생각하였다. (…) 그러므로 당신이 살아있고, 영원하며, 전능하고, 무한하고, 편재하며, 어디에서든 모든 것이며, 어떠한 형태로든 한정되지 않는 실재를 생각할 때, 당신의 마음속에 무엇이 있는가? 이러한 것들을 생각할 때, 당신의 마음속에 하느님의 말씀이 있는 것이다. 이 말씀이 단순히 네 개의 활자와 두 음절로 구성된 소리일 뿐인가? 말하는 모든 것은 지나가는 것이고, 소리와 활자 그리고 음절의 구성체이다. 소리로 나오는 말은 지나가는 것이다. 하지만 그 소리가 의미하는 것은 그것을 말한 사람이나 들은 사람의 지성에 깃들어 있고, 소리가 멈춘 후에도 계속 남아 있다."(『요한복음 강해』 1, 8) 결국 우리가 하느님이라고 발음할 때, 그 단어 안에 하느님의 모든 것이 담겨있다고 할 수 없음이 확실하다. 달리 말하면, 하느님이라는 단어를 발음할 때, 그 소리는 하느님이라는 실재 자체를 드러내는 것이 아니라 그 실재 밑에 있는 것을 나타낸다고 할 수 있다.(『요한서간 강해』 4, 6)

사실 말은 인간이 마음에서 일어나는 바를 표명하고자 할 때, 그것이 무엇이든 제일 먼저 표시되는 수단이다. 즉, 인간이 자기 생각을 표출하는 표지들 중 대부분이 말이다.(『그리스도교 교양』 2, 3, 4) 인간은 그 용도가 전적으로 표시하는 데에 있는 표지인 언어를 통해,(『그리스도교 교양』 1, 2, 2) 특별히 '하느님'이라는 단어를 통해 만유를 초월하며 불변하는 지혜를 표현하는 것이다. 그렇기에 '형언할 수 없는' 하느님을 표현하는 데 있어 발생하는 인간 언어의 근원적 한계성은 언어 자체에서도 찾아볼 수 있다.

모든 피조물의 이행적 특성(移行的 特性)을 고백하는 부분에서 히포의 주교는 다음과 같이 천명한다.(『고백록』 4, 10, 15) "보십시오. 우리의 말도 그와 같이 소리를 내는 표지를 통해 완성됩니다. 만약 한 단어가 자신의 부분을 소리 낸 후에 다른 단어와 이어지면서 사라지지 않는다면, 온전한 말이 되지 않을 것입니다." 여기서 인간의 언어 역시 가변적이고 시간의 흐름 안에 있음이 드러난다. 아우구스티누스는 이러한 가변성과 시간성을 태어나 성장하고 사라지는 직선적인 세 단계로 이렇게 묘사한다.(『고백록』 4, 10, 15) "나고 죽고 하는 그 아름다움은 나면서 있어지고, 제 한도까지 자라다가 도가 차면 늙고 죽삽나니, 죽기는 다 하여도 늙기는 저마다 하는 것이 아니옵니다. 이러므로 나면서 있어진 것이 있고자 자라기를 빨리 할수록 결국 그것은 없어지고자 더욱 바삐 서두른 셈이 되는 것이니, 이것이 바로 그것들의 됨됨이옵나이다." 따라서 시간은 창조된 사물들의 특징인 것이다.[82] 달리 말하면, 시간은 하느님의 피조물이기에, 그것의 본질은 변

82　김태규, 「아우구스티누스의 시간 이론 -『고백록』 XI권을 중심으로」, 『신학전망』 74(1986/가을),

화하는 것이요 과거에서 현재로 넘어가는 것이지 하느님처럼 영속적인 것이 아니다.[83]

그렇기에 히포의 주교는 다음과 같이 언명한다.(『고백록』 11, 13, 15~14, 17) "제 아무리 장구한 시간이기로 당신이 짓고 마련하셨거늘 당신에서 아니 만드신 영겁이 어찌 흐를 수 있으오리까? 당신이 마련치 아니하신 시간이 있기라도 하단 말이니이까? 본디 없었던 것이 흘러갈 수 있다는 말이오니까? (…) 시간조차 당신이 하신 일이 아니오니까? 당신께서 시간을 내셨느니만큼 영겁마저 당신이 내시기 이전에 흐를 수 없던 것입니다. (…) 님의 세월은 가지도 오지도 않건마는 우리네 것은 오기 위해 가고, 또 흘러가 버리나이다. 님의 세월은 변함없기에 다 함께 있어 흐르지 않는 까닭에, 가는 것이 오는 것에 밀려남이 없건마는 우리네 세월은 다 가고 없은 다음에야 다 있기 마련입니다. (…) 님의 날은 나날이 아닌 다만 오늘! 그 오늘은 내일로 옮지도 아니하고, 어제 뒤에 이어지지도 않는 날이니이다. 님의 오늘은 곧 영원! (…) 어느 시간도 당신과 같이 영원할 수 없는 것이, 님은 항상 계시기 때문이니 시간이 만일 항상된다면 이미 시간이 아닐 것입니다." 또한 "사실 하느님의 날과 하느님 자신과의 구별이 없습니다. 하느님의 날은 하느님의 영원성이고, 이 영원성은 하느님의 실체로 어떠한 변화도 알지 못합니다. 거기에 어떤 것도 더 이상 존재하지 않

광주가톨릭대학교 전망편집부, 92쪽.
83 J. Mcevoy, "St. Augustine's account of time and Wittgenstein's criticisms", *Review of metaphysics* 37(1984), p. 555.

는 것처럼 과거도 없습니다. 또한 그 어떤 것도 아직 존재하지 않은 것처럼 미래도 없습니다. 거기에는 '있다'라는 현재형만이 존재할 뿐입니다."(『시편 상해』 101, s.2, 10)

더욱이 인간의 언어와 시간의 상관성은 과거의 현재인 기억, 현재의 현재인 목격함, 그리고 미래의 현재인 기다림에 상응한다.(『고백록』 11, 20, 26) 아우구스티누스에 따르면, "내가 알고 있는 시를 읊조린다 치자. 내가 시작하기 전에 나의 기다림은 시 전편에 뻗친다. 그러나 막상 시작하자, 벌써 그 몇 구절을 과거로 따돌리려고 할수록 그것은 내 기억 안으로 들게 되고, 이리하여 내 행동의 존재는 두 군데에 걸치게 된다. 그 하나는 이미 읊조린 것을 기억함이고, 또 하나는 읊조릴 것을 기다림이다. 이때 지켜봄은 현재인 것으로, 미래이던 것이 과거가 되려 이를 거쳐 가는 것이다. 이렇게 연거푸 진행이 되어갈수록 기다림이 짧아지는 반면 기억이 길어지고, 드디어는 기다림이 아주 없어지고 나면 전 행동이 끝나 기억으로 옮겨지고 마는 것이다. 시 전편에 있어 이같이 되는 일은 그 각 부분, 심지어는 그 각 음절에 있어서도 마찬가지이다."(『고백록』 11, 28, 38)

결국 피조물과 하느님 사이에 존재하는 '시간-영원성'의 구도에서 '변화-불변'이라는 인간의 말과 하느님의 말씀의 근원적 차이가 등장한다. 이를 아우구스티누스는 이렇게 표현한다.(『고백록』 11, 7, 9) "천주이신 당신 곁에 계시는 천주님, 그 말씀을 알아들으라 당신께서 우리를 부르시오니 이 말씀이야말로 영원히 말하여지고, 또한 이 말씀으로 말미암아 모든 것이 항상 말하여지나이다. 모든 것이 말하여진다하여 말하여지던 것이 끊어졌다가 다른 말이 이어지는 그런 것이 아니오라, 모든 것이 동시에 영원하다는 것이오니 그렇지 않다면 시간과 변화가 있게 되는지라, 참다운 영원성도 참다운 불멸성도 아닐 것입니다."

따라서 불변적 하느님을 가변적인 인간 언어로 묘사한다는 것은, 곧 영원한 존재를 시간에 종속된 것이 파악하여 말한다는 것은, 실로 모순이라고 할 수 있다. 이러한 구조적 이율배반 때문에 인간이 하느님에 대해 무엇인가를 말하는 것은 하느님에 대해 정확하게 말하는 것이 아니다. 물론 아우구스티누스는 하느님께 적용하는 속성들 중에서 그분의 실체(substantia)에 해당되는 것은 절대적인 의미를 갖는다는 점은 인정한다. 하지만 위치, 모습, 장소, 시간은 하느님에 대해 본래의 의미가 아닌 전의적(轉意的)이고 직유적(直喩的)으로 말하는 것임을 성인은 강조한다.(『삼위일체론』 5, 8, 9) 달리 말하면, 하느님께 순종적인 피조물을 통해, 성부와 성자와 성령은 유형한 형상이나 직유(similitudo)를 통해 인간의 감각에 자신을 알릴 수 있다는 것이다.(『삼위일체론』 2, 18, 35) 예를 들면, "주 너의 하느님인 나는 질투하는 하느님이다."(탈출 20, 5)라는 말씀을 주석하면서 히포의 주교는 다음과 같이 강조한다.(『마니의 제자 아디만투스 반박』 11) "사실 성령은 최고의 신적 진리들이 형언할 수 없기에, 그것을 지성적 인간에게 알려주기 위해 일반적으로 사람들 사이에서 어떠한 결점을 가리키기 위해 사용되는 단어들을 사용하길 원하였다. 이는 사람들이 하느님에 대해 합당하게 말할 수 있는 것이라고 생각하는 표현들조차 그분의 위엄에 합당하지 않음을 알려, 그분께 어떠한 인간적 말보다 침묵에 보다 큰 영예를 드리기 위해서이다."

성인에 의하면, 성경에서 하느님께 적용되는 '빛', '샘', '물' 등과 같은 표상들도 자구적 의미에서 하느님을 드러내는 '자연적 표지'(signum naturalis)가 아니다. 물론 '하느님이 모든 것이다'(Deus totum est)라는 의미에서 볼 때, 그러한 표상들이 하느님에 대해 말할 수 있다. 곧 "하느님은 너에게 모든 것이다. 네가 배고프다면, 그분은 너의 빵이다. 네가 목마르다면, 그분은 너의 물이다. 네가 어둠 속에 있다면, 그분은 너의 빛이다. 불변하게 남아 있기 때문이다."(『요한복음 강해』 13, 5) 또한 아우구스티누스는 "나는 사울을 임금으로 삼은 것을 후회한다."라는 사무엘기 상권 15장 11절을 주석하면서 다음과 같이 말한다.(『다양한 질문에 대해 심플리키아누스에게』 2, 1) "참으로 나는, 하느님에 대해 말할 때 합당한 다른 표현을 찾을 수 있기 때문에, 그분에 대해 이런 식으로 말하는 것이 적합하지 않다고 생각한다. 그분의 영원한 권능과 신성이 인간의 말을 구성하는 모든 단어를 놀랍게도 지체하지 않으면서 초월하고 있기 때문에, 사람들의 눈에도 경멸적인 것으로 보이는 인간적 방식으로 그분에 대해 어떤 것이든 말하는 것은 우리 자신의 연약함에 대한 권고인 것이다. 성경에서 하느님께 적합하게 적용되고 있다고 우리가 생각하는 것들도 신적 초월보다 인간의 능력에 더 적합한 것이다. 결과적으로 그런 것들도 보다 고요한 지성으로 극복되어야만 한다." 이토록 하느님에 대해 모든 것을 말할 수 있지만, 가시적인 그 어떤 것도 하느님에 대해 합당하게 말할 수 없다.(『요한복음 강해』 13, 5)

하느님에 대해 언급할 때 나타나는 인간 언어의 한계성에서 또 다른 문제가 발생한다. "표현하는 것은 생각하는 것과 동일하지 않고,

생각은 실재와 같지 않다."라는 것이다.(『삼위일체론』 5, 3, 4) 이는 우리가 하느님에 대해 생각하는 것이 그분에 대해 말하는 것보다 더 분명한 것이지만, 하느님의 존재 자체가 우리가 그분에 대해 생각하는 것보다 더 올바른 것임을 드러내는 것이다. 이러한 의미에서 하느님의 실재 혹은 존재는 그분에 대해 생각하고 표현하는 사람과 하느님 사이의 근원적 간격에 대한 끊임없는 선포라고 할 수 있다.(『삼위일체론』 5, 1, 1) 즉 우리가 하느님을 있는 그대로 이해할 수 없다는 것이다.

이에 대해 아우구스티누스는 다음과 같이 말한다. "사실 네가 이해한다면, 하느님이 아니다."(『강론』 117, 3, 5. Si enim comprehendis, non est Deus) 또한 "따라서 형제들이여, 하느님에 대해 우리가 무엇을 말할 수 있을까요? 만약 당신이 말하고자 하는 것을 이해하였다면, 하느님이 아닙니다. 만약 당신이 그것을 이해할 능력을 갖고 있었다면, 당신은 하느님의 실재와는 다른 것을 이해한 것입니다. 만약 당신이 그것을 이해할 능력이 있었다고 여긴다면, 당신의 생각으로 인해 속은 것입니다. 따라서 만약 당신이 이해하였다면, 하느님은 그렇지 않은 분입니다. 하지만, 하느님이 그렇다면, 당신은 그것을 이해하지 못한 것입니다."(『강론』 52, 6, 16) 그렇기에 히포의 주교는 이렇게 권고한다. "만약 여러분이 하느님이 누구이신지 이해할 수 없다면, 적어도 그분이 무엇이 아닌지 이해하십시오!"(『요한복음 강해』 23, 9) 또한 "하느님은 형언할 수 없는 분입니다. 그분이 어떠한 분인가 하는 것보다 그분이 아닌 것에 대해 보다 쉽게 말하게 됩니다."(『요한복음 강해』 85, 12)

여기서 히포의 주교는 인간의 언어에 대해 체계적으로 부정하는 도구인 '부정의 방법'(via negativa) 혹은 '배제의 방법'(via remotionis)을 사용한다. 이러한 아우구스티누스의 지향은 그의 초기 작품 중의 하나로 세례받기 전인 386년에 저술된 『질서론』 2, 16, 44에서 잘 나타난다. "무지함을 통해 지극히 높으신 하느님을 보다 잘 알게 된다." 분명 이 문장은 지극히 플로티누스적이고 매우 분명한 부정신학적 내용을 담고 있음을 부정할 수 없다.[84] 그렇기에, 안드레아 마리오 모스케티(Andrea Mario Moschetti)가 강조하듯, 아우구스티누스와 플로티누스 사이에 어떠한 상이점이 없는 것처럼 보인다.[85] 이에 반해 비르질리오 파치오니(Virgilio Pacioni)는 아우구스티누스와 플로티누스 사이의 차별성이 분명히 드러난다고 주장한다. 왜냐하면 아우구스티누스는 하느님이 인간 지성과 다른 모든 피조물의 능력을 초월하여 있기에 하느님에 대한 인간의 인식이 불완전할 수밖에 없다는 의미에서 하느님의 '형언할 수 없음'을 주장한 반면, 플로티누스는 하느님이 모든 유한한 지성뿐 아니라 신적 지성보다도 우위에 있다는 의미에서 하느님이 형언할 수 없는 존재라고 주장하기 때문이다.[86]

이러한 의미에서 볼 때, 신플라톤주의의 영향이 가장 강력했던 초기 시기에도 아우구스티누스가 철학적 목적보다는 종교적 목적으

---

84 Cf. V. Lossky, "Les éléments de 《Théologie négative》 dans la pensée de saint Augustin", p. 576; J.H. Heiser, "Saint Augustine and Negative Theology", pp. 74-75. 모틀리는 "무지함을 통해 지극히 높으신 하느님을 보다 잘 알게 된다."는 『질서론』 2, 16, 44의 명제가 수사학적 표현일 뿐 부정신학에 집중된 것이 아니라고 주장한다: R. Mortley, *From Word to Silence*, II, p. 210.
85 A. Mario Moschetti, (a cura di) S. Agostino, *Dell'ordine, Introduzione, traduzione e note*, Firenze: Libreria editrice Fiorentina, 1941, pp. 76~77.
86 V. Pacioni, *L'unità teoretica del De ordine di S. Agostino*, Roma: Millennium Romae, 1996, p. 306, n.6.

로 플라톤주의자들을 사용하였다고 보는 하이저(John H. Heiser)의 의견이 타당하다고 할 수 있다.87 그렇기에 "무지함을 통해 지극히 높으신 하느님을 보다 잘 알게 된다."라는 무지의 지(無知의 知, docta ignorantia)에 대한 아우구스티누스의 주장은, 우리가 무지함을 고백하면 할수록 그만큼 하느님에 대해 합당한 인식을 할 수 있음을 잘 보여준다.88 계속해서 『질서론』 2, 18, 47은 우주의 창조주에 대해 이렇게 고백한다. "그에 대해 영혼 안에는, 어떠한 방법으로도 그를 모른다는 것을 아는 것이 아니라면, 어떠한 앎도 없다." 그렇기에 로스키(Lossky)가 지적하듯, 하느님에 대한 무지는 피조물이 하는 인식의 부정적 이면으로 하느님과 그분이 아닌 것을 구분하도록 해준다고 할 수 있다.89

무지에 대한 아우구스티누스의 칭송은 그의 여러 작품에서도 나타난다. 419년 말 혹은 420년 초에 살로나의 헤시키우스(Hesychius Salonitanus) 주교에게 보낸 서한은 "저는 거짓 앎을 언명하기보다 신중한 무지를 고백하는 것이 더 낫습니다."라는 말로 끝맺는다.(『서한』 197, 5) 또 『강론』 117, 3, 5에서 성인은 경건한 무지가 오만에 찬 앎보다, 곧 경솔한 앎에 대한 공언보다 경건한 무지를 고백하는 것이 더 낫다고 말한다. 417년경 8월 1일에 행한 『강론』 301, 4, 3에서도 "무지에 대한 고백이 앎의 단계입니다."(Confessio ignorantiae, gradus est

---

87 J.H. Heiser, "Saint Augustine and Negative Theology", p. 75.
88 A. Dupont, *La philosophie de saint Augustin*, p. 69.
89 V. Lossky, "Les éléments de 《Théologie négative》 dans la pensée de saint Augustin", p. 577.

scientiae)라고 선언하며, 『고백록』 13, 21, 30에서는 무지를 "경탄의 어미"(ignorantia mater admirationis)라고 칭한다. 411년경에 작성된 『서한』 130, 15, 28에서는 "그러므로 우리 안에는, 말하자면, 무지(無知)의 지(知)가 있습니다. 하지만 그 앎은 우리의 연약함을 도와주시는 하느님의 영으로부터 조명을 받은 것입니다."라고 말함으로써 무지함을 통해 하느님을 보다 더 잘 알게 되는 것의 종교적 의미를 드러낸다.

사실 아우구스티누스가 하느님에 대한 인식 문제에서 그토록 찬사를 보내는 무지는 인간 지성의 한계성을 드러내는 것이다. 곧 하느님은 인간의 지성적 능력을 초월하여 계신 분이라는 것이다. 더욱이 인간 지성은 자기 자신도 알지 못한다.(『삼위일체론』 5, 1, 2)[90] 그렇기에 유한하고 변화하는 인간 지성은 하느님의 영원성과 불변성을 알 수 없는 것이다. 이점은 탈출기 3장 14절의 "나는 있는 나다."(Ego sum qui sum)라는 하느님 이름에 대한 아우구스티누스의 주석을 통해 잘 나타난다. 로스키가 지적하듯, 이 하느님의 이름은 "생각의 부정적 상승의 한계를 드러내는 이름"으로[91] 불변성의 이름인 존재 자체를 가리키는 것이기에,(『강론』 7,7. Esse, nomen est incommutabilitatis) 인간은 자신의 지성으로 이에 도달하거나 참여할 수 없는 것이다.[92]

---

90 카라빈은 이 점이 아우구스티누스와 닛사의 그레고리우스와의 공통점이라고 지적한다: D. Carabine, *The Unknown God. Negative theology in the Platonic tradition: Plato to Eriugena*, p. 262, n.25.

91 V. Lossky, "Les éléments de 《Théologie négative》 dans la pensée de saint Augustin", p. 579.

92 파치오니에 의하면, 아우구스티누스가 하느님을 일자(一者)로서 그리고 존재 자체로서 인식하는 것은 포르피리우스의 영향이라고 보면서도, 존재 자체로서의 하느님에 대한 개념은 이미 탈출 3,14를 통해 알고 있었다고 주장한다: V. Pacioni, *Agostino d'Ippona. Prospettiva storica e*

7. 하느님과 세상 창조

1) 한처음에 하느님께서 하늘과 땅을 창조하셨다(창세 1, 1)

아우구스티누스에게 있어 하느님은 존재하는 모든 것 곧 최상위에 있는 것들부터 시작하여 최하위에 있는 것들까지 유형무형한 만물의 창조주이다. 물론 이 점은 비단 아우구스티누스만의 관점이 아니라, 유다인들과 그리스도인들의 신앙고백이다.[93]

창조에 대한 아우구스티누스의 사상을 전개하는 데 있어 무엇보다 다음과 같은 그의 말에 주목해야 한다. "피조계에 대해 세 가지의 위대한 진리를 알아야 하는데, 즉 누가 피조계를 만들었으며, 무엇으로 만들었으며, 왜 만들었느냐는 것이다. (…) 여하튼 앞에서 내가 언급한 세 질문, 피조물 하나하나에 대해 사람들이 물음직한 질문, 즉 누가 무엇으로 왜 만들었느냐는 물음에 이렇게 답변해야 할 것이다. '하느님이, 말씀으로, 좋아서 만들었다!'"[94]

(1) 창조: 삼위일체 하느님에 의한 존재 산출

아우구스티누스는 『고백록』 13, 5, 6에서 다음과 같이 적고 있다. "문득 내 앞에 수수께끼로 나타나는 삼위일체, 하느님이시여 곧 당신

---

    attualità di una filosofia, p. 133.
93 Cf. A. Hamman, "L'enseignement sur la création dans l'antiquité chrétienne", *Revue des sciences religieuses* 42(1968), pp. 1~23, 97~122.
94 『신국론』 11, 21~24.

이시니이다. 아버지여, 당신이 우리 지혜의 비롯음이신 당신의 지혜로 즉, 당신께 났으나 당신과 같으시고, 같이 영원하신 당신 아드님으로 하늘과 땅을 만드셨나니 (…) 내가 이미 믿었듯이 하느님을 삼위이신 줄 믿으면서 당신 성서에서 찾아보니 이에 당신의 '성령이 물 위에 움직이시더라' 하였습니다. 그렇습니다. 나의 하느님이야말로 성부, 성자, 성령 삼위이시오, 모든 피조물의 창조주이신 것입니다." 여기에서 "당신이 아니 계신 채 존재하는 무엇이 있습니까?"라는 아우구스티누스의 고백(『고백록』 11, 5, 7)이 나온다. 이 질문은 창조 행위가, 에티엔 질송(Étienne Gilson)의 표현대로, 있는 것의 존재를 산출하는 것임을 제시한다.[95] 달리 말하면, 모든 존재자는 최고유(最高有, summe esse)인 하느님에 의해 생겨난 것이다.[96]

하느님이 최고로 존재하는 분(Deus qui summe est)이라는 사실은,[97] 하느님이 "나는 있는 나다"(Ego sum qui sum)라고 선포하듯(탈출 3, 14), 하느님만이 존재 자체(Ipsum esse)라는 것이요, 피조물이 갖고 있지 못하는 양식으로 존재를 소유하고 있다는 것이다.[98] 그렇기에 하느님과 피조물은 존재를 부여하는 자와 그것을 부여받은 자의 관계로 표

---

95 에티엔느 질송, 『아우구스티누스 사상의 이해』, 368쪽.
96 『신국론』 12,5.
97 아우구스티누스는 자신의 여러 작품 안에서 '최고로'(summe)라는 부사 외에도 '제일 크게'(maxime), '참되게'(vere), '매우 참되게'(verissime), '첫째가는'(primitus), '가장 충만하게'(plenissime), '절대적으로'(simpliciter) 등의 부사를 사용하고 있다. 이에 대해 참조: J.F. Anderson, *St. Augustine and Being. A Metaphysical Essay*, The Hague: Martinus Nijhoff, 1965, p. 20.
98 『시편 상해』 134,4. Cf. É. zum Brunn, "L'exégèse augustinienne de 'Ego sum qui sum' et la 'métaphysique de l'Exode", in AA.VV., *Dieu et l'Être. Exégèse d'Exode 3,14 et de Coran 20,11-24*, Paris: Études Augustiniennes, 1978, pp. 141~164.

시된다. 『고백록』 11, 4, 6 역시 이 점을 다음과 같이 제시한다. "천지는 제 스스로 생겨나지 않았음을 이렇게 외칩니다. '우리가 있는 것은 만들어졌기 때문, 그러기에 우리가 있기 이전에 있지 못하였으니 우리 스스로가 우리를 만들어낼 수 없던 것이다.' 그들의 말소리는 자명한 것입니다."

더욱이 피조물은 자신의 존재뿐 아니라 존재 양식과 선성(善性)까지도 하느님께 의존한다. "어떠한 양식으로든 존재하는 모든 것은 높은 곳에 계시는 그분에게서 나온 것이요, 그 종류에 있어 선하다."(『마니교도 세쿤디누스 반박』 10, 1) 또한 "일체의 선은 하느님 자신이거나 하느님께로부터 오며, 따라서 제아무리 미소한 형용이라 하더라도 하느님께로부터 오는 것이다."(『참된 종교』 18, 35) 달리 말하면, 존재하는 것은 아무리 미소하더라도 선한 것이니, 이는 최고유(最高有)이며 최고선(最高善, summum bonum)인 하느님께로부터 온 것이기 때문이다.(『참된 종교』 18, 35) 그렇기에 아우구스티누스는 다음과 같이 고백한다. "주여, 당신이 만들어내신 것이오니 그것들이 아름답기는 님이 아름다우신 때문, 님이 좋으시기에 그것들도 좋아진 것, 님이 있으시기에 그것들도 있는 것이니이다."(『고백록』 11, 4, 6) 또한 "어떠한 양식으로든 존재하는 모든 것은 선한데, 이는 어떠한 양식으로 존재하는 것이 아니라 존재 자체이신 분에게서 온 것이기 때문이다."(『고백록』 13, 31, 46)

이토록 긴밀히 연결되어 있는 피조물의 존재와 선성은 하느님이 각 피조물 안에 질서를 확립해 놓으셨음을 드러낸다. 하느님이 본성의 움직임에 각각 부여한 이 법칙에 대해 아우구스티누스는 다음과 같이 말한다.(『선의 본성』 3) "하느님으로부터 크든 작든 모든 선이 나옵니다. 그분에게서 크든 작든 모든 척도가 나오며, 크든 작든 모든 형상이 나오며, 크든 작든 모든 질서가 나옵니다. (…) 이 세 가지가 큰 곳에 큰 선이 있습니다. 이 세 가지가 작은 곳에 작은 선이 존재합니다. 이 세 가지가 없는 곳에는 어떠한 선도 존재하지 않습니다. 더욱이 이 세 가지가 큰 곳에 큰 본성이 있습니다. 세 가지가 작은 곳에는 작은 본성이 있습니다. 이 세 가지가 없는 곳에는 어떠한 본성도 없습니다. 따라서 모든 본성은 선합니다." 또한 『신국론』 12, 5에서 성인은 이렇게 말한다. "모든 자연 본성은 존재한다는 이유로, 또 자기 척도를 갖고 자기 형상을 갖고 나름대로 자기 평화를 갖고 있으므로 정말 선하다." 그리고 『마니교도 반박 창세기 해설』(De Genesi contra Manichaeos) 1, 16, 26에서 아우구스티누스는 다음과 같이 말한다. "조화의 일치에로 이끄는 척도와 수와 질서를 발견하지 않은 채 저는 어떠한 동물의 몸과 지체에 대해 생각할 수 없습니다. 저는 이 세 가지가 하느님의 불변하고 영원한 초월함 안에 존재하는 최고의 척도와 수 그리고 질서에서가 아니라면 어디에서 온 것인지 이해하지 못합니다."

아우구스티누스가 피조물에 부여된 질서에 관해 언급한 위의 세 인용문은 '척도(modus)−형상(species)−질서(ordo)', '척도(modus)−형상(species)−평화(pax)', '척도(modus)−수(numerus)−질서(ordo)' 등으로 표현되는 존재자의 존재론적 삼중구조를 우리에게 제시한다. 사물의 존재론적 선성(善性) 또는 존재자의 형이상학적 원리를 제시하는 이 구조는 "당신께서는 모든 것을 재고 헤아리고 달아서 처리하셨습니다"(omnia mensura et numero et pondere disposuisti)라는 불가타본 지혜서 11장 21절(현대어 성경에서는 11장 20절)의 '척도(mensura)-수(numerus)-무게(pondus)'에 상응하는 것이다.99 아우구스티누스의 지혜서 11장 21절의 주석에 따르면,100 척도(mensura)는 각각의 사물에 한계를 지우는 것이며, 수(numerus)는 각각의 사물에 고유한 형상을 주는 것이고, 무게(pondus)는 개별 사물을 그의 안식(quies)과 영속성(stabilitas)에로 이끄는 것이다.(『창세기 문자적 해설』 4, 3, 7) 달리 말하면, '척도'는 존재 양식이기에 수(mensura)와 척도(modus)는 존재론적 질서를 가리킨다. '형상과 아름다움'으로 번역할 수 있는 '수'는 개별 존재자의 내적 조화의 법을 의미하기에 수(numerus)와 형상(species)은 지성론적 질서를 드러낸다. 그리고 '무게'는 존재자로 하여금 자신의 목적에로 향하게끔 하는 경향적 운동이다. 따라서 무게(pondus)와 질서(ordo)는 개별 존재자와 세상과의, 그리고 더 나아가서는 하느님과의 역동적 관계를 정의하며, 가치론적 의미를 지니고 윤리적 질서를 가리킨다.101

이러한 의미에서 볼 때, 개별 존재자들뿐 아니라 이들의 연합체라

---

99 아우구스티누스의 작품 안에서 '척도(mensura)-수(numerus)-무게(pondus)' 정식은 다양한 형태로 나타난다. 이에 대해 참조: W.J. Roche, "Measure, number and weight in Saint Augustine", *The New Scholasticism* 15(1941), pp. 350~376. 올리비에 뒤 루와는 아우구스티누스가 『파우스투스 반박』 21, 6에서 두 정식, 곧 'modus-species-ordo'와 'mensura-numerus-pondus'의 균형을 꾀하고 있다고 본다: O. Du Roy, *L'intelligence de la foi en la Trinité selon saint Augustin. Genèse de sa théologie trinitaire jusqu'en 391*, Paris: Études Augustiniennes, 1966, p. 280.
100 Cf. W. Beierwaltes, "L'interpretazione di Agostino di Sapientia, 11,21", in W. Beierwaltes, *Agostino e il neoplatonismo cristiano*, Milano: Vita e Pensiero, 1995, pp. 143~157.
101 A. Solignac, "Mesure, nombre et poids", in *Bibliothèque Augustinienne* 48, Notes complémentaires n. 48, pp. 635~636.

고 할 수 있는 온 세상에서도 나타나는 이 존재론적 삼중구조는 피조물성을 드러낸다고 할 수 있다.(『마니교도 반박 창세기 해설』 1, 21, 32) 창조주 하느님만이 최고의 척도(summa mensura)요, 최고의 수(summus numerus)이며, 최고의 질서(summus ordo)이기 때문이다.(『마니교도 반박 창세기 해설』 1, 16, 26) 따라서 아우구스티누스는 이렇게 고백한다.(『자유의지론』 3, 12, 35) "이성을 가지고 하늘과 땅을 바라보고, 눈에 보이는 모든 사물, 제각기 그 종류에 따라서 일정한 척도와 형상과 질서에 의거하여 만들어진 모든 사물을 관찰하노라면 하느님 말고 다른 조성자가 있으리라고 믿을 사람은 아무도 없으리라."

(2) 창조: '시간-영원성'의 구도

모든 피조물은 자신이 존재하는 데 있어서, 그리고 선성(善性)을 지니는 데 있어서 하느님께 종속되어 있다는 사실에서 우리는 하느님과 피조물의 또 다른 관계를 발견한다. 아우구스티누스에 따르면, 온갖 사물이 아무리 아름답고 좋으며 존재하지만, 창조주에 비기면 아름다운 것, 좋은 것, 존재하는 것이 아니다. 모든 존재자는 변화와 무상함을 통해 자신의 피조물성을 고백하기 때문이다.(『고백록』 11, 4, 6) 이러한 하느님과 피조물의 존재 양식에 대해 『고백록』 7, 11, 17은 다음과 같이 묘사한다. "그대 아래 있는 모든 것을 내 보아하니 아주 있는 것도 아니요, 또 아주 없는 것도 아니더라. 그대로부터 있으니 있는 것이요, 그대가 아닌 것들이니 없는 것이 아닌가? 참으로 있는 것은 항상되게 있는 그것." 이 구문에 의하면, 피조물에게 '존재'와 '비존재'라는 용어를 동시에 적용할 수 있다. 참으로 존재한다는 것(vere esse)은 불변하게(incommutabiliter) 있다는 것이기 때문이다. 이 점은 『강론』 7, 7에서도 분명히 나타난다. 성인은 "존재한다는 것은 불변성의 이름이다."라고 전제하면서, "변화하지 않는 이가 아니라면, 참된 존재(verum esse), 순수한 존재(sincerum esse), 진정한 존재(germanum esse)를 소유하지 못한다."라고 강조한다.

더욱이 히포의 주교는 하느님을 가리키는 용어로 'Idipsum'을[102] 사용하면서 다음과 같이 자문자답(自問自答)한다.(『시편 상해』 121, 5) "그분 자체(Idipsum)는 무엇인가? 항상 동일하게 계시는 분, 곧 지금은 이러한 것이지만 다음에는 다른 것으로 되는 분이 아니다." 『고백록』 9, 4, 11에서는 이렇게 말한다. "당신이야말로 진정 바뀌지 않는 '같으신 분!' 당신 안의 안식은 온갖 수고의 잊음이오니 아무도 당신과 견줄 이 없고, 당신 아닌 다른 허구한 것들을 애써 찾을 것도 없사옵니다." 또한 『가톨릭교회의 관습과 마니교도의 관습』 1, 14, 24는 "그분에 대해 존재 자체가 아니라면 다른 어떤 것으로도 말하지 못할 것입니다."라고 고백한다. 하느님이 최고로 그리고 최상으로 존재하시고 절대로 불변하시고, 항상 같으신 분이라는 사실은(『그리스도교 교

---

[102] 단어의 원래 뜻은 '그것 자체'라는 뜻이지만 '그분 자체', '존재 자체', '같으신 분', '절대자' 등으로도 번역 가능하다. 앤더슨에 의하면, 아우구스티누스에게 있어 Idipsum은 첫째가는 의미의 하느님 이름이다. 하느님 자신을 가리키기 때문이다. 이 점에서 아우구스티누스는 자신이 주장하는 존재론의 보다 직접적인 선구자인 플로티누스(Plotinus)를 수용하지 않는다. 왜냐하면 플로티누스에게서 모든 존재자들의 최초 원인인 '일자'는 존재를 넘어서 있는 분이기 때문이다. 곧 일자에 대한 플로티누스의 존재론은 '존재'의 형이상학이 아니기 때문이다. 따라서 Idipsum에 대한 아우구스티누스의 사상은, 항상 동일하게 머무는 것이 존재의 바로 그 핵심을 구성한다는 플라톤을 따르고 있다고 볼 수 있다. 이에 대해 참조: J.F. Anderson, *St. Augustine and Being. A Metaphysical Essay*, pp. 26~33.

양』 1, 32, 35 ; 『선의 본성』 1) 그분이 영원하신 분이라는 것을 드러낸다. 영원성은 하느님의 실체(substantia)이다. 달리 말하면, 영원성은 불변하는 하느님의 방식인 것이다. "(하느님은) 참된 영원성으로, 그것을 통해 하느님이 불변하시며, 시작도 없고 끝도 없으시다."(『삼위일체론』 15, 5, 7)

이에 반해 피조물은 '비존재'가 적용된다는 점에서 가변적이다. 이러한 가변성은 피조물의 존재론적 한계를 드러내는 것이다. 곧 가변성은 불완전함의 가장 확실하고도 명백한 표지이다.103 그렇다면 이러한 한계는 어디에서 기인한 것인가? 무엇보다 피조물의 가변성은 시간에 종속되어 있음을 드러낸다. 시간은 창조된 사물들의 특징이기 때문이다.104 달리 말하면, 시간은 하느님의 피조물이기에 자기 스스로 존재할 수 없으며, 그것의 본질은 변화하는 것이요 과거에서 현재로 넘어가는 것이지 하느님처럼 영속적인 것이 아니다.105

이러한 '참 존재'와 '사생의 존재'라는 구도는 'Est'와 'fuit et erit'이라는 구도를 통해 다음의 구문에서 잘 표현된다. "오 참으로 존재하는 진리여! 우리의 모든 행위와 모든 움직임 안에서 그리고 피조물들의 온갖 변화 안에서 과거와 미래라는 두 시간이 구분됩니다. (…) 온갖 사물의 움직임에서 나는 과거와 미래를 발견합니다. 영속하는 진

---

103 Ch. Boyer, *Sant'Agostino*, Milano: Fratelli Bocca Editori, 1946, p. 63.
104 김태규, 「아우구스티누스의 시간 이론 -『고백록』 XI권을 중심으로」, 『신학전망』 74(1986/가을), 광주가톨릭대학교 전망편집부, 92쪽.
105 『고백록』 11, 14, 17. Cf. J. Mcevoy, "St. Augustine's account of time and Wittgenstein's criticisms", *Review of metaphysics* 37(1984), p. 555; E. TeSelle, Augustine, Nashville: Abingdon Press, 2006, p. 28.

리 안에서 나는 과거도 미래도 아닌 오직 현재만을, 어떠한 피조물 안에도 없는 불멸의 현재만을 발견합니다. 사물들의 변화를 분석해 보십시오. '존재하였다'와 '존재할 것이다'를 발견할 것입니다. 하느님에 대해 생각해 보십시오. 그러면 당신은 그분은 '존재한다'를, 그리고 그분 안에 '존재하였다'와 '존재할 것이다'가 있을 수 없음을 발견할 것입니다."106

따라서 피조물과 하느님 사이에 나타나는 '변화-불변'의 차이는 '시간-영원성'의 구도에서 조망될 수 있는 것이다.107 무엇보다 영원은 일체의 변화를 거부하는 것이기에 그 안에서 시간의 간격은 성립되지 않는다. 시간의 간격이 사물들의 지나간 운동과 닥쳐올 운동에 의해 성립되기에 변화의 장소이기 때문이다. 아우구스티누스는 이러한 가변성과 시간성을 태어나 성장하고 사라지는 직선적인 세 단계로 묘사한다. "나고 죽고 하는 그 아름다움은 나면서 있어지고, 제 한도까지 자라다가 도가 차면 늙고 죽삽나니, 죽기는 다 하여도 늙기는 저마다 하는 것이 아니옵니다. 이러므로 나면서 있어진 것이 있고자 자라기를 빨리할수록 결국 그것은 없어지고자 더욱 바삐 서두른 셈이 되는 것이니, 이것이 바로 그것들의 됨됨이옵나이다."108

시간이 비존재(non esse)로 흘러가는 것으로만 존재하는 반면, 오직

---

106 「요한복음 강해」 38, 10. 참조: 김태규, 「고대철학의 시간이론」, 서울: 도서출판 한글, 2002, 172~173쪽.
107 참조: 변종찬, 「아우구스티누스의 부정신학」, 「가톨릭 신학과 사상」 66(2010/겨울), 52~55쪽.
108 「고백록」4,10,15. Cf. J.M. Quinn, *A companion to the Confessions of St. Augustine*, New York: Peter Lang, 2002, p. 217.

영원성만이 '있으며', 이미 존재하지 않는 것처럼 '있었던' 것도 아니고, 아직 존재하지 않는 것처럼 '있을' 것도 아니다.109 '있었다'는 인간적 피조물에게 해당되는 것이고, '있다'는 신적 본성을 언급하는 것이다.110 곧 하느님의 본성에는 과거와 미래가 존재하지 않으며 오직 현재만 있고, 바로 이것이 영원성이다.111 이러한 불멸의 현재만을 가지고 있는 영원성을 아우구스티누스는 "당신의 햇수는 대대로 이어집니다."라는 시편 102[101]장 25절의 주석을 통해 잘 드러낸다. 그에 의하면, 하느님의 '햇수'(anni)는 오고 지나가는 해가 아닌 영원한 해이며, 변화하지 않는 햇수이고, 대대로 이어지는 햇수이다. 또한 하느님의 햇수와 하느님 자신 사이에 구분이 없다. 하느님의 햇수는 하느님의 영원성이요, 이 영원성은 하느님 자신의 본성으로 어떠한 종류의 변화도 모르는 것이다. 여기에는 과거도 미래도 없고 오직 'est'만 있을 뿐 'fuit'과 'erit'은 없다.112 하느님은 '존재'(esse)만을 알고 있기에 그분의 날은 '어제'와 '내일'을 모르는 오직 하루이며 영원한 날이다.113 히포의 주교에 의하면, "님의 세월은 가지도 오지도 않건마는 우리네 것은 오기 위해 가고, 또 흘러가 버리나이다. 님의 세월은 변함없기에 다 함께 있어 흐르지 않는 까닭에, 가는 것이 오는 것에 밀려남이 없건마는 우리네 세월은 다 가고 없은 다음에야 다 있게 되

---

109 「참된 종교」 49, 97; 「고백록」 11, 14, 17.
110 「요한복음 강해」 43, 17.
111 「시편 상해」 9, 11; 「고백록」 11, 14, 17.
112 「시편 상해」 101, s.2, 10.
113 「요한서한 강해」 2, 5.

기 마련입니다. '당신의 세월은 단 하루.' 님의 날은 나날이 아닌 다만 오늘. 그 오늘은 내일로 옮기도 아니하고, 어제 뒤에 이어지지도 않는 날이니이다. 님의 오늘은 곧 영원."[114]

따라서 "천지를 창조하기 이전에 하느님이 무엇을 하고 있었는가?"라는 질문 자체가 형성되지 않는다.[115] 영원하신 하느님을 시간의 흐름 안에 종속시키기 때문이다. 그렇기에 아우구스티누스는 이렇게 설명한다.(『고백록』 11, 13, 15~16) "모든 시간을 만드신 분이 당신이신데도 천지를 내시기 이전에도 무슨 시간이 있다 친다면 어찌하여 당신께서 모든 일을 쉬셨다 일컫나이까? 시간조차 당신의 하신 일이 아니오니까? 당신께서 시간을 내셨느니만큼 영겁마저 당신이 내시기 이전엔 흐를 수 없던 것입니다. 이러므로 천지 이전에 아무런 시간도 존재치 않았다면 그때에 무엇을 하고 계셨더냐는 질문이 도대체 무엇이오니까? 시간이 존재치 않았을 적에 그때란 것이 있지 않았던 까닭이옵니다. (…) 님의 세월은 가지도 오지도 않건마는 우리네 것은 오기 위해 가고, 또 흘러가 버리나이다. 님의 세월은 변함없기에 다 함께 있어 흐르지 않는 까닭에, 가는 것에 오는 것에 밀려남이 없건마는 우리네 세월은 다 가고 없은 다음에야 다 있게 되기 마련입니다."

---

114 『고백록』 11, 13, 16.
115 Cf. E. Peters, "What was God doing before He created the Heavens and the Earth?", *Augustiniana* 34(1984), pp. 53~74.

(3) 말씀을 통한 무에서의 창조

모든 존재자의 시간성과 가변성에서 우리는 또 다른 측면을 발견한다. 모든 피조물은 하느님의 것, 즉 하느님의 한 부분이 아니라(non de illo) 하느님에게서 온 것(ab illo)이라는 점이다. 이를 달리 표현하면, 피조물이 지닌 가변성의 기저에 '무로부터의 창조'(creatio ex nihilo)가 근본 이유로 제시되고 있다는 것이다. "(하느님이) 만드신 모든 것은, 무(無)로부터 만드신 것이기에 가변적인 것이다."(『선의 본성』 1) 바로 여기에 피조물이 존재뿐 아니라 비존재까지도 공유하는 이유가 있다.

사실 그리스 철학자들은 '무로부터의 창조'라는 개념을 생각할 수 없었다. 왜냐하면 무(無)에서는 무(無)만 기인할 수 있기 때문이다. 영적 세계에 대해 강력한 옹호자였던 플라톤조차 아직 비형상적이지만 무언가가 될 수 있는 능력을 소유하고 있는 어떤 것이 있어야 한다는 이른바 '영원한 질료' 이론을 주장하였다.(『티마이오스』 32c) 아울러 영지주의자였던 바실리데스(Basilides, 2세기)는 무로부터의 창조를 명시적으로 개진하였지만, 대부분의 영지주의자들은 창조 개념보다는 '유출'(流出, emanatio) 이론을 지지하였다. 이러한 분위기에서 무로부터의 창조를 위한 논거를 제시한 첫 번째 그리스도교 저술가로서 안티오키아의 테오필루스(Theophilus Antiochenus, †181/188)가 등장한다. 그는 다음과 같은 주장을 한다. 첫째, 하느님만이 아니라, 플라톤주의자들이 주장하는 것처럼, 질료도 창조되지 않은 것이라면, 하느님은 더 이상 모든 것의 창조자요 유일하신 주님이 될 수 없다. 둘째, 만약 질료가 창조되지 않은 것이고 변화하지 않는 것이라면, 불변하신 하느님과 동일한 것이어야만 한다. 셋째, 만약 하느님이 선재하는 질료에서 세상을 창조하신 것이라면, 그것은 특별한 것이 되지 않을 것이다. 왜냐하면 인간도 기존의 물질에서 어떤 새로운 것을 제조할 수 있기 때문이다. 후대 그리스도교 저술가들은 이러한 테오필루스의 관점을 수용하여 무로부터의 창조가 그리스도교 신학의 핵심 요소로 자리하게 된다. 유일하시고 전능하신 분으로서 성경에 나타나는 하느님에 대한 옹호였기 때문이다.[116]

아우구스티누스 역시 이러한 전승을 충실히 따르면서 "당신 아닌 무엇이 있어서 그것으로 천지를 내신 것이 아니었나이다. (…) 그러므로 무에서 하늘과 땅, 큰 것, 작은 것을 내시었으니 전능하시고 지선(至善)하시어 모든 좋은 것, 큰 하늘, 작은 땅을 당신이 내시었나이다."라고 고백한다.(『고백록』 12, 7, 7) 또한 그는 "하느님은 -그분으로부터, 그분을 통하여 그리고 그분 안에서 모든 것이 존재합니다- 당신의 권능으로 인해 선재하는 어떠한 질료의 도움을 필요로 하지 않으십니다."라고 주장한다.(『선의 본성』 27) '무로부터의 창조'는 로마서 4장 17절, 마카베오기 하권 7장 28절, 시편 148장 5절, 로마서 11장 36절 등 성경이 이미 증언하고 있는 내용으로,[117] 장 페팽(Jean Pépin)

---

116 T. van Bavel, "The Creator and the integrity of creation in the Fathers of the Church especially in Saint Augustine", *Augustinian Studies* 21(1990), pp. 4~5.
117 『선의 본성』 26. 윌리암 크리스챤은 『선의 본성』 26과 27에서 아우구스티누스가 'ex nihilo' 대신에 보다 더 정확한 표현으로 간주되는 'de nihilo'를 사용함을 지적한다. 사실 바니에가 알려주듯 아우구스티누스는 대부분의 작품 안에서 보다 익숙한 'creatio ex nihilo'보다 'creatio de nihilo'를 선호한다: W.A. Christian, "The creation of the world", in *A Companion to the Study of St. Augustine*, R.W. Battenhouse, ed.by, New York: Oxford University Press, 1955, p. 341, n.45; M.-A. Vannier, "Saint Augustin et la création", in *Collectanea Augustiniana. Mélanges T.J. Van Bavel*, I, B.Bruning, M. Lamberights, J. Van Houtem, publiés par, Leuven: Leuven University Press, 1990, p. 361, n.51.

이 지적하듯 '신(神)-세상'(dieu-monde)으로 표현할 수 있는[118] 플라톤과 플라톤주의자들의 '유출' 이론과는 상반되는 것이다.[119] 이 점을 아우구스티누스는 '그분으로부터'(Ex ipso)와 '그분의'(De ipso)라는 표현의 차이, 즉 어떠한 것의 '기원'과 '창조한 분이 지닌 실체의 한 부분'과의 극명한 구분을 통해 분명하게 제시한다.(『선의 본성』 27)

'무에서의 창조'라는 사실은 '하느님은 무엇으로 세상을 만드셨는가?'라는 질문을 우리에게 제시한다.(『고백록』 11, 5, 7) "주여, 하늘과 땅을 어떻게 창조하셨나이까? 결코 하늘과 땅, 공중이나 물에서 천지를 창조하실 리 없었으니 이것이 다 하늘과 땅에 딸려 있기 때문이요, 온 누리 안에서 온 누리를 창조하셨다고도 못할 것이, 존재를 위하여 창조되기 이전에 있어야 할 공간이 없었던 때문입니다. 하늘과 땅을 만드실 바탕으로 당신 손에 무엇을 가지신 바도 아니었으니, 무엇은 당신이 아니 만드신 것이 있삽기에 어느 무엇으로 무엇을 만드신단 말이옵니까. (…) 그러기 말씀하시매 모든 것이 생겨났고, 또 이것은 당신 말씀님으로 하신 것이니이다." 이 구문에서 나타나듯 하느님은 당신 말씀으로 세상을 만드신 것이다.

문제는 "한처음에 하느님께서 하늘과 땅을 창조하셨다. 땅은 아

---

118 J. Pépin, *Théologie cosmique et théologie chrétienne (Ambroise, Exam. I,1,1-4)*, Paris: Presses Universitaires de France, 1964, p. 1.
119 플라톤과 플라톤주의자들은 비록 '유출'이라는 단어를 회피하였지만 영지주의자들과는 달리 신적인 것과 세상 사이에 어떠한 유사함이 존재한다고 믿었다. 예를 들면, 태양과 달 그리고 별과 하늘 등은 신적인 존재들이기에 인류는 그것들을 경배해야만 한다는 것이다. Cf. T. van Bavel, "The Creator and the integrity of creation in the Fathers of the Church especially in Saint Augustine", pp. 6~7.

직 꼴을 갖추지 못하고 비어 있었는데, 어둠이 심연을 덮고 하느님의 영이 그 물 위를 감돌고 있었다."(창세 1, 1~2)를 어떻게 해석하는가이다. 창세기 1장 3절부터 하느님의 창조적 말씀이 등장하기 때문이다. 아우구스티누스에 의하면,(『마니교도 반박 창세기 해설』1, 5, 9) "처음에 혼돈된 그리고 무형한 질료가 창조되었다. 이는 그 질료에서 형상을 갖추고 구별되는 것들이 창조되기 위해서이다. 나는 그리스인들이 이것을 카오스(χάος)라고 부른다고 믿는다." 이 무형한 질료(materia informis) 역시 무(無)에서 창조된 것이며,(『마니교도 반박 창세기 해설』1, 6, 10)[120] 창세기 1장 1절의 '하늘과 땅'으로 불린다. 왜냐하면 하늘과 땅이 이미 존재하였기 때문이 아니라 하늘과 땅으로 될 수 있기 때문이다. 또한 무형한 질료는 '보이지 않고 틀이 잡히지 않은 땅'(terra invisibilis atque incomposita)과 '물'(aqua)로도 불린다. 왜냐하면 비가시성은 어둠 때문이고, 정돈되지 않은 것은 아직 형상을 갖지 못했기 때문이다. 그리고 물이라 불리는 것은, 물을 자신을 통해 모든 것이 형상을 갖추도록 일하시는 하느님의 힘에 쉽고도 온순하게 자신을 내맡기기 위해서이다.(『마니교도 반박 창세기 해설』1, 7, 11-12)

    여기서 염두에 두어야 할 것이 있다. 무형한 질료가 시간적으로 다른 모든 것의 창조에 우선하지 않는다는 점이다. 왜냐하면 모든 것은 동시에 창조되었기 때문이다. 곧 질료는 인과의 순서상, 그리고 존재

---

[120] 애매 솔리냑(Aimé Solignac)은 '무형한 질료'의 기원을 아리스토텔레스보다는 플라톤적으로 본다: A. Solignac, "Exégèse et Métaphysique Genèse 1,1-3 chez saint Augustin", in AA.VV., In Principio. Interprétation des premiers verset de la Genèse, Paris: Études Augustiniennes, 1973, p. 156.

의 조건으로서 형상을 앞서는 것이지 시간상 그러한 것은 아니다.(『창세기 문자적 해설』 1, 15, 29) 아울러 무형한 질료는 절대적 무(無)가 아니라, 어떠한 형상이 없는 '꼴 없는 그 무엇'이다.(『고백록』 12, 3, 3) 하지만 이 질료는 최고로 그리고 본래부터 존재하는 하느님과 다른 존재이며, 무형성(informitas) 때문에 무(無)를 향한 경향성을 지니고 있다. 그렇기에 무형한 질료는 항상 그리고 불변한 형태로 성부께 일치하고 있는 말씀의 형태를 모방해야 한다. 곧 무형한 질료가 참으로 그리고 영원히 존재하는 분인 창조주께 향함으로써 자신의 종류에 적절한 양식으로 형상을 받게 되고 완전한 피조물이 된다.

이러한 회귀(回歸, conversio)를 위해, 곧 아직 불완전한 피조물이 자신에게 적합한 형상을 받도록 말씀은 피조물을 부르는 것이다. 이 부름이 '되어라'(fiat)라는 표현을 통해 나타나는 것이다. 이러한 회귀와 꼴을 갖춤(formatio)을 통해 각각의 피조물은 자신의 고유한 능력에 따라 성부와 항상 일치하여 있는 말씀을 본받게 된다.(『창세기 문자적 해설』 1, 4, 9)[121] 바로 여기에 하느님이 말씀을 통해 창조하셨다고 보는 이유가 있다. "미완성인 것마저 당신 말씀님에 매이었기는 오직 그 말씀님이 당신의 통일에로 끌어들임으로써 그것들이 오직 한 분 최고선이신 당신으로 해 완성되고, 모두가 매우 좋이 있기 위함이었나

---

[121] 이러한 점에서 아우구스티누스의 창조 사상은 '창조-회귀-꼴을 갖춤'(creatio-converio-formatio)이라는 도식으로 설명될 수 있다. 이에 대해 참조: M.-A. Vannier, «Creatio», «Conversio», «Formatio» chez saint Augustin, Fribourg: Éditions Universitaires Fribourg Suisse, 1991; C.J. O'Toole, The Philosophy of Creation in the writings of St. Augustine, Washington, D.C.; The Catholic University of America Press, 1944, pp. 16~33.

이다."(『고백록』 13, 2, 2)

(4) 창조의 동기: 'quia voluit'-'quia bonus'

아우구스티누스는 '무로부터의 창조'에 대해 다음과 같이 요약한다. "'하느님께서 무로부터 모든 것을 창조하셨다.'라고 말할 때, 다음의 것 외에는 다른 것을 말하지 말아야 한다. (이미 존재하는 어떤 것에서) 창조하는 것이 없었다. 그리고 무엇보다 그분이 원했기 때문에 창조하셨다."(『프리쉴리아누스파 반박』 3, 3) 이 구문에서 우리는 흥미로운 주제를 발견한다. 바로 "왜 하느님은 하늘과 땅을 창조하셨는가?"에 대한 대답이다. "그분이 원하셨기 때문이다."(quia voluit) 하느님의 의지가 창조의 원인임을 제시하는 이 답변은 신이 자신을 통교하는 필연성에 의해, 곧 선(善)의 필연적인 확산처럼 그 자신을 퍼뜨리는 것과 같이 세상이 존재하게 되었다는 플로티누스의 주장과는 상반되는 것이다.[122]

여기서 또 다른 질문을 하게 된다. "왜 하느님은 하늘과 땅을 만드시기를 원하셨는가?" 아우구스티누스에 의하면, 이 물음은 하느님의 의지보다 더 위대한 어떤 것, 곧 하느님의 의지의 원인을 알고자 하는 것이다. 하지만 그 무엇도 하느님의 의지보다 위대하지 않은데, 이는

---

[122] Cf. L. Grandgeorge, *Saint Augustin et le Néo-platonisme*, p. 102; C.J. O'Toole, *The Philosophy of Creation in the writings of St. Augustine*, p. 12, n.10; 김규영, 『아우구스티누스의 생애와 사상』, 형설출판사, 1980, 134쪽. 플로티누스는 하느님과 세상 사이에 상호 종속적 관계가 있다고 보는 반면, 아우구스티누스는 하느님과 세상 사이에 일방적 관계가 있다고 생각한다. 이에 대해 참조: J. Guitton, *Le temps et l'éternité chez Plotin et saint Augustin*, Paris: Librairie Philosophique J. Vrin, 1959³, p. 195.

하느님의 의지가 존재하는 모든 것의 작용인(作用因, causa efficiens)이기 때문이다.(『마니교도 반박 창세기 해설』 1, 2, 4) 달리 말하면, 모든 작용인은 그것의 결과보다 더 위대한 것이기에, 하느님의 의지보다 더 위대한 것은 존재하지 않는다.(『여든세 가지 다양한 질문』 28) 결국 창조된 모든 것의 원인은 하느님의 의지인 것이다.(『시편 상해』 134, 10) 즉 하느님의 '원하심'(volle)은 그분의 창조하심(facere)인 것이다.[123]

보다 성서적인 아우구스티누스의 주의설(主意說, voluntarismus) 외에 우리는 성인의 작품 안에서 또 다른 창조의 동기를 발견한다. 그것은 플라톤의 『티마이오스』에 나타난 '선한 신'(Deus bonus)에 의한 선한 행적의 산출과 조화로 '그분이 선하시기 때문에'(quia bonus)라는 것이다. "하느님의 선함에서 그리고 최고선이요 창조되지 않으신 그분으로부터 크고도 좋은 세상이 창조되었다."(『프리쉴리아누스파 반박』 8, 9) 이 측면은 아우구스티누스의 다음의 글에서 잘 나타난다.(『신국론』 11, 21-24) "모든 것을 가리켜 '하느님 보시기에 좋았다.'라고 하는데, 하느님의 창조 예술, 하느님의 지혜에 따라 당신의 작품을 선하다고 인정하는 말씀이 아니라면 뭐라고 이해하겠는가? (…) 한 걸음 더 나아가 플라톤은 감히 이런 말을 했다. 즉 하느님이 우주를 완성하고 나서 기쁨에 겨웠다고 (…) 그는 창조할 예술이 하느님 마음에 들었던 것과 마찬가지로 이미 창조된 것이 예술가로서 당신의 마음에 들었음을 알리고 싶었던 것이다. (…) 피조물계에 대해 세 가지의 위대한

---

[123] R.-H. Cousineau, "Creation and Freedom, An Augustinian Problem: ≪Quia voluit≫? and/or ≪Quia bonus≫?", *Recherches Augustiniennes* II(1962), p. 254, n.4.

진리를 알아야 하는데, 즉 누가 피조물계를 만들었으며, 무엇으로 만들었으며, 왜 만들었느냐는 것이다. (…) 누가 만들었느냐고 묻는다면 '하느님께서 만들었다.'고 답한다. 무엇으로 만들었느냐고 묻는다면 '빛이 생겨라 하시자 빛이 생겨났다.'고 답한다. 왜 만들었느냐고 묻는다면 '하느님 보시기에 좋았다!'라고 답한다. 하느님보다 더 훌륭한 제작자가 없고 하느님의 말씀보다 더 훌륭한 제작 기술이 없고 선한 하느님으로부터 선한 것이 창조되는 것보다 더 좋은 제작 이유가 없다. 플라톤 역시 선한 하느님에 의해 선한 작품이 생긴 이것이야말로 세계를 창조하는 가장 정당한 이유라고 말한다. (…) 여하튼 앞에서 내가 언급한 세 질문, 피조물 하나하나에 대해 사람들이 물음직한 질문, 즉 누가 무엇으로 왜 만들었느냐는 물음에 이렇게 답변해야 할 것이다. '하느님이, 말씀으로, 좋아서 만들었다!' (…) '하느님 보시기에 좋았다!'라는 구절에서 하느님이 어떤 필요에 의해서거나 당신이 사용할 무엇이 부족해서 만든 것이 아니라, 오로지 당신의 선함으로, 창조된 모든 것을 만들었음을 제대로 알게 된다. 다시 말해 그것은 좋아서 만들었다는 것이다."

또한 아우구스티누스는 만약 창조의 동기를 묻는다면, 다음의 대답보다 더 훌륭한 것은 없다고 주장한다.(『서한』 166, 5, 15) "하느님의 모든 피조물은 좋다는 것이다. 그리고 하느님이 아니라면 그 어떤 이도 창조할 수 없는 좋은 것들을 선하신 하느님이 만든다는 사실보다 더 합당한 것이 무엇이 있겠는가?" 아울러 이 측면은 피조물과 하느님의 유사함에서도 드러난다. "모든 사물이 좋다면, 비록 매우 불완전하다고 하더라도, 최고선(最高善)과의 유사함을 갖고 있는 것이다."(『삼위일체론』 11, 5, 8) 결국 하느님이 선하시기에 우리는 존재하는 것이고, 우리는 존재하는 그만큼 선하다고 할 수 있다.(『그리스도교 교양』 1, 32, 35)

여기서 새로운 질문이 등장한다. '그분이 원하셨기 때문에'(quia voluit)와 '그분이 선하시기 때문에'(quia bonus)라는 두 전통이 아우구스티누스 안에서 서로 조화를 이루는가? 이 문제를 해결하기 위해 두 전통이 함께 나타나는 성인의 본문을 살펴보자.(『시편 상해』 134, 10)

"그분이 만드신 모든 것은 강압적으로 만들어진 것이 아니다. 오히려 '그분이 원하셨던 모든 것을 만드신 것이다.' 그분이 만드신 모든 것의 동기는 그분의 원의(願意)이다. 당신은 집을 지을 것이다. 왜냐하면, 만약 집을 세운다고 결정하지 않는다면, 머물 공간 없이 있어야만 하기 때문이다. 당신의 자유로운 원의가 아닌 필요성이 당신으로 하여금 집을 세우도록 하는 것이다. 당신은 옷을 지을 것이다. 왜냐하면 만약 당신이 그것을 만들지 않는다면 헐벗은 채로 있어야만 하기 때문이다. 어떤 필요성이 당신으로 하여금 옷을 만들도록 이끄는 것이지, 의지의 자유로운 선택을 통해 당신이 그것을 하는 것은 아니다. 당신은 산에 올라가 포도나무를 심던가 아니면 그곳에 씨앗을 뿌릴 것이다. 왜냐하면, 만약 당신이 노동하지 않는다면, 당신이 먹을 것을 갖지 못하기 때문이다. 이 모든 행위를 당신은 필요성에 의해 움직여 수행한다. 하느님은 당신의 선함에 움직여 모든 것을 창조하셨다. 사실 그분은 창조된 것들 중 어떤 것도 필요로 하지 않으셨다. 그래서 '그분이 원하셨던 모든 것을 만드신 것이다.'라고 말하는 것이다."

여기서 아우구스티누스는 무엇보다 세상 창조에 있어 하느님의 자유를 강조한다.124 달리 말하면 세상 창조의 작용인은 전지전능한 하느님의 의지이며,(『시편 상해』 134, 12) 이러한 전지전능함에 완전한 그분의 자유로움이 있다. 하느님의 완전한 자유를 설명하는 데 있어 그분의 절대적 초월성 외에 그 어떤 것도 필요하지 않다. 즉 하느님은 자존(自存)하시는 분이므로 누구의 선(善)을 필요로 하지 않으신다. 반면, 피조물은 하느님의 선(善)인 최고선을, 곧 최고유(最高有)를 갖추지 못하고 있는 것이다.(『참된 종교』 14, 28) 이러한 의미에서 볼 때 '그분이 선하시기 때문에'는 '그분의 확산적인 선'(Bonum diffusivum sui)이라는 플라톤주의가 제시하는 원칙의 연장이 아니다. 오히려 인격적이며 자유로운 창조주에 대한 그리스도교적 전망에서 보아야 한다. 곧 하느님은 우리를 사랑하기 때문에, 곧 우리로 하여금 당신의 선성에 참여시키기 위해 우리를 창조하셨다는 전망이다.125

따라서 우리는 "아우구스티누스에 따르면 자유롭다는 것은 사랑의 질서에 따라 원한다는 것이다."라는 클라크(Clark)의 주장에 동의한다.126 아우구스티누스는 플라톤주의자들의 '확산적인 선'(bonum diffusivum)을 '확산적인 사랑'(amor diffusivus)으로 변형한 것이다.127

---

124 플로티누스는 세상의 기원을 설명하기 위해 신에게 행위를 부여하지만, 아우구스티누스는 하느님께 의지와 지식을 인정하고 있다. 곧 아우구스티누스에 의하면 세상 창조는 하느님의 자유로운 의지 행위에 의한 것인데, 이 행위는 무(無)에서 나온 세상이 좋을 것이라는 점을 하느님이 알고 있기에 이루어지는 것이다: L. Grandgeorge, *Saint Augustin et le Néo-platonisme*, p. 108.
125 Cf. F.-J. Thonnard, "Caractères platoniciens de l'ontologie augustinienne", in AA.VV., Augustinus Magister, I, Paris: Études Augustiniennes, 1954, p. 324.
126 M.T. Clark, *Augustine Philosopher of Freedom. A Study in Comparative Philosophy*, New York, Tournai: Desclée, 1959, p. 174.
127 R.-H. Cousineau, "Creation and Freedom. An Augustinian Problem: ≪Quia voluit≫? and/or ≪Quia bonus≫?", p. 262.

'그분이 선하시기 때문에'는 '그분이 사랑하시기 때문에'라고 이해할 수 있으며, 이를 통해 하느님이 자신의 창조에 대한 지속적 관심을 드러낸다고 말할 수 있다.[128] 곧 하느님이 자유롭게 세상을 창조하는 데 있어 자신의 자애로운 호의를 드러내시는 것이다. 이러한 의미에서 창조의 동기는 하느님의 사랑이라 할 수 있으며, 이는 '그분이 원하셨기 때문에'를 통해서, 그리고 '그분이 선하시기 때문에'를 통해서 표현된다.[129] 그러므로 '그분이 원하셨기 때문에'와 '그분이 선하시기 때문에'라는 두 전통이 조화를 이룰 수 있다는 에티엔 질송의 주장은 정당하다.[130] 아울러 같은 노선에 있는 쿠지노(Cousineau)의 결론 역시 그러하다고 볼 수 있다. "하느님은 완전하게 내재적이며 동시에 초월적이다. 이 사실은 그분의 창조 행위를 특징짓는다. 내재적-초월적 범주는 목적-작용(final-efficient) 그리고 '그분이 원하셨기 때문에'(quia voluit)와 '그분이 선하시기 때문에'(quia bonus)의 범주에 유비적이다."[131]

---

128 T. van Bavel, "The Creator and the integrity of creation in the Fathers of the Church especially in Saint Augustine", p. 8.
129 M.-A. Vannier, «Creatio», «Conversio», «Formatio» chez saint Augustin, p. 113; M.-A. Vannier, "Saint Augustin et la création", p. 367.
130 에티엔느 질송, 『아우구스티누스 사상의 이해』, 369~370쪽.
131 R.-H. Cousineau, "Creation and Freedom, An Augustinian Problem: ≪Quia voluit≫? and/or ≪Quia bonus≫?", p. 270. 하지만 쿠지노의 주장에 동의하지 않는 테스크(Teske)는 아우구스티누스 안에서 두 전통이 서로 충돌을 일으키고 있고, 아우구스티누스가 하느님의 선성에서 창조하는 내적 필요성을 수용하고 있는 것처럼 보인다고 주장한다: R.J. Teske, "The motive for creation according to Saint Augustine", The Modern Schoolman, 65(1988), pp. 245~253.

2) 하느님의 모상으로서의 인간 창조

(1) 삼위일체적 모상

넬로 치프리아니(Nello Cipriani)가 주장하듯,132 아우구스티누스의 신학적 인간학의 출발점은 하느님의 모상으로 창조된 인간에 대한 성서적 확언이다. "우리와 비슷하게 우리 모습으로 사람을 만들자."(창세 1, 26) 인간이 하느님의 모상으로 창조되었다는 것은, 사람은 삼위성(三位性)과 일치성(一致性)을 동시에 드러낸다는 것을 의미한다. 곧 인간 안에 독립적으로 드러나면서 분리되지 않고 활동하고 있는 세 구체적 실재가 존재함을 말한다.(『강론』 52, 6, 17) 이는 다른 것이 아니라, 인간 안에 삼위일체 하느님의 모상이 있다는 것이다.133 이는 다음의 구문에서 잘 나타난다. "하느님의 이 말씀에 대해 우리가 선호하는 의미는 다음의 문장이 단수가 아닌 복수로 표현되었다는 것을 이해하는 것이다. '우리와 비슷하게 우리 모습으로 사람을 만들자.' 왜냐하면 인간은 오직 성부만의, 혹은 오직 성자만의, 또

---

132 N. Cipriani, *La pedagogia della preghiera in S. Agostino*, Palermo: Edizioni Augustinus, 1984, p. 13.
133 소머(Somers)에 의하면, 아우구스티누스는 393년부터 삼위일체적 모상을 명시적으로 언급하였다. 하지만 페를러(Perler)는 『행복한 삶』 4, 35에 근거하여 이미 386년에 삼위일체적 모상에 대한 생각이 나타난다고 주장한다. 마이어(Maier)는 『서한』 11에 기초하여 389년부터 이 생각이 나타난다고 본다: H. Somers, "Image de Dieu et illumination divine. Sources historiques et élaboration augustinienne", in AA.VV., *Augustinus Magister*, I, Paris: Études Augustiniennes, 1954, p. 456; O. Perler, *Weisheit und Liebe, nach Texten aus den Werken des heiligen Augustinus*, Olten: Verlag Otto Walter, 1952, p. 58; J.-L. Maier, *Les missions divines selon saint Augustin*, Fribourg: Éditions Universitaires Fribourg Suisse, 1960, p. 184, n.3.

는 오직 성령만의 모상이 아닌 바로 그 삼위일체의 모상으로 창조되었기 때문이다."(『창세기 문자적 해설 미완성 작품』 16, 61) 아울러 아우구스티누스는 『고백록』 13, 11, 12에서 인간의 삼위일체적 모상을 '존재-인식-의지'(esse-nosse-velle)로 설명한다.[134] 또한 그는 『삼위일체론』에서 인간의 정신 안에 나타나는 두 가지 삼위일체적 구조, 곧 '정신-인식-사랑'(mens-notitia-amor)과 '기억-지성-의지'(memoria-intelligentia-voluntas)라는 두 정식을 소개한다.[135]

하느님의 모상에 관한 아우구스티누스의 사상이 형성되는 데 있어 암브로시우스(Ambrosius, 339?-397)의 영향력을 부정할 수 없다.[136] 사실 아우구스티누스는 밀라노의 주교를 통해 고대 가톨릭교회의 일반적 전통을 따르고 있고,[137] 창세기 1장 26-27절이 이성적 정신에 곧

---

134 참조: 정승익, 「고백록 13,11,12에 나타난 '심리학적 삼위일체론'에 관하여」, 『누리와 말씀』 21 (2007. 6), 인천가톨릭대학교, 269~290쪽.
135 『삼위일체론』 9, 12, 18; 10, 11, 17~12, 19; 15, 3, 5. Cf. C. Boyer, "L'image de la Trinité. Synthèse de la pensée augustinienne", *Gregorianum* 27(1946), pp. 173~199, 333~352; M.F. Sciacca, "Trinité et unité de l'esprit", in AA.VV., *Augustinus Magister*, I, Paris: Études Augustiniennes, 1954, pp. 521~533; J.E. Sullivan, *The image of God: The doctrine of St. Augustine and its influence*, Dubuque: The Priory Press, 1963, pp. 115~148; R. Bodei, *Ordo amoris. Conflitti terreni e felicità celeste*, Bologna: Il Mulino, 1997(Nuova edizione), pp. 167~174; J.-L. Maier, *Les missions divines selon saint Augustin*, pp. 185~189.
136 Cf. P. Batiffol, *Le catholicisme de saint Augustin*, Paris: Éditeurs J. Gabalda et Fils, pp. 118~124; L. Dattrino, "Gen 1,26-27 e Gen 2,7 nella interpretazione patristica (le scuole "asiatica" e "alessandrina")", *Teología y Vida* 43(2002), p. 203; M.T. Clark, "Image doctrine", in *Augustine through the Ages. An Encyclopedia*, Michigan: William B. Eerdmans Publishing Company, 1999, p. 440.
137 R.M. Wilson, "The early history of the exegesis of Gen. 1,26", *Studia Patristica* I(1957), pp. 420~437; H. Somers, "Image de Dieu. Les sources de l'exégèse augustinienne", *Revue des études augustiniennes* 7(1961), pp. 105~125; H.C. Graef, "L'image de Dieu et lastructure de l'âme d'après les Pères grecs", *La vie spirituelle* supplément 6(1952), pp. 331~339; Th. Camelot, "La théologie de l'image de Dieu", Revue des

내적 인간에게만 해당되는 것이라고 생각한다.138

문제는 인간 정신 안에 나타나는 삼위일체의 모상성이라는 아우구스티누스의 사상이 어디에서 연유한 것인가 하는 점이다. 제랄드 보너(Gerald Bonner)는 에티엔 질송의 노선을 따라 플라톤주의자들의 강한 영향력을 주장한다.139 물론 아우구스티누스의 지성적 배경에서 그들의 영향력을 무시할 수는 없다. 그러나 우리는 프아티에의 힐라리우스(Hilarius Pictaviensis, 310?-367?)나 니사의 그레고리우스(Gregorius Nyssenus, 335?-394?)와 같은 저술가들의 영향력을 배제하지 않으면서 마리우스 빅토리누스(Marius Victorinus)의 영향력을 주장한 넬로 치프리아니의 의견에 동의한다.140 왜냐하면 마리우스 빅토리누스는 모든 피조물 안에서 삼위일체의 그림자 혹은 모상을 보는 데 한정짓지 않고, 인간 영혼이 삼위일체의 모상임을 명시적으로 주장하였기 때문이다.(『아리우스 반박』 1, 45 ; 4, 22)

---

  sciences philosophiques et théologiques 40(1956), pp. 443~471; C.W. Wolfskeel, "Some remarks with regard to Augustine's conception of man as the image of God", *Vigiliae Christianae* 30(1976), p. 63.
138 『창세기 문자적 해설』 3, 20, 30; 『요한서간 강해』 8, 6; 『삼위일체론』 12, 7, 12; 14, 4, 6.
139 G. Bonner, "The Glorification of the image", *Sobornost* 7(1962), pp. 363~364; Ét. Gilson, "The future of Augustinian metaphysics", in AA.VV., *A monument to St. Augustine*, London: Sheed & Ward, 1930, pp. 289~315. 참조: T.A. Wassmer, "Platonic thought in Christian Revelation as seen in the Trinitarian theology of Augustine", *The American ecclesiastical review* 139(1958), pp. 291~298.
140 N. Cipriani, "La presenza di Mario Vittorino nella riflessione trinitaria di sant'Agostino", *Augustinianum* 42(2002), p. 294, n.74. 참조: N. Cipriani, "Il mistero trinitario nei Padri", *Path* 2(2003), p. 68.

(2) capax Dei

인간이 하느님의 모상으로 창조되었다는 것은 무엇을 의미하는가? 무엇보다 하느님의 모상성은 인간이 하느님과 동일하거나 그분처럼 영원하다는 것을 의미하지 않는다. 오히려 그것은 인간이 하느님과 밀접한 관계에 있다는 존재론적 능력을 제시한다. 곧 인간 안에 하느님께서 실제적으로 현존하여 계시어 사람으로 하여금 하느님의 얼굴을 관상케 하는 표지인 것이다.141 『고백록』과 『삼위일체론』에서 아우구스티누스는 인간 안에 있는 영적 모상의 본성, 곧 인간 편에서 하느님께 참여하는 능력을 '하느님에 대한 능력을 갖고 있는'(capax Dei), '최고 본성에 대한 능력을 갖고 있는'(capax summae naturae), '신적 실재에 대한 능력을 갖고 있는'(capax divinorum) 등의 표현을 사용하면서 다음과 같이 제시한다. "인간의 정신은 하느님에 대한 능력을 갖고 있는 한 하느님의 모상이며 그분께 참여할 수 있다."(『삼위일체론』 14, 8, 11), "최고의 본성에 대한 능력을 갖고 있고 그에 참여할 수 있다."(『삼위일체론』 14, 4, 6), "인간의 영혼은 신적 실재에 대해 능력을 갖고 있다."(『고백록』 9, 11, 28)

사실 capax Dei는 하느님이 인간을 창조할 때 자신에게 참여할 수 있도록 준 능력이다.(『삼위일체론』 14, 12, 15) 곧 인간은 하느님의 조명에 대한 능력을 가진 채로 창조되었기에(『삼위일체론』 12, 15, 24), 지성

---

141 Cf. H. Somers, "La gnose augustinienne: sens et valeur de la doctrine de l'image", *Revue des études augustiniennes* 7(1961), pp. 1~8; J.M. Le Blond, *Les conversions de saint Augustin*, Paris: Aubier, 1950, p. 218.

적 그리고 불변적 실재들과 계속적인 접촉을 갖는다. 또한 인간은 자신의 고유한 의지를 통하여(『서한』 153, 5, 12) 혹은 절제와 인내라는 두 덕행을 통해 실현되는 영혼의 정화를 통하여 하느님께 참여할 수 있는 능력을 지니고 있다.(『강론』 38, 1) 더 나아가 인간은 하느님의 선물에 대한 능력을 지니고 있다. 곧 불멸성과 지복직관(beatitudo)을 받을 수 있는 능력을 갖고 있다.(『삼위일체론』 13, 8, 11)

아우구스티누스는 오리게네스에게서 받아들인 capax Dei라는 표현을 통하여,[142] 하느님께 열린 인간의 존재론적 구조뿐 아니라 이성을 가진 존재라는 사실에서 오는 인간의 위대함을 강조한다.[143] 다른 말로 한다면, 인간의 고귀함은 하느님을 보는 것에로, 하느님을 인식하는 것에로, 불변의 본성에 접합하며 삼위일체를 관상하는 것에로 고양하는 능력을 가진 인간의 본성으로 구성된다.(『강론』 297, 5, 8 ; 『삼위일체론』 14, 8, 11) 그렇기에 하느님의 모상은 하느님께 일치되는 능력이며 하느님의 본성과 그분의 진리 그리고 지복직관에 참여하는 것까지 고양되는 능력인 것이다.(『삼위일체론』 14, 14, 20) 여기서 하느님께 참여함으로써(particeps Dei) 하느님과 만나는 장소요 그분과 일치하는 장소로서 인간의 하느님에 대한 능력을 볼 수 있다. 이 능력은 신적 삶으로의 하느님의 부르심(『삼위일체론』 12, 7, 10), 곧 인간이 자

---

142 'capax Dei', 'capere Deum' 등의 표현은 루피누스가 라틴어로 번역한 오리게네스의 『원리론』, 1, 3, 8과 3, 6, 9에 나타난다. Cf. G. Madec, "Capax Dei", in *Augustinus Lexikon*, 1, Basel: Schwabe & Co. AG, p. 728.
143 『여든세 가지 다양한 질문』 51, 2; 『율리아누스 반박』 4, 3, 15. Cf. J. Heijke, "The image of God according to St. Augustine (De trinitate excepted)", *Folia. Studies in the Christian perpetuation of the Classics* 10(1956), p. 10

신에게 모상을 새겨주신 분께 나아가는 것이다.(『마니교도 반박 창세기 해설』 2, 9, 12) 그렇기에 '하느님께의 참여'(participatio Dei)를 통하여 인간의 삶은 성삼의 세 위격 각자와 밀접한 관계를 맺게 되어144 하느님과 비슷하게 되는 것이다.145

여기서 진리에 도달할 수 없다는 아카데미 학파의 주장이 오류라는 사실이 드러난다.(『아케데미아 학파 반박』 2, 9, 23) 아우구스티누스에 따르면, 지성의 행위는 조명을 통해 보는 행위이다.(『질서론』 2, 3, 10) 곧, 인간은 지성을 갖고 있기에, 신적 빛에 참여함으로써 자연적으로 하느님으로부터 조명된 존재인 것이다.(『강론』 342, 2 ; 『여든세 가지 다양한 질문』 54) 이러한 의미에서 인간은, 비록 그가 불경한 자라도 하느님의 모상이기에 그분을 발견할 수 있는데, 그분의 빛이 그를 조명하면서 그를 만지기 때문이다.(『삼위일체론』 14, 15, 21) 따라서 인간 영혼은 자신 안에 존재하는 영적 빛으로 인해 지성적이며 불멸의 실재들과 지속적인 관계, 곧 존재론적 결속을 갖고 있다고 할 수 있다.146

하느님께 대한 능력과 신적 삶에 대한 참여로 말미암아, 첫 인간은 정의의 질서가 낳은 결과인 하위의 것이 상위의 것에 대한 복종을 통하여 자신에게 평화와 지복직관을 선사한 올바름 안에 있었다. 달리

---

144 J. Oroz Reta, "De l'illumination à la déification de l'âme selon saint Augustin", Studia Patristica XXVII(1993), p. 381.
145 『창세기 문자적 해설 미완성 작품』 16, 57. Cf. G. Bonner, "Augustine's doctrine of man: image of God and sinner", *Augustinianum* 24(1984), p. 500; R.J. Teske, "The image and likeness of God in St. Augustine's De Genesi ad litteram liber imperfectus", *Augustinianum* 30(1990), p. 442.
146 『재론고』 1, 4, 4. Cf. A. Dupont, *La philosophie de S. Augustin*, p. 44.

말하면 인간은 온전히 하느님의 마음에 드는 존재였고, 인간에게 있어 하느님은 기쁨의 원천이었다.(『죄벌과 용서 그리고 유아세례』 2, 22, 36) 첫 인간은 '불사불멸성'(『창세기 문자적 해설』 6, 25, 36), '옷을 입지 않았어도 부끄러워하지 않음'(『율리아누스 반박』 4, 16, 82) 그리고 '지성'(『율리아누스 반박 미완성 작품』 5, 1)이라는 세 측면으로 특징지을 수 있는 원초적 정의를 소유하고 있었다.

영혼과는 달리 인간 육신은 하느님의 모상의 자리가 아니라는 점은 주지의 사실이다. 그런데 아우구스티누스 안에서 우리는 흥미로운 사실을 발견한다. 육신이 간접적으로 하느님 모상성에 참여한다는 것이다. 이는 육신이 존재하고 살아있기 때문이며 동시에 직립구조(直立構造)이기 때문이다. "우리의 육신 또한, 우리가 짐승보다 상위에 있으며 따라서 하느님과 비슷하다는 것을 드러내는 양식으로 형성되었다. 물속에서 혹은 땅 위에서 살아가는 또는 창공을 날아다니는 모든 동물의 육신은 땅을 향해 있지 인간의 육신처럼 직립이지 않기 때문이다."(『마니교도 반박 창세기 해설』 1, 17, 28) 이 '직립구조'는 그리스 철학과 이교 문학 그리고 그리스도교 문학에서 많이 사용된 주제로,[147] 동물에 대한 인간의 우월성과 천상의 것들을 생각하도록 해주는 특전적인 구조로서 아우구스티누스에게서 나타난다.(『신국론』 22, 24, 4) 다른 말로 한다면, 직립적인 인간의 육신은 하늘을 관상하는

---

[147] Cf. M. Pellegrino, "Il ≪topos≫ dello ≪status rectus≫ nel contesto filosofico e biblico (A proposito di Ad Diognetum 10,1–2)", in AA.VV., *Mullus. Festschrift Theodor Klauser*, Münster Westfalen: Aschendorffsche Verlagsbuchhandlung, 1964, pp. 271~281.

데 보다 적합한 구조이기에, 인간에게 부여된 특전인 것이다.(『삼위일체론』 12, 1, 1 ; 『여든세 가지 다양한 질문』 51, 3) 따라서 인간의 육신은 이성적 영혼과 조화로운 상태에 있는 것이라 할 수 있다.[148]

3) 창조의 지속성

(1) 창조의 두 순간

아우구스티누스에 의하면, 모든 피조물의 존재는 하느님이 실체(substantia)를 부여하는 창조 사업에 기인한 것이다.(『창세기 문자적 해설』 9, 15, 27) 여기서 만약 하느님의 이러한 창조 행위가 피조물에게서 사라진다면, 피조물은 더 이상 존재할 수 없게 된다는 결론이 나온다. 즉 "창조주의 권능과 전능하시고 무소부재(無所不在)하신 분의 능력은 모든 피조물이 존재할 수 있도록 하는 원인이다. 만약 이 능력이 한 순간이라도 피조물들을 다스리길 멈춘다면, 그 순간 그들의 존재는 끝이 나고 모든 본성은 무로 사라질 것이다. 왜냐하면 하느님은 건물을 지은 후에 떠나버리는 건축가와는 다르기에, 활동을 멈추시고 떠나간 후에도 그분의 일은 지속된다. 하지만, 만약 하느님이 자신의 관리 활동을 그만두신다면, 세상은 눈 깜빡하는 순간조차 존재할 수 없기 때문이다."(『창세기 문자적 해설』 4, 12, 22) 이는 "우리는 그분 안에서 살고 움직이며 존재합니다."라는 사도행전 17장 28절의 말씀을 통

---

[148] J.J O'Meara, *The creation of man in De Genesi ad litteram*, Villanova: Villanova University Press, 1980, pp. 54~55.

해서도 분명히 드러난다.(『창세기 문자적 해설』 4, 12, 23)

하지만 우리는 여기서 난감한 문제에 부딪친다. "하느님께서는 하시던 일을 이렛날에 다 이루셨다. 그분께서는 하시던 일을 모두 마치시고 이렛날에 쉬셨다."라고 창세기 2장 2절은 말한다. 이와는 달리 "내 아버지께서 여태 일하고 계시니 나도 일하는 것이다."라고 요한복음 5장 17절은 전한다. '쉬다'와 '일하다'라는 동사로 표현되고 있는 이 두 구절을 어떻게 이해할 수 있는가? 더욱이 성경은 창조 행위에 대해 6일간의 창조를 묘사하는 창세기 1장과는 다른 구절을 제시한다. "영원히 살아 계시는 분께서 만물을 함께(simul) 창조하셨다."(집회 18, 1)

이러한 성경 내에서의 상호 충돌을 어떻게 설명할 수 있는가? 이에 대한 답을 우리는 무엇보다 『창세기 문자적 해설』 5, 11, 27에서 찾을 수 있다. 먼저 하느님의 창조 행위는 그분의 존재처럼 영원한 것이기에 유일하며, 시간에 종속된 것이 아니라는 것에 대해서는 의심의 여지가 없다. 그렇기에 아우구스티누스는 개념적으로 창조의 두 순간을 구분하면서 각각을 '첫 창조'(prima conditio)와 '통치'(administratio)라고 부른다. "첫 창조에서 모든 피조물을 만드시고 이렛날 쉬셨을 때의 하느님의 행위는 다른 것이고, 그분이 현재까지 계속해서 일하시면서 피조물들을 통치하는 행위 역시 다른 것이다." '첫 창조'와 '통치'로 표현되는 두 순간은 계속해서 '그때'(tunc)와 '지금'(nunc)이라는 대구(對句)로 이어진다. "그때는 하느님이 시간의 간격 없이 모든 것을 동시에 창조하셨고, 반면 지금은 시간의 간격을 통해 하신다."

아우구스티누스는 이 구분에 기초하여 『창세기 문자적 해설』 7,

28, 42에서 다음과 같이 확언한다. "세상 처음에 하느님께서는 무엇보다 모든 것을 동시에 창조하셨는데, 어떤 것들은 이미 그것들의 본성으로, 어떤 것들은 미리 존재하는 원인으로 하셨다. 이러한 방식으로 전능하신 분께서는 현재의 것들뿐 아니라 미래의 것들까지도 창조하셨고 그것들을 창조하신 후에 쉬셨다. 이는 계속해서 그것들을 통치하고 관리하면서 시간의 질서와 현세적인 것들도 창조하기 위해서이다. 왜냐하면 한편으로는 그분이 모든 종류를 결정했다는 의미에서 완성하신 것이고, 다른 한편으로는 그분이 시간의 흐름 안에서 모든 종류가 확산되도록 시작하신 것이기 때문이다. 그렇게 그분이 모든 종류를 완성했기에 쉬신 것이고, 그것을 시작했기에 그분은 여전히 지금까지 일하고 계신 것이다."

결국 '첫 창조'는 하느님이 시간 안에서 무언가를 완성한 것이 아님을 드러낸다. 오히려 하느님이 모든 것을 동시에 창조하면서 그것들에게 시간의 간격이 아닌 원인들의 연결(connexio causarum)에서 오는 질서(ordo)를 주었던 양식을 의미한다.(『창세기 문자적 해설』 5, 5, 12) 다른 말로 한다면, '첫 창조'는 동시에 그리고 한 순간에(in ictu condendi) 피조물 전체를 구축한 근원적 기초이며 동시에 이 피조물 전체로 하여금 전체성, 곧 조화로운 우주를 형성하고 자신들 안에 발전의 원리를 가져온 질서인 것이다.[149] 일반적으로 '선행하는 원인과 이어지는 원인의 결합'(connexio praecedentium sequentiumque causarum)으로 정의

---

149 P. Agaësse, A. Solignac, Le double moment de la création et les ≪raison causales≫ in *Bibliothèque Augustinienne* 48, Notes complémentaires n.21, p. 660.

되는 이 질서는(『창세기 문자적 해설』 4, 32, 49) '무형의 양식으로 유형한 피조물 안에 삽입된 다수의 원인들'(numerosae rationes incorporaliter corporeis rebus intextae)을 통해 개진된다.(『창세기 문자적 해설』 4, 33, 52) 여기서 우리는 아우구스티누스의 '종자적 이성'(혹은 '배종적 이유'[胚種的 理由], rationes seminales) 이론을 발견한다.[150]

(2) 종자적 이성

비가시적으로(invisibiliter), 잠재적으로(potentialiter), 인과적으로(causaliter), 처음부터(primordialiter), 본원적으로(originaliter) 존재하는[151] 이 씨앗들에 관한 종자적 이성 이론은 신플라톤주의와 스토아학파에서 영감을 받은 것이다. 하지만 아우구스티누스는 새로운 내용과 새로운 이유로 자신의 철학 안에 삽입하여 우리로 하여금 '첫 창조'와 '통치'라는 창조의 두 순간에 대한 올바른 이해에로 이끈다.[152] 또한 아우구스티누스가 종자적 이성 이론을 신학적으로 가치 있는 개념으로 간주한 첫 번째 인물은 아니지만, 자신의 선임자들보다 더 체계화하였다는 데에서 의의를 찾을 수 있다.[153]

---

150 아우구스티누스는 종종 'rationes seminales'라는 용어를 다음의 표현으로 대치한다. 'rationes causales', rationes primordiales', 'rationes occultae', 'rationes insitae', 'primae causae rerum', 'semina rerum', 'semina seminum', 'quasi semina', 'numeri rerum efficaces'. Cf. J. de Blic, "Le proces년 de la création d'après saint Augustin", in AA.VV., *Mélanges offerts au R.P. Ferdinad Cavallera*, Toulouse: Bibliothèque de l'Institut Catholique, 1948, p. 185.
151 『창세기 문자적 해설』 5, 4, 10; 6, 6, 10.
152 Ch. Boyer, *Sant'Agostino*, p. 72.
153 S. Knuuttila, "Time and creation in Augustine", in T*he Cambridge companion to Augustine*, E. Stump, N. Kretzmann, ed. by, Cambridge: Cambridge University Press,

성인에 의하면, "따라서 우리는 하느님께서 창조하신 모든 일에서 쉬셨다는 사실을, 그분이 창조하신 모든 것을 유지하고 통치하는 것을 그만두셨다는 것이 아니라, 그 순간부터 계속해서 더 이상 새로운 어떤 본성을 창조하지 않으셨다는 의미로 이해해야 합니다."(『창세기 문자적 해설』 4, 12, 23) '첫 창조'가 실재하는 각 존재자의 존재 조건뿐 아니라 가지성(可知性, intellegibilitas)의 조건까지 실제적으로 제시하는 반면, 이 조건들은 우주의 현세적 발전 안에서 자신들의 역동성과 순리성을 계속해서 발휘한다.154 즉 세상 흐름의 각 순간에 모든 미래가 아직 발전하지 않은 그러나 현존하는 이 존재에서 발견되는 것이다.155

이에 대해 아우구스티누스는 다음과 같이 말한다. "몸체를 갖고 눈에 보이게 태어나는 사물들 전부는 어떤 비밀스러운 씨앗을 이 세계의 저 물리적 원소들 속에 숨기고 있다. 그런 (씨앗) 중에서 어떤 것들은 열매나 생명체에서 유래하는 것들로서 이미 우리 눈에 분명하게 보인다. 어떤 것들은 그야말로 이런 씨앗들의 내장된 씨앗이라고 하겠는데, 창조주께서 명령하시자, 물은 바로 그 씨앗들로부터 최초의

2001, p. 104.
154 토마스 아퀴나스 이후로 많은 학자들은 '종자적 이성'을 능동적 힘보다는 수동적 가능태로 해석하는 경향이 있다. 이 노선에 헨리 우즈역시 동의한다. 어네스트 메신저(Ernest Messenger)는 이 주장에 반대하면서 '종자적 이성'의 기능을 드러내는 부사인 'potentialiter', 'causaliter' 등이 수동적 의미보다는 능동적 의미가 있다고 주장한다: H. Woods, *Augustine and Evolution. A Study in the Saint's De Genesi ad Litteram and De Trinitate*, p. 47; E.C. Messenger, *Evolution and Theology. The Problem of Man's Origin*, New York: The Macmillan Company, 1932, pp. 49~55.
155 P. Montanari, *Saggio di filosofia agostiniana. I massimi problemi*, Torino: Società Editrice Internazionale, 1931, p. 183.

헤엄치는 것들과 최초의 날짐승들을 냈고, 흙은 최초의 싹과 최초의 짐승들을 종류대로 냈던 것이다."(『삼위일체론』 3, 8, 13) 또한 "우리가 보고 있는 모든 것은 원소들이 이루는 모종의 조직적 구조 속에 원초적으로 또 본원적으로 모조리 이미 창조되어 있다가 적절한 기회를 만나서 발생하는 것들이다."(『삼위일체론』 3, 9, 16)

따라서 종자적 이성은 '첫 창조'와 '통치'라는 두 순간의 매개자로 하느님의 지속적 창조(creatio continua)를 드러내는 것이다. "감각세계의 무형한 창작자(effectrix)는 활동하는 힘으로 세상을 지탱한다. (⋯) 작용인(作用因)은 자신의 고유한 창조물을 보존하는 데 있어서, 그리고 그 창조물이 자신으로 하여금 존재케 하는 형상이 없는 채로 있도록 방치되도록 중단될 수 없다."(『영혼 불멸』 8, 14) 곧 하느님은 창조주로만 남아 계신 것이 아니라, 자신이 창조한 것들을 보존하시고 그것들의 온전함을 보호하는 분인 것이다.[156] 이에 대해 에티엔 질송은 다음과 같이 말한다. "미래 시대에 성장하는 것을 보게 될 모든 것을 함유하는 이러한 감추어진 씨앗들 때문에, 우리는 신에 의해서 창조된 세계가 나타나게 될 존재들의 원인들을 품고 있다고 말할 수 있다. 그러므로 어떤 의미에서 세계는 완전하고 성공적으로 창조된 것이다. 왜냐하면 세계 안에 있는 어떤 것도 창조주의 행위로부터 벗어날 수 없기 때문이다. 그러나 다른 한편, 우주는 미완성된 상태로 창조되었다. 왜냐하면 나중에 우주 안에서 나타나야 되는 모든 것이 오로지 씨

---

[156] G. Quadri, *Il pensiero filosofico di S. Agostino*, Firenze: Editrice La Nuova Italia, 1934, p. 22.

앗 또는 종자적 이성들로만 창조되었기 때문이다."157 하느님은 종자적 이성으로 세상을 움직이며 통치하시는 것이기에, 이러한 활동은 창조적 행위인 것이다. 곧 하느님은 홀로 활동하지 않으신다. 그분은 종자적 이성들을 통해 그것들과 함께 움직이시며, 그것들로 하여금 일하게 하신다.158

이러한 의미에서 볼 때, 종자적 이성은 변화보다는 불변성의 원리를 가진다는 에티엔 질송의 지적과 인과율 안에 함축되어 있다고 본 샤를 부아예(Chalres Boyer)의 판단은 옳다고 할 수 있다.159 물리적 세상의 원리들은 모든 것에게 자신이 만들 능력이 있는지 없는지를 한정짓는 그리고 모든 것이 어떤 결과는 산출할 수 있는지 아닌지를 한정짓는 능력과 자질을 갖고 있기 때문이다. 이 때문에 밀의 낱알이 콩이 아니라 밀을 산출하고, 사람이 다른 종의 동물이 아닌 사람을 낳는 것이다.(『창세기 문자적 해설』 9, 17, 32)

사실 앙리 드 도를로(Henry de Dorlot)는 '종자적 이성' 이론을 통해 아우구스티누스를 진화론자로 이해한다. 이에 대해 헨리 우즈(Henry Woods)는 진화론적 해석은 아우구스티누스에게 낯선 것이라 반박한다. 아울러 쥘 마르탱(Jules Martin)은 만약 진화가 생물변이설(transformism)을 함축하는 것이라면, 곧 진화가 하나의 초기 원리 혹

---

157 에티엔느 질송, 「아우구스티누스 사상의 이해」, 399~400쪽.
158 Ch. Boyer, "La théorie augustinienne des raisons séminales", in AA.VV., *Miscellanea Agostiniana*, II, Roma: Tipografia Poliglotta Vaticana, 1931, p. 802, 818.
159 에티엔느 질송, 「아우구스티누스 사상의 이해」, 400쪽; Ch. Boyer, *L'idée de vérité dans la philosophie de saint Augustin*, p. 149.

은 하나의 배아에서 다른 실재들이 나올 수 있다는 것을 함축하는 것이라면, 아우구스티누스는 그러한 양식의 진화가 가능하다고 믿지 않았다고 주장한다. 또한 샤를 부아예는 7일째의 안식 이후로 새롭게 창조된 것은 아무것도 없다는 확언이 아우구스티누스의 우주론(宇宙論)에서 중요하다고 보면서, 그의 우주론은 생물변이설이 아닌 진화론이라고 주장한다. 윌리엄 말라드(William Mallard)는 아우구스티누스의 이론이 진화론이 아니라고 확언하면서, 모든 살아있는 세포의 DNA 안에 있는 유전암호에 대한 현대의 이론을 아우구스티누스가 내다본 것이라 주장한다.160 하지만 아우구스티누스의 종자적 이성 이론은 진화론이나 생물 변이설의 입장에서 이해하는 것은 무리가 있다. 오히려 그는 이 이론을 통해 '하느님이 만물을 동시에 창조하셨다.'라는 성서적 증언이 참되다는 것을 제시하면서 창조주와 피조물 사이에 상호 작용이라는 실제적인 역사를 제시하였다.161 또한

---

160 H. Woods, *Augustine and Evolution. A Study in the Saint's De Genesi ad Litteram and De Trinitate*, The Universal knowledge Foundation, 1924, p. 46; J. Martin, *Saint Augustin*, Paris: Éditeur Félix Alcan, 1907², p. 314; Ch. Boyer, *L'idée de vérité dans la philosophie de saint Augustin*, Paris: Beauchesne et ses Fils, 1941², pp. 147~148, 152; Ch. Boyer, *Sant'Agostino*, p. 72; W. Mallard, *Language and Love. Introducing Augustine's religious thought through the Confessions story*, Pennsylvania: The Pennsylvania State University Press, 1994, p. 90. 아우구스티누스의 '종자적 이성' 이론이 생물 변이설(變移說)과 반대의 입장이라는 점에 대해 참조: Ch. Boyer, "La théorie augustinienne des raisons séminales", p. 819; P. Montanari, *Saggio di filosofia agostiniana. I massimi problemi*, p. 186; V.J. Bourke, *Augustine's quest of Wisdom. Life and Philosophy of the Bishop of Hippo*, Milwaukee: The Bruce Publishing Company, 1945, p. 233.
161 R. William, "Creation", in *Augustine through the Ages. An Encyclopedia*, Michigan: William B. Eerdmans Publishing Company, 1999, p. 252; 김규영, 「아우구스티누스의 생애와 사상」, 139~141쪽.

그는 이 이론을 통해 자연에 대한 은총의 부여에 대한 개념을 제공하였다.162

8. 하느님과 인간

1) 영혼과 육체로 구성된 인간

성경, 스토아학파, 신플라톤주의 그리고 선임 교부들의 영향력을 통해 형성된 아우구스티누스의 인간학은163 무엇보다 영혼과 육신이라는 인간의 두 구성요소를 지적하는 것으로 시작한다. 이는 다음의 고백에서도 잘 드러난다. "나는 내 자신을 향하여 '너는 무엇이냐?'고 스스로 물었을 때 '사람'이라는 대답이었습니다. 그렇습니다. 영혼과 육체가 분명 내게 있는 것입니다. 하나는 안에, 또 하나는 밖에"(『고백록』 10, 6, 9) 또한 "사람은 육체만도 아니고 영혼만도 아니며 영혼과 육체로 구성된 존재이다. 영혼이 인간 전체는 아니며 단지 인간의 더 나은 부분이고, 또 육체가 인간 전체는 아니며 단지 인간의 더 낮은 부분이라는 이 말은 진실이다. 그러므로 양자가 동시에 결합되었을 때 인간의 이름을 갖게 된다."(『신국론』 13, 24, 2)

---

162 J. Guitton, *Le temps et l'éternité chez Plotin et saint Augustin*, p. 190.
163 S.J. Duffey, "Anthropology", in *Augustine through the Ages. An Encyclopedia*, Michigan: William B. Eerdmans Publishing Company, 1999, p. 24.

"영혼과 육신으로 구성된 이성적 실체인 인간"(Homo est substantia rationalis constans ex anima et corpore,『삼위일체론』15, 7, 11)에 대한 아우구스티누스의 직관적 묘사에서 우리는 무엇보다 두 개의 상이한 실체인 영혼과 육신의 구분성을 발견한다.(『고백록』6, 3, 4) 인간 생명의 원리인 영혼은 육신 전체뿐 아니라 각각의 부분에도 현존하면서(『영혼 불멸론』16, 25) 육신의 모든 지체에 생명을 주는 역할을 한다.(『강론』267, 4) "영혼이 육신 안에서 무엇을 하는지 보십시오. 영혼은 모든 지체들에게 생기를 불어넣습니다. (영혼은) 눈을 통해 보고, 귀를 통해 들으며, 코를 통해 향기를 맡고, 혀를 통해 말하고, 손을 통해 행동하며, 발을 통해 걷습니다. 또한 동시에 모든 지체들에게 생기를 넣어주기 위해 그것들 안에 현존하여 있습니다. 모든 지체들에게 생명을 주고, 각각의 지체에게 역할을 나누어줍니다."

영혼이 자신의 육신에 생명을 주어 살게 하고 각 지체들에게 역할을 분배한다는 것은, 영혼이 육신에 명령하고 이를 지배하며 육신은 영혼에게 봉사한다는 것을 의미한다. 바로 이 때문에 영혼이 육신보다 상위의 것이라고 할 수 있다.(『고백록』10, 6, 10 ;『시편상해』41, 7) 하지만 육체에 대한 영혼의 우월성이 육체의 선성(善性)을 거부하는 것은 아니다. 존재하는 것은 아무리 미소하더라도 선한 것이니, 이는 최고유(最高有, summe esse)이며 최고선(最高善, summum bonum)인 하느님으로부터 온 것이기 때문이다.(『참된 종교』18, 35) 따라서 영혼과 육신 모두의 창조주는 동일한 분이다. 또한 그분이 인간을 창조하실 때 영혼과 육체라는 두 요소를 만드시고 일치시키면서 육신은 영혼에게, 그리고 영혼은 자신에게 복종하도록 하신 것이다.(『강론』30, 4) 여기에서 우리는 "영혼은 이성을 갖고 있으며 육신을 지배하는데 적합한 어떤 실체"라는 정의를 이해할 수 있다. 아리스토텔레스와 플로티누스 사이에서 신중하게 선택한 입장을 드러내는 이 정의는[164] 아우구스티누스가 소개하는 플라톤적인 인간 정의와 연결된다.(『가톨릭교회의 관습과 마니교도의 관습』 1, 27, 52) "인간은 (…) 사멸하는 지상적 육신을 사용하는 이성적 영혼이다." 에티엔 질송(Étienne Gilson)이 지적하듯, 사실 플라톤은 이 정의에서 '인간은 영혼 외에 다른 것일 수 없다.'는 결론을 내렸다. 하지만, 계속해서 질송이 주장하듯, 아우구스티누스의 그리스도교는 그로 하여금 영혼과 육신으로 이루어진 인간의 단일성을 다음과 같이 주장하도록 하였다.[165] "육신을 가지고 있는 영혼은 두 위격(persona)이 아닌 유일한 인간을 형성한다."[166]

더욱이 히포의 주교는 이러한 영혼과 육체의 단일성이 "신비로운 일치"를 이루고 있음을 강조한다.(『삼위일체론』 11, 3) 사실 어떤 물체가 다른 물체에 결합하는 것보다 비물체적인 것이 물체적인 것에 결합하는 일이 훨씬 놀라운 일이다.(『신국론』 13, 18) 달리 말하면 영혼이 육체에 결합하여 생명체가 되는 방식은 인간이 파악할 수 없는 것

---

164 Sant'Agositno, *Dialoghi*, II, D. Gentili, a cura di, Roma: Città Nuova Editrice, 1976, p. 47, n.29. 도메니코 젠틸리는 아리스토텔레스의 『영혼론』 412a 10~27과 플로티누스의 『엔네아데스』 4, 7, 8^5, 40~50을 제시한다.

165 에티엔느 질송, 『아우구스티누스 사상의 이해』, 97쪽, 각주 150. 여기에서 질송은 인간이 '육체를 사용하는 이성적 영혼'이라는 정의가 플로티누스가 플라톤에게서 빌려왔다고 말하는 '우월한 인간'의 정의라고 지적한다.

166 『요한복음 강해』 19, 15. "Anima habens corpus, non facit duas personas, sed unum hominum". 제랄드 오데일리는 '위격'이라는 단어는 영혼과 육신의 결합체의 일치성을 강조하기 위해 사용되고 있에 주목한다: Gerald J.P. O'Daly, "Anima, animus", in *Augustinus Lexikon*, 1, Basel: Schwabe & Co.AG, p. 332.

이다.(『신국론』 21, 10, 1) 이는 '불변성-가변성'이라는 구도에서 잘 나타난다. 영혼과 동일시되거나 영혼 안에 있는 것으로 파악되는 이성(ratio)은 불변하는 반면, 인간 육체는 가변적이다. 그렇기에 영혼은 육체의 조화(harmonia)와 같은 조건이 될 수 없는 존재인 것이다.(『영혼불멸론』 2, 2)

2) 영혼의 불멸성

영혼의 불멸적 그리고 비물질적 특성은 인간 본성의 일차적 요소를 구성한다. 아우구스티누스는 이 문제에 직면해서 고전 철학과 비교할 때 전망의 변화를 철학에 도입하였다. 사실 고전철학자들에게 철학의 근본적 문제는 우주론이었던 반면, 아우구스티누스에게 철학적 핵심은 인간학적이요 신학적 문제였던 것이다. 그리스 철학이 추구한 것은 세상을 이해할 수 있게끔 하는 원칙이었다. 탈레스부터 플로티누스까지 그리스 사상은 '하나'와 '다수'의 관계 문제에 초점을 두면서 세상의 기원을 설명하고자 하였다. 이러한 성찰에서 두 개의 또 다른 문제가 나오게 되었다. 하나는 소크라테스 학파에 의한 인간의 문제였고, 다른 하나는 신플라톤주의 학파가 제시한 신의 문제였다. 사실 세상은 신을 제외하고 설명할 수 있다. 하지만 그리스 철학에서 신과 인간은 세상을 설명하기 위해 그리고 세상을 관조하는 인간에게 그것을 이해하도록 하기 위해서만 개입한 것이다.

반면, 아우구스티누스에게 있어 철학의 출발점은 인간학적 그리고 신학적 체계였다. 무엇보다 하느님은 인간 존재의 원천이요 원리이며 따라서 세상 존재의 근거였다.167 아우구스티누스가 자신의 철학에서 인간과 하느님에게 초점을 둔 것을 우리는 다음의 구문에서 확인할 수 있다.(『질서론』 2, 18, 47) "철학의 문제는 두 가지이다. 하나는 영혼에 관한 것이요, 다른 것은 신에 관한 것이다. 첫 문제는 우리로 하여금 우리 자신을 인식하도록 이끌며, 다른 것은 우리 존재의 원리를 인식하도록 한다. 전자는 우리로 하여금 행복에 합당하도록 만들며, 후자는 우리를 행복하게 한다."

이러한 전망의 변화라는 측면에서 아우구스티누스는 『아카데미아 학파 반박』 3, 17, 37에서 언급한 플라톤적 기원의 형이상학적 전제, 곧 자아 인식에서 출발하여 인간 영혼의 불멸적이요 비물질적 성격에 대해 숙고하기 위해 감각계와 지성계를 구분하는 것을 사용하고 있다. 또 여기서 아우구스티누스는 회의주의를 논박하면서 우리 각자가 참된 것에 대한 인식을 갖고 있으며, 그것이 인간 정신 구조와 이성의 질서를 구성하고 있음을 제시한다. 즉 인간 이성은 신성의 봉인과 같은 규칙에 따른 구조로 되어 있기에, 이러한 인식의 기반 위에서 인간은 진리에 대한 확실성을 갖고 있고 무엇이 진리인지 알고 있는 것이다. 이러한 방식으로 성인은 '어떤 것도 확실히 알 수 없다.'와 '무(無)에 동의할 필요가 없다.'라는 아카데미아 학파의 두 원칙을 중성화하고 있다.

이러한 자아 인식 주제는 『행복한 삶』 2, 7에서도 나타난다. "우

---

167 A. Carlini, *Perché credo*, Brescia, 1952, pp. 133~134.

리가 영혼과 육체로 이루어진 존재라는 것이 여러분들에게 확실한가? 그들은 모두 동의했지만 나비기우스(Navogius)는 답변하지 않았다. 나는 그에게 물었다. '너는 도대체 아무것도 모르냐? 아니면 이것은 네가 모르는 것에 속하는 것이냐?' 그는 대답했다. '나는 아무것도 모르는 것은 아니라고 생각한다.'고. '네가 아는 것 중에서 어떤 것을 우리에게 말해 줄 수 있느냐?' '물론 말해 줄 수 있다.'고 그는 말했다. '네가 성가시게 생각하지 않는다면 우리에게 무엇인가를 이야기해 보아라.'라고 내가 말했고, 그가 망설일 때 나는 '너는 최소한 네가 살아 있다는 것은 알고 있는가?'라고 물었다. 그는 '알고 있다.'고 대답했다. 그러므로 내가 말했다. '넌 네가 삶을 소유하고 있다는 것을 알고 있다. 어느 누구도 삶에 의해서가 아니라면 살 수 없기 때문이다.' 그는 '난 그것을 알고 있다.'라고 말했다. '그렇다면 넌 네가 육체를 갖고 있다는 것을 아는가?' 그는 이것을 시인했다. '그러므로 네가 육체와 생명으로 이루어져 있다는 것을 너는 이미 알고 있다.' '지금 말하는 동안 알게 되었다. 하지만 난 이것만이 있는지는 확실히 모르겠다.' 나는 말했다. '이 두 가지, 다시 말해서 육체와 영혼이 있다는 사실을 넌 의심하지 않는다. 넌 사람을 발전하고 완성시키는 데에 필요한 것이 그밖에 또 무엇이 있는지 없는지, 이것이 확실하지 않단 말이지.' '그렇다'고 그는 말했다. 나는 말했다. '우리가 할 수 있다면 이것이 어떤 것인지에 대해서 다른 기회에 논의하자.' 인간은 육체 없이도 영혼 없이도 존재할 수 없다는 것을 모든 사람이 인정하였다."

    이러한 논의는 『독백』 2, 1, 1에서 더욱 심화되어 나타난다. 본문을 살펴보자.

"이성 – 그럼 자네가 할 수 있는 대로 아주 짧되 완전한 기도를 해 보게.

아우 – 언제나 늘 같으신 하느님, 나를 알게 해주시고, 당신을 알 게 해주소서. 끝났습니다.

이성 – 자네, 자신을 알고 싶어 하는 자네는 존재한다는 것을 알 고 있는가?

아우 – 예 알고 있습니다.

이성 – 그것을 어떻게 아는가?

아우 – 그건 모르겠습니다.

이성 – 자네는 모두 하나가 아니면 여러 개로 이루어져 있는가?

아우 – 모르겠습니다.

이성 – 자네가 움직인다는 것을 알고 있는가?

아우 – 모르겠습니다.

이성 – 자네가 생각한다는 것을 알고 있는가?

아우 – 그것은 알고 있습니다.

이성 – 그럼 자네가 생각한다는 것은 사실인가?

아우 – 예 사실입니다.

이성 – 자네가 불멸의 존재라는 것을 알고 있는가?

아우 – 그것은 모릅니다.

이성 – 자네가 모른다고 말한 것들 중에서 알고 싶은 것은 어떤 것인가?

아우 – 제가 과연 불멸의 존재일까 하는 것입니다.

이성 – 그렇다면 자네는 결국 살기를 사랑하는 것이네.

아우 – 그렇습니다.

(…)

이성 – 자네의 모든 바람을 이해했네. 자네는 아는 것이 불행하게 만들 수 있다는 것을 결단코 믿지 않으니, 그러고 보면, 결국 지식이 사람을 행복하게 해주는 것 같기도 하네. 하지만 살지도 않는 사람이 절대 행복할 순 없을 테고, 또 있지도 않은 사람이 살 수도 절대 없을 테니. 그러고 보면 자네 소원은 있는 것, 사는 것, 아는 것이지만, 자네는 결국 알기 위해 살기를, 살기 위해서 있기를 원한단 말일세. 따라서 자네는 자네가 있는 것을 알고 있고, 자네가 사는 것을 알고 있고, 자네가 아는 것을 알고 있단 말이지. 하지만 이 세 가지가 과연 늘 있을 것인지, 혹 셋이 다 없어질 것인지, 혹 그중에 어떤 것만 늘 남아 있고, 어떤 것은 없어질 것인지, 혹 셋이 다 남아 있을 것이라면, 셋이 혹 늘었다 줄었다 할 수 있는 것인지, 자넨 여러 가지를 다 알고 싶단 말이지.

아우 – 그렇습니다.

이성 – 그러면 만일 우리가 영생한다는 것만 증명해 놓는다면, 우리가 영원히 존재하리라는 결론도 따라올테지.

아우 – 따라옵니다."

아우구스티누스는 영혼 불멸성이라는 본성을 탐구하고자 하는 원의에서 자신이 알고 있는 세 가지 진리들인 '존재하다', '살아있다', '인식한다'는 것에서 시작한다. 이 측면은 아우구스티누스가 『자유의지론』 2, 3, 7에서 하느님의 존재를 증명하기 위해 자기 자신의 존재에 대해 파악했던 것과 상통한다. "그대가 존재함은 분명하고, 또 그대가 살아있지 않다면 (그대가 존재함이) 그대에게 분명하지도 않을 터이므로, 그대가 살아있음도 분명하다. (…) 그렇다면 세 번째도 분명한 셈이다. 그대가 인식한다는 것." 비르질리오 파치오니(Virgilio Pacioni)는 『독백』에서 사용되는 인간 영혼의 불멸성에 대한 전개가 플로티누스가 말하는 내향성 개념과 거리를 두면서 우리 자신을 사랑하고, 유지하고 인식해야 한다는 아카데미아-소요학파의 기원을 가진 '오이케이오시스'(οἰκείωσις) 개념에 근접해 있다고 주장한다.[168]

영혼의 불멸성에 대한 증명을 하는 데 있어 아우구스티누스는 후에 포기하는 기본적 증거로 시작한다. 하지만 이러한 증거는 최종적 증명에 도달하기 위한 하나의 예비적 기능을 수행하고 있음을 잊어서는 안 된다. 첫 번째 논증은 오류의 비파괴성(견고성, indistruttibilità)에 관한 것이다. 곧 회의주의에 대한 반박에서 진리가 존재한다는 사실과 동시에 오류(falsitas) 역시 존재한다는 것을 말한다. 오류는 감각들이 체험하는 거짓에 인간 영혼이 동의할 때 나타나는 것이다. 물론 감각 작용의 주체는 육신이 아니라 영혼이다. 따라서 만약 감각이 영원한 것이라면, 영혼 역시 감각 작용의 주체이기에 불멸의 존재인 것이다. 만일 감각이 영원한 것이 아니라면, 오류는 세상에 존재하지 않을 것이다.

---

[168] V. Pacioni, *Agostiono d'Ippona. Prospettiva storica e attualità di una filosofia*, p. 71.

3) 영혼의 영신성(靈神性)

대화의 형식이라는 구조로 이루어진『영혼의 위대함』에서 인간 영혼의 비물질적 본성이 탐구된다. 서두에서는 인간 영혼의 피조물적 특성이 강조되는데, 신적 실재와 물질적 실체들에서 구분되어 인간 영혼이 나타난다.(『영혼의 위대함』1, 2) "나는 하느님 자신이 영혼의 집이요 고향과 같다고 믿는다. 왜냐하면 그분이 영혼을 창조했기 때문이다."

아우구스티누스는 플로티누스가 가르치듯이 인간 영혼이 신성과 동일 실체라는 것 혹은 바로(Varro)와 모든 고대 아카데미아 학파 사람들(veteres academici)이 생각하듯 우주의 본성(universa natura)의 일부분이라는 사상을 거부한다. 하지만 아우구스티누스는 감관(sensus)과 이성(ratio) 그리고 지성(intellectus)에 연결된 기능을 할 능력을 갖고 있는 비물질적 실재로서 영혼을 간주하는 데 있어서는 바로와 플로티누스를 따르고 있다.[169] 이 논거에 대해서도 큰 노력이 요구되는데, 이 탐구가 헛된 지식의 호기심이 아닌 실존적이며 사변적인 성격을 지닌 필요성에 의해 행해지는 것이기 때문이다.(『재론고』1, 8, 1) 사실 그리스도교로 회심하기 전 그는 9년이라는 시간 동안 이 주제에 대한 성찰에 직면하였다. 이윽고 그리스도인이 된 후에 그는 당시 고대 유물론적 경향의 입장을 거슬러 인간 영혼의 비물질성이라는 개념을

---

[169] N. Cipriani, "Sulla fonte varroniana delle discipline liberali nel ≪De ordine≫ di S. Agostino, *Augustinianum* 40(2000), pp. 210–220.

철학적으로 세우는 중요성을 깨닫는다.170 『질서론』에서는 영혼을 안다는 것이 자기 자신, 결국 자신의 궁극적 원인을 아는 것을 의미한다는 점이 확언되었다. 플로티누스 역시 『엔네아데스』에서 철학에 있어 이 문제의 중요성을 강조했다. 아우구스티누스도 동일한 의견을 갖고 있으며 영혼에 대한 연구를 온 지성적 삶의 버팀목으로, 그리고 모든 다른 사변적 제문제(諸問題)를 알게 해주는 열쇠로 간주한다.171

『영혼의 위대함』에서는 일부 반대 의견에 답변하면서 영혼의 비물질성에 관한 증명이 상술되고 있다. 영혼이 불멸하고 하느님의 모상으로 창조되었다는 것을 반복한 후에, 아우구스티누스와 그의 대화 상대자인 에보디우스(Evodius) 사이의 토론의 출발점이 분명해진다. 이 문맥에서 영혼이 하느님의 모상이라는 것이 확인된다. 그 다음에 아우구스티누스는 영혼이 삼위일체의 모상으로 창조되었다는 것을 확언할 것이다.

모든 물질적 실재는 길이(longitudo)와 넓이(latitudo) 그리고 높이(altitudo)라는 삼차원을 갖고 있다. 이러한 공간적 특성들을 갖고 있지 않은 실재들이 존재한다는 것을 증명할 수 있다면, 비물질적인 실체를 지닌 존재를 받아들이게 되며, 따라서 인간 영혼의 비물질적 본성에 관한 탐구를 시작할 수 있을 것이다.172

---

170 『창세기 문자적 해설』 7, 12, 18-19; 21, 27; 10, 25, 41; 26-45.
171 E.L. Fortin, "Augustine's 《De quantitate animae》 or the spiritual Dimensions of human Existence", «De moribus ecclesiae catholicae et de moribus manichaeorum», «De quantitae animae» di Agostino d'Ippona, Palermo, 1991, pp. 136-138.
172 E.L. Fortin, "Augustine's 《De quantitate animae》 or the spiritual Dimensions of human Existence", p. 150.

아우구스티누스가 그러하였듯이, 에보디우스는 비물질적 실재의 존재를 받아들이는데 어려움을 갖고 있다.(『고백록』 8, 1, 1) 그는 정의와 덕처럼 삼차원적이 아닌 일부 실체들이 존재한다는 것은 용인한다.(『영혼의 위대함』 4, 5) 하지만 이러한 것들에 인간 영혼이 포함될 수 없는데, 바람과 비슷한 물질적 실체로 간주되었기 때문이다.(『영혼의 위대함』 4, 6) 바람은 실제적 실재이지만 비가시적이고, 두드러지는 유형물이다. 인간 영혼은 이와 유사한 어떤 것이요, 자신에게 속해 있는 육체와 함께 외연적인 비가시적 힘일 수도 있다.(『영혼의 위대함』 5, 7)[173] 영혼이 삼중적 차원의 실체가 아니라는 점을 에보디우스가 받아들일 수 있도록, 이제 토론은 영혼의 능력들 중의 하나인 기억에 대한 것으로 바뀌는데, 이 능력이 육체의 것이 아니라는 결론에 도달하기 위해서이다. 우리는 기억을 통해 먼 지역, 곧 우리의 직접적인 지각이 닿지 않는 곳의 상(像)들을 보존할 수 있다. 이 예는 영혼과 육체가 구조적으로 상이한 실체라는 생각을 암시한다.(『영혼의 위대함』 5, 9) 일부 기하학의 개념들에 대한 분석이 토론에 몰두할 수 있도록 한다. 길이와 넓이 그리고 높이를 소유하고 있기 때문에 삼차원적 물체들이 존재한다. 예를 들어 만일 어떤 정육면체에서 한 차원이 없다면, 우리는 이차원적인 평면도형을 갖게 된다. 만일 우리가 평면도형에서 두 번째 차원을 제거한다면, 우리는 한 선을 얻게 된다. 이 형상은 길이만을 소유하고 있는 것이다. 이제 우리가 선을 한 점으로 축소한다면,

---

173 Cf. G. O'Daly, *La filosofia della mente in Agostino*, Palermo, 1988, p. 43.

길이도, 넓이도, 높이도 갖고 있지 않은 실체를 갖게 된다. 사실 점은 결코 분리할 수 없는(id erit igitur quod dividi nequeat) 그리고 오직 이성으로만 알 수 있는 기하학의 실체이다. 에보디우스는 스토아학파의 논리학에 기인하는 변론으로 자신의 성찰을 종결한다. 만일 점이 가분적(可分的)이라면, 그때 그 점은 길이를 갖고 있거나 그 점이 연장(延長)을 갖고 있는 것이다. 만일 그 점이 길이를 갖고 있다면, 그때 그 점은 선이다. 만일 그 점이 연장을 갖고 있다면, 그때 그 점은 또 다른 중심을 요구한다. 그 점은 선이 아니다. 그 점은 또 다른 중심을 요구하지 않는다. 따라서 그 점은 가분적(可分的)이지 않다.(『영혼의 위대함』 11, 18) 비슷한 것은 유사한 것을 지각한다는 원칙에 근거하여 인간 정신은 비물질적인 실체들을 지각하기 때문에, 물질적 본성을 지니고 있지 않으며, 동시에 그 정신이 직관하는 기하학적 실체들보다 우월하다고 결론을 내리게 된다. 만일 영혼이 물질적인 것이 아니라면, 길이 안에서 연장되지 않고, 면적에서 넓어지지 않고, 용적으로 고체가 되지 않는다는 것에 놀랄 필요가 없다고 아우구스티누스는 강조한다. 그리고 더욱이 영혼은 육체 안에서 모든 지체들을 다스릴 정도로 그리고 그것들의 원동자가 될 정도로 강한 사실에 놀랄 이유가 없다. 하지만 그것보다 더 있다. 영혼은 지성적인 실체들을 인식할 뿐 아니라 자신 안에 현존하여 있는 진리 자체로 인해 자기 자신을 인식하는 능력도 소유하고 있다.(『영혼의 위대함』 14, 23-24)

 이 결론은 영혼의 비물질성에 관한 증명에서 중요한 이득으로 평가된다. 그렇지만 에보디우스는 그 논증에 납득하였지만, 두 가지 어려움을 다음과 같이 드러낸다.(『영혼의 위대함』 15, 26) "일부 어려움이 여전히 나를 혼란스럽게 한다. 무엇보다 왜 영혼이 육체처럼 나이가 들면서 성장하는지 또는 그렇게 성장하는 것처럼 보이는가 하는 것이다. 사실 어린아이가 첫 유년기에 일부 짐승들의 영민함과 비교되지 못한다는 것을 부정할 수 없다. 어린아이들이 성장하면서 그들 안에서 어느 모로 이성도 성장한다는 것을 부정할 수 없는 것과 마찬가지이다. 두 번째, 만일 영혼이 자기 육체의 연장 안에서 확장된다면 어떻게 크기에서 자유로울 수 있는가? 만일 확장되지 않는다면 어떻게 자신 육체의 모든 부분에서 통증을 느끼는가?"

심각한 반대 의견들이다. 아우구스티누스에게도 이전에 큰 어려움을 주는 원인이 되었기 때문이다. 첫 번째 어려움에 아우구스티누스는 영혼의 성장이라는 것이 신체의 성장이라는 것과 동일한 방식으로 이해되는 것이 아님을 강조하면서 대답한다. 영혼의 성장은 육체가 종속되어 있는 다양한 변화와 연결된 것이 아니라 영혼의 능력들의 수행을 통해 이루어지는 것이다.[174]

영혼의 공간적 연장을 배제한 후, 영혼의 성장에 관한 질문은 언어의 습득과 관련하여 연구된다.(『영혼의 위대함』 18, 31) 어린아이들이 신체적으로 성장하는 것과 동시에 그리고 그것과 동일한 리듬으로 말하는 것을 배운다는 확신이 논박된다. 아우구스티누스는 언어의 현상이 온갖 유형의 신체적 성장과는 독립적으로 획득되는 능력이라는 것을 분명하게 제시하는 일련의 실례들을 통해 반대 의견을 내놓는

---

[174] E.L. Fortin, "Augustine's 《De quantitate animae》 or the spiritual Dimensions of human Existence", p. 154.

다. 논거는 신체적이며 정신적인 성장의 다양한 단계들 사이에 가능한 모든 연결이라는 생각을 거슬러 진행된다.[175] 언어 습득이 환경적 그리고 심리학적 요인들에 의해 방해받을 수 있지만, 모방의 기술, 관찰 능력, 선생을 따라 하는 것이 언어 능력의 발전을 결정짓는 요소라는 것이 강조된다.(『영혼의 위대함』 19, 33) "우리가 이미 언급하였듯이 영혼이 학습을 통해 성장하고 망각을 통해 쇠퇴한다는 것은 은유적인 의미에서 말하는 것이다. 그런데 영혼의 성장에 대해 언급할 때 보다 큰 연장을 점유하고 있다고 생각하지 않는 것이 필요하다. 오히려 학습하지 않으면 갖지 못하는 보다 의식적인 행동 능력을 학습을 통해 습득한다고 이해해야만 한다."

에보디우스는 육체 안에 있는 체력이 영혼의 성장과 비례하는 방식으로 성장한다고 확언하면서 스승의 입장에 반대 의견을 계속해서 제시한다. 스승은 힘의 증대가 많은 부분 자동적인 육체의 증진보다 연습과 훈련에 의존한다는 것을 분명하게 하면서 육체적 성장과 비례적인 체력의 증진 사이에 긴밀한 관계가 있을 수 있다는 것을 부정한다. 사실 인간이 갖고 있는 힘은 의지, 자극, 원의 등을 발생 요인으로 갖고 있으며, 이것들은 감정적인 자극으로서 운동에의 자극을 증대시키거나 그것을 멈추게 할 수 있다. 힘은 심신적(心身的) 현상으로, 연습과 신체적 건강을 통해 조정될 수 있다. 하지만 힘은 정신적 자극의 동력에 강한 영향을 받기 때문에 영혼은 희망과 대담함을 제공하

---

175 G. O'Daly, *La filosofia della mente in Agostino*, p. 45.

는 고유한 "힘"을 소유하고 있다고 연역해야만 한다.[176]

이러한 문제들이 바로(Varro)가 수정한 영혼에 대한 정의를 정식화하는데 장애물로 등장하지 않는다.[177] 그는 영혼이 어떻든 간에 육체와 관계를 맺고 있는 한 인간으로 간주되고 그렇게 언명될 수 있다고 가르쳤다.(『영혼의 위대함』 13, 22) "(…) 육체를 다스리도록 질서 지워진 이성에 참여하는 어떤 실체."

『영혼의 위대함』 15, 26에서는 에보디우스의 두 번째 반대 의견이 제시되었는데, 이제 22, 40에서 다음과 같이 다시 나타난다. "만일 영혼이 공간적인 육체의 연장을 갖고 있지 않다면, 왜 육체의 모든 부분에서 촉각 작용을 갖고 있는가?"

감각적 지각의 구조에 대한 분석이, 영혼은 감각 작용을 통해 자신에게 속한 영혼에 온전히 한정된다는 반대 의견에 대한 답변을 제공한다.(『영혼의 위대함』 30, 60) "눈이 영혼의 현존 없이 겪을 수 없는, 곧 보면서 바뀌는 유일한 변경은 눈이 없는 것에서 일어난다. 여기에서 영혼은 한 공간 안에 담겨있지 않다는 사실이 모든 이에게 분명하게 나타난다. 사실 눈 역시 물체이며, 자신이 점유하고 있지 않은 공간에서 영혼 없이 절대적으로 겪을 수 없을 그 유일한 변경을 겪는 것이다." 여기에서 영혼은 피와 같이 온 육체에 흩어져 있지 않다는 사실이 나온다. 영혼과 육체의 관계(contemperatio)를 어떤 물질적 혼합의

---

[176] G. O'Daly, *La filosofia della mente in Agostino*, p. 46.
[177] N. Cipriani, "L'influsso di Varrone sul pensiero antropologico e morale nei primi scritti di S. Agostino", AA,VV., *L'etica cristiana nei secoli III e IV: eredità e confronti*, Roma, 1996, p. 387.

유형으로 이해해서는 안 된다.[178]

　마지막으로 영혼은 육체의 분리에도 불구하고 불가분적으로 남아 있다는 것을 반복하기 위해 에보디우스에게 한 유비가 제시된다. 사실 『영혼의 위대함』에서 아우구스티누스는 스토아학파의 기호론에 대해 성찰하면서도 영혼의 비물질성에 도달한다. 이미 스토아학파 철학자들에게 있어 소리로서의 말은 물질적인데 반해, 그것의 의미는 혹은 참되거나 거짓일 수 있는 표명된 실체, 레크톤(lektón)은 비물질적인 것이다.[179] 아우구스티누스는 이러한 스토아학파의 주장에서 출발하여 한편으로는 레크톤(lektón)과 소리로서의 말 사이의 유비를, 또 다른 한편으로는 영혼과 육체 사이의 유비를 결정짓는다. 말이 시간 안에서 연장되고 따라서 여러 요소로 구성되는 것처럼, 육체도 그러하다는 것이다. 하지만 어떤 말의 의미가 이 연장된 것 안에서 살아 있지만 연장되지 않는 것처럼, 육체에 관련된 영혼에게 있어서도 동일한 것이 확인된다. 스토아학파 철학자들은 언명된 것들의 논리학을 구성하기 위한 목적으로 기호학을 사용하였고, 아우구스티누스는 형이상학적 목적들을 위해, 곧 영혼의 비물질성을 증명하기 위해 기호학을 활용하고 있다.

---

178 G. O'Daly, *La filosofia della mente in Agostino*, p. 47.
179 Sesto Empirico, *Adversus mathematicos* VIII, 2.

4) 영혼의 기원

영혼의 기원에 관한 문제는 아우구스티누스의 작품 안에서 나타나는 문제 중의 하나로, 특별히 『자유의지론』 3권 20~21장, 『창세기 문자적 해설』, 『서한』 166, 『영혼과 그의 기원』 등에서 다루고 있다. 그럼에도 완결된 해결책이 나타나지 않는데, 이는 그 문제가 지닌 어려움 때문이다. 물론 성인은 영혼 유전설(영혼 전래설, traducianismus)에 대한 호감을 보이고 있다. 이는 이 사상이 원죄의 전달을 설명하는 데 적합하다고 보았기 때문이다.

『자유의지론』 3, 20, 56에서 아우구스티누스는 영혼의 창조에 관한 네 가지 가설을 주장한다.

① 영혼은 하나만 창조받았고, 태어나는 모든 사람의 영혼이 그 하나의 영혼에서 나온다는 가설 – 영혼 유전설
② 태어나는 각 사람에게 개별적으로 영혼이 창조되었다는 가설 – 영혼 창조설(creationismus individualis)
③ 영혼들이 하느님의 어떤 내밀한 처소에 미리 존재하고 있다가 태어나는 개개인의 육체에 생명을 주고 다스리도록 파견된다는 가설
④ 영혼들이 다른 곳에서 조성되었고, 하느님으로부터 육체에 파견된 것이 아니라 자기 마음대로 육체에 머무르려고 온 것이라는 가설

이 네 가지 가설에 대해 성인은 다음과 같이 평가한다.(『자유의지론』 3, 21, 59) "영혼에 관한 네 가지 학설, 곧 영혼이 단일한 혈통에서 오는지, 새로 태어나는 사람 각자에게 새로 만들어지는지, 새로 태어나는 사람들의 육체에 다른 곳에 이미 존재하던 영혼들이 보냄을 받는지, 그것도 하느님이 보내시는지 아니면 자발적으로 오는지 하는 네 가지 가설 중에서 그 어느 것도 경솔하게 내세우지 말아야 한다. 그 이유는 저 문제가 모호하고 복잡해서 아직까지 가톨릭 학자들에 의해서 제대로 개진되고 구명되지 않았기 때문이기도 하고, 설령 (가톨릭 학자들에 의해서 연구되었다고 할지라도) 그러한 저작들이 아직껏 우리 손에 당도하지 않았기 때문이다."

특기할 것은 아우구스티누스가 히에로니무스(Hieronymus, 347-420)에게 보낸 『서한』 166, 3, 7에서 자신이 다섯 번째 가설을 덧붙이지 않았음을 전하고 있다는 점이다. 영혼이 하느님의 한 부분(pars Dei)이라는 이 가설을 히포의 주교가 다루지 않은 것은 두 가지 이유 때문이다. 하나는, 이 가설이 영혼이 인간의 육체에 어떻게 들어갔는지 양식에 관계된 것이 아니라 영혼의 본성에 관련된 것이기 때문이다. 다른 하나는, 이 가설이 마니교도들의 주장이기 때문이다. 영혼 창조설을 주장하는 히에로니무스에게 아우구스티누스가 자신이 네 가지 가설 중 어떤 것을 선택해야 하는지 질문한다. 그럼에도 불구하고 히포의 주교는 네 가지 가설 중 첫 번째와 두 번째의 것에 더 관심을 갖는다. 그러나 영혼의 창조가 테르툴리아누스(Tertullianus, 155?-240?)가 생각한 것처럼 어떤 물질적인 씨앗에 의해 행해진 것이 아니라 양적 분열 없이 모든 영적 영향임을 생각해야 한다.

하지만 히포의 주교는 결코 이 문제에 있어 최종 결론에 도달하지 못하여, 『재론고』 1, 1, 3에서 "그때에도 알지 못했고 지금도 알지 못한다."(nec tunc sciebam nec adhuc scio)라고 고백한다. 사실 성인은 영혼 창조설에 따른 영혼의 영신성과 영혼 유전설에 의해 보다 잘 설명되는 원죄의 전달 사이의 조화를 이루지 못하였다. 이에 대해 에티엔 질송은 다음과 같이 평가한다. "영혼의 기원에 관해서 아우구스티누스는 언제나 불투명한 채로 남아 있다. 그는 자신이 커다란 신비 속에 들어 있다고 고백하나, 그의 행복주의는 그를 위로해준다. 영혼의 기원의 문제는 그의 관심을 끌만큼 그의 흥미를 자아내었던 것은 아니었다. (…) 그에게 확실한 것은 다른 모든 실체와 같이 영혼은 신에 의해서 무로부터 창조된 것이고, 신적인 실체에서 떨어져 나온 조각이 아니라는 것이다. (…) 만약 영혼이 신의 부분이라면 그것은 절대적으로 부동하고 부패할 수 없는 것이 되어야 할 것이고, 현재보다 더 나빠지거나 더 좋아질 수가 없을 것이다."[180]

결국 아우구스티누스에게 있어 확실한 것은 영혼이 무로부터 창조되었다는 사실이다. 그렇기에 하느님의 숨에서 영혼이 나왔다든가 또는 그러한 생각의 귀결이라 할 수 있는 영혼이 하느님과 동일한 실체를 갖고 있다고 하는 사상을 히포의 주교는 반대하는 것이다.(『영혼과 그의 기원』 1, 19, 32)

---

180 에티엔느 질송, 「아우구스티누스 사상의 이해」, 108~109쪽.

9. 인간 : 인식

인식의 문제에 있어 아우구스티누스는 고전적 형태, 곧 다음과 같은 회의적 문제 형식으로 제기한다. '우리는 어떠한 것을 확실하게 인식할 수 있는가, 혹은 할 수 없는가?' 이 질문은 모든 세대의 철학자들에게 가장 큰 주의를 끈 것이다. 왜냐하면 가장 근원적이며 근본적인 질문이기 때문이다. 또한 그러한 질문을 제기한 이들이 '우리가 어떤 것을 그 자체로 어떻게 있는지 인식할 수 있는가?'라고 현대인들이 질문하는 동일한 문제를 생각했기 때문이다. 사실 어떤 것이 그 자체로 어떻게 있는지 인식함 없이 무언가를 인식한다는 것은 그것을 인식하고 있지 않다는 것과 동일하다.

1) 행복한 삶과 연결되는 진리에 대한 인식 가능성

아우구스티누스에게 있어 진리에 대한 인식, 혹은 진리를 발견할 수 있는 가능성은 무엇보다 행복한 삶과 연결된다. 사실 행복에 대한 원의는 인간의 본성 안에 새겨져 있다고 말할 수 있을 만큼 인간의 '자연적 욕구'(appetitus naturalis)이다. 이를 아우구스티누스의 작품 안에서 쉽게 발견한다.

"인간 의지의 목표는 행복한 삶 외에 다른 것이 아니다."(『삼위일체론』 11, 6, 10 : voluntas hominis, cuius finis non est nisi beatitudo)

"우리는 행복하길 원한다."(『행복한 삶』 2, 10 : beatos esse nos volumus)

"우리 모두는 전적으로 행복하길 원한다."(『고백록』 10, 21, 31 : beati

prorsus omnes esse volumus)

"모든 사람들은 행복하길 원한다."(『삼위일체론』 13 ,8, 11 : beati esse omnes homines volunt)

이러한 행복한 삶에 대한 보편적 의지는, 이미 플라톤과 아리스토텔레스에게서 나타나며, 또한 치체로(Cicero)의 『호르텐시우스』(Hortensius)의 핵심적 명제이기도 하다.[181] 386년 말/387년 초에 저술된 『행복한 삶』 2, 7~16에 따르면, 자신이 원하는 것을 소유하는 이가 행복한 사람이다.(beatus est qui quod vult habet) 물론 여기에는, 치체로가 『호르텐시우스』에서 이미 천명하듯, '선'(bonum)을 원하고 소유해야 한다는 전제가 삽입된다.(『행복한 삶』 2, 10) 그렇기에 『삼위일체론』 13, 5, 8에서 아우구스티누스는 이렇게 선포한다. "원하는 것을 소유하고 있는 모든 이는 원하는 모든 것을 소유한 이가 필연적으로 행복한 것은 아님에도 불구하고 행복하다. 하지만 원하는 것을 소유하지 못한 이나 옳은 방식으로 원하지 않는 것을 소유하는 이는 필연적으로 불행하다. 따라서 원하는 모든 것을 소유하며 동시에 어떠한 악도 원하지 않는 이가 아니라면 행복한 것이 아니다."

여기서 '무엇을 원하고 소유해야 하는가?'라는 새로운 질문이 발생한다. 이 문제는 '행복의 필요조건이 무엇인가?'라는 질문에 상응하

---

[181] Cf. A. Solignac, "La volonté universelle de vie heureuse", in *Bibliothèque Augustinienne* 14, Notes complémentaires n. 15, pp. 567-569. 여기서 솔리냑(Solignac)은, 아우구스티누스가 19세의 나이에 『호르텐시우스』를 읽으면서 치체로 논의의 기초인 "우리 모두는 행복하길 원한다."(beati omnes esse volumus)라는 명제에 특별히 강한 인상을 받은 것으로 본다.

는 것이다. 이에 참된 행복이 되기 위한 '매개'(médiation)에서 악은 분명 제외된다. 따라서 행복의 첫 번째 필요조건은 선(bonum)에 대한 지향이다.(『삼위일체론』 13, 6, 9) 하지만 이 선은 행운(fortuna)에 의존하지 않고 다양한 변화에 종속되지 않은 영속적인 선이어야 한다. 곧 시간의 흐름 안에서 사라져 가는 것이 아니어야 한다.(『행복한 삶』 2, 11) 따라서 아우구스티누스는 『자유의지론』 2, 13, 36에서 "최고선(summum bonum)을 향유하는 사람은 정말 행복하다!"라고 규정하면서, 이 최고선은 다름 아닌 모든 선들 중의 선(Bonum omnis boni)인 하느님임을 강조한다.(『삼위일체론』 8, 3, 4) 따라서 하느님을 소유하고(habere Deum), 그와 함께 있으며(esse cum Deo), 그를 향유하는(fruens Deo) 사람만이 행복하다고 할 수 있다.(『행복한 삶』 2, 11 ; 『질서론』 2, 1, 3 ; 『신국론』 8, 8 ; 『고백록』 10, 23, 33)

이러한 의미에서 하느님을 찾는 것은 행복을 찾는 것이라 할 수 있다. 더욱이 하느님을 찾는 것은 영혼이 그분으로 말미암아 살 수 있도록 하기 위함이다.(『고백록』 10, 20, 29) 하지만 여기서 또 하나의 문제가 발생한다. 우리는 부활 이후에야 하느님을 온전히 소유하면서(『신국론』 10, 15) 끝없는 행복(beatitudo perpetua)을 누릴 수 있기에(『참된 종교』 26, 49), 이 세상에서 누리는 행복은 하느님께 참여(participatio)함으로써 선취(先取)된 것이지 완성된 것이 아니라는 점이다.[182]

이러한 측면에서 본다면, 우리가 원하는 것을 온전히 소유할 수 없

---

[182] 『신국론』 8, 1 ; 9, 15, 2 ; 9, 23, 3. 이에 대해 참조: V.J. Bourke, *Augustine's view of reality*, Villanova: Villanova University Press, 1964, p. 118.

고, 행복할 수 없다는 결론이 나온다. 원하는 모든 것이 실현될 수 있어야만 인간은 행복할 수 있다. 하지만 아우구스티누스는 이러한 조건이 죽을 운명에 있는 현세 생활에는 적합하지 않으며 불사불멸성(immortalitas)이라는 특징을 드러내는 삶에 도달해야만 실현될 수 있다고 본다.183 바로 여기에 행복의 두 번째 필요조건이 있다. 즉 인간이 참으로 행복하길 원한다면, 불사불멸하기를 원해야 한다. 곧 인간이 행복하게 살기 위해서는 자신의 생명을 보존해야 한다는 것이다. 인간이 생명을 잃는 것은 자신의 원의를 거슬러 발생하는 것이고, 이는 행복한 삶과 결코 양립할 수 없는 것이다. 따라서 아우구스티누스는 다음과 같이 말한다.(『삼위일체론』 13, 8, 11) "살아있는 존재가 아니라면 행복할 수 없다. 곧 사멸하는 것을 원치 않는다. 따라서 행복하거나 참으로 행복하길 원하는 모든 이는 불사불멸을 원한다. 원하는 것을 소유하지 못한 이는 행복하게 사는 것이 아니다. 어떠한 양식으로든 영원한 것이 아니라면 참으로 행복한 삶이라고 할 수 없을 것이다."

결국 진정한 행복은 하느님을 소유하는 데 있고, 하느님을 소유한다는 것은 마음에 지혜를 갖는다는 것을 뜻한다. 그리고 지혜의 보유는 진리의 인식에 있다. 그렇다면 진리의 인식은 어떻게 이루어지는가? 무엇보다 아우구스티누스가 추구한 진리의 길은 아카데미아 학파의 회의론을 극복하는 것이었다. 성인이 『아카데미아 학파 반박』에서 시도한 논증은 온갖 행위의 사고 안에서, 그리고 의지의 모든 결

---

183 『삼위일체론』, 13,7,10. 아우구스티누스가 바라보는 불사불멸성에 대해 참조: J.A. Mourant, *Augustine on immortality*, Villanova: Villanova University Press, 1969.

정 안에서 어떤 확실성을 발견하는 것으로 구성된다. 왜냐하면 그런 확실성이 없다면 생각을 가질 수도 없고 선택을 할 수도 없기 때문이다. 모든 확언이나 부정에는 사고의 법칙이 함축되어 있는데, 이러한 법칙들 총체가 존재의 법칙으로 인식된다. 그렇기에 아우구스티누스의 입장에서 보면, 인간이 어떤 것을 인식한다는 것을 전적으로 부정하는 아카데미아 학파의 주장은 모순적이다. 그들은 지혜를 소유하고 있다고 주장하면서 동시에 인간이 아무것도 인식하지 못한다고 가르치기 때문이다. 또한 이러한 아카데미아 학파의 주장은 그 자체에 모순을 포함하고 있다. 왜냐하면 그들이 채택한 확실성의 정의가 그 자체 내에 하나의 확실성 이상의 것을 함축하고 있기 때문이다. 그들이 이 정의를 확실한 것으로 생각한다면, 바로 이 사실에 의해서도 그들은 적어도 하나의 진리를 보존하고 있는 것이다. 혹시 그들이 확실성의 정의를 개연적인 것으로 생각했다 하더라도, 그들은 적어도 그것이 참일 수 있거나 혹은 거짓일 수 있음을 인정해야 한다. 이러한 선언적인 명제는 그 자체로 확실하기 때문이다. 따라서 아카데미아 학파는 그 자체로 이미 설득력을 상실하고 있다고 보아야 한다.[184] 결국 아우구스티누스는 모든 확실성의 첫 번째 단계로 회의론을 결정적으로 반박하는 자기 존재의 확실성을 파악함으로써 행한다. 여기에서 성인은 "내가 속는다면, 나는 존재한다."(Si fallor, sum)라는 명제를 내세우고 있다.

---

[184] 김태규, "아우구스티누스의 인식론 – 조명의 문제를 중심으로 –", 『중세철학』, 16(2010), 43쪽.

2) 인식의 단계

그렇다면 인식이란 무엇인가? 혹은 어떤 사물에 대한 인식은 어떻게 형성되는가? 아우구스티누스는 두 가지 혹은 세 가지 단계의 인식을 구분한다. 두 가지로 구분할 때는 인간과 동물에게 공통적인 감각에 의한 인식과 지성(intellectus)에 의한 인식이다. 하지만 세 가지 단계로 볼 때는 감각적 인식, 이성적 인식, 지성적 인식이라 할 수 있다.

(1) 감각적 인식

사실 많은 학자에게, 아우구스티누스가 플라톤을 따르면서 감각적 인식을 매우 멸시하였다는 것이 하나의 공리(公理)이다. 예를 들면, 히포의 주교의 사상에 대해 매우 훌륭한 지식을 갖고 있는 쥘 마르탱(Jules Martin)은 아우구스티누스 안에서 감각 작용의 인식적 가치를 매우 축소하고 있다.[185] 더욱이 켈린(B. Kälin) 같은 이들은 더욱 급진적이기도 하다.[186] 이러한 판단은 카시치아쿰에서 저술된 일부 문장에 기초하고 있음에도 불구하고 아우구스티누스의 참된 사상에는 상응하지 않는다.[187]

감각적 인식은 인식하는 주관과 인식된 사물 간의 동시 작용이다. 히포의 주교는 감각 작용이 항상 영혼의 속성이고 육체의 것이 아니

---

185 J. Martin, *Saint Augustin*, p. 273.
186 B. Kälin, *Die Erkenntnislehre des hl. Augustinus*, p. 40.
187 C. Boyer, *Sant'Agostino*, p. 36.

라는 관점에서 감각 작용과 그 인식은 영혼이 자신의 육체를 사용하는 특별한 사례로 간주한다. "나에게 말하라. 당신은 영혼이 육체를 통해 사용하는 감각을 어떻게 생각하는가?"(『영혼의 위대함』 23, 41) 그렇기에 감각 작용을 "육체에 의해서 영향을 받은 모든 감정(passio)에게 주어지는 것이다. 이때 이 감정은 스스로 영혼에게 알려지지 않는 채로 남아있지 못하고 영혼의 시선을 피하지 못한다."(Sensum puto esse, non latere animam quod patitur corpus)라고 우회적으로 정의한다.(『영혼의 위대함』 23, 41) 여기서 감각 작용이 육체에 의해서 영향을 받은 감정들이라고 말하는 것은 외부의 대상에 의해서 감각기관에 가해지는 영향이 없이는 감각 작용이 없다는 것을 되새기는 것이다. 또한 그 '감정이 영혼의 시선을 피하지 못한다.'라고 하는 것은 감각 인식의 직접적인 성격을 드러낸다. '영혼에게 알려지지 않는 채로 남아있지 않는'이란 표현을 통해 지각된 대상과 그것에 대한 감각 작용을 가능한 분리시키고 있다. 이러한 의미에서 볼 때, 감각 작용은 영혼에 속하는 것이다.[188]

결국 감각하는 것은 육체에 속하는 것이 아니라 육체에 의해서 영혼에 속하는 것이다.(『영혼의 위대함』 23, 41 : Sentire non est corporis sed animae per corpus) 학자들은 이러한 감각적 인식의 개념을 플로티누스(『엔네아데스』 4, 4, 9 ; 6, 21)에게서 기인하는 것이라는 데 동의한다. 플로티누스에 의하면, 영혼은 외적 사물을 통해 어떠한 인상이나 변형

---

[188] 김태규, "아우구스티누스의 인식론 – 조명의 문제를 중심으로 –", 47쪽.

을 겪지 않고, 오히려 영혼이 지각적 행위에서 능동적이다. 비록 그러한 행위가 그 자체로 영혼에 알려지는 육체적 감정에 의해 유발됨에도 불구하고 말이다.[189] 여기서 무엇보다 감각 작용의 주체가 육체가 아닌 영혼이라는 것에 주목해야 한다. 육체는 그것을 통해 영혼이 통지받는 매개체이다. 그렇기에 영혼은 역동적 역할을 갖는 것이다. 이는 『영혼의 위대함』 25, 48에서 잘 나타난다. 이 본문에서 아우구스티누스는 감각 작용이 육체 자신을 통해 영혼에 제시되는 변형이라고 강조한다. 곧 감각 작용은 외적 대상의 존재와 육체 안에서 일어난 변형을 감지하는 영혼의 작용을 함축한다.

『음악론』(De musica) 4권에서는 신피타고라스적 성격의 감각 작용 개념이 소개된다. 무엇보다 감각 작용에서 영혼의 역동적 행위는 스토아학파에서 기인한 개념인 '긴장'(intentio)으로 해석된다. 『음악론』 5, 9에서 아우구스티누스는 육체가 행위 주체의 긴장을 통해서만 영혼으로부터 활력을 받는 것이라고 확언한다. 여기서 새로운 것은 '긴장' 개념으로, 육체에 직면한 영혼의 원의를 의미한다. 곧 육체에 대한 영혼의 긴장으로, 육체의 모든 변형을 지배하고자 하는 긴장이기에 영혼의 역할은 육체에 천성적인 것이다. 여기서 플로티누스와의 결정적 차이가 나타난다. 그에 의하면, 육체는 영혼의 감옥으로, 영혼은 육체를 감수해야 하지만 그것을 원하지 않기에 육체는 영혼에 천성적인 것이 아니다. 이러한 차이는 아우구스티누스가 육체를 향한

---

[189] V. Pacioni, Agostiono d'Ippona. Prospettiva storica e attualità di una filosofia, pp. 89~90.

욕구(appetitus)의 원동력과 같은 것으로 영혼을 이해하는 신피타고라스적 개념을 취하기 때문이다. 따라서 이 원동력이 주체를 육체의 변형과 조화를 이루게 하는 행위는 만족할만한 감각 작용이지만, 그렇지 않으면 고통이 되는 것이다.

아우구스티누스는 감각 작용이 그 자체로 인식을 위해 충분한 기준이라고 확언하기를 원치 않는다. 오히려 그는 감각 작용이 이성을 통해 교정되어야 하는 필요성을 제시한다. 이를 위해 무엇보다 그는 감각 작용의 내용에 대해 전혀 확신할 수 없다고 한 아카데미아 학파를 반박하며 감각적 인식의 유효성을 설명한다. 곧 그와 회의주의자들 사이의 문제는 '예를 들어 우리가 눈으로 모든 것을 보는 것처럼 실제로 있다는 것을 확신할 수 있는가?' 하는 것이다. 아카데미아 학파는 감각에 '그렇게 여겨지는 것'이 '그렇게 있는 것'과는 다를 수 있음(posse aliud esse ac videri)을 주장하였기에 현시(顯示)와 존재의 일치를 결코 확신하지 않았다.(『아카데미아 학파 반박』 3, 11, 24) 하지만 아우구스티누스의 입장에서 보면, 감관들 자체는 우리를 결코 속이거나 기만하지 않는다. 비록 우리가 사물들이 객관적으로 나타나 보이는 대로 존재한다고 판단함에 있어 오관할 수 있다 하더라도 우리의 오관은 진실한 것이다. 그렇기에 그는 우리의 오관이 느끼는 감각을 진실한 것으로 인정하면서 동시에 그 느낀 바대로 말하는 것을 진리를 말하는 것으로 인정한다.[190] 결국 아우구스티누스는 아카데미아 학파 반박을

---

190 김규영, 『아우구스띠누스의 생애와 사상』, 94~95쪽.

통해 진리의 개념을 명료화한다. 곧 진리는 존재하며, 인간은 어떠한 개연론과 진리 인식의 절대적 불가능성에 단죄된 것이 아니다.

그렇다면 감각계에 직면하여 우리가 저지르는 오류는 어떻게 해서 발생하는 것인가? 실제로 우리는 순간적인 미(美)를 영속적인 것으로 착각하거나 감각이 가져다주는 찰나적인 쾌락에 전 존재를 던지는 오류를 범하는 경우를 종종 본다. 이러한 오류는 인간이 감각 작용에 갑작스럽게 혹은 전폭적으로 동의하는 데서 발생한다. 오류는 두 가지로 나타날 수 있는데, 하나는 감각계를 절대 진리로 추정하는 데서 비롯된 것이고, 다른 하나는 감각 자료가 그 자체로는 허위가 아닌데도 그것을 거짓이라고 판단하는 경우이다.

여하튼 감각 작용은 외부 세계에 대한 인식의 일차적 단계이다. 영혼은 일차적으로 감각에 의해 중개된 메시지를 받는다. 곧 감각 작용은 어떠한 대상의 형상이 감각에 전달되는 작용인 표상(informatio)에서 기인한 것이다. 예를 들어 시각을 본다면, 그것은 가시적 대상이 시각 안에서 자기 자신의 이미지를 형성하기에 가능한 것이다. 달리 말하면, 영혼이 감각 작용에서 인식하는 것은 물리적인 대상이 아니라 대상의 이미지이다.(『삼위일체론』 11, 2, 3) 이러한 이미지는 감각 안에 있는 형상(forma)이라 할 수 있다. 만약 감각이 오직 육체의 것이라고 한다면, 감각적 대상이 감각 안에 이러한 형상을 만들 수 없다는 것은 분명하다. 그러나 감각 안에, 다른 것들의 특성에 옷을 다시 입히는 능력을 육체에 선사하는 영혼이 있다. 그렇기에 이미지는 감각 안에서 이루어지지만, 육체 없이 불가능하며 영혼 없이도 불가능하다.(『삼위일체론』 2, 2, 5)

이러한 이미지의 필요성은 분명하다. 왜냐하면 보여진 것은 감각 안에 있지 않기 때문에 그것의 이미지가 있는 것이 요구되기 때문이다. 더욱이 대상 자체는 더 이상 존재하지 않지만, 이미지가 존속하고 계속해서 보도록 만드는 경우들도 있다. 아우구스티누스는 『음악론』 6, 11, 32에서 '상상'(phantasia)과 '환영'(phantasma)을 구분하고 있다. 전자는 외적 대상에서 시작하여 이미지를 형성하는 능력을 의미한다. 반면 후자는 이미 기억 안에 있는 이미지들에서 시작하여 이미지를 산출할 때 나타난다. 이것은 매우 중요한 역할이다. 왜냐하면 파악된 모든 이미지의 보관소 역할을 하는 것이기 때문이다.

그렇다면 감각 안에서 이미지를 형성한 가시적 대상에 대한 이미지의 관계는 어떠한 것인가? 그것은 대상이 존재하는 대로 그것을 인식하도록 하는 완전한 이미지이다. 곧 "보고 있는 사물에 완전하게 유사한 이미지"인 것이다.(『삼위일체론』 2, 2, 4) 이러한 유사성은 영혼이 활동한 결과이며, 정신은 필요에 따라 이 이미지를 기억의 창고로부터 끄집어낼 뿐만 아니라 정신 밖에 있는 육체적인 대상과 정신 안에 있는 비물질적인 이미지를 구분한다. 그 결과 인간은 지식(scientia)에 도달하게 된다.

아우구스티누스에 의하면, 기억은 존재하지 않는 대상의 이미지를 간직하는 능력이다.(『영혼의 위대함』 5, 7 ; 33, 71) 사실 아우구스티누스의 업적 중에 하나로 기억이라는 주제에 대한 지속적인 관심과 점진적인 심화를 강조할 수 있다. 기억에 관한 첫 암시를 우리는 『질서론』 2, 2, 6-7에서 발견하는데, 여기에서 전적으로 감각계에 연결된 기억의 개념이 비판되고 있다. 또한 여기에서 기억은 인간 영혼의 하급 기능들 내부에서 어떤 역할만을 수행하는 것이 아니라, 예를 들어 아는 것을 가르치는 것처럼 인식 영역에서 중요한 역할을 점유하고 있다는 점도 강조되고 있다.『영혼의 위대함』 5, 7과 33, 71에서 그리고『서한』 7, 2에서, 기억은 부재한 어떤 대상의 상(像)들을 생각하는 능력으로 혹은 그 대상과의 거리를 정신적으로 결정짓는 힘으로 이해된다. 지성으로 투과된 기억은 공간에 대한 어떤 종류의 특별한 감관을 소유하고 있다.[191] 과거의 것들에 도달하는 능력 외에도 기억은 지금도 존재하고 있는 실체를 회상을 통해 인지하는 속성을 지니고 있다. 뒤이어 아우구스티누스는 기억이 활동하는 영역을 확장할 것이다. 이는 잠시적 실재들에서 지성적이며 영속적인 실재들에게로 연장되면서 이루어진다.

'영혼의 힘'(vis animi)으로 정의된 기억의 본성에 관한 간략한 고찰이『고백록』 10, 8, 12-27, 38에 나타나는데, 여기에서 기억 안에 지성적 개념들의 현존을 전제로 하는 영의 건설적 활동인 '인식'(cognitio)과 플라톤의 상기설(想起說) 사이의 차이가 명확하게 제시되고 있다.[192] 기억이 지닌 네 가지 종류의 내용물이 구분된다. 첫 번째는 감관 작용의 기관을 통하여 또는 상상(imaginatio)의 공상적 창조를 통하여 들어온 물질적 실체들의 상(像)들로 이루어진다. (10, 8, 12) 두 번째는 자유교양학문(artes)의 정의들, 수의 구분들, 개념들

---

[191] M.F. Sciacca, *S. Agostino, Brescia*, 1949, pp. 254-255.
[192] A. Solignac, "Le livre X des Confessions", *Le Confessioni di Agostino d'Ippona*, Palermo, 1987, p. 20.

(rationes)과 법칙들(leges)처럼 우리가 교육을 통해 배웠던 개념들과 행복과 일치에 대한 적극적인 원의로 구성된다.(10, 9, 16 ; 12, 9 ; 20, 29-21, 31) 세 번째 유형의 내용물은 과거의 일부 행위와 동일시된다. 예를 들면 어떻게 무언가를 배웠는지,(10, 13, 20) 어떻게 참과 거짓을 구분하는 것을 배웠는지, 어떻게 무언가를 배웠거나 망각하였는지(10, 16, 24-25)와 같은 것이다. 마지막 종류는 슬픔과 기쁨의 감정처럼 과거의 심리적 체험들과 동일시할 수 있다. 이러한 내용물은 다양한 양식으로 기억 안에 현존하고 있다. 곧 그것들의 상(像)들을 통한 물질적 실체들이 있다.(10, 8, 15 ; 17, 26) 지성적 실체들과 과거의 행위들은 그것 자체들로 현존하여 있다.(10, 9, 16) 반면 두려움, 공포, 기쁨의 감정처럼 과거의 심리적 체험들에 대해서는(10, 14, 21), 그것들이 상(像)들을 통해 혹은 다른 방식으로 기억 안에 현존하여 있는지 말하기가 어렵다.[193]

기억의 능력은 다수의 상(像)들과 지성적 실체들의 보고(寶庫)뿐 아니라 개인의 모든 체험과 주체가 자기 자신에 대해 갖고 있는 의식의 일치 도구로서도 간주되는데,(10, 8, 14-15)[194] 기억 자체가 영혼 및 인식 주체와 동일시될 정도이다. "기억의 힘은 위대합니다. 저의 하느님, 기억은 무서움의 감정까지 또한 그의 무한하고도 심오한 복잡함의 감정까지도 넣어줍니다. 이게 바로 내 영혼, 이게 바로 저 자신입

---

193 L. Hölscher, *The Reality of Mind. Saint Augustine's Philosophical Arguments for the Human Soul as a Spiritual Substance*, London, New Yordk, 1986, pp. 62-63.
194 A. Solignac, "Le livre X des Confessions", pp. 20-21.

니다."(『고백록』 10, 17, 26)

동일화는 인간 주체의 단계에서 일어나는데, 그 주체 안에서 정신(mens)이 아우구스티누스의 인식론에서 회상(admonitio)의 역할을 수행하게 되는 구체적인 체험의 자료들을 정리하면서 판단하는 것을 통해 수의 개념들(rationes)과 법칙들(leges)을 발견한다.(『고백록』 10, 10, 17) 솔리냑(A. Solignac)은[195] 여기서 기억이 인간 정신으로 하여금 영원한 이성들에 참여토록 하는 것으로 이해된다고 강조한다. 더욱이 기억은 자신의 분출에 있는 정신, 자신의 원천에 있는, 행복과 진리에 대한 태생적 원의가 나오는 곳에 있는 정신으로 이해되기에, 이러한 원의에서 우리는 우리의 궁극적 기원을 찾는데 이르게 된다. "사실 행복한 삶은 진리를 향유하는 것이요, 이것은 곧 진리이신 당신을 향유하는 것입니다. 오 하느님, 나의 빛이시며 내 얼굴의 구원이요, 나의 하느님이여. 누구나 다 이 행복한 삶을 원하고, 누구나 다 오직 하나 행복한 이 삶을 원하고, 누구나 다 진리를 향유하기를 원하나이다. 많은 사람이 속이기 좋아함을 보았사오나, 속으로 하는 이는 없었사온데 진리를 알지 않고서야 어디서 이 행복을 알았겠습니까? 속지 않으려기에 사랑하는 것이요, 진리를 향복(享福)하는 행복을 사랑하는 것이 곧 진리를 사랑하는 것이라면 약간이나마 그 개념이 기억 안에 있지 않은 이상 사랑할 수도 없을 것입니다."(『고백록』 10, 23, 33)

『삼위일체론』에서는 기억에 대한 성찰이 인간학에서 신학으로 넘

---

[195] A. Solignac, "Le livre X des Confessions", p. 21.

어가기 위한 교차점들 중 하나를 이루고 있다. 아우구스티누스는, 한편으로는 인간 정신에 가능한 한 인간 심리의 조명하에 신학적 신비를 탐구하며, 다른 한편으로는 삼위일체 신비의 조명하에 인간을 이해하려고 노력하면서 인간 주체 안에서 삼위일체의 모상을 직관하는데 이르고 있다. 또한 삼위일체에 대해 '기억(memoria), 지성(intelligentia), 의지(voluntas)'와 같은 유비적인 모상을 제시한다.(『삼위일체론』 15, 3, 5) 아우구스티누스는 '기억, 지성, 자신의 의지'(voluntas sui)와(I. 10) '기억, 지성, 하느님의 의지(volunta Dei)'를(II. 14-15) 구분하고 있다.196

　기억의 개념이 이 맥락에서 취하고 있는 발전들을 간략하게 묘사하기 위해 『삼위일체론』 제10권, 14권, 15권에서 뽑은 일부 본질적인 구문들을 강조하는데 한정짓기로 하자. 아우구스티누스는 그 누구도 온전히 알지 못하는 것을 사랑할 수 없음에 주목한다.(『삼위일체론』 10, 1, 1) 따라서 자신이 알지 못하는 것을 탐구하길 원하는 이는 부분적으로 이미 알고 있으며 자신이 알지 못하는 것을 알기 바라는 어떤 것을 향한 사랑을 증언한다.(『삼위일체론』 10, 1, 3) 인간의 정신(mens)은 안다는 것이 무엇인지를 알고 있으며, 아는 것을 사랑하면서 자기 자신을 알지 못하기 때문에 그 자신까지 알기 바란다. 하지만 이미 일부 양식으로든 알고 있지 않다면, 알고자 하는 원의를 갖지 못하는 것이다. "(…) 그것(정신)은 찾는 행위에서 이미 스스로를 알게 된다. (…)

---

196 A. Trapè, *Introduzione a S. Agositno, La Trinità*, Roma, 1973, p. XL.

따라서 자기 자신을 알지 못하는 것처럼 스스로를 알게 될 때에도 바로 이 사실 자체 때문이라도 자신을 알게 되는 정신이 자기 자신을 전적으로 모를 수 없다. 만일 스스로 알지 못하는 것을 모를 것이라면, 자신을 알기 위해 찾아다니지도 않을 것이다. 그렇기에 정신이 스스로 찾아다니고 있다는 사실 자체가 정신이 자기 자신을 알지 못하는 것이 아니라 오히려 알고 있다는 증거가 된다. 사실 자신을 알기 위해 노력할 때, 자기 자신을 알지 못하는 것이 아닌 찾아다니는 것으로 자신을 알게 된다."(『삼위일체론』 10, 3, 5)

정신은 자신에 대해 세 가지를 알기에 스스로를 알고 있다. 곧 이해한다는 것을 알고 있고, 존재한다는 것과 살아있다는 것을 알고 있다.(『삼위일체론』 10, 10, 13) 따라서 자신에 대한 무지는 자신에 대한 망각이며, 자신에 대한 인식은 자신에 대한 기억 외에 다른 것이 아니다. 아우구스티누스는 독창적인 구분을 행한다. 곧 영혼은 실제로 그리고 의지적으로 스스로 생각하지 않을 때에도(se cogitare) 자신을 알고 있다(se nosse)는 것이다. 영혼이 자기 자신을 생각할 때, 자신에 대해 기억하는 것이다.(『삼위일체론』 10, 11, 17-18 ; 12, 19; 14, 5, 7-8) 정신(mens)의 내적 구조는 기억, 지성, 자신에 대한 사랑으로 구성된다.(『삼위일체론』 14, 14, 19) 근원적이고 원초적인 기억에 지성과 의지가 내재하고 있다.(『삼위일체론』 15, 21, 41) 정신이 자신의 원천에 있는 것처럼 첫 자리는 기억에 있다.[197] 여기서 아우구스티누스는 삼위

---

197 A. Solignac, "Le livre X des Confessions", p. 23.

일체에 대한 비록 적합하지 않지만 의미 있는 상(像)을 직관하고 있다. "사실 비록 인간의 기억이 (…) 이러한 삼위일체의 모상에서 비교할 수 없을 정도로 동등하지 않은 그러나 성부와 완전히 다르지도 않은 유사함을 자신의 방식으로 제시하고 있음에도 불구하고, 또한 마찬가지로 사고의 집중을 통해 기억으로부터 정보를 제공받는 인간의 지성이 알고 있는 것을 말하고 어떠한 언어에도 속하지 않는 저 마음의 말을 산출할 때 두드러지는 상이함에도 불구하고, 성자와의 어떤 유사함을 제시하고 있음에도 불구하고, 그리고 인식에서 나오며 기억과 지성을 결합시키는 인간의 사랑이 (…) 매우 불완전하지만 성령과의 어떤 유사함을 이 모상에서 제시하고 있음에도 불구하고, 무엇보다 삼위일체의 이 모상 안에서 세 능력이 유일한 인간을 이루는 것이 아니라 오히려 이 최고의 삼위일체 안에서 유일한 인간에 속하는 것이다. 그리고 인간은 삼위일체의 모상이다. 그리고 이 세 실재들은 유일한 하느님께 속하는 것이 아니라, 오히려 유일한 하느님이다. 또한 그 세 실재들은 세 위격이지 하나의 위격이 아니다."(『삼위일체론』 15, 23, 43)

(2) 이성적 인식

이성적 인식은 감각적인 것에 대한 인간의 인식이다. 이성 작용이라는 과정을 통해 인간은 감각적인 것들에 대한 지식에 도달하게 된다. 이성 작용은 인간이 기억 속에 저장되어 있는 감각 인식을 정리하고 정돈하고 다시 모을 수 있는 정신의 기억이기 때문이다.

물질적인 대상이 감각기관에 인상을 산출한다. 동물들도 비록 이성을 소유하고 있지 않지만 어떤 사물을 관찰함으로써 기피하거나 욕구하는 표상을 느낄 수 있다. 이 사실은 인간과 동물 속에 외적 감각보다 우월한 무언가가 있음을, 즉 모든 감관을 공통으로 주관하는 무엇이 있음을 드러내는 것이다. 곧 느끼는 것을 느끼며 감각 자체를 느끼는 능력이 있는 것이다. 『자유의지론』은 이것을 이성과는 구분되는 능력인 '내적 감관'(sensus interior)이라 표현한다.(2, 3, 8) 내적 감관은 분명 감각이고 육체에 연결된 것이다. 외적 감관들이 자신들의 고유한 기능을 수행하고 있는지의 여부, 그리고 어떻게 수행하고 있는지를 깨달으면서 그것들을 사용하는 것도 내적 감관인 것이다.

하지만 내적 감관은 자신이 지각한 것을 이성적 기준에 따라 판단할 수 없다. 내적 감관에 대하여 두 가지 점을 지적할 수 있다. 하나는, 감각에 의하여 구비된 정보는 그것이 이성에 의해서 판단될 때까지 인식이 아니라는 것이다. 다른 하나는, 감각 작용에서 이성에로의 이행과정에서 매개적인 단계가 필요하다는 것을 인정하고 있다는 것이다.

아우구스티누스에 의하면, 인간 영혼은 외적 대상들이 감각 기관들에게 산출한 변형들에 관심을 기울이고 기억의 능력이 자기 자신에 보관하는 '육체적 유사성'을 형성할 뿐 아니라, 감각 현상들을 분석하고 그것들의 법칙들을 파악하는 능력을 갖고 있다. 이러한 능력은 『질서론』 2, 11, 30에서 다음과 같이 정의한 이성의 능력과 동일하다. "구별하는 능력과 파악한 모든 것을 일치시키는 정신의 행위" 곧 이성은 정신(mens)의 능력이며, 현상들을 식별하고, 정의하며, 구분하며, 현상들을 일치시키는 법칙을 파악하는 기능을 갖고 있다.

이러한 이성의 정의는 『영혼의 위대함』 27, 53에서 보다 심도있게 다루어지고 있다. "조금 전에 너는, 지식은 알고 있는 어떤 것에 기초하여 형성되지만, 이성은 우리를 알지 못하는 진리에게로 이끌고 가기 때문에, 확실히 우리 안에 이성보다 먼저 지식(또는 앎, scientia)이 있다는 것을 내가 인정해야 한다고 말했다. 하지만 역으로 그러한 행위는 구체적으로 이성이 아니라는 것을 우리는 확인하였다. 왜냐하면 건강한 정신(sana mens)은 항상 이성을 갖고 있지만, 말로 항상 행위를 완결하지 않기 때문이다. 적어도 그리고 아마도 올바르게 그러한 행위는 추리(ratiocinatio)라고 명명하기 때문에, 이성은 말하자면 정신의 시각(mentis aspectus)이고, 추리는 이성의 탐구(rationis inquisitio), 곧 바라보아야 할 대상들을 통한 시각의 운동이기 때문이다." 여기서 이성은 정신의 시각으로, 곧 추리 행위의 독특한 기능으로 정의된다. 또한 추리는 이성에 의해 이끌리는 탐구, 즉 검토 혹은 조사해야 할 대상들에 대한 정신의 시각의 역동적 움직임이다. 이러한 움직임에서 이성은 객관적인 규범들의 지도를 받으며, 이 규범들에 기초하여 감각적 여건(자료)들을 판단한다. 곧 외적 대상들에게 인식된 원리를 적용하는 것이다. 이러한 규범들은 정신 안에 불변이요 공통된 진리로서 존재한다. 각 인간이 자신의 고유한 이성으로 이러한 규범들을 파악할 수 있음에도 불구하고, 개별 이성의 고유 속성이 아니라는 것이다.(『자유의지론』 1, 10, 28~29)

따라서 이성의 기능은 무엇보다 판단을 형성하는 능력이다. 아우구스티누스는 『고백록』 7, 17, 23에서 이성적 활동을 통해서 감각들의 메시지를 교정할 수 있음을 제시한다. "하늘이나 땅의 무상들에서

미를 감상할 때, 무슨 기준이 있길래 무상한 것들에 대하여 '이건 이 래야 되고, 저건 저래야 된다.'고 정확한 논평을 하는지, 나는 그 비판의 기준이 알고 싶었습니다. 이같이 나는 비판의 기준을 찾다가 변전(變轉)하는 내 정신 훨씬 위에 참되고 향상된 진리의 영원을 발견하기에 이르렀습니다. 결국 나는 한 걸음 한 걸음씩 물체에서부터 육체를 통하여 감각하는 혼으로, 또 그로부터 육체의 감각이 밖의 것을 알리게 하는 -동물도 여기까지는 가능한- 내적 감관으로 나아가고, 게서부터는 다시 육체 감각을 통하여 판단을 하게 되는 추리력에 다다랐던 것입니다. 추리력 또한 살펴보면 스스로 변하는 것임을 판단하고는 이성 자체까지 올라가 여태 해오던 생각을 다 비우고, 헷갈리는 환상의 무리를 떨어버렸습니다." 여기서 아우구스티누스는 (아스칼로나의 안티오쿠스(Antiochus d'Ascalona)의 바로(Varro)적 인간학이라 할 수 있는) 판단이 이성으로부터 온다고 말하면서, 에피쿠루스와 다른 입장을 취하며 플라톤을 수정하고 있다. 추리하는 이는 먼저 객관적인 자료를 확인하고 나서야 그것을 판단한다.

이제 불변의 원리와 진리들의 중재를 언급하는 또 다른 단계가 남아 있다. 이것은 『참된 종교』에서 설명된다. 29, 53에 의하면, "비이성적인 동물이 생명이 있고 감각이 있음을 아무도 부인않지만, 인간 정신에 있어서 극히 탁월한 점은 감각적인 것에 대해 감지하는 (능력에) 있지 않고 감각적인 것에 대해서 판단하는 (능력에) 있다. 예리하게 보고 육체의 다른 감관으로 보다 예민하게 물체를 감지하기로 말하면, 많은 짐승이 사람보다 월등하다. 그렇지만 물체에 관해서 판단을 하는 것은 지각만 하는 생명의 것이 아니고 추리를 하는 생명의 것이어서, 그 점은 짐승들이 갖추지 못했고 우리는 그 점에 있어서 탁월하다. 물론 판단을 하는 주체가 판단을 받는 사물보다 훌륭함은 극히 쉽게 알 수 있다. 이성적 생명은 감각적 사물들에 관해서뿐만 아니라 감관 자체에 대해서까지 판단을 한다. 물에 잠긴 노가 똑바른 것임에도 불구하고 왜 꺾여 보이는가? 왜 눈에는 그렇게 보일 수밖에 없는가? 눈의 시각은 (보이는) 그것을 전달할 수는 있지만, 판단은 전혀 내릴 수가 없다. 그러므로 감각을 하는 생명이 물체보다 월등하듯이, 이성적인 생명은 그 둘보다 분명히 월등하다." 또한 31, 58에 의하면, "온당하게 사리를 파악한 사람이라면, 어떤 사물이 왜 우리 마음에 드는지, 그리고 어떤 사물이 더 좋다고 보이면 왜 그것을 열렬히 사랑하게 되는지도, 감히 자신있게 설명하지 못한다. 우리와 이성적 영혼 전부가 진리에 의거해서 (우리보다) 하위에 있는 사물들을 올바로 판단하게 되듯이, 우리가 그 진리에 귀의할 적에, 우리에 대해서 판단을 내리는 것도 오직 진리뿐이다. (…) (인식하고 판단하는) 이 둘의 차이는 다음과 같다. 인식에는 무엇이 그렇다는 것과 그렇지 않다는 사실을 파악하는 것으로 족하다. 그런데 판단을 하려면, 그것과는 달리될 수 있다는 의미를 첨가하게 된다. 마치 예술가들이 자기 작품들을 두고 말을 하듯이 '이래야만 한다.' 또는 '이랬어야만 한다.' 또는 '이래야만 할 것이다.'라는 표현을 사용하는 것이다.

    이 두 본문에 의하면, 우선 판단은 세 가지 요소를 갖고 있는 작용이다. 곧 외적 대상들, 구별하고 일치하는 능력 그리고 내가 판단 기준으로 삼는 불변의 진리 등이다. 또한 아우구스티누스는 네 가지 유형의 판단을 구분한다. ① 존재론적 판단(실제적인 사물을 관찰하는 것),

② 인식적 판단(어떤 논증에 대해 거짓이 아닌 참이라고 내가 말하는 것), ③ 윤리적 판단(좋다고 말하는 것), ④ 미학적 판단(아름답다고 말하는 것) 등이다.

『질서론』 2, 12, 35~15, 43에서 아우구스티누스는 인간이 이성을 통해 행하는 다양한 발견에 대해 언급한다. 무엇보다 그는 규범 혹은 원칙들의 조명하에 감각적 자료들을 조정하기 위한 정신의 논증적 능력 과정을 묘사한다. 이성 활동의 첫 순간은 언어의 고안이다.(『질서론』 2, 12, 35) 사물들에게 이름을, 곧 의미있는 발음을 부여해야 한다는 것이 필요하다는 것을 인간은 처음부터 이해한다. 단어는 의미론적 가치로 특징지어지는 것이다. 이러한 말을 통해 다른 이들의 영혼을 직관할 수 없는 인간은 사회적 관계를 위한 통교의 수단으로 사용하게 된다. 더욱이 인간은 멀리 떨어져 있는 사람이거나 현재 함께 하지 않는 이들과의 만남에 있어 용어의 불충분함을 확인하면서 문자를 만들어야 하는 필요성을 감지하기에 문자와 음절 그리고 수 등을 고안한다. 이러한 이중적 고안에서 문자와 수리 선생이라는 직업이 나오는 것이다. 또한 바로(Varro)는 문자 연습(litteratio)을 문법의 유아기(grammatica infantia)라고 정의한다.

인간은 체험을 통해, 그리고 추리를 통해 이성적 능력을 발전시킨다. 더욱이 아우구스티누스는 '소리 학문'이라 할 수 있는 음악에 대해 언급하면서 스토아 철학에서 최고로 심화된 것으로 본 기호학에 대한 개념을 풍요롭게 한다. 스토아학파의 기호학이 분절언어(分節言語, linguaggio articolato)의 철학이라면, 아우구스티누스의 기호학은 현대 기호학처럼 모든 표징을 포함한다. 여기서 이성은 다음과 같이 세 가지 유형으로 구성된 음악 언어를 발견한다. ① 기호와 소리로 표현되는 분절적 음악 언어인 가수의 언어, ② 관악기가 내는 기호와 소리 안에서 표현되는 언어, ③ 타악기가 만들어 내는 기호와 소리 안에서 표현되는 음악 언어 등이다. 또한 이성은 춤과 같은 모사 언어와 건축과 같은 상징 언어도 발견한다. 이성이 이 단계까지 성취한 것은 하급 이성(ratio inferior)의 영역이다. 체험의 현상에 연결된 이성적 인식이기 때문이다. 이에 반해 지성적 인식은 상위 이성(ratio superior)의 단계로 영원한 실재들에 연결되어 있다.

(3) 지성적 인식

감각적 자료에 규범을 적용하는 이성적 인식과는 달리, 인간 안에는 지성적 인식이 존재한다. 만약 이성이 성찰된 진리의 현존을 내포한다면, 지성은 진리의 직접적 현존을, 곧 정신에 대해 객관적인 진리의 현존을 향유한다. 이러한 진리의 현존은 한편으로는 진리 자체의 내재성을 배제하며, 다른 한편으로는 지성에 대해 진리의 초월을 내포하는 일종의 내향성을 가리키는 것이다.

이성의 논증적 행위와 구별되는 지성적 인식의 본성을 이해하기 위해 두 개의 근본적인 문제를 고찰하는 것이 필요하다. 하나는 지성의 직관 대상을 구성하는 이데아들에 관한 것이고, 다른 하나는 조명이론이다.

무엇보다 이성과 지성의 구분은 아우구스티누스 인식론의 기본 전제이다. 지성은 이성보다 상위의 능력이고, 이해의 원리이며 영혼의 참된 눈이다.(『질서론』 2, 2, 5) 만약 이성을 올바로 사용하는 것이 지식을 형성하고 참된 판단을 가능하게 하며 논증을 구성한다면, 상위의 빛의 조명을 받은 지성의 올바른 사용은 지성계를 직관하기 위한 조건이 된다.『독백』1, 6, 13에서 지성은 관조(봄, visio)로 정의되는 반면, 이성은 시각(aspectus)으로 정의된다. "영혼이 바라본다는 것은 이성을 말하지만, 바라보는 모든 것이 다 알아보게 되는 것은 아니니까, 정확하고도 완전하게 바라보는 것, 즉 시각을 동반하는 것만을 시덕(視德)이라고 부르는데, 왜냐하면 덕이라는 것은 정확하고도 완전한 이성을 말하는 까닭일세. 그러나 바라보는 것은 비록 튼튼한 눈을 가졌다 치더라도 세 가지 덕, 즉 바라보아야 할 것을 알아봄으로써 즐겁게 다시 바라볼 수 있게 해주리라고 믿고 있는 신덕(信德), 잘 바라보기만 하면 알아볼 수 있으리라고 짐작하고 있는 망덕(望德), 보고 누리고 싶어 안달하는 애덕(愛德)이 언제든지 따르지 않는다면 모처럼 튼튼해진 눈을 비추는 쪽으로 바로 잡아줄 수가 없는 걸세."

인간은 지성적 대상으로 정신 안에 현존하는 보편적 이데아들을 지성으로 직관한다. 물론 이러한 이데아들이 태생적인 것은 아니지만, 항상 현존하는 것이다. 이 점에 있어『여든세 가지 다양한 질문』46, 2는 기초 텍스트를 제공한다. "사실 이데아들은 일차적 형상들 혹은 사물들의 안정적이요 불변적 이유들이다. 이데아들은 아직 형상을 갖지 않았기에 영원하며, 항상 자기 자신과 동일하고 신적 지성 안에 담겨 있다. 이데아들은 기원도 없고 마침도 없다. 더욱이 나고 죽는 모든 것은 그리고 태어날 수 있고 죽을 수 있는 모든 것은 그들의 모델 위에 형성된다. 어떠한 영혼도 이성적 영혼을 제외하고 자신의 가장 뛰어난 부분을 통해, 곧 정신 자체와 이성으로 마치 얼굴을 맞대고 보는 것처럼, 또는 지성적 내적 시각으로 보는 것처럼 이데아들을 관조할 수 없다. (…) 따라서 만약 창조되어야 할 혹은 창조된 모든 것의 이유가 신적 정신 안에 존재한다면, 그리고 만약 신적 정신 안에 영원하고 불변하지 않은 것은 무엇이든 존재할 수 없다고 한다면 − 플라톤은 이데아를 사물들의 근본적 이유라 부른다.− 이데아들은 단순히 존재할뿐 아니라 참된 것이기도 하다. 왜냐하면 그것들은 영원하고 항상 영원하고 불변한 것으로 남기 때문이다. 존재하는 모든 것은 존재 양식이 어떠하든 간에 이데아들에 참여하면서 존재한다. 하지만 이성적 영혼은 하느님으로부터 창조된 모든 것을 초월한다. 이성적 영혼이 순수할 때 하느님께 가까이 있으며, 이러한 지성적 빛으로 그분으로부터 조명을 받고, 스며든 사랑을 통해 그분께 결합하는 만큼 육체의 눈이 아닌 자기 존재의 특수한 요소, 곧 자신의 지성을 통해 이러한 이데아의 이유들을 관상하며, 이것들을 봄으로써 행복하게 된다."

여기서 아우구스티누스는 불변의 형상, 영원한 진리, 모범인, 영원한 이유, 사물들이 형성되는 구조 등 다양한 양식으로 이데아들에 대해 묘사한다. 또한 『자유의지론』은 이러한 이데아들 중 일부를 열거한다. 곧 숫자를 지배하는 법칙(2, 8, 23), 윤리 법칙(2, 10, 28), 미의 법칙(2, 16, 41), 논리학의 법칙 등이다. 자연적 질서에서 지성의 주요 활동은 국가에 따라 그리고 언어권에 따라 변화할 수 있는 외적 언어를 통해 전달되는 내적 혹은 정신적 말씀의 형성이다. 우리는 직접적으로 이데아들을 보지 못하지만, 참여를 통해 그것들의 표상, 투영, 유비적 대리를 소유한다. 이러한 이유로 우리는 진리를 그 자체로 보지 못하지만, 진리의 단편이요 진리의 목록인 참된 것을 본다.

그렇다면 지성적 인식의 대상을 구성하는 형상은 어떻게 인식되는가? 이 문제에 대해 아우구스티누스는 지성적 진리를 배우는 도구로서, 그리고 비록 모든 인간이 투영된 양식으로 인식하는 것은 아니지만, 진리로부터 모든 인간 정신에 허용된 규범적이요, 자연적인 설명으로서 조명 이론을 내세운다. 이 이론은 한때 플라톤주의와 신플라톤주의 인식론에 대한 재평가의 산물이며 동시에 성경에 대한 성찰의 산물이기도 하였다. 우리는 아우구스티누스의 작품에서 이 이론의 많은 흔적을 발견한다.(『아카데미아 학파 반박』 3, 6, 13; 『행복한 삶』 4, 35 ; 『영혼의 불멸』 10, 17; 『교사론』 11, 38; 『자유의지론』 2, 9, 27; 『참된 종교』 39, 72; 『고백록』 7, 17, 2~3) 그중 두 본문에 특별히 관심을 기울여 보자.

첫 번째 본문은 『삼위일체론』 12, 15, 24로, 아우구스티누스가 플라톤이 주장한 상기설을 반박하고 있는 부분이다. 플라톤은 기하학에 관한 일부 질문을 받은 후 이 학문의 스승처럼 대답했던 한 종에 대해 언급한다. 그에 의하면, 이 사실은 아이들이 자신들의 학문적 지식을 전생에서 취한 것임을 증언한다는 것이다. 하지만 아우구스티누스는 만약 여기서 이전에 배운 진리에 대한 기억을 말하는 것이라면 매우 적은 수의 이들이 고유한 질문들에 기하학을 대답해야만 할 것이다. 왜냐하면 매우 적은 수의 이들이 전생에서 학자였을 것이기 때문에, 그리고 세상에는 이 학문에 전념하는 사람이 매우 부족하기 때문이다. 아울러 다음과 같이 덧붙인다. "차라리 지성적 정신(mens)의 본성은 창조주로부터 부여된 자연적 질서에 따라 지성적 실재들에 결합하고 복종하는 양식으로 창조되어 그 실재들을 일종의 특별한,

즉 무형한 빛 안에서 본다고 생각하는 것이 필요하다. 마치 육체의 눈이 유형한 빛에 대한 능력을 갖고 그것에 질서지어져 창조되었기 때문에, 그 빛 안에서 자신을 둘러싸고 있는 것을 파악하듯이 말이다."

이 구문은 다양한 해석의 대상이 되었다. 여기서 우리는 '특별한'(sui generis)이라는 아우구스티누스의 표현과 형성된 매듭을 풀어야 한다. 이 표현은 문법의 관점에서 보면 '정신'이라는 용어나 '빛'이라는 용어를 가리킬 수 있다. 만약 첫 번째 가설을 수용한다면 다음과 같이 번역할 수 있다. "지성은 자기 본성의 어떤 무형한 빛 안에서 지성적 실재들을 본다." 하지만 두 번째 가설을 취한다면, "지성은 특별한 무형한 빛 안에서 지성적 실재들을 본다."가 된다. 첫 번째 가설은 아우구스티누스의 조명 이론을 '행위자 지성의 빛'(lumen intellectus agentis)으로 간주한 토마스 아퀴나스에 의해 전개된 것이다. 지성적 진리를 이해하도록 허용하는 빛은 인간 영혼이 소유한 조명적 능력이라는 것이다. 곧 하느님이 조명하는 것이지만 간접적 양식으로 행위자 지성의 활동을 통하여 하는 것이다. 샤를 부아예(Charles Boyer)가 이 해석을 이어받았다.

두 번째 가설은 졸리베(Régis Jolivet), 무엇보다 쉬악카(Sciacca)와 피에몬테세(Piemontese)가 주장한 것이다. 마지막 두 사람의 해석에 의하면, 진리의 빛은 주체가 마치 자신의 능력처럼 소유한 주체적 능력과 동일시되지 않는다. 곧 아우구스티누스가 언급하는 빛은 생각하는 주체의 능력이 아닌 모든 정신에서 발견되는 객관적인 현존으로서 이해해야 한다는 것이다. 이러한 빛은 일종의 하느님으로부터 창조되고 선사된 빛으로, 지성적 능력과 동일시되지 않는 유형한 특별한 빛이다. 하느님이 인간 정신에 분여(分與)한 객관적 빛은 이러한 의미에서 특별하다. 따라서 비록 하느님으로부터 온 것이지만 하느님 자신이 아닌 빛을 의미하는 것이다. 초자연적 빛이 아닌 자연적 빛, 곧 인간 지성에 적합한 빛인 것이다.

두 번째 본문은 『삼위일체론』 14, 15, 21이다. 여기서 조명 개념은 객관적인 빛, 창조된 빛, 우리 안에 현존하는 표상인 인간 지성으로, 그리고 우리 앞에 서 있는 창조되지 않은 신적 빛으로 구성된 빛으로 이해되고 있다. 아우구스티누스는 이 본문에서 우리의 지성이 창조되지 않은 빛의 표상인 객관적이고 창조된 빛을 소유하고 있다고 주장한다. 이 빛을 통해 모든 이는 형상들과 절대적이고도 영원한 규범들을 볼 수 있고, 이것들을 통해 윤리적, 인식적, 미학적, 형이상학적 차원의 판단들을 형성할 수 있는 것이다. 이러한 형상들은 자신들의 기초를 주체의 본성 안이 아닌 진리 자체인 빛 안에 갖고 있다. 또한 신적 이데아는 어떠한 자신의 것도 잃어버림 없이 자신의 표상을 인간 정신 안에 새겨놓는다. 바로 이것이 participatio 개념이다. 그러한 빛은 이데아에 대한 유비적 바라봄을 허용하기에, 인간 정신은 신적 이데아에 거울처럼 참여하면서 이성의 판단에 진정성에 대한 보증을 받게 된다.

사실 participatio라는 용어는 서방의 사상사에서 정확하게 이해하기 어려운 단어 혹은 오해의 여지가 많은 단어로[198], 아리스토텔레스

---

198 L. Sweeney, *Participation in Plato's Dialogues: Phaedo, Parmenides, Sophist, and Timaeus*, in *Divine infinity in Greek and Medieval Thought*, New York, 1992, pp. 47-48.

가 『형이상학』 A6, 987b 1-14에서 제시하듯 플라톤 학파의 산물이다. 이 용어는 이중적 의미를 지닌다. 먼저 어원학적 개념에서 보면, '모든 것의 부분을 갖는다, 혹은 부분이 된다.'이고, 유출된 의미에서 보면 '원인이 되는 원리와 유사한 어떤 것을 갖는다.'이다.199 플라톤 안에 나타난 participatio 개념은 이데아들과 물리적 세상과의 관계 혹은 이러한 관계를 해석하는 여러 가능한 방식들 중의 하나, 곧 지성계와 감각계의 유사함과 구별성을 드러낸다.200 플로티누스 안에서 이 개념은 시작과 마침을 포함하는 운동을 제시한다.201 하지만 플로티누스적 participatio 양식은, 어떤 것에 참여한다는 것은 본질적으로 어떤 것이 된다는 것을 의미하기에, 본질적이라 할 수 있으며,202 또한 범신론적이다.203 이에 반해 아우구스티누스의 participatio 이론은, 아고스티노 트라페(Agostino Trapè)에 의하면, 아우구스티누스 철학의 본질적 핵심에 들어가는 세 원리 중의 하나이며 창조와 조명 그리고 행복이라는 그리고 후에는 유일한 participatio 교의의 세 가

---

199 Cf. A. Carlini, "Partecipazione", in *Enciclopedia Filosofica*, III, Venezia-Milano, 1957, p. 1172.
200 D.V. Meconi, "St. Augustine's early theory of participation", *Augustinian Studies* 27(1996), p. 93.
201 M. Smalbrugge, "La notion de la participation chez Augustin. Quelques observations sur le rapport Christianisme-Platonisme ", *Augustiniana* 40(1990), p. 335.
202 J.F. Anderson, *St. Augustine and being. A metaphysical essay*, p. 57.
203 M. Annice, "Historical sketch of the theory of participation", *The new scholasticism* 26(1952), p. 60; J. Burnaby, *Amor Dei. A study of St. Augustine's teaching on the Love of God as the motive of Christian life*, London, 1960 (reprinted), p. 195. 쟌 리스트는, 범신론이 무엇보다 『엔네아데스』5,5,12에서 부정되고 있음을 제시하면서, 이와 반대되는 해석을 제시한다: J.Rist, *Plotinus. The road to reality*, p. 215.

지 표현양식이 된 세 부분들 각각의 본질적 해결책이다.[204]

10. 인간의 자유와 신의 예지

1) 인간의 자유

아우구스티누스는 자유로운 의지에 대한 개념을 체계적인 양식으로 구성한 첫 서방 사색가라고 할 수 있다. 그는 삼중적 사변적 성찰에서 시작하여 이 결과에 도달하였다. 하나는 플로티누스 및 마니교도들과의 논쟁에서 이루어진 악의 기원에 관한 성찰이고(『자유의지론』), 두 번째는 무엇보다 바오로의 서한을 읽으면서 영감을 받은 '원하다'(velle)와 '원치 않다'(nolle)라는 구조로 이루어진 의지 안에 있는 내적 분열의 본성에 관한 성찰이며,(『고백록』) 세 번째는 정신(mens)과 자기 개념(notitia sui) 사이에서 이루어지는 심리학적 전개에서 의지가 행하는 중재 기능에 관한 성찰이다.(『삼위일체론』)

모든 살아있는 존재에는 자기 보존에 대한 그리고 번식과 움직임에 대한 경향으로서 근원적 욕구(appetitus)들이 존재한다. 아우구스티누스가 공통된 원의들(voluntates communes)이라고 부르는 이 욕구들은 이성적이든 비이성적이든 모든 살아있는 존재의 구성요소이다. 따라

---

[204] A. Trapè, S. Agostino, in A. Di Berardino, a cura di, *Patrologia* III, pp. 386-387.

서 넓은 의미에서 의지(voluntas)의 첫 의미는 욕구(appetitus) 개념으로, 보다 구체적으로 살펴보면 행동하려는 욕구(appetitus ad agendum)와 연결된다. 아바냐노(Abbagnano)에 의하면, 의지는 이렇게 일반적으로 행위의 원칙이며 욕구와 동일시된다. 이러한 의지의 일반적 개념을 전개한 첫 인물은 아우구스티누스이다."[205] 성인에 의하면, "어떤 면에서 모든 움직임에는 의지가 있다. 아니, 차라리 모든 움직임이 의지 외에 다른 것이 아니라고 해도 과언이 아니다."(『신국론』 14, 6)

'행동하려는 욕구'가 인간을 인식적, 윤리적, 사회적 유형의 다양한 활동에로 향하게 한다고 주장하는 치체로의 노선에서 아우구스티누스는 이러한 의지 개념을 더욱 분석한다. 『신국론』 5, 11에서 성인은 "그분이 비이성적 영혼에게는 기억, 감각, 욕구를 주셨고, 이성적 영혼에게는 지성과 오성과 의지를 주었다."라고 말한다. 여기서 아우구스티누스는 의지가 이성적 존재의 특별한 능력임을 드러낸다. 결국 '원하다'(volle)는 '마음에 드는 어떠한 대상에로 향하는 것, 또는 마음에 들지 않는 어떠한 대상에서 벗어나는 것'을 의미한다.[206] 곧, 의지(voluntas)는 어떠한 한 방향으로 움직이는 '영혼의 능력'(potentia animi)인 것이다.(『자유의지론』 2, 19, 50)

그렇기에 아우구스티누스는 다음과 같이 의지를 정의한다.(『두 영혼』 10, 14) "의지는 그 누구에 의해 강요받지 않으면서, 어떤 것을

---

[205] N. Abbagnano, "Volontà", in *Dizionario di filosofia*, Torino, 1980, p. 925.
[206] Flottes, *Études sur saint Augustin. Son génie, son âme, sa philosophie*, Montpellier, Paris: Libraire F. Seguin, Libraire Durand, 1861, p. 304.

잃어버리지 않으려는 혹은 획득하려는 영혼의 움직임(animi motus)이다." 그렇다면 이 움직임은 자연적(motus naturalis)이며 필연적인(necessarius) 것인가? 만약 그러하다면, 영혼의 움직임은 땅으로 기울어 아래쪽을 향해 떨어지는 돌의 운동과 같다고 볼 수 있다. 하지만 돌은 아래로 떨어지는 움직임을 멈출 통제력을 스스로 갖고 있지 않다. 다시 말하면, 돌의 고유한 운동에는 원의가 개입된 것이 아니라는 것이다. 그에 반해, 영혼은 본인의 의지에 따라 상위의 사물을 택하거나 하위의 사물을 선택하여 움직이기에, 의지는 욕구(appetitus)뿐 아니라 선택하는 능력으로도 정의할 수 있다.[207] 이 선택은 동의(consentire)와 반대(dissentire)라는 구도 안에서도 이루어진다.(『영과 문자』34, 60) 또한 이 선택은 사랑(amor)으로도 표현된다. 아우구스티누스는 『고백록』 13, 9, 10에서 "나의 무게는 나의 사랑(pondus meum amor meus), 어디로 이끌던지 그리고 내가 갑니다."라고 적고 있다. 이 고백은 사랑한다는 것(amare)이 어떠한 대상을 그 자체로 욕구한다는

---

[207] 치체로(Cicero)에 따르면, "그것이 계속해서 그리고 현명하게 발생할 때, 스토아학파 사람들은 이러한 방식의 욕구(appetitus)를 βούλησις라고 부르는 반면, 우리는 그것을 의지(voluntas)라고 부른다. 그들은 오직 현인만이 의지를 소유하고 있다고 생각하면서 다음과 같은 정의를 내린다. 곧 의지는 이성에 따라 무언가를 바라고 희구하는 것이다": 『투스쿨라나 담론』 4, 6, 13. 사실 βούλησις는 아리스토텔레스의 개념으로, 그는 이 단어를 통해 단순한 자발성(spontaneitas)과는 완전히 구별되는 '숙고된 의지'라는 뜻을 제시한다. 또한 그는 προαίρεσις라는 단어에 '의지적 선택'이라는 뜻을 부여한다. βούλησις는 목적에 도달하기 위해 실현해야 할 온갖 종류의 것들, 곧 가장 멀리 있는 것에서부터 가장 가까운 곳에 있는 모든 행위와 수단을 결정하는 반면, προαίρεσις는 가장 근접한 것들에 대해 작용하여 그것이 실현가능하지 않은 것이면 버리고, 가능한 것이라면 행위로 옮기는 역할을 한다. 이에 대해 참조: G. Reale, *Storia della filosofia antica*, II, Milano: Vita e Pensiero, 1996, pp. 518-519; A. Guzzo – V. Mathieu, "Libertà", in *Enciclopedia Filosofica*, III, Venezia-Roma: Istituto per la collaborazione culturale, 1957, p. 20.

것(appetere)임을 분명하게 드러낸다. 곧 사랑은 어떠한 대상을 향한 움직임(motus ad aliquid) 혹은 욕구(appetitus)라는 것이다.208

따라서 영혼의 움직임은 자의적(voluntarius)인 것이다.(『자유의지론』 3, 1-3) 이러한 자의적 운동에 대해 아우구스티누스는 412년에 저술한 『영과 문자』 31, 53에서 다음과 같이 설명한다. "원하다(volle)와 할 수 있다(posse)는 별개의 것입니다. 원하는 이가 항상 즉각적으로 할 수 있는 것도 아니고, 할 수 있는 이가 항상 즉각적으로 원하는 것도 아니기 때문입니다. 때때로 우리는 원하면서도 할 수 없고, 할 수 있으면서도 원하지 않기도 합니다. (…) 원하는 이가 의지를 갖고 있듯, 할 수 있는 이는 능력(potestas)을 갖고 있습니다. 하지만 능력으로 무엇인가 이루어지기 위해서는 의지가 요구됩니다. 사실 누군가 자신의 의지를 거슬러 행한 것을 자기 능력으로 했다고 일반적으로 말할 수 없습니다." 결국 인간의 의지는 온갖 강제(coactio)나 필연성(necessitas)을 배제하며 자신 안에 자유를 지니고 있는 것이 분명하다. 곧 의지의 움직임은 인간의 능력 안에(in potestate) 놓여 있는 것이다. 그렇기에 의지는 모든 인간 행위의 작용인(causa efficiens)이라 할

---

208 『여든세 가지 다양한 질문』 35, 1-2. 홀테(R. Holte)는, 아우구스티누스에게 'appetitus'와 'motus'는 온갖 종류의 심리적 행위를 가리키는 일반적인 용어라고 설명한다: *Béatitude et sagesse. Saint Augustin et le problème de la fin de l'homme dans la philosophie ancienne*, Paris: Études augustiniennes, 1962, p. 222. 오데일리(O'Daly)는 appetitus라는 용어가 치체로를 통해 전달된 스토아학파의 영향이라고 본다: Gerard J.P. O'Daly, "appetites", Augustinus Lexikon, 1, Basel: Schwabe & Co. AG, 1986-1994, pp. 420-422. 보쉐(Bochet)에 의하면, 아우구스티누스의 용어 사용에서 appetitus라는 단어는 원래 키케로가 『최고 선악론』(De finibus bonorum et malorum) 5,6,17에서 적용한 기술적 의미를 상실하여, 보다 일반적인 의미에서 '경향', '욕구' 등을 뜻한다: I. Bochet, *Saint Augustin et le désir de Dieu*, Paris: Études augustiniennes, 1982, p. 105, n.7.

수 있다.209 이런 의미에서 우리는 에티엔 질송(Étienne Gilson)과 함께 의지에 대해 다음과 같이 말할 수 있다. "이 중요한 결정이 의존하는 힘은 의지 이외에 다른 것이 아니다. 이 능력이 하는 역할은 매우 중요하다. 우리가 실천적인 질서 안에서 취한 모든 규정과 결정은 그 의지에 의존할 뿐만 아니라, 이론적인 질서에 있는 인식적인 능력의 모든 작용들도 의지의 직접적인 통제 아래 있기 때문이다. 그러므로 사실 의지가 인간이므로 의지 자체와 구분된 의지가 인간 자체와 구분된 한 인간이라고 말하는 것은 과장된 이야기가 아니다."210

2) 자유의지와 윤리적 악

영혼의 움직임이 자의적이라는 사실은 윤리적 차원에서 악의 문제와 연결된다. 아우구스티누스에 의하면, 정욕이 이성의 지배를 받는데 이것을 어기는 존재자는 그것만으로 이미 자기 존재보다 하위의 존재가 되는 셈이다. 그러므로 인간과 동등하거나 하위의 존재로서 인간을 정욕에 떨어지게 강요하는 존재는 없다. 곧 "부패하기를 스스로 원한다면, 그것은 타자의 결함에 의해 부패한다기보다는 자체의 결함에 의해 부패한다고 하겠다. 동등한 사물도 자체가 싫어한다면, 다른 동등한 사물에 의해서 부패할 수 없다. 그 이유는 어떤 자연 사

---

209 『신국론』 5, 9, 4. 이에 대해 참조: G. Mancini, *La psicologia di S. Agostino e i suoi elementi neoplatonici*, Napoli: Casa Editrice Rondinella Alfredo, 1938, pp. 189-190.
210 에티엔느 질송, 「아우구스티누스 사상의 이해」, 260쪽.

물이 자체의 결함을 가지고 결함이 없는 다른 사물에 접근하여 그것을 부패시키려고 한다면, 그것만으로도 자체가 (상대방과) 동등한 사물로서 접근한다기보다는 자체의 결함을 가지고 있다는 점에서, (상대방보다) 더 열등한 사물로서 접근하고 있는 셈이다."(『자유의지론』 3, 14, 39)

여기서 아우구스티누스는 의지가 경향성(inclinatio)을 갖고 있다는 사실에 주목한다. 달리 말하면, 인간의 정신과 의지는 한편으로는 선과 가치를 지향하지만, 다른 한편으로 불변적이며 공통적인 선으로부터 등 돌리고 돌아서서 자신이 임의로 택한 선이나, 외적인 선이나, 열등한 선들로 전향함으로써 악을 범할 수도 있다는 것이다. 이렇듯 그 자체로 선에 속하지만 악에 빠지거나 악용될 수도 있다는 점 때문에 성인은 자유의지를 중간 선(medium bonum)으로 분류한다. 즉, 누구도 악용할 수 없는 큰 선들(magna bona) 그리고 그것이 없어도 얼마든지 올바른 삶이 가능한 작은 선들(minima bona)과 비교할 때, 자유의지는 중간에 위치하는 중간적인 선들(media bona)에 속한다는 것이다.(『자유의지론』 2, 19, 50-20, 54)

결국 윤리적 관점에서 문제가 되는 악은 악한 행위자의 문제이며 동시에 행위자의 내면의 문제인 것이다.[211] 인간은 자기의식과 자유로운 의지의 결정권을 가지고 있기에 악한 행위에 대한 책임도 행위자의 의지에 귀속(歸屬)되는 것이다. 이는 자유의지가 실재하고 있고,

---

211 Cf. E.O. Springsted, "Will and Order: *The Moral Self in Augustine's De Libero Arbitrio*", Augustinian Studies 29(1998), pp. 77-96.

그 자유의지야말로 더 이상 그 배후를 물을 수 없는 근원적 주체성, 즉 바로 '나 자신'임을 밝혀주는 것이다.[212] 따라서 악은 인간의 외부에 있는 것이 아니라, 인간의 행위 자체에 내재해 있다. 예를 들면, 무질서한 욕망이 그 원인이다.(『자유의지론』 1, 4, 10) 그리고 의지가 욕망에 빠짐은 의지가 본래적으로 지향해야 할 고귀한 가치와 영원한 대상들로부터 스스로 멀어졌기 때문이다. 이렇듯 인간이 그것에 의해서는 궁극적으로 행복해질 수 없는 방향으로 나가는 것이다. 그리고 가치의 진정한 질서를 위반하고 최고의 존재로부터 최하의 존재로 향하는 행동이 악이다.(『고백록』 8, 12)

그렇기에 악은 가치의 전도(顚倒)이며 가치 질서의 왜곡이다. 의지 스스로가 올바른 가치 질서를 벗어나 잘못된 가치로 전향(conversio)하거나, 아니면 지혜와 진리로부터 분리되고 타락(perversion)하여 열등한 사물들을 사랑하는 것이다.(『자유의지론』 2, 10, 28 ; 29, 53) 따라서 악으로부터의 해방과 구원은 인간이 다시 최고선과 영원한 가치를 추구하며 왜곡된 가치 질서로부터 벗어나 영원법이 정하는 진정한 가치 질서로 다시 돌아감으로써 가능해진다고 할 수 있다.(『자유의지론』 1, 7, 16-8, 18) 이것은 의지 본래의 모습인 선한 의지를 회복하는 것이요, 동시에 욕망에 대한 정신과 이성 본래의 지배권을 회복하는 것이다.

---

212 참조: 김성진, "현대의 윤리적 상황과 아우구스티누스의 자유의지론", 「중세철학」, 8(2002), 183-214쪽.

3) 하느님의 예지와 윤리적 악 그리고 자유

이 문제는 『자유의지론』 1, 1, 1의 "하느님이 악의 장본인이 아니신지"라는 질문과 연결되어 있다. 무엇보다 아우구스티누스는 하느님이 선이고 공정하기에 악의 근원이 될 수 없다고 단언한다. 그렇기에 다음과 같이 어려움을 호소한다. "사안이 이러하더라도 나로서는 하느님이 모든 미래사를 예지하시는데 우리가 필연에 의하지 않고 범죄하는 일이 어떻게 가능하느냐는 의문 때문에 형언할 수 없는 혼란을 겪습니다."(『자유의지론』 3, 2, 4) 또한 그는 이렇게 말한다. "하느님이 모든 미래사를 예지하신다는 사실과 우리가 필연에 따라서가 아니라 의지로 범죄한다는 사실이 도대체 어째서 반대요 모순이 아니라는 말인가? 그대 말로는, 사람이 범죄하리라고 하느님이 예지하신다면 인간이 범죄하는 것은 필연적이다. 만일 필연적이라면 범죄함에 있어서 의지의 자유가 있다기보다는 불가피하고 고정된 필연이 있을 따름이다. 그러한 추론 속에서 그대는 혹시라도 다음과 같은 논리가 성립될까 두려워하고 있는 것이다. 불경스럽지만 하느님이 미래사를 예지하신다는 것을 부정하거나, 정작 우리가 이것을 부정할 수 없는 이상, 인간이 의지로 범죄하는 것이 아니라 필연으로 범죄한다고 공언하는 수밖에 없다는 것이다."(『자유의지론』 3, 3, 6)

그러나 아우구스티누스는 하느님이 예지하시는 바가 모두 하느님이 장본인이 되는 것은 아니라는 것을 강조함으로써(『자유의지론』 3, 4, 11), 하느님의 예지를 확언하면서도 절대적 필연에서 범죄를 행한다는 주장을 거부한다. 또한 하느님의 예지가 인간의 행동을 강요하는 것이 아님을 제시한다. 성인에 의하면, "누가 범죄를 저지를 거라고 그대가 미리 안다고 해서 곧 그가 범죄하게 그대가 강요하는 것은 아니다. (그대가 확실히) 미리 안다면 그는 틀림없이 범죄할 것이지만 -그렇지 않다면 그렇게 되리라고 예지하는 것이 못 된다- 그대의 예지가 그를 범죄하도록 강요하는 것은 아니다. 다른 사람이 자기 의지로 무엇을 행할지 그대의 예지로 (미리) 안다고 해서 이 둘이 상충되는 것은 아니듯이, 하느님께서도 아무도 죄짓도록 강제하지 않으신 채로 인간들이 자기 의지로 범죄하리라는 것을 예지하시는 것이다."(『자유의지론』 3, 4, 10)

여기서 아우구스티누스는 하느님의 예지에 의해 의지가 박탈된 채로 하느님의 결정이나 강요로 그 일이 일어나는 것이 아님을 주장한다. 적어도 '그는 죄를 짓지 않을 수 없다.'는 절대적 의미에서의 강제나 강요에 의해 인간이 죄를 짓는 것은 아니라는 것이다.[213] 곧 자유의지는 하느님을 '등질 수 있는 것'으로 행동할 수 있는 것이지, 하느님을 '등지지 않으면 안 되는 것'으로 선택하게 만들어진 것은 아니다.

이러한 의미에서 볼 때, 인간의 의지는 자유롭다고 할 수 있다. 왜냐하면 우리의 의지는 우리의 통제력에 속한다는 것이기 때문이다.(『자유의지론』 3, 3, 7) 그렇기에 아우구스티누스는 이렇게 말한다. "똑같은 사람이 '나는 필히 그렇게 원할 수밖에 없다.'라고 하는 말은 내가 방금 인용한 것과 마찬가지로 괴이한 말이므로 그냥 넘어가기

---

213 Cf. T.J. Kondoleon, "Augustine and the problem of divine foreknowledge", *Augustinian Studies* 18(1977), p. 169.

로 하자. 그는 필연이라는 것을 설정함으로써 (자유)의지라는 것을 말소시키려 드는 셈이다."(『자유의지론』 3, 3, 8) 의지의 활동이 자유를 전제로 하고 있음을 성인은 이렇게 표현한다. "우리가 무엇을 '원하는' 사실이 전혀 없다면 모르지만, 우리가 (무언가 원하는) 능력을 가지고 있음을 부정할 길이 없다. 우리가 원하면서도 만일 의지 자체가 우리한테 결여되어 있다면, 물론 우리는 원하지 않는 셈이다. 원하면서 원치 않는다는 일이 일어날 수 없다면 원하는 사람들에게는 의지가 엄존한다. 또 원하는 사람에게 엄존하는 바로 그것이 아니라면 우리 능력하에 있는 것은 아무것도 없다."(『자유의지론』 3, 3, 8)

결국, 아우구스티누스에게 있어 '필연적으로 의지한다'는 것은 불가능한 것이다. '원한다'(velle)와 '의지'(voluntas)가 어원상 같은 것이기에, '필연적으로 원한다'라는 말 자체가 모순이다. 즉 우리가 필연적으로 죄를 짓기를 원한다 하더라도, 그렇게 필연적으로나마 원하는 작용, 곧 의지의 작용이 없다면 불가능한 것이다. 그리고 의지가 자유로운 것이 아니라 사전에 무엇에 의해 결정된 필연적인 것이라면 의지라 할 수 없고 결국 모순이 된다. 그래서 "우리는 의지로 원한다."는 동어 반복에 해당하므로 이것의 부정에 해당하는 '우리는 의지로 원하는 것이 아니다.'(non voluntate autem volumus)는 명제는 모순이 될 수밖에 없다. 그러므로 하느님의 예지와 인간의 자유의지는 공존할 수 있음은 물론이고 하느님의 예지와 의지의 자유로운 선택 사이에는 원인과 결과 사이의 필연적인 관계가 성립하지 않는다.[214]

---

[214] Cf. D. DeCelles, "Divine Prescience and Human Freedom in Augustine", *Augustinian*

11. 세기들의 질서(ordo saeculorum): 시간과 역사

1) 시간의 본성

시간에 대한 성찰은 많은 학자들이 주장하였듯이 『고백록』 제11권이 아니라 『창세기 문자적 해설 미완성 작품』으로 시작한다. 여기서 아우구스티누스는 시간과 창조 행위의 본성을 다루고 있으며, 마니교도들의 공격에서 창세기의 내용을 옹호하고, 동시에 밀라노의 암브로시우스가 발전시킨 천사들의 창조에 관한 이론을 기록하고 있다. 암브로시우스는 "한처음에 하느님께서 하늘과 땅을 창조하셨다."(In principio Deus fecit coelum et terram)라는 창세기 1장 1절의 구절을 해석하면서 다음과 같이 확언한다. "세상은 하느님과 함께 영원한 것이 아니다. 창조되었고, 존재하기 시작한 것이다. 반면 이전에는 존재하지 않았다. 그러나 하느님의 말씀은 한처음에 계셨고 항상 계셨었다. (…)" 그리고 다음과 같이 첨언한다. "하지만 천사들도, 주품 천사들도, 능품 천사들도 정해진 순간에 존재하기 시작하였다면, 그들은 이 세상이 창조되었을 때에는 이미 존재하고 있었던 것이다."[215] 마찬가지로 "(…) 시간은 이 세상이 존재하면서 시작된 것이지, 세상 이전에 그러한 것은 아니다."[216]

Studies 8(1977), pp. 155~156.
215 암브로시우스, 「6일 창조론」 I, 5, 18-19.
216 위의 책. I, 6, 20.

암브로시우스는 천사들이 세상 이전에 하느님에 의해 창조되었다고 주장하였다. 동시에 그는 시간의 창조를 이 세상의 창조와 일치시켰는데, 시간의 개념을 물체들의 운동과 연결하였기 때문이었다. 아우구스티누스는 『창세기 문자적 해설 미완성 작품』 3, 7에서 자신이 거부하고 있는 그러한 해석의 이상함에 주목하면서 다음과 같이 적고 있다. "만일 우리가 (천사들이) 시간이 시작될 때 지음 받았다고, 그래서 결과적으로 시간이 천사들과 함께 시작되었다고 확언한다면, 일부 사람들이 주장하는 것, 곧 시간이 하늘과 땅과 함께 존재하기 시작하였다고 주장하는 것이 틀린 것이라고 말해야만 한다."

천사들이 이 세상 이전에 창조되었다는 가설에서는, 시간의 존재가 하늘과 땅의 창조에 선행한다는 사실을 인정하는 것이 필요하다. 사실 비물질적 운동들을 통해 시간의 흐름을 유발하였던 피조물들이 이미 존재하고 있었다. 더욱이 그러한 피조물들과 함께 영혼의 경우에 유비적으로 시간 역시 존재하고 있었으며, 영혼은 자신의 생각들로써 운동할 수 있는 것이다.(『창세기 문자적 해설 미완성 작품』 3, 8)[217] 암브로시우스가 했던 것처럼 천사들이 시간 이전에 창조되었다고 주장한다면, 그들이 하느님과 함께 영원한 존재들이라고 결론지어야만 한다. 따라서 아우구스티누스는 이 이론의 모순점을 깨닫고 있으며 물체들의 운동과 연결된 시간 개념을 극복하면서 물질적 존재들과 비물질적 존재들의 고유한 가변성의 개념에 시간 개념을 연결시키고

---

[217] Cf. N. Cipriani, "Le opere di sant'Ambrogio negli scritti di sant'Agostino anteriore all'episcopato", *La Scuola Cattolica* 125(1997), pp. 778-779.

있다. 시간은 감각적인 것이든 영적인 것이든 상관없이 창조된 모든 실재의 운동의 연속인 것이다. 아우구스티누스는 물질적, 비물질적 모든 창조된 존재들이 운동하는 자연적 조건으로서 시간에 대한 보다 광범위하고도 긍정적인 개념을 『고백록』을 저술하기 이전에 이미 발견하였던 것이다.

『고백록』 제11권에서는 시간에 본성에 대한 탐구가 체계적인 방식으로 다루어지고 있다. 하지만 일부 이교도 철학자들이 '무에서의 창조'의 개념에 관해 제시하였던 반대의견이 서문에서 먼저 제시되고 있다. "낡은 사상에 젖어 있는 이들이 우리에게 묻기를 '천지를 창조하기 이전에 하느님이 무엇을 하고 있었는가?'라고 합니다. 저들의 말은 이렇습니다. '아무 일도 아니하면서 한가로이 지냈다면 항상 그래야 하고, 처음 그대로 아예 일에 손을 대지 말아야 했을 것이 아니냐? 만약에 창조를 하기 위하여 새로운 뜻을 세웠다면 이는 곧 아무것도 창조하지 않은 이전에 비겨 하느님 안에 그 어떤 변동이 있는 것이요, 이렇다면 전에 없던 뜻이 새로 세워지는 만큼 참다운 영원성이 어떻게 있다 하겠는가? 하느님의 의지는 피조물이 아닐뿐더러, 피조물 이전에 존재하는 것이니 창조주의 뜻이 앞서 있지 않는 한 아무것도 창조될 수 없을 것이다. 그런데 하느님의 뜻은 그분의 본체에 속하는 것이다. 이로 보아 먼저 존재하지 않던 무엇이 하느님의 본체 안에 일어났다면, 그의 본체가 영원하다고 하는 말이 타당치 않을 것이니, 피조물을 만들고도 하느님의 뜻이 영원하다면 어찌하여 피조물 역시 영원하다고 못하겠는가?'"(『고백록』 11, 10, 12)

아우구스티누스가 언급하고 있는 철학자들은 신플라톤주의자들일 것이다. 그들은 그리스 우주론의 공준(公準)들을 옹호하기 위하여 세상이 시간적 시작을 갖게 되었다는 생각을 배제하였다. 그들은 세상이 항상 필연성에 의해 어떠한 변화나 변경에 종속되지 않은 '일자'(一者)에게서 필연적으로 유출된다고 주장하였다. 만일 '일자'가 영원하다면 정신, 세상의 영혼, 우주 역시 영원한 것이다. 이러한 철학자들에게 있어 '무에서의 창조'라는 사상의 도입은 하느님 자신 안에서 계획과 의지의 변화를 인정하는 것을 의미하는 것이었다.[218] 하느님이 세상을 창조하기 전에 무엇을 하고 있었는지 질문하는 것은 아무 의미 없는 것이다. 시간성과 변화는 창조된 실체들의 특성으로, 이전과 이후 그리고 영원한 하느님 안에는 존재하지 않는 시간의 연속을 포함하고 있다. 사물들의 시간적 그리고 가변적 특성은 창조와 함께 시작된 것이다. 더욱이 하느님의 영원한 불변성은 영원하고도 불변한 의지만으로 새로운 것들을 창조하는 것을 저지하지 않는다. 창조주와 피조물 사이의 관계로서 새로운 관계가 탄생하기 때문에 두 주체의 변화가 필요하지 않으며, 오히려 한 주체 안에서만의 변화로 족한 것이다.

   이러한 서언 후에 시간의 본성에 관한 탐구가 시작되어 세 단계로 이루어진다.

   첫 번째에서는 우리가 살펴보았듯이 이미 『창세기 문자적 해설 미완성 작품』에서 다루어졌던 시간의 우주론적 개념이 분석된다. 무엇

---

[218] 플로티누스, 『엔네아데스』 III, 2, 1.

보다 아리스토텔레스가 가르친 이론에 따르면, 시간은 "이전과 이후에 따른 운동의 한량(限量)"으로 정의된다.[219] "시간은 무엇인가?"라는 질문에 아우구스티누스는 시간이 우리의 개인적 체험의 구성적 부분이라는 것은 확실하지만 개념적인 정의를 제시할 수 없다고 고백한다. "아무도 묻는 이가 없으면 알지만, 막상 묻는 이에게 설명하고자 하면 모릅니다."(『고백록』 11, 14, 17)

이러한 체험의 자료는 가변성이라는 부인할 수 없는 시간의 특성을 가리킨다. 사실 시간은 온갖 형태의 동시성(同時性)을 배제하는 운동으로서 우리에게 관측되어 나타난다. 아무것도 일어나지 않는다면, 과거의 시간은 존재하지 않을 것이라는 사실에 대해 우리는 확신한다. 만일 아무것도 오지 않는다면, 미래의 시간도 존재하지 않을 것이다. 하지만 과거의 시간과 미래의 시간은 연속성을 갖고 있지 않다. 첫 번째는 더 이상 존재하지 않으며, 두 번째는 아직 존재하지 않는 것이다. 또한 현재에 대해서도 만일 현재로 항상 남아있고 과거가 되지 않는다면, 그것은 더 이상 시간이 아니라 영원일 것이다.(『고백록』 11, 14, 17) 현재 역시 과거와 미래처럼 말하자면 자신의 연속성 안에서 분해되어 나타나기에 결국 포착할 수 없는 것이다.[220] 따라서 '우리는 시간이 비존재로 향하면서 존재한다.'(nisi quia tendit non esse)고 정당하게 확언할 수 있다. 더욱이 아우구스티누스는 날카로운 구분

---

219 아리스토텔레스, 『물리학』(Physica), IV, 10-14, 217b-224a.
220 F. Chiereghin, "Il tempo come possibilità interiore del male in Agositno, AA.VV., *Il mistero del male e la libertà possiblie (IV): ripensare Agostino*, Roma, 1997, pp. 179-180.

을 행하고 있다. 곧 과거와 미래가 연속성을 지니고 있지 않다면, 현재는 비록 외견상이라 할지라도 존재를 갖고 있다. 현재는 과거 속으로 사라지는 한, 순수 생성(生成)이요, "존재하지 않을" 것이다. 현재는 부정되지 않는다. 하지만 그의 존재 영역은 한정적이다.(『고백록』 11, 14, 17)[221]

『고백록』 11, 15, 18에서는 시간의 질적 속성, 곧 지속성이 분석되고 있다. 우리는 오직 과거와 미래에 대한 것이라 할지라도 긴 시간과 짧은 시간에 대해 말한다. 예를 들면 10년 전의 것이라면 그 과거 시간을 길다고 부른다. 그리고 예를 들어 10년 후의 것이라면 그 미래 시간을 길다고 부른다. 반대로 5일 전의 것이라면 그 과거 시간을 짧다고 부르며, 5일 후의 것이라면 그 미래 시간을 짧다고 말한다. 하지만 과거는 더 이상 존재하지 않기 때문에 길다고 언명될 수 없다. 미래 역시 아직 존재하지 않기 때문에 길다고 정의될 수 없다. 따라서 존재하지 않는 것의 길거나 짧은 지속에 대해 말할 수 없는 것이다.(『고백록』 11, 15, 18) 그러나 현재 역시 지속성을 지니고 있지 않다. 현재는 미래에서 과거로 살그머니 지나가며 최소한의 지속성도 갖고 있지 않은 시간의 한 부분이요, 한 순간이다. 현재가 어떠한 지속성을 갖고 있다 하더라도, 그것은 과거와 미래로 분리될 수 있는 것이다. 하지만 현재는 어떠한 연장(延長, spatium)을 갖고 있지 않다.(『고백록』 11, 21, 27) 현재의 시간에는 오직 과거와 미래 사이의 한계를 설정

---

[221] Cf. E. Corsini, "Lettura del libro XI delle Confessioni", AA.VV., *Le "Confessioni" di Agostino d'Ippona. Libri X-XII*, Palermo, 1987, p. 50.

하는 역할만 있을 뿐이다. 따라서 필요하지만 연장(spatium)이 결핍된 실체인 것이다. 시간의 길거나 짧은 지속은 우리의 매일의 체험에서 얻은 자료임에도 불구하고, 측정할 수 없는 것으로 드러난다. 만일 현재가 과거와 미래처럼 지속성을 갖고 있지 않다면, 시간을 측정하려는 시도 역시 실패하게 된다. 아우구스티누스는 한편으로는 친숙하고도 일상적이지만, 다른 한편으로는 매우 복잡한 수수께끼처럼 난해한 현상에 우리가 휘말려 있음에 주목한다.(『고백록』 11, 21, 28) 『고백록』 11, 16, 21에서는, 시간이 갖고 있는 불확정성으로 인해 시간은 사변적 이해의 대상이 될 수 없다는 증명과 함께, 시간의 본성에 관한 성찰의 첫 단계가 종결되고 있다.

 이제 아우구스티누스는 시간을 '확장'(distentio)으로 간주하는 플로티누스의 가설에 관한 탐구로 넘어간다. 그는 이렇게 추론을 시작한다. 비록 시간이 우리의 개별적 체험으로서 확실한 사실이요 과거와 현재 그리고 미래로 구성되어 있음에도 불구하고 오직 현재만 존재한다. 그 현재는 과거와 미래로 분해되고, 차원 없는 순간이며, 파악할 수 없는 실재이고, 순수 외견상 존재를 갖고 있는 것이다. 사실 우리는 과거의 사실들을 말하는 것처럼 간혹 미래를 예견하기도 한다. 하지만 지금 더 이상 존재하지 않는 것을 볼 수 없으며, 어떠한 방식으로든 우리가 보지 않으면 과거의 사실을 말할 수도 없는 것이다. 어떠한 양식으로든 현재의 사실처럼 이미 보였던 것이 아니라면 미래의 사실도 예견할 수 없다. 과거의 사실을 말하는 이조차 어떠한 방식으로든 자신의 정신(animus)으로 보지 않는다면, 진실을 분명하게 묘사하지 못할 것과 마찬가지이다. 따라서 "미래뿐 아니라 과거도 존재하는 것(sunt ergo et futura et praeterita)이라고 결론내리는 것이 필요하다."(『고백록』 11, 17, 22)

미래와 과거가 존재하지만, 기이한 연속성을 갖고 있다. "혹시 그것들이 존재하는 것이라서 미래에서 현재가 될 경우면 어느 은밀한 곳에서 나오고, 현재에서 과거가 될 경우이면 어느 감추어진 곳으로 흘러버리는 것입니까?"(『고백록』 11, 17, 22)

하지만 미래와 과거가 존재하는 것이라면, 이제 어디에 있는 것인지 아는 것이 필요하다. 미래와 과거는 공간적인 어떤 실재 안에는 존재할 수 없기 때문에, 아마도 그것들에게 존재론적 연속성을 부여하는 어떤 행위를 찾는 것이 요구된다.[222] 아우구스티누스는 여하튼 미래와 과거가 오직 현재로서 존재할 수 있음을 알고 있다고 고백한다. 예를 들면, 우리가 과거의 사실을 말할 때, 과거가 되어버린 사실 자체가 아니라, 감관들을 통해 지나가면서 우리의 정신 안에 찍어놓은 자취와 같이, 그 사실의 상(像)들에서 얻어진 말들이 기억에서 나오는 것이다. "이렇게 나의 소년기는 다시는 존재하지 않는 과거의 시간, 현재에는 존재하는 않는 것입니다. 그러나 추억을 더듬어서 말할 때, 나는 그 상(像)을 현재 보는 것이고, 이것은 아직 내 기억에 남아있기 때문입니다."(『고백록』 11, 18, 23)

미래에 관해 우리는 간혹 미래의 행동을 앞서 생각한다는 것을 알고 있다. 하지만 현재의 것은 우리가 예견하는 행동(action)이 아닌데,

---

222 F. Chiereghin, "Il tempo come possibilità interiore del male in Agositno, p. 182.

미래의 것이기 때문이다. 오히려 현재의 것은 예견(praemeditatio)의 행동이요, 미래의 것들의 원인과 표지이다. 따라서 세 순간으로 분절되어 있는 시간의 일관성을 현재의 차원에서 복구하는 것은 가능하다. 아마도 구분되는 세 가지 때를 숙고하기보다 과거의 기억으로 구성되는 현재, 현재의 목격함으로 구성되는 현재, 미래에 대한 기다림인 현재를 숙고하는 것이 더 적합할 것이라고 아우구스티누스는 제안한다. 이 시간의 세 가지 성질은 모종의 방법으로 영혼 안에 존재한다.(『고백록』 11, 20, 26)[223] 과거와 현재 그리고 미래는 구분되지만 상호 간에 연결되어 있는 영혼의 세 가지 행동이다. 영혼은 기다리고(expectat), 지켜보고(adtendit), 기억한다.(meminit) 영혼의 현재의 긴장(praesens intentio)이 무화(無化)로 떨어지는 과정이 아닌 일종의 영혼의 연장(distentio animi)으로써 미래를 과거로 옮긴다.(『고백록』 11, 26, 33)[224] 이 연장을 통해 아직 없는 것은 기다림이, 더 이상 없는 것은 과거가 그리고 순간은 현재의 목격함이 된다. 이에 대해 아우구스티누스가 거의 주저하면서 시간에 대한 그러한 정의를 발전시키고 있다는 것에 주목하는 것은 중요하다. 이 탐구의 두 번째 순간에 시간은 영혼의 주의(主意)로서, 경험적-공간적 요소들의 연속과 일치하지 않는 흐름으로 이해되고 있다. 변화와 운동은 시간의 객관적 특성을 이루는 반면, 영혼은 영적 실체로서 주관적 조건이 된다.

---

223 E. Corsini, "Lettura del libro XI delle Confessioni", p. 52.
224 E. Gilson, *Introduzione allo studio di S.Agostino*, Casale Monerrato, 1983, p. 223; J. Guitton, *Le temps et l'éternité chez Plotin et saint Augustin*, Paris, 1933, pp. 179-193.

아우구스티누스는 그러한 시간 개념이 우리가 이미 보았듯이 시간의 우주론적 개념에서 해소되는 것으로 보이는 시간성의 질적 그리고 양적 속성을 복원시킬 수 있는지 자문한다. 이 내적 단계에서 시간은 측정 가능한 어떤 방식으로 일정한 지속성을 소유하고 있는 것으로 보인다. 그러한 가설은 암브로시우스의 찬미가의 첫 구절인 '만물을 내신 하느님'(Deus creator omnium)을 분석하면서 검증되는데, 이 구절에서는 8개의 음절이 장음과 단음 사이에서 교차하고 있다. 네 개의 단음, 곧 첫 번째, 세 번째, 다섯 번째, 일곱 번째 음절은 네 개의 장음, 곧 두 번째, 네 번째, 여섯 번째, 여덟 번째 음절과 비교할 때 단일음(單一音)이다. 이 장음들 각각은 단음들과 비교할 때 두 배의 시간 동안 지속된다. 감관들이 드러내듯이 우리는 단음절을 통해 장음절을 측정하며, 장음절이 단음절보다 두 배 지속된다고 느낀다. 하지만 한 음절이 다른 음절 다음에서 소리를 낼 때, 앞소리가 짧고 뒷소리가 길 경우, 그 짧은 것을 어떻게 붙잡아두면서 긴 것에 맞추어 재보고, 두 배나 된다고 할 수 있는가? 짧은 음절이 소리 내는 것을 끝내고 난 후에야 긴 음절이 소리를 내기 시작하기 때문이다. 그리고 긴 음절이 끝날 때에만 내가 측정할 수 있다면, 어떻게 긴 음절 자체가 현재일 때 측정할 수 있는가? 하지만 끝날 때에는 지나가는 것이다. 따라서 나는 무엇을 측정하는가? 어디에 짧은 음절이 있기에, 이것으로 내가 측정할 수 있는가? 그리고 내가 재야만 하는 긴 음절은 어디에 있는가? 두 가지 모두 소리가 났고, 날아갔고, 더 이상 존재하지 않는다. 그런데 나는 측정하고 감관들의 체험에 대해 우리가 신뢰할 수 있는 한, 하나는 홑음절이고 다른 것은 곱음절이라고, 공간–시간적 연장(spatium) 안에서 이해된다고 자신 있게 확언한다. 나는 그 음절들이 지나가고 끝났기 때문에, 이것을 확언할 수 있는 것이다. 따라서 나는 더 이상 존재하지 않는 음절 자체가 아니라, 만들어져서 내 기억 안에서 지속하는 어떤 인상(affectio)을 재는 것이다. 이렇게 존재하지 않는 미래는 긴 시간이 아니다. 오히려 미래에 대한 오랜 기다림이 긴 미래인 것이다. 존재하지 않는 과거는 긴 시간이 아니다. 오히려 과거에 대한 오랜 기억이 긴 과거인 것이다.(『고백록』 11, 28, 37) 만일 내가 알고 있는 시를 노래하고자 한다면, 내가 시작하기 전에 나의 기다림은 시 전체에 뻗친다. 막상 시작하면, 나의 기억은 내가 포착하여 과거로 보내는 시의 구절들로 뻗친다. 내 활동의 활력은 내가 낭송하였던 것을 통해 기억으로 향하며, 또한 내가 낭송할 것을 통해 기다림으로 향한다. 하지만 나의 지켜봄(adtentio)은 현재인 것이다. 이것을 통해 미래이던 것이 과거가 된다. 그러한 행동이 연거푸 진행될수록 기다림이 짧아지며 기억이 길어지고, 드디어 기다림이 아주 없어지고 나면 전체 행동이 끝나 기억으로 옮겨지고는 마는 것이다.(『고백록』 11, 28, 38) 나의 현재의 긴장(praesens intentio)은 이렇게 유일한 행위 안에서 과거와 현재를 모아들인다. 이 시점에서 시간의 본성에 관한 탐구의 두 번째 순간이 끝을 맺는다.

『고백록』 11, 29, 39에서 아우구스티누스는 확장(distentio)으로 시간을 간주하는 플로티누스의 생각을 버리고 연장(extensio)으로 시간을 바라보는 생각을 다음과 같이 도입한다. "(…) 저의 생명은 산란함(distentio)에 불과한 것이지만, 반면 당신의 오른손이 저를 오직 한 분이신 당신과 많은 것들 안에 있는 그리고 많은 형상을 가진 여럿인 우리들과 중개자, 즉 사람의 아들이신 우리 주 안에 받아들이셨습니다. 그분을 힘입어 저에게 오셨던 그리고 오직 한 분만을 따르면서 오랜 세월에서 저를 다시 회복시켜주신 그분께 도달하기 위함입니다. 저는 과거의 것들을 잊어버리고 지나가게 될 미래의 것들에 헷갈림(distentus) 없이, 오히려 산란함(distentio)이 아닌 전심전력(intentio)으로 앞에 있는 것들을 향해 뻗으면서(extentus) 하늘의 부르심의 팔마를 따라갑니다. (…)"225

이 본문과 각주에서 인용된 문헌들을 통해 성 바오로가 아우구스티누스에게 연장(extensio)이라는 용어를 제시하였다(필리 3, 13-14)는 결과가 나온다. 새로운 방식으로 시간의 현상을 정의하기 위해 채택된 '긴장–연장'(intentio-extensio) 개념은 플로티누스가 주장한 확장(distentio) 개념과 반대되는 것으로 나타난다. 곧 '확장'(distentio)의 부정적 개념에 대해 긍정적인 용어로서 드러나고 있다.226 39절에서 나타나는 시간에 대한 성찰은 결정적으로 상이한 의미를 갖고 있다. 오데일리(Gerard. O'Daly)가 정확하게 관찰하였듯이 성서의 용어가 새로운 개념을 발전시키기 위해 전문용어로 변화한다. 시간이 영혼의 확장(distentio)에서 미래를 향한 인간 자의식의 '긴장–연장'(intentio-extensio)이, 현재에 대한 전념 그리고 과거에 대한 기억이 되고 있다. 인간이 '앞에 있는 것을 향해', 곧 영원한 것들과 진리를 향해 '뻗칠

---

225 참조: 「삼위일체론」 IX, 1, 1; 「강론」 255, 6, 6; 284, 4.
226 G. O'Daly, "Time as distentio and St. Augustine's Exegesis of Philippians 3, 12-14", *Revue des Études Augustiniennes* 23(1977), pp. 265-271.

때', 시간은 질적으로 새로운 차원을 갖게 되어, 과거와 현재 그리고 미래 사이의 연결을 회복하면서 생성을 역사로 변화시킨다. 반대로, 영혼이 사물들의 다양성 안으로 사라질 때, 진리이신 일자(一者)와의 연결을 잃어버리기 때문에 이미 경험적 체험으로 분쇄된 시간은 심리적이요 역사적인 체험으로서도 사라진다. 바로 이것 때문에 아우구스티누스는 확장이 아니라 연장을 받아들이는 것이 필요하다고 강력하게 주장한다.(Ecce extensionem: numquam distentionem)[227]

이 상황에서 아우구스티누스가 시간을 이해하기 위해 방식에 새긴 전환점의 가장 특징적인 요소를 요약하는 것은 좋은 일이다. 플로티누스에 따르면 영혼은 육체와의 결합보다 선재하기 때문에 영원한 것이다. 필요성 혹은 대담함의 행동을 통해 영혼은 육체 안에 추락하고, 생성 안에 다시 놓이면서 영혼에게는 자연적인 현실이 아닌 상황인 절단, 분할, 분리의 상황에서 살고 있다. 사실 영혼은 육체를 돌보면서 다양성 안으로 사라지고 흩어지며, 결국 자신의 근원을 망각하는 처지에 놓이게 된다. 시간은 이렇게 영혼이 추락한 상황과 결합하여 완전히 부정적인 특성을 갖게 된다.[228] 반대로 아우구스티누스에게 있어 영혼과 육체는 하느님으로부터 창조된 것이다. 인간 구성의 상황은 본성상 우연적이고 가변적이며, 하느님이 창조한 시간은 그러한 구성의 자연적이요 긍정적인 조건을 이룬다. 처음에는 그러하다. 계속해서 인간이 자유의지를 잘못 사용한 결과인 근원적 추락으

---

227 「강론」, 255, 6, 6.
228 플로티누스, 「엔네아데스」 III, 7, 11-12.

로 인해 시간은 이전에 지녔던 긍정적 상황에서 부정적으로 되는데, 자신의 기원과의 연결을 잃어버렸기 때문이다. 시간은 확장(distentio)으로 변화되었고, 그때부터 인간은 죽음의 시간인 세기(saeculum)에서 살고 있다. 이러한 혼란의 이유는 신플라톤주의자들이 주장하듯이 인간이 육체 안에 살고 있다는 사실에 있지 않다. 오히려 인간이 죄를 통해 하느님으로부터 멀어졌다는 사실에서 기인하는 것이다. 하지만 일자(一者)와 진리와의 관계를 회복하면서 시간은 긍정적인 성격을 회복하며 확장(distentio)은 '긴장-연장'(intentio-extensio)으로 변화한다. 이러한 시간에 대한 보다 폭넓은 개념은 현재와 과거, 미래라는 역사적 삼차원성에 열려 있으며 아우구스티누스에게 역사의 기초를 구성한다.[229]

2) 역사의 시간

아우구스티누스는 성 바오로가 제시한 개념을 통해 역사적 과정으로서의 시간을 발견하였는데, 이 개념은 그리스 철학자들에게는 생소한 것이었다. 그들은 역사적 추이를 시작도 끝도 없이 모든 것이 순환하고 모든 것이 되돌아오고 주기적인 반복에 종속된 순수 순환적 운동으로 이해하였다. 역사의 시간은 자연의 시간의 자리를 갖고 있다. 곧 신비로운 하느님의 계획을 통해 시간성에 잠겨 있는 인간들

---

229 H.I. Marrou, Teologia della storia, Milano, 1979, p. 35.

도 미래를 향한 여정에 있는 것이다. 아우구스티누스는 연장(extensio)으로서의 시간에 대한 개념에서 출발하여 과거와 현재, 미래의 다차원성 안에서 개인과 공공의 역사가 지닌 가치를 발견한다. 개인의 과거와 현재 그리고 기다림에 대한 이해는 『고백록』이 증언하고 있는 개인의 역사이다. 인류의 과거와 현재 그리고 기다림에 대한 이해는 『신국론』이 증언하고 있는 공공의 역사이다.[230] 개인과 공공의 역사에 대한 이러한 이해는 현세적 사물들에 대한 이성적 지식(scientia)과 인간 지성에 빛을 비추는 지혜(sapientia)에서 나오는 이중적 인식을 통해 가능하다.

아우구스티누스는 자신의 역사관을 제시하면서 일부 비판적인 입장을 치체로에게 제시한다. 이 인물은 신적 섭리의 활동이 인간의 삶에 영향을 미칠 수 있다는 것을 거부하였는데, 미래의 것들을 예견하고 배려하는 섭리가 인간의 자유와 대립하기 때문이다. 그리고 여기에서 인간의 삶이 신적 섭리에 의해 통솔될 수 없다는 사실이 등장한다. 이 문제는 이미 『자유의지론』 제3권에서 다루어졌지만, 『신국론』에서 아우구스티누스는 치체로를 논박하면서 하느님의 예지(豫知)와 인간의 자유 사이의 관계에 대한 철저한 설명을 제공한다. 치체로는 만일 미래의 모든 사건이 예견되는 것이라면, 그 사건들은 예견된 방식으로 일어날 것이라고 생각하였다. 그리고 만일 그렇게 일어날 것이라면, 사물들의 순서는 그것을 미리 알고 있는 하느님에 의해 예

---

[230] M.F. Sciacca, "Filosofia e Teologia della storia in sant'Agostino", AA.VV., *Atti della settimana agostiniana pavese*, Pavia, 1974, p. 35.

정된다는 것을 의미한다고 보았다. 하지만 만일 사물들의 순서가 확실하다면, 원인들의 순서도 확실할 것이다. 어떤 작용인이 선행되는 조건에서만 어떤 결과가 검증될 수 있기 때문이다. 그리하여 존재하는 모든 것이 산출되는 원인들의 순서가 확실하다면, 모든 사건은 필연적으로 발생한다는 결과가 나온다. 그러나 이것이 확실하다면, 아무것도 우리의 능력 안에 있지 않으며 자유의지도 존재하지 않을 것이다.(『신국론』 5, 9, 2) 치체로의 개념에 대한 아우구스티누스의 답변은 독창적이다. 곧 아무것도 작용인 없이 발생하지 않는다는 것은 분명하지만, 모든 작용인이 운명의 맹목적인 의지와 부합하는 것은 아니다. 사실 그는 원인들의 세 가지 순서를 구분하고 있다. 곧 우연적(fortuita) 원인, 자연적(naturalis) 원인 그리고 의지적(voluntaria) 원인이다. 의지적 원인만이 작용인인 것이다. 더욱이 두 번째 구분이 개진된다. 능동인(能動因)이지만 피동인(被動因)이지 않은 의지적 원인이 있고, 작용하는 자유를 갖고 있기 때문에 능동인이지만 작용하는 능력이 주어졌기에 피동인이 되는 의지적 원인이 있다.(『신국론』 5, 9, 4) 여기에서 아우구스티누스가 하느님으로부터 받은 능력으로서의 의지와 능력 자체의 수행으로서의 의지를 구분하고 있다는 것이 분명하다. "여기서 얻어지는 결론은 발생하는 모든 것, 곧 숨과 생명의 기운인 저 존재의 작용인들치고 의지적 원인들로 귀결되지 않는 것이 없다는 것이다. (…) 생명의 기운은 모든 것을 살리는 것이요, 모든 물체의 창조주요, 창조된 모든 영의 창조주이다. 하느님이 바로 그요, 따라서 창조되지 않은 영이다. 하느님의 의지 안에 최고 권능이 있어 피조된 영들의 선한 의지들을 돕고, 악한 의지들을 심판하며, 모든 의지의 질서를 잡아주고, 어떤 의지들에게는 다른 사물을 움직일 능력을 주고 어떤 의지들에게는 주지 않는다. 그는 모든 자연 본성의 창조주이듯이 모든 능력의 수여자이기도 하다. 그렇지만 모든 의지의 수여자는 아니다. 악한 의지들은 그에게서 유래하지 않는 까닭이다. 악한 의지는 하느님에게서 유래하는 자연 본성에 상반되는 까닭이다. (…) 사물들의 원인, 능동인(能動因)만 되고 피동인(被動因)은 되지 않는 원인은 하느님이다. 이성적이면서도 창조된 영들과 같은 여타의 원인들은 능동인도 되고 피동인도 된다. 능동인이라기보다는 주로 피동인이라고 할 물체적 원인들은 굳이 작용인들 속에 넣지 말아야 한다. 영들의 의지가 그것들을 수단으로 해서 무엇을 할 때에만 능동인일 수 있기 때문이다. 따라서 원인들의 질서에서도 우리 의지들이 중요한 역할을 하는데, 원인들의 질서가 하느님의 예지 속에서 확실하다고 해서 우리 의지에 달린 것이 아무것도 없다는 결론이 어찌 나온다는 말인가?"(『신국론』 5, 9, 4)[231]

존재론적 관점에서 볼 때 하느님은 인간 의지의 능력을 보존하며, 인간에게 어떤 면에서, 혹은 다른 면에서 그 능력을 사용하는 자유를 허락한다. 따라서 하느님의 예지와 인간의 자유 의지는 공존할 수 있다고 결론을 내려야만 한다. 자유의지가 미리 인식되고 있었음에도 불구하고 방해받지 않는다.

『신국론』 제12권에서는 순환적 시간에 대한 신플라톤주의의 이론

---

[231] Cf. Th.J. Kondoleon, "Augustine and the Problem of divine Foreknowledge and free Will", *Augustinian Studies* 18(1987), pp. 171-175.

을 비판적으로 분석하고 있는데, 이 이론에 따르면 인간은 끝없이 주기적인 순환에 따라 항상 동일한 고통과 동일한 시련, 동일한 기쁨을 겪게끔 운명 지어져 있다. 아우구스티누스는 역사의 모든 사건은 반복될 수 없고 결정적인 어떤 것을 제시하면서 운명의 바퀴를 뒤집고 있다.232 그는 다음과 같이 표현한다. "이 세상의 철학자들은 시간의 순환을 도입하지 않는 한 (세상의 기원에 대한) 문제를 해소할 수 없고 또 해소해서도 안 된다고 생각했다. 그 순환 속에 대자연은 항상 동일한 것으로 새로워지고 반복되어 왔다고 주장하고, 그리하여 앞으로 오는 세기들과 지나가는 세기들의 순환이 차례로 중단 없이 이루어지리라고 주장했다. 세계가 지속되는 가운데 계속해서 순환이 일어나는 것인지, 그렇지 않으면 일정한 주기로 세계가 다시 생성되고 소멸하면서 지나간 것들과 장차 올 것들이 동일하고 항상 새로운 것으로 보이는 것인지는 모를 일이다. 이런 운명의 장난에서는 불멸의 영혼도 심지어 지혜를 깨우쳤을 경우에도 해방되는 일이 불가능하며, 영혼은 끊임없이 거짓 행복과 진짜 불행을 향해 되돌아오는 셈이다."(『신국론』 12, 13, 1)

신플라톤주의자들의 이론은 아우구스티누스에게 어리석은 것으로 나타나는데(『신국론』 11, 4, 2), 많은 고대 철학자들이 주장하였던 행복의 개념 자체를 사실상 거부하고 있기 때문이다. 행복이 확실하기 위해서는 그 행복이 불멸하고, 영원한 참된 존재에 참여하고(『여든 세

---

232 V. Bourke, "The City of God and the christian View of History", AA.VV., Mélanges à la Mémoire de Charles De Koninck, Québec City, 1968, p. 74.

가지 다양한 질문』 35, 2 ; 『신국론』 11, 11), 냉혹한 운명이 빼앗아가지 않는 것이 필요하다.(『행복한 삶』 2, 11) 영원한 순환 이론과 함께 영원과 확실함이라는 행복의 두 속성들도 거부된다. 영혼은 도달한 선에 대해 알고 있거나, 혹은 그렇지 않은가에 따라 무지나 고통이 동반하는 행복에 간헐적으로 도달할 수도 있을 것이다. 결국 두 경우 모두에서 거짓 행복 혹은 참된 불행을 만나게 될 것이다.(『신국론』 12, 20, 1) 모든 인간은 순환의 전망에 따라 부조리한 상황 속에 살도록 단죄된 것이다. 행복을 기다리면서 불행한 삶을 살든가, 반대로 불행을 기다리면서 행복한 삶을 살고 있는 것이다. 따라서 행복을 기다리는 것은 불행한 것이고, 불행을 기다리고 있는 것은 행복이 될 것이다. 이러한 방식으로 불행은 현재의 삶과 미래의 삶을 정의하게 되는 것이다.(『신국론』 12, 20, 2)

아우구스티누스에게 있어 영원한 회귀들은 존재하지 않는데, 시간이 시작과 끝을 갖고 있기 때문이다. 하느님은 창조 행위로써 인간에게 시작(exortus)을, 걸어가야 할 여정(excursus)을, 그리고 도달해야 할 목표(finis)를 주었다. 그분은 실재 안에 한 계획을 심어 놓았는데, 이를 통해 인간이 당신 자신의 행복에 참여하기를 원하고 있다. 지성과 자유로운 의지를 받은 인간들이 따르도록 부름 받은, 이러한 하느님의 계획이 시간을 교차하고 있다. 곧 인간들이 수행하는 모든 것은 유일하고도 반복될 수 없는 것이다. 여기에서 역사는 하느님의 섭리와 인간이라는 두 주인공에 의해 인도된다는 것, 그리고 인간은 하느님의 계획에 순응하거나 걸림돌이 될 수 있다는 사실이 나온다.(『신국론』5, 11)²³³ 아우구스티누스의 관점에서 하느님의 섭리는 내재적인 우주적 법칙과 동일시되지 않으며, 이른바 우주적 이성의 특별한 기능과도 동일시되지 않는다. 시간은 더 이상 순환적인 것이 아니라 직선적인 것이다. 사건들의 생성이 더 이상 영원하고 맹목적이며 필연적인 반복이 아니라 최초의 창조 행위와 마지막 종결 사이에 새겨진 것이기 때문이다.

하지만 시선을 보다 깊은 곳으로 옮기면, 직선적인 역사의 과정은 양면적 특성으로 각인되어 있다는 결과가 나온다. 곧 역사의 시간은 최종적 목적지를 향한 긍정적인 계획에 인도되지만, 인간의 측면에서는 매우 다양하고도 많은 어려움과 오류 그리고 악들이 흩어져 있는 곳이다. 인간은 역사의 대상을 실제로 구성하는 것을 알고 있음에도 불구하고 종종 그 대상의 세부적인 것들과 불가사의한 것을 해독하지 못한다. 여기에서 혹자가 '역사의 신비'(il mistero della storia)라고 명명하였던 것이 나온다.²³⁴ 인간의 추이를 이해하는 방식이 플로티누스부터 달라졌다. 그에 의하면 인류와 개별 인간들의 삶은 모두 필연성에 의해 이미 결정된 것이다. 이 신플라톤주의 철학자는 『엔네아데스』 III, 2, 15에서 이러한 관점의 청사진을 매우 명확하고도 비극적으로 제시하였다.

아우구스티누스에 따르면 역사는 그리스 철학이 제시하듯 운명적

---

233 Cf. P. Miccoli, "Storia e profezia nel pensiero di S. Agostino", *Augustinian Studies* 16(1984), pp. 90-106.
234 H.I. Marrou, *Teologia della storia*, pp. 50-57.

이며 비관적인 성격을 갖고 있지 않다. 오히려 인간의 삶은 사회적 삶에 대한 새로운 개방을 통해 긍정적이고 동시에 극적인 의미를 갖게 된다. "인류는 악덕으로는 그토록 불화하고 본성으로는 그토록 사회적이다."(『신국론』 12, 27, 1)

결국 사회적 평화의 건설이 모든 사람의 과제가 된다. "신체의 평화는 부분들의 질서 있는 조화이다. 비이성적 영혼의 평화는 욕구들의 질서 있는 안정이다. 이성적 영혼의 평화는 인식과 행위의 질서 있는 합의이다. 신체와 영혼의 평화는 생명체의 질서 있는 생명과 안녕이다. 사멸할 인간과 하느님의 평화는 영원법에 대한 신앙의 질서 있는 순종이다. 인간들의 평화는 질서 있는 화합이다. 가정의 평화는 함께 사는 사람들 사이에 명령하고 복종하는 질서 있는 화합이다. 도시국가의 평화는 시민들 사이에 명령하고 복종하는 질서 있는 화합이다. 천상 도성의 평화는 하느님 안에서 서로 향유하는, 더없이 질서 있고 더없이 화합하는 사회적 결속이다. 만유의 평화는 평온한 질서이다."(『신국론』 19, 13, 1)

3) 두 사랑(Duo amores): 두 도성(duo civitates)

'연장'(extensio)으로서의 시간과 하느님과 인간 의지의 활동 영역으로서의 역사에 대한 개념에서 출발하여 아우구스티누스는 인간의 모든 사건이 '하느님의 도성'과 '지상의 도성'의 추이로 환원된다는 것에 주목한다. 『신국론』 제14권에서는 육과 영 그리고 육에 따라 사는 것과 영에 따라 사는 것의 대립에 관한 성 바오로의 구분(갈라 5, 19-

21)이 다시 나타난다. 육에 따라 사는 것이 육의 행실에 따라 사는 것을 의미하는데, 이 행실은 방탕, 주정, 폭음, 폭식같이 육신의 영역에 해당하는 쾌락만이 아니라 원한, 싸움, 우상숭배, 마술 등과 같이 영혼에 악덕과도 동일시된다고 아우구스티누스는 주장한다. 반면 영에 따라 사는 것은 하느님에 따라 사는 것을 의미한다. 이 두 가지 삶의 대립적인 방식에서 두 사랑(amores)이 나온다. 곧 두 무게로서 형성되는 자기 사랑과 하느님 사랑이며, 아우구스티누스는 이를 우리가 잠기고 떠오르는(mergimur et emergimus) 욕정의 무게(pondus cupiditatis)와 사랑의 무게(pondus caritatis)라고도 부른다.(『고백록』13, 7, 8)235 "두 사랑이 두 도성을 이루었다. 하느님을 멸시하면서까지 이르는 자기 사랑이 지상 도성을 만들었고, 자기를 멸시하면서까지 이르는 하느님 사랑이 천상 도상을 만들었다."(『신국론』14, 28)

두 사랑은 인간의 역사 안에서 두 사람, 두 도성, 두 사회처럼 나타나는데, 하느님은 인류를 한 사람처럼 만드셨기 때문이다.(『여든세 가지 다양한 질문』58, 2) 두 사회 각각에 소속되는 고리는 외적이 아니라 내적인 질서의 것이다. 사실 인간이 전념하는 사랑이 두 도시들 중 어느 하나에 속하는 것을 결정짓는데, 이 두 도시는 어떤 제도적 실재와 동일시되지 않는다. "이 두 사랑 중에 하나는 순수하고, 다른 하나는 불결하다. 하나는 사회적이고, 다른 것은 개인적이다. 하나는 천상 도성을 위하여 공동선에 봉사하는데 열렬하고, 다른 것은 거만한 지배

---

235 Cf. M.F. Sciacca, "Filosofia e Teologia della storia in san'Agostino", p. 37.

를 위해 공동선조차도 자신의 개인적 권한에 종속시키는데 열성적이다. 하나는 하느님께 복종하고, 다른 것은 하느님의 원수이다. 하나는 고요하고, 다른 것은 혼란스럽다. 하나는 평화롭고, 다른 것은 싸움을 즐긴다. 하나는 호의적이고, 다른 것은 시기심이 세다. 하나는 자신을 위해 원하는 것을 이웃을 위해서도 원하고, 다른 것을 이웃을 자기 자신에게 복종시키기를 원한다. 하나는 이웃의 유익을 위해 이웃을 통솔하며, 다른 것은 자신의 이익을 위해 이웃을 다스린다. 이 두 사랑은 무엇보다 천사들 사이에서 드러난다. 하나는 착한 천사들에게서, 다른 하나는 악한 천사들에게서 나타난다. 그리고 하느님 자신이 만든 모든 것을 통솔하고 정리하는 경탄할 만하여 형언할 수 없는 하느님의 섭리 하에서 인류 안에 세워진 두 도성 사이의 구분을 나타낸다. 곧 하나는 의로운 이들의 도성이고, 다른 하나는 악한 이들의 도성이다."(『창세기 문자적 해설』 11, 15, 20)

『창세기 문자적 해설』에서 인용한 이 구문은 하느님 도성의 본성과 그와 정반대되는 지상의 도성의 본성을 이해하기 위한 열쇠를 형성한다. 하느님의 도성은 겸손과 하느님에게 순명하고 그분에게 의존하는 내적 자세를 갖춘 사람들의 사회이다. 그 도성은 공동선과 정의를 인정하며 지배욕(libido dominandi)이 아니라 공동의 유익을 위하여 권력을 행사한다. 또한 하느님과 타인들을 향한 질서 있는 사랑을 스스로 지니고 있다. 반면 지상의 도성은 하느님과 그리고 종종 타인들과도 반복하고 있는 사회와 동일시된다.

하느님의 도성에 소속됨은 누구에게나 열려 있다. "천상 도성은 지상에서 나그넷길을 가는 동안 모든 민족에서 시민들을 불러 모아 모든 언어를 사용하는 순례자 집단을 이룬다. 풍속이나 법률이나 제도에 의해 지상의 평화가 달성되고 보존되는 한, 그것들이 어떻게 다른지는 상관하지 않는다."(『신국론』 19, 17)

하느님의 도성은 시간, 종족, 국적, 인간의 기관들의 상이함을 초월한다. 두 도성은 교회나 국가와 같은 역사적 기관들과 동일시될 수 없다.[236] 그들의 기원은 두 개의 근본적이며 반복적인 대립 안에서 찾아야 하는데, 이 대립들이 실존을 이해하고 살아가는 두 가지 양식을 결정하며 동일한 역사 안에서 대립된 방향으로 향한다.

'도성'(civitas)은 넓은 의미에서 사회와 동의어이다. 곧 결정된 사회적 관계에 의하여(『신국론』 1, 15) 그리고 역사적 함의(含意)를 갖고 있는[237] 내적 성격의 연결에 의해[238] 일치된 사람들로 이루어진 합심하는 다수 대중과 동의어이다. 이 정의에서 출발하여 아우구스티누스는 하느님의 도성과 지상의 도성이라는 두 도성을 구분하고 있으며, 이 두 도성들 중 하나는 정의를 위하여 그리고 다른 하나는 불의를 위하여, 또 첫 번째 도성은 진리를 위하여 그리고 두 번째 도성은 허무를 위하여 싸우고 있다. 이 두 도성은 적대적이지만, 현실의 역사적 상황 안에서 혼합되어 있다. 두 도성은 복음에 나오는 밀과 가라지처럼 오직 마지막 날에만 최종 심판을 통해 분리될 것이다. "두 도성은 이 세상에서는 경계가 애매하며, 최후 심판으로 양편이 갈라지기까

---

236 V.J. Bourke, "The City of God and the christian View of History", p. 71.
237 J. Ratzinger, *Popolo e casa di Dio in Sant'Agostino*, Milano, 1978, pp. 286-287.
238 A. Trapè, *Introduzione a Sant'Agostino, la Città di Dio*, I, Roma, 1978, p. XXIX.

지는 서로 뒤섞여 있다."(『신국론』 1, 35)

두 도성은 바구니의 등나무 대처럼 서로 얽혀 있거나 유액(乳液)처럼 혼합되어 있다. 마치 얽혀서 풀리지 않는 혼합과도 같으며, 간혹 아우구스티누스의 작품에서 '페르믹스시오'(permixtio) 그리고 다른 경우에는 '콤믹스시오'(commixtio)로 표현된다. 두 도성을 구분하는 경계는 역사적으로 인식할 수 없는 것이다.[239] 아우구스티누스는 이러한 혼합에 대해 매우 구체적인 상을 제시한다. "두 도성 사이에는 세상 종말까지 곧 현재의 혼합에 종말을 가져올 분리가 일어날 때까지 지속될 분명한 대비가 존재합니다. (…) 지금은 이 두 두성이 혼합되어 있습니다. (…) 두 도성은 서로가 서로를 거슬러 투쟁하고 있습니다. 하나는 불의를 위하여, 다른 하나는 정의를 위하여, 그리고 하나는 허무를 위하여 다른 하나는 진리를 위하여 싸우고 있습니다. 간혹 이러한 혼합 때문에 우리가 시간 안에 존재하는 한 바빌론 도성에 속한 어떤 이들이 예루살렘 도성에 속한 것들을 지배하는 일도 일어납니다. 반면 예루살렘에 속한 어떤 이들은 바빌론의 고유한 이익에 전념해야만 합니다. (…) 여러분은 (첫 백성에게 일어났던) 이 모든 것이 어떻게 성취되는지 그리고 특별히 우리의 이 시대에 교회 안에서도 어떻게 일어나고 있는지 주의를 기울이십시오. '그들이 너희에게 말하는 것은 다 실행하여라. 그러나 그들의 행실은 따라 하지 마라.'는 말씀을 듣는 모든 이들은 바빌론의 시민들이지만 예루살렘 도시를 다

---

239 H.I. Marrou, *Teologia della storia*, p. 66.

스립니다. (…) 선한 도시의 고유한 일부 권위들에서 권력을 부여받은 악의 도시의 시민들이 있습니다. 선의 도시의 시민들도 악의 도시에 속한 책무들을 수행하는지 잠깐 보도록 합시다. 모든 국가는 지상적 실재이며, 곧 혹은 나중에 끝이 있을 것입니다. 그 나라의 권력은 그 나라가 올 때 끝날 것입니다. 우리는 그 나라에 대해 '당신의 나라가 오소서'라고 말하면서 기도하며 그 나라에 대해 '그리고 그분의 나라는 끝이 없으리이다.'라고 예언되었습니다. 하지만 지상의 공화국은 자신의 권위의 일들을 수행할 책임을 맡은 우리의 시민들을 갖고 있습니다. 얼마나 많은 성실하고도 선한 이들이 자신들의 도시에서 판사로 있는지, 그리고 재판관으로 있는지, 또한 장군으로 있는지, 그리고 신하로 있는지, 또 왕으로 있는지?"(『시편 상해』 61, 6-8)

역사에 대한 아우구스티누스의 개념에 관해 혹자는 인종적 이원론에 대해 말하였다. 이 표현은 육에 따라 사는 것 그리고 영에 따라 사는 것에 대한 바오로의 구분에 관련될 때 수용될 수 있다. 하지만 역사의 지평에 관해 이 이원론은 평화로운 공존과 더욱이 두 도시들의 시민들 사이의 공동협력 가능성을 배제하지 않는다. 이는 두 도시의 시민들이 유사점을 갖고 있지 않고 종종 충돌하지만 동일한 욕구들과 함께 동일한 본성을 소유하면서(『신국론』 11, 33) 인간적, 가족적, 애국적인 정서를 고유(固有)할 수 있기 때문이다. 두 도시의 구성원들은 현세적 재화의 사용, 동일한 법률에 대한 복종, 평화 추구와 보호를 공동으로 갖고 있다. "신앙으로 살지 않는 지상 도성도 평화를 구하고 시민들 사이에 명령하고 복종하는, 질서 있는 화합을 도모하면서, 사멸할 인생에 속하는 사물들에 대한 인간 의지들 사이에 적절한 조정이 이루어지도록 시민들을 배려한다. 천상 도성 혹은 이 사멸할 인생에서 나그넷길을 가면서 신앙으로 살아가는 저 도성의 일부분도 지상 도성의 평화를 이용해야 하는데, 인간의 사멸성이 저런 평화를 필요로 하므로 이용하기는 하지만 이 사멸성이 지나가 버릴 때까지만 이용한다. 따라서 벌써 구속(救贖)의 약속과 영적 선물을 담보물처럼 받은 상태이기는 하지만 지상 도성에서 마치 포로처럼 나그네살이를 하는 동안은 지상 도성의 법률, 사멸할 생명을 유지하는 데 해당하는 사물들을 관리하는 법률에 순종해야 하는 것은 의심의 여지가 없다. 왜냐하면 이 사멸할 조건은 두 도성 모두에게 공통되고, 그렇게 함으로써 이 사멸할 조건에 해당하는 사물들을 두고 두 도성 사이에 화합이 유지되기 때문이다."(『신국론』 19, 17)

만일 천상 도성이 모든 민족에게서, 그리고 모든 언어에서 시민들을 받아들인다면 관습, 법률, 제도들의 상이함에 신경 쓰지 않기 때문이지만 종교적 문제에 대해서는 지상 도성과 불일치한다. "천상 도성은 한 분 하느님만 섬겨야 하는 것으로 알고, (…) 지상 도성과 종교의 공통된 종교의 법을 아무것도 지닐 수 없다."(『신국론』 19, 17) 두 도성 모두 동일한 현세적 선을 이용함에도 불구하고 서로 다른 믿음, 다른 희망, 다른 사랑을 소유하고 있다.(『신국론』 18, 54, 2)

따라서 아우구스티누스는 믿음에서 분리된 사회적이며 정치적인 삶을 납득하고 있기 때문에 급진적인 인종적 이원론에 떨어지지 않는다. 도슨(Ch. Dawson)과 다른 이들은 그 히포 사람이 믿음과 윤리의 영역들이 구분된다는 것을 인정하고 있음에도 불구하고 그 두 가지를 결코 사회 삶에서 분리하지 않았다고 주장한다.240 이것의 이유는 바로(Varro)에서 취한, 그리고 이에 대해 『신국론』 제19권에서 폭넓게 논의하고 있는 그의 인간학적 모델이 신플라톤주의자들의 모델과 상이하다는 사실에 있다.

---

240 Ch. Dawson, "St. Augustine and his Age", AA.VV., *Monument to Saint Augustine*, London, 1930, p. 75.

III

신학자로서의 아우구스티누스

펜 단독으로 또는 때때로 잉크병과 함께 복음사가와 교회학자들의 상징물로 쓰인다. … 성 아우구스티노는 네 복음사가의 상징물인 책과 펜과 함께 자주 묘사된다. _ 조지 퍼거슨, 『르네상스 미술로 읽는 상징과 표징』 중에서 스페인 속담에 "베이컨이 들어있지 않은 그릇이 없듯, 성 아우구스티누스가 없는 강론도 없다."는 것이 있다. 사실 비평가들이 교회의 역사와 문명의 역사에서 아우구스티누스의 자리를 확정하려고 노력할 때, 이는 레오 대교황(440-461)과 그레고리우스 대교황(590-604) 혹은 베르나르도(Bernardus Claraevallensis, 1090-1153)가 했던 것처럼 외적이며 정치적인 영향력의 문제는 되지 않는다. 헤르만 로이터(Hermann Reuter)가 정확하게 지적하였듯이, 아우구스티누스는 세 번째 등급의 도시의 주교로서 정치에 대한 어떠한 직접적인 영향력을 발휘하지 않았다.[1] 또한 아돌프 폰 하르낙(Adolf von Harnack)도 아우구스티누스가 정치적 자질을 갖고 있지 않았다고 덧붙인다.[2]

만일 그가 교회의 역사 안에서 신기원을 이룩하였다고 한다면, 그의 활동이 반발을 일으켰던 것은 무엇보다 교의사 안에서였다. 또한 만일 그가 인류의 역사 안에서 한 자리를 갖고 있다면, 루돌프 오이켄(Rudolf Eucken)이 지적하듯, 신학의 영역 외에서 서구사상의 방향에 대한 결정적인 역할을 수행하였던 사색가로서의 자질이라고 할 수 있다. 따라서 아우구스티누스의 가르침을 연구하는 것은 동시에 세상 안에서의 그의 활동도 연구하는 것이다. 그러나 그의 가르침을 일목요연하게 정리하는 것은 거의 불가능하다. 너무나도 방대하기 때문이다. 따라서 세부적인 모든 문제를 다루기보다 아우구스티누스가 직면했던 큰 문제점들에서 그의 입장만을 정리하도록 하자.

---

1 H. Reuter, *Augustinische Studien*, Gotha: F. A. Perthes, 1887, p. 479.
2 A. von Harnack, *Lehrbuch der Dogmengeschichte*, III, Darmstadt: Wissenschaftliche Buchgesellschaft, 1964, p. 95.

1. 아우구스티누스 신학의 일반적 특징

　의심의 여지 없이 성 아우구스티누스는 교회가 배출한 가장 위대한 교부이다. 동방교회에는 어떠한 영향력을 행사하지 못하였다고 하더라도, 그는 서방 교회의 탁월한 교부였다. 달리 말하면 그의 영향력은 예외적이며 경쟁자가 없을 정도였기에, 그의 가르침은 그리스도교 사상사에서 결정적인 시대를 나타내며 교회로 하여금 새로운 단계에 들어가게끔 하였다. 이러한 측면은 아우구스티누스의 동시대 인물들이 그에 대한 칭송에서도 잘 나타난다. 예를 들면 히에로니무스(Hieronymus, 347-420)는 아우구스티누스에게 보낸 서한에서 "가톨릭 신자들은 당신을 고대 신앙의 복원자로 존경하고 있습니다."라고 말한다.(『서한』 141) 교황들도 아우구스티누스에게 매우 예외적인 권위를 부여하고 있다. 교황 첼레스티누스 1세(422-432)는 "나의 선임자들이 최고의 스승들 안에 그를 두었듯이, 우리는 항상 그를 위대한 학문의 사람으로 기억하였습니다." 사실 아우구스티누스 안에 라틴 그리스도교 고대 문화가 요약되어 있으며, 이는 그의 작품 안에서 매우 분명하게 나타난다. 또한 그와 함께 중세 신학이 나타나기 시작했으며, 씨앗은 이미 그의 작품 안에 존재한다. 특별히 중세 전체 사상을 완벽하게 요약한 가경자 베드로(Petrus Venerabilis, 1122-1157 재임)는 베르나르도에게 보낸 서한에서 "사도들 이후 교회들의 최고의 교사"(Maximus post apostolos ecclesiarum instructor)라고 아우구스티누스를 평가하면서 그의 위치를 사도들 바로 다음에 두고 있다.(『서한』 229,13) 또한 아우구스티누스는 중세 이후의 모든 시대에 걸쳐서 서구 그리스도교 신학의 터전을 마련하였다. 에라스무스(Erasmus, 1466?-1536)는 저서 『아우구스티누스 작품 편집본』(Opera S. Augustini) 서문(Praefatio)에서 "그리스도교 세계는 이 저술가보다 더 많은 황금이나 더 존귀한 이를 갖고 있는가?"(Quid habet orbis Christianus hoc scriptore magis aurem vel augustius?)라고 아우구스티누스에 대한 열정을 드러낸다. 시에나의 식스투스(Sixtus Senensis, 1520-1569)는 "그 이전에도, 그 때까지도, 그 이후에도 죽어 없어질 모든 사람 위에 있는 박사"(Doctor super omnes qui ante eum et post eum hucusque fuerunt mortales)라고 말하면서 아우구스티누스를 인류가 배출한 최고의 천재로 꼽는다.

더욱이 그는 과거와 미래를 하나로 만들었다. 곧 아우구스티누스는 고대 세계의 지적 보화들을 자신 안에 요약하고 있으며, 이를 새로운 세계에 전해주고 있다. 아돌프 폰 하르낙은 "서방에서 로마제국의 비참한 실존은 보편 역사에 대해 아우구스티누스가 수행한 활동을 허용하기 위해서만 연장되었다."고 지적한다. 결국 이러한 광범위한 임무를 수행하기 위해 하느님의 섭리는 아우구스티누스로 하여금 세 개의 세계와 접촉하게 하였고, 그것의 사상을 전달하게 하였다. 하나는 그가 살았던 로마적이며 라틴 세계이고, 두 번째는 마니교에 대한 연구가 그에게 부분적으로라도 제시하였던 동방의 세계이며, 세 번째는 플라톤주의자들이 그에게 드러낸 그리스 세계이다. 철학에서 그는 자신이 편력하였던 다양한 학파들의 모든 내용과 미묘함에 입문하였지만, 어느 학파에 몰두하지 않고 독립적인 자세를 취하였다. 하지만 신학에서는 라틴 교회로 하여금 4세기부터 5세기 초반까지 동방에서 이루어낸 교의적 작업을 시작하게 한 것은 아우구스티누스였다. 이러한 아우구스티누스의 교의적 사명은 복음 선포에서의 바오로의 사명을 상기시킨다.

그렇기에 가톨릭교회는 아우구스티누스에게서 자신의 가르침과 규범과 윤리에 대한 굳건한 지지를 발견하고 있다. 필립 샤프(Philip Schaff)는 이렇게 말한다. "교의사에서 아우구스티누스의 출현은 무엇보다 인간학적 그리고 구원론적 가르침에 관한 것에서 신기원을 이룬다. 이에 대해 그는 엄청난 발전을 이루었고, 그때까지의 교회의 의식에서 이러한 가르침이 소유하지 못했던 정확성과 명료함의 단계에까지 이끌었다."3 그는 단순히 '은총의 박사'만이 아니라 '교회의 박사'였던 것이다. 동시에 반대자들도 아우구스티누스를 중재자로 내세우며 그의 원리들을 자신들의 주장을 정당화하기 위해 사용하였다. 예를 들면, 아리스토텔레스(Aristoteles, 기원전 384-322)에 기대서 아우구스티누스를 공격했던 중세 도미니코회 회원들도 그를 종종 증인으로 인용할 정도였다. 또한 모든 종교개혁자들도 가톨릭교회와 싸움을 할 때 아우구스티누스를 끌어 쓰기도 하였다.

이렇게 가톨릭교회뿐 아니라 반대자들도 아우구스티누스의 권위에 호소하였다는 것은, 히포의 주교의 그리스도교 사상이 매우 전통적이면서 동시에 매우 독창적이었다는 것을 의미한다. 달리 말하면 그의 주장은 매우 정통이며 동시에 매우 자유롭고, 매우 전통적이면서도 동시에 매우 개인적이다. 전통의 사람이며 교회의 사람인 성 아

---

3   P. Schaff, *Saint Augustin, Melanchthon, Neander: three biographies*, New York: Funk & Wagnalls, 1886, p. 97.

아우구스티누스는 가톨릭교회를 진리의 스승으로 공경하면서 교회의 가르침들을 주저 없이 받아들인다. 또한 그는 신학자이며 동시에 매우 심오한 종교적 영혼을 지니고 있다. 그렇기에 그는 단순히 학문의 스승으로만 자리하지 않으며 그리스도교 종교심의 스승이기도 하다. 이론적인 신학 이외에 그는 마음의 신학, 자신의 개인적 체험의 신학을 기술하였는데, 이는 가톨릭교회가 가르쳐주지 않은 것이었으며 따라서 그 형식들도 일정하지 않았다. 아우구스티누스의 생각에서 이러한 신학은 이론적 신학과 분리되어서는 안 되며 더 나아가 이론적 신학을 배제하지도 않는다.

만일 우리가 아우구스티누스의 활동과 가르침에 특별한 성격을 각인한 동인들을 찾고자 한다면, 그의 고유한 기질과 그가 받은 영향에서 어느 정도 발견하게 될 것이다. 폴 틸리히는 아우구스티누스 안에서 아리스토텔레스의 영향이 결여되어 있다고 —물론 완전히 결여된 것은 아니지만— 지적하면서 아우구스티누스를 이해하기 위해 일곱 가지 단계로 나누어질 수 있는 그의 사상의 발전 과정을 살펴볼 필요가 있다고 제시한다.[4]

첫째, 아우구스티누스를 그리스도교적 전통과 연결시켜준 어머니 모니카의 영향이다.

둘째, 아우구스티누스는 치체로의 저서 『호르텐시우스』(Hortensius)

---

4 잉케베르크 C. 헤네르 엮음, 『폴 틸리히의 그리스도교 사상사』, 송기득 옮김, 한국신학연구소, 2001(신판 1쇄), 175-185쪽.

가 진리 탐구에 대한 열정을 불러 일으키게 했다고 밝히고 있다. 치체로에게 있어 진리의 길을 찾아낸다는 것은, 그 자신에게 알맞은 진리를 가진 철학을 선택한다는 것을 의미하였다. 더욱이 치체로는 창조적인 철학자가 아니고 절충주의 철학자였다. 다시 말해 이미 있는 철학의 여러 체계 가운데에서 자기 자신에 대해서나 로마제국에 대해서나 가치를 지니고 있는 여러 사상을 선택했던 것이다. 이것은 실용적 관점이 있는데, 여기에서 치체로는 로마제국의 시민으로 드높이는 이념으로 섭리, 신, 자유, 불사불멸 등을 내세웠다. 이러한 치체로에게서 아우구스티누스는 절충적이고 실용적인 관점을 배웠다.

셋째, 아우구스티누스가 평생 간직한 체험으로 인간의 연약함을 절감하게 해준 것은 마니교였다. 마니교의 가르침은 아우구스티누스 안에서 인간의 비참함이라는 감정과 함께 하느님 앞에서 인간이 아무것도 아니라는 관점을 갖게 하였다. 하느님은 그에게 빛이요 선이며 생명으로 나타났지만, 인간은 무지와 부패, 죽음으로 나타났다. 전체 그리스도 사상은 인간의 마음에 빛을 비추고 그 마음을 살아있게 하며 구원하기 위해 그 마음 안에 온 하느님의 내려옴과도 같았다.

넷째, 아우구스티누스가 마니교를 떠난 후에 회의주의에 빠져들었다는 사실이다. 당시 회의주의는 만연해 있었고, 개연주의(probabilism)만이 인정될 뿐이었다. 사실 회의주의는 고대적 전통이 사라진 다음에 철학적 이성을 바탕으로 해서 하나의 본질적인 세계를 세우려고 했던 그리스적 시도가 무너지는 데서 나타났다. 그래서 회의주의는 그리스 철학의 부정적 종말을 의미한 것이었다. 하지만 이 사상은 그리스도교의 계시 사상을 받아들일 준비로서, 비록 소극적이었지만 전제가 되었다. 회의주의로부터 계시론으로의 길이 열렸을 뿐 아니라 새로운 인식론도 생겨났다. 새로운 인식론이란, 인식을 외적 세계의 경험으로부터 시작하지 않고 인간의 내면으로부터 시작하는 인식의 방식이다. 그렇기에 이러한 사상은 아우구스티누스를 그의 내면에로, 곧 그의 주체성으로 인도하였다. 그리하여 회의주의는 아우구스티누스에게 두 가지 결과를 안겨 주었다. 하나는 아우구스티누스가 계시에 대한 가르침을 받아들였다는 것이고, 다른 하나는 그가 철학자로서 자기 자신 곧 자신의 혼 안에서 확실성을 탐구하게 되었다는 점이다.

다섯째, 아우구스티누스가 회의주의를 철학적으로는 신플라톤주의의 도움을 통해 극복했다는 것이다. 또한 신플라톤주의는 신과 세계의 관계를 해석하는데 필요한 바탕을 아우구스티누스에게 제공하였다. 곧 신플라톤주의에 대한 연구는 그로 하여금 관상에로 이끌었으며, 하느님과 사물의 원리에 대해 사색하도록 하였던 것이다.

여섯째, 아우구스티누스가 회의주의를 극복하는 데 있어 교회의 도움을 통해 했다는 것이다. 이는 밀라노의 주교였던 암브로시우스의 영향력이다.

일곱째, 그리스도교 금욕주의이다. 아우구스티누스는 관상적인 신비주의에 나아갔으며 그에게 있어 수덕생활은 가장 합당하고 보편적인 종교의 형태로 나타났다. 또한 수도생활의 맥락에서 히에로니무스의 영향을 덧붙일 수 있다.

2. 신학 방법론

아우구스티누스는 다음과 같이 신학을 정의한다.(『삼위일체론』 14, 1, 3) "구원에 극히 요긴한 신앙, 참된 행복으로 이끌어 주는 신앙을 낳고 키우고 지켜주고 강화하는 지식. (…) 다수 신앙인들은 신앙 자체에는 굳건하지만 이런 지식에는 굳건하지 못하다. 사람이 행복한 삶—영원이 삶이 아니면 결코 행복한 삶이 아니다—을 얻기 위해서 무엇을 믿어야 할지에 관해서만 아는 것과 똑같은 그것으로 어떻게 경건한 사람들을 돕고 불경한 사람들로부터 보호할지 아는 것은 서로 다른데, 사도 역시 이것을 '지식'이라는 단어로 불러 손색이 없다고 여겼던 것으로 보인다."

무엇보다 아우구스티누스의 사상은 점진적으로 형성되었다. 즉, 한순간에 자신의 사상을 완성시킨 것이 아니다. 종종 시대적 상황과 논쟁의 필요성에 의해 도움을 받아 그의 사상은 단계별로 개별 진리의 정확함에 그리고 전체 계시 안에서 그러한 개별 진리의 역할에 대한 순수한 관점에 도달하였다. 더욱이 이러한 아우구스티누스의 사상은 본질적으로 신학적이며 그 중심에 항상 하느님이 있다. 이러한 그의 사상을 이해하기 위해 그가 따른 방법, 곧 신학적 지식을 발전시켜가는 데 있어 그가 영감을 받은 원칙을 아는 것이 중요하다. 중요한 원칙들은 다음과 같다.

1) 성경과 전승 그리고 교회 안에서 나타나는 신앙의 권위, 곧 그리스도의 권위에 대한 온전한 결합

① 그는 성경의 신적 기원(『시편 상해』 90, 2, 1), 무류성(『서한』 28, 3, 3; 82, 1, 3), 심오함(『서한』 137, 1, 3), 풍요로움(『고백록』 12, 14, 17-32, 43)을 강조한다. 다음의 구문은 유명하다. 성경을 다루면서 "이 책의 저자가 진리에 따라 말하지 않았다고 말하는 것은 옳지 않다. 하지만 판본이 틀렸을 수도 있고, 아니면 번역가가 실수하였을 수도 있고, 네가 이해하지 못할 수도 있다.(『파우스투스 반박』 11, 5)

성경은 아우구스티누스 신학의 영혼이다. 그는 자신의 표양과 이론을 통해 교회 안에서의 성경을 역할을 발전시키는데 기여하였다. 5세기 이래 성경은 서방 교회의 삶에서 동방과는 다른 위치를 점유하였는데, 이는 무엇보다 아우구스티누스의 영향력으로 설명된다고 하르낙은 주장한다. 성경의 완전한 정경 목록에 대한 가장 오래된 증인들 중의 한 사람인 그는 성경을 사랑하였고 참된 열정으로 연구하였다.(『고백록』 11, 2, 2-4) 할 수 있는 한, 그는 성경의 본문을 비판적으로 보았고, 많은 성경의 책을 주석하였다. 그리고 『복음사가들의 일치』라는 책을 통해 성경의 조화를 옹호하였다.

모든 신학 논쟁에서의 사상은 성경에 의지했고 성경의 사상으로 제시되었다. 무엇보다 성서 신학적 종합으로 논쟁의 해결점을 제시하였다. 예를 들면, 삼위일체에 대해서는 『삼위일체론』1-4에서, 구속과 원죄에 대해서는 『죄벌과 용서 그리고 유아세례』 1, 13, 33-28, 56에서, 은총의 필요성에 대해서는 『영과 문자』에서, 은총과 자유의지에 관해서는 『은총과 자유의지』에서 다루었다. 그는 백성들에게 행한 강론에서는 우의적 의미를 사용하지만, 교의적 논증들과 성서적 작품들에서는 자구적 의미, 즉 저자가 이해한 의미를 추구한다.(『창세기 문자적 해설』 1, 21, 41)

② 하지만 아우구스티누스는 성경을 성당 안에서 전승에 따라 읽는다. 그는 마니교도들에게 말한다. "가톨릭교회의 권위가 나로 하여금 복음을 믿도록 이끌지 않았다면 나는 복음을 믿지 않았을 것이다."(『마니교 기조 서간 반박』 5, 6) 도나투스주의자들에게는 사도 전승의 두 가지 특질, 곧 보편성과 고대성을 상기시킨다.(『세례론』 4, 24, 31) 펠라기우스주의자들에게는 다음과 같이 강조한다. "전승이 전해주었던 것은, 비록 설명하지 못한다고 하더라도, 참된 것으로 생각해야만 한다."(『율리아누스 반박』 6, 5, 11) 왜냐하면 교부들은 "자신들이 교회 안에서 배운 것을 교회에 가르쳤기" 때문이다.(『율리아누스 반박 미완성 작품』 1, 117)

③ 사실 성경의 정경을 결정하는 것은 교회이다.(『그리스도교 교양』 2, 7, 12) 전승을 전달하며 성경과 전승을 해석하는 것도 교회이다.(『창세기 문자적 해설 미완성 작품』 1, 1) 또한 논쟁을 해결하고(『세례론』 2, 4, 5) 신앙의 규범(regula fidei)을 규정하는 것도 교회이다.(『그리스도교 교양』 3, 1, 2) 따라서 아우구스티누스는 『서한』 105, 16에서 이렇게 말한다. "나는 어떠한 어려움이 있다 할지

라도 교회 안에 확실히 남아 있을 것입니다."

2) 신앙의 이해에 도달하고자 하는 생생한 원의, 따라서 성경의 가르침을 인식하기 위해 모든 인간적 도구들을 사용하는 것

이 도구들은 『그리스도교 교양』(De doctrina christiana)에 묘사되어 있다. 곧 본문 비판(2, 14, 21-22), 언어에 대한 이해(2, 11, 16), 거룩한 역사와 세속 역사에 대한 이해(2, 31, 48), 해석학 규칙(3)과 변증법 규칙(2, 31, 48)에 대한 이해 및 철학에 대한 이해 등이다. "철학가라고 불리는 사람들이 혹시라도 진실하고 우리 신앙에 합치된 것을 이야기한 경우에, 특히 플라톤 학파들은 의구심을 가질 필요도 없거니와, 부당한 소유자들로부터 빼앗아 우리 것으로 사용하는 식으로 그들로부터 얻어내야만 한다."(2, 40, 60)

그 외에는 깊은 사랑(『가톨릭교회의 관습과 마니교도의 관습』 1, 17, 31), 깊은 겸손(『서한』 118, 22), 오랫동안의 연구(『삼위일체론』 15, 28, 51) 등이 필요하다.

3) 모든 이들, 곧 이교인들, 이단자들 그리고 유다화한 이들 안에서 옹호되고 인정되는 그리스도교 가르침의 독창성에 대한 굳건한 확신(『참된 종교』 6, 10; 『그리스도인의 투쟁』 12, 13)

더욱이 아우구스티누스는 철학자들이 "우리와 공통적으로 갖고 있는" 가르침에서 그들을 인정하면서도 "우리를 거슬러 생각하는 것에서"는 신랄하게 비판한다. 여기에는 그들 중에서 가장 고귀한 이들인 플라톤주의자들도 포함된다.(『신국론』 1, 36) 사실 아우구스티누스는 플라톤주의자들 안에서도 "심각한 오류들, 곧 이를 거슬러 그리스도교 교의를 옹호해야 할 필요가 있는 것들"을 인정한다.(『재론고』 1, 1, 4) 그는 성경을 잘못 이해하고 있는 이단자들을 거슬러 그리스도교 교의의 신원을 주장한다. 하지만 신앙의 이해에서 진보하기 위해 이단자들의 논쟁의 유익성도 인정한다. 왜냐하면 "이단자들의 열기 어린 준동에 휘둘리다 보면, 보편적 신앙에 해당하는 많은 사안들이 더 진지하게 고찰되고 더 명확하게 인식되며 더 생동감 있게 설교되는 법이다. 그래야 이단자들에 대항해서 그것들이 옹호될 수 있기 때문이다. 또 논적에게 휘둘려야 문제점을 배울 기회가 생기는 법이다."(『신국론』 16, 2, 1)

4) 신비에 대한 깊은 감각

이는 신학적 탐구를 풍요로우면서도 동시에 차분하게 만들어주며 신적 초월의 문턱에서 멈출 수 있게 한다. 아우구스티누스는 이러한 신비에 대한 감각을 계속해서 선포하였다. "대담한 지식보다 충실한 무지가 더 낫다."(『강론』 27, 4) 그리고 이 감각을 모든 그리스도교 신비에 적용하였다. 곧 하느님의 이해불가능성("네가 이해한다면, 하느님이 아니다.": 『강론』 122, 5), 삼위일체(『삼위일체론』 1, 1, 1), 육화(『믿음과 희망과 사랑의 길잡이』 13, 41; 『서한』 137, 2, 8), 원죄(『죄벌과 용서 그리고 유아세례』3, 4, 7), 자유와 은총(『죄벌과 용서 그리고 유아세례』2, 18, 28; 『그리스도의 은총과 원죄』47, 52), 예정(『영과 문자』34, 60; 『강론』27, 7) 등에 적용하였다. 따라서 형제들로부터 또는 반대자들이 진리를 말할 때에는 그들로부터 교정되는 것을 각오하면서(『삼위일체론』2, 9, 16) "거룩한 겸손으로, 가톨릭의 평화로, 그리스도교 사랑으로"(『세례론』2, 3, 4) 토론하는 것이 필요하다.

5) 사랑, 따라서 교회의 삶에 대한 신학의 지속적인 종속

왜냐하면 "모든 성경의 충만함과 목적은 사랑"이기 때문이다.(『그리스도교 교양』1, 35, 39) 그리고 사랑은 또한 신학의 목적이기 때문이다.(『그리스도교 교양』1, 3, 3-40, 44) 신학자에게 생기를 불어 넣어 주는 사랑 안에서 신학은 광명의 원천을 발견한다.(『영혼의 위대함』33, 76)

6) 정확한 신학 용어에 대한 끊임없는 관심

사실 "철학자들은 자유로운 언사를 써서 무엇이건 말로 표현하며, 가장 어려운 문제에 대해서도 종교심 있는 사람들의 귀에 거슬리는 말을 피하려고 들지 않는다. 그러나 우리는 모종의 규율에 입각해서 발언할 필요가 있는데, 말을 함부로 해서 우리 언사가 의미하는 사물에 관해 불경스러운 견해가 촉발되지 않도록 하기 위해서다."(『신국론』10, 23) 신학 용어에 있어 많은 부분 아우구스티누스는 적어도 이를 최종적으로 고정화하는 기여를 하였다.

3. 삼위일체론

아우구스티누스의 삼위일체 교의는 전승의 선상에서 위대한 신학적 진보를 보여주며 서방의 삼위일체 신학의 발전을 명시하고 있다.

1) 초기 작품들 안에서의 삼위일체

어떠한 원리가 하느님에 대한 새 회심자의 첫 탐구에서 그를 인도하였는가? 이 질문에 대한 첫 번째요 근본적인 대답을 이미『질서론』(De ordine)에서 읽게 되는데, 여기에서 아우구스티누스는 참된 철학, 곧 그리스도교 철학이 "일부 사람들의 혼합적 양식도 아니고, 많은 이들의 모욕적인 방식도 아닌 공경하올 신비들이 선포하는 것처럼 전능하시며 동시에 삼중의 능력을 지닌 유일하신 하느님을 (…) 탐구하는 것 외에 다른 목적을 가지고 있지 않다."고 적고 있다.(『질서론』2, 5, 16)

이 언명은, 세 위격들의 자리에 "삼중의 능력을 지닌"(tripotente)이라는 특이한 용어를 통해 마리우스 빅토리누스(Marius Victorinus) 신학의 영향을 드러내는 것 외에도,[5] 회심자의 성찰 초기부터 그를 인도하였던 원칙을 강조하고 있다. 이는, 하느님의 유일성과 삼위일체에 대한 가톨릭교회의 신경에 충실히 머물러 있으면서 사벨리우스

---

5 N. Cipriani, "Le fonti cristiane della dottrina trinitaria nei primi dialoghi di sant'Agostino", *Augustinianum* 34(1994), pp. 253–312.

주의자들이 행한 위격들의 혼합이나 신적 위격들을 구분하고 종속시키는 아리우스주의자들, 마체도니우스파와 성령피조설주의자들(pneumatomachi)의 무례함을 거부하면서 하느님을 인식하고자 하는 것이다. 이러한 대립적인 삼위일체론의 오류들이 이미 초기의 아우구스티누스에게 주지의 사실이었다는 것은 동일한 시기에 저술된 작품들을 통해 분명하게 드러난다. 하느님 안에 어떠한 불합(不合)도, 어떠한 혼합도 없다고 그는 『독백』(Soliloquia) 1, 1, 4에서 적고 있다. 『영혼의 위대함』(De quantitate animae) 34, 77은 "영혼은 분리 없이 그리고 혼합 없이(neque discrete neque confuse) 오직 하느님만을 흠숭해야만 한다."고 말한다. 마지막으로 『가톨릭교회의 관습과 마니교도의 관습』(De moribus ecclesiae catholicae et de moribus Manichaeorum) 1, 30, 62에서는 가톨릭교회를 칭송하고 있는데, 가톨릭교회가 "영원과 진리 그리고 평화 자체가 구분하는 것을 혼합하지 않고, 유일한 신적 스승이 결합하는 것을 분리하지 않기" 때문이다. 동일한 오류들과 동일한 표현들이 성 암브로시우스(Ambrosius, 339?-397)의 『신앙론』(De fide)에서 빈번하게 나타나는데, 분명 아우구스티누스는 여기에서 교회의 가르침을 알게 되었던 것이다.

암브로시우스의 저작들에서, 그리고 아마도 직접적으로는 심플리키아누스(Simplicianus, 320?-400/401) 신부의 입을 통해 깨달은 전망에서 아우구스티누스는 성경을 따라 초기 대화편에서 하느님을 예수 그리스도의 아버지로(『질서론』 1, 10, 29), 그리고 성자를 하느님의 진리와 지혜로 간주한다.(『행복한 삶』 4, 34) 마리우스 빅토리누스의 영향을 받아 그는 하느님을 원리 없는 원리(『질서론』 2, 5, 16) 그리고 성자를 인간의 육체를 취하기까지 자신을 낮추신 신적 지성이라고 부르는 것에 주저하지 않는다.(『아카데미아 학파 반박』 3, 20, 43) 더욱이 그는 하느님을 최고의 척도(summus modus)로서 명시하는 데 있어 플로티누스(Plotinus, 205-270)를 따르고 있는 것도 주저하지 않는다.(『행복한 삶』 4, 35) 반면, 그는 성령을 가리키기 위해 적합한 용어를 성경이나 다른 그리스도교 저술가들 안에서 발견하지 않는다. 『행복한 삶』(De beata vita)의 종결부에서 그는 성령을, 동일한 진리의 샘에서 우리에게 도달하며, 우리로 하여금 하느님을 기억하게 하고, 우리가 결코 지치지 않으면서 그분을 찾고 마시도록 하는 "확실한 호소" 혹은 "내적 권고"로서 제시한다. 암브로시우스의 한 찬미가를 상기하면서 그는, 숨어있는 태양(그리스도)이 우리의 내적 눈에 부어 넣어 주는 빛의 광채가 성령이라고 말한다. 결론적으로 그는 요한복음에 따라 성령이 "진리로 이끄는 분"이라고 확언한다.(『행복한 삶』 4, 35) "그를 통하여 너는 최고의 척도에 결합된다."(per quid conectaris summo modo)라는 문장의 마지막 표현으로써 성령 혹은 사랑을 암시한다는 것은 충분히 가능하다. 사실 마리우스 빅토리누스는 '결합하다'(conectere)의 기능을 성령에게 부여하였고(『찬미가』 III, 242-246), 아우구스티누스 자신도 『가톨릭교회의 관습과 마니교도의 관습』 1, 14, 23에서 "진리에 결합하는 것(conectere)은 성령의 고유한 역할이다."라고 분명하게 말할 것이다. 주지할 수 있는 것처럼, 초기 대화편에서 회심자의 삼위일체론 성찰에 영감을 부어 넣은 원천들은 교회의 신앙과 위에서 언급한 두 명의 그리스도교 저술가들이다. 첫 원리 혹은 최고의 척도로서의 성부와 신적 지성으로서의 성자의 개별화 안에서 추출할 수 있는 신플라톤주의의 영향은 개종한 마리우스 빅토리누스의 작품을 통해 스며든 것으로 보인다.

삼위일체론적 가르침에 있어, 아직 아우구스티누스가 카시치아쿰(Cassiciacum)에 있을 때 곧 세례를 받기 전에 저술된 『독백』(Soliloquia) 1, 1, 3의 시작 기도는 매우 흥미롭다. 형식면에 있어 아마도 마리우스 빅토리누스의 『삼위일체 찬미가』의 영감을 받은 이 기도에서 저자는 먼저 성부와 성자와 성령이라는 개별적 신적 위격들에, 그리고 후에는 본체의 일치성에서 하느님께 초점을 두면서, 세례 전야에 자신이 갖고 있던 삼위일체 신학을 개괄하고 있다. 여기서 초기의 아우구스티누스가 성자를 성삼의 두 번째 위격뿐 아니라 세 번째 위격으로도 간주하고 있는 마리우스 빅토리누스의 오류도 공유하고 있음이 매우 분명하게 드러난다.

세례성사를 받은 후에 저술된 작품들 안에서 아우구스티누스의 삼위일체론적 성찰은 괄목할만한 발전을 이룬다. 항상 보다 명백해지게 될 중심 사상은 창조가 구원처럼 성삼의 작품이며, 따라서 모든 피조물은 성삼의 투영이요 표징이라는 것이다. 마찬가지로 의미심장한 또 다른 점은 무엇보다 사랑이 부여된 성령에 대한 언급에서 각각의 신적 위격의 특성을 성삼의 업적의 일치성과 불가분성(不可分性)에서 구분하려는 탐구에서 주어진다. 두 측면이 세례 후 바로 곧 387년과 388년 사이에 저술된 『영혼의 위대함』(De quantitate animae)에 이미 명백하게 표현되고 있다. 여기서 아우구스티누스는 분명하게 가톨릭교회의 가르침에 호소하면서, "그 어떠한 피조물이 아닌 오직 창조주만을 흠숭해야만 한다. 그분에게서 만물이, 그분을 통하여 만물이 그리고 그분 안에서 만물이 (나온다) 곧 그분은 불변의 원리요, 불변의 지혜이며, 불변의 사랑이고, 유일하고도 참되며 완전한 하느님이시다." 라고 적고 있다.(『영혼의 위대함』 33, 77) 이는 신적 삼위일체의 창조 행위에 대한 믿음이요 동시에 '그분에게서, 그분을 통하여, 그분 안에서'(ex quo, per quem, in quo)라는 바오로에 기원을 둔(로마 11, 36) 삼중 구조에 의해 강조되고 있는 개별 위격들의 구분에 대한 신앙의 고백이다. 이 구조는 불변의 원리, 불변의 지혜 그리고 불변의 사랑이라는 개별 신적 위격들의 고유한 이름들을 명시하는 또 다른 삼중 구조에 의해 동반된다. 여기서 성부는 당연히 원리로, 성자는 지혜로 계속해서 불리는 반면, 성령은 처음으로 사랑이라고 명명된다.

첫 번째 반(反)마니교 작품으로 388년에서 389년까지 2년간 작성된 『가톨릭교회의 관습과 마니교도의 관습』(De moribus ecclesiae catholicae et de moribus Manichaeorum)의 삼위일체 가르침은 보다 더 풍요롭다. 제1권에서 삼위일체 정식들을 발견하게 된다. 첫 두 개의 정식에서 성부는 항상 최고선으로 그리고 성자는 최고 지혜로 명명되는 반면, 성령은 처음에는 최고 조화로 그리고 후에는 최고의 평화로 불리고 있다.(1, 15, 25; 24, 44) 이러한 칭호들은 성령이 구약성경과 신약성경의 책들의 유일한 영감자(靈感者)이기 때문에 두 성경의 책들 사이에서 지배적인 일치와 평화의 원인이라는 사실로써 설명된다. 마지막으로 또 다른 삼위일체 정식에서는 "영원, 진리 그리고 평화 자체가 구분하는 것을 혼합하지 않고, 또 다른 면에서는 유일한 위엄이 잇고 있는 것을 갈라놓지 않는"(1, 30, 62) 가톨릭교회의 신앙이 표현되어 있다. 아우구스티누스는 정식을 언명한 후에, 사벨리우스주의자들이 하는 것처럼 신적 위격들의 혼합뿐 아니라 아리우스주의자들의 신적 위격들의 분리에 반대하는 신앙의 규범을 반복하는 것 외에 성부에게 영원이라는 속성을 부여하는 새로움을 제시하는데, 이는 성 힐라리우스(Hilarius Pictaviensis, 310?-367?)의 『삼위일체론』(De Trinitate)의 영향을 차츰 느끼도록 해준다.

『마니교도 반박 창세기 해설』(De genesi contra manichaeos)의 저술 연도 역시 동일한 시기(388-389)로 거슬러 올라간다. 여기에서 아우구스티누스는 창조된 사물들의 존재론적 구조에서 창조주 하느님 안에서의 세 위격의 구분으로 넘어가고 있는 것이다. 이는 성 바오로의 로마 신자들에게 보낸 서간에 나오는 다음의 말로써 정당화하는 도정이다. "세상이 창조된 때부터, 그분의 보이지 않는 완전함은, 그분의 영원한 힘과 신성처럼, 그분에 의해 이룩된 작품들 안에서 지성으로서 관조될 수 있습니다."(로마 1, 20) 하지만 사도는 신적 위격들에 대해서는 언급하지 않고, 하느님의 신성과 힘에 대해서만 말한다. 결국 그는 과도한 주지주의적(主知主義的) 자세를 드러내고 있지만, 후에 수정할 것이다. 창조된 사물들 안에서 신비를 설명하는 데 도움을 줄 수 있는 유사함을 찾는 반면, 신적 위격들의 속성들과 상호 간의 관계를 인식하기 위해 성경의 계시를 심화시킬 때 수정할 것이다.

피조물들의 존재론적 구조에서 창조주 성삼에게까지 거슬러 올라가는 새로운 시도가 『음악론』(De musica) 제6권에서 행해진다. 여기서 출발점은 정확히 지혜 11, 21의 삼중구조(척도, 수 그리고 무게)가 아니라 유사한 구조, 곧 피조물들이 자신들의 일치 혹은 자신들의 존재, 자신들의 형상, 자신들의 질서를 보존하고자 하는 삼중적 경향성이다. 성부는 일자(一者)요 최고 존재이기 때문에, 그 어떤 것에 의해서 한정되지 않고 반대로 만물의 존재를 한정 짓는 최고의 척도이다. 성자는 하느님의 상 혹은 형상이며, 이를 통해 만물이 조성되었기 때문에 최고의 수(數)이다. 성령은 하느님의 선함이요 사랑이기 때문에, 자신의 존재 안에 곧 자신의 고유한 질서 안에 만물을 보존하고 있는 최고의 질서이다. 이 마지막 확언은 "존재하는 만물은 하느님에 의해 질서 지어진 것입니다."라고 말하는 성 바오로의 증언(로마 13, 1)에 의해 확인된다. 성부를 일자(Unum)로서 그리고 성자를 일자에서 나온 일자(Unum de Uno)로 명명하는 것이 마리우스 빅토리누스와 힐라리우스에게서 차용된 것임을 여전히 주목할 필요가 있다. 하지만 우리로 하여금 보다 크게 강조하게 하는 흥미로운 점은 여기서 처음으로 성령-사랑의 통합적 활동이 성부와 성자 사이의 삼위일체적 삶의 내면에서도 인정되고 있다는 것으로, 이는 후에도 아우구스티누스 신학이 획득한 것들 중에서 가장 뛰어난 것들 중의 하나로 남을 것이다.

390년에 저술되었고 아우구스티누스가 카르타고에서 학업을 마칠 수 있도록 도와주었던 친구요 부유한 동향 사람인 로마니아누스(Romanianus)에게 헌정된 『참된 종교』(De vera religione)라는 소논문 역시 삼위일체 교의로써 풍요롭다. 삼위일체 주제에 관해 의미심장한 첫 번째 본문은 이 작품의 7장 13절에서 다음과 같이 발견된다. "현세에서 알아낼 수 있는 한에서 삼위일체를 인식함으로써 오성과 생혼과 몸체를 갖춘 피조물은 어느 것이나 그것이 존재하는 한, 창조주 성삼으로부터 존재와 자신의 형상(species)을 받으며 성삼으로부터 가장 질서정연하게 지배를 당한다는 것은 의심의 여지 없이 파악된다. 성부가 모든 피조물의 한 부분을 만들었고, 성자가 다른 부분을, 그리고 성령이 또 다른 부분을 창조하였다고 이해할 것이 아니라, 성부가 성자를 통하여 성령의 선물 안에서 동시에 만물과 온갖 개별 본성을 만들었다고 이해해야 한다. 모든 사물 또는 실체 또는 본질 또는 본성 또는 그밖에 더 적절한 명칭으로 부를 수가 있다면 그것은 다음 세 가지 속성을 동시에 갖추고 있다. 그것이 하나의 일자(一者)라는 것과, 고유한 형상에 의해서 타자들로부터 구분된다는 것, 그리고 질서를 벗어나지 않는다는 것이다."

여기에서 아우구스티누스는 피조물에서 창조주 성삼으로 거슬러 올라가지 않고 반대의 여정을 하고 있다. 성삼을 인식하고 나면 위에서 언급한 삼중적 존재론적 차원이 성삼의 작품으로 나타날 것임을 이해할 것이라고 언급하는 것으로 한정 짓고 있다. 왜냐하면 분명 이 삼중적 차원이 최고선인 하느님에게서만 올 수 있는 선이기 때문이다. 하지만 그는 한 가지 중요한 점을 정확하게 첨가하고 있다. 곧 피조계(被造界)는 삼위일체의 작품인데, 이것은 각 개별 위격에게 세상의 한 부분씩 창조를 할당할 수 있다는 의미가 아니라, 각각의 위격이 자신을 구분하는 것에 따라 상이한 양식으로 창조에 참여하였다는 의미에서이다. 사용된 정식은 전통적인 것으로 이미 성 아타나시우스(Athanasius Alexandrinus, 296/298?-373)의 『세라피온에게 보낸 서한들』(Letters to Serapion)에서 발견된다.

하지만 아우구스티누스의 정식에는 중요한 새로움이 있다. 그는 "성령의 선물 안에서"라고 명확하게 한다. 이전에 그는 결코 성령을 "선물"이라는 용어로써 가리키지 않았다. 반면 『참된 종교』에서 이

용어는 자주 반복되고 있다. 매우 자주 "하느님의 선물"(donum Dei)로, 때로는 "하느님의 자애의 선물"(donum benignitatis Dei)로, 때로는 "그분(그리스도)의 선물"로, 때로는 "신적인 선물"(munus divinum)로, 또 때로는 "무엇이 행복할 때 행복하게 해주는 그 선물"(ipsum munus, quo beata sunt quaecumque beata sunt)로 나타난다.

동일한 작품의 또 다른 삼위일체론 본문은 이미 주지되어 있는 개념들을 반복하면서 새로운 요소를 첨가하고 있다. 아우구스티누스는 다음과 같이 적고 있다.(11, 21) "모든 육체는 어떠한 형상을 갖고 있으며, 그것 없이는 육체가 육체가 아닐 것이다. 모든 육체는 지체들의 조화 혹은 자신 형상의 어떤 평화를 갖고 있으며, 그것 없이는 아무것도 아닐 것이다. 따라서 상(像) 혹은 형상, 지체들의 조화 혹은 평화는 유일하신 하느님, 유일하신 진리 그리고 만물의 유일한 구원(salus)에게서 육체에 오는 것이다." 지체들의 상(像), 형상, 조화, 평화와 같은 용어들은 플라톤주의까지 거슬러 올라가는 일상적인 사물들의 형이상학적 개념을 표현한다. 하지만 여기에서는 사물에 존재를 부여하는 성부를 가리키기 위하여 유일하신 하느님으로서, 창조된 사물에 형상을 부여하는 성자를 가리키기 위하여 유일하신 진리로서, 만물을 그들의 존재 안에 보존하는 것은 성령이기 때문에 성령을 가리키기 위하여 유일한 구원으로서 성삼에 대해 말하고 있다.

또한, 아우구스티누스는 성삼의 활동의 일치성과 구별을 창조 업적에서뿐 아니라 구세사 안에서도 숙고한다. 사실 죄로 인해 죽은 영혼은 하느님에 의해 다시 태어나며, "형상을 입지 않으셨으나 만물이 그분을 통해서 형성된 예지에 의해 다시 형상을 입게 됨으로써, 하느님의 선물이신 성령을 통해서 하느님을 향유하기에 이를 것이다." 또한 그는 더 나아가 이렇게 덧붙인다. "성령의 선물을 통하여 영혼만이 구원과 평화 그리고 거룩함을 갖는 것이 아니라 육체 역시 생기를 얻을 것이며 그 본성에 있어 지극히 정결하게 될 것이다."(『참된 종교』 12, 24. 25) 여기서 나타나듯, 성부에게 항상 모든 것의 기원이 인정되며, 성자에게는 창조에서 형상을 입힘이나 구속(救贖)에서 다시 형상을 입히는 것이 인정되고 있다. 이는 죄가 만들어낸 형상의 뒤틀림으로 인해 필요하게 된 것이다. 반면 성령께는 다양한 활동이 인정된다. 곧 하느님에 대한 향유, 구원, 평화, 영혼의 거룩해짐 그리고 육신의 부활 등이다.

작품의 종결 부분에서 삼위일체 정식들은 다양화하며 평신도 시기에 저자에 의해 완성된 삼위일체 가르침의 종합을 제공한다. 이 정식들은 구원 업적에서 개별 위격의 고유한 활동을 강조하는 동시에 위격들의 일치성과 구별을 분명히 하고 있다. 성부는 만물의 창조주이며, 우리의 존재와 삶을 돌려야만 할 원리요, 죄로 인해 그분에게서 우리가 멀어지지만 단일성 안에서 결합하기 위해 우리가 다시 돌아가야 하고 뒤따라야 할 원리이다. 성자는 진리이며, 모든 것에 있어 성부와 유사한 분이다. 성자는 그분의 유사함이며, 그분을 우리가 따르면서 우리도 하느님과 유사하게 된다. 그분은 성부가 말씀을 통하여 모든 것을 창조하였기 때문에 만물의 형상이며, 또한 우리가 지혜롭게 살아가도록 우리를 옛 형상으로 되돌리는(reformati) 육화한 형상이다. 마지막으로 성령은 하느님의 선물이요, 우리를 화해시키는 은총이고, 우리로 하여금 단일성에 결합시키는 평화이다. 그분은 하느님 자애의 선물로, 우리를 성부와 화해시키면서 하느님이 자신의 말씀을 통하여 창조하신 모든 것 중 그 어느 것도 잃지 않게 하며, 우리로 하여금 사랑과 기쁨 안에서 행복하게 살게 하는 분이다.

아우구스티누스는 『서한』 XI에서 네브리디우스(Nebridius)가 제기한 질문에 답변한다. 그는 다음과 같은 새로운 질문을 제기한다. 만약 세 위격이 항상 불가분적으로 일을 한다면, 왜 우리는 오직 성자만이 육화한 것이라고 믿고 있는가? 왜 성부는 육화하지 않았는가? 아우구스티누스는 약간의 놀라움을 표현하면서 시작한다. 네브리디우스가 질문에서 성령을 포함하지 않았기 때문이다. 왜냐하면 "가톨릭 신앙에서 이 삼위일체는 그렇게 분리되지 않는 것으로 제시되며 믿어지기에 (…) 어떠한 것이든 성삼에 의해 행해진 것은 성부와 성자와 성령이 함께 한 것이라고 생각해야만 한다. 또한 성자와 성령이 하지 않는 것을 성부가 하지 않는다. 성부와 성자가 하지 않는 것을 성령이 하지 않는 것과 성부와 성령이 하지 않는 것을 성자가 하지 않는 것과 마찬가지이다. 여기에서 육화는 성삼 모두에게 속한 것이라고 추론해야만 할 것이다. 사실 성자가 육화하였고 성부와 성령이 육화하지 않았다면, 그들은 서로서로 독립적이고도 상이한 어떤 것을 행하는 것이다. 따라서 왜 우리의 신비들 안에서, 그리고 우리의 예식들 안에서 육화를 성자에게 부여하면서 칭송하는가?"(『서한』 XI, 2) 네브리디우스는 그리스도인이 믿어야만 하는 것에 대한 질문을 제기하지 않았다. 오히려 이 신앙에 기초하여 구세사에서 성삼의 내적 삶 자체로 관심을 옮기고 있다. 왜 성자가 육화해야만 하였고 다른 위격은 그러하지 않았는가?

아우구스티누스는 벗에게 답변하기 전에 "얼마나 큰 영민함과 진리로써" 교회에 의해 이해되는 것을 강조하기 위하여 신적 위격들의 일치성과 불가분성(不可分性)에 대한 신앙을 역설한다. 그는 만물 안에서 자신의 존재, 자신의 본성 그리고 자신이 있는 상태에 머물러 있으려는 경향과 같은 세 가지 차원을 주목해야만 한다는 것을 지적한다. 그리고 그는 이미 성자에게 인정된 특성에 대해 벗에게 주의를 기울일 것을 요구한다. 곧 성자는 하느님의 상(像) 또는 형상(Forma)인데, 이는 성자가 성부와 완전하게 동등하기 때문이며 또한 그 형상을 통하여 만물이 형성되었기 때문이다. 사실 성자 혹은 말씀 안에 창조된 사물들의 모든 이데아와 형상이 있다. "하지만 성자에게 부여된 상(Species)은 만일 이 용어를 규율과 어떤 일정한 기술에서 사용하는 것이 올바른 것이라면 그런 것들에도 속하며 또한 지성에게도 속하는데, 이 지성에서 영혼 자신이 생각 안에 형성된다. 게다가 육화로써 어떤 일정한 윤리적 규율과 명해(明解)진 것의 모범이 일부 표현들의 위엄과 명료함으로 우리에게 제시되는 양식으로 행해졌기 때문에, 이 모든 것이 성자에게 부여되는 것이 이유가 없는 것은 아니다."(『서한』 XI, 4)

2) 사제 서품 후의 삼위일체 신학의 성찰

아우구스티누스는 사제 서품을 받은 직후 성경에 대한 심화 연구를 통하여 말씀의 직무에 보다 더 잘 준비할 수 있도록 노년의 주교인 발레리우스(Valerius)에게 허락을 받았다. 이제, 그는 말씀의 직무자로서 신자들에게 신앙을 가르치고 이단들과 이교도들의 비판에서 믿음을 옹호하기 위하여 신앙의 근본적이고도 확실한 원천들인 신경(信經)과 무엇보다 성경에서 시작하여 믿음을 심화시켜야만 하는 것이다.

따라서 성경과 신경에 대한 보다 깊은 비판적 이해로서 이해된 이 특별한 거룩한 인식에 아우구스티누스는 사제직 시기부터 그 이후로 계속해서 체계적인 양식으로 전심 전념할 것이며, 이는 이어지는 세기에서 '거룩한 학문'(sacra doctrina)이요 신학이라고 불리게 될 것이다. 아직 그는 그것을 이러한 용어가 아닌 '신적 책들에 대한 연구'(tractatio divinarum Scripturarum)로 단순하게 명명하는데, 결국 성경 내용에 대한 비판적 설명 외에 다른 것이 아니기 때문이다.

무엇보다 아우구스티누스는 『신앙과 신경』(De fide et symbolo)에서 신경의 개별 정식들을 따라가면서 무엇보다 하느님 아버지가 전능하신 창조주라는 것이 무엇을 의미하는지, 그리고 하느님이 성경에서 진리요 하느님의 지혜라고 부르는 말씀을 통하여 어떻게 만물을 창조하였는지 설명한다. 성자는 성부의 말씀이라고 일컬어지는데, 성부가 그를 통하여 자신을 드러내었기 때문이다. 그리고 성자의 영원으로부터의 탄생을 설명하는 것에 머무는데, 여기서 그는 유사점들과 상이점들을 드러내기 위하여 인간의 말과의 유비에 호소하고 있다. 하느님 아버지는 피조물들을 창조하셨던 것처럼, 자신의 말씀을 무(無)에서가 아니라 자기 자신에게서 그리고 자신과 동일한 것에서 낳았다. 따라서 성자는 영원한 분이며 모든 것에 있어 성부와 동일한 분이다. 이제 그는 성자의 구원적 파견에로 넘어가면서 성자가 "성부와 동일한 본체에서 태어나는 유일하신 분"이라는 것만이 아니라 "우리의 구원과 구속을 통하여" 전인(全人)을 취하였음을 강조한다. 그는 아폴리나리우스주의자들부터 가현설주의자들까지 다양한 그리스도론 이단들에 주의를 기울이며, 하느님의 아들이 한 여인의 육체 안으로의 육화하였음을 경멸적으로 인식하는 플라톤주의자들의 비판에도 반박한다.(4, 10) 그는 육화 안에서, 그리고 십자가상 죽음 안에서 그리스도의 겸손을 칭송하며 계속해서 부활에 대해, 그리고 "땅에 속한 사물이 하늘에 있다는 것이 불가능하다고 주장하면서" 하늘로의 승천에 대해 반대하는 플라톤주의자들을 거슬러 논쟁한다.(6, 13) 그는 어떠한 의미에서 그리스도가 성부의 오른편에 앉아 있는지, 산 이들과 죽은 이들을 심판하기 위하여 세상 종말에 어떻게 재림할 것인지 설명하면서, 그리스도에 대한 부분에서 신경에 대한 설명을 종결짓는다.

마지막으로 그는 성령을 다루는 신경의 부분을 설명하는 데에 도달하는데, 여기에 긴 장(章)을 할애한다. 왜냐하면 이단자들, 특별히 아리우스주의자들을 방어해야 했던 이전 신학자들이 꽤 많이 성령을 간과하면서 무엇보다 첫 두 위격, 곧 성부와 성자에 관한 신앙을 연구하는 데 주력하였다고 확신하였기 때문이다. 사실 그들은 성부와 성자와 구별되는 세 번째 위격의 속성도 그리고 성령의 발출의 본성도 규명하고자 노력하지 않았음을 아우구스티누스는 주목한다.(9, 19) 하지만 그는 이 두 가지 측면들을 다루기 전에 이미 명확해지고 옹호된 진리들을 다음과 같이 강조한다. "성령은 성부와 성자보다 하위의 본성을 갖고 있지 않고, 말하자면 동일본체이며 함께 영원한 분이기에, 성삼은 한 분이신 하느님 외에 다른 분이 아닙니다." 각각의 위격, 곧 성부와 성자와 성령은 참으로 하느님이다. 세 위격은 동일한 본성을 갖고 있기에 세 분의 하느님이 아니라 유일하신 하느님이다.(9, 16)

그는, 세 신적 위격이 실제적으로 구별되며 동시에 유일한 본체를 갖고 있다는 것이 가능하다는 것을 주교들에게 제시하기 위하여, 교부 전통에서 매우 일반적이고 물질계에서 취한 일부 유비들에 의지한다. 샘, 강 그리고 음료 혹은 나무의 뿌리, 줄기, 가지 등이다. 첫 번째 삼중구도에서 물은 세 가지 실재들 안에서 구별되는 유일한 본체이다. 그리고 두 번째 삼중구도에서 뿌리와 줄기, 가지 안에서 나무는 유일한 것이다. 아우구스티누스는 이것들이 신적 성삼과 "유사한 어떤 것"을 갖고 있는 유사물이지만 항상 성부가 어느 때에는 성자로, 어느 때에는 성령으로 현현하고 있다는 사벨리우스의 방식으로 이해하게끔 함으로써 미혹시킬 수도 있음을 통지한다. "이렇게 동일한 물이 어느 때에는 샘으로, 어느 때에는 강으로, 어느 때에는 마실 물로 명시하는 데 도움이 된다는 것이 발생할 수 있습니다. 반면 성삼 안에서는 성부가 어느 때에는 성자요, 또 어느 때에는 성령이라는 것이 일어날 수 없습니다." 따라서 이 유사성들의 가치는 형언할 수 없는 하느님의 본성과 그들의 유사함에 있는 것이 아니라, 다음의 것을 제시한다는 사실에 있는 것이다. "일치는 가시적인 실재들 안에서도 존재하기에 세 사물들이 개별적으로만이 아니라 함께 간주되면서도 유일하고도 단일한 이름으로 불린다는 것이 발생할 수 있음을 이해하게 됩니다. 따라서 그 누구도 우리가, 무엇보다 이 삼위일체에서 세 분의 하느님이 계시는 것이 아니라 한 분이신 하느님 그리고 유일한 본체가 있다는 것을 이해하지 않고, 성부 하느님, 성자 하느님, 성령 하느

님이라고 말하는 것에 놀라지 않고 그것을 어리석은 것이라 비난하지 않기를 바랍니다."(9, 17)

성령의 속성에 대해 그는 용기 있게 성령을 신성(deitas)과 동일시하였던 일부 저술가들과 함께 시작한다. "무엇보다 일부 저자들은 성령이 성부와 성자와 동일한 것을 공유하고 있다고, 곧 그리스인들이 '테오테타'(theòteta)라고 부르는 '신성'을 갖고 있다고 용기 내어 믿었다. 그리고 성부는 하느님이고 성자도 하느님이기 때문에, -성자를 낳음으로 성부요 성부에게 결합되어 있기에 성자인- 이들을 일치케 하는 동일한 신성은 이렇게 낳음을 받은 분을 낳은 분과 동등하게 만들어 주는 것이다." 더욱이 아우구스티누스는 계속 이어 나가면서 자신의 이전 확신에 따라 데이타스(deitas)를 사랑과 연결시키게끔 한다. 결국 그는 성경에서 추론되는 것처럼 성령의 구원 활동에 대해 성찰하면서 그러한 속성 부여에 대해 확언하게 만드는 또 다른 이유를 찾는다. 성령은 분명 하느님의 사랑으로 정의될 수 있는데, 그를 통하여 우리가 하느님과 화해하고 자녀다운 사랑으로 그분을 사랑하기 때문이다. 더욱이 성령 강림 후에 사도들로 하여금 설교와 순교에서 용맹하도록 만든 것도 두려움을 없애시는 완전한 사랑이었다. 다른 한편으로는 지혜를 향유하기 위해서라도 사랑이 필요한데, "그 누구도 자신이 인식하는 것을 사랑하지 않으면 그것을 향유할 수 없기 때문이다. 따라서 인정된 모든 것은 취소될 수 없는 양식으로 그러한 것이기에 영이 거룩하다고 불리는 것이며, '거룩함'(sanctitas)이라는 용어가 '인정하다'(sancire)에서 유래하는 것에 어떠한 의심도 없다."

무엇보다 아우구스티누스의 삼위일체론은 『삼위일체론』을 통해 가장 잘 나타난다. "이것이 가톨릭 신앙이므로 바로 이것이 나의 신앙이다."라는 신앙 고백으로 시작하면서,(『삼위일체론』1, 4, 7) 일부 사람들이 제기하는 당혹스러운 세 가지 이성적 의문을 제시한다.(『삼위일체론』1, 5, 8) "혹자는 '하느님 아버지'와 '하느님 아들'과 '하느님 성령'이라는 말을 들은 다음, 바로 이 삼위일체가 '하느님이 셋이 아니고 한 분 하느님이시다'라는 말을 들으면 당황한다. 그들은 이 말을 어떻게 알아들어야 하느냐고 묻는다. 특히 하느님이 활동하시는 매사에 삼위일체께서 불가분하게 함께 활동하신다고 하면서, 성부의 음성이 들렸고 그것은 성자의 음성이 아니라고 말할 때, 또 '육으로 나시고 수난하시고 부활하시고 하늘에 오르신' 것은 성자일 뿐이라고 말할 때, '비둘기 모양'으로 오신 것은 성령뿐이라고 말할 때, 그런 말을 어떻게 알아들어야 하느냐고 물어온다. (…) 삼위일체께서 불가분하게 함께 활동하시는 것이 아니라 성부께서 하시는 것 다르고 성령께서 하시는 것 다르다는 말이 된다. 혹은 어떤 일은 한꺼번에 하시고 어떤 일은 따로따로 하신다는 말인데 그렇다면 이미 불가분한 삼위일체가 아니다. 그런가 하면 또 다른 의문이 제기된다. 성령은 성부와 성자의 영이지만 성부께로부터 낳지 않았고 두 분에게서도 낳지 않았는데, 어떻게 삼위일체에 들어가느냐는 것이다."

이러한 질문은 "수다스러운 논객들"(garruli ragionatori)이 제시한 것이다. ① 성부가 하느님이고, 성자도 하느님이며 성령 역시 하느님이라면, 왜 삼신(三神)이 아니라 한 분이신 하느님인가? ② 세 신적 위격들이 역사 안에서 항상 분리됨 없이 일치하여 활동한다면, 왜 우리는 육화가 그리스도의 고유한 업적이라고, 또 비둘기의 모습으로 나타난 것은 성령이라고, 그리고 목소리를 듣게 한 것은 성부라고 말하는가? ③ 마지막으로 성령의 속성(proprium)은 무엇이며 그의 발출은 성자의 탄생과 어떤 점에서 차이가 있는가? 첫 번째 질문은 가톨릭 신자들이 이신(二神) 혹은 삼신(三神)을 믿고 있다고 고발하였던 아리우스주의자들이 제기한 것이었다. 두 번째 질문은 우리가 보았듯이 벗인 네브리디우스가 제기한 것이었다. 세 번째 질문은 마리우스 빅토리누스를 따르기 위해 아우구스티누스 본인이 범한 오류에서 나온 것이지만, 동방에서 마체도니우스주의자들과 성령피조설주의자들도 제기한 것이었다.

  출발점은 성경 주석가들이 고백한 것처럼 가톨릭교회의 신앙이다. "그들은 성부와 성자와 성령이 완전히 동등함으로써 유일하고도 동일한 본체에서 신적 일치성을 드러낸다는 것을 가르쳤다. 그리고 더욱이 성부가 성자를 낳았으며 그래서 아버지인 분이 아들이 아님에도 불구하고, 성자가 성부로부터 태어났으며 그래서 아들인 분이 아버지가 아님에도 불구하고, 성령은 아버지도 아들도 아니라 성부와 성자의 영이며, 자신 역시 성부와 성자와 동등하고 그들과 함께 성삼의 일치성에 속하여 있음에도 불구하고, 이들은 삼신(三神)이 아니라 한 분이신 하느님이라는 것을 성경에 따라 가르쳤다. 무엇보다 성삼 자신이 동정 마리아에게서 태어나지 않았으며 본시오 빌라도 치하에서 십자가에 못 박히고 묻히지 않았으며, 삼일 만에 부활하여 하늘로 올라간 것이 아니라, 성자만이 그렇게 하였다. 이렇게 삼위일체 자체가 예수가 세례를 받던 날 그 위에 비둘기 모양으로 내려오지 않았으며, 승천 후 성령강림날에 거센 바람의 굉음을 내며 하늘에서 내려온 소리로써 그리고 불꽃 모양의 혀들을 통하여 각 사도들 위에 내려온 것이 아니라 오직 성령만이 그러하였다. 또한 예수가 요한으로부터 세례를 받았을 때 혹은 산 위에서 그와 함께 세 명의 제자들이 있을 때 성삼 자신이 하늘에서 '너는 나의 아들이다'라는 말을 한 것이 아니다. 또는 '나는 그를 영광스럽게 하였으며, 계속해서 그를 영광스럽게 할 것이다'라는 소리가 들려왔을 때, 성자에게 향한 오직 성부의 목소리였을 뿐이다. 성부와 성자와 성령이 존재 자체에서 분리되지 않는 것처럼 불가분적으로 함께 일하는 것임에도 불구하고 말이다. 이것이 나의 믿음이다. 왜냐하면 이것이 가톨릭 신앙이기 때문이다."(1, 4, 7) 이미 이 서두의 신앙고백에서 성 아우구스티누스의 삼위일체론 성찰의 기초가 하느님 안에서 위격들의 구별에 대한 성서적이요 구원경륜적인 계시라는 것이 분명하게 나타난다.

자신의 가톨릭 신앙을 제시한 후, 저자는 성자의 신성과 성부와의 완전한 동등함에 관한 성경의 참된 가르침을 제시하는 것으로 넘어간다. 또한 성령이 성부나 성자보다 하위의 존재로서 제시되는 것으로 보이는 내용들에 관련하여서는 "성삼을 가리키기 위하여 개별 위격들에게 구분된 양식으로 이름으로 귀속시키지만, 그러한 귀속들이 다른 것들을 배제하는 것을 의미하지 않는다. 성삼 자신의 일치성과 성부와 성자와 성령의 신성과 본체의 단일성 때문이다."(1, 9, 19) 특별히 성 아우구스티누스는 "성령은 그리스도가 성부에게서 태어난 것처럼 그리스도로부터 태어났다."는 의미에서 마리우스 빅토리누스가 주목한 "그분(성령)께서 나를 영광스럽게 하실 것이다. 나에게서 받아 너희에게 알려 주실 것이기 때문이다."라는 요한 16, 14에 주의를 촉구한다. 사실 그는, 지금 인용한 표현들을 설명하는 다른 말들이 바로 다음에 나오고 있다는 것에 주목한다. "아버지께서 가지고 계신 것은 모두 나의 것이다. 그렇기 때문에 성령께서 나에게서 받아 너희에게 알려 주실 것이라고 내가 말하였다. 이는 곧 성령은 성자와 마찬가지로 성부로부터 받는다는 의미에서이다."(2, 3, 5)

파견의 개념을 설명하기 전에 성 아우구스티누스는 아리우스주의자들이 파견에서 도출한 결론을 거부한다. 성자가 성부로부터 파견되었다고 확언한다는 사실과 성령이 성부와 성자로부터 보내어졌음이 명백하다는 것을 이단자들은 신적 위계의 표현으로 이해하였다. 하지만 히포의 주교는 성자와 성령이 이미 성부와 함께 현존하고 있었던 세상에 파견되었다는 것에 주목한다. 따라서 이 파견들은 보낸 이와 비교하여 볼 때 파견된 자의 어떠한 열등함을 의미하는 것이 아니다. 파견들의 본성에 있어 그것들은 성자가 자신이 취한 인성(人性)에서의 가시적 현현으로, 그리고 성령은 비둘기, 불혀 혹은 바람의 굉음의 모습으로의 현현으로 구성된다. 이것은 두 파견의 유사함과 상이함을 설명한다. 하느님의 아들은 안정적이고 결정적인 양식으로 위격적 일치 안에서 인성을 취하였다. 성령은 일시적인 모습들을 이용하면서 인간들에게 나타났던 것이다. 곧 "성령은 자신의 본체, 즉 이 때문에 성부와 성자처럼 비가시적이고 불변한 것의 현현을 말하는 것이 아니었다. 오히려 외적 표현으로써 사람들의 마음을 움직이는 것이었는데, 오신 분의 일시적 현현에서 항상 현존하여 계시는 분의 신비적 영원으로 사람들을 이끌기 위한 것이었다."(2, 5, 10)

따라서 성 아우구스티누스에 따르면 파견은 알려지는 것으로 구성된다.(mitti est cognosci) "성자는 성부로부터 태어났다는 사실 자체를 통하여 파견되었다고 일컬어지지 않는다. 오히려 육화를 통하여 이 세상에 나타날 때, 혹은 시간이 흐르면서 누군가의 영에 의해 파악되기 때문에 그러한 것이다. 이는 '지혜를 보내시어 그가 저를 돕게 하시고 제 일을 함께 나누게 하소서'(지혜 9, 10)라고 지혜에 대해 말하는 의미에서이다." 성령의 파견에 대해서도 동일한 원칙이 유효하다. "성자에게 있어 태어난다는 것은 성부로부터 존재한다는 것처럼, 마찬가지로 성자에게 있어 파견된다는 것은 자신의 성부로부터의 기원에서 알려진다는 것이다. 마찬가지로, 성령에게 있어 하느님의 선물이라는 것은 성부로부터 발한다는 것처럼, 그에게 있어 그렇게 파견된다는 것은 성부로부터의 발출에서 인식된다는 것이다. 성령이 또한 성자로부터 발하지 않는다고 우리는 말할 수 없다. 사실 성령 자신이 성부와 성자의 영이라고 일컬어지는 것은 충분한 이유가 있는 것이다."(4, 21, 30-31)

만일 세 위격의 구분이 관계의 개념과 긴밀하게 연결된다면, 이 위격들에 대해 말하는 데 있어 그들 상호 간의 관계를 표현하는데 적합한 용어들을 사용하는 것이 가장 중요한 것임이 분명해진다. 이 문제는 아리우스주의자들의 적절하지 않은 결론으로 인해 발생하였다. 그들은 아버지가 아들과 관련된 용어임을 수용하였지만, "'태어나지 않은'과 '태어난'은 어떠한 관계를 함축하고 있지 않다."고 강조하였다. 곧 '태어나지 않은'은 본체에 관련된 절대적인 용어라는 것이다. 따라서 만일 성부가 태어나지 않은 분이고 성자는 태어난 분이라면, 그분들은 상이한 본체를 갖고 있는 것이라고 그들은 결론을 내렸던 것이다. 사실 성 아우구스티누스는 다음과 같이 지적한다. "성부가 태어나지 않은 분이라고 말할 때 그분이 그러하다는 것을 묘사하는 것이 아니라 그러하지 않다는 것을 표현하는 것이다."(5, 6, 7)

"성령"이라는 용어에 대해서도 성삼 자신에 대한 일반적 의미에서 이해할 수 있다. 왜냐하면 "하느님은 영"(요한 4, 24)이기 때문이다. 하지만 이 용어는 고유한 의미에서 세 번째 위격에 대해 사용되는데, "이 위격을 다른 위격들과 구분하기 위한 것이다. 그리고 성령은 성부의 영이요 성자의 영(갈라 4, 6)이기 때문에 이 용어를 성부와 성자와 관련 지어서도 그러하다. 하지만 이 이름에는 관계가 나타나지 않고, 오히려 '하느님의 선물'(사도 8, 20; 요한 4, 10)이라는 칭호에서 드러난다. 사실 그분은 성부의 선물이기도 하고 성자의 선물이기도 하다. 왜냐하면 주님께서 말씀하시는 것처럼, 그분이 성부로부터 발하기 때문이다. 그리고 사도가 '누구든지 그리스도의 영을 모시고 있지 않으면, 그는 그리스도께 속한 사람이 아닙니다.'(로마 8, 9)라고 확언하는 것은 분명 성령께 관련된 것이기 때문이다." 여기에서 다음과 같은 결론이 나온다. "성령은 성부와 성자 사이의 일종의 형언할 수 없는 일치이며, 이와 같은 명칭이 성부와 성자에게 부합할 수 있기 때문에 아마도 이렇게 불리는 것이다. (…) 따라서 두 분에게 적합한 칭호가 상호 간의 결합을 가리키기 위하여 성령은 두 분의 선물이라고 불리는 것이다."(5, 11, 12) 따라서 그분은 성부 혹은 성자의 영이라 불릴 수 있지만, 그와는 반대로 성령의 아버지 혹은 아드님으로 불릴 수는 없다. 성령이 성부와 성자의 보증이라 불릴 수 있지만 보증의 아버지라고 명명할 수 없는 것처럼, 우리는 선물의 아버지 혹은 아드님이라

고 말할 수 없다.(5, 11, 13)

"근원"이라는 용어에 있어 성부는 성자를 낳기 때문에 의심의 여지 없이 성자의 근원이지만, 동시에 성령을 선사하기 때문에 성령의 근원이기도 하다. 따라서 여기서 우리는 "일반적으로 많은 이들이 염려하는 질문, 곧 복음에서 읽게 되듯이 만일 성령 역시 성부에게서 나온 분이라면, 왜 아들이 아닌가라는 것에 대한 약간의 조명(照明)을" 해야 한다. "분명 그분은 성부에게서 나온 분이지만 선물로서 그러한 것이지 태어난 분으로서가 아니다. 따라서 아들이라 불리지 않는 것이다. 왜냐하면 독생자처럼 태어난 분도 아니고, 은총을 통해 양자로서 태어나면서 우리처럼 창조된 분도 아니기 때문이다." 그렇지만 성령은 성부뿐 아니라 선사할 수 있는 권한을 성부로부터 부여받은 성자에게서도 주어진 분이다. 이로써 "성부와 성자가 성령의 유일한 근원이지 결코 두 근원들이 아니라는 것을 받아들이는 것이 필요한 것이다."(5, 14, 15)

『삼위일체론』VI-VII권에서 성 아우구스티누스는 하느님 안에서의 출생이라는 어려운 문제를 다루고 있다. 출생에 대해 제시된 그의 개념은 "아버지께서 당신 안에 생명을 가지고 계신 것처럼, 아들도 그 안에 생명을 가지게 해 주셨다."라고 말하는 복음(요한 5, 26)에서 추출한 것이다. 성 아우구스티누스는 이 구절을 다음과 같이 주석한다. "아버지께서 당신 안에 생명을 갖고 있다는 것은 무엇을 의미하는 것인가? 다른 누구로부터 생명을 갖는 것이 아니라 자기 자신 안에 갖고 있다는 것이다. 자신의 생명의 근원이 자신 안에 있는 것이지 또 다른 기원을 갖고 있음이 아니요 다른 이들로부터 온 것도 아니다.

그분은 이 생명을 대여한 것도 아니고, 자신 안에 있는 것과 구별되는 생명에 참여함으로써 갖게 된 것도 아니다. 오히려 그분이 자기 자신 안에 갖고 있는 것이기에, 그분 스스로가 자신의 생명 자체인 것이다. (…) 따라서 성부와 성자 사이에는 오직 다음과 같은 구분만이 존재할 뿐이다. 곧 성부는 그 누구로부터 받은 것 없이 자신 안에 생명을 갖고 있는 반면, 성자는 성부가 자신에게 주었던 생명을 자신 안에 갖고 있는 것이다."(『요한복음 강해』 19, 11) 동일한 작품(tractatus)에서 그는 또다시 다음과 같이 질문한다. "성부가 성자에게 주었다는 것은 무엇을 의미하는가?" 그리고 다음과 같이 답변한다. "그분은 그에게 아들이 되는 것을 주었으며, 그를 낳으셨다. 이는 그가 생명이 되기 위한 것이었다. 이것이 '아들도 그 안에 생명을 가지게 해 주셨다'라는 표현의 의미이다. 곧 그분은, 참여를 통해 생명을 갖게 되는 이처럼 이를 받아야만 하는 필요 없이 아들에게 생명을 준 것이다. 사실 성자가 참여를 통해 생명을 갖는 것이라면, 이를 잃어버릴 수도 있고 이 생명 없이 있을 수도 있다. 이는 성자 안에서 수용할 수도 없고, 인지하거나 믿을 수도 없는 것이다."(『요한복음 강해』 19, 13)

   성자는 성부로부터 생명만이 아니라 성부가 존재하는, 그리고 소유한 모든 것을 마땅히 받았다. 이는 "아버지께서 가지고 계신 것은 모두 나의 것이다."라고 복음에서(요한 16, 15) 그리스도가 말한 것에서 연역된다. 성 아우구스티누스는 이 구절을 다음과 같이 주석한다. "결국 성부는 자신이 갖고 있는 모든 것을 성자를 낳으면서 그에게 주었고, 성자는 태어나면서 그것들을 받았던 것이다. 성부는 자신이 갖고 있던 것을 주면서도 잃어버리지 않았으며, 성자는 자신이 존재할 때 그리고 갖고 있지 않았을 때 받은 것도 아니었다. 하지만 성부가 성자에게 자신이 갖고 있던 모든 것을 주면서도 모든 것을 소유한 채로 남아 있었듯이, 성자도 필요함에 의해서가 아니라 아들로서 태어남을 통하여 받았던 것 없이 결코 있지 아니하였다. 이는 그가 결코 태어나지 않을 수가 없었으며 그것들 없이 태어나지 않을 것을 항상 갖고 있었기 때문이었다. 사실 그분은 항상 태어나기 때문에 불변의 상태로 태어난 분이다."(『아리우스과 막시미누스 반박』 2, 14, 7)

따라서 성부는 성자에게 신적 동등함을 주었던 것이다. 그렇기에 "성부는 자신과 동등한 아들을 낳기를 원하지 않는다거나 이를 원하지 않았다. 성자는 성부와 동등하게 태어날 수 없었다. 하느님은 자신에게서 변질된 아들을 낳았다라고 일컬어진다면, 아버지로서 찬미받는 것을 원치 않았다."라고 말한다면 성부뿐 아니라 성자에게도 모욕을 야기하는 것이다.(『아리우스과 막시미누스 반박』 2, 25) 결국 하느님 안에서의 출생에 대해 말할 때 다음의 것 외에 다른 것을 말하고자 하는 것이 아니다. 하느님 아버지는 자신 안에 존재와 생명 그리고 온갖 다른 절대적 완전함을 원래 갖고 있으면서 자신이 있고 소유하고 있는 모든 것을 아들에게 주면서 그를 낳았던 것이다. 이로써 성자는 모든 것에 있어 성부와 동등하며, 그분의 완전한 모상이고, 그분의 말씀이며 지혜이고, 한 마디로 한다면 진리인 것이다.

성령의 발출에 대해 성 아우구스티누스는 성경이 성자를 성부의 독생자로서 가리키고 있는 반면, 성령에 대해서는 "성부로부터 발한다."고 말하고 있는 것을 알고 있다. 그렇기에 성자의 탄생은 성령의 발출과 다른 것이다. 더욱이 그는 성경에서 성령이 성부의 영이요 성자의 영으로 불리고 있음(참조: 마태 10, 20; 갈라 4, 6)도 알고 있다. 여기에서 성령이 성부와 성자에게 공통되며, 두 분에게서 발하는 것임이 연역된다. 무엇보다 그는 성령이 근원적으로(principaliter), 곧 으뜸 원천으로서 성부에게서 발하지만, 유일한 근원으로서 성부와 성자에게서 공통적으로 발한다고 인지한다. '왜 성자에게서 라고도 하는가?' 한 가지 이유가 구원 경륜에서 주어진다. 곧 제자들의 얼굴에 불어넣은 숨과 "성령을 받아라"는 부활하신 그리스도의 말씀(요한 20, 20)은 "적합한 상징을 통해 성령이 성부뿐 아니라 성자에게서도 발한다는 지적"인 것이다.

하지만 성부와 성자로부터의 성령의 발출은 위에서 제시된 것처럼 출생의 상호 주체적 개념을 통해서도 형성된다. 사실 성자가 가지고 있는 모든 것은 성부로부터 받은 것이었기에 성부가 성자가 가진 모든 것의 근원이라는 원칙에 굳건히 머문다면 다음과 같은 것을 인지해야만 한다. "성부는 자신 안에 성령의 발출의 근원이 되는 속성도 가지고 있는 것이며, 성자에게 성령 자신의 발출의 근원이 되는 것도 동등하게 주었던 것이다. (…) 사실 성자가 자신이 가지고 있는 모든 것을 성부로부터 받은 것이라면, 성자 역시 성령이 발하는 근원이 된다는 것도 성부에게서 받은 것이다." 따라서 "성자가 성부로부터 태어난 반면, 성령은 근원적으로(곧 으뜸 원천으로서) 성부에게서 그리고 성부가 시간의 간격 없이 성자에게 주었던 선물 때문에 두 분에게서 공통적으로 발한다." 혹자는 '그렇다면 왜 그리스도는 복음에서 "영은 아버지에게서 나온다."고(요한 15,26) 말하는가?'라는 반론을 제기할 수도 있을 것이다. 성 아우구스티누스는 이렇게 답변한다. "성자가 자신이 기원을 갖게 된 분에게 자신의 것이라고도 말하는 것이 일상적인 것이기 때문이 아니라면 다른 어떤 것이 있겠는가? 이러한 의미에서 성자는 '나의 가르침은 내 것이 아니라 나를 보내신 분의 것이다'라고 말하는 것이다.(요한 7,16) 따라서 만일 여기에서 자신의 것이 아니라 아버지의 것이라고 선언하고 있는 가르침을 성자의 것으로서 이해한다면, '나에게서 나오는 것이 아니다'라고 말하지 않고 아버지에게서 발한다고 말하는 본문에서 성령이 그분에게서도 발하는 것으로 얼마나 더 이해해야만 하는 것인가? 하느님이 되는 것을 받는 분에게서(사실 하느님에게서 나신 하느님이다), 그분에게서 성령이 발하는 근원이 되는 것도 성자는 받는 것이다. 성령이 성부로부터 발하는 것처럼 성자에게서도 발하는 것임에도 불구하고, 성자는 이를 성부 자신으로부터 받는 것이다. 어떻게든 그리고 우리와 같은 약한 군중에 의해 이해될 수 있는 모든 것에 대해 우리는 이렇게 이해한다. 왜냐하면 성령은 태어나지 않고 오히려 발한다고 말하기 때문이다. 만일 그분 역시 아들이라고 말한다면 두 위격들의 아들일 것인데, 이는 매우 어리석은 것이다." (…) 여하튼 "성령이 성부로부터 성자 안에서 그리고 후에 피조물을 거룩하게 만들기 위하여 성자로부터 발하는 것이 아니라 두 분 모두에게서 발하는 것"임을 염두에 두는 것이 필요하다. 또한 영원 안에 살아계시는 하느님에 대해 다루면서 성령의 출생이 먼저인지 아니면 성령의 발출이 먼저인지 묻는 것은 비이성적인 것이다. 두 가지 모두 시간을 초월한 것이다.

더욱이 아우구스티누스는 인간 정신에서 교회의 삼위일체 신앙을 제시하는데 적합한 유사함들을 발견하고 있다. 첫 번째 삼위일체적 유사함(정신, 정신이 자기 자신에 대해 갖고 있는 인식, 정신이 자기 자신에 대해 갖고 있는 사랑)에 대해 그는 즉시 하느님과의 큰 차이점에 주목하게 한다. 인간 안에서 이 세 가지 것들은 인간과 동일시되지 않는다. 그것들은 인간의 보다 뛰어난 부분이지 인간이 아니다. 반면 하느님 안에서 완전함들은 그분의 본질인 것이다. 또 다른 차이가 있다. "만일 인간 안에서 우리가 정신, 인식 그리고 정신이 자신에 대해 갖고 있는 사랑 또는 기억, 지성 그리고 의지를 숙고한다면, 우리는 기억을 통해서가 아니라면 정신에 대해 어떤 것도 기억하지 않으며, 지성을 통해서가 아니라면 이해하지 못하고, 의지를 통해서가 아니라면 사랑하지 못한다. 그러나 신적 삼위일체 안에서 성부가 성자를 통해서가 아니라면 자기 자신이나 성자 혹은 성령을 이해하지 못한다거나 성령을 통해서가 아니라면 그들을 사랑하지 않는다고 그 누가 감히 말할 것인가?"

사실 하느님 안에서 "기억, 지성 그리고 사랑은 각각 성부와 성자와 성령이 아니라 오직 성부만이다." 곧 각각의 위격은 그 세 가지 완전함을 소유하지만, 성부가 원래 이것들을 갖고 있고, 성자는 출생의 방법을 통하여 그리고 성령은 발출의 방법을 통하여 그것들을 받았던 것이다. 따라서 심리학적 유사함들은 신앙의 이해를 위해 매우 상대적인 도움을 제공한다고 일반적으로 말할 수 있다. 이러한 아우구스티누스의 삼위일체론은 다음과 같이 정리할 수 있다.

① 그는 성령의 위격적 속성에 관한 문제를 제기한 첫 번째 인물이었으며 사랑으로 속성을 지적한 첫 번째 저술가였다. 계시에 의

하면 "하느님은 사랑이시다."(1요한 4, 6) 따라서 성부 하느님은 사랑이며, 성자 하느님도 사랑이고, 성령 하느님도 사랑이다. 하지만, 성부 역시 영이며 거룩하고 성자 역시 그러함에도 불구하고, 세 번째 위격이 고유하게 성령이라고 언급되는 것처럼, 마찬가지로 성령이 고유하게 사랑, 애덕으로 합당하게 불릴 수 있다. 왜냐하면 그분은 성부와 성자에게 공통되며, 그분들과 함께 영원하고도 동일본체적인 일치이고, 두 분이 영원으로부터 서로 나누는 상호 간의 사랑이기 때문이다.

② 성령은 성부에게서, 성자에게서도, 두 분 모두에게서도 태어나지 않는다. 오히려 그분은 성부와 성자에게서 발하는데, 두 분 모두의 영이기 때문이다. 따라서 "성령은 근원적으로 성부에게서 발하며, 성부가 성자에게 시간의 간격 없이 준 영원한 선물을 통하여 두 분 모두에게서 발한다." 따라서 성부는 모든 신성의 근원이며 성자는 성령의 두 번째 근원이 아니라 성부와 함께 유일한 근원인 것이다.

③ 출생과 발출 사이의 구분에 관한 질문에 대한 아우구스티누스의 답변은 출생에 대한 상호주체적이고도 인격주의적인 개념에 근거하고 있다. 곧 성부는 성자에게, 성령의 발출의 근원이 되는 권한까지 포함해서, 자신이 존재하고 소유하는 모든 것을 주면서 그를 낳는다. 심리학적 유사함은 뒤에 인격주의적인 개념을 설명하기 위해 온 것이지 처음부터 있던 것이 아니다.

4. 그리스도론

아마도 아우구스티누스의 그리스도론에서 적어도 후대의 독자들에게 가장 놀라운 것은 지극히 일반적인 것으로 나타난다는 것이다. 그리스도교 신학에서 중심적인 다른 주제들과는 달리, 그리스도의 위격과 구원 역할은 아우구스티누스가 많은 부분 직접적으로 관여한 논쟁의 주제가 되지 않았다. 그리스도교 사상가로서의 그의 흔적은 아폴리나리우스(Apollinarius, 310?-390?) 이단을 단죄한 381년 콘스탄티노폴리스 공의회(서방 교회에서는 이 공의회 결정 사항을 382년 다마소 교황이 주재한 로마 교회회의에서 인준하였다)와 아우구스티누스가 사망할 430년 당시 네스토리우스(Nestorius, 386?-451)와 알렉산드리아의 치릴루스(Cyrillus Alexandrinus, 376?-444) 사이에 마리아의 호칭(Theotokos)에 관해 발생한 논쟁 사이에 위치한다. 그렇지만 아우구스티누스의 사상은 항상 그리스도중심적이다. 삼위일체이신 하느님에 대한 이해, 은총 신학, 현세적 구원과 종말론적 희망의 공동체인 교회에 대한 성찰, 그리스도인 삶의 덕행들과 투쟁들에 대한 제시 등, 이 모든 것은 그리스도의 위격과 업적을 출발점으로 삼고 있다.

그러나 아우구스티누스는 그리스도론에 관한 작품을 저술하지 않았지만, 그리스도는 그의 생애와 작품 곳곳에 현존한다. 그리스도에 대한 그의 사상은 그의 전체 영성 생활이었을 정도이다. 또한 그리스도의 위격에 관한 그의 성찰은 그리스도의 업적과 구원 그리고 그리스도의 몸인 교회에 대한 성찰과 분리할 수 없다. 그렇기에 그리스도론과 구원론, 교회론은 아우구스티누스 안에서 분리되지 않는다.

하지만 현대 학자들은 아우구스티누스의 그리스도론에 대해 비교적 적은 관심을 기울였다. 아마도 그리스도의 위격에 관한 교부신학의 발전적 가르침이 행한 범주 안에 쉽게 들어오지 않았기 때문일 것이다. 그리고 후대 공의회들의 정의를 문제가 되지 않는 방식으로 선행한 것으로 보이기 때문일 것이다. 그럼에도 불구하고 아우구스티누스의 그리스도론에 관한 저명한 연구물들이 20세기 초 쉐엘(Scheel)의 논문으로 시작되었는데, 그는 그리스도에 대한 아우구스티누스의 성찰에서 신플라톤주의의 영향이 지배하고 있고 독창성이 부족하다고 간주하였다.[6] 하지만 게엘링스(Geerlings)와 맥윌리암(McWilliam) 등에 의해 전망이 확장되었고, 무엇보다 1954년 이래 반 바벨(T.J. van Bavel)과 프란츠(E. Franz)에 의해 더욱 그러하였으며, 1970년대부터는 수많은 연구물이 나왔다.[7]

그의 가르침은 다음의 몇 가지를 제외하면 전통적인 가르침과 차이가 없다. 우선 용어의 명확성을 들 수 있다. 두 번째는 영혼과 육체의 일치라는 실례에 대한 호소이다. 세 번째는 그리스도의 완전한 신성과 인성을 부정하거나 불분명하게 만드는 온갖 이단을 거슬러 행한 옹호이다. 네 번째는 은총의 무상성(無償性)의 뛰어난 예로 인간 그리스도를 제시하는 것이다.

---

[6] O. Scheel, *Die Anschauung Augustins über Christi Person und Werk. Unter Berücksichtigung ihrer werschidenen Entwicklungsstufen und ihrer dogmengeschichtlichen Stellung*, Tübingen, Leipzig, 1901, p. 464.

[7] G. Madec, "Christus", *Augustinus Lexikon*, I, Cornelius Mayer (ed. By), Basel: Schwabe & Co. AG, 1986-1994, pp. 845-846.

1) 초기 작품들 안에 나타난 그리스도론

무엇보다 아우구스티누스는 마니교에 심취했던 시기에 그리스도를 온전히 영적인 존재로, 곧 실제 인간이 아닌 것으로 간주하였다. 또한 동정 마리아에게서 태어나지 않았다고 생각하였으며, 그리스도가 육체를 갖고 강생하였다는 것을 믿지 못하였다.(『고백록』 5, 10, 20) 이러한 가현설 입장은 마니교가 그에게 가르친 것이다. 하지만 후에 플라톤 서적을 읽으면서 예수를 이상적인 신플라톤주의 현인(賢人)으로 간주하였다.[8] 곧 신적인 존재가 아니라 "누구와도 견줄 수 없을 만큼 초월한 예지의 인간"으로 생각하였던 것이다. 무엇보다 예수가 "동정녀에서 태어난 사실이야말로 영원을 얻기 위하여 시간적인 것들을 낮춰보는 표본으로서 우리를 위하는 하느님의 섭리로 말미암아 위대한 스승의 권위를 얻게 된 것으로" 보았다. 더욱이 그는 말씀의 육화에 대해 전혀 이해하지 못하고 있었다. 다만 예수 역시 먹고 마시고 자고 걸어 다니며 기쁨과 슬픔을 지녔고, 설교를 하였고, 그의 육체는 말씀과 결합된 것이 아니라 인간의 영혼 및 정신과 결합된 것이라고 생각했던 것이다. 이토록 아우구스티누스는 예수를 '오롯한 인간'(totus homo)으로 인식하고 있었다. 곧 인간의 육체만을 지닌다거나 육체와 영혼을 지니지만 정신이 없다거나 하는 것이 아니고, 진리의

---

8 W. Mallard, "Jesus Christ", *Augustine through the Ages. An Encyclopedia*, Allan D. Fitzgerald(General Editor), Grand Rapis, Michigan, Cambridge: Willam B. Eerdamns Publishing Company, 1999, p. 464.

화신(persona veritatis)이 아닌 바로 인간으로 그리스도를 간주하고 있었던 것이다. 또한 아우구스티누스는 그리스도가 아주 탁월한 인간성과 보다 더 완전한 예지를 가지고 있기에 모든 사람 중에 빼어난다고 믿었다.(『고백록』7, 19, 25)

이러한 아우구스티누스의 생각은 포티누스(Photinus)의 주장을 따르고 있는 것이다. 사실 판노니아(Pannonia) 시르미움(Sirmium)의 주교 포티누스는 엄격한 군주론(monarchianismus)을 주장하는데, 이에 의하면 로고스는 성부의 단순한 비인격적인 힘(dynamis)으로 잉태되었으며, 성부 안에서 안식을 누리기도 하고 세상에 고유한 신적 활동으로 드러난다. 이러한 의미에서 포티누스는 위격적으로 잉태된 로고스에게 고대 전통이 부여한 것과는 달리, 구약성경에 나타난 하느님의 현현(theophania)을 로고스를 통해 활동하시는 성부에게 적용한다. 고대의 전통을 이신론(二神論)으로 간주하였기 때문이다. 또한 포티누스는 하느님의 아드님이 마리아에게서 태어났다고 하지만, 로고스가 인간 예수 안에 육화하고 그 안에 자신의 거처를 마련함으로써 아드님이 되었다는 의미에서 그러한 주장을 내세운 것이다. 그럼에도 불구하고 알렉산드리아 학파가 주장한 '로고스-육'(Logos-sarx) 그리스도론을 반대하면서, 로고스가 취한 인성은 영혼을 갖춘 온전한 것이었다고 강조한다. 아담이 육체와 영혼으로 죄를 지었기에, 로고스가 인간을 구원하기 위해 영혼과 육체를 갖춘 온전한 인성으로 육화하였다는 것이다.[9]

---

9   M. Simonetti, "FOTINO di Sirmio", *Dizionario Patristico e di Antichità Cristiane*, I,

더욱이 아우구스티누스의 친구인 알리피우스(Alypius)는 그리스도를 영혼이 없는 하느님과 육으로, 곧 인간 정신(mens hominis)을 소유하고 있지 않은 것으로 이해하였다. 아우구스티누스가 이 생각을 공유하였는지 우리는 명확하게 말할 수 없다. 하지만 철학적 기반 위에서 불변하는 하느님의 말씀이 그리스도의 육체에 대한 영혼의 역할을 지원할 수 없다고 믿은 것으로 보인다.10 분명한 것은 후에 이 두 사람은 그러한 주장이 아폴리나리우스(Apollinarius)의 것임을 알게 되어 이를 배격하고 가톨릭 신앙을 받아들이게 된다는 것이다. 또한 아우구스티누스는 『여든세 가지 다양한 질문』에서 아폴리나리우스 그리스도론을 반박하였다는 것이다.

사실 히포의 주교는 신플라톤주의 심리학을 따라 영혼을 육체에 현존하는 독립적이면서도 비물질적인 실체로 이해하고 있었다. 또한 아들의 신적 위격과 역사적으로 육체를 지닌 예수 사이를 연결하는 필수적인 고리로서 그리스도의 인간적 영혼이 지닌 중요성을 전 생애를 걸쳐 강조하였다. 더욱이 아우구스티누스는 죽음조차 예수의 영혼과 말씀을 분리할 수 없다고 믿었다.

하지만 초기 작품에서 아우구스티누스는 그리스도의 복합적 실재를 덜 전문적인 용어로 표현하는 경향이 있다. 그리스도가 구체적으로 표현하고 있는 모순을 수사학적으로 강조하는 단순한 표현들이

Casale Monferrato: Marietti, 1994(I ristampa), p. 1392.
10 Brian E. Daley, "Christology", *Augustine through the Ages. An Encyclopedia*, Allan D. Fitzgerald(General Editor), Grand Rapis, Michigan, Cambridge: Willam B. Eerdamns Publishing Company, 1999, p. 165

나타난다. 예를 들면, 그리스도는 '하느님이신 인간'(homo Deus, 『파우스투스 반박』 13, 8), '인간인 하느님'(Deus homo, 『입문자 교리교육』 4, 8), '태어나신 하느님'(Deus nascens, 『보이지 않는 사물에 대한 믿음』 3, 5) 등이다. 그리고 395년 이전에 저술된 작품에서는 '주님이신 인간'(homo dominicus)과 같은 표현도 등장한다. 393-394년경에 한 것으로 보이는 시편 56에 대한 강론은 그리스도의 위격이 지난 많은 측면에 대한 묘사에서 이 용어를 보다 정교하게 사용하면서 다음과 같이 말한다. "온전한 인간 존재가 말씀과 함께 있습니다. 그리고 말씀은 인간 존재와 함께 있습니다. 인간 존재와 말씀은 하나의 인간 존재이고 말씀과 인간 존재는 한 분인 하느님이십니다."(『시편 상해』 56, 5)

2) "위격"(persona)과 "본체"(substantia)

아우구스티누스의 초기 작품에서 '페르소나'(persona)라는 용어는 일반적으로 일부 성경 본문의 화자(話者) 혹은 그가 맡은 역할이나 기능을 드러내는 주석학적 맥락에서 사용되고 있다. 예를 들면 다윗은 때때로 주님의 모습으로(ex persona Domini) 말하기도 하고, 때로는 그 자신 친히(ex sua persona) 말하기도 한다.(『시편 상해』 56, 13) 그리스도 역시 인간의 모습으로(ex persona hominis) 혹은 육의 모습으로(ex persona carnis) 말하고 있다.(『시편 상해』 56, 8) 또한 신적 지혜에 가능한 한 참여하는 우리와는 달리, 그리스도는 본성적으로 지혜의 역할을(personam) 갖고 있으며 이를 수행한다.(『갈라티아서 해설』 27)

극장이나 법정에서의 초기 라틴어 용법에서 유래된 이러한 '페르소나'(persona)의 기능적 의미는 아우구스티누스의 후대 작품에서 '행동하는 주체'(acting subject)라는 보다 형이상학적 함축(含蓄)을 갖는 것으로 나타난다. 이러한 방향으로의 전환은 육화하신 하느님이라는 그리스도교 개념을 옹호하기 위해 젊은 원로원 의원인 볼루시아누스(Volusianus)에게 411/412년에 보낸 서한에서 -이 서한은 아우구스티누스가 특별히 그리스도론에 집중한 소수의 작품들 중의 하나이다- 분명하게 나타난다. 이러한 전환을 드롭너(H.R. Drobner)가 정확히 지적한다. 곧 그의 주장에 따르면 411년부터 아우구스티누스가 '페르소나'라는 단어를 그리스도의 주체적 일치, 곧 말씀과 인간이라는 두 개의 온전하고도 구별되는 실재를 포함하는 일치를 가리키기 위해 사용했다는 것이다. 여하튼 볼루시아누스에게 보낸 서한에서 아우구스티누스는 예수가 "자신의 위격적 일치에서 두 본성을 결합하면서" 하느님과 인간의 중재자의 역할을 수행하고 있다는 논거를 펼치고 있다.(『서한』 137, 9) 물론 이 일치는 동등한 파트너들의 결합이 아니다. 오히려 평범한 것이 비범한 것과 합쳐져서 전자가 후자에 의해 고귀하게 된 것이다. 이에 대해 아우구스티누스는 볼루시아누스에게 한 유비를 통해 다음과 같이 제시한다. "하느님이 인성과 합쳐져서, 그리스도라는 단일한 위격이 되셨습니다. 이는 영혼이 육체와 합쳐져서 단일한 인간 위격을 구성하는 것과 같습니다."(『서한』 137, 9)

411년 이후에 저술된 다수의 작품 안에서 아우구스티누스는 예수의 행위와 전체 실재 안에서 이중적으로 나타나는 것과 단일한 것과 유일한 것을 지적하기 위해 '본성'(natura), '본체'(substantia), '위격'(persona)이라는 개념을 보다 더 사용한다. 아마도 418년 혹은 419

년에 작성되어 북아프리카에서 유포되고 있던 아리우스파의 성명서에 대한 논박에서 아우구스티누스는 처음에는 암브로시우스의 『신앙론』(De fide)과 『주님 육화의 성사론』(De incarnationis dominicae sacramento)에 나타나는 그리스도론에 의지하고 있는 것으로 보인다. 그리고 그리스도의 위격을 언급하기 위해 암브로시우스의 찬미가에서 시편 19장 6절("용사처럼 길을 달리며 좋아하네")에 대한 암시라고 볼 수 있는 "두 본체를 지닌 용사"라는 표현을 인용한다. 여기서 아우구스티누스는 "나는 내 뜻이 아니라 나를 보내신 분의 뜻을 실천하려고 하늘에서 내려왔기 때문이다."라는 요한 6장 38절의 말씀을 통해 성부와 같은 뜻을 공유하고 있는 그리스도의 신성과 인성을 다음과 같이 구분하고 있다. "그분이 하늘에서 내려왔다는 사실이 그분이 지니신 인간 존재 안에서 그토록 위대한 순명, 곧 온갖 죄에서 온전히 자유로운 순명의 원인이 되었습니다. 다시 말하면, 그분은 인간일 뿐만 아니라 하느님이셨습니다. 사실 그분은 하느님과 인간이라는 두 본성을 지닌 한 위격이었음을 드러내셨습니다. 그분께서 두 위격을 이루시어, 삼위일체가 아니라 사위일체가 되지 않도록 하기 위함이었습니다. 따라서 두 본체가 있지만 한 위격입니다."(『아리우스파 설교 반박』 7, 6) "두 본성 안에 있는 한 위격"(una persona in utraque natura)이라는 것이다.(『강론』 294, 9) 또한 "하느님과 인간이라는 두 위격이 아니다. 그리스도 안에는 하느님과 인간이라는 두 본체(substantia)가 확실하게 존재하지만 한 위격이다."(『강론』 130, 30) 하지만 혼합으로 인한 것이 아니다. "하느님은 하느님으로 남아 있다. 곧 인간이 하느님과 결합하여 한 위격이 된 것이다. 하지만 반신(半神, semidio)이 아니다. 하느님이라는 점에서는 하느님이고, 인간이라는 면에서는 인간이다. 하지만 온전한 하느님이요 온전한 인간이다.(totus Deus et totus homo)"(『강론』193, 7)

육화하신 말씀이 하느님이요 인간이라는 측면, 곧 하느님의 말씀이 인성을 취하였다는 것을 아우구스티누스는 필립 2, 6-7을 암시하는 '하느님의 모습에서'(in forma dei) - '종의 모습에서'(in forma servi)라는 구도로도 설명한다. "인간이신 분, 바로 그분이 하느님이며, 하느님이신 분, 바로 그분이 인간이시다. 이는 본성의 혼합으로 인한 것이 아니라 위격의 일치 때문이다."(『강론』186, 1, 1) 하느님의 아드님이 사람의 아들이 된 것이다. 곧 "하느님의 모습에 따라 하느님의 아드님이요, 종의 모습에 따라 인간의 아들"이신 것이다.(『시편 상해』63, 3)

이러한 위격적 일치는 "경탄할 만한 것이며 또한 형언할 수 없는 것이다."(『믿음 희망 사랑의 길잡이』13, 41) 아우구스티누스는 하느님에 의해 거룩하게 된 사람들과 신인(神人) 사이의 본질적인 차이를 다음과 같이 열정적으로 강조한다. "육 안에 있는 말씀이 다르고 육이 된 말씀이 다르다. 다시 말해서 사람 안에 계시는 말씀과 사람인 말씀이 다르다."(『삼위일체론』2, 6, 11) 이러한 유일한 일치의 보다 훌륭한 예는 인간 안에서의 영혼과 육체의 일치이며, 이것 역시 경탄할 만한 것이며 신비로운 것이다. "사실 위격의 일치에서 영혼이 육체와 결합되어 인간이 되는 것처럼, 위격의 일치에서 하느님이 인간과 결합하여 그리스도가 되십니다."(『서한』137, 3, 11) 따라서 "이성적 영혼과 육체의 모든 인간이 단일한 위격인 것처럼, 말씀과 인간이신 그리스도 역시 단일한 위격이다."(『믿음 희망 사랑의 길잡이』11, 36)

여기에서 신인속성교환이 등장하는데, 아우구스티누스는 이를 활용하고 옹호한다. "태어나신 하느님", "십자가에 못 박히신 예수", "죽으신 하느님" 등은 아우구스티누스 안에서 자주 나타나는 표현들이다. 이에 대해 그는 위격의 일치라는 근거를 제시한다. 곧 이 일치를 통해 하느님이 인간이 되고 인간이 하느님이 된다는 것이다.(『서한』 169, 2, 8) 따라서 "하느님은 죽임을 당하지 않으셨습니다. 하지만 인성에 따라 그분께서는 죽으셨습니다."(『강론』 213, 4) 요한 3, 13("하늘에서 내려온 이, 곧 사람의 아들 말고는 하늘로 올라간 이가 없다")에 대한 주석에 나타난 일반적 원칙을 보자. "위격의 일치 때문에 하느님의 아드님께서 지상에 계십니다. 또한 바로 그 동일한 일치로 인해 인간의 아들이 하늘에 계십니다."(『강론』 194, 9) 인간 혹은 인성(이 두 표현은 아우구스티누스가 동의어로 사용한다)이 창조되었던 순간에 말씀과의 위격적 일치로 올라갔다는 사실을 특별히 강조한다. "인간으로 시작할 때부터 그분은 하느님의 독생자로만 존재하기 시작하였던 것이다."(『믿음 희망 사랑의 길잡이』 12, 40)

아우구스티누스는 이러한 위격적 일치를 강조하면서도 하느님의 말씀과 일치된 예수의 인성이 온전하였고 참된 것이었음을 항상 강조하였다. 달리 말하면, 예수가 인간 존재의 구성적 측면이라고 할 수 있는 것들, 성장, 고통, 한계, 배고픔과 목마름, 수면 등을 다 경험하였음을 지적한다. 이러한 그리스도의 온전한 인성은 그리스도 안에 존재하는 두 개의 본성적 영역 중 하나인 말씀의 위격에 결합되어 있다는 것이다. 비록 아우구스티누스의 관점에서는 그리스도의 인성이 우리 인간들에게 그분의 신성을 알게 해주는 근원적인 길임에도 말이다. "인간이신 그리스도를 통하여 당신은 하느님이신 그리스도께 가는 길을 만듭니다."(『강론』 261, 7) 그리스도의 인성이 우리와 결정적으로 차이가 있다면, 그분에게는 죄가 없다는 것이다. 아우구스티누스는 이 점을 그리스도의 기원의 측면에서 설명하려는 경향을 갖고 있다. 곧, 마리아가 말씀의 인성을 온전히 성령의 은총으로 잉태하였기에, 일반적으로 인간의 수태를 더럽히는 통제되지 않은 욕망의 영향으로부터 자유롭다는 것이다.

그리스도의 온전한 인성과 그분의 절대적인 인간적 체험에 대한 강조에도 불구하고 그리스도는 동등한 부분들이 균형적으로 결합되어 있다고 아우구스티누스는 주장하지 않는다. 실제적인 그리스도의 위격적 일치는 말씀의 신적 위격이 예수의 영혼과 육체 모두의 소유주이며 참된 생명이라는 사실에 기인한다는 것이다. 411년이래 아우구스티누스는 말씀과 인성 전체와의 관계를 묘사하기 위해 인간 위격의 유비를 종종 사용하는데, 이에 따르면 영혼이 육신의 모든 지체와 기능을 일치시키고 인도한다는 것이다. "하느님의 말씀이신 하느님의 아드님은 영혼이 육체를 가지고 있는 것처럼 인성을 갖고 있습니다. 영혼이 육체를 갖고 있다고 해서 두 위격이 되지 않고 단일한 인간인 것처럼, 말씀도 인성을 갖고 있다고 해서 두 위격이 되는 것이 아니라 하나의 그리스도가 되는 것입니다."(『요한복음 강해』 19, 15)

그리스도가 두 본성을 가지고 있는 단일한 위격이라는 사실은 아우구스티누스로 하여금 티모테오 모서 2장 5절("하느님과 사람 사이의 중개자도 한 분이시니 사람이신 그리스도 예수님이십니다")에 나타나는 '중개자'(mediator)라는 그리스도의 호칭에 관심을 갖게 하였다. 그리하여 아우구스티누스의 전 작품 안에서 지배적인 그리스도의 호칭으로 자리하게 되었다. "따라서 그분은 하느님과 인간 사이의 중개자입니다. 왜냐하면 그분은 성부와 함께 하느님이며, 인간들 가운데에서는 인간이기 때문입니다. (…) 인성 없는 신성은 중개자가 되지 못하며, 신성 없는 인성도 중개자가 되지 못합니다. 하지만 신성 자신과 인성 자신 사이에서 중개자적 연결은 그리스도의 인간적 신성과 신적 인성입니다.(『강론』 47, 12, 21) 또한 그리스도가 구원의 길이 된 것도 하느님과 피조물계의 중개 역할을 위격적으로 맡고 있기 때문이다. "인간이 좀 더 확신을 갖고 진리를 향해 나아가도록 하기 위해 진리 그 자체 곧 하느님의 아들 하느님이 인간을 취하고 (그렇다고 하느님이 소멸하지는 않은 채였다) 신앙을 제정하고 조성했다. 인간-하느님을 통해 하느님께 이르는 길이 인간에게 생기게 하려는 뜻이었다. 이분이 하느님과 인간 사이의 중개자 인간 그리스도 예수다. 인간이라는 이유에서 중개자가 되며, 중개자라는 이유에서 또한 길이다. 목적을 향하는 인간과 그가 향하는 목적 사이에 길이 놓여 있다면 목적에 도달하리라는 희망도 있는 셈이다. 그러나 만약 그 길이 없다면, 또 어떤 길을 거쳐서 가야 하는지 모른다면, 어디로 가야 한다는 것을 안들 무슨 소용인가? 모든 오류에 맞서 전적으로 안전한 길이 딱 하나 있으니, 그것은 동일한 분이 하느님이자 곧 사람인 경우이다. 하느님은 어디까지 가느냐 하는 그 목적이 되고, 사람은 어디로 해서 가느냐 하는 그 길이 된다."(『신국론』 11, 2)

'중개자'의 모습은 '의사'(medicus)의 모습과도 연결된다. 하느님께서 사람이 되신 것은 인간을 구원하기 위해서이다. 달리 말하면 결국 인간을 신성에 참여시키기 위해서이다. 이를 위해 하느님은 '겸손'이라는 방식을 선택하였고, 이러한 '그리스도의 겸손'(humilitas Christi)은 인간의 교만에 대한 치료약, 곧 동정 마리아의 육신에서 취한 치료약으로 나타난다.(『강론』 294, 10, 11) "교만은 우리에게 상처를 입혔지만, 겸손은 우리를 건강하게 만듭니다. 하느님이 비천하게 오신 것은 교만이라는 그토록 큰 상처에서 인간을 회복시키기 위해서입니다."(『시편 상해』 35, 17) 이 약물은 이미 예언과 율법 그리고 모든 계명 안에 있었지만, 먹지 않았기 때문에 약물 자체가 주님의 도래로써 낫게 한 것이다.(『시편 상해』 57, 8) 다른 말로 한다면, "하느님의 지혜가 사람을 돌보시면서 나아야 할 사람에게 당신을 맞추시어 스스로 의사이고 스스로 약이 되신" 것이다.(『그리스도교 교양』 1, 14, 13) 바로 여기에서 '의사이신 그리스도'(Christus medicus)라는 개념이 등장한다.(『강론』 3, 3. "Medicus quis? Dominus noster Iesus Christus") 이 개념은 그리스도의 구원 업적을 제시하기 위해 테르툴리아누스 이래로 사용된 것으로 아프리카 그리스도인들에게 매우 친숙한 것이었다.[11] 이 표현을 통해 호교 교부들은 이교도들의 아스클레피우스(Asclepius) 예식과 대조하였으며,[12] 팀가드(Timgad)에서 발견된 묘비 비문에도 이 주제가 나타난

---

11 Cf. R. Arbesmann, "Christ the Medicus humilis in St. Augustine", in AA.VV., *Augustinus Magister*, II, Paris, 1954, pp. 624-625; "The concept of 'Christus medicus' in St. Augustine", *Traditio* 10(1954), pp. 3-7; R.P. Hardy, "The incarnation and revelation in Augustine's Tractatus in Iohannis Evangelium", *Eglise et Théologie* 3(1972), p. 195; J. Courtès, "Saint Augustin et la médecine", in AA.VV., *Augustinus Magister*, I, Paris, 1954, p. 48.
12 Cf. A. von Harnack, *Die Mission und Ausbreitung des Christentums in den ersten drei Jahrhunderten*, I, Leipzig, 1924, pp. 129-150; E.L. Edelstein, *Asclepius: A collection*

다.[13] 이러한 전통의 계승자인 아우구스티누스는 무엇보다 강론에서 이 주제를 매우 자주 사용하여, 이 주제에 대한 서방교회의 주요 공헌자가 되었다.[14] 의사이신 그리스도는 환자의 침대에까지 가까이 가시기 위해 죽을 육신을 취하였고,(『강론』 87, 11, 13; 88, 1), 마음의 아픈 눈을 치유하면서 하느님을 다시 받아들이는 능력을 인간에게 선사하였다.(『요한복음 강해』 14,2) 마리 코모(Marie Comeau)가 지적하듯이[15] 아우구스티누스는 이러한 측면을 요한복음 9장 1-12절에 나타나는 태어나면서부터 눈먼 사람의 치유를 통해 강조한다. 태어나면서부터 눈먼 사람은 아담의 죄로 인해 눈이 멀어 태어난 인류 전체를 대표하며 (『강론』 136, 1), 의사가 준비한 안약을 필요로 하고 있다는 것이다. 곧 의사이신 그리스도의 조명을 받아야 한다는 것이다.(『요한복음 강해』 2, 16) 이러한 의미에서 쉐네(J. Chéné)는 아우구스티누스에게 있어 은총

---

and interpretation of the testimonies, II, Baltimore, 1945, pp. 132-138, 255-257.

13 P. Monceaux, "Une invocation au Christus medicus sur une pierre de Timgad", *Comptes rendus de l'Académie des Inscriptions et de Belles-Lettres*, 1920, pp. 79-81; "Nouveau fragment de l'inscription chrétienne de Timgad relative au Christus medicus", *Comptes rendus de l'Académie des Inscriptions et de Belles-Lettres*, 1924, pp. 78-81; J. Carcopino, "L'invocation de Timgad au Christ médecin", *Rendiconti. Atti della Pontificia Accademia Romana di Archeologia*, 5(1927), pp. 79-87.

14 올쉬키(L. Olschki)는 아우구스티누스의 작품 안에서 의사이신 그리스도의 표상이 자주 나타나는 것이 북아프리카 그리스도교 공동체에서 그 표현이 지닌 친숙함이기도 하지만 마니교의 직접적인 영향이라고 주장한다: "The wise men of the East in Oriental traditions", *Semitic and Oriental studies: University of California publications in Semitic philology* 11(1951), p. 391, n. 25. 아르베스맨(R. Arbesmann)은 아우구스티누스가 이 주제를 교회 전통에서 발견하였다고 주장하면서도 마니교를 통해 알았을 가능성도 배제하지 않는다: "The concept of 'Christus medicus' in St. Augustine", pp. 27-28.

15 M. Comeau, *Saint Augustin. Exégète du quatrième évangile*, Paris : Gabriel Beauchesne, 1930, p. 329.

의 역할은 치유와 본성의 회복에서 모두 요약된다고 지적한다.[16]

펠라기우스 논쟁 안에서 구원을 가져오는 하느님과 인간 사이의 중개자라는 그리스도에 대한 전망은 승리를 가져오는 하느님의 은총의 위격적 현현이라는 새로운 신학적 중요성을 갖게 되었다. "예정과 은총의 가장 빛나는 조명은 구세주 자신, 하느님과 인간 사이의 중개자 자신, 인간 그리스도 예수이다."(『성도들의 예정』 15, 30) 이 은총의 핵심은 자연적인 사물들의 질서에서 하느님께 속하지 않지만, 하느님의 아드님의 위격에 속한 인성이다. "은총을 없애 버린다면 그리스도가 인간이라는 것 외에 다른 무엇이 되겠습니까? 그분이 당신과 다른 것이 무엇입니까?"(『강론』 67, 4, 7) 그리스도의 위격은 기원에서 은총의 행위를 드러낸다. 곧 성령의 성화 은사가 예수가 세례를 받았을 때 부여된 것이 아니라 동정녀의 태중으로 그분의 인성을 가지고 왔다는 것이다. 그렇기에 그리스도의 위격이라는 신비는 그 자체로 우리 구원의 신비이다. 죄인인 우리가 하느님의 생명에서 하느님의 선물을 공유하도록 불림을 받았기 때문이다. 하느님은 그리스도 안에서 우리의 생명과 죽음을 공유하는 것을 자유롭게 선택하신 것이다. "본성으로 하느님의 외아들인 분이 우리 때문에 자비로 사람의 아들이 되었으니, 그 덕분으로 본성으로 사람의 아들들인 우리가 그분을 통해 하느님의 아들들이 되기에 이르렀다. 그분 자신은 불변하는 분으로 남아 있으면서 우리한테서 우리 본성을 받아들임으로써 그 본

---

16 J. Chéné, *La théologie de Saint Augustin. Grâce et Prédestination*, Le Puy, Lyon: Editions Xavier Mappus, 1961, p. 15.

성 안에 결국 우리를 받아들였다. 또 당신 신성을 유지하면서도 우리의 허약함에 참여하는 분이 되었다. 그렇게 함으로써 우리가 죄인이요 사멸하는 존재를 벗어나 더 나은 존재로 변하기 위함이다. 또 불멸하고 의로운 그분에게 참여함으로써 그분의 본성에 힘입어, 그분이 우리 본성 속에 만들어낸 좋은 것은 보존하고, 그 좋은 것이 최고선으로 충만해지기 위함이다. 죄를 짓는 한 사람을 통해 우리가 참으로 막중한 악으로 떨어졌듯이, 의롭게 만드는 한 사람을 통해 또한 하느님이기도 한 그분을 통해 우리는 참으로 숭고한 선에 도달할 것이다."(『신국론』 21, 15) 결국 하느님의 아드님은 사멸성을 취함으로써 신성에 참여하게 만드는 유일한 길이 된 것이다.(『강론』 141, 4) 달리 말하면 하느님의 지혜 자신이 "바로 우리의 고향이시므로 우리에게 당신 자신을 고향에 이르는 길로 삼아 주셨다."(『그리스도교 교양』 1, 11, 11)는 것이다. 따라서 말씀의 신성은 우리가 향하는 목적지이고, 그분의 인성은 우리가 걸어가야 할 길이다.(『요한서간 강해』 42, 8) 그리스도를 통해 그리스도께 도달하는 것이다.(Per ipsum pergimus ad ipsum, 『삼위일체론』 13, 19, 24)

 이러한 그리스도론이 아우구스티누스가 생애 말기에 저술한 한 작품에서 요약되어 나타난다. "충실한 그리스도인은 그리스도 안에 우리와 같은 인성이 참으로 존재함을 믿고 고백한다. 그 본성을 말씀이신 하느님이 비교할 수 없는 일치로 취함으로써 하느님의 독생자의 존엄에로 고양되었음에도 불구하고 말이다. 그리하여 취하신 분과 취해진 것이 삼위일체의 품 안에서 단일한 위격을 이루고 있다. (…) 마니교 이단자들이 하는 것처럼 우리는 그리스도가 오직 하느님이시라고 말하지 않는다. 그리고 포티누스 이단자들처럼 그분이 인간일 뿐이라고도 말하지 않는다. 더욱이 아폴리나리우스 이단자들의 거짓되고도 허황된 세 가지 주장처럼, 그분이 인간이지만, 인성에 속한다고 알려져 있는 어떤 것, 곧 영혼이든 영혼 안에 있는 이성적 정신이든 혹은 여인에 의해 형성되지 않고 육 안에 있는 말씀의 전환과 변경에서 나온 육체이든, 어떤 것이 결핍된 인간이라고 말하지 않는다. (…) 오히려 우리는 그리스도가 하느님 아버지에게서 태어난 참된 하느님이라고 말한다. (…) 또한 동일하신 분이 여인이신 어머니에게서 태어난 참된 인간이라고 말한다. (…) 그리고 인성에 있어서는 성부보다 하위이지만, 성부와 동일한 신성에서 그 인성이 아무것도 제거하지 않는다고 말한다. 이중의 본성이며, 유일하신 그리스도이시다."(『항구함의 은사』 24, 67)

5. 구원론

구원론과 은총은 아우구스티누스가 보다 결정적으로 심화시킨 주제로, "그리스도의 십자가가 헛되지 않게"(1코린 1, 17) 하려고 히포의 주교는 이를 펠라기우스주의자들과 이교도들을 거슬러 제시하였다.

무엇보다 아우구스티누스의 구원론은 예수 그리스도가 하느님과 인간 사이의 중개자라는 사실에 기초한다. 그리스도는 모든 인간을 위한 자유와 생명 그리고 일치와 구원의 중개자인 것이다. 여기서 중개자의 업적은 두 측면으로 등장한다. 인성의 이름으로 하느님을 진정시키는 것이요, 신성의 편에서는 인간의 마음을 회심키는 것이다.

달리 말하면, 하느님을 진정시키는 것은 '인간-하느님'의 업적이요, 인간을 회심시키는 것은 '하느님-인간'의 업적이라는 것이다. 그렇기에 그리스도라는 보편적인 길(via universalis)을 "벗어나서는 아무도 해방되지 못했고, 지금도 해방되지 못하며, 앞으로도 해방되지 못할 것이다."(『신국론』 10, 32, 2) 이 길은 그리스도가 오기 전에도 이스라엘 밖에 있는 이방인들에게도 개방되어 있었다.(『신국론』 18, 47)

이토록 보편적인 길이요 하느님과 인간 사이의 유일한 중개자인 그리스도가 구원자로 제시되는 것은 논리적 귀결이다. 이에 대해 아우구스티누스는 성서신학에 대한 자신의 첫 작품에서 제시한다. 그는 성경에 따라 육화의 목적이 인간의 구원 외에 다른 것이 아님을 강조한다. 대략 60개 정도의 본문을 분석한 뒤 다음과 같이 결론을 내린다. "주 예수 그리스도가 육으로 오신 것은 다른 이유가 아니다. (…) 이전에 죽음, 병약함, 종살이, 감옥살이, 죄의 어두움 등에 놓여 있었던 이들에게 생명을 주고, 구원하고, 해방시키고, 구속하고, 빛을 주기 위해서이다." 여기에서 그 누구도 생명과 구원, 자유, 구속, 조명을 필요로 하지 않는다면 그리스도께 속할 수 없다는 사실이 나온다.(『죄벌과 용서 그리고 유아세례』 1, 26, 39) 이 결론에 구원이 지닌 세 가지 본질적인 속성이 연결된다. 첫 번째는 '필요성'이다. 아무도 그리스도 없이 구원될 수 없기 때문이다. 두 번째는 '객관적 실재성'(objectivity)이다. 구원이 본받아야 할 덕행의 모범으로만 구성되는 것이 아니라 하느님과의 화해로도 이루어지기 때문이다. 세 번째는 '보편성'이다. 그리스도가 그 누구도 예외 없는 모든 사람을 위해 죽으셨기 때문이다.

이러한 구원의 보편성에서 그리스도가 사제이요 제물이라는 사실이 나타난다. "그분은 당신 앞에서 우리를 위한 사제요 제물입니다."(『고백록』 10, 43, 69) 그리스도는 하느님께 지극히 참되며 자유롭고 완전한 제물을 봉헌하였는데, 이를 통해 인간을 악마의 권세에서 해방시키며 인류의 모든 허물을 깨끗하게 하였고, 폐지하였던 것이다.(『삼위일체론』 4, 13, 16-14, 19) 결국 그리스도의 구원적 행위는 십자가상 죽음이다. 이것이 진정한 희생제물이며, 이를 통해 인간이 악마의 권세에서 해방되어 하느님과 화해하게 되었다.

이러한 구원 신학에서 아우구스티누스는 일반적으로 생각하는 것과는 반대로 원죄 신학을 이끌어낸다. 무엇보다 원죄는 하느님에게서의 분리를 의미하기에, 그리스도는 인간을 하느님과 화해시켰던 것이다. 또한 모든 인간은 원죄에 물들어 있기에, 그리스도는 모든 이를 구원하였던 것이다. 더 나아가 원죄는 아담의 악한 표양을 모방하는 것만이 아니다. 결국 반대되는 표징이지만 필연적으로 연결된 두 연대성, 곧 아담과의 연대성 그리고 그리스도와의 연대성이 있다. "모든 그리스도교 신앙은 무엇보다 두 사람의 원인으로 이루어진다."(『죄벌과 용서 그리고 유아세례』 24, 28) 한 강론에서는 이렇게 말한다. "한 사람과 다른 사람. 곧 죽음을 가져오는 한 사람과 생명을 선사하는 또 다른 사람"(『강론』 151, 5) 또 다른 곳에서는 다음과 같이 지적한다. "믿는 이들에게는 모든 사람이 그리스도인 것처럼, 모든 사람은 아담이다."(『시편 상해』 120, 2, 1) 이를 아우구스티누스의 다른 표현으로 한다면, 모든 사람은 '단죄된 집단'(massa damnata)이지만 또한 하느님과 화해를 이룬 '구원된 집단'(massa redenta)이다. "아담으로 인해 하느님에게서 멀어진 온 인류 집단이 중개자를 통해 하느님과 화해하

게 되었다."(『강론』 293, 8)

6. 마리아론

 아우구스티누스는 마리아론에 대한 독립된 책을 저술하지 않았고 자신의 작품전집 어디에서도 마리아 신심을 변호하지도 않았다. 그럼에도 불구하고 히포의 주교는 구세사 안에서 마리아의 독특한 역할에 대해 세련되고도 균형 있는 평가를 하고 있다. 사실 아우구스티누스가 활동하던 당시 북아프리카 교회에는 마리아 축일이 없었다. 북아프리카 사람들이 선호하던 것은 순교자들의 축일을 지내는 것이었다. 마리아에 대한 공적 예식과 가장 근접한 것은 아우구스티누스의 성탄 강론, 특별히 『강론』 184-196을 통해 나타난다. 곧 성탄은 육화 축일만이 아니라, 마리아 축일이라는 것이다. 예를 들면, "마리아가 구세주를 낳으신 이 날을 기쁘게 경축합시다. 결혼한 여인이 혼인의 조성자를, 동정녀가 동정녀들의 임금을 낳으신 것입니다."(『강론』 188, 4) "동정녀가 아이를 낳았다는 것보다 더 놀라운 일이 있겠습니까? 그녀는 잉태하지만, 동정녀입니다. 그녀는 출산하지만 동정녀입니다. 그분이 자신이 창조하셨던 여인으로부터 창조되었습니다."(『강론』 189, 2) "이 동정녀가 누구인지 숙고해봅시다. 성령이 오도록 정해졌던 그녀는 매우 거룩합니다. 하느님께서 자신의 신부로 정하신 그녀는 매우 아름답습니다. 온 세상이 그녀의 출산을 통해 받기에, 그녀는 매우 풍성한 결실을 맺습니다. 그녀는 출산 이후에도 동정

녀이기에 그토록 순결합니다."(『강론』 121, 5)

이러한 아우구스티누스의 마리아론에서 무엇보다 네 가지 점이 강조된다.17

첫 번째는 '신적 모성'이다. 이는 그리스도 안에서의 위격적 일치에서 기인한 것이기에, 아우구스티누스는 에페소 공의회 이전에 이미 "하느님이 한 여인에게서 태어나셨다."(『삼위일체론』 8, 4, 7) 또는 "그분은 자신을 위해 어머니를 만드셨지만, 항상 아버지와 함께 계셨습니다."(『강론』 186, 1)라고 주저하지 않고 말한다. 또한 그 이유를 설명한다. "만일 하느님의 아드님이 아니라 사람의 아들이 동정 마리아에게서 태어난 것이라면, 동정 마리아에게서 태어나신 하느님의 아드님을 우리가 믿는다고 신앙의 규범 안에서 어떻게 고백할 수 있겠습니까? 그 여인에게서 사람의 아들이 태어났다는 것을 그리스도인들 중에 누가 부정합니까? 하지만 그분은 무엇보다 인간이 되신 하느님이요, 마찬가지로 하느님이 되신 인간입니다."(『강론』 186, 2)

이렇게 마리아의 신적 모성이 구원에서의 열쇠 역할을 수행하며 그리스도의 온전한 인성과 온전한 신성을 이해할 수 있는 열쇠가 되지만, 아우구스티누스는 '하느님의 어머니'를 뜻하는 'deipara' 혹은 'Dei genitrix' 등으로 마리아를 부르기보다 '주님의 어머니'(mater domini)라는 칭호를 선호한다. '그리스도의 어머니'(mater Christi)라는

---

17 Daniel E. Doyle, "Mary, Mother of God", *Augustine through the Ages. An Encyclopedia*, Allan D. Fitzgerald(General Editor), Grand Rapis, Michigan, Cambridge: Willam B. Eerdamns Publishing Company, 1999, pp. 542-545.

칭호도 나타난다. 또한 그리스도를 '마리아의 아들'(filius Mariae)로 언급하면서 동시에 '마리아의 창조주/주님'(dominus/ creator Mariae)으로도 부른다. "육에 따라서는 마리아의 아들이며, 또한 엄위에 따라서는 마리아의 주님이다."(『요한복음 강해』 8, 9) 그리고 마리아에게 '복된'(beata), '선한'(bona), '충실한'(fidelis) 등의 형용사를 붙이면서, 마리아를 '다윗 가문 출신'(ex stirpe David, 『복음사가들의 일치』 2, 4) 혹은 '다윗의 씨앗에서 나온 분'(ex semine David) 등으로 제시한다.[18] 일반적으로 북아프리카 인들은 '창조주의 어머니'(mater creatoris) 또는 '구세주의 어머니'(mater salvatoris)라는 호칭을 선호하였다. 여하튼 이러한 칭호는 '신인속성교환'에 근거한 것이며, 더 나아가서는 예수 그리스도의 두 번의 탄생과도 연결된다. "첫 번째 탄생은 신적이며, 다른 탄생은 인간적입니다. 둘 다 경이로운 것입니다. 한 번은 어머니인 여인 없이, 또 다른 한 번은 아버지인 남자 없이 이루어진 것입니다."(『강론』 196,1)

그리스도가 자신의 품위를 떨어뜨리지 않기 위해 인간의 어머니를 갖고 있지 않았다는 마니교도들의 주장을 아우구스티누스는 거부한다. 마태오복음 12장 48절("누가 내 어머니이냐?")을 그리스도 스스로 어머니를 갖고 있음을 거부하는 것이라는 그들의 주석도 거부한다. 마찬가지로 그리스도가 마리아로부터 실제적인 인간 육체를 취하지 않았다고 주장하는 발렌티니아누스파의 주장을 거부한다.(『이단론』

---

18 R. Dodaro, "Maria uirgo et mater", *Augustinus Lexikon*, 3, Basel: Schwabe AG, 2004-2010, p. 1173.

11) 또한 그리스도가 취한 것은 실제로 마리아의 인간적인 육신이 아니었다고 주장한 아폴리나리우스파의 주장도 거부한다.

아우구스티누스의 사상에서 마리아는 무엇보다 믿음의 여인으로 나타난다. "마리아는 믿었으며, 그녀가 믿었던 것이 그녀 안에서 이루어졌습니다."(Credidit Maria, et in ea quod credidit factum est,『강론』188, 4) 바로 이것이 아우구스티누스 마리아론이 갖고 있는 가장 특징적인 면이다. 마리아의 신적 모성에서 믿음이 수행한 유일무이한 역할을 드러내고 있는 것이다. "그녀는 신앙으로 믿었고, 신앙으로 잉태하였습니다."(quae fide credidit, fide concepit,『강론』72A, 7) 이러한 사상은 암브로시우스의 영향으로 볼 수 있는데, 밀라노의 주교 역시『동정녀』(De virginibus) 2, 2, 7에서 마리아는 육체적뿐 아니라 정신적으로 동정녀였다고 확언하면서 '영적 모성'에 대해 암시하였다. 이러한 노선에서 아우구스티누스는 하느님의 어머니로서의 마리아의 명성은 믿는 제자로서의 명성보다 부차적인 것이라고 주장하였다. 곧 마리아의 탁월함은 그리스도의 어머니라는 것보다 그리스도의 제자라는 것에 있고, 바로 이것 때문에 마리아가 복되다는 것이다.(『강론』72A, 7) 또한 마리아가 그리스도를 자신의 태중에 모시고 있었다는 사실보다 그녀가 그분의 진리를 자신의 마음 안에 갖고 있었다는 사실이 더 중요하다고 강조한다.

두 번째는 '평생 동정성'이다. 마리아의 평생 동정성에 대해 테르툴리아누스(Tertullianus, 155?-240?)와 암브로시우스의 영향력을 볼 수 있다. 비록 테르툴리아누스는 마리아의 '출산 중'(in partu) 동정성을 인정하지 않으며 예수의 다른 형제들을 인정하고 있음에도 불구하고 말이다. 아우구스티누스는 교부 전통에 따라 그리스도가 동정녀에게서 탄생하였다고 확언한다. 놀라운 것은 아우구스티누스가 교부시대 저술가들이 선호하던 결정적인 성경 본문인 이사 7, 14("보십시오, 젊은 여인이 잉태하여 아들을 낳고 그 이름을 임마누엘이라 할 것입니다.")에 특별한 중요성을 부여하지 않는다는 것이다. 오히려 마태오복음 1장 23절("보아라, 동정녀가 잉태하여 아들을 낳으리니 그 이름을 임마누엘이라고 하리라." 하신 말씀이다. 임마누엘은 번역하면 '하느님께서 우리와 함께 계시다'는 뜻이다.")과 루카복음 1장 27절("다윗 집안의 요셉이라는 사람과 약혼한 처녀를 찾아가게 하셨다. 그 처녀의 이름은 마리아였다.")에 기초하여 확언하고 있다는 것이다. 또 의심의 여지 없이 아우구스티누스는 "동정 마리아께 잉태되어 나시고"라는 신경을 규칙적으로 암송하면서 이 측면을 습득하였다.(『강론』 213, 4)

아우구스티누스는 마리아의 동정성을 마니교도들을 거슬러(『파우스투스 반박』 30, 6), 플라톤주의자들을 거슬러(『신국론』 10, 29), 그리고 이교도들을 거슬러(『강론』 191, 2) 옹호한다. 더욱이 히포의 주교는 '출산 전, 출산 중, 출산 후'(ante partum, in partu, post partum)라는 마리아의 평생 동정성을 분명하게 인정한다. "그녀는 동정녀로서 그분을 잉태하였으며, 동정녀로서 출산하였고, 동정녀로 남아 있었습니다."(『강론』 51, 18) 또 "동정녀가 잉태하였으며(Virgo concepit) (…) 동정녀가 출산하였고(virgo peperit) (…) 출산 후에도 그녀는 여전히 동정녀로 남아 있었습니다.(post partum, virgo permansit)"(『강론』 189, 2) 그렇기에 아우구스티누스는 요한복음 7장 3절에서 언급되는 예수의 형제들을 마리아의 친척들, 곧 조카들로 이해한다.(『요한복음 강해』 28, 3)

아우구스티누스는 엄격한 생물학주의(biologism)로 분류될 수 없다. 그는 마리아의 동정성이 지닌 윤리적 측면에 더 관심을 갖고 있기 때문이다. 『강론』291, 5-6은 마리아가 동정 서원을 했다는 전승을 히포의 주교가 공유하고 있다는 것을 드러낸다. 이 개념은 외경 문학뿐 아니라 암브로시우스와 히에로니무스의 작품에서도 발견된다. 아우구스티누스는 루카복음 1장 34절("저는 남자를 알지 못하는데, 어떻게 그런 일이 있을 수 있겠습니까?")이 마리아가 이미 거룩한 동정 서원을 했음을 드러내는 것이라고 주석한다.

하지만 마리아의 평생 동정성은 마리아가 요셉의 참된 신부였으며, 결혼 역시 참된 것이고, 부부간의 사랑으로 요셉과 마리아를 결합시켰다는 점을 배제하지 않는다.(『혼인과 정욕』1, 11, 12) 마리아를 '요셉의 부인'(coniux Joseph, 『파우스투스 반박』23, 5)으로, 요셉을 '마리아의 남자'(vir Mariae, 『복음사가들의 일치』2, 2)로 제시하지만, 부부간의 성관계만 없었다고 강조한다. 달리 말하면 성적 욕망(libido)이 아닌 부부간의 사랑이 혼인을 이루었다는 것이다.(『강론』52, 13, 21) 여기서 아우구스티누스는 그리스도가 성적 관계를 통해 만들어졌다는 '마리아의 동정 거부 이단자'(Antidicomaritae)를 반박하고 있음을 볼 수 있다.(『이단론』56) 또한 혼인의 가치와 마리아의 평생 동정성을 거부한 헬비디우스(Helvidius, 『이단론』82)와 마리아가 그리스도를 낳은 이후에 요셉을 통해 잉태한 다른 자녀들을 낳았다고 주장한 요비니아누스(Jovinianus)를 거슬러(『이단론』84) 마리아의 평생 동정성을 가르친 히에로니무스의 영향을 볼 수 있다.

이러한 히에로니무스의 노선에서 아우구스티누스는 마리아

가 그리스도를 믿음으로 잉태하였다고 강조한다. 곧 우리는 욕정(concupiscientia)의 방식에 의한 자녀로 태어난 반면, 그리스도는 동정녀의 믿음을 통해 사람의 아들이 되었다는 것이다.(『강론』 121, 5) 히포의 주교는 이미 초기 작품들에서부터 마리아의 잉태가 성령으로 인한 것임을 강조하였다.(『그리스도인의 투쟁』 24)

세 번째는 '거룩함'이다. 무엇보다 아우구스티누스는 마리아의 거룩함을 그녀의 믿음과 하느님의 말씀에 대한 순명을 통해 이해한다. 마리아는 그리스도를 자신의 모태 안에 잉태하기 전에 정신과 마음 안에 잉태하였다.(『강론』 196, 1) 더욱이 마리아의 거룩함은 아무런 죄에 물들지 않았다는 사실에서도 나타난다. 히포의 주교는 이것이 어떻게 가능한지 설명될 수 없음에도 불구하고 결코 문제 삼지 않았다. 이러한 아우구스티누스의 입장은 펠라기우스주의자들과의 논쟁에서 이해되어야만 한다. 사실 펠라기우스 자신도 마리아를 구약성경의 의로운 여인들처럼 죄의 해를 입지 않았다고 주장한다. 하지만 아우구스티누스는 죄의 문제에 있어 마리아의 경우는 성경에서 언급되는 다른 의로운 이들과 비교할 때 예외적임을 강조하면서, 이 문제를 제기하려 하지 않는다. "거룩하신 동정 마리아를 내버려 둡시다. 주님께 마땅히 드려야 할 공경 때문에 나는 여기서 우리가 죄에 대해 다룰 때 그녀에 대해 어떠한 문제도 제기하고 싶지 않습니다."(『본성과 은총』 36, 42) 중세 이래 이 구문은 아우구스티누스가 원죄 없이 잉태되신 성모 마리아 교리를 이미 주장하고 있는 것으로 종종 이해되었다. 하지만 당시 통용되던 원죄 전달에 관한 여러 의견을 전해 받은 아우구스티누스가 이 구문에서 마리아의 원죄 없는 잉태를 의미한다고 볼 수 없다. 오히려 모든 부부의 관계들 중 한 부분으로 욕정(concupiscientia)을 이해하고 있던 그의 입장에서 본다면, 불가능한 것은 아니지만 마리아가 원죄 없이 잉태되었다는 것을 받아들이는 것은 어려웠을 것이다. 또한 히포의 주교는 『야고보 원복음』(Protoeuangelium Iacobi)을 통해 요아킴이 마리아의 아버지였다는 것을 알고 있지만, 마리아가 사제의 딸이었다는 것을 부정한다.(『파우스투스 반박』 23, 9) 그렇기에 마리아의 육신은 "비록 이 욕정에서 왔음에도 불구하고 원죄를 전달하지 않았다. 왜냐하면, 그녀가 그러한 방식으로 잉태하지 않았기 때문이다"라고 주장한다.(『율리아누스 반박 미완성 작품』 5, 15, 52) 또한 그리스도가 마리아의 태중에서 잉태되기 위하여 자신이 마리아로부터 취하는 '죄의 육'(caro peccati)을 정화하였다고 아우구스티누스는 지적한다. 에클라눔의 율리아누스에 대한 반박에서는 마리아가 '은총 안에서의 재탄생'을 통해 자신의 상황(condicio)에서 해방되었다고 주장한다. 이렇게 본다면 아우구스티누스가 마리아의 무염시태를 주장하였다고 볼 수 없을 것이다. 오직 예수 그리스도만이 당연히 예외일 뿐이다. 오히려 마리아는 당연히 면제되지 않았지만 예수 그리스도의 덕분으로 사실상 예외가 된 것이다.

네 번째는 '마리아와 교회와의 관계'이다. 아우구스티누스는 그리스도를 새로운 아담으로 보지만, 다른 많은 교부들과는 달리 마리아가 아닌 교회를 새로운 하와로 본다. 아담과 하와라는 부모가 우리를 죽음에로 낳았지만, 그리스도와 교회라는 부모가 우리를 생명에로 낳았다고 강조한다.

아우구스티누스는 교회와 마리아가 동일한 동정녀의 모성을 향유하고 있다고 주장하는 암브로시우스의 노선을 따라 마리아가 교회의 모델이라고 제시한다. "교회의 동정을 마음 안에 세우기를 원하시는 그리스도는 먼저 마리아의 동정을 육신 안에 보존하였습니다."(『강론』188, 4) 마리아는 덕행의 광채로 인해, 그리고 교회가 영적으로 되어야만 하는 것을 육체적으로 이루게 하는 선물, 곧 동정녀이며 어머니가 되게 하는 선물로 인해 교회의 모델이 되었다는 것이다. 신앙의 온전함을 통한 동정녀요, 사랑의 열정을 통해 어머니가 된 것이다.(『강론』188, 4; 191, 4; 192, 2) 또한 마리아는 그리스도 지체들의 어머니, 곧 교회의 어머니이다. "왜냐하면 신자들이 교회 안에서 태어나도록 사랑과 협력하였기 때문이다."(『거룩한 동정』6, 6)

하지만 어떤 의미에서 보면 마리아는 교회의 한 부분이기 때문에 교회보다 하위의 존재라고도 말할 수 있다. "마리아는 거룩합니다. 마리아는 복됩니다. 하지만 교회는 동정 마리아보다 더 뛰어납니다. 왜 그렇습니까? 마리아는 교회의 부분, 거룩한 지체, 매우 예외적인 지체, 최고로 경이로운 지체이지만, 여전히 전체 몸의 한 지체이기 때문입니다."(『강론』72A, 7)

그럼에도 불구하고 마리아는 교회의 모델이며, 더 나아가서는 축성된 동정녀들과 과부들의 특별한 모델이기도 하다. 수녀들은 마리아의 동정을 본받아야만 하며, 그들의 동정성은 하와에게서 유래한 아픔의 치료제이기도 하다. "그분은 하와에게서 당신이 받은 상처를 치유하십니다."(『강론』191, 3) 또한 아우구스티누스의 신학적 성찰과 사목적 권고를 위한 풍요로운 원천으로 마리아가 자리하지만, 그리스도인들이 바치는 전구 기도의 주체로서 나타나지는 않는다. 이는

2세기 초반 이집트에서 행해지던 마리아께 바치는 기도와의 차이점이며, 오히려 마리아를 그리스도인 삶의 전형으로 제시하고 있다. 곧 마리아의 동정과 어머니이심을 본받으면서 모든 그리스도인은 그리스도의 어머니가 되어야 한다고 강조한다. 하지만 아우구스티누스는 마리아의 죽음과 승천에 대해서는 침묵을 지키고 있다.

7. 펠라기우스

1) 생애와 작품

펠라기우스(Pelagius, 350/354?-422/423)는 4세기 말과 5세기 초엽에 로마 귀족 사회에서 강한 매력을 준 인물이다. 정확한 출생 장소와 연도는 알려지지 않았지만, 브리탄니우스(britannius)라는 별칭이 따라다니는 것으로 보아 브리타니아 출신으로 350-354년 사이에 태어난 것으로 보인다. 뚱뚱하고 보기 흉한 외모였기에 쉬운 웃음거리 대상이 되었다. 하지만 매우 논쟁적인 성격이었고, 상당한 교양의 소유자였으며, 그리스어로 말할 수 있었다. 마리우스 메르카트로(Marius Mercator, 390?-451?)와 같은 일부 원천들은 수도승으로 펠라기우스를 제시한다.

380년경 수사학보다는 법학 공부를 심화하러 로마에 간 것으로 추정되며, 그곳에서 교회를 개혁하는 책무에 헌신하며 수덕가로서 생활하였다. 사실 콘스탄티누스 이후 많은 사람이 그리스도교 세례를 받았지만 기회주의적인 의도에서 세례를 받은 것이었기에 감정과 관습은 여전히 이교도적으로 남아 있었다. 이러한 상황에서 펠라기우스는 세례 받은 이들을 그리스도를 추종하고 복음의 삶을 살아가도록 이끌고자 하였다. 하지만 이러한 가치 있는 일에 그는 완전하게 양성되지 않은 정신으로 전념하였다. 그의 의견에 의하면, 그리스도인은 선을 행하는 자연본성적 가능성과 자기 의지의 힘을 신뢰하면서 그리스도의 완전한 의로움을 본받는 의무를 가지고 있다. 이러한 이유로 인해 그는 마니교의 결정론적 이원론과 요비니아누스의 이완주의를 반대하였고, 은총과 원죄에 대한 아우구스티누스의 가르침에도 반론을 펼쳤던 것이다.

404년경 아우구스티누스의 친구 주교가 "당신이 명하는 것을 주시고 원하는 것을 명하십시오"라는 『고백록』의 기도문을 상기하였을 때, 펠라기우스는 강한 반응을 보였다. 오직 인간에게 의존된 것을 하느님에게 청한다는 것을 받아들일 수 없었기 때문이다. 펠라기우스가 남긴 정보에 따르면, 그는 놀라의 파울리누스(Paulinus Nolanus, 354?-431)와 콘스탄티우스(Constantius) 주교에게 은총에 대한 자신의 생각을 설명하는 편지를 보냈다. 또한 원죄 교의에 대해서도 아우구스티누스에게 반론을 펼쳤는데, 이는 405년과 409년 사이에 로마에서 저술된 『바오로의 열세 서간 해설』(Expositiones XIII epistularum Pauli)이라는 작품을 통해 잘 나타난다. 여기서 펠라기우스는 아우구스티누스의 이름을 거론하지 않지만, 원죄의 전달에 대한 교의를 거부하는 이들의 논거를 언급하고, 무엇보다 로마서 5장 12-19절("그러므로 한 사람을 통하여 죄가 세상에 들어왔고 죄를 통하여 죽음이 들어왔듯이,

또한 이렇게 모두 죄를 지었으므로 모든 사람에게 죽음이 미치게 되었습니다. 사실 율법이 있기 전에도 세상에 죄가 있었지만, 율법이 없어서 죄가 죄로 헤아려지지 않았습니다. 그러나 아담부터 모세까지는 아담의 범죄와 같은 방식으로 죄를 짓지 않은 자들까지도 죽음이 지배하였습니다. 아담은 장차 오실 분의 예형입니다. 그렇지만 은사의 경우는 범죄의 경우와 다릅니다. 사실 그 한 사람의 범죄로 많은 사람이 죽었지만, 하느님의 은총과 예수 그리스도 한 사람의 은혜로운 선물은 많은 사람에게 충만히 내렸습니다. 그리고 이 선물의 경우도 그 한 사람이 죄를 지은 경우와는 다릅니다. 한 번의 범죄 뒤에 이루어진 심판은 유죄 판결을 가져왔지만, 많은 범죄 뒤에 이루어진 은사는 무죄 선언을 가져왔습니다. 사실 그 한 사람의 범죄로 그 한 사람을 통하여 죽음이 지배하게 되었지만, 은총과 의로움의 선물을 충만히 받은 이들은 예수 그리스도 한 분을 통하여 생명을 누리며 지배할 것입니다. 그러므로 한 사람의 범죄로 모든 사람이 유죄 판결을 받았듯이, 한 사람의 의로운 행위로 모든 사람이 의롭게 되어 생명을 받습니다. 한 사람의 불순종으로 많은 이가 죄인이 되었듯이, 한 사람의 순종으로 많은 이가 의로운 사람이 될 것입니다")를 아담의 죄의 결과가 후손들에게 남겨진 악한 표양뿐이라는 방식으로 해석하고 있다.

410년경 알라리쿠스 1세(Alaricus I)가 이끄는 고트족이 로마를 포위하고 약탈하기 전에 많은 귀족이 도시를 탈출하였고, 그들 중에는 펠라기우스와 그의 벗들, 제자들도 있었다. 아프리카로 온 그는 짧게 머문 후에 아우구스티누스 주교에게 인사의 편지를 남겨두고 떠난다. 이는 412년 논쟁이 발발하기 전에 이미 아우구스티누스와 펠라기우스 두 사람은 서로에 대해 잘 알고 있었다는 사실을 드러내는 것이다. 펠라기우스는 여정을 계속하여 팔레스티나로 갔지만, 제자 첼레스티우스(Caelestius)는 카르타고에 정착하였다. 첼레스티우스는 이곳에서 이단으로 고발되어 아우렐리우스(Aurelius) 주교가 주재한 지역 공의회에서 단죄되었다.(411년)

413년 펠라기우스는 동정의 삶을 선택한 아니치아 가문(gens Anicia)의 귀족 소녀인 데메트리아스(Demetrias)에게 서한을 보낸다. 영성 생활의 양성에 관한 소 논문 형식의 이 서한(『데메트리아스에게 보낸 편지』(Epistula ad Demetriadem)은 사실상 펠라기우스주의의 소책자였다.

415년은 펠라기우스에게 있어 고통스러운 해였다. 『펠라기우스파 반박 대화』(Dialogus adversus Pelagianos)의 저자 히에로니무스와 날카롭게 대립했을 뿐 아니라, 두 개의 소송에 휘말리게 되었다. 첫 번째 소송은 당시 예루살렘의 주교인 요안네스(Ioannes) 앞에서 이루어졌다. 이는 아우구스티누스가 동방으로 파견한 스페인 출신의 사제 오로시우스(Orosius)가 예루살렘의 주교에게 펠라기우스를 고발함으로써 이루어진 것이다. 두 번째 소송은 디오스폴리스(Diospolis)에서 팔레스티나의 14명의 주교들 앞에서 이루어졌는데, 이는 유배중인 갈리아 출신의 헤로스(Heros) 주교와 라자루스(Lazarus) 주교가 발의하여 이루어진 것이었다. 하지만 두 번의 재판에서 펠라기우스는 능수능란하게 자신을 변호하였고, 두 교회 회의 모두 펠라기우스의 무죄를 선포하였다. 이후 그는 모든 이에게 자신의 정통성을 인식시키기 위해 『변호서』(chartula defensionis)를 작성하였다.

416년에는 아프리카 주교단이 강하게 반발하여, 카르타고(Carthago)와 밀레비(Milevi)에서 개최된 두 공의회를 통해 펠라기우스의 주장을 단죄하였으며 이에 대한 사도좌의 추인을 요청하였다. 그때까지 펠라기우스 및 첼레스티누스 교황과의 직접적인 충돌을 피했던 아우구스티누스는 어려운 논쟁을 일으켰다. 먼저『펠라기우스 행적』(De gestis Pelagii)을 통해 팔레스티나에서 개최된 두 공의회가 펠라기우스에게 무죄 판결을 내리게끔 만들었던 속임수와 교활함을 고발하였다. 다음에는『본성과 은총』(De natura et gratia)을 통해 펠라기우스의『본성』(De natura)에 대해 답변하면서 그리스도의 은총에 대한 그의 개념의 불충분함을 적고 있다. 그러는 동안 펠라기우스가 인노첸시우스 1세 교황(401-417)에게 보낸『신앙 소책자』(Libellus fidei)가 로마에 도착하였는데, 이미 후계자인 조시무스(Zosimus, 417-418)가 교황좌에 올라 있었다. 조시무스 교황은 선임자였던 인노첸시우스 1세 교황이 선포한 단죄를 염두에 두지 않고 펠라기우스와 첼레스티우스에게 호의적인 입장을 보였다. 또한 다소 격앙된 음조로 아프리카 주교들에게 두 통의 편지를 보내 화합과 평화를 강조하면서도 펠라기우스와 첼레스티우스의 사면을 재검토해달라는 아프리카의 주교들의 요청을 받아들이지 않았다. 이에 아프리카 주교들은 라벤나(Ravenna)의 황실에 호소하였고, 결국 418년 4월 30일 펠라기우스와 첼레스티우스를 이단자요 공공의 평화의 원수로 간주하면서 단죄하는 포고문을 반포했다. 두 번째 포고문은 같은 해 가을에 선포되었다.

아프리카 주교들도 418년 5월 1일 카르타고의 파우스투스(Faustus) 대성당에서 카르타고의 아우렐리우스와 텔레프테(Telepte)의 도나티아누스 주교의 주재하에 공의회를 개최하였다. 각 관구에 대해 세 명의 대표자를 선출하였다. 구분하는 양식에 따라 8개 혹은 9개로 이루어진 조문에서 주교들은 아프리카 공의회(concilium africanum)의 입장과 411년의 단죄를 재확인하였다. 곧 다음과 같은 펠라기우스의 주장이 단죄되었다. 유아들도 아담 안에서 죄를 범한 것이다.(1-3조) 은총은 자연본성과 자유의지의 가능성으로 축소될 수 있다.(4-6조) 기도는 성도들에게 무익한 것이다.(7-9조)

조시무스 교황도 필요한 조치를 취할 수밖에 없었기에, 동방과 서방의 주요 주교좌에 있는 주교들에게 두 이단자를 단죄하는 서명을 요청하는 『소환 서간』(Epistola tractoria)을 보냈다. 이 단죄로 말미암아 펠라기우스는 팔레스티나에서 유배를 떠나 아마도 이집트의 한 수도원으로 피신하여 몇 년 후인 422-423년에 사망하였다.

펠라기우스는 많은 작품을 저술하였다고 말하지만, 그중에서 확실하게 진정성이 인정되고 우리에게 전해지는 것은 소수에 불과하다. 이러한 작품들 중 다음의 것을 꼽을 수 있다. 『바오로의 열세 서간 해설』(Expositiones XIII epistolarum Pauli), 『아우구스티누스에게 보낸 편지』(Epistola ad Augustinum), 『데메트리아스에게 보낸 편지』(Ad Demetriadem), 『인노첸시우스 교황에게 보낸 신앙 소책자』(Libellus fidei ad Innocentium papam), 『켈란티아에게 보낸 편지』(Epistola ad Celantiam) 등이다. 확실히 유실되었거나 단편으로만 전해지는 것들 중 다음의 것들을 기억할 수 있다. 『파울리누스에게 보낸 편지와 콘스탄티우스에게 보낸 편지』(Epistola ad Paulinum e Epistola ad Constantium), 『시선집』(Eclogarum liber), 『본성』(De natura), 『인노첸시우스에게 보낸 편지』(Epistola ad Innocentium), 『자유의지론』(De libero arbitrio), 『삼위일체 신앙』(De fide Trinitatis) 등이다.

2) 펠라기우스의 사상

일부 학자들은 펠라기우스주의를 첫 번째 브리타니아 신학으로 간주하였다. 물론 펠라기우스가 현재 작품이 남아 있는 첫 번째 브리타니아 출신 신학자이지만, 로마에서 신학을 배운 것으로 추정된다.

처음에 펠라기우스가 염려하고 있던 것의 핵심에는 신학적 교의가 아니라 세례 받은 이들 중 많은 이들이 비그리스도교적 혹은 부족한 그리스도교적 삶이 있었다. 그리스도인 삶의 쇄신을 이해하는 그의 방식은 어떤 방식으로든 그의 교육의 축을 약화시킬 수 있는 모든 주장에 맞서 싸우는 것이었다. 이렇게 해서 아담에게서 후손들에게 전달된 원죄 가르침이 그의 눈에는 인간 자연본성의 선함과 의지의 완전한 자유를 부정하는 것으로 보였다. 인간 자연본성의 '연약함'(infirmitas)과 그 결과로 '죄를 범하는 필연성'(necessitas peccandi)을 드러내기 때문이었다. 로마 신자들에게 보낸 서간 주석에서 펠라기우스는 원죄에 대해 오히려 신중한 자세를 드러내고 있다. 곧 그는 원죄의 전달을 반대하는 논거를 마치 다른 이들의 논거인 것처럼 언급하는 것을 선호하고 있다. 하지만 그의 사상은 의심의 여지를 남겨주지 않는다. 왜냐하면 아담이 죄를 범하면서 불순명의 악한 표양외에는 어떠한 해로움을 후손들에게 가져오지 않았다고 여러 번 반복하기 때문이다. 하느님의 내적 활동이 인간의 정신과 의지에까지 도달한다는 아우구스티누스의 은총 개념 역시 그에게는 인간의 자유의지를 침해하는 것이고, 스토아학파의 운명론에 다시 빠지는 것이며, 인간의 책임감의 결여를 도와주는 것으로 보였다. 인노첸시우스 교황에게 보낸 『신앙 소책자』(Libellus fidei) 13에 나타나는 다음과 같은 확언은 의미심장하다. "우리는 항상 하느님의 도움을 필요로 하고 있다고 말하기 위하여 자유의지를 고백합니다. 그리고 인간은 죄를 피할 수 없다고 마니교도들과 함께 말하는 이들뿐 아니라 인간은 죄를 범할 수 없다고 요비니아누스와 함께 주장하는 이들도 오류에 빠진 것이라고 고백합니다. 두 부류 모두 자유의지를 부정하는 것입니다."

펠라기우스의 윤리 개념은 『데메트리아스에게 보낸 편지』에서 매우 분명하게 나타난다. 선을 행하고 덕행을 습득하기 위해서는 무엇보다 인간 자연본성의 선함과 선을 위한 인간의 태생적 힘에 대해 인식하는 것이 필요하다. 외적으로 연약하고 무방비한 것을 보이는 인간은 내적으로는 이성과 의지로써 하느님에 의해 내적으로 무장되어 있기에 선한 것과 악한 것을 알고 선택할 수 있다. 인간 의지의 자유는 인간의 참된 영예이며, 인간의 존엄성은 그 자유로 구성되어 있다. 『데메트리아스에게 보낸 편지』 X-XI에 따르면, "고귀함과 물질적인 풍요는 당신의 가문에 속한 것이며, 영적 재화만이 참으로 당신의 것입니다. 당신에게만 의존하며 그 누구도 당신에게 이 영적 재화를 당신 밖에서 줄 수 없기 때문입니다." 사람들이 자연본성의 선함과 자연적 성성(sanctitas naturalis)을 소유하고 있다는 증거는 하느님을 예배하지 않고(sine ullo cultu Dei) 살았던 이교도들도 장식하였던 덕행들에 의해 제공된다. 사실 많은 이교도 철학자들은 정결, 인내, 절제, 자유, 명예와 재물에 대한 경시 속에서 또한 학문에 대한 사랑보다 덜하지 않은 의로움에 대한 사랑 안에서 살았고 또 살고 있다. 따라서 인간 본성의 선함과 자유의지만으로도 의롭게 살아가는 데 있어 충분하다. 여기에서 '죄가 없음'(impeccantia)의 가능성이 나타난다. 펠라기우스는 하느님이 불가능한 것을 명하지 않으며, 불가피한 것을 단죄하지도 않고, 인간의 자유를 침해하지 않는다고 주장한다. 404년 이후에 저술된 것으로 보이는 『파라오의 완고한 마음』(De induratione cordis Pharaonis)은 은총의 색채 하에 운명을 도입하고 있는 이들에게 대안을 제시하고 있다.

하지만 이것이 하느님의 은총을 부정하는 것을 의미하지 않는다. 펠라기우스는 이 점에 대해 다음과 같이 강조한다. "하느님과 함께 하지 않는 사람들도 어떻게 자신들이 하느님에게서 창조되었는지 제시한다면, 그리스도인들이 할 수 있는 것이 무엇인지 숙고해 보십시오. 그들의 자연본성과 삶은 보다 나은 것으로 정향 되었으며 하느님의 은총의 도움도 받고 있습니다."(『데메트리아스에게 보낸 편지』 III) 사실 펠라기우스는 구원의 역사에서 자연의 단계, 할례의 단계, 그리스도교의 단계라는 세 단계를 구분하고 있다. 첫 번째 시대에 인간은 자신의 양심 안에 새겨진 자연법을 준수하면서 구원받을 수 있었다. 죄에 대한 습관이 이 준수를 어렵게 만들었을 때, 하느님이 시나이 산에서 모세에게 주신 성문법을 통해 인간에게 왔다. 마지막에는 모세의 율법 역시 불충분하다는 것이 드러났을 때, 하느님은 자신의 아들을 파견하여 인간을 도우러 왔다. 성자는 가르침과 완전한 의로움의 표양으로서, 곧 원수들을 사랑하는 모범으로서 윤리적 완성에 도달하는 것을 가능하게 만든다. 따라서 은총을 인정하지만, 외적인 도움뿐이며 지성적 질서에 속한 것이다. 또한 무엇보다 율법의 준수를 보다 쉽게 만들어주는 역할만 수행하기 때문에 꼭 필요한 것은 아니다.

아우구스티누스와 보다 큰 충돌을 일으켰던 점은 아담의 죄의 결과와 자유에 대해 생각하는 방식 외에도 성령과 그리스도인 삶에서 기도에 부여한 역할에 있다. 그리스도인 양성의 기초를 설명하기 위해 작성된 『데메트리아스에게 보낸 편지』에서 성령은 언급되지도 않는다. 바오로 서간에 대한 주석에서 펠라기우스는 성령이 그리스도의 죽음과 부활을 통해 하느님이 인간에게 준 큰 선물임을 인정한다. 또한 성령이 세례받은 이들 안에서 죄를 사해주고 입양 자녀가 되게 한다는 것도 인정한다. 또한 해야만 하는 선을 알게 해주는 성령의 조명도 인정한다. 하지만 믿는 이들의 의지에 대한 성령의 영향에 대해서는 거부한다. 따라서 믿음과 사랑을 포함한 모든 덕행은 성령의 선물이 아니라 우리의 능력 안에 있는 것이다.

영성적 차원에서의 결과들도 심각하다. 펠라기우스는 데메트리아스에게 성경 읽기, 묵상, 단식, 절제, 시편 노래하기, 철야 등 많은 선행을 권고하였다. 하지만 하느님의 도움을 청하거나 성사에 참여하는 것 등은 권고하지 않는다. 성실함과 영적 진보는 오직 그녀의 열의에 달려 있기 때문이다.(『데메트리아스에게 보낸 편지』 XXIV) 원수인 악마가 악을 부추길 수 있지만, 유혹을 선택하거나 거부하는 것은 오직 우리 자신에게 달려 있다.

그렇다면 인간의 의지만이 결정할 능력을 갖고 있고, 성령은 이 의지를 조명할 뿐이라는 펠라기우스의 사상은 어디에서 온 것인가? 이에 대해 다양한 주장이 있는데, 이 중 그레사케(Greshake)는 펠라기우스 윤리에 영감을 불어넣은 원천을 아리스토텔레스와 같은 철학자들과 스토아 철학에서 출발하여 설명한다. 하지만 수사학에서도 그 답을 찾아볼 수 있다. 넬로 치프리아니(Nello Cipriani)는 「펠라기우스의 윤리와 수사학」(La morale pelagiana e la retorica)이라는 논문에서 다음의 내용을 밝히고 있다. 무엇보다 그는 펠라기우스가 철학에 많은 관심을 갖고 있지 않았기에 일부 철학자를 읽지 않았다고 확신한다. 펠라기우스는 매우 구체적이고 실용주의적 인물이었고, 수사학적·법학적 양성을 받은 인물이었다. 그의 『데메트리아스에게 보낸 편지』라는 작품에 나타나는 많은 표현은 '모든 고전 교육은 본성(natura), 공부(studium), 가르침(doctrina)이라는 세 요소에 기초한다.'는 단순한 이유로 수사학에서 뽑아낸 것들이다. 일부 저술가들은 이 세 요소에 모범(exemplum)을 첨가하기도 한다. 완전한 연설가가 되기 위하여 스승의 가르침 혹은 적어도 모범을 보여주는 이가 필요하다. 바로 이것이 펠라기우스에게 영감을 불어넣은 개념이다. 곧 그리스도의 모범이 그 자체로 필요한 것은 아니지만 완덕을 위해 도움이 된다는 것이다. 따라서 은총은 선을 보다 쉽게 행하도록 도와주는 것이요, 완덕에 도달하도록 해주는 것이다. 그리스도가 정의의 완전한 모델을 제시하기 때문이다. 여기서 펠라기우스가 조력은총을 순수 인식의 차원으로 축소하고 있음을 볼 수 있다.

결론적으로 펠라기우스는 학교를 통해 전달되고 본성적 재능, 수련, 모범과 함께 하는 가르침 등 모든 예술 교육의 세 가지 요건에 기초한 고대 '교육'(paideia)의 개념에 지나치게 연결되어 있던 것으로 보인다. 그렇기에 성사생활과 믿는 이들 안에서의 성령의 내적 활동으로 이루어진 그리스도인의 새로움에 작은 공간만을 남겨 놓았다.

8. 펠라기우스주의에 대한 아우구스티누스의 입장

무엇보다 아우구스티누스의 펠라기우스 논쟁에서 두 시기를 구분할 수 있다. 곧 411-412년부터 418년까지, 그리고 418년 이후이다. 첫 시기에서 펠라기우스 논쟁은 411년 카르타고 교회회의로 시작한다. 이 해는 첼레스티우스와 펠라기우스의 다른 추종자들이 알라리쿠스의 군대에 의해 로마가 포위되자 그곳을 떠나 시칠리아를 거쳐 아프리카에 와 카르타고에 정착하여 자신들의 생각을 퍼뜨린 해이다. 아우구스티누스는 411년 카르타고 교회회의에 참여하지 않았지만, 412년 반펠라기우스 작품인 『죄인의 응보와 용서 그리고 유아세례』(De peccatorum meritis et remissione et de baptismo parvulorum ad Marcellinum)를 저술하기 시작한다. 펠라기우스와 첼레스티우스의 작품들에 대한 논박은 418년까지 계속된다. 이 시기는 조시무스 교황이 모든 주교에게 펠라기우스주의를 단죄하도록 요청하는 서한을 작성한 해이다. 이로써 418년 첫 시기가 끝나게 되는데, 이 단계에서 아우구스티누스의 주요 논쟁자들은 펠라기우스와 첼레스티우스이다.

두 번째 단계인 418-430년에 아우구스티누스의 논쟁자는 에클라눔의 율리아누스이다. 426년 이후 일부 교의적 측면에서 아우구스티누스를 향한 새로운 비판들이 제기되었는데, 가톨릭교회 내부에서 무엇보다 아프리카 아드루메토와 갈리아 마르세유의 수도자들이었다. 그들은 원죄와 은총 교의를 받아들였지만 '신앙의 시작'(initium fidei)이 하느님의 선물이라는 것을 거부하였다. 곧 396년 이전에 아우구스티누스가 갖고 있던 입장인 모든 선한 업적은 우리가 성령을 받았기 때문에 가능하지만, 신앙은 인간 의지의 행위라는 것을 그들은 주장한 것이다.

아우구스티누스는 자신의 가르침을 옹호하면서 일부 측면을 명확하게 하여야 했다. 여기서 우리는 다음의 문제에 직면한다. 아우구스티누스가 원죄와 은총 교의를 발전시키면서 펠라기우스와의 논쟁을 먼저 시작하였는가, 아니면 아우구스티누스의 입장에 펠라기우스주의자들이 반응한 것인가? 대답은 다음과 같다. 원죄와 은총 교의에 대한 아우구스티누스의 성찰이나 펠라기우스의 윤리적, 인간학적 성찰은 평행선처럼 독자적으로 발전된 것이다. 하지만 어떤 순간에 이 두 입장은 부딪힐 수밖에 없었는데, 이는 너무나 다른 결론을 내리기 때문이다.

따라서 아우구스티누스가 펠라기우스와의 논쟁에서 원죄와 은총 교의를 발전시킨 것은 사실이나 이 두 교의를 만들어낸 것이라는 생각은 올바른 것이 아니다. 이것은 아우구스티누스의 사상이 점진적으로 발전된 것이라고 간주되어야 한다는 것을 보여준다. 새로운 질문과 반대에 직면하면서 그의 성찰은 새로운 발견을 하면서 심화된 것이다. 물론 이것은 부분적 문제이지 주된 것은 아니었다. 결국 아우구스티누스는 펠라기우스의 입장과는 독립적으로 이 측면에 대한 성찰을 발전시킨 것이다.

1) 원죄와 의화(iustificatio)

396년 이전 동방과 서방 모두의 전통을 따라 아우구스티누스는 아담의 벌이 육체 안에 있는 사멸성으로 이어졌다고 주장하였다. 『심플리키아누스에게』(Ad Simplicianum)에서 아우구스티누스는 로마서를 주석하면서 '원죄'(peccatum originale)라는 용어를 고안하여, 그리스도교 전통에 처음으로 소개하였다.[19] 아울러 그는 원죄에 대해 존재와 본성 사이의 중요한 구분을 하고 있다. 원죄의 존재에 대해서는 열정적으로 옹호하였고, 본성에 대해서는 신중하였다. 무엇보다 아우구스티누스는 원죄를 아담의 죄 혹은 본성의 죄로 정의하면서 아담 안에서 모든 인간 본성이 단죄받을 정도로 죄를 지었다는 것을 가리킨다. 그는 초기 작품에서 죄와 벌의 비분리성(inseparabilità)을 드러내고자 하여, 아담 안에서 우리 모두는 벌을 받을 만하다고 말한다. 그는 이 상황을 '본성의 죄'(peccatum naturae) 혹은 '영혼의 죄'(peccatum animae)라 부르지만 '근원의 죄'(peccato d'origine)라 부르지 않는다. 이 마지막 표현은 영혼전래설을 주장한 테르툴리아누스의 영향을 느끼게 해준다. '영혼의 죄'라는 표현 역시 테르툴리아누스의 『영혼론』(De anima)에 나오는 것이지만, 아우구스티누스는 이를 치프리아누스와 암브로시우스에게서 취한 것이다.

이러한 요소들은 우리로 하여금 아우구스티누스가 원죄 교의를 만들어낸 것이 아님을 이해하게 해준다. 사실 일부 학자들은 아우구스티누스가 원죄 교의를 만들었다고 주장하였다. 하지만 대부분의 학자들은 이에 동의하지 않으며, 오리게네스(Origenes, 185?–

---

19 A. Vanneste, "Le décret du concile de Trente sur le péché originel", *Nouvelle revue théologique* 88(1966), p. 590.

254), 테르툴리아누스, 치프리아누스(Cyprianus, 200/210-258), 암브로시우스, 그리스 교부들의 영향을 주장한다. 부오나유티(Buonaiuti)와 핀케를레(Pincherle)의 노선을 따라 테셀(Teselle)은 암브로시아스텔(Ambrosiaster)과 특별히 티코니우스(Tyconius)의 영향을 제시한다. 하지만 뱁콕(Babcock)은 티코니우스의 영향에 대해 문제를 제기하였다. 아우구스티누스는 이미 387년 『영혼의 위대함』(De quantitate animae)에서 '인간 영혼은 죽음에 처해졌다.'라고 말하였다. 영혼의 죽음은 『주님의 산상설교』(De sermone Domini in monte)에서 말하듯, 아담이 불순명하면서 낙원에서 검증된 하느님을 배반하는 것이다. 이 생각은 플로티누스에게는 낯선 것이다. 또한 412년 펠라기우스 논쟁을 시작할 때 아우구스티누스에게서 암브로시아스텔(Ambrosiaster)의 영향을 보게 된다. 후자는 『성 바오로 서한 주석』에서 로마서 5장 12절("이렇게 모두 죄를 지었으므로"; "In quo omnes peccaverunt")을 아담 안에서 모든 사람의 죄의 기원을 드러내는 것으로 제시한다.("아담 안에서 모든 이가 죄를 지었습니다") 일부 학자들이 주장하듯, 이는 아우구스티누스의 원죄론이 로마서 5장 12절을 잘못 해석하여 나온 것이라는 점이 아님을 보여준다. 사실 아우구스티누스가 '본성의 죄' 혹은 '영혼의 죄' 또는 '인간의 죄'(peccatum hominis)라는 표현을 사용하였을 때, 로마서 5장 12절을 인용하지 않았다. 오히려 코린토 1서 15장 22절("아담 안에서 모든 사람이 죽는 것과 같이 그리스도 안에서 모든 사람이 살아날 것입니다")를 인용한다. 이는 로마서 5장 12절의 사용이 암브로시아스텔의 영향임을 보여주는 것이다.

여하튼 아우구스티누스는 원죄의 존재에 대해 성서, 전례, 교부,

이성 등 신학의 모든 논거로써 옹호하였다. 그의 작품들 특별히 388년과 392년에 저술된 작품 안에서 나타나는 첫 성서 구절들은 코린토 1서 15장 22절("아담 안에서 모든 사람이 죽는 것과 같이 그리스도 안에서 모든 사람이 살아날 것입니다.")과 로마서 5장 19절("한 사람의 불순종으로 많은 이가 죄인이 되었듯이, 한 사람의 순종으로 많은 이가 의로운 사람이 될 것입니다.")이다. 펠라기우스 논쟁이 일어난 후에는 육화의 구원론적 목적에 대한 성서적 논거를 발전시켰다. 로마서 5장도 인용하면서 그는 12절뿐 아니라 전체 구문까지 강조하였다. 이렇듯 원죄에 대한 가르침에서 사도 바오로의 영향력이 강하게 나타난다.

유아들의 세례에 대한 전례적 논거는 성서적 논거를 확증하고 명확하게 한다. 사실 치프리아누스가 유아세례와 원죄를 갖고 태어난다는 교의를 연결시킨 첫 인물이었다. 유아세례의 긴급성은 사해진 죄가 그들의 것이 아니라 아담에게 속한 것이기 때문이라고 그는 주장하였다. 더욱이 유아세례는 아우구스티누스의 사상 발전에서 중요한 주제였다. 그는 유아들의 신체적이요 도덕적인 고통이 물려받은 죄를 드러내는 것이라고 믿었다. 그에게 있어 이 점은 단순히 에클라눔의 율리아누스(Iulianus Aeclanensis, 385?-455?)를 반박하면서 행한 논쟁적 논거가 아니라, 비통한 사실이었다. 그렇지만 아우구스티누스는 보다 나은 것에 대한 희망을 버리는 것을 거부하였다.

교부적 논거는 원죄 교의의 전승적 성격을 드러낸다. 이 논거에 힘입어 아우구스티누스는 이렇게 말할 수 있었다.(『혼인과 정욕』 2, 12, 25) "가톨릭 신앙이 이전부터 믿고 있는 원죄는 내가 고안한 것이 아니다." 또한 이성의 논거는 신앙의 가르침에 대해 성찰하도록 초대하며 악의 문제가 존재론적 차원과 역사적 차원에서 볼 때 원죄 없이 이해되지 않는다는 것을 제시한다. 사실 인간은 고통과 죽음 그리고 무지와 욕망 등 많은 악에 종속되어 있기에 분명 비참한 존재이다.

원죄의 본성에 대해서는 깊은 신비감을 느끼게 된다. 또한 중요한 점, 곧 모방이 아니라 출산을 통해 전달된다는 것을 분명하게 제시한다. 그렇기에 원죄는 범죄와 연결된 욕망인 것이다. 욕망에 의해 영원한 선들보다 현세적인 선을 우선시하는 영혼의 경향성을 드러내며, 범죄를 통해 하느님과 원수 상태에 있고 영원한 생명이 결핍된 것이다. 아우구스티누스는 욕구(appetitus)와 욕망(concupiscientia)을 구분하는데, 전자는 선이고 후자는 무질서하다면 악인 것이다. 곧 그는 질서 있는 욕구, 곧 이성에 종속된 욕구와 무질서한 욕구를 구분한다. 또한 무질서한 욕구는 그 자체로 볼 때 범죄가 없다면, 또는 인간의 동의가 없다면 악이지만 죄는 아니다. 만일 죄라고 부른다면, 단지 죄에서 오기 때문이고 죄로 기우는 것 때문인 것이다.

무엇보다 아우구스티누스는 악을 두 가지, 곧 죄와 죄에 대한 벌로 구분한다. 전자는 의지로써 악한 행동을 하는 것이요, 후자는 하느님의 정당한 견책이라는 것이다. 때문에 그 어느 누구도 불의하게 악으로 고통 받지 않는다는 것이다.

첫 인간의 죄는 교만의 죄,[20] 곧 그 어느 누구에게도 종속됨 없이 하느님처럼 되고자 하는 죄이다.[21] 교만한 이는 자기 자신을 절대화

---

20 「율리아누스 반박」 5, 4, 17.
21 「삼위일체론」 12, 11, 16.

하며, 절대자에게 참여하지 않으면서 자기 자신을 자신의 고유한 원리로 만든다.22 이는 하느님이 모상이기를 거부하는 것이며 타락한 영광을 원하면서 하느님과 비슷해지기를 거부하는 죄이다.23 원래의 의로움을 상실하는 것이다. 여기에서 하느님 모상의 변형과 '하느님과 비슷함'으로 이루어지는 영예의 상실이 나온다.24 더욱이 로마 5, 12가 말하는 것처럼 이 죄는 모든 아담의 후손들에게 전달된다.

참된 의로움과 거룩함의 상실로 인해 하느님의 모상이 기형이 되고 변색되고 말았다. 그렇기에 다시 회복되어야만 한다. 곧 모상을 형성하였던 분에 의해 재형성되고 새로워져야만 다시 모상을 받게 된다.25 하지만 비록 실추되고 변형된 양상일지라도 하느님의 모상은 남아 있으며, 불멸의 영혼 안에 지워질 수 없는 방식으로 새겨져 있기 때문이다.26 아우구스티누스는 『삼위일체론』 12, 7, 12에서 콜로사이서 3장 9-10절을 인용하면서 다음과 같이 말한다. "다른 데서는 말을 더 명확히 한다. '여러분은 옛 인간을 그 행실과 함께 벗어 버리고, 새 인간을 입은 사람입니다. 새 인간은 자기를 창조하신 분의 모상에 따라 끊임없이 새로워지면서 참지식에 이르게 됩니다.' 그러니 '자기를 창조하신 분의 모상을 따라' 만들어진 인간은, 육에 따라서도 아니고, 지성의 아무 부분이나 말하는 것이 아니라 이성적 지식에 따라서,

---

22 『시편 상해』 121, 8.
23 『삼위일체론』 10, 5, 7; 『가톨릭교회의 관습과 마니교도의 관습』 1, 12, 20; 『신국론』 14, 13, 1.
24 『삼위일체론』 12, 11, 16.
25 『삼위일체론』 14, 16, 22.
26 『삼위일체론』 14, 8, 11; 14, 4, 6.

곧 하느님에 대한 지식이 자리 잡을 수 있는 (지성에 따라서) 임을 아무도 의심치 않을 것이다. 이러한 쇄신에 힘입어서 우리는 그리스도 안으로 세례를 받아, 또한 '하느님의 아들이 되었다.' 그리고 '새 사람을 입어' 우리는 '믿음으로' 또한 그리스도를 입었다."

아우구스티누스는 자신의 초기 작품에서 원죄로 말미암은 하느님 모상의 완전한 상실을 주장하였다. "아담은 자신의 죄로 말미암아 정신의 영 안에 새겨진 모상을 잃어버렸다."[27] 이 상실을 통해 인간은 단순한 피조물로 남게 되었다는 것이다. 곧 단순히 육신적 죽음에 놓이게 되었다는 것뿐 아니라 하느님 모상으로 창조되었다는 완전함을 상실한 채로 태어난다는 것이다.[28] 바로 여기에서 우리를 만드셨던 분의 모상, 곧 아담이 죄를 지으면서 잃어버렸던 모상에 따라 우리 정신의 영 안에서 우리가 쇄신된다는 사실이 등장한다.[29] 따라서 "영혼이 하느님의 은총으로 재생하고 그 온전성을 회복하며 자기를 재생시키신 분에게만 복종하게 될 때, 육체도 원초의 강건함을 되찾을 때, 인간은 세상에 의해 소유되지 않고 오히려 세상을 소유하기 시작할 것이다."(『참된 종교』 23,44)

그렇다면 왜 하느님의 모상을 상실하였는가? 헤이이케(J. Heijke)에 의하면, 이러한 해석은 의심의 여지 없이 마음에서 우러나오며 숙고하지 않은 아우구스티누스의 종교적 태도이다. 왜냐하면 "처음에 그

---

[27] 『창세기 문자적 해설』 6, 27, 38.
[28] 『여든세 가지 다양한 질문』 67, 4.
[29] 『창세기 문자적 해설』 6, 24, 35.

는 보다 사변적인 교의와는 달리 모상을 초자연적인 삶, 하느님과 함께 하는 삶, 곧 그 안에서 인간이 참으로 자신의 창조주와의 관계를 살아가는 것이라고 생각했다. 이 경우에 죄는 하느님과의 단절, 이 삶의 종국, 모상의 완전한 상실을 의미한다."30 설리번(Sullivan)은 아우구스티누스가 사용한 모상에 대한 신플라톤주의적 특성이 원죄 후에 모상의 상실을 생각하게 만들었다고 덧붙인다.31 넬로 치프리아니(Cipriani)는 다음과 같이 주장한다. "주교서품을 받기 2년 전 일부 '성경 연구자들'(tractatores divinarum Scripturarum)을 읽음으로써 아우구스티누스가 본성의 죄에 대해 갖고 있던 개념을 풍요롭게 하여, 천국을 받았고 그리스도가 세례 때 다시 선사하는 하느님의 모상 혹은 입양자녀 표지(signaculum)의 상실로서 죄를 구체화한다."32

또한 암브로시우스의 영향력에 대해서도 생각할 수 있다. 밀라노의 주교는 아담이 죄를 지으면서 창조 때 인간에게 부여된 하느님의 모상과 하느님과의 비슷함을 잃어버렸다고 주장하였다.33 원래 있던 모습으로 남아 있지 못하고 동물들과 비슷하고 육적인 존재가 되었다. 원초적인 의로움도 상실하였지만 완전히 상실한 것은 아니었다.

---

30 J. Heijke, "The image of God according to St. Augustine(De trinitate excepted)", *Folia. Studies in the Christian perpetuation of the Classics* 10(1956), p. 8.
31 J.E. Sullivan, *The image of God. The doctrine of St. Augustine and its influence*, Dubuque, Iowa: Priory Press p. 42.
32 N. Cipriani, "La dottrina del peccato originale negli scritti di S. Agostino fino all'Ad Simplicianum", *Il mistero del male e la libertà possibile (IV): Ripensare Agositno*, SEAug. 59, Roma: Institutum Patristicum Augustinianum, 1997, p. 44.
33 암브로시우스, 「시편 제118편 해설」(Expositio Psalmi CXVIII) 10, 11; 「이사악과 영혼」(De Isaac et anima) 2, 4.

그러나 점차적으로 세대가 지나면서 약해졌다.[34]

하지만 412년, 아우구스티누스는 죄와 하느님 모상의 양립성을 주장하기 시작한다. 곧 원죄가 하느님의 모상을 인간에게서 완전히 지운 것이 아니라 변형시켰다는 것으로 모상의 존재론적 특성을 주장한다.[35] 이는 하느님의 모상이 더 이상 초자연적 삶 자체가 아니라 그것의 기초요 조건이라는 사실을 의미한다.[36] 『재론고』에서 볼 수 있듯이 성경 본문, 무엇보다 바오로에 기초하여 이루어진 전환이다.[37]

하느님 모상의 변형은 하느님께 참여하는 것을 상실하였다는 것을 의미하지만, 하느님 모상은 그대로 남아 있다는 것을 말한다. 인간 영혼의 불멸성 안에 불멸적으로 새겨져 있기 때문이다.[38] 아우구스티누스의 존재론의 관점에서 볼 때, 하느님 모상의 변형은 비유사함의 지역(regio dissimilitudinis)에 있는 인류의 상황에 상응한다.[39]

---

34 암브로시우스, 『루카 복음 해설』(Expositio Evangelii secundum Lucam) 7, 139; 『시편 제118편 해설』 10, 11; 『엘리야와 단식』(De Helia et ieiunio) 4, 9; 『낙원』(De paradiso) 13, 63; 『노아』(De Noe) 30, 115; 『시편 제40편 해설』(Explanatio in Psalmo 40) 4, 1. 두덴은 "인간의 원초적인 복된 상태는 그 어떤 교부시대 저술가들보다 암브로시우스에 의해 보다 풍요롭고 명확하게 묘사된다."고 지적한다: F. H. Dudden, *The life and times of St. Ambrose*, II, Oxford: Clarendon Press, 1935 p. 613.

35 『영과 문자』 28; 『삼위일체론』 14, 4, 6.

36 J. Heijke, *The image of God according to St. Augustine*, pp. 8-9.

37 『재론고』 2, 24, 2; 1, 26, 2. Cf. J.-L. Maier, *Les missions divines selon saint Augustin*, Fribourg : Éditions universitaires, 1960 pp. 182-183.

38 『삼위일체론』 14, 8, 11; 14, 4, 6.

39 『고백록』 7,10,16. 일부 학자들은 비유사함의 지역(regio dissimilitudinis)이라는 표현이 플라톤의 『정치학』 273d의 문자적 해석으로, 에우세비우스가 재인용하고 후에 아타나시우스, 플로티누스, 아우구스티누스, 프로클로스가 사용한 것이라고 생각한다: R. Arnou, *Le désir de Dieu dans la philosophie de Plotin*, Paris, 1920. p. 218, n.2; P. Courcelle, *Recherches sur les Confessions de Saint Augustin*, Paris: Editions E. De Boccard, 1968, pp. 405-440; P. Courcelle, *Les Confessions de saint Augustin dans la tradition littéraire. Antécédents et postérité*, Paris, 1963, pp. 623-640.

사실 이 비유사함의 지역은 하느님으로부터 멀어진 '먼 지역'(regio longinqua)과[40] 변화하는 세계에로의 존재론적 결합을 뜻하는 '빈곤의 지역'(regio egestatis)을 의미한다.[41] 그렇기에 비유사함에서 돌아오는 것이 필수불가결한 것으로, 이는 하느님 모상의 재형성의 과정과 동일한 것이다.[42] 그리스 교부들이 재형성(reformatio)을 원죄 이전의 아담의 상태로 돌아오는 것으로 이해하는 반면, 아우구스티누스는 '보다 나은 상태로의 쇄신'(renovatio in melius)을 제시한다.[43]

아담과 연대하에 있는 인류의 이 비참한 현실, 죄에 물든 인류의 이 상황, 그래서 신적 자비를 통해서만 구원받을 수 있는 이 모습을 아우구스티누스는 '살포'(conspersio)와 동의어인 '단죄된 집단'(massa damnata)이라고[44] 표현한다.[45] 아우구스티누스의 작품 안에서 이 표현은 다양한 형태로 나타난다. '진흙탕의 집단'(massa luti),[46] '죄의 집

---

40 『고백록』 1, 18, 28; 4,16,30; 『신국론』 9, 17.
41 『고백록』 2, 10, 18.
42 참조: 『시편 상해』 75, 3; 34, s.2, 6; 94, 2; 146, 14.
43 G.B. Ladner, "St. Augustine's conception of the reformation of man to the image of God", *Augustinus Magister*, II, Paris: Études Augustiniennes, 1954, pp. 867-878.
44 『신국론』 14, 26; 15, 21; 21, 12; 『율법과 예언서 반대자 반박』 1,9; 『율리아누스 반박』 6, 1, 2; 『믿음 희망 사랑의 길잡이』 8, 27; 『율리아누스 반박 미완성 작품』 1, 141; 2, 142; 4, 40; 『서한』 194, 2, 5; 194, 3, 14; 194, 8, 39.
45 참조: J. Rivière *Massa damnata*, in *Bibliothèque augustinienne* 9, nota 13, p. 346; P. Fredriksen, Massa, in *Augustine through the Ages. An Encyclopedia*, Michigan, 1999, p. 545; B. Altaner, Patrologia, Casale Monferrato, 1983²; tit. or. Patrologie, Freiburg, Basel, Wien, 1977⁷, p. 463; D. Ogliari, *Gratia et certamen. The relationship between Grace and free will in the discussion of Augustine with the so-called Semipelagians*, Leuven, 2003, pp. 340-348. 인간의 상황에 대해 참조: A. Solignac, *La condition de l'homme pécheur d'après saint Augustin*, in *Nouvelle Revue Théologique* 78(1956), pp. 359-387.
46 『로마서 명제 해설』 54 [62]; 『여든 세 가지 다양한 질문』 68, 3.

단'(massa peccati),47 '죄인들의 집단'(massa peccatorum),48 '단죄의 집단'(massa damnationis),49 '단죄할 집단'(massa damnabilis),50 '상실의 집단'(massa perditionis),51 '잃어버린 집단'(massa perdita),52 '오염된 집단'(massa vitiata),53 '타락한 집단'(massa corrupta),54 '무너진 집단'(massa collapsa),55 '저주받은 집단'(massa maledicta),56 '죽음의 집단(massa mortis),57 '사멸의 집단'(massa mortalitatis),58 '죽어 없어질 집단'(massa mortalium),59 '멸망의 집단'(massa ruinae),60 '걸려 넘어짐의 집단'(massa offensionis),61 '원초적 불의함의 집단'(massa originalis iniquitatis),62 '노

---

47 「여든세 가지 다양한 질문」 68, 3; 「심플리키아누스에게」, 1, 2, 16; 「마니교도 펠릭스 반박」 2, 11; 「시편 상해」 101, s.1, 11; 「강론」 22, 9; 229/F,1; 301, 6, 4.
48 「여든세 가지 다양한 질문」 68, 4; 「심플리키아누스에게」, 1, 2, 16; 1, 2, 19; 「시편 상해」 70, s.1, 15.
49 「율법과 예언서 반대자 논박」, 1, 51; 「율리아누스 반박」 5, 4, 14; 「서한」 190, 3, 12; 194, 2, 4; 「강론」 26, 13.
50 「강론」 165, 7, 9; 「서한」 194, 6, 30.
51 「그리스도의 은총과 원죄」 2, 29, 34; 「펠라기우스파 두 서간 반박」 2, 7, 13; 2, 7, 15; 4, 6, 16; 「율리아누스 반박」 3,4,10; 5, 4, 14; 「믿음 희망 사랑의 길잡이」, 23, 92; 28, 107; 「훈계와 은총」 7, 12; 7, 16; 9, 25; 10, 26; 「항구함의 은사」 14,35; 「율리아누스 반박 미완성 작품」 4, 123; 4, 131; 「서한」 186, 2, 4; 188, 2, 7; 190, 3, 9; 214, 3; 「강론」 26, 13; 71, 1, 3; 「요한복음 강해」 109, 2.
52 「율리아누스 반박 미완성 작품」 3, 161; 4, 2; 「서한」 108, 3, 8.
53 「율리아누스 반박 미완성 작품」 2, 142; 4, 40; 「강론」 96, 6, 6.
54 「페틸리아누스 반박 하나인 세례」 14, 24.
55 「서한」 186, 4, 12.
56 「마니교도 펠릭스 반박」 2, 11.
57 「서한」 186, 6, 19; 187, 2, 7; 「시편 상해」 70, s.2, 10.
58 「시편 상해」 72, 23; 「강론: 돌보」 21, 9.
59 「강론」 176, 2.
60 「서한」 187, 10, 33.
61 「서한」 194, 2, 4.
62 「서한」 194, 8, 38.

예신세의 집단'(massa captivitatis),63 '분노의 집단'(massa irae)64 등이다.
 아우구스티누스는 이러한 표현들을 통해 원죄로 인해 하느님에 의해 벌이 부여된 상황, 그리고 출산을 통해 전달되는 상황을 제시한다.65 더욱이 단죄된 집단인 인류는 의로움의 빛을 잃어버렸기에 어둠 속에 있으며, 연약함이나 앞을 보지 못함으로 인해 많은 죄를 범하면서 어둠의 행위만을 할 수 있을 뿐이다.66 곧 모든 인류는 원죄든 본죄든 죄 안에서 죽는데, 선을 모르거나 알면서도 그것을 행하지 않기 때문이다.67 여기서 원죄의 두 벌인 무지(ignorantia)와 연약함(infirmitas) 안에 놓인 인류의 어두운 상황을 볼 수 있다.68 무지와 연약함은 선한 행동을 하거나 악한 행동을 피하도록 스스로 결정하는 의지에 방해를 가져오기 때문이다.69 다시 말하면, 무지 때문에 우리는 무엇을 해야만 하는지 보지 못하고, 연약함은 우리로 하여금 이미 보는 것을 하지 못하도록 막는다.70 다른 말로 한다면, 무지는 참된 하느님에 대한 인식을 우리가 갖지 못하도록 하고, 연약함은 병약함(languor)과 욕망(concupiscientia)이기 때문에71 인간에게 참된 하느님과

---

63 「시편 상해」 70, s.2, 10.
64 「강론」 22, 9; 293, 8.
65 「강론」 26, 13; 「율법과 예언서 반대자 논박」 1, 5, 9; 「본성과 은총」 5,5.
66 「본성과 은총」 23, 25; 30, 34.
67 「신국론」 20, 6, 1.
68 '무지'(ignorantia)와 '연약함'(infirmitas)라는 용어의 분석에 대해 참조: A. Solignac, "L'existentialisme de saint Augustin", *Nouvelle Revue Théologique* 70(1948), pp. 12-16.
69 「죄벌과 용서 그리고 유아세례」 2, 17, 26.
70 「믿음 희망 사랑의 길잡이」 22, 81.
71 「시편 상해」 102, 6. '병약함'(languor)이라는 용어에 대해 참조: I. Bochet, *Saint Augustin et le désir de Dieu*, Paris, 1982, pp. 29-36. '욕망'(concupiscentia)의 개념에 대해서는 많

참된 신적 예배를 선택하지 못하도록 만든다.[72]

무지와 연약함으로 인해 우리는 오직 죄인일 뿐이지만, 또한 율법의 배반자이기도 하다. 해야만 하는 것을 우리가 하지 못하기 때문이다. 즉 해서는 안 된다고 우리가 이미 알고 있는 것을 행하기 때문이다.[73] 인간은 마음의 눈으로 하느님을 볼 수 있는 능력을 갖고 있지 못하기 때문에, 즉 병든 눈을 갖고 있기 때문에 하느님을 받아들일 수 없다.[74] 그렇기에 인간은 죄를 지을 수 있지만, 자신이 원하지만 치료할 수 있는 능력이 없다.[75] 죄로 향하는 데에 자유의지만으로 충분하다. 하지만 인간은 상처 받은 뒤로 자유의지를 통해 거룩함을 스스로 회복할 수 있는 능력이 없다. 의로움으로 돌아가기 위해 인간은 의사

은 연구물들이 있지만, 이중에 다음의 것들을 꼽을 수 있다: A. Trapè, *Un celebro testo di Sant'Agostino sull «ignoranza e la difficoltà»*, in AA.VV., *Augustinus Magister*, II, Paris, 1954, pp. 795-803; F.-J. Thonnard, *La notion de concupiscence en philosophie augustinienne*, in Recherches Augustiniennes 3(1965), pp. 59-105; A. De Veer, *La concupiscence*, in Bibliothèque augustinienne 22, pp. 744-747, nota 24; G. Bonner, *Libido and Concupiscentia in St. Augustine*, in Studia Patristica VI(1962), 303-314; G.S. Gasparro, *Il tema della concupiscentia in Agostino e la tradizione dell'Enkrateia*, in Augustinianum 25(1985), pp. 155-183; F. Donau, *La pensée de saint Augustin sur la nature du péché originel*, in Revue apologétique 34(1922), pp. 414-425 e 486-495; Y. de Montcheuil, *L'hypothèse de l'état originel d'ignorance et de difficulté d'après le De libero arbitrio de saint Augustin*, in Recherches de science religieuse, 24(1933), pp. 197-221; C. Boyer, *Dieu pouvait-il créer l'homme dans l'état d'ignorance et de difficulté?*, in Essais sur la doctrine de saint Augustin, Paris, 1932, pp. 237-271; Flottes, *Etudes sur Saint Augustin, son génie, son âme, sa philosophie*, Montpellier, Paris, 1861, pp. 358-361; M. Huftier, *Le tragique de la condition chrétienne chez saint Augustin*, Paris, 1964, pp. 113-134; J. Mausbach, *Die Ethik des heiligen Augustinus*, II, Freiburg im Breisgau, 1909, pp. 174-184.

72 『신국론』 4, 25; 11, 2.
73 『믿음 희망 사랑의 길잡이』 22, 81.
74 『요한복음 강해』 14, 12.
75 『강론』 160, 7.

가 필요하다. 더 이상 건강하지 않기 때문이다. 다른 말로 한다면, 어떠한 인간도 의화를 이룰 수 없는 것이다. 의로우신 분에 의해서만 의롭게 될 수 있는 것이다.[76]

여기에서 세례의 필요성이 등장한다. "태어난 모든 이는 단죄되었고, 만약 새로 태어나지 않는다면, 해방될 수 없다."(omnis generatus, damnatus; nemo liberatus, nisi regeneratus:『강론』 294, 16) 달리 말하면, 세례의 씻음을 통해 새 인간의 재생인 의화가 일어난다.[77] 세례는 정화 기능을 갖고 있으며, 죄의 사함을 통해 새 인간의 재생을 가져온다. "재생의 씻음과 결합된 그분께 대한 신앙을 통해 우리는 모든 죄에서 풀렸습니다. 곧 출생을 통해 얻은 원죄 -무엇보다 이 죄에서 우리가 해방되기 위해 재생의 성사가 세워졌습니다.- 그리고 악하게 살아가면서 범한 모든 죄에서 해방된 것입니다. 우리가 영원한 단죄에서 해방되는 것이 이러한 방식으로 이루어진 것입니다."[78] 여기서 의화가 두 측면에서 일어난다는 것을 확인할 수 있다. 하나는 긍정적 측면으로 내적 쇄신 혹은 새 인간의 창조이며, 다른 하나는 부정적 측면으로 원죄이든 의지적인 죄이든 죄의 완전한 사함이다.[79] 인간의 내적 쇄신은 하느님의 부르심 또는 하느님의 사랑에 찬 무상의 초대에 대한 인간의 응답 혹은 인간의 회심으로 나타난다.[80] 또한 새로운 창조는

---

76 『시편 상해』 98, 7.
77 『가톨릭교회의 관습과 마니교도의 관습』 1, 35, 80; 『죄벌과 용서 그리고 유아세례』 2, 7, 9; 『요한서간 강해』 5, 6; 『창세기 문자적 해설』 8, 24, 35.
78 『요한복음 강해』 124, 5.
79 『죄벌과 용서 그리고 유아세례』 1, 15, 20; 2, 7, 9; 『시편 상해』 136,1.
80 참조: J. Oroz Reta, "Vocation divine et conversion humaine d'après saint Augustin",

의로운 이들의 새로운 상황을 드러내는 다양한 변화를 가져온다. 곧 하느님을 소유하는 것과 하느님과의 친밀한 삶이다.[81] 세례를 통해 성화(聖化)는 인간의 영에게만 이루어지는 것이 아니라 부분적이지만 선취된 방식으로 육체에도 이루어진다. 부분적이고 선취된 방식이기 때문에 영혼을 힘들게 하는 사멸이 아직 제거되지 않은 것이다.[82] 육체의 성화는 부활 이후에야 이루어지며,[83] 지금은 원죄로 인해 기형이 되었지만 불멸의 영혼 안에 새겨져 있는 하느님의 모상의 회복이 일어난다.[84] 의화를 통해 하느님의 본성에 대한 참여가 이루어진다는 사실이 여기에서 나온다.[85]

하느님 모상의 회복은 영혼으로 하여금 하느님의 본성에 참여하는 것 외에도 다른 특전들도 선사한다. 무엇보다 입양 자녀가 되게 한다.[86] 달리 말하면 의로운 이는 하느님을 아버지로 그리고 교회를 어머니로 간주하게 되는 것이다.[87] 또 다른 특전은 우리가 신화(神化)한다는 것이다.[88] 이는 우리가 삼위일체 하느님의 성전이 되고 사도 바오로가 1코린 3, 16에서 말하듯이 성령이 우리 안에 머무신다는 사실

Studia patristica 22(1989), pp. 300-308.
81 「서한」 187, 5, 16.
82 「율리아누스 반박」 6, 13, 40.
83 「창세기 문자적 해설」 8, 24, 35.
84 「삼위일체론」 14, 8, 11; 14, 4, 6.
85 「요한복음 강해」 19, 11.
86 「요한복음 강해」 12, 7, 12.
87 「강론」 22, 9.
88 「시편 상해」 49, 2.

에서도 나타난다.89 이러한 내주(內住)에서 하느님 사랑의 은총이 확인되며, 우리가 그분의 성전이 되는 만큼 그분 입양 자녀들의 가족에 속하게 된다.90

원죄를 없애기 위해 세례가 필요하기에 유아 역시 세례를 받아야 한다. 여기서 이른바 유아세례 논쟁이 나오게 된다. 무엇보다 펠라기우스와 첼레스티누스는 유아세례를 반대하지 않지만, 이것이 단순히 하느님의 자녀가 되기 위해 필요한 것이라고 주장하면서, 원죄가 전달되는 것을 거부하면서, 어린아이들의 세례에 대해 반대한다. 이는 411년 첼레스티누스가 카르타고 교회법정에 고발된 내용에서 잘 나타난다. 그는 아담의 죄가 오직 아담에게만 해를 끼친 것이지, 다른 이에게 그렇게 한 것은 아니라고 주장하였다. 또한 갓 태어난 어린아이는 아담이 추락하기 전의 상태에 있다고 주장하였다. 이러한 펠라기우스주의의 입장은 나지안주스의 그레고리우스(Gregorius Nazianzenus, 280?-374)와 요한 크리소스토무스(Ioannes Chrysostomus, 349/350-407)와 같은 그리스 교부들의 주장과 일치하는 것으로 보인다. 하지만 원죄가 이어지는 것을 부정하는 직접적인 원천은 마리우스 메르카토르(Marius Mercator)에 따르면 시리아 사람 루피누스(Rufinus)인 것으로 보인다.

그러나 아우구스티누스는 세례의 필요성에 대해 언급하면서 어린아이들도 구원을 필요로 하며, 개인적 죄를 범하지 않았다 하더라도

---

89 「서한」 187, 5, 16.
90 위의 책.

원죄의 사슬에 매여 있음을 주장한다. 사실 유아세례에 관한 아우구스티누스의 가르침을 규정하는 신학은 세례 신학 일반과 동일하다. 무죄한 어린이들을 포함한 순교자들을 제외한다면, 젊은이든 노인이든 그리스도 자신이 세운 성사를 받지 않으면 구원받을 수 없다.(『영혼과 그 기원』 1, 10) 388년 로마에서 저술된 『영혼의 위대함』 80에서 아우구스티누스는 유아에게 세례가 왜 유익한 것인지 하는 물음을 "지극히 어려운 문제"(obscurissima quaestio)로 간주하고 있다. 394/395년 저술된 『자유의지론』 3, 23, 67에서는 이 문제를 반복하면서 다음과 같이 말한다. "어떤 사람들은 그리스도의 세례성사가 어린이들에게 무슨 이익이 되겠느냐를 두고 따지기 일쑤다. 세례를 받고서 세례에 관해서 무엇인가를 알 수 있기도 전에 상당수가 죽어버리기 때문이다. 이 일에 관해서는 어린이를 (하느님께) 봉헌하는 이들의 믿음이 어린이에게 이로움을 준다고 믿는데, 이것은 퍽이나 경건하고도 올바른 믿음이다."

결국 아우구스티누스는 이 문제를 원죄와 연결시켜 해결한다. 어린아이들도 아담의 죄를 공유한다는 것이다. 그렇기에 세례를 통해 깨끗이 씻겨지는 것이 필요한 것이다. 여기서 아우구스티누스가 치프리아누스의 영향을 받은 것임을 확인할 수 있다. 비록 유아가 실질적인 죄를 범하지 않았다 하더라도 "아담의 본을 따라 육적으로 태어났고 그의 최초의 출생에 의해서 옛 사망에 의한 감염을 이끌어 들였기" 때문에 그 죄들이 "자신의 죄는 아닐지라도 다른 누구의 죄"이기 때문이다. 이 주장은 시편 51장 7절에("정녕 저는 죄 중에 태어났고 허물 중에 제 어머니가 저를 배었습니다.") 근거한 것이다. 만약 원죄의 존재를 부정한다면, 그리스도가 우리를 구원해야 하는 죄가 무엇인가 질문하게 된다. 이것이 죄와 은총에 관한 펠라기우스주의 주장의 약점인 신학적 문제이다.

또한 펠라기우스주의자들은 인간이 원한다면 죄를 짓지 않을 수 있다(impeccantia)고 주장하였다. 이에 대해 아우구스티누스는 세 가지 측면에서 반박한다. 첫째, 인간은 원한다면 하느님의 도우심으로 죄를 짓지 않을 수 있다. 둘째, 인간은 이 세상에서 어느 정도 완덕에 도달할 수 있다. 세례를 통해 모든 죄가 씻어지지만, 인간에게는 '욕망'(concupiscientia)이 남기 때문이다. 셋째, 죄 없이 살아가는 인간은 존재하지 않는다. 세례에도 불구하고 인간은 여전히 세상의 자녀로 남기 때문이다. 다시 말하면, 하느님의 자녀로서 인간은 거룩하지만 동시에 세상의 자녀이기에 죄인이라는 것이다. 때문에 매일 쇄신되어야 하는 존재인 것이다.

아우구스티누스는 로마서 5장 12-19절에 근거하여 육신의 죽음이 원죄의 직접적 결과라고 주장한다. 또한 그는 원죄 이전에 인간은 '죽지 않을 수 있다'(posse non morire)는 조건을 갖고 있었다고 주장한다. 또한 인간의 자유에 대해서도 다음의 구분을 한다. '죄를 범하지 않을 수 있다'(posse non peccare), '죄를 범하지 않는 것이 불가능하다'(non posse non peccare), '죄를 범할 수 없다'(non posse peccare) 등이다. 이는 아담이 갖고 있던 자유가 '보다 작은 자유'(libertas minor)이고, 반면 하느님이 그를 부른 것은 '보다 큰 자유'(libertas maior)였던 것이다. 만약 아담이 하느님께 충실한 채로 남아 있었다면, 그는 죽지 않을 수 있는 가능성에서, 그리고 죄를 범하지 않을 수 있는 가능성에서 죽음의 가능성을 용납하지 않는 불멸성과 범죄의 가능성을 용인하지 않는 자유에로 건너갔을 것이다.

이러한 의미에서 아우구스티누스는 자유(libertas)와 자유의지(liberum arbitrium)를 구분한다. 펠라기우스주의자들이 죄를 범하거나 범하지 않는 가능성으로 자유를 인식한다면, 아우구스티누스는 원죄 이후로 인간은 악을 행하고 선을 행하지 않는 경향성을 갖게 되어 도움이 필요하다는 것을 명확하게 하면서 자유의지라는 용어를 선호한다. 곧 자유의지는 치유되어야 할 것이지만, 자유는 악에서 자유로운 가능성을 가리키는 것이다.

2) 은총

의화 주제에 관련하여 조력 은총의 교의가 나타나는데, 이것이 펠라기우스 논쟁의 결정적인 요소이다. 은총 문제에 있어 아우구스티누스는 주교직 이전의 작품에서 인간의 네 단계에 대해 언급한다. 첫 단계는 '율법 이전의 인간'(ante legem)이다. 이 인간은 원죄로 인해 육적 상태에서 태어났기에 하느님과 선을 인식하고 무엇보다 연약함(infirmitas)으로 인해 선을 행할 능력이 없는 상태로 감각적 쾌락들을 찾는 것뿐 아니라 하느님보다 자기 자신을 더욱 사랑하는 경향인 욕망(concupiscentia)인 욕정(cupiditas)에 순종한다. 교만(superbia), 호기심(curiositas), 욕망(voluptas) 혹은 육의 욕망(concupiscentia carnis)이라는 세 악습(tria vitia)을 갖고 있다. 두 번째 단계는 '율법 아래에 있는 인간'(sub legem)이다. 이 단계에서 율법은 인간에게 무엇을 해야 하는지 명백하게 가르쳐주고, 죄에 대한 습관으로 인해 어두워진 자연법의 가치를 재발견하게 한다. 하지만 이 단계의 인간은 여전히 사랑 때문에 선을 행할 능력을 갖고 있지 못하고, 단순히 벌에 대한 두려움으로 선을 행할 뿐이다. 성령을 갖지 못하기 때문이다. 세 번째 단계는 '은총 아래에 있는 인간'(sub gratia)이다. 이 단계의 인간은 성령으로 다시 태어나 하느님의 자녀가 되고 그리스도 안에 한 몸이 된 것이다. 이 단계의 인간은 '사랑으로'(cum dilectione) 그리고 영적 아름다움에 대한 사랑으로 선을 행할 수 있다. 네 번째 단계는 '평화 안에 있는 인간'(in pace)이다. 이 단계에서 더 이상 어떠한 육의 욕망이 없다.

무엇보다 아우구스티누스는 은총의 본성, 필요성, 효과, 무상성을 옹호하며, 이러한 옹호로 인해 '은총 박사'(Doctor gratiae)라는 칭호를 갖게 되었다. 우선 은총의 본성을 보자. 그리스도교적 의미에서 은총은 펠라기우스주의자들이 생각하는 것처럼 창조가 아니다. 비록 이것도 하느님의 무상적인 선물임에도 불구하고 말이다.(『강론』 26,4) 또한 율법이 우리에게 구원의 길을 제시하면서 호의의 표지요 은혜이지만, 율법도 아니다. 더욱이 의화만도 아니다. 여기에 아우구스티누스는 또 하나를 첨가한다. 곧 은총은 율법이 명하는 것을 실현하기 위한, 그리고 의화에 도달하고 의화 안에 항구하기 위한 하느님의 도움인 것이다. "만일 펠라기우스가 이름만이 아니라 실제로 그리스도인이 되기 위해서는 이 은총을 받아들여야만 한다."(『그리스도의 은총과 원죄』 16, 11) 이 은총의 역할은 선을 행하고 악을 피하는 의지를 방해하는 장애물들을 제거하는 것이다. 원죄의 결과인 이 장애물들은 두 가지로 '무지'와 '연약함'이다. 연약함이 더 심각한 것이기 때문에, 조력 은총은 지성의 조명보다 의지의 움직임이라고 할 수 있다. 곧 아우구스티누스의 정의에 따르면 "해야만 한다고 우리가 알고 있는 것을 거룩한 사랑으로 할 수 있게끔 만들어주는 사랑의 자극"이다.(『펠라기우스파 두 서간 반박』 4, 5, 11)

아우구스티누스는 죄를 피하기 위해서든 하느님께 회심하고 구원에 도달하기 위해서든 이러한 은총의 절대적 필요성을 강조한다. 이 점에 관해 펠라기우스파와의 차이점은 원칙이 아닌 결론에 나타난다. 공통되는 전제 조건은 하느님은 불가능한 것을 명하지 않는다는 것이다. 여기에서 펠라기우스주의자들은 '따라서 은총은 필요하지 않다'고 결론을 내린다. 하지만 아우구스티누스는 '따라서 은총을 얻기 위해 기도가 필요하다'고 결론을 내린다. 은총만이 계명의 준수를 가능하게 하며, 기도만이 은총을 얻는다. "하느님은 불가능한 것을 명하시지 않지만, 명하시면서 네가 할 수 있는 것을 행하고 네가 할 수 없는 것을 청하라고 권고하신다."(『본성과 은총』 43, 50) 또한 '하느님은 네가 할 수 있도록 도와주시는데, 버림받지 않으신다면 버리지 않기 때문이다.'(『본성과 은총』 26, 29)

보다 어려운 것은 은총의 효력이라는 주제인데, 가장 미묘한 주제인 자유를 다루기 때문이다. 아우구스티누스의 전망은 복음적인 것이다. "그러므로 아들이 너희를 자유롭게 하면 너희는 정녕 자유롭게 될 것이다."(요한 8, 36) 그리스도인의 자유는 네 가지이다. 곧 죄에서의 자유, 악으로 기울어지는 경향성에서의 자유, 죽음에서의 자유 그리고 시간에서의 자유이다. 이는 의로움, 질서, 불멸성 그리고 영원성에 상응하는 것이다.(『요한복음 강해』 41, 9-13) 우선 죄에서의 자유에 대해 요약하고 있는 본문을 보자. "따라서 은총을 통해 우리가 자유의지를 무효가 되게 하는 것입니까? 결코 그렇지 않다. 오히려 우리는 자유의지의 가치를 굳게 세우고자 한다. 사실 믿음으로 율법을 무효가 되게 하지 않고 율법을 굳게 세우듯이(로마 3, 31), 자유의지를 통해 은총도 그러하다. 자유의지를 통해 하지 않는다면 율법을 준수하지 못한다. 그러나 율법에서 죄의식이 나오며, 은총에서 죄의 악행에서 벗어난 영혼의 거룩함이 나오며, 영혼의 거룩함에서 자유의지의 자유가 나오며, 자유의지의 자유에서 의로움에 대한 사랑이 나오고, 의로움에 대한 사랑에서 율법의 완수가 나온다. 따라서 믿음이 율법을 준수하도록 해주는 은총을 얻기 때문에 믿음으로 율법이 무효가 되지 않고 오히려 굳게 세워지듯이, 은총으로 자유의지가 무효가 되지 않고 굳게 세워진다. 왜냐하면 은총은 의지를 건강하게 해주고 건강해진 의지는 자유로이 의로움을 사랑하기 때문이다."(『영과 문자』 30, 52)

그의 전망이 복음적 자유, 곧 악에서의 자유라면, 선택의 자유가 제기하는 문제를 직면할 수밖에 없다. 그는 선택의 자유와 은총의 효과라는 두 진리가 함께 옹호되어야만 한다고 주장한다. 이 때문에 아우구스티누스는 『은총과 자유의지』라는 작품을 저술하였던 것이다. "자유의지는 도움을 받기 때문에 제거되지 않습니다. 하지만 제거되지 않았기 때문에 도움을 받는 것입니다."(『서한』 157, 2, 10) 따라서 "여러분의 참여 없이 여러분을 지으신 분이 여러분을 의롭게 하지 않습니다. 그분은 여러분이 모르게 여러분을 지었습니다. 여러분이 원한다면 그분은 여러분을 의롭게 만드실 것입니다."(『강론』 169, 11, 13)

또한 그리스도는 재판관이며 구세주라는 그리스도론적 전망에서 이렇게 말한다. "만일 은총이 없다면, 어떻게 세상을 구원하겠습니까? 만일 자유의지가 없다면, 어떻게 세상을 심판합니까?"(『서한』 214, 2) 자유와 하느님의 은총이 양립할 수 있음을 아우구스티누스는 이렇게 강조한다.

이러한 은총은 하느님의 호의의 무상적인 선물이다. 펠라기우스주의자들은 은총이 우리의 공적에 따라 주어진다고 주장하였지만, 아우구스티누스는 은총의 무상성을 매우 강조한다. 신앙의 시작도 하느님의 선물이다. 하지만 아우구스티누스도 초기에는 오류를 범했다. 『심플리키아누스에게』(Ad Simplicianum, 396-398)를 저술하기 전 시기에 아우구스티누스는 신앙 행위가 전적으로 인간의 의지에 의한 것이라고 생각한다. 물론 하느님에게 구원의 시작을 부여한다. 즉 복음 선포를 통해 신앙에로 부르는 분은 하느님이라는 것이다. 하지만 부르고 난 후에 그리고 복음 선포를 들은 후에 이것을 받아들이거나 거부하는 것은 인간의 의지에 달렸다는 것이다. 이 입장은, 신앙은 하느님께 대한 인간의 동의의 결과라는 암브로시아스텔과 힐라리우스의 것과 같다. 하지만 『심플리키아누스에게』에서 신앙 행위에 있어 의지의 자율성에 대한 가르침은 사라진다. 신앙에로 부르시는 하느님에 대한 인간의 자유로운 동의도 하느님의 선물, 곧 은총으로 간주되었다. 코린토 1서 4장 7절("그대가 가진 것 가운데에서 받지 않은 것이 어디 있습니까?")의 조명을 받은 듯하다.

신앙의 시작뿐 아니라 끝까지 항구한 것도 하느님의 선물이다. 하지만 이것이 인간의 공덕을 배제하는 것이 아니다. 오히려 그 공덕이 은총의 선물에 의존한다고 아우구스티누스는 주장한다. "따라서 의인들의 공덕은 존재하지 않는 것일까요? 의심의 여지 없이 존재합니다. 왜냐하면 그들이 의로운 사람들이기 때문입니다. 하지만 그들이 의로운 이들이 되기 위해서 공덕이 존재했던 것은 아닙니다."(『서한』 196, 4) 따라서 하느님이 우리의 공덕에 화관을 씌울 때 그분의 선물로써 하며, 공덕 역시 무상의 선물이다.(『서한』 186, 10; 『은총과 자유의지』 5, 10-8, 20)

9. 예정설

이 주제를 다루는 데 있어 정확하게 지적해야 할 것이 있다. 은총에 대한 아우구스티누스의 전체 가르침 안에서 예정이라는 논거는, 종종 많은 이들이 아우구스티누스에게 부여한 위치를 갖고 있지 않다는 점이다. 사실 아우구스티누스가 제시한 많은 논거들 중 이 주제만큼 논쟁을 불러일으킨 것도 없다. 또한 많은 이들이 이를 예정설적 의미로 해석하기도 하였다. 하지만 분명 이것은 틀린 해석이다. 아우구스티누스의 사상을 올바로 이해하기 위해서는 후대의 논쟁을 생각하지 말고 그의 본문에 철저히 머물러야 한다. 이 주제는 근본적인 것도 아니고 본질적인 것도 아니다. 더욱이 가톨릭교회가 펠라기우스주의자들을 거슬러 옹호하고 있다고 아우구스티누스가 전하는 세 가지 근본적인 진리들 안에도 이 문제가 나타나지 않는다. "펠라기우스주의자들이 원죄를 부정하지 않도록, 그리고 우리를 의화시키는 하느님의 은총이 무상으로가 아니라 우리의 공적으로 주어진다고 말하지 않도록, 또한 비록 거룩하며 훌륭히 행동하지만 사멸할 인간 안에서 재생의 목욕 후에 이 삶을 살 때까지 죄의 사함이 필요하지 않을 정도로 많은 은총이 있을 수 있다고 말하지 않도록 하기 위해 이러한 증언 그리고 이와 유사한 증언들로써 혹은 진리의 목소리를 통해 강요된다."(『펠라기우스파 두 서간 반박』 3, 8, 24)

결국 아우구스티누스가 펠라기우스주의자들을 거슬러 온 힘을 다해 옹호하고자 한 진리는 은총의 절대적 무상성이다. 곧 믿음, 의화, 끝까지 항구함 그리고 영원한 삶은 하느님의 선물이라는 것이다. 아우구스티누스는 은총의 무상성을 옹호하면서 예정(praedestinatio)이라는 주제를 심화하게 되었다.

1) 근본적인 전제들

무엇보다 두 가지 근본적인 전제들이 있다. 이 전제가 없다면 예정에 대한 아우구스티누스의 참된 생각을 이해할 수 없다. 첫 번째는 하느님의 예지와 예정을 구분하는 것이고, 두 번째는 하느님이 행하는 것과 행하지 않고 허용하는 것 사이의 구분이다.

우선 하느님의 예지와 예정 사이의 구분을 보자. 아우구스티누스는 보편적 원리를 제시하는데, 이에 따르면 하느님은 "천지만물의 창조주이며 질서를 세우시는 분이지만, 죄악만을 다스리는 분"(ordinator et creator rerum omnium naturalium, peccatorum autem tantum ordinator)이다.(『고백록』 1, 10, 16) 따라서 하느님은 부정한 것을 단죄할 수 있지만,

야기할 수는 없다.(『서한』 194, 6, 30) 곧 하느님의 예지는 미리 알고 있지만, 죄인을 만드는 것이 아니다. "예정은 예지 없이 존재할 수 없다. 반면 예지는 예정 없이도 존재할 수 있다. 예정으로써 하느님은 자기 자신이 앞으로 할 것을 예견하였다. (…) 하지만 그분은 모든 종류의 죄와 같이 자기 자신이 하지 않을 것도 미리 알 수 있다."(『성도들의 예정』 10, 19) 결국 예정에는 은총의 선사와 같이 하느님이 행할 것이 속해 있는 것이고, 죄와 같이 하느님이 행하지 않는 것은 예지에만 속하는 것이다.(『영혼과 그의 기원』 1, 7, 7)

예지와 예정의 구분에 또 다른 구분이 첨가된다. 곧 하느님의 활동과 용인 사이의 구분이다. 곧 악은 존재한다. 이는 하느님이 용인한 것이다. 만일 하느님이 악을 용인하지 않는다면, 존재하지 않을 것이다. 이러한 용인의 이유는 깊은 신비 속에 감추어져 있지만, 하느님이 허용하지 않는다면 악이 존재하지 않을 것이라는 점을 부정할 수 없다. 여기서 "일어나도록 용인하거나 그분 자신이 수행하는 것이든지 전능하신 분이 원하지 않는 것은 아무것도 일어나지 않는다."(Non fit aliquid nisi Omnipotens fieri velit, vel sinendo ut fiat vel ipse faciendo)라는 대 원리가 나온다. 이 원리에 아우구스티누스의 모든 가르침을 횡단하는 또 다른 원리가 첨가된다. "하느님은 지극히 당연하게 진리가 나무라는 불의함을 단죄할 수 있지만, 그러한 불의함을 행할 수는 없다."(『서한』 194, 6, 30) 이 두 원리의 결과는 다음과 같은 것이다. "하느님은 악하게 되는 모든 것이 일어나는 것을 용인하면서도 선하게 행동하신다는 것을 의심할 수 없다." 다음의 이유 때문이다. "하느님은 의로운 심판을 위해서만 악을 용인하며, 의심의 여지 없이 의로운 모든 것은 선한 것이다."(『믿음 희망 사랑의 길잡이』 24, 96) 결국 악을 용인하는 이유는 다른 것이 아니라 악에서도 선을 뽑아낼 수 있는 하느님의 전능과 선함에 있는 것이다.

2) 위대한 신비인 예정

결국 예정은 심오한 신비이다. 아우구스티누스는 이 측면을 주교직 초기부터 강조하는데, 처음으로 이 문제를 다룬 것은 『심플리키아누스에게』이다. 로마서 9장 10-29절 본문에 대한 설명을 마치면서 그는 하느님의 선택은 감추어져 있으며 바오로의 회심에서 명확하게 드러나는 것처럼 인간의 공적에서 어떠한 이유도 찾을 수 없다고 지적한 후에 다음과 같이 말한다. "그렇다면 우리가 무엇을 말할 수 있을까요? 원하시는 이에게서 요구하시고 원하시는 이에게 선사하시는 하느님 쪽이 불의하시다는 것입니까? 그분은 어떤 방식이든 당연한 것이 아니라면 요구하시지 않으며, 당신의 것이 아닌 것을 어떠한 방식이든 주시지 않습니다."(『심플리키아누스에게』 1, 2, 22)

더욱이 이 신비는 운명적인 것도 아니고, 편파적인 것도 아니며, 행운에 의존하는 것도 아니다. 오히려 구원의 무상적 선물 위에 세워진 예정은 하느님의 지혜에 속한 것이며, 하느님의 자유로운 선사이고, 섭리에 의한 것이다. 또한 하느님의 자비와 정의의 신비이다. 따라서 "오! 하느님의 풍요와 지혜와 지식은 정녕 깊습니다. 그분의 판단은 얼마나 헤아리기 어렵고 그분의 길은 얼마나 알아내기 어렵습니까?"라고 사도 바오로가 로마서 11장 33절에서 말하는 것처럼 하느님의 계획은 파악할 수 없는 것이다. 결국 예정이라는 신비는 두 가지로 표현된다. 하나는 '선택된 이들에 대한 하느님의 무상적 사랑'이요, 다른 하나는 '모든 사람을 향한 하느님의 사랑'이다.

3) 선택된 이들에 대한 하느님의 사랑

예정의 무상성과 그의 결과인 선택된 이들에 대한 하느님의 사랑은 은총의 무상성에 근거한다. 왜냐하면 다음의 이유 때문이다. "은총과 예정에서 상이함은 오직 이것뿐이다. 예정은 은총의 준비이며, 은총은 선물 자체이다." 또는 "예정의 결과"인 것이다.(『성도들의 예정』 10, 19) 사실 아우구스티누스의 정의에 따르면, 예정은 "해방된 모든 이들이 참으로 해방되게 해주는 하느님의 호의에 대한 예지(豫知)와 준비"(praescientia et praeparatio beneficiorum Dei, quibus certissime liberantur, quicumque liberantur)이다.(『항구함의 은사』 14, 35) 이 정의에서 무엇보다 아우구스티누스는 인간들에게 있어 구원은 해방, 곧 사람들을 괴롭히는 모든 악에서의 해방을 염두에 두고 있다. 달리 말하면, 그리스도인의 자유인 것이다. 그렇기에 그리스도는 영혼들을 해방시키는 보편적인 길이다. 더욱이 이 해방은 매우 확실한 것이다. 이는 예정된 이들이 결코 멸망에 빠지지 않을 것임을 드러내는 것이다. 아우구스티누스가 "예정의 불변의 진리"라고 부르는 이 확실함은(『훈계와 은총』 9, 23) 결코 실패할 수 없는 하느님의 계획과 같은 신학적 이유에만 연결된 것이 아니다. "아버지께서 나에게 주시는 사람은 모두 나에게 올 것이고, 나에게 오는 사람을 나는 물리치지 않을 것이다.

(… 나를 보내신 분의 뜻은, 그분께서 나에게 주신 사람을 하나도 잃지 않고 마지막 날에 다시 살리는 것이다."라는 요한 6장 37절과 39절의 말씀과 같은 성서적 배경에도 연결된 것이다. 그렇기에 아우구스티누스는 그리스도를 "지극히 빛나는 예정과 은총의 빛"(praeclarum lumen praedestinations et gratiae)으로 제시한다.)(『성도들의 예정』 15, 30)

더욱이 이러한 측면은 교회론적 측면으로 연결된다. 곧 그리스도는 육화로 은총이 샘이 되었으며 동시에 교회의 머리인 '온전한 그리스도'(Totus Christus)가 되었다는 것이다. 그렇기에 인간 그리스도를 하느님의 아드님으로 만들었던 같은 은총이 우리를 그리스도인으로 만든다는 결론이 나온다. 바로 이것이 성도들의 예정인 것이다. "하느님은 분명 예지를 통해 이러한 일들을 수행할 것임을 알고 있었다. 따라서 이것은 성도들의 예정으로, 성도들의 거룩한 분 안에서 가장 높은 단계로 나타났다."(『성도들의 예정』 15, 31) 따라서 우리의 예정은 우리와 불가분의 관계에 있는 그리스도와 관련하여 보아야만 한다. 곧 하느님은 그리스도와 우리를 함께 예정하였다.

4) 모든 사람을 향한 하느님의 사랑

이 측면은 구원의 보편성을 드러내며, 모든 시대의 예정설 주장자들을 반대하는 것이다. 무엇보다 아우구스티누스는 인간들에 대한 하느님의 사랑의 최고의 증언인 그리스도가 모든 이들, 사실상 구원되지 못하는 이들을 위해서도 죽으셨다는 것을 강조하였다. 이러한 구원의 보편성은 원죄의 보편성과 연결된다. 사도 바오로가 코린토 2

서 5장 14절에서 강조하듯이 말이다. "한 분께서 모든 사람을 위하여 돌아가셨고 그리하여 결국 모든 사람이 죽은 것이다." 따라서 하느님은 모든 이들의 아버지이며 모든 이가 구원에 도달하기를 원한다.

따라서 아우구스티누스는 하느님의 정의는 잘못을 저지른 벌이 없는 것을 요구한다고 주장한다. "하느님은 선한 분이며, 하느님은 의로운 분이다. 선한 분이기 때문에 공덕 없는 이들을 해방시킬 수 있다. 의로운 분이기 때문에 과실 없는 이는 아무도 단죄할 수 없다."(『율리아누스 반박』 3, 18, 36) 그렇기에 '일부 사람들이 구원된다는 것은 그들을 구원하는 이의 선물이며, 일부 사람들이 멸한다는 것은 사멸하는 이의 공적이다.'라고 키에르시(Quiercy) 교회회의는 아우구스티누스의 참된 생각을 대변하여 말한다.

5) 예정의 신비의 전제 조건

예정의 무상성에 관한 아우구스티누스의 가르침은 세 가지 전제 조건에 의해 지배되고 있음을 기억할 필요가 있다. 첫 번째는 해석학적 전제 조건으로 성 바오로의 해석에 의존한다. 두 번째는 종말론적 전제로, 상이하고도 영원한 두 도성의 종국이다. 세 번째는 신학적-형이상학적 전제로, 원하지 않는 이를 신적 행위의 권능이 구원할 수 없다면 그 사람의 자유를 침해하지 않으면서도 구원할 수 있다. 무엇보다 이 원칙들, 특별히 마지막 원칙에 의거하여 아우구스티누스는 티모테오 1서 2장 4절("하느님께서는 모든 사람이 구원을 받고 진리를 깨닫게 되기를 원하십니다.")을 해석하면서 이 신비의 가장 심오한 측면을 제시한다. 사실 하느님은 비록 완고하지만 어떠한 마음도 거부하지 않는 은총을 항상 갖고 계신다. 마음의 완고함을 제거하기 위해 주어지기 때문이다.(『성도들의 예정』 8, 13) 여기서 한 가지 질문이 등장한다. '왜 하느님은 이 은총을 모든 이를 위해 사용하지 않으며, 일부 사람들이 멸망하는 것을 허용하는가?' 이는 아우구스티누스를 고통스럽게 만든 질문으로, 그는 어떻게 답변해야 할 지 모른다고 고백한다. 은총은 불의할 수 없으며, 의로움은 잔혹할 수 없다는 것만 반복한다.

결국 아우구스티누스는 예정의 신비에 대해 세 가지 진리를 제시한다. 첫 번째는 그리스도의 구원의 보편성에도 불구하고 모든 사람이 구원되는 것은 아니라는 점이다. 두 번째는 하느님은 원한다면 모든 이의 자유를 존중하면서 구원하실 수 있다는 것이다. 세 번째는 구원되는 이들은 파악할 수 없는 하느님의 선택의 결과라는 것이다.

6) 예정과 사목 활동

예정이라는 신비 자체의 사목적 의미를 배제할 수 없다. 이는 그리스도인으로 하여금 과장과 절망이라는 구원에서의 두 반대되는 암초를 피하도록 도와주며, "우리가 모든 것에 있어 하느님께 온전히 맡긴다면, 보다 안전하게 살게 된다."고 『항구함의 은사』 6, 12에서 언급하듯 겸손과 신뢰를 증가시킨다. 또한 기도와 행동으로 초대한다.(『요한복음 강해』 26, 2; 22, 59) 곧 자신의 회심을 위한 기도요, 항구함을 위한 기도이다. 이 항구함의 관점에서 아우구스티누스는 주님의 기도를 해석한다. 이러한 항구함은 그리스도인의 희망과 연결된다.

10. 도나투스주의

도나투스주의는 4세기 말 가톨릭교회에 반대되는 그리스도교로 분명하게 정의되었음에도 불구하고, 그리스도교 안에서 큰 성공을 거둔 운동 중의 하나임은 분명하다. 도나투스주의에 대한 평가는 다양하다. 핀케를레(Pincherle)에 따르면, 도나투스주의는 다양한 요인들이 섞여 있는 종교적 문제로, 특수한 사회적 조건 안에 삽입된 아프리카의 종교적 심성의 선택이다.[91] 프렌드(Frend)는 종교적 요구, 곧 완전성과 순수함의 요구의 결과요 동시에 로마제국의 통치라는 상황에서 발견되는 종교적 현상으로 도나투스주의를 간주한다.[92] 브리송(Brisson)은 도나투스주의를 정치·사회적 현상으로 강조하고 종교적 요소를 부수적인 것으로 본다.[93]

1) 도나투스주의 역사

디오클레티아누스(Diocletianus) 박해는 도나투스주의의 직접적인 원인으로 작용한다. 303-305년 동안 디오클레티아누스 황제(284-305)는 여러 칙령을 통해 박해를 가한다. 303년 2월 23일 반포한 첫 번째 칙령을 통해 황제는 모든 교회의 파괴를 명령하고 성경과 전례

---

91 A. Pincherle, *Il donatismo*, Roma, 1960.
92 W.H.C. Frend, *The Donatist Church*, Oxford 19522, 1971.
93 J.-P. Brisson, *Autonomisme et Christianisme dans l'Afrique romaine*, Paris, 1958.

서와 같은 거룩한 책들을 인도하고 불살라 버릴 것을 요구하고, 종교 집회를 금지한다. 모든 그리스도인 공무원은 해임되었고 제국의 공민권을 신자들에게서 박탈하였다. 또한 같은 해 두 번째 칙령을 반포하여 성직자 탄압을 강화하였다. 하지만 많은 수의 성직자들을 수용할 만큼 감옥이 크지 못했기 때문에 가을에 가서는 제사를 드리는 조건으로 사면이 부여되었다. 이어서 반포된 세 번째 칙령은 모든 성직자는 로마 신에게 제사를 드려야 하고 이를 거부하면 사형에 처하도록 하였다. 304년 봄의 네 번째 칙령은 전국적으로 제국을 보호하는 신에게 엄격한 제헌을 강요하는 내용을 담고 있었다.

박해가 끝나자 데치우스(Decius) 황제(249-251)의 박해 후에 카르타고에 생긴 일이 나타났다. 모든 그리스도인이 순교자가 된 것은 아니었고, 신앙을 저버린 이들도 있었다. 치프리아누스 시절에는 '배교자'(lapsi)가 있었지만, 디오클레티아누스 박해가 끝난 후에는 '거룩한 책을 넘겨준 이들'이란 뜻의 '배반자'(traditores)가 생겨난 것이다. 바로 여기에서 아프리카 공동체들에게 벌어진 가장 무거운 결과를 볼 수 있다. 또한 데치우스 박해 후에 생긴 것과 동일한 문제가 발생한다. '자신의 잘못을 통회하는 배반자들을 교회에 다시 받아들일 수 있는가?' 이 문제는 세례 후에 죄의 사함을 받을 수 있는가 하는 것이다. 곧 교회가 모든 죄를 용서해줄 수 있는가 하는 점이다. 결국 문제의 핵심은 '교회는 누구인가 혹은 무엇인가'이다. 여기서 우리는 교회론의 첫 논쟁점을 볼 수 있다. 만약 교회가 사회적 구조라고 한다면, 규정을 부여해야 한다. 만약 교회가 누구인지 묻는다면, 지상 생활 동안 모든 죄를 용서해주신 그리스도를 머리로 하는 신비체라는 바오로의 표상을 채택해야 한다. 이러한 의미에서 우리는 다음의 질문을 하게 된다. 자신의 신비체인 교회를 통해 역사 안에 계속 계시는 온전한 그리스도(Totus Christus)는 교회의 모든 구성원을 자신과 일치시킨다. 그렇기에 순교하지 않기 위해, 곧 그리스도를 고백하지 않기 위해 거룩한 책들을 넘겨준 이들은 머리로부터 분리된 이들이 아닌가? 또한 이들은 교회로부터 항상 분리된 것이 아닌가?

305-306년(혹은 크리크바움(Kriegbaum)에 따르면 308년 이후) 카르타고의 주교 멘수리우스(Mensurius)가 사망한다. 사실 카르타고는 로마 제국 유명한 인물들의 여름 별장이나 겨울 별장이 있을 정도로, 로마와 매우 강하게 연결되어 있는 곳이다. 주교좌가 비어 있는 긴장의 순간, 로마인들은 카르타고의 주교가 친(親) 로마적 인물이기를 바랬다. 이러한 친 로마적 흐름은 당시 카르타고 교회의 대부제인 체칠리아누스(Cecillianus)를 후계자로 선출하였다. 하지만 여러 가지 이유들이 이 선출에 이의를 제기하였다. 우선 체칠리아누스는 그리 알려져 있지 않은 인물이었다. 또한 박해 때 투옥된 증거자들에 대한 그의 엄격함을 비난하였다. 더욱이 그는 영향력 있는 신자인 루칠라(Lucilla)의 신심에 의혹을 제기해 그녀와 반목하고 있었다. 또한 그는 두 인물, 아마도 신부였을 보트루스(Botrus)와 첼레스티우스(Caelestius)의 적대감의 대상이 되었는데, 이들은 카르타고의 주교가 되기를 열망하던 이들로 체칠리아누스를 반대하던 카르타고 교회 원로들과 결합했다.

여기에 카르타고에는 치프리아누스 시절부터 있었던 전통이 추가되었다. 곧 카르타고의 주교는 누미디아의 주교들로부터 선출되어야 하고 축성되어야 한다는 것이다. 급하게 이루어진 선출로 인해 체칠리아누스는 누미디아의 주교들이 참석하지 않은 상태에서 주교로 축성되었다. 누미디아의 수석대주교는 70명의 주교가 참석한 교회회의에서 체칠리아누스를 면직시키면서 부유한 루칠라의 친척인 마요리누스(Maiorinus)를 체칠리아누스의 후계자로 선출하였다. 이는, 체칠리아누스가 (물론 후에 혐의가 없다고 선언되었지만) '배반자'로 고발된 압투니의 펠릭스(Felix Aptungitanus)에 의해 축성되었기에 그의 주교 축성은 무효라는 것이었다. 이러한 일련의 과정은 311-312년에 일어났다. 이제 새로운 문제가 등장한다. '배반자' 주교는 유효하게 성사를 집전할 수 없다는 것이다. 물론 이 문제는 이미 치프리아누스 시절에 발생한 생각을 보다 구체화한 것이라 할 수 있다. 이 생각에 따르면, 주교가 배반(traditio)이나 배교(apostasia)의 죄를 범한다면, 그를 참된 교회에서 추방해야 한다는 것과 참된 교회 밖에는 유효한 성사가 없다는 것이다.

누미디아 수석 대주교의 선포에도 불구하고 여전히 체칠리아누스를 카르타고의 합법적 주교로 여기며 그 의견에 함께하는 성직자들이 있었기에, 카르타고 교회는 양분되었다. 313년 마요리누스가 사망하고 그의 후계자로 도나투스(Donatus, 270?-355?)가 선출된다. 콘스탄티누스 황제가 디오클레티아누스 박해 시절에 교회로부터 약탈한 재산을 그리스도인들에게 돌려주도록 북아프리카 총독에게 명령하였을 때 새로운 문제가 등장한다. '누구에게 약탈한 재산을 돌려주어야 하는가? 도나투스 교회인가 아니면 체칠리아누스 교회인가?' 313년 4월 15일 도나투스는 마요리누스가 한 것처럼 황제에게 아프리카의 참된 그리스도교회가 누구인지 선포할 것을 요구하면서 이 문제를 갈리아의 주교들이 다룰 수 있는 공의회 소집을 청원한다. 하지만 콘스탄티누스는 이 사건을 아프리카 출신의 로마 주교 밀티아데스(Miltiades, 311-314)에게 보낸다. 교황은 313년 10월 2-5일 라치오(Lazio)의 주교들과 로마 시노드를 개최하여 체칠리아누스의 편을 들어 주었다. 도나투스파는 황제에게 상소한다. 도나투스는 로마 시노드에 권력 남용이 있었기에 결정에 어떠한 영향력도 행사하지 못하도록 로마에서 멀리 떨어진 곳에서 아프리카 주교들이 참석하지 않는 새로운 공의회를 개최할 것을 황제에게 요구한다. 황제의 명에 의해 314년 8월 1일 아를에서 열린 공의회에서 갈리아의 주교들 역시 체칠리아누스가 카르타고의 주교임을 확인하였다. 이 시노드는 도나투스를 기쁘게 하기 위해 이단자들이 베푼 세례가 유효하지 않다는 것을 인정하였다. 황제는 316년 11월 10일 체칠리아누스가 카르타고의 주교임을 최종적으로 선포하였다. 하지만 아프리카 교회는 도나투스파 교회의 그리스도인과 가톨릭교회의 그리스도인들로 양분되어 아우구스티누스 시절까지도 지속되었다. 결국 411년 카르타고 대토론회를 끝으로 도나투스파 문제는 해결된다.

2) 도나투스주의의 교회론과 성사론

도나투스주의 교회론의 원천은 무엇보다 치프리아누스이다. 그에게 있어 교회는 주교를 중심으로 모인 믿음을 가진 이들의 공동체이며, 이 공동체 밖에는 성령이 없으며 따라서 구원도 없다. 곧 교회가 구원의 유일한 길이며 도구라는 확신에서 "교회 밖에서는 구원이 없다."(Salus extra Ecclesiam non est)고 그는 주장한다.(『서한』 73, 21) 따라서 도나투스주의자들의 입장에서 보면, 배반자들은 성령을 줄 수 없다는 것이다. 그들이 소유하고 있지 않기 때문이다. 그렇기에 다시 세례를 받아야 한다는 것이다. 이러한 의미에서 그들은 교회를 '닫힌 정원'이요 '봉인된 샘'이라 생각하며, 이에 들어가기 위해 세례가 필요하다고 주장한다.

결국 이들의 생각에는 인간학적 이원론이 있음을 볼 수 있다. 교회 안에 머물고 있는 성도들과 교회 밖에 있는 죄인들이다. 때문에 에페소서 5장 27절에서 말하는("그것은 교회로 하여금 티나 주름이나 그 밖의 어떤 추한 점도 없이 거룩하고 흠없는 아름다운 모습으로 당신 앞에 서게 하시려는 것입니다.") '참된 교회는 주름 없고 흠 없는 교회'라고, 즉 오직 깨끗한 이들과 거룩한 이들로만 구성된 교회라고 본다. 곧 도나투스에 의하면, 이 특별한 시기에 교회는 다수의 거짓 그리스도인들로 둘러싸여 있는 교회는 오직 적은 수의 구원받은 이들이라고 믿고 있는 것이다. 마치, 밀과 가라지의 비유처럼, 밀이 가라지에 의해 숨막힐 위험에 있다는 것이다. 거짓 그리스도인들의 수가 증가되는 것은 아프리카 밖의 교회가 체칠리아누스와 친교를 유지하기 때문이다. 오직 아프리카 교회만이 하느님의 땅이다.

이러한 교회론에서 성사론이 나온다. 성사의 유효성은 공적이나 집전하는 이의 업적을 통해 이루어진다는 것이다. 달리 말하면 집전자의 성덕에 따라 성사의 유효성이 좌우된다는 것이다. 하지만 도나투스파의 근본적 오류는, 오직 외적으로 가시적인 자료에 근거하여 개인이나 교회의 성덕을 검증한다는 것이 불가능하다는 사실을 이해하지 못한 것이다. 사실 교회에 속하여 있다는 다양한 모습이 존재한다. 곧 신앙과 사랑의 일치(성도들), 사랑 없는 신앙의 일치(죄인들), 신앙의 일치 없는 사랑(교회 밖에 있는 의인들) 등이다. 그리고 도나투스파의 또 다른 근본적 오류는 '완전성'의 개념이 항상 '보편성'의 개념보다 더 중요하게 자리하고 있다는 것에서 볼 수 있다. 또한 도나투스파는 순교자들의 교회라고 주장한다. 이는 참된 교회가 박해 받는다는 복음에 기초한 것이다. 그들은 순교를 교회 안에 현존하여 계신 성령의 표징으로 이해한다.

11. 교회론

무엇보다 아우구스티누스는 마니교 논쟁과 도나투스주의 논쟁을 통해 교회의 본성을 심화하였다. 첫 번째 논쟁에서 그는 교회를 역사적 실재요 가신성의 이유로서 탐구하였고, 두 번째 논쟁에서는 그리스도의 신비체요 통교로서 제시하였다. 아우구스티누스는 『세례론』 4, 17, 24에서 치프리아누스의 "교회밖에 구원이 없다."라는 표현을 사용하면서 교회의 영역을 먼저 정의한다. 교회는 동시에 역사적이며 초역사적이고, 가시적이며 비가시적이라는 특성을 갖고 있다.

1) 교회의 차원: 하느님 나라인 교회(Ecclesia-civitas Dei)

아우구스티누스는 『신국론』에서 교부는 하느님 나라와 교회의 관계에 대하여 다음과 같이 분명하게 언급하고 있다. "하느님의 도성인 거룩한 교회"(Civitas Dei, quae est sancta ecclesia), "하느님 도성인 교회"(Ecclesiam, quae civitas Dei est), "하느님의 도성, 곧 그분의 교회"(civitatem Dei, hoc est eius ecclesiam), "그리스도와 그분의 교회, 하느님의 도성"(Christum et eius ecclesiam, quae civitas Dei est), "그리스도와 그의 교회, 즉 왕과 그가 세운 나라"(Christo et eius ecclesia, de rege scilicet et civitate quam condidit) 등이다.

   교회에 대한 아우구스티누스의 사상을 해석하는 데 있어 어려움은 교회 자체의 신비롭고도 복잡한 실재에서, 곧 역사적이면서도 동시에 종말론적인 실재, 교계적이면서도 영적인 실재, 가시적이면서도 비가시적인 실재에서 나온다. 하지만 아우구스티누스는 사도들의 기초 위에 세워진 신자들의 공동체로서 혹은 아벨부터 시작하여 마지막 때까지 세상 안에서 순례하는 의인들의 공동체로서, 혹은 복된 불멸의 삶을 살아가도록 예정된 이들의 공동체로서 생각하며 교회에 대해 말한다. 여기에서 다음과 같은 세 친교가 나온다. 그리스도께서 사도들의 기초 위에 세우신 제도적 실재인 성사들의 친교(communio sacramentorum), 아벨에서부터 세상의 종말까지의 모든 의인들을 결합시키는 영적 실재인 성인들의 통공(communio sanctorum), 축복 받은 이들 즉 구원 받게 된 모든 사람들이 모이는 종말론적 실재, 말하자면 '티나 주름이 없는'(에페 5, 27) 교회인 예정된 이들의 친교(communio praedestinatorum)이다.

(1) 제도적 실재, 성사들의 친교

아우구스티누스는 교회를 그리스도의 영이신 성령에 의해 생명을 받은 그리스도의 몸(Corpus Christi)으로 생각하였다. 성인은 사도 바오로의 사상을 받아들여 교회를 '그리스도의 일치 속에 들어와 있는 사람, 그리스도인 지체들이 이루는 유기체'라고 생각하였으며, 교회 안에 있는 구성원만이 아니라 이 세상의 모든 이가 모여 교회를 이루는 것이라고 한다. 곧 성사는 신앙인으로 들어가는 문이며, 성사를 통해서 모든 백성은 그리스도께로 종속된다.

이러한 성사에 의해 교회는 '온전한 그리스도'(totus Christus)가 된다. 이에 대하여 아우구스티누스는 그의 『강론』 341에서 길게 설명한다. "교회가 신부로서 말을 하고 있는 것은 몸으로서 이며, 신랑으로서 말을 하는 것은 머리로서 입니다. (…) 둘처럼 보이겠지만, 실은 하나입니다. 그렇지 않고서는 우리가 어찌 '그리스도의 지체들'이 되겠습니까? 이것은 바울로가 분명하게 말을 하는 것입니다. '여러분은 그리스도의 몸이고 여러분 하나 하나는 그 지체들입니다.' 우리 다 함께 그리스도의 지체이자 몸입니다. (…) 이 지상에서 살고 간 의인이라면 누구나, 그리고 지금 이 자리만이 아니라 이승에서 살고 있는 사람들 누구나, 또 장차 태어날 사람 누구나가 그리스도의 한 몸을 이루는 것입니다. 각 사람의 몸이 한 지체가 됩니다. 모두가 한 몸을 이룬다면 각 사람은 하나의 지체입니다. 그리스도는 머리가 되시고 그 머리에 몸 전체가 속합니다."

이렇게 성사들의 친교로 이해되는 교회는 역사적, 제도적 공동체의 의미로 나아간다. 교회는 생명을 주는 측면에서 내적인 실재와 외적인 실재, 곧 역사적인 실재를 지닌다. 내적인 차원은 반드시 외적인 차원과 같지 않다. 내적인 차원은 모든 의인을 포함하나, 외적인 차원은 인간적인 요인을 가지고 있다. 그러므로 교회에는 안과 밖이 있다. 교부는 지상의 순례하는 하느님 도성과 천상의 영화로운 도성의 구분, 하느님의 도성 안에서 성사의 친교와 성인들의 친교를 구분하면서 선인과 악인의 공존하는 교회는 안팎의 구분이 유동적이라는 사실을 말하고 있다. "그와는 반대로 하느님의 도성이 세상에 순례하고 있는 한, 하느님의 도성은 성사의 유대로 자기에게 결합되어 있지만 성도들의 영원한 운명을 함께하지 못할 사람들도 거느리고 있음을 기억해 둘 것이다. 이런 사람들은 일부는 숨겨져 있고, 일부는 드러나기도 하는데 하느님의 성사를 받으면서도 자기네 원수들과 한패가 되어 하느님을 거슬러 불만을 토하고, 때로는 그들과 함께 극장에 가 있는가 하면 때로는 우리와 함께 성당에 와 있기도 한다."

이렇게 역사 안에 존재하는 교회는 선인과 악인이 섞여 있으며 이것은 장차올 영광을 마련하는 것이다. "그러므로 이 사악한 세대, 이 악한 세월에 처한 교회는 현재의 비천함을 통해 장차 올 영광을 마련하는 중이다. 두려운 충격과 고통의 형극과 번거로운 수고와 위험한 유혹을 거쳐 가면서 가르침을 받는 중이다. 교회가 건전한 기쁨을 가진다면 오로지 희망에 근거해서 기뻐할 따름이다. (…) 그 가운데 한 명은 악을 선하게 이용하고 당신 수난의 계획을 성취하고 악인들에 대해 참고 견디는 본보기를 당신 교회에 제공하려는 뜻에서 당신 곁에 두셨다."

아우구스티누스는 이러한 교회 모습에 대하여 "밀과 가라지가 함께 자라는 밭의 비유"(마르 13, 24-30. 36-43)와 "먹을 수 있는 고기와 그렇지 못한 고기가 한데 걸린 그물의 비유(마르 13, 47-50)를 통해 설명한다. 교회에 속한 선인과 악인에 대하여 누가 판단할 수 있는가에 대하여, 판단에 맡겨진 것은 아무것도 없으며 단지 만사가 '사랑'에 맡겨져 있다고 한다.

이 외에도 교부는 그의 저서에서 교회의 조직 구성이나 성사에 대해서, 교황의 수위권에 대해서도 언급하고 있으며, 분명하게 '공동체적인 표현'을 사용하여 이 모든 것을 인정하고 있다. 그러므로 성사는 보이지 않는 하느님의 은총을 역사 안에서 드러나게 하는 하느님의 거룩한 일이기 때문에 교회는 하느님의 성사가 된다. 이 성사 거행은 바로 하느님 나라를 가리키는 가시적인 사인이고 상징이다. 교부는 사도 바오로의 갈라티아서 4장 21절부터 5장 1절을 주석하면서 다음과 같이 말한다. "실로 이 세상에서 필요로 하는 한, 이 도성에 대한 상징과 예시하는 이미지가 주어졌다. 이 상징과 이미지는 그 도성을 현존케 하는 것이라기보다 그 도성이 존재한다는 것을 사람들에게 상기시켜주려고 사용되는 것이다. 이 이미지는 그 자체가 실체가 아니지만, 미래의 도성을 상기시켜주기에 거룩한 도성이라 부를 수 있다."

(2) 영적 실재, 성인들의 친교

아우구스티누스의 『신국론』에서 나타나는 두 도성은 무엇보다도 영적인 실재로 이해되었는데, '하나는 하느님에게 속하고 다른 하나는 악마에 속한 것'으로 이해할 수 있다. 이런 맥락에서 영적 실재로서의 교회를 정의하면 '천사의 창조로 시작해서 미래에 영원한 왕국으로 회복될 하느님 나라의 통치'로 이해할 수 있겠다. 이 교회는 인류 창조 이후로부터 이 세상의 종말까지, 그리고 종말 이후의 모든 구원받은 성도들로 구성된 비가시적 영적 공동체를 의미한다고 할 수 있다. 따라서 교회는 모든 성인의 친교를 이루는 영적 공동체이다. 교부는 이에 대하여 『신국론』에서 다음과 같이 말한다. "이렇게 교회는 이 세상, 이 악한 세월에서 나그넷길을 가고 있다. 그리스도와 그분의 사도들이 살아 현존하던 시기뿐 아니라 아벨, 즉 첫 의인을 불경스런 형이 때려죽인 아벨의 시대부터" 또한 그는 『강론』 4에서도 다음과 같이 표현한다. "이제 교회의 형제들은 주님의 탄생과 재림 이후에 있을 성인들뿐 아니라 같은 교회 안에 속해 있었던 모든 성인에 대해서도 생각해야 한다. 교회는 우리의 조상인 아브라함이 동정으로 태어나신 그리스도 이전에 살았기에 교회에 속해 있지 않다고 이야기 할 수 없으며, 우리는 그리스도의 수난에 의해 긴 시간이 지난 후에 그리스도인이 되었다. 사도들이 갈라 3, 7에서 말한 것처럼, 우리는 아브라함의 믿음을 본받음으로써 아브라함의 후손들이다."

교회는 아벨의 때부터 종말을 향해 전진해 나가고 있으며, 그리스도의 육화로 그 역사적인 모습을 드러낸 것이다. 즉, 그리스도 이후에 구성되고 세상에 나타나면서부터 교회가 시작된 것이 아니라 창조의 시간, 아벨의 때부터 교회의 여정은 시작되고 진행하고 있으며 이것은 그리스도를 통해 세상에 드러난 것이다. 그러므로 현세의 교회 안에 있는 사람들만이 하느님 도성에서 종말에 만나는 것이 아니며 그리스도 이전, 소위 구약의 성도들과 예언자들 또한 하느님 나라에서 함께 친교를 나눌 것이다.

이러한 구약의 모든 성인과의 친교에 있는 교회의 모습에 대하여 아우구스티누스는 "교회는 하느님께서 구원을 주시기 위한 유일한 기관이며, 구약의 많은 예언은 바로 그리스도와 교회를 예언한 것"이었음을 논증한다. 아우구스티누스는 시편 96장 1절을 인용하면서, 주님께 찬양을 하는 것은 '바빌론 포로 후 하느님의 교회인 거룩한 도성이 온 세상에서 주님에게 세워질 때'라고 말하며, 노아의 방주는 이 세상의 나그네로 있는 천상의 도성, 즉 교회를 상징한다고 말한다. 또한 노아의 아들들은 예언적 의미로 교회와 그리스도를 지시하고 있다고 언급한다. 그렇기에 아우구스티누스는 다음과 같이 확신한다. "인류의 시초부터 이 도성에 대한 예고가 없었던 적이 없고, 모든 일을 통해 그 예고가 성취되고 있음을 오늘날 우리는 목격하고 있다."

그러므로 교회는 그리스도 이후에 갑자기 나타난, 오직 그리스도를 통해서만 규정되는 공동체가 아니다. 교회는 세상 창조 때부터 계획하신 하느님의 섭리 안에서 역사를 계속하고 있다. 그리고 우리는 세상 창조 때부터 하느님 백성으로 받아들여진 성인들과 친교를 이루며 교회 안에 그 모습이 있다. 이러한 교회는 하느님께 혹은 그리스도에게 속한 이들의 집단(de Christo et possessione eius ecclesia)으로 정의되면서 영적 실재성이 부여된다.

(3) 종말론적 실재: 예정된 이들의 친교

아우구스티누스에 의하면 교회는 시간의 질서 속에 속하지만, 하느님의 구원역사에 있어서 특별한 위치에 있다. 이 특별한 위치에 있는 교회는 종말론적 실재로서 하느님 나라임을 드러낸다. 즉, 교회는 현재와 미래 사이의 긴장 속에서 그 완성을 기다리는 종말론적 긴장 안에 있다고 할 수 있다. "그러므로 저 두 도성은 이 세상에서는 경계가 애매하며, 최후심판으로 양편이 갈라지기까지는 서로 뒤섞여 있다." 또한 "이 두 도시는 그들의 순례 동안에 이 세상에 섞여 마지막 심판으로 분리될 때까지 함께 있다. 한 도시는 선한 천사들과 함께 하여 그 도시의 왕이 있는 영원한 생명에 도달한다. 반면 다른 도시는 악한 천사들과 함께 하여 그 도시의 왕과 함께 영원한 불 속으로 던져진다."

하느님의 천상도성이 현세에서는 악인들과 함께 하고 있음을 설명하면서 교부는 신중을 기해 하늘나라와 교회를 동일시한다. "하늘나라"도 선인과 악인이 혼재하는 나라가 다르고 선인만 남는 나라가 다르듯이 "인간의 두 종류가 다 있는 곳이라면 교회는 교회로되 지금 있는 그대로의 교회이다.(Ecclesia est, qualis nunc est) 그런가 하면 한 종류만 있는 곳, 그 안에 악인이 존재하지 않을 곳이라면 교회는 교회로되 장차 있을 그대로의 교회다.(Ecclesia est, qualis tunc erit)"라는 중간 논변을 거쳐서, 드디어 "따라서 지금도 교회는 그리스도의 나라이며 하늘나라다."(Ergo et nunc Ecclesia regnum Christi est regnumque caelorum)라는 단언에 이른다.

그러므로 천상교회를 향하는 현세교회는 '그 여정 안에 모든 민족을 불러모아 모든 언어를 사용하는 순례자 집단을 이루며', 모든 구조는 천상교회에 이르는 영적 목적을 가지고 있다. 곧 현세 안에 존재하며 하느님 나라인 교회는 종말의 천상 도성을 향해 순례하는 교회이다. 악한 이들도 함께 존재하는 이 현세교회의 여정에 대하여 교부는 묵시록이 전하는 말을 인용하여 이야기한다. "저 묵시록에서는 아직 전쟁 중에 있는 이 나라에 관해서, 그러니까 아직까지도 적과 충돌하는 나라에 관해 언급한다. 거기서는 악습이 반항을 하면 때로는 그 악습과 다투고, 악습이 때때로 항복하면 그것을 통치하는 가운데 충돌이 계속된다, 적이 없어서 더는 싸움이 없는 저 평온하기 이를 데 없는 나라가 오기까지."

이렇게 도달하게 되는 천상도성은 평화로 가득 찬 곳이다. 이 세상에 있는 두 도성의 사람들은 그 나름의 평화 속에 살고 싶어하며 기대하던 바를 획득하는 한 그 나름의 평화 속에서 살아가는 사람들의 도성이다. "천상 평화야말로 진정한 평화라 할 수 있으며 이성적 피조물은 천상 평화만을 평화로 여기고 평화라 불러야 마땅하리라. 다시 말해 하느님을 향유하고 하느님 안에서 서로 향유하는 더할 나위 없이 질서 있고 완전히 화합된 사회적 결속이다."

이 천상도성의 완전한 사회적 결속은 평화로 이루어지며, 평화로 나타난다. 예루살렘은 '평화의 상징'이며, 특별한 지상의 도시이다. 예루살렘이 의미하는 바는 희망으로 구원하는 우리의 천상 어머니이다. "하느님 자신이 살고 계시는 시온은 '바라봄'을 뜻하며, 예루살렘이 아직 완성되지 않은 교회의 모습을 가지고 있듯이, 지금의 교회 모습을 가지고 있다. 그곳은 천상의 삶을 즐기는 성도들의 도시이다. 왜냐하면 예루살렘은 '평화를 봄'을 의미한다. '바라본다'는 것은 '보는 것'을 앞선다. 마치 교회가 언약에 의해 다른 교회들 보다 불멸하고 영원한 도시로 나아가는 것처럼 그렇다. 그러나 그것은 거룩하지 않은 현세에서 진행되고 있다. 왜냐하면 우리가 도달하기 위해 분투하는 목적은 그것에 도달하는 공로를 얻는 것 보다 많은 가치가 있기 때문이다."

현세의 교회 안에 살고 있는 우리들은 아직 보지 못하는 동안에 두려워 하면서도 보게 될 것이며 기뻐하게 될 것이다. 이러한 사실에 대한 믿음에 대하여 교부는 말한다. "만약 네가 큰 확신에 가득 차 미래의 희망을 기다리고 있다면, 또 하느님과 함께 하는 평화에 있게 된다면 너는 너 자신이 시온에 있고 예루살렘에 있음을 깨닫게 될 것이다." 그러므로 교부는 천상도성에서 하느님과 함께 누리는 평화에 대하여 다음과 같이 결론 내릴 수 있다. "우리의 고유한 평화를 여기서는 신앙을 통해 하느님과 맺고 있지만, 저 때에는 눈에 보이는 형상을 통해 하느님과 함께 영원히 누리게 될 것이다."

2) 교회: 그리스도를 머리로 하는 신비체
– 온전한 그리스도(Totus Christus)

그리스도의 신비체라는 바오로의 표상은 교회의 공동체적 측면을 묘사하고 무엇보다 그리스도께 결속되어 있음의 깊이를 드러낸다. 아우구스티누스는 그리스도 몸의 지체들의 다양성과 연대성을 드러내고 있는 것이다.

교회와 그리스도의 결합을 아우구스티누스는 '온전한 그리스도'라는 표현을 통해 분명하게 제시한다. 곧 Christus-Caput과 Ecclesiacorpus는 다음의 것을 형성한다. '하나의 것'(unum),[94] '하나의 영혼'(una anima),[95] '온전한 인간'(totus homo),[96] '한 사람'(unus homo),[97] '한 인간'(unus vir),[98] '완전한 인간'(vir perfectus),[99] '온전한 인간'(integer vir),[100] '한 위격'(una persona),[101] '단일한 의인'(unus iustus),[102] '한 분이신 그리스도'(unus Christus),[103] '그리스도의 충만함'(plenitudo Christi),[104] '온전한 그리스도'(Christus integer),[105] '한 분이신 하느님의 아드님'(unus Filius Dei)[106] 등이다. 이와 같이 '온전한 그리스도'(Totus Christus)에 관련된 표현들에서 교회의 '그리스도화'(cristificazione)라는 것이 등장한다. "머리에 일치한 우리 모두는 그리스도입니다."(『시편 상해』 30, II, s.1, 4)

3) 그리스도의 정배인 교회(Ecclesia-sponsa Christi)

그리스도를 머리로 갖고 있는 몸인 교회라는 표상은 그리스도

---

94 『요한복음 강해』 107, 5.
95 『시편 상해』 103, s.2, 2.
96 『시편 상해』 69, 3.
97 『요한복음 강해』 7, 1.
98 『시편 상해』 64, 7.
99 『신국론』 22, 18.
100 『시편 상해』 58, s.1, 2.
101 『시편 상해』 30, II, s.1, 4.
102 『시편 상해』 63, 17.
103 『강론』 91, 7, 8.
104 『요한복음 강해』 21, 8.
105 『시편 상해』 88, s.1, 5.
106 『요한서한 강해』 10, 3.

와 교회의 혼인이라는 주제와 연결된다. 곧 Christus-sponsus와 Ecclesia-sponsa는 '단일한 육 안에 있는 두 실재'(duo in carne una)이며107 '단일한 목소리'(una vox)를108 가지고 있는 '그리스도의 신성이 아닌 육에 따른 단일한 인간'(unus homo, secundum carnem Christi, non secundum divinitatem)을 이룬다.109

새 아담의 늑방에서 나온 교회는 새 하와이지만 그리스도와 교회의 혼배는 말씀과 인성과의 결합의 연장으로 제시된다. 하느님의 말씀을 신방처럼 마리아의 태중으로 이끌어 육을 취하고 교회와 일치하게 한 것도 같은 운동이었다. 그리스도와 교회의 결혼은 일치의 사상을 드러내지만 상호 간의 사랑 혹은 이타성의 사상도 포함하고 있다.

4) 어머니요 동정녀인 교회(Ecclesia Mater et Virgo)

그리스도의 정배로서 정숙하고도 풍요로운 교회는 어머니가 된다. 아우구스티누스는 2세기까지 올라가며 이미 아프리카에서 잘 알려져 있던 '어머니인 교회'라는 표현을 애호하였다. 이 표현을 아우구스티누스의 작품 안에서 100여 번 이상 발견하는데, 특별히 강론에 나타난다.

---

107 『파우스투스 반박』 12, 39; 22, 38;『요한서한 강해』 1, 2;『시편 상해』 74, 4; 101, s.1, 2; 140, 3; 142, 3;『강론』 91, 7, 8.
108 『서한』 140, 18;『시편 상해』 30, II, s.1, 4; 34, s.2, 1; 40, 1; 61, 4; 62, 2; 101, s.1, 2; 138, 21; 142, 3;『강론』 129, 3, 4.
109 『강론』 91, 7, 8.

"지극히 참된 그리스도인들의 어머니"(mater christianorum verissima, 『가톨릭교회의 관습과 마니교도의 관습』 1, 62)인 교회는 "성도들의 결속"(societas sanctorum)이기에 신자들의 어머니이다. 어머니인 교회의 역할은 무엇보다 새 신자들을 탄생하는 것이다. 이 외에도 새 입교자들을 양육하는 역할도 갖고 있기에, 모든 이가 교회의 품 안에서 위로와 안전함을 얻게 된다. 교회의 자녀들은 자신들의 본성상의 어머니에게 하는 것보다 더 큰 사랑으로 교회를 사랑해야 한다. 한 어머니에게서 태어난 자녀들이 형제자매라고 불리듯, 아우구스티누스는 도나투스주의자들을 교회의 자녀라고 부르는 데 주저하지 않는다. 비록 그들이 "나쁜 형제들"(mali fratres), "오류에 빠진 형제들"(errantes fratres)이지만 말이다.

역설적으로 어머니인 교회는 동시에 2코린 11, 2에 나오는 순결한 처녀이다.(『강론』 213, 8) 이 동정성은 무엇보다 그리스도의 업적이며, 이 동정성은 영의 동정이다. 이 영의 동정성은 신앙의 온전함으로 구성되며, 이 온전함은 마음의 곧음과 행동의 올바름을 위해 지성의 동의를 뛰어넘는 것이다.

5) 교회의 영혼인 성령(Spiritus Sanctus anima Ecclesiae)

그리스도와 교회가 사랑의 고리로써 단일한 위격을 형성한다는 사실에서 또 다른 사상이 나온다. 영혼은 육신의 모든 지체에 생명을 주기 때문에 인간 생명 원리가 영혼이듯이,110 성령은 교회 안에서 영혼이 육신의 모든 지체에 하는 것과 같은 역할을 수행한다.111 곧 성령은 그리스도의 몸에 생명을 준다. 이 때문에 온전한 그리스도(totus Christus)의 영혼이요112 "신적 삶과 일치의 원리"라고 불린다.113

그리스도의 몸은 "가시적인 교회, 곧 주님의 몸의 성사를 집전하는 공동체로만 구성된다. 따라서 교회는 현재 하느님의 참된 성전이며, 그분의 제사이고 그분이 살고 있는 집이다."114 사실 예수 그리스도는 새로운 백성과의 계약의 고리로서 성사들을 세우기를 원하였다.115 따라서 생명을 주는 성령의 활동은 구체적으로 그리스도의 성사들을 합법적으로 소유하고 있는 가톨릭교회가 거행하는 성사 안에서 드러난다.

여기서 새로운 문제가 등장한다. 교회 안에 머물고 있는 이만 성령을 소유하며, 교회 밖에 있는 사람은 혹은 교회로부터 떨어져 나간 사람은 성령을 갖지 못한다는 것이다.116 일치의 원수는 사랑의 원수이기 때문이며, 사랑은 성령의 선물이고 성령은 사랑 안에서만 현존하

---

110 『강론』 267, 4.
111 『강론』 267, 4. Cf. A.-M. Poppi, *Lo Spirito Santo e l'unità del Corpo mistico in sant'Agostino*, Roma, 1955, pp. 43-56.
112 『요한복음 강해』 26, 13.
113 V. Carbone, *La inabitazione dello Spirito Santo nelle anime dei giusti secondo la dottrina di S. Agostino*, Città del Vaticano, 1961, p. 91.
114 J. Ratzinger, *Popolo e casa di Dio in sant'Agostino*, Milano, 1971, p. 252
115 『서한』 54, 1, 1.
116 『강론』 268, 2; 『서한』 185, 11, 50. Cf. S.J. Grabowski, *The Church. An introduction to the theology of St. Augustine*, St. Louis, London, 1957, pp. 241-242.

기 때문이다.(『서한』 180, 50) 성령을 갖고 있지 않으면 성령으로 살 수 없기에, 교회 밖에는 생명이 없다고 말할 수 있는 것이다. 곧 지극히 거룩한 일치의 끈이요, 사랑의 지극히 높은 선물인 교회 밖에서는 영원한 생명을 얻을 수 없다.[117] 바로 여기에 교회 안에 머물러 있어야만 하는 이유가 있다. 즉 성령이 확실히 머무는 장소이고,[118] 교회는 하느님께서 영원한 생명에 대한 청원을 들어주시는 확실함이 있는 곳이다.[119] 따라서 신자들은 그리스도의 이름에 대한 유일한 신앙에 확고히 있으면서 한 집에 사는 것이며 유일한 머리의 지체가 되고 유일한 성령으로 생명력을 얻는 것이다.[120] 바로 이것 때문에 그리스도의 몸에서 분리되는 이는 더 이상 그의 지체가 아니며, 그의 지체가 아니라면 그의 성령에 의해 생명력을 가질 수 없는 것이다.[121]

아우구스티누스는 바오로의 코린토 1서 12장의 노선을 따라 그리스도의 몸 안에서의 질서의 일치라는 사상을 다음과 같이 표명한다. "보편적인 교회, 모든 몸, 자신들의 고유한 의무에 따라 배치되고 구분된 모든 지체들은 그리스도를 따라가야만 합니다."(『강론』 96, 7, 9) 영혼이 몸의 모든 지체들에게 생명을 주면서 각자에게 고유한 기능을 부여하듯이, 성령도 교회 안에서 그렇게 한다는 것이다.(『삼위일체론』 15, 19, 34)

---

117 『페틸리아누스 서한 반박』 2, 80, 178.
118 『시편 상해』 41, 9; 98, 4; 『강론』 71, 18, 30; 267, 3.
119 『시편 상해』 130, 1; 131, 13.
120 『강론』 52, 4, 8.
121 『강론』 27, 6.

6) 교회의 특성

아우구스티누스는 교회의 다양한 특성에 대해 주장하는데, 신학이 참된 교회에 부여한 네 가지 특성으로 제시한 콘스탄티노플 공의회 신경의 내용은 나타나지 않는다. "가톨릭교회는 거룩한 교회이며, 하나인 교회이고, 참된 교회이다."(ipsa est ecclesia sancta, ecclesia una, ecclesia vera, ecclesia catholica)라는 표현을 발견할 수 있다. 보편성이 참된 교회의 가장 탁월한 표지로 종종 간주된다면, 일치성의 생각이 이와 긴밀하게 결합되어 있다.

(1) 하나인 교회

그리스도의 교회는 다양한 공동체들, 신자들의 수효 그리고 불화의 존재에도 불구하고 '결합', '연결' 등을 뜻하는 compago 또는 compages라는 용어로 종종 표현되는 깊은 결속을 보존하고 있다. 교회의 일치는 하느님의 일치의 조명 하에서 설명된다. 그러나 보다 직접적으로는 그리스도와 그분의 몸과의 일치, 신랑과 신부의 일치 안에서 자신의 기원을 갖는다. '일치의 뿌리'(radix unitatis, 『시편 상해』 143, 3)라고 불리는 성령이 이러한 교회의 결합을 보증한다. 성령의 활동은 평화의 사상과 결합하는데, 이 평화라는 단어는 종종 '그리스도인의 일치'라는 구체적인 의미를 취한다.(『서한』 204, 2) 더욱이 성령은 신자들을 '한마음 한뜻'(사도 4, 31)으로 만들며, 믿는 이들의 마음 안에 부어 넣어진 사랑이 교회 일치의 끈을 이룬다.(『시편 상해』 30, 2, 2, 1)

또한, 이 일치는 공통된 하나의 믿음 위에, 그리고 성사 위에 세워진다. 여기에서 아우구스티누스는 에페소서 4장 3-6절("성령께서 평화의 끈으로 이루어 주신 일치를 보존하도록 애쓰십시오. 하느님께서 여러분을 부르실 때에 하나의 희망을 주신 것처럼, 그리스도의 몸도 하나이고 성령도 한 분이십니다. 주님도 한 분이시고 믿음도 하나이며 세례도 하나이고, 만물의 아버지이신 하느님도 한 분이십니다. 그분은 만물 위에, 만물을 통하여, 만물 안에 계십니다.")의 말씀이나 이와 유사한 본문에 의거하여, "한 분이신 주님"(unus dominus), "한 분이신 영"(unus spiritus), "하나인 믿음"(una fides), "하나의 세례"(unum baptisma), "하나인 희망"(una spes), "하나의 빵"(unus panis) 등의 표현을 사용한다. 특별히 성체성사는 일치의 성사이며, 그리스도가 머리이신 몸을 실재화하는데 기여한다.

(2) 거룩한 교회

아우구스티누스는 "우리는 거룩한 교회를 믿습니다."(credimus et in sanctam ecclesiam)라는 신앙의 정식을 반복한다. 또한 "불멸한 가톨릭 교회"(incorrupta catholica ecclesia)라는 정식도 제시한다.(『도나투스파 문법학자 크레스코니우스 반박』 1, 34)

특기할 것은 "성도들의 교회"(Ecclesia sanctorum)라는 표현이 교회의 최종적인 상태를 언급하고 있지만, 아우구스티누스는 죄인의 현존에 대해서도 강조하고 있다는 것이다. 곧 교회는 분명 이 지상에서부터 성인들을 포함하고 있기에(『요한복음 강해』 6, 8), 아름다움의 빛을 발한다.(『시편 상해』 25, 2, 12; 103, 1, 6) 교직자뿐 아니라 평신도 성인들이 있으며(『시편 상해』 8, 12), 가장 저명한 일부 성도들은 산에 비유된다.(『시편 상해』 71,5) 하지만 교회 안에는 많은 죄인이 있다. 적어도 아우구스티누스는 생애 말기에 교회가 흠 없지 않다는 것을 분명하게 인정하였다.(『펠라기우스의 행적』 64. "quamvis non sit hic ecclesia sine macula et ruga") 곧 죄가 그리스도 안에 없지만, 그의 몸과 지체들 안에서(in eius corpore ac membris) 발견된다는 것이다.(『신국론』 17, 9) 교회는 절름발이이기에(『강론』 5, 8) 자신의 잘못에 대한 용서를 청하는 것이다.(『강론』 181) 또한 교회는 유혹과 스캔들의 장소이기도 하다.(『입문자 교리교육』 11. "tentationes et scandala, sive foris sive in ipsa intus ecclesia") 그렇기에 때때로 창녀 혹은 길 잃은 양떼와 동일시되는 교회는 자신의 기원부터 구세주의 정화 은총을 받고 있었다고 아우구스티누스는 확언한다.(『혼인과 정욕』 1, 39)

따라서 교회는 선인과 악인의 혼합이 끝이 나고 완전한 성덕을 갖게 될 날을 기다리고 있다.(『본성과 은총』 75. "ad istam, quam omnes sancti cupiunt, inmaculatissimam puritatem ecclesia sancta perveniat") 그렇지만 교회는 이러한 양면적 상황에도 불구하고 이미 이 지상에서부터 천상도성의 특전에 참여하고 있으며, 아우구스티누스는 교회를 사랑하고 공경하라고 초대한다.(『강론』 214, 11)

여기서 하나의 문제가 나타난다. '죄인들의 교회적 신분은 어떠한가?' 참회자들을 포함한 수많은 죄인들은 의인들과 같은 그리고 동일한 성사로 결합된 회중 안에 있다.(『시편 상해』 101, 1, 2; 6, 10; 『서한』 149, 3; 185, 50) 그렇지만 그들의 교회적 신분은 불확실한 것으로 보인다. 아우구스티누스는 "이름으로만"(nomine solo), "삶이 아닌 이름으로"(nomine non vita) 등의 표현을 통해 이름뿐인 그리스도인들에 대해 말한다.(『강론』 229, 3; 『입문자 교리교육』 21) 그들은 "그리스도인이라고 불리지만 실제로는 아닌 이들"(qui christiani vocantur et non sunt) 이라는 것이다.(『강론』 5, 1) 곧 몸으로는 그리스도인이지만 마음으로는 그렇지 않다는 것이다.(『요한복음 강해』 61, 2) 그렇기에 그들은 "거짓"(falsi) 혹은 "가장한 그리스도인들"(ficti christiani) 또는 "위 그리스도인들"(pseudo-christiani)인 것이다.(『시편 상해』 30, 2, 2, 6; 119, 6; 64, 16) 더욱이 그들은 교회 안에 있는 것처럼 보이지만 실제로는 밖에 있는 이들이다.(『강론』 354, 2) 달리 말하면 그들은 사랑하지 않기 때문에 성령을 소유하고 있지 않은 것이다.(『요한복음 강해』 6, 11) 성령은 자유 안에서, 은총을 통하여 사랑과 공동체 그리고 평화에 개방된 사람들에게 자신을 통교한다.

따라서 죄인들은 "연약한 이들"(infirmi), "더러운 이들"(immundi) 혹은 "육적인 이들"(carnales)로 평가된다.(『강론』 31, 3; 76, 4) 그렇기에 아우구스티누스는 이들이 교회의 구성원이 되지 않는다고 확언한다.(『입문자 교리교육』 74. "multi tales sunt in sacramentorum communione cum ecclesia et tamen iam non sunt in ecclesia") 결국 죄인들이 교회에 있는 것은 교회가 "성사들의 친교"(communio sacramentorum) 때문인 것이지, 교회가 "비둘기"(columba) 또는 "성도들의 결속"(soceitas sanctorum)이기 때문은 아니다.(『여든세 가지 다양한 질문』 57, 2; 『세례론』 3, 23)

(3) 보편적인 교회

분열되지 않은 하나의 교회만 있다면, 이는 온 세상에 퍼져 있는 가톨릭교회이다. 아우구스티누스는 '보편성'이라는 용어가 신앙의 정통성 혹은 신앙의 충만함을 의미한다는 것을 알지만 동시에 그 용어에 대한 지리적 해석도 견지하고 있다. 이는 아우구스티누스가 "온 세상에 널리 펴져 있는 교회"(ecclesia toto orbe diffusa) 또는 "온 민족들 사이에 널리 펴져 있는 교회"(ecclesia per omnes gentes diffusa) 등의 표현을 매우 자주 사용하는 것에서 드러난다.(『참된 종교』 10; 『서한』 52, 1; 『강론』 47, 17; 88, 3; 221, 1) 더욱이 히포의 주교는 교회가 세워져 있는 땅의 네 극변에 대해 말한다.(『요한복음 강해』 118, 4; 『강론』 149, 10; 252, 10) 또는 다음과 같은 다른 용어들을 사용한다. "도처에 있는 교회"(ecclesia, quae ubique est, 『신국론』 18, 46.), "온 세상에 두루 있는 교회"(ecclesia per totum mundum, 『요한서간 강해』 1, 8.), "온 땅에 두루 있는 교회"(ecclesia per universam terram, 『도나투스파 주교 가우덴티우스 반박』 1, 42.), "온 땅에 있는 교회"(ecclesia in omni terra, 『시편 상해』 104, 5.), "땅 끝까지 있는 교회"(ecclesia usque ad terrae terminos, 『도나투스파 반박 토론 초록』 3, 14), "온 땅에 두루 있는 교회"(ecclesia per omnes terras, 『강론』 63/A, 1), "가까운 곳과 먼 곳에 있는 교회"(ecclesia in propinqua et longinqua, 『도나투스파 반박 토론 초록』 3, 10.), "왼쪽과 오른쪽에 이르기까지 많아진 교회"(ecclesia multiplicata, extendens in dexteram atque sinistram, 『시편 상해』 88, 2, 12.) 등이다.

이 외에도 아우구스티누스는 (가톨릭) 교회(ecclesia catholica)와 뜻이 같은 다수의 표현들을 사용한다. 예를 들면 "보편 교회"(universa ecclesia, 『강론』 4, 34; 250, 3), "보편적인 교회"(universalis ecclesia, 『세례론』 7, 102), "(가톨릭) 교회들 전체"(universitas ecclesiae [catholicae], 『세례론』 4, 30; 7, 1), "전체 교회"(tota ecclesia, 『요한복음 강해』 106, 2; 『시편 상해』 96, 10), "큰 교회"(magna ecclesia, 『요한복음 강해』 106, 1; 『시편 상해』

34, 1, 10), "전체 가톨릭교회"(ecclesia plenaria et catholica, 『시편 상해』 34, 2, 10) 등이다.

교회의 보편적인 확장은 예견된 것의 실현으로 이해된다. "성경에 (…) 교회는 온 세상에 널리 퍼질 것이라고 예언되었다."(in scripturis(…) ecclesia non est praedicta, nisi toto terrarum orbe diffusa, 『시편 상해』 30, 2, 2, 8) 예언자들, 사도들, 그리스도 자신이 이에 대해 선포하였기에(『강론』 47, 17; 『입문자 교리교육』 53), 아우구스티누스에게 있어 도나투스주의자들이나 다른 열교자들이 이를 잘못 이해한 것은 큰 잘못이다. "너는 그리스도의 교회가 아프리카인들 사이에 그리고 아프리카에 있다고 말한다. 나는 그리스도의 교회가 온 민족들 사이에 두루 널리 퍼져있다고 말한다."(『강론』 340/A, 11)

7) 하느님의 도성(civitas Dei)-지상 도성(civitas terrena)

아우구스티누스는 하느님의 도성과 지상 도성에 대하여 『신국론』 후반부에서 집중적으로 그 개념을 설명한다. 여기서 그는 그리스도의 몸(corpus Christi)이라는 개념을 통해 그리스도와 교회의 신비적 결합을 훌륭히 표현한다. 그는 이제 그리스도의 몸을 civitas로 보는데 이에 대한 명쾌한 정의는 다음과 같다. "성인들의 모든 백성은 한 국가에 속한다. 이 국가는 그리스도의 몸이며, 그의 머리는 그리스도이시다."[122]

---

[122] 『시편 상해』 90, s,2,1.

하지만 당시 civitas라는 용어는 그리스도교 공동체를 가리키는 영적 도시라는 표현으로 자주 사용되지 않았다. 오히려 시민의 지체, 그들이 사는 지역, 또는 집단이 가지는 응집력에 있어 '정치적 체계'에 강조점을 두었다. 한편 키텔(G. Kittel)의 『신약성서 신학 사전』에 의하면, '폴리스(πόλις)라는 단어는 '칠십인 역 성경'에서 '국가'를 의미하지 않으며, 신약의 도시들은 정치적 조직체가 아니다. 특히 구약에서는 사회적·윤리적 색채를 띠면서 같은 종교를 믿는 이들의 집합을 나타냈으며, 신약에서는 역사적·종말론적 의미를 가지고 거룩한 도시, 하늘의 도시 예루살렘을 나타낸다. 이러한 의미를 지니는 πόλις는 불가타(Vulgata) 역본에서 사도행전 16장 12절과 39절만 제외하고 언제나 civitas로 번역된다. 이후 아우구스티누스에 의해 civitas Dei에 이 단어가 사용됨으로써 정치적 색채가 가미되며 civitas Dei에서 이 단어는 종말론적 및 비유적 성격을 상실하고서 교회적이고 철학적인 성격을 갖는 개념이 되었다.[123]

그렇다면 당시 정치적으로 중요성을 지닌 civitas라는 용어를 왜 아우구스티누스는 도입하였는가? 이러한 질문에 대한 대답은 『신국론』의 전반부가 끝나는 10권과 후반부가 시작되는 11권의 구약성경 시편 인용(87, 3. "하느님의 도성아, 너를 두고 영광스러운 일들이 일컬어지는구나"; 48, 2-3. "주님은 위대하시고 드높이 찬양 받으실 분이시다, 우리 하느님의 도성 당신의 거룩한 산에서. 아름답게 솟아오른 그 산은 온 누리의 기쁨이요,

---

123 G. Kittel, "πόλις", 新約聖書 神學辭典, 번역위원회 역, 요단출판사, 1986, 1011-1015쪽.

북녘의 맨 끝 시온 산은 대왕님의 도읍이라네.")에서 쉽게 찾을 수 있다. 또한 교부는 신약성경의 바오로 서간, 히브리서 1장 10절("하느님께서 설계자이시며 건축가로서 튼튼한 기초를 갖추어 주신 도성을 기다리고 있었기 때문입니다.")과 묵시록 3장 12절("그리고 내 하느님의 이름과 내 하느님의 도성, 곧 하늘에서 내 하느님으로부터 내려오는 새 예루살렘의 이름과 나의 새 이름을 그 사람에게 새겨 주겠다.")에서 예루살렘 도성(civitas Ierusalem)에 대한 유비적 해석, 즉 유비적 방법으로 가시적 교회의 영적 도시에 적용된 civitas를 발견한다.

이와 같이 성경에서 그 근거를 찾을 수 있는 하느님 도성으로서의 civitas는 로마인들이 가지고 있던 civitas 개념과 결합된다. 먼저 살루스티우스(Sallustius)는 "간단히 말하면, 흩어져 있는 그리고 방랑하는 다수가 화합으로써 국가(civitas)를 형성한다."고 말한다. 한편 아우구스티누스는 도시를 치체로의 republica로 부르지 않고 civitas라고 불렀다는 점에 유의해야 할 필요가 있다. 치체로에 의하면 사회(societas)처럼 civitas 역시 일치로 이끄는 질료적 요소로 populus라는 명칭을 부여하는 다수 혹은 개인들의 복수성을 요구한다. 모든 civitas는 populus의 구성(omnis civitas est constitutio populi)이기 때문이다. 이런 맥락에서 civitas는 백성의 일(res populi)로 이해되는 res publica의 대용어로 나타난다.

따라서 civitas는 영토의 의미에서 도시-국가라는 법적 단위뿐 아니라 사람들의 공동체 또는 단(corpus)을 의미하며, 이 단에게 있어 법(lex)은 정신(mens)과 영혼(animus)으로 나타난다. 그러므로 civitas는 다른 것이 아니라 '법의 사회'(societas iuris), 또는 '법으로 결합된 사람들의 집단'(coetus hominum iure sociati) 혹은 '법적 동의와 유용성의 일치로 결합된 이들의 집단'(coetus iuris consensu et utilitatis communione sociatum)인 populus이다. 이 정의에 의하면, 이러한 공동체의 본질적 요소는 '법적 동의'이다.[124] 곧 정의의 샘(fons iustitiae)에서 나오고 필론이 주장하듯 가장 강한 이들의 이익(관심)에만 유익한 것이 아니라 사람들의 다양한 이익(관심사)과 계급들의 경제적 위계제도를 조정할 수 있는 법이다.[125] 여기서 정의(iustitia)는 동등성의 개념에 기초한 권리의 개념으로 '각자에게 자신의 것을 주는 것'(suum cuique tribuere)으로 정의된다. 바로 여기에 정의가 없다면 res publica도 존재할 수 없는 이유가 있다. 결국 당시 로마인들의 개념, 특히 치체로의 개념에 나타나는 도시의 의미는 법에 의한 결속으로 묶여진 공동체 혹은 집단을 뜻하는 용어였으며, 여기서 말하는 법은 모든 구성원에 대하여 동등성을 전제하는 '정의'이다.

하지만 아우구스티누스에 따르면 로마인들의 공화국은 그 안에 참된 정의를 가지고 있지 않았기에 존재하지 않았다.[126] 성인은 치체로가 주장하는 '정의'로 이루어진 국가와 그것을 이루는 구성원들은 존재할 수 없다고 말한다. 더욱이 참된 정의가 없는 곳에는 법도 백성도 존재할 수 없다.[127] 아우구스티누스가 말하는 정의는 '영혼의 질서요

---

124 『신국론』19, 21, 2.
125 같은 책. 10, 21, 1.
126 같은 책. 2, 21, 4.
127 같은 책. 19, 21, 1.

균형'(ordo et aequitas animae)으로,128 이를 통해 '정의의 샘이요 참된 정의'(fons iustitiae et vera iustitia)인 하느님이129 아니라면 그 누구에게도 복종하지 않는 것이다.130 따라서 그분의 나라는 바오로가 로마서 14장 17절("하느님의 나라는 먹고 마시는 일이 아니라, 성령 안에서 누리는 의로움과 평화와 기쁨입니다.")에서 말하고 있는 본질적인 의로움이다. 여기에서 예수 그리스도의 죽음을 통해 얻어진 의로움이 나오며, 때문에 그분은 참된 의로움과 하느님 나라에로 이끄는 매개체가 된다.131 그러므로 아우구스티누스는 『신국론』 2, 21, 4에서 다음과 같이 말한다. "참된 정의는 그리스도가 창건자이며 통치자인 그런 공화국에서가 아니면 존재하지 않는다. 이것은 그리스도가 지배하는 그 정체를 공화국이라고 말하는 것이 타당할 경우에 하는 말인데, 거기서도 공공의 사물이 국민의 사물임을 부정할 수 없는 까닭이다. 국민이라는 이 용어가 각기 다른 장소에서 각기 달리 널리 쓰인 것이라서 우리의 용례에는 상당히 거리가 있을지 모르지만 성서에서 '너를 두고 영광스러운 일들이 일컬어지는도다, 하느님의 도성아'라고 하는 저 도시국가에는 분명히 참된 정의가 존재한다."

이로써 아우구스티누스와 치체로가 말하는 '정의' 개념에 분명한 차이가 있음이 명백히 나타난다. 그로 인해 교부는 정치적인 의미가

---

128 『마니교도 반박 창세기 해설』 2, 10, 14.
129 Deus-fons iustitiae: 『신국론』 1, 21; 『시편 상해』 61, 21; 『은총과 자유의지』 23, 45; 『강론』 27, 3. Deus-vera iustitia: 『서간』 120, 4, 19.
130 『신국론』 19, 21, 2.
131 『율리아누스 반박』 4, 3, 17.

많이 포함된 republica라는 용어를 의도적으로 피하고, civitas를 사용한 것으로 보인다. 실제로 아우구스티누스는 『신국론』 15, 8, 2에서 "도시국가라는 것은 일종의 사회의 결사로 묶인 인간 집단 외에 다른 것이 아니다."라고 언급한다. 그런데 용어 선택 차원에서 흥미로운 점이 발견된다. 교부는 신국을 정의함에 있어 치체로가 사용한 표현인 '공공의 일이 국민의 일'(res publica res populi)이라는 표현을 사용한다. 이러한 용어 선택으로 미루어 보아 아우구스티누스에게 있어 res publica라는 용어는 civitas와 동의어인 동시에 populus를 포함하고 있음이 분명하다.

아우구스티누스는 그리스도가 창건자요 통치자이기 때문에 하느님의 나라는 '참된 정의를 가진 공화국'(res publica)임을 분명하게 하고자 하는 의도를 가지고 있었으며, 동시에 civitas라는 용어를 선택함으로써 populus의 정의를 강조하고자 하는 생각도 갖고 있다. 성인에게 있어 civitas는 '사람들로 이루어진 합심하는 대중'(concors hominum multitudo)[132] 또는 '합심의 끈으로 연결된 사람들의 대중'(multitudo hominum in quoddam vinculum redacta concordiae)[133] 또는 '일종의 사회적 끈으로 맺어진 인간 집단'(hominum multitudo aliquo societatis vinculo colligata)이다.[134] 이렇게 '합심'을 강조하는 것은 civitas에 대한 치체로의 생각처럼 보이기도 하지만, 아우구스티누스의 개념에서는 치체

---

132 『신국론』 1, 15, 2.
133 『서한』 138, 2, 10.
134 『신국론』 15, 8, 2.

로 정의에서 본질적 요소인 ius라는 단어가 삭제되어 있다는 사실이 우리에게 중요하다.

이렇게 civitas의 개념에는 res publica보다 공동체에 속한 이들의 유대관계가 부각되고 있으며, 이것은 '사랑하는 사물들에 대한 공통된 합의에 의해 결속된 이성적 대중의 집합'(coetus multitudinis rationalis rerum quas diligit concordi communione sociatus)이라는 아우구스티누스의 populus의 정의에서(『신국론』 19, 24) 보다 명확하게 나타난다. 이 정의는 치체로의 것과 외관상 현저하게 유사함에도 불구하고 근본 기저가 더 이상 '법적 동의'(consensus iuris)나 '유용성의 통교'(utilitatis communio)가 아니라 같은 사물들을 사랑하는 것에서의 합의임을 분명하게 보여준다. 성인에게 있어 사랑한다는 것은 어떤 사물을 그 자체로 열망하는 것, 곧 기쁨으로 자신의 목적을 취하면서, 그리고 사랑하는 이와 사랑 받는 대상을 일치시키면서 자신의 안식을 찾는 것이다. 따라서 아우구스티누스는 populus를 정의한 후 다음과 같이 언급한다. "그 집단이 무엇을 사랑하는지 살펴보면 그 국민이 어떤 국민인지 똑바로 볼 수 있을 것이다."(『신국론』 19, 24)

populus의 정의에서 완전히 구분되고 신비적인 두 도시 혹은 두 사회, 곧 하느님의 도성(civitas Dei)과 지상 도성(civitas terrena)이 등장한다. 이 두 도성에 대하여 그리고 그 원리에 대하여 아우구스티누스는 『신국론』 14, 28에서 다음과 같이 확언한다. "두 사랑이 두 도성을 이루었다. 하느님을 멸시하면서까지 이르는 자기 사랑이 지상 도성을 만들었고, 자기를 멸시하면서까지 이르는 하느님 사랑이 천상 도성을 만들었다. 전자는 스스로 자랑하고 후자는 주님 안에서 자랑한다. 전자는 사람들에게서 영광을 찾고 후자는 양심의 증인인 하느님이 가장 큰 영광이 된다. 전자는 자기 영광에 겨워 자기 머리를 쳐들고, 후자는 자기 하느님께 '당신이 나의 영광이십니다. 내 머리를 쳐들어 주십니다.'라고 말씀 드린다."

아우구스티누스가 전개하는 두 도성은 amor Dei와 amor sui로 형성된 사회이다. 달리 말하면, 하느님을 사랑하느냐, 아니면 하느님을 사랑하지 않느냐에 따른 의지의 방향에 따라 두 도성이 분리되며 구분되는 것이다. 하느님에 대한 사랑과 세상에 대한 사랑, 자기를 경멸하기까지 하느님을 사랑하는 것과 하느님을 경멸하기까지 자기를 사랑하는 것, 영을 사랑하는 것과 육신을 사랑하는 것, 이 모든 것이 어떠한 경우에든지 무엇을 사랑하느냐에 따라 두 나라로 구분되는 것이다. 아우구스티누스는 이러한 사랑의 성격에 대하여 『창세기 문자해석』 11, 15, 20에서 다음과 같이 말한다. "두 사랑이 있다. 하나는 거룩하고, 하나는 부정하다. 하나는 이웃을 향해 있고, 다른 하나는 자신에게 집중되어 있다. 하나는 하늘의 거룩한 도성에 대한 시각을 가지고 공익을 추구하며, 다른 것은 거만하게 지배를 추구하면서 그 자신의 힘 안에서 공익을 가지려 한다. 한편은 하느님께 복종하고 다른 편은 그분께 대항한다. 하나는 평온하고 하나는 소란스럽다. 하나는 평화롭고 다른 하나는 선동적이다. 하나는 거짓 칭찬보다 진실을 선호하고, 다른 것은 어떤 칭찬에든 목말라 한다. 하나는 다정하고 하나는 질투심이 강하다. 하나는 이웃을 위해 자신의 이웃들을 원하며, 다른 하나는 이웃을 자신을 위한 목적으로 삼기 위해 찾는다. 하나는 그들 이웃의 뜻을 따라 이웃의 유익함을 찾고, 다른 하나는 자신의 유익함을 찾는다."

평화를 추구하며 이웃을 위한 사랑은 "자기중심적이고 어떤 면에서 사사로운 의지의 사랑이 존재하지 않고, 동일하고 불변하는 공동의 선을 두고 즐거워하는 사랑, 많은 사람을 한 마음으로 만드는 사랑, 다시 말해 애덕에서 우러나 완전하게 화합을 도모하는 순종이 존재할 것이다."(『신국론』 15, 3) 이러한 사랑은 사회적 사랑(amor socialis)이다. 이에 반대되는 개인적 사랑(amor privatus)은 자기 자신의 법에 지배를 받아서 전체보다는 자신을 위해 무엇인가를 얻으려고 애쓴다. 그리고 완전함보다 더 좋은 것은 없기에 탐욕은 아직 채우지 못한 부분에 대한 걱정으로 다시 되밀어 놓는다. 탐욕적이 됨으로써 잃은 것을 더 얻으려고 한다. 그러므로 탐욕이 모든 악의 근원이라고 말하는 것이다.(『삼위일체론』 12, 9, 14) 같은 맥락에서 아우구스티누스는 privatus는 단어는 원래 얻는 것보다 잃는 것을 표현한다고 말한다.(『창세기 문자적 해설』 11, 15, 19)

아우구스티누스는 이러한 두 도성 개념으로 인류 역사를 설명한다. 즉 모든 인류는 아담으로부터 시작되었고, 아담의 죄는 인류를 역사의 인류로 만들어 놓았다. 역사를 '신국'과 '지상국'의 갈등의 과정으로 본 아우구스티누스에 있어서는 인간에게 죄성이 없으면 두 도시도 없고 두 도시가 없으면 역사도 없는 셈이다. "그러니까 두 도성이 출현하여 하나는 이 세상의 사물에 의지하고 다른 하나는 하느님의 희망에 의지하는데, 둘 다 공통되게 아담에게서 열린 죽음의 문을 나간다. 그리고 제각기 고유하고 서로 뚜렷이 갈라지는 목적을 향해 달려나가고 뻗어 나가는데 여기서부터 시대의 계산이 시작된다."(『신국론』15, 21) 아담과 하와의 타락으로 인간의 역사가 시작되었고, "그 자체로 본다면 같은 한 덩어리에서 나왔고(ex eadem massa oritur) 원래부터 통째로 단죄받은 덩어리"(tota damnata)인 카인과 아벨로부터 각각 지상의 도성과 하느님의 도성이 시작된 것이다. 결국 아우구스티누스는 하느님을 옹기장이에 비유하면서 두 도성의 성질을 다음과 같이 은유적으로 대조한다. "(하느님께서) 같은 덩어리에서 어떤 그릇은 귀하게 만들었고 어떤 그릇은 천하게 만들었다. 먼저 만들어진 것은 천한 그릇이고 다음에 만들어진 것은 귀한 그릇이다."(『신국론』 15, 1, 2)

더욱이 이 두 도성은 자신들이 모시는 통치자를 통해서 구분되면, 이는 예루살렘과 바빌론이라는 상징으로 표현된다. "바빌론은 '혼란'으로 해석되며, 예루살렘은 '평화를 바라봄'으로 해석된다. 이 두 도성은 두 개의 사랑으로 되어 있다. 예루살렘은 하느님의 사랑으로 되어 있다."(『시편상해』 64, 2) 곧 예루살렘은 의로운 이들의 도시 예루살렘(piorum civitas Ierusalem)이며, 바빌론은 불의한 이들의 도시 바빌론(impiorum civitas Babylon)인 것이다.(『시편상해』 86, 6) 이렇게 나타나는 하느님의 도성과 지상 도성에 대하여 아우구스티누스는 『창세기 문자해석』 11, 15, 20을 통해 다음과 같이 말한다. "한 도시는 정의의 도시이고 다른 도시는 부정한 도시이다. 이 두 도시는 현세에 어떠한 형태로 혼합하여 존재하면서, 이 세상은 그들이 마지막 심판에 구분될 그때까지 계속될 것이다. 하나는 그들의 왕과 결합하게 됨으로써 거룩한 천사들과 함께 하게 될 것이고, 다른 하나는 그들의 왕과 결합하게 됨으로써 부정한 천사들과 함께 하게 되어 영원한 불 속으로 던져질 것이다."

8) 순례 중인 교회(Ecclesia peregrinans)

성령의 내주를 통해 신화(神化)한 교회는 지상에서의 하느님의 거룩하고도 고귀한 장막이다. 하지만 신화의 한계를 간과할 수 없다. 왜냐하면 교회는 모든 민족에게서 자신의 구성원들을 받아들이고 모든 언어로부터 여정 중인 사회를 모으면서 여전히 건설 중이기 때문이다.(『시편 상해』 41, 9; 95, 2; 『신국론』 19, 17)

교회가 지상의 순례자라는 사실에서 '혼합된 교회'(Ecclesia permixta)라는 또 다른 사상이 나온다.(『그리스도교 교양』 3, 32, 45) 교회 안에는 하늘과 땅, 곧 영적인 사람들과 육적인 사람들이 있다.(『강론』 56, 5, 8) 아우구스티누스에 의하면, 순례 중인 교회 안에서 발견되는 불의한 이들은 성전 정화 이야기(마태 21, 12-17; 마르 11, 15-19; 루카 19, 45-48; 요한 2, 13-22)에 나타나는 '사고팔고 하는 자들', 곧 예수 그리스도의 이익이 아니라 자신의 이익을 추구하는 사람들이다.(『시편 상해』 130, 2) 이들은 성사들의 친교와 보편적 일치를 통해 교회와 결합된 것으로 보이지만 죽음 후에 교회로부터 분리될 것이다.(『강론』 15, 2) 곧 그들은 사악한 천사들의 동반하에 자신들의 왕과 함께 영원한 불 속에 보내질 것이다. 반면, 선한 신자들은 선한 천사들의 동반 속에서 자신들의 왕 밑에서 영원한 삶을 누릴 것이다.(『창세기 문자적 해설』 11, 15, 20)

따라서 '혼합된(permixtae) 혹은 뒤얽힌(perplexae) 두 도성'(『신국론』 1, 35)은 잠시적인 혼합(commixtio temporalis)일 뿐이다.(『시편 상해』 61, 8) 또한 교회의 순례는 영원한 삶에 대한 준비를 드러낸다. 따라서 아직 우리가 보지 못하는 것을 볼 것이라는 희망이 교회에 주어진다.(『시편 상해』 118, s.15, 2) 이러한 희망 안에서 그리스도의 정배인 교회는 하느님을 경외하고 목말라하면서 샘의 원천을 그리워하는 사슴처럼 행동하면서 믿음과 희망과 사랑의 온전함을 통해 전적으로 동정녀의 삶을 살아가야 한다.(『과부신분의 선익』 10, 13) 이러한 의미에서 순례 중인 교회는 이미 '하늘의 하늘'(caelum caeli)이다. 달리 말하면 교회는 이미 그리스도의 나라이며 하늘의 나라이지만, '영광의 나라'(regnum gloriae)가 아닌 여전히 원수와 투쟁하고 있는 '군대의 나라'(regnum militia)인 것이다.(『신국론』 20, 9, 1-2) 마지막 날에 교회가 받을 상급은 '평화를 바라봄'(visio pacis)인데, 이는 다른 것이 아니라 '하느님을 바라봄'(visio Dei)이다. 하느님 자신이 평화이기 때문이다.(『시편 상해』 124, 10)

9) 천상 교회

아우구스티누스에 의하면, "하느님은 당신의 은총으로 경건한 인간들로 이루어진 백성을 양자로 삼아 불러들이리라는 것, 또 그 백성이 속죄하고 성령으로 의화되어 마지막 원수인 죽음을 물리치고서 거룩한 천사들과 더불어 영원한 평화로 결속되리라는 것도 예견했다."(『신국론』 12, 23) 결국 교회 안에서 그 누구도 더 이상 죽음을 맛보지 않을 때 교회는 불멸의 존재가 된다.(『도나투스파 반박 토론 초록』 2,

75, 145) 이는 루카 13, 32("보라, 오늘과 내일은 내가 마귀들을 쫓아내며 병을 고쳐 주고, 사흘째 되는 날에는 내 일을 마친다.")에 대한 아우구스티누스의 해석에 다음과 같이 분명하게 드러난다. "(이 말씀은) 그분의 몸, 곧 교회와 관련 지어야만 한다. (…) 마지막에는 부활이 있을 것이다. 그리고 사흘째 되는 날에 도달한 교회는 자신이 목표로 하던 것, 곧 완전함을 얻게 될 것이며, 불멸의 존재가 된 육체가 천사들의 고유한 충만함을 소유할 것이다."(『복음사가들의 일치』2, 75, 145) 부활 이후에 이루어지는 교회의 완전함은 에페 5, 27에서 티나 주름 또는 흠 없는 교회로 묘사된다.(『서한』187, 8, 28) 영광의 교회의 상태는 다음과 같은 표현들을 통해 강조된다. "영원한 부활의 교회"(Ecclesia resurrectionis aeternae,『강론』270, 7), "영생의 교회"(Ecclesia vitae aeternae,『강론』270, 7), "그때에 있을 교회"(Ecclesia qualis tunc erit,『요한복음 강해』122, 9), "장차 올 교회"(Ecclesia quae futura est,『시편 상해』9, 12), "약속된 교회"(Ecclesia quae promittur,『시편 상해』9, 12) 등이다. 이 모든 표현은 모든 것이 질서 지어진 '하느님의 나라'(『주님의 산상설교』1, 2, 9), 곧 고유한 왕 밑에서 선한 천사들과의 동반 속에 있는 영광의 교회의 영원한 삶을 주목하게 한다. "목적지에 도달한 후에 교회는 더 이상 일부 악인들의 동반과 혼합으로 인해 고통받지 않을 것이며 영원한 예루살렘의 시민인 천사들과의 거룩한 결속으로 살 수 있을 것입니다."(『시편 상해』121, 1) 히포의 주교는 인간들뿐 아니라 천사들도 '천사들의 결속'(societas angelorum)에서 받게 되는 보상을 표현하고자 하는데, 이는 하느님이 모든 이들 안에서 모든 것이 되기 위해서이다.(『신국론』14, 28) 그는 한 서한에서 다음과 같이 말한다. "지금 하느님의 천사들

과 여전히 동등하게 되지 않은 하느님의 백성이 이미 지금부터 현재의 순례 중에 그분의 성전이라고 불린다면, 천사들의 무리가 있는 하늘에서는 얼마나 더 큰 성전이 되겠습니까? 순례가 끝나 우리가 약속된 상급을 받게 될 때 우리는 천사들과 일치하여 비슷하게 되어야만 합니다."(『서한』 187, 5, 16)

따라서 '천사들의 결속'은 지복직관의 사회적 성격과 영원한 예루살렘에서 '최고의 하느님께 참여하면서' 천사들과 복된 이들의 일치를 드러낸다.(『신국론』 11, 12) 이에 대해 아우구스티누스는 다음과 같이 외친다. "오, 우리가 하느님 곁에서 보게 될 고귀한 평화여! 오, 천사들과 동등한 거룩함이여! 오, 아름다움을 보며 그에 대한 광경이여!"(『시편 상해』 136, 5) 아우구스티누스는 시편 135, 21("예루살렘에 거처하시는 분 주님께서는 시온에서 찬미받으소서.")을 주석하면서 주님이 거처하는 예루살렘이 하늘에 있는 우리의 어머니임을 강조한다. 육신의 부활 후에 우리는 결코 무너지지 않을 도성에 살 것이다. 주님이 그곳에 거처하고 그 도성을 지켜주시기 때문이다. 그러한 도성은 '평화를 바라봄'(visio pacis), 곧 영원한 예루살렘이며, 그 안에서 우리는 어떠한 언어도 찬미드릴 수 없는 평화를 갖게 된다. 이 천상 예루살렘의 주민들은 시편 125장 1절("주님을 신뢰하는 이들은 시온 산 같아 흔들리지 아니하고 영원히 서 있으리라")의 주석에 의하면 영원히 흔들리지 않을 것인데, 평화를 바라보면서 살기 때문이다.(『시편 상해』 124, 3) 히포의 주교는 계속해서 시편 125장 5절("이스라엘에 평화가 있기를!")을 주석하면서 이스라엘, 곧 하느님을 보는 이는 평화도 볼 것임을 주목하게 한다. 하느님을 보는 이 자신이 이스라엘이요 예루살렘이며 하느님의 백성이면서 동시에 하느님의 고성(固城)이다. 평화를 보는 것은 하느님을 보는 것과 동일하며 따라서 하느님 자신이 평화이다. 우리는 이스라엘이며, 이 위에 평화가 있다.(『시편 상해』 124, 10) 우리는 이스라엘이기에 하느님의 도성인 천상 예루살렘의 시민들이기도 하다. 그 도성에서 우리는 하느님과 영원히 있을 것이고, 얼굴을 마주 보며 그분을 볼 것이고, 지극히 충만하고 안전하며 영원한 평화를 향유할 것이다.(『시편 상해』 19, 10; 19, 27; 134, 26) 이러한 이유로 시편 122장 2절은 "예루살렘아, 네 성문에 이미 우리 발이 서 있구나"라고 노래한다.(『시편 상해』 121, 3)

천상 예루살렘에서는 "행복합니다, 당신의 집에 사는 이들! 그들은 늘 당신을 찬양하리니"라고 시편 84장 5절에서 언급된 것이 실현된다. 영원한 삶에는 더 이상 죄인들의 탄식이 없지만, 영원한 도성의 하느님께 대한 찬양에서는 그토록 큰 행복에 대한 지속적인 고백도 없지 않을 것이다.(『시편 상해』 44, 33) 곧 고요함 안에 하느님께 대한 찬미가 있을 것이다.(『강론』 236, 3) 신자들과 천사들은 유일한 왕 밑에 있는 단일한 도성을 이룰 것이며, 영원히 그리고 끊임없이 하느님께 대한 찬미가 있을 것이다.(『시편 상해』 36, s.3, 4) 다른 말로 한다면, 우리의 모든 행위는 '아멘'과 '알렐루야'로 이루어지기에(『강론』 362, 28, 29), 한 강론에서 아우구스티누스는 이렇게 외친다. "오, 천사들이 하느님의 성전인 하늘에서 노래하게 될 복된 알렐루야여!"(『강론』 256, 1) 천사들과 결합한 영광의 교회는 천사들과 목소리와 한 소리로 알렐루야의 영원한 찬미가를 노래한다.(『시편 상해』 85, 11) 저 위에서 알렐루야는 우리의 음식이며, 우리의 음료이고, 고요함의 책무이고 온갖 기쁨이 될 것이다.(『강론』 252, 9) 영원한 찬미, 끝이 없는 알렐루야가 있을 것이다. 사랑이 주님을 찬미하기 때문이다.(『요한서간 강해』 10, 6; 『시편 상해』 149, 2)

결국 하느님은 우리의 모든 희망의 성취이다. 하느님이 끝없이 보여지고, 거절당하지 않고 사랑 받으며, 지치지 않고 찬미를 받기 때문이다. 이 선물, 이 사랑 그리고 이 행동은 영원한 생명처럼 모든 이들에게 공통된 것이다.(『신국론』 22, 30, 1) 우리는 하느님을 찬미하면서 그분을 사랑하는데, 이는 한 강론에서 다음과 같이 언급된다. "우리가 사랑하게 될 것이 아니라면 무엇을 찬미하겠습니까? 또한 우리가 보게 될 것이 아니라면 우리는 그 어떤 것도 사랑하지 않을 것입니다. 우리는 진리를 볼 것이며, 이 진리는 하느님 자신일 것입니다. 그분에 대해 우리는 찬미가를 노래할 것입니다."(『강론』 236, 3)

결과적으로 하느님의 도성에서의 의지는 모든 사람에게 단일하면서 한 사람 한 사람에게 자유로운 의지일 것이다. 모든 악으로부터 해방된 의지요 모든 선으로 충만한 의지인 것이다. 지치지 않고 영원한 기쁨의 유쾌함을 향유하는 의지요, 죄과는 잊어버리고 죄벌도 잊어버린 의지일 것이다. 그렇다고 자기가 은총으로 해방된 사실마저 잊어버려 자기를 해방한 분에게 배은망덕하는 일은 없을 것이다. 따라서 천상 도성에서는 "저는 주님의 자애를 영원히 노래하리이다."라는 노래보다 흔쾌한 것은 아무것도 없을 것이다.(『신국론』 22, 30, 4) 영원한 안식은 하느님 안에서의 충만한 삶으로, 하느님을 봄, 사랑, 찬미라는 삼중적 활동이라는 특징을 지니고 있다. "그때 우리는 쉬면서 보리라. 보면서 사랑하리라. 사랑하면서 찬미하리라"(『신국론』 22, 30,

5) 그렇기에 "우리는 공통되게 하느님을 보게 될 것이다. 그리고 우리는 공통의 소유물, 곧 하느님을 갖게 될 것이다. (…) 그분이 우리의 충만하고도 완전한 평화가 될 것이다."(『시편 상해』 84, 10) 그럼으로써 우리는 "하느님 사랑의 결속"(societas dilectionis Dei, 『그리스도교 교양』 1, 29, 30), "지복직관의 결속"(societas beatitudinis, 『펠라기우스의 행적』 3, 10), "하느님을 향유하고 하느님 안에서 서로 향유하는 더할 나위 없이 질서 있고 완전히 화합된 사회적 결속"(ordinatissima et concordissima societas fruendi Deo, et invicem in Deo, 『신국론』 19, 17)이 될 것이다.

12. 성사론

고전 라틴어 아프리카 본(version)에서 '사크라멘툼'(sacramentum)은 특별히 그리스도 안에서 계시되고 실현된 하느님의 구원 계획에 대해 언급하는 바오로의 에페소서와 콜로새서에서 '미스테리온'(mysterion)의 번역으로 사용되었다. 테르툴리아누스가 세례와 성체에 이 용어를 적용한 첫 번째 인물일 개연성이 아주 높으며, 치프리아누스는 신앙의 신비를 가리키는 것까지 보다 확대하여 적용하였다. 이러한 전승에서 아우구스티누스는 이 용어를 수용하여 상징 혹은 거룩한 표지와 동일시하였다. 또한 많은 작품 안에서 그는 이 용어를 다양하게 사용하여 하느님의 현존의 현현과 동일시하기도 하였다. 무엇보다 이 용어에 집중하여 보다 명료하게 제시하기 시작한 것은 마니교 논쟁과 도나투스 논쟁을 통해서이다.

아우구스티누스에게 있어 성사는 무엇보다 거룩한 것의 감각적 표지이다. 곧 성사는 신적인 것들에 관련되는 것이요(『서한』 138, 1, 7), 거룩한 표지이다.(『그리스도교 교양』 3, 9, 13) 따라서 모든 성사에는 두 가지 요소가 있는데, 하나는 의미하는 것을 가시화하는 물질적인 것이요 다른 하나는 상징으로 나타나는 비가시적이고도 영적인 것이다. 곧 성사는 어떤 실재를 드러내는 것이다.(『강론』 272) 아우구스티누스는 성사 안에서 구분을 하고 있는데, 종종 성사(sacramentum)를 물질적 요소, 표지만을 의미하는 것으로 제시하고, 영적이고도 거룩한 실재를 의미하는 것을 '성사의 힘'(virtus sacramenti)이라고 말한다.

더욱이 이 두 요소 사이에는 유사함의 관계가 있다. 곧 물질적 요소는 일정한 방식으로 그리고 그것의 본성 자체에 의해 표지로 드러나는 실재를 상징화한다.(『서한』 98, 9) 성사들은 하느님에 의해 제정되었음에도 불구하고, "생명체들이 자기의 정신 상태나 감지한 것 또는 인식한 것을 타자들에게 표시하기 위해서 서로 주고받는"(『그리스도교 교양』 2, 2, 3) 순수 약정적 표지(signum datum)가 아니다. 오히려 "그 자체 외에 무엇을 의미하려는 의도나 원의가 없이도 그 자체로부터 다른 것이 인식되게 만드는"(『그리스도교 교양』 2, 1, 2) 자연적 표지(signum naturale)인 것이다.

따라서 아우구스티누스에게 있어 성사는 거룩한 사물의 자연적 표지이며 동시에 약정적 표지이다. 이러한 의미에서 그는 세례자에게 주어진 축복된 소금(『입문자 교리교육』 50), 세례의 구마 예식(『강론』 227), 신경과 예비자들에게 주님의 기도 전달(『강론』 228, 3) 등을 성사라고 부른다. 또한, 이러한 의미에서 그리스도와 구원을 선포하는 할

례를 제외한 옛 율법의 예식들도 성사라고 부른다.(『시편 상해』 73, 2) 하지만 이러한 광범위한 적용 외에 아우구스티누스는 종종 성사라는 용어에 오늘날 우리가 갖고 있는 개념과 근접한 엄격한 의미를 적용한다. 참회와 종부를 제외하면, 그는 성사라는 용어를 통해 세례, 견진, 성체, 성품, 혼인 등의 예식을 표현한다. 이 중 세례와 성체는 근본이 되는 성사인데, 그리스도교 입문 성사이며 동시에 구세주의 열린 늑방에서 나온 것이기 때문이다.

성사의 일반적인 목적은 감각적인 표지를 통해 종교 공동체의 구성원들을 다시 결합시키는 것이다.(『파우스투스 반박』 19, 12) 옛 율법의 성사들은 그리스도를 선포하는 목적만을 가지고 있으며, 신약의 성사들과 비교할 때 그 숫자도 많고, 부담이 되는 것이었으며, 효과 역시 덜하였다. 반면 예수 그리스도의 교회의 성사들은 "더 큰 힘을 가지고 있고, 더 나은 유익을 지니고 있으며, 보다 쉽게 행할 수 있으며, 보다 적은 수효를 가지고 있다."(『파우스투스 반박』 19, 13)

도나투스 논쟁을 전개하면서 무엇보다 그는 치프리아누스와는 달리 성사의 유효성과 효력을 구분한다. 곧 성사는 그것을 받는 주체가 성사를 동반하는 은총을 받는 것 없이도 존재할 수 있고 유효하다는 것이다. 성사의 유효성을 위해서는 신앙도 집전자의 성덕도 요구되지 않는다. 아우구스티누스는 이러한 내용을 교회의 관습을 통해 설립하였는데, 이 관습에 의하면 세례나 성품 성사를 받은 후에 이단이나 열교에 빠졌다가 다시 교회에 돌아온다 하여도 다시 받지 않는다는 것이다. 왜냐하면 세례나 성품 성사는 그것을 받는 사람에게 지워지지 않는 인호를 새겨 넣으며, 이는 죄와 이단에 빠져 있을 때에도 지속되는 것이기 때문이다.

  하지만 공적인 죄인이나 이단자가 성사라는 영적 선물을 분배할 수 있는가? 이에 대해 아우구스티누스는 부당한 교직자가 거행한 성사들이 그의 것이 아니라 하느님의 것이요 교회의 것임을 강조한다. 그렇기에 그의 도덕적 상태로 인해 그가 거행하는 것이 하느님의 선물이요 교회의 선물이 아니라고 할 수 없는 것이다. 더욱이 이 부당한 교직자가 성사의 주요 집전자가 아니다. 그는 예수 그리스도가 사용하는 도구일 뿐이다. 베드로와 바오로 또는 유다의 손을 통해 실제적으로 세례를 주는 분은 예수 그리스도이다.(『요한복음 강해』 5, 7; 6, 7) 그렇기에 도구의 부당함이 그분의 행위를 무력하게 만들 수 없는 것이다. 결국 성사 예식의 유효성은 인간 교직자의 도덕적 상태와 그의 믿음 혹은 그의 은총 상태에 좌우되는 것이 아니다.

  그렇다면 공적인 죄인이나 이단자가 행한 성사의 효력은 어떠한가? 이 질문에 대해 아우구스티누스는 참된 교회 안에서 잘 준비가 된 주체에 의해 받은 모든 성사는 집전자의 상태와는 관계없이 효력을 발휘한다고 주저 없이 답변한다.(『세례론』 4, 18) 교직자의 성덕이나 부당함은 받은 은총의 범위에 영향을 미치지 않는 것인데, 이는 그 교직자가 그리스도의 손에 있는 도구일 뿐이라는 이유 때문이다.(『요한복음 강해』 6, 8) 아우구스티누스는 임종자가 이단자로부터 세례를 받은 경우에도, 곧 교회 밖에서 세례를 받은 경우에도 동일한 대답을 한다. 그의 세례가 죄의 사함을 가져왔다는 것이다.(『세례론』 6, 7) 반면 급박한 이유가 없으면서 예비자가 이단자의 교회에서 세례를 받을 경우에는 긍정적인 답변을 하지 않는다. 그는 이러한 행위를 열교의 신성모독을 통해 심각하게 상처받은 것으로 간주한다.(『세례론』1, 6) 여기서 히포의 주교는 자신의 것으로 삼은 치프리아누스의 주장, 곧 성화의 유일한 기관이요 구원과 죄의 용서의 유일한 장소로서의 교회관을 드러내고 있다. 열교자들의 세례는 결국 교회의 것이지만, 성사는 오직 교회에서만 구원을 위해 효력을 지니는 것이다.(『도나투스과 문법학자 크레스코니우스 반박』1, 34)

13. 종말론

종말론은 하느님의 약속의 성취에 대한 희망이라는 종교적 언어이기에 필연적으로 시간과 역사에 대한 해석을 수반한다. 마찬가지로 아우구스티누스의 신학, 특별히 은총론과 교회론, 역사 신학은 결정적으로 종말론적이다. 왜냐하면 종말론에서 방향과 조명 그리고 의미를 뽑아내기 때문이다. 무엇보다 아우구스티누스는 그리스도교 종말론에 확정적인 형태를 제공하였다. 아우구스티누스는 처음에 받아들였던 천년왕국설을 묵시 20, 1-6을 우의적 의미로 설명하면서 간략하게 반박한다.(『신국론』20, 7) 특별히 그는 플라톤주의자들을 거슬러 육신의 부활을 옹호한다.(『신국론』22, 1-28) 또한 인간과 지복직관의 본성 자체를 공격하였던 플라톤주의의 역사에 대한 개념을 믿음과 이성으로 강하게 반대하였다.

한편 아우구스티누스는 영혼이 죽음 후에 즉시 상급이나 벌의 부면(部面)을 받는다고 주장한다. 상급과 벌이 아직 온전하지 않은 것은 부활 이후의 영혼과 육신의 재결합이 이에 대한 한량을 채워야만 할 것이기 때문이다. 여기서 질문 하나가 등장한다. 이 상태에서 의로운 영혼들은 하느님을 보고 있는 것인지? 그리고 그들은 하느님과 함께 있는 것인지? 아우구스티누스는 순교자들은 그러하다고 분명하게 대답하지만, 다른 이들에 대해서는 주저하는 모습을 보이며, 우리는 아우구스티누스의 작품들 안에서 이중적 의미를 발견한다. 곧 긍정적인 답변을 보이는 본문도 있고(『시편 상해』 119, 6; 『신국론』 20, 9, 2), 부정적으로 답하는 본문도 있다.(『믿음 희망 사랑의 길잡이』 109; 110; 『신국론』 12, 9, 2; 『요한복음 강해』 21, 43) 이러한 측면은 육체와 분리된 영혼이 어떻게 완전하게 행복하며 하느님을 관조할 수 있는지의 문제와 연결되고 있음을 보여준다.

또한 교부들은 구원받은 영혼들이 최후의 심판 때 자신들의 육체와 재결합될 그때까지 기다리는 장소인 중간 상태와 그 영혼들이 받아야만 하는 정화의 과정을 가르친다. 마찬가지로 아우구스티누스 역시 이러한 전승 안에서 최후의 심판 전에 연옥에서 정화의 시간을 갖게될 것임을 주장한다.(『신국론』 21, 13) 무엇보다 히포의 주교는 말라키서 3장 3절("그는 은 제련사와 정련사처럼 앉아 레위의 자손들을 깨끗하게 하고 그들을 금과 은처럼 정련하여 주님에게 의로운 제물을 바치게 하리라.")을 주석하면서 이렇게 말한다. "(이) 말은 정화되리라는 바로 그 사람들이 정의로 제물을 바치고 주님의 마음에 들게 되리라는 뜻이다. 그렇게 함으로써 그들은 주님의 마음에 들지 못했던 점이나 자신의 불의로부터 정화되기에 이를 것이다. 그들이 정화되고 나면 다름 아닌 그들 자신이 제물이 될 것이다."(『신국론』 20, 25) 또한 1코린 3, 13("심판 날에 모든 것이 드러나기 때문에 저마다 한 일도 명백해질 것입니다. 그날은 불로 나타날 것입니다. 그리고 저마다 한 일이 어떤 것인지 그 불이 가려낼 것입니다.")에 대한 주석을 통해 죽음과 부활 사이에 존재하는 정화의 불의 존재를 분명하게 제시한다.

사실 부활하신 그리스도가 자신의 육 안에서 부활의 불멸성을 보여준 것처럼, 영원한 안식은 영뿐 아니라 육의 것이기도 하다. "그리스도는 죽은 자들 가운데에서 부활했다는 것과 부활의 불사불멸을 자기 육신에서 처음으로 보여주었다는 것과 새 세기의 벽두든 이 세기의 종말이든 그 불사불멸이 우리에게도 오리라고 약속했다는 것이다."(『신국론』 22, 10) "실상 주님의 날은 그리스도의 부활로 성화된 날이요 단순히 영의 안식만 아니고 몸의 안식을 또한 예표한다."(『신국론』 22, 30, 5) 부활로써 사멸할 육신은 불멸성을 입으며, 죽을 육신은 불사성을 입게 된다.(『삼위일체론』 14, 17, 23) 이는 우리의 육체가 단순하고도 빛나는 육체(corpus simplex et lucidum), 곧 '천상의 육체'(corpus caeleste), '영적 육체'(corpus spiritale), '천상의 육체'(corpus aetherium)가 된다는 것을 의미한다.(『신앙과 신경』 10, 24) 코린토 1서 15장 52절("죽은 이들이 썩지 않는 몸으로 되살아나고 우리는 변화할 것입니다.")이 말하는 '보다 좋은 것으로의 변화'(mutatio in melius)가 일어나는 것이다. 하지만 요한복음 5장 29절("선을 행한 이들은 부활하여 생명을 얻고 악을 저지른 자들은 부활하여 심판을 받을 것이다.")이 말하듯 모든 이가 영원한 생명을 위해 부활하는 것은 아니다. 악한 이들에게는 '보다 나쁜 것으로의 변화'(mutatio in deterius)가 일어나는 것이다. 이러한 의미에서 아우구스티누스는 보편적인 부활이 심판으로 수행될 것이라고 주장한다. "각자에게는 선하든 악하든 모든 것이 기억에 떠오를 것이고, 지성의 직관으로 놀라울 만큼 신속하게 만사를 훑어보게 될 것이다. 이런 지식이 각자의 양심을 고발하거나 변호해 줄 것이다. 그리하여 만인과 각 개인이 동시에 심판받는 일이 벌어질 것이다."(『신국론』 20, 14) 이리하여 최종적으로 구원이나 단죄가 선포될 것이다.

육신의 불사성은 완벽하게 하느님을 보게 한다. 곧 바오로가 코린토 1서 13장 12절에서 언급하듯 얼굴과 얼굴을 마주 보며 하느님을 보는 것이다. "세상이 끝날 즈음에는 불멸하는 몸을 얻어 벌을 받는 데가 아니라 영광에 받아들여질 것이다. 그리하여 하느님에 대한 완전한 관상에 이르면 바로 이 모상 속에 깃든 하느님과의 비슷함이 완전한 경지에 이를 것이다."(『삼위일체론』 14, 17, 23) 요한 1서 3장 2절 ("사랑하는 여러분, 이제 우리는 하느님의 자녀입니다. 우리가 어떻게 될지는 아직 드러나지 않았지만, 그분께서 나타나시면 우리도 그분처럼 되리라는 것은 알고 있습니다. 그분을 있는 그대로 뵙게 될 것이기 때문입니다.")에서 말하듯 하느님을 온전히 보면서 하느님의 모상에 하느님을 온전히 닮는 일이 이루어지는 것이다.(『삼위일체론』 14, 18, 24) 하느님을 온전히 볼 수 있기 때문에 코린토 1서 13장 12절("내가 지금은 부분적으로 알지만 그때에는 하느님께서 나를 온전히 아시듯 나도 온전히 알게 될 것입니다.")이 말하듯, '외견을 통한 인식'(cognitio per speciem)이 생기는 것이다.(『시편 상해』 149, 4) 이로써 우리는 하느님으로 충만해지며(『강론』 53,15,16), 완전하고도 충만한 평화인 하느님의 평화 속에서 살아가게 된다.(『로마서 명제 해설』 45(53)) '끝없는 행복'(beatitudo perpetua)을 누리는 것이다.(『참된 종교』 26, 49)

이에 반해 부활 후의 단죄된 이들은 영원한 죽음의 상태에 있게 될 것이다. 영원한 벌을 받게 될 것이다. "영혼이 하느님을 모시지 못하므로 산다고 할 수도 없고, 차라리 죽는다 해도 육체의 고통을 면할 수 없는 그런 처지가 될 것이다. 첫째 죽음은 영혼이 원하지 않는데도 육체로부터 영혼을 쫓아낸다. 반대로 둘째 죽음은 영혼이 원하지 않는데도 육체에 영혼을 붙들어 둔다."(『신국론』 21, 3, 1) 이러한 지옥의 존재에 대해 아우구스티누스는 신약성경과 전승에 기초하여 설명한다. 우선 신약성경은 다음과 같이 말한다. "저주받은 자들아, 나에게서 떠나 악마와 그 부하들을 위하여 준비된 영원한 불 속으로 들어가라."(마태 25, 41) "지옥에서는 그들을 파먹는 구더기도 죽지 않고 불도 꺼지지 않는다."(마르 9, 48) "그 짐승이 붙잡혔습니다. 그 짐승 앞에서 표징들을 일으키던 거짓 예언자도 함께 붙잡혔습니다. 그 거짓 예언자는 그 표징들을 가지고, 짐승의 표를 받은 자들과 짐승의 상에 경배하는 자들을 속였던 것입니다. 그 둘은 유황이 타오르는 불 못에 산 채로 던져졌습니다."(묵시 19, 20) "그들을 속이던 악마는 불과 유황 못에 던져졌는데, 그 짐승과 거짓 예언자가 이미 들어가 있는 그곳입니다. 그들은 영원무궁토록 밤낮으로 고통을 받을 것입니다."(묵시 20, 10) 이러한 성서적 전망을 전승은 확언하고 확장시키는데, 오리게네스파를 제외한 교부들은 사악한 이들의 단죄가 영원한 것이라고 주장하였다.(『신국론』 21, 17-18)

단죄된 악인들이 악마와 함께 던져질 영원한 불은 물체적(物體的) 불(corporeus ignis)이며, 이 지옥의 불에 접하여 고통에 시달릴 것이라고 아우구스티누스는 강조한다.(『신국론』 21, 10) 단순히 영혼만의 고통이 아니라 영혼과 육체 모두에게 주어지는 고통인 것이다. "영원한 형벌 속에서 육체의 고통이든 영혼의 고통이든 어느 한 편의 고통이 없으리라는 것은 부조리하기 때문이다."(『신국론』 21, 9, 2)

"그러므로 지식을 사랑하되, 사랑을 우선시하십시오. 지식이 혼자일 경우, 교만해집니다. 그러나 사랑은 기초를 놓기 때문에 지식이 교만해지는 것을 허락하지 않습니다. 따라서 지식이 교만해지는 곳은 사랑을 기초로 놓지 않은 곳입니다. 그러나 사랑이 기초를 놓은 곳에서는 지식이 확고해집니다."(Ergo amate scientiam, sed anteponite caritatem. Scientia si sola sit, inflat. Quia vero caritas aedificat, non permittit scientiam inflari. Ibi ergo inflat scientia, ubi caritas non aedificat: ubi autem aedificat, solidata est.) －『강론』 354,

IV

수도자로서의 아우구스티누스

아우구스티누스와 그의 친구들이 기도에 전념하기 위해 만든 수도자 공동체인 아우구스띠노 수도회 로고이다.

아우구스티누스 성인은 그리스도인들에게 많은 모습으로 등장한다. 우리는 그 안에서 히포의 주교, 신학자, 논쟁가, 목자, 그리스도교 철학자 등의 모습을 발견한다. 여기에 또 한 측면을 첨가하자면, 수도자로서의 아우구스티누스이다. 그는 자신의 개인적 체험과 예루살렘 초대 공동체의 모습에서 영감을 받아 수도원을 세웠고, 죽을 때까지 하느님을 찾는 한 구도자로서 자신의 삶을 영위하였던 것이다.[1]

사실 수도 생활은 청빈, 정결, 순명의 세 가지 복음적 권고(consilia evangelica)를 준수하면서 하느님의 영광과 교회의 건설 및 세상의 구원을 위하여 성령의 감도를 받아 하느님의 부르심에 응답함으로써 시작되는 축성 생활이다. 다시 말하면, 수도 생활은 더 고귀한 삶을 살고자 하는 인간 염원의 자연스러운 표현으로, 하느님 나라의 건설을 위해 인간들을 초대하는 그리스도의 부르심에 응답하여 그분의 제자로서 그분을 온전히 따르고 싶은 열망에서 시작된 삶인 것이다. 따라서 수도자들의 성소는 근본적인 그리스도인이 된다는 것, 즉 온전히 하느님만을 섬기고 예수 그리스도를 본받아 보다 그리스도처럼 되는 것이다.[2] 이 삶은 완덕을 향해 나아가는 것, 곧 하느님을 향해 나아가는 것이다. 이 점을 아우구스티누스는 『강론』 355, 2에서 다음과

---

[1] 폴 몽소(Paul Monceaux)가 지적하듯, 아우구스티누스는 세 가지 요소를 결합하여 자신의 고향인 타가스테(Tagaste)에 수도원을 세운다. 첫 번째는 이상적 요소로, 사도행전에서 묘사하고 있는 예루살렘 초기 공동체에 대한 기억이다. 두 번째는 실재적 요소로, 이탈리아에서 방문한 수도원에 대한 기억들이다. 세 번째는 개인적 요소로, 철학 작품과 함께하는 학문적 은거의 생각을 금욕주의 사상에 연결시키던 관습이다: "Saint Augustin et saint Antoine. Contribution à l'histoire du monachisme", AA.VV., *Miscellanea Agostiniana*, II, Roma: Tipografia Poliglotta Vaticana, 1931, p. 71.
[2] 티어드로 택, 『아우구스티누스가 살아 있다면』, 황종렬 역, 성바오로 출판사, 1993, 122쪽.

같이 명확하게 말한다. "우리 모두에게 공통된 것은 하느님 자신이라는 크고도 지극히 비옥한 소유물입니다." 하느님께 나아가는 길 역시 유일하다. 곧 그리스도께서 길이요, 진리요, 생명인 것이다.(요한 14, 6) 이에 대해 성인은 『그리스도교 교양』 1, 34, 38에서 다음과 같이 설명한다. "사실 이렇게 말씀하십니다. '나는 길이요 진리요 생명이다.' 즉 나를 통해서 오는 것이요, 나에게 도달하는 것이며, 내 안에 머무는 것이라는 점입니다. 그분께 도달할 때 또한 아버지께도 도달하는 것입니다. 왜냐하면 동일한 분을 통해, 또한 그분과 같은 분을 인식할 수 있기 때문입니다. 끈과 이른바 접착제는 성령으로, 그분을 통해 최고선이요 불변의 선 안에 우리들은 머물 수 있는 것입니다." 『요한복음 강해』 22, 8에서는 이렇게 말한다. "그분이 말씀하시기를, '나는 길이요 진리요 생명이다.' 당신은 걷기를 원합니까? '나는 길이다.' 당신은 오류를 피하길 원합니까? '나는 진리이다.' 당신은 죽음을 피하길 원합니까? '나는 생명이다.' 이것을 당신의 구세주가 당신에게 말하는 것입니다: 당신은 나에게 오는 것이 아니라면 다른 곳으로 갈 필요가 없고, 내가 당신의 길이 아니라면 걸을 길이 없습니다."

아우구스티누스 역시 이 삶에서 예외는 아니다. 하느님을 찾는 것 혹은 아우구스티누스의 내향성(內向性, interioritas)은 의심의 여지없이 아우구스티누스의 모든 작품을 특징짓는 것이다. 이 모습은 단순히 신학자로서 혹은 철학자로서 나타난 것이 아니다. 한 학자는 이렇게 말한다. "철학을 위한 아우구스티누스가 있는 것도 아니고, 신학을 위한 아우구스티누스가 있는 것도 아니며, 더욱이 수도 생활을 위한 아우구스티누스가 있는 것도 아니다."³ 히포의 주교를 특징짓는 체계는 하나인 것이다. 아우구스티누스의 신학, 그의 철학과 그의 수도 생활은 단순히 '하느님을 찾는 것'만이 아니라 실제적으로 그분을 사는 것이다. 그의 신학은 영혼에 있는 하느님의 모상을 통해 삼위일체이신 하느님을 사는 것이요, 그의 철학은 진리와 지혜를 통해 하느님을 사는 것이요, 수도 생활은 공동생활을 통하여 하느님을 사는 것이다.

아우구스티누스는 『고백록』에서 세례를 받은 후의 자신의 결심을 다음과 같이 이야기한다. "주여 당신께서는 인간이 한마음으로 한 집에 살게 하셨나이다. (…) 우리는 다 같이 함께 있었습니다. 다 같이 당신의 거룩한 뜻에 살기로 하였습니다. 그리하여 당신을 섬기기에 가장 적당한 곳을 찾다가 함께 아프리카로 돌아오는 것이었습니다."⁴ 또한 최초로 아우구스티누스 전기를 쓴 포시디우스(Possidius, 370?-437?)는 이에 대해 다음과 같이 말한다. "세례의 은총을 받은 뒤 아우구스티누스께서는 당신처럼 하느님을 섬기던 고향 사람들과 친구들과 함께 아프리카에 있는 당신 집과 땅으로 돌아가기를 원하셨다. 돌아오셔서 삼 년 정도 고향에 머무셨다. 그리고 재산을 포기하시고, 당신과 (뜻을 같이하여) 함께 살던 이들과 더불어 단식과 기도와 선행으로써 밤낮없이 주님의 법을 되새기면서 하느님을 위하여 사셨다."⁵

이처럼 이 수도 공동체는 평수사 공동체로서 철저한 관상 생활을

---

3 L. Cilleruelo, "Diálogo fraterno", *Revista Agustiniana de Espiritualidad* IV(1963), p. 127.
4 아우구스티누스, 『고백록』 9, 8, 17.
5 포시디우스, 『아우구스티누스의 생애』 3, 1-2.

하였다. 이 수도원은 밀라노가 로마에서 그가 알게 되었던 수도원들을 단순히 모방한 것이 아니라 오히려 탐구의 생활에 몰두하는 그의 성향이 내포된 수도원이었던 것이다. 391년 사제 서품을 받고 발레리우스(Valerius, †395) 주교의 허락을 받아 주교관 옆에 사제들을 위한 수도원을 세우게 된다. 포시디우스의 증언을 통해 이 수도원의 창설자로서의 아우구스티누스의 지향을 알 수 있다. "사제가 된 뒤 곧바로 그분은 교회 옆에 수도원을 세우시고 거룩한 사도 시대에 제정된 방식과 규정에 따라 하느님의 종들과 함께 살기 시작하셨다."[6]

이토록 '하느님의 종'(servus Dei)으로서 거룩한 고요함에 봉헌하는 삶을 살고자 했던 아우구스티누스의 모습에 대해 살펴보도록 하자.

1. 아프리카 수도원의 창시자인 아우구스티누스

아우구스티누스 시대의 서방 교회에 이미 동방에서 온 수도 생활의 전통이 있었음을 우리는 알고 있다. 이 전통에서 수도자들은 사도들의 삶, 즉 예수께서 당신의 제자들에게 가르쳐준 삶을 온전히 살고자 하였다. 이 때문에 4세기 후반에 수도 생활이 처음으로 출현하였을 때, 개인에서 개인으로 전수되는 운동으로 나타났다. 우리는 "모범이 되어야지 입법자가 되어서는 안 된다."라는 금언(金言)을 통해서

---

6 포시디우스, 「아우구스티누스의 생애」 5, 1.

도 이를 알 수 있다. 결국 초기 수도 생활에서 수도 규칙은 오늘날처럼 법적 기능을 하고 있었다기보다, 오히려 영성집(code de spiritualité)이라는 측면이 더 강했다. 즉 수도 생활에서 지켜야 할 규정 모음집의 성격이었던 것이다.[7]

이러한 수도 생활 전통에서 볼 때, 아우구스티누스는 매우 특별한 경우이다. 다른 이로부터 수도 생활에 대한 양성을 받은 것이 아니기 때문이다. 하지만 386년 11월 초부터 시작된 카시치아쿰(Cassiciacum)에서의 생활은 단순히 가슴의 통증 때문이 아니라 '하느님의 종'(servus Dei)이 되기 위한 선택이었다.[8] 또한 387년 4월 24-25일에 세례성사를 받은 후 아프리카로 돌아와 자신의 고향인 타가스테(Tagaste)에서의 삶 역시 하느님과 인간에 대한 봉사에 온전히 봉헌하는 것이었다.[9] 이러한 의미에서 타가스테 공동체는 아프리카에 처음으로 세워진 수도원이라고 할 수 있다.[10] 또한 히포에서 사제로 서

---

7 Cf. A. De Vogüé, *Les Règles monastiques anciennes (400-700)*, Turnhout: Brepols, 1985, pp. 11-12.
8 『고백록』 9, 5, 13.
9 포시디우스, 『아우구스티누스의 생애』 3, 1-2. 일부 학자들은 이 증언의 신빙성에 대해 물음을 제시한다. 왜냐하면 그가 저술한 아우구스티누스 전기가 현대적 의미에서 볼 때 참된 전기가 아니라는 것이다: H.J. Diesner, "Possidius und Augustinus", *Studia Patristica* 6(1962), pp. 354-356, 365; L.J. Van der Lof, "The threefold meaning of Servi Dei in the writings of Saint Augustine", *Augustinian Studies* 12(1981), pp. 55-56.
10 Cf. Ferrand, *Discours où l'on fait voir que St. Augustin a été moine. Prouvé par la doctrine des Pères, et principalement par cette de S. Augustin*, Paris, 1689; P. Guilloux, *L'âme de saint Augustin*, Paris: J. De Gigord, 1921², pp. 155-174; A. Zumkeller, *Das Mönchtum des heiligen Augustinus*, Würzburg: Augustinus-Verlag, 1968, pp. 56-68; M. Mellet, *L'itinéraire de l'idéal monastiques de saint Augustin*, Paris: Desclée De Brouwer et Cie, 1934, pp. 19-29; V.J. Bourke, *Augustine's quest of Wisdom*, Milwaukee: The Bruce Publishing Company, 1945², pp. 106-122; G. Lawless, "Augustine's first monastery: Thagaste or Hippo?", *Augustinianum*

품되어 세운 수도원과 주교가 된 후 세운 수도원을 통해 수도 생활이 북아프리카 전역으로 퍼지게 되었다. 430년 8월 28일 아우구스티누스가 사망할 무렵, 우리가 알고 있는 한, 아프리카에 적어도 46개의 수도원이 있었다.[11] 포시디우스의 증언을 통해 볼 때, 더 있었을 가능성도 배제할 수 없다.[12] 때문에 "아우구스티누스 이전 아프리카에는 수도 생활이 번성하지 않았을 뿐 아니라 수도 생활, 즉 일정한 규율과 연결된 공동 수도 생활 자체가 거의 알려지지 않았었다."라고 아고스티노 트라페(Agostino Trapè)와 함께 말할 수 있다.[13]

1) 아우구스티누스 수도 규칙의 친저성과 기원

『계명집』(Praeceptum) 혹은 『하느님의 종들을 위한 규칙서』(Regula

25(1985), pp. 65-78. 다음의 학자들은 타가스테 공동체를 당시의 철학적 사색을 위한 장소로 본다: G. Folliet, "Aux origines de l'ascétisme et du cénobitisme africain", in AA.VV., *S Martin et son temps: Mémorial du 16e centenaire des débuts du monachisme en Gaule, 361-1961*, Studia Anselmiana 46, Roma: Pontificium Institutum S. Anselmi, 1961, p. 38; R.J. Halliburton, "The inclination to retirement: the retreat of Cassiciacum and the 'Monastery' of Tagaste", *Studia Patristica* 5(1962), p. 339; L.J. Van der Lof, "The threefold meaning of Servi Dei in the writings of Saint Augustine", pp. 54-56. 다음의 학자들은 어떤 의미에서 타가스테 공동체가 수도원임을 인정하면서도 본래의 의미에서 수도원으로 규정하는 데에는 우유부단한 입장을 취한다: G. Bonner, *St. Augustine of Hippo. Life and Controversies*, London: The Canterbury Press Norwich, 1986 (reissued & revised), p. 108; C. Stancliffe, *St. Martin and His Hagiographer*, Oxford: Clarendon Pr., 1983, pp. 28-29; P. Brown, Augustine of Hippo, London: Faber and faber, 1990 (reprinted), p. 136; A. Pincherle, *Vita di sant'Agostino*, Bari: Laterza, 19882, p. 98.
11 Cf. J.J. Del Estal, "Instituciòn monàstica de san Augustìn desde sus orìgenes hasta la muerte del Fundador (430)", *La Ciudade de Dios* 178(1965), pp. 256-269.
12 포시디우스, 『아우구스티누스의 생애』 31, 8.
13 A. Trapè, *Introduzione a S. Agostino, La Regola*, Milano: Editrice Ancora, 1971, p. 67.

ad servos Dei)라고도 불리는 『아우구스티누스 규칙서』(Regula Sancti Augustini)는 가르시아(J. García)가 지적하듯, 히포의 주교가 저술한 작품들 중 가장 짧으면서도 내용 면에서는 아주 풍부하기에 해석하기가 쉽지 않은 작품이다.14 사실 수도 규칙의 친저성, 저술연도, 수신인 등의 문제가 여전히 학자들 간에 논쟁 중에 있다. 이는 아우구스티누스 자신이 언제, 왜, 누구를 위해 수도 규칙을 작성한 것인지 『재론고』(Retractationes)에서 밝히지 않기 때문이며, 포시디우스 역시 『아우구스티누스 저술 목록』(Indiculum)에서 수도 규칙에 대해 언급하지 않기 때문이다.15

약 100여 개 이상의 사본을 통해 전해지는16 계명집의 원본이 『서한』 211에 삽입되어 있는 『수녀들을 위한 규칙서』(Regularis Informatio)라는 것이 전통적인 주장이다.17 "그 누구도 성 아우구스

---

14 J. García, "La Règle de saint Augustin: Structure et fondement théologique", Connaissance des Pères de l'Église 67(septembre, 1997), p. 19.
15 제랄드 보너(Gerald Bonner)에 따르면, 수도 규칙이 「재론고」에 나오지 않는 것은 415/416년에 쓰여진 『인간 의로움의 완성』(De perfectione iustitiae hominis)의 경우처럼 무심결에 빠뜨렸을 것이다: G. Lawless/G. Bonner/Sr. Agatha Mary, *Saint Augustine, The Monastic Rules*, New York: New City Press, 2004, p. 28. 조지 로리스(George Lawless)는 수도 규칙이 한 공동체를 위해 작성된 것임을 상기시키면서 이런 내적 용도 때문에 아우구스티누스가 「재론고」에서 책이나 강론 혹은 서한 등으로 명확하게 규정짓지 않았을 것으로 본다: *Augustine of Hippo and His Monastic Rule*, Oxford, New York: Oxford University Press, 1987, p. 128.
16 이 사본들을 크게 3가지 전승 혹은 세 그룹으로 나눈다. 첫 번째 그룹은 "수도원 안에 살고 있는 너희가 지키도록 우리가 정한 규정들은 이러하다."라는 문장으로 시작하는 「계명집」 앞에 「수도원 규정서」(Ordo monasterii)가 붙어 있는 사본들의 경우이다. 이 그룹에 속한 수도 규칙서를 「좀 더 긴 계명집」(Praeceptum longius)이라고 부른다. 두 번째 그룹은 「수도원 규정서」가 붙어 있지 않고 계명집만 나타나는 경우이다. 세 번째 그룹은 「서한」 211에 삽입되어 있는 「수녀들을 위한 규칙서」(Regularis nformatio)로 나타나는 경우이다. 이에 대해서는 참조: L. Verheijen, *La Règle de saint Augustin*, I, Paris: Études augustiniennes, 1967.
17 Cf. L. Verheijen, *La Règle de saint Augustin*, II, pp. 19-85.

티누스의 규칙이 그의 『서한』 211에서 나온 것임을 모르지 않는다."라고 확언하고 있는 랑보(Lambot)에 따르면, 오늘날 『아우구스티누스 규칙서』라고 말하는 것은 사실 『수녀들을 위한 규칙서』를 남자 수도자들을 위해 변형시킨 것으로,18 이 편집 작업을 아우구스티누스 자신이 직접 했다고 볼 수 없다는 것이다.19 이 의견은 샤를 부아예(Charles Boyer)가 평가하듯 1930년대 대부분의 학자들이 주장하던 것이었다.20

하지만 계명집이 아우구스티누스의 작품이라는 것에 대해서는 의심할 여지가 없다고 본다. 우선 사본 전승의 관점에서 본다면, 현재 우리가 갖고 있는 가장 오래된 사본은 원래 코르비(Corbie) 대수도원에 있다가 현재 파리 국립 도서관에 소장되어 있는 Cod. Parisinus lat. B.N. 12634로 6-7세기에 작성된 것이다.21 이 사본은 여러 규칙서 모음집으로 루쿨라눔의 에우집피우스(Eugippius Lucullani)가 산 세베리노(San Severino) 수도원 수도자들을 위해 만든 작품으로,22 수도

18　C. Lambot, "La règle de saint Augustin et S. Césaire", *Revue bénédictine* 41(1929), pp. 333-341.
19　C. Lambot, "Saint Augustin a-t-il rédigé la règle pour moines qui porte son nom?", *Revue bénédictine* 53(1941), pp. 41-58. 피에르 망도네(Pierre Mandonnet)는 『수녀들을 위한 규칙서』와 『하느님의 종들을 위한 규칙서』가 다른 두 단계에서 작성된 하나의 동일한 본문이라고 생각한다: *Saint Dominique. L'idée. l'homme et l'oeuvre*, II, Paris: Desclée De Brouwer et Cie, 1938, pp. 121-148. 도나시앙 드 브뤼인(Donatien de Bruyne)은 『수녀들을 위한 규칙서』를 아우구스티누스 규칙서로 변형한 것은 베네딕투스라고 주장한다: "La première règle de saint Augustin", *Revue bénédictine* 42(1930), pp. 316-342.
20　Ch. Boyer, "Augustin(Saint)", *Dictionnaire de spiritualité*, I(1937), p. 1127: Ch. Boyer, "Agostino Aurelio", *Enciclopedia Cattolica*, I(1949), p. 564.
21　Cf. L. Verheijen, *La Règle de saint Augustin*, I, pp. 111-117.
22　460년경에 태어나 539년경에 사망한 에우집피우스는 40권 이상의 아우구스티누스 작품에서 뽑은 선집인 『아우구스티누스 작품 요약집』(Excerpta ex operibus S. Augustini)의 저자이다.

원의 기도 생활과 하루의 일과와 생활양식에 관한 짧은 분량의 가르침을 담고 있는 『수도원 규정서』(Ordo monasterii)와 함께 『계명집』을 전해주고 있다.[23] 에우집피우스가 6세기 초반에 왕성한 활동을 하였다는 것을 볼 때, 약 530년경에 남자 수도자들을 위한 아우구스티누스의 『계명집』이 그의 작품으로 여겨졌다는 것을 알 수 있다. 이러한 면에서 볼 때, 아우구스티누스의 『하느님의 종들을 위한 규칙서』가 『수녀들을 위한 규칙서』보다 먼저 작성된 것이라고 할 수 있다.[24]

참조: V. Pavon, "EUGIPPIO", *Dizionario patristico e di antichità cristiane*, I(1983), pp. 1278-1279.

23 피에르 망도네에 따르면, 『계명집』은 『수도원 규정서』의 주석서로, 이 둘이 단일한 형태로 합쳐져 아우구스티누스 수도 규칙이 형성되었다. 즉 『수도원 규정서』는 아우구스티누스의 작품으로 388년 타가스테에 첫 수도원을 세웠을 때 작성된 것이고, 『계명집』은 아우구스티누스가 히포에 수도원을 세운 391년에 작성된 것이다: *Saint Dominique. L'idée, l'homme et l'oeuvre*, II, pp. 121-148. 도나시앙 드 브뤼인은 『수도원 규정서』가 베네딕투스의 첫 규칙서임을 강조한다: "La première règle de saint Augustin", pp. 316-342. 20세기에 이르러 많은 학자들은 아우구스티누스를 『수도원 규정서』의 저자로 보지 않는다. 규정서 내용 면에서는 아우구스티누스의 사상과 같지만, 문체라는 측면에서 볼 때는 그의 것으로 볼 수 없다는 것이다: A. Casamassa, "Note sulla Regula Sancti Augustini", in AA.VV., *Sanctus Augustinus, Vitae spiritualis magister*, I, Roma:Analecta augustiniana, 1959, pp. 357-389; A. Sage, *La vie religieuse selon saint Augustin*, Paris: La vie augustinienne, 1972, p. 167. 라드너는 다음과 같이 말한다. "만약 수도원 규정서가 아우구스티누스 자신이 쓴 것이 아니라고 한다면, 적어도 아우구스티누스와 동시대에서 그리고 아우구스티누스적 환경에서 기원한 것임은 확실하다.": G.B. Ladner, *The Idea of Reform. Its Impact on Christian Thought and Action in the Age of the Fathers*, Cambridge, Massachusetts: Harvard University Press, 1959, pp. 357-358. 베르헤이언, 아돌라르 줌켈러, 이형우 아빠스는 문체와 법적 색채 등의 이유로 수도원 규정서의 저자가 아우구스티누스의 친구였던 알리피우스(Alypius)라고 주장한다: L. Verheijen, *La Règle de saint Augustin*, II, Paris: Études augustiniennes, 1967, pp. 164-174; M. Verheijen, "Remarques sur le style de la ≪Regula secunda≫ de saint Augustin, son rédacteur", in AA.VV., *Augustinus magister*, I, Paris: Études augustiniennes, 1954, pp. 255-263; A. 줌켈러, 『아우구스티누스 규칙서』, 이형우 옮김, 왜관: 분도출판사, 2006(신정판), 28쪽; 이형우, 「아우구스티노 규칙서」, 『한국가톨릭대사전』, 8, 분도출판사, 2003, 5712쪽.

24 Cf. M. Verheijen, "La Regula Sancti Augustini", *Vigiliae Christianae* 7(1953), pp. 27-56.

사본 전승이라는 외적 증언 외에 내용이나 형식의 차원에서, 즉 아우구스티누스의 다른 작품과의 비교나 성경 인용, 단어, 수사학 등의 내적 비판을 통해서도 규칙서가 아우구스티노의 작품이라는 점에서는 의심의 여지가 없다.[25] 뤽 베르헤이언(Luc Verheijen)은 포시디우스의 『아우구스티누스의 생애』와 규칙서가 인용하고 있는 사도행전 4장 32-35절을[26] 비교하면서 규칙서에 대한 아우구스티누스의 친저성을 주장한다.[27] 타르시치우스 반 바벨(Tarsicius van Bavel)은 규칙서에 나오는 사도행전 4장 32절의 인용문에 'in Deum'이라는 말이 첨가된 것에 초점을 둔다. 이 문구를 첨가한 것은 아우구스티누스의 특징이며 습관이라는 것을 자신의 연구를 통해 밝혀냈다.[28]

2) 아우구스티누스 규칙서의 구조

규칙서는 세 부분으로 나뉜다.

첫 부분은 도입 부분으로 I장 1-8조이다. 이 부분에서 저자는 수도생활의 근본 목적인 사도행전 4장 32-35절에서 묘사하고 있는 초기

---

25 Cf. T.J. van Bavel, "Parallèles, vocabulaire et citations bibliques de la ≪Regula Sancti Augustini≫. Contribution au problème de son authenticité", *Augustiniana* 9(1959), pp. 12-77; N. Cipriani, "La precettistica antica e la regola monastica di S. Agostino", *Augustinianum* 39(1999), pp. 365-380.
26 포시디우스, 『아우구스티누스의 생애』 5, 1; 『규칙서』 1, 3.
27 L. Verheijen, *La Règle de saint Augustin*, II, pp. 89-95.
28 T.J. van Bavel, "≪Ante omnia≫ et ≪in Deum≫ dans la ≪Regula Sancti Augustini≫", *Vigiliae Christianae* 12(1958), pp. 162-165.

그리스도교 공동체의 영적·물적 친교 체험을 제시하고 있다.[29] 예루살렘 초기 공동체의 친교 체험이 수도 공동체가 계속해서 추구해야 하는 이상적인 모습이기 때문이다.[30]

두 번째 부분은 II-VII장으로, 애덕 안에서 성장하기 위한 각종 계명을 제시하고 있다. 즉 공동기도, 가난, 정결 생활, 공동 노동, 형제적 교정 순명과 장상의 봉사 등이다.

세 번째 부분은 결론 부분으로 VIII장 1-2조로, 모든 계명을 준수하도록 활기를 불어 넣어주는 사랑과 자유의 정신을 제시한다.

결국 도입 부분은 도달해야 할 목표이고, 두 번째 부분은 이를 위한 수단 및 도구이고 마지막은 순명의 정신을 이야기하는 것이다. 이 세 부분에서 주목할 만한 것은 첫 번째와 마지막 부분이다. 다른 수도 생활 체험과 비교할 때, 저자가 갖고 있는 수도 생활에 대한 개념의

---

29 일부 학자들의 의견에 의하면, 아우구스티누스는 처음에 사도행전 4, 32ㄱ의 말씀을 공동체적인 의미가 아닌 개인적 차원으로 이해한 것으로 보인다: D. Sanchis, "Pauvreté monastique et charité fraternelle chez saint Augustin. Note sur le plan de la Regula", *Augustiniana* 8(1959), p. 15; L. Verheijen, *Saint Augustine's Monasticism in the light of Acts 4.32-35*, Villanova: Villanova University Press, 1979, pp. 6-9; T.J. van Bavel, *La règle de saint Augustin*, Louvain: Institut Historique Augustinien, 1989, p. 56. 하지만 곧 '한 마음과 한 뜻'이라는 구절을 공동체적 의미에서 이해하게 된다. 베르헤이언에 따르면, 아우구스티누스가 사도행전 4, 32ㄱ을 공동체적 의미에서 이해하게 된 것이 놀라(Nola)의 파울리누스(Paulinus)의 편지에 의한 것이라고 주장한다. 이에 대해 치프리아니 신부는 치프리아누스가 쓴 『가톨릭 교회의 일치』를 제시하면서 3세기와 4세기에 발전된 아프리카 교회의 교회론에서 아우구스티누스가 영향을 받은 것이라고 주장한다: L. Verheijen, *Saint Augustine's Monasticism in the light of Acts 4.32-35*, pp. 9-16; N. Cipriani, "Introduzione alla Regola", in *Nuova Biblioteca Agostiniana* VII/2, Roma: Città Nuova, 2001, p. 13.

30 그렉 신부는 사도행전 2, 42-47과 사도행전 4, 32-37을 비교 분석하면서 아우구스티누스가 2, 42-47을 인용하지 않은 것은, 그곳에서 말하고 있는 것은 여전히 지켜지고 있는 교회의 유산이지만, 시간의 흐름 속에 환경이 바뀌면서 잃어버린 것 혹은 쇄신되어야 할 것은 사도행전 4, 32-37의 내용이기에 이것만 인용했다고 주장한다: P. Grech, "The augustinian community and the primitive Church", *Augustiniana* 5(1955), pp. 459-470.

독창성이 드러나기 때문이다.

2. 수도 생활의 본질

폴레트 레르미트 르클레르크(Paulette L'Hermite Leclerq)는 아우구스티누스의 『수도 규칙』이 건조하고 영적 감흥이 결핍되어 있으며 신학적으로도 빈곤한 일련의 실천적 규범들에 불과하며, 그 규범들 중 많은 것이 아우구스티누스가 살던 시대의 삶의 조건을 기반으로 하기에 고대의 것일 뿐, 현재에는 적합하지 않다고 비판한다.[31] 물론 아우구스티누스『수도 규칙』이 규범적 혹은 계명적 특성을 지니고 있다는 것을 주목할 때, 그녀의 주장은 올바르다고 할 수 있다.

사실 "수도원 안에 살고 있는 너희가 지키도록 우리가 정한 규정들은 이러하다."라는 도입 문장은 수도 생활에 관한 일련의 실천 규범을 제공하고자 하는 아우구스티누스의 의지를 보여준다. 『수도 규칙』 자체가 본질적으로 규범적 성격을 지닌 것임을 보여주는 것이다. 이는 다른 것이 아니라, 이 『수도 규칙』의 저자가 수도 생활에 관한 신학을 전개하거나 영성적 양성에 관한 논문을 우리에게 남겨주고자 하는 의도가 없다는 것이다.[32]

---

[31] P. L'Hermite Leclercq, *L'Élise et les femmes dans l'Occident chrétien des origines à la fin du Moyen Âge*, Turnhout: Brepols, 1992, pp. 70-74.
[32] L. Verheijen, Nouvelle approche de la Règle de saint Augustin, I, Bégrolles en Mauges, Abbaye de Bellefontaine, 1980, p. 35.

그렇기에 아고스티노 트라페(Agostino Trapè)의 다음과 같은 지적은 정확하다고 할 수 있다. "아우구스티누스의 수도 규칙은 하나의 『수도 규칙』, 즉 복음의 권고에 따른 공동생활을 조직하고 이끄는 (필수적으로 매일의 일과표나 전례 규정이 아닌) 안정적인 규율집이다."[33] 하지만, 넬로 치프리아니(Nello Cipriani)가 지적하는 대로, 이러한 실천적 성격에도 불구하고 각 규범의 이면에 『수도 규칙』이 풍요로운 영성적 가르침과 수도 생활에 대한 굳건한 신학을 갖고 있다는 것도 잊어서는 안 된다.[34]

"친애하는 형제들이여, 무엇보다 먼저 하느님을 사랑하고 그 다음 이웃을 사랑할 것이니, 이것은 우리에게 주어진 첫째가는 계명들이기 때문이다."

이 문장은 『수도 규칙』의 서문 역할 혹은 본래의 의미에서의 『수도 규칙』으로 넘어가는 연결고리 역할을 하지만, 원래 『수도원 규정서』(Ordo monasterii)의 첫 대목으로 아우구스티누스가 직접 쓴 것도 아니다. 그러나 『수도 규칙』 전체의 주제가 무엇인지 처음부터 암시하고 있다. 또한 『수도 규칙』이 어느 정도 이론적 원칙을 표현함에도 불구하고 실천적인 어떤 것임을 제시한다.[35] 이 점은 '무엇보다도'(ante

---

33 A. Trapè, Introduzione a S. Agostino, La Regola, Milano: Editrice Ancora, 1971, p. 83.
34 N. Cipriani, *Sant'Agostino. La Regola*, Roma: Città Nuova, 2006, p. 20.
35 C. Boff, *La via della comunione dei beni. La regola di S. Agostino*, trad. ital. di B. Pistocchi, Assisi: Cittadella Editrice, p. 50 [tit. orig. *A via da comunhão de bens*, Rio

omnia)라는 표현을 통해서도 잘 드러난다.36 결국 『수도 규칙』 전체의 주제는 다른 것이 아니라 하느님께서 원하시는 대로 사랑하는 것이다. 즉 '사랑의 자유'(libertas caritatis) 안에서 하느님을 사랑하고 이웃을 사랑하는 것이다.37 복음 말씀대로 한다면, "네 마음을 다하고 네 목숨을 다하고 네 정신을 다하여 주 너의 하느님을 사랑해야 한다. 이것이 가장 크고 첫째가는 계명이다. 둘째도 이와 같다. 네 이웃을 너 자신처럼 사랑해야 한다는 것이다. 온 율법과 예언서의 정신이 이 두 계명에 달려 있다."(마태 5, 37-40)

우리 그리스도인은 하느님의 자녀로 새로 태어나면서 종이 갖는 두려움(timor servile)이 아닌 아버지이신 하느님을 사랑할 수 있는 자격을 부여받았다.38 그렇기에 첫째가는 계명인 하느님 사랑은 다음과 같은 의미를 갖는다. 하느님의 마음을 아프게 하지 않으려고 노력하는 것이요,39 사랑의 평온함 안에서 죄를 짓지 않으려는 원의를 갖는 것이다.40 이는 하느님의 자녀로서 자연적 사랑에서 초자연적 사랑으로 넘어감을 뜻한다.41 즉 우리에게 주신 성령을 통하여, 바로 영

---

de Janeiro, 1988].
36 샤티옹은 이 문구가 그리스의 형태를 모방한 것이라고 주장한다. 반 바벨은 문제의 문구가 아우구스티누스의 여러 작품에서도 사용되었음을 지적하면서 '금언적 성격'을 갖고 있다고 본다. 즉 이 문구를 통해 아우구스티누스가 자신이 말하고자 하는 부분에 집중시키는 역할을 하고 있다는 것이다: F. Chatillon, "Quelques remarques sur ANTE OMNIA", *Revue des études augustiniennes* 2(1956), pp. 365-369; T.J. van Bavel, "≪Ante omnia≫ et ≪in Deum≫ dans la ≪ Regula Sancti Augustini≫", *h* 12(1958), pp. 157-162.
37 아우구스티누스, 『본성과 은총』 65, 78.
38 아우구스티누스, 『시편 상해』 88, s.2, 14; 『요한복음 강해』 75,1; 85, 3.
39 아우구스티누스, 『갈라디아서 해설』 53.
40 아우구스티누스, 『신국론』 14,9,5; 『요한복음 강해』 123,5; 『강론』 161, 9, 9.
41 아우구스티누스, 『요한복음 강해』 74, 4.

적인 눈을 통하여 하느님을 사랑하는 것이요, 성령을 통해 피조물 안에서 하느님의 비가시적 속성을 발견하는 것이고, 현세적인 것에서 영원한 것을 발견하는 것이다.42 그럼으로써 모든 것의 창조주이신 하느님을 찬미하는 것이다. 선하신 하느님께서 창조하셨기에 좋은 모든 사물과 함께 그리고 그들이 갖고 있는 아름다움이라는 목소리와 함께 하느님을 찬미하는 것이다.43 따라서 하느님을 사랑하는 것은 자기 자신에게 죽는 것이요, 찾기 위해서 잃어버리는 것이요, 사랑하기 위해서 미워하는 것이다.

하느님을 사랑하는 사람은 당연히 이웃을 사랑하게 된다. 아우구스티누스에 따르면, "하느님의 사랑은 계명의 차원에서는 먼저이지만, 이웃 사랑이 실천의 순서에서는 첫 번째가 됩니다."44 하느님 안에서 서로 사랑함으로써 우리는 진정으로 사랑하게 된다. 바로 이것이 하느님께 드리는 경신례(cultus Dei)요, 참된 종교(religio vera)이며, 참된 신심(pietas vera)이고, 오직 하느님께만 드려야 하는 섬김으로,45 아우구스티누스 사상에서 또 하나 중요한 전환점을 보여주는 것이다. "단 하나의 사랑"(una caritas), 바로 하느님 사랑과 이웃 사랑은 하

---

42 아우구스티누스, 「고백록」 13, 31, 46; 「그리스도교 교양」 1, 4, 4.
43 아우구스티누스, 「참된 종교」 54, 106; 「시편 상해」 144, 13; 145, 12; 148, 3. 치프리아니는 이 점을 하느님을 찬미하는 것의 우주적 전망으로 보며 다음과 같이 말한다. "하느님을 찬미하는 데 있어 인간은 자신의 목소리와 자신의 마음을 온 피조물에게 내어준다. 해석가가 되고 우주의 사제가 되는 것이다. 이 임무에 소홀히 하는 것은 단순히 창조주이신 하느님을 존경하지 않는다는 것뿐 아니라 목소리 없이 그리고 의미 없이 남아있을 수도 있는 모든 피조물까지도 존중하지 않는다는 것을 의미한다.": N. Cipriani, *La pedagogia della preghiera in S. Agostino*, Palermo: Edizioni Augustinus, 1984, p. 99.
44 아우구스티누스, 「요한복음 강해」 17, 8.
45 아우구스티누스, 「신국론」 10, 3, 2.

나로 나타나는 것이다.[46]

그러므로 사랑이라는 선물은 하느님의 자녀로 하여금 이웃에 대한 초자연적 사랑을 갖게 한다. 이웃 안에 살아계시는 성령을 영적인 눈으로 보면서 이웃을 사랑하는 것이요, 이웃 안에 살아계시는 하느님을 사랑하게 되는 것이기 때문이다.[47] 그렇다면 누가 이웃인가? 아우구스티누스에 따르면, "이웃이라는 말을 혈족관계가 아닌, 한 사회에서 모든 사람을 엮는 이성의 결합으로 이해해야 한다."는 것이다.[48] 좀 더 짧게 말하자면, "모든 사람이 다 이웃이라고 이해해야 한다."[49] 곧 이웃의 범주에는 부모나 형제, 친구만이 아니라 원수까지도 포함하는 것이다.[50] 원수는 누구인가? 불의를 사랑하고 자신의 목숨을 미워하는 이요, 자신의 본성을 미워하고 그 본성을 더럽히는 이요, 하느님의 선하심으로 창조된 것을 미워하고 자신의 고유한 의지를 통해 이룬 것을 사랑하는 사람이다.[51] 아우구스티누스는 원수의 모습에서 두 가지 측면을 구분한다. 즉 그 안에 있는 나쁜 면인 불의함과 그

---

46 아우구스티누스, 『삼위일체론』, 8, 8, 12; 『강론』, 265,8,9. 디드베르그(Dideberg)에 따르면, "성경 읽기와 사목자로서의 직무 수행이라는 두 가지 요소가 히포의 주교로 하여금 이 주제를 심화시킬 수 있도록 결합되었다.": D. Dideberg, *Saint Augustin et la première épître de saint Jean*, Paris: Éditions Beauchesne, 1975, p. 55.
47 아우구스티누스, 『요한복음 강해』 17, 8. "그러므로 이웃을 사랑하십시오. 그리고 이웃 사랑이 흘러나오는 원천을 당신 안에서 보십시오. 그곳에서 할 수 있는 한 하느님을 보게 될 것입니다. 이 때문에 이웃을 사랑하는 것부터 시작하십시오."
48 아우구스티누스, 『서한』, 155, 4, 14.
49 아우구스티누스, 『시편 상해』 11, 3.
50 아우구스티누스, 『강론』 386, 1. "하느님께서 우리를 사랑하는 사람을 우리가 사랑하기에 서로 사랑하라고 우리에게 명하시는 것이라고 생각해서는 안 됩니다. (…) 그분은 우리가 원수들을 사랑하도록 하십니다."
51 아우구스티누스, 『요한복음 강해』 87, 4.

안에 있는 좋은 것인 하느님의 피조물이라는 점을 구분하는 것이다. 그렇기에 원수를 사랑하는 것은 그가 자신의 원의로써 지은 죄를 통한 악행을 미워하지만, 그 역시 하느님의 모상대로 창조된 인간임을 사랑하는 것이다.[52] 더 나아가, 원수를 사랑한다는 것은 악 대신에 선을 준다는 것이요 하느님의 완전한 자비하심을 갖기 위하여 자신 역시 자비로워진다는 것이다. 그렇기에 아우구스티누스는 원수를 사랑하는 것에서 '사랑의 완성'을 보며, 원수를 사랑하는 하느님의 자녀를 '사랑 안에서 완전한 이'로 묘사한다.[53]

사도 바오로가 로마서 5장 5절에서 "우리가 받은 성령을 통하여 하느님의 사랑이 우리 마음에 부어졌기 때문입니다."라고 말하듯, 우리가 받은 성령을 통하여 우리 마음에 부어진 사랑의 역할은 이 세상에서 우리가 하느님의 본성에 참여할 수 있는 능력을 실현하는 것이다. 하느님께서 우리를 먼저 사랑하셨고, 당신을 사랑할 수 있는 능력을 우리에게 주신 것이다. 그렇기에 그분을 사랑하면서, 죄의 탓으로 인해 미워진 우리의 영혼이 아름다워진다.[54] 다시 말하면, 사랑을 통해 하느님을 닮게 된다는 것이요,[55] 삼위일체이신 하느님과 일치될 수 있는 능력을 갖게 된다는 것이다.[56] 사랑은 사랑하는 존재와 사랑받는 대상을 일치시키는 힘을 가지고 있다.[57] 이 때문에 "하느님을 사랑

52　아우구스티누스, 「시편 상해」, 102, 11; 118, s.7, 4.
53　아우구스티누스, 「요한서간 강해」, 1, 9; 8, 10; 10, 7; 「시편 상해」 93, 28.
54　아우구스티누스, 「요한서간 강해」 9, 9.
55　아우구스티누스, 「가톨릭교회의 관습과 마니교도들의 관습」 1, 12, 20.
56　위의 책. 1, 14, 24.
57　아우구스티누스, 「질서론」 2, 18, 46; 「신국론」 8, 10, 14.

하면 하느님이 되지만, 땅을 사랑하면 땅이 된다."고 아우구스티누스는 말한다.[58]

그러므로 사랑은 하느님께 나아가는 확실한 길이다.[59] 더욱이 사랑을 통해 하느님께서 우리 안에 머무신다.[60] 사랑으로 가득 찬 이는 하느님으로 가득 찬 것이다.[61] 그렇기에 이 세상을 살면서도 하느님을 알 수 있으며 그분으로부터 사랑을 받고 구원되었다는 확신을 지니게 된다.[62]

3. 수도 생활의 목적

1) 수도 공동체의 교회성(ecclesialità)[63]

아우구스티누스는 『수도 규칙』에서 처음부터 수도 생활의 주요 목적을 다음과 같이 명확하게 제시한다. "너희가 하나로 모여 있는 첫째 목적은 한 집안에서 화목하게 살며, 하느님 안에서 한 마음과 한

---

58 아우구스티누스, 「요한서간 강해」 2, 14.
59 아우구스티누스, 「시편 상해」 141, 7; 「요한서간 강해」 6, 4.
60 아우구스티누스, 「요한복음 강해」 76, 2; 「요한서간 강해」 8, 12.
61 아우구스티누스, 「시편 상해」 98, 4.
62 아우구스티누스, 「요한서간 강해」 2, 8; 8, 12.
63 가르시아에 따르면, '교회성'의 원리가 『수도 규칙』이 갖고 있는 가장 중요하고도 가장 심오한 신학적 기초이다. 이에 대해 참조: J. García, "La Règle de saint Augustin: Structure et fondement théologique", *Connaissance des Pères de l'Église* 67(septembre, 1997), p. 26.

뜻이 되는 것이다."

수도 공동체에 대한 훌륭한 정의를 제공하는 이 규정에서 세 성서 구절에 대한 암시가 강조되고 있다.64

① 흩어져 있는 당신의 자녀들을 그리스도 안에서 하나로 모으시려는 하느님의 계획을 보여주는 요한복음 11장 52절("흩어져 있는 하느님의 자녀들을 하나로 모으시려고 돌아가시리라는 것이다.")
② 한 집안에서 화목하게 살게 하시는 분은 하느님이시라는 시편 67장 7ㄱ절65
③ 초대 예루살렘 교회의 공동체 생활을 담고 있는 사도행전 4장 32ㄱ절("신자들의 공동체는 한마음 한뜻이 되어")

세 성서구절에 대한 암시에서 우리는 아우구스티누스가 바라보는 수도 생활의 진수에 도달하는 열쇠를 발견한다. 그에게 있어 수도원은 파코미우스(Pacomius, 294-346)와 바실리우스(Basilius Magnus, 330-379)가 제시하듯, 또한 『스승의 규칙서』(Regula Magistri)와 『베네딕도 규칙서』(Regula Benedicti)에서 나타나듯, 그리스도교 완덕 학교 또는 주님을 섬기는 학원(Dominici scola servitii)이 아니다. 오히려 아우구스티누스 『수도 규칙』은 사도행전 4장에서 묘사하고 있는 교회의 친교

64　N. Cipriani, Introduzione alla Regola, in Nuova Biblioteca Agostiniana VII/2, Roma: Città Nuova, 2001, p. 13.
65　시편의 번호는 불가타(Vulgata)에 나오는 것이다. 새로 번역된 우리 말 성경에서는 히브리 성경을 따라 68편이며 "하느님께서는 외로운 이들에게 집을 마련해 주시고"라고 번역되어 있다.

체험 차원에서 수도 생활을 이해하고 있다. 바로 이 체험이 흩어져 있는 당신의 자녀들을 그리스도 안에서 하나로 모으려는 하느님의 계획안에 삽입되어 있다. 분명 이 체험은 역사적으로도 가능한 것이다. 하느님께서 당신 자녀들의 일치와 화목을 원하시고 구현하시기 때문이다. 사람들을 하나로 모으려는 하느님의 계획에 대해 아우구스티누스는 여러 작품 속에서 말하고 있다. 여기서『신국론』의 다음의 본문을 인용하는 것으로 충분하다고 본다. "하느님은 인간이 죄를 지으리라는 것을 모르지 않았고, 죽음에 단죄받은 인간이 역시 죽을 인간들을 낳으리라는 것도 모르지 않았다. 또한 이 사멸할 존재들이 야만스런 죄상에 너무 깊이 들어갔기 때문에, 인간들보다 이성적 의지가 없는 짐승들이, 종류마다 물과 뭍에서 다수로서 발생했으면서도 그 짐승들이 화합을 이루라는 목적으로 한 사람에게서 번식하게 한 인류보다 차라리 서로서로 더 안전하고 더 평화롭게 살아갈 정도까지 되리라는 것도 모르지 않았다. (…) 하느님은 당신의 은총으로 경건한 인간들로 이루어진 백성을 양자로 삼아 불러들이리라는 것, 또 그 백성이 속죄하고 성령에 의해 의화 되어 마지막 원수인 죽음을 물리치고서 거룩한 천사들과 더불어 영원한 평화로 결속되리라는 것도 예견했다. 그리고 백성들이 다음의 사실을 수고하는 것이 유익하리라는 것, 즉 다수 안에서 일치하는 것(in pluribus unitas)이 하느님께 얼마나 흡족한 일인지를 인간들에게 가르치려고 하느님이 한 사람에게서 인류를 만들었다는 사실을 숙고하는 것이 유익하리라는 것도 그

분은 예견했다."⁶⁶

　이 인용문에서 '다수 안에서 일치하는 것'이라는 특기할 만한 표현이 발견된다. 이 구문을 통해 아우구스티누스는 두 가지를 제시하고자 한다. 하나는 자신의 교회적 그리고 수도 생활 이상의 의미와 최고 목적이요, 다른 하나는 인간 창조의 의미와 최고 목적이다. 다수 안에서 일치하는 것이라는 계획을 실현하기 위해 하느님은 사회성으로 끌리고, 자신과 비슷한 이들과 평화 속에서 살기를 희망하는 인간을 창조하였다. 이에 대해 성인은 이렇게 말한다. "하느님은 인간을 한 개인만 창조했다. 그것은 인간적 친교 없이 홀로 버려두기 위한 것은 아니었고, 오히려 인간적 친교의 단결과 화합의 결속을 더 철저히 추구하도록 권장했고, 자연 본성의 유사성뿐 아니라 혈연의 애정으로 인간들이 서로 맺어지도록 만들었다."⁶⁷ 사회성으로 기울어지는 인간의 모습, 다른 이들과 평화로이 살기를 원하고 이를 필요로 하는 인간의 모습이 이미 인간 창조 안에서 보인다는 것이다.

　인간 창조 안에서 나타난 하느님의 이러한 계획은 성자의 육화에서 더욱더 명확하게 제시된다. "하느님께서는 독생성자가 홀로 있는 것을 원하지 않으시고 많은 형제를 갖도록 그와 함께 영원한 생명을 가질 수 있는 다른 이들을 양자로 뽑으셨다."⁶⁸ 또한 "성자께서는 사람들을 하느님께로 다시 모아들여 모두가 하나가 되도록 이 세상에

66　아우구스티누스, 「신국론」 12, 23.
67　위의 책, 12, 22.
68　아우구스티누스, 「요한서간 강해」 8, 14.

파견되셨다."69 곧 그리스도는 "형제애로 우리를 부르면서 다른 형제들을 자신에게로 모이게 하도록 오셨다."70

이러한 일치에 대한 아우구스티누스의 생각은『시편 상해』132에서 잘 드러난다.71 "보라, 얼마나 좋고 얼마나 즐거운가, 형제들이 함께 사는 것이!"라는 시편 132장 1절을 주석하면서 사랑이 형제들로 하여금 하나가 되어 살아가도록 이끈다고 히포의 주교는 말한다.72 곧 '한 집안에서 화목하게 산다는 것'은 사랑의 참된 모습이고, 사랑의 열매이며, 사랑이 가장 잘 드러나는 표상인 것이다. 그렇기에 "사랑은 화목을 낳고, 화목은 일치를 낳으며, 일치는 사랑을 견지하고, 사랑은 영광에로 이끈다."고 성인은 주장한다.73 이 집안이 바로 수도원이며 교회이다. 수도원과 교회는 성령으로부터 마음 안에 부어진 일치에 대한 사랑에서 태어났기 때문이다. "노래를 부르든지 지성으로 묵상을 하든지 시편의 이 말씀, 이 달콤한 소리, 이 부드러운 멜로디는 수도원을 탄생시켰습니다. 이 소리에 함께 살기를 희망하였던 형제들이 깨어났습니다. 이 구절은 그들에게 트럼펫과 같습니다. 그것은 온 세상을 위해 울렸고 서로 갈라졌던 이들이 하나가 되었습니다. 이는 하느님의 외침이요, 성령의 외침이며 예언의 외침입니다."74

---

69 아우구스티누스,『삼위일체론』4, 7, 11.
70 아우구스티누스,『강론』57, 2, 2.
71 참조: L. Verheijen, "L'《Enarratio in Psalmum》 132 de saint Augustin et sa conception du monachisme", in AA.VV., *Forma futuri. Studi in onore del Cardinale Michele Pellegrino*, Torino, 1975, pp. 806-817.
72 아우구스티누스,『시편 상해』132, 1.
73 위의 책. 30, s.2, 2.
74 위의 책. 132, 2.

시편 132장의 다른 구절에 대한 주석도 아우구스티누스의 사상을 구체화하고 보완해 준다. "머리 위의 좋은 기름 같아라. 수염 위로, 아론의 수염 위로 흘러내리는, 그의 옷깃 위에 흘러내리는 기름 같아라."라고 같은 시편 2절은 노래한다. 히포의 주교에 따르면, 아론 사제는 그리스도 자신인 머리와 교회인 몸으로 구성된 '온전한 그리스도'(Christus totus)이다. 십자가에 못 박혀 돌아가시고 묻히시고 부활하신 그리스도인 머리 위에서 아론의 수염 위로 흘러내리는 좋은 기름은 성령이시다. 아론의 수염은 처음으로 하나가 되어 살기 시작한 열두 제자들의 강한 교회를 의미하며, 이 교회에 박해를 이긴 순교자들도 포함된다. 이 성령의 기름 부음은 아론의 옷깃 위에서까지 흘러내리는데, 사제의 이 옷은 교회를 상징하며 옷깃은 수도원을 상징한다.[75]

아우구스티누스의 주석에 따르면, "시온의 산들 위에 흘러내리는 헤르몬의 이슬 같아라."라는 3절의 말씀은 하느님의 은총을 통하여 형제들이 하나가 되어 산다는 것을 의미한다. 즉 형제들의 힘이나 공적이 아닌 하느님의 선물을 통해 그분의 은총을 통해 하나가 된다는 것이다. 마치 하늘에서 내려오는 이슬처럼 말이다.[76]

그러므로 우리는 다음과 같이 결론을 내릴 수 있다.

첫째, 교회뿐 아니라 수도 생활의 주요 목적과 본질을 구성하는 일

---

75 위의 책. 132, 7-9.
76 위의 책. 132, 10.

치와 화목과 평화의 체험은 사랑의 열매이다.

둘째, 사랑은 인간이 자신의 힘으로 소유할 수 있는 덕이 아니라 이슬처럼 우리 마음에 내리는 성령의 선물이다.

2) 한마음 한뜻(Anima una et cor unum)

흩어져 있는 당신의 자녀들을 하나로 모으시려는 하느님의 계획은 성령강림에서 절정에 다다른다. "이렇게 기도를 마치자 그들이 모여 있는 곳이 흔들리면서 모두 성령으로 가득 차, 하느님의 말씀을 담대히 전하였다. 신자들의 공동체는 한마음 한뜻이 되어, 아무도 자기 소유를 자기 것으로 하지 않고 모든 것을 공동으로 소유하였다."라고 사도행전 4장 31-32절은 말한다. 아우구스티누스는 이 구절을 인용하면서 다음과 같이 말한다. "우리가 살고 싶어 하는 모델이며 이미 하느님의 은총으로 사는 것이 사도행전이 이 구절에서 묘사되고 있습니다."[77]

일부 학자들의 의견에 의하면, 아우구스티누스는 처음에 사도행전 4장 32ㄱ절의 말씀을 초기 그리스도교 저술가들처럼[78] 공동체적인

---

[77] 아우구스티누스, 「강론」, 356,1. 그렉 신부는 사도 2,42-47과 사도 4,32-37을 비교 분석하면서 아우구스티누스가 2,42-47을 인용하지 않은 것은 그곳에서 말하고 있는 것은 여전히 지켜지고 있는 교회의 유산이지만, 시간의 흐름 속에 환경이 바뀌면서 잃어버린 것 혹은 쇄신되어야 할 것은 4,32-37의 내용이기에 이것만 인용했다고 주장한다. 이에 대해 참조: P. Grech, "The augustinian community and the primitive Church", *Augustiniana* 5(1955), pp. 459-470.
[78] 참조: T.J. van Bavel, *La communauté selon Augustin. Une grâce pour notre temps*, Bruxelles: Éditions Lessius, 2003, p. 19.

의미가 아닌 개인적 차원으로 이해한 것으로 보인다.[79] 약 392년경에 행한 『시편 상해』 4, 10에서 성인은 다음과 같이 말한다. "신자들의 공동체는 한마음 한뜻이 되었다. 그러므로 우리가 유일한 하느님과 우리의 주님께 밀접해 있기를 원한다면, 우리는 홀로 있고 단순한 사람이 되어야 합니다. 즉 군중으로부터 그리고 낳고 죽는 것들로부터 떨어져 나와 영원성과 일치를 사랑해야 합니다."

하지만, 아우구스티누스는 곧 '한마음 한뜻'이라는 구절을 공동체적 의미에서 이해하게 된다.[80] 397-398년에 작성된 『마니교도 파우스투스 반박』(Contra Faustum Manichaeum)에서 다음과 같은 구절을 읽을 수 있다. "그들은 하느님 안에서 사랑의 불꽃으로 한마음과 한뜻을 이룹니다."[81] 또한 400년에 저술한 『입문자 교리교육』(De catechizandis rudibus)에서는 다음과 같이 말한다. "그리스도인 사랑 안에서 화목하게 살면서 그들은 하느님 안에서 한마음과 한뜻을 가지고 있었습니다."[82] 특별히 '수도승'(monachus)이라는 단어에 대한 아우

---

79 D. Sanchis, "Pauvreté monastique et charité fraternelle chez saint Augustin. Note sur le plan de la Regula", *Augustiniana* 8(1959), p. 15; L. Verheijen, *Saint Augustine's monasticism in the light of Acts 4.32-35*, Villanova: Villanova University Press, 1979, p. 69; T.J. van Bavel, *La règle de saint Augustin*, Louvain: Institut Historique Augustinien, 1989, p. 56.
80 베르헤이언에 따르면, 아우구스티누스가 사도행전 4, 32ㄱ을 공동체적 의미에서 이해하게 된 것이 놀라의 파울리누스의 편지에 의한 것이라고 주장한다. 이에 대해 치프리아니는 치프리아누스의 『가톨릭교회의 일치』를 제시하면서 3세기와 4세기에 발전된 아프리카교회의 교회론에서 아우구스티누스가 영향을 받은 것이라고 주장한다: L. Verheijen, Saint Augustine's monasticism in the light of Acts 4.32-35, pp. 9-16; N. Cipriani, Introduzione alla Regola, p. 13.
81 아우구스티누스, 『파우스투스 반박』 5, 9.
82 아우구스티누스, 『입문자 교리교육』 23, 42.

구스티누스의 지극히 개인적인 설명을 통해 우리는 또 다른 예를 발견하게 된다. 성인에 따르면, "시편이 '보라, 얼마나 좋고 얼마나 즐거운가, 형제들이 함께 사는 것이!'라고 말할 때, 우리는 왜 우리 자신을 수도승으로 부르지 말아야 하는가? 사실 monos는 하나를 뜻하지만, 아무 의미에서나 하나라는 뜻은 아니다. 군중 가운데 있는 한 사람은 하나이며, 많은 사람과 함께 있는 각자도 하나이지만, 그런 사람은 monos, 즉 단 한 사람이라 할 수 없으니, 왜냐하면 monos는 홀로 있는 한 사람을 뜻하기 때문이다. 그러므로 하나로 일치하여 사는 사람들은 성서에 기록되어 있는 것처럼 한마음 한뜻이 되기 위해, 즉 몸은 여러 개이나 마음은 여러 개가 아니고, 몸은 여러 개이나 뜻은 여러 개가 아닌, 한 사람이 되는 것이다. 이런 사람들은 마땅히 monos 즉 단 한 사람이라 불린다."[83] 여기서 성인은 수도승이 홀로 사는 이, 즉 하느님과 함께 홀로 있는 자가 아니라, 오히려 다른 이들과 연대적인 존재임을, 곧 공동체적 존재임을 강조하고 있다.

더욱이 "한 집안에서 화목하게 산다."는 것에 대해 『수도 규칙』은 말한다. 사실 공동체를 만드는 것은 집이 아니라 마음인 것이다. 같은 지붕 아래 산다는 것만으로 충분하지 않다는 것이다. 동일한 삶의 계획, 곧 화목하게 산다는 것을 공유하는 것이 필요하다. 이런 의미에서 『수도 규칙』의 위대한 주석가인 산 비토레의 우고(Ugo da S. Vittore)는 금언적인 형태로 말한다. "같은 집에 받아들여지고 반대되는 의지로

---

83 아우구스티누스, 『시편 상해』 132, 6.

분리되는 것은 그 어떤 것에도 도움이 되지 않는다."(Non enim prodest si nos continet una domus et separet diversa voluntas) "보라, 얼마나 좋고 얼마나 즐거운가, 형제들이 함께 사는 것이!"라는 시편 133장 1절의 말씀은 공동체 수도 생활의 이상 중의 이상을 표현하는 것이다.

결국 '한마음 한뜻'은 하느님의 선물로 주어지는 믿음과 사랑의 친교로 다수의 영혼을 하나로 묶어주는 것이다. 마치 혼인에서 "둘이 한 몸이 될 것이다."(마르 10, 8 ; 창세 2, 24)라고 형성되듯이, 수도 생활에서도 그러한 것이다.[84] 그렇기에 '그리스도의 한 영혼'(anima unica Christi)을 형성하는 것이다.[85] 따라서 그리스도의 완전한 사랑을 갖지 않는 이들은 일치할 수 없다는 것이 분명하다. 사실 그리스도의 완전한 사랑을 소유하지 않는 이들은 함께 살더라도 서로 미워하고 괴롭히게 된다. 그렇기에 시온의 산들 위에 흘러내리는 헤르몬의 이슬로 표현되는 하느님의 선물이 필요한 것이다. 이 선물을 통해 형제들은 악을 참아 견디어 낼 수 있는 평화로운 사람이 될 것이고, 험담에 대해 기도로 응답하게 될 것이다. 바로 여기서 하느님의 선물을 받기 위해 인간이 취할 태도가 나오게 된다. 은총에 대한 아우구스티누스의 사상이 인간으로 하여금 개인적 임무를 면제시키는 것이 아님을 기억해야 한다. 시편 132장에 대한 주석에서 분명하게 제시하듯, 수도원에서 형제들과의 일치 안에서 살아가고자 하는 이들은 헤르몬의

---

84 C. Boff, *La via della comunione dei beni. La regola di S. Agostino*, pp. 51-52.
85 아우구스티누스, 「서한」 243, 4.

이슬에 대한 원의를 가져야한다.[86] 즉 이 하느님의 선물을 청원해야 하고, 그것으로 가득 채워지도록 해야 한다는 것이다.

이러한 의미에서 내향성(內向性, interiority)의 차원에서 살아가는 것이 필요불가결하다. 호기심과 감정에 치우치거나 쾌락을 추구하거나 성공과 다른 이들로부터 인정받기를 갈구하는 이들은 항상 산란한 마음으로 살아가게 되기에 하느님의 선물을 받을 준비가 되어 있지 않다. 다른 말로 한다면, 그러한 이들은 외향성(exteriority)으로 살아가는 것이다. 하지만 아우구스티누스의 개념에서 하느님은 "나의 내밀한 곳에 계시는 분"이다. 곧 하느님은 온전히 초월적인 분이지만, 인간 정신의 가장 내밀한 곳에 머무시는 분이다. 따라서 인간이 하느님께 가까이 가고 그분과 만나길 원한다면, 그리고 그분에게서 영적 선물을 받고자 한다면, 자기 자신으로 들어가서 그분께 향해야 하고 다시 그분께 고양되어야만 한다. 인간 정신은 영혼의 내밀한 곳에 계신 하느님의 현존에 머물면서 그분 빛의 조명을 받게 된다. 또 마음은 그분 사랑의 불꽃으로 타오르게 된다. 곧 많은 이들을 한마음 한뜻이 되게 하는 방식으로 신자들의 영혼과 마음을 일치시키는 신적 사랑의 불꽃으로 타오르는 것이다.[87]

---

86 아우구스티누스, 「시편 상해」 132, 11.
87 N. Cipriani, *Sant'Agostino. La Regola*, pp. 30–31.

3) in Deum

아우구스티누스는 사도행전 4장 32절의 말씀인 '한마음 한뜻'에 'in Deum'이라는 표현을 첨가한다. 이것은 그의 고유한 것으로 다른 선임 교부들에게서는 발견되지 않는 표현이다. 결국 이 표현은 아우구스티누스에게만 친숙한 사상을 드러내는 것이라고 할 수 있다.[88]

그렇다면 이 첨가어의 정확한 의미는 무엇인가? 여기서 먼저 문법적인 사항을 생각해야 한다. 전치사 in 다음에 4격(혹은 대격, accusativus)이 오면, (어디로) 향하는 방향을 가리키고, 전치사 in 다음에 5격(혹은 탈격, ablativus)이 오면 '(어디) 안에'라는 의미를 가지게 된다. 이러한 면에서 볼 때, 'in Deum'은 전자의 경우이기에 '하느님을 향하는' 혹은 '하느님을 향해 나아가는' 혹은 '하느님을 찾고 있는'이라는 의미를 지닌다고 할 수 있다. 따라서 'in Deum'은 내향성에 대한 호소를 담고 있는 표현이라고 할 수 있다.

하지만 좀 더 정확하고 저자의 사상에 좀 더 적합한 의미를 알기 위해 다른 작품에 의지해 보자. 『가톨릭교회의 관습과 마니교도들의 관습』 1, 31, 67에서 아우구스티누스는 공주(共住) 생활 수도자들이 "하느님을 향한 매우 화목하고도 열심한 삶"(concordissimam vitam et intentissimam in Deum)을 영위하고 있다고 적고 있다.[89] 또한 같은

---

[88] 참조: T.J. van Bavel, *«Ante omnia» et «in Deum» dans la « Regula Sancti Augustini»*, pp. 162–165.
[89] 치프리아니 신부는 이곳과 수도 생활이라는 문맥에서 『수도 규칙』의 표현인 'in Deum'에 'intentus'라는 형용사가 선행하고 있다는 것에 주목한다: *Sant'Agostino. La Regola*, p. 32.

책 1, 31, 66에서 성인은 동방과 이집트의 은수자들의 삶에 대해 다음과 같이 묘사한다. "그들은 하느님과의 대화를 향유하고 있었으며, 그들 마음의 순수함을 유지하며 그분께 충실하였고, 그분의 아름다움에 대한 관상을 즐기고 있었습니다." 치프리아니 신부가 지적하듯, 이 단락이 'in Deum'의 의미를 설명해준다고 할 수 있다. 즉 수도원에 함께 사는 모든 이가 하느님과 대화를 하고 정화된 마음으로 그분께 충실하고 그분의 아름다움에 대한 관상을 향유하는 상태에서 한마음 한뜻을 형성한다는 것이다.[90] 달리 말하면, 공동체의 형제애는 좀 더 위대한 어떤 것에 열려 있는 것이다. 모든 인간의 참된 관계가 '나, 너, 그'라는 삼중적 구조를 갖듯이 말이다. 이를 생텍쥐페리(Antoine de Saint-Exupéry, 1900-1944)는 다음과 같은 유명한 문장으로 표현한다. "사랑한다는 것은 눈으로 서로 바라보는 것이 아니라 같은 방향으로 함께 응시하는 것이다." 그렇기에 공동체 안에서 산다는 것은 서로 사랑하고, 함께 하느님을 사랑하는 것이라 할 수 있다.[91]

따라서 『수도 규칙』 1, 9는 "그러므로 너희 모두는 한마음으로 화목하게 살며, 너희는 하느님의 성전이니 너희 안에 계신 하느님을 서로 공경할 것이다."라고 명한다.[92] 공동체 구성원 상호 간에 이루어지

---

90 N. Cipriani, *Sant'Agostino. La Regola*, p. 32.
91 C. Boff, *La via della comunione dei beni. La regola di S. Agostino*, p. 54.
92 "너희는 하느님의 성전이니 너희 안에 계신 하느님을 서로 공경할 것이다."라는 것은 아우구스티누스 『수도 규칙』에 나타난 아우구스티누스 영성의 핵심에 속하는 것이라 할 수 있다. 이에 대해 참조: T. van Bavel, "≪And honor God in one another≫ (Rule of Augustine 1,8)", in AA.VV., *Homo spiritalis. Festgabe für Luc Verheijen OSA zu seinem 70. Geburtstag*, Würzburg, 1987, pp. 195-206.

는 존경과 사랑은 각 개인 안에 살아계시는 하느님을 보면서 공경하는 것이요 사랑하는 것이고, 이를 통해 공동체 전체가 하느님 현존의 표징이 되기 때문이다. 마치 교회가 하느님의 성전인 것처럼 말이다. 그렇기에 "너의 선한 삶 때문에 사람들은 하느님을 공경하는 것이지 너를 공경하는 것은 아니다. 왜냐하면 선한 삶을 영위하는 사람들은 지극히 거룩하신 하느님의 성전이기 때문이다."라고 아우구스티누스는 강조한다.[93]

하지만 교회와 수도원에서 한마음 한뜻을 이루는 것이 지상 생활 동안에는 완전한 것이 아님을 아우구스티누스는 지적한다. 이곳에는 각종 위험이 도사리기 때문이다. 하지만 하늘에서는 "오직 하느님을 향하는 한마음 한뜻을 가진 사람들의 영혼들로 유일한 도시가 형성될 것이다. 이러한 일치의 완성은 이 지상 순례가 끝난 후에, 곧 모든 사람의 생각이 더 이상 서로에게 감춰지지 않고 어떠한 것에서도 서로 분열되지 않을 때 실현될 것이다."[94] 또한 하늘에서는 "평화와 좀 더 큰 우정 안에서 일치되고 사랑의 영적 불로써 유일한 의지 안에로 서로 용해된 영혼들 속에서 하느님의 의지가, 자신의 집과 자신의 성전에서 그러하듯, 높고 거룩하며 비밀스러운 자신의 왕좌에서 통치한다."[95]

---

93 아우구스티누스, 「주님의 산상설교」 2, 1, 1.
94 아우구스티누스, 「혼인의 선익」 21.
95 아우구스티누스, 「삼위일체론」 3, 4, 9.

4) 향주삼덕의 친교

천상에서 이토록 성인들의 일치가 완전한 것은, 바오로가 코린토 1서 13장 12절에서 "우리가 지금은 거울에 비친 모습처럼 어렴풋이 보지만 그때에는 얼굴과 얼굴을 마주 볼 것입니다. 내가 지금은 부분적으로 알지만, 그때에는 하느님께서 나를 온전히 아시듯 나도 온전히 알게 될 것입니다."라고 말하듯, 그들이 하느님을 직접 보기 때문이다. 지상에서 하느님에 대한 우리의 인식은 마치 거울에 비친 모습처럼 어렴풋한 것이기에 부분적일 수밖에 없다. 그렇기에 하느님께 대한 우리의 사랑 역시 제한적이고 불완전한 것이다.

이러한 의미에서 아우구스티누스는, 이 세상에서 한마음 한뜻을 이루는 것이 믿음과 희망 그리고 사랑이라는 향주삼덕의 친교 위에 세워지는 것이라고 말한다. "유일한 믿음, 유일한 희망 그리고 유일한 사랑이 양자로 불렸고 그리스도의 유산에로 불린 많은 성인이 하느님 안에서 한마음과 한뜻을 갖게끔 하였다."[96] 다른 작품에서 아우구스티누스는 그리스도인들의 일치가 오직 공통된 믿음의 열매인 것처럼 말하기도 한다. "공통된 믿음을 통해 우리는 그리스도 안에서 하나가 됩니다."[97] 더 나아가 '그리스도를 믿는다'(credere in Christum)는 것은 필연적으로 사랑을 포함하는 것이라고 성인은 주장한다. "그리스도를 믿는다는 것이 믿으면서 그분을 사랑하고 그분의 친구가

---

96 아우구스티누스, 「서한」 238, 2, 13.
97 아우구스티누스, 「요한복음 강해」 110, 2.

된다는 것이 아니라면 무엇을 의미하겠습니까? 또한 믿으면서 그분의 내면에로 들어가 그분의 지체가 된다는 것이 아니라면 무엇이겠습니까?"98

여기서 신앙 홀로 교회의 일치를 보증할 수 없다는 것이 분명해진다. 사실 아우구스티누스가 그리스도인들의 일치의 고리로써 신앙에 대해 말할 때, 그는 항상 바오로가 말하는 "사랑을 통해 활동하는" 믿음을 염두에 두고 있다. 그렇기에 교회적 일치는 신앙에서나 사랑에서나 통교의 열매라고 할 수 있다. 이를 성인은 다음과 같이 분명하게 지적한다. "사도행전에는 신앙에로 온 이들이 한뜻과 한마음을 갖고 있었다고 적혀 있습니다. 사람들은 많지만, 신앙은 그들 모두를 하나로 만들어 줍니다. 수천의 영혼들이었지만 서로 사랑하기 때문에 하나가 되었습니다. 그들은 사랑의 불꽃으로 하느님을 사랑하였고 다수에서 아름다움의 일치에로 나왔습니다."99 따라서 '하느님을(그리스도를) 믿는다'(Credere in Deum (Christum))라는 표현을 통해 아우구스티누스가 우리로 하여금 그리스도와 한 몸이 되게 하고 우리를 그분께 일치시키는 사랑의 움직임을 보고 있다고 크리스틴 모어만이 전하는 것처럼,100 아우구스티누스에게 있어 사랑은 일치의 참된 힘으로 나타난다.101

---

98 위의 책. 110, 2.
99 아우구스티누스, 『강론』 398, 2, 4.
100 C. Mohrmann, "Credere in Deum. Sur l'interprétation théologique d'un fait de langue", *Etudes sur le latin des chrétiens*, I, Roma, 1961, pp. 195-203.
101 아우구스티누스, 『요한복음 강해』 10, 3.

5) 삼위일체와 공동체

사랑 안에서의 일치는 많은 신앙인을 그리스도의 유일한 영혼으로 만드는 것 외에, 삼위일체 하느님의 일치에 대한 성찰이기도 하다. 더 나아가 그리스도인들의 일치 자체가 삼위일체적 선물, 곧 성부와 성자가 성령과 함께 신앙인들을 자신들과 신앙인들 서로 간에 통교하게 하는 선물의 결실인 것이다.102 그렇기에 공동체는 하느님에 대한 그리스도교적 정의이며, 가정과 마찬가지로 삼위일체 친교의 이콘이라 할 수 있다.103

일치 안에서 살아가고 그것을 실현하는 매개체가 하느님의 것이라면, 과연 인간은 무엇을 해야 하는가? 이 질문에 아우구스티누스는 다음과 같이 대답한다. "하느님께서 자신의 성전에서 그러하신 것처럼, 성부와 성자와 함께 성령도 신자들 안에, 곧 그들의 내면에 자신의 주거를 정한다. 하지만 삼위일체 하느님이신 성부와 성자와 성령은 우리에게 오시는 반면, 우리는 그들에게 간다. 그들은 우리를 구원하러 오시고, 우리는 순종하기 위해 간다. 그들은 우리를 조명하기 위해 오시고, 우리는 관상하러 간다. 그들은 우리를 가득 채우기 위해 오시고, 우리는 그들을 받아들이기 위해 간다."104 이 구문을 통해 우리는 다음의 것을 알 수 있다. 교회와 수도공동체의 구성 요소인 사랑

---

102 아우구스티누스, 「강론」 71, 12, 18.
103 C. Boff, *La via della comunione dei beni. La regola di S. Agostino*, p. 51.
104 아우구스티누스, 「요한복음 강해」 76, 4.

의 통교가 무엇보다 삼위일체 하느님이 무상으로 주는 선물이라면, 우리는 이 선물을 추구하고, 받아들이며, 우리 안에 평화를 주고 일치케 하는 이 선물의 행위에 개입하는 장애물들을 제거하면서, 일치와 평화라는 결실을 맺도록 해야 한다.[105]

그러므로 우리는 다음과 같이 결론지을 수 있다. 함께 사는 이들의 마음과 뜻의 일치라는 수도 생활의 주요 목적은 분명 하느님의 선물이요 업적이다. 한 집에 사는 모든 이가 하느님과 대화하기 위해, 그분으로부터 조명되기 위해, 온 마음과 온 정신으로 그분께 충실하기 위해 하느님을 찾으면서 살아간다면 실현될 수 있는 목적이다. 그렇기에 교회와 수도원에서의 한마음 한뜻은, 성인들이 아무런 베일 없이 하느님을 관상하고 이것 때문에 '매우 질서가 있으며 매우 화목한 사회'(societas ordinatissima et concordissima)[106]인 천상 교회의 모습을 어느 정도 미리 취하여 보여주는 것이다. 다시 말하면, 하느님을 향해 함께 나아간다는 것은 단순히 이 세상에서만의 움직임이 아닌 종말론적 움직임, 즉 천상 본향에서도 이루어지는 하느님을 향한 움직임인 것이다.[107]

---

[105] N. Cipriani, *Sant'Agostino. La Regola*, p. 41.
[106] 아우구스티누스, 「신국론」 19, 13, 1.
[107] 아우구스티누스, 「혼인의 선익」 18, 21.

4. 수도 생활의 기초인 청빈과 겸손

"너희가 하나로 모여 있는 첫째 목적은 한 집안에서 화목하게 살며, 하느님 안에서 한마음과 한뜻이 되는 것이다."라고 아우구스티누스는 수도 생활의 목적을 밝히고 있다. 이 목표에 도달하는 방법 혹은 수도 생활의 기초로 아우구스티누스는 크게 두 가지를 제시한다. 곧 물질적 재화의 완전한 공유와 겸손이다. 여기서 훌륭한 심리학자로서의 아우구스티누스의 모습이 나타난다. 일치를 이루고 평화로운 사람들의 공동체를 실현하기 위해서 무엇보다 물질적·사회적 불평등이 제거되지 않는다면, 가장 높은 영적 가치에 대한 호소로는 수도 생활을 설명하기에 충분하지 않다는 것을 이해하는 것이다.[108] 여기서 우리는 마음의 친교의 구체적인 토대를 발견한다. 우리는 모든 물질적 필요성을 가지고 있는 인간 존재인 것이다. 따라서 이러한 물질적 재화에 대한 구체적인 일치가 없다면, 영적 친교는 거짓말과 위선이 되는 것이다. 이러한 면에서 볼 때, 재화의 공유는 수도 생활 일치의 목적이요 삶이라고 할 수 있다.[109]

---

108 N. Cipriani, *Sant'Agostino. La Regola*, p. 41.
109 C. Boff, *La via della comunione dei beni. La regola di S. Agostino*, p. 55.

1) 청빈

(1) 소유의 완전한 공유로서의 가난

"너희는 아무것도 자기의 것이라 말하지 말고 모든 것을 너희의 공유로 할 것이다."

이는 개인적 가난과 공동 소유가 형제적 사랑과 친교의 첫 번째 표현이요, 형제들과의 참된 동등성을 드러내는 것임을 강조하는 것이다. 이 때문에 트라페 신부는 다음과 같이 말한다. "하느님께 우리를 봉헌한다는 의미에서 보면, 정결(castitas)이 첫 자리를 차지하지만, 공동생활이라는 측면에서 볼 때는 청빈이 첫 자리에 위치한다."[110] 그리스도교 전통은 가난이 그리스도인이 선택하고 중시해야 하는 삶의 양식 가운데 하나라는 사실을 우리에게 알려준다. 제2차 바티칸 공의회 「수도 생활의 쇄신에 관한 교령」(Perfectae Caritatis)은 "그리스도를 따르려고 스스로 가난하게 사는 청빈은 특히 현대에 높이 평가되는 표지이다."(13항)라고 말한다. 이는 교령 스스로가 계속 말하듯, "이를 통하여, 부요하셨지만 우리를 위하여 가난하게 되시고 가난해지심으로써 우리를 부요하게 하신 그리스도의 가난에 참여하는 것"(13항)이기 때문이다.

그러나 가난은 무엇보다 인간에게 비참한 삶의 조건을 강요하는 물질적 빈곤을 의미하기에, 이 강요된 가난은 결코 긍정적 의미를 지

---

110 A. Trapè, *Introduzione a S. Agostino, La Regola*, p. 155.

니지 못하고 오히려 극복해야 할 대상으로 나타난다. 아우구스티누스에게 있어서도 마찬가지이다. 그에게 있어 가난이 긍정적 의미를 지니는 것은 이것이 가치 있는 것과 연결될 때, 즉 자유, 사랑의 봉사를 위한 자발적 가난의 경우이다. 그렇기에 아우구스티누스는 "너희는 아무것도 자기의 것이라 말하지 말고 모든 것을 너희의 공유로 할 것이다."라고 말하는 것이다. '아무것도 자기의 것이라 말하지 않는' 부정적 측면과, '모든 것을 공유로 하는' 긍정적 측면을 함께 갖고 있는 이 문장은 우리에게 마태오복음 19장 21절의 말씀을 떠오르게 한다. "네가 완전한 사람이 되려거든, 가서 너의 재산을 팔아 가난한 이들에게 주어라. 그러면 네가 하늘에서 보물을 차지하게 될 것이다. 그리고 와서 나를 따라라." 또한 사도행전 4장 32절의 말씀도 상기시킨다. "신자들의 공동체는 한마음 한뜻이 되어, 아무도 자기 소유를 자기 것으로 하지 않고 모든 것을 공동으로 소유하였다."[111]

여기에서 우리는 아우구스티누스가 바라보는 수도 생활 영성의 기본적인 모습을 볼 수 있다.

① 마태오복음 19장 21절의 말씀을 따라 개인적 가난은 영원한 것에 대한 희망 때문에 물질적 재산을 포기하는 것이다. "우리는 자발적으로 가난한 이가 되어, 하느님으로 부유한 이가 되었습

---

[111] P. Merlin, *Saint Augustin et la vie monastique*, Albi: Imprimerie-Reliure des Orphelins-Apprentis, 1935, p. 34.

니다."¹¹² "'내 아버지께 복을 받은 이들아, 와서, 세상 창조 때부터 너희를 위하여 준비한 나를 차지하여라. 너희는 내가 굶주렸을 때에 먹을 것을 주었고, 내가 목말랐을 때에 마실 것을 주었으며, 내가 나그네였을 때에 따뜻이 맞아들였다. (…) 너희가 내 형제들인 이 가장 작은 이들 가운데 한 사람에게 해 준 것이 바로 나에게 해 준 것이다.'(마태 25, 34-35, 40) 그리스도의 이 가장 작은 형제들은 누구입니까? 그들은 자신들의 모든 재산을 버리고 그리스도를 따랐으며 세상과의 연결 없이 하느님을 자유로이 섬기기 위하여, 그리고 말하자면 세속적 짐에서 해방된 날개를 가진 어깨를 위로 올리기 위하여 자신들이 갖고 있는 모든 것을 가난한 이들에게 나누어 준 사람들입니다. 이들이 바로 가장 작은 이들입니다."¹¹³

② 이 가난은 공동체 안에서 소유물의 완전한 공유로서 표현되어야 한다. 즉 수도원에 들어가면서 행한 재산의 포기는 수도원에 입회한 후에도 계속해서 이루어져야 한다는 것이다. 재물의 공유가 수도승 형제애의 첫째 표현이기 때문이다.¹¹⁴ "만약 네가 사랑한다면, 아무것도 갖고 있지 않다고 말할 수 없다. 왜냐하면, 만약 네가 일치를 사랑한다면, 네가 소유한 것은 어떤 것이든 다른 이가 너를 통해 그것을 소유할 수 있기 때문이다."라

---

112 아우구스티누스, 『시편 상해』 94, 8.
113 아우구스티누스, 『강론』 113, 1, 1.
114 줄리아노 비지니, 『성 아우구스티누스. 은총과 사랑의 모험』, 이연학·최원오 역, 분도출판사, 125쪽.

고 아우구스티누스는 말한다.115 여기서 가난과 사랑이 갖고 있는 불가분의 관계를 우리는 볼 수 있다. 또한 한 강론에서 아우구스티누스는 "하느님의 가난한 이"116라는 표현을 자신들의 사제들과 부제들에게 사용한다. 또 다른 곳에서는 이렇게 말한다. "나와 함께 이곳에 머물기를 원하는 이는 하느님을 소유하게 된다."117 이렇게 가난과 사랑은 하느님께 대한 온전한 신뢰와도 깊은 관계를 지닌다. 그럼으로 우리는 이렇게 말할 수 있다. '사랑은 본성상 하느님을 향하는 공동체를 형성하기에 만약 내 자신의 사랑이 참되다면 다른 이가 내가 갖고 있는 것을 소유할 수 있고, 나 역시도 다른 이 안에서 내가 갖고 있지 못한 것을 소유할 수 있다.' 하지만 잊지 말아야 할 것은, 아우구스티누스가 수도자 개개인의 가난에 대해서는 분명히 말하지만, 이것이 자동적으로 수도 공동체의 가난으로 연결되는 것은 아니라는 점이다.

사도행전 4장에 묘사되어 있는 초기 그리스도교 공동체의 삶이 아우구스티누스의 수도 생활에 큰 영향을 미친 것은 의심할 바 없다.118 하지만 그의 사상에 그리스 철학 역시 적지 않은 영향을 미쳤다는 것도 잊어서는 안 된다. 『고백록』은 개종하기 전의 아우구스티누스가

---

115 아우구스티누스, 「요한복음 강해」 32, 8.
116 아우구스티누스, 「강론」 356, 8-9.
117 같은 책, 6.
118 L. Verheijen, *Nouvelle approche de la Règle de saint Augustin*, I, p. 34.

계획한 공동생활에 대해 전해주고 있다. "그즈음 여러 친구들은 시끄러운 생활이 귀찮고 싫어져서 속세를 떠나 조용히 살아보자는 말을 서로 주고받으며 마음으로 결정까지 하고 있었는데, 그 한적한 생활 설계는 이러하였습니다. 즉 각자가 소유한 바를 한데 모아 하나의 가족을 이루되, 맑은 우정에서 내 것 네 것 없이 다 같이 한 살림으로 그 전체는 각자의 것인 동시에 전원의 공동재산이 되게 하는 것이었습니다."[119]

여기에서 고대철학자들의 이상을 발견할 수 있다. 포르피리오스(Πορφύριος, 234-305)는 피타고라스(Pythagoras, 기원전 507-495)의 제자들이 공동체 안에서 생활하였고, 자신들의 모든 재산을 공동으로 하였다고 전해준다.[120] 또한 모든 사람은 본성상 동등하며 자연의 모든 재화는 모든 사람을 위한 것이라는 스토아학파의 사상도 아우구스티누스에게 큰 영향을 미쳤다. "하느님께서는 모든 이를 위해 모든 것을 창조하셨습니다. 자신의 개인 소유물을 갖는 것은 인간의 권리입니다."[121] 그리고 시편 103장 10절("산과 산 사이로 물이 흘러내립니다.")을 주석하면서 다음과 같이 말한다. "이 구절은 사도들 사이로 진리의 말씀에 대한 선포가 흘러내린다는 것을 의미한다고 생각할 수 있습니다. '사도들 사이로'라는 말은 무엇을 의미합니까? 우리가 '사이로'라는 표현을 사용할 때, 그것은 공동의 것이라는 점을 나타냅니다.

---

119 아우구스티누스, 「고백록」 6, 14, 24.
120 포르피리오스, 「피타고라스의 생애」 20.
121 아우구스티누스, 「요한복음 강해」 6, 25.

(…) 당신에게 속한 것도 아니고 나에게 속한 것도 아닙니다. (…) 만약 물이 사이로 흐르지 않는다면, 이것은 개인 소유일 것이고, 그 물의 흐름이 공동선을 위한 것이 될 수 없습니다."[122]

사도행전의 내용과 그리스철학의 바탕 위에서 아우구스티누스는 한 형제들이 집안에서 화목하게 사는 조건으로 가난을 이야기한다. "형제들이 화목하게 살아가기 위한 조건은 땅에 속한 것을 사랑하지 않는 것입니다. 하지만 땅을 사랑하지 않기 위해서 땅이 되지 않는 것이 필요합니다. 만약 결코 나누어질 수 없는 소유물을 열망한다면, 우리는 항상 조화롭게 살 것입니다. 형제들 사이의 불화가 어디에서 나오는 것입니까? (…) 이것은 영혼이 자신의 고유한 관심사로 기울어질 때이며, 한 소유물이 형제들과 함께 유산으로 갈라질 때, 각자는 자신의 몫을 보게 됩니다. 또한 각자는 이 갈라진 재산을 합쳐서 그것을 좀 더 증가시키려고 하게 될 것입니다. (…) 하지만 타인을 가난하게 함으로써 부자가 되려는 것보다 더 사악한 것이 무엇입니까?"[123]

이 내용은 우리에게 물질적 재산을 소유하려는 욕망에 불화의 근원이 있음을 분명하게 보여준다. "개인 소유물은 취해질 때 사람을 교만하게 만듭니다."[124] 이는 단지 한 가정뿐 아니라 수도원에서도 마찬가지이다. 따라서 계속적인 반목과 다툼의 원인이 될 수 있는 근원을 없애고자 한다면, 개인 소유를 금지하고 평등에 기초한 사회를 만

---

122 아우구스티누스, 「시편 상해」 103, s.2, 11.
123 아우구스티누스, 「강론」 359, 2.
124 아우구스티누스, 「시편 상해」 131, 7.

들어야 한다는 것이 아우구스티누스의 생각이다. "사람들 사이에 다툼, 반목, 추문, 죄, 악행, 살인 등이 일어나는 것은 바로 개인 재산 때문입니다. 어떤 이유로 이러한 일들이 발생하는 것입니까? 바로 개인적으로 소유하고 있는 재산 때문입니다. 사실 우리가 함께 들이마시고 있는 공기나 모든 함께 보고 있는 태양 때문에, 즉 우리가 공동으로 가지고 있는 것 때문에 우리가 다툼을 벌입니까? 그러므로 자신이 개인적으로만 가지고 있는 것을 즐기는 것을 포기하면서, 주님께 자리를 준비하는 이는 실로 복됩니다."[125]

이처럼 아우구스티누스는 수도원 내에서 평화를 유지하기 위한 필수조건으로 평등성과 사랑을 두고 있다. 하지만 우리가 잊지 말아야 할 것은 이 세상에서 완전한 평화를 향유할 수 있는 곳은 아무데도 없다는 사실이다. 수도원 역시 마찬가지이다. 이에 대해 히포의 주교는 다음과 같이 말한다. "세상의 소음과 군중들의 분주함에서 멀리 떨어져 고요함의 삶을 선택한 이들과 함께 머물겠다고 하는 사람의 결정은 진정 훌륭하고 칭찬받을만 합니다. 그들은 세상의 폭풍우를 극복한 후 항구에 있는 것과 같습니다. 그런데 그들의 집에는 우리에게 약속된 기쁨과 환희가 이미 있는 것인가요? 아직은 아닙니다. 여전히 거기에는 유혹으로 인해 탄식하고 번뇌 속에 머물 수 있는 요소가 있습니다. (…) 항구에서도 평온함을 찾을 수 없다면, 이것은 어디에 있는 것입니까? 어찌했던 간에 항구에 있는 이들이 거친 바다에 있는

---

[125] 위의 책. 131, 5.

이들보다 더 행운아임은 분명합니다. 우리는 이것을 인정해야 하고 받아들여야 합니다. 맞는 이야기이기 때문입니다. 그러니 그들은 서로 사랑하길 바랍니다. 그들의 항구에서 이 배들은 서로 간에 잘 정박해 있고, 충돌하지 않기를 바랍니다. 거기에 비편파성의 열매인 평등함과 꾸준한 사랑이 다스리기를 바랍니다."[126]

(2) 영적 재화의 공동 소유

아우구스티누스는 수도원에서의 완전한 공동 소유를 주장함에 있어 단순히 물질적, 경제적 차원으로만 한정짓지 않는다. 『수도 규칙』 서두에서 'in Deum'이라는 표현을 통해서 가리킨 것처럼 "모든 것을 너희의 공유로 할 것이다"라는 규정을 통해 영적 소유까지 연장해서 말한다.[127] 곧 자신의 영적 재화도 공동체 구성들과 공동으로 가져야 한다는 것이다. 이 영적 재화는 다름 아닌 하느님 자신임을 『강론』 355는 다음과 같이 말한다. "우리 모두는 공동 재화로써 살아갈 것입니다. 그리고 우리 모두에게 공동인 것은 하느님 자신입니다."

사실 아우구스티누스의 수도원에서 재물의 공동소유는 하느님 사랑과 이웃 사랑에 기초한 다른 사람들과의 좀 더 깊은 친교의 삶을 살고자 하는 자유로운 결심에서 나온 것이다. 곧 재물의 공동소유는 더 이상 자기 자신을 위해 살지 않고 자신의 개인적 이익을 위해 재물을

---

126 위의 책, 99, 10.
127 N. Cipriani, *Sant'Agostino. La Regola*, p. 51; T.J. van Bavel, "Community Life in Augustine", p. 126.

획득하지 않겠다는 표현이다.128 그렇기에 수도원에 들어가면서 모든 재물을 포기하는 것은, 인간의 마음을 가득 채우고 그로 하여금 온전하게 행복하게 만들어 주는 유일한 재화는 하느님뿐임을 받아들이는 것이다. "주님께 자리를 만들어 드리기를 원하는 이는 자신의 행복을 개인 소유물이 아닌 공동으로 있는 것 안에서 찾아야만 합니다."129 또한 "우리 모두 간직하고 모두가 동등하고 공통으로 그 진리를 향유하고 있다. 그 진리에는 아무런 부족도 없고 아무런 결함도 없다. 진리는 자기를 사랑하는 이들을 모두 받아주며, 서로 시샘하게 만드는 일 없고, 진리는 모두에게 공유되면서도 각자에게 정조를 지킨다. (…) 모두가 진리에 매달려서도 모두가 동일한 대상을 만지고 있다. 진리의 음식은 어느 부분에서도 축나는 일이 없고 그대가 마신다고 해서 내가 못 마실 몫이 없다. (…) 진리의 어느 부분도 한 사람 또는 몇몇 사람의 사유물이 되지 않는다. 진리는 동시에 모두에게 온전히 공유된다."130

하느님 외에 다른 재화는 모든 사람에 의해서 동등하게 소유될 수 없다. 그렇기에 물질적 재화의 공유는 사랑으로 구성된 영적 공유, 곧 유일한 공통의 재화인 하느님에 대한 사랑을 동반하는 것이다. 이런 의미에서 볼 때, 아우구스티누스가 생각하는 수도원 내에서의 동등성은 단순히 사회-정치적 체제가 부여한 이념이 아니라, 사랑의 자

---

128 T.J. van Bavel , "Community Life in Augustine", *The Tagastan* 29(1983, number 2), p. 127.
129 아우구스티누스, 「시편 상해」 131, 5.
130 아우구스티누스, 「자유의지론」 2, 14, 37.

유로운 표현인 것이다.[131]

(3) 각자에게 필요한 만큼 나누어 주다

"너희 원장이 너희 각자에게 음식과 의복을 나누어 주겠지만, 모든 이가 똑같은 건강을 갖고 있지 않으므로 모두에게 똑같이 하지 말고 각자에게 필요한 만큼 나누어 줄 것이다."

여기서 "각자에게 필요한 만큼 나누어 줄 것이다."라는 부분을 통해 아우구스티누스는 엄격한 평등성의 원칙을 받아들이지 않는다. 이는 '사람들에 대한 관심'이라는 측면에서 각 사람이 갖고 있는 차이와 다양성을 인정하는 것이다. 또한 공동체의 의미가 개인의 특성이나 각 구성원의 고유한 필요를 희생하여 만들어지는 것이 결코 아님을 뜻한다.[132] 잊지 말아야 할 것은 아우구스티누스가 생각하는 공동체가 획일성과는 거리가 멀다는 것이다. 즉 아우구스티누스의 공동체 개념에는 맹목적 평준화라는 내용이 없다는 것이다.[133] 이렇게 함으로써 아우구스티누스는 파코미우스의 양적 평등성을 질적 평등성으로 바꾸고 있는 것이다.[134] 각자에게 필요한 만큼 나누어 준다는 것은 매우 미묘한 문제로 여기에서 수도원의 안녕과 수도규칙의 성공이 달려있다고 해도 과언이 아니다. 그렇기에 아우구스티누스는 또

---

131 N. Cipriani, *Sant'Agostino. La Regola*, p. 53.
132 줄리아노 비지니, 『성 아우구스티누스. 은총과 사랑의 모험』, 125쪽.
133 T.J. van Bavel, *La règle de saint Augustin*, p. 65; Soeur Marie-Ancilla, *La règle de saint Augustin*, Paris: Cerf, 1996, p. 175.
134 A. Solignac, "Pauvreté chrétienne", in *Dictionnaire de spiritualité* XII/1, p. 644.

다시 사랑을 강조한다. 이는 사랑이, 각자 필요한 것이 다르다는 것 안에서 각 개인이 갖고 있는 성격이나 특성과 함께 개인의 특수성을 존중한다는 것이다.[135]

"먹을 것과 입을 것이 있으면, 우리는 그것으로 만족합시다."라는 티모테오 1서 6장 8절의 말씀을 떠올리게 하는 "너희 원장이 너희 각자에게 음식과 의복을 나누어 주겠지만"이라는 표현[136]을 통하여 히포의 주교는 다음의 것을 강조한다. 우리는 수도원에 들어가면서 자유롭게 청빈을 약속하지만, 가난의 실천은 장상의 권위하에서 이루어져야 한다는 것이다. 그렇기에 청빈이 수도 생활의 기본이듯이, 장상의 기본적 의무는 형제들이 계속해서 화목하게 살 수 있도록 그리고 하느님과 공동체의 사명을 열렬히 추구하도록 청빈을 실천하도록 깨어 있어야 한다는 것이다.[137] 이 점은 "그러므로 만일 누가 수도원에 사는 자기 자식이나 어떤 친척 관계에 있는 자에게 옷이나 그에게 필요하다고 생각되는 무슨 물건을 주면, 몰래 받지 말고 공동 소유로 하여 원장의 권한으로 필요한 사람에게 줄 수 있게 할 것이다."라는 규정을 통해서도 다시 한번 드러난다.

---

135 참조: T.J. van Bavel , "Community Life in Augustine", p. 127.
136 Soeur Marie-Ancilla, *La règle de saint Augustin*, p. 176.
137 A. Sage, *La vie religieuse selon saint Augustin*, Paris: La vie augustinienne, 1972, p. 189.

2) 겸손

'남을 존중하고 자기를 내세우지 않는 태도'[138]라는 사전적 의미를 지닌 "겸손"을 뜻하는 라틴어 humilitas는 '낮은', '비천한', '땅에 가까운' 등의 의미를 지닌 humilis라는 단어에서 나온 것이며, 후자는 '땅'을 의미하는 'humus'라는 여성명사에서 나온 것이다. 그렇기에 어원상으로 볼 때 '겸손'이라는 단어는 땅에 가깝기 때문에 비천하다는 의미를 지니고 있다.

(1) 월등함에 대한 사랑(amor excellentiae)인 교만

수도원에 들어온 이들 모두가 하느님을 향하는 한마음 한뜻을 이루어야 한다는 의미에서, 아우구스티누스는 수도자들의 자발적인 가난과 공동 소유의 중요성을 역설한다. 하지만 성인은 이것만으로는 충분하지 않다고 느낀다. 공동체 내에서 모든 불평등의 근본 원인인 교만을 제거해야만 일치를 이루는 평화 공동체를 형성할 수 있다는 확신을 갖고 있다. 교만은 타인보다 더 힘 있는 자 그리고 타인보다 우위에 있기를 바라는 것이다. 곧 교만은 본성상 동등한 다른 사람을 지배하고자 하는 참을 수 없는 욕망이다.[139]

이러한 면에서 볼 때, '소유하고자 하는 욕망'(libido possidendi)은 '으뜸이 되고자 하는 욕망'(libido principandi)과 '통치하고자 하는 욕

---

138 연세대학교 언어정보개발연구원, "겸손", 「연세 한국어 사전」, 두산동아, 2007(11쇄), 108쪽.
139 아우구스티누스, 「그리스도교 교양」, 1,23,23.

망'(libido dominandi)이라는 두 욕망과 밀접한 관계를 지니고 있다고 할 수 있다.

(2) 겸손에의 요청

무엇보다도 수도 생활은 본질적으로 보완성(補完性)과 평등이라는 두 특징을 가지고 있다. 평등은 의무와 권리에서 나타난다. 이에 반해 보완성은 은사와 역할 그리고 필요성에서 드러난다. 그렇기에 공동체는 각 구성원의 인격, 자유, 양심 등을 존중하는 것이다. 여기에서 '은사의 차이와 사랑의 일치'라는 이상이 나오게 된다.[140]

400년경에 저술된 『수도승의 노동』(De opere monachorum)에서 아우구스티누스는 수도 생활을 하고자 하는 이들의 사회적 신분을 이렇게 묘사한다. "대다수는 노예계급에서 옵니다. 혹은 해방 노예들 (…) 농민들 혹은 장인들입니다. 이들을 거부하는 것은 범죄행위가 될 것입니다. 왜냐하면 '하느님은 세상에서 약한 이들을 선택하셨기' 때문입니다."[141] 『수도 규칙』은 '부자'와 '가난한 자'라는 표현을 통해 수도원에 들어올 때 좋은 사회적 환경 출신의 사람들과 비천한 환경 출신의 사람을 말하고 있다. 이토록 사회적 환경이 다른 두 부류의 사람들이 같은 지붕 밑에서 산다는 것에서 첫 번째 유혹이 다가온다. 부자와 가난한 이라는 대비는 단지 경제적인 차원에서만 그치는 것은 아니다. 아우구스티누스 당시 부자라는 범주에는 문화적인 차원까지 포

---

140 참조: A. Trapè, *Introduzione a S. Agostino, La Regola*, pp. 128-129.
141 아우구스티누스, 「수도승의 노동」 22,25.

함하고 있음도 간과해서는 안 된다. 이 때문에 '부자–가난한 이'라는 정식은 '지식인–무학자' 혹은 '약한 이–건강한 이' 등의 정식으로도 표현된다. 이러한 면에서 볼 때, 부자들은 다른 형제들에 대하여 우월감을 갖고 그들을 불쾌하게 대할 수 있고, 부유한 부모의 지위를 자랑하거나, 자기 재산의 일부를 공동체의 생활을 위해 기증했기에 혹은 세속에 남아 재산을 향유하며 살았을 경우보다 그 재산을 수도원에 기부했기 때문에 교만해질 수 있는 유혹을 겪을 수 있다. 가난한 이는 밖에서 감히 대할 수 없었던 사람들과 함께 살게 되었다고 해서 우쭐해질 수 있다.[142]

결국 이 유혹은 다른 것이 아니라, 가난한 이에게는 헛된 영광을 추구하는 유혹이요, 부자에게는 교만이라는 유혹이다. 『수도 규칙』은 가난한 이가 겪을 수 있는 이 유혹을 "머리를 쳐든다"(erigere cervicem)라는 표현을 통해 묘사하고 있다. "참으로 목이 뻣뻣한 백성이다."라고 하느님이 이스라엘 백성들에게 하신 말씀(탈출 32, 9)과 비교할 때, 결국 "머리를 쳐든다."라는 표현은 "밖에서 감히 대할 수 없었던 사람들과 함께 살게 되었다."는 사실에서 나오는 교만한 모습을 표현하는 것이다. 아마도 아우구스티누스는 이러한 체험을 한 것으로 보인다. 그렇기에 가난한 사람들이 입회한 동기가 "하느님을 섬기겠다는 결심 때문인지, 아니면 가난과 노동으로부터 힘든 삶을 피해 음식과 의복이 공동체에서 보장되기 때문인지, 혹은 과거에 자신들

---

142 C. Boff, *La via della comunione dei beni. La regola di S. Agostino*, p. 60.

을 멸시하고 억압하였던 이들로부터 존경받기 위해서인지 확실하게 증명되지 않는다."라고 한탄한다.143 또한 산 비토레의 우고(Ugo di S. Vittore)는 자신의 시대 상황에 대해 성찰하면서 이렇게 말한다. "많은 이들은 영혼 구령에 대한 원의가 아니라 육신의 필요성을 채우기 위해 수도 생활에 들어온다. 이렇게 그들은 하느님을 섬기는 것이 아니라 자신의 배를 채우는 것이다."

가난한 이가 수도원에서 겪을 수 있는 유혹에 대해 아우구스티누스는 "오히려 마음을 드높여 지상의 헛된 것들을 추구하지 말아야 한다."라고 지적한다. "너의 보물이 있는 곳에 너의 마음도 있다."라는 예수님의 말씀(마태 6, 21)을 떠올리게 하는 이 문장에서 "마음을 드높이"(sursum corda)와 "지상의 헛된 것들을 추구하는 것"이 서로 상반되는 것으로 나타난다.144 여기서 우리는 아우구스티누스의 사랑에 대한 정의를 떠올리게 된다. 성인에 따르면, 사랑은 욕구(appetitus) 혹은 영혼의 움직임(motus animi)인데, 이는 '영혼이 어느 곳에로 향하는 것'을 의미한다.145 지상의 헛된 것들을 추구하는 것은 그것들을 사랑하는 것이요, 마음을 드높이는 것은 하늘과 그의 주인이신 하느님을 사랑하는 것이요, 하늘에 사는 것을 의미한다.146 또한 "지상의 헛된 것"(terrena vana)이란 표현에서 '헛됨'(vanitas)이란 단어는 이 세상의 재

---

143 아우구스티누스, 「수도승의 노동」 22, 25.
144 참조: Soeur Marie-Ancilla, *La règle de saint Augustin*, pp. 165-167.
145 참조: 아우구스티누스, 「여든 세 가지 다양한 질문」 35, 2.
146 참조: M. Pellegrino, "《Sursum cor》 nelle opere di sant'Agostino", in M. Pellegrino, *Ricerche patristiche*, I, Torino, 1982, pp. 261-288.

화에도 적용될 수 있고 또한 성서적 의미로 볼 때, '확고함과 견실함이 없는 것'이라는 의미를 지닌다.147 그렇기에 지상의 헛된 것을 추구하지 말라는 것은 외적 세상이 인간에게 작용하는 매력에 빠지지 말라는 것이다. 그러므로 마음을 드높이는 것은 다른 것이 아니라 지상의 헛된 것들을 추구하지 않는 것이요, 결국 육신으로는 이 세상을 살아가면서도, 마음으로는 하늘을 열망하는 것이요, 이미 그곳에 사는 것이다. 아우구스티누스는 이러한 의미에서 "지상의 것은 땅에 놓고, 너의 마음을 드높여라"라고 말한다.148

부유한 이들이 수도원에서 겪을 수 있는 유혹에 대해 히포의 주교는 다음과 같이 말한다. "다른 모든 악습은 악한 것들을 행하도록 하지만, 교만은 착한 행위까지도 손상시켜 없애 버린다. 재산을 처분하여 가난한 사람들에게 다 나누어 줌으로써 가난한 자가 되었다 하더라도 그 영혼이 재산을 소유하고 있을 때보다 오히려 그 부귀를 경멸하면서 더 교만해진다면 무슨 유익이 있겠는가?" 아우구스티누스의 입장에서 보면, 부유함은 그 자체로 나쁜 것도 아니고 좋은 것도 아닌 중성적인 것이다. 이것을 소유하고 있는 사람이 잘 사용하는지 아닌지에 따라 다른 것이다. 성인은 아브라함을 예로 들면서, 부유함과 덕행을 연결시키는 것을 거부하는 이들을 반대하면서 부(富)의 그리스도교적 가치와 훌륭한 사용에 대한 가르침을 제시하고 있다.149 즉 아

---

147 I. Bochet, *Saint Augustin et le désir de Dieu*, Paris: Études augustiniennes, 1982, p. 53.
148 아우구스티누스, 「요한복음 강해」 18, 6. "Pone in terra terrena, sursum cor."
149 아우구스티누스, 「서한」 157, 4, 23-29. 참조: B. Ramsey, "Wealth", in *Augustine through*

브라함은 부유했지만 가난했기에 교만하지 않았고 '자비로운 부자' 혹은 '겸손한 부자'로 볼 수 있다는 것이다.150 이 내용에서 아우구스티누스가 사도 바오로의 생각을 따르고 있음을 볼 수 있다. "현세에서 부자로 사는 이들에게는 오만해지지 말라고 지시하십시오. 또 안전하지 못한 재물에 희망을 두지 말고, 우리에게 모든 것을 풍성히 주시어 그것을 누리게 해 주시는 하느님께 희망을 두라고 지시하십시오. 좋은 일을 하고 선행으로 부유해지고, 아낌없이 베풀고 기꺼이 나누어 주는 사람이 되라고 하십시오"(1티모 6, 17-19)

그러므로 『수도 규칙』에 따르면, 부유한 이들의 덕행은 가난한 집안에서 공동체에 입회한 자기 형제들을 불쾌하게 대하지 말고, 이들과 함께 사는 것을 자랑스럽게 여기는 것으로 나타난다. 왜냐하면 "가난한 이는 우리가 성부께로 가는 하늘의 길"이기 때문이다.151 여기에 '하느님 편에서의 가난한 이들에 대한 선택'이라는 신학적 이유가 깊게 자리하고 있다. "하느님께서는 강한 것을 부끄럽게 하시려고 이 세상의 약한 것을 선택하셨습니다. 하느님께서는 있는 것을 무력하게 만드시려고, 이 세상의 비천한 것과 천대받는 것 곧 없는 것을 선택하셨습니다."(1코린 1, 27-28)

또한 "사랑이 있는 곳에 평화가 있습니다. 그리고 겸손이 있는 곳에 사랑이 있습니다."라고 성인은 말한다.152 여기에서 "자신의 동료

---

the Ages. An Encyclopedia, Michigan, 1999, pp. 878-879.
150 아우구스티누스, 『강론』 14, 4.
151 위의 책, 367, 3.
152 아우구스티누스, 『요한서간 강해』 서언.

들과 동등한 것을 미워하는"153 교만이 수도 공동체의 일치와 평화를 저해하는 것임이 명백하게 드러난다. 다른 말로 한다면, 교만은 사랑을 죽이는 것이다. 공동생활이라는 매일 매일의 실상에서 육신으로 혹은 지성, 문화, 직무, 선행 등 영적으로 우리가 소유하고 있는 모든 재화는 타인에 대해 우월감을 느낄 수 있고 그들을 어느 정도 멸시하는 동기가 될 수 있다. 이렇게 자신의 자비로움을 자랑하는 것을 영적 교만 혹은 바리사이의 거만함이라 할 수 있다. 또한 역으로 이러한 재화를 소유하고 있지 않은 이나 다른 이들이 하는 것을 잘 하지 못하는 이들 역시 시기와 질투를 가질 수 있는 동기가 될 수 있다.154 그렇기에 아우구스티누스는 "우리 안에 부풀은 교만이 사라지는 만큼, 우리는 사랑으로 채워진다"고 말한다.155 또한 "겸손이 있는 곳에 사랑이 있습니다"라고 강조한다.156 겸손은 사랑의 기초이며, 사랑은 겸손이 거주하는 집이기 때문이다.157

이러한 의미에서 아우구스티누스는 겸손에 대해 강조한다. 수도생활의 목표가 완덕에 이르는 것이기에, 성인은 그 길에 대해 이렇게 설명한다. "첫 번째 길은 겸손이요, 두 번째 길은 겸손이요, 세 번째 길도 겸손이다."158 또한 "겸손은 우리의 완덕이다."라고 강한 어조로

---

153 아우구스티누스, 「신국론」 19, 12, 2.
154 N. Cipriani, Sant'Agostino, La Regola, p. 58.
155 아우구스티누스, 「삼위일체론」 8, 8, 12.
156 아우구스티누스, 「요한서간 강해」 서언.
157 아우구스티누스, 「강론」 69, 1; 「거룩한 동정」 51, 52.
158 아우구스티누스, 「서한」 118, 3, 22.

말한다.159 사랑의 보호자인 겸손160에 관한 성인의 가르침은 그리스도 중심적이라고 할 수 있다.161 "겸손의 저자"(auctor humilitas),162 "겸손의 스승"(magister humilitas),163 "겸손의 박사"(doctor humilitatis),164 "겸손의 규범"(norma humilitatis)인165 그리스도는 무엇보다도 육화를 통하여 우리에게 겸손을 가르친다. "하느님의 겸손이 그리스도 안에 나타났습니다."166 진정 믿기 어려운 겸손인 육화167 뿐 아니라, 그리스도는 자신의 수난을 통하여도 겸손을 가르치신다.168

그렇기에 우리가 그리스도인이라면, 겸손하신 그리스도를 따라야 한다. 이는 사도 바오로가 말하듯(2코린 8, 9), 부유하시지만 우리를 위해 가난하게 되신 그리스도를 통해 우리가 부유하게 되었기 때문이다. 여기서 우리는 참된 가난과 겸손이 서로 긴밀하게 연결되어 있음을 볼 수 있다. "가난한 이는 겸손한 이"라고 성인은 말한다.169 또한 "비신자들은 이런 지혜에 그들의 마음의 문을 닫고 있습니다. 왜냐하면 하느님께서는 '안다는 사람들과 똑똑하다는 사람들에게는 이 모든 것을 감추시고 오히려 철부지 어린아이들에게 나타내 보이시

---

159 아우구스티누스, 「시편 상해」 130, 14.
160 아우구스티누스, 「갈라티아서 해설」 15.
161 참조: P. Adnès, "Humilité", in Dictionnaire de spiritualité VII/1, pp. 1153-1154.
162 아우구스티누스, 「강론」 77, 7, 11.
163 아우구스티누스, 「요한복음 강해」 25, 16.
164 아우구스티누스, 「시편 상해」 58, s.1, 7.
165 아우구스티누스, 「강론」 68, 11.
166 아우구스티누스, 「신국론」 9, 20.
167 아우구스티누스, 「강론」 341/A,1.
168 아우구스티누스, 「요한복음 강해」 2, 4.
169 아우구스티누스, 「강론」 14, 4.

기'(마태 11, 25) 때문입니다. 겸손한 사람은 하느님의 겸손을 가까이 따라야 합니다. 그러면 그 겸손의 강한 도움으로 하느님이 계신 높은 곳으로 올라가게 됩니다."[170] 겸손하신 그리스도를 따르면서 우리는 하느님 앞에서 모든 사람이 동등하다는 것을 받아들여야 한다. "하느님께서는 당신의 모상대로 창조된 이성적 존재가 비이성적 존재의 주인이 되는 것을 원하셨습니다. 즉 인간이 다른 인간을 지배하는 것은 원치 않으셨고 인간이 짐승을 지배하는 것을 원하셨습니다."[171]

결국 재산과 교만은 어떻게 보면 동전의 양면과도 같다. 부유한 이들에게 있어 교만은, 사도 바오로가 "안전하지 못한 재물에 희망을 두지 말라"(1티모 6, 17)라고 권고하듯, 자신의 재물에 희망을 두는 것에서 나온 것이다.[172] 그렇기에 교만은 지나가는 것들에 매여 있게 하면서, 인간으로 하여금 소유자가 아닌 노예가 되게끔 한다.[173] 곧, 하느님께서 창조하신 사물을 사랑하면서 창조주 대신에 그 피조물 안에서 자신들의 행복을 찾는 것과 같다.[174] 물론 이 세상의 사물들을 사랑하는 것이 금지된 것은 아니지만, 그것들보다 하느님을 선호하면서 질서(ordo) 안에서만 사랑해야 한다. 롱데(Rondet)가 지적하듯, "마음을 드높이"(Sursum corda)라는 전례적 외침이 모든 참된 그리스도인의 질서를 가리키는 말이 되어야 한다.[175]

---

170 위의 책. 184, 1, 1.
171 아우구스티누스, 「신국론」 19, 15.
172 아우구스티누스, 「강론」 85, 2, 3.
173 아우구스티누스, 「시편 상해」 48, s.1, 2.
174 아우구스티누스, 「요한서간 강해」 2, 11.
175 H. Rondet, "Richesse et pauvreté dans la prédication de saint Augustin", p. 114. 아

이러한 맥락에서 아우구스티누스는, 이 세상에서 가장 부유한 이라도 하느님을 소유하고 있지 않다면 아무것도 갖고 있지 않은 것이라고 본다. 또한 현 세상에서 가장 가난한 이라고 하더라도 하느님을 소유하고 있다면, 모든 것을 다 갖고 있는 것이다.[176] 바로 여기에 마음의 가난이 있다. "우리는 하늘의 시민입니다."라는 사도 바오로의 고백(필립 3, 20)처럼, 마음의 가난은 현 세상의 재화와 추이(推移)에 매이지 않은 자유롭고 평온한 이에게서, 그리고 그리스도의 가르침에 따라 현재에서 벗어나 영원에 참으로 애착할 수 있는 능력을 지니고 있는 이에게서 발견된다.[177] 결국 마음의 가난은 겸손함으로 표현되는 것이며,[178] 이러한 의미에서 하느님을 소유하는 것(habere Deum)이 부와 가난의 척도라고 할 수 있다. 그렇기에 가난과 겸손은, 수도자들이 한 집안에서 화목하게 살고 하느님 안에서 한마음과 한뜻이 되는 길임을, 곧 공동체가 하느님 현존의 장소인 성전이 되는 것이라고 아우구스티누스는 강하게 호소한다.[179]

우구스티누스의 작품 안에서 사용된 "마음을 드높이"라는 표현에 대해 참조: M. Pellegrino, "《Sursum cor》 nelle opere di sant'Agostino", *Recherches augustiniennes* 3(1965), pp. 179-206.
176 아우구스티누스, 「강론」 85, 2, 3.
177 참조: P. V. Chiappa, *Il tema della povertà nella predicazione di sant'Agostino*, Milano: Dott. A. Giuffrè Editore, 1975, p. 141.
178 참조: P. Adnès, "L'humilité vertu spécifiquement chrétienne d'après saint Augustin", *Revue d'ascétique et mystique* 28(1952), pp. 208-223.
179 참조: T.J. van Bavel , "Community Life in Augustine", pp. 126-128; J. García, "La Règle de saint Augustin: Structure et fondement théologique", p. 29.

5. 기도와 그리스도교 수덕생활

가장 일반적인 차원에서 기도는, 하느님께서 계시를 통하여 인간에게 하시는 말씀에 대한 응답으로 인간이 하느님께 향하는 말(locutio ad Deum)로 정의된다.[180] 하지만 시편 주석과 강론 안에서 발견되는 수많은 기도와 기도에 대한 가르침을 통해 우리는 아우구스티누스에게 '기도의 스승'이라는 칭호를 붙일 수 있다. 이러한 관점에서 본다면, 『수도 규칙』에 나오는 기도 생활에 관한 규정은 너무나도 짧아서 실망스러울 정도이다. 하지만 그 내용에서 보면, 기도에 관해 그가 갖고 있는 중심 사상을 요약 정리해서 말하고 있다는 것을 알게 된다.

1) 공동기도

(1) 영적 친교의 표징이요 도구인 공동기도

"정해진 때와 시간에 기도에 전념하시오."

기도는 그리스도인의 삶에서 가장 중요한 요소라고 할 수 있다.[181] 더욱이 수도자에게 있어 기도는 첫 번째 의무이다. 하느님과의 긴밀

---

180 아우구스티누스, 『시편 강해』 85, 7. "너의 기도는 하느님께 하는 말이다. 네가 (성경을) 읽을 때 하느님께서 너에게 말씀하시는 것이고, 네가 기도할 때 하느님과 네가 말하는 것이다." 여기서 우리는 암브로시우스의 영향을 볼 수 있다. 밀라노의 주교는 '성직자의 직무론'(De officiis ministrorum) 1, 20, 88에서 다음과 같이 말한다. "우리가 기도할 때 그분(그리스도)과 대화하는 것입니다. 우리가 하느님으로부터 영감을 받은 책을 읽을 때 그분의 말씀을 듣는 것입니다."
181 아우구스티누스, 『시편 강해』 101, s.1, 3.

한 관계 안에서 살기 위해 세상을 포기하였기 때문이다.[182] 이것이 일반적인 그리스도인들이 갖고 있는 수도자에 대한 생각임을 아우구스티누스는 다음과 같이 말한다. "(그들은) 진정 위대한 사람들이며 거룩한 사람들입니다. 항상 찬미가와 기도와 하느님을 찬미하는 가운데 있습니다. 이것으로 그들은 살아갑니다. 그들(성경) 읽는 것 외에 다른 것은 하지 않습니다. 또 식량을 마련하기 위해 그들은 손노동을 합니다. 탐욕에서 기인해 어떤 것을 청하지도 않습니다. 그리고 신심 깊은 이들이 자신들에게 기부한 것들을 애긍과 애덕으로 사용합니다. 그 누구도 형제가 갖고 있지 않은 것을 요구하지 않습니다. 그들 모두는 서로 사랑하고 서로 격려합니다."[183]

이러한 의미에서 수도원은, 예수께서 말씀하신 것처럼(마태 21, 13. "나의 집은 기도의 집이라 불릴 것이다.") 기도의 집이 되는 것이다. 이에 대해 아우구스티누스는 시편 150장 5절("주님을 찬양하여라, 낭랑한 자바라로. 주님을 찬양하여라, 우렁찬 자바라로")을 주석하면서 다음과 같이 말한다. "여러분은 좋은 소리를 내는, 즉 조화롭게 연주하는 뿔 나팔이요, 수금이며 비파이고, 손북과 춤이며 현악기와 피리이고 우렁찬 자바라입니다."[184]

여기에서 우리는 "기도들에 전념하라"(Orationibus instate)라는 『수도 규칙』의 말씀을 이해해야 한다. 이 말씀은 콜로새서 4장 2절과 로

---

182 A. Sage, *La vie religieuse selon saint Augustin*, p. 203.
183 아우구스티누스, 『시편 강해』 99, 12.
184 위의 책. 150, 8.

마서 12장 12절의 구절의 인용으로,185 여기에 "지정된 때와 시간"이라는 표현을 『수도 규칙』은 삽입하고 있다. 이를 통해, 아우구스티누스는 무엇보다 공동기도가 수도 공동체의 정체성을 드러내는 것임을 강조한다. 수도자들은 매일 일정한 시간에 함께 기도함으로써 자신들의 영적 친교를 표현하는 것이다. 하느님이 자신들 모두에게 삶의 중심이요, 매일 자신들을 양육하는 음식이고, 모든 이가 향유하는 공동선이기 때문이다. 여기에서 공동기도가 영적 친교의 표징이요 도구라는 점이 나온다.186

공동기도는 구성원 서로 간의 조화와 일치를 드러내는 중요한 표지이기에 "하느님께 바쳐지는 공동 전례를 포함하여 하루의 정해진 일과표가 수도 생활에 평화와 화합을 이루어 준다."고 줌켈러(Zumkeller) 신부는 주장한다.187 여기서 활동이라는 미명하에 공동기도를 소홀히 해서는 안 된다는 것이 분명해진다.188 또한 공동기도만으로 구성원들의 마음을 일치하고 공동체를 쇄신할 수 없다는 사실이 공동기도의 중요성을 간과해도 되는 알리바이를 제공하지 않는다. 공동기도 없는 공동생활은 더 이상 공동생활이라고 할 수 없기 때문이다. 바로 여기에서 정해진 체계를 가진 공동체의 기도생활이, 즉

---

185 콜로 4, 2. "기도에 전념하십시오."(Orationi instate); 로마 12, 12. "… 기도에 전념하십시오."(Orationi instantes) 여기서 아우구스티누스는 '기도'(orationi)라는 단수형 대신에 '기도들'(orationibus)이라는 복수형을 사용하고 있다.
186 N. Cipriani, *Sant'Agostino. La Regola*, p. 67.
187 A. 줌켈러, 『아우구스티누스 규칙서』, 이형우 옮김, 왜관: 분도출판사, 2006(신정판), 79쪽.
188 아우구스티누스, 『신국론』 19, 19. "활동적이라고 해서 하느님에 대한 관상을 전혀 도모하지 않을 정도여야 한다는 법도 없다."

보다 생동감 있고 창조적인 방식으로 공동기도를 바치는 기도생활이 나오는 것이다.[189]

(2) 정해진 때와 시간

우리는 아우구스티누스 수도원의 일과표가 어떠했는지 정확히 알 수 없다. 『수도 규칙』은 "정해진 때와 시간"이라는 간략한 표현을 사용하면서, 무엇보다 공동기도 시간 엄수와 공동기도에 대한 성실성만을 강조하고 있을 뿐이다. 프로바(Proba)에게 보낸 『서한』 130에서도 "어느 정도 간격이 있는 때와 시간에 우리는 하느님께 말로 기도합니다."라고 적고 있을 뿐이다.[190] 이 문제에 대해 두 가지 측면에서 해결책을 모색해보도록 하자.

무엇보다, 수도자들의 모범을 따라 살려고 하는 경건한 신자들의 모습을 꼽을 수 있다. "매일 일어나 성당에 갑니다. 찬미가 하나를 아침에 드리고 또 다른 찬미가는 저녁에 바칩니다. 세 번째 찬미가와 네 번째 찬미가는 집에서 드립니다. 이렇게 저는 매일같이 찬미의 희생제사를 드리고 그것을 하느님께 봉헌합니다."[191] 사실 아프리카 교회의 전통에서 이미 테르툴리아누스(Tertullianus, 160?-220?)와 치프리아누스(Cyprianus, 200/210?-258)는 하루에 세 번, 즉 제3시, 제6시, 제9시에 기도할 것을 명하고 있다. 또한 이들은 아침기도와 저녁기도에 대

---

189 N. Cipriani, Sant'Agostino. La Regola, p. 68.
190 아우구스티누스, 「서한」 130, 9, 18.
191 아우구스티누스, 「시편 강해」 49, 23.

해서도 말한다.192 여기에 치프리아누스는 야간 기도를 첨가하고 있다.193 아프리카 교회의 이러한 전통을 보았을 때, 그리스도인들은 하루에 최소한 5번 고정 시간에 기도를 하였다는 것이 분명해진다.

또한 『수도원 규정서』 2항은 기도에 관해 다음과 같이 전해준다. "이제 우리가 어떻게 기도하고 시편을 읊조리는지 묘사합니다. 즉 아침기도에는 세 개의 시편, 즉 62장, 5장, 89장을 바칩니다. 3시 기도에는 화답송과 함께 하는 시편 하나를 하고 두 개의 후렴, 독서 그리고 끝맺는 기도를 바칩니다. 6시 기도와 9시 기도도 이와 같이 바칩니다. 저녁기도(lucernarium)에는 화답송과 함께 하는 시편 하나와 네 개의 후렴, 화답송과 함께 하는 또 다른 시편 하나, 독서 그리고 끝맺는 기도를 합니다. 저녁기도 후 적당한 시간에 모든 이가 앉아 있는 가운데 독서를 하고, 그 다음 잠자리에 들기 전에 통상의 시편들로 기도합니다. 야간 기도에 대해서는, 11월, 12월, 1월, 2월에는 열두 개의 후렴과 여섯 개의 시편 그리고 세 개의 독서를 합니다. 3월, 4월, 9월, 10월에는 열 개의 후렴, 다섯 개의 시편 그리고 세 개의 독서를 합니다. 5월, 6월, 7월, 8월에는 여덟 개의 후렴, 네 개의 시편, 두 개의 독서를 합니다."194

---

192 테르툴리아누스, 「기도론」, 25; 치프리아누스, 「주님의 기도」 34. "필립 팀코(Philip Timko)에 따르면, "떼르뚤리아노 시대에는 기도는 제3시, 제6시, 제9시에 해야 할 의무는 없었다 (…) 그렇지만 떼르뚤리아노는 그 시간에 기도하는 것이 좋다고 판단했고, 개인적으로는 그 시간을 의무화하고 싶어 한다고 표현하였던 것이다.": P. Timko, 김순복 베다 역, "정한 시간에 기도하라, 항상 기도하라. – 수도승 기도의 원형 –", 코이노니아 선집 5(2004), 270.
193 치프리아누스, 「주님의 기도」 36.
194 줌켈러 신부와 트라페 신부에 따르면, 서방 수도 생활에서 기도에 관한 가장 오래된 규정으로 오늘날 시간 전례와 비슷한 구조로 이루어져 있음을 볼 수 있다: A. 줌켈러, 『아우구스티누스 규칙

따라서 위의 사항을 통해 우리는, 아우구스티누스 수도원의 공동 기도가 하루에 최소한 5번 성당에서 이루어졌고, 시편과 후렴 그리고 독서로 구성되었을 것이라고 추측해볼 수 있다. 또한 공동기도 시간에 시편만 노래하지 않고, 찬미가도 있었을 것으로 본다. 아우구스티누스는 세례받을 때 밀라노 주교좌성당에 울려 퍼진 찬미가에 대해 이렇게 말한다. "당신 교회에서 아름다이 울려나오는 송가와 찬미가에 몹시도 감격하여 나는 얼마나 울었더니이까! 그 소리와 소리는 내 귀에 스며들고, 진리는 내 마음 안 속속들이 들이배어 경건의 정이 타오르며, 눈물이 쏟아져 흐르며 이와 더불어 나는 행복하였던 것입니다."[195] 이토록 아우구스티누스에게 깊은 인상을 준 밀라노교회의 찬미가를 수도원의 공동기도에도 바쳤을 것이라 볼 수 있다.[196]

2) 기도소(Oratorium)

(1) 기도의 장소와 작업실의 구분

"기도소에서는 그 말이 뜻하는 바대로 세워진 목적 이외의 다른 것을 아무도 해서는 안 된다. 이는 혹시 어떤 이가 여가가 있어 정해진 시간 이외에 (기도소)에서 기도하기를 원할 때 그곳에서 다른 일을 하고 있는 사람으로 인해 방해받지 않기 위해서이다."

서』, 80쪽; A. Trapè, *Introduzione a S. Agostino, La Regola*, p. 185.
195 아우구스티누스, 「고백록」 9, 6, 14.
196 P. Merlin, *Saint Augustin et la vie monastique*, pp. 41-42.

이 규정은 기도소라는 말이 어원상 '기도하다'(orare)에서 나온 것임을 분명히 밝히면서 기도의 장소로서 기도소를 수도원에 둘 것을 명하고 있다. 줌켈러에 따르면, "동방 수도원들에서는 기도의 장소를 작업실로도 사용하는 것을 관례로 해온 것 같다. (…) 아우구스티누스 규칙서에 나오는 이 말은 서방 수도원들 안에 기도소가 있었다는 가장 오래된 증언이며, 수도 생활 발전사에 있어서 결정적 단계를 나타낸다."[197] 이 주장을 받아들인다면, 당시 서방 교회 수도원들에서는 동방의 관례를 그대로 따르고 있었다는 것이고, 또 동방교회 수도원들에도 기도소가 있었지만 아우구스티누스가 주장하는 것과는 다른 목적으로도 사용되었음을 보여주는 것이다.[198] 또한 반 바벨은 타가스테에 세운 첫 수도원의 협소함으로 인해 기도의 장소가 작업실로도 사용되었기에 나온 규정이 아닌가 하고 주장한다.[199] 하지만 『수도 규칙』의 내용대로, "혹시 어떤 이가 여가가 있어 정해진 시간 이외에 (기도소)에서 기도하기를 원할 때 그곳에서 다른 일을 하고 있는 사람으로 인해 방해받지 않기 위해서이다."라는 단순한 열망에서 나왔을 수도 있다는 것도 배제할 수는 없다.[200]

---

[197] A. 줌켈러, 『아우구스티누스 규칙서』, 84-85쪽.
[198] 참조: Soeur Marie-Ancilla, *La règle de saint Augustin*, p. 189.
[199] T.J. van Bavel, *La règle de saint Augustin*, pp. 73-74.
[200] G. Lawless/G. Bonner/Sr. Agatha Mary, *Saint Augustine, The Monastic Rules*, New York: New City Press, 2004, p. 68.

(2) 개인기도에 대한 권고

기도소에 관한 규정에서 수도자들이 공동기도 시간 외에도 개인적으로 기도하기를 권고하는 아우구스티누스의 모습을 볼 수 있다. 이는 지속적인 기도, 곧 개인기도에 대한 권고로 자신의 영혼으로 돌아가 하느님께 향하라는 것이다. 또한 이 권고는 "끊임없이 기도하십시오."(1 테살 5, 16)라는 바오로의 조언을 따르는 것으로, 영원한 행복의 삶을 주실 수 있는 분에게서 그 삶을 받기를 계속해서 희망하라는 것이다. 이 희망을 통하여 우리는 계속해서 기도할 수 있고, 이는 우리 안에 이 원의가 식을 수 있도록 만드는 걱정거리와 잡다한 일에서 벗어나 정해진 시간에 기도에 전념할 수 있게 된다.[201] 이러한 의미에서 아우구스티누스는 이집트의 수도자들의 기도 방법을 다음과 같이 칭송하고 있다. "이집트의 형제들은 자주 하지만 짧은 기도를, 즉 어떤 의미로 보면 화살기도를 한다고 말합니다. 이는 기도하는 사람에게 매우 필요한 깨어 있고 열렬한 지향이 사라지거나 기도를 너무 오랫동안 함으로써 둔감해지지 않기 위해서입니다."[202]

결국 개인기도는 공동기도와 불가분의 관계로 공동기도의 준비이며 또한 좀 더 나은 결과이기도 하다. 공동기도가 형제들의 사랑을 일치시키고 규칙성을 통해 게으름에서 우리 자신들을 보호해줄 뿐 아니라 기도하고 싶다는, 그리고 기도해야 한다는 깊은 열망을 불러일으키기 때문이다.

---

201 아우구스티누스, 「서한」 130, 9, 18.
202 같은 책. 10, 20.

3) 기도의 기본 법칙: 내향성(內向性)

(1) 하느님께 올리는 마음의 외침인 기도

아우구스티누스의 사상에 따르면, 입으로 말하는 것은 마음 안에 담겨진 것을 표현해야 한다. 즉 외적인 것은 내적인 것에, 실천은 이론에, 삶은 이상에 상응해야 한다는 것이다. 이 '내향성'이라는 아우구스티누스 영성의 기초가 『수도 규칙』에 다음과 같은 말로 표현되어 있다. "시편과 찬미가로 하느님께 기도할 때 소리 내어 기도한 것을 마음속으로 되새길 것이다." 또한 "이는 너희가 바치는 기도 때문이니, 너희가 그 기도를 자주 바치는 그만큼 건전한 자들이 되어야 한다."[203]

내향성이라는 원칙에 입각해서 볼 때, 기도는 내적인 것이 아니라면 참된 것이 아니다. 그렇기에 아우구스티누스는 "입은 외쳐도 마음은 여전히 벙어리인 채로 남아 있지 말라고" 신자들에게 권고한다.[204] 마음에서 나와야만 기도는 개개인의 영혼을 하느님과 일치시키고 그분을 통해 형제들과도 일치시키기 때문이다. 여기에서 "하느님께 올리는 마음의 외침"(clamor cordis ad Dominum)이라는 기도의 정

---

[203] 반 바벨은 "너희가 바치는 기도 때문이니"(propter orationes vestras)라는 구절을 "너희가 '주님의 기도'를 바치면서 거짓말을 하지 않도록 하기 위해서"라는 말로 번역한다: T.J. van Bavel, La règle de saint Augustin, p. 105. 아우구스티누스에 따르면, 주님의 기도는 하느님과 인간 사이의 계약이기에 "저희에게 잘못한 이를 저희가 용서하오니 저희 죄를 용서하시고"라고 기도할 때, 우리는 진실한 마음과 언행일치 속에서 이 기도를 바쳐야 한다. 그렇지 않으면 거짓말쟁이, 즉 『수도 규칙』의 표현대로 한다면, 건전하지 못한 자들이 되고, 하느님과의 계약을 깨뜨리는 사람이 되는 것이다: 아우구스티누스, 『강론』 56, 9, 13; 211, 3, 3.
[204] 아우구스티누스, 『강론』 198, 1.

의가 나온다.205

(2) 믿음과 희망과 사랑에서 나오는 열망인 기도

기도는 믿음과 희망과 사랑에서 나오는 열망(desiderium)이다.206 마음 안에 열망이 있다는 것은 탄식(gemitus)이 있다는 것이다. 즉 탄식은 원의의 목소리이다.207 우리 안에 계시는 성령이 우리로 하여금 탄식하게끔 하며, 이를 통해 우리가 이 세상의 순례자임을 느끼게 하고 천상 고향을 열망하도록 가르치는 것이다.208 그렇기에 아우구스티누스는 다음과 같이 말한다. "그러므로 두 가지 종류의 은혜(beneficium)가 있으니, 하나는 지상적인 것이요, 또 하나는 영원한 것이다. (…) 이 지상 삶의 나무에서 우리 스스로 지나가는 자로 머물러야 하는 순례자이지 결코 이곳에 머물도록 예정된 이처럼 생각해서는 안 된다. 영원한 은혜는 무엇보다 영원한 생명이요, 육신과 영혼의 불멸성과 불사성이고, 천사들과의 일치(societas angelorum)이며, 천상 도시이고, 썩지 않을 화관이요, 한 아버지와 한 나라, 즉 죽음을 모르시는 한 아버지와 원수를 모르는 한 나라이다. 우리는 이 은혜를 온 영혼의 열렬함으로 바라도록 노력해야 하고 많은 말 없이 진실한 탄식으로 기도 안에서 온전한 인내로 청해야 한다. 입은 침묵하고 있어도 원의는 항상 기도한다. 만약 네가 항상 바란다면, 너는 항상 기도

---

205 아우구스티누스, 「시편 강해」 118, s.29, 1.
206 아우구스티누스, 「서한」 130, 9, 18.
207 아우구스티누스, 「시편 강해」 37, 14.
208 아우구스티누스, 「요한복음 강해」 6, 2.

하는 것이다."209

성령께서 천상 도시에 대한 사랑을 심어주신 것이기 때문에,210 마음의 외침은 사랑의 열정(flagrantia caritatis)이라 할 수 있다. 다시 말하면, "만약 네가 끊임없이 기도하고자 한다면, 결코 바라는 것을 멈추어서는 안 된다. 지속적인 너의 원의는 지속적인 너의 목소리가 될 것이다. 만약 네가 사랑하기를 멈춘다면 침묵하게 될 것이다. (…) 사랑의 냉기는 마음의 침묵이고, 사랑의 열정은 마음의 외침이다. 만약 사랑이 계속해서 있다면, 너는 항상 외치게 된다. 만약 네가 항상 외친다면, 항상 바란다. 그리고 만약 네가 바란다면, 평화를 기억할 것이다."211

이 모든 것은 기도의 정신이 하느님과 영원한 생명을 향한 마음의 끊임없는 열망이요 사랑임을 분명히 드러낸다. 이러한 의미에서 기도는, 치프리아니 신부가 지적하듯, 신비적이요 종말론적 특성을 지니게 된다.212 또한 기도는 하느님과 천상 고향에 대한 열망을 요구하기에 우리에게 계속적인 회심을 가져온다. 치프리아니 신부가 평가하듯, 그렇기에 기도는 정화자(purificatrice)이며 쇄신자(rinnovatrice)의 역할을 수행한다.213

---

209 아우구스티누스, 『강론』 80, 7.
210 아우구스티누스, 『시편 강해』 86, 1.
211 위의 책, 37, 14.
212 N. Cipriani, *La pedagogia della preghiera in S. Agostino*, pp. 21-22.
213 같은 책, pp. 23-24.

4) 기도와 성가

"노래로 하라고 지시되어 있는 것만 노래로 하고, 노래로 하라고 기록되어 있지 않은 것은 노래로 하지 말 것이다."

성가에 관한 이 규정이 비록 부정적인 형식으로 표현되고 있지만, 수도원 내에서 성가의 사용과 이것이 지닌 중요성을 충분히 드러내고 있음을 우리는 알 수 있다. 하지만 왜 성가에 관한 규정을 아우구스티누스가 도입하고 있는지 그 상황과 이유에 대해서 우리는 정확히 알 수 없다. 『재론고』 2, 11을 통해 우리는, 카르타고 교회에서 봉헌기도 전이나 영성체 때 시편을 노래하고 있는 관행에 대해 힐라리우스(Hilarius)라는 평신도가 반대하여 이를 반박하는(현재는 전해지지 않는) 책을 아우구스티누스가 저술하였음을 알고 있다.[214] 이 점이 『수도 규칙』에 성가에 관한 규정이 들어오게 하였다고 추측해볼 수 있다.[215] 또한 우리는 아우구스티누스의 개인적 체험도 간과할 수 없다. 아우구스티누스는 세례를 받던 날 밀라노에서 들은 성가에 대해 다음과 같이 회상한다. "당신 교회에서 아름다이 울려오는 송가와 찬미가에 몹시도 감격하여 나는 얼마나 울었더니이까! 그 소리와 소리는 내 귀에 스며들고, 진리는 내 마음 안 속속들이 들이 배어 경건의 정이 타오르며, 눈물이 쏟아져 흐르며 이와 더불어 나는 행복하였

---

[214] 아우구스티누스 당시 아프리카 교회에는 전례 성가에 대한 다양한 의견이 있었다. 『서한』 55, 18, 34에 따르면, 대부분의 아프리카 주교들은 전례 성가에 반대 입장을 취하고 있었다.
[215] G. Lawless/G. Bonner/Sr. Agatha Mary, *Saint Augustine, The Monastic Rules*, p. 69.

던 것입니다."²¹⁶

하지만 이 규정은 도나투스파 이단자들을 염두에 두고 있다는 것이 가장 맞는 것 같다. 『서한』 55에 따르면, "도나투스주의자들은 우리가 성당에서 예언자들의 거룩한 송가를 부르는 것을 너무나 절제한다고 비난합니다. 반면에 그들은 인간의 자질로 작곡된 시편을 노래하는 데 있어 술주정과도 같이 마치도 트럼펫 소리처럼 광적으로 지나치게 합니다."²¹⁷ 베르헤이언은 『수도 규칙』 라틴어 본문에서 '지시되어 있는 것'(quod legitis)과 '기록되어 있는 것'(scriptum est)이라는 표현들이 성경 인용을 표시하기 위한 일상적인 용어들이라고 주장한다. 즉 성경에서 찾을 수 있는 본문만 노래로 해야 한다는 것이지, 도나투스주의자들처럼 사람이 만든 시편을 노래로 해서는 안 된다는 것이다.²¹⁸

노래로 기도하는 것이 "영혼에게 신심을 불러일으키고 하느님께 향한 사랑으로 마음을 뜨겁게 하는 데 매우 유익하다."고 아우구스티누스는 말한다.²¹⁹ 또한 아우구스티누스는 손노동을 하면서 시편을 노래하는 것을 칭찬한다.²²⁰ 노래하는 것은 깊은 감정의 표현이다.

---

216 아우구스티누스, 『고백록』 9, 6, 14.
217 아우구스티누스, 『서한』 55, 18, 34. 참조: L. Verheijen, Nouvelle approche de la Règle de saint Augustin, I, p. 386; *Nouvelle approche de la Règle de saint Augustin*, II, Louvain, Institut Historique Augustinien, 1988, pp. 321-322; J. García, "La Règle de saint Augustin: Structure et fondement théologique", p. 26.
218 L. Verheijen, *La Règle de saint Augustin*, II, Paris: Études augustiniennes, 1967, pp. 152-153.
219 아우구스티누스, 『서한』 55, 18, 34.
220 아우구스티누스, 『수도승의 노동』 17, 20. "시편을 노래하는 점에 있어 손노동을 하는 동안에도 -편하게- 할 수 있다. 더욱이 이렇게 신적 리듬에 맞춰 노동하는 것은 기쁜 일이다."

이러한 면에서 아우구스티누스는 "노래하는 것은 사랑하는 이의 것이다."라고 말한다.[221] 즉 천상 고향으로 돌아가길 원하는 사람으로서, 하느님을 사랑하는 사람으로서 우리는 노래하는 것이다.[222]

5) 절제와 극기

절제와 극기는 사랑의 자양분으로 그리스도교 이상이 제시하는 또 다른 방법인 것이다.[223] 줌켈러가 말하듯, "기도를 통해 이루어지는 하느님과의 통교는 식사와 음료 등에 대한 육신의 욕구, 의복과 다른 지상 재물에 대한 인간적인 기호(嗜好)를 적절히 제어하지 않는 한 활발히 발전될 수는 없는 것이다."[224]

(1) 단식과 절제

"건강이 허락하는 한도에서 너희는 식사와 음료의 단식재와 절제로 너희 육신을 제어하여라. 단식재를 지킬 수 없으면, 병자가 아닌 이상, 점심 식사 외에는 어떤 음식도 들어서는 안 된다."

아우구스티누스에 따르면, 그리스도교 수덕생활의 세 요소인 단식, 자선, 기도 중의 하나인 단식은 육신의 모든 극기를 의미한다.[225]

---

221 아우구스티누스, 「강론」 336, 1.
222 A. Sage, *La vie religieuse selon saint Augustin*, 210.
223 A. Trapè, *Introduzione a S. Agostino, La Regola*, p. 195.
224 A. 줌켈러, 「아우구스티누스 규칙서」, 94쪽.
225 아우구스티누스, 「인간 의로움의 완성」 8, 18.

단식과 절제를 하는 기본 목적은 "그리스도 예수님께 속한 이들은 자기 육을 그 욕정과 욕망과 함께 십자가에 못 박았습니다."라는 갈라티아서 5장 24절의 말씀을 따라『수도 규칙』이 말하는 대로 육신을 제어하는 것이다. "내 육신은 나의 나귀입니다. 예루살렘으로 가는 여정 동안 나를 태우고 가고, 길에서 벗어나기도 합니다. 나의 길은 바로 그리스도입니다. 그러므로 갑자기 뛰어오르는 짐승을 단식으로 제어해야 하지 않겠습니까?"[226]라고 아우구스티누스는 말한다. 바로 여기서 육신을 제어하는 것의 의미가 나온다. 육신의 감정을 없애라는 것이 아니라, 단식을 통해 육신이 정신에 복종할 수 있도록 하는 것이다. 단식을 통해 육신을 제어한다는 것은 하위의 것이 상위의 것에 복종하는 것처럼, 육신은 영혼에게, 그리고 영혼은 하느님께 순명하는 자연적 질서를 회복하는 것이다.[227] 단식을 통한 이 자연적 질서의 회복은 "육신의 기쁨을 끊어버림으로써 영혼의 기쁨을 가져오는 것이다."[228] 즉 사랑을 정화하는 것으로, 이 세상에 대한 사랑인 탐욕(cupiditas)에서 하느님과 이웃을 사랑하는 애덕(caritas)에로의 전환이 이루어지는 것이다.[229]

언제 단식을 하였는가? 무엇보다 아우구스티누스는 암브로시우스의 다음과 같은 말을 인용하면서 각 지역 교회의 관습이 달랐음을 알려준다. "내가 여기에 있는 동안에는 토요일에 단식을 하지 않습

---

226 아우구스티누스,「강론」400, 3, 3.
227 아우구스티누스,「시편 강해」143, 6.
228 아우구스티누스,「강론」400, 5, 6.
229 아우구스티누스,「시편 강해」31, s.2, 5.

니다. 하지만 로마에 가면 토요일에 단식을 합니다. 그렇기에 여러분이 어느 교회에 가든지 간에 추문을 불러일으키고 싶지 않다면 그곳의 관습을 따르십시오."230 비록 각 지역 교회마다 다른 양식으로 단식을 하였지만, 공통적인 것은 수요일과 금요일을 단식의 날로 정하고 있었다는 점이다. 암브로시우스의 증언처럼, 토요일 단식은 지역에 따라 달랐다. 동방교회와 밀라노교회에서는 하느님께서 세상 창조를 끝내시고 7일째 되는 날 휴식을 취하셨다는 창세기의 말씀을 기억하면서 토요일에 단식하지 않았다. 그러나 로마교회와 서방의 일부 지역 교회에서는 주님의 죽으심을 기억하면서 단식을 하였다. 아우구스티누스의 증언을 통해 우리는 아프리카교회는 주교에 따라 토요일 단식 규정이 달랐음을 알 수 있다. 즉 일부 주교는 토요일 단식을 명하였고, 일부 주교는 그렇지 않았기 때문이다.231 또한 집피교회(Ecclesia Gippitana)와 다른 곳에서는 예수 성탄 대축일 전야에 단식을 하였다.232 아울러 1월 1일에 거행되는 이방인들의 축제를 반대하면서 아우구스티누스는 같은 날에 그리스도인은 단식이나 절제를 해야 한다고 말한다.233 그리고 주일에 단식을 하는 마니교도와 프리쉴리아누스주의자들(Priscillianistae)의 관행에 반대하면서 단식일에 주일을 포함해서는 안 된다는 입장을 아우구스티누스는 강하게 표현하고

---

230 아우구스티누스, 「서한」 36, 14, 32.
231 같은 책. 13,30-14, 32.
232 위의 책. 65, 1.
233 아우구스티누스, 「강론」 198, 2.

있다.[234]

아우구스티누스 수도원의 수도자들은 언제 단식을 하였는가? 성인은 마태오복음 5장 20절("너희의 의로움이 율법 학자들과 바리사이들의 의로움을 능가하지 않으면, 결코 하늘나라에 들어가지 못할 것이다.")의 말씀을 주석하면서 우리에게 이 문제에 대한 실마리를 제공해주고 있다. "만약 많은 그리스도인이, 특별히 수도원에 사는 이들이 평생토록 하는 것처럼 토요일과 주일을 제외하고 (일주일에) 네 번이나 다섯 번 단식을 한다면, 이 사람은 단지 두 번만 단식하는 바리사이들을 능가할 뿐 아니라 일반적으로 로마인들이 하는 것처럼 수요일, 금요일, 토요일에 단식하는 보통의 그리스도인들까지도 능가하는 것이다."[235]

"만약 단식재를 지킬 수 없으면, 병자가 아닌 이상 점심 식사 외에는 어떤 음식도 들어서는 안 된다."라는 『수도 규칙』의 내용으로 돌아가 보자. 우선 당시 로마인들의 식사 관습에 따르면, 이른 아침에 간단한 요기를 하고, 정오경에 검소한 점심 식사를 하였고 오후 3시경에 저녁 식사를 하였다.[236] 그렇기에 단식재를 지키는 것은 점심 식사를 하지 않고 저녁 식사만 하는 것을 의미한다.[237]

여기서 잊지 말아야 할 점은 육신적 극기에 대한 염원이 건강이라고 하는 일차적 관심을 능가해서는 안 된다는 점이다. 아우구스티누스는 무엇보다도 "건강이 허락하는 한도에서"라는 표현을 통해 이를

---

234 아우구스티누스, 『서한』 36, 12, 27–12, 29.
235 같은 책. 4, 8.
236 참조: C. Egger, *L'attualità della Regola di S. Agostino*, Vercelli, 1996, p. 5.
237 참조: L. Verheijen, *Nouvelle approche de la Règle de saint Augustin*, I, pp. 305–314.

잘 알려주고 있다. 그렇기에 『수도 규칙』의 정신에 따르면, 병자가 아니더라도 허약한 이들은 단식재를 지키지 않고 점심 식사를 할 수 있고, 환자들은 점심 식사를 할 수 있을 뿐 아니라 식사 시간 이외에도 먹을 수 있는 권리가 있다. 이는 고행으로 인해 질병이 야기된다면, 그러한 고행은 아무런 의미도 없는 것임을 강조하는 것이다. 고행의 목적은 우리의 건강을 해치는 데 있는 것이 아니라, 이를 통해 우리들 자신 안에서 좀 더 온전한 조화를 이루기 위한 것이다.[238] 그렇기에 아우구스티누스의 정신에 따라 "금욕에서 비롯된 질병은 상급이 아니라 나무람을 받아 마땅한 것이다."라고 우리 역시 말할 수 있다.

그리고 아우구스티누스는 『수도 규칙』 밖에서 식사에 관한 또 다른 규정을 제시한다. "우리의 공동체에서 환자나 식사 시간 전에 원기를 회복해야 할 환자가 있다면, 남자 수도자나 여성 수도자가 환자에게 필요한 것을 제공하는 것에 대해 나는 금하지 않습니다. 하지만 점심 식사와 저녁 식사를 수도원 밖에서 하는 것은 안 됩니다. 그 어느 누구도 안 됩니다."[239] 이 점은 『수도원 규정서』 8항에서도 나타난다. "어느 누구도 허락을 받지 않고 수도원 밖에서 먹거나 마실 수 없다. 왜냐하면 이것은 수도원 규율에 적합하지 않기 때문이다."

결국 『수도 규칙』에서 나타난 아우구스티누스의 입장은 엄격한 극기 생활을 하던 이집트의 수도자들과는 다른 것임이 분명하다. 단식은 하나의 매개체일 뿐, 단식을 위한 단식을 하는 것이 아니라는 것이

---

238 티어도르 택, 『아우구스티누스가 살아 있다면…』, 황종렬 옮김, 성바오로출판사, 1993, 136쪽.
239 아우구스티누스, 『강론』 356, 13.

다. 이는 곧 아우구스티누스가 단식의 사랑의 의미, 즉 사회적 의미를 추가하고 있음을 보여주는 것이다. 이 점을 『수도 규칙』은 환자들과 허약한 이들을 대하는 다음의 규정을 통해 잘 드러낸다. "과거의 생활 습성으로 인해 허약한 자들이 식사에서 달리 대우를 받는다 하더라도, 더 건강한 자들은 이를 불쾌히 여기거나 불공평하다고 생각해서는 안 된다. 건강한 자들은 허약한 자들이 먹는 것을 먹지 못한다고 해서 그들을 부러워하지 말고 오히려 그들보다 건강한 것을 기뻐해야 한다. 부유한 생활을 하다가 수도원에 입회한 자가 아주 건강한 이들에게는 지급되지 않는 어떤 음식이나 옷, 침구, 이불 등을 받게 되더라도 이런 것들을 받지 못한 이들은, 비록 그가 체력이 강한 이들처럼 검소한 수준에 아직 이르지 못했지만 (과거의) 세속 생활에서 지금의 이 생활로 얼마나 많이 내려왔는가를 생각할 것이다. 몇 사람이 더 나은 대우를 받는 것을 보게 되더라도 모두가 그것을 원해서는 안 된다. 이는 그를 우대하기 위함이 아니라 어려움을 덜어 주기 위해서이다. 수도원 안에서 부자들은 최선을 다해 노력하는 반면, 가난한 자들은 호강하는 셈이 되는 그런 가증스러운 폐습이 생기지 말아야 할 것이다." 수도원의 형제들을 향한 사랑이라는 목적을 지니고 있는 단식과 절제는 수도원 밖에 사는 이들에 대한 사랑으로 연장된다. 즉 수도원 밖에 사는 가난한 이들을 돕기 위하여 절약하는 것으로 표현되는 것이다.[240]

---

240 위의 책. 209, 2; 210, 10, 12.

그러므로 단식과 절제로 표현되는 수덕 생활의 초점은 하느님과 이웃 사랑에 있다. 이 때문에 아우구스티누스는 마음의 겸손으로, 찬미의 경건한 행위로, 형제들에 대한 존경으로 단식할 것을 가르친다.[241] 단식과 절제가 기도를 위한 매우 힘 있는 도움임을 강조하는 것이다.[242] 이러한 점에서 "궁핍을 견디는 데 더 강한 자들은 자신을 더 부유한 자로 여길 것이니 많이 소유하는 것보다는 요구가 적은 것이 더 낫기 때문이다."라는 『수도 규칙』의 말씀을 이해할 수 있다.

(2) 공동 식사 중의 독서

"공동 식탁에 앉으면 일어날 때까지 관례대로 독서하는 내용을 소음을 내거나 떠들지 말고 귀담아 들을지니, 너희 입으로 음식만을 먹지 말고 또한 귀로 하느님의 말씀을 받아들일 것이다."

아모스서 8장 11절("보라, 그날이 온다. 주 하느님의 말씀이다. 내가 이 땅에 굶주림을 보내리라. 양식이 없어 굶주리는 것이 아니고 물이 없어 목마른 것이 아니라 주님의 말씀을 듣지 못하여 굶주리는 것이다.")을 떠올리게 하는 이 규정은 영적 양식인 독서에 대해 설명하고 있다.[243] 식사 중에 성경을 읽는 것이 아우구스티누스 수도원의 고유한 점은 아니다. 이는 동방에서 온 관습인 것이다. 카시아누스(Cassianus, †430?)에 따르면, 식당 독서는 이집트인들의 규칙에서 온 것이 아니라, 카파도키아인들

---

241 위의 책, 357, 5.
242 아우구스티누스, 『서한』 130, 16, 31.
243 참조: L. Verheijen, *Nouvelle approche de la Règle de saint Augustin*, I, pp. 387-394.

의 규칙에서 온 것으로,[244] 바실리우스의 『소규칙서』(Regulae brevius tractatae) 180에서 찾아볼 수 있다. 또한 『수도원 규정서』 7항도 다음과 같이 적고 있다. "식탁에 앉으면 침묵을 지키면서 독서를 경청해야 한다."

포시디우스의 증언에 따르면, "식탁에서는 독서나 토론이 먹고 마시는 것보다 더 그분 마음에 드는 일이었다. 사람들의 고약한 습관을 거슬러 식당에 이렇게 써 놓으셨다. '자리에 함께 있지 않은 사람을 즐겨 헐뜯는 사람은 이 식사에 함께할 자격이 없음을 알아들을 것이다.' 이렇게 식사에 초대된 모든 이에게 안 해도 되거나 해로운 입놀림을 삼가도록 훈계하셨던 것이다."[245] 이 점을 통해 볼 때, 식사 중에 대화가 금지된 것이 아님을 알 수 있다. 하지만 이 대화가 형제적 사랑에서 어긋나는 것이 되어서는 안 된다는 것이 성인의 생각임을 알 수 있다.

6. 정결의 삶

"정결은 천상 행복의 특별한 표지이며, 수도자가 기꺼이 하느님을 섬기고 사도직 활동에 헌신하는 가장 좋은 길이다."라고 제2차 바티칸 공의회의 「수도 생활 교령」 12항은 말한다.

정결과 청빈, 순명의 복음 삼덕은 애덕(caritas)에서 나와 복음 삼덕

---

244 카시아누스, 『제도서』 4, 17.
245 포시디우스, 『아우구스티누스의 생애』 22, 6.

의 완성에로 나아가는 덕목으로 공동생활의 전제 조건이다. 이러한 측면에서 볼 때 정결에 대해 다루고 있는 『수도 규칙』 제4장은 우리에게 놀라움을 준다. 청빈이나 순명과는 달리, 정결의 보호에 한정해서만 다루고, '정결', '독신', '금욕'이라는 단어를 사용하고 있지도 않기 때문이다. 그렇다고 해서 아우구스티누스가 정결을 청빈이나 순명에 비해 덜 중요한 것으로 간주하였다는 것은 아니다. 이는 401년에 저술한 『거룩한 동정』(De sancta virginitate)이라는 책을 통해서도 알 수 있다. 『수도 규칙』이 정결에 대해 많은 부분을 할애하고 있지 않은 것은, 무엇보다도 독신이 수도 생활의 기본조건이라는 사실에서 이해해야 한다. 즉 『수도 규칙』은 공동생활을 하는 이들에게 말하고 있는 계명이기에, 이미 정결이나 독신은 그 전제 조건으로 선행하고 있다는 것이다. 이런 의미에서 볼 때, 정결은 수도 생활에 있어 다른 모든 서원 가운데 가장 근본적인 것이라 할 수 있다.

정결에 관한 아우구스티누스의 생각을 엿볼 수 있는 구절이 있다. "개인적으로 발하는 서원들도 있습니다. 곧 어떤 사람은 하느님께 혼인의 순결을 서원하고 (…) 또 어떤 사람들은 결혼의 즐거움을 체험한 후에 앞으로 이런 부부간의 일치를 포기할 것을 서원합니다. 이들은 전자보다 훨씬 더 커다란 어떤 것을 서원하는 것입니다. 또 어떤 사람들은 아주 일찍 이 동정 서원을 발합니다. 그리하여 이들은 먼저 말한 사람들이 일단 맛본 뒤에 가서야 물리는 결혼의 기쁨을 완전히 포기합니다. 이들은 모두 서원 중에서 가장 커다란 서원을 발하는 것입니다. (…) 또 어떤 사람은 자신이 갖고 있는 모든 소유를 포기함으로써 그것들이 가난한 사람에게 나누어질 수 있도록 하겠다는, 그리고 자신은 성도들의 무리 가운데서, 공동체 가운데서 살기로 하겠다는 서원을 발합니다. (…) 이것도 커다란 서원이 아닐 수 없습니다. (…) 각자가 자신이 원하는 서원을 발하도록 하십시오. 그러나 그런 사람은 자신이 발한 서원을 준수하도록 주의를 기울여야 합니다."[246]

1) 수도자의 복장

"수도자들은 자기의 봉헌의 표지와 청빈의 증거로서 고유법의 규범에 따라 정하여진 수도복을 입어야 한다."라고 교회법전 제669조 1항은 말한다. 이보다 앞서 제2차 바티칸 공의회 「수도 생활 교령」역시 17항에서 이렇게 말한다. "수도복은 봉헌의 표지로서 단순하고 단정하며 검소하고 품위가 있어야 한다. 또한 건강의 조건에 알맞은 것이어야 하고, 시대와 지역의 환경과 임무에 어울리는 것이어야 한다."

의복은 무언의 언어라고 할 수 있다. 옷을 입고 있는 사람의 마음이나 자신이 수행하는 직분을 드러내기 때문이다. 남편이 있는 여인이 복장을 통해 남편의 마음에 들도록 하는 것처럼, 그녀의 옷이 과부의 복장과 다름을 통해서 자신이 남편이 있는 여인임을 드러내는 것처럼 말이다.[247] 여기서 우리는 아우구스티누스 수도원의 수도자들 역시 자신들의 축성 생활에 맞는 복장을 하였을 것이라 추측한다. 약 400년경에 저술된 『수도자들의 노동』(De opere monachorum) 28, 36에

---

246 아우구스티누스, 「시편 강해」, 75, 16.
247 아우구스티누스, 「서한」, 262, 9.

서 성인은 수도자들의 복장이 존재했음을 알려준다.

그러나 불행히도 성인은 이에 대해 명확하게 규정하거나 언급하지 않지만, 일부 글을 통해 수도자의 복장이 어떠한지 구성할 수 있다. 사피다(Sapida)라는 동정녀에게 보낸 『서한』 263에서 다음과 같은 내용을 발견한다. "나는 당신이 나에게 보낸 투니카를 받았습니다. 이 글을 쓰는 동안 이미 그것을 입기 시작하였습니다."[248] 또한 『강론』 356에서는 다음과 같이 말한다. "개인에게 망토와 아마포로 된 투니카를 선물하지 마십시오."라고 말한다.[249] 소매가 짧고 무릎까지 내려오는 고대 그리스-로마 사람들의 속옷인 투니카(tunica)와 망토는 당시 아프리카인들의 평범한 복장이었다.[250] 따라서 아우구스티누스의 수도자들의 복장 역시 일반인들의 복장과 큰 차이가 없고 단지 검소함이라는 차원에서 구분되었을 것이라 보인다.[251] 그렇기에 "너희 복장을 유별나게 하지 말라."고 『수도 규칙』은 말하는 것이다. 포시디우스는 다음과 같이 증언한다. "그분의 옷과 신 그리고 침구들은 소박하면서도 어울리는 것으로서 지나치게 화려하지도, 형편없이 낡은 것도 아니었다."[252] 또한 아우구스티누스 자신이 백성들 앞에서 이렇게 말한다. "여러분들이 나에게 제공하는 값비싼 옷들을 내

---

248 위의 책. 263, 1.
249 아우구스티누스, 『강론』 356, 13.
250 O. Perler, *Les voyages de saint Augustin*, Paris: Études augustiniennes, 1969. pp. 94-96.
251 Soeur Marie-Ancilla, *La règle de saint Augustin*, p. 211; A. Sage, *La vie religieuse selon saint Augustin*, p. 224.
252 포시디우스, 『아우구스티누스의 생애』 22, 1.

가 부끄러워한다는 것을 여러분에게 고백합니다. 그것들은 내 서원에 (…) 이 육체에, 이러한 백발에 어울리지 않기 때문입니다."[253] 더욱이 히포의 주교는 빗질도 제대로 하지 않는 것을 이상적인 수도자의 모습으로 생각하는 것도 반대한다. "그러므로 절제되지 않은 빗질과 의복 착용으로 그리고 다른 것들로 구분되는 이는 세상의 화려함의 추종자라는 같은 이유로 고발당하며 환상적인 성덕이라는 외관으로 그 어느 누구도 속일 수 없다."[254]

또한 오늘날과는 달리 아우구스티누스 시대 수도자들은 자기 개인 옷을 갖고 있지 않음을 염두에 두어야 한다. 이는 수도복도 공동체 재산에 속한다는 것이다. 달리 말하면, 의복도 소유권에 대한 생각을 좀 더 쉽게 불러일으킬 수 있는 것이 된다. 이러한 의미에서 『수도 규칙』은 "의복도 가능하면 한 피복실에서 받아 입어야 한다."라고 말하는 것이다. 또한 "그러므로 만일 누가 수도원에 사는 자기 자식이나 친척 관계에 있는 자에게 옷이나 필요한 물건을 주면, 몰래 받지 말고 공동 소유로 하여 원장의 권한으로 필요한 사람에게 줄 수 있게 할 것이다."라고 말한다.

결국 성인에 따르면 중요한 것은 외적 의복이 아니다. 즉, 복장이 수도자를 만드는 것은 아니라는 점이다. 그렇기에 『수도 규칙』은 "옷으로서 호감을 사려 하지 말고 생활로서 남의 마음에 들게 할 것이다."라고 말한다. 이 규정에서 우리는 마태오복음 5장 16절의 말씀

---

253 아우구스티누스, 「강론」 356, 13.
254 아우구스티누스, 「주님의 산상설교」 2, 12, 41.

("너희의 빛이 사람들 앞을 비추어, 그들이 너희의 착한 행실을 보고 하늘에 계신 너희 아버지를 찬양하게 하여라")을 떠올리게 된다. 우리의 모습을 통해 하느님을 찬양할 수 있게 된다는 것은, 우리가 본질적으로 신경을 써야 하는 부분이 우리 영혼의 아름다움이라는 것이다. "그리스도교 남성 신자와 여성 신자들의 참된 장식은 속일 수 있는 화장이나 금 혹은 천의 화려함이 아니라 착한 행실인 것이다."라고 성인은 말한다.[255] 특별히 동정 생활을 하는 수도자에게 있어 이 영혼의 아름다움은 하느님께 자기 자신을 온전히 봉헌하였다는 데에서 나오는 것이다. 이 점을 아우구스티누스는 분명히 말한다. "그들은(거룩한 동정녀들) (…) 내적 아름다움으로, 내적 인간의 존엄함으로, 마음의 은총으로 하느님을 기쁘게 하는 것에 신경을 씁니다."[256] 또한 "우리는 동정을 지키는 사람들에 대해서 그들이 동정이라고 하는 사실이 아니라, 그들이 거룩한 정결을 통해서 하느님께 봉헌되었다는 사실로 해서 칭송하는 것이다."[257] 달리 말하면, 정결은 하늘의 삶을 땅에서 이미 사는 것이요 땅의 존경을 불러 일으킨다.[258]

이러한 의미에서 볼 때, "계절에 따라 옷을 갈아입을 때 보관해 둔 자기 옷을 받든지, 다른 이가 입던 옷을 받든지 개의치 말아야 한다."라는 『수도 규칙』의 또 다른 규정을 이해할 수 있다. 이는, 전에 받았던 옷보다 못한 것을 받았다고 불평하거나, 다른 형제가 입는 옷과 같

---

255 아우구스티누스, 「서한」 245, 1.
256 아우구스티누스, 「강론」 161, 12, 12.
257 아우구스티누스, 「거룩한 동정」 11, 11.
258 위의 책. 53, 54.

은 옷을 입는 것이 부당하다고 여김으로써 공동체 구성원 간에 겸손의 부족에서 오는 다툼과 불평이 생기지 않도록 하는 것이다. 마치 사도 바울로가 필리피 신자들에게 권고하듯이 말이다.(2, 14) "무슨 일이든 투덜거리거나 따지지 말고 하십시오." 이 다툼과 불평은 『수도 규칙』이 계속해서 말하듯("만일 전에 받았던 옷보다 못한 것을 받았다고 불평하거나, 자신은 다른 형제가 입는 옷과 같은 옷을 입는 것이 부당하다고 여김으로써 이로 인해 너희 가운데 다툼과 불평이 생긴다면, 이것은 육체의 옷을 가지고 다투는 너희에게 마음의 거룩한 내적 옷이 얼마만큼 결여되어 있는지를 증명해 주는 것이다"), 육체의 옷을 가지고 다투는 수도자들에게 마음의 거룩한 내적 옷이 얼마나 결여되어 있는지를 증명해 주기 때문이다.

'마음의 거룩한 내적 옷'은 영혼의 아름다움을 의미한다. 다시 말하면, 오직 하느님만을 기쁘게 해드리려고 하는 영적 아름다움으로, 예수 그리스도를 옷 입듯이 입는 것과, 그리스도의 감정을 자신의 것으로 만드는 것, 그리스도를 따르고 본받는 것으로 구성되는 것이다.[259] 이 점은 모든 그리스도인이 추구해야할 것으로, 청빈, 정결, 순명을 통해 그리스도를 좀 더 가까이 따르도록 불림을 받은 수도자들에게는 좀 더 본질적인 것이다. 이러한 의미에서 수도자는 외적인 것이 아닌 마음의 내적 옷에 더 신경을 써야 하는 것이다. 아우구스티누스는 잠언 31장 13절을 주석하면서 이에 대해 다음과 같이 강조한다. "'양모와 아마를 구해다가 제 손으로 유익한 일을 한다.' (…) '양모'는 육

---

[259] N. Cipriani, Sant'Agostino. La Regola, p. 97.

적인 것을, '아마'는 영적인 것을 의미한다고 생각합니다. (…) 사실 내적 옷은 아마로 만들었고, 반면 외적 옷은 양모로 만들었습니다. (…) 영으로 일하는 것 없이 육신으로만 일하는 것은 훌륭해 보일지라도 전혀 자랑할 것이 못 됩니다. 육신으로 일하는 것 없이 영으로만 일하는 것은 게으른 사람의 몫입니다. 손으로 가난한 이에게 자비를 베푸는 사람이 이것을 행할 때 하느님을 생각하지 않는다면, 그는 단지 인간의 마음에 드는 것만을 기대하는 것입니다."260 그렇기에 의복에 대한 『수도 규칙』의 다른 규정은 이렇게 말한다. "너희 의복의 세탁은 원장의 지시에 따라 각자가 하든지 담당자들이 할 것이다. 이는 깨끗한 옷에 대해 지나치게 마음을 씀으로써 내적으로 영혼의 더러움을 입히지 않게 하기 위해서이다."

2) 이성을 대하는 자세

『수도 규칙』은 영혼의 아름다움을 보호하기 위한 여러 규정을 언급한다. 사실 이 4장은 많은 비판을 받고 있는 장이기도 하다. 이 비판 중 가장 심한 것은 정결의 보호라는 측면만을 다루고 있기에 어떠한 신학적 동기가 결여되어 있다는 것이다. 즉 정결이나 독신 생활 전체를 다루지 않고 오직 한 부분만 다루고 있기에 아우구스티누스가 『수도 규칙』을 작성할 시기에는 수도 생활의 독신에 대해 충분히 성

---

260 아우구스티누스, 「강론」, 37, 6.

찰한 것이 아니라고 주장한다. 이에 대해 치프리아니는 『수도 규칙』
의 문학 유형이 권고(monitio)에 속하는 것이기에 어떠한 신학적 설명
을 요구하지 않는다고 반박한다. 또한 교의적 설명이나 전개가 없다
고 하여 아우구스티누스가 『수도 규칙』을 작성할 당시에 독신에 대
한 성찰이 부족한 것은 아니라고 주장한다.[261]

"너희가 외출할 때는 함께 가며 목적지에 가서 함께 있어야 한다."
라고 『수도 규칙』은 말한다. 또한 "목욕하러 가거나 필요에 의해 어
느 곳에 가든지 간에 적어도 두세 사람 이상 함께 가야 한다. 어느 곳
에 외출할 필요가 있는 사람은 자기가 원하는 사람들과 함께 가서는
안 되고 원장이 명령하는 사람들과 함께 가야 한다."라고 『수도 규
칙』은 같은 내용을 반복하고 있다. 이 규정에 대해 아우구스티누스
가 개인의 자유를 존중하지 않는 사고방식을 지녔기에 나온 것이라
고 비판하는 이도 있다. 하지만 치프리아니 신부는 또 다른 이유를 다
음과 같이 제시한다. "아우구스티누스 주교와 온 아프리카교회는 성
직자, 남성 수도자, 여성 수도자들이 희생양 혹은 주인공이 되는 추
문을 일으키는 일화가 매우 자주 반복되는 것에 몹시 걱정하고 있었
다."[262] 이러한 추문들이 교회의 적대자들을 보다 더 강하게 만들었
기 때문이다. 한 예가 새로 발견된 『서한』 13에서 나타난다. 이 서한
에서 아우구스티누스는 어떤 집의 손님이었던 한 사제가 그 집의 여
인과 성적 관계를 맺었다고 고발된 사건을 다루고 있다. 성인은 그 사

---

261 N. Cipriani, *Sant'Agostino. La Regola*, pp. 87-88.
262 같은 책. p. 88.

제가 무혐의하다고 말하면서, 다음과 같은 결론을 내린다. "이러한 이들은 성직자들이 개인적 용무나 교회의 직무를 서둘러 하기 위해 홀로 다니지 않는다면, 쉽게 일어나지 않는 일이다."[263] 결국 수도원에서 외출할 때 홀로 다니지 말라고 하는 규정은 교회의 명예를 보호하고자 하는 주교로서의 열망을 담고 있음을 볼 수 있다. 동일한 원의가 393년 히포 교회 회의에 모인 주교들의 다음과 같은 결정을 통해 나타난다. "가족들이 더 이상 돌보아줄 수 없는 동정녀들은 주교나 신부의 지도하에 책임을 지닌 한 여성에게 맡겨져야 한다. 이는 같은 집에서 함께 사는지 지켜보기 위함이며, 이로써 그들이 여기저기 다니면서 교회의 명성을 더럽히지 않기 위해서이다."

또한 아우구스티누스는 이성을 바라보는 시선에 대해 강한 어조로 말한다. "만약 너희의 눈길이 어떤 여인에게 가게 되더라도 그 시선을 고정시키지 말 것이다. 너희가 외출할 때 여자들을 보는 것을 금하지는 않지만, 여자를 탐하거나 사랑받기를 원하는 것은 죄짓는 것이다. 만짐으로나 감정으로뿐 아니라 보는 것만으로도 욕정이 일어나며 또 여자들에게 욕정을 일으켜 주기도 한다. 만일 너희가 부정한 눈길을 하고 있다면 깨끗한 마음을 지니고 있다고 말하지 말지니 부정한 눈길은 부정의 마음을 표시하기 때문이다. 말을 하지 않더라도 서로의 눈길로 불순한 마음을 서로 알리고 육체의 정욕을 강렬히 즐긴다면, 비록 육체적으로는 온전하다 하더라도 그 태도에서 정결을 잃

---

263 아우구스티누스, 「서한」, 138, 3.

은 것이다." 물론 수도자들이 여성을 바라보는 것 자체를 금하는 것은 아니다. '부정한 눈길'이 정결을 거스르는 죄임을 말하는 것이다. 여기서 우리는 마태오복음 5장 28절의 말씀("음욕을 품고 여자를 바라보는 자는 누구나 이미 마음으로 그 여자와 간음한 것이다.")의 간접적 인용을 보게 된다. 부정한 눈길은 부정의 마음을 표시하기에 아우구스티누스는 '눈'(oculus)의 다른 이름이 '신속함'(velocitas)라고 말한다.264 그만큼 부정한 시선이 얼마나 빨리 마음의 정결을 잃게 하는지 잘 보여주는 것이기에, 욥기 31장 7절도 "내 마음이 눈을 따라 다닌다."라고 말한다. 더욱이 정결에 관해 성경 역시 '바라봄의 훈련'을 말한다. 예를 든다면, 욥은 양심 성찰을 할 때 눈부터 시작한다. "나는 내 눈과 계약을 맺었는데 어찌 젊은 여자에게 눈길을 보내리오?"(욥 31, 1) 또한 집회서 9장 5절과 8절은 이렇게 말한다. "계집을 유심히 바라보지 마라. 그와 함께 벌을 받을까 두렵다. (…) 몸매 예쁜 여자에게서 눈을 돌리고 남의 아내의 아름다움을 유심히 바라보지 마라. 많은 사람이 여자의 아름다움에 홀려 그에 대한 욕정을 불처럼 태운다."

결국 이 모든 것은 아우구스티누스로 하여금 다시 한번 외적인 것에서 내적인 것으로 이동하는 기회를 제공한다. 즉 다시 한번 내향성의 원칙을 보여주는 것이다. 이 원칙에 따라 보면, 정결은 단순히 육체적 온전성을 보존하는 것만이 아니라 마음의 순결함까지도 보존하는 것이며, 육체의 정결을 어기는 것은 외적 행위에 의한 것만이 아니

---

264 아우구스티누스, 「강론」 56, 8, 12.

라 마음의 불충실성을 통해서 범하는 것임을 나타낸다. 그렇기에 참된 정결은 순수한 마음의 정결인 것이다. "정결이 먼저 영 안에 뿌리를 내리고 있지 못하다면, 그 누구도 육체적인 순결을 보존해 나갈 수 없을 것이다."[265] 이러한 의미에서 눈은 영혼의 거울이며, 마음의 창문이다. 또한 『수도 규칙』은 부정한 눈길이 부정의 마음을 표시하는 것이라 규정한다. 또한 예수도 마태오복음 6장 22절에서 "눈은 몸의 등불이다. 그러므로 네 눈이 맑으면 온 몸도 환하다."라고 말한다.

이러한 마음의 불충실성은 숨길 수 있는 것이 아님을 『수도 규칙』은 강조한다. "한 여자에게 눈길을 보내고 또 그 여자가 자기에게 눈길을 보내는 것을 좋아하는 자는 이런 짓을 하고 있는 동안 다른 사람에게 발각되지 않았으리라 생각하지 말 것이다. 자기는 발각되지 않았으리라 생각했던 사람들에게까지도 꼭 발각되고야 만다. 이것이 숨겨져서 아무 사람에게도 발각되지 않았다 하더라도 아무것도 숨길 수 없는 저 높은 곳에서 보고 계시는 분은 어떻게 하겠는가? 명철하게 보고 계시는 그분께서 참고 계시다고 해서 그분이 못 보고 계시다고 생각할 수 있겠는가?" 다른 이들이 모른다 하더라도, "마음을 살피시는 분께서 알아보시지 않느냐?"라는 잠언 24장 12절의 말씀처럼 하느님 앞에서는 숨길 수 없는 것이다.

수도자들이 이러한 잘못에 떨어지지 않도록 하기 위한 방법으로 『수도 규칙』은 '두려움'을 이야기한다. "그러므로 거룩한 사람(수도자)

---

[265] 아우구스티누스, 「거룩한 동정」 8, 8.

은 그분을 상심케 하지는 않을까 두려워하여, 불의하게 여자의 호감을 얻기를 탐하지 말 것이다. 그분이 만사를 보고 계시다는 점을 명심하여 여자를 불순하게 쳐다보기를 탐하지 말 것이다. 사실 성서는 이 점에 있어서 하느님께 가져야 할 두려움을 이렇게 권하고 있다: '(정욕의) 눈길은 주님께 혐오를 일으킨다.'" 아우구스티누스에 따르면, 두려움의 유일한 동기는 사랑하는 것을 얻은 후에 잃어버린다는 생각이나 원하는 것을 얻지 못할 것이라는 생각에서 나오는 것이다.266 성인은 두려움을 정결한 두려움(timor castus)과 종의 두려움(timor servilis)으로 구분한다. 전자는 마음 안에 영원히 머무는 두려움이요, 후자는 사랑을 배제하면서 지나가는 것에 대한 열망을 선택하는 두려움이다. 후자는 벌을 받는 것을 두려워하는 것이요, 전자는 버림받는 것을 두려워하는 것이다.267 『수도 규칙』에 따르면, 정결한 두려움은 하느님의 마음을 상심케 하지는 않을까 두려워하는 것이요, 그분이 만사를 보고 계신다는 것을 두려워하는 것이다. 수도자들이 이 두려움을 간직할 때 마음의 정결을 유지할 수 있음을 『수도 규칙』은 강조하는 것이다.

3) 형제적 교정

"여자들이 있는 성당 안이나 어느 곳에든지 너희가 함께 있을 때 너희의 순결은 서로 지켜 주어야 한다. 너희 안에 거처하시는 하느님

---

266 아우구스티누스, 「여든세 가지 다양한 질문」 33.
267 아우구스티누스, 「요한서간 강해」 9, 6-7.

은 이러한 방법으로도 너희를 지켜 주시기 때문이다."

여기서 우리는 아우구스티누스가 젊은 시절에 가진 개인적 체험의 반향을 볼 수 있다. "당신의 미더운 자비가 멀리서 나 위에 빙빙 날고 있었습니다. 나는 얼마만한 죄악으로 스스로를 저미며 요사스런 악마 섬김에까지 빠져들어 내 몹쓸 행실들을 제물로 바쳤으니 그럴 때마다 당신은 채찍으로 나를 치셨습니다. 엄숙한 의식이 거행되는 당신의 성당 벽 안에서까지 감히 욕정을 부리고, 죽음의 열매를 맺게 하는 짓거리를 하였던 것입니다. 그 때문에 당신은 나를 엄한 벌로 다스리셨으나 그것도 내 잘못에 비기면 아무것도 아닌 것."[268] 더 나아가, 반 바벨이 주장하듯, 마태오복음 5장 27-28절("'간음해서는 안 된다.'라고 이르신 말씀을 너희는 들었다. 그러나 나는 너희에게 말한다. 음욕을 품고 여자를 바라보는 자는 누구나 이미 마음으로 그 여자와 간음한 것이다.")의 조명 하에서 위의 규정을 이해할 수 있다.

하지만 위의 규정에서 아우구스티누스는 정결을 지키는 데 있어 개인보다 오히려 공동체에 책임이 있음을 강조한다. 다시 말하면, 성인의 초점은 나 자신에 관한 나의 책임성이 아닌, 다른 이에 관한 나의 책임성에 있는 것이다. 통상적으로 하느님은 인간을 통해 작용하신다. 그렇기에 "너희의 순결은 서로 지켜 주어야 한다."라고 『수도규칙』은 말한다. 또한 다른 곳에서 성인은 이렇게 말한다. "동정의 파수꾼은 사랑이다. (…) 이 파수꾼의 경계 자리는 겸손이다."[269] 더욱

---

268 아우구스티누스, 『고백록』 3, 3, 5.
269 아우구스티누스, 『거룩한 동정』 51, 52.

이 『수도 규칙』은 "너희 안에 거처하시는 하느님은 이러한 방법으로도 너희를 지켜 주시기 때문이다."라고 말한다. 반 바벨은 여기서 '너희 안에'(in vobis)라는 표현과 '너희로부터'(ex vobis)라는 표현에 관심을 두면서 다음과 같이 말한다. "'너희 안에'는 너희의 공동체 안에 거주하시는 하느님이 너희 모두 안에 (머무심을) 뜻하는 복수형이다. 마찬가지로 '너희로부터'라는 표현도 새롭게 공동체에 강조를 두는 복수형이다."[270] 결국 하느님께서는 공동체 안에서 우리를 둘러싸고 있는 사람들을 통하여 우리를 보호하신다는 뜻이다. 곧 하느님은 우리를 통해 그리고 우리 안에서 활동하신다는 것이다.

바로 여기에서 형제적 교정에 관한 규정이 나오는 것이다. 이미 아리스토텔레스(Aristoteles, 기원전 384-322)도 상호 간의 교정이 참된 우정의 표지라고 간주하였다.[271] 이 교정은 우리가 하느님 앞에서 서로에 대해 가지는 책임에서 나오는 것으로 무엇보다 네 단계로 이루어져야 한다고 『수도 규칙』은 말한다.

① 잘못을 한 당사자에게 직접 충고한다.
② 공동체의 책임자인 원장에게 알려야 한다.
③ 두 명이나 세 명의 증인에 의해 그의 잘못이 확증되어야 한다.
④ 잘못을 한 사람은 전체 공동체 앞에서 자신의 허물을 인정해야 한다.

---

270 T.J. van Bavel, *La règle de saint Augustin*, p. 87.
271 아리스토텔레스, 「니코마코스 윤리학」, 9, 12.

이 네 단계적 교정은 마태오복음 18장 15-17절의 내용("네 형제가 너에게 죄를 짓거든, 가서 단 둘이 만나 그를 타일러라. 그가 네 말을 들으면 네가 그 형제를 얻은 것이다. 그러나 그가 네 말을 듣지 않거든 한 사람이나 두 사람을 더 데리고 가거라. '모든 일을 둘이나 세 증인의 말로 확정지어야 하기' 때문이다. 그가 그들의 말을 들으려고 하지 않거든 교회에 알려라. 교회의 말도 들으려고 하지 않거든 그를 다른 민족 사람이나 세리처럼 여겨라.")을 연상시킨다. 이 성서 본문은 세 단계로 구성된 교정에 대해 이야기한다. 여기에 아우구스티누스가 원장에게 알려야 한다는 규정을 첨가하면서, 교정에 있어 원장의 책임성에 대해서도 언급한다. 그럼에도 불구하고 『수도 규칙』의 내용은 형제적 교정이 단순히 원장에게만 있는 것이 아니라 전 공동체에 있음을 강조한다. "너희의 형제를 지적하여 고칠 수 있음에도 불구하고 침묵을 지킴으로써 멸망하게 내버려 둔다면, 너희도 절대 무죄하지 않다." 여기서 형제적 교정이 재판의 과정이 아닌 교육적 과정임을 주목해야 한다. 곧 한 형제를 죄인으로 단죄하는 것이 아니라, 그릇된 길에서 다시 돌아오도록 도와주는 것이다.

사실 형제적 교정에 대한 『수도 규칙』의 언급은 정결의 보호와 긴밀한 관계가 있다. 이는 정결이 수도 공동체의 가장 소중한 것이기 때문이다. 따라서 형제적 교정은 사랑에서 나오는 것임을 『수도 규칙』은 강조한다. "만일 너희 형제가 몸에 상처를 입었는데도 그가 치료받기를 두려워하여 숨기려 한다면 너희가 침묵하는 것은 무자비한 짓인 반면, 이를 지적하는 것이 오히려 사랑의 행위가 아니겠는가?" 또한 수도원에서 쫓아내는 경우에도 "이는 가혹한 처사가 아니라 전염성 있는 병폐로 인해 많은 이를 잃지 않기 위한 사랑의 처사"이다.

여기서 잊지 말아야 할 것은 "사람은 사랑하고 그의 악습은 미워하는 마음으로 할 것이다."라는 규정이다. 이 점은 '원수를 사랑하여라.'라는 계명에 대한 해석에서 잘 드러난다.

형제적 교정 차원에서 아우구스티누스는 어떤 여자로부터 어떠한 종류의 편지나 작은 선물을 몰래 받는 경우를 이야기한다. 사실 이 규정은 현대인의 시각으로는 이해가 안 가는 것이기도 하다. 여기서 편지의 특성을 보아야 한다. 아우구스티누스 시대에도 편지는 공개적인 성격을 지닌 것이었다. 즉 여러 사람이 함께 읽는 것이었다. 그렇기에 성인은 『수도 규칙』에 '몰래'라는 말을 첨가하고 있는 것이다. 따라서 한 여인과의 모든 서신 왕래 자체를 거부하는 것이 아니라, 연애편지와 같은 것을 금하는 것으로 이해해야 한다. 이는 '몰래'라는 표현을 통해 알 수 있다. 선물도 마찬가지이다. 무엇보다 선물은 공동체에 해야 하는 것으로 이를 통해 필요한 이에게 배분되어야 한다는 점에서 성인은 금지하는 것이다.

지금까지 살펴본 내용을 통해 우리는 다음과 같이 말할 수 있다. 무엇보다 수도 공동체는 우리 마음의 순결을 보존하는 데 도움이 될 수 있고 또 그렇게 되어야 한다는 점이다. 또한 교정은 형제적 사랑에서 나오는 것으로, 공동체를 성숙하도록 도와주고 그 구성원을 보호해주는 것이다. 그렇기에 정결의 보호를 위한 공동체의 책임이나 교정은 결국 성령을 통해 그리고 성령 안에서 이루어지는 것이라 할 수 있다. 이 점을 아우구스티누스는 다음과 같이 표현한다. "동정을 허락해 주시고 그것을 지켜 주시는 분은 오직 하느님뿐이시다. 그리고 하느님은 사랑이시다! 따라서 사랑은 동정을 지켜주는 파수꾼이다.

하지만 이 파수꾼이 머무는 곳은 바로 겸손이다. 이 파수꾼은 실로 거기에 머무는데, 성령은 겸손한 사람들과 평화로 충만해 있는 사람들 그리고 그의 말을 두려워하는 사람들에게 머물러 있다고 그는 말한 바 있다. (…) 겸손한 이들은 오만한 동정보다 훨씬 더 쉽게 하느님의 어린 양을 따르는 것이다."272

그러므로 정결은 하느님과의 가장 가깝고 친밀한 관계로 이끌어 준다. 또한 이 관계는 교회와 하느님의 모든 백성에게까지 다다른다. 즉, 정결을 통해 수도자들은 다른 사람들을 좀 더 잘 돌보게 되는 것이다. 이러한 의미에서 테오도어 택(Theodore Tack)은 "정결 서원은 하느님께 대해서만이 아니라 교회에 대해서, 교회의 사목활동에 대해서 역시 보여야 하는 투신이다."라고 확언한다.273

7. 상호 간의 봉사와 용서

공동의 삶을 강조하는 아우구스티누스적 사고방식으로 본다면, 수도자들은 선을 행하고 악을 피하는 데 있어 상호 간의 책임 의식을 느끼면서 수도 생활에서 구체적으로 요구하는 것들을 행하며 서로 간에 봉사해야 한다. 달리 말하면, 수도원에 들어온다는 것은 하늘나라를 지향하면서 세상의 것들을 포기한다는 것이기에, 수도자들은 이

---

272 아우구스티누스, 「거룩한 동정」 51, 52.
273 티어도르 택, 「아우구스티누스가 살아 있다면…」, 108쪽.

것을 구체적인 모습으로 자신의 생활 안에서 구현해야 한다. 곧 상호 간의 봉사로 표현되어야 한다.

1) 수도 생활의 황금률

『수도 규칙』은 처음부터 사랑이 수도 생활의 목적이며 수단이고 중심임을 강조해왔다. 수도자들의 모든 행동, 모든 생각, 모든 감정은 사랑에서 나와야 하고 사랑을 향해야 한다. 즉 사랑을 통해 모든 수도자는 하느님을 향하는 한마음과 한뜻이 되는 것이다.

이러한 일치를 이루는 원칙을 『수도 규칙』은 한 문장으로 요약한다. "개인의 일보다 공동체의 일을 더 염려하라." 바로 이것이 매일의 삶에서 수도자들을 이끄는 수도 생활의 황금률이다. 『수도 규칙』은 이 황금률의 근거로 코린토 1서 13장 5절("사랑은 자기 이익을 추구하지 않습니다.")을 들고 있다. 베르헤이언은 이 구절이 아우구스티누스의 작품들 안에서 필리피서 2장 21절("모두 자기의 것만 추구할 뿐 예수 그리스도의 것은 추구하지 않습니다.")과 종종 연결되어 나타난다고 제시한다.[274] 아울러 바오로의 또 다른 두 구절이 아우구스티누스 안에서 이 기본적인 진리를 설명하는 데 사용되고 있다는 것도 제시한다. 하나는 코린토 1서 10장 24절("누구나 자기 좋은 것을 찾지 말고 남에게 좋은 것을 찾으십시오.")이요, 다른 하나는 코린토 1서 10장 33절("무슨 일

---

[274] L. Verheijen, *Nouvelle approche de la Règle de saint Augustin*, II, p. 222.

을 하든 모든 사람을 기쁘게 하려고 애쓰는 나처럼 하십시오. 나는 많은 사람이 구원을 받을 수 있도록, 내가 아니라 그들에게 유익한 것을 찾습니다.")이다. 사랑이 자기의 이익을 추구하지 않는다는 것을 그리스도는 이미 우리에게 보여주었다. 바오로에 따르면, "그분께서는 모든 사람을 위하여 돌아가셨습니다. 살아있는 이들이 이제는 자신을 위하여 살지 않고, 자기들을 위하여 돌아가셨다가 되살아나신 분을 위하여 살게 하시려는 것입니다"(2코린 5, 15) 또한 "그리스도께서도 당신 좋으실 대로 하지 않으셨다."(로마 15, 3)

그렇기에 자기의 것을 추구하기보다 타인에게 유익한 것을 찾는 것은 그리스도의 모범을 따라 사는 것이요, 모든 그리스도인, 특별히 수도자들의 이상인 것이다. 여기서 아우구스티누스는 두 개의 이항식(二項式, binomi), 곧 '하느님 사랑-자기 사랑'(amor Dei-amor sui), '사회적 사랑-이기적 사랑'(amor socialis-amor privatus)으로 설명되는 중요 사상을 전해준다. 이 두 사랑은 온 인류를 두 나라의 구성원으로 만드는 요소이다. "두 사랑이 두 도성을 이루었다. 하느님을 멸시하기까지 이르는 자기 사랑이 지상 도성을 만들었고, 자기를 멸시하기까지 이르는 하느님 사랑이 천상 도성을 만들었다."[275] 아고스티노 트라페에 따르면, "자기 사랑과 하느님 사랑 사이의 대치는 존재론적 차원에 있는 것이 아니다. 오히려 불행히도 죄가 심각한 무질서를 초래한 심리학적 차원에만 존재하는 것이다."[276] 이는 다음의 본문을

---

275 아우구스티누스, 『신국론』 14, 28.
276 A. Trapè, "Il principio fondamentale della spiritualità agostiniana e la vita monastica",

통해서도 잘 드러난다. "이 두 사랑 중에서 하나는 거룩하고, 다른 하나는 세속적이다. 하나는 사회적이며, 다른 것은 이기적이다. 하나는 천상 도성을 지향하면서 공동선에 봉사하는 것에로 이끌며, 다른 것은 거만한 지배의 관점에서 공동선을 개인적인 권한에 종속하기 위해 준비된 것이다. 하나는 하느님께 복종하고, 다른 것은 하느님의 적이다. 하나는 고요하지만, 다른 것은 혼란스럽다. 하나는 평화적이지만, 다른 것은 분쟁을 일으킨다. 하나는 사랑에 차 있지만, 다른 것은 질투를 한다. 하나는 자신을 위해 바라는 것을 이웃을 위해 바라지만, 다른 것은 이웃을 자기 자신에게 복종시키고자 한다. 하나는 이웃의 유익을 위해 이웃을 통치하지만, 다른 것은 자기 자신의 이익을 위해 이웃을 다스린다."[277]

무엇보다 사회적 사랑은 공동선에 대한 사랑이라고 할 수 있다. 이 때문에 개인의 이익을 추구하지 않는 사랑(caritas)이다. 즉 무엇보다 먼저 하느님을 사랑하고 그 다음 이웃을 사랑하는 것이다. 그렇기에 공동선을 사랑하는 이는 하느님께 자신의 거처를 준비하는 사람이다.[278] 이에 반해, 이기적 사랑은 하느님보다 개인의 이익을 사랑하는 것이다. 그렇기에 타락한 사랑(amor perversus)이다. 이를 설명하기 위해 성인은 『창세기 문자적 해설』(De Genesi ad litteram) 11, 15, 19에서 "돈을 사랑하는 것이 모든 악의 뿌리입니다."라고 말하는 티모테

---

in AA.VV., *Sanctus Augustinus. Vitae spirutalis magister*, I, Roma, 1956, p. 18.
277 아우구스티누스, 『창세기 문자적 해설』 11. 15, 20.
278 아우구스티누스, 『시편 상해』 131, 5.

오 1서 6장 10절과 "오만(교만)은 모든 죄의 시작입니다."라고 말하는 집회서 10장 15절(불가타 역, 새 성경은 10, 13. "오만의 시작은 죄악이다.")을 연결한다. 성인에 따르면, '돈을 사랑하는 것'(avaritia)의 근원은 자기의 능력에 대한 사랑인 교만(superbia)이다.[279] 하느님께 합일하지 않기에 비참하게 된 악한 천사들에게서 이 모습을 볼 수 있다. 성인에 따르면, "악한 천사들은 자신의 권능을 즐기면서 스스로 자신에게 자기의 선(善)이 되듯이 행동하여 모든 이에게 공통되고 지복을 주는 상위의 선으로부터 자기 고유의 선으로 떨어져 내려갔으며, 오만한 허세를 지고한 영원으로, 교활한 허영을 확실한 진리로, 당파성을 개인적 사랑으로 여김으로써, 교만하고 기만적이고 시기심 많은 존재가 되었다."[280] 결국 이기적 사랑은 모든 이에게 공통된 선인 하느님 대신에 자신에게 속한 다른 것을 선택함으로써 하느님으로부터 떨어져 나가는 것이기에,[281] 교만이요 욕망(cupiditas)이고 다른 사람에게도 피해를 입히는 죄를 범하게 한다.[282]

그러므로 이기적 사랑은 불화를 낳지만, 사회적 사랑은 화목을 낳는다. 아우구스티누스는 다음과 같이 말한다. "만약 형제들이 화목하게 살아가길 원한다면, 땅을 사랑해서는 안 된다. 하지만 땅을 사랑하지 않기를 원한다면, 땅이 되어서는 안 된다. 나누어질 수 없는 소유물을 추구한다면, 그들은 항상 화목하게 있을 것이다. 형제들 간의

---

279 아우구스티누스, 「창세기 문자적 해설」 11, 15, 19.
280 아우구스티누스, 「신국론」 12, 1, 2.
281 아우구스티누스, 「삼위일체론」 12, 9, 14.
282 아우구스티누스, 「시편 상해」 131, 6.

불화가 어디에서 오는가? (…) 영혼이 개인적 이익에 기울어지는 것에서 온다."283 계속해서 성인은 말한다, "불화에 있는 형제들을 화목하게 만들기 위해 주님께서 어떠한 조언을 주시는지 보라. 욕망(cupiditas)을 비우고 진리로 계속해서 부요해지는 것이다. 우리가 얻으려고 애쓰는 유산은 바로 이것이다. (…) 하느님으로부터, 그리고 성령을 통해 어머니이신 교회로부터 태어난 모든 그리스도인, 모든 신자, 모든 이는 형제들이다! (…) 그들의 유산은 하느님 자신이다. 그들은 하느님의 유산이며 동시에 하느님은 그들의 유산인 것이다."284

『수도 규칙』은 "개인의 일보다 공동체의 일을 더 염려하는 그만큼 너희가 향상된다."라고 말한다.285 곧 죄를 범하게 하는 이기적 사랑이 사라지고 사회적 사랑이 깊어질수록 그만큼 영적 성숙이 이루어진다는 것이다. 매일의 생활 안에서 공동의 것을 선택하며 살아가는 것은 사회적 사랑에로 돌아선 영혼의 모습이기에 이 규범은 우리가 어디에 있는지 알기 원할 때, 그리고 우리가 누구인지 알고자 할 때, 우리를 판단할 수 있는 유일한 기준이 된다.

계속해서『수도 규칙』은 또 하나의 중요 사상을 전해준다. "영원히 남을 사랑이, 지나가 버릴 (현세 생활의) 필요에 의해 사용될 모든 것을 압도하도록 할 것이다."라는 말씀을 통하여, '향유'(frui)–'사용'(uti)

---

283 아우구스티누스,「강론」359, 2.
284 같은 책, 4.
285 베르헤이언에 따르면, 개인의 일보다 공동의 일을 염려하는 것은, 「자유의지론」 1, 6, 14에서도 나타나는 고전적 사상이며, 「수도 규칙」은 "세례성사를 받은" 형태로 이 사상을 전해주고 있는 것이다: L. Verheijen, *Nouvelle approche de la Règle de saint Augustin*, I, pp. 246–247.

의 정식을 보게 된다. 이 정식은 우리 자신이 천상 고향을 향해 나아가고 있는 지상의 순례자임을 다시 한번 느끼게 한다. 성인에 따르면, "사물은 향유하기 위한 것, 사용하기 위한 것, 향유하고 사용하기 위한 것이 있다. 향유하기 위한 것은 우리를 행복하게 만든다. 사용하기 위한 것은 행복을 추구하게 우리를 돕고, 어떤 의미에서는 우리를 행복하게 만드는 사물에 도달하고 매달리게 붙들어 준다. (…) 향유한다는 것은 어떤 사물 그 자체 때문에 그 사물에 애착함이다. 사용한다 함은 용도로 쓰이는 사람을 우리가 성취하기 원하는 것에로, 우리가 원해야 하는 것에로 결부시키는 것이다. (…) 그러므로 우리가 나그네여서 고향이 아니고는 행복하게 살 수 없다면, 또 나그네살이 때문에 가련한 신세요 ,그 비참을 끝마치고 고향으로 돌아가기를 절원(切願)한다면, 우리가 사용하게 되어 있는 지상이나 바다의 탈 것은 우리가 향유하기로 되어 있는 고향에 도달하기 위해 이용할 필요가 있다. 만일, 행로의 아름다운 경치나 탈 것의 움직임이 우리를 유쾌하게 한다 하여 우리가 사용해야 하는 것을 향유하기로 변심한다면, 여행을 빨리 끝내기 싫어지고 그릇된 감미에 빠져 고향으로부터 멀어지게 된다. 본국의 감미로움만이 우리를 행복하게 만든다. 그러므로 이 사멸할 인생에서 주님에게서 멀리 떠나 있는 우리가 행복한 고향으로 돌아가길 원하면, 이 세상을 사용해야지 향유하면 안 된다."[286]

결국 향유해야 할 대상은 오직 삼위일체이신 하느님인데, 이는 그

---

[286] 아우구스티누스, 「그리스도교 교양」, 1, 3, 3-4, 4.

분이 하나밖에 없는 최고의 사물이시며 모든 이에게 공유되는 분이 기 때문이다.[287] 사람은 향유의 대상이 될 수 없으니, 그 사람 자신 때문에 그를 사랑해야 하는 것이 아니라 향유해야 하는 하느님 때문에 사랑해야 하는 까닭이다.[288] 즉, "이 모든 삶과 네가 이 세상 동안 사용하는 모든 것은 너에게는 나그네를 위한 여인숙이 되어야지 그곳에 거처하는 사람을 위한 집이 되어서는 안 된다."[289] 따라서 이 지상에서 향유해야 할 대상과 사용해야 할 사물을 잘 구분하면서 사랑의 삶을 살아가는 이는 이미 천사적 생활을 맛보고 있는 것이다. 왜냐하면 "개인적 재화보다 모든 이에게 공통되는 선을 선호하면서 자신의 것이 아닌 예수 그리스도의 것을 추구하기 때문이다."[290]

2) 수도원 내의 여러 소임

(1) 환자에 대한 배려

"병자들이나 투병 후 요양자들 혹은 열이 없으면서도 허약해서 고통받는 이들을 간호하는 책임은 한 형제에게 맡겨서 그가 필요하다고 판단되는 것을 재무담당에게 청하게 할 것이다." 또한 "만일 누가 겉으로 드러나지 않는 몸의 고통이 있어 아프다고 하면 하느님의 종인 그의 말을 의심하지 말고 믿어야 한다. 그러나 그가 좋아하는 치료가

---

287 위의 책, 1, 5, 5.
288 위의 책, 1, 27, 28.
289 아우구스티누스, 「시편상해」 34, s.1, 6.
290 위의 책, 105, 34.

그 병의 치료에 유익한지 확실하지 않으면 의사와 상의할 것이다."

환자에 대한 배려에서 우리의 눈길을 끄는 것은 "병자의 건강에 필요하면 목욕하는 것을 전혀 금하지 말아야 한다."라는 것이다. 고대부터 물이 갖고 있는 치유 효과가 인정되어 왔다. 따라서 의학 서적들이 많이 이야기하듯, 온천은 건강을 위해 중요한 역할을 지니고 있었던 것이 사실이다. 이렇게 아우구스티누스『수도 규칙』이 치료를 위해 온천에 가는 것을 허락하는 것에서 우리는 다시 한번 수덕 생활이 건강을 해칠 정도가 되어서는 안 된다는 성인의 생각을 엿볼 수 있다.

하지만 성인은 공중목욕탕에 가는 것이 당시 많은 이에게 단순히 건강의 목적이 아닌 기분전환을 위한 것임도 알고 있었다. 그렇기에 "만일 그에게 유용하지 않는 듯한데도 그가 원하면, 그의 청을 들어주지 말아야 할 것이다. 사실 (사람은) 종종 해로운 것이라도 기분만 좋으면 유익한 줄로 여기기 때문이다."라고 말하는 것이다. 여기서 원장의 식별을 요구하는 성인의 마음을 볼 수 있다. 이 식별의 과정에는 의사의 진단이 요구되며, 그가 원하지 않아도 의사가 권고한다면 수도자들은 이에 순명해야 한다.

(2) 다양한 소임들

병자를 간호하는 책임 소임 외에『수도 규칙』은 재무실, 피복실, 도서실, 의복과 신발 관리 책임자와 같이 다양한 소임에 대해 말한다. 직책은 다양하지만, 이것을 맡은 모든 이는 자신들이 한 몸인 공동체에 속해 있고, 모든 노동이 공동체 구성원 모두의 선익에 기여한다는 것을 자각하는 것이 중요하다. 마치 사도 바오로가 코린토 1서 12장

21절에서 말하듯 말이다.("눈이 손에게 '나는 네가 필요 없다.' 할 수도 없고, 또 머리가 두 발에게 '나는 너희가 필요 없다.' 할 수도 없습니다") 이 자각에서 "자기 형제들에게 불평 없이 봉사할 것이다."라는 수도자들의 공통된 마음가짐이 나온다. 이는 사랑과 일치하는 겸손의 모습이요, 수도 생활의 황금률에 따라 사는 것이다. 또한 마태오복음 25장 35-40절에서 보듯, 형제들 안에 살아계시는 예수 그리스도를 발견하는 것이다. 그러므로 수도자들은 사도 바오로가 권고하듯(2 코린 9, 7. "저마다 마음에 작정한 대로 해야지, 마지못해 하거나 억지로 해서는 안 됩니다. 하느님께서는 기쁘게 주는 이를 사랑하십니다"), 자신이 맡은 소임에 최선을 다함으로써 자신들이 진정한 사랑을 하고 있음을 드러내어야 한다.

다양한 직책 중에서 우리의 눈길을 끄는 것은 도서실에 대한 것이다.[291] 여기서 우리는 아우구스티누스가 갖고 있던 또 하나의 관심을 볼 수 있다. '거룩한 독서'(聖讀, lectio divina)에 관한 것으로, 수도원 내의 각 직책이라는 노동의 측면과 영적 책임 간의 조화에 관한 것이다. 다시 말하면, 수도자들의 지적 양성에 관한 중요성이 제시되고 있는 것이다.[292] 『수도원 규정서』 3항에 따르면, "(수도자들은) 6시부터 9시까지 독서를 해야 한다." 또한 수도자들이 매일 하는 성독은 무엇보다 성경 읽기였음에는 의심할 여지가 없다. 성경의 모든 부분에서 그리스도를 발견하고 이해할 수 있기 때문이었다.[293] 그렇기에 아우

---

291 참조: L. Verheijen, *Nouvelle approche de la Règle de saint Augustin*, II, pp. 174-177.
292 T.J. van Bavel, *La règle de saint Augustin*, p. 98; P. Merlin, *Saint Augustin et la vie monastique*, p. 49.
293 아우구스티누스, 「시편상해」 98, 1.

구스티누스는 다음과 같이 말한다. "나는 (…) 매일 규정된 시간에 오랫동안 -규율이 잘 정해져 있는 일부 수도원에서 볼 수 있듯- 다음의 일에 내 자신을 헌신하고 싶습니다. 약간의 육체노동과 성경을 읽고 기도하거나 여하튼 성경에 전념하는 것입니다."[294] 성경 외에, 포시디우스가 증언하듯,[295] 아우구스티누스의 수도자들은 성인의 저술과 다른 성인들의 저술도 읽었을 것이다.[296] 여하튼, 보귀에가 주장하듯, 독서에 관한 규정은 파코미우스 수도원과 바실리우스 수도원의 관습과 비교할 때 독창적인 것이었다고 말할 수 있다.[297]

3) 상호 간의 사랑과 용서

우리가 수도원 안에서 살게 되는 매일의 실재에 대해 생각한다면, '하느님을 향하는 한마음 한뜻'이라는 아우구스티누스의 이상은 유토피아적이고 비현실적인 것이 아닌가 하는 의문이 들게 된다. 개인기도와 공동체기도에도 불구하고, 단식과 절제라는 극기에도 불구하고, 모든 이가 공동체를 위해 하는 봉사에도 불구하고, 공동 생활이 그리스도의 사랑을 실천하는 장소가 되어야 함에도 불구하고, 수도원은 종종 평화의 장소라는, 혹은 꿈꾸던 형제적 사랑의 장소와는 거

---

294 아우구스티누스, 「수도자들의 노동」, 29, 37.
295 포시디우스, 「아우구스티누스의 생애」 31, 8. "수도원들의 도서관들에는 아우구스티누스와 다른 성인들의 책과 저술로 가득 찼다."
296 L. Verheijen, *Nouvelle approche de la Règle de saint Augustin*, II, p. 177.
297 A. De Vogüé, *La règle de saint Benoît*, Paris, 1971, p. 343.

리가 먼 곳으로 느껴지기도 한다. 이는 수도원이 이른바 '천사들의 공동체'가 아니라는 점을 잘 보여준다. 다양한 부류의 사람들이 모여 사는 공동체이기에, 항상 관계라는 측면에서 문제가 발생한다.

(1) 증오로 자라는 분노

무엇보다『수도 규칙』이 '한마음 한뜻'을 말할 때 획일화(uniformity)를 의미하고 있다고 생각해서는 안 된다. 오히려 각 구성원의 의견이나 성격, 전망이나 행동 양식 등의 차이를 인정하면서, 이것들이 서로 간에 성숙하는 데 도움을 줄 수 있음을 전제로 하는 것이다. 또한『수도 규칙』은 이 차이에서 상호 간의 몰이해나 불화가 생길 수도 있음도 인정하고 있다. 성인에 따르면, "다툼은 형제들 간에 성인들 간에 바르나바와 바오로 사이에 존재하였습니다."[298] 그렇기에『수도 규칙』은 "너희는 절대로 다투지 말며, 다투게 되더라도 속히 그만두어야 한다."고 말하는 것이다.

여기서 우리는 다툼(lites)을 단순히 의견 차이나 일반적인 불화의 차원으로 이해해서는 안 된다. 오히려 반 바벨이 주장하듯, 보다 독성이 강한 성격을 지닌 다툼으로 보아야 한다. 즉 원수들 안에서 발견되고 다른 이들을 복종시키고자 하는 다툼인 것이다.[299] 수도원 내에 다툼이 존재한다는 것은, 이 세상의 그 어느 곳에서도 완전한 평화는 존재하지 않는다는 것이다. 이에 대해 아우구스티누스는 다음과 같

---

298 아우구스티누스,「시편 상해」33, s.2, 19.
299 T.J. van Bavel, *La règle de saint Augustin*, pp. 102-103.

이 말한다. "세상의 소음과 군중들의 분주함에서 멀리 떨어져 고요함의 삶을 선택한 이들과 함께 머물겠다고 하는 사람의 결정은 진정 훌륭하고 칭찬받을만 합니다. 그들은 세상의 폭풍우를 극복한 후 항구에 있는 것과 같습니다. 그런데 그들의 집에는 우리에게 약속된 기쁨과 환희가 이미 있는 것인가요? 아직은 아닙니다. 여전히 거기에는 유혹으로 인해 탄식하고 번뇌 속에 머물 수 있는 요소가 있습니다."300 또한 "진정 위대한 사람들이요 거룩한 사람들입니다. 매일 찬미가와 기도와 하느님을 찬양하는 가운데 있습니다. 이것으로 그들은 살아갑니다. (…) 모두 서로 사랑하며 격려해줍니다. 찬미합시다. 찬미합시다. 하지만 사실 그 안에서 어떤 일이 벌어지는지 모르는 이가 있습니다. 그는 바람이 불어오면 항구에서도 배들이 서로서로 부딪힌다는 것을 깨닫지 못하는 사람입니다. 그는 항구에서는 평화가 있을 것이라 기대하면서 그리고 더 이상 참아야 할 것이 없을 것이라고 희망하면서 들어갑니다. 들어간 후에, 그는 나쁜 형제들을 발견하게 됩니다."301 이토록 완전하게 '한마음 한뜻'이 되는 것은 이 지상에서 불가능함을 아우구스티누스는 분명히 인식하고 있다.

이렇게 수도원 내에서 발생할 수 있는 다툼에 대해 『수도 규칙』이 걱정하는 것은 다른 것이 아니다. "분노가 증오로 자라며 티끌이 들보로 변하고 영혼이 살인자가 될 것이다. 사실 너희는 (성서에서) 이렇게 읽고 있다: 자기 형제를 미워하는 자는 살인자이다." 이 규정은

---

300 아우구스티누스, 「시편 상해」 99, 10.
301 같은 책, 12.

짧지만, 압축된 윤리적·영성적 가르침을 담고 있다. 무엇보다 분노가 증오로 변하는 것을 마태오복음 7장 3-5절에 나오는 티끌과 들보로 설명하고 있음을 주목하게 된다. 베르헤이언이 지적하듯이,[302] 이 주석은 『주님의 산상설교』 2, 19, 63에서 처음으로 행해진 것으로, 아우구스티누스의 여러 작품에 나타난다.[303] 아우구스티누스에 따르면, '분노'는 '복수하려는 잘못된 욕망'(libido vindictae)이며, '증오'는 '고질적 분노'(ira inveterata)이다.[304] 이 주석에 아우구스티누스는 요한 1서 3장 15절("자기 형제를 미워하는 자는 모두 살인자입니다")에 기초하여 분노가 증오로 자라게 되면 영혼이 살인자가 된다는 해석을 덧붙인다. 이 해석은 살인에 대한 아우구스티누스의 이해를 보여준다. 성인에 따르면, 살인은 한 사람의 생명을 빼앗는 육신의 파괴를 의미하는 것이 아니라, 형제들에게 해를 입히는 쪽으로 움직이는 모든 악한 행동을 가리키는 것이다.[305] 사랑은 다른 이들의 선을 바라는 것으로 악을 선으로 갚지만, 미움은 다른 이들의 악을 바라는 것으로 악을 악으로 갚기 때문이다.[306] 다른 말로 하면, 미움은 다른 이들이 더 이상 존재하지 않기를 희망하는 것이다.[307] 그렇기에 아우구스티누스는 비록 칼이나 독을 사용하지 않았더라도 미움이 살인을 범한다고 말

---

302 L. Verheijen, *Nouvelle approche de la Règle de saint Augustin*, I, pp. 177-178.
303 예를 들면, 『강론』 49, 7; 82, 1; 211, 1 등이다.
304 아우구스티누스, 『강론』 58, 7, 8. 베르헤이언에 따르면, 증오의 정의는 키케로의 『Tusculanes』 4, 9, 21의 것을 취한 것이다: L. Verheijen, *Nouvelle approche de la Règle de saint Augustin*, I, p. 177.
305 아우구스티누스, 『파우스투스 논박』 19, 23.
306 아우구스티누스, 『시편 상해』 37, 25.
307 아우구스티누스, 『주님의 산상설교』 1, 15, 42.

하는 것이다.308 또한 미움은 타인을 살해하는 것뿐 아니라, 무엇보다 자기 자신을 타인보다 먼저 죽인다고 성인은 강조한다.309

그러므로 우리가 자신의 내면으로 들어가서 거기에 사랑이 있음을 본다면, 우리는 죽음에서 생명에로 건너갔음을 확신할 수 있다. 이는 사랑과 생명이 하나의 것임을 드러내는 것이다. 그렇기에 1요한 3, 14의 말씀처럼, 사랑하지 않는 자는 죽음 안에 그대로 머물러 있는 것이다.310 성인에 따르면, "사랑은 우리의 생명입니다. 그리고 사랑이 생명이라면, 미움은 죽음입니다. 어떤 이가 한때 사랑했던 이를 미워하고 있음을 깨닫는다면, 죽음에 대한 두려움이 그의 것이 됩니다. 이 두려움은 가장 혹독한 죽음, 즉 육신이 아닌 영혼을 죽이는 내적 죽음에 대한 것입니다. 여기에 당신을 박해하는 이가 있습니다. 당신의 주님께서 '육신을 죽이는 자들을 두려워하지 마라.'라고 말씀하심으로써 당신에게 확신을 주셨다면, 그 사람이 당신에게 어떤 악을 저지르겠습니까? 그는 가장 잔혹하게 육신을 죽일 것입니다. 반면, 당신이 미움에 사로잡혀 있다면, 당신은 영혼을 죽이는 것입니다! 그는 다른 이의 육신을 죽이지만, 당신은 당신의 영혼을 죽이는 것입니다."311

(2) 분노의 치유로서의 용서

『수도 규칙』은 "누구든지 다른 이를 모욕하거나 저주하거나 혹은

---

308 아우구스티누스, 「강론」 58, 7, 8.
309 위의 책, 49, 7.
310 아우구스티누스, 「요한서간 강해」 5, 10.
311 아우구스티누스, 「시편 상해」 54, 7.

어떤 잘못에 대해 면박함으로써 마음을 상하게 하였으면 될 수 있는 대로 속히 사과하여 저지른 것을 낫게 해야 한다는 점을 기억할 것이며, 마음이 상한 자는 따지지 말고 용서해 주어야 한다. 만일 양편에서 서로의 마음을 상해 주었으면 서로의 빚을 탕감해 주어야 한다. 이는 너희가 바치는 주의 기도문 때문이니, 너희가 그 기도를 자주 바치는 그만큼 건전한 자들이 되어야 한다."라고 말함으로써 화해를 강조하고 있다.

 용서는 아무 일도 일어나지 않은 것처럼 만드는 것이 아니다. 오히려 다른 이가 더 이상 나에게 미안한 감정을 들지 않도록 해주는 것이다. 즉 나에게 잘못한 형제를 해방시켜 주는 것이다.312 그렇기에 용서는 두 가지 측면에서 이루어져야 한다. 무엇보다 "다투게 되더라도 속히 그만 두어야 한다."라고 말한 것처럼, 여기에서도 속히 사과해야 한다고 함으로써 "해가 질 때까지 노여움을 품고 있지 마십시오."라는 사도 바울로의 권고(에페 5, 26)를 기억하게 한다. 이는 분노가 증오로 바뀌지 않도록 하라는 것이다. 이 점을 아고스티노 트라페는 '시기적절하게'(tempestivamente)라는 부사를 사용하여 드러낸다. 그리고 "이는 너희가 바치는 기도 때문이니, 너희가 그 기도를 자주 바치는 그만큼 건전한 자들이 되어야 한다."라는 것에서 '진실하게'(sinceramente) 화해가 이루어져야한다고 주장한다.313 반 바벨 역시 "너희가 바치는 기도 때문이니"(propter orationes vestras)라는 구절

---

312 T.J. van Bavel, *La règle de saint Augustin*, p. 105.
313 A. Trapè, *Introduzione a S. Agostino, La Regola*, p. 125.

을 "너희가 '주님의 기도'를 바치면서 거짓말을 하지 않도록 하기 위해서"라는 말로 번역하면서 용서하는 사람의 진실성을 드러내고 있다.[314] 아우구스티누스에 따르면, 주님의 기도는 하느님과 인간 사이의 계약이기에 "저희에게 잘못한 이를 저희가 용서하오니 저희 죄를 용서하시고"라고 기도할 때, 우리는 진실한 마음과 언행일치 속에서 이 기도를 바쳐야 하는 것이다.[315] 그렇지 않으면 거짓말쟁이, 즉 『수도 규칙』의 표현대로 한다면, 건전하지 못한 자들이 되고 만다. 또한 하느님과의 계약을 깨뜨리는 사람이 되는 것이다.[316]

그러므로 "너희는 너무 심한 말을 서로 삼갈 것이다. 만일 너희 입으로 그런 잘못을 저질렀으며 상처를 입게 한 바로 그 입에서부터 치유의 말을 내놓기를 게을리하지 말 것이다."라고 『수도 규칙』은 말함으로써 형제들 사이에 용서를 청하고 용서하는 것은 선한 의지의 문제임을 드러낸다.[317] 아우구스티누스는 용서를 청하는 것, 즉 은총을 청하는 것을 부끄러워하지 말라고 권고한다.[318] 이런 맥락에서 우리는 "비록 자주 분노를 일으키더라도 자기가 저지른 잘못을 깨달아 서둘러 용서를 청하는 자는 쉽게 분노하지는 않지만, 용서를 청하기 어려워하는 자보다 낫다."라는 말씀을 이해할 수 있다. 줌켈러가 말하듯, "전자의 잘못은 악의에서라기보다는 흔히 성급함과 우유부단에

---

314 T.J. van Bavel, *La règle de saint Augustin*, p. 105.
315 아우구스티누스, 「강론」 56, 9, 13.
316 위의 책, 211, 3, 3.
317 위의 책, 210, 12.
318 위의 책, 17, 6.

서 나오는 것인 반면, 후자는 착한 의지가 부족하고 냉혹한 마음을 나타낸다."라는 것이다.[319] 또한 성인은 "용서를 절대 청하지 않거나 진심으로 청하지 않는 자는, 비록 수도원에서 내쫓기지 않더라도 아무 이유 없이 수도원 안에 사는 자이다."라고 냉혹하게 말한다. 수도 생활의 목표가 '하느님을 향하는 한마음 한뜻'이기에, 용서를 청하지 않거나 진심으로 이를 청하지 않는 것은 교만의 표시이며 한마음 한뜻이 되지 않겠다는 의지로 성인은 보기 때문이다.

『수도 규칙』은 예외의 경우를 말한다. "젊은이들을 계도해야 하는 교육상 필요 때문에 심한 말로 견책해야만 할 때, 비록 너희가 정도에 지나치게 견책했다고 느껴지더라도 그 당사자에게 용서를 청할 의무는 없다." 이미 피타고라스 학파가 내세운[320] 젊은이들을 견책하는 것에 대한 이 규정에서 문제는 '젊은이들'이 누구인가 하는 것이다. 장상을 기준으로 하였을 때, 자신의 말을 듣는 모든 사람인지, 아니면 실제 나이의 젊은이인지 하는 문제이다. 로마법상 25세부터 성인으로 규정되기에, 수도자들 중에 25세 미만의 사람을 젊은이로 볼 수 있다. 또한 결국 수도원에서 양육되고 교육을 받으며 훈련을 받는 이들을 가리키는 것이라고도 볼 수 있다. 이는 아주 어린 시절부터 수도원에서 살아온 안토니우스(Antonius)라는 형제에 대해서 언급한 서한에서도 볼 수 있고,[321] 또한 수년간 공동체에서 생활하였지만, 아직 법

---

[319] A. 줌켈러, 「아우구스티누스 규칙서」, 155쪽.
[320] L. Verheijen, *Nouvelle approche de la Règle de saint Augustin*, I, pp. 186-189.
[321] 아우구스티누스, 「서한」 209, 3.

적으로 성인이 되지 못한 한 형제에 대한 언급에서도 알 수 있다.[322]

여하튼 『수도 규칙』은 이 젊은이들에게 심하게 책책하였다고 느껴지더라도 용서를 청할 의무는 없다고 규정한 이유에 대해서 "수하 사람들을 지도해야 할 권위가 손상되지 않기 위해서"라고 한다. 이는 젊은이들이 교만에 빠질 것을 염려하는 것 외에 다른 목적은 아니다. 장상이 정도에 지나치게 꾸짖는 자들을 얼마나 큰 선의로 사랑하고 있는지를 잘 알고 계시는, 모든 이의 주님 되시는 분께 용서를 빌어야 한다고 『수도 규칙』은 말함으로써 장상이 다른 방법으로 자신의 잘못을 보상해야 함도 이야기한다.

(3) 수도원 내의 사랑의 형태

"너희 사랑은 육적인 사랑이 아니라 영적인 사랑이어야 한다."라고 『수도 규칙』은 사랑의 형태에 대한 원칙을 제시한다. 여기서 '육적'과 '영적'이란 단어를 우리는 요한과 바오로에서 나타나는 성서적 의미로 받아들여야 한다. 결코 영혼과 육신의 반대라는 측면으로 이해해서는 안 된다. 신약 성서적 의미에서 볼 때, '육'은 육신을 가리키는 것뿐 아니라 인간이 빠져있는 죄의 상황도 의미함을 생각해야 한다. '영'은 성령의 인도에 따르는 삶인 것이다.

결국 악과 죄로 기울어지는 우리의 마음과 성령을 통해 선으로 향하는 우리의 마음 사이의 모습을 '육적', '영적'이란 단어를 통해 드러

---

322 아우구스티누스, 「강론」, 355, 2, 3.

낸 것이다. 다시 말하면, 육적 사랑은 자기 자신을 모든 것의 중심으로 놓는 이기적 사랑으로, 다툼과 질투, 미움, 지배욕에서 나온 사랑이다.[323] 이에 반해 영적 사랑은 우리 마음 안에 부어 넣어진 성령의 인도 하에 다른 이들의 선익을 원하는 사랑인 것이다.[324]

8. 순명과 권위

아우구스티누스는 어떤 유형의 장상이었을까? 수도자들과 교구 신자들에게 어떠한 태도를 보였을까? 이러한 질문에서 순명과 권위의 문제가 나온다. 무엇보다 성인은 두 가지가 서로 분리된 것이라기보다 밀접하게 연결된 것이라 지적한다. 사실 모든 인간 공동체에서 평화는 순종하는 이와 명령하는 사람 사이의 질서있는 화합에 의지한다. 이 사상을 다음의 본문에서 잘 볼 수 있다. "인간들의 평화는 질서있는 화합이다. 가정의 평화는 함께 사는 사람들 사이에 명령하고 복종하는 질서있는 화합이다. 도시국가의 평화는 하느님 하에서 서로 향유하는, 더없이 질서있고 더없이 화합하는 사회적 결속이다."[325] 하지만 여기서 등장하는 또 하나의 문제는 인간은 본성상 모두 평등하다는 것이다. 명령하고 이에 복종하는 것은 종속이라는 구

---

323 아우구스티누스, 「갈라티아서 해설」 45.
324 T.J. van Bavel, *La règle de saint Augustin*, pp. 108-109.
325 아우구스티누스, 「신국론」 19, 13, 1.

도이다. 과연 아우구스티누스는 이 문제를 어떻게 해결하고 있는가?

1) 아우구스티누스 수도 공동체의 특징

"너희는 아버지에게 하듯 원장에게 순종하며 합당한 공경을 드림으로써 그분 안에 계시는 하느님께서 무례를 당하시지 않도록 할 것이다. 너희 모두를 돌보는 사제에게 더욱 그렇게 해야 할 것이다."

여기서 줌켈러가 말하듯, 아우구스티누스의 "순종 개념 전체의 열쇠"와 "전통적인 순종의 이상을 넘어서는 근본적인 발전"을 보게 된다.[326] 또한 "원장"(praepositus)과 "사제"(presbyter)라는 단어로써 두 명의 장상을 언급하고 있다. 아우구스티누스 시대에 수도자들은 일반적으로 사제가 아니었다. 따라서 『수도 규칙』이 사제에 대해 언급하고 있는 것은 수도자들에게 성사 집전뿐 아니라 당시 여러 문헌에서 언급하듯 '위로'라는 영혼의 양식을 제공하기 위한 것이다.[327] 더 나아가 두 명의 장상에 대한 언급은, 아우구스티누스 수도 공동체가 전통적인 수도원과는 다른 모습으로 형성되었다는 것도 나타난다. 전통적인 수도 생활에서 보면, 수도자들은 자신들의 장상을 '아버지'(abba, abbas) 혹은 '어머니'(amma, abbatissa)라고 부르면서, 명령-순명이라는 엄격한 모델을 형성하였다.[328] 아우구스티누스 자신도 이

---

326 A. 줌켈러, 「아우구스티누스 규칙서」, 164쪽.
327 P. Merlin, *Saint Augustin et la vie monastique*, pp. 40-41.
328 T.J. van Bavel, *La règle de saint Augustin*, p. 110; T.J. van Bavel, "Community Life in Augustine", p. 128.

러한 구조에 대해 잘 알고 있었을 것으로 보인다. 그럼에도 불구하고 성인이 다른 형태의 수도원 구조를 택한 것은 아마도 그의 개인적인 체험, 즉 친구들로 구성된 그룹에서 시작한 수도 생활에 대한 체험에서 기인한 것으로 보인다. 또한 공동체에 '아버지'라는 이름의 장상이 없다는 것도 특기할 사항이다. '한 그룹에서 첫 번째 자리를 차지하는 이'라는 뜻을 지닌 원장(praepositus)이라는 단어를 사용한다. 이를 통해 장상 역시 다른 수도원 구성원들과 본질적으로 다른 인물도 아니고, 오히려 공동체의 한 부분임을 드러낸다. 곧 아우구스티누스가 중시한 것은 상호 간의 봉사이며, 이러한 관점에서 장상의 역할도 보아야 한다는 것이다. 이 점은 5세기 초의 사회 구조에서 본다면 더욱 놀라운 일이다. 『수도 규칙』이 평등과 형제애 안에서 함께 살아가는 것을 말하기 때문이다.[329] "너희는 아버지에게 하듯 원장에게 순종하며"라는 표현을 통해 성인은 장상과 구성원 간에 가족적 분위기를 형성하길 원한다. 또한 "그분 안에 계시는 하느님께서 무례를 당하시지 않도록 할 것이다."라고 말함으로써 장상 안에 계시는 하느님의 특별한 현존에 대해 생각하고 있다.

그러므로 우리는 다음과 같이 말할 수 있다. 『수도 규칙』은 장상의 권위와 수도자들의 순명의 관계를 "온전히 상호 신뢰와 그리스도적 사랑에 기초를 둔 더 인간적이며 인격적인 장상과 수하 사람의 관

---

329 T.J. van Bavel, *La règle de saint Augustin*, p. 112. 저자는, 아우구스티누스 『수도 규칙』의 민주주의적 형태 안에서 당시 로마제국이 갖고 있던 지극히 법적 조직과 지배적 구조에 대한 일종의 저항감을 볼 수 있다고 지적한다.

계"330로 드러내고 있는 것이다.

2) 장상의 역할

"이 모든 것이 준수되도록 하며, 만일 준수되지 않는 점이 있으면 방심하여 지나쳐 버리지 말고 견책하고 바로잡아 줌으로써 고치게 하는 것이 원장의 중요한 임무이다."

(1) 아버지로서의 장상

"규율을 기꺼이 유지하며 위엄을 보일 것이다. 그에게 두 가지 면이 다 필요하겠지만, 두려움 받기보다는 사랑받기를 더 원해야 한다."

아버지로서 장상은 사람들로부터 사랑받는 좋은 사람이지만, 동시에 위엄을 보이는 엄한 사람으로 나타난다. 공동체 구성원들이 『수도규칙』의 규정을 잘 지키도록 하는 것이 원장의 첫째 임무이고, 이를 위해 구성원들이 인정하고 존경하며 때론 두려워하는 권위를 가져야 하기 때문이다. 성인에 따르면, "집안에서 누군가 불복종으로 가정의 평화에 반항한다면, 인간사회가 허용하는 범위 내에서 말이나 채찍으로, 또는 정당하고 합당한 어떤 종류의 징계로 이를 바로잡아야 한다. 그것은 징계를 받는 당사자가 스스로 이탈한 평화에 다시 적용하

---

330 A. 줌켈러, 『아우구스티누스 규칙서』, 164쪽.

도록 당사자의 선익을 도모하는 징계여야 한다."[331] 그럼에도 불구하고 장상은 "두려움 받기보다는 사랑받기를 더 원해야 한다." 장상은 공동체 구성원들에 대해 하느님께 셈 바치게 될 것을 항상 생각하고 있기 때문이다. 여기서 아우구스티누스는 인간이 아닌 하느님 앞에 서 서 있는 장상의 책임성을 간략하지만 명백하게 강조한다.

(2) 봉사자로서의 장상

"너희 중의 으뜸인 자는 자신이 권한으로 지배하는 자가 아니라 사랑으로 봉사하는 자임을 기쁘게 여길 것이다."

여기서 아우구스티누스는 세 성경 구절의 영감을 받고 있다. 첫째, 루카복음 22장 25-26절이다. "예수님께서 그들에게 이르셨다. '민족들을 지배하는 임금들은 백성 위에 군림하고, 민족들에게 권세를 부리는 자들은 자신을 은인이라고 부르게 한다. 그러나 너희는 그렇게 해서는 안 된다. 너희 가운데에서 가장 높은 사람은 가장 어린 사람처럼 되어야 하고 지도자는 섬기는 사람처럼 되어야 한다." 둘째, 마르코복음 10장 43-45절이다. "너희 가운데에서 높은 사람이 되려는 이는 너희를 섬기는 사람이 되어야 한다. 또한 너희 가운데에서 첫째가 되려는 이는 모든 이의 종이 되어야 한다. 사실 사람의 아들은 섬김을 받으러 온 것이 아니라 섬기러 왔고, 또 많은 이들의 몸값으로 자기 목숨을 바치러 왔다." 셋째, 갈라티아서 5장 13절이다. "사랑으로 서

---

331 아우구스티누스, 『신국론』, 19, 16.

로 섬기십시오."

 봉사자로서 장상의 모습은 섬김을 받으러 온 것이 아니라 섬기러 오신 그리스도의 모범을 따르는 것이다.332 그렇기에 장상은 이로움을 주기 위해 직분을 맡는 것이지, 지위에 대한 욕심이나 다른 이들을 지휘하기 좋아해서(nec praeesse se hominibus gaudeant sed prodesse) 그 역할을 수행해서는 안 된다.333 이 점을 아우구스티누스는 한 강론에서 구체적으로 말한다. "장상들은 자신들에게 복종하는 위치에 있는 사람들의 선익을 돌보게 할 목적으로 임명된 사람들이기 때문에, 이들은 자신들의 직무를 완수함에 있어 자신들의 유익이 아니라 자신들에게 순명하는 사람들의 선익을 추구하지 않으면 안 될 것입니다. 다른 사람들 위에 군림하는 데서 기쁨을 느끼고 자기 자신의 영예를 추구하며 자기 자신의 편안함을 꾀하는 데 급급할 따름인 그와 같은 장상은 누구나 예외 없이 자신에게 맡겨진 무리들이 아니라 바로 자기 자신을 살찌우고 있는 것입니다."334

 타인의 유익을 위한 봉사자로서의 장상의 모습은 사랑 안에서의 섬김이다. 곧 봉사자가 되길 원한다면, 필요가 아닌 애덕 때문에 봉사해야 하는 것이고,335 또한 헌신적인 봉사 안에서 자신의 행복을 찾

---

332 아우구스티누스, 『강론』 207, 1.
333 아우구스티누스, 『신국론』 19, 19. 『베네딕투스의 수도규칙서』(Regula Benedicti) 64,8에 따르면, "남을 지배하기보다는 유익이 되어 주어야 한다는 사실을 알아야 한다." 이에 대해 참조: Y. Congar, "Quelques expressions traditionnelles du service chrétien", in Y. Congar et B.-D. Dupuy(sous la diretion de), *L'Épiscopat et L'Église universelle*, Paris, Les Éditions du Cerf, 1962, pp. 101–105.
334 아우구스티누스, 『강론』 46, 2.
335 아우구스티누스, 『시편 강해』 103, s.3, 9.

아야 한다. 성인에 따르면, "신앙으로 살아가는 의로운 사람들, 곧 천상 도성에서 멀리 떨어져 아직도 나그넷길을 걷는 사람들의 집안에서는 명령하는 사람들도 명령을 내리는 것처럼 보이는 대상들을 오히려 섬긴다. 또 지배하려는 욕심에서 명령하는 것이 아니고 직책상 보살피며, 통치하는 오만함으로 하지 않고 보살피는 자비심으로 한다."336 더 나아가 원장은 구성원들의 발아래 엎드리는 사람이 되어야 한다. "높은 자리에서 여러분에게 이야기하는 것처럼 보이는 우리 역시 두려움으로 가득 차서 여러분의 발 앞에 엎드립니다. 이 높은 직책에 대해서 엄중한 셈 바침이 요구되리라는 사실을 우리는 알고 있기 때문입니다."337 이는 봉사자로서 원장의 덕목이 다름 아닌 겸손임을 잘 드러낸다. 이 때문에 "겸손이 있는 곳에 위대함이 있습니다."(Ubi humilitas, ibi majestas)라고 성인은 말한다.338

(3) 공동체의 모범으로서의 장상

"원장은 모든 이에게 자신을 선행의 표본으로 보여야 한다."

이 모습은 사도 바오로가 티토에게 한 말에서 잘 드러난다. "그대 자신을 모든 면에서 선행의 본보기로 보여 주십시오."(티토 2, 7) 원장이 모든 이에게 선행의 표본이 되어야 하는 것은, 원장을 통해 전해지는 하느님의 뜻에 공동체 구성원들이 귀 기울이도록 하기 위함이다.

---

336 아우구스티누스, 「신국론」 19, 14.
337 아우구스티누스, 「강론」 146, 1, 1.
338 위의 책. 160, 4.

달리 말하면, 원장을 통해 전해지는 하느님의 말씀을 경멸하지 않도록 하기 위한 것이다.339 그렇기에 아우구스티누스는 다음과 같이 경고한다. "자기 자신은 더 높은 장상에게 순명하기를 거부하면서 다른 이들에게는 자기에게 순명하도록 명령하는 것보다 더 수치스러운 일이 있겠는가?"340

『수도 규칙』은 계속해서 선행의 모범으로서 원장이 어떤 일을 해야 하는지 알려준다. "문란한 이들을 꾸짖고 소심한 이들을 위로하며 약한 이들을 붙들어 주고 모든 이에게 인내할 것이다." 이 규정은 테살로니카 1서 5장 14절("무질서하게 지내는 이들을 타이르고 소심한 이들을 격려하고 약한 이들을 도와주며, 참을성을 가지고 모든 사람을 대하십시오.")의 간접 인용이라 할 수 있다. 장상은 공동체 안에서 훌륭한 질서를 유지하는 역할을 수행해야 한다. "권고를 받아야 할 상황에 있는 사람이 그렇게 되지 않았을 때, 악은 정말 악으로 자라고 만다. 그렇게 되면 부당한 구실이 내세워지면서 오히려 그 문제가 회피되기까지도 하는 것이다."341 아우구스티누스는 수도 생활을 받아들인 사람들의 인간적 약점을 잘 알고 있었다. 이와 같은 사실이 그로 하여금 "나의 집안에 훌륭한 질서가 확립되어 있다 하더라도, 나는 한 인간이고, 또 나 자신이 여러 사람 속에서 살고 있는 것입니다."라고 토로하게끔 한 것이다.342 그렇기에 『수도 규칙』이 말하듯, 장상은 엄격함과 온유

---

339 아우구스티누스, 『그리스도교 교양』, 4, 27, 60.
340 아우구스티누스, 『수도자들의 노동』, 31, 39.
341 아우구스티누스, 『꾸짖음과 은총』, 16, 49.
342 아우구스티누스, 『서한』, 78, 8, 9.

함 모두를 견지해야 한다. 이에 대해 성인은 다음과 같이 말한다. "형제들은 갖가지 잘못에 따라 사랑에서 우러나는 권고들을 그들의 장상들로부터 좀 더 엄하거나 좀 덜 엄하게 받도록 해야 한다."[343] 또한 "장상들은 또한 자신의 형제들의 종이라고 하는 점을 명심할 수 있으리만큼 겸손한 사랑을 갖고, 온유하면서도 엄하게 잘 처신할 수 있도록 해야 할 것이다."[344] 여기서 잊지 말아야 할 것은 선행의 모범과 견책하고 벌주는 것이 상치된 것이 아니라는 점이다. 후자 역시 수도 공동체의 선익을 위해 필요한 것이고, 더 나아가 잘못한 이를 교정하고 확실하게 개선시키기 위해 벌을 줄 때 그에게 자비를 보여주는 것이기 때문이다.[345] 그렇기에 성인은 다음과 같은 호소를 한다. "만일 여러분이 우리의 형제자매요, 우리의 아들딸이라면, 그리고 만일 우리가 동료 종들이라면, 아니 그리스도 안에서 여러분의 종들이라면, 우리의 권고에 귀 기울이고, 우리의 명령을 받아들이고, 우리의 조언을 따르십시오."[346]

3) 순명

(1) 아버지에게 하듯 장상에게 순종

"너희는 아버지에게 하듯 원장에게 순종하며…"

---

343 아우구스티누스, 「꾸짖음과 은총」 15, 46.
344 아우구스티누스, 「파르메니아누스 서한 반박」 3, 6.
345 아우구스티누스, 「라우렌티우스에게 보낸 믿음, 희망, 사랑의 길잡이」 19, 72.
346 아우구스티누스, 「수도승의 노동」 29, 37.

아버지로서의 장상에게 아들로서 순명하는 것을 통해 수도원은 이제 하나의 가정과 같은 모습을 드러낸다. 물론 혈연관계로 이루어진 장소가 아니라 하느님을 향한 한마음 한 몸인 곳이기에, 순명 역시 초자연적인 것이라 할 수 있다. 또한 장상에게 순명함으로써 그 안에 현존하시는 하느님을 공경하는 것이기에, 순명은 하느님께 드리는 경신례적 행위라고 할 수 있다.[347] 이러한 의미에서 순명은 "모든 덕의 모체이며 보호가 되는 덕"이 된다.[348]

(2) 장상에게서 하느님을 발견

"(…) 그에게 합당한 공경을 드림으로써 그분 안에 계시는 하느님께서 무례를 당하시지 않도록 할 것이다."

공동체 구성원이 장상에게 드리는 마땅한 공경 때문에 장상은 하느님 앞에서 더욱 더 겸손해진다. 만약 장상에게 마땅한 공경을 드리지 않는다면, 그 탓은 공동체에 있는 것이다. 그리고 장상에게 마땅한 공경을 드릴 때 장상이 아니라 공동체가 그것을 자랑스럽게 생각하는 것이다.[349] 바로 이 점 때문에 장상은 공동체의 선익을 위하여 그러한 영예를 받아들일 수 있는 것이다.[350]

여기서 "그러므로 너희 모두는 한마음으로 화목하게 살며, 너희는 하느님의 성전이니 너희 안에 계신 하느님을 서로 공경할 것이다."라

---

347 N. Cipriani, Sant'Agostino, La Regola, p. 124.
348 아우구스티누스, 「신국론」 14, 12.
349 아우구스티누스, 「강론」 91, 5, 5.
350 아우구스티누스, 「서한」 130, 6, 12.

는 규정을 다시 한번 상기시킨다. 장상에게 드리는 공경을 통해, 그리고 순명을 통해 공동체 구성원들은 장상 안에 살아계시는 하느님을 발견하고, 그 역시 하느님의 성전임을 인식하게 된다. 이를 통해 구성원 서로 안에 계시는 하느님을 공경하는 것이다.

(3) 상호 책임성

"너희가 그에게 잘 순종하는 것은 너희 자신을 위해서 뿐 아니라 그에게도 자비를 베푸는 것이니, 너희 가운데 지휘가 높을수록 그만큼 그 위험도 커지기 때문이다."

장상에 대한 공동체 구성원들의 감정은 '연민'과 '공동책임성'이다. 장상의 인간적 약점이 그의 권위를 인정하는 데 장애가 되고, 그가 어떤 것을 요청할 때 걸림돌이 되어서도 안 된다. 루이스 에블리(Louis Evely)에 따르면, "만일 여러분이 어떤 완전한 사람만을 사랑하고자 한다면, 여러분은 결코 단 한 사람도 사랑하지 못할 것이다. 만일 여러분이 올바른 사람들에게만 순명하고자 한다면, 여러분은 결코 아무에게도 순명할 수 없을 것이다. 그리고 만일 여러분이 어떤 분명한 것을 믿고자 한다면, 여러분은 결코 믿음을 갖지 못할 것이다."[351] 또한 아우구스티누스에 따르면, "만약 저의 책망 혹은 저의 간곡한 요청 후에도 여러분이 여전히 말을 듣지 않는 태도를 취한다면, 제가 할 수 있는 것은 탄식하고 마음 아파하는 것뿐입니다. (…) 여러분이 하

---

351 L. Evely, *A Religion for out time*, New York: Image Books, 1974, p. 71. 티어도르 택, 「아우구스티누스가 살아 있다면…」, 183쪽에서 재인용.

느님의 종들이라면, 저에 대해 자비를 베풀어 주십시오. 하지만 만약 저에게 여러분이 자비를 베풀어주지 않는다면, 더 이상 엄격한 말을 하지 않을 것입니다."[352]

그러므로 아우구스티누스에게 있어 순명은 장상이 짊어진 책임성을 함께 나누는 것이다. 즉 그에게 도움을 주는 것이요, 공동체의 일치와 선익이라는 책무를 보다 쉽게 할 수 있도록 해주는 것이다. 그렇기에 순명은 장상을 향한 사랑의 행위인 것이다. 장상 홀로 막중한 책임감을 짊어지고 가도록 해서는 안 된다. 비록 공동체 구성원 각자가 맡은 책임과 임무가 있다고 해도, 모든 수도자는 장상에게 순명뿐 아니라 조언을 통해, 그리고 공동으로 일을 함으로써 장상의 책임에 동참해야 한다. 이는 『수도 규칙』이 말하는 대로 지휘가 높을수록 그만큼 그 위험도 커지기 때문이다. 다시 말하면, 지배하고자 하는 유혹에 빠지기 쉽기 때문이다. 그렇기에 장상의 권위와 순명의 관계는 상호 간의 사랑의 관계로 나타나야만 한다. 그리스도를 따르는 수도자들의 삶 전체가 하느님에 대한 헌신적 봉사이기에, 장상 마음속에 지고 있는 짐을 덜어줄 수 있어야 할 것이다. 이러한 공동책임성에 대해 아우구스티누스는 한 강론에서 이렇게 표현한다. "여러분의 기도로써 나를 도와주십시오. 그리하여 내가 그분의 짐을 질 수 있도록 도와주시도록 해주십시오. 여러분이 이와 같은 방식으로 기도할 때, 여러분이 기도를 드리는 것은 진정 여러분 자신을 위한 일이 됩니다. 내가

---

352 아우구스티누스, 『수도자들의 노동』, 33, 41.

말하는 그 짐이라는 것이 여러분 아니면 달리 또 무엇이겠습니까? 그래서입니다. 그러나 나 자신에게 여러분이 짐스럽지 않을 수 있기를 기도드리는 것과 같이, 여러분은 나를 위해 기도해 주십시오. (…) 나에게 힘이 되어 주십시오. 그리하여 (…) 우리가 서로의 짐을 져 줄 수 있도록 말입니다. 이와 같은 방식으로 우리는 그리스도의 법을 채워 가게 될 것입니다."353

9. 영적 아름다움에 대한 사랑

규칙 준수에 관한 규정을 담고 있는 마지막 장은 첫 번째 장과 함께 『수도 규칙』의 두 축을 형성한다. 첫 장에서 수도원에서 살고 있는 이들이 지켜야 하는 주요 목적과 필수적으로 지켜져야 할 조건들이 제시된 반면, 마지막 장은 어떠한 정신으로 수도 규칙을 준수해야 하는지 보여준다.

1) 『수도 규칙』을 준수하는 정신

"주께서 은총을 베푸시어, 너희가 법의 종으로서가 아니라 은총의 지배 아래 자유인처럼 영적인 아름다움을 사모하며 착한 수도 생활

---

353 아우구스티누스, 『강론』 340, 1.

에서 오는 그리스도의 향기를 풍기는 자 되어 이 모든 규칙을 사랑으로 준수하기를 바란다."

(1) 사랑으로 규칙을 준수하라

아우구스티누스는 『수도 규칙』을 사랑으로(cum dilectione) 준수해야 한다고 강조한다. 이는, 어떠한 윤리적 규범도 사랑으로 준수되지 않는 한 진실로 지키는 것이 아니라는 것을 가리킨다. 여기서 우리는 바오로가 아우구스티누스의 사상에 얼마나 큰 영향을 주었는가를 볼 수 있다. 사도에 따르면, "사랑은 율법의 완성입니다."(로마 13, 10) 또한 "내가 인간의 여러 언어와 천사의 언어로 말한다하여도 나에게 사랑이 없으면 나는 요란한 징이나 소란한 꽹과리에 지나지 않습니다."(1코린 13, 1)

그렇다면 어떠한 이유에서 바오로와 아우구스티누스는 아무리 선한 일이라도 사랑으로 한 것이 아니라면 헛되고 무익한 것이라고 생각하는가? 사랑에서 나오는 윤리적 행동만이 참으로 인간과 하느님을 그리고 인간과 인간을 일치시킬 수 있다고 생각하기 때문이다. 오직 사랑만이 모든 윤리적 행위를 종교적 행위로 만들 수 있는 것이다.[354] 이에 대해 아우구스티누스는 다음과 같이 말한다. "만약 우리가 하느님을 사랑하지 않으면 그분께 예배드리지 않는 것입니다. 따라서 최고의 참된 지혜는 온 마음과 온 영혼을 다해 너의 하느님을 사

---

354 N. Cipriani, *Sant'Agostino. La Regola*, p. 128.

랑하라는 첫 번째 계명 안에 놓여 있는 것입니다. 때문에 지혜는 하느님의 사랑 자체인 것입니다."355

결국 아우구스티누스에게 있어 『수도 규칙』을 준수한다는 것은 하느님을 섬기고 그분께 순명하는 것이다. 그런데, 오직 사랑으로만 우리는 진실로, 그리고 부드럽게 하느님께 순명할 수 있다.356 이토록 성인은 자신의 수도자들에게 사랑으로 『수도 규칙』을 준수함으로써 다시 한번 하느님을 향한 한마음 한뜻이 되어 살아가라는 『수도 규칙』 첫 장의 요청을 반복하고 있다. 또한 사랑이 『수도 규칙』 전체의 참되고 유일한 규정이며, 오직 사랑만이 많은 이를 일치시키고 하느님 안에서 하나가 되게 한다는 것을 강조한다.357

(2) 법의 종이 아닌 은총의 지배 아래 있는 자유인으로 규칙을 준수하라

하느님과의 친교 및 형제들과의 일치 외에 『수도 규칙』의 준수는 아우구스티누스에게 있어 개인적 차원에서 또 다른 중요한 결과를 드러낸다. 즉 종의 특징적인 두려움이 아닌 하느님의 자녀로서의 자유 안에서 하느님을 섬기는 기쁨이다. 여기서도 아우구스티누스의 출발점이 바오로라는 것이 드러난다. 사도에 따르면, "여러분은 사람을 다시 두려움에 빠뜨리는 종살이의 영을 받은 것이 아니라, 여러분을 자녀로 삼도록 해주시는 영을 받았습니다. 이 성령의 힘으로 우리

---

355 아우구스티누스, 「서한」 140, 18, 45.
356 아우구스티누스, 「인내의 선물」 16, 41.
357 N. Cipriani, *Sant'Agostino. La Regola*, p. 129.

가 '아빠! 아버지!'하고 외치는 것입니다."(로마 8, 15) 또한 "여러분은 자유롭게 되라고 부르심을 받았습니다. 다만 그 자유를 육을 위하는 구실로 삼지 마십시오. 오히려 사랑으로 서로 섬기십시오."(갈라 5, 13)

아우구스티누스는 갈라티아서 5장 13절을 주석하면서 다음과 같이 말한다. "자유라는 말을 들으면서 여러분은 거리낌 없이 죄를 지을 수 있다고 생각해서는 안 됩니다. (…) 사랑으로 섬기는 사람은 자유롭게, 고통 없이 섬기는 것이고 하느님께 순명하면서 그분이 가르치신 것을 거의 강제적인 두려움이 아닌 사랑으로 행하는 것입니다."[358] 성인에 따르면, 유다인들은 율법의 지배 아래 있으면서 벌을 받는 것에 대한 두려움에서 계명을 지켰던 것이다. 이에 반해 그리스도인은 은총 아래 있는 자들이고, 그리스도의 은총, 즉 마음속에 사랑을 부어넣어 주시는 성령의 선물을 받아 사랑으로, 그리고 하느님의 자녀로서 누리는 자유 안에서 하느님의 계명을 준수할 수 있는 사람들이다. 다시 말하면, 우리의 자유는 모든 계명이나 율법을 거부하는 것으로 이루어지는 것이 아니라, 그리스도의 은총이 우리에게 내리어 그분의 법, 즉 모든 규정을 완성하는 사랑의 법을 수행할 수 있는 능력을 갖게 되는 것으로 이루어진다.[359] 바로 여기에 그리스도인 삶의 새로움이 있다. 이 삶의 특징은 자유와 사랑이 하나로 등장한다는 것이다. 또한 이 자유는 우리가 『수도 규칙』을 온전히 준수하고 있다는 또 하나의 표지가 된다. 이를 아우구스티누스는 밀라노와 로마에

---

[358] 아우구스티누스, 『갈라티아서 주석』 43.
[359] T.J. van Bavel, *La règle de saint Augustin*, p. 123.

서 알게 된 수도 생활을 통하여 다음과 같이 표현한다. "그들은 그리스도교 사랑과 성덕 그리고 자유 안에서 함께 살고 있습니다."[360]

(3) 영적인 아름다움을 사모하라

우리가 『수도 규칙』을 준수할 수 있는 것은 사랑과 자유 때문임을 앞에서 보았다. 이 내용은 "영적인 아름다움을 사모하며"라는 표현을 통해 더더욱 심도 있게 묘사된다. 아우구스티누스는 다음과 같이 말한다. "우리가 사랑하는 것이 아름다운 것밖에 또 무엇이 있는가?"[361] 또한 "우리는 아름다운 것이 아니라면 사랑할 수 없다."[362] 이 점에서 볼 때, 우리가 『수도 규칙』의 규정을 사랑으로 준수하고자 원한다면, 영적인 아름다움을 사랑하는 것이 필요하다는 것이 분명해진다.

그렇다면 영적인 아름다움이란 무엇인가? 사실 이 표현에서 우리는 플라톤 철학의 영향을 볼 수 있다. 플라톤 사상에 따르면, 육신적 아름다움과 지성적 아름다움이 구분된다. 이 지성적 아름다움은 무엇보다 덕행의 고유한 윤리적 아름다움이다.[363] 여기에 아우구스티누스는 그리스도교적 해석을 시도한다. 즉 모든 인간적 덕행의 아름다움의 원천을 하느님으로 바라보고 있는 것이다. 그렇기에 성인은 『고백록』에서 하느님을 "아름다운 모든 것의 아름다움"으로 표현한

---

360 아우구스티누스, 『가톨릭교회의 관습과 마니교도의 관습』 1, 33, 70.
361 아우구스티누스, 『고백록』 4, 13, 19.
362 아우구스티누스, 『음악론』 6, 13, 38.
363 N. Cipriani, *Sant'Agostino. La Regola*, p. 135.

다.³⁶⁴ 다시 말하면, 영적 아름다움은 "영혼 위에 있는 아름다움"이요, 인간 영혼이 끊임없이 갈망하는 하느님의 아름다움인 것이다.³⁶⁵ 여기서 우리는 아우구스티누스의 다음과 같은 탄식을 이해할 수 있다. "늦게야 임을 사랑했습니다. 이렇듯 오랜, 이렇듯 새로운 아름다움이시여, 늦게야 당신을 사랑했습니다."³⁶⁶ 이 탄식을 통해 하느님의 영적인 아름다움이 무엇보다 그리스도 안에서 드러난다는 것을 알 수 있다. 이는 그리스도의 모든 행위가 오롯이 인간을 위한 그분의 자비로움을 드러내기 때문이다. 즉 구세주로서의 아름다움인 것이다. 이에 대해 성인은 다음과 같이 말한다. "마음을 다해 그분을 사랑하십시오. 그분은 모든 인간보다 훨씬 아름답기 때문입니다. 그렇습니다. 여러분이 사랑하는 분의 아름다움을 응시하십시오!"³⁶⁷ 또한 시편 44장 주석을 통해 다음과 같이 말한다. "만약 그분이 사람이 되신 자비로움을 생각한다면, 거기에 그분이 아름답다는 것이 나타납니다. (…) 왜 십자가 위에 그분이 아름다움을 가지고 있었습니까? 왜냐하면 하느님의 어리석음이 인간들보다 더 지혜로우며 하느님의 연약함이 인간들보다 더 강하기 때문입니다. 따라서 믿는 우리에게 신랑은 아름답게 나타납니다. (…) 하늘에서도 아름답고 땅에서도 아름답습니다. 모태에서도 아름답고 부모님의 품 안에서도 아름답습니다. 기적을 행할 때도 아름답고, 청원을 할 때도 아름다우며, 생명에

---

364 아우구스티누스, 「고백록」 3, 6, 10.
365 위의 책. 10, 34, 53.
366 위의 책. 10, 27, 38.
367 아우구스티누스, 「거룩한 동정」 54, 55.

로 초대하는 데에서도 아름답고, 죽음에 대해 걱정하지 않는 데에서도 아름답고, 생명을 포기할 때도 아름답고, 다시 그것을 취할 때도 아름답습니다. 십자가 위에서도 아름답고, 무덤 속에서도 아름다우며, 하늘에서도 아름답습니다."[368]

모든 그리스도인은 이 그리스도의 아름다움을 관상하도록 초대받았다. 즉 그리스도의 모범을 따라 살도록 부름 받은 것이다. 여기서 영적인 아름다움에 관한 또 하나의 정의를 발견하게 된다. 사랑 안에서 걸어가는 이들을 통해 비춰지는 아름다움인 것이다. 이는 사랑이 우리를 아름답게 만들기 때문이다. 이에 대해 성인은 다음과 같이 말한다. "어떻게 우리가 아름답게 되는가? 항상 아름다우신 그분을 사랑하면서이다. 사랑이 우리 안에 있는 만큼 아름다움도 있는 것이다. 왜냐하면 사랑은 영혼의 아름다움이기 때문이다."[369]

(4) 그리스도의 향기를 풍기는 자

영적인 아름다움을 사모함으로써 우리는 그리스도의 향기를 풍기는 자가 된다. 여기서도 "우리는 하느님께 피어오르는 그리스도의 향기입니다."라는 바오로의 말씀(2코린 2, 15)을 따르고 있다. "너희의 빛이 사람들 앞을 비추어, 그들이 너희의 착한 행실을 보고 하늘에 계신 너희 아버지를 찬양하게 하여라."(마태 5, 16)라는 말씀처럼, 우리의 모든 생활양식이 하느님께 영광을 드려야 한다는 것이다. 그렇기에 성

---

368 아우구스티누스, 「시편 강해」 44, 3.
369 아우구스티누스, 「요한서간 강해」 9, 9.

인은 이 규정을 통해 수도자들로 하여금 그리스도의 모범을 따라 살 도록 초대하고 있다.

또한 '그리스도의 향기'라는 표현에 성인은 선교적 의미를 부여한 다. 그리스도의 향기가 그리스도인들을 통해 퍼져야 하기 때문이다. 그리스도인 각자가 그리스도 몸의 지체이기에 개인적으로 또는 공동 으로 그리스도의 얼굴을 세상에 현존케 해야 한다는 것이다. 이 사도 직은 우리의 말뿐 아니라 우리의 삶을 통해 이루어지는 것이다.[370]

2) 마지막 권고

(1) 『수도 규칙』을 거울처럼 여겨라

"너희는 이 작은 책을 거울처럼 여겨 그 안에 너희를 비추어 볼 수 있게 하여 잊어 버렸다고 해서 어떤 것을 소홀히 하는 일이 없도록 매주 한 번씩 읽어야 한다."

거울의 이미지는 다음의 말씀에서도 잘 드러난다. "사실 누가 말씀을 듣기만 하고 실행하지 않으면, 그는 거울에 자기 얼굴 모습을 비추어 보는 사람과 같습니다. 자신을 비추어 보고서 물러가면, 어떻게 생겼는지 곧 잊어버립니다. 그러나 완전한 법 곧 자유의 법을 들여다보고 거기에 머물면, 듣고서 잊어버리는 사람이 아니라 실천에 옮겨 실행하는 사람이 됩니다. 그러한 사람은 자기의 그 실행으로 행복해

---

370 T.J. van Bavel, *La règle de saint Augustin*, p. 122.

질 것입니다."(야고 1, 23-25)

모든 그리스도인이 자기 자신을 알기 위해, 자신의 삶을 알기 위해 보아야 할 참된 거울은 다른 것이 아니라 주님의 말씀이 기록되어 있는 성경이다. 성인에 따르면, "성경이 당신에게 거울이 되길 바랍니다. 이 거울은 속이지 않는 광채와 아첨하지 않는, 그리고 그 어느 누구도 선호하지 않는 광채를 가지고 있습니다. 당신은 아름답습니까? 당신이 아름답게 보일 것입니다. 당신은 못생겼습니까? 당신 스스로 못생겼음을 볼 것입니다. 하지만 만약 당신이 못생긴 상태에서 스스로 못생겼다고 보게 될 때, 거울을 고발하지 마십시오. 당신 자신에게로 돌아가십시오. 거울은 속이지 않습니다. 당신 스스로 자신을 속이지 마십시오."371

『수도 규칙』역시 처음부터 끝까지 하느님의 말씀에 영감을 받아 기록된 것이기에,372 수도자들이 지금 하느님과 어떠한 관계에 있는지를 알게 해주는 거울이 된다. 따라서『수도 규칙』을 매주 한 번씩 읽으라고 하는 것은 수도자 각자가『수도 규칙』의 정신에 따라 살고 있는지 양심성찰을 하라는 것이다.『수도 규칙』을 읽는 것과 양심성찰은 수도자들로 하여금 하느님 앞에 다시 서 있게 하고 그분과 대화하게 하는 기회를 제공해준다. 다시 말하면, 어떠한 자세로 주님과의

---

371 아우구스티누스,「강론」49, 5.
372 참조: J. García, "La Règle de saint Augustin: Structure et fondement théologique", pp. 24-25.『수도 규칙』은 약 33번의 성경 인용을 하고 있는데, 이 중 27번은 신약성경에서 뽑은 것이다.『수도 규칙』이 짧은 문헌이지만 많은 성경 인용을 하고 있는 것에 대해, 가르시아는 말씀의 청취와 공동체 안에서 형제들의 일치 사이에 매우 밀접한 관계가 있다고 지적한다.

이 내적 만남에 임하고 있는지 보여주는 계기가 된다는 것이다. 그렇기에 『수도 규칙』을 거울 삼아 양심성찰을 할 때, 얼마나 진지하고 솔직하게 해야 하는지 나타난다.[373]

(2) 감사와 청원

계속해서 『수도 규칙』은 다음과 같이 말한다. "너희가 여기에 기록되어 있는 것을 다 준행하였으면, 온갖 선을 베푸시는 주님께 감사할 것이다. 반면 누구든지 자신에게 어떤 잘못이 있음을 깨닫게 되면 자신의 과오를 뉘우치고 앞으로는 더 조심할 것이며, 또 하느님께서 그 잘못을 용서하여 주시고 유혹에 빠지지 않게 해주시도록 기도할 것이다."

이 부분은 반 바벨이 지적하는 대로 '현재, 과거, 미래'라는 삼중 구조로 이루어져 있다. 즉 "너희가 여기에 기록되어 있는 것을 다 준행하였으면, 온갖 선을 베푸시는 주님께 감사할 것이다."라는 현재와, "누구든지 자신에게 어떤 잘못이 있음을 깨닫게 되면 자신의 과오를 뉘우치고 앞으로는 더 조심할 것이며, 또 하느님께서 그 잘못을 용서해 주시도록" 기도해야 한다는 과거, 그리고 "유혹에 빠지지 않게 해 주시도록 기도할 것이다."라는 미래라는 구조이다.[374]

이 구조를 통해 우리는 다음의 것을 볼 수 있다. 무엇보다 우리가 『수도 규칙』을 잘 준수하고 있다면, 이것 역시 하느님의 은총이라는

---

373 N. Cipriani, *Sant'Agostino. La Regola*, p. 141.
374 T.J. van Bavel, *La règle de saint Augustin*, p. 125.

점이다. 다시 말하면, 사랑 없이 하느님의 말씀을 제대로 준수할 수 없는데, 사랑은 그 자체로 하느님의 선물이기 때문에 우리가 감사해야 하는 부분이며, 만약 우리에게 부족하다면 그분께 청해야 하는 것이다.[375] 따라서 우리가 규칙을 잘 준수할 때 우리는 하느님께 감사할 수밖에 없다. 그분의 도움 없이는 불가능한 것이기 때문이다. 하느님께 감사드리면서 우리의 선행은 우리의 업적이 아니라 하느님의 은총에 의한 것임을 인정하는 것이다.[376]

또한 누구든지 자신에게 어떤 잘못이 있음을 깨닫게 되면 자신의 과오를 뉘우치고 앞으로는 더 조심할 것이며, 또 하느님께서 그 잘못을 용서해 주시도록 기도해야 한다는 점을 통해 우리의 잘못의 원인은 자기 자신에게 있는 것이지 타인에게 돌려서는 안 된다는 것이 분명해진다. 다시 말하면, 우리의 과오는 하느님의 선물에 대해 제대로 응답하지 못한 것에서 나온 것이기 때문이다. 그렇기에 겸손되이 하느님께 용서를 청하는 것이다.

마지막으로 『수도 규칙』은 유혹에 빠지지 않게 해주시도록 기도하라고 말한다. "유혹에 빠지지 않도록 기도하여라."라는 예수의 권고를(마태 26, 41) 따르고 있는 것이다. 이로써 사랑으로 시작한 『수도 규칙』은 기도로 끝맺고 있다. 이는 기도만이 우리로 하여금 하느님을 위해, 그리고 하느님으로 살 수 있게 하기 때문이다. 또한 기도가 근본적으로 회심이요 흠숭이며 사랑이기 때문이다. 그렇기에 우리가

---

375 N. Cipriani, *Sant'Agostino. La Regola*, p. 142.
376 T.J. van Bavel, *La règle de saint Augustin*, p. 125.

얼마나 진심으로 주님의 기도를 바쳐야 하는지 다시 한번 분명해진다. 또한 하느님께서는 우리가 이 세상을 살아가면서 필요한 것이 우리의 힘이 아닌 기도의 힘임을 강조하는 것이다.

V

사목자로서의 아우구스티누스
아우구스티누스의 정치사상

현대적인 형태의 주교관은 윤곽이 뾰족한 아치와 닮았으며 맨위가 십자형으로 쪼개지고 높은 머리에 쓰는 장식물이다. 전례용 모자이고 교황과 추기경, 대주교, 주교와 일부 아빠스가 쓴다. 주교관은 권위의 싱징이며 주교관은 성 아우구스티노의 상징물로 사용된다.
_ 조지 퍼거슨, 『르네상스 미술로 읽는 상징과 표징』 중에서

아우구스티누스가 살았던 4세기 후반부터 5세기 초반까지는 깊은 혼란의 시기이다. 이 시기의 특징은 그리스-로마의 고전 문명에서 서구 유럽의 그리스도교 문명으로의 전이라는 것이다. 고전 문화의 상속자이며 위대한 그리스도교 철학자요 신학자인 아우구스티누스는 고대와 중세 사상의 연결 다리였다. 달리 말하면, 그는 고전 문화와 그리스도교 문명 사이의 중요한 연결점으로 간주될 수 있는 인물이다. 물론 고전 문명과 그리스도교 문명 사이의 순수한 단절이라는 것은 존재하지 않는다. 그리스-로마 문화의 많은 요소들이 서구 유럽의 문명 안으로 이전되었기 때문이다. 더욱이 서고트족의 알라리쿠스(Alaricus, 395-410)가 410년에 로마를 약탈하였고, 476년 서로마제국의 로물루스(Romulus, 475-476) 황제가 폐위된 후에도, 로마제국은 결코 멸망하지 않았다고 할 수 있다. 게르만족이 서유럽의 패권을 차지한 후에 그들은 로마제국의 체계뿐 아니라 교육방식과 문화를 그대로 수용하였기 때문이다.

4세기 후반과 5세기 초반은 정치적, 경제적, 문화적 붕괴가 서로마제국에서 일어나고 있었다. 자치 시 체제의 삶이 조금씩 사라지기 시작하였고, 대토지 소유자들이 자신들의 땅에 정착하여 제국의 통제로부터 사실상 벗어난 강력한 권력 체계를 형성하였다. 또한 380년 이후 가톨릭교회가 제국의 유일한 국교가 되었을 때, 전통 종교의 예식은 힘을 잃기 시작하였고 다양한 종류의 처벌 대상이 되었다. 하지만 사상이나 실천적인 면에서 이교주의는 명맥을 유지하였다. 더욱이 게르만족의 대이동으로 인해 로마제국의 국경이 무너지고 로마가 약탈되는 등의 사건은 로마의 경제적, 행정적, 군사적 체계가 쇠퇴하고 있는 결정적인 증거를 제시하였다.

기존의 체제와 신념의 몰락, 도처에서 발생하고 지속적인 전쟁과 폭력, 제국 내에서의 그리스도교의 새로운 위치 등은 아우구스티누스로 하여금 사회·정치적 삶의 근본적인 문제를 새롭게 성찰하도록 하였다. 특별히 사회와 국가에 대한 초기 교회의 태도는 광범위한 논쟁의 주제가 되었다. 초기 교회가 로마제국의 문화적·종교적 삶뿐 아니라 정치적·경제적 제도에 대해 매우 적대적이었다고 주장하는 이들도 있었다. 또 그리스도교가 본질적으로 자신들이 종속되어 있는 경제적, 사회적, 정치적 억압에 반대하는 혜택 받지 못하는 이들과 노예들의 급진적인 저항이라고 언급되기도 하였다. 이러한 관점에서 국가와 사유재산, 노예제도와 같은 전통적인 체제에 대한 교회의 점진적인 수용은 세상에 대한 근본적인 반대의 포기와 사회적, 정치적 삶의 의무에 대해 교회의 윤리적 가르침의 적응이라는 결과를 가져오게 되었다.

아우구스티누스는 이러한 교회의 전통적인 관점과 5세기 교회가 처해 있던 새로운 상황 두 가지를 고려하면서 국가와 정치 권력에 대한 교회의 관점을 정식화하였다. 정치학에 대한 논거에서 그의 통찰력은 거의 자유롭게 제시될 수 있었다. 그의 사상의 경계를 이룰 수 있는 명확한 성경 구절이 그리 많지 않았기 때문이며, 초기 교부들 중 그 누구도 정치체계에 대한 세부적인 검토를 수행하지 않았기 때문이다. 물론 이 과정에서 아우구스티누스는 완전한 정의와 조화를 구현하고 있으며 자신의 시민들에게 온전한 행복과 성취를 제공하는 훌륭한 사회에 대한 플라톤의 전망을 무시하거나 포기하지 않았다. 하지만 아우구스티누스는 이러한 플라톤의 이상은 지상의 사회에서 구현될 수 있는 이상이 아니라고 강조하였다. 그의 관점에서 볼 때 완전한 평화와 화합 그리고 정의와 만족감이 모든 시민에게 보증되는 유일하고도 참된 사회는 '하느님의 도성'(civitas Dei)일 뿐이다. 이토록 국가에 대한 고전적인 관점을 천상 도성으로 전이시키고 지상의 어느 사회에서도 플라톤(Platon, 기원전 428/427-348/347)이 제시하는 이상적 사회가 구현되지 못한다는 점을 제시한 아우구스티누스는 이제 새로운 현실적인 전망을 갖게 되었다. 이 세상에 있는 국가들이 실현하고자 하는 것이 무엇인지 또 사실상 그 국가들이 실현할 수 있는 것이 무엇이며, 현재 무엇을 하고 있는지 그리고 할 수 없는 것은 무엇인지 면밀히 고찰하게 될 것이다. 이러한 점을 염두에 두면서 현실적인 정치 체제들에 대한 아우구스티누스의 조망을 살펴보도록 하자.

1. 법(lex)

권위의 다양한 의무들은 권위자에게 일정 권리를 허용한다. 권위가 질서를 유지하고, 조화를 세우며, 평화를 보증하고, 사회적 덕행을 증진하기 위한 책임을 갖고 있다는 사실에서, 권위는 이러한 책임을 다하기 위한 모든 수단을 취할 수 있는 권리를 갖고 있다. 이러한 수단들은 '법'(lex)이라는 이름을 지닌다. 치체로(Cicero, 기원전 106-43)의 『법률론』(De legibus) 1, 19에 따르면, '법'이라는 단어는 '선택하다'라는 뜻을 지닌 'legere'와 'eligere'라는 단어에서 파생된 것이다. 법은 어떤 권위가 삶을 조직화하고 국가의 번영을 이루는데 가장 적합한 방식의 선택을 의미한다는 것이다. 곧 권위가 자신의 목적을 분명히 하고 자신의 의지를 확고히 하는 것이 이 선택으로서 '법'인 것이다. 그렇기에 법은 최상의 질서를 위해, 그리고 국가의 관심사 안에서 모든 시민이 예외 없이 행하거나, 피해야 할 것들을 짧고 직설적인 형태로 구성된다.

1) 그리스 철학자들과 로마 철학자들이 바라본 법

철학자들은 법의 권위나 순종의 필요성 등에 대해 토론하는 것을 한 순간도 꿈꾸지 않았다. 오히려 그들은 단순히 이성적 근거들을 발견하는데 주의하였다. 그리고 무엇보다 시민법과 종교법을 온전히 구분하였다. 이에 대해 플라톤은 다음과 같이 말한다. "델피(Delphi)의 아폴론에게는 법령들 가운데서도 가장 중대하고 가장 훌륭하며 으뜸가는 것들이 남아 있다네. (…) 신전의 건립과 제물들, 그밖에 신들과 수호신들 및 영웅들에 대한 섬김일세. 또한 죽은 자들의 매장과 저 세상에 있는 자들이 심기가 좋은 상태에 있도록 이들에 대해 해야만 하는 봉사일세. (…) 부모, 이웃, 친구, 시민들에 대한 우리의 의무에 있어 그 세부사항은 우리의 법에 속하네."(『국가론』 4, 4) 또한 치체로는 다음과 같이 말한다. "푸블리우스(Publius)의 아들은 이런 말을 했네. '나는 시민법을 아는 사람이 아니라면 그 누구도 훌륭한 제관이 아니라는 말씀을 선친에게서 자주 들었다.' 모두 그렇다는 말인가? 또 어째서 그렇다는 말인가? 담벽에 관한 법, 수도에 관한 법, 조명에 관한 법 등이 종교와 결부되지 않는 한, 제관한테 무슨 상관이 있다는 말인가? 그리고 제의에 관한, 서원에 관한, 축일에 관한, 묘소에 관한, 그 밖에 이와 비슷한 것들에 관한 법은 또 얼마나 소소한 것들인가?"(『법률론』 2, 19)

위의 본문에서 플라톤은 종교법을 가장 아름다운 부분으로 묘사하는 반면, 치체로는 종교법의 중요성을 축소하고자 하는 것처럼 보인다. 하지만 이 두 사람의 눈에 종교는 국가의 없어서는 안 될 부분을 이루고 있으며, 예전 법이 법전의 다른 조문들보다 상위에 있다고 보고 있다. 그럼에도 불구하고 두 사람 모두 지적하듯, 순수 시민법은 또 다른 장을 형성해야만 한다. 순수 시민법이 예전 법과 동일한 기원을 갖고 있는 것도 아니고, 동일한 특성이나 동일한 목적을 지니고 있지 않기 때문이다.

그리스 철학자들에 의하면, 신들은 자신들처럼 영원한 법을 선포하여 무엇이 정의인지, 무엇이 불의인지 알려주었다. 신들은 이 법을 인간의 양심 깊숙한 곳에 새겨 놓았고, 인간으로 하여금 이것을 인식하고 여기에서 다른 모든 법령이 나오도록 하였다는 것이다. 치체로에 따르면, "법규나 백성들이 제정한 여타의 명령이나 금령들은 사람을 올바르게 행동하게 호소하고, 범죄에서 돌이켜 불러 세우는 구속을 갖는다고 말일세. 그리고 구속력은 백성들과 도시국가들의 연륜보다 오래된 것이며, 하늘과 땅을 보살피고 다스리는 신의 연륜과 동등한 것이네. 신적 지성이 이치를 결할 리가 없고 신적 이치가 정과 사를 판별하는 능력을 갖추지 못했을 리가 없는 까닭일세."(『법률론』 2, 4) 플라톤 역시 치체로에 앞서 같은 의견을 내세운다. 플라톤에 따르면, 신의 법은 의지가 아닌 신의 지성의 표현이고, 우리의 이성은 이 초월적 지성의 한 조각이기에 인간 법의 제정에 한 몫만을 담당할 뿐이다. 따라서 법은 너무나도 자주 변덕스럽고 폭군적인 제정자의 권한에 자신의 권위를 두는 것이 아니라, 정의와 지혜에 두어야 한다.

또한 치체로는 신의 법이 인간 영혼에 새겨졌다는 것을 다음과 같이 강조한다. "인간의 본성을 논할 적에는, 천계의 영원한 순환과 회귀 가운데 인류의 씨앗이 뿌려질 어떤 적기가 존재했다는 점이 언제나 토론에 붙여지네. (또 그렇게 토론을 하는 편이 아마 적절할 걸세.) 그 씨앗이 땅에 퍼지자 영혼이라는 신성한 선물로 보강되었네. 인간을 구성하는 다른 모든 것은 사멸할 종자에서 취한 것이고, 따라서 취약하고 덧없는 것이지만 영혼만은 신이 인간의 본성에 박아준 것일세. 그리하여 우리는 인간을 천상존재들과 친족관계라고 부르거나, 아니면 신들의 족속 내지 씨족이라고 부를 수 있다네. 그래서 동물의 그 많은 종류 가운데 신에 관한 모종의 지식을 갖춘 동물이라곤 인간 외에는 아무도 없다네. 또 인간들 가운데에서도 개화된 민족이든 야만족이든 상관없이, 비록 어떤 신을 모셔야 온당한지는 알지 못할지언정, 신을 모셔야 한다는 사실조차 모르는 민족은 하나도 없다네."(『법률론』 1, 8)

더 나아가 치체로는 법은 인간본성이라고(ius naturam esse) 규정하면서, 우리의 이성과 분리될 수 없다는 점에서 법은 인류의 공통된 유산임을 다음과 같이 강조한다. "법은 공정하게 또 모든 인간에 의해서 존중될 것일세. 자연으로부터 이성을 받은 사람들에게는 역시 올바른 이성이 주어진 것일세. 그렇다면 그들에게는 법률도 주어져 있네. 법률이란 명하고 금하는 데서 올바른 이성을 말하는 것이네.(lex, quae est recta ratio in iubendo et uetando.) 만일 법률이 주어졌다면 법 또한 주어졌을 것이네. 그런데 만인에게는 이성이 주어져 있네. 그러므로 만인에게는 법이 주어져 있네.(ius igitur datum est omnibus.)"(『법률론』 1, 12)

바로 여기서 자연법이라는 이론이 나오게 된다. 모든 원칙이 나오는 신법(神法)에 기초한 자연법은 실정법(lex positiva)의 위대한 원천이요 위대한 규칙이 된다. 그리하여 치체로는 다음과 같이 말한다. "법률이란 인간들의 재능으로 생각해 낸 것이 아니며 백성들의 어떤 의결도 아니라는 것이네. 명하고 금하는 예지를 갖고 전 세계를 통치하는 영원한 무엇이라는 것이네."(『법률론』 2, 4) 또한 "법률이란 정당한 것들과 부당한 것들의 분별이지. 그것도 자연적 본성에 준해서 표현되는 분별인데, 자연적 본성은 가장 오래되고 만물 가운데 가장 원초적인 것이네. 인간들의 법률은 다름 아닌 이 자연적 본성에로 정향되어 있지. 법률이 악인들은 형벌하고 선인들은 지켜주고 보호하는 것도 이런 이치에서네."(『법률론』 2, 5)

2) 아우구스티누스의 이론

(1) 영원법의 기원과 본성

치체로는 "법률이란 행해야 할 것은 명하고 상반되는 것은 금하는 자연적 본성에 새겨진 최고의 이치(lex est ratio summa, insita in natura, quae iubet ea quaefacienda sunt, prohibet que contraria)"라고 말한다.(『법률

론』 1, 6) 그리고 이 최고의 이치(ratio summa)가 "최고신 유피테르의 바른 이성"(ratio summa Jovis)이라고 그 의미를 분명히 한다.(『법률론』 2, 4)

아우구스티누스 역시 이 정의를 따르며 다음과 같이 말한다. "최고 이성이라고 불리는 그 법은 (…) 신적 이성이다."(『자유의지론』 1, 6, 15 ; 『파우스투스 반박』 22, 27. "Illa lex quae summa ratio nominatur (…) est ratio divina") 또한 최고 이성에 "하느님의 의지"를 첨가하면서(lex est ratio divina et voluntas Dei), 법률의 목적이 "자연의 질서를 보존하도록 명령하고 그것을 혼란케 하는 것을 막는 것"(ordinem naturalem conservari jubens, perturbari vetans)이라고 분명히 한다.(『파우스투스 반박』 22, 27) 또한 법률의 통치가 모든 것이 완전하게 질서정연해지도록 하기 위함(ut omnia sint ordinatissima)이라고 확장하면서(『자유의지론』 1, 6, 15) 법의 정의를 완성시킨다. 결국 하느님만이 최고 입법자인 것이다. 그분의 이성은 자연의 질서를 구상하였고, 그분의 의지가 법률을 실현하였고, 그분의 섭리가 법률을 보존하는 것이다.

아우구스티누스는 치체로의 노선을 따라 이 하느님의 법에서 영원하며(aeterna), 불변하고(incommutabilis), 보편적(universalis)이라는 세 가지 특성을 발견한다. 곧 하느님의 법은 세상 창조 이전부터 존재하며 모든 시간에 적용되는 것으로, 흔들리는 인간 본성에 좌우되지 않는 것이다. 사상이 바뀌고 관습도 변화되지만, 하느님의 법은 이러한 변화 앞에서 자신을 결코 변화하지 않은 채로 머물러 있는 것이다. 따라서 하느님의 법은 자신의 권위하에 모든 사람과 모든 사물 그리고 모든 나라를 둔다. "그 무엇도 지존한 창조주요 질서 부여자의 법칙으로부터 결코 벗어나지 못한다. 보편적 평화가 그분에 의해 주관되기

때문이다."(『신국론』 19, 12, 3)

(2) 자연법의 기원과 본성

그렇다면 인간은 하느님의 법을 어떻게 파악할 수 있는가? 한 측면으로 보면, 상당히 단순한 문제이다. 인간은 이 세상에 올 때 하느님의 법을 가지고 온다는 것이다. 곧 이 법은 인간의 양심에 새겨져 있다는 것이다. 바로 여기서 우리는 자연법에 대해 생각할 수 있다. 그렇기에 아우구스티누스는 "누가 마음 안에 자연법을 쓰셨는가? 하느님이 아니라면 누구인가?"라고 묻는다.

치체로 역시 신에 의해 우리 존재의 가장 내밀한 부분에 보이지 않는 정식으로 적혀 있지만 가장 기본적인 양심이 파악할 수 있는 자연법에 대해 말한다. 이러한 의미에서 그는 "법은 본성의 힘"이라고 말한다. 반면 아우구스티누스는 "법은 본성적으로 마음 안에 새겨진 인간의 이성"이라고 말한다. 결국 인간의 삶에서 모든 것을 질서정연하게 하는 책임을 갖고 있는 자연적 힘은 인간의 영혼으로 하여금 신성의 거울이 되게끔 하는 것이다. 그렇기에 이성이 자연법의 해석자라고 한다면, 마음은 자연법의 성소인 것이다. 이성은 법을 정의하고, 의무사항을 규정한다. 이 법의 내용은 단순하다. "남이 너희에게 해 주기를 바라는 그대로 너희도 남에게 해 주어라."(마태 7, 12)라는 황금률이다. 그러나 이 단순함에서 우리는 모든 법이 기초하고 있고 모든 정의가 발전하고 있다는 것을 보게 된다.

따라서 인간은 이성을 사용하는 나이에 도달하면, 내적 조명을 통해 선과 악을 구분하고, 옳은 것과 그릇된 것, 의로운 이와 불의한 이를 구분하게 된다. 또한 이 내적 조명은 성문법이 없었을 때 인간으로 하여금 자신들의 삶을 규정하고 국가를 조직하도록 만들게 하였다. 그렇기에 아우구스티누스는 "다른 민족들이 율법을 가지고 있지 않으면서도 본성에 따라 율법에서 요구하는 것을 실천하면, 율법을 가지고 있지 않은 그들이 자신들에게는 율법이 됩니다. 그들의 양심이 증언하고 그들의 엇갈리는 생각들이 서로 고발하기도 하고 변호하기도 하면서, 그들은 율법에서 요구하는 행위가 자기들의 마음에 쓰여 있음을 보여 줍니다."(로마 2, 14-15)라는 사도 바오로의 말씀을 반복한다. 그러나 시간이 흐르면서 사회생활의 복잡성으로 인해 자연법은 불충분한 것으로 나타난다. 여기에, 비록 본성에서 나오는 것이긴 하지만, 관습법이라는 것이 첨가된다.

(3) 실정법의 기원과 본성

한 개인이나 회중에 의해 생각되고 편집되었으며 더 이상 인간의 마음이 아닌 파괴될 수 없는 판에 새겨진, 그리하여 모든 이에게 보이고 이에 순종케 만드는 실정법이 나오게 된다. 이 법이 필요하게 된 것은 자연법이나 관습이 불충분해서가 아니다. 아우구스티누스는 선한 의지를 가지고 영원한 법에 매여 있는 사람은 현세적 법을 필요로 하지 않는다는 입장을 밝힌다.(『자유의지론』 1, 15, 31) 하지만 또한 본성의 법은 인간의 악한 의지에 의해, 곧 재산, 영예, 쾌락, 육신 등에 대한 잘못된 의지를 통해 그 권위가 상실된다는 것도 밝힌다.

여기서 실정법의 역할이 나온다. 사실 이 법은 한시적으로만 우리 것으로 할 것들에 사람들이 탐욕으로 애착할 때, 법도에 따라 그것들을 소유하라고 요구한다. 평화와 인간 사회를 보존하기 위한 이 요구를 통해 실정법은 사람들을 두려움으로 강박해서 법이 원하는 방향으로 마음을 돌려 나아간다. 이러한 의미에서 본다면, 실정법은 자연적인 외적 표현 외에 다른 것이 아니다. 곧 실정법은 자연법으로 하여금 내면에서 외부로 나오게 하고, 자연법을 설명하고, 분명케 하며, 발전시키고, 보다 명료한 형태로 제시하는 것이다.

(4) 법의 기초

실정법의 기원과 본성은 우리로 하여금 법의 기초가 무엇인지 보게 한다. "법률이 탄생시키는 것은 의견이 아니다."라고 아우구스티누스는 말한다. 한 군주의 결정이나 회중의 투표가 법률을 만드는 것이 아니라는 점이다. 군주 역시 오류에 빠지는 주체이며, 다수 역시 변덕스럽고 변화하는 존재이다. 그렇기에 종종 자신들의 감정과 관심사를 위해 법률을 제정한다. 만약 이렇게 법률이 제정된다면, 언젠가는 도둑질과 간음, 거짓 유언장을 만드는 것도 옳은 일이 되는 날이 올 것이라고 치체로는 경고한다.

따라서 법률은 편익을 위해 만들어져서는 안 된다는 결론이 나온다. 또한 관습 역시 지역마다 차이가 있고 변화하는 것이기에 법률의 기초가 되지 못한다. 이를 아우구스티누스는 이렇게 표현한다. "무수한 풍습이 서로 상이하기 때문에 비몽사몽 간에 혼미해 있는 사람들, 말하자면 어리석음의 깊은 잠 속에 빠지지도 않았고, 그렇다고 지혜의 빛에로 깨어나지도 못한 사람들은 정의 자체라는 것은 존재하지 않으며 민족마다 자기네 관습을 정의로 여긴다는 주장을 한다. 관습이 민족마다 다른데 정의는 불변하는 것이어야 하는 만큼 (관습이 곧 정의로 간주되는 한) 어디에도 정의라는 것은 존재하지 않는다는 주장도 한다. (…) 그 사람들은 '네가 싫어하는 일은 아무에게도 행하지 말라'는 가르침이 그 어느 민족에게도 달리 바꾸어질 수 없음을 이해 못한 것이다."(『그리스도교 교양』 3, 14, 22) 바로 여기에 정의라는 법의 기초가 있다. 정의는 그것 자체로 존재하며, 의견이나 관습에 의해 만들어지는 것이 아니고, 온갖 변화 앞에서도 부동하며 평온을 유지하기 때문이다. 그렇기에 정의는 법의 기초이며 또한 법의 영혼이다.

그러므로 아우구스티누스는 법과 불의가 상반된 두 개의 것이라 정의한다. 곧 우리가 법이라 부르는 모든 것이 다 법은 아니라는 것이다. 오직 의로운 것만이 참된 법이다. 그렇기에 인간이 불의하게 제정한 것은 법이라 부를 수 없는 것이다. 이러한 의미로 본다면, 의로운 법과 불의한 법이라는 구분을 하는 것에 신중을 기할 필요가 있다. 사실 이 두 종류의 법이 존재한다는 것 자체가 모순이기 때문이다. 불의한 법은 법이 아니기 때문이다.

따라서 법 제정자의 첫 의무는 자신의 관심이나 이익, 감정에서 완전히 해방되어야 하는 것이다. 또한 이성적인 영감만을 따라야 하며, 양심의 목소리만을 들어야 하고, 신중하게 자연법과 하느님의 법에 자문을 구해야 하는 것이다. 이 의무는 법제정자로 하여금 하느님과의 지속적인 관계를 유지해야 한다는 것을 부과한다.

하지만 현세의 법이 온전히 정의와 행복을 규정할 수 있는가? 아우구스티누스는 현세의 법이 개정된다는 것에 초점을 둔다. 관심은 변화하고, 이에 법률 역시 적응하기 때문이다. 여기서 실정법은 변화가능할 뿐 아니라 불완전한 것임이 나타난다. 시대에 따르는 변화가 정당화되려면 영원법에서 연역되어야 한다.

(5) 법에 대한 국민의 의무

아우구스티누스에 따르면, 국민은 법에 순종해야 하고, 법을 사랑해야 하며 법에 도움을 주어야 한다.

"사람은 누구나 위에서 다스리는 권위에 복종해야 합니다. 하느님에게서 나오지 않는 권위란 있을 수 없고, 현재의 권위도 하느님께서 세우신 것입니다. 그러므로 권위에 맞서는 자는 하느님의 질서를 거스르는 것이고, 그렇게 거스르는 자들은 스스로 심판을 불러오게 됩니다. 사실 지배자들이란 악행을 할 때에나 두렵지, 선행을 할 때에는 두렵지 않습니다. 그대는 권위를 두려워하지 않기를 바랍니까? 선을 행하십시오. 그러면 권위로부터 인정 받을 것입니다. 지배자는 그대의 이익을 위하여 일하는 하느님의 일꾼입니다. 그러나 그대가 악을 행할 경우에는 두려워하십시오. 그들은 공연히 칼을 차고 있는 것이 아닙니다. 그들은 악을 저지르는 자에게 하느님의 진노를 집행하는 그분의 일꾼입니다. 그러므로 하느님의 진노 때문만이 아니라 양심 때문에도 복종해야 합니다. 여러분이 조세를 바치는 것도 이 때문입니다. 그들은 바로 이러한 일에 정성을 다하는 하느님의 심부름꾼입니다. 여러분은 모든 이에게 자기가 해야 할 의무를 다하십시오. 조세를 내야 할 사람에게는 조세를 내고 관세를 내야 할 사람에게는 관세를 내며, 두려워해야 할 사람은 두려워하고 존경해야 할 사람은 존경하십시오."라고 사도 바오로는 그리스도인과 권위에 대해 권고한

다.(로마 13, 1-7)

이 노선을 따라 아우구스티누스 역시 법에 대한 충실한 순종을 요구한다. 그 권위가 그리스도인이든 이방인이든 중요하지 않다. 그에게 순종하는 의무가 우리에게 있다는 것으로 충분하다. 아우구스티누스는 더 나아가 만약 국가가 악하다 할지라도 존경과 순종을 요구한다. "그리스도의 종들은 공화국이 도덕적으로 아무리 사악하고 추하더라도 필요하다면 그 공화국에 순종하라는 명령을 받고 있다. 국왕이든 제후든 판관이든, 군사든 속주민이든, 부자든 가난한 사람이든, 자유민이든 노예든, 남자든 여자든 그처럼 의무를 다함으로써, 천사들로 이루어진 참으로 거룩하고 지극히 존귀한 사회에서, 천상공화국에서 각자에게 드높은 자리를 마련하라는 명령을 받고 있다. 거기서는 하느님의 뜻이 곧 법으로 통한다."(『신국론』 2, 19)

더욱이 법에 순종하는 것만으로 족하지 않고, 법을 사랑하는 것이 필요하다. 법을 사랑하는 가장 확실한 방식은 매일 그 법을 기쁘게 섬기는 것이다. 하지만 불의한 법률에 대한 그리스도인들의 의무는 저항이다. 이는 올바른 이성과 확실한 양심의 표지인 것이다. 이 불의한 법률에는 종교를 거스르는 것, 비도덕적인 것, 인간의 본성적 자유를 억압하는 것 등이 있다. 여기서 순교의 의미가 나온다.

2. 정의(正義, Iustitia)

치체로에 따르면, 법은 침묵하고 있는 재판관이요, 재판관은 말하는 법이다. 국가 권위가 명령적인 양식으로 국민들에게 의무를 선포한다. 대부분의 국민은 본능상 이에 복종하지만, 개인적 이익이나 악행으로 인해 법을 어기는 사람들이 있다. 이 경우 국가 권위는 침묵주의에서 벗어나 재판관의 목소리를 통해 범법자를 처벌하고 벌을 부과한다. 여기서 재판관은 그 이름이 말하는 것처럼 법의 수호자요 정의의 옹호자로 나타난다.

1) 그리스 철학자들과 로마인들이 생각하는 정의

무엇보다 플라톤은 인간 영혼이 정의의 지성소라고 본다. 그리고 만약 신에게서 법의 원천을 추구한다면, 정의의 드러남을 요구하는 것은 영혼의 몫이다. 이 드러남이 법률을 형성한다. 또한 플라톤은 육신뿐 아니라 영혼에게도 의사가 필요하다고 생각한다. 육신의 의사는 환자를 돌보면서 치료하기 위해 쓴 약을 사용하고, 환자를 구하기 위해서 한 지체를 절단하는 것도 주저하지 않는다. 영혼의 의사는 바로 재판관이다. 재판관은 잘못을 범한 이들을 돌보면서 개선되도록 고통스러운 벌을 부과하며, 만약 그들이 위험한 존재라면 사회로부터 격리시키기도 한다. 이러한 의미에서 플라톤은 공화국에서 가장 중요한 역할 중의 하나인 재판관을 신중하게 선출해야 한다고 본다. 국가의 윤리적 건강이 재판관의 손에 있기 때문이다.

아리스토텔레스(Aristoteles, 기원전 384-322)는 플라톤의 사상을 받아들이면서, 법원에 대한 일부 기술적인 주석을 첨가한다. 재판관을 일부 특정 계층에서만 선출해야 하는지, 아니면 모든 시민 중에서 뽑아야 하는지에 대한 문제에 대해 사람들에게 자유로이 결정하도록 맡긴다. 그럼에도 불구하고 양 극단적인 계층에 법적 역할을 부여하는 것은 논쟁을 불러일으키고 정의를 해칠 수 있다고 본다.

치체로는 아리스토텔레스와 플라톤의 사상 외에 정의에 대해 다른 것을 말하지 않는다. 하지만 스토아철학의 영향을 받아 이 사상에 보다 인간적인 형태를 제시한다. 무엇보다 철학자로서 재판관이 약간의 부드러움과 온정으로 법의 엄격함을 교정할 것을 원한다. 또한 법과 죄지은 이 사이에 관대함과 동정을 위한 자리가 있어야 한다고 본다. "마음의 평온과 여유를 지니도록 수양을 쌓아야 할 것이다. 그리고 비록 온화함과 관대함이 선한 것으로 입증된다 하더라도, 공화국을 위해서는 엄격함이 적용되도록 해야 한다. 그 까닭은, 국가는 엄격함이 없이 통치가 불가능하기 때문이다. 그러나 모든 처벌과 징계에는 분노가 개입되어서는 안 되며, 누군가에게 벌을 가하거나 말로 질책하는 자의 개인적인 만족을 위해서가 아닌, 말하자면 공화국의 복리를 증진시키는 데 목적을 두고 가해지도록 해야 한다. 또한 내리는 벌이 지은 죄보다 더 크지 않도록 유의해야 하며, 죄의 이유는 같은데 어떤 자는 처벌받고, 어떤 자는 소환조차 되지 않는 일이 일어나서는 안 될 것이다. 특히 최대의 금기 사항은 처벌을 할 때 화내는 일이다. 왜냐하면 벌을 주려고 하는 사람이 분노하게 되면, 결코 과대와 과소의 중간에 있는 중용을 지킬 수가 없기 때문이다. (…) 사실 매사에 화를 내지 않도록 해야 하며, 바람직한 것은 공무를 수행하면서 공화국을 통치하는 사람들이 법에 의해 처벌할 때 분노가 아니라 형평의 원리에 입각해서 해야 한다는 사실이다." 결국 치체로의 입장에서 보면, 정의의 수행은 양심과 본성에 호소하여 이루어져야 한다. 그리고 여기서 종교는 어떠한 역할도 행해서는 안 된다. 예전에서 나오는 쟁점들을 규정하는 것은 종교의 권리이지만, 사회적 그리고 범죄 문제의 해결은 국가에 맡겨야 한다.

로마제국은 이 주장에 예상치 못한 결론을 내린다. 황제를 신격화하면서 정의에 종교적 특성을 부여한다. 군주만이 유일한 지도자요, 입법자이며, 재판관이다. 오직 그만이 정의의 분배자이며, 무한한 법적 권한을 지니고, 법규의 유일한 원천이다.

플라톤과 아리스토텔레스, 치체로의 사상 이면에서 우리는 정의(正義)를 사추덕(四樞德) 중의 하나요 사회-정치적 덕목으로 정의를 규정하는 것을 볼 수 있다. 이 정의에 따르면, 정의는 '각자에게 자신의 몫을 주는 것'(suum cuique tribuere)이다. 플라톤에게서 사추덕은 완벽한 도시와 개인의 도덕적 완성의 구성요소로 나타난다. 아리스토텔레스는 무엇보다 정의를 성품(性品)에서 유래하는 윤리적 덕목 중의 하나로 간주한다. 곧 선한 것을 행할 능력이 있는 본성(本性)의 성향인 것이다. "모든 사람이 생각하는 정의란 사람들로 하여금 옳은 일을 하게 하며, 옳은 태도로 행동하게 하며, 또 옳은 것을 원하게 하는 성품이다."(『니코마코스 윤리학』 1129a) "정의란 옳은 사람으로 하여금 그 선택에 의하여 옳은 일을 하게 하는 덕이다."(『니코마코스 윤리학』 1134a) "덕의 경우에는 우리가 먼저 실천함으로써 비로소 덕을 얻게 된다. (…) 우리는 옳은 행위를 함으로써 옳게 되고, 절제 있는 행위를 함으로써 절제 있게 되며, 용감한 행위를 함으로써 용감하게 된다."(『니코마코스 윤리학』 1103a-1103b) 또한 아리스토텔레스는 '정의'

개념을 정치공동체에 유익함으로 다루면서, '의로운 이'(iustus)와 '정의'(iustitia)라는 개념은 그 자체로 설명될 수 없고, 오직 공동체에 이익을 줄 때에만 설명될 수 있다고 본다. "어떤 의미에서 우리는 국가적 공동체를 위하여 행복 혹은 행복의 조건을 산출하고 보전하게 되는 행위를 옳은 행위라고 부른다. 그리고 법은 우리에게 용감한 사람의 행위(가령, 지켜야 할 자리를 버리지 않는다든가 도망치지 않는다든가 또한 무기를 내버리지 않는다든가 하는 것 따위)와 절제 있는 사람의 행동(가령, 간음을 하지 않는다든가 자신의 욕정을 채우지 않는다든가 하는 것 따위)과 온화한 사람의 행동(가령, 남을 구타하지 않는다든가 하는 것 따위)을 명하고, 또 이와 마찬가지로 다른 덕과 악덕에 관해서도 어떤 일을 명하고 어떤 일은 금한다. (…) 그러므로 이러한 의미로서의 정의는 완전한 덕이다. 그러나 정의는 무조건적으로는 아니고, 우리의 이웃에 대한 관계에 있어서만 그렇다. (…) 정의가 완전한 까닭은 정의를 소유하고 있는 사람이 그 덕을 자기 자신 속에서만 아니라 또한 자기의 이웃 사람에 대해서도 활용할 수 있기 때문이다."(『니코마코스 윤리학』 1129b)

치체로는 스토아학파의 유산을 이어받아 '정의'의 개념을 사추덕의 영역에서 다루고 있다. 스토아학파에 따르면, 정의는 "선(善)을 분배하는 데 있어서의 지혜", "분배적 지혜의 형태", "각자에게 올바른 방식으로 선을 분배하도록 허락하는 기술", "분배되어야 할 선에 한계를 두면서 자신이 아닌 다른 이에게 향하는 성품" 등으로 정의된다. 이 배경 하에서 치체로는 정의를 다음과 같이 정의한다. "정의는 각자에게 자신에게 적합한 것을 주는, 사회적 유용성을 위해 보존된 영혼의 성품(habitus animi)이다." 이 정의는 『유스티니아누스 황제 법령집』(Corpus Iuris Civilis)에 나오는 로마법과 상응하는 정의이다. 이에 따르면, "정의는 각자에게 자신의 몫을 주는 법의 지속적이고 영적인 원의이다. (…) 법의 계명들은 이것들이다. 정직하게 사는 것, 타인을 괴롭히지 않는 것, 각자에게 자신의 몫을 주는 것이다." 결국 치체로의 정의 개념은 분배 정의에 집중하고 있으며, 따라서 맥그래트(McGrath)는 다음과 같이 평가한다. "치체로의 정의는 법적 동의(consensus iuris)를 통해 형성되고 법(ius) 안에 구현된 각 개별 존재의 '마땅히 받아야 할 것'이라는 분배 정의에 대한 서구적 개념을 요약하고 있다."

2) 아우구스티누스의 가르침

아우구스티누스는 정의가 법의 기초이며, 법의 영혼이라고 하였다. 더 나아가 정의가 하느님의 속성일 뿐 아니라 하느님 그 자체라고 확언한다. "그 최고의 하느님이 참된 정의이며 혹은 그 참된 하느님이 최고의 정의라는 것이 분명하다."(『서한』 120, 4, 19) 하지만 우리는 하느님을 우리의 정의와 유사한 분으로 간주해서는 안 되며, 오히려 우리가 하느님께 참여하면서 정의로워지는 것만큼 하느님과 유사하다고 생각해야 한다. 하느님은 그 자체로 살아계신 정의이며, 우리를 위한 정의이다. 하느님이 원하시는 것 자체가 정의이다. 따라서 하느님의 완전한 정의는 원하는 것과 원해진 것 사이의 완전한 상응, 곧 자신과 자신 사이의 일치 이외에 다른 것이 아니다. 『참된 종교』 48, 93에 따르면, "완전한 정의란, 더한 것은 더 사랑하고 덜한 것은 덜 사랑하는 것이다."

결국 인간에게 있어 정의는 존재론적 질서에 대한 인식, 상대성에 대한 인식인 것이다. 여기서 정의에 대한 고전적 정의인 'suum cuique tribuere'에 대한 그리스도교적 해석을 볼 수 있다.『파우스투스 반박』22, 78에 따르면, "인간은 다른 목적으로 수용되어야 할 것들을 그 자체로 사랑하면, 그리고 그 자체로 받아들여져야 할 것들을 다른 목적으로 사랑하면 불의하게 된다. 그러한 방식으로 그 안에서 영원한 법이 보존하라고 명한 자연 질서가 혼란에 빠진다. 반면, 인간은 사물들이 제정된 용도 외에 다른 목적으로 사용하기를 원하지 않으면 정의로운 이가 된다." 따라서 인간에게 있어 정의는 하느님을 모든 것 위에 사랑하는 것으로 구성된다. "정의는 사랑하는 것을 오직 섬기는 사랑이요, 이것 때문에 올바르게 통치하는 사랑이다. (…) 정의는 오직 하느님만을 섬기는 것이요, 그리고 이것 때문에 인간에게 종속된 모든 다른 사물을 올바로 명령하는 사랑이다."(『가톨릭교회의 관습과 마니교도의 관습』1, 15, 25)

그러므로 인간을 하느님께로 향하게 하지 않는 덕은 정의라고 할 수 없다. "정의는 각자에게 자기 것을 배분하는 덕이다. 그렇다면 인간을 하느님으로부터 빼앗아 정령들에게 굴종시키는 것이라면 그건 도대체 무슨 정의란 말인가? 이것이 각자에게 자기 것을 배분하는 일이라는 말인가? 토지를 사들인 사람에게서 토지를 빼앗아 그 토지에 대한 권리가 전혀 없는 사람에게 넘겨준다면 그자는 불의한 인간이듯이, 자기를 창조한 하느님, 자기에게 주님인 하느님에게서 자기 자신을 빼내어 악한 영들 밑에서 종노릇하는 자를 의로운 인간이라고 할 수 있는가? (…) 하느님을 섬김으로써 정신은 육체에 올바로 명령하고, 정신에서도 이성이 주 하느님께 종속됨으로써 정욕이나 그 밖의 악덕들에 올바로 명령하는 것이다. 그러니 인간이 하느님을 섬기지 않는다면 인간 내부에 정의에서 우러나오는 것이 무엇이 있다고 하겠는가? 하느님을 섬기지 않는다면 정신이 육체에 정의로운 명령을 절대로 내리지 못하고 인간 이성이 악덕에 정의로운 명령을 내리지 못한다."

하느님에 대한 사랑으로 정향된 사추덕의 관점에서 볼 때, 결국 정의와 사랑(caritas)은 동일한 것이다. 그렇기에 '정의의 질서'(ordo iustitiae)는 '사랑의 질서'(ordo amoris)가 된다. 곧 자연적 윤리의 요약이요, 신앙의 표현인 것이다. "각자에게 자기 몫을 부여하는 것이 정의의 역할인데, 이 덕에 힘입어 인간 안에 자연적 본성의 정의로운 질서가 이루어진다. 곧 영혼은 하느님께 복속하고 육신은 영혼에 복속하며 그래서 영혼도 육신도 하느님께 복속하기에 이른다."(『신국론』 19, 4, 4) 하느님께 대한 절대적 복종은 인간 본성의 보다 깊은 부르심이다. 이 절대적 종속 밖에서 인간은 참된 삶을 찾을 수 없고, 영혼과 육신 사이의 참된 질서도 존재하지 않는다. 더욱이 정의도 존재하지 않는다. 이는 단지 개인뿐 아니라 인간 사회에 있어서도 마찬가지이다. "참된 정의가 없는 곳에는 법에 대한 동의로 결속된 인간들의 집합이 존재할 수 없다."(『신국론』 19, 21. 1) 또한 "다음과 같은 정의가 확립되어야 한다. 곧 하나요 지존한 하느님이 당신 외에는 아무에게도 제사를 드리지 말라고 명령하며, 하느님의 도성은 그분의 은총을 입어 이 명령에 순종해야 한다. 그리하여 같은 도성에 속하고 하느님께 순종하는 모든 인간 안에서 정당한 질서가 확립되어 정신이 충실하게 육체에 명령하고 이성이 악덕에 명령해야 한다. 따라서 의인 한 사람이 그렇게 살듯이, 의로운 인간들의 집단이나 국민도 신앙으로 살아야 한다."(『신국론』 19, 23)

결국 정의는 한편으로는 나머지 모든 피조물과 인간의 관계로서, 다른 한편으로는 지성적 존재인 인간과 다른 이들과의 관계 안에서 나타난다. 그렇기에 '주는 것'(tribuere)은 다양성 안에서 일치, 그리고 일치 안에서 다양성을 의미한다. 또한 '주는 것'은 '마땅히 주어야 할 것'이 '평등성'(aequalitas)의 기준에 상응할 때 정의의 주요한 표식이 된다. 여기서 아우구스티누스는 플라톤처럼 인간의 정의를 조화, 평화, 질서 등으로 이해하고 있다. 이는 다른 것이 아니라, 정의는 다수성, 체계, 곧 부분들 간의 동의를 전제로 하고 있다는 것이다. 그렇기에 정의가 다른 이를 향한 덕목으로 이해되고 있는 것이다.

이러한 의미에서 정의는 마태오복음 22장 37-39절에서 나타나는 것처럼 '하느님을 사랑하고 이웃을 사랑하는 것'(dilectio Dei et proximi)이 된다. "신앙은 사랑을 통해 작용하므로 하느님을 사랑하되 하느님이 사랑받아야 할 만큼 사랑하고, 이웃을 자기 몸처럼 사랑해야 한다." 이러한 정의는 단순히 개인의 차원에서만 이루어지는 것이 아니라, 국가 공동체의 차원에서도 이루어져야 한다. "이런 정의가 존재하지 않는 곳에는 법에 대한 동의와 이익의 공통성에 의해 결속된 대중의 집합도 존재하지 않는다. 국민에 대한 이런 정의가 맞는다면, 설령 저런 집단이 존재한다 하더라도 그것은 국민이 아니다. 거기에는 공화국도 없다. 국민 자체가 없는 곳에는 국민의 사물(res publica)도 없기 때문이다."

이러한 정의에 대한 아우구스티누스의 개념은 일부 학자들이 주장하듯 성인이 사추덕을 치체로를 통해 알게 되었음에도 불구하고 철학적 전통에서 나온 것이 아님이 분명해진다. 여기서 우리는 성서-교부적 전통, 곧 아우구스티누스의 편에서 지혜 8, 7("지혜는 절제와 예지를, 정의와 용기를 가르쳐 준다.")을 읽은 것과 암브로시우스의 영향을 생각한다. 전자에 대해 성인은 『재론고』 1, 7, 3에서 언급한다. 또한 클라크(M.T. Clark)는 이렇게 설명한다. "구약성경에서 언급되고 있는 다른 사추덕으로부터 그는 그것(정의)의 올바른 관계를 강조함으로써 구분하고 있다." 도이농(J. Doignon)은 아우구스티누스가 『가톨릭교회의 관습과 마니교도의 관습』(De moribus ecclesiae catholicae et de moribus Manichaeorum)에서부터 암브로시우스의 모범을 따라 네 가지로 보는 덕에 그리스도교적 합법성을 부여하여 성경 외에서도 네 가지 형태의 덕의 표현의 형식의 정당성을 찾도록 하였다고 본다.

우리는 암브로시우스의 『성사론』 3, 2, 9, 그리고 『루카복음 해설』 5, 62 등에서 처음으로 사추덕이라는 이름을 발견한다. 사실 그는 이 사추덕을 이교도 윤리가들의 논거와는 다른 양식으로 설명한 훌륭한 그리스도인 저술가이다. 정의의 개념에 대해 그 역시 치체로의 정의를 반복하는 것처럼 보이지만 큰 차이를 보인다. "무엇보다 하느님께 대한 신앙심(pietas), 그리고 나서 조국에 대한 애국심(pietas), 세 번째로는 부모님에 대한 효심(pietas)이, 그리고 같은 모양으로 모든 이에 대한 자애(pietas)가 정의의 의무이다."라고 암브로시우스는 말한다. 여기서 그는 하느님께 대한 신앙심을 첫 자리에 둔다. 반면 치체로에게는 하느님을 위한 자리가 없다. 단지 조국과 친구들에 대해서만, 또는 조국, 부모, 자유인, 온 집안, 이웃에 대해서만 말한다. 이는 치체로가 정의의 의무를 단순히 인간의 최고 이상이라고 본 형제애로만 이해했음을 보여준다. 더 나아가 암브로시우스는 '각자에게 자신의 것을 주는 것'이라는 정식에서 단순히 사회적 차원만이 아닌 종교적 차원까지 삽입하고 있다. "율법은 말한다. '너의 주 하느님을 사랑하여라, 너의 이웃을 사랑하여라.' 네가 너의 재능과 관심을 인류 공동체가 사용할 수 있도록 내어 놓는 것은 아름다운 일이다. 하지만 무엇보다 너의 것 중 가장 고귀한 것으로 그것보다 더 높은 것을 네가 소유하고 있지 않은 너의 정신을 하느님께 봉헌하는 것이 더 바람직한 일이다. 창조주께 너의 빚을 갚은 뒤에야 사람들을 돕고, 사람들을 후원하기 위하여 너의 활동을 봉헌할 수 있고, 사람들이 필요로 하는 것에 돈이나 호의 혹은 어떠한 증여로써 도움을 줄 수 있을 것이다."(『성직자들의 직무론』 1, 50, 253) 여기서 암브로시우스가 '각자에게 자신의 것을 주는 것'을 '사랑의 질서'(ordo amoris)로 완성시키고 있음을 볼 수 있다. 이러한 의미에서 정의는 "자신의 것을 찾기보다 다른 이들을 자기 앞으로 데리고 오는 사랑" 외에 다른 것이 아니라고 말한다.(직무론 1, 27, 127) 그렇기에 더든(Dudden)은 "정의는 더 이상 권리와 의무를 분명하고 의식적으로 균형 잡는 것이 아니다. (…) 짧게 말하면, 정의는 이타주의, 곧 사랑으로 변모되었다."고 평가한다.

3. 전쟁과 폭력

본성의 법률에 관련하여 인류가 오직 한 가지 목적만을 갖고 있다. 평화이다. 곧 인류에게 자신의 번영을 이루고, 자신의 문화를 완성하며 자신의 행복을 보증하는 유일한 매개가 평화인 것이다. 비뚤어진 본성으로 인해 사람들은 교만과 불의, 시기심에로 이끌린다. 또한 자신들 옆에 누군가가 더 부유하고, 더 영향력을 행사하고 더 행복한 것을 견디지 못한다. 여기에서 사람들은 그들의 부유함과 행복을 빼앗기 위해 여러모로 노력한다. 바로 이것이 전쟁이다.

1) 그리스 철학자들과 로마인들이 생각하는 정의

치체로는 "국가에서 전쟁의 법들이 최대로 준수되어야 한다."고 말한다. 이 정식은 고대 사회에서 유일한 국제법이었다. 여기서 전쟁은 때때로 필요성으로, 종종 통치의 방법으로, 그리고 항상 애국심의 선택 양식으로 간주되었다. 또한 애국심의 근저에 종교적 바탕이 있는 것처럼, 전쟁 역시 신들에게 호소하는 것 없이 이루어지지 않았다. 신들의 상들이 전쟁터의 군사들을 동반하였다. 종교와 전쟁의 이러한 밀접한 연합은 무력을 과시하는 데 있어 무시하지 못할 위대함을 제공하였다. 동시에 온갖 악용을 허용하였고 모든 맹렬함을 합법화하기도 하였다. 신들은 윤리와 법 위에 있었기에, 신의 이름으로 여자들과 어린아이들을 공격하고 부상자들을 죽이고, 죄수들을 학살하고, 적군의 모든 지역을 황량하게 만들었다. 결국 모든 이로부터 수용되는 한 가지 법이 있었으니, 그것은 보다 강한 이의 법이었다.

아리스토텔레스는 정복 편집광에 반대한다. 또한 군사적 용맹을 최고의 덕목으로 삼는 것에도 반대한다. 더욱이 입법자들에게 평화를 통해 국가를 조직하도록 요구한다. 치체로는 외교 문제에 있어 무력보다는 협상이 우월하다고 본다. 곧 "토의는 인간의 고유한 것이고 힘은 야수에 고유한 것이므로, 더 우월한 것인 협상이 통하지 않을 때, 최종 단계에 이르러 보다 열등한 무력에 호소해야 할 것이다." 또한 "불의는 흔히 어떤 속임수와 지나친 교활함, 더욱이 악랄한 법의 해석에 의해서도 발생한다. 여기서 저 '최고의 법은 최고의 불의'라는 말은 이제 대화하는 데 진부한 경구가 되었다. 이러한 해석으로 인해 국가 간의 정치에서는 많은 잘못이 저질러진다." 더 나아가 치체로는 보복을 인정하면서도 현명함이라는 권고를 통해 잔인함을 교정한다. "분명히 전쟁은 불의가 행해짐이 없이 평화 속에서 살기 위해 수행되어야 하지만, 일단 승리를 거둔 후에는 전쟁 중에 잔인무도했던 자들을 제외하고 모두 보호해 주어야 한다."

2) 아우구스티누스의 견해

그리스도교는 다양한 표현으로 형제애와 평화를 호소한다. "서로 사랑하여라", "원수를 사랑하여라", "행복하여라, 평화를 이루는 사람들! 그들은 하느님의 자녀라 불릴 것이다." 이 단순한 표현들이 오랫동안 가장 폭력적인 선언인 전쟁을 거슬러 사용되었다. 물론 이 표현들이 전쟁을 금지하지는 않지만, 전쟁을 반대하는 영혼의 모습을 만든 것이다.

이 영혼의 상태가 첫 3세기 그리스도인들에게 점점 일반적인 것이 되었다. 테르툴리아누스(Tertullianus, 160?-220?)에 따르면, 그리스도의 가르침과 악마의 주장을 혼합하는 것은 적합하지 않기에 군대까지 거부되어야 한다. 또한 락탄티우스(Lactantius, 250?-325)는, 의인들에게 전쟁을 하는 것이 허락되어 있지 않으며, 오직 하나의 전제만이 용인되는데 그것은 정의이다. 시간이 흐르면서 특별히 사목직의 필요성은 그리스도인들로 하여금 군사적인 군주제였던 로마제국 안에서 전쟁에 대해 보다 유연성을 지니게끔 하였다. 알렉산드리아의 클레멘스(Clemens Alexandrinus, 160?-215?)는 그리스도교 신앙을 가진 이도 직업군인이 될 수 있다고 밝히며, 오리게네스(Origenes, 185?-254)는 방어적 전쟁을 옹호한다. 암브로시우스(Ambrosius, 339-397)는 군인의 용기를 시민의 덕목으로 꼽으며 그라티아누스(Gratianus, 367-383)와 발렌티니아누스 2세(Valentinianus II, 375-392), 테오도시우스 1세(Theodosius I, 379-395) 황제의 군대에 축복하였다. 더욱이 아를(Arles) 공의회는 탈영병들에게 법적 제제를 가하는 공식 의견을 결의하기도 했다.

아우구스티누스는 이러한 가르침을 이어받아 히포의 주교로서 계속 고백하였다. 교회는 점점 더 제국과 결속을 다지는 한편, 침략의 위협을 제국과 함께 받으면서 자신의 희망을 하느님의 약속과 군사의 힘에 두게 되었다. 교회도 자유를 옹호하기 위해 군사들이 필요하게 된 것이다. 하지만 그의 눈에 모든 비용을 들여서라도 평화를 건설하는 것은 참된 반역이었다. 그는 무엇보다 『신국론』(De civitate Dei)

에서 전쟁을 무명의 범죄요, 지옥의 공포이며 악마적인 치욕으로 간주한다. "포에니 전쟁이 발발하여 두 제국 사이에 승리가 모호하고 불확실할 적에 두 강대 민족은 서로 대대적이고 엄청난 공격을 가했는데, 그러는 중에 얼마나 많은 군소 왕국들이 쓰러졌던가! 얼마나 웅대하고 존귀한 대도시들이 파괴되었던가! 얼마나 숱한 도성들이 환란을 당하고 멸망했던가! 얼마나 멀리까지, 얼마나 넓게까지 그 많은 지역과 땅이 폐허로 변하고 말았던가! 얼마나 많은 사람이 한때 패자가 되었다가 다른 때는 승자가 되곤 했던가! 전투를 하는 병사들 가운데서도, 비무장 백성들 가운데서도 얼마나 많은 인간이 희생되었던가!"(3, 18, 1) "사람이라면 누구나 전쟁이라는 이토록 거창하고 이토록 가공스럽고 이토록 잔혹한 악에 대해 숙고할수록 고통스러워지며, 따라서 전쟁은 비참하다고 실토해야 마땅할 것이다. 인간치고 전쟁에 대해 전혀 고심하지 않은 채로 이런 악들을 견뎌내거나 생각하는 사람이 있다면, 그의 정신 상태는 더욱 비참하다고 해야 할 것이다. 인간적 감각을 상실한 대가로 자기가 행복하다고 생각할 것이기 때문에 더욱 비참한 인간이다."(19, 7) "인접 민족들에게 전쟁을 거는 짓이나, 한 전쟁에서 다른 전쟁으로 옮겨가는 짓이나, 오로지 지배욕에 사로잡혀 자기들을 귀찮게 하지도 않는 백성들을 패망시키고 예속시키는 짓에 대규모의 강도라는 이름 말고 어떤 이름을 붙여야 할 것인가?"(4, 6)

결국 아우구스티누스에 따르면, 전쟁은 지배욕(libido dominandi)에서 일어난다. "인류의 악덕들 가운데서도 바로 저 지배욕, 로마 백성 전체에게 유난히 노골적이던 이 탐욕이 소수의 세도가들을 사로잡아 승리하자 세도가들을 **빼놓고는** 제압당하고 쇠약해진 다른 모든 사람을 예속의 멍에로까지 탄압했다."(1, 30) "저 지배욕이 허다한 악을 초래하고 인류를 떨게 만든다. 바로 이 탐욕에 져서 로마는 알바를 쳐서 이기고 승리했으며, 자기가 저지른 죄악을 칭송하여 영광이라고 이름 붙였던 것이다."(3, 14, 2) 더 나아가 이 '지배욕'은 지상 도성의 성격으로 등장한다.(14, 28)

3) 심리학적 문제: 전쟁의 원인

(1) 정치적 원인

이 중 첫 번째 요소는 정복 편집증이다. 이에 대한 예를 아우구스티누스는 『신국론』 제4권에서 니누스(Ninus, ?-기원전 1221) 왕, 알렉산데르 대왕(Alexander III Magnus, 기원전 356-323), 로마인들로 제시한다.

두 번째 요소는 국가 감성의 과장된 고양이다.

세 번째 요소는 내적 어려움을 잊게 하는 기분 전환제를 추구하는 일부 통치들이 갖고 있는 걱정이다.

네 번째 요소는 수장의 개인적 야심이다.

(2) 경제적 원인

이 원인은 무엇보다 이 세상의 재화에 대한 올바르지 않은 사랑이라고 할 수 있다. 곧 지상 도성의 성격인 것이다.(『신국론』 15, 4)

(3) 윤리적 원인

인간의 마음은 매일의 전투가 일어나는 곳이다. 우리의 육적 본능은 영적인 힘과 섞이게 된다. 비록 이성이 하느님께 순종하고 있더라도 영혼을 내리누르는 육신, 사멸하고 부패할 육신을 지니고 사는 현세의 조건에서는 악덕을 상대로 완전무결한 명령을 내리지 못한다. 비록 악덕에 명령을 내리더라도 악덕이 갈등을 빚지 않은 상태로 명령을 받을 리가 없다. 이 허약한 처지에서는 비록 이성이 장악을 했다고 하더라도, 이성이 싸움을 잘하더라도, 그래서 저런 적들을 패배시키고 굴종시켜서 지배하고 있다고 하더라도, 악덕은 여전히 잔류하며, 비록 쉽사리 행동으로 나오지는 못할지라도 문득 내뱉는 언사나 잠깐 스쳐가는 생각으로 곧잘 죄를 범하게 된다. 따라서 여전히 악덕을 향해 명령을 내려야 하는 동안은 평화가 온전하지 못한 셈이다(『신국론』 19, 27)

4) 법적 문제

(1) 방어적 전쟁

무엇보다 침략을 물리치는 권한은 자연법에 새겨진 것이다.(『자유의지론』 1, 5, 11) 이것은 개인의 생명뿐 아니라 국가의 목숨까지도 안전하게 지키기 위함이다. 이에 대해 아우구스티누스는 치체로를 인용하며 다음과 같이 말한다. "내가 틀리지 않았다면 치체로의 『국가론』 제3권에서는, 최선의 국가라면 신의나 안녕을 위해서가 아니면 어떠한 전쟁도 해서는 안 된다고 토론하고 있다. 그는 안녕을 무엇으로 얘기하며 어떻게 안녕을 이해하고 있는지 다른 대목에서 이렇게 서술한다. '(…) 죽음은 각 사람에게 가하는 보복으로 보이지만 국가에도 죽음 자체는 벌이다. 국가는 영속하도록 짜여야 한다. 그러므로 개인의 경우처럼 어떤 죽음도 공화국에도 자연스런 것이 아니다. 개인에게는 죽음이 필연적이기만 한 것이 아니라고 바라야 할 경우도 매우 흔하다. 그 대신 국가는 일단 제거되면 멸망하고 소멸한다. 어느 면에서 침소봉대하여 말하자면, 이 세상 전부가 망하고 무너지는 것과 흡사하다."(『신국론』 22, 6, 2) 아우구스티누스에 따르면, 이 "안녕을 위하여"(pro salute)라는 이론은 일부 로마인들의 전쟁에서 볼 수 있다. "무사한 전쟁을 겪고 감행함으로써 로마인들의 정당방위가 이루어졌고, 부당하게 자기들을 침범하는 원수들에게 하는 수 없이 저항했으며, 그것마저 인간적 칭송을 획득하려는 탐욕이 아니고 안녕과 자유를 지킬 필요 때문이었다."(『신국론』 3, 10)

(2) 공격적 전쟁

보다 복잡한 문제이다. 공격의 이유, 상황, 결과 등이 보다 신중하고 지혜롭게 간주되어야 한다. 오직 정의에 관계될 때만 이 전쟁을 인정할 수 있다. 다시 말하면, 의로운 전쟁 역시 평화를 얻기 위한 수단일 뿐이다. 곧 인간들의 평화는 질서 있는 화합이다.(pax hominum ordinata concordia) 아우구스티누스에 따르면, 평화는 "질서의 평온"(tranquillitas ordinis)이다. 그리고 질서는 "동등한 것들과 동등하지 않은 것들의 고유한 자리를 각각에게 부여하는 배치"(parium dispariumque rerum sua cuique loca tribuens dispositio)이다.

이러한 의미에서 볼 때, 의로운 전쟁은 매우 큰 필요성의 경우에만 허용된다는 것을 볼 수 있다. 사실 의로운 전쟁은 죄의 결과이다. 이에 대해 "라틴어에서 '종'(servus)이라는 단어의 기원을 살펴보면, 전쟁법상 죽일 수 있는데 승리자들에 의해 목숨이 보존된 자들을 종이라고 한다고 전한다. '보존된다'(servare)는 뜻에서 그렇게 불렀다는 것이다. 하지만 이런 일 자체는 죄값을 받는 것이 아니라면 일어나지 않는다. 왜냐하면 의로운 전쟁을 벌이더라도 상대편에서는 자기가 저지른 죄를 옹호하여 전투를 벌이는 입장이 되기 때문이며, 결국 승리는 패배자들 모두를 굴욕스럽게 만들고 신적 심판에 따라서 지은 죄과를 교정하거나 징벌하는 기능을 한다."(『신국론』 19, 15) 그러므로 현자로 하여금 의로운 전쟁을 수행하게 하는 것은 상대편의 불의인 것이다.(『신국론』 19, 4)

5) 정치적 문제: 군인의 의무

무엇보다 군인은 자신의 상관에게 복종해야 한다. 이에 대해 "군인이 권력에 복종해, 어떤 권력으로부터 합법적으로 명령을 받고 사람을 죽이는 경우에는 어느 국가의 법률로도 살인죄를 범한 범인이 되지 않으며, 오히려 죽이지 않았을 경우에 명령을 위반하고 묵살한 범인이 된다. 하지만 자기 자의로, 자발적으로 그 짓을 행했다면 사람의 피를 흘린 범죄가 된다. 명령받지 않고서 행한 것이면 벌을 받는 그만큼, 명령 받고서 행하지 않으면 또한 벌을 받을 것이다."(『신국론』 1, 26)

만약 군주로부터 신성모독과 같은 것을 명령받는다면, 그리스도인 군인들은 어떻게 할 것인가? 아우구스티누스에 따르면, 그들은 모든 권력이 하느님으로부터 온다는 것을 기억하면서 절대적인 복종이라는 것을 바꾸지 않을 것이다. "의로운 사람은 만약 자신에게 어떤 왕 밑에서 전쟁을 하라고 하였을 때, 신성모독과 같은 것도 국가의 평화를 보존하기 위해 정의가 부족함이 없이 그것을 행할 수 있다."(『마니교도 파우스투스 반박』 22, 75) 이는 율리아누스(Iulianus, 361-363) 황제 시절 그리스도인 군인들에게도 해당된 것이다. "율리아누스 황제는 불충한 자요, 배교자이며, 경건하지 않은 우상 숭배자였다. 그리스도인 군인들은 이 불충한 황제에게 봉사하였다. 만약 그들에게 우상을 흠숭하고 향을 바칠 것을 규정했다면, 그들은 황제 앞에 하느님을 두었을 것이다. 하지만 만약 그들에게 '전쟁에서 복수하라', '이 국가를 거슬러 진격하라'라고 황제가 말한다면, 그들은 복종했을 것이다. 그들은 영원한 군주를 세속적 군주와 구별하였고, 영원한 군주 때문에 자신들의 세속적 군주에게 복종하였다."(『시편 상해』 124, 7) 만약 의심스러운 정의로 인한 전쟁에 군인들이 개입된다면, 그들은 고민하지 않고 주저 없이 자신들의 의무를 다할 것이다. "전쟁의 질서에서 가능한 불의함은 왕을 죄인으로 만들지만, 봉사의 질서는 군인을 무죄하게 만든다."(『파우스투스 반박』 22, 75)

6) '의로운 전쟁'(bellum iustum)

(1) 인간의 명령하에 이루어지는 방어 전쟁

초세기 그리스도인들은 개별적이든 공동체적이든 무기의 사용을 거부하였다. 이러한 그들의 입장은 두 가지 신약성경 전승에 기초한 것이었다. 첫 번째 전승은 마태오 복음 5장에 나타나는 사랑의 복음이다. 산상설교라고 일컫는 이 부분에서 등장하는 내용, 곧 폭력을 포기하고 원수를 사랑하라는 구절들이 박해시대 그리스도인들에게 비저항의 이상으로 자리하고 있었던 것이다.1 두 번째 전승은 "내 나라는 이 세상에 속하지 않는다. 내 나라가 이 세상에 속한다면, 내 신하들이 싸워 내가 유다인들에게 넘어가지 않게 하였을 것이다. 그러나 내 나라는 여기에 속하지 않는다."는 요한복음 18장 36절의 말씀에 기초한 것이다.2 이러한 예수의 가르침에 따라 그들은 자신들의 종교를 평화와 동일시하면서 유혈사태를 동반하는 전쟁에 대해 엄격하게 거부하였다. 이사 2, 4의 예언("그러면 그들은 칼을 쳐서 보습을 만들고 창을 쳐서 낫을 만들리라. 한 민족이 다른 민족을 거슬러 칼을 쳐들지도 않고 다시는 전쟁을 배워 익히지도 않으리라.")이 자신들 안에서 성취된 것으로 간주한 것이었다.3 그렇기 때문에 마르쿠스 아우렐리우스(Marcus Aurelius) 황제(161-180) 시절까지 하나 혹은 두 개의 예외를 제외하면 그리스도인이 군대에 복무하였다는 기록이 없다.4

이토록 군 복무와 전쟁을 거부하는 평화주의(Pacifism)가 초기 그리스도교의 보편적 이념이었음은 알렉산드리아의 클레멘스(Clemens

---

1   예를 들면 다음과 같은 구절이다. 마태 5, 39. "악인에게 맞서지 마라. 오히려 누가 네 오른뺨을 치거든 다른 뺨마저 돌려 대어라."; 마태 5, 44. "너희는 원수를 사랑하여라. 그리고 너희를 박해하는 자들을 위하여 기도하여라."
2   Stanley Windass, "Saint Augustine and the Just War", *Blackfriars* 43, 1962, 462.
3   초기 그리스도인들의 입장에 대해 참조: C. John Cadoux, *The Early Christian Attitude to War*, New York: The Seabury Press, 1982.
4   초기 그리스도인들의 군대 복무에 대해 참조: Simonetta e Michelle Salacone, "I primi cristiani e il servizio militare", *Le chiese e la guerra*, a cura di Alcenste Santini, Roma: Napoleone Editore, 1972, 19-29.

Alexandrinus), 오리게네스(Origenes), 테르툴리아누스(Tertullianus), 락탄티우스(Lactantius)의 작품들을 통해서도 확인된다.5 클레멘스는 "우리가 전쟁이 아니라 평화 안에서 양육된다."고『교육자』(Phaedagogus) I, 12에서 언명한다. 또한 전쟁 기술을 여성들에게도 가르치는 민족에 대해 말하면서, 사람들이 평화주의자가 되기를 바라는 그리스도인들과 그 민족들 간의 차이를 분명하게 지적한다.(『양탄자』(Stromata) IV, 8) 오리게네스 역시『켈수스 반박』(Contra Celsum) V, 33에서 "우리는 어떤 민족을 거슬러 결코 무기를 들지 않으며 전쟁도 벌이지 않는다. 우리는 우리의 머리이신 예수님에 의해 평화의 자녀가 되었다."는 원칙을 강조한다. 락탄티우스는 인간 사회를 유지하는 계약은 근본적으로 평화의 계약이라는 측면에서 다음과 같이『거룩한 가르침』(Divinae Institutiones) V, 5에서 강조한다. "하느님만이 경배의 대상이라면 분열도 없고 전쟁도 없을 것이다. 사람들은 자신들이 한 분이신 하느님의 자녀임을, 곧 거룩하고 침해될 수 없는 신적 관계의 끈에 의해 결합된 자녀임을 알게 될 것이다." 또한 전쟁을 용인하는 인간의 법 위에 하느님의 법이 있음을 상기시키면서 이렇게 말한다.(『거룩한 가르침』 VI, 20) "하느님이 우리에게 살인을 금지할 때 국가법도 용인하지 않는 것처럼 단순히 살인자가 되는 것을 금하는 것만이 아니다. 그분은 사람들 사이에서 합법적인 것으로 간주되는 것들도 해

---

5 Albert Bayet, *Pacifisme et christianisme aux premiers siècles*, Paris: Les oeuvres représentatives, 1934, 56-89; Pierre Batiffol, "Le premiers chrétiens et la guerre", *L'Église et la guerre*, Paris: Bloud et Cie, 1913, 8-18; Roland H. Bainton, *Christian Attitudes Toward War and Peace*, Nashiville: Abingdon Press, 1960, 73.

서는 안 된다고 금지하신다. 따라서 의인들에게 군대에 들어가는 것을 허용하지 않으신다. 의인이 해야 할 봉사는 의로움 자체인 것이다. (…) 사람을 죽이는 것은 항상 불경스러운 범죄이다. 왜냐하면 하느님은 사람이 거룩한 존재가 되기를 원하셨기 때문이다." 군인이 되는 것은 군대가 황제와 우상을 숭배하는 것과 많이 연결되어 있기에 거의 불가능하다고 생각하는 테르툴리아누스는 사도행전 10장에 등장하는 백인대장 코르넬리우스(Cornellius)에게 사도 베드로가 세례를 준 사실을 지적하면서 『월계관』(De corona) 11에서 다음과 같이 주장한다. "신앙을 받아들여 믿음으로 들어간 뒤에는 많은 이가 그러했던 것처럼 군대를 떠나거나, 혹은 적어도 군복무를 원치 않으시는 하느님을 거슬러 어떠한 일도 하지 않아야 한다." 같은 노선에서 히폴리투스(Hippolytus, 189?-235)의 『사도전승』(Traditio apostolica) 제16장은 "권력하에 있는 군인은 사람을 죽이지 말 것이다. 만일 그런 명령을 받으면, 이를 이행하지 말 것이며, 선서도 하지 말 것이다. 만일 그가 이런 조건을 거부하면 돌려보낼 것이다. 만일 칼의 권세를 갖고 있는 사람이나 자줏빛 옷을 입을 정도의 지역 통치자이면, 이를 그만둘 것이며 그렇게 하지 않으면 돌려보낼 것이다. 군인이 되기를 원하는 예비자나 신자는 내쫓을 것이니, 이는 하느님을 경멸하는 일이기 때문이다."라고 가르친다.[6] 이러한 초대 교회의 가르침에 따라 군대 혹은 전쟁에 공직자로서 참여하여 다른 이들에게 강압적인 방식을 사용해

---

6 Peter Burnell, "Justice in War in and before Augustine", *Studia Patristica* 49, 2010, 109-110.

야 하는 의무가 있는 자들과 이를 금지하는 이들이 5세기 후반까지도 교회 안에 여전히 공존하였다.7

하지만 초기 교회의 평화주의는 콘스탄티누스(Constantinus) 황제 (306-337)의 등장과 함께 변화되기 시작하였다. 313년 로마제국은 밀라노 칙령을 통해 가톨릭교회에 신앙의 자유를 제공하였고, 교회 역시 로마제국을 인정하면서 황제에 대한 순종이 교회의 행동 규범이 되었다.8 더욱이 콘스탄티누스 황제는 그리스도교에 많은 특전을 부여하였다.9 이교의 제관들이 누리던 개인 세금의 면제를 그리스도교 성직자들에게도 부여해 주었다.10 주교들에게 국가의 사법권을 이양하여 법정의 재판관 역할을 하도록 하였으며(audientia espicopalis) '공공 도로'(cursus publicus)의 사용을 허락하였다. 그리고 교회는 성당을 죄인의 도피처로 제공하는 특권을 부여받았다. 또한 황제는 십자가 형을 폐지하였고, 인간이 하느님의 모상을 따라 창조되었기에 죄수들의 얼굴에 낙인을 찍어서는 안 된다고 규정하였다. 321년에는 교회가 상속권을 갖는 법을 제정하여 신자들이 재산을 교회에 기증할 수 있게 되었다. 더 나아가 주일과 교회 축일을 공휴일로 지정하였다. 긴요한 농사일을 제외하고는 태양의 날(dies solis)인 일요일에 노동을 일

---

7 Herbert A. Deane, 앞의 책, 163-164.
8 Vincent J. Genovesi, "The Just-War Doctrine: A Warrant for Resistance", *The Thomist* 45(1981), 506.
9 미셸 끌레브노, 「그리스도인과 국가 권력: 2-3세기 그리스도교의 역사」, 이오갑 역, 한국신학연구소, 1994, 278-279; 에른스트 다스만, 「교회사 II/1」, 하성수 역, 분도출판사, 2013, 74-82.
10 콘스탄티누스가 가톨릭교회 성직자들에게 부여한 특전에 대해 참조: C. Dupont, "Les privilèges des clercs sous Constantin", *Revue d'histoire ecclésiastique* 62(1967), 729-752.

절 금했다. 아울러 교회 건축들이 그리스도교에 대한 황제의 공적 신앙 고백으로 강조되었다. 313년 콘스탄티누스 황제는 교황에게 라테란 궁전을 기증하고 라테란 대성당의 건축을 시작하였고, 320년경에는 바티칸 언덕의 베드로 무덤 위에 베드로 대성당의 기초를 놓았다. 이어 예루살렘 무덤 성당, 베들레헴의 예수 성탄 성당 등이 건립되었다. 이러한 성당의 건축은 돌에 새겨진 설교라고 할 수 있었다. 곧 그 성당들은 어떤 주교의 학설이나 황제의 칙령보다 교회와 제국의 동맹이 하느님의 섭리임을 더 잘 보여주었다.[11]

무엇보다 중요한 시대적 변화는 이단자들이 사적 장소뿐 아니라 공적 장소에서도 모임을 갖는 것을 콘스탄티누스 황제가 금지하였다는 것이다. 또한 이단자들의 집회 장소를 몰수하여 가톨릭교회의 재산으로 귀속시키고 그 밖의 장소까지도 공공재산에 포함시키며, 이단자들은 가톨릭교회로 돌아와야 한다고 선포하였다.[12] 아울러 황제는 점쟁이들이나 이교(異敎) 사제들 또는 이교 예식을 집전해왔던 이들이 개인 집에서 예식을 행하는 것을 금지하였다. "우리는 점쟁이들, 무당 그리고 가가호호 방문하면서 우정이라는 핑계로 종교 의식을 행해 오던 사람들의 행위를 금지하는 바이다. 이들이 법을 무시하고 행동한다면 가차 없이 처벌할 것이다. 그러나 이런 이교적 예식이 이롭다고 생각하는 사람들은 공공의 장소에 설치된 제대와 사당에

---

11 피터 브라운, 『기독교 세계의 등장』, 이종경 역, 새물결 출판사, 2004, 71.
12 에우세비우스, 『콘스탄티누스의 생애』 III, 63-66 참조. 『콘스탄티누스의 생애』 영어 번역 및 해제에 대해서는 A. Cameron, Stuart G. Hall, *Eusebius. Life of Constantine*(New York: Oxford University Press, 2002[reprinted]) 참조.

가서 각자의 관습에 따라 종교 의식을 거행할 수 있다. 왜냐하면 우리는 지나간 세대의 왜곡된 종교 행위들을 공개적으로 거행하는 것을 금지하지는 않기 때문이다."[13] 또한 이교 신전들을 폐쇄하였다.[14] 이러한 일련의 정책들의 정점은 380년 2월 28일 테오도시우스 1세(Theodosius I) 황제가 로마제국의 통치하에 있는 모든 민족은 베드로가 로마인들에게 전해준 종교를 따라야만 한다고 공포한 칙법(勅法)이다.[15] 이로써 로마제국은 공식적으로 그리스도교 제국이 되었으며, 그리스도교가 아닌 다른 종교를 신봉하는 이들은 이단 교설을 따르는 이들이 되었다.

결국 그리스도교의 평화가 '팍스 로마나'(pax romana)와 결합되었으며, 온 세상의 평화를 보호하는 책무를 갖고 있다는 자의식을 갖고 있던 황제는 로마의 평화와 그리스도교 평화 모두의 수호자가 되었다. 교회는 팍스 로마나에 세상의 회심을 위한 신적 섭리의 계획이 자리하고 있다고 고백하였으며,[16] 그리스도인들이 전쟁에 참여하는 것의 정당성뿐 아니라 제국을 수호하는 주요 역할을 수행해야 한다고 강

---

13 『테오도시우스 법전(Codex Theodosianus)』 9,16,2. 『테오도시우스 법전』의 편집본으로 Th. Mommsen and Paulus M. Meyer, eds., *Theodosiani libri xvi cum constitutionibus sirmondianis*, Berlin: Weidmann, 1905 참조. 영역본으로는 C. Pharr, *The Theodosian Code and Novels and the Sirmondian Constitutions: A Translation with Commentary, Glossary, and Bibliography*, Princeton: Princeton University Press, 1952; reprinted by Union: The Lawbook Exchange, 2001 참조.
14 에우세비우스, 『콘스탄티누스의 생애』 III, 55–56; 58.
15 『테오도시우스 법전』 16, 1, 2.
16 George J. Lavere, "The Political Realism of Saint Augustine", *Augustinian Studies* 11, 1980, 139.

조하였다.17 이 변화의 과정에서 특기할 것은 교회가 처음부터 지켜왔던 평화주의를 온전히 포기한 것은 아니라는 사실이다. 또한 교회가 어떤 권력을 용인한다는 것이 어떠한 의미인지 자문한 것의 결과라는 점이다. 그리스도교 국가의 정치가 세상이 이해하는 것과 완전히 다른 것이 되도록 권력을 회심시켜야 하는 것인지? 아니면 정치적 도구들을 있는 그대로 온전히 받아들여 하느님 나라에 대한 봉사로 정향시켜야 하는 것인지? 이 두 질문 앞에서 4-5세기의 교부들은 두 번째의 것을 선택하였다.18 비폭력(mansuetudo)이 사도들과 초기 교회의 모습이었다면, 이제 그리스도교 시대가 되면서 그리스도를 위해 무력의 사용을 정당화한 것이다.19

이러한 노선에 있는 교부들의 전형적인 모습을 암브로시우스(Ambrosius)를 통해 볼 수 있다. 암브로시우스는 『성직자의 의무』(De officiis ministrorum)라는 저서를 통해 합법적인 국가 방어가 정의의 의무라고 주장한다. 정의에 대한 침해로 발생한 전쟁은 평화를 위해 수행될 수 있다는 것이다. 따라서 그리스도인도 조국의 방어를 위해 군대에 복무하며 국가의 적들에 맞서 전쟁에 참여할 수 있게 된다. 여기에 어떠한 윤리적 문제가 없는 것은 그러한 책무에 봉사하는 이들이

---

17 Robert L. Holmes, *On War and Morality*, Princeton: Princeton University Press, 1989, 117.
18 Fabrizio Fabbrini, "I cristiani e la guerra. Da Costantino a san Francesco", *Le chiese e la guerra*, a cura di Alcenste Santini, Roma: Napoleone Editore, 1972, 31-32.
19 R.A. Marcus, "Saint Augustine's View on the 'Just War'", *The Church and War*, ed., W.J. Sheils, Oxford: Basil Blackwell, 1983, 9.

제국뿐 아니라 그리스도교의 보호자가 되기 때문이다.[20] 따라서 암브로시우스는 로마제국 내에서 일어나는 약탈 전쟁에 대해 강력하게 단죄하지만, 로마제국과 황제에게 복종하지 않는 야만인들과의 전쟁에 대해서는 비난하지 않는다. '전쟁권'(ius belli)을 인정하면서 제국 군대의 승리를 위해 기도하는 것도 주저하지 않는다. 그렇지만 그는 오직 정당한 이유에서, 그리고 합당한 방식으로 전쟁을 수행해야 한다고 강조한다. 아울러 성경의 영웅들이 원수를 의롭게 다루었듯이 전쟁에 참여하는 이들도 그렇게 해야 한다는 점도 지적한다. 또한 원수에 대한 처벌은 그들이 감행한 불의함에 비례해야 한다고 생각한다.[21]

이러한 암브로시우스의 주장은 치체로(Cicero)가 저술한 『의무론』(De officiis)의 영향을 드러낸다.[22] 무엇보다 치체로는 국방 외교에 있어 전쟁법이 최대한 준수되어야 한다고 강조하면서 분쟁을 해결하는 두 방법으로 협상과 무력 수단을 제시한다. 하지만 협상은 인간에게 속한 고유한 것이고 힘은 짐승에게 속한 것이므로, 더 우월한 것인 협상이 통하지 않을 때 최종 단계에 이르러 보다 열등한 무력에 호소해야 한다고 주장한다.(『의무론』 1, XI, 34) 전쟁터에서의 용기보다는 우정 어린 대화를 통한 이성적인 분쟁 해결이 더 바람직한 것이기 때문

---

20 암브로시우스, 『성직자의 의무』 I, 27, 126-29, 142.
21 Homes Dudden, *The Life and Times of St. Ambrose*, II, Oxford: The Clarendon Press, 1935, 538-539.
22 André Vauchez, "La notion de guerre juste au moyen âge", *Les quatre fleuves* 19, 1984, 12.

이다.(『의무론』 1, XXIII, 80) 이토록 최후 수단으로 전쟁을 선택하는 치체로의 '전쟁의 권리'(ius ad bellum)에 있어 중요한 것은 전쟁이 불의함 없이 평화 속에 살기 위해 수행되어야 한다는 것이다.(『의무론』 1, XI, 35) 따라서 전쟁은 정당한 이유가 있을 때, 곧 평화 추구라는 이유가 있을 때 과도한 폭력 없이 전쟁에 관한 법을 철저히 준수하면서 이루어져야 한다.(『의무론』 1, XXII, 74 ; XXIV, 82 ; 3, XXIX, 107)[23]

바로 여기에서 우리는 의로운 전쟁의 첫 측면인 방어 전쟁의 이론적 근거를 발견한다. 암브로시우스와 치체로의 노선을 따르는 아우구스티누스도 영토를 확장하기 위한 정복전쟁이 아닌 인간의 명령에 의해 이루어지는 방어 전쟁을 의로운 전쟁으로 인정한다.[24] 모든 인간은 평화를 원한다는[25] 기본적인 논거에서 침략자의 불의한 행위를 억제하거나 처벌하려는 목적만을 갖고 있는 전쟁이기 때문이다. 달리 말하면 어떤 국가와 통치자들이 매우 탐욕스럽거나 공격적이어서 현세적인 정의의 규범들을 침해하였을 때 부과되는 처벌인 것이다.[26] 여기서 우리는 '정당한 이유'라는 의로운 전쟁의 첫 번째 원칙을

---

23 Franck Bourgeois, "La théorie de la guerre juste: un héritage chrétien?", *Études théologiques et religieuses* 81, 2006, 452-453. 키케로의 『의무론』에 대한 한국어 번역은 다음을 참조: 키케로, 『키케로의 의무론: 그의 아들에게 보낸 편지』, 허승일 역, 서광사, 1989.
24 Robert M. Grant, "War -Just, Holy, Unjust- in Hellenistic and Early Christian Thought", *Augustinianum* 20, 1980, 173. 스탠리 윈다스는 아우구스티누스가 초기 교회가 지향한 평화주의의 결론을 따르지는 않지만 그러한 입장에 매우 호의적이었다는 사실을 지적한다. Stanley Windass, "Saint Augustine and the Just War", 462.
25 아우구스티누스, 『신국론』 19, 12, 1.
26 Robert Regout, *La doctrine de la guerre juste de saint Augustin à nos jours d'après les théologiens et les canonistes catholiques*, Paris: Éditions A. Pedone, 1935, 44; Herbert A. Deane, 앞의 책, 160; William Augustus Banner, *The Path of St. Augustine*, Lanham, Boulder, New York, London: Rowman & Littlefield Publisher, 1996, 80.

발견한다.27 이러한 의미에서 "불의에 대한 응징으로서의 전쟁들을 일반적으로 의롭다고 명명한다."(iusta autem bella ea definiri solent quae ulciscuntur iniurias)는 의로운 전쟁의 정의가 등장한다.28

이때 전쟁을 선언하는 권한은 자연법이 요구하듯이 군주에게 있다. 전쟁이 결코 개인적인 문제가 아니라 항상 국가 전체의 문제이며 보편적인 평화를 지향하기 때문이다.29 바로 여기에서 '합법적 권위'

---

27 John Mark Mattox, *Saint Augustine and the Theory of Just War*, London, New York: Continuum, 2008(paperback edition), 45-46; Patrick A. Messina, Craig J.N. De Paulo, 앞의 책, 28. 로버트 홈즈는 하느님의 직접적인 명령에 의해 수행되지 않은 의로운 전쟁들을 '참으로 의로운 전쟁'과 '한시적으로 의로운 전쟁'으로 양분하면서 기준을 제시한다. 전자의 경우 '합법적 권위', '정당한 이유', '실제적으로 올바른 원의', '올바른 사랑'이라는 네 가지 기준을 그리고 후자의 경우에는 '합법적 권위'와 '정당한 이유'라는 두 가지 기준을 지적한다. Robert L. Holmes, 앞의 책, 333

28 아우구스티누스, 「구약 칠경에 관한 질문」 VI, 10. 프레데릭 러셀은 이 정의에 대해 "키케로 이후의 의로운 전쟁에 대한 첫 번째 새로운 정의"라고 지적하면서, 표면상으로는 키케로를 반향하고 있는 것으로 보이지만 이에 대한 해석은 키케로와 다른 방향으로 나아간다고 주장한다. 키케로의 관점은 침해받은 이들의 재산(res)이나 권리(iura)의 회복, 곧 전쟁 이전의 상태로의 회귀이기 때문이다. 필립 윈도 이 정의가 거의 확실하게 키케로의 것이라고 주장한다. 세비야의 이시도루스(Isidorus)를 통해 우리에게 전해지는 「국가론」(*De republica*) 3, 23, 35에서 키케로는 "적들에게 원수를 갚거나 적들을 몰아낸다는 이유를 떠나서는 어떤 정의로운 전쟁도 감행할 수 없다."고 말한다(「국가론」의 한국에 번역은 다음을 참조: 키케로, 「국가론」, 김창성 역, 한길사, 2007) 아우구스티누스는 의로운 전쟁에 대해 자신의 고유한 정의를 제시하기보다 일반적인 의로운 전쟁과 하느님의 명령에 의해 이루어진 절대적인 의로운 전쟁을 비교하기 위해 키케로의 정의를 사용하고 있으며, 바로 이러한 이유로 "일반적으로 명명된다."(definiri solent)라고 아우구스티누스가 적고 있다는 것이다. 안토넬로 칼로레는 "불의함을 복수하는 전쟁"이라는 표현이 로마법에서 의로운 전쟁의 결정적 요소인 "rerum repetitio"에 대한 명확한 언급이며, 이는 그 이론이 아우구스티누스 당시 문화에 여전히 존재하고 있었다는 증거라고 주장한다. 또한 아우구스티누스 역시 의로운 전쟁의 전통적인 범주를 알고 있었다고 지적한다. Frederick H. Russell, *The Just War in the Middle Ages*, 18-19; Frederick H. Russell, "Love and Hate in Medieval Warfare: The Contribution of Saint Augustine", Nottingham Medieval Studies 31, 1987, 112-113; Philip Wynn, *Augustine on War and Military Service*, Minneapolis: Fortress Press, 2013, 236; Antonello Calore, "Agostino e la teoria della guerra giusta. (A proposito di Qu. 6,10)", *Guerra e diritto. Il problema della guerra nell'esperienza giuridica occidentale tra medioevo ed età contemporanea, a cura* di Aldo Andrea Cassi, Soveria Mannelli: Rubbettino Editore, 2009, 20-23.

29 François Berrouard, "Réponses de saint Augustin à quelques questions sur la

라는 의로운 전쟁의 두 번째 원칙이 등장한다.30 이를 아우구스티누스는 모든 정치권력은 하느님에게서 온 것이라는 사도 바오로의 로마서 13장 1절에31 기초하여 다음과 같이 분명하게 제시한다. "국왕의 명령에 복종함이 그 국가 사회에 위배되는 것이 아니라 복종하지 않는 편이 사회에 위배됩니다. 자기 군주들에게 복종함이 국가 사회의 일반 약조이기 때문입니다."32

그렇기 때문에 군인들은 평화와 공동 구원을 위해 전쟁 명령에 순명하는33 법률의 집행인(minister legis)이 되어야 한다.34 아우구스티누스는 루카복음 3장 14절을 근거로 이 측면을 강조한다. 그리스도교의 가르침이 모든 유형의 전쟁을 단죄한다면, 복음에서 세례자 요한이 무기를 버리고 군복무에서 온전히 벗어나라고 규정하였을 것이라고 지적한다. 요한이 군인들에게 "아무것도 강탈하거나 갈취하지 말고 너희 봉급으로 만족하여라." 하고 일렀음을 상기시키면서, 군인들이 사회 질서의 대리인이긴 해도 그로 인해 당연히 폭력을 행사해도 되는 입장은 아니라고 주장한다.35

이러한 논지에서 히포의 주교는 다윗, 백인대장 코르넬리우스 등

---

    guerre", *Cahiers de la Réconciliation* 45, 1978, 6.
30 Patrick A. Messina, Craig J.N. De Paulo, 앞의 책, 28.
31 "사람은 누구나 위에서 다스리는 권위에 복종해야 합니다. 하느님에게서 나오지 않는 권위란 있을 수 없고, 현재의 권위들도 하느님께서 세우신 것입니다."
32 아우구스티누스, 「고백록」 3, 8, 15.
33 아우구스티누스, 「마니교도 파우스투스 반박」 22, 75.
34 아우구스티누스, 「자유의지론」 1, 5, 12.
35 아우구스티누스, 「서한」 138, 2, 15.

과 같은 성경의 인물들이 군인이었다는 사실을 근거로 그리스도인이 직업군인이 되는 데 아무런 문제가 없음을 제시한다. 또한 물리적 힘으로 야만족과 싸우는 것을 기도를 통해 영적인 원수와 싸우는 것을 동일시한다.36 그럼에도 불구하고 아우구스티누스는 칼로 사람들을 죽이는 것보다 대화로 전쟁까지 가는 것을 막고 전쟁이 아닌 평화로써 평화를 유지하거나 마련하는 것을 더 큰 영광으로 간주한다.37

여기서 우리는 다음과 같은 문제에 직면한다. 정당한 이유로 인해 합당한 권위가 내린 명령에 따라 전쟁에 참여하는 군인들이 과연 욕망(libido) 없이 적군을 죽일 수 있는가? '해를 끼치려는 욕망'(nocendi cupiditas), '잔혹한 복수'(ulciscendi crudelitas), 평화롭지 못하고 용서 없는 영혼(impacatus atque implacabilis animus), 폭동의 잔악함(feritas rebellandi), 지배욕(libido dominandi) 및 이와 유사한 것들이 전쟁의 실제적인 해악이기 때문이다.38 무엇보다 아우구스티누스는 군인이 적군을 죽일 때 죄짓는 것이 아니며, 더욱이 사람들은 아예 그들을 살인자라고 부르지 않는다고 지적한다.39 또한 군인은 적군을 죽임으로써

---

36 아우구스티누스, 『서한』, 189. 4-5. 이에 대해 참조: Louis J. Swift, 앞의 책, 126-127.
37 아우구스티누스, 『서한』, 229. 2.
38 아우구스티누스, 『마니교도 파우스투스 반박』, 22. 74.
39 아우구스티누스, 『자유의지론』, 1, 4, 9. 특기할 것은 개인의 자기 방어의 문제에 대해서는 아우구스티누스가 다른 입장을 취한다는 것이다. 비록 실정법이 용인한다고 하더라도 그리스도인은 의지적으로 다른 이의 생명을 취하는 것이 허락되지 않는다. 예를 들면 행인이 강도에게 살해당하지 않으려고 강도를 살해하거나 어떤 남자나 여자가 자기한테 덤비는 파렴치한이 자기한테 추행을 저지르기 전에 죽여 버릴 권리를 주는 법률은 정의롭지 못하다고 아우구스티누스는 주장한다.(『자유의지론』, 1, 5, 11) 동일한 생각이 『서한』 47, 5에서도 "다른 이들에게서 죽임을 당하지 않기 위해 그들을 죽일 수 있다는 의견을 나는 좋아하지 않는다."라고 표현된다. 이러한 논거에 대해 리차드 쉘리 하티간은 아우구스티누스의 입장이 교회의 전통적인 평화주의 노선을 따르고 있다고 지적한다. 같은 입장을 데이빗 레니헌도 제시한다. Richard Shelly Hartigan, "Saint

법률의 집행인 역할을 하는 것이기에, 아무런 욕망 없이 직무를 수행하는 것임을 히포의 주교는 암시적으로 인정한다.[40] 군인이나 공직자가 자기 자신이 아닌 다른 이들이나 자신의 국가를 보호하기 위해, 그리고 하느님의 법에 따라 공권력을 행사하는 사람들이나 정의로운 법률이 명하는 대로 전쟁에서 적군을 죽이는 것은 자신에게 맡겨진 직무에 충실한 것이기 때문이다.[41]

그렇기 때문에 개인적인 분노나 복수의 감정 없이, 또한 지배욕 없이 전쟁에서 적군을 죽일 때 '사랑'(caritas)이라는 하느님의 법을 침해하지 않는 것이며, 정의를 복원하는 행위에 참여하면서 하느님의 법에 순명하는 것이다.[42] 이는 전쟁의 합법성이 복음의 계명인 사랑에 기초해야 한다는 것을 드러내는 것이다.[43] 바로 여기에 올바른 사랑으로 표현되는 '올바른 원의'라는 의로운 전쟁의 세 번째 원칙이 자

Augustine on War and Killing: The Problem of the Innocent", *Journal of the History of Ideas* 27/2, 1966, 197; David A. Lenihan, "The Just War Theory in the Work of Saint Augustine", *Augustinian Studies* 19, 1988, 44.

40 같은 책, 1, 5, 12.
41 아우구스티누스, 「서한」 47,5; 「신국론」 1, 21.
42 Richard Shelly Hartigan, 앞의 책, 201. 이 글에서 저자는 아우구스티누스가 전쟁 중에 무고한 이들, 특별히 무고한 시민이나 비전투요원의 보호에 대해서는 명확한 논거를 제시하지 않았다고 주장한다. 무고한 이들의 죽음은 의로운 전쟁의 부수적인 결과이기에, 의로운 전쟁의 필요성이 관련되는 한 무고한 이들의 운명에 아우구스티누스가 관심을 갖지 않았다는 것이다. 이에 대해 랑간은 아우구스티누스가 이 문제를 소홀히 했던 이유를 설명할 두 가지 대안이 있다고 주장한다. 첫째는 모세의 전쟁에 관한 파우스투스와의 논쟁에서 찾아볼 수 있는데, 개전과 전쟁 중 행위에 관한 신적 권위 부여에 대한 아우구스티누스의 신념을 수용한다면 의로운 전쟁을 수행하는 과정에서 비전투요원의 보호를 본질적인 요소로 상정하는 것은 대단히 어렵다는 것이다. 둘째는 전쟁의 해악을 최소화하려는 아우구스티누스의 관심을 원리 혹은 규칙의 윤리보다 덕 윤리에 나타나는 표현들로 간주할 수 있다는 것이다. J. 랑간, "아우구스티누스의 전쟁 윤리: 의로운 전쟁", W.S. 뱁코크 엮음, 「아우구스티누스 윤리학」, 문시영 역, 서광사, 1998, 308-309.
43 Frederick H. Russell, *The Just War in the Middle Ages*, 17.

리한다.44

　이렇게 평화의 회복이라는 측면으로 의로운 전쟁이 나타나지만, 그럼에도 불구하고 아우구스티누스는 의로운 전쟁이 발생하는 현실에 대해 개탄하는 것도 잊지 않는다. 히포의 주교는 현자가 의로운 전쟁을 수행할 것이라는 스토아학파의 노선을 따르지만 전쟁에 대한 로마제국의 칭송을 비판하며 자신의 의견을 다음과 같이 개진한다.45 "그러나 그 현자가 인간이라면, 아무리 의로운 전쟁이라 하더라도 인간에게 전쟁이라는 필요악이 존재한다는 사실에 대해 한층 더 애통해할 것이다. (…) 현자로 하여금 의로운 전쟁이라는 전쟁을 수행하지 않을 수 없게 하는 것은 상대편의 불의일 것이다. 전쟁을 일으킬 만한 그런 불의라면 인간 누구나 통탄해야 마땅하다. 비록 거기서 반드시 전쟁이 일어나는 것은 아니더라도 어디까지나 인간들이 저지른 불의라는 점에서 통탄해야 한다. 그러므로 사람이라면 누구나 전쟁이라는 이토록 거창하고 이토록 가공스럽고 이토록 잔혹한 악에 대해 숙고할수록 고통스러워지며, 따라서 전쟁은 비참하다고 실토해야 마땅할 것이다."46

44　Patrick A. Messina, Craig J.N. De Paulo, 앞의 책, 27-28. 폴 램지 역시 아우구스티누스의 작품 속에 나타나는 의로운 전쟁의 토대가 그리스도교 사랑이지 자연적인 정의가 아니라고 강조한다. 또한 그리스도교 사랑이라는 올바른 원의의 계명에로 의로운 전쟁 이론이 전환하였고, 이 의향을 구체화하면서 올바른 행위로 의로운 전쟁이 정향하고 있다고 지적한다. Paul Ramsey, *War and Conscience: How Shall Modern War Be Conducted Justly?*, Durham NC: Duke University Press, 1961, 15와 32-33.

45　J. Warren Smith, "Augustine and the Limits of Preemptive and Preventive War", *Journal of Religious Ethics* 35/1, 2007, 154.

46　아우구스티누스,「신국론」19,7. 이에 대해 참조: Nello Cipriani, "La violenza nel pensiero di S. Agostino", *Parola, Spirito e Vita* 37, 1998, 248.

(2) 하느님이 장본인으로 등장하는 전쟁(bellum Deo auctore)

인간의 명령하에 이루어지는 의로운 전쟁이 방어 전쟁에 초점을 두고 있다면, 공격 전쟁도 의로운 전쟁이 될 수 있다는 가능성을 아우구스티누스는 다음과 같이 제시한다. "만일 어떤 국가나 도시가 자신의 구성원들이 범한 불의함에 대해 벌하거나, 불의하게 가져간 것을 돌려주는 것을 간과하였다면 (그들을 거슬러) 전쟁을 수행해야만 한다."[47]

이러한 전쟁이 의로운 전쟁이 될 수 있는 것은 하느님의 직접적인 명령하에 이루어지는 것이기 때문이다. 곧 하느님 자신이 최고의 합법적인 권위이기 때문이다. 그렇기에 인간의 명령에 의해 수행된 전쟁이 한시적으로 의로운 전쟁이 되는 것과는 달리, 하느님이 장본인으로 등장하는 전쟁은 절대적으로 의로운 전쟁이 된다. 아울러 여기에는 '정당한 이유', '올바른 원의'와 같은 요소도 등장하지 않는다. "하느님 쪽이 불의하시다는 것입니까? 결코 그렇지 않습니다."라고 로마 9, 14가 선언하듯 하느님 안에는 불의함이 없으며, 하느님은 각자에게 무엇이 주어져야 하는지 알고 있는 분이기 때문이다.[48] 하느님의 섭리에 의해 이루어진 이러한 전쟁에서[49] 군대의 장군은 스스로를 전쟁의 장본인(auctor belli)이 아닌 하느님의 계획을 수행하는 사람

---

47 아우구스티누스, 「구약 칠경에 관한 질문」 VI, 10.
48 Frederick H. Russell, "Augustine's Contradictory Just War", *Studia Patristica* 70, 2013, 558.
49 Paul Monceaux, "Saint Augustin et la guerre", *L'Église et la guerre*, Paris: Bloud et Cie, 1913, 12.

(minister)으로 간주해야 한다고 아우구스티누스는 강조한다.50

인류 역사에서 공격 전쟁이 의로운 전쟁으로 평가되는 것이 극히 제한적이지만, 이러한 전쟁의 예를 아우구스티누스는 구약성경을 거부하는 마니교도들을 거슬러 제시한다. 특별히 모세가 수행한 전쟁들이 의로운 하느님께 대한 순명에 의한 것이었음을 이렇게 강조한다. "그는 전쟁에서 하느님의 명령을 수행하면서 잔혹하지 않았고 오히려 순종적이었으며, 하느님은 전쟁을 명하시면서 잔인하지 않으셨다."51

이러한 모습을 아우구스티누스는 민수기 21장 21-25절에 나타나는 사건을 통해 보다 구체적으로 제시한다. 이스라엘 백성이 아모리인들의 임금 시혼에게 영토를 지나가는 것을 허락해달라고 청한다. 하지만 시혼은 이를 허락하지 않고 오히려 이스라엘을 치려고 모든 군대를 모아 광야로 나오자, 이스라엘이 그를 칼로 쳐 죽이고 그의 나라를 정복한다. 히포의 주교는 이 사건을 주석하면서 이스라엘이 하느님께 서원했기에 아모리인들의 모든 성읍을 차지한 것이 아님을 지적한다. 이 전쟁이 의로운 전쟁이 되는 것은 인간 사회의 합당한 법에 따라 누구에게도 가능한 '해를 끼치지 않는 통과'(innoxius transitus) 가52 거부되었기 때문이다. 하지만 무엇보다 하느님이 자신의 약속을 이루시고자 이스라엘을 도우러 오신 것이고, 이스라엘에게 아모

---

50 아우구스티누스, 『구약 칠경에 관한 질문』 VI, 10.
51 아우구스티누스, 『마니교도 파우스투스 반박』 22, 74.
52 여기서 아우구스티누스는 만민법(ius gentium)을 염두에 두고 있는 것으로 보인다. 이에 대해 참조: Frederick H. Russell, *The Just War in the Middle Ages*, 21; Philip Wynn, 앞의 책, 237.

리인들의 땅을 주는 것이 적합하였기 때문이었다. 사실 민수기 20장 14-21절에 등장하는 에돔도 이스라엘의 통과 요청을 거부하였다. 하지만 이스라엘 백성들이 그들과 전쟁을 벌이지 않은 것은, 하느님이 이스라엘에게 그 고장을 허락하지 않았기 때문에 다른 길로 돌아간 것이라고 아우구스티누스는 설명한다.[53]

여기서 우리는 하느님이 그러한 전쟁을 명하시는 이유를 발견한다. 바로 종교적 교육뿐 아니라 심판과 교정을 위한 것이다.[54] 형벌을 통해 하느님이 역사를 재배치하는 것에 대한 참여, 곧 사악한 이들을 벌하는 것에 대한 하느님의 재가, 바로 여기에 아우구스티누스가 제시하는 전쟁에 대한 가장 강력한 정당화가 있다.[55] 달리 말하면 아우구스티누스는 자신의 논거를 강화하기 위해 하느님의 명령에 따른 구약성경의 전쟁에서 나타나는 '데우스 엑스 마키나'(deus ex machina)에 의존하고 있는 것이다.[56] "하느님의 권위하에 발발하는 전쟁이 사멸할 인간의 교만함에 겁을 주거나, 그 교만함을 무너뜨리거나, 굴복시키기 위한 목적으로 정당하게 시작된 것임을 의심하는 것은 옳지 않다. 인간의 욕망으로 인해 발발한 전쟁이라 하더라도, 그 전쟁은 불

---

53 아우구스티누스, 「구약 칠경에 관한 질문」 IV, 44.
54 랑간은 아우구스티누스가 전쟁을 해석함에 있어 종교적 교육의 요소와 신적 힘과 심판의 시행이라는 두 가지 요소를 모두 고려하는 구약성경의 영향을 받았다고 지적한다: J. 랑간, 앞의 책, 290-291.
55 Gustave Combès, *La doctrine politique de saint Augustin*, Paris: Librairie Plon, 1927, 287; Kevin Carnahan, "Perturbations of the Soul and Pains of the Body. Augustine on Evil Suffered and Done in War", *Journal of Religious Ethics* 36/2, 2008, 276.
56 Stanley Windass, *Christianity Versus Violence. A Social and Historical Study of War and Christianity*, London: Sheed and Ward, 1964, 32-34; Frederick H. Russell, The Just War in the Middle Ages, 23.

멸의 하느님뿐 아니라 그분의 성도들에게 아무런 해를 끼치지 못한다. 오히려 성도들에게 인내심을 단련하고, 영혼을 겸손하게 하며 자부적 규율을 견디어내는 데 유익한 것이 된다."[57]

따라서 하느님의 명령에 의해 전쟁을 수행하는 사람은 비난의 대상이 되지 않는다. 하느님은 잘못된 것을 결코 명할 수 없기 때문이다.[58] 달리 말하면 정의의 원천인 하느님을 장본인으로 하여 전쟁을 수행하는 사람들은 "사람을 죽이지 말라"는 계명을 거슬러 행동하는 것이 아니다. 성경의 다른 인물들을 통해서도 이러한 측면을 볼 수 있음을 아우구스티누스는 아브라함(창세 22, 1-9)과 판관 입다(판관 11, 29-39), 그리고 삼손(판관 16, 25-30)의 예를 통해 제시한다.[59]

더욱이 예수님이 "나는 너희에게 말한다. 악인에게 맞서지 마라. 오히려 누가 네 오른뺨을 치거든 다른 뺨마저 돌려 대어라"고 말하였기에(마태 5, 39), 하느님은 전쟁을 수행하라는 명령을 내릴 수 없었을 것이라고 생각하는 마니교도들에게 아우구스티누스는 이러한 자세가 육신에 있는 것이 아니라 덕행의 거룩한 처소인 마음에 있는 것이라고 강조한다.[60] "악인에게 맞서지 마라"는 권고가 외적 계명이 아닌 내적 지침 또는 육체의 행동이 아니라, 마음의 내적 자세라는 것이다. 특기할 것은 이러한 덕행이 구약의 의인들 안에도 머물러 있었으며, 인간의 왕국들과 원수들에 대한 승리를 포함하는 지상적인 선익

---

57 아우구스티누스, 『마니교도 파우스투스 반박』, 22, 75.
58 같은 책.
59 아우구스티누스, 『신국론』, 1, 21.
60 아우구스티누스, 『마니교도 파우스투스 반박』, 22, 76.

들도 유일하신 참 하느님의 능력과 의지하에 있었다는 점이다. 구약성경이 어느 정도 하늘나라의 신비를 그림자로 덮어 숨기고 있었지만 말이다. 하지만 때가 차자 신약성경은 구약의 인물들에 의해 감춰져 있던 것을 드러내면서 또 다른 삶과 또 다른 왕국이 있음을 분명하게 증언하였다. 또한 그러한 삶 때문에 현세의 삶을 경시해야만 하며, 그 왕국 때문에 모든 지상의 나라들의 재난을 인내로 참아 견디어내야 한다고 제시하였다. "성조들과 예언자들은 이 세상에서 통치하였는데, 이 왕국을 주고 빼앗아가는 이가 하느님이심을 드러내기 위해서이다. 반면 사도들과 순교자들은 이 땅에서 아무런 왕국도 가지고 있지 않았는데, 이는 하늘나라를 더욱 더 염원해야 한다는 것을 드러내기 위해서이다. 성조들과 예언자들은 왕이기에 전쟁을 하였는데, 그러한 승리들 역시 하느님의 뜻에 따라 이루어진 것을 드러내기 위해서였다. 사도들과 순교자들은 저항하지 않고 죽임을 당했는데, 이는 진리에 대한 믿음 때문에 죽임을 당하는 것이 보다 더 큰 승리라는 것을 가르치기 위해서였다. 더욱이 이 세상에서 예언자들은 주님께서 '아벨의 피부터 즈카르야의 피에 이르기까지'라고 말씀하신 것처럼 진리를 위해 죽는 것도 알고 있었다. (…) 그리스도인 황제들 역시 신심에서 오는 온전한 신뢰를 그리스도께 두면서 자신들의 희망을 우상들과 악마에 두었던 신성모독죄를 범하는 원수들에 대해 매우 영광스러운 승리를 거두었다."[61]

---

61 같은 책. 이에 대해 참조: Domenico Argiolas, "La guerra nel pensiero di sant'Agostino", *Palestra del clero* 56, 1977, 730–731.

이렇게 볼 때 랑간(J. Langan)이 정확하게 주장하듯이, 구약성경은 종교적 근거에서 폭력을 정당화하는 예화집이 아니다. 오히려 그러한 예를 통해서도 진정한 선이 무엇인지를 점진적으로 우리에게 계시하는 무대이다.[62] 달리 말하면 구약에 등장하는 의로운 전쟁이 하느님이 약속한 땅으로 가는 여정 중에 이루어진 것이라면, 이는 신약에서 그리스도인의 목적지가 천상도성임을 예형으로 드러낸 것이다. 또한 하느님의 명령에 따라 수행된 의로운 전쟁이 불의함에 대한 응징과 평화의 회복을 목적으로 한 것이라면, 이 평화 역시 이 세상에서의 평화만이 아니라 궁극적으로 영원한 평화, 곧 천상도성에서 누리게 될 평화를 지향해야 한다는 것을 드러낸다고 할 수 있다. 바로 여기에 아우구스티누스가 복음의 규범들을 내적 태도로 해석하고 있는 이유가 자리한다.

이러한 측면을 아우구스티누스는 "선으로 악을 굴복시키십시오."라는 로마서 12장 21절을 근거로 다음과 같이 강조한다. "악인이 선인에 의해 극복된다는 것을 혹은 더욱이 악한 사람 안에서 악이 선에 의해 극복되고, 사람은 외적이며 생소한 악이 아닌 참으로 자신의 것이며 살육하는 모든 외적인 원수의 잔혹함보다 더 심각하고 해악을 끼치는 내면의 악에서 해방된다는 것을 분명하게 봅니다. 따라서 선으로 악을 극복하는 사람은 과도하게 사랑하면 악하게 되는 현세적 선익을 얼마나 무시해야 하는 것인지 믿음과 정의를 위해 가르치기 위

---

62 J. 랑간, 앞의 책, 293.

해 그러한 선익의 상실을 인내로이 견디어냅니다. 불의함을 저지른 사람은 자신이 획득하기 위해 불의함을 저질렀던 그 선익이 얼마나 가치가 있는지를 이러한 방식으로 자신이 해악을 끼쳤던 사람에게서 배웁니다. 이는 박해하는 자의 폭력이 아닌 참아 견디어내는 사람의 호의에 의한 것이며, 이로써 회심하고 화합에로 나아가게 됩니다. (…) 더욱이 이러한 방식의 행위는 교정과 화합을 이끌어내기를 원하는 사람에게 유익이 될 것이라고 믿을 때 칭송받을 만한 것입니다."[63]

여기에서 우리는 아우구스티누스의 일차 관심사가 마음과 정신의 회개이며, 이를 위해 인내를 선호하고 있음을 볼 수 있다.[64] 이러한 인내의 계명들은 올바른 마음의 준비(praepartio cordis) 속에서 보존되어야만 하며, 동일한 호의는 악을 악으로 갚지 않으려는 원의 속에서 구체화해야 한다. 하지만 히포의 주교는 이 경우에도 싸움을 좋아하는 사람들에 대한 형벌에도 의존하면서 호의적인 가혹함과 함께 많은 방책을 사용하는 것이 필요하다고 강조한다. 곧 그들의 원의보다는 그들에게 유익한 것에 더 신경을 써야 한다는 것이다. 아버지가 자신의 아들의 원의와 고통에도 불구하고 무섭게 교정하면서 치유하듯이 말이다.[65]

이러한 교정의 필요성에 대해 아우구스티누스는 다음과 같이 제시한다. "죄인들의 행복보다 더 불행한 것은 없습니다. 어떤 처벌도 받

---

63 아우구스티누스, 「서한」 138, 2, 11.
64 J. 랑간, 앞의 책, 295.
65 아우구스티누스, 「서한」 138, 2, 14.

지 않고 악에 대한 원의는 내면의 원수처럼 강화됩니다."66 결국 교정은 도덕적 질서 회복과 보존을 위한 것임이 드러난다.67 이는 개인의 차원만이 아니다.68 전쟁 역시 교정의 측면을 갖고 있는 것이다. 곧 "가능하다면 그러한 자비의 정신으로 선한 이들은 전쟁도 하는 것입니다. 이는 방종한 격정들에 대해 승리하면서 의로운 통치가 근절하거나 내리누르는 그러한 악행들이 제거되기 위해서입니다."69

바로 여기에 왜 아우구스티누스가 전쟁과 관련하여 항상 평화를 강조하고 있는 이유가 드러난다. "평화를 얻기 위해 전쟁을 벌인다."70 자신의 피를 흘리면서까지 평화를 위해 전쟁하는 것은 영광스러운 평화에 도달하기 위한 것이다.71 따라서 평화는 원의 속에 있어

---

66 같은 책.
67 랑간은 아우구스티누스의 의로운 전쟁 이론의 핵심이 행위가 폭력적인 것인지 아닌지 하는 것을 근본 질문으로 삼는 것보다 근본적으로 성향과 욕구들의 의로운 내적 질서에 대해, 그리고 도덕 질서의 보존에 대한 것이었다고 지적한다. J. 랑간, 앞의 책, 296.
68 아우구스티누스, 『신국론』 19, 16. "집안에서 누군가 불복종으로 가정의 평화에 반항한다면, 인간사회가 허용하는 범위 내에서 말이나 채찍으로, 또는 정당하고 합당한 징계로 이를 바로잡아야 한다. 그것은 징계를 받는 당사자가 스스로 이탈한 평화에 다시 적응하도록 당사자의 선익을 도모하는 징계여야 한다. (…) 무죄한 사람이라면 아무에게도 악을 끼쳐서는 안 되며, 또한 다른 사람에게 악을 행하지 못하도록 압력을 가하거나 죄를 벌하는 일도 무죄한 사람의 직분에 해당된다." 이에 대해 참조: D. Beaufort, *La guerre comme instrument de secours ou de punition*, La Haye: Martinus Nijhoff, 1933, 23.
69 아우구스티누스, 『서한』 138, 2, 14.
70 아우구스티누스, 『서한』 189, 6.
71 아우구스티누스, 『서한』 229, 2; 『신국론』 19,12,1. 최종적인 목적과 목표를 위해 전쟁보다 평화를 우선시하는 관점은 이미 아리스토텔레스의 『니코마코스 윤리학』 1177b에 나타난다. "전쟁을 하는 것은 평화 속에 살기 위해서이다. (…) 아무도 전쟁하는 것 자체가 좋아서 전쟁하지 않는다. 싸움을 하고 살육을 하기 위해서 자기 친구를 원수로 만드는 사람이 있다면 그 사람은 전적으로 살인적인 사람이라 생각되지 않을 수 없다. (…) 정치적 행동과 군사적 행동이 그 고귀성과 규모의 크기에 있어 뛰어난 것이라 할지라도 그것들이 비한가적이고 어떤 목적을 추구하며 그 자체 때문에 바람직한 것이 아니다." 한국어 번역은 다음을 참조: 아리스토텔레스, 『니코마코스 윤리학』, 최명관 역주, 서광사, 1986(3판).

야만 하고 전쟁은 필요일 뿐이다. 이는 하느님이 우리를 필요에서 해방시켜 평화 속에 보존하기 위해서이다.[72] 아우구스티누스는 평화가 평온한 질서(tranquilitas ordinis)라는 사실을 강조하면서 다음과 같이 제시한다. "신체의 평화는 부분들의 질서 있는 조화다. 비이성적 영혼의 평화는 욕구의 질서 있는 안정이다. 이성적 영혼의 평화는 인식과 행위의 질서 있는 합의다. 신체와 영혼의 평화는 생명체의 질서 있는 생명과 안녕이다. 사멸할 인간과 하느님의 평화는 영원법에 대한 신앙의 질서 있는 순종이다. 인간들의 평화는 질서 있는 화합이다. 가정의 평화는 함께 사는 사람들 사이에 명령하고 복종하는 질서 있는 화합이다. 도시국가의 평화는 시민들 사이에 명령하고 복종하는 질서 있는 화합이다."[73]

이토록 하느님의 지고한 의지에 응답하기 위하여 인간 사회가 나아가야 할 목표는 항상 평화이다.[74] 또한 이러한 평화에 있어 본질적인 질서는 동등한 것들과 동등하지 않은 것들의 고유한 자리를 각각에게 부여하는 배치이다.[75] 따라서 평화의 회복은 질서의 회복이요 동시에 정의의 회복이다.[76] 정의 역시 각자에게 자기 것을 배분하는 덕(suum cuique tribuere)이기 때문이다.[77] 매우 정의롭게 정의를 부여하

72　아우구스티누스, 「서한」 189, 6.
73　아우구스티누스, 「신국론」 19, 13, 1.
74　Yves de la Brière, "La conception de la paix et de la guerre chez saint Augustin", Revue de philosophie 1, 1930, 562.
75　아우구스티누스, 「신국론」 19, 13, 1.
76　정의는 평화의 전제이며, 평화는 정의의 업적이다. 이에 대해 참조: Philippe Curbelié, La justice dans la cité de Dieu, Paris: Institut d'Études Augustiniennes, 2004, 469.
77　아우구스티누스, 「자유의지론」 1, 13, 27; 「질서론」 1, 7, 9; 2, 7, 22; 「여든세 가지 다양한 질문」 2;

는 하느님은 사멸하는 인류를 지상을 장식하는 최고의 존재로 만들었고, 현세 생활에 어울리는 선들을 인간들에게 베풀어 주었는데, 그 속에 현세적 평화가 있다. 이 평화는 사멸할 인생의 시간 간격에 어울리는 평화로서, 건강과 무사안녕, 자기 부류들과 이루는 사회생활로 이루어진다. 또 이 평화를 옹호하고 회복하는 데 필요한 선들, 곧 감관으로 제대로 접할 수 있는 적절한 대상들, 빛과 소리, 공기와 물 등 신체가 자신을 먹이고 입히고 덮고 치유하고 꾸미는데 알맞은 것들도 모두 베풀어 주었다.[78]

이러한 맥락에서 볼 때 현세적 평화를 가져온 폭력도 하느님의 선물이라고 할 수 있다. 그렇다면 왜 하느님은 현세적 평화와 이 평화를 옹호하고 회복하는 데 필요한 선들을 인간에게 선사하였는가? 아우구스티누스는 다음과 같이 답변한다. "이런 사물들을 베풀면서 더없이 공정한 조건이 인간들에게 제시되었다. 곧 사멸할 인간이 사멸할 인간들의 평화에 어울리게 이런 선들을 올바로 사용한다면 더 풍족하고 더 좋은 선들을 받게 된다. 다시 말해 불사불멸의 평화, 그리고 그 평화에 걸맞은 영광과 영예를 받아 영원한 생명으로 하느님을 향유하고 하느님 안에서 이웃사람들을 향유하기에 이른다."[79]

바로 여기에서 정치적 평화에서 대신적(對神的) 차원의 평화로의 전환을 볼 수 있으며, 이는 아우구스티누스가 제시하려는 궁극적인

「시편 상해」 83,11; 「신국론」 19, 4, 4; 19, 21, 1.
78 아우구스티누스, 「신국론」 19, 13, 2.
79 같은 책.

평화 개념이라고 할 수 있다. 히포의 주교에 따르면, "최대의 상급은 우리가 그분을 향유하는 것이며, 그분을 누리는 모든 사람이 그분 안에서 서로서로를 향유케 될 것이다."[80] 또한 "천상 도성의 평화는 하느님 안에서 서로 향유하는, 더없이 질서 있고 더없이 화합하는 사회적 결속이다."[81]

따라서 지상적 사물들의 사용은 지상 도성에서 지상적 평화를 향유하는 일과 관련된다. 그리고 천상 도성에서는 영원한 평화를 향유하는 일과 결부된다.[82] 달리 말하면 지상 도성에서는 현세 생활에서 오는 편리한 사물을 갖고 지상 평화를 도모하려고 하지만, 천상 도성에서는 장차 영원할 것으로 언약된 사물들을 기다리며 지상적이고 현세적인 사물들을 사용하되 나그네처럼 사용한다는 것이다. 천상 도성도 이 순례의 길에서는 지상 평화를 이용하고, 신심과 종교심에 의해 허용되는 한, 사멸할 인생에 속하는 사물들에 관해 인간 의지들 사이에 이루어지는 적절한 조정을 보호하고 추구하며 지상 평화를 천상 평화로 귀결시킨다. 그러므로 천상 평화만이 진정한 평화라고 할 수 있으며 이성적 피조물은 이것만을 평화라 여기고 불러야 마땅하다.[83]

이토록 현세 생활에서 누리는 평화는 일시적이며 선인에게나 악인

---

80 아우구스티누스, 「그리스도교 교양」 1, 32, 35.
81 아우구스티누스, 「신국론」 19, 13, 1.
82 같은 책, 19, 14.
83 같은 책, 19,17. 데이빗 레니헌은 아우구스티누스의 세계관 및 전쟁 철학의 본질적인 것이 천상 도성이 지상의 평화를 사용한다는 시각이라고 주장한다. David A. Lenihan, 앞의 책, 52.

에게나 공유되는 평화이며[84] 비참함에 대한 위로(solacium miseriae)일 뿐 지복에서 오는 기쁨은 되지 못한다.[85] 하지만 궁극의 평화 속에서는 "우리의 자연적 본성이 죽지 않고 썩지 않아 온전해질 것이다. 그리하여 인간의 자연적 본성은 악습을 지니지 않을 것이다. 타인에 의해 유발되든, 우리 자신에 의해 유발되든, 어떤 사람이 우리 중의 누구와 갈등을 빚는 일도 없을 것이다. 악덕이란 일체 없을 테니까 이성이 악덕에 명령을 내릴 필요도 없어질 것이다. 오히려 하느님이 인간에게 명령하고 정신이 육체에 명령할 것이며, 저 평화 속에서는 살고 다스리는 행복이 그만큼 크고, 따라서 명령에 순종하는 것이 무척이나 유쾌하고 매우 쉬울 것이다. 거기서는 이런 것들이 인간 모두에게, 또 인간 각자에게 영원할 것이며 영원하리라는 사실 또한 확실할 것이다. 그리하여 이 지복의 평화, 또는 평화의 지복이 최고선이 될 것이다."[86] 이러한 평화를 갈망하며 아우구스티누스는 한 서한에서 다음과 같이 고백한다. "인간의 평화가 사멸할 인간들의 현세적 구원으로 인해 그토록 달콤하다면, 천상 평화는 천사들의 영원한 구원으로 인해 얼마나 더 달콤하겠는가!"[87]

결국 모든 국가는 평화를 원한다는 근본적인 입장 속에서 전개된 아우구스티누스의 의로운 전쟁 이론은 사랑에 중심을 둔 윤리이다.

---

[84] 같은 책, 19, 26.
[85] Elena Cavalcanti, "La cosidetta 《guerra giusta》 nel De civitate Dei di Agostino", *Cristianesimo nella storia* 25, 2004, 56.
[86] 아우구스티누스, 「신국론」 19, 27.
[87] 아우구스티누스, 「서한」 189, 6.

더욱이 구약성경에 나타나는 전쟁과 신약성경이 제시하는 평화 사이의 딜레마를 아우구스티누스는 참된 의로운 전쟁과 한시적인 의로운 전쟁을 구분하면서 해결하고 있다. 그렇기에 목적이 수단을 정당화한다는 차원에서 전쟁이 지닌 해악성에도 불구하고 정의에 도달한다는 도구적 가치를 지닌다는 것을 히포의 주교는 강조한다.88 평화를 지향하는 전쟁이라는 윤리적 원칙 위에서 아우구스티누스는 암브로시우스와 치체로의 노선을 따라 의로운 전쟁 이론을 재구성한 것이다. 물론 이상적인 것은 전쟁이 아닌 평화로 평화를 조성하는 것이다. 그러나 불의함을 통해 평화가 깨졌을 경우, 이를 교정하고 질서를 회복하여 평화를 이루려는 목적에 도움이 되는 도덕적 요구에 의해 전쟁을 수행하는 것이다.

'평화-목적' 그리고 '전쟁-도구'라는 구조뿐 아니라 전쟁에 대한 평화의 자연적 우위성이라는 노선에서89 아우구스티누스의 주장은 치체로의 사상과 매우 유사한 것처럼 나타난다. 하지만 아우구스티누스에게 영감을 불어 넣은 것은 복음 정신이며, 바로 이 점이 치체로와의 결정적인 차이를 드러내었다.90 스탠리 윈다스(Stanley Windass)가 주장하듯 하느님이 장본인으로 등장하는 전쟁(bellum Deo auctore)

---

88 Bernard Roland-Gosselin, *La morale de saint Augustin*, Paris: Éditeur Marcel Rivière, 1925, 147; Antonello Calore, 앞의 책, 19.
89 Sergio Cotta, "Guerra e pace nella filosofia di S. Agostino", *L'umanesimo di sant'Agostino. Atti del Congresso Internazionale Bari 28-30 ottobre 1986*, a cura di Matteo Fabris, Bari: Levante Editori, 1988, 134.
90 Monseigneur De Solages, *La théologie de la guerre juste*, Paris: Desclée de Brouwer, 1946, 45.

이라는 측면이 모든 문제를 해결한 것이다. 곧 하느님의 영감에 따른 전쟁이라는 주제가 의로운 전쟁에 관한 아우구스티누스의 결정적 혹은 주요 요소로 제시된 것이다.[91] 그렇기에 치체로의 단순한 법적 형식주의(形式主義)가 아닌 사악함을 벌하려는 하느님의 뜻을 성취하는 다목적 도구로서 의로운 전쟁이 제시된 것이다.[92] 이토록 인간의 명령에 의해 수행된 전쟁이 한시적으로 의로운 전쟁이 되는 것과는 달리 하느님이 장본인으로 등장하는 전쟁은 절대적으로 의로운 전쟁이 된다는 사실에서, 단순한 의무론이나 결과론이 아우구스티누스의 의로운 전쟁 이론의 근본적인 전망이 될 수 없다는 측면이 등장한다.[93]

그러므로 중세 사상가들이 성전에 대한 자신들의 주장을 아우구스티누스의 구약성경 주석에 의지하고 있지만, 의로운 전쟁 이론을 내세운 아우구스티누스를 중세 중기에 두드러진 성전(聖戰) 사상, 곧 하느님이 자신의 편에 계시고 의로운 전쟁에서 승리를 보증해 주실 것이라는 입장의 대변자로 볼 수 없다. 히포의 주교가 그리스도교 확장의 수단으로, 또한 정복을 정당화하거나 새로운 재화의 획득을 위해 의로운 전쟁을 말하고 있지 않기 때문이다.[94] 오히려 아우구스티누

---

91 Stanley Windass, "Saint Augustine and the Just War", 466.
92 Frederick H. Russell, "Love and Hate in Medieval Warfare: The Contribution of Saint Augustine", 115; Nico Vorster, "Just War and Virtue: Revisiting Augustine and Thomas Aquinas", *South African Journal of Philosophy* 34, 2015, 56.
93 Henrik Syse, "Augustine and Just War Between Virtue and Duties", Henrik Syse, Gregory M. Reichberg, eds, *Ethics, Nationalism, and Just War. Medieval and Contemporary Perspectives*, Washington, D.C.: The Catholic University of America Press, 2007, 36-50.
94 Marie-François Berrouard, "Bellum", Karl Heinz Chelius, ed, Augustinus-Lexikon, I, Basel: Schwabe & Co. AG, 1986-1994, 642.

스의 원래 주장이 무시된 것이고, 심지어 의로운 전쟁에 대한 정식조차 시야에서 사라진 것이라 할 수 있다. 더욱이 전쟁에 관한 아우구스티누스의 작품들이 자동적으로 중세의 결론으로 이끌지 않고 있다는 것도 특기할 만한 점이다.[95] 또한 아우구스티누스가 의로운 전쟁으로 구체적으로 명명하고 있는 유일한 전쟁들은 구약성경에 나타나는 전쟁들이라는 사실도 매우 의미심장하다.[96] 여기서 아우구스티누스의 의도가 드러난다. 그는 전쟁 수행에 한계를 제시하고 동시에 일부 조건하에서 전쟁을 정당화하려고 하였던 것이다. 전쟁을 그리스도교 맥락에서 어떻게 바라볼 수 있는지, 그리고 윤리적 담화 속에서 전쟁에 대한 논의를 제시하고자 한 것이다.[97] 그렇기에 히포의 주교는 하느님의 명령하에 이루어진 전쟁이 가진 측면들, 곧 종교적 교육과 형벌 그리고 교정을 제시하면서 결국 현세적 평화가 아닌 천상의 평화를 지향하도록 하였다. 비록 십자군이나 성전에로의 길을 아우구스티누스의 의로운 전쟁 이론이 열어 놓았다고 할 수 있겠지만, '하느님의 권위'와 '순명'이라는 두 축을 통해 아우구스티누스가 제시하고자 했던 것은 평화와 사랑이었다.

---

95 William R. Stevenson, *Christian Love and Just War. Moral Paradox and Political Life in St. Augustine and His Modern Interprets*, Macon: Mercer University Press, 1987, 42-43; Gregory M. Reichberg, Henrik Syse and Endre Begby, 앞의 책, 85.
96 Philip Wynn, 앞의 책, 239.
97 Frederick H. Russell, "War", Allan D. Fitzgerald, ed., *Augustine through the Ages. An Encyclopedia*, Grand Rapids, Cambridge: William B. Eerdmans Publishing Company, 1999, 876.

4. 부와 가난 그리고 사유재산

부에 대한 아우구스티누스의 전반적인 관점은 이 주제에 대해 교부들이 이해하는 주된 흐름 안에 있으며 적어도 알렉산드리아의 클레멘스에게까지 거슬러 올라가는 전통을 지속하고 있다. 이 전통을 간략하게 요약한다면, 중용(中庸)의 관점이라고 말할 수 있다. 곧 사물에 대한 그리스도인의 구조하에서 부와 부유한 이들에 대한 합법적인 자리를 일부 환경하에서 허락하면서도 동시에 궁극적으로는 부유한 이들이 구원에 이를 수 있는 방식인 것이다. 아우구스티누스는 이러한 흐름을 다음과 같이 요약하여 말한다. "금과 은은 악한 이들에게는 악하며 선한 이들에게는 좋은 것이다. 곧 금과 은이 사람들을 선하게 만드는 것이 아니라, 선한 이들의 손 안에 있을 때 좋은 것이 되는 것이다."(『강론』 72, 4) 결국 부유함은 그 자체로 볼 때 중성적인 것이며, 부유함을 소유한 이들에 따라 좋게도 혹은 나쁘게도 사용될 수 있는 것이다. 보다 정확하게 말한다면, 부유함은 단순히 선한 것이고, 부유함을 소유한 이들이 선하거나 악한 것이다.

하지만 이미 아우구스티누스의 시대에도 그가 대변하고 있는 이러한 전통은 두 그룹에 의해 도전을 받았다. 어떤 이들은 부를 소유하고 있는 것이 어떠한 진지한 책임성을 수반하지 않으며 부유함 자체는 그 소유자의 향유만을 위해서만 존재한다고 믿었다. 물론 이러한 주장은 부유한 이들의 대부분이 견지한 것임은 의심의 여지가 없다. 이에 대해 아우구스티누스는 교만이나 탐욕 혹은 자선의 의무 등에 대해 말할 때마다 언급한다. 또 어떤 이들은 부유함에 대한 급진적인 거부라는 태도를 취하였다. 예를 들면 마니교도들은 세례 받은 이들이 토지나 집 또는 돈을 소유해서는 안 된다고 주장하였다. 이러한 그들의 주장 이면에는 물질에 대한 경시뿐 아니라 많은 가톨릭 신자들의 재산 남용이라는 측면이 자리하고 있다. 또한 아우구스티누스는 '열두 사도파'라는 이단에 대해 전해준다. 이에 의하면, 그들은 사유재산을 소유한 이들을 자신들의 공동체에 받아들이지 않았기 때문에 이 이름을 자랑스러워했다는 것이다. 아울러 일부 펠라기우스주의자들은 "네가 완전한 사람이 되려거든, 가서 너의 재산을 팔아 가난한 이들에게 주어라. 그러면 네가 하늘에서 보물을 차지하게 될 것이다. 그리고 와서 나를 따라라."라는 마태오복음 19장 21절의 말씀을 권고가 아닌 절대적인 순명을 요구하는 계명으로 해석하기도 했다.

아우구스티누스는 일부 펠라기우스주의자들이 한 것처럼 『강론』 84-86에서 마태오복음 19장 16-26절에 등장하는 부자 청년 이야기에 대한 주석을 통해 부와 가난에 대해 가르치고 있다. 특기할 것은 성인이 다른 교부들과 마찬가지로 개인의 소유권 자체를 거부하지 않았다는 점이다.[98] 오히려 성인은 부자와 가난한 이의 의미를 통

---

98 참조: J. Gaudemet, L'Église dans l'Empire Romain (IVe-Ve siècles), Paris: Sirey, 1958, pp. 570-573. 롤랑-고슬랭은 소유권에 대한 아우구스티누스의 사상은 유대-그리스도교 사상에 대한 신플라톤주의와 스토아주의의 적합이라는 윤리 원칙에 깊이 연결되어 있다고 주장한다: B. Roland-Gosselin, La morale de saint Augustin, Paris: Éditeur Marcel Rivière, 1925, pp. 178-179. 소유권 문제에 있어 지(Giet)는 아우구스티누스 안에서 '점유'(appropriation) 개념이 어떠한 하느님의 계명에 기초한 것은 아니지만 단순히 인간적 현상만으로는 볼 수 없다고 본다. 오히려 '점유'는 주관적으로는 하느님으로부터 자신의 가치를 취한 것이고, 객관적으로는 신적 의지와 인간적 연약함 사이의 중재로서 하느님의 완벽한 의지에의 근접(approximation)과 같은 방식을 확립하는 인간의 법률에 의해 행해지기 때문이다: S. Giet, "La doctrine de l'appropriation des biens chez quelques-uns des Pères", Recherches de

찰하면서, 재물의 유무(有無) 자체보다 부자와 가난한 이의 마음의 움직임에 초점을 맞추고 있다. 사실 『강론』 84는 411년 카르타고에서, 『강론』 85는 426년에서 430년 사이에, 『강론』 86은 정확한 연도는 알 수 없지만 사목 생활의 끝에 행해진 듯하다. 즉, 아우구스티누스의 성숙된 사상이 세 강론 안에 충분히 스며들어 있는 것이다.

무엇보다 아우구스티누스는 "네가 생명에 들어가려면 계명들을 지켜라."(Si vis venire ad vitam, serva mandata)라는 마태오복음 19장 17절의 말씀을 주석하고 있는 『강론』 84를 통해 '현세적 삶'(vita terrena)과 '영원한 삶'(vita aeterna)의 대립 관계를 묘사하고 있다. 또한 '생명'과 '네가 원하거든'이라는 두 측면은, 부자 청년에게 한 예수의 권고에 대해 다음의 것을 깨닫게 해준다. 곧 부자 청년은 무엇보다 자신의 의지로 현세적 삶보다는 영원한 삶을 원하고 선택해야 한다는 것이다. 또한 영원한 생명에 들어가기 위해 그리고 행복한 삶을 누리기 위한 조건으로 계명 준수를 요구하는 것이다. 이는 '선행과 상급'이라는 구도 안에서 고찰된다. 그렇기에 아우구스티누스는 『강론』 85, 1, 1에서 다음과 같이 묻는다. "생명을 원하지 않는 이가 있겠습니까? 그렇다면 계명을 지키기를 원하는 이는 누구입니까? 만약 당신이 계명을 지킬 의지가 없다면, 왜 생명을 찾습니까? 만약 당신이 선을 행하는데 게으르다면, 왜 상급을 받는 데에는 그토록 서두릅니까?"

마태오복음 19장 18-19절은 계속해서 생명에 들어가기 위한 계명

---

science religieuse 35(1948), pp. 78-79.

이 무엇인지 설명한다. "'살인해서는 안 된다. 간음해서는 안 된다. 도둑질해서는 안 된다. 거짓 증언을 해서는 안 된다. 아버지와 어머니를 공경하여야 한다.' 그리고 '네 이웃을 너 자신처럼 사랑해야 한다.'는 것이다." 부자 청년은 자신이 이러한 계명을 지켰다고 확언하면서 보다 높은 계명을 듣길 원하기에 "그런 것들은 제가 다 지켜 왔습니다. 아직도 무엇이 부족합니까?"라고 예수께 되묻는다.(마태 19, 20) 이에 예수는 다음과 같이 대답한다.(마태 19, 21) "네가 완전한 사람이 되려거든, 가서 너의 재산을 팔아 가난한 이들에게 주어라. 그러면 네가 하늘에서 보물을 차지하게 될 것이다. 그리고 와서 나를 따라라." 하지만 부자 청년은 많은 재물을 가지고 있었기 때문에 슬퍼하면서 떠나갔다고 복음은 전한다.(마태 19, 22)

아우구스티누스에 따르면, 부자 청년은 자신이 듣고자 한 것을 듣지 못하고, 해야 하는 것을 들었기에 슬퍼하면서 떠나간 것이다. 분명 부자 청년이 원했던 영원한 생명은 가치 있는 것이지만, 그는 무가치한 재물에 대한 집착 때문에 본인이 '스승'이라고 부른 이의 말을 사악한 마음으로 듣게 되어 결국 사랑을 소유하지 못하게 된 것이다.(『강론』 86, 2, 2) 달리 말하면, 부자 청년은 참된 재물에 대해 이해하지 못하고, 하느님은 맘몬(mammona)이라고 부르지만 세상과 불의의 재물(divitiae)이라고 부르는 거짓 재물, 즉 이 세상에서만 존재하는 것에 매여 있었기에 예수의 말씀을 받아들이지 못한 것이다.(『강론』 113, 5, 5)

그렇기에 아우구스티누스는 부자 청년 이야기에 나오는 계명을 두 부류로 구분한다. 곧 보다 어려운 계명과 덜 어려운 계명이다. 전자는 마태오복음 19장 21절에 나타나는 것이며, 후자는 마태오복음 19장

18-19절에서 말하는 십계명이다.(『강론』 85, 1, 1) 마리아 그라치아 마라(Maria Grazia Mara)에 따르면, 두 부류의 계명은 그리스도교 삶이 요구하는 것들의 단계성(gradualità)을 드러내는 것이다. 첫 단계는 십계명이요, 다음 단계는 보다 높은, 보다 큰 계명인 것이다. 첫 단계에서 다음 단계로 넘어가는 이 점진성은 "모든 것을 행하고 나를 따르지 않는 것이 너에게 무슨 도움이 되는가?"라는 아우구스티누스의 『강론』 85, 1, 1의 질문에서 드러나듯 선택사항이 아니라 완덕에 도달하기 위한 필요조건으로 보인다.[99]

모든 그리스도인이 완덕에 도달해야 한다는 필요성에서 아우구스티누스는 먼저 부자들에게 위에서 언급한 첫 단계의 계명부터 지킬 것을 다음과 같이 요구한다. "보다 어려운 계명들이 너에게 무거운 짐이라면, 적어도 보다 쉬운 계명들을 택하라. (…) 만약 네가 타인의 재산을 도둑질하는 것을 내가 막지 못한다면, 어떻게 너의 재산을 팔도록 너에게 권고할 수 있겠는가? 너는 '도둑질해서는 안 된다'는 계명을 들었지만 도둑질을 한다. 그토록 위대한 재판관의 면전에서 나는 너를 더 이상 도둑(fur)이 아닌 강탈자(raptor)로 간주할 것이다." 이 요구는 다른 것이 아니라 부자들 스스로 모순에 빠져 있다는 것이다. 그들 역시 좋은 것을 소유하길 원하면서도 자신들은 선한 사람들이 되는 것을 원치 않기 때문이다. 곧 그들의 삶과 원의가 서로 반대에 놓여 있는 것이다. 따라서 아우구스티누스는 이들에게 "네 자신을 아껴라,

---

99 M.G. Mara, *Ricchezza e povertà nel cristianesimo primitivo*, Roma: Città Nuova Editrice, 1998³, p. 80.

네 자신을 불쌍히 여겨라. 현재의 삶은 아직 너에게 가능성을 제공하니, 교정을 거부하지 말라."라고 강하게 권고한다. 훌륭한 집을 갖는 것이 그토록 좋은 것이라면, 악한 영혼을 갖는 것이 얼마나 나쁜 것인지 깨달으라는 것이다.(『강론』 85, 1, 1) 이러한 의미에서 "부자는 하늘나라에 들어가기가 어려울 것이다. 내가 다시 너희에게 말한다. 부자가 하느님 나라에 들어가는 것보다 낙타가 바늘구멍으로 빠져나가는 것이 더 쉽다."는 마태오복음 19장 23-24절의 말씀을 이해할 수 있다.

부자뿐 아니라 가난한 이도 하늘나라에 들어가는 것이 어려울 수 있다. 이를 아우구스티누스는 청중들 중 대다수를 차지하는 가난한 이들에게 다음의 말로 지적한다.(『강론』 85, 2, 2) "여러분들 중에 가난에 대해 자랑하는 이는 부유하면서도 겸손한 이에 의해 압도당하지 않도록 교만을 경계하길 바랍니다. 부유하면서 신앙 깊은 이에 의해 압도당하지 않도록 신앙의 부족함을 경계하길 바랍니다. 부유하면서도 술을 절제하는 이에 의해 압도당하지 않도록 만취하는 것을 경계하길 바랍니다. 부유한 이들이 재산을 자랑해서 안 된다면, 여러분들도 가난함을 자랑해서는 안 됩니다." 결국 가난한 이들이 하늘나라에 들어가는 데 있어 어려움은 교만에서 기인한 것이다.

그런데 교만은 부유한 이들이 하늘나라에 들어가는 것을 막는 장애물로도 등장한다. 그들에게 있어 교만은 자신들의 재물에서 기인한 것이기에, 아우구스티누스는 재물의 첫 벌레는 교만(primus vermis divitiarum superbia)이라고 정의한다. 다시 말하면, 부유한 이들의 교만은 사도 바오로가 "안전하지 못한 재물에 희망을 두지 말라."(1티모 6, 17)라고 권고하듯, 자신들의 재물에 희망을 두는 것에서 나온 것이다.(『강론』 85, 2, 3) 곧 그들의 교만은 이 세상을 마지막 장소인 것처럼 간주하면서 현세의 재물에서 쾌락을 느끼고 그것을 사랑하는 것에서 나온 것이다.(『강론』 85, 14, 5) 또한 현세의 재화가 얼마나 덧없는 것임을, 그리고 자신들이 천상 고향을 향해 나아가는 순례자임을 인식하지 못하는 것에서 그들의 교만의 뿌리가 있는 것이다. 그렇기에 교만은 지나가는 것들에 매여 있게 하면서, 인간으로 하여금 소유자가 아닌 노예가 되게끔 한다.(『시편 상해』 48, s1, 2) 곧, 하느님께서 창조하신 사물을 사랑하면서 창조주 대신에 그 피조물 안에서 자신들의 행복을 찾는 것과 같다.(『요한 서간 강해』 2, 11) 물론 이 세상의 사물들을 사랑하는 것이 금지된 것은 아니지만, 그것들보다 하느님을 선호하면서 질서(ordo) 안에서만 사랑해야 한다. 롱데(Rondet)가 지적하듯, "마음을 드높이"(Sursum corda)라는 전례적 외침이 모든 참된 그리스도인의 질서를 가리키는 말이 되어야 한다.[100]

이러한 맥락에서 아우구스티누스는 "현세에서 부자로 사는 이들"이라는 사도 바오로의 표현(1티모 6, 17)을 따라, 부유한 이들이 이 세상에서만 그러하지 다른 세상에서는 가난한 이들이라고 선언한다. 여기서 위에서 언급한 '현세적 삶'과 '영원한 삶'의 대립 관계를 볼 수 있다. 사도 바오로는 코린토 2서 6장 10절에서 "아무것도 가지지 않은 자같이 보이지만 실은 모든 것을 소유하고 있습니다."라고 말한

---

[100] H. Rondet, "Richesse et pauvreté dans la prédication de saint Augustin", *Saint Augustin parmi nous*, eds. H. Rondet, Ch. Morel, M. Jourjon, J. Lebreton, Le Puy / Paris: Éditions Xavier Mappus, 1954, p. 114.

다. 아우구스티누스는 바오로가 말하는 이들이 바로 사도들이라고 본다. 그들이야말로 "우리에게 모든 것을 풍성히 주시어 그것을 누리게 해 주시는 하느님께 희망을 두라고 지시하십시오."(1티모 6, 17)라는 사도 바오로의 권고처럼 살아계신 하느님께 자신의 희망을 둔 이들이기 때문이다. 그리고 바로 여기서 오직 하느님만이 그 누구도, 심지어 도둑마저도 빼앗을 수 없는 안전한 분임이 드러난다. 그렇기에 이 세상에서 가장 부유한 이라도 하느님을 소유하고 있지 않다면 아무것도 갖고 있지 않은 것이다. 또한 현 세상에서 가장 가난한 이라고 하더라도 하느님을 소유하고 있다면, 모든 것을 다 갖고 있는 것이다.(『강론』 85, 2, 3) 바로 여기에 마음의 가난이 있다. "우리는 하늘의 시민입니다."라는 사도 바오로의 고백(필리 3, 20)처럼, 마음의 가난은 현 세상의 재화와 추이(推移)에 매이지 않은 자유롭고 평온한 이에게서, 그리고 그리스도의 가르침에 따라 현재에서 벗어나 영원에 참으로 애착할 수 있는 능력을 지니고 있는 이에게서 발견된다.[101] 결국 마음의 가난은 겸손함으로 표현되는 것이며,[102] 이러한 의미에서 하느님을 소유하는 것(habere Deum)이 부와 가난의 척도라고 할 수 있다.

그렇다면 부자들이 재물이 아닌 살아계신 하느님께 희망을 둔다면, 그들은 소유한 재물을 갖고 무엇을 해야 하는가? 이 질문은 부유한 이들이 교만에 빠지지 않도록 하기 위해 무엇을 해야 하는지와 상

---

[101] 참조: P. V. Chiappa, *Il tema della povertà nella predicazione di sant'Agostino*, Milano: Dott. A. Giuffrè Editore, 1975, p. 141.
[102] 참조: P. Adnès, "L'humilité vertu spécifiquement chrétienne d'après saint Augustin", *Revue d'ascétique et mystique* 28(1952), pp. 208-223.

통한다. 히포의 주교는 다시 한번 바오로에게 의지하여 다음과 같은 답을 제시한다. "선행으로 부유해지십시오."(1티모 6, 18) 성인에 따르면, 바오로는 같은 구절에서 이 문장의 의미를 다음과 같이 제시한다. 곧 "아낌없이 베풀고 기꺼이 나누어 주는 사람이 되라고 하십시오."이다. 사도 바오로의 이 문장을 통해 아우구스티누스는 부자들을 자선에로 초대하면서, 순수 지상적 차원에서 행해지는 것이 천상에서 현실화되는 자선의 이중적 실재를 다음과 같이 제시한다.(『강론』 85, 4) "당신은 다른 이가 갖고 있지 못한 것을 소유하고 있습니다. 그것을 나누어 주십시오. 그러면 당신도 나누어 받게 될 것입니다. 여기서 나누어 주십시오. 그러면 저기에서 나누어 받게 될 것입니다. 여기서 당신의 빵을 나누어 주십시오. 그러면 저 위에서 다른 빵을 받게 될 것입니다. 여기서는 어떠한 빵입니까? 첫 인간의 저주로 말미암아 땀과 노력으로 거둔 빵입니다. 저기서는 어떠한 빵입니까? '나는 하늘에서 내려온 살아 있는 빵이다.'라고 말씀하신 분 자신입니다." 곧 부자들에게 있어 자선의 목적은 현재 자신이 소유하고 있지 않은 것, 곧 그리스도를 받아들이기 위한 것이라 할 수 있다. 따라서 자선은 순간적 감정의 결과가 아닌 애덕(caritas)의 정신으로 이루어져야 한다. 왜냐하면 진정한 자선은 손으로만 도움을 주는 것이 아니라 온갖 허세에서 자유로운 영혼, 그리고 가난한 이 안에서 그리스도를 보는 영혼으로 도움을 주어야 하기 때문이다.[103] 이러한 의미에서 아우구스티

---

103 A. Brucculeri, *Il pensiero sociale di S. Agostino*, Roma: Edizioni La Civiltà Cattolica, 1945, pp. 78-79.

누스는 "가난한 이가 무언가를 필요로 할 때, 그것은 곧 그리스도가 그것을 필요로 하는 것이다."라고 강조한다.(『강론』 38, 8) 곧 자선은 하느님 사랑과 이웃 사랑과 밀접히 연결되기에 '신앙의 표징'[104]이요, '그리스도께 대한 신앙의 성사'[105]이다. 바로 여기에 가난한 이들 안에 계신 그리스도와의 만남이라는 자선의 신학적 동기가 있다.

따라서 "가서 너의 재산을 팔아 가난한 이들에게 주어라. 그러면 네가 하늘에서 보물을 차지하게 될 것이다."라는 부자 청년에게 한 예수의 권고는, 자신의 재물을 어디에 저장해 두어야 하는지 분명히 알려주는 것이다. 부유한 이들이 지상에서 가난한 이들에게 베푼 것은 천상에 보관해 두는 것과 같다. 다시 말하면, 가난한 이들에게 자선한 것은 그것을 행하라고 명하신 분에게 전달된다는 것이다.(『강론』 86, 3, 3) 이는 그리스도가 우리에게 하신 권고일 뿐 아니라 동시에 우리에게 주신 보증이기도 하다. 우리는 마태오복음 25장 40절에서 이를 확인할 수 있다. "너희가 내 형제들인 이 가장 작은이들 가운데 한 사람에게 해 준 것이 바로 나에게 해 준 것이다." 이 구절에 아우구스티누스는 마치 그리스도가 계속해서 말을 하듯 다음의 설명을 붙인

---

104 A. Fitzgerald, "Mercy, Works of Mercy", *Augustine through the ages. An Encyclopedia*, Gran Rapids, Cambridge: B. Eerdmans Publishing Company, 1999, p. 558. 저자는, 자선과 선행이 성서적 계명(마태 5,7; 루카 11,41)의 성취라는 측면 외에도 4세기에 부와 가난에 대한 관심이 높아지면서 새로운 차원을 갖게 된 주제인 하느님 사랑과 이웃 사랑과 밀접히 연결되어 있기에 교부들 사상의 핵심 요소 중 하나라고 본다. 4-5세기 라틴 교회 안에서의 자선에 대해 참조: B. Ramsey, "Almsgiving in the Latin Church: The late fourth and early fifth centuries", *Theological studies* 43(1982), pp. 226-259.
105 A. Fitzgerald, "Almsgiving in the works of Saint Augustine", in AA.VV., *Signum pietatis. Festgabe für Cornelius Petrus Mayer OSA zum 60. Geburtstag*, Würzburg: Augustinus Verlag, 1989, p. 445.

다.(『강론』86, 5, 5) "직접적으로 내가 아니라 나의 사람들을 통해 그것을 받았습니다. 그들에게 준 것이 나에게 도달한 것입니다. 안심하십시오, 여러분은 그것을 잃어버린 것이 아닙니다. 땅에는 갚을 능력이 없는 이들이 얼마나 많은지 보십시오. 여러분은 하늘에 그것을 할 능력을 가진 이를 소유하고 있습니다. 나는 받았고 (…) 여러분에게 갚을 것입니다. (…) 나는 땅을 받았고 하늘을 줄 것입니다. 나는 현세의 재화를 받았으며, 영원한 재화로 되돌려 줄 것입니다. 나는 빵을 받았고, 생명을 줄 것입니다." 이러한 의미에서 아우구스티누스는 다음과 같이 확언한다.(『강론』86, 3, 3) "가난한 이가 자선을 청하지만 그것을 받는 이는 부유한 이입니다. 당신은 그것을 소비하는 이에게 주지만, 그것을 갚을 이가 사실 받는 것입니다. 그는 단순히 받은 것만 갚지 않을 것입니다. 사실 그는 이자를 붙여 돌려주길 원하였고, 당신이 그에게 준 것보다 더 많은 것을 당신에게 약속합니다."[106]

그렇다면 자선에는 한도가 있는가? 무엇보다 아우구스티누스는 아낌없이 베풀고 기꺼이 나누어 주는 것이 모든 것을 잃어버리는 것이 아님을 강조한다. 또한 부자들에게 자신에게 필요한 만큼, 또는 필요한 것보다 좀 더 남겨둘 것을 요구한다. 성인에 따르면, 자신의 소

---

[106] 참조: 『강론』 38, 8; 350/B, 1; 390, 2. 여기서 흥미로운 것은 아우구스티누스가 고리대금업자(fenerator)의 표상을 사용하고 있다는 것이다. 성인에 따르면(『강론』239, 4, 5), '고리대금하다'(fenerare)는 것은 '조금 주고 많이 받는 것'(minus dare, et plus accipere)이다. 이 때문에 고리대금업은 교회로부터 단죄되었고, 특별히 아우구스티누스는 그리스도인들이 고리대금업을 하는 것에 대해 매우 엄격한 자세를 취하였다. 이 문제에 대해 참조: A. Di Berardino, "La défense du pauvre: saint Augustin et l'usure", *Augustinus Afer. Saint Augustin: africanité et universalité. Actes du colloque international Alger-Annaba, 1-7 avril 2001*, 1, Fribourg: Éditions Universitaires Fribourg Suisse, 2003, pp. 257-262.

유물 중 한 부분만을 나누어 주는 것이다.(『강론』 85, 4, 5) 부자들에게 있어 이 부분은 자신들에게 필요한 것을 제외한 나머지 부분으로 잉여부분이라 할 수 있다. 잉여부분을 가난한 이에게 주는 것은 아우구스티누스에게 있어 정의의 의무에 해당하는 것이다. 곧 자선은 공평화(péréquation)의 양식이요 반환(restitution)의 형태이지,107 증여(largitio)의 형식은 아니다.108 이를 아우구스티누스는 다음과 같이 강조한다. "당신에게 여분으로 남아 있는 나머지 것들은 다른 이들에게 필요한 것입니다. 부자들의 여분(superflua)은 가난한 이들에게 필요한 것입니다. 잉여를 소유하고 있다면 다른 사람의 것을 가지고 있는 것입니다."(『시편 상해』 147, 12)109 또한 "빈곤한 이들에게 자신의 여분을 주지 않는 것은 도둑질과 유사한 것입니다."(『강론』 206, 2) '여분'의 개념을 보완하기 위해 히포의 주교는 십일조를 바치는 바리사이들과 율법학자들의 모습을(루카 18, 12) 제시한다. 그에 따르면, 그들이 십일조를 바치는 것은 부자가 자신의 소유물 중 천분의 일(millesima)에 해당되는 빵을 가난한 이와 나누면서도 위대한 일을 하고 있다고 생각

---

107 A.-G. Hamman, *La vie quotidienne en Afrique du Nord au temps de saint Augustin*, Paris: Hachette, 1985(Nouvelle édition), p. 145.
108 『시편 상해』 95,15. 페트레는, '증여'(largitio)라는 단어가 종종 경멸적인 뉘앙스에 물들어 있으며, '자선'(beneficentia)의 모습을 지칭할 수도 있지만, 그 자체로 윤리적 선이나 의무를 표현하는 것이 아니라고 본다: H. Pétré, *Caritas. Étude sur le vocabulaire latin de la charité chrétienne*, Louvain: ≪Spicilegium Sacrum Lovaniense≫ Administration, 1948, p. 224.
109 마르탱은 "잉여를 소유하고 있다면 다른 사람의 것을 가지고 있는 것입니다."(Res alienae possidentur, cum superflua possidentur)라는 문장이 아우구스티누스의 가르침 전체의 요약이라 본다: J. Martin, *La doctrine sociale de saint Augustin*, Paris: Éditeur A. Tralin, 1912, p. 147.

하지 않기 위함이다. 그렇기에 성인은 "너희의 의로움이 율법 학자들과 바리사이들의 의로움을 능가하지 않으면, 결코 하늘나라에 들어가지 못할 것이다."라는 마태오복음 5장 20절을 인용하면서 십일조가 너무나 적은 것임을 강조한다. 하지만 아우구스티누스는 본인 스스로 자선의 척도를 지정하고자 원치 않는다. 오히려 각자가 자신의 내면으로 돌아가 성찰하도록 다음과 같이 권고한다.(『강론』 85, 4, 5) "여러분 자신에게 질문해 보십시오. 다음의 것들을 보십시오. 여러분이 무엇을 하고 있는지, 여러분의 소유물에서 얼마나 나누어주고 있는지, 무엇을 주는지, 여러분을 위해 무엇을 남겨두었는지, 자선을 위해 무엇을 쓰고 있는지, 사치를 위해 무엇을 따로 남겨 두었는지."

자신에게로 돌아가 내면을 성찰하는 것은 비단 부자들만의 몫은 아니다. 아우구스티누스는 가난한 이들에게도 이를 요구한다. 부자들이 자신의 재물을 나누고 베푸는 반면, 가난한 이들은 부유한 이가 되고자 하는 욕망(cupiditas)을 버려야 한다. 히포의 주교에 따르면, 이는 사도 바오로의 "자족할 줄 알면 신심은 큰 이득입니다."라는 말씀(1티모 6, 6)을 받아들이는 것이다. 곧 가난한 이들은 자족함을 추구해야 한다는 것이다. 이는 자신에게 충분한 만큼만 원하는 것이지, 그 이상의 것을 얻으려고 애써서는 안 된다는 뜻이다. 왜냐하면 모든 여유분은 무겁기만 하고, 짐이 될 뿐 영예로운 것이 아니기 때문이다. 그렇기에 자족함은 필요불가결한 것으로, 하느님께 대한 예배(cultus Dei)인 신심(pietas)과 연결되는 것이다. 또한 자족함의 이유는 다음의 두 성경 구절에서도 나타난다. "알몸으로 어머니 배에서 나온 이 몸 알몸으로 그리 돌아가리라."(욥 1, 21) "우리는 이 세상에 아무것도 가지고 오지 않았으며 이 세상에서 아무것도 가지고 갈 수 없습니다."(1티모 6, 7) 부유한 이조차 이 세상에 태어날 때 가지고 온 것은 아무것도 없다. 오히려 이 세상에서 발견할 것이며, 그들 역시 가난한 이들과 마찬가지로 맨몸으로 태어났을 뿐이다. 그들 역시 가난한 이들과 마찬가지로 육신의 연약함을 지니고 있으며, 울음을 터뜨린 불행의 증인인 것이다.(『강론』61, 8, 9 ; 85, 5, 6)

따라서 가난한 이들은 "부자가 되기를 바라는 자들은 사람들을 파멸과 멸망에 빠뜨리는 유혹과 올가미와 어리석고 해로운 갖가지 욕망에 떨어집니다. 사실 돈을 사랑하는 것(avaritia)이 모든 악의 뿌리입니다. 돈을 따라다니다가 믿음에서 멀어져 방황하고 많은 아픔을 겪은 사람들이 있습니다."라는 사도 바오로의 권고(1티모 6, 9-10)에 귀를 기울이면서 두려움을 가져야 한다. 아우구스티누스는 돈을 사랑하는 것(avaritia)이 부자가 되길 원하는 것이지, 이미 그렇게 되었다는 것이 아님을 기억해야 한다고 강조한다. 또한 그는 이러한 탐욕이 마음 안에 하느님이 머물지 못하도록 하기에, 이를 두려워해야 한다고 경고한다.(『강론』85, 6 ; 261, 5) 다시 말하면, 이러한 탐욕(avaritia)은 모든 수단을 동원하여 인간으로 하여금 선을 행하지 못하도록 막고 불길한 말로 유혹하기에, 선하신 주님을 알아보지 못하게 하면서 악한 주인의 종이 되도록 한다.(『강론』86, 5, 5) 그렇기에 부정한 여인으로 표현되는 탐욕은 결코 만족을 모르므로, 탐욕적인 인간(avarus)은 마음 안에 부종(浮腫)을 갖고 있어 소유하면 할수록 더욱 더 빈곤해지는 자로 묘사된다.(『강론』177, 6 ; 261, 5) 아우구스티누스는 마태오복음의 '부자 청년'이 슬퍼하며 돌아간 것도 바로 이 탐욕 때문임을 강조한다. 또한 "그렇다면 누가 구원받을 수 있는가?"라는 제자들의 반응(마태 19, 25)도 재물보다 탐욕(cupiditas)에 대한 숙고에서 나온 것임을 상기시킨다. 이는, 가난한 이가 비록 돈을 소유하고 있지 않더라도 돈을 사랑하는 것(avaritia)으로 마음이 가득 차 있기도 하기 때문이다.(『시편 상해』 51, 14)

그러므로 부자와 가난한 이는 "서로 마주치는 부자와 가난한 이 이들을 모두 지으신 분은 주님이시다."라는 잠언 22장 2절의 말씀에 기초하여 서로 조화를 이루며 살아가야 한다. 이 세상이라는 공통된 길을 통해 하느님께로 나아가는 여정에서 부자는 가난한 이를 억압해서는 안 되며, 가난한 이는 부자를 속여서도 안 된다. 부자는 소유하고 있지만 가난한 이는 곤궁하기에, 하느님은 소유한 이를 통해 궁핍한 이를 도와주시며 아무것도 소유하지 못한 이를 통해 가진 이를 시험하신다는 사실을 기억해야 한다.(『강론』 85, 6, 7) 부자와 가난한 이는 서로를 위해 존재하고, 둘 다 각자의 역할을 갖고 있다. 이에 바오로는 갈라티아서 6장 5절에서 다음과 같이 말한다. "누구나 저마다 자기 짐을 져야 할 것입니다." 아우구스티누스는 가난한 이의 짐(onus)이 가난이고, 부자의 짐은 재물이라고 말하면서, 서로 각자의 짐을 지고 가는 데 도움을 주어야 한다고 강조한다. 곧 가난이란 짐은 '소유하고 있지 않음'이요, 부유란 짐은 '더 많이 갖고 있음'이기에, 서로가 도움을 주면서 양쪽의 짐이 가벼워져 결국은 각자의 짐이 같은 무게가 되리라는 것이다.(『강론』 164, 7, 9) 그리고 이 과정에서 가난한 이의 역할이 더 큰 것임을 알 수 있다. 왜냐하면 부자가 물질적인 재화를 제공하는 반면, 가난한 이는 부자에게 영적 호의, 곧 부자의 선행을 하느님의 창고로 배달하는 운반인(laturarius)이 되기 때문이다.(『강론』 18, 4 ; 38, 9) 그렇기에 아우구스티누스는 다음과 같이 우리에게 권고한다.(『강론』 86, 14, 17) "너의 재물을 아끼지 마라, 할 수 있는 만큼 나누어주어라. (…) 오늘 밤 너에게서 영혼이 떠나가지 않도록 선을 행하여라."

결국 『강론』 84-86의 '부자 청년 이야기'(마태 19, 16-26) 주석에 나타난 아우구스티누스의 가르침은 히포 교회의 목자로서 그가 부와 가난이라는 사회-경제적 주제에 대해 이론가로서 다루지 않았음을 보여준다. 오히려 그는 개인의 구원에 관심을 갖고 있는 영혼의 목자로서 접근하여 부자와 가난한 자 각각에 맞는 것을 설교하면서도 그의 가르침은 듣는 사람에 따라 바뀌지 않았음을 보게 된다.[110] 또한 아우구스티누스는 부와 가난이라는 사회-경제적 주제를 해결하는 데 있어 사회학적 방안을 제시하기보다, 신학적 해결점을 제시하기 위해 노력하였음을 볼 수 있다.[111] 즉, 영혼의 목자인 아우구스티누스는 재물 자체를 단죄하기보다 오히려 이에 대한 사용을 강조하고, 지나가는 것보다는 영원한 하느님에게로 시선을 고정시킬 것을 촉구하였다.

---

110 참조: P. Christophe, Les devoirs moraux des riches, *L'usage du droit de propriété dans l'Écriture et la tradition patristique*, Paris: Éditeur P. Lethielleux, 1964, p. 191.
111 이러한 의미에서 파울라 비스마라 키아파는 아우구스티누스의 윤리학이 고전 철학에서 일부 요소를 취하면서도, 모든 윤리적 사고의 핵심인 하느님께의 근본적 정향을 잊지 않기에 본질적으로 신학적 윤리학이라고 본다. P. V. Chiappa, *Il tema della povertà nella predicazione di sant'Agostino*, p. 135.

5. 주교법정(audientia episcopalis)

아우구스티누스는 주교로서 강론, 교리 교수, 성사 집전, 가난한 자들에 대한 배려, 성직자 양성, 환자 방문, 교회 재산 관리 등 많은 일을 수행하였다. "아침이든 오후이든 대중의 일에 저는 엮여 있습니다."라고 말할 정도이다.(『서한』 213, 5) 또한 "제 손에 얼마나 많은 일이 있는지 당신 또한 알고 있다고 저는 믿습니다. 따라서 저의 직무에 불가피하게 연결되어 있는 다양한 책무로 인해 저에게는 매우 적은 시간만 있을 뿐입니다."라고 고백할 정도이다.(『서한』 110, 5)

여기에 또 하나의 버거운 일이 추가된다. 바로 아우구스티누스가 하루의 많은 시간을 투자해야 했던 주교법정(audientia episcopalis)이다.[112] 아우구스티누스가 395년 주교로 서품되어 430년에 사망하였다는 것을 염두에 둔다면, 그의 주교법정 활동이 얼마나 많았을지 짐작하는 것은 어렵지 않다. 그렇다면 이러한 그의 활동이 중재자로서의 측면인지, 아니면 재판관으로의 모습인지 우리는 묻게 된다. 주교로서의 그의 활동 시기가 399년 호노리우스의 칙법과 408년 칙법의 시기에 상응하기 때문이다. 그리고 이 질문에 대한 답변은 그가 주교

---

[112] A. Trapè, *Agostino. L'uomo, il pastore, il mistico*, Roma: Città Nuova Editrice, 2001[rivista e ampliata], pp. 171-172. 'audientia'라는 단어는 플라우투스(Plautus)이후 라틴어에서 사용되었지만, 고대 작가들의 작품 안에서는 드물게 나타난다. 하지만 교부들, 특별히 테르툴리아누스 이래로 그리스도교 용어로 자리하였다. 문헌학적 관점에서 볼 때 'audientia'는 후기 라틴어 단어에서 일반적으로 사용된 저속한 표현(vulgarism)으로 나타났다. 또한 법학 역사가들은 이 단어를 매우 모호한 단어로 간주한다. 하지만 풍요로운 성서적 의미를 담고 있다: H. Jaeger, "Justinien et l'episcopalis audientia", *Revue historique de droit français et étranger* 38(1960), pp. 221-224.

법정에서 다룬 소송들이 어떠한 것인지를 고찰할 때 이루어질 것이다. 또한 주교법정에 대한 그의 권한이 4-5세기 아프리카에서 통상적인 집행을 넘어서는 것이 아니었음을, 즉 자신의 교구 안에서만 행해지는 것임을 상정한다면,[113] 우리는 아우구스티누스를 통해 당시 아프리카에서 행해지던 주교법정의 성격을 볼 수 있을 것이다.

1) 주교법정의 성서적 배경과 실천

주교법정은 콘스탄티누스 이래 국가로부터 공인된 사법권으로 가톨릭교회 안에 자리하였지만, 이미 그리스도인들에게 친숙한 제도였다. 공동체 구성원들 사이에 어떠한 분쟁이나 다툼이 일어났을 때, 그리스도인들은 유다인 공동체의 구성원들처럼 문제 해결을 자신들의 종교 지도자에게 기꺼이 맡긴 것이다. 초기 그리스도교가 자신의 고유한 법적 구조와 교직자를 갖고 있었음을 잘 보여주는 이러한 모습은 무엇보다 마태 18, 15-18에 나타난 예수의 가르침에 근거한다. "네 형제가 너에게 죄를 짓거든, 가서 단둘이 만나 그를 타일러라. 그가 네 말을 들으면 네가 그 형제를 얻은 것이다. 그러나 그가 네 말을 듣지 않거든 한 사람이나 두 사람을 더 데리고 가거라. '모든 일을 둘이나 세 증인의 말로 확정 지어야 하기' 때문이다. 그가 그들의 말을

---

113 C. Gebbia, "Sant'Agostino e l'episcopalis audientia", A. Mastino (a cura di), *L'Africa romana: atti del 6. Convegno di studio, 16-18 dicembre 1988*, V. 2, Sassari: Edizioni Gallizzi, 1989, p. 688.

들으려고 하지 않거든 교회에 알려라. 교회의 말도 들으려고 하지 않거든 그를 다른 민족 사람이나 세리처럼 여겨라. 내가 진실로 너희에게 말한다. 너희가 무엇이든지 땅에서 매면 하늘에서도 매일 것이고, 너희가 무엇이든지 땅에서 풀면 하늘에서도 풀릴 것이다." 형제와 논쟁하는 모든 그리스도인이 준수해야만 하는 이 계명은, 교회가 자신의 신자들을 사면하거나 단죄하는 온전한 권한을 그리스도로부터 받았다는 점을 제시한다. 더욱이 바오로는 복음의 계명을 발전시켜 신자들 사이의 송사에 관해 코린토 1서 6장 1-8절에서("여러분 가운데 누가 다른 사람과 문제가 있을 때, 어찌 성도들에게 가지 않고 이교도들에게 가서 심판을 받으려고 한다는 말입니까? 여러분은 성도들이 이 세상을 심판하리라는 것을 모릅니까? 세상이 여러분에게 심판을 받아야 할 터인데, 여러분은 아주 사소한 송사도 처리할 능력이 없다는 말입니까? 우리가 천사들을 심판하리라는 것을 모릅니까? 하물며 일상의 일이야 더 말할 나위가 없지 않습니까? 그런데 이런 일상의 송사가 일어날 경우에도, 여러분은 교회에서 업신여기는 자들을 재판관으로 앉힌다는 말입니까? 나는 여러분을 부끄럽게 하려고 이 말을 합니다. 여러분 가운데에는 형제들 사이에서 시비를 가려줄 만큼 지혜로운 이가 하나도 없습니까? 그래서 형제가 형제에게, 그것도 불신자들 앞에서 재판을 겁니까? 그러므로 여러분이 서로 고소한다는 것부터가 이미 그릇된 일입니다. 왜 차라리 불의를 그냥 받아들이지 않습니까? 왜 차라리 그냥 속아 주지 않습니까? 여러분은 도리어 스스로 불의를 저지르고 또 속입니다. 그것도 형제들을 말입니다.") 강하게 천명한다.[114]

---

[114] Cristiana Maria Anastasia Rinolfi, "Episcopalis audientia e arbitrato", S. Puliatti, U. Aganti (a cura di), *Prinìcipi generali e tecniche operative del processo civile romano*

여기에서 바오로가 염려하는 것은 무엇보다 형제들 사이에 분쟁이 일어나지 않는 것이다. 곧 신비체인 교회의 일치 속에서 조화가 유지되기를 바라고 있는 것이다. 이러한 종교적 근심의 이면에는, 사랑을 설파하면서도 자신들 사이에서 물질적인 문제로 다투고 소송을 제기하고 있는 코린토 그리스도인들의 이중적 모습에115 대한 이방인들의 비웃음을 피하고자 하는 바오로의 의지가 담겨 있다고 할 수 있다. 따라서 바오로는 "감히 하다" 혹은 "감행하다"라는 뜻을 지닌 동사(τολμάω)를 사용하면서 강한 분노를 표출하며 꾸짖고 있다. 하지만 바오로가 국가법 자체를 거부하는 것은 아니다. 본인 스스로도 로마 시민권을 내세워 황제에게 상소하였기 때문이다.(사도 25, 1-12) 결국 바오로가 훈계하는 것은 그리스도인들끼리의 문제를 가지고 세속 법정에 소송을 제기하는 것이다.116

이러한 바오로의 질책에는 또 다른 측면도 자리하고 있다. 소송의 과정에서 제신(諸神)에 대한 맹세와 같은 이교적 요소가 자리하고 있기에 영혼의 구원에 위험하다는 점이다.117 또한 신학적으로 볼 때 그

---

nei secoli IV-VI d.C. (Parma, 18-19 giugno 2009), Parma: Monte Università Parma, 2010, pp. 209-210.
115 코린토 공동체는 형제들 사이의 분쟁이나 소송이 발생하는 것을 피할 수 없다는 것을 체험을 통해 드러내고 있다. 더욱이 코린토 교회 구성원들이 로마제국의 통상적인 법정, 곧 이교도들의 법정에 자신들의 소송을 제기한 것은 신자들의 대다수가 이방인들 출신이라는 사실에서 기인하는 것으로 보인다. 이에 대해 참조: O. Diliberto, "Paolo di Tarso, I Ad Cor., VI,1-8, e le origini della giurisdizione ecclesiastica nelle cause civili", Studi Economico-Giuridici 49(1979), p. 190.
116 200주년신약성서번역위원회, 『200주년 신약성서 주해』, 왜관: 분도출판사, 2004(재쇄), 864쪽, 각주 2.
117 G. Vismara, La giurisdizione civile dei vescovi (secoli I-IX), Milano: Dott. A. Giuffrè Editore, 1995, pp. 4-5.

리스도인들은 거룩한 이들, 즉 의로움을 소유한 이들이기에 예수 그리스도에 대한 믿음을 통하여 의롭게 되지 못한 이방인들에게 재판을 받는 것 자체가 어리석은 일이다. 더욱이 그리스도인들은 그리스도 신비체의 지체라는 측면에서 그리스도와 하나 되고 그리스도와 함께 심판 날에 천사들도 심판하게 될 것이다. 따라서 그리스도인들이 이방인 재판관들에게 소송을 의뢰한다면, 그들을 자신들이 인정하는 권위자로 세우면서 자신들의 존엄성을 상실하는 것이다. 이러한 의미에서 그리스도인들 사이의 분쟁은 자신들 공동체의 '지혜로운 이'에게 맡겨 해결해야 한다고 바오로는 결론짓는다.[118]

여기서 우리는 다음과 같은 질문을 하게 된다. '바오로가 형제들 사이의 소송에 대해 코린토 공동체에 언급할 때 히브리인들의 관습을 염두에 두고 있는가? 만일 그러하다면 지혜로운 이는 누구인가?' 우선 첫 번째 질문에 대해 충분히 가능성이 있다고 답할 수 있다. 사실 헬레니즘 세계의 유다인 회당은 고유한 재판권을 가지고 있었다. 이는, 유다인을 다스리고 분쟁을 해결하고 계약과 율법의 문제를 감독하는 지배자(ethnarca)의 존재를 알려주는 플라비우스 요세푸스(Flavius Josephus)의 『유대 고대사』 14, 7, 2에서 확인된다.[119] 따라서 바오로 역시 유다인들의 이러한 규범이 그리스도인들 사이에서도 준수되기

---

118 Ch. Senft, *La Première Épitre de Saint Paul aux Corinthiens*, 백운철 옮김, 『고린토인들에게 보낸 첫째 편지』, 서울: 성서와함께, 2005(2쇄), 150-155쪽.
119 Flavius Josephus, *Antiquitates Judaicae*, 김지찬 옮김, 『유대 고대사』 I, 서울: 생명의 말씀사, 1987, 224-225쪽. 같은 책 19권 5장은 2-3은 클라디우스 황제가 알렉산드리아의 유다인들과 로마제국의 다른 지역에 살고 있는 유다인들이 계속해서 자신들의 권리와 특권 그리고 풍습을 보존할 수 있다고 허락한 법령을 전해준다.

를 바란 것이었다고 할 수 있다.[120] 그렇다고 해서, 줄리오 비스마라(Giulio Vismara)가 주장하듯, 바오로가 코린토의 그리스도인들에게 유다인의 모델을 분명하게 제시한 것이라고 말할 수도 없다. 유다인들의 제도는 율법의 엄격한 적용을 위한 것인데 반해, 바오로가 제시하는 '지혜로운 이'는 사랑을 통해 의로움을 구현하는 역할을 수행하는데, 이는 분쟁 중에 있는 형제들의 화해와 공동체의 평화를 재구축하기 위한 것이기 때문이다. 따라서 바오로의 계명은 그리스도교 메시지의 새로움에서 기인한 바오로 자신의 고유한 것이라고 할 수 있다.[121]

그렇다면 '지혜로운 이'는 누구를 의미하는가? 사실 바오로는 '지혜로운 이'가 누구인지 명확하게 밝히지 않는다. 하지만 그의 역할을 보면 신자들이 자신들 소송의 중재자로 선택할 수 있는 사람이어야 한다. 그렇다면 소송 당사자들 모두의 신망을 받는 사람일 수밖에 없다. 이로 인해 '지혜로운 이'라는 용어가 '주교', '신부', '공동체 수장', '평신도' 등으로 해석되었다.[122] 더욱이, 루카복음 12장 13-14절(군중 가운데에서 어떤 사람이 예수님께, "스승님, 제 형더러 저에게 유산을 나누어 주라고 일러 주십시오." 하고 말하였다. 그러자 예수님께서 그에게 말씀하셨다. "사람아, 누가 나를 너희의 재판관이나 중재인으로 세웠단 말이냐?")에서도 나타

---

120 A. Amanieu, "ARBITRAGE", *Dictionnaire de droit canonique*, I(Paris: Librairie Letouzey et Ané, 1935), p. 864.
121 G. Vismara, *La giurisdizione civile dei vescovi (secoli I-IX)*, pp. 6-7.
122 O. Diliberto, "Paolo di Tarso, *I Ad Cor.*, VI,1-8, e le origini della giurisdizione ecclesiastica nelle cause civili", pp. 197-198.

나듯, 그 중재자는 단순히 영적인 사항만이 아니라 물질에 관련된 문제까지도 해결할 수 있어야만 한다. 그렇다면 그는 문화적 소양, 특별히 사법(私法)의 영역에서도 재판할 수 있는 역량을 갖추어야 한다. 이러한 모든 측면은 교계제도의 형성과 함께 '지혜로운 이'를 주교와 동일시하게 하였다. 주교가 직접적이든, 간접적이든 사도들을 통해 하느님으로부터 받은 권한을 갖고 있기 때문이다. 그리고 주교에게 부여된 존경과 신뢰, 권위가 그리스도인들 사이의 분쟁이나 송사를 해결하는데 가장 적합한 인물이 되게 한 것이다. 그리하여 공동체를 다스리는 주교의 책무에 신자들의 다툼을 해결하는 사목적 책임감이 추가된 것이다.[123]

결국 바오로의 규범은 교회 안에서 점점 더 보편적 의미를 지니게 되었다. 이는 『열두 사도들의 가르침』(Doctrina Duodecim Apostolorum) 15, 1-3, 히폴리투스의 『사도전승』(Traditio Apostolica) 3, 『프세우도-클레멘티네』(Pseudo-Clementine)에 나타나는 「야고보에게 보낸 클레멘스의 첫째 편지」 5와 10, 『사도 교훈』(Didascalia Apostolorum) 2, 45, 1-54, 『사도 헌장』(Constitutiones Apostolicae) 2, 45-46과 같은 첫 3세기 동안의 교회 문헌에서 잘 드러난다. 이 중 특기할 문헌은 주교의 사법 활동에 많은 지면을 할애하고 있는 『사도 교훈』으로, 주교들이

---

[123] G. Vismara, *La giurisdizione civile dei vescovi(secoli I-IX)*, p. 8; S. Mochi Onory, *Vescivi e Città(Secoli IV-VI)*, (Spoleto: Centro Italiano di Studi sull'Alto Medioevo, 2010[reprint]), p. 55; R. Dodaro, "Church and State", Allan D. Fitzgerald (General editor), *Augustine through the Ages. An Encyclopedia*, (Michigan: William B. Eerdmans Publishing Company, 1999), p. 176.

편파적이지 않고 마치 그리스도가 현존하면서 그들의 판결에 참여하고 있는 것처럼 판결하기를 제시하고 있다. 이 문헌은 주교의 법정, 재판, 판결에 대해 언급하면서 주교의 사법적 역할을 광범위하게 다루는데, 중재자가 아닌 재판관으로서의 주교를 강조하고 있는 것이다. 여기서 잊지 말아야 할 것은, 이 모든 문헌이 콘스탄티누스 이전 시대라는 점이다. 곧 로마제국으로부터 공인되기 이전의 그리스도교라는 환경 속에서 작성된 것이고, 이 문헌들을 통해 드러난 주교법정은 주교들이 이미 비공식적으로 공동체에서 법적 사법권을 행사하고 있었다는 것을 드러내고 있는 것이다.[124]

2) 주교법정의 로마법적 공인

주교법정의 비공식적 측면은 이제 콘스탄티누스의 두 칙법(勅法)을 통해 공식화한다. 318년 6월 23일에 선포된 첫 번째 칙법은 현재 우리에게 『테오도시우스 법전』(Codex Theodosianus)을 통해 그리고 333년 5월 5일에 반포된 두 번째 칙법은 야코부스 시르몬두스(Jacobus Sirmondus, 1559-1651)가 교회회의 훈령을 담고 있는 일부 사본 속에서 발견한 헌장을 모아 1631년 파리에서 출판한 『시르몬두스 헌장』(Constitutiones Sirmondianae)을 통해 전해진다.

무엇보다 첫 번째 칙법은 주교 법정에 대해 다음과 같이 기술하고

---

124 G. Vismara, *La giurisdizione civile dei vescovi (secoli I-IX)*, pp. 17-24.

있다.(『테오도시우스 법전』1, 27, 1) 주교 법정에 소송이 제기되면 세속 법정의 재판관은 침묵을 지켜야 한다. 또한 어떤 사람이 자신의 소송을 그리스도교 법(lex christiana)의 사법권으로 이전시켜 그 법정을 따르고자 원한다면, 세속 법정의 재판관은 이미 자신에게 제기된 소송이라 할 지라도 들어주어야 한다. 주교가 행한 판결은 거룩한 것으로 간주되어야 한다. 주교법정에서 소송을 진행하기를 원하는 사람이 법정을 선택하는 데 있어서도 제한받지 않도록 배려해야 한다. 재판관 역시 자신에게 계류 중인 소송에 대해 침해받지 않는 재판권의 권리를 가져야만 한다.

이러한 내용은 콘스탄티누스가 정무총감(政務摠監, praefectus praetorio) 아블라비우스(Ablavius)에게 보낸 333년의 칙법을 통해 확언되고 보다 정확하게 규정된다.(『시르몬두스 헌장』 1) 무엇보다 이 칙법은 이미 공표한 법령에서 인준하였듯이, 주교의 법적 판결이 어떠한 성격을 지니더라도 영원토록 침해받지 않고 손상 받지 않으며 준수되어야 한다고 강조한다. 주교의 법적 판결은 영원히 거룩하고도 존경받을 것으로 간주 되어야 한다는 것이다. 더욱이 원고나 피고 중 누구라도 주교 법정을 선택한다면, 비록 상대가 반대하더라도 그 소송을 주교 법정으로 이관해야 한다. 이는 소송의 어느 시기라도 상관없이 이루어져야 한다. 소송이 시작될 때이든, 아니면 최후 변론이 이루어질 때이든, 혹은 재판관이 판결문을 선포하려고 할 때이든 상관없이 이루어져야 한다. 더욱이 주교의 판결이 나온 후에는 어느 사건이든 재심할 수 없다. 아울러 주교가 내린 판결을 세속 재판관은 즉각적으로 실행해야 한다. 또한 모든 재판관은 주교의 판결을 주저하지 않고 채택해야만 한다.

주교에게 수여된 이 특전의 관대함은 사실 일부 학자들에게 과도한 것으로 간주되어 이 문헌들의 진정성(眞正性)에 대해 의심을 품게 하였다.125 그들은 318년 칙법에 나타난 주교의 권한이 '원하는 이들 사이에서'(inter volentes)만 행해지는 것이며, 이러한 유형의 재판권은 로마법에서 친숙한 법적 형태인 임의중재(任意仲裁)에 불과하

---

125 피에토로 데 프란치쉬는 318년 칙법에 수신인의 이름이 없다는 것과 날짜에 대해 문제 삼는다. 크리스푸스(Crispus)가 제2집정관으로 나타난 것은 318년이지만, 318년에는 비잔티움이 아직 콘스탄티누스의 수중에 들어와 있지 않았다는 것이다. 또한 콘스탄티누스는 318년 초반에 아퀼레이아(Aquileia)에 체류하고 있었고, 콘스탄티노플은 330년 5월 11일에 가서야 설립되었다는 것이다. 클라이드 패(Clyde Pharr)는 크리스푸스가 318년에 제2집정관으로 나타나지만 콘스탄티누스가 아닌 리키니우스(Licinius)와 함께 언급되고 있음을 지적한다. 이에 대해 줄리오 비스마라는 수신인의 이름이 나타나지 않고 작성 날짜 역시 불확실하지만, 이것이 진정성을 거부할 만한 이유는 되지 않는다고 주장한다: P. De Francisci, "Per la storia dell'episcopalis audientia fino alla Nov. XXXV(XXXVI) di Valentiniano", Annali di giurisprudenza dell'Università di Perugia 30(1915-1918), pp. 52-53. C. Pharr, The Theodosian Code and Novels and The Sirmondian Constitutions. A translation with commentary, glossary and bibliography, in collaboration with Theresa Sherrer Davidson and Mary Brown Pharr, Union: The Lawbook Exchange, Ltd, 2001[Second reprinting], p. 31, n.18; G. Vismara, Episcopalis audientia. L'attività giurisdizionale del vescovo per la risoluzione delle controversie private tra laici nel diritto romano e nella storia del diritto italiano fino al secolo nono, (Milano: Società Editrice Vita e Pensiero, 1937), p. 14. 자크 고드프루아는 『시르몬두스 헌장』에 나타나는 콘스탄티누스 칙법의 진정성도 의심스럽다고 주장한다. 피에토로 데 프란치쉬와 줄리아노 크리포는 카저(Kaser)의 노선에 입각하여 333년 칙법이 가짜이거나 매우 빨리 폐지되었기에 『테오도시우스 법전』에 수록되지 않은 것이라 주장한다. 하지만 줄리오 비스마라는 이에 반대하면서 333년의 칙법이 318년 칙법의 참된 해석을 이루고 있음을 제시한다: J. Godefroy, Codex Theodosianus cum perpetuis commentariis, VI, Lipsia, 1748 (ed. Johann Daniel Ritter), pp. 339-340: M. Rosa Cimma, L'episcopalis audientia nelle constitutioni imperiali da Costantino a Giustiniano, Torino: G. Giappichelli Editore, 1989, p. 37에서 재인용; P. De Francisci, "Per la storia dell'episcopalis audientia fino alla Nov. XXXV(XXXVI) di Valentiniano", pp. 53-54; G. Crifò, "A proposito di episcopalis audientia", M. Christo, S. Demougin, Y. Duval, C. Lepelley, L. Pietri(édités par), Institutions, société et vie politique dans l'Empire Romain au IVe siècle Ap. J.-C. Actes de la table ronde autour de l'oeuvre d'André Chastagnol(Paris, 20-21 janvier 1989), Rome: École Française de Rome, 1992, p. 400; G. Vismara, Episcopalis audientia, pp. 24-29.

기에 민사 소송만을 다루는 것이라고 강조하였다. 더욱이 그들은 콘스탄티누스 시대에도 주교 심문에 대한 매우 적은 사례만 발견되며, 콘스탄티누스 이후의 로마제국 법령들은 333년 칙법이 추정케 하는 것과 다른 상황이 되었다는 것을 분명하게 드러낸다고 본다. 여기에서 클로드 르펠리(Claude Lepelley)는 아프리카 문헌들이 교회법적 소송 외에 어떠한 예도 제공하고 있지 않음을 지적하며, 장 고드메(Jean Gaudemet)는 그리스도교의 성장으로 인해 그리스도인 재판관의 숫자도 증가하였기에 교회 재판권에 보다 엄격한 한계를 두었다고 생각한다. 샤를 뮈니에(Charles Munier) 역시 이 의견에 동의하면서, 교회가 콘스탄티누스가 부여한 과도한 특전을 사용하지 않았기에 후기 로마제국 시대의 주교법정을 과도 평가하는 것은 불의하다고 주장한다. 결국 이들은 318년 칙법과 333년 칙법의 내용을 제한적인 의미로 보고 있는 것이다. 오직 종교에 대한 문제만 주교의 권한에 있고, 다른 모든 문제는 국가에 유보되어 있다는 것이다. 더욱이 이들은 교회 재판권에 대한 엄격한 제한이 333년 칙법 이후에 나타난 다른 법령들에서도 발견된다고 지적한다.[126] 376년 그라티아누스(Gratianus,

---

[126] J. Gaudemet, *L'Église dans l'Empire Romain (IVe-Ve siècles)*, Paris: Sirey, 1958, pp. 232-236; Ch. Munier, "Audientia episcopalis", *Augustinus Lexikon*, 1, Basel: Schwabe & Co. Ag, 1986-1994, pp. 511-512 그리고 515; Ch. Munier, "AUDIENTIA EPISCOPALIS", *Dizionario patristico e di antichità cristiane*, I, Casale Monferrato: Casa Editrice Marietti, 1994[1 reprint], p. 443; C. Lepelley, "Saint Augustin et la cité romano-africaine", Ch. Kannengiesser(éditées par), *Jean Chrysostome et Augustin. Actes du colloque de Chantilly 22-24 Septembre 1974*, Paris: Éditions Beauchesne, 1975, p. 19; C. Lepelley, *Les cités de l'Afrique romaine au Bas-Empire, Tome 1: La permanence d'une civilisation municipale*, Paris: Études Augustiniennes, 1979, p. 390; P. De Francisci, "Per la storia dell'episcopalis audientia fino alla Nov.

367-383) 황제가 갈리아와 스페인의 주교들에게 내린 칙법은 형사소송을 세속 재판관들에게만 유보하였고, 상대적으로 덜 중요한 종교적 규정들에 관련된 것들만 교구 교회회의에 맡겼다.(『테오도시우스 법전』16, 2, 23) 398년 아르카디우스(Arcadius, 383-408) 황제는 제국의 동쪽 지역에서만 유효한 법령을 공포하였는데, 이에 따르면 소송 당사자들 모두가 합의(consensus)해야만 주교법정에 호소할 수 있었다.(『유스티니아누스 법전』1, 4, 7) 408년 호노리우스(Honorius, 395-423) 황제는 동일한 척도를 제국의 서방 지역을 위해 선포하였다.(『테오도시우스 법전』1, 27, 2) 아울러 이보다 앞서 399년 호노리우스 황제와 아르카디우스 황제가 내린 칙법은 종교적인 문제에 대해서만 주교가 소권(訴權)을 갖고, 다른 소송들은 통상적인 재판관에게 유보된다고 선포하였다.(『테오도시우스 법전』16, 11, 1) 이러한 맥락에서 줄리아노 크리포(Giuliano Crifò)는 주교 심문 제도가 계속해서 존재하였다면, 판결 집행성과 상소불가능성이 부여된 중재적 성격 때문이라고 주장한다.[127]

여기서 '만일 콘스탄티누스 황제가 단순한 중재자의 역할만을 주교에게 부여한 것이라면, 굳이 칙법을 통해 선포할 필요가 있었을까?'라는 질문을 제기하게 된다. 사실 황제의 법령이 없다고 하더라도 주교들은 이미 자신들의 공동체 안에서 신자들 간의 분쟁을 해결

XXXV(XXXVI) di Valentiniano", pp. 56-69. 미쉘 메슬랭에 의하면, 세속법정보다 주교법정을 선호하였던 그리스도교 원고들의 숫자와 그리스도교의 발전이 교차한다. 또한 그는 주교의 역할이 항상 참된 재판관보다는 조정자로 남아 있었고, 로마제국은 교회의 사법권에 제한을 두려 하였다고 주장한다: M. Meslin, "Institutions ecclésiastiques et cléricalisation dans l'Église ancienne (IIᵉ-Vᵉ siècles)", Concilium 47(1969), pp. 50-51.

127 G. Crifò, "A proposito di episcopalis audientia", p. 409.

하는 역할을 수행하였기 때문이다. 그렇다면 콘스탄티누스의 지향은 무엇일까? 쥴리오 비스마라는 카이사리아의 에우세비우스(Eusebius Caesariensis, 260/264-339/340)와 교회사가인 소조메누스(Sozomenus, † 448?)를 통해 그의 의도를 파악할 수 있다고 본다.[128] 우선 전자의 『콘스탄티누스의 생애』(Vita Constantini) 4, 27, 2에서 우리는 다음과 같은 내용을 발견한다. "그는 교회회의에서 이루어진 주교들의 훈령에 봉인을 하는데, 주교들이 승인한 것을 속주의 통치자들이 무효화하는 것이 합법적이지 않도록 하려는 것이다. 왜냐하면 하느님의 사제들이 어떤 사법관들보다 우위에 있기 때문이다." 분명 여기서 에우세비우스는 주교의 재판권의 척도에 대해 언급하지 않는다. 하지만 "하느님의 사제들이 어떤 사법관들보다 우위에 있다."라는 표현을 통해 잘 드러나듯, 주교들에 대한 콘스탄티누스의 과도한 존경이라는 전형적인 감정을 볼 수 있다.[129] 이는 소조메누스의 『교회사』(Historia ecclesiastica) 1, 9, 5에서도 확인된다. "그는 소송 중에 있던 이들이 민사 재판관의 판결을 거부하는 경우, 주교들의 판결을 요구하는 것을 허락하였다. 주교들의 결정은 권위를 가지며 황제에 의해 이루어진 것처럼 다른 재판관들의 결정 위에 놓이게 되었다. 그리고 사법관들은 군인들이 봉사하는 것처럼, 판결된 것을 집행해야만 하였다."[130]

---

128 G. Vismara, *Episcopalis audientia*, pp. 19-20.
129 Eusebius, *Life of Constantine*, translated with introduction and commentary by A. Cameron and Stuart G. Hall, Oxford: Clarendon Press, 1999, p. 324, n.27,2.
130 Sozomène, *Histoire Ecclésiastique*, Livres I-II, *Sources Chrétiennes* 306, Paris: Les Éditions du Cerf, 1983, p. 153.

분명 이러한 증언들은 우리로 하여금 세속 재판관들의 사법권과 양립적인 또는 이와 대체할 수 있는 것처럼 보이는 재판권을 주교들에게 부여하고자 한 것이 콘스탄티누스의 의도였다고 추정케 한다.[131] 분명한 것은 콘스탄티누스의 개입이 정의를 실현하는 국가 권리에 대한 어떠한 포기도 야기하지 않았다는 것이다. 황제는 국가 권력을 교회에 양도한 것이 아니라 오히려 국가와 재판관의 사법권을 온전히 보존하였던 것이다. 그렇다고 한다면 고대 세계에서 예외적인 사실로 간주되는 교회의 사법권을 인정한 콘스탄티누스에게서 그리스도인들이 바오로의 계명을 준수할 수 있도록 하는 단순한 종교적 목적만을 볼 수 없다. 여기에 모든 이에게 국가재판권자들과 다른 재판관들에게 호소할 수 있는 가능성을 열어주고, 국가재판권자들에게는 노동의 짐을 덜어주는 사회적 배려도 포함될 수 있다. 그렇지만 제국의 고유한 목적을 수행하기 위하여 세속 권력을 교회에 부여하면서 교회의 모든 힘을 이용하고자 하는 정치적 계획도 배제할 수 없을 것이다.[132]

이러한 정치적 목적을 염두에 둔다면, '콘스탄티누스 이후의 법령들에 나타난 주교법정을 단순히 주교의 중재적 역할로만 한정할 수

---

131 G. Pilara, "Sui tribunali ecclesiastici nel IV e V secolo. Ulteriori considerazioni", *Studi Romani* 52(2004), pp. 361-363. 마리아 로사 침마는 「시르몬두스 헌장」에 나타나는 콘스탄티누스 칙법의 진정성을 부정할만한 충분한 근거가 존재하지 않고, 오히려 진정성을 입증할 분명한 이유가 있기 때문에, 콘스탄티누스가 주교들의 판결을 중재 판결과 차별성을 지니도록 배려하였다고 주장한다: M. Rosa Cimma, *L'episcopalis audientia nelle constituzioni imperiali da Costantino a Giustiniano*, p. 79.
132 G. Vismara, *La giurisdizione civile dei vescovi (secoli I-IX)*, pp. 47-48 그리고 53.

있는가?'라는 질문을 제기하게 된다. 쥴리오 비스마라는 소송 당사자들 모두의 합의를 요구한 아르카디우스 황제의 398년 법령이 주교법정에 나타난 재판관으로서의 성격을 변형시킨 것이 아니라 오히려 주교법정의 이용을 제한한 것이며, 동시에 주교재판권을 보완한 것이라고 지적한다. 왜냐하면 법령에서 나타나는 '합의'라는 라틴어 단어로 비공식적 합의를 의미하는 'consensus'가 사용되기 때문이다. 만일 중재의 경우라면 'compromissum'이라는 용어가 적용되어야 할 것이다.[133] 더욱이 호노리우스 황제의 408년 칙령도 소송 당사자들 모두의 동의를 요구하지만 동시에 상소할 수 없다는 것과 즉각적인 집행이라는 측면에서 주교의 판결을 가장 높은 사법관인 정무총감의 판결과 동등한 것으로 간주하고 있다.[134] 이러한 차원에서 본다면, 주교의 재판권은 단순한 중재적 권한으로 해석될 수 없으며, 오히려 제국으로부터 인정된 독립된 사법권이라고 볼 수 있다.[135] 따라서 유다인들에게 자신들의 종교 지도자에게 민사소송을 제기할 수 있도록

---

[133] 중재의 합의에 대해 참조: 현승종 저, 조규창 증보, 『로마법』, 서울: 법문사, 1996, 812-813쪽.
[134] 카우코 라이카스에 의하면, 주교의 판결과 정무총감의 판결을 동등한 것으로 간주하는 것이 어떠한 의미에서도 사회 안에서 동등한 법적 유효성을 내포하고 있지 않았다. 국가의 편에서 볼 때, 로마제국에 적대적이지 않은 가톨릭교회의 사회적 가치를 증진시키고자 하는 의도가 있었을 뿐이다: Kauko K. Raikas, "St. Augustine on Juridical Duties: Some Aspects of the Episcopal Offince in Late Antiquity", Josehp C. Schnaubelt, F. Van Fleteren (ed. by), *Collectanea Augustiniana: Augustine - Second Founder of the Faith*, New York: Peter Lang, 1990, p. 473.
[135] 질 해리스는 용어의 유연한 사용이 민사소송에서 후기 로마제국의 특성을 드러낸다고 본다. 그리고 실제적으로 중재자(arbiter)와 재판관(judex)의 역할의 차이가 때때로 그리 크지 않았기에, 재판관이 종종 중재자처럼 행동하였다고 주장한다: Jill D. Harries, "Resolving Disputes: The Frontiers of Law in Late Antiquity", Ralph W. Mathisen (ed. by), *Law, society and authority in late Antiquity*, New York: Oxford University Press, 2001, pp. 77-78.

허락하는 398년 아르카디우스 황제와 호노리우스 황제의 법령(『테오도시우스 법전』 2, 1, 10)에 기초하여 주교들의 사법권을 이와 동일한 양식으로 해석하는 입장도 배제된다고 할 수 있다.[136]

3) 바오로의 계명에 따른 아우구스티누스의 주교법정

아우구스티누스는 4-5세기 아프리카라는 복잡한 상황 속에서 권위를 행사하였던 인물이다. 이 과정에서 개인적 카리스마를 여실히 보여주었던 그가 어떤 주교들보다 많은 소송에 개입해야만 하였다는 것에 의심의 여지가 없다. 이러한 주교법정이 지닌 무게는 "우리의 기도가 세속 재판들의 짙은 안개와 소동으로 인해 자주 어두워지고 훼손됩니다."라고 표현될 정도이다.(『서한』 48, 1) 그럼에도 불구하고 포시디우스(Possidius, 370?-437)는 아우구스티누스가 그리스도인이나 온갖 집단 사람들의 청을 받게 되면 그들의 이야기에 주의 깊고도 경건한 자세로 귀를 기울였고, 어떤 때는 가벼운 식사를 할 때까지 또 어떤 때에는 하루종일 굶으면서 늘 이런 소송들을 검토하며 해결하였다고 전해준다.(『아우구스티누스의 생애』 19, 2-3)

무엇보다 아우구스티누스는 항상 준수해야만 하는 규범인 바오로의 계명과 주교재판을 연결시킨다. 사도의 바람처럼 그리스도인들 사이에서 발생하는 현세적인 것에 대한 모든 판결은 세속 법정이 아

---

[136] G. Vismara, *La giurisdizione civile dei vescovi (secoli I-IX)*, pp. 85-94.

닌 교회 안에서 이루어져야 한다는 것이다. 이러한 연유로 주교들은 분쟁 당사자들의 논쟁을 참아 견뎌내야만 하며, 세상의 법에 대해서도 이해해야 하는 것이다.(『서한』 24*, 1) 정해진 시간에 기도하고 약간의 손노동을 하며 그 외 자유 시간에는 성경을 읽고 기도하고 싶은 아우구스티누스의 지향과는 달리, 판결로 해결하든지 아니면 권위 있는 개입으로 그만두게 해야 하는 다른 이들의 소송으로 인한 혼잡함과 괴로움은 히포의 주교에게 하나의 큰 희생이었다. 더욱이 이러한 희생을 주교에게 지운 것은 바오로이지만, 바오로 역시 자신의 원의에 따라 그런 것이 아니라 자신을 통해 말하는 그리스도의 의지에 의한 것임을 아우구스티누스는 인정한다. 그렇기에 그는 이러한 주교법정의 의무를 보다 연약한 지체들을 돕는 교회의 종으로서 영원한 삶에 대한 희망 안에서 받게 되는 하느님의 위로로 수용한다.(『수도승의 노동』 29, 37)

바실리카 파치스(Basilica Pacis) 또는 바실리칸 마요르(Basilica Maior)라고 불리던 주교좌성당의 제의실(secretarium)에서 혹은 아우구스티누스가 사제가 된 후 주교좌성당 옆에 세운 수도원의 한 응접실에서 행한 주교법정은[137] 히포의 주교에게 있어 모든 세속법정이

---

[137] Peter Brown, Poverty and leadership in the Later Roman Empire, 『고대 후기 로마제국의 가난과 리더십』, 서원모·이은혜 옮김, 파주: 태학사, 2012, 141쪽; Ch. Munier, "Audientia episcopalis", p. 514; A. Pugliese, "Sant'Agostino giudice", *Studi dedicati alla memoria di Paolo Ubaldi*, Milano: Società Editrice Vita e Pensiero, 1937, pp. 282-283. 포시디우스는 『아우구스티누스의 생애』 5, 1에서 아우구스티누스가 세운 수도원에 대해 소개한다. 히포 그리스도교 공동체의 교회건축물에 대해 참조: J. Mesnage, *L'Afrique chrétienne. Évêchés & ruines antiques*, Paris: Éditeur Ernest Leroux, 1912, pp. 264-265; S. Lancel, "Hippo Regius", *Augustinus Lexikon*, 3, Basel, Schwabe AG, 2004-2010, pp. 355-359.

문을 닫는 부활 시기에 15일만 휴정하는 책무가 있었던 것으로 보인다.138 흥미로운 것은 아우구스티누스의 법정에 세상사에 관련된 분쟁의 해결을 위해 모든 이가 찾아왔다는 것이다. 그리고 아우구스티누스는 분쟁 해결을 위해 매일같이 이들로부터 고개 깊이 숙인 인사를 받았다는 것이다.(『서한』33, 5) 이러한 측면은 '왜 사람들은 세속법정이 아닌 주교법정을 선호하였을까?'라는 질문을 제기하도록 한다. 피터 브라운(Peter Brown)은 콘스탄티누스가 주교법정을 만든 것은 소송에 한계를 두기 위한 시도였다고 지적한다. 곧 자신의 재판관들보다 비천한 계층과 더 많이 접촉하는 중간 제도를 만들어 주교법정의 빠르고 값싼 중재를 통해 오래 끄는 소송으로 인해 총독 법정이 방해받지 않도록 하였다는 것이다.139 이러한 경제적 측면에 재판관들의 부족과 무능력, 부패 등으로 인한 고대 후기 로마제국 사법부의 심각한 위기도 덧붙일 수 있다.140 이는 아우구스티누스의 『서한』 153, 6, 23-24에서 잘 나타난다. 여기에서 히포의 주교는 법무관 밑에 있는 사법 보좌관들이 소송 당사자들로부터 돈을 강요하는 현실에 대해 개탄하면서, 돈에 매수된 재판관들과 증인들이 불의한 판결과 증언하는 것을 강하게 단죄한다. 이러한 불의함은 권력자들을 거슬러 판

---

138 G. Bardy, *Saint Augustin. L'homme et l'oeuvre*, Paris: Desclée De Brouwer & Cie, 1940, p. 180; G. Vismara, *La giurisdizione civile dei vescovi (secoli I-IX)*, p. 103.
139 Peter Brown, 「고대 후기 로마제국의 가난과 리더십」, 140쪽.
140 G. Vismara, "Ancora sulla 'episcopalis audientia'(Ambrogio arbitro o giudice?)", *Studia et documenta historiae et iuris* 53(1987), p. 56. 재판 과정의 각 단계마다 이른 바 봉사료(sportulae)가 요구되었다. 이에 대해 참조: John C. Lamoreaux, "Episcopal Courts in Late Antiquity", *Journal of Early Christian Studies* 3(N. 2, 1995), p. 151.

결을 내리는 것에 대한 두려움이나 자신의 재산을 빼앗길 수 있다는 협박으로 인해 나타나기도 한다.(『강론』 107, 7, 8-9, 10) 결국 이러한 부패의 상황 속에서 그리스도인들뿐 아니라 비그리스도인들도 주교 법정을 선택할 수밖에 없었을 것이다.(『시편 상해』 46, 5)[141]

그렇다면 아우구스티누스는 어떠한 성격의 송사를 해결하였는가? 무엇보다 자신의 교구 안에서 사법적 권한을 갖고 있는 주교로서 교회 규율에 관련된 문제를 다루었다. 이에 대해 우리는 아우구스티누스의 서한을 통해 많은 사례를 알고 있다. 이 중 몇 개의 예를 들어보면, 히포 교구에 속해 있던 스트라보니아(Strabonia)의 농업 지역 본당신부였던 아분단티우스(Abundantius),[142] 푸살라의 안토니우스(Antonius Fussalensis) 주교,[143] 마니교 오류를 전파한 빅토리누스(Victorinus) 부제[144] 등의 경우를 제시할 수 있다. 또한 교회 규율에 관련되어 재판의 성격보다 권고 혹은 책망의 성격을 지닌 경우도 나타난다. 예를 들면, 나쁜 행동으로 교회에 심각하게 추문을 일으킨 카타퀴아(Cataquia)의 주교 파울루스(Paulus)에게 합당한 양식으로 행동하라고 권고한 경우,[145] 411년 카르타고 대토론회 이후에도 가톨릭교

---

141 참조: G. Combès, *La doctrine politique de saint Augustin*, Paris: Librairie Plon, 1927, p. 169.
142 『서한』 65.
143 『서한』 20*; 209. 프랑수와 마르트루와는 안토니우스 사건이 5세기 초의 재판 제도의 역사에 있어 매우 중요한 것이라고 평가한다. 주교가 문제가 된 상황에서 당시 아프리카 교회에서 교회 사법권의 특성과 권한을 잘 드러내기 때문이다: F. Martroye, "Saint Augustin et la compétence de la juridiction ecclésiastique au Ve siècle", *Mémoires de la société nationale des antiquaires de France* 10(1910), p. 12.
144 『서한』 236.
145 『서한』 85.

회로 돌아오지 않기 위해 자살을 시도한 도나투스파 신부 도나투스(Donatus)에게 행한 권고,146 그리고 레스티투투스(Restitutus) 신부 문제 등이다.147 또 다른 측면의 교회 규율은 판카리우스(Pancarius) 신부의 경우인데, 여기에서 아우구스티누스는 세쿤디우스(Secundius)라는 신부에 대해 이단자들이 아닌 가톨릭신자들이 행한 고발만을 들을 자세가 되어 있다고 선언한다.148 더욱 흥미로운 것은 아우구스티누스 수도원의 수도자 스페스(Spes)와 그를 고발한 보니파키우스(Bonifacius) 신부 사건에서 나타난다. 여기서 우리는 정상적 소송 과정 외에도 예외적인 경우에는 '하느님의 심판'이라는 유형에 호소하는 것을 볼 수 있기 때문이다.149 아울러 교회 규율에 관련되어 중재의 성격으로 이루어진 경우도 볼 수 있다. 예를 들면, 자신의 주교인 아욱실리우스(Auxilius)에게 파문된 클라시키아누스(Classicianus) 문제,150 한 수녀에게 폭력을 행사한 고위 신분의 사람을 지팡이로 때린 일부 성직자들에 대한 문제151 등이다.

사실 콘스탄티누스 이래 로마법은 민사소송이든 형사소송이든 관계없이 성직자들을 거스른 모든 소송이 주교법정으로 가야만 한다고 지적한다. 곧 모든 주교는 자신들의 성직자들에 대해 이른바 '법정

---

146 「서한」 173.
147 「서한」 13*.
148 「서한」 251.
149 「서한」 78.
150 「서한」 1*.
151 「서한」 9*.

의 특전'(privilegium fori)을 향유하고 있었던 것이다.152 아울러 393년 히포에서 개최된 공의회는 성직에 관련된 법적 소송들을 들을 수 있는 고유한 장소로 주교법정을 제시하며(제9조), 주교들만이 주교에 관련된 소송을 판결한다고 선포한다.(제6조)153 또한 397년 카르타고 공의회 역시 성직자들이 세속법정에 호소하는 것을 엄격하게 금지한다.(제9조)154 이에 따라 아우구스티누스 역시 성직자들과 교회에 관련된 많은 문제를 자신의 법정에서 다룰 수밖에 없었던 것이다.155 '법정의 특전'에 있어 좋은 실례로, 유다인 리키니우스(Licinius)가 빅토르(Victor) 주교를 거슬러 제기한 소유권 소송에서 볼 수 있다.156 매매(賣買, empitio-venditio)에 관련된 이 소송이 주교가 관련된 것이 아니라면, 온전히 공공 법정에 적당한 것이기 때문이다.

4) 사회적 문제의 해결 장소인 주교법정

그렇다면 아우구스티누스가 다룬 소송은 오로지 교회나 성직자들

---

152 『테오도시우스 법전』, 16, 2, 12; 16, 2, 41; 『시르몬두스 헌장』, 3; 6; 15. 이에 대해 참조: M. Rosa Cimma, *L'episcopalis audientia nelle constituzioni imperiali da Costantino a Giustiniano*, pp. 100–111.
153 cura et studio Ch. Munier, *Concilia Africae*, CCL(orpus Christianorum Series Latina) 149, pp. 34와 36.
154 J. D. Mansi, *Sacrorum conciliorum nova et amplissima collectio*, III, Graz: Akademische Druck-U. Verlagsanstalt, 1960, col. 882.
155 프랑수와 마르트루와는 이러한 소송에서 주교법정의 권한은 지도적 차원으로 한정되었을 것이라 본다: F. Martroye, "Saint Augustin et la compétence de la juridiction ecclésiastique au Ve siècle", p. 26.
156 『서한』 8*.

과 관련된 사항뿐일까? 앞에서 언급된 내용으로만 본다면 긍정적으로 답변할 수밖에 없을 것이다. 하지만 아우구스티누스가 행한 주교 법정의 또 다른 측면을 보게 하는 서한들이 있다. 먼저 한 서한은 히포의 주교가 지주와 농민 사이에 지대(地代)에 관련된 분쟁을 전해준다. 소작인들이 자신의 세금 징수원에게 정해진 금액의 두 배를 내도록 한 사건을 다루었던 것이다.157 그리고 또 다른 서한은 사회적 신분에 관한 법적인 조언을 구하고 있다.158 이 문제는 당시 아프리카의 노예제도와 노예 매매라는 맥락 안에서 나타나는 것으로, 빈곤하게 된 부모가 자녀를 팔거나 빌려주는 상황에 대한 것이다. 곧 전문적인 노예 상인들(mangones)이159 로마법이 정한 대로 25년간 노동을 시키려고 원래 자유 신분에 있는 어린아이들을 사는 것이 아니라,160 오히려 진정한 노예로 사서 바다 건너에 있는 속주로 데리고 가 다시 노예로 팔고 있는 상황인 것이다. 이러한 아이들을 승선시키는 여러 장소 중에 히포가 포함되어 있음이 아우구스티누스에게는 고통스러운 상황이었다. 또한 그는 노예상인들이 실제 노예를 주인으로부터 돈을 주고 사는 경우는 극히 드물다고 우리에게 알려준다. 더욱 심각한 상

---

157 「서한」 247.
158 「서한」 24*.
159 노예상인(mangones)에 대해 참조: A. Andrea Cassi, "Agostino contro i mercanti di schiavi: Ius glaudii, ungulae carnificis e funzione della pace", *Etica & Politica* 16(2014), pp. 457-463.
160 M. Humbert, "Enfants à louer ou à vendre: Augustin et l'autorité parentale (Ep. 10* et 24*)", *Les lettres de saint Augustin découvertes par Johannes Divjak. Communications présentées au colloque des 20 et 21 Septembre 1982*, Paris: Études Augustiniennes, 1983, pp. 198-201.

황은 노예 상인들이 여인과 아이를 노예로 팔기 위해 납치하고 있다는 것이었다.[161]

여기서 우리는 흥미로운 사실을 발견한다. 아우구스티누스는 노예 상인들의 행동을 "동물이 아닌 사람을, 야만인이 아닌 로마속주의 사람을" 팔고 있다고 정의한다.[162] 이 구문을 멜키오레 로베르티(Melchiorre Roberti)는 히포의 주교가 노예제도를 합법적인 것으로, 그리고 야만인들의 노예 생활이나 그들에 대한 매매를 윤리적으로 비난할 수 없는 것으로 간주하고 있으며, 이는 야만인들이 태생적으로 노예라는 그리스 철학자들의 사고방식에 부합하는 것이라고 주장한다.[163]

사실 아우구스티누스는 노예제도 안에 자리한 근원적 불의함을 인정하지만, 다른 교부들과 마찬가지로 고대사회의 사회경제적 구조 안에 그토록 깊이 침투한 노예제도 자체를 반대하지 않는다. 하지만 그는 노예의 권리가 비이성적 존재가 갖고 있는 권리와 동일한 성격이라는 것을 거부한다. 또한 사람은 하느님의 모상대로 창조되었다는 것에 기초하여 모든 이가 평등하고 자유롭다는 것을 강조한다.[164]

---

161 『서한』 10*, 2-3. 이에 대해 참조: C. Gebbia, "Pueros vendere vel locare. Schiavitù e realtà africana nelle nuove lettere di s. Agostino", A. Mastino (a cura di), *L'Africa romana: atti del 4. Convegno di studio, 12-14 dicembre 1986*, V. 1, Sassari: Dipartimento di Storia dell'Università di Sassari, 1987, pp. 215-227.

162 『서한』 10*, 5.

163 M. Roberti, "Contributo allo studio delle relazioni fra diritto romano e patristica tratto dall'esame delle fonti agostiniane", *Estratto dal supplemento speciale al Volume XXIII della Rivista di filosofia neo-scolastica – Gennaio 1931*, Milano: Società Editrice Vita e Pensiero, 1931, pp. 43-46.

164 J. Martin, *La doctrine sociale de saint-Augustin*, Paris: Éditeur A. Tralin, 1912, pp.

그렇기에 아우구스티누스는 노예를 해방시키기 위하여 많은 노력을 기울였고, 자유인들이 노예로 전락하는 상황을 지켜볼 수 없었던 것이다.165 "우리는 사도의 가르침을 따라 주인에게 복종하라고 종들에게 권고하지만, 자유인들에게 종살이의 멍에를 지울 수 없습니다."166

이러한 관점에서 아우구스티누스는 법학자인 에우스토키우스(Eustochius)에게 다음과 같은 법적 자문을 요청한다. 부모가 일정 햇수 동안의 노동을 위해 자녀들을 판 경우, 그 자녀들에 관련된 규범은 어떠한 것이 있는가? 만일 그들의 아버지가 사망한 경우, 그들은 정해진 햇수를 채워야만 하는가? 아니면 자신들을 팔았던 혹은 어떤 방식으로 임대했던 아버지의 죽음으로 그들이 해방되는가? 자유 신분의 아버지가 자신의 자녀들을 영원히 노예가 되도록 팔 수 있는가? 어머니가 자녀들의 노동만을 팔 수 있는가? 만일 소작인이 자신의 아들을 팔았다면, 그 아들을 산 사람이 그 팔린 아들에 대해 원래 소작인이었던 아버지의 권리보다 우위에 있는 권한을 갖게 되는 것인가? 지주가 자신의 소작인들이나 그 소작인들의 자녀들을 노예로 만드는 것이 합법적인 것인가?167

아우구스티누스 당시 아프리카의 심각한 사회적·경제적 상황을

79–92; A. Brucculeri, *Il pensiero sociale di S. Agostino*, Roma: Edizioni La civiltà cattolica, 1945, pp. 119–125.
165 피터 브라운은 주교들의 가난한 자의 돌봄에서 노예라는 계층이 빠져 있다고 전제하면서, 가난한 자의 돌봄에 대한 그리스도교의 실천과 설교가 오직 자유인에 의해서 그리고 자유인을 위해서 이루어졌다고 지적한다: Peter Brown, 「고대 후기 로마제국의 가난과 리더십」, 126–127쪽.
166 「서한」 24*, 1. "Possumus secundum apostolicam disciplinam, ut dominis suis sint subditi, servis praecipere, non autem liberis iugum servitutis imponere."
167 「서한」 24*, 1.

드러내는 이 질문들은 한 인간의 사회적 조건과 법적 신분에 관련된 것이다. 곧 아우구스티누스가 『서한』 24, 1에서 '사람들의 일시적 신분에 관한'(de condicione hominum temporali) 것이라 부르는 '자유 신분 취득소송'(causae liberales)인 것이다.168 사실 로마제국에서 이 소송들은 원래 특별 재판에 속하는 것이었다. 아우구스투스 황제는 로마에서 이러한 분쟁이 일어나는 경우 그 권한을 '자유 신분 취득소송 법무관'(praetor liberalium causarum)에게, 그리고 속주에서 발생하는 경우에는 오직 지방장관들(praesides)에게만 부여하였다. 이들은 디오클레티아누스 황제와 막시미아누스 황제의 칙법에 따라 자신들의 특사(iudex pedaneus)를 포함한 그 누구에게도 권한을 양도할 수 없었다. 결국 정무총감(praefectus praetorio)을 포함한 높은 위치의 정무관(magistratus)들만이 이 소송을 담당할 권한을 갖고 있었던 것이다.169

결국 로마법적 차원에서 보면 아우구스티누스 역시 이러한 부류의 소송을 해결할 권한을 갖고 있지 않다. 문제는 히포의 주교는 에우스토키우스에게 법적 자문을 구하고 있다는 것이다. 이를 아우구스티누스의 개인적 권위라든가, 혹은 예외적 특전이라는 식으로도 이해할 수 없다. 또한 이러한 부류의 소송의 해결은 단순 중재자로서 이루

---

168 G. Vismara, "Le *causae liberales* nel tribunale di Agostino vescovo di Ippona", *Studia et Documenta Historiae et Iuris* 61(1995), pp. 365-372.
169 G. Vismara, *La giurisdizione civile dei vescovi(secoli I-IX)*, pp. 118-119; C. Lepelley, "Liberté, colonat et esclavage d'après la Lettre 24*: la juridiction épiscopale ≪de liberali causa≫", *Les lettres de saint Augustin découvertes par Johannes Divjak. Communications présentées au colloque des 20 et 21 Septembre 1982*, Paris: Études Augustiniennes, 1983, p. 331.

어질 수 없는 것이다. 물론 우리는 에우스토키우스가 어떻게 답변하였는지 그리고 아우구스티누스가 최종 판결을 어떻게 하였는지 모른다. 또한 이러한 종류의 소송이 얼마나 많이 아우구스티누스의 법정에 제기되었는지 알지 못한다. 그럼에도 불구하고 『서한』 24는 5세기 초엽 주교재판에 관한 중요한 문헌으로 제시할 수 있다. 또한 이 서한은 분쟁을 해결하는 규범으로 로마법이 적용되고 있음을 드러내는 훌륭한 증언이기도 하다.170

5) 로마법에 관한 아우구스티누스의 이해

여기서 새로운 문제가 제기된다. 아우구스티누스는 로마법에 대해 어느 정도 알고 있었을까? 존 라모로(John C. Lamoreaux)는 히포와 같은 번성한 도시의 주교들도 법률 교육을 제대로 받지 않았다고 폄하하면서, 아우구스티누스도 역시 어느 순간도 법을 공부하였다고 알려져 있지 않다고 주장한다.171 반면 아고스티노 풀리에제(Agostino Pugliese)는 아우구스티누스 작품들 안에 흩어져 있는 로마법에 대한 다수의 언급이 그의 법률 이해가 부족하거나 빈약하지 않음을 드러내는 것이라 확언하면서, 그의 법적 감각이 거의 태생적이라고 주장한다.172 프란체스코 라던(Francesco Lardone) 역시 아우구스티누스의

---

170 C. Lepelley, "Liberté, colonat et esclavage d'après la Lettre 24*: la juridiction épiscopale ≪de liberali causa≫", p. 341.
171 John C. Lamoreaux, "Episcopal Courts in Late Antiquity", p. 159.
172 A. Pugliese, "Sant'Agostino giudice", p. 271. 멜키오레 로베르티(Melchiorre Roberti)는

법적 소양이 폭넓었다고 주장하면서, 이러한 자질은 전문적인 법학자들에서조차 찾기 쉽지 않았다고 주장한다.[173]

이러한 법률에 대한 친숙함에서 '아우구스티누스는 어디에서 법률 지식을 습득하였을까?'라는 또 다른 질문이 파생한다. 무엇보다 법률 공부는 수사학 학교 과정의 한 부분으로 이루어졌다. 이는 아우구스티누스 자신이 카르타고에서 공부하던 시절을 회상하는 것에서 드러나지만,[174] 어느 정도 수준까지 배웠는지에 대해서는 정확하게 언급하지 않는다. 그러나 앙리-이레네 마루(Henri-Irénée Marrou)가 제시하는 것처럼 후기 로마제국의 동방과 서방 모두에 법을 전문으로 가르치는 학교가 있었다는 것을 염두에 둔다면, 그리 깊지 않은 수준일 것이라 추정된다. 더욱이 마루에 의하면, 공화정 시대에도 법학은 이미 특화되었지만, 지식인들은 어느 정도의 법률 공부를 피할 수 없었다. 그리고 아우구스티누스 시대에 이르면 로마제국은 공화정 시대의 정

아우구스티누스의 작품들 안에 나타나는 여러 규범에 대한 암시와 특별한 법적 표현들이 그의 법에 대한 이해를 드러내고 있지만, 법학에 대해 깊은 친숙함을 결코 갖지 않았다고 주장한다: M. Roberti, "Contributo allo studio delle relazioni fra diritto romano e patristica tratto dall'esame delle fonti agostiniane", pp. 23-24. 이에 반해 장 고드메(Jean Gaudemet)와 다리오 논노이(Dario Nonnoi)도 비록 아우구스티누스가 약간의 정규 법률 공부를 한 것으로 보이지만, 그의 법률 용어와 은유 등이 법률에 대한 그의 친숙함을 드러낸다고 본다: J. Gaudemt, *Le droit romain dans la littérature chrétienne occidentale du IIIe au Ve siècle*, Milano: Dott. A. Giuffrè Editore, 1978, pp. 127-166; D. Nonnoi, "Sant'Agostino e il diritto romano", *Rivista Italiana per le scienze giuridiche* 9(1934), pp. 531-545.

173 F. Lardone, "Roman Law in the works of St. Augustine", *The Georgetown law journal* 21(1932), pp. 435-456. 아우구스티누스의 법 이해에 대해 참조: E.-M. Kuhn, "Justice Applied by the Episcopal Arbitrator: Augustine and the Implementation of Divie Justice", *Etica & Politica* 19(2007), pp. 74-79.

174 『고백록』 3, 3, 6. "그적에 제법 고상하다고 일컫던 학문도 결국 소송 법정을 위한 것에 불과한 것으로"(Habebant et illa studia, quae honesta vocabantur, ductum suum intuentem fora litigiosa)

치적 삶과 지도층의 문화 사이에 존재하던 연결 고리를 이미 끊었기 때문에 법학은 점차 의학과 마찬가지로 소수에게만 유보된 문화의 형태로 특화되었다. 이러한 이유로 아우구스티누스의 법적 소양이 빈약했던 것이며, 변호사가 되려는 사람이나 제국의 행정에 참여하고자 하는 이들만의 전유물로 법학이 자리하였다. 그리고 이에 대한 실례를 아우구스티누스의 친구이며 변호사인 알리피우스(Alypius)에게서 볼 수 있다고 마루는 지적한다.175

따라서 아우구스티누스가 수사학 학교에서 일정 수준의 법학을 공부한 것은 분명하다. 여기에 그가 밀라노에서 체류할 때 'praesidatus'라는 관직을 생각하였다는 것을 염두에 둔다면, 알리피우스의 도움을 받아 계속 법률 공부를 하였을 가능성도 배제할 수 없다.176 더욱이 주교가 된 후에도 이러한 법률 지식을 바탕으로 계속해서 연구하였을 것이다.177 이러한 측면은 요한네스 디비야크(Johannes Divjak)가 발견한 아우구스티누스의 서한들이 히포의 주교가 법에 대해 상당한

---

175 H.-I. Marrou, *Saint Augustin et la fin de la culture antique*, Paris: Éditions E. De Boccard, 1958, pp. 113-114.
176 「고백록」 6, 11, 19. 이에 대해 참조: F. Lardone, "Roman Law in the works of St. Augustine", p. 435. 여기서 "praesidatus"는 지방장관으로 볼 수 있지만, 피에르 데 라브리올르가 주장하듯 법원장으로도 볼 수 있다: John M. Quinn, *A Companion to the Confessions of St. Augustine*, New York: Peter Lang, 2002, p. 334, n.43; P. De Labriolle, *Saint Augustin Confessions*, Vol. I, Paris: Les Belles Lettres, 19567, p. 137, n.1.
177 주교가 된 아우구스티누스가 행한 법률 공부에 대해 참조: D. Edward Doyle, *The bishop as disciplinarian in the Letters of St. Augustine*, New York: Peter Lang, 2002, pp. 85-91. 아우구스티누스가 396-397년에 저술한 「그리스도교 교양」 2, 39, 58에서 법률 공부의 필요성을 다음과 같이 말한다. "상호 공존하는 인간 사회에 효력을 끼치는 인간 제도라면, 현세 생활의 필요성을 보아서라도 소홀히 하지 말 것이다."

지식을 갖고 있음을 드러내는 것에서도 잘 나타난다.[178] 따라서 아우구스티누스가 알리피우스(Alypius)와 에우스토키우스에게 법률 자문을 요청한 것이 법에 대한 그의 무지를 드러내는 것이 아니라고 할 수 있다. 오히려 그가 제기한 질문들이 주목할 만한 법률 지식을 드러내고 있는 것이다. 이는 노예의 '교회에서의 해방'(manumissio in ecclesia) 절차를 아우구스티누스가 『강론』 21, 6에서 소개하고 있는 것에서도 잘 나타난다.[179]

6) 사제직의 의무요 사랑의 표현인 주교법정

이러한 법적 이해와 함께 이루어진 주교법정의 연장선에서 우리는 특기할 만한 또 다른 측면, 곧 로마제국 공직자들에게 관용을 요청하는 중재 역할을 볼 수 있다.[180] 이러한 역할은 특별히 중범죄(重犯罪)

---

178 Noel E. Lenski, "Evidence for the *Audientia episcopalis* in the new letters of Augustine", Ralph W. Mathisen (ed. by), Law, society and authority in late Antiquity, New York: Oxford University Press, 2001, pp. 88-90. 저자는 아우구스티누스의 법률 지식에 대한 가장 분명한 실례를 계약법에 대한 이해를 드러내는 『서한』 8*에서 잘 볼 수 있다고 주장한다. 장 루제 역시 디비야크가 발견한 『서한』 8*에 대한 연구를 통해 아우구스티누스가 법학에 대한 완전한 이해를 갖고 있었다고 지적한다: J. Rougé, "Escroqueire et brigandage en Afrique romaine au temps de saint Augustin (Ep. 8* et 10*)", *Les lettres de saint Augustin découvertes par Johannes Divjak. Communications présentées au colloque des 20 et 21 Septembre 1982*, Paris: Études Augustiniennes, 1983, p. 179.
179 참조: A. Di Berardino, "Roman Laws", Allan D. Fitzgerald (General editor), *Augustine through the Ages. An Encyclopedia*, (Michigan: William B. Eerdmans Publishing Company, 1999), p. 733.
180 포시디우스, 『아우구스티누스의 생애』 20, 2. "당신이 나서서 중재해야 마땅한 청이라고 판단하시면 일을 너무도 품위 있고 겸손하게 수행하신 나머지 부담스러워하거나 귀찮아하는 모습을 보이지 않아 경탄을 사셨다."

로 고발된 이들을 위한 것으로, 무엇보다 도나투스파에 대한 단죄에서 잘 나타난다. 예를 들면 408년에 작성된 『서한』 100, 2에서 아우구스티누스는 속주집정관(proconsul)인 도나투스(Donatus)에게 사형이라는 벌을 적용한다면, 다시는 그의 법정에 도나투스파를 고발하지 않을 것이라 경고한다. 411년 말경 호노리우스 황제의 특사인 마르켈리누스(Marcellinus)에게 보낸 『서한』 133에서도 히포의 주교는 레스티투투스(Restitutus) 신부와 인노켄티우스(Innocentius) 신부를 살해한 도나투스파 근본주의자들(circumcelliones)과 성직자들을 사형에 처하지 말아달라고 청원하고 있다. 같은 내용이 마르켈리누스의 형제이며 당시 속주집정관이었던 아프린기우스(Apringius)에게 보낸 『서한』 134에서도 나타난다.[181] 특별히 이러한 중재는 413년과 414년 사이에 아프리카의 총독 대리인이었던 마케도니우스(Macedonius)와 주고받은 『서한』 153-155에서 잘 드러난다.[182] 분명 아우구스티누스는 국가법의 정당한 역할을 존중하고 있고, 국가의 영역과 교회의 영역이 각각 고유한 권한을 갖고 있음도 인정하고 있다.[183] 하지만 그는 정치 영역을 교회의 사명 너머에 있는 것으로 간주하지 않기에, 주교

---

[181] 아우구스티누스, 『서한』, 134.
[182] É. Rebillard, "Augustin et le rituel épistolaire de l'élite sociale et culturelle de sont temps. Élements pour une analyse processuelle des relations de l'évêque et de la cité dans l'antiquité tardive, É. Rebeillard, C. Sotinel (édités par), *L'évêque dans la cité du IVe au Ve siècle. Image et autorité. Actes de la table ronde organisée par l'Istituto patristico Augustinianum et l'École française de Rome (Rome, 1er et 2 décembre 1995)*, Roma: École française de Rome, 1998, pp. 142-144.
[183] R. Sève, "La loi civile dans la pensée de saint Augustin", *Cahiers de philosophie politique et juridique* 12(1987), pp. 33-42.

들은 정치 영역 안에서도 복음을 선포해야 한다는 의무를 지니고 있다고 생각했던 것이다. 곧 주교들은 제도적 권력을 정치당국자들에게서 자신들에게로 이동하려는 의도 없이 정치적 과정을 복음화하려고 노력해야 한다고 히포의 주교는 보았던 것이다.[184]

이러한 측면에서 아우구스티누스는 중범죄를 범한 이들을 위한 중재 활동을 사제직의 의무(officium sacerdotii)로 간주한다.(『서한』 152, 2) 달리 말하면 범죄자들을 위한 중재자 혹은 변호자의 의무가 그리스도교 자체에서 유래한다는 것이다.(『서한』 153, 2, 4 ; 4, 10) 이토록 법적 권리나 의무가 아닌 목자로서의 중재 역할을[185] 통해 아우구스티누스가 지향하는 것은 다른 것이 아니다. '죄를 싫어하면 할수록 그 죄인들이 교정되지 않은 채 죽지 않기를 바란다.' 그리고 '잘못을 단죄하면서 동시에 인간 본성의 선함을 인정한다.'는 원칙에서 죄인에게 이 세상에서 자신의 행동을 뉘우치고 교정할 수 있는 기회를 부여하자는 것이다. 곧 인류에 대한 사랑(caritas humani generis)에서 죄인의 지상 삶이 사형으로 끝나지 않도록 하자는 것이다.(『서한』 153, 1, 3) 그렇기에 중재는 주교직의 도덕적 권위를 잘 드러내는 것으로, 사랑의

---

184 R. Dodaro, "Between the Two Cites: Political Action in Augustine of Hippo", J. Doody, Kevin L. Hughes, K. Paffenroth (ed. by), *Augustine and Politics*, Lanham: Lexington Books, 2005, p. 100.
185 P. Iver Kaufman, "Augustine, Macedonius, and the Courts", *Augustinian Studies* 34(2003), p. 75; R. Dodaro, "Church and State", p. 179. 이에 반해 카우코 라이카스는 마케도니우스에게 한 아우구스티누스의 호소를 사회법적 자의식으로 간주한다: Kauko K. Raikas, "Audientia episcopalis: Problematik zwischen Staat und Kirche bei Augustin", *Augustinianum* 37(1997), pp. 477-478.

행위이며 동시에 불의함을 교정하는 최고의 도구였다.[186]

 이러한 사랑의 원칙은 세속 법정의 재판관이 어떠한 자질을 갖추어야 하는지 제시한다. 무엇보다 믿음과 사랑이 정의를 실현하는 데 특별히 필요하기 때문에 재판관은 그리스도인이어야 한다.[187] 그 누구도 자신이 갖고 있지 않은 것을 줄 수 없기에, 재판관 스스로가 정의로운 판결을 내리기 위해서는 그 자신이 의로운 사람이 되어야 한다는 것이다. 또한 재판관의 의로움은 의로움의 원천인 하느님에게서 나오는 것이기에, 재판관은 이 세상에서 생명과 죽음의 유일한 스승인 그리스도의 제자가 되어야 하고 그분께 결속되어야 하는 것이다.(『시편 상해』 61, 21 ; 『서한』 120, 19) 이러한 의미에서 재판관은 자신이 인간의 삶을 판단한다는 것과 무죄한 이와 죄를 범한 자를 식별하여 판결을 내린다는 사실로 인해 교만해져서는 안 된다.(『강론』 342, 5)

 아울러 재판관은 아버지의 직무(officium patris)를 수행하는 것이기에 죄인들의 욕망에 의한 상처를 돌보아야 한다. 또한 심문하는 동안에도 아버지의 자상함(diligentia paterna)을 잃지 않아야 한다. 이는 죄에 대한 자백을 받기 위해 신체 일부를 말에다 잡아 늘리게 하거나, 쇠갈고리로 신체에 줄을 긋거나, 불로 신체를 지지는 등의 고문을 피하라는 것이다.[188] 특별히 도나투스파의 범죄자들에 대해 아우구스

---

186 G. Combès, *La doctrine politique de saint Augustin*, p. 196.
187 '그리스도인'의 의미에 대해 참조: E. Lamirande, "Christianus (christianismus, christianitas)", *Augustinus Lexikon*, 1, Basel: Schwabe & Co. Ag, 1986-1994, p. 843.
188 고대 법학자들은 고문을 정보를 얻는 최고의 도구로 간주하였기에, 재판 과정의 각 단계에서 매우 많이 통용되는 것이었다. 이에 대해 참조: A. Houlou, "Le droit pénal chez saint Augustin", *Revue historique de droit français et étranger* 52(1974) pp. 16-18; John C.

티누스는 이러한 요청을 하는데, 이는 탈리온 법에 따라 그들이 단죄되는 것을 원치 않는 것이다. 여기서 아우구스티누스는 자유교양학문(artes liberales)의 스승들이나 부모들 그리고 드물지 않게 주교법정에서도 사용되는 형태인 채찍으로 때리는 것은 가능하다고 제시한다. 하지만 이 과정에서 재판관이 무엇보다 견지해야 할 자세는, 바오로가 티토서 3장 2절에서 말하듯, 온순하고 관대한 사람이 되어 모든 이를 온유하게 대하는 것이다.(『서한』133, 1-2) 예수가 간음하다 붙잡힌 여인을 용서하였듯이 재판관도 그리스도의 관대함을 본받으라는 것이다.(『서한』153, 4, 11) 곧 재판관 자신도 개인적인 죄로 인해 하느님의 자비하심을 필요로 하는 사람임을 잊지 말라는 것이다.(『서한』153, 3, 8)

따라서 재판관은 양심 깊숙한 곳에서 평정심을 지키며 타인에 대해 판결하기 위해 먼저 자기 자신을 재판해야 한다. 자기 자신으로 돌아가, 자신을 주의 깊게 바라보고 성찰하면서 내면의 목소리를 들어야 한다는 것이다.(『강론』13, 7) 이 과정에서 자기 자신에 대해 아부하지 않고 판단하는 것이 중요하다. 사람을 사랑하고 그의 죄를 미워하

Lamoreaux, "Episcopal Courts in Late Antiquity", pp. 161-162. 아우구스티누스는 『신국론』 19, 6에서 재판관이 고문을 통해 진실을 밝히도록 강요하는 것에 대해 애통해 하면 이렇게 말한다. "무죄임에도 고문을 당한다면 그는 불확실한 범죄 때문에 더할 나위 없이 확실한 형벌을 받는 셈이다. 더구나 그가 그 형벌을 받는 것은 그가 범죄를 저지른 것으로 밝혀졌기 때문이 아니고 그가 그 범죄를 저지르지 않았다는 사실이 밝혀지지 않았기 때문이다. (…) 피고는 고문에 못 견뎌 범하지도 않은 죄상을 자기가 범했다고 고백하고 말 것이다. 그리하여 그가 유죄 판결을 받고 사형을 당한다면, 재판관은 자기가 범인을 죽였는지 무죄한 사람을 죽였는지 알 길이 없다. (…) 이럴 경우 재판관은 피고가 무죄한 사람임에도 진실을 알려고 고문했고, 진실을 미처 알아내지도 못하고 그 사람을 죽인 것이다."

면서 사랑으로 타인을 판단하기 위해서이다.(『강론』 49, 5)

더욱이 동등한 척도로 모든 이를 사랑하는 사람만이 편파성의 의혹에서 자유로울 수 있다. 아우구스티누스는 "겉모습을 보고 판단하지 말고 올바로 판단하여라."라는 요한복음 7장 24절의 말씀을 주석하면서 모든 이를 동등하게(aequaliter) 사랑하는 사람만이 겉모습을 보고 판단하지 않는다고 강조한다. 동등한 사랑(dilectio aequalis)은 사람들 사이의 차별을 만들지 않기 때문이다.[189] 하지만 인간은 이러한 공평성을 형성할 능력을 갖고 있지 않기에, 하느님을 향할 때만 그분이 인간 안에 만들어주는 것이라고 히포의 주교는 지적한다. 곧 인간을 창조하신 분이 인간 안에 판단(iudicium)과 의로움(iustitia)을 심어주시는 것이기에, 인간은 선과 악을 구분할 때 판단을 갖는 것이요, 또한 이러한 판단을 실행하면서 의로움을 드러내는 것이다.(『시편 상해』 98, 7)

사실 이러한 공평성을 견지한다는 것이 결코 쉽지 않은 것임을 아우구스티누스 본인도 알고 있었던 것으로 보인다. 포시디우스의 증언처럼 친구들보다는 알지 못하는 사람들 사이에서 판결하기를 바란다는 말을 늘 자신의 눈앞에 두고 유념하였기 때문이다. 모르는 사람의 경우 그에 대한 공정한 판결로 친구를 얻을 수 있지만, 친구 사이에 판결을 내릴 때 친구를 잃게 되기 때문이다.(『아우구스티누스의 생애』 19, 2) 더욱이 공평성을 유지한다는 것은 진리에 따라 판단하는 것

---

[189] 『요한복음 강해』 30, 8. 참조: A. Houlou, "Le droit pénal chez saint Augustin", pp. 25-26.

이기에, 재판관은 편파성에 빠져 진리를 거슬러 판결을 내리지 않기 위해 두 가지 선물에 주의를 기울여야 한다. 하나는 금이나 은, 그리고 이러한 유형의 보석과 같은 물질적인 것이다. 그리고 또 다른 하나는 사람들의 칭송으로 이루어지는데, 이것보다 더 헛된 선물은 없다고 아우구스티누스는 지적한다. 다른 사람의 혀로 이루어지는 판결을 받기 위해 자신의 손을 펼치면서, 자신의 양심의 판결을 잃어버리기 때문이다. 곧 이러한 사람들의 칭송이라는 선물을 받는 것은 발음하자마자 바로 사라지는 것을 받는 것이지, 하느님의 말씀처럼 견고하고 영속적인 것을 받지 못하는 것이다.

더욱이 문제는 재판관이 이러한 선물을 받지 않았고, 더욱이 자신의 판결이 하느님을 생각하면서 그분의 심판하에서 선포되었다는 것을 유념하면서 소송 당사자들 중 한 사람을 거슬러 판결을 내렸음에도 불구하고 그가 자기 자신에 대해 성찰하기보다 재판관을 고발한다는 것이다. 재판관이 다른 사람의 마음에 들기를 원했다거나, 뇌물을 받았다거나, 부자를 선호하였다거나, 그의 마음을 상하게 하는 것을 두려워했다는 등의 말을 한다는 것이다. 또한 부자와 가난한 이 사이의 문제에서 판결이 가난한 이에게 호의적이었을 때, 부자 역시 재판관이 뇌물을 받았다고 말한다. 곧 재판관이 가난한 이를 보면서 자신이 그를 거슬러 행동하였다고 비난받지 않기 위해 정의를 침해하고 진리에 반대되는 판결을 내렸다고 말한다는 것이다. 이토록 공평성을 유지하는 것, 편파성에 빠지지 않는 것 자체가 쉬운 것은 아니다. 또한 아우구스티누스는 이러한 말을 피할 수 없다고 하면서 재판관에게 하느님은 누가 뇌물을 받았는지, 그리고 누가 받지 않았는지 알고 계신다는 사실을 기억하라고 권고한다.(『시편 상해』 25, II, 13) 결국 재판관이 공평성을 유지하기 위해서는 대중의 인기에 편승해서는 안 된다. 정의는 영예를 필요로 하지 않으며, 그 자체로 영광을 갖고 있기 때문이다. 따라서 이 세상의 자만함을 정의를 위해 희생시키면서 정의 자체를 위해 노력해야 한다.190

결국 아우구스티누스 안에서 나타난 주교법정의 성격은 단순히 중재자로서만 볼 수 없다. 오히려 아우구스티누스가 수행한 사법권은 중재자와 재판관으로서의 모습을 드러낸다고 해야 할 것이다. 이러한 측면으로 인해 아우구스티누스는 주교법정을 사목직의 한 측면으로 이해하였다고 말할 수 있다. 전문 교육을 받은 평신도와 교회의 교직자들과의 협력 안에서 수행한 주교 사목직의 일환이었던 것이다. 이러한 주교법정과 결합한 사목자의 모습은 특별히 히포의 주교가 책임을 느끼던 사회적 약자에 대한 배려로 연결되었다.191 그는 당시의 다른 주교들처럼 부유한 이들을 희생시켜가면서 가난한 이들을 배려하는 이른바 "역에서의 계급 정의"(une justice de classe à l'envers)를 실천하였던 것이다.192 다른 말로 한다면, 그는 자신의 직무를 통해

---

190 G. Combès, *La doctrine politique de saint Augustin*, p. 183.
191 Ch. Munier, "L'influence de saint Augustin sur la législation ecclésiastique de son temps", P. -Y. Fux, J.-M. Roessli, O. Wermelinger, AUGUSTINUS AFER. Saint *Augustin: africanité et universalité. Actes du colloque internal Alger-Annaba, 1-7 avril 2001*, Fribourg: Éditions Universitaire Fribourg Suisse, 2003, p. 111.
192 S. Lancel, *Saint Augustin*, Paris: Éditions Arthème Fayard, 1999, p. 367. 가난한 이들에 대한 아우구스티누스의 배려에 대해 참조: C. Lepelley, "La lutte en faveur des pauvres: observations sur l'action sociale de saint Augustin dans la région d'Hippone", P. -Y. Fux, J.-M. Roessli, O. Wermelinger, *AUGUSTINUS AFER. Saint Augustin: africanité et universalité. Actes du colloque internal Alger-Annaba, 1-7 avril 2001*, Fribourg:

'시보호관'(市保護官, defensor civitatis)과 같은 역할을 수행하였던 것이다.[193] 주교법정 안에서 공평성(aequitas)이 주교를 통해 구현되었던 것이다.[194]

더욱이 주교법정의 사목적 성격은 포시디우스의 『아우구스티누스의 생애』 19, 3-5를 통해 더욱더 잘 드러난다. "이 일을 하시면서 어떤 이는 신앙과 훌륭한 처신으로 성장하고, 또 어떤 이는 퇴보하는 것을 보는 가운데 그리스도인 영혼의 움직임을 관찰하셨다. 적당한 기회를 보아 여러 집단에게 거룩한 법의 진리를 설명하시고 차근차근 일러 주시면서 영원한 생명을 얻는 길을 가르치시고 깨우쳐 주셨다. 이 일에 열심한 이들에게는 하느님과 사람에게 바칠 순종과 그리스도인다운 헌신 외에 아무것도 요구하지 않으셨다. 그러나 죄짓는 사람들은 모두가 보는 앞에서 꾸짖으셨으니 이는 다른 이들에게 두려워 삼가는 마음을 일으키시려는 것이었다. 이런 일을 하심에 있어 마치 이스라엘의 가문을 위해 주님께서 세우신 파수꾼과도 같으셨다. 때가 좋든 나쁘든 말씀을 선포하시고, 온갖 지혜와 가르침으로 꾸짖고 격려하고 타이르셨다."

이 증언을 통해 우리는 영혼의 목자로서의 아우구스티누스의 모습을 충분히 볼 수 있다. 분명 그는 주교가 재판관이 된다는 것이 국가

Éditions Universitaire Fribourg Suisse, 2003, pp. 95-107.
193 C. Lepelley, "Saint Augustin et la cité romano-africaine", p. 16. 아우구스티누스 당시 '시보호관'의 역할은 제국의 고시(告示, edictum)가 모든 제국의 시민에게 보장하였던 권리를 보호하는 것이었다. 가난한 이들이 도시의 보다 강력한 이들이 자행하던 부조리에 맞서 자신들을 충분히 보호할 능력이 없었기 때문이다. 이에 대해 참조: R. Dodaro, "Church and State", p. 179.
194 H. Jaeger, "Justinien et l'episcopalis audientia", p. 262.

의 공무원이나 지상 도시의 봉사자가 된다는 것이 아니라는 점을 충분히 인식하고 있었던 것이다. 그렇기에 그는 주교법정을 단순히 재판장이기보다 그리스도인 교육을 위한 장소로, 또한 그리스도교 신앙을 갖고 있지 않은 이들에게는 선교의 장소로 활용하였던 것이다.

따라서 우리는 아우구스티누스가 주교직의 본질적 사명인 봉사로 주교법정을 이해하였다고 말할 수 있다. 주교는 영예가 아닌 봉사의 칭호이기에(『신국론』 19, 19) 그리스도의 종이요 그분 종들의 종으로서(『서한』 217) 그는 주교직을 수행하는 동안 늘 마음속에 간직한 '다스리는 것은 남에게 이로움이 되는 것이다.'(praeesse est prodesse)라는(『서한』 134, 1 ; 『강론』 340, 1) 좌우명의 실천으로 주교법정을 받아들인 것이다. 이러한 봉사직의 뿌리가 사랑이기 때문이다.

6. 국가와 교회

1) 국가의 본성과 한계

국가의 본성과 한계에 관한 문제를 다루기 전에 결정적으로 중요한 관찰을 하는 것이 필요하다. 아우구스티누스는 복잡한 사색가인데, 이는 무엇보다 막대한 양의 작품들 때문이다. 그러한 복잡함이, 뛰어난 명성을 가진 일부 학자들도 특별한 문제 제기가 이루어지는 전체 그림을 염두에 두지 않을 때 부닥치는 오해들을 설명한다. 주된 오해 중 하나가 국가와 국가의 설립에 관한 아우구스티누스의 역사

서술에서 나타난다. 이에 대해 두 가닥의 해석이 있다는 것을 인정할 필요가 있다. 한 부류의 학자들은[195] 아우구스티누스의 본문 중 일부만을 염두에 두면서 국가가 원죄의 결과로 탄생한 제도일 뿐이라고 확언한다. 다른 부류의 학자들은[196] 충분한 문헌적 증명을 제시하지 않으면서 국가가 자연적 제도라고 주장한다.

이 문제를 해결하기 위해서는 아우구스티누스가 구체적으로 역사 안에서 실현되는 것으로 나타나는 국가에 대한 개념에서 출발하고 있지만, 인간 본성의 상황도 잊지 않고 있음을 염두에 두어야만 한다. 곧 이 상황에 영속적으로 속해 있는 것을 확언하기 위해 그 상황이 원초적인 온전성에 있든지, 혹은 부패라는 실제적인 역사적 상황에 있든 말이다. 간단히 말하자면, 인간 본성에 근원적인 경향성들이 있는데, 이는 일탈될 것이라고 하더라도 현재의 부패한 상황 안에 실존하고 있는 것들이다. 뒤에서 우리가 강조할 것이지만 이러한 근원적인 경향성들이 국가를 형성한다. 따라서 만일 원죄의 결과가 국가의 강제적인 조직이라면, −이러한 강제적 조직이 사회의 평화를 보장하고 현세적 재화의 사용을 규정하는 척도에서만 정당성을 발견한다는 것을 잊지 않는 것이 필요하다− 국가가 원죄의 결과라는 것은 확실한 것이 아니다. 왜냐하면 국가가 행정적 차원에 대한, 혹은 사법적 차원

---

195 우리는 특별히 다음의 학자들을 언급한다. R.A. Marcus, *Saeculum: History and Society in the Theology of St. Augustine*, Cambridge, 1970, p. 98; K. Flash, *Agostino d'Ippona, Introduzione all'opera filosofica*, Bologna, 1983, p. 385.
196 이 그룹 안에 우리는 다음의 학자를 제시할 수 있다. D.X. Burt, *Friendship and Society. An Introduction to Augustine's Practical Philosophy*, Grand Rapids Michigan, 1999, p. 135.

에 관한 자신 조직의 근원을 원죄 이전이나 이후에도 현존하는 긍정적인 자연적 경향성 안에서 발견하기 때문이다. 게다가 아우구스티누스가 인간 본성 안에 현존하는 벗들과 국민을 향한 사랑에 대해 언급하기에 이르렀다는 것은 의미심장한 것이다. 곧 그가 "세 번째 사랑"으로 정의하는 것이다.197

인간 본성의 고유한 자기 보호와 행동 그리고 종족 번식에의 욕구는 사회성에 대한 자극의 근원적 원천을 형성하며, 이러한 자극으로써 인간 존재는 자기 자신과 자신과 유사한 이들에게 평화로운 삶의 근본적 조건을 보장하기 위해 사회적 유대와 다양한 단계에서의 안정적인 구조들을 형성한다. 그러한 결합의 욕구는 남자와 여자로 하여금 가정의 유대를 일으키도록 서로가 서로를 찾도록 이끈다. "사멸할 인류에게 해당하는 얘기지만, 남자와 여자의 결합은 (…) 도시국가의 못자리(seminarium)이다."198

아우구스티누스에게 있어 가정은 '사랑의 사회'(societas amoris)이며 가정의 유대들이 증가되고 강화되는 단계에서 남자와 여자는 가족(domus)의 체험에서 도시(civitas)와 국가(res publica)의 체험으로 넘어간다. 따라서 남자와 여자의 고유한 환경(milieu)은 사회이다. "(…) 각 인간은 인류의 부분이다. 인간의 본성은 사회적인 것이며 우정의 힘도 인간이 태생적인 것으로 소유하고 있는 큰 선익이다. 이러한 이유로 하느님은 모든 인간을 유일한 개별자에게서 만들기를 원하셨으

---

197 「강론」 349, 1, 2.
198 「신국론」 XV, 16, 3.

며, 이로써 그들의 사회 안에서 동일한 종족에 속하는 것뿐 아니라 혈연관계의 유대로 묶이게 된 것이다. 더욱이 인간 사회의 자연적인 첫 결합은 남자와 여자 사이의 것이다."[199]

그러한 존재의 사회적 차원은 첫 번째 표현으로서 가정의 체험을 가지고 있는데, 이것이 없는 세상은 광야 외에 다른 것이 아닐 것이다.[200] 시민 사회의 운명은 많은 부분 가정에 의존하며, 가정의 안정성이 사회적 삶의 성장에 기여한다. 이에 대해 아우구스티누스는 다음과 같은 일련의 성찰을 제공한다. "인간의 가정은 도시국가의 시발(始發) 또는 분자(分子)이어야 하므로, 또 모든 출발은 자기 나름의 종말과 결부되고, 모든 부분은 자기 나름대로 전체의 통합과 결부되므로, 가정의 평화는 도시국가의 평화로 귀결된다는 사실이 결론으로 도출된다. 다시 말해 함께 거주하는 사람들 사이에 명령하고 복종하는 질서 있는 화합은 시민들 사이에 명령하고 복종하는 질서 있는 화합으로 귀결된다."[201]

남자와 여자로 하여금 가정을 형성하도록[202], 자녀들로 하여금 부모에게 복종하도록, 형제들이 화합하여 살아가도록, 친족들과 인척들이 지속적인 유대를 유지하도록 이끄는 것이 자연적 질서 자체인 것이다. 이러한 이유로 보다 뛰어난 재능을 가진 젊은이들이 때로 국

---

199 「혼인의 선익」 1, 1; 「신국론」 XII, 21과 27; XIX, 5. 참조: W.J. Bourke, "The political Philosophy of St. Augustine", *Proceedings of the Annual Meeting of the American Catholic Philosophical Association*, St. Louis, 1931, pp. 51-52.
200 「요한서간 강해」 7, 1.
201 「신국론」 XIX, 16.
202 「혼인의 선익」 1, 1.

가 행정 수행을 준비하기 위해 가능한 한 자유교양학문(artes) 연구에 헌신하는 것도 좋은 일이다.[203] 공동선,[204] 사유재산,[205] 노동,[206] 시민의 자유, 세금 납부의 의무, 사회 복지[207] 등을 옹호해야 할 필요성이 강조된다. 물질적 재화에 대한 자세에 대해 아우구스티누스는 더 많은 것을 소유하기보다, 필요로 하는 것이 덜 있는 게 낫다는 원칙을 내세운다.[208]

남자와 여자를 결합하는 경향이 점진적으로 구체화하는 동안, '의지 사이의 조정'(compositio voluntatum)이 강화되며, 권한의 행사를 포함한 권위를 지닌 계급적 구조가 형성되고, '인간 사회의 일반 약조'(generale pactum societatis humanae)와 같은 것이 태어난다.[209]

아우구스티누스는 『신국론』 제2권과 제19권에서 국가의 본성과 기능에 관한 문제를 다루고 있다. 그는 제2권 21장에서 『국가론』의 일부 구문을 인용하고 있는데, 여기에서 치체로는 스키피오(Scipio Aemilianus, 기원전 185-129)의 입을 통해 "국가는 대중의 아무 연이나 일컫는 것이 아니고 법정의(法正義)에 대한 동의(consensus iuris)와 이익의 공유(communio utilitatum)에 의해 결속된 연합이다."라고 주장한

---

203 『질서론』, II, 8, 25; II, 20, 54.
204 『서한』, 137, 17; 『서한』, 211, 12.
205 『서한』, 153, 6, 26.
206 『가톨릭교회의 관습과 마니교도의 관습』, I, 33, 70.
207 『서한』, 138, 2, 15.
208 『서한』, 211, 9.
209 『고백록』, III, 8, 15. 참조: H.A. Deane, *The Political and Social Ideas of St. Augustine*, New York, 1963, pp. 117-153.

다.210 더욱이 치체로는 살루스티우스(Salustius)와 마찬가지로 로마 사회의 쇠락이 공화국의 이상이 추락하면서 시작되었음에 주목한다. 권력과 풍요로움이 커질수록 착취와 불의가 확산되었던 것이다. 공화국 시민들이 지닌 고대의 덕행들이 악덕으로 대치되었다. 향락에 대한 추구가 시민을 자신들의 욕구의 종으로 만들었다. 정의와 민주주의에 대한 고대의 신뢰가 사라지면서, 몰락한 군주제의 결과인 참주정(僭主政), 혹은 덕행과 영예에 더 이상 관심을 갖지 않는 귀족제(貴族制) 또는 퇴폐한 민주정(民主政) 등이 우세하였다.211 아우구스티누스는 『국가론』에서 치체로가 한 말을 다음과 같이 인용하고 있다. "우리 악덕들로 인해, 우리가 말로는 공화국을 보존하고 있지만 실제로는 이미 오래전에 공화국을 영영 상실하고 말았으며 그것도 우연히 그렇게 된 것이 아니다."212

더욱이 아우구스티누스는 치체로의 정의를 따라 볼 때, 로마 국가는 "상고의 인물들과 상고의 습속"의 시대에도, "도덕적 타락"의 시대에도 결코 존재하지 않았다고 확신한다. 게다가 독자들에게 다음과 같은 약속을 한다. "다른 데서 나는 치체로 본인이 내린 정의에 입각해서 공화국은 일찍이 한 번도 존재한 적이 없다는 것을 보여주도록 노력하겠다. 그곳에 한 번도 참다운 정의가 존재한 적이 없기 때문이다. 물론 나름대로의 개연적 정의(定義)에 입각해서 본다면 공화국은

---

210 『신국론』 II, 21, 2.
211 『신국론』 II, 18, 1-2. 참조: G.J. Lavere, "The Problem of Common Good in Saint Augustine's Civitas Terrena", *Augustinian Studies* XIV(1983), p. 2.
212 『신국론』 II, 21, 3.

존재했고, 그 공화국은 후대인들보다 선대의 로마인들에 의해 더 잘 통솔되었다."[213]

『신국론』제19권 21장에서 독자들에게 약속된 명제(命題)가 논증된다. 아우구스티누스의 추리(推理)는 다음과 같은 표현으로 요약된다. 로마 국가에는 비록 잠정적 이익(communio utilitatum)에 관한 동의가 있었음에도 불구하고, 무엇보다 참된 정의에 대한 참된 동의(consensus iuris)가 없었다. 바로 이러한 이유로 인해 국가에 대한 치체로의 정의는 사실에 상응하지 않는다. 역사적으로 참된 정의에 관한 동의가 없었고 오직 현세적인 것들의 관리에 대한 동의만 있었기 때문이다. 아우구스티누스는 비록 인간의 자연적 본성 요구와 권리의 제한을 받음에도 불구하고 정의의 무용성을 주장하려는 것이 아니라 로마 국가가 역사적으로 치체로의 정의를 구현하지 못하였다는 것을 분명히 밝히고자 한다. 더욱이 『자유의지론』에서 논의된 실정법의 본성에 비추어 국가에 대한 새로운 정의가 다음과 같이 제시된다. "국민이란 사랑하는 사물들에 대한 공통된 합의에 의해 결속된 이성적 대중의 집합이다."[214]

현재의 조건에서 인간들은 그 자체로 의로운 것이 아니라 유용한 것을 자신들의 사랑의 대상으로 갖고 있기 때문에, 자신들의 구성원의 평화를 보증하는 자연적 요구에서 나온 국가의 목적은 현세적 재

---

213 『신국론』, II, 21, 4.
214 『신국론』, XIX, 24.

화의 사용을 중재하고 조정하는 것과 일치한다.215 이는 다른 이들의 권리를 거스른 일부 사람들의 남용이 사회 집단 안에서 크게 영향을 미치지 않도록 하기 위함이다. "신앙으로 살지 않는 지상 도성도 평화를 구하고 질서 있는 화합을 도모하면서, 사멸할 인생에 속하는 사물들에 대해 인간 의지들 사이에 적절한 조정이 이루어지도록 시민들을 배려한다."216

이 정의에 따르면, 로마 국민은 국민이며, 따라서 의심의 여지없이 국가는 국민의 것이다. 역사는 그러한 국민이 상고의 시대와 그 다음 시대에 어떠한 이익을 추구하였는지 증언한다. 로마 국가에 대해 언급되는 것은 아테네, 그리스의 다른 도시들, 이집트 등에도 적용될 수 있다. 이 국민들의 삶을 조정하였던 법률은 그 자체로 좋고 평등한 것과 온전히 상응하지 못하였고, 국민을 위해 유용하고 이로운 것과 상응하였으며, 따라서 민정(民政)과 시민들 사이의 평화로운 합의를 장려할 수 있었다. "인간은 어느 모로 자기 본성의 법칙에 따라서 모든 사람과 더불어 사회관계를 맺고 평화를 달성하려 힘쓴다."217

국가가 자신이 태어난 목적을 망각할 때, 조직화된 무질서로 변형되고 다음과 같이 된다. "(…) 강도떼가 아닌가? (…) 강도떼도 나름대로는 작은 왕국이 아닌가? 강도떼도 사람들로 구성되어 있다. 그 집

---

215 「신국론」, XIX, 24; 「서한」 153, 6, 26. 참조: N. Cipriani, "Il ruolo della Chiesa nella società civile: la tradizione patristica", *I cattolici e la società pluralistica. Il caso delle leggi imperfette*, Bologna, 1996, p. 145.
216 「신국론」, XIX, 17.
217 「신국론」, XIX, 12, 2.

단도 두목 한 사람의 지배를 받고, 공동체의 규약에 의해 조직되며, 약탈물은 일정한 원칙에 따라 분배한다."[218]

더욱이 국가는 인간의 일부 근본적 경향들 안에나 모든 시민에게 유익한 재화의 공유 안에 자신의 기초를 갖고 있는 사회이다. 이러한 의미에서 볼 때 국가는 자신의 역사적 책무 안에서 영원법을 모든 측면에서 그리고 모든 것을 위해 실현한다고 자부해서는 안 되는 자연적이요 실정적인 제도인 것이다. 또한 국가는 영원법에 고취됨에도 불구하고 가능한 한 현세적 재화의 동등한 사용에 대한 옹호를 목표로 해야만 한다. 이는, 일부 사람들의 남용이 다른 이들의 권리를 침해하지 않고 또한 공동선과 시민들의 합의가 보호되기 위해서이다.

만일 국가의 실정법 제정이 항상 그리고 온전히 자연법에 부합하지 않는다면, 이는 현재의 죄라는 상황에서 오직 소수의 사람만이 영원법을 존중할 수 있다는 사실에 기인한다는 것을 아우구스티누스는 인지하고 있다. 일반적으로 대부분의 사람은 그 자체로 의로운 것보다 유익한 것을 사랑한다. 이러한 연유로 국가의 역할은 사회 평화의 후원자요 모든 시민의 이익의 중재로 한정되어야만 한다. 우리가 뒤에 보겠지만, 아우구스티누스는 오랫동안 로마제국 내에서 매우 밀접하게 결합된 채로 있었던 종교와 국가의 역할을 구별하기에 이른다.[219]

국가는 시민 사회 안에서 교회가 자신의 종교적 사명을 수행하는

---

218 「신국론」 IV, 4.
219 A. Di Berardino, "I cristiani e la città antica nell'evoluzione religiosa del IV secolo", *Chiesa e Imepro da Augusto a Giustiniano*, Roma, 2001, pp. 213-223.

자유를 인정해야 하며, 교회는 국가의 긍정적 기능을 존중하여야만 한다.

이러한 정치적 모델은 국가 조직을 비합법화 하려는 목적을 갖고 있던 오리게네스 관점의 잠재적인 진보적 종말론과 거리를 두고 있다. 또한 카이사리아의 에우세비우스가 주장한 정치적 신정체계와도 거리를 두고 있다.[220] 사실 아우구스티누스는 우리가 중성적이라고 정의할 수 있을 영역과 역할을, 곧 지상도성의 시민들과 하느님의 도성의 시민들이 함께 살아갈 수 있는 영역과 역할을 국가에 부여하고 있다.[221] 국가는 국민을 통솔하고 돌봐야만 하며, 권력자와 국민 사이의 질서 있는 관계가 실현될 때 화합과 평화 속에서 살아간다. 사실 동등한 것들과 동등하지 않은 것들의 고유한 자리를 각각에게 부여하는 배치로서 이해되는 질서가 도시국가의 평화에 필요한 조건이다.[222]

승인된 통치의 형태가 군주제, 귀족제(貴族制), 민주정(民主政) 등 세 가지임에도 불구하고[223] 아우구스티누스는 민주정이 다른 두 가지 형태보다 우월하다는 것을 직관케 한다. 하지만 민주정의 이상의 실현은 국민의 평온함과 신중함에 의존한다.[224] 따라서 그는 통치하

---

[220] J. Ratzinger, *L'unità delle nazioni. Una visione dei padri della Chiesa*, Brescia, 1973, pp. 1-4-109; E. Gilson, *La città di Dio e i suoi problemi*, Milano, 1959, pp. 80-82; R. Pezzimenti, *Società aperta e i suoi amici*, Messina, 1995, p. 98.
[221] G. Bonner, "Quid imperatori cum Ecclesia? St. Augustine on History and Society", Augustinian Studies II(1971), pp. 238-241.
[222] 『신국론』 XIX, 13, 1.
[223] 『신국론』 II, 21, 2.
[224] 『자유의지론』 I, 6, 14.

는 이가 경건심과 공공의 일에 대한 이해를 갖추기를 염원한다.225 국가를 구성하는 국민을 움직이는 특성과 사랑에 의해서도 국가의 질이 결정됨에도 불구하고 말이다.226 국가는 법률이 양도한 한도 내에서 강압적 권력도 사용하면서 국민의 권리와 이익을 보증한다.227 특별히 강압적 권력의 행사는228 사법권(potestas iudiciaria)을 갖고 있는 재판관의 책무이다. "(…) 왕의 권력, 재판관의 고유한 생사여탈권, (…) 왕의 고유한 처벌 권한 그리고 훌륭한 가장의 엄격함 등은 아무런 목적 없이 제정된 것은 아닙니다. 이 모든 것은 자신들의 규범과 이유 그리고 기원과 유용함을 갖고 있습니다. 이러한 것들을 두려워할 때, 악한 이들이 제지될 뿐 아니라 선한 이들도 악인들 사이에서 좀 더 평온하게 살게 됩니다."229

사법권은 "한시적 선익들 전부 또는 그 일부를 금지하거나 박탈하는 일 이상으로 나아가지 않는다."230 권위의 최종 원천은 하느님의 섭리이기 때문에,231 권력을 행사하는 자는 처벌하는 것에 신중하고, 관용을 잘 베푸는 사람이어야만 한다. 더욱이 처벌은 단지 공동선을 보호하기 위해서만 사용되어야 하며, 갈등과 경쟁을 돋우기 위해 그

---

225 「신국론」 V, 19.
226 N.H. Baynes, *The political Ideas of St. Augustine's "De citivate Dei"*, London, 1955, p. 16.
227 「삼위일체론」 XIII, 13, 17.
228 「시편 상해」 108, 4.
229 「서한」 153, 6, 16.
230 「자유의지론」 I, 15, 32.
231 「신국론」 V, 1.

러해서는 안 된다.232

이러한 원칙들에 입각하여 전쟁의 문제에 관해서도 제한들이 국가에 제시된다. 전쟁을 선포하는 권한은 인정되지만, 이는 오직 그 전쟁이 의로운 경우에만 해당된다. 생존을 보존하고, 친선 조약과 동맹 조약을 존중해야 하며,233 당한 잘못들에 응징하는 경우에만 전쟁은 의로운 것이 된다.234 다른 국가에게 전쟁을 선포하는 것은 국가의 최고 통치자의 권한이다. 하지만 복수의 잔혹함과 지배욕과 그와 유사한 것들을 피하는 것이 필요하다.235 국가는 강압적인 처벌들을 통해서도 평화 조약을 보증하기 위해 폭력에 호소하는 권한도 갖고 있다. 특별히 아우구스티누스는 항상 인류애의 이유로 반대함에도 불구하고 사형을 언도할 수 있는 공식적인 권한을 국가가 갖고 있다는 것을 인정한다.236 그럼에도 불구하고 그는 '법의 관용'(moderatio legum)과 '중재'(intercessio)의 권리를 자주 요구한다.237 마지막으로 그는 법정에서 심문의 도구로서 행하는 고문을 수용할 수 없는 것으로 간주한다.

---

232 『신국론』 V, 24.
233 『신국론』 XXII, 6, 2.
234 『구약 칠경에 관한 질문』 VI, 10.
235 『마니교도 파우스투스 반박』 XXII, 74-75.
236 『강론』 302, 13. 참조: G. Combès, *La doctrine politique de Saint Augustin*, Paris, 1927, p. 188.
237 『서한』 152, 2; 153, 2-3. 참조: N. Cipriani, "La violenza nel pensiero di S. Agostino", *La violenza*, Bologna, 1998, pp. 251-253.

2) 교회와 국가의 관계

이미 394년에 아우구스티누스는 종교 영역과 정치 영역 사이의 구분을 인정하고 각자의 역할을 제시하면서 교회와 국가의 관계에 대해 숙고하였다. 그는 자신의 『로마서 명제 해설』(Expositio octoginta quattuor propostionum Epistolae ad Romanos)에서 다음과 같이 강조하고 있다. "현재의 삶에 관련된 모든 것에 대해 우리는 권위에, 곧 마땅한 영예를 받으면서 인간적인 것들을 관리하는 이들에게 복종해야만 한다. 반면 하느님에 대한 우리의 믿음과 그분의 나라로의 부르심에 관련해서는 반대의 것이 되어야만 한다. 여기서 우리는 그 누구에게도, 특히 그 사람이 영원한 삶에 관련되어 하느님이 우리에게 주셨던 것을 전복시키고자 강요할 때 그에게 종속되어 있다고 생각해서는 안 된다. 더욱이 그리스도인이기 때문에 세금이나 공물(貢物) 등을 납부해서는 안 된다고 생각하거나 공적인 역할을 수행하는 당국자에게 합당한 영예를 드리는 것에서 면제된다고 간주하는 그리스도인은 오류에 빠져 있는 것이다. 더욱이 현세적인 것들을 관리하기 위해 높은 자리에 있는 권위가 자신의 신앙에 대해서도 권한을 갖고 있다고 인정할 정도로 온전히 복종해야만 한다고 생각하는 이는 더 심각한 오류에 떨어지는 것이다. (…) 정해진 한계를 존중하는 것이 필요하다."[238]

---

[238] 『로마서 명제 해설』 64[72].

5세기 초반에 아우구스티누스는 일부 사건들로 인해 교회와 국가의 관계 문제에 대한 실천적 입장을 변경해야만 하였는데, 이는 위에서 언급된 원칙과 분명히 반대되는 것이었다.[239] 여기서 이 문제가 지닌 역사적·신학적 모든 함의(含意)의 차원에서 문제를 다루는 것은 우리의 관심사는 아니다. 오히려 비상 대책을 요구하던 상황으로 인한 태도 변화의 근원에 있던 일부 사건들을 제시하는 것이 필요하다. 우리가 보겠지만, 그러한 상황에서 그는 이전에는 절대적으로 반대했던 정치권력의 결정 사항을 용인하고 수용하게 된다. 이 사건들을 재구성하는 것은 어려운 것이 아니다. 많은 사건이 있고 우리가 그의 서신 교환에서 발견하는 확언들과 선언들이 명확하기 때문이다.[240] 404년 카르타고 공의회까지 아우구스티누스는 이단자들을 다시 교회의 친교에로 데리고 오기 위해 세속 권력의 힘에 호소하는 것을 배제하면서 이성과 토론, 변증법이 신학 논쟁에서 우위에 있어야만 한다고 주장하였다. 도나투스파 주교 빈켄티우스에게 보낸 서한에서 그는 다음과 같이 적고 있다. "처음에 저는 그 누구도 강압적으로 그리스도의 일치로 인도되어서는 안 되며, 오직 말로써 행동하고, 토론으로 싸우고, 이성으로 납득시켜야만 한다고 생각하였습니다. 이는, 우리가 이미 공인된 이단자라고 알고 있던 이들이 가톨릭신자로 가장하여 우리들 사이에 있는 것을 피하기 위해서였습니다."[241]

---

239 E. Lamirande, *Church, State and Toleration: an Intriguing Change of Mind in St. Augustine*, Villanova, 1975, p. 18; pp. 70–76.
240 Ch. Boyer, *Sant'Agostino e i problemi dell'ecumenismo*, Roma ,1969, pp. 106–112.
241 「서한」 93, 5, 17.

후에 그는 아리우스파 고트족의 장군인 보니파키우스에게 보낸 서한에서 주교들은 도나투스파의 폭력에서 가톨릭 신자들의 육체적 안전에 대한 보장을 국가 당국에 요청하는 것으로 한정지어야만 한다고 주장한다. 사실 그는 폭력에 대한 책임이 있다고 인정된 모든 이단자에 대해 벌금형을 선포한 테오도시우스 황제의 칙법(392)이 적용되는 것을 요구한다. 그는 다음과 같이 지적한다. "(…) 두려움을 갖게 된 이단자들이 더 이상 자신들의 일상적인 횡포를 지속하지 않을 것이며, 우리는 가톨릭 신앙의 진리를 가르치고 자유롭게 고백하는 것이 누구에게든 허락될 것이라고 생각했습니다."[242]

5세기 초반 가톨릭 신자들과 도나투스파의 논쟁은 도나투스주의자들의 폭력으로 인해 극적인 것이 되었다. 도나투스파 주교 페틸리아누스(Petilianus)에게 보낸 서한에서 아우구스티누스는 다음과 같이 강조한다. "(…) 당신들이 재판관들이나 다른 권위의 승인 없이 당신들이 지배하고 있는 지역에서 저지르는 모든 폭력에 대해 누가 상세하게 말할 수 있을까요? (…) 여러분의 파우스티누스(Faustinus)가 자신이 통치하는 동안 가톨릭 신자들이 소수였기 때문에 그 누구도 가톨릭 신자들을 위해 빵을 굽지 못한다고 명했던 것을 기억하는 이들이 제가 살고 있는 히포에 없지 않다는 것이 확실하지 않겠습니까?"[243]

완고함의 분위기에도 불구하고 가톨릭 주교들은 온순함과 양순함

---

[242] 『서한』 185, 7, 25.
[243] 『페틸리아누스 서간 반박』 II, 83, 184.

으로 응답해야만 한다고 401년 카르타고 공의회에서 결정한다. 가톨릭 신자들의 평화의 나눔은 반대편으로부터 동등한 모습을 찾지 못한다. 오히려 반대편은 그 나눔에 반대하는 데 열의를 다한다. 아우구스티누스와 포시디우스 그리고 다른 동료 주교들의 요청으로 후에 403년에 카르타고에서 개최된 새로운 공의회에 참여하기를 거부한 뒤에 도나투스주의자들은 무엇보다 누미디아 가톨릭교회의 가장 저명한 대표자들에 대해 신체적 공격이라는 양상을 드러내기 시작한다.244

결국 도나투스주의의 테러 단체를 형성하게 되는 분파인 근본주의자들은245 히포의 주교를 여러 번 공격하려고 시도하였다. 또한 403년 말엽에 아우구스티누스가 교구의 마을들 중 한 곳을 방문하러 간다는 것을 알게 된 그들은 아우구스티누스와 그의 수행원들을 기습하기 위해 길가의 은닉처(隱匿處)로 모인다. 다행히도 마차꾼이 길을 잘못 드는 바람에 살육을 모면한다. 어느 정도 시간이 지난 후에 포시디우스는 운 없게도 상이한 운명을 겪게 되는데, 아우구스티누스는 한 서한에서 매복에 대해 기록하고 있다. 포시디우스가 자신의 교구에 있는 일부 그리스도교 공동체를 방문하러 가는 동안, 근본주의자들이 공격하기 위해 그의 뒤를 쫓았다. 간신히 피신한 포시디우스는 어느 가톨릭 가정의 집에 숨을 수 있었다. 테러리스트들은 "리베티(Liveti)의 농지에 있는 집에 숨어 있던 그를 산채로 불태우고자 하

---

244 「서한」 105, 4; 포시디우스, 「아우구스티누스의 생애」 12. 참조: Ch. Boyer, *Sant'Agostino e i problemi dell'ecumenismo*, p. 108; W.H.C. Frend, *The Donatist Church*, Oxford, 1952, p. 260.
245 R.A. Marcus, *Saeculum: History and Society in the Theology of St. Augustine*, p. 141.

였다. 만일 그 농지의 농민들이 자신들에게 닥친 위험을 피하기 위해 이미 번진 화마를 세 번이나 끄지 않았더라면 그는 목숨을 건지지 못했을 것이다!"[246] 포시디우스는 붙잡혀 도나투스파 신부인 크리스피누스(Chrispnus)로부터 매를 맞았다. 역시 도나투스파로 크리스피누스라는 이름을 갖고 있었던 그 지역의 주교는 포시디우스가 공식적으로 전달한 화해의 초대를 거부한 후에도 자신과 동명의 신부를 벌하는 것도 거부한다. 고발된 그 주교에게 행정당국은 이단자의 혐의로 황금 10리브레의 벌금을 납부해야만 하지만, 즉각적으로 항소한다. 이와 동시에 아우구스티누스와 포시디우스는 공적 토론을 제안하며, 이 토론 말미에 포시디우스는 도나투스파에 대해 이단이라는 고발을 제시한다. 이에 크리스피누스 신부는 황제에게 호소하는데, 황제는 그 단죄를 추인하며, 후에 두 명의 가톨릭 주교들의 개입으로 사면된다.[247] 폭력적 행위들은 누미디아 전역에 확산된다. 404년 공의회를 위해 카르타고에 다시 모인 가톨릭 주교들은 황제의 개입을 요구하는 데 합의한다. 주교들의 토론에 두 개의 상이한 관점이 나타난다. 곧 연로한 주교들은 황제의 엄격한 개입을 제안하는 반면, 아우구스티누스는 소수의 동료들과 함께 이에 반대한다. 도나투스 이단에 대한 탄압 훈령을 요구하지 않으면서 가톨릭 신자들을 폭력으로부터 보호하기 위한 조치만이 더 좋은 것이라고 생각했던 것이다. 사실 아우구스티누스에 의하면, 도나투스파 주교들이나 다른 교직자들에게

---

246 「서한」 105, 2, 4.
247 「서한」 88, 7.; 105, 2, 4.

벌금을 부과하도록 규정한 392년 테오도시우스의 칙법을 적용하는 것으로도 충분하다는 것이다. "하지만 가톨릭교회가 도나투스파 성직자나 근본주의자들 또는 신자들이 행한 폭력을 겪는 지역에서만, 곧 그러한 난폭함의 희생자들이 된 가톨릭 신자들이 제기한 고소로 책임을 맡게 된 행정관들의 명령에 따라 도나투스파의 주교들과 다른 교직자들이 벌금을 납부하게 하는 것이다."[248]

공의회 토론에서 히포의 주교는 온건하고도 합리적인 자신의 제안을 다른 이들이 받아들이게끔 설득한다. 따라서 사절단이 황궁에 파견되지만, 그러는 동안 황제는 이미 발생한 일부 심각한 사건들에 대해 알게 되어 보다 엄격한 입장을 취하면서 결정을 내렸다. 아우구스티누스는 보니파키우스 집정관에게 다음과 같은 내용의 편지를 보낸다. "우리가 도착하기 전에 도나투스파의 많은 폭압에 심지어 자신들의 좌에서 쫓겨날 정도의 폭압에 시달리던 다른 지역의 주교들의 매우 심각한 불평이 황제에게 전달되었습니다. 하지만 우리의 사절단으로 하여금 무엇을 해야 하는지 더 이상 알지 못하는 상황에 처하게 한 가장 소름 끼치는 사건은 믿을 수 없을 정도로 끔찍한 바가이의 가톨릭 주교 막시미아누스가 살해된 것이었습니다."[249]

카르타고 공의회의 공식 사절단이 황궁에 도착하기 전에 일부 주교들이 막시미아누스를 공격한 사건에 대해 이미 황제에게 알렸고, 황제는 전대미문의 폭력이 반복되는 것에 대해 405년 2월 12일 도나

---

248 「서한」, 185, 7, 25.
249 「서한」, 185, 7, 26.

투스파 주교들과 교직자들에게 유배형과 벌금형을 부과하는 일치 교령을 반포하기로 결정한다.[250] 405년 8월 23일 카르타고 공의회는 이 교령을 수용하며 이 교령의 효과적인 적용을 위해 요구된 모든 태도를 취한다. 이 훈령과 함께 아드리아누스 집정관에게 보낸 서한이 전달되는데, 여기에서 호노리우스 황제는 도나투스파 이단을 제거하려는 의지를 드러낸다. 아우구스티누스는 이에 대해 다음과 같이 상기시킨다. "도나투스주의자들의 그토록 잔인한 이단에 대해 관용을 베푸는 것이 그들이 범한 학대보다 더 잔혹한 것으로 보이지만, 그들이 더 이상 폭력을 행사할 수 없을 뿐 아니라 벌 받지 않고 절대로 존재할 수 없기 위한 목적으로 칙법이 공포되었습니다. 하지만 자격이 없는 이들을 향해서도 그리스도인의 온순함이 보존되기 위해 극형이 아닌 벌금형이 결정되었고, 그들의 주교들이나 교직자들에 대해서는 유배형이라는 벌로 경고하였습니다."[251]

황제의 개입에도 불구하고 근본주의자들은 가톨릭 신자들에 대해 새로운 유형의 박해를 지속한다. 407년경 아우구스티누스는 도나투스파 주교 야누아리우스(Ianuarius)에게 다음과 같은 편지를 보낸다. "(…) 지금도 여전히 여러분의 사람들이 우리를 거슬러 아주 악한 행동을 행합니다. 그들은 매질을 하여 우리의 뼈를 부러뜨리거나 칼로 찔러 우리를 죽일 뿐 아니라, 우리 사람들의 눈에 식초와 섞은 석회를 넣어 눈을 멀게 하는 믿기지 않을 범죄 방법을 고안하기까지 하였습

---

250 「서한」 93, 3, 10
251 「서한」 185, 7, 26.

니다! 또한 우리의 가옥을 약탈하여 무기를 만들어내며, 이를 통해 살육과 약탈, 방화와 실명 등에 열광하는 위협적인 전 지역에서 날뛰고 있습니다."252

가톨릭 주교들은 그토록 긴급한 상황 속에서 "개인적 폭력(privata violentia)보다 오히려 제국의 경계(regia diligentia)가" 더 낫다는 것을 깨닫는다.253

항상 재판권의 한계를 넘어서지 않는 데 신경 쓰던 아우구스티누스는254 407년경 열교 주교인 빈켄티우스(Vincentius)에게 보낸 서한에서 황제의 결정이 갖는 긍정적 성격을 사후(事後)에 정당화하면서 채택한 입장에 대해 옹호하는 글을 적고 있다. 그는 두 가지 이유를 제시하며 자신의 태도가 왜 변했는지 설명한다. 무엇보다 그는 극적인 상황을 강조한다. 곧 상황이 도나투스주의자들의 폭력을 멈추어야 할 특별한 대책을 요구하였으며 황제의 개입이 한 교회가 다른 교회를 반대하는 것이 아니라 단지 공공질서를 재확립하는 것을 목표로 하고 있었다는 것이다.255 두 번째로 405년 이후 아우구스티누스는 많은 도나투스주의자들이 개종하고 있는 것을 진지하게 숙고하였으며 더욱이 개입의 긍정적 결과를 강조하는 동료 주교들의 논거가 받아들여지고 있다는 것을 상기해야 한다는 것이다. "그 점에서 저는

---

252 『서한』 88, 8.
253 『파르메니아누스 서간 반박』 I, 10, 16.
254 『서한』 133, 3. 『서한』 100에서 아우구스티누스는 "저는 아프리카교회가 그토록 심각한 고통을 겪지 않기를 원합니다. 이는 어떠한 지상 권위의 도움을 필요로 하지 않기 위함입니다."라고 적고 있다.
255 『서한』 93, 1, 2.

동료들이 제 눈앞에 제시한 여러 사례에 승복해야만 했습니다."[256]

일치 훈령에 관한 아우구스티누스의 행동 양식을 깊이 있게 관찰하지 않는다면, 그의 사상을 분명하게 이해하지 못한다. 아우구스티누스는 구체적인 삶을 모르는 철학자요, 신학자가 아니라 사색가를 넘어 주교이며 목자이고 영적 스승이라는 것을 상기할 필요가 있다. 그는 일치 훈령을 수용하지만 동시에 재판관들이 인류애를 갖고 행동하며[257] 황제의 위임을 받은 공직자인 마르켈리누스에게 고문과 사형이 행해지지 않기를 강조하면서 행정당국이 그 훈령을 관대하게 적용할 것을 요청한다.[258] 죽음이 마땅한 도나투스주의자들에게서 자유를 빼앗지 말고 시민권만을 박탈하여 공익사업, 도로, 온천, 제과점 등의 건설 같은 일부 노동(utile opus)에 그들을 종사하게 하도록 황제의 위임을 받은 공직자에게 그는 간청한다.[259]

아우구스티누스의 최종 입장은 일종의 "비가톨릭 신자들을 억압하는 국가의 권리에 대한 변호"도 아니고, "사목적 전략"도 아니다. 오히려 긴급한 상황에서 결정된 새로운 실천적 자세일 뿐이다. 사실 아우구스티누스는 도나투스주의자들이 이단자여서가 아니라, 공공질서를 위협하는 이들이 되었기 때문에 처벌되기를 원한다.[260]

5세기 초엽의 역사와 아우구스티누스의 작품에 대해 직접적인 이

---

256 「서한」 93, 5, 17.
257 「서한」 133, 2; 134, 1-2.
258 「서한」 139, 2.
259 「서한」 133, 1.
260 N. Cipriani, "La violenza nel pensiero di S. Agostino", p. 266.

해를 갖게 될 때, 브라운(P. Brown)과 마르쿠스(R.A. Marcus)가 도달한 결론은 적지 않은 놀라움을 선사한다. 반대로 전체 논쟁에 있어 출처가 분명한 저술가의 판단을 온전히 인용하는 것은 의미 있는 일이다. 보너(G. Bonner)는 다음과 같이 적고 있다. "도나투스주의가 자신을 드러낸 그 형태로 볼 때 도나투스주의를 한 국가가 어떻게 허용할 수 있는지, 혹은 폭력이 그토록 지배적인 특성으로 자리하고 있는 어떤 운동을 억압하는 데 있어 국가의 활동을 받아들였다는 이유로 교회가 단죄되어야 한다는 것을 인정하는 것은 어려운 일이다. 사실 아우구스티누스가 도나투스주의자들을 거스르는 법령을 단순히 수용하고 적용하는 것으로 만족했다면, 테러리즘의 위협 속에서 살아가는 삶의 유형을 절대로 알지 못했던 학자들이 그의 이름에 축적한 미움을 피했을 것이다. (…) 불행히도 아우구스티누스는 자신의 의견을 바꾸었다는 것을 –그 누구도 그러한 상황에서 단죄할 수 없는 변경이다– 타인과 구별되는 특징적인 솔직함으로 인정하였다. 하지만 후에 그는 이를 통해 종교적 영역에 대한 박해를 정당화하기를 원했던 이들이나 그러한 박해를 고발하기를 원했던 이들에게 무기를 제공하면서 자신의 입장을 정당화하는 것으로 나아갔다. (…) 이 안에서 그는 불운한 운명을 갖게 되었다. 도나투스파에 대한 압제에 관한 아우구스티누스의 가르침에 대해 지난 세기에 일부 학자들이 행한 판단보다 오늘날 학자들이 보다 균형 있는 판단을 할 수 있도록 희망한다."[261]

---

261 G. Bonner, *St. Augustine of Hippo. Life and Controversies*, Norwich, 1986, pp. 307-308.

7. 우정

아우구스티누스의 표현을 따른다면, 우정은 인간 본성의 고유한 선(善)이다.262 이는 곧, 인간은 결코 홀로 있는 존재가 아님을 드러내는 것이다. 우정을 통하여 사람들은 서로 교차하는 지평을 만들고 자신들이 사랑받는 존재임을 확인하는 공간을 나타낸다. 그런데 오늘날 많은 이가 타인과의 관계에서 어려움이나 장애를 느낀다고 절규한다. 때문에 어떤 의미로 본다면, 그 어느 때보다 사람들은 우정을 갈구하고 있다고 말할 수 있다. 이러한 면에서 우정에 대한 아우구스티누스의 사상을 통해 참된 우정의 가치를 살펴보고자 한다.

히포의 주교 아우구스티누스는 '우정'(amicitia)에 관한 책을 저술하지는 않았다. 하지만 '우정을 사랑하는 사람'으로서 아우구스티누스 성인은 결정적인 순간에서도 "결코 혼자가 아니었다. 우정은 그에게 마치 공기와도 같았다."263고 말할 수 있을 정도로 많은 사람과 우정을 맺고 살았다. 그렇기에 마리 아퀴나스 맥나라(Marie Aquinas McNara)는 다음과 같이 말한다. "그의 성소는 결코 고독한 이의 것이 아니었다. 그의 생애 어느 순간에도 그는 그와 함께 있는 것이 큰 기쁨이었던 친구들 그룹에 둘러싸여 있었던 것이다."264 밀라노에서 친

---

262 아우구스티누스, 『강론』299/D, 1, 1. "Necessaria sunt in hoc mundo duo ista, salus et amicus (…) Salus et amicus, naturalia bona sunt. Fecit Deus hominem, ut (…) ne solus esset, amicitia quaesita est".
263 A. Pincherle, *Vita di sant'Agostino*, Bari, 1988, p. 12.
264 M.A. McNamara, *Friendship in saint Augustine*, Fribourg, 1958, p. 4.

구들과 함께 지냈던 시간에 대해서 "친구들 없이 나는 행복할 수가 없었습니다."라고 아우구스티누스는 회상한다.[265] 이는 "인간끼리의 우정도 여러 영혼이 하나로 만드는 사랑스러운 매듭 때문에 달콤한 것"이기 때문이다.[266] 또한 아우구스티누스의 긴 삶 동안 우정은 그의 사상에서도 중요한 부분을 차지하였다.[267] 이러한 의미에서 볼 때, 아우구스티누스에게 있어 우정은 그의 삶과 영성의 주요 구성 요소로 자리하였다고 평가할 수 있다.[268]

아우구스티누스의 여러 작품 속에 나타나고 있는 우정에 관한 가르침을 분석하면서 고전 철학,[269] 특별히 치체로가 미친 영향과 성인이 생각하는 우정 개념을 고찰하면서, 히포의 주교가 단순히 그리스 철학의 가르침을 재구성한 것이 아니라 그리스도인의 우정이 무엇인지 설명한 교부임을 살펴보도록 하자.

---

265 아우구스티누스, 『고백록』6, 16, 26. "...nec esse sine amicis poteram beatus".
266 아우구스티누스, 『고백록』2, 5, 10. "Amicitia quoque hominum caro nodo dulcis est propter unitatem de multis animis".
267 C. White, *Christian friendship in the fourth century*, Cambridge, 1992, p. 185. 아우구스티누스의 사상과 생애에서 우정이 그토록 주요한 위치를 갖게 된 요인으로 아프리카인으로서의 특성과 부모로부터 받은 영향 등을 꼽을 수 있다. 참조: R. Piccolomini, *Sant'Agostino. L'amicizia*, Roma, 1996², pp. 22-27; M.A. McNamara, *Friendship in saint Augustine*, pp. 1-4.
268 Cf. L.F. Pizzolato, *L'idea di amicizia nel mondo classico e cristiano*, Torino, 1993, p. 296.
269 "우정"이라는 주제는 이미 그리스 철학에서 많이 다루어진 것이다. 참조: E. Centineo, *Amicizia*, in Enciclopedia filosofica I, Venezia, Roma, 1957, pp. 168-169; J.T. Lienhard, *Friendship in Paulus of Nola and Augustine*, in AA.VV., *Collectanea augustiniana. Mélanges T.J. van Bavel*, Leuven, 1990, pp. 280-282; I. Hadot, *Amicitia*, in *Augustinus Lexikon*, 1, Basel, pp. 287-291; R. Piccolomini, *Sant'Agostino. L'amicizia*, pp. 16-21.

1) 『고백록』에 표현된 아우구스티누스의 우정에 대한 첫 이해

(1) inimica amicitia

아우구스티누스는 16세 때의 일을 회상하면서 당시의 우정을 다음과 같이 묘사한다. "허나 도대체 그 스스로 즐긴다 함이 무엇이더이까? 사랑을 주고받는 것이 아니더이까? 그렇다고 마음에서 마음에로의 한도가 －우정에 있어 경계가 분명하듯－ 그렇게 지켜지지는 아니했습니다. 오히려 진흙 같은 육욕과 사춘기의 용솟음에서 안개가 자욱이 일어나 내 마음을 흐리우고, 어둡게 해주는 바람에 사랑의 맑음을 흐리터분한 정욕에서 분가하지 못하게 되었습니다."[270]

아우구스티누스는 이러한 우정 관계에서 자신이 친구들과 함께 배를 훔친 사건을 이렇게 설명한다.[271] "스스러이 되새겨지는 일들에서 가엾던 내가 거둔 열매가 무엇이었습니까. 특히 도둑질, 딴 목적이 없이 오직 그 자체를 위하여 저질렀던 그 도둑질! (…) 그러나 그것도 나

---

270 아우구스티누스, 『고백록』2, 2, 2. "Et quid erat, quod me delectabat, nisi amare et amari? Sed non tenebatur modus ab animo usque ad animum, quatenus est luminosus limes amicitiae, sed exhalabantur nebulae de limosa concupiscentia carnis et scatebra pubertatis et obnubilabant atque obfuscabant cor meum, ut non discerneretur serenitas dilectionis a caligine libidinis". 계속해서『고백록』의 우리말 번역은 최민순 신부의 것을 따른다: 성아구스띤, 『고백록』, 최민순 옮김, 서울: 성바오로출판사, 1965.
271 우리는 '사건'과 그에 대한 '평가'를 구분해야 한다. 즉 서술하고 있는 아우구스티누스(Agostino narrante)와 서술된 아우구스티누스(Agostino narrato)의 구분인 것이다. 분명 사건에 대한 평가는 『고백록』을 저술할 시기의 아우구스티누스의 감정이요, 사건은 과거에 속한 것이다. 하지만 서술하고 있는 아우구스티누스와 서술된 아우구스티누스는 동일 인물이라는 것, 그리고 서술하고 있는 아우구스티누스가 서술된 아우구스티누스를 변형시키고 있지 않다는 점을 잊어서는 안 된다. 참조: A. Trapè, *Introduzione alle Confessioni*, in Nuova Biblioteca Agostiniana 1, Roma, 1993⁶, pp. XXIX-XXX.

혼자였으면 -그때의 내 마음을 짚어보면- 아니했을 것입니다. 혼자로선 절대로 그런 짓을 안했을 것입니다. 벗과 사귀기를 좋아한 까닭에 그들과 함께 한 노릇이었습니다."272

아우구스티누스는 이렇게 죄로 이끈 우정을 지나친 우정(inimica amicitia)이요, 못 알아 들을 마음의 꾀임(seductio mentis investigabilis)이고, 까불고 장난침에서 해칠 생심(ex ludo et ioco nocendi aviditas)이며, 자신에게 잇속 없고 남에게 복수할 마음이 없지만 남 잘못됨을 보고 싶어 하는 마음(alieni damni appetitus nulla lucri mei, nulla ulciscendi libidine)으로 정의하고 있다.273

(2) 공통 관심이나 기호에 기초한 우정

『고백록』 4권은 아우구스티누스의 사랑스런 친구의 죽음에 대해 전하고 있다.274 동년배였던 그 친구와 맺은 우정에 대해 히포의 주교는 다음과 같이 묘사한다. "그 무렵 나는 내가 태어난 읍내에서 글을 가르치기 시작했는데, 그와 동시에 동창생 중에 가장 친하고, 내 나이 또래요, 한창 피어나는 젊은 벗 하나를 사귀었습니다. (…) 우리의 우정은 똑같은 공부에 열을 같이 띄우며 아기자기하기 이를 데 없었습

---

272 아우구스티누스, 『고백록』 2, 8, 16. "Quem fructum habui miser aliquando in his, quae nunc recolens erubesco, maxime in illo furto, in quo ipsum furtum amavi, nihil aliud…… Et tamen solus id non fecissem – sic recordor animum tunc meum – solus omnino id non fecissem. Ergo amavi ibi etiam consortium eorum, cum quibus id feci".
273 아우구스티누스, 『고백록』 2, 9, 17.
274 아우구스티누스, 『고백록』 4, 4, 7-8.

니다."²⁷⁵

여기서 우리는 흥미로운 표현들을 발견한다. 그들의 우정은 "societas studiorum"에 기초하고 있다는 것이다. 또한 이 우정이 "parilia studia"에 대한 열정으로 얼마나 성숙하고 달콤하였는지 말하고 있다. 이 표현들을 어떻게 이해할 수 있는가? 여기서 문제의 축은 "studium"이라는 단어의 해석에 있다. 최민순 신부는 첫 표현을 "동창생"으로, 두 번째 표현은 "똑같은 공부"로 번역하고 있다. 하지만 여기서 우리는 아우구스티누스 자신이 타가스테(Tagaste)에서 가르치기 시작하였을 때 사귀었던 벗이라고 말하고 있는 것에 초점을 두어야 한다. 이것은 "studium"이라는 단어가 이 문맥에서 '공부'가 아닌 '관심'이나 '기호'(嗜好)의 뜻으로 사용되었다는 것을 보여준다. 그렇기에 아우구스티누스와 이름을 알지 못하는 벗과의 우정은 '공통 관심사' 혹은 '공통 기호'에 의해 이루어진 것이라고 보아야 한다.

아우구스티누스의 이러한 우정 개념 속에서 우리는 두 고전 철학자의 흔적을 찾을 수 있다. 먼저, 젊은이들 사이의 우정은 쾌락 즉 즐거움에 기초한다고 보고 있는 아리스토텔레스를 꼽을 수 있다. 그에 따르면, 젊은이들은 열정에 따라 살고, 무엇보다 자신들이 개인적으로 좋아하는 것과 그 순간 마음에 드는 것을 추구하기에 금방 친구가 되기도 하지만 빨리 우정이 사라진다는 것이다. 때문에 지속적인 참

---

275 아우구스티누스, 『고백록』 4, 4, 7. "In illis annis, quo primum tempore in municipio, quo natus sum, docere coeperam, conparaveram amicum societate studiorum nimis carum, coaevum mihi et conflorentem flore adulescentiae……Sed tamen dulcis erat nimis, cocta fervore parilium studiorum".

된 우정은 될 수 없다고 지적한다.276 두 번째 철학자는 치체로이다. 그 역시 우정을 의지, 기호, 의견의 완전한 동의로 보고 있다.277 또한 성격의 차이가 기호의 차이를 가져오고, 이 차이점이 우정을 맺지 못하게 한다고 보고 있다.278

(3) 영혼의 반쪽이요 두 육신 안에 있는 한 영혼으로서의 벗

계속해서 『고백록』 4권은 아우구스티누스가 죽은 친구에 대해 갖고 있는 감정을 전해주고 있다. "다른 그였던 내가, 그이는 죽어도 살아 있다는 것이 더욱 이상하였습니다. 누군지 제 벗을 들어 제 영혼의 반쪽이라 한 말은 옳사옵니다. 나도 내 영혼, 그의 영혼을 두 몸 안에 있는 하나로 여겼습니다."279 여기서 우리는 세 가지 흥미로운 표현을 발견하게 된다. 우선 우정을 통해 타인이 또 다른 나 자신이 된다는 것이다. 아우구스티누스는 이를 "다른 그였던 나"(ille alter eram)로 표현한다. 다른 곳에서도 유사한 표현이 발견된다. "너는 나에게 또 다른 나이다."(Mihi es alter ego)280 "또 다른 나의 영혼"(altera

---

276 Aristoteles, *Ethica Nicomachea* VIII, 3.
277 Cicero, Laelius de amicitia IV, 15. "Omnis vis amicitiae, voluntatum, studiorum, sententiarum summa consensio". 키케로의 우정 개념에 대해서는 참조: R. Sansen, *Doctrine de l'amitié chez Ciceron. Exposé-Source-Critique-Influence,* Lille, 1975; H. Pétré, *Caritas. Étude sur le vocabulaire latin de la charité chrétienne,* Louvain, 1948, pp. 38–40; 박상배, 「키케로의 우정론 소고」, 『신학전망』 48(1980/봄), 79–89쪽.
278 Cicero, *Laelius de amicitia* XX, 74. "Dispares enim mores disparia studia sequuntur".
279 아우구스티누스, 『고백록』 4, 6, 11. "Ille alter eram, vivere illo mortuo mirabar. Bene quidam dixit de amico suo: dimidium animae suae. Nam ego sensi animam meam et animam illius unam fuisse animam in duobus corporibus".
280 아우구스티누스, 『서한』 38, 1.

anima mea)281 두 번째 흥미로운 표현은 벗을 가리켜 "자신 영혼의 반쪽"(dimidium animae suae)이라고 하는 것이다. 마지막으로 아우구스티누스는 벗과의 우정 관계를 "두 몸 안에 있는 한 영혼"(Una anima in duobus corporibus)으로 간주하고 있다.

이 세 가지 표현은 아우구스티누스가 고전 철학, 특별히 치체로의 우정 개념에 영향을 받았음을 보여준다. "또 다른 나"로서 벗을 정의하는 것은 이미 아리스토텔레스에게서 발견된다.282 치체로 역시 "tamquam alter idem"283이라는 표현을 사용하고 있다. "자신 영혼의 반쪽"이라는 표현은 호라시우스(Horatius, 기원전 65-8)의 『카르미나』(Carmina) 1, 3, 8의 인용이다. 그리고 "두 몸 안에 있는 한 영혼"이라는 표현 역시 "타인의 영혼이 자신의 영혼과 그토록 혼합되어 두 몸으로 이루어진 한 영혼을 형성한다."라는 치체로의 글과 연결시킬 수 있다.284

(4) 하나를 이루는 우정

친한 벗의 죽음에 대한 슬픔은 아우구스티누스로 하여금 타가스테를 떠나 카르타고에 정착하게 하였다. 이곳에서 그는 또 다른 벗들의 위로에 이전처럼 생기를 찾았다. 그들과의 우정에 대해 히포의 주교

---

281 아우구스티누스, 「서한」 110, 4.
282 Aristoteles, *Ethica Nicomachea* IX, 4. "ο᾿ fi,loj a;lloj auvto,j".
283 Cicero, *Laelius de amicitia* XXI, 80.
284 Cicero, *Laelius de amicitia* XXI, 81. "Cuius animum ita cum suo misceat, ut efficiat paene unum ex duobus".

는 이렇게 묘사한다. "그들과 어울려 내가 좋아하던 것은 당신 대신에 엄청난 사설이오, 장황한 거짓말로써 귀를 간질이며 쑥스러이 긁어서 우리 정신을 부패시키는 것이었습니다. (…) 이 밖에도 저들에겐 마음을 사로잡는 것이 또 있었습니다. 즉 오가는 말 같이 웃기, 사이좋게 도와주기, 여럿이 함께 재미난 책 읽기, 서로 놀되 서로 존경하며, 가다가 어긋남이 있어도 내 자신에게처럼 미움이 없기, 그리고 어쩌다 있는 이 엇갈림에 뜻들을 고루어 다져 놓기, 무엇을 서로 배우기와 서로 깨우쳐 주기, 없으면 못 견디게 보고 싶고, 만나면 얼싸안고 반가워하기 – 이런 저런 표정이 사랑을 주고받는 이들의 마음에서 입을 거쳐, 혀를 거쳐, 눈이며 백천 가지 좋기만 한 종작으로 나타나 불씨와도 같이 마음들을 녹여, 여럿을 하나로 만들어 놓았나이다."285

여기서도 아우구스티누스가 생각하는 우정은 같은 취미 혹은 같은 기호를 갖고 있는 이들의 관계로 묘사되고 있다. 또한 우정의 열매가 여럿을 하나로 만들어놓는 것(ex pluribus unum facere)이라 제시된다. 이 표현은 우리로 하여금 다시 한번 치체로의 영향을 생각하게 해준

---

285 아우구스티누스, 「고백록」, 4, 8, 13. "Cum quibus amabam quod pro te amabam, et hoc erat ingens fabula et longum mendacium, cuius adulterina confricatione corrumpebatur mens nostra pruriens in auribus (…) Alia erant, quae in eis amplius capiebant animum, conloqui et conridere et vicissim benivole obsequi, simul legere libros dulciloquos, simul nugari et simul honestari, dissentire interdum sine odio tamquam ipse homo secum atque ipsa rarissima dissensione condire consensiones plurimas, docere aliquid invicem aut discere ab invicem, desiderare absentes cum molestia, suscipere venientes cum laetitia: his atque huius modi signis a corde amantium et redamantium procedentibus per os, per linguam, per oculos et mille motus gratissimos quasi fomitibus conflare animos et ex pluribus unum facere".

다. 그는 우정을 통하여 하나가 된다는 것이 피타고라스의 사상이라고 전해주면서,286 자신의 『우정론』에서 그의 정의를 사용하여 다음과 같이 표현한다. "우정의 힘은 여러 영혼이 한 영혼을 이룬다는 것에 있다."287

2) 벗에게 좋은 것을 원하는 것으로서의 우정

아우구스티누스는 『여든세 가지 다양한 질문』(De diversis quaestionibus 83)에서 우정에 관한 치체로의 정의를288 주석 없이 글자 그대로 전해주고 있다.289

"우정은 우리와 동일한 원의를 갖고 있으며 우리가 사랑하는 이에게 좋은 것을 원하는 것이다. 여기서 우리는 사회생활에 대해 말하는 것이므로, 우정에 그 열매를 덧붙이는 것이다. 이는 이 열매 때문이라도 우정을 희망하도록 하기 위해서이며, 우리가 우정에 관해 일반적으로 말하고 있다고 생각하는 이들이 우리를 비판하지 않도록 하기 위해서이다. 어떤 이들은 유용성 때문에만 우정을 추구해야 한다고 믿고 있지만, 또 어떤 이들은 우정 자체로 추구해야 한다고 주장하기

---

286 Cicero, *De officiis* 1, 17. "(…) efficiturque id, quod Pythagoras vult in amicitia, ut unus fiat ex pluribus".
287 Cicero, *Laelius de amicitia* XXV, 91. "Cum amicitiae vis sit in eo, ut unus quasi animus fiat ex pluribus".
288 Cicero, *De inventione* 2, 53, 159-167.
289 아우구스티누스는 「재론고」 1, 26, 2에서 다음과 같이 말한다. "31번째 질문은 나의 것이 아니라, 키케로의 것이다. 이 질문은 나를 통해 형제들이 알게 되었고, 그들이 이 모음집에 삽입한 것이다. 이는 키케로가 어떻게 영혼의 덕을 나누고 정의하는지 이해하고 싶은 열망에서 그러한 것이다."

도 한다. 또 어떤 이들은 그 자체로, 그리고 유용성 때문에 추구해야 한다고 주장하기도 한다."290

이 정의에 따르면, 우정은 무엇보다 벗에게 좋은 것을 원하는 것이다. 또한 그 사람 자체가 대상이 되는 것이지 결코 그가 갖고 있는 물질적인 것이나 환경이 아니다. 때문에 우정은 무엇보다 선한 사람 사이에서만 가능한 것이다.291 이 생각은 이미 아리스토텔레스에게서 발견된다. 그에 따르면, 친구는 자신의 벗에게 좋은 것을 원하고 그것을 행하는 사람이다.292 아우구스티누스 역시 치체로의 사상을 따라, 우정이 벗에게 좋은 것을 원하는 것이라는 점을 다음과 같이 부정적 방법으로 묘사한다. "친구에게 해가 되는 것을 미워할 때 그리고 그 경우에만 너는 진정으로 그를 사랑하는 것이다."293 또한 사람 자체가 대상이 되는 것이지 결코 그가 갖고 있는 물질적인 것이나 환경이 아니라는 점에 대해서는 다음과 같이 말한다. "만약 나의 친구가 부자이기 때문에 나에게 친구가 된 것이라면, 그리고 그가 가난하게 됨으로써 더 이상 친구가 되지 않는다고 하는 것은, 내 친구가 그가 아니라 그가 소유한 금이었다는 것이다. 만약 사람이 내 친구였다면, 금

---

290 아우구스티누스, 「여든세 가지 다양한 질문」 31, 3. "Amicitia voluntas erga aliquem rerum bonarum, illius ipsius causa quem diligit cum eius pari voluntate. Hic quia de civilibus causis loquimur, fructus ad amicitiam adiungimus, ut eorum quoque causa petenda videatur, ne forte qui nos de omni amicitia dicere existimant reprehendant. Quamquam sunt qui propter utilitatem modo petendam putant amicitiam, sunt qui propter se solum, sunt qui et propter se et propter utilitatem".
291 Cicero, *Laelius de amicitia* V, 18. "Nisi in bonis amicitiam esse non posse."
292 Aristoteles, *Ethica Nicomachea* IX, 4.
293 아우구스티누스, 「강론」 49, 5. "Tunc amas amicum, si oderis quod nocet amico".

이 있든 없든 간에 그는 항상 나의 친구인 것이다."[294] 만약 우정이 사람 자체가 아니라, 그가 지닌 물질적 소유물 때문이라면 우리는 "친구를 사랑하는 것이 아니라 그 친구가 가지고 있는 다른 것을 사랑하는 것이다."[295]

3) 호의와 사랑이 동반된 신적인 일과 인간적인 일에 대한 동감으로서의 우정

아우구스티누스는 치체로의 또 다른 우정에 관한 정의를 수용하면서 자신의 생각을 보다 명확하게 설명한다. 치체로에 따르면, "우정은 호의와 사랑이 동반된 신적인 일과 인간적인 일에 대한 동의 이외에 다른 것이 아니다."[296] 아우구스티누스는 이 정의를 무엇보다 카시아쿰(Cassiciacum)에서 저술한 작품들에서 인용하면서 약간의 변화를 주고 있다. 그에 따르면, 우정은 "호의와 사랑이 동반된 인간적인 일과 신적인 일에 대한 동의"이다.[297]

---

294 아우구스티누스, 『강론』 41, 1. "Amicus enim meus, si cum dives esset amicus fuit, cum pauper est amicus non est, non ipse mihi amicus, sed aurum eius fuit. Si autem amicus meus ipse homo fuit, et manente auro et recedente auro, ipse est qui fuit".
295 아우구스티누스, 『강론』 41, 3. "Adhuc non amicum, sed aliud aliquid amas in amico".
296 Cicero, *Laelius de amicitia* VI, 20. "Est enim amicitia nihil aliud nisi omnium divinarum humanarumque rerum cum benevolentia et caritate consensio".
297 아우구스티누스, 『아카데미아 학파 반박』 3, 6, 13. "Rerum humanarum et divinarum cum benevolentia et caritate consensio".

(1) 인간적인 일과 신적인 일에 대한 동감

위에서 언급한 정의에서 치체로는 "divinarum humanarumque rerum cum benevolentia et caritate consensio"라고 표현하는 반면, 아우구스티누스는 "rerum humanarum et divinarum cum benevolentia et caritate consensio"라고 제시한다. 여기서 우리는 미묘한 차이를 발견한다. divinarum과 humanarum 두 형용사가 도치되어 있는 것이다. 이것이 우연적인 일인지, 아니면 이면에 아우구스티누스의 의도가 들어가 있는지 질문하게 된다. 이에 대한 대답은 우정과 지혜가 서로 연결되어 있다는 것에서 찾아볼 수 있다. 아우구스티누스는 치체로와 마찬가지로 지혜(sapientia)를 rerum humanarum divinarumque scientia로 정의한다.[298] 물론 여기에서도 치체로의 정의는 divinarum이 humnarum 앞에 위치하고 있다는 것이 차이점이다. 두 곳에서 이렇게 도치(倒置)를 하고 있다는 것은 우연으로 보기에는 어렵다. 오히려 아우구스티누스가 생각하고 있는 바를 표현하기 위한 것이라고 보아야 한다.

그렇다면 그는 무엇을 염두에 두고 있는 것인가? 아우구스티누스에 따르면, "지혜 이외는 다른 아무것도 사랑치 않는다고, 난 벌써 똑똑히 말했던 것입니다. 난, 오로지 지혜만을, 지혜 때문에 사랑하고, 그밖에 다른 것들은 생명이건, 휴식이건, 친구들이건 다 지혜 때문에

---

[298] Cicero, *Tusculanae disputationes* 4, 26, 57. "(…) sapientiam esse rerum divinarum et humanarum scientiam"; 아우구스티누스, 「아카데미아 학파 반박」 1, 6, 16. "Sapientiam esse rerum humanarum divinarumque scientiam".

내게 있기를 원하고 없어질까 두려워한다고 했습니다. 따라서 나는 그렇게 아름다운 지혜를 사랑하는 다른 사람들을 샘하지 않을뿐더러 나와 함께 그리워하고, 나와 함께 알아내고, 나와 함께 차지하고, 나와 함께 누리면서, 우리가 사랑하고 있는 지혜가 우리들 사이에 공유되어 갈수록 더욱 친해질 수 있는 그러한 사람들을 나 역시 찾고 있는 판인데, 그러한 아름다운 지혜에 대한 사랑에 어떠한 한도가 있을 수 있겠습니까?"299

여기서 아우구스티누스는 우정과 같은 인간적인 일이 의미 있는 것은 지혜라는 신적인 것과의 관련하에서라는 점을 분명히 하고 있다. 때문에 함께 지혜를 그리워하고, 알아내고, 소유하고, 누리고, 사랑할 수 있는 이와의 우정을 생각하고 있는 것이고, 지혜를 함께 공유하면 할수록 우정이 더욱 깊어지는 것이다. 이는 반대로 말한다면, 만약 벗이 지혜를 추구하는 데 있어 장애물로 등장한다면, 그로부터 멀어지는 것이 더 낫다는 것이다.300 여기서 치체로와의 결정적 차이가 드러난다. 그에 따르면, "우정은 그 자체로, 그리고 그것 때문에 희망하는 것이다."301 지혜(sapientia)를 제외하고 불멸하는 신이 인간

---

299 아우구스티누스,『독백』1, 13, 22. "Ego autem solam propter se amo sapientiam, caetera vero vel adesse mihi volo vel deesse timeo propter ipsam: vitam, quietem, amicos. Quem modum autem potest habere illius pulchritudinis amor, in qua non solum non invideo caeteris, sed etiam plurimos quaero qui mecum appetant, mecum inhient, mecum teneant, mecumque perfruantur; tanto mihi amiciores futuri, quanto erit nobis amata communior."
300 루이지 피졸라토는 우정의 문제가 지혜와 연결되어 숙고되는 것을 우정의 수덕-지혜적(ascetico-sapienziale) 특성으로 본다: L.F. Pizzolato, *L'idea di amicizia nel mondo classico e cristiano*, p. 300.
301 Cicero, *Laelius de amicitia* XXI, 80. "amicitia per se et propter se expetita".

에게 준 것 중 우정이 가장 좋은 것이기 때문이다.302 하지만 아우구스티누스에 따르면, 우정은 그 자체로 최고 가치가 아니라 궁극적 실재를 향해 나아가는 데 있어 도구인 것이다. 이러한 의미에서 볼 때, divinarum과 humanarum의 도치를 통하여 아우구스티누스는 신적 실재로 올라가기 위해 인간적인 것으로 시작한다는 자신의 철학과 신학의 상승 모델(ascension-model)을 제시하고 있는 것이라고 말할 수 있다.303

(2) 우정의 세 요소인 호의와 사랑과 동의

위에서 제시한 우정에 대한 정의에서 divinarum과 humanarum의 도치 외에 다른 것은 동일하기에, 아우구스티누스의 우정 개념에서도 호의와 사랑 그리고 동의라는 세 요소가 중요한 것임을 알 수 있다.

호의(benevolentia)를 갖는다는 것은 사랑하는 벗에게 좋은 것을 원하는 것이다. 다른 말로 한다면, 우정 안에 호의가 있다고 하는 것은 자신에게 좋은 것만을 바라는 이기적인 모습으로 타인을 대하는 것이 아니라는 것이다. 그렇기에 아우구스티누스는 우정은 결국 호의의 문제라고 다음과 같이 말한다. "호의의 우정이 존재하는데, 이 호의로 인해 때때로 우리는 우리가 사랑하는 이에게 선물을 준다. (…)

---

302 Cicero, *Laelius de amicitia* VI, 20. "(…) qua quidem haud scio an, excepta sapientia, nihil melius homini sit a dis immortalibus datum".
303 T.J. van Bavel, *The influence of Cicero's ideal of friendship on Augustine*, in AA.VV., Augustiniana traiectina, Paris, 1987, p. 60.

사랑하는 이에게는 호의만으로 충분하다."304

사랑이라는 요소는, 무엇보다 '우정'이라는 라틴어 단어인 amicitia가 사랑을 뜻하는 amor에서 파생한 것이라는 점으로도 설명된다.305 여기에서 아우구스티누스는 친구를 자기 자신처럼 사랑해야 한다는 우정의 법칙을 제시한다.306 또한 우정은 서로 주고받는 사랑으로 이루어지는 것이기에, 상호 간의 사랑이 우정의 정수라고 주장한다.307

동의(consensio)는 친구 간에 의기투합하는 것을 의미한다. 물론 항상 같은 의견을 갖는 것을 요구하는 것은 아니지만, 적어도 같은 방향으로 가는 것을 말하는 것이다. 그렇기에 아우구스티누스는 "영혼들과 다른 영혼들 사이의 우정은 비슷한 습관에서 나오는 것이다."라고 말한다.308 또한 "(영혼은) 다른 영혼을 우정으로 받아들이면서 자신과 비슷한 존재가 되게 한다."고 주장한다.309

---

304 아우구스티누스, 『요한 서간 강해』 8, 5. "Amicitia quaedam benevolentiae est, ut aliquando praestemus eis quos amamus...Sola benevolentia sufficit amanti".
305 Cicero, *Laelius de amicitia* 8, 26. "Amor enim, ex quo amicitia nominata est"; 아우구스티누스,『펠라기우스파 두 서간 반박』1, 1, 1. "Amicitia, quae non aliunde quam ex amore nomen accepit".
306 아우구스티누스, 『독백』 1, 3, 8. "Illam enim legem amicitiae iustissimam esse arbitror, qua praescribitur, ut sicut non minus ita nec plus quisque amicum quam seipsum diligat".
307 아우구스티누스, 『보이지 않는 것에 대한 믿음』 2, 4. "Amicitia, quia nonnisi mutuo amore constat"; 『고백록』 2, 2, 2. "Et quid erat, quod me delectabat, nisi amare et amari?".
308 아우구스티누스, 『미완성 창세기 문자적 해설』16, 59. "(…) animarum (…) aliarum cum aliis amicitia similibus moribus confit".
309 아우구스티누스, 『여든 세 가지 다양한 질문』 39. "(…) aliam animam, quam recipiendo in amicitiam sui similem facit".

4) 사랑의 질서(ordo amoris) 안에서의 우정

(1) 'Frui(享有)'와 'Uti(使用)'

치체로에 따르면, 우정은 덕(virtus)이다. 즉 덕은 우정을 낳고 보존하며 덕이 없는 우정이란 존재할 수 없다는 것이다.310 물론 이 사상은 이미 플라톤과 아리스토텔레스에게서도 나타난다.311 아우구스티누스 역시 이 개념을 이어받았지만 다른 방향에서 전개해 나간다.312 그에 따르면, "덕에 관한 정확하고 간결한 정의가 있다면 그것은 사랑의 질서다."313 다른 말로 한다면, "덕은 향유할 것은 향유하고 사용할 것은 사용하는 완전한 질서인 것이다."314 이 정의에서 우리는 아우구스티누스의 사상에서 매우 중요한 "향유"(享有, frui)와 "사용"(使用, uti)의 구분이라는 개념을 발견한다.315 히포의 주교에 따르면, 모든 사물을 향유하기 위한 것과 사용하기 위한 것 그리고 향유하고 사용하기 위한 것으로 구분하며, 향유하기 위한 것은 우리를 행복하게

---

310 Cicero, *Laelius de amicitia* VI, 20. "haec ipsa virtus amicitiam et gignit et continet nec sine virtute amicitia esse ullo pacto potest".
311 참조: 박은미, 「아우구스티노의 우정론 이해: 고전 철학자들의 우정론 이해」, 「신학전망」 140(2003/봄), 89-95쪽.
312 아우구스티누스의 덕의 개념에 대해서는 참조: G.J. Lavere, *Virtue*, in *Augustine through the Ages. An Encyclopedia*, Michigan, 1999, pp. 871-874.
313 아우구스티누스, 「신국론」 15, 22. "Definitio brevis et vera virtutis ordo est amoris".
314 아우구스티누스, 「여든 세 가지 다양한 질문」 30. "Omnis ordinatio, quae virtus etiam nominatur, fruendis frui et utendis uti".
315 "frui-uti" 개념은 스토아철학에서 구분하는 "honestum-utile" 개념을 반향하고 있는 것이다. 이에 대해서는 참조: A. Di Giovanni, *La dialettica dell'amore*, Roma, 1965; R. Canning, *Uti/frui*, in *Augustine through the Ages. An Encyclopedia*, Michigan, 1999, pp. 859-861.

만드는 것이다. 그리고 사용하기 위한 것은 행복을 추구하게 우리를 돕고, 어떤 의미에서는 우리를 행복하게 만드는 사물에 도달하고 매달리게 붙들어 주는 것이다.[316] 다른 말로 한다면, 우리는 필요성에 의해 사용하는 것이고, 행복 때문에 향유하는 것이다.[317]

그렇다면 우리는 무엇을 향유해야 하며, 무엇을 사용해야 하는가? 이 질문에 아우구스티누스는 명백하게 대답한다. "현세적 사물들을 사용해야 하며, 영원한 것을 향유해야 한다."[318] 오직 하느님만이 영원하기에 향유의 대상이 될 수 있으며,[319] 다른 것들은 최고선에 도달하기 위한 사용의 가치를 가지고 있는 것이다. 이는 하느님 스스로가 현세적 사물들을 사용하는 도구로 주셨고 그분 자신을 향유해야 할 선으로 주셨기 때문이다.[320] 따라서 인간의 온전한 이성은 하느님을 알기 위하여 자기 자신을 사용하면서 자신의 온 삶을 하느님을 향유하는 데 이끌어야 한다. 오직 이렇게 함으로써 그는 행복할 수 있기

---

[316] 아우구스티누스, 『그리스도교 교양』, 1, 3, 3. "Res ergo aliae sunt, quibus fruendum est, aliae quibus utendum, aliae quae fruuntur et utuntur. Illae quibus fruendum est, nos beatos faciunt, istis quibus utendum est, tendentes ad beatitudinem adiuvamur et quasi adminiculamur, ut ad illas, quae nos beatos faciunt, pervenire atque his inhaerere possimus". Cf. 『신국론』, 11, 25. "Quod ea re frui dicimur, quae nos non ad aliud referenda per se ipsa delectat; uti vero ea re, quam propter aliud quaerimus"; 『여든 세 가지 다양한 질문』 30. "Frui ergo dicimur ea re de qua capimus voluptatem; utimur ea quam referimus ad id unde capienda voluptas est".
[317] 아우구스티누스, 『강론』, 177, 8. "Utimur enim pro necessitate, fruimur pro iucunditate".
[318] 아우구스티누스, 『강론』, 36, 6. "Temporalia ad utendum, aeterna ad fruendum". Cf. 『신국론』, 11, 25. "Unde temporalibus magis utendum est, quam fruendum, ut frui mereamur aeternis"; 『강론』, 61, 10, 11. "Magis ad fruendum, aeterna; ad utendum temporalia".
[319] 아우구스티누스, 『그리스도교 교양』, 1, 3, 3. "Res igitur, quibus fruendum est, Pater et Filius et Spiritus Sanctus eademque Trinitas".
[320] 아우구스티누스, 『강론』, 177, 8. "Ergo ista temporalia dedit ad utendum, se ad fruendum".

때문이다. 그렇기에 아우구스티누스는 이 인간의 온전한 이성을 덕(virtus)이라고 부른다.321

(2) 하느님 사랑과 이웃 사랑을 통해 형성되는 참된 우정

향유와 사용을 설명하면서 아우구스티누스는 이 두 개념을 사랑과 연결시킨다. 히포의 주교에 따르면, 사랑은 어떤 것을 향한 영혼의 움직임이다.322 그렇기에 향유한다는 것은 어떤 사물 그 자체 때문에 사랑으로 그것에 달라붙는 것이다. 하지만 사용한다는 것은 우리가 사랑해야만 하는 것을 얻기 위해 사물들을 이용하는 것이다.323 이러한 의미에서 아우구스티누스는 "하느님에 대한 지고한 사랑"이라는 새로운 덕의 개념을 제시한다.324 여기서 우리는 사추덕(四樞德) 중의 하나인 정의의 고전적 정의, 즉 "각자에게 그 자신의 것을 주어야 한다."(suum cuique tribuere)는 것을 떠올리게 된다. 물론 이 개념은 사회적, 정치적 덕목의 차원에서 나온 것이다. 하지만 아우구스티누스는 389년경 저술한 『가톨릭교회의 관습과 마니교도의 관습』에서 사추

---

321 아우구스티누스, 『여든 세 가지 다양한 질문』 30. "Perfecta igitur hominis ratio, quae virtus vocatur, utitur primo se ipsa ad intellegendum Deum, ut eo fruatur a quo etiam facta est (…) Vitam etiam suam ad id refert, ut fruatur Deo; ita enim beata est".
322 아우구스티누스, 『여든세 가지 다양한 질문』 35, 1. "Deinde cum amor motus quidam sit, neque ullus sit motus nisi ad aliquid, cum quaerimus quid amandum sit, quid sit illud ad quod moueri oporteat quaerimus".
323 아우구스티누스, 『그리스도교 교양』 1, 4, 4. "Frui est enim amore inhaerere, alicui rei propter se ipsam. Uti autem, quod in usum venerit, ad id, quod amas obtinendum referre, si tamen amandum est".
324 아우구스티누스, 『가톨릭교회의 관습과 마니교도의 관습』 1, 15, 25. "Nihil omnino esse virtutem affirmaverim nisi summum amorem Dei".

덕을 하느님의 사랑에로 이끄는 것으로 정의하면서,325 정의의 고전적 정의를 그리스도교적 의미로 제시한다. 이 맥락에서 정의는 사랑으로 정의되고 있다. 즉 정의는 오직 하느님만을 섬기며, 이것 때문에 인간에게 종속된 모든 다른 것을 명령하는 사랑인 것이다.326 이러한 의미에서 정의의 질서는 사랑의 질서가 된다고 말할 수 있다. "완전한 정의는 다음과 같은 것이니, 더한 것은 더 사랑하고 덜한 것은 덜 사랑하는 것이다."327

『가톨릭교회의 관습과 마니교도의 관습』에서 정의가 하느님의 사랑과 동일시되었다면, 『여든세 가지 다양한 질문』 61은 하느님 사랑과 이웃 사랑으로 정의를 표현한다.328 아우구스티누스에 따르면, 하느님 사랑과 이웃 사랑은 caritas의 두 발(pedes)이요 두 날개(ala)이

---

325 여기서 우리는 드와뇽이 주장하는 것처럼 아우구스티누스의 독창성을 볼 수 있다: J. Doignon, *La première exégèse augustinienne de Rm 8,28 et l'unité formulée «more tulliano» des quatre vertus dans l'amour*, in Cristianesimo nella storia 4(1983), p. 288.
326 아우구스티누스,『가톨릭교회의 관습과 마니교도의 관습』1, 15, 25. "Itaque illas quatuor virtutes, quarum utinam ita in mentibus vis ut nomina in ore sunt omnium, sic etiam definire non dubitem, ut temperantia sit amor integrum se praebens ei quod amatur, fortitudo amor facile tolerans omnia propter quod amatur, iustitia amor soli amato serviens et propterea recte dominans, prudentia amor ea quibus adiuvatur ab eis quibus impeditur sagaciter seligens. Sed hunc amorem non cuiuslibet sed dei esse diximus, id est summi boni, summae sapientiae summaeque concordiae. quare definire etiam sic licet, ut temperantiam dicamus esse amorem deo sese integrum incorruptumque servantem, fortitudinem amorem omnia propter Deum facile perferentem, iustitiam amorem Deo tantum servientem et ob hoc bene imperantem ceteris quae homini subiecta sunt, prudentiam amorem bene discernentem ea quibus adiuvetur in Deum ab his quibus impediri potest".
327 아우구스티누스,『참된 종교』48, 93. "Haec est perfecta iustitia, qua potius potiora et minus minora diligimus"
328 아우구스티누스,『여든세 가지 다양한 질문』61, 4. "(…) quarta quae per ceteras omnes diffunditur, dilectio Dei et proximi".

다.329 결국 사랑의 질서 안에서 우정은 하느님 사랑과 이웃 사랑에 대한 동의라고 말할 수 있다. 이 개념은 395년 이후에 작성된 것으로 보이는 『서한』258에서 잘 나타난다.

옛 친구인 마르티아누스(Martianus)에게 보낸 『서한』258에서 아우구스티누스는 우정에 대한 치체로의 정의에 "지극히 참된 우리의 평화이신 우리 주 예수 그리스도 안에서"라는 표현을 삽입하면서 참된 우정의 기초가 무엇인지 밝히고 있다.330 이는 곧 인간적인 일과 신적인 일이 무엇인지에 대한 설명을 제공하는 것이다. 히포의 주교에 따르면, 마르티아누스와의 우정이 인간적인 일에 있어서는 완벽한 동의를 하였지만, 신적인 일에 있어서는 그러지 못하였다고 적고 있다.331 아우구스티누스는 가장 큰 계명에 대한 예수의 말씀을332 인용

---

329 아우구스티누스, 『시편 상해』 33, s. 2, 10. "Pedes tui, caritas tua est. Duos pedes habeto, noli esse claudus. Qui sunt duo pedes? Duo praecepta dilectionis, Dei et proximi"; 149, 5. "Qui ergo in hac vita gemunt, et desiderant illam patriam, currant dilectione, non pedibus corporis: non quaerant naves, sed pennas; duas alas caritatis adprehendant. Quae sunt duae alae caritatis? dilectio Dei, et proximi"; 『강론』 68, 13. "una ala est, diliges Dominum Deum tuum ex toto corde tuo, et ex tota anima tua, et ex tota mente tua. Sed noli ad unam alam remanere; nam si unam habere te putas, nec ipsam habes. Diliges proximum tuum tanquam te". 아우구스티누스의 강론 안에서 사용된 날개의 모습에 대해서는 참조: S. Poque, *Le langage symbolique dans la prédication d'Augustin d'Hippone*, I, Paris, 1984, pp. 331-341.
330 아우구스티누스, 『서한』 258, 4. "Nunc enim nobis est rerum humanarum et divinarum cum benevolentia et caritate consensio in Christo Iesu Domino nostro, verissima pace nostra".
331 아우구스티누스, 『서한』 258, 1. "Tu autem, mi carissime, aliquando mihi consentiebas in rebus humanis (…) Porro in rebus divinis, quarum mihi illo tempore nulla eluxerat veritas, utique in maiore illius definitionis parte nostra amicitia claudicabat; erat enim rerum tantum modo humanarum non etiam divinarum quamvis cum benevolentia et caritate consensio".
332 마태오 22, 37-39. "네 마음을 다하고 네 목숨을 다하고 네 정신을 다하여 주 너의 하느님을 사랑해야 한다. 이것이 가장 크고 첫째가는 계명이다. 둘째도 이와 같다. 네 이웃을 너 자신처럼 사랑

하면서, 첫 번째 계명 안에 신적인 일에 대한 완전한 동의가 있고, 두 번째 계명에는 사랑에 가득 찬 호의가 동반하고 있는 인간적인 일에 대한 완전한 동의가 있다고 전해 준다.333

그러므로 아우구스티누스에 따르면, 우정은 자신의 마음과 목숨과 정신을 다해 하느님을 사랑하고 이웃을 자기 자신처럼 사랑하는 사람들 사이의 것이다. 다른 말로 한다면, 참된 우정은 그 자체로(propter seipsum) 하느님을 사랑하고, 하느님께 대한 사랑 때문에(propter Deum) 이웃을 자신같이 사랑하는 그리스도인 사이에서 이루어진다는 것이다.334 그렇기에 아우구스티누스는 『고백록』에서 다음과 같이 말한다. "진정한 우정이란 우리에게 베풀어주신 성령으로 말미암아 우리 마음에 부어진 사랑으로 당신이 서로를 매어주시지 않고는 아니 있기 때문입니다."335 우정은 성령의 은총을 통해 주어진 선물인 것이다.336 하느님께서 우정을 선사해주시기 때문에, 아우구스티누스의 우정 개념은 자연적인 차원에서 초자연적인 차원으로 넘어간다. 이는 참된 우정을 맺는 그리스도인의 모습이 세례성사로 말미암아 새

해야 한다는 것이다."

333 아우구스티누스, 『서한』, 258, 4. "In illo primo rerum divinarum, in hoc secundo rerum humanarum est cum benevolentia et caritate consensio".

334 Cf. L. Alici, *L'altro nell'io in dialogo con Agostino*, Roma, 1999, pp. 124-125. "하느님과 이웃 사랑이라는 복음의 두 계명은 이 점에서 우정에 관한 마지막 진리가 된다 (…) 이렇게 아우구스티누스는 새로운 고전 문화 변용에 따라 우정에 관한 고전적 정의에 하나의 본질적 변형을 각인하고 있다."

335 아우구스티누스, 『고백록』, 4, 4, 7. "(…) est vera amicitia, quia non est vera, nisi cum eam tu agglutinas inter haerentes tibi caritate diffusa in cordibus nostris per Spiritum Sanctum, qui datus est nobis".

336 Cf. J.T. Lienhard, *Friendship, Friends*, in *Augustine through the Ages. An Encyclopedia*, Michigan, 1999, p. 372.

로운 인간으로 태어난 그리스도인, 신화(神化)한 그리스도인이기 때문이다.337 그렇기에 이웃을 자신같이 사랑하라는 계명에서 그리스도인은 이웃의 범주를 단순히 부모, 형제, 자매, 친구 등만으로 국한하지 않는다. 아우구스티누스에 따르면, 이웃은 모든 사람을 다 포함하는 것이기에 원수도 이웃의 범주에 들어가는 것이다.338 아우구스티누스에 따르면, 그 때문에 그리스도인은 원수들을 사랑하면서 "사랑의 완성"(perfectio dilectionis)을 이루는 것이다.339 이러한 의미에서 그리스도인의 우정은, 고전 철학자들이 주장하듯 어느 특정인들과의 관계가 아닌 모든 사람에게 연장된 관계라고 말할 수 있다.

---

337 아우구스티누스의 신화(deificatio) 개념에 대해서 참조: J.A.A.A. Stoop, *Die Deificatio hominis in die Sermones en Epistolae van Augustinus*, Leiden, 1952; V. Capánaga, *La deificación en la soteriologia agustiniana*, in AA.VV., *Augustinus Magister*, II, Paris, 1954, pp. 745-754; G. Bonner, *Augustine's conception of deification*, in The journal of theological studies 37(1986), pp. 369-386; G. Bonner, *Deificare*, in *Augustinus Lexikon*, 2, Basel, pp. 265-267; G. Bonner, *Deification, divinization*, in *Augustine through the Ages. An Encyclopedia*, Michigan, 1999, pp. 265-266.

338 아우구스티누스, 「서한」 155, 4, 14. "Proximum (…) non sanguinis propinquitate, sed rationis societate pensandus est, in qua socii sunt omens homines"; 「시편 상해」 11, 3. "Proximum omnem hominem oportet intellegi"; 118, s. 8, 2. "Omnis quippe homo est omni homini proximus, nec ulla cogitando est longinquitas generis, ubi est natura communis"; 「강론」 386, 1. "Intendite, fratres mei, ad caritatem (…) Cum nos moneat Deus, ut nos invicem diligamus, numquid hoc tantum monet, ut diligas diligentem te? Haec est mutua dilectio, hoc non sufficit Deo: pervenire enim voluit usque ad inimicos diligendos".

339 아우구스티누스, 「요한 서간 강해」 1, 9. "Perfectos in dilectione vocat, Quae est perfectio dilectionis? Et inimicos diligere, et ad hoc diligere, ut sint fratres. Non enim dilectio nostra carnalis esse debet"; 8, 10. "Quapropter perfecta dilectio, est inimici dilectio: quae perfecta dilectio est in dilectione fraterna"; 「시편 상해」 93, 28. "Neque enim est perfecta dilectio christiani, nisi cum implet quod Christus praecepit: Diligite inimicos vestros, benefacite his qui vos oderunt, et orate pro eis qui vos persequuntur".

5) 우정을 통한 일치

우리 마음에 부어진 성령으로 말미암아 맺어진 그리스도인의 우정은 서로 간에 일치를 이루는 것만으로 끝나는 것이 아니라, 그리스도인과 그리스도의 일치로도 나타난다.[340] 이는 사랑이 사랑하는 존재와 사랑받는 대상을 일치시키는 힘을 가지고 있음을 의미하며,[341] 그렇기에 "하느님을 사랑하면 하느님이 되지만, 땅을 사랑하면 땅이 된다."고 아우구스티누스는 말하는 것이다.[342] 더욱이 사랑을 통해 하느님께서 우리 안에 머무신다.[343] 때문에 참된 우정을 맺는 그리스도인은 이웃 안에 살아계시는 성령을 영적인 눈으로 보면서 이웃을 사랑하고, 이웃 안에 살아계시는 하느님을 사랑하게 된다.[344]

이러한 일치를 이루는 힘을 가진 우정에서 다음의 특성을 보게 된다.

첫째, 우정은 영원하다.[345] 하느님만을 향유하도록 되어있는 영혼의 불사불멸성을 토대로 하고 있는 우정의 영원성은 성령으로 말미

---

[340] 아우구스티누스, 『서한』, 258. 4. "Haec duo si mecum firmissime teneas, amicitia nostra vera ac sempiterna erit et non solum invicem nos sed etiam ipsi Domino sociabit".
[341] 아우구스티누스, 『질서론』 2. 18. 46. "Nonne unum vult fieri cum eo, quod amat et, si ei contingat, unum cum eo fit".
[342] 아우구스티누스, 『요한 서간 강해』 2. 14. "Terram diligis? Terra eris. Deum diligis? quid dicam? deus eris".
[343] 아우구스티누스, 『요한 서간 강해』 8. 12. "Coepit in te Deus habitare; ama eum qui in te coepit habitare, ut perfectius inhabitando faciat te perfectum".
[344] 아우구스티누스, 『요한 서간 강해』 5. 7. "Si enim fratrem quem vides dilexeris, simul videbis et Deum; quia videbis ipsam caritatem, et intus inhabitat Deus".
[345] Cf. J.-N. Grou, *Morale tirée des Confessions de saint Augustin*, Paris, Bruxelles, 1863, p. 189.

암아 우리 마음에 부어진 사랑으로 사람들의 일치가 이루어지는 것에서 나온다. 다시 말하면, 우정의 영원성은 하느님께서 우리 인간을 매어주시기 때문에 이루어지는 것이며, caritas는 우정의 불멸성과 지속성을 보증해 주고 있다. 그렇기에 오직 그리스도 안에서만 우정은 충실하고, 영원하고 행복할 수 있다고 히포의 주교는 확언한다.[346]

둘째, 우정은 성실하다. 이 성실성으로 인해 우리는 모든 생각을 털어놓을 수 있는 사람을 우정이라는 이름으로 받아들이는 것이다.[347] 이는 이웃 안에 살아계시는 하느님을 사랑하는 것에서 나오는 것이다.

셋째, 우정은 솔직함을 지닌다. 이는 아첨에 대한 단죄를 의미하는 것이다.[348] 또한 친구가 잘못한 경우에는 그 실수에 대해 솔직하게 말할 수 있어야 한다는 것으로,[349] "우정이 아니면 그 어느 누구도 알지 못하기 때문이다."[350] 때문에 아우구스티누스는, 책망하기를 두려워하는 친구보다 비난하는 원수가 더 유익하다고 말한다.[351] 우정의

---

346 아우구스티누스,『펠라기우스파 두 서간 반박』 1, 1, 1. "Nusquam nisi in Christo fidelis est, in quo solo esse etiam sempiterna ac felix potest?".
347 아우구스티누스,『여든세 가지 다양한 질문』 71, 6. "Illum enim receptum in amicitiam possumus dicere, cui omnia nostra consilia refundere audeamus".
348 아우구스티누스,『서한』 110, 2. "adulatio inimica amicitiae".
349 형제적 교정에 대해서 참조: A. Clerici, *La correzione fraterna in S. Agostino*, Palermo, 1989.
350 아우구스티누스,『여든세 가지 다양한 질문』 71, 5. "Nemo nisi per amicitiam cognoscitur".
351 아우구스티누스,『서한』 73, 2, 4. "Hoc est enim, quod acute vidit, qui dixit utiliores esse plerumque inimicos iurgantes quam amicos obiurgare metuentes; illi enim dum rixantur, dicunt aliquando vera, quae corrigamus, isti autem minorem, quam oportet, exhibent iustitiae libertatem, dum amicitiae timent exasperare dulcedinem".

솔직함을 통해 우리는 온갖 오류와 슬픔에서 위로를 받게 된다.[352] 여기서 기도의 필요성이 등장한다. 우리의 마음과 친구의 마음이 하느님의 사랑으로 가득 차도록 끊임없이 기도해야 하는 것이다.[353]

6) 하느님을 향한 한 영혼과 한 마음으로 표현되는 그리스도인의 우정

그리스도인의 우정은 하느님을 향해 나아가는 여정 속에서 이루어지는 것이다. 때문에 우리 마음에 부어진 성령으로 말미암아 맺어진 그리스도인의 우정은 "하느님을 향한 한 영혼과 한 마음"(Anima una et cor unum in Deum)[354]을 형성한다고 볼 수 있다. 그리스도인의 우정은 하늘나라를 향한 여정 안에서 이루어지기에, 우리가 이 세상에 있는 동안에는 완전하게 이루어질 수 없다는 것이 분명해진다.[355] 다시 말

---

352 참조: 아우구스티누스, 『서한』 130, 2, 4.
353 아우구스티누스, 『서한』 145, 7. "(…) orando petere, quaerere, pulsare debemus, ut ille, apud quem est fons vitae, det nobis inebriari ab ubertate domus suae et voluptatis suae potare torrentem".
354 Cf. R. Piccolomini, *Sant'Agostino. L'amicizia*, pp. 51-53. 이 표현은 사도행전 4, 32의 말씀에 아우구스티누스가 'in Deum'을 첨가한 것으로, 그의 고유한 것이요 개인적인 것으로 다른 선임교부들에게서는 발견되지 않는 표현이다. 결국 이 표현은 아우구스티누스에게만 친숙한 사상을 드러내는 것이라고 할 수 있다. 이에 대해 참조: T.J. van Bavel, *«Ante omnia» et «in Deum» dans la « Regula Sancti Augustini»*, in Vigiliae christianae 12(1958), pp. 162-165.
355 아우구스티누스, 『서한』 130, 7, 14. "Deum igitur diligimus per se ipsum et nos ac proximos propter ipsum. Nec cum ita vivimus, iam nos in ipsa beata vita constitutos existimemus, quasi nihil sit amplius, quod oremus". Cf. L.F. Pizzolato, *Interazione e compenetrazione di amicizia e carità in sant'Agostino*, in AA.VV., *Forma futuri. Studi in onore del cardinale Michele Pellegrino*, Torino, 1975, p. 860.

하면, 하느님을 향해 함께 나아간다는 것은 단순히 이 세상에서만의 움직임이 아닌 천상본향에서도 이루어지는 하느님을 향한 움직임인 것이다.

우리가 이 세상에서 한 마음 한 뜻을 이루는 것은 믿음, 희망, 사랑이라는 향주 삼덕의 친교 위에 세워지는 것이라고 성인은 다음과 같이 말한다. "유일한 믿음, 유일한 희망, 유일한 사랑이 양자로 불렸고 그리스도의 유산에로 불린 많은 성인이 하느님을 향하면서 한 마음과 한 뜻을 갖게끔 하였다."[356] 이 지상 삶이 끝나고 우리가 천상 고향에 돌아갈 때 그리스도인의 우정은 완성될 것이다. "우리는 우리가 서로 사랑하고 있다고 상호 간에 믿기 때문에 이 지상에서 어느 정도 평화를 누립니다. 그러나 우리가 서로의 마음을 알 수 없기에 이와 같은 평화에도 만족하지 못합니다. (…) 만약 우리가 누리는 이 평화를 세상 안에서 유지해 나간다면 모든 모순은 사라지게 되고, 우리 마음 안에 있는 모든 것이 드러나게 되어 하느님의 영원한 평화를 누리게 될 것입니다."[357]

---

[356] 아우구스티누스, 「서한」 238, 2, 13. "Quod enim fecit in multis sanctis in adoptionem filiorum vocatis coheredibus Christi una fdes et una spes et una caritas ut esset eis anima una et cor unum in Deum".

[357] 아우구스티누스, 「요한복음 강해」 77, 4. "Est nobis pax, quia invicem nobis credimus quod invicem diligamus; sed nec ipsa plena est, quia cogitationes cordis nostri invicem non videmus … Si tenuerimus usque in finem qualem accepimus, qualem habet habebimus, ubi nihil nobis repugnet ex nobis, et nihil nos invicem lateat in cordibus nostris".

8. 나가는 말

성 아우구스티누스가 제시하는 사회는 인간의 상황이 요구하는 것을 무시하지 않는 곳이다. 이러한 사회는 자신의 어려움을 극복할 방법을 늘 발견하며, 무엇보다 개별 시민에게 가장 큰 행복을 배려하기 위해 노력한다. 사실 "사랑하라. 그리고 네가 원하는 것을 행하라"(Dilige, et quod vis fac, 『요한서간 강해』 7, 8)라는 아우구스티누스의 표현은 모든 해결책의 비밀을 제시한다. 아우구스티누스가 이 표현을 언급하는 의미에서 우리가 각 상황에서 공공의 번영을 보증할 수 있고 각 시민을 행복하게 해줄 수 있다. 곧 모든 이에게 참된 자유를 배려하기 위해 일하고 노력할 것이다.

아우구스티누스의 사회사상은 모든 점에 있어 나름의 가치를 가지고 있다. 사회 제도가 정의 위에 놓여 있고, 하느님이 통솔하시며, 인간의 지혜가 제국의 번영을 위해 헌신할 때 하느님의 도구로 사용된다는 것은 항상 분명하다. 또한 주인과 종, 부자와 빈자 등과 같은 사회적 상황의 차이가 처음부터 실제적으로 하느님에 의해 이루어진 것이 아님도 분명하다.

물론 현대의 관점에서 볼 때 아우구스티누스의 사회사상이 지닌 한계에 대해 지적할 수 있다. 이를 부정할 수 없지만, 잊지 말아야 할 것은 그의 사상이 당시의 시대적 환경에서 나온 것이라는 측면이다. 그렇기에 작금의 현실에 따라 그의 사상을 변경하려는 시도 역시 올바른 방법은 아니다. 오히려 그가 제시한 사상은 단순히 사변적 논리에 따른 것이 아니라, 그의 삶의 구체적인 모습을 조명하고 있음을 기억하는 것이 필요하다. 그렇기에 그의 언어를 오늘날의 현실로 구체화하고, 그의 행동양식을 오늘날의 방식으로 표현하는 것이 더 적합하다. 특별히 그의 사회사상이 영혼의 목자로서 자신의 양떼의 유익을 위해 나타난 것임을 기억한다면, 더더욱 그러할 것이다.

색인

ㄱ

가경자 베드로(Petrus Venerabilis)　445
가르시아(J. García)　618
게엘링스(Geerlings)　487
고드메, 장(Jean Gaudemet)　840
교요(Goyau)　25
궛불트데우스(Quodvultdeus)　230
그라티아누스(Gratianus) 황제　108, 778, 840
그랑조지(L. Grandgeorge)　269, 271, 274
그레고리우스 대교황(Gregorius I)　444
그레고리우스, 나지안주스의(Gregorius Nazianzenus)　201, 541
그레고리우스, 니사의(Gregorius Nyssenus)　342
그레사케(Greshake)　523

ㄴ

나비기우스(Navogius)　35, 153, 360
나이트하르트(W. Neidhart)　39
네모리우스(Nemorius)　219
네브리디우스(Nebridius)　76, 98, 154, 168-169, 467, 474
네스토리우스(Nestorius)　486
네포티아누스(Nepotianus)　175
누리송, 장 펠릭스(Jean Felix Nourrisson)　269
니누스(Ninus)　780
니코마코스, 제라사의(Nicomachus Gerasae)　79, 82, 97, 768-769

ㄷ

더든(Dudden)　775
데자르댕(Dejardins)　25

데치우스(Decius) 황제　559
도나투스(Donatus)　172, 190-191, 193, 195, 211-216, 453, 557, 560-563, 575, 579, 582-583, 594, 599, 601, 603, 681, 849, 859, 861, 880-888
도슨(Ch. Dawson)　440
도이뇽(Doignon)　774
뒤 루아(O. Du Roy)　116, 131
뒤팽, 엘리(Ellies Dupin)　27
드 도를로, 앙리 (Henry de Dorlot)　353
드롭너(H.R. Drobner)　492
디비야크, 요한네스(Johannes Divjak)　857
디오게네스, 시노페의(Diogenes of Sinope)　267
디오게네스, 아폴로니아의(Diogenes Apolloniae)　266
디오니시우스 아레오파기타(Dionysius Areopagita)　303-304
디오스코루스(Dioscorus)　270
디오클레티아누스(Diocletianus) 황제　23, 557-558, 560, 854

ㄹ

라던, 프란체스코 (Francesco Lardone)　855
라모로, 존(John C. Lamoreaux)　855
라베오(Cornelius Labeo)　274
라스티디아누스(Lastidianus)　153
라스티아누스(Rastianus)　35
락탄티우스(Lactantius)　778, 786
랑간(J. Langan)　804
랑보(C. Lambot)　619
레스티투투스(Restitutus)　849, 859
레오 대교황(Leo I Magnus)　201, 444
로마니아누스(Romanianus)　33-34, 463
로물루스(Romulus) 황제　274, 752
로베르티, 멜키오레(Melchiorre Roberti)　852
로스키, 블라디미르(Vladimir Lossky)　304, 316-317
로이터, 헤르만(Hermann Reuter)　444
롱데(H. Rondet)　667, 820

루쉬, 미셸(Michel Rush) 48
루스티쿠스(Rusticus) 35, 153
루크레티우스(Lucretius) 267
루프스(F. Loofs) 21-22
루피누스(Rufinus) 541
르니에(Renier) 25
르클레르크, 폴레트 레르미트(Paulette L'Hermite Leclerq) 623
르펠리, 클로드 (Claude Lepelley) 840
리우트프란두스(Liutprandus) 235
리첸시우스(Licentius) 153
리키니우스(Licinius) 850
릴라, 살바토레(Salvatore Lilla) 306

ㅁ

마니(Mani) 56-58, 68, 73, 97, 102, 312
마니케우스(Manichaeus) 70, 99, 115
마덱, 굴번(Goulven Madec) 112, 242, 264
마라, 마리아 그라치아(Maria Grazia Mara) 146, 818
마루, 앙리-이레네(Henri-Irénée Marrou) 856-857
마르켈리누스(Marcellinus) 213, 224-225, 859, 887
마르쿠스 아우렐리우스(Marcus Aurelius) 황제 785
마르쿠스(R. A. Marcus) 888
마르탱, 쥘(Jules Martin) 353, 380
마르티아누스(Martianus) 90, 101, 908
마리암(Maryam) 56
마리우스 메르카토르(Marius Mercator) 541
마스노보, 아마토(Amato Masnovo) 247
마요리누스(Maiorinus) 황제 560
마케도니우스(Macedonius) 859
마크로비우스(Macrobius) 36
막시무스(Maximus) 황제 156, 161
막시미아누스(Maximianus) 황제 854

말라드, 윌리엄(William Mallard)　354

말리우스 테오도루스(Mallius Theodorus)　23, 110, 112, 117, 130, 151

망두즈, 앙드레(André Mandouze)　167-168, 249

맥나라, 마리 아퀴나스(Marie Aquinas McNara)　77, 885

맥윌리암(McWilliam)　487

맥쿨(G.A. McCool)　119

메갈리우스, 칼라마의(Megalius Calamensis)　190-191, 193

멘수리우스(Mensurius)　559

멜라니아(Melania)　30, 194

모니카(Monica)　32, 35-38, 59, 101, 113, 115, 143, 153, 155-156, 160, 245, 258, 448

모르첼리(Morcelli)　27

모스케티, 안드레아 마리오(Andrea Mario Moschetti)　315

모틀리, 라울(Raoul Mortley)　307

몸젠(Mommsen)　24-25

몽소(P. Monceaux)　163

뮈니에, 샤를(Charles Munier)　840

미야타니(Y. Miyatani)　149

밀티아데스(Miltiades)　561

ㅂ

바로, 마르쿠스(Marcus Varro)　96, 225, 242, 267-268, 364, 370, 394, 396, 441

바르디(Bardy)　172

바세비(C. Basevi)　241

바실리데스(Basilides)　329

바실리우스(Basilius Magnus)　630, 689, 716

바오로(Paulus)　5, 57, 116, 139-141, 145, 160, 164, 166, 180, 183, 186, 188-189, 253, 258-260, 264, 298, 404, 425, 427, 434, 439, 447, 461, 462-463, 515, 519, 523, 528-529, 534, 540, 552, 554-555, 558, 565, 567, 572, 577, 585, 587, 599, 602, 606, 628, 643-644, 664, 666-668, 676, 707-708, 714-715, 717, 724, 731, 738-739, 743, 761, 764, 795, 819-822, 826-828, 832-836, 843, 845-846, 862

바흐람 1세(Bahram I)　57

반 게스트, 파울(Paul Van Geest)　297

반 바벨, 타르시치우스 얀(Tarsicius Jan van Bavel)　487, 621, 675, 702-703, 717, 721, 746

발레리우스(Valerius)　174, 177, 190-192, 199, 468, 615
발렌티니아누스 2세(Valentinianus II) 황제　774
뱁콕(Babcock)　528
베다 존자(Beda Venerabilis)　235
베드로(Petrus)　179-180, 197-198, 223, 445, 602, 787, 790
베르나르도(Bernardus Claraevallensis)　444-445
베르헤이언, 뤽(Luc Verheijen)　621, 681, 707, 719
보너, 제랄드(Gerald Bonner)　342, 889
보니파키우스(Bonifacius)　228, 849, 881, 884
보린스키(Borinski)　95
보트루스(Botrus)　559
볼루시아누스(Volusianus)　224, 492
부아예, 샤를(Charles Boyer)　22, 126, 136, 353-354, 401, 619
부오나유티(Buonaiuti)　528
브라운, 피터(Peter Brown)　20, 31, 33, 40, 53, 130, 847, 888
브랜들(R. Brändle)　39
브레이에, 에밀(Émile Bréhier)　249
브리송(J.-P. Brisson)　557
브아시에, 가스통(Gaston Boissier)　21
블래즈 로마이어(Blaise Romeyer)　248
비르질리우스(Virgilius)　41
비스마라, 쥴리오(Giulio Vismara)　835, 842, 844
빅토르(Victor)　850
빅토리누스(Victorinus)　848
빅토리누스, 마리우스(Marius Victorinus)　36, 110-112, 130-131, 146, 253-254, 275, 277, 303-304, 342, 457, 458-460, 463, 474-475
빈디치아누스(Vindicianus)　76
빈켄티우스(Vincentius)　880, 886

ㅅ

사피다(Sapida)　692
살루스티우스(Salustius)　585, 872
삼손(Samson)　802

생텍쥐페리(Antoine de Saint-Exupéry)　641
샤푸르 1세(Shapur I, Shabuhr I)　56-57
샤프, 필립(Philip Schaff)　447
세네카(Seneca)　97, 99, 267
세쿤디우스(Secundius)　849
소조메누스(Sozomenus)　842
소크라테스(Socrates)　243, 265-266, 270-271, 279, 358
솔리냑, 애매(Aimé Solignac)　110-112, 388
쉐네(J. Chéné)　499
쉐엘(O. Scheel)　487
쉬악카(Sciacca)　127, 133, 136, 150, 401
스보보다(K. Svoboda)　94-95
스키피오 애밀리아누스(Scipio Aemilianus)　871
스페스(Spes)　849
스페우시포스(Speusippos)　266, 275
시르몬두스, 야코부스(Jacobus Sirmondus)　837
식스투스, 시에나의(Sixtus Senensis)　446
심마쿠스(Symmacus)　107-109
심플리키아누스(Simplicianus)　23, 109-111, 146, 188, 193, 277, 313, 458, 527, 548, 552

ㅇ

아낙사고라스(Anaxagoras)　266
아낙시만데르(Anaximander)　266
아낙시메네스(Anaximenes)　266
아데오다투스(Adeodatus)　46, 143-145, 153, 155
아도, 피에르(Pierre Hadot)　111-112
아르카디우스(Arcadius) 황제　841, 844-845
아르케실라우스(Arcesilaus)　267
아르켈라우스(Archelaus)　266
아르키메데스(Archimedes)　184
아르타반 5세　56
아리스토텔레스(Aristoteles)　48, 61, 79, 82, 84, 88, 95, 105, 184, 242-243, 266, 268-

269, 357, 376, 402, 418, 447-448, 523, 703, 766-768, 777, 893, 895, 898, 904
아리스팁포스(Aristippos) 267
아바냐노(N. Abbagnano) 405
아분단티우스(Abundantius) 848
아브라함(Abraham) 568, 663, 802
아블라비우스(Ablavius) 838
아우렐리우스(Aurelius) 54, 192, 517-518, 785
아우룰스 겔리우스(Aulus Gellius) 268
아욱실리우스(Auxilius) 849
아폴리나리우스(Apollinarius) 129, 470, 486, 490, 502, 508
아풀레이우스(Apuleius) 97, 267, 276, 279
아프린기우스(Apringius) 859
안토니우스(Antonius) 142, 148, 723
안토니우스, 푸살라의(Antonius Fussalensis) 848
안티스테네스(Antisthenes) 267
안티오코스(Anthiocos), 아스칼로나(Ascalona)의 267
알라리쿠스 1세(Alaricus I) 222, 516, 525, 752
알렉산데르 대왕(Alexander III Magnus) 780
알리피우스(Alypius) 33-34, 129, 144, 153, 155, 191, 217-218, 228, 490, 857-858
알파릭, 프로스펠(Prosper Alfaric) 22
알베르토 핀케를레(Alberto Pincherle) 77, 528, 557
암브로시아스텔(Ambrosiaster) 528, 548
암브로시우스(Ambrosius) 23, 41, 107-119, 121, 124, 128, 136, 148, 155, 189, 193, 201-202, 217, 234, 273, 341, 414-415, 423, 450, 458-459, 493, 508, 510, 513, 527-528, 533, 683-684, 774-775, 778, 791-793, 811
앙리, 폴(Paul Henry) 131, 156-158, 303
야누아리우스(Ianuarius) 885
얌블리코스(Jamblichos) 267
에라스무스(Erasmus) 446
에라클리우스(Eraclius) 226-227
에르모제니아누스(Ermogenianus) 110
에보디우스(Evodius) 293-294, 365-367, 369-371
에블리, 루이스(Louis Evely) 735
에우독시우스(Eudoxius) 183, 197
에우세비우스, 카이사리아의(Eusebius Caesariensis) 842, 876
에우스토키우스(Eustochius) 853-855, 858

에우집피우스, 루쿨라눔의(Eugippius Lucullani) 619-620
에피쿠로스(Epicuros) 104, 184, 267
에픽테토스(Epiktetos) 267
엘피디우스(Elpidius) 97
오데일리, 제라드(Gerard. O'Daly) 425
오리게네스(Origenes) 280, 344, 527, 607, 778, 786, 876
오메아라(J.J. O'Meara) 130-131
오이켄, 루돌프 크리스토프(Rudolf Christoph Eucken) 240, 444
요비니아누스(Jovinianus) 510, 515, 521
요세푸스, 플라비우스(Flavius Josephus) 834
요한 바오로 2세(Ioannes Paulus II) 36, 72
요한 크리소스토무스(Ioannes Chrysostomus) 201, 541
우고, 산 비토레의(Ugo da S. Vittore) 637, 662
우즈, 헨리(Henry Woods) 353
웨스트, 레베카(Rebecca West) 47
윈다스, 스탠리(Stanley Windass) 811
윌스, 게리(Garry Wills) 31, 39, 46
유스티누스(Iustinus) 36
율리아누스(Iulianus) 황제, 배교자 784
율리아누스, 에클라눔의(Iulianus Aeclanensis) 50, 100, 216-217, 219-221, 230, 245, 248, 346, 453, 512, 525, 529, 555
율리우스 체사르(Julius Caesar) 29
이시도루스, 세비야의(Isidorus Hispalensis) 228
인노켄티우스(Innocentius) 859
입다(Jephthah) 802

ㅈ · ㅊ

제노비우스(Zenobius) 110
제논(Zeno Citieus) 104
제논(Zenon), 키티움(Kitium)의 267
젤리오 97
조시무스(Zosimus) 교황 227, 518-519, 525
졸리베, 레지(Régis Jolivet) 131, 133, 136, 401

줄리앙(Jullian) 24-25

쥼켈러(A. Zumkeller) 671, 675, 682, 722, 726

질송, 에티엔 앙리(Étienne-Henry Gilson) 18, 20, 246-248, 256-257, 291, 319, 339, 342, 352-353, 357, 374, 408

체칠리아누스(Cecillianus) 558-561

첼레스티누스 1세(Caelestinus I) 445, 518, 541

첼레스티우스(Caelestius) 516-518, 525, 559

첼시누스(Celsinus) 110

최민순 6, 39, 79, 158, 893

치릴루스, 알렉산드리아의(Cyrillus Alexandrinus) 486

치체로(Marcus Tullius Cicero) 47-49, 51-53, 61, 80, 82-86, 88, 90, 95-96, 99, 140, 202, 244-245, 267-268, 275, 376, 405, 428-429, 448-449, 585-589, 754-760, 762, 765, 767-770, 774-777, 781, 792-793, 811-812, 871-873, 890, 894-901, 904, 908

치프리아누스(Cyprianus) 27, 54, 190, 202, 527-529, 542, 558-561, 563, 599, 601, 603, 672-673

치프리아니, 넬로(Nello Cipriani) 21, 253, 340, 342, 524, 533, 624, 641, 679, 697

ㅋ

카라빈, 데이드르(Deirdre Carabine) 307

카르네아데스(Carneades) 267

카발레라(F. Cavallera) 156

카사맛사(Casamassa) 193, 267

카시아누스(Cassianus) 688

카이레(F. Cayré) 256

켈린(B. Kälin) 380

켈수스(Celsus) 97, 268, 786

코르넬리우스(Cornellius, 백인대장) 787, 795

코모, 마리(Marie Comeau) 499

콘스탄티누스(Constantinus) 황제 25, 514, 560-561, 788-789, 831, 837-838, 840-843, 847, 849

콘스탄티우스(Constantius) 102-103, 515, 519

콩베, 구스타브(Gustave Combès) 282

쿠지노(R.-H. Cousineau) 339

크라테스, 테베의(Crates of Thebes)　267
크리스피누스(Chrispnus)　883
크리시포스(Chrysippos)　267
크리크바움(Kriegbaum)　559
크리포, 줄리아노(Giuliano Crifò)　841
크세노크라테스(Xenokrates)　266, 275
클라시키아누스(Classicianus)　849
클라크(M. T. Clark)　338, 774
클레멘스, 알렉산드리아의(Clemens Alexandrinus)　778, 785-786, 814, 836
클링거만, 찰스(Charles Klingerman)　39
키텔(G. Kittel)　584

ㅌ

탈레스(Thales)　266, 358
택, 테오도어(Theodore Tack)　706
테렌티우스(Terentius)　101, 268
테르툴리아누스(Tertullianus)　28, 40, 373, 498, 508, 527-528, 599, 672, 778, 786-787
테셀(Teselle)　528
테스케(R.J. Teske)　167
테스타르, 모리스(Maurice Testard)　95, 168
테오도시우스 1세(Theodosius I) 황제　778, 790, 837-838, 841, 845, 881, 884
테오필루스, 안티오키아의(Theophilus Antiochenus)　329-330
테일러(W. Theiler)　131
토마스 아퀴나스(Thomas Aquinas)　20, 241, 401
트라페, 아고스티노(Agostino Trapè)　4, 18, 96, 104, 403, 617, 624, 708, 721
트리제시우스(Trygetius)　153
티솟(Tissot)　28
티코니우스(Tychonius)　190, 528

ㅍ

파레디(Paredi) 111
파우스투스(Faustus) 99, 115, 452, 491, 509-510, 512, 518, 601, 636, 759, 771, 784
파우스티누스(Faustinus) 881
파울루스(Paulus), 카타퀴아(Cataquia)의 848
파울리누스, 놀라의(Paulinus Nolanus) 175, 515, 519
파울리니아누스(Paulinianus) 175
파치오니, 비르질리오(Virgilio Pacioni) 315, 363
파코미우스(Pacomius) 630, 657, 716
파트리치우스(Patricius) 35-36, 38, 155
파티크(Pātik) 56
판카리우스(Pancarius) 849
팔랑크(J.-R. Palanque) 108
페늘롱, 프랑스아 드 살리냑 드 라 모트(François de Salignac de la Mothe-Fénelon) 240
페레치데(Ferecide) 105
페스투스(Festus) 24
페틸리아누스(Petilianus) 881
페팽, 장(Jean Pépin) 159, 330
펠라기우스(Pelagius) 211, 219, 500, 511, 514-526, 528-529, 541, 544-545, 580, 599
펠레그리노(Pellegrino) 94
펠릭스, 압투니의(Felix Aptungitanus) 560
포르투나투스(Fortunatus) 172, 190
포르피리오스(Πορφύριος) 267, 652
포시디우스(Possidius) 5, 21, 115, 151, 153, 162, 174-177, 190, 199, 209, 228, 232, 234, 236, 614-615, 617-618, 621, 689, 692, 716, 845, 863, 866, 882-883
포티누스(Photinus) 129, 489, 502
폰티치아누스(Ponticianus) 148
폴리에(G. Folliet) 166
푸블리우스(Publius) 755
풀리에제, 아고스티노(Agostino Pugliese) 855
프란츠(E. Franz) 487
프렌드(W. H. C. Frend) 557
프로바(Proba) 672
프로스페르(Prosper) 235
프로푸투루스(Profuturus) 191

플라톤(Platon)　48, 50, 88, 94-95, 105, 130-131, 133-136, 138-140, 166, 240, 243-244, 250, 264, 266-267, 269, 271-284, 303, 329, 331, 335-336, 357, 376, 380, 386, 394, 399, 400, 403, 454, 741, 753-756, 766-768, 773, 904

플로티누스(Plotinus)　41, 111-112, 116, 131-133, 140, 157-160, 205, 250, 253, 275-276, 278, 282-283, 303, 305-306, 315, 334, 357-358, 363-365, 381-382, 403-404, 420, 424-426, 433, 459, 528

피니아누스(Pinianus)　175, 194

피르무스(Firmus)　175, 209

피에르 쿠르셀(Pierre Courcelle)　22, 107, 111-112, 118-119, 130-131, 157-158, 160

피에몬테세(Piemontese)　401

피츠제랄드, 앨런(Allan Fitzgerald)　20

피타고라스(Pythagoras)　83, 105, 243-244, 266, 269-271, 652, 723, 897

핀타르, 자크(Jacque Pintard)　172

필로, 라리사의(Philo Larissaeus)　267

ㅎ

하르낙, 아돌프 폰(Adolf von Harnack)　21, 444, 446, 452

하이저, 존(John H. Heiser)　304, 316

헤르쿨레스(Hercules)　274

헤시키우스, 살로나의(Hesychius Salonitanus)　316

헤이이케(J. Heijke)　532

헨드릭스(E. Hendrikx)　156

헬비디우스(Helvidius)　510

호노라투스(Honoratus)　184

호노리우스(Honorius) 황제　830, 841, 844-845, 859, 885

호라시우스(Horatius)　895

히에로니무스(Hieronymus)　40-41, 54, 175, 190, 373, 445, 450, 510, 517

히에리우스(Hierius)　94, 101

히폴리투스(Hippolytus)　787, 836

힐라리우스, 푸아티에의(Hilarius Pictaviensis)　189, 342, 462-463, 548, 680

변종찬 마태오 신부

1967. 8. 11   충남 서천군 장항읍에서 출생
1989. 2.   가톨릭대학교 신학대학 졸업(신학 학사)
1993. 7. 16   사제 서품
       8.   가톨릭대학교 성대학원 신학과 졸업(신학 석사)
               논문 – 「칼체돈 공의회 신앙 정식(Definitio Fidei)에 관한 연구」
1993. 12. 3   서울대교구 월곡동 성당 보좌신부
1995. 12.   해외 유학(이탈리아)
2000. 6. 30.   Istituto Patristico Augustinianum 교부학 석사
               논문 – 「La deificatio Hominis in S. Agostino」
2006. 2. 28   Istituto Patristico Augustinianum 교부학 박사
               논문 – 「La Deificatio Hominis In Sant'Agostino」
2006. 2.   신내동 본당 부주임
2006. 11. 21   가톨릭대학교 신학대학 교수 부임
2006. 11. 21~2016. 2. 24   생활지도(대건관 서편)
2009. 3. 1~2011. 2. 28   교학 부처장
2011. 3. 1~ 2013. 2. 28   출판 부장
2015. 3. 1~2017. 2. 28   도서관장
2016. 2. 25~2019. 2. 22   원감(대건관 서편)
2019. 3. 1~2021. 9. 1   동아리(생활성가 연구회[Unitas]) 지도